JUS PRIVATUM

Beiträge zum Privatrecht

Band 238

Alexander Stöhr

Kleine Unternehmen

Schutz und Interessenausgleich
im Machtgefüge zwischen Arbeitnehmern,
Verbrauchern und Großunternehmen

Mohr Siebeck

Alexander Stöhr, geb. 1982; Studium der Rechtswissenschaften in Marburg; 2010 Promotion; 2012 Zulassung als Rechtsanwalt; 2017 Habilitation; nach Lehrstuhlvertretungen in Kassel und Konstanz seit 2018 Dozent für Arbeits- und Wirtschaftsrecht an der Europäischen Akademie der Arbeit in der Goethe-Universität Frankfurt a.M.

Gedruckt mit Unterstützung der Deutschen Forschungsgemeinschaft (Projektnummer 409322087).

ISBN 978-3-16-156726-1 / eISBN 978-3-16-156727-8
DOI 10.1628/978-3-16-156727-8

ISSN 0940-9610 / eISSN 2568-8472 (Jus Privatum)

Die Deutsche Nationalbibliothek verzeichnet diese Publikation in der Deutschen Nationalbibliographie; detaillierte bibliographische Daten sind über *http://dnb.dnb.de* abrufbar.

© 2019 Mohr Siebeck Tübingen. www.mohrsiebeck.com

Das Werk einschließlich aller seiner Teile ist urheberrechtlich geschützt. Jede Verwertung außerhalb der engen Grenzen des Urheberrechtsgesetzes ist ohne Zustimmung des Verlags unzulässig und strafbar. Das gilt insbesondere für die Verbreitung, Vervielfältigung, Übersetzung und die Einspeicherung und Verarbeitung in elektronischen Systemen.

Das Buch wurde von Computersatz Staiger in Rottenburg/N. aus der Minion gesetzt, von Gulde Druck in Tübingen auf alterungsbeständiges Werkdruckpapier gedruckt und von der Großbuchbinderei Spinner in Ottersweier gebunden.

Printed in Germany.

Vorwort

Die Behandlung von kleinen Unternehmen im Recht ist von großer wirtschaftspolitischer Relevanz. Die vorliegende Arbeit nimmt sich dieses interdisziplinären und facettenreichen Themas an und versucht, übergreifende konzeptionelle Zusammenhänge zu entwickeln. Herausgearbeitet werden insbesondere die verfassungsrechtlichen, ökonomischen und gerechtigkeitsgeleiteten Befugnisse, Pflichten und Grenzen für Gesetzgebung und Rechtsanwendung, kleine Unternehmen vor Kostenbelastung zu schützen und einen angemessenen Ausgleich mit den Interessen von Arbeitnehmern, Verbrauchern und Großunternehmen zu schaffen. Die Arbeit wurde im Wintersemester 2017/18 vom Fachbereich Rechtswissenschaften der Philipps-Universität Marburg als Habilitationsschrift angenommen. Rechtsprechung und Schrifttum sind bis zum 31.8.2018 berücksichtigt.

Die Arbeit hätte ich ohne den von vielen Seiten zuteil gewordenen Beistand, die freundschaftliche Atmosphäre am Lehrstuhl sowie nicht zuletzt manche glückliche Fügung nicht zum Abschluss bringen können. Mein Dank gilt daher allen Menschen, die mich auf dem Weg der Habilitation fachlich und moralisch unterstützt haben, deren vollständige namentliche Aufzählung jedoch den hiesigen Rahmen sprengen würde und wohl auch gar nicht möglich wäre.

Mein herzlicher Dank gilt an erster Stelle meinem verehrten Lehrer, Herrn Prof. Dr. *Markus Roth*. Er hat mein Interesse geweckt, über den juristischen Tellerrand zu schauen; mir erheblichen Freiraum für meine wissenschaftliche Tätigkeit eingeräumt und mich insgesamt weit über die Betreuung dieser Arbeit hinaus unterstützt. Herrn Prof. Dr. *Florian Möslein* danke ich für die Anfertigung des Zweitgutachtens. Wertvolle Anregungen verdanke ich Herrn VorsRiBAG a.D. Prof. Dr. *Friedhelm Rost* sowie einmal mehr meinem Doktorvater Herrn Prof. Dr. *Ralph Backhaus*. Dank gebührt zudem Herrn Prof. Dr. *Andreas Hänlein*, der mich während seiner Vizepräsidentschaft an der Universität Kassel für fünf Semester seinen Lehrstuhl mit halbem Lehrdeputat vertreten ließ und mir dadurch eine zweite akademische Heimat gegeben hat.

Dank schulde ich ferner Frau *Daniela Taudt* und Frau *Dominika Zgolik* vom Mohr Siebeck Verlag für die freundliche und qualifizierte Unterstützung bei der Veröffentlichung. Der DFG bin ich für ihre finanzielle Hilfe beim Druck dieser Arbeit dankbar.

Als letztes möchte ich meinen Eltern, *Irene* und *Reinhold Stöhr*, für alles danken. Ihnen ist diese Arbeit gewidmet.

Marburg/Frankfurt a.M., im März 2019 Alexander Stöhr

Inhaltsübersicht

Vorwort V
Inhaltsverzeichnis VII
Abbildungsverzeichnis XXV

Erster Teil:
Einleitung

A) Problemstellung und Zielsetzung 1
B) Stand der Forschung 4
C) Methodisches Vorgehen und Gang der Untersuchung 6

Zweiter Teil:
Grundlegung

1. Kapitel: Hintergrund und Schutzwürdigkeit von kleinen Unternehmen . 11

§ 1 Abgrenzung der Unternehmensgröße 11
§ 2 Rechtstatsächlicher und verhaltensökonomischer Hintergrund 23
§ 3 Allgemeine Schutzwürdigkeit von kleinen Unternehmen 35

2. Kapitel: Verwirklichung des rechtlichen Schutzes 114

§ 4 Historische Entwicklung des Schutzes kleiner Unternehmen 114
§ 5 Befugnis, Pflicht und Grenzen zum Schutz kleiner Unternehmen 141

Dritter Teil:

Anwendung auf Referenzgebiete

3. Kapitel: Kleine Unternehmen im Arbeitsrecht 263

§ 6   Bestandsaufnahme und allgemeine Folgerung 265
§ 7   Größenabhängige Befreiung mittels Schwellenwerten 288
§ 8   Arbeitsrecht für Kleinunternehmer 331

4. Kapitel: Kleine Unternehmen im Bürgerlichen Recht 427

§ 9   Anwendungsbereich des Verbraucherschutzes 427
§ 10 AGB-Kontrolle von Kunden- und Lieferantenverträgen 482

Vierter Teil:

Zusammenfassung und Schlussbetrachtung

A)   Ergebnisse 521
B)   Ausblick 527

Literaturverzeichnis 529

Internetquellen 569

Register 571

Inhaltsverzeichnis

Vorwort V
Inhaltsübersicht VII
Abbildungsverzeichnis XXV

Erster Teil:
Einleitung

A) Problemstellung und Zielsetzung 1
B) Stand der Forschung 4
C) Methodisches Vorgehen und Gang der Untersuchung 6

Zweiter Teil:
Grundlegung

1. Kapitel: Hintergrund und Schutzwürdigkeit von kleinen Unternehmen . 11

§ 1 *Abgrenzung der Unternehmensgröße* 11
    A) Der Unternehmensbegriff 11
    B) Ansätze zur Abgrenzung der Unternehmensgröße 13
        I. Formeller (autoritätsorientierter) Ansatz 14
        II. Materieller (sachlicher) Ansatz 16
            1. Arbeitnehmerzahlen, Umsatz und Bilanzsumme 16
            2. Rechtsform des Unternehmens 19
    C) Kleine Unternehmen und Mittelstand 21

§ 2 *Rechtstatsächlicher und verhaltensökonomischer Hintergrund* 23
    A) Kleine und mittlere Unternehmen in Deutschland 23
    B) Existenzgründungen 27

I. Umfang der Existenzgründungen in Deutschland 27
   II. Motive für und gegen eine Existenzgründung
       und Erfolgseinschätzung 28
   III. Gründe des Scheiterns 32
   C) Sozialer Hintergrund von Kleinunternehmern 34

§ 3 *Allgemeine Schutzwürdigkeit von kleinen Unternehmen* 35
   A) Gründe und Voraussetzungen eines spezifischen Rechtsschutzes .. 35
      I. Überblick über die Funktionen des Rechts 36
      II. Individualinteressen: Schwächerenschutz im Recht 37
         1. Hintergrund und Anwendungsfelder 37
         2. Rechtsphilosophische und verfassungsrechtliche
            Legitimation 38
         3. Die Bestimmung der Schutzbedürftigkeit 41
      III. Kollektivinteressen 44
         1. Hintergrund des Gemeinwohls 44
         2. Verfassungsrechtliche Zulässigkeit 46
         3. Rechtsphilosophische Legitimation 47
            a) Utilitarismus 48
            b) Rationaler Egoismus 50
            c) Angemessener Interessenausgleich 50
         4. Ausgewählte Beispiele 52
            a) Wirtschaftspolitik als Kollektivgut 52
            b) Ökonomische Effizienz als Kollektivgut 53
         5. Verhältnis zum Individualschutz 54
      IV. Zwischenergebnis 55
   B) Die Bestimmung der Schutzwürdigkeit von kleinen
      Unternehmen 56
      I. Gerechtigkeitsorientierte Schutzwürdigkeit:
         Individuelles Schutzbedürfnis von kleinen Unternehmen .. 56
         1. Betriebswirtschaftlicher Hintergrund 57
            a) Stärken 57
            b) Schwächen 59
               aa) Kostenfaktor 59
                  (1) Die Kosten von gesetzlicher Regulierung 60
                  (2) Auswirkung auf kleine Unternehmen 61
               bb) Risikofaktor 65
               cc) Rollenfaktor 65
               dd) Erfahrungsfaktor 66
               ee) Unterlegenheitsfaktor 68

Inhaltsverzeichnis

    2. Auswirkungen auf die Schutzwürdigkeit 69
       a) Verhältnismäßig stärkere Belastung 69
       b) Erfahrungsdefizite 70
       c) Unterlegenheit gegenüber Großunternehmen 71
  II. Ökonomische Schutzwürdigkeit: Volkswirtschaftliche Bedeutung von kleinen Unternehmen 74
    1. Auffassungen der politischen Entscheidungsträger 74
       a) Nationale Ebene 75
       b) Europäische Ebene 76
    2. Historische Entwicklung der Forschung 77
    3. Übergreifende Würdigung 79
       a) Volkswirtschaftliche Bewertung von kleinen Unternehmen im Allgemeinen 79
          aa) Quantitatives Argument 80
          bb) Arbeitsmarkt 82
          cc) Wettbewerb 84
          dd) Innovation 84
          ee) Wachstum und Stabilisierung 85
       b) Sonderfall: Neugründungen 86
       c) Sonderfall: Solo-Selbständige 87
       d) Marktversagen 88
    4. Auswirkungen auf die Schutzwürdigkeit 89
  III. Soziale Schutzwürdigkeit 91
    1. Gesellschaftliche Bedeutung von kleinen Unternehmen 91
    2. Interessen der Arbeitnehmer: Die Qualität der Arbeit in kleinen Unternehmen 94
       a) Arbeitszufriedenheit 94
       b) Arbeitsbedingungen 95
          aa) Arbeitsplatzsicherheit 95
          bb) Vergütung und Sozialleistungen 96
       c) Ergebnis 97

C) Grundlegende Schlussfolgerungen 98
  I. Zu kleinen Unternehmen im Allgemeinen 98
    1. Prinzipielle Schutzwürdigkeit 98
    2. Kein Schutz um jeden Preis 101
    3. Die Befugnis des Gesetzgebers zur Typisierung 101
    4. Rechtstheoretische Einordnung des Schutzes 104
       a) Bezugspunkt 104
       b) Verhältnis 106
       c) Absoluter versus relativer Schutz 106
       d) Individueller versus genereller Schutz 108
       e) Negativer versus positiver Schutz 109

II. Zu Neugründungen: Erforderlichkeit einer ideellen Neuausrichtung? 110
D) Zusammenfassung 112

2. Kapitel: Verwirklichung des rechtlichen Schutzes 114

§ 4 Historische Entwicklung des Schutzes kleiner Unternehmen 114
A) Einführung 114
B) Entwicklung in Deutschland 115
I. Vom Mittelalter bis zur frühen Neuzeit 115
1. Entwicklung der selbständigen Erwerbstätigkeit 115
2. Zünfte: Wirtschaftlicher und sozialer Schutz für Handwerker 116
II. 19. Jahrhundert bis zur Reichsgründung (1871) 118
1. Entwicklung der selbständigen Erwerbstätigkeit 118
2. Entstehung der sozialen Frage 120
3. Schutzmaßnahmen 120
III. Kaiserreich (1871–1918) 121
1. Entwicklung der selbständigen Erwerbstätigkeit 121
   a) Rechtstatsächlicher Hintergrund und volkswirtschaftliche Bedeutung 121
   b) Zunehmende wirtschaftliche Probleme 123
2. Schutzmaßnahmen 125
   a) Einrichtung von Interessenvertretungen und Zulassungsbeschränkungen 126
   b) Einführung der Warenhaussteuer 127
   c) Einführung des Wettbewerbsrechts 127
IV. Weimarer Republik (1919–1933) 128
1. Entwicklung der selbständigen Erwerbstätigkeit 128
2. Mittelstandsideologie 130
3. Schutzmaßnahmen 131
   a) Verankerung des Mittelstandsschutzes in der Verfassung . 131
      aa) Art. 164 WRV: Hintergrund und Interpretation 131
      bb) Politische Bedeutung und einzelne Umsetzungsmaßnahmen 133
   b) Interessenvertretungen 134
V. Drittes Reich (1933–1945) 135
VI. Nachkriegszeit und Bundesrepublik (ab 1945) 137
C) Zusammenfassung und Fazit 138

§ 5 Befugnis, Pflicht und Grenzen zum Schutz kleiner Unternehmen 141

A) Einführung 141
B) Rechtsprechungsanalyse: Die Bedeutung von kleinen
   Unternehmen in der juristischen Argumentation 141
   I. Europäischer Gerichtshof 142
   II. Reichsgericht, Bundesgerichtshof und Bundes-
       arbeitsgericht 144
   III. Instanzgerichte 147
   IV. Fazit 149
C) Verfassungsrechtlicher Ansatz 150
   I. Verfassungsimmanente Vorgaben? 150
   II. Berufs- und Unternehmerfreiheit, Art. 12, 14 GG 153
       1. Abwehrrecht 153
          a) Schutzbereich 153
          b) Eingriff und verfassungsrechtliche Rechtfertigung 154
             aa) Grundlagen 154
             bb) Ausgewählte Anwendungsfälle 155
                 (1) Freistellungskosten 155
                 (2) Pflicht zur Beschäftigung schwerbehinderter
                     Menschen und zur Zahlung einer Ausgleichs-
                     abgabe 157
                 (3) Rauchverbot in Gaststätten 158
       2. Schutzpflichten zugunsten kleiner Unternehmen? 158
   III. Gleichbehandlungsgrundsatz, Art. 3 GG 159
       1. Grundlagen 160
       2. Gleichbehandlung von wesentlich Ungleichem 161
       3. Verfassungsrechtliche Rechtfertigung 164
          a) Verhältnis der kleinen Unternehmen zu Arbeitnehmern .. 165
          b) Verhältnis der kleinen Unternehmen zu größeren
             Unternehmen 167
   IV. Vertragsfreiheit 168
   V. Sonderproblem: Schutz vor Konkurrenz 169
       1. Grundsatz: Kein subjektive Recht 169
       2. Legitimes Ziel 170
   VI. Umsetzung in der Rechtsanwendung 172
       1. Gesetzesauslegung 173
       2. Richterliche Rechtsfortbildung 175
   VII. Zusammenfassung 175

D) Ökonomischer Ansatz 176
  I. Grundlagen der Folgenorientierung 176
     1. Bestimmung und Bewertung der Entscheidungsfolgen . 177
     2. Effizienz als ökonomisches Bewertungskriterium 180
        a) Nutzensumme 180
        b) Wohlfahrtsökonomische Effizienzkriterien 180
           aa) Pareto-Kriterium 180
           bb) Kaldor/Hicks-Kriterium 181
              (1) Grundlagen 181
              (2) Bewertung der Vor- und Nachteile für die
                  Betroffenen 183
           cc) Reichtumsmaximierungsprinzip 184
  II. Die Effizienz des Schutzes von kleinen Unternehmen 184
     1. Folgerungen aus der Nutzensumme:
        Die Studie von Bradford 185
        a) Der Nutzen von gesetzlicher Regulierung 185
        b) Effizienz nach dem Kosten-Nutzen-Verhältnis 186
           aa) Lineare Kosten-Nutzen-Funktionen 186
           bb) Nichtlineare Kosten- Nutzen-Funktionen 187
        c) Die Bestimmung der Größe 188
        d) Die Transaktionskosten von größenabhängigen
           Befreiungen 188
     2. Folgerungen aus dem Kaldor/Hicks-Kriterium 190
 III. Rechtliche Umsetzung 193
     1. Gesetzgeber 193
        a) Folgenorientierung in der Gesetzgebung 194
        b) Speziell: Orientierung an ökonomischen Gesichtspunkten 194
           aa) Verfassungsrechtliche Pflicht? 195
           bb) Verfassungsrechtliche Grenzen 196
     2. Rechtsprechung.. 198
        a) Folgenorientierung in der Rechtsanwendung 198
        b) Kriterien zur Folgenbewertung 201
           aa) Effizienz 201
           bb) Spezifisch arbeitsrechtliche Kriterien 203
        c) Rechtsmethodische Realisierbarkeit 206
           aa) Möglichkeiten und Grenzen der juristischen
               Methodenlehre 206
           bb) Stichhaltigkeit von ökonomischen Argumenten 209
           cc) Gerichtliche Nachprüfbarkeit 213
  IV. Zusammenfassung 215

E) Rechtsphilosophischer Ansatz 216
 I. Gerechtigkeit 216
  1. Grundlagen 216
   a) Hintergrund des Gerechtigkeitsgebots 217
    aa) Rechtliche Verankerung 217
    bb) Zuständigkeit für die Verwirklichung 218
   b) Inhalt des Gerechtigkeitsgebots 220
    aa) Gleichheit 221
    bb) Umverteilung (iustitia distributiva) 221
     (1) Inhalt der Verteilungsgerechtigkeit und ihre
         Anwendung auf kleine Unternehmen 222
      (a) Sozialer Ausgleich von Schwächen 224
       (aa) Rechtsphilosophische Ableitung 224
       (bb) Gegenstand der Verteilung 226
       (cc) Kritische Würdigung 226
       (dd) Verteilungsgerechtigkeit und Effizienz ... 229
      (b) Sozialer Ausgleich von Ungleichheiten 230
       (aa) Kosten-Nutzen-Verhältnis 230
       (bb) Sozialstaatsprinzip 231
     (2) Verteilungsmedium 233
     (3) Verteilungsinstanz 236
     (4) Verteilungsmaßstab 238
    cc) Interessenausgleich 240
     (1) Angemessenheitskriterien und Abwägungsfehler . 241
     (2) Vergleichender statt transzendentaler Ansatz 243
     (3) Schlussfolgerungen 244
      (a) Gerechtigkeit und One Right Answer Thesis .. 244
      (b) Gerechtigkeit und Abwägungsverbote 245
    dd) Menschenrechte 246
  2. Umsetzung in der Rechtsanwendung 246
   a) Gerechtigkeitsorientierte Argumentation in der
      Rechtsprechung 246
   b) Möglichkeiten und Grenzen der juristischen
      Methodenlehre 249
    aa) Gesetzesauslegung 249
    bb) Richterliche Rechtsfortbildung 252
   c) Gerichtliche Nachprüfbarkeit 253
  2. Zusammenfassung 254
 II. Freiheit 254
  1. Der „Capability Approach" von Sen 255
  2. Folgerung für kleine Unternehmen 255
F) Zusammenfassung und Fazit 256

Dritter Teil:

Anwendung auf Referenzgebiete

3. Kapitel: Kleine Unternehmen im Arbeitsrecht 263

§ 6 Bestandsaufnahme und allgemeine Folgerung 265

    A) Funktionen des Arbeitsrechts und Arbeitnehmerbegriff 265
        I. Legitimation des Arbeitsrechts: Die traditionelle Sichtweise 267
           1. Machtungleichgewicht 268
           2. Abhängigkeit 271
        II. Wirtschaftliche und verfassungsrechtliche Rahmenbedingungen 273

    B) Defizite des Arbeitsrechts und ihre Folgen 274
        I. Intransparenz 274
        II. Statik 277
        III. Auswirkungen auf die Unternehmen 277
           1. Rechtsunsicherheitsbedingte Erhöhung der Kosten 278
           2. Beeinträchtigung der Rechtstreue 279

    C) Allgemeine Folgerung: Deregulierung des Arbeitsrechts 281
        I. Grundprobleme einer Deregulierung 282
        II. Generelle Lösungsansätze 283
           1. Liberalisierung der arbeitsvertraglichen Ebene 284
           2. Klarheit und Bestimmtheit der Gesetzgebung 285
        III. Sonderproblem: Verfassungsmäßigkeit einer Deregulierung des Kündigungsschutzes 286

§ 7 Größenabhängige Befreiung mittels Schwellenwerten 288

    A) Die wichtigsten Schwellenwerte im deutschen Arbeitsrecht 289
    B) Ökonomische Analyse von Schwellenwerten 290
        I. Theoretische Untersuchung 291
        II. Empirische und vergleichende Untersuchung 293
           1. Deutschland 293
           2. Portugal 295
           3. Frankreich 296
           4. Italien 296
           5. Fazit 297
    C) Plädoyer für eine Neukonzeption 297
        I. Bewertungen in der Literatur 297

II. Eigene Würdigung 298
  1. Anknüpfungspunkt von Schwellenwerten 298
     a) Umsatz und Bilanzsumme als Alternative zu
        Arbeitnehmerzahlen? 298
     b) Unternehmen als primärer Anknüpfungspunkt 299
  2. Streuung von Schwellenwerten 300
  3. Vereinheitlichung 301
  4. Der Schwellenwert des § 23 KSchG 302
     a) Gründe für die Abschwächung des Kündigungsschutzes
        in kleinen Unternehmen 303
        aa) Individuelle Interessen 304
            (1) Kosten des Unternehmens 304
            (2) Näheverhältnis und Unternehmerautonomie 307
                (a) Moralische Dimension 307
                (b) Ökonomische Dimension 308
        bb) Kollektive Interessen 310
     b) Schlussfolgerungen 312
        aa) Verfassungsmäßigkeit der gegenwärtigen Regelung ... 312
        bb) Höhe des Schwellenwertes 314
        cc) Anknüpfung an das persönliche Mitwirken des
            Arbeitgebers 316
        dd) Anknüpfung an das Unternehmen 316
        ee) Abfindungssystem als Alternative 319
  5. Der Schwellenwert des § 1 BetrVG 321
     a) Ökonomischer Hintergrund 321
     b) Kritik und Reformvorschläge: Betriebsverfassung
        für Kleinunternehmen? 322
  6. Schwellenwerte in Tarifverträgen 324
  7. Alternativen zu größenabhängigen Befreiungen 326
     a) Ausgleichs- und Umlageverfahren 326
        aa) Umlage zugunsten kleiner Unternehmen 326
        bb) Exkurs: Tarifliche Ausbildungskostenumlage
            für Solo-Selbständige 328
     b) Subventionierung 330

D) Zusammenfassung 331

§ 8 Arbeitsrecht für Kleinunternehmer 331

A) Rechtshistorischer und ökonomischer Hintergrund 332
   I. Fokussierung des Arbeitsrechts auf Arbeitnehmer 332
   II. Die heutigen Formen von Arbeitsbeziehungen 334
       1. Wirtschaftliche Entwicklung 334
       2. Systematisierung 335
   III. Folgen für die Anwendung des Arbeitsrechts 336

B) Arbeitsrechtlicher Schutz von Selbständigen:
   Die gegenwärtige Regelung 338
   I. Ebene der Internationalen Organisationen 338
   II. Europäische Ebene 341
      1. Prinzipielle Fokussierung auf Arbeitnehmer 341
      2. Schutz von Handelsvertretern 342
      3. Reformbestrebungen 343
         a) Der Supiot-Report von 1999 343
         b) Der Perulli-Report von 2002 344
         c) Das Grünbuch der Europäischen Kommission von 2006 .. 345
         d) Kompetenzen und Schranken für eine Ausdehnung
            des Arbeitsrechts auf Selbständige 347
   III. Nationale Ebene 350
      1. Schutz von Handelsvertretern 350
         a) Die Einschätzung des Gesetzgebers zur Schutz-
            bedürftigkeit 350
         b) Rechtliche Umsetzung des Schutzes 351
         c) Handelsvertreterrecht als Vorbild für den Schutz
            von kleinen Unternehmen? 352
      2. Entgeltsicherung 354
         a) Mindestvergütung 354
         b) Zahlungsverzug und Zahlungsunfähigkeit 356
      3. Die Kategorie der Arbeitnehmerähnlichen 357
         a) Begriffsbestimmung 357
         b) Anwendungsbereich 358
   IV. Grundlegende Schlussfolgerungen 359
      1. Verfassungsrechtlicher Ansatz: Art. 3 Abs. 1 GG 359
         a) Rechtlich relevante Ungleichbehandlung 360
         b) Verfassungsrechtliche Rechtfertigung 363
            aa) Grundsätzliche Anforderungen 363
            bb) Erforderlichkeit der persönlichen Abhängigkeit 363
      2. Ökonomischer Ansatz: Volkswirtschaftliche Folgen 365
      3. Gerechtigkeitsorientierter Ansatz:
         Gleichheit, Interessenabwägung und Umverteilung 366
      4. Ergebnis 367
C) Arbeitsrechtlicher Schutz von Selbständigen in anderen
   Rechtsordnungen 368
   I. Rechtslage in anderen EU-Ländern 368
      1. Vereinigtes Königreich 368
      2. Niederlande 371
      3. Italien 372
      4. Spanien 372

	5. Portugal	373
	6. Frankreich	373
II.	Auswertung	375

D) Versuch einer Lösung 376
   I. Ausgangspunkt: Eingeschränkte Konsensfähigkeit grundlegender Änderungen 376
  II. Lösungsmöglichkeiten 378
     1. Vollständige Neukonzeption des Arbeitsrechts 378
       a) Der Ansatz von Freedland: Arbeitsrecht für alle persönlich Arbeitenden 378
          aa) Herleitung 378
          bb) Regelungsvorbilder und ähnliche Vorschläge 381
          cc) Bewertung 382
       b) Der Ansatz von Carlson: Anknüpfung des Arbeitsrechts an die Transaktion 384
       c) Der Ansatz von Deakin und Fudge: Anknüpfung des Arbeitsrechts an den Arbeitgeber 385
       d) Der Ansatz von Langille: Verwirklichung menschlicher Freiheit 386
          aa) Herleitung 386
          bb) Bewertung 388
     2. Ausdehnung des gesamten Arbeitsrechts auf alle wirtschaftlich Abhängigen 389
       a) Begründungsversuche und Kritik 390
       b) Rechtliche Umsetzungsmöglichkeiten 392
          aa) De lege lata 392
              (1) Möglichkeit einer Analogie? 392
              (2) Modifikation des Arbeitnehmerbegriffs 393
                 (a) Anknüpfung an wirtschaftliche Abhängigkeit . 393
                     (aa) Rechtsvergleich 395
                     (bb) Stellungnahme 398
                 (b) Modifikation der persönlichen Abhängigkeit .. 399
          bb) De lege ferenda: Ausdehnung des Anwendungsbereichs 400
     3. Punktuelle Anwendung des Arbeitsrechts auf eine mittlere Kategorie 401
       a) Begründungsversuche und Kritik 402
       b) Definition und Ausgestaltung der mittleren Kategorie 403
       c) Mögliche Schutzmaßnahmen 405
          aa) Entgeltsicherung 407
              (1) Gesetzliche Mindestvergütung 407
              (2) Ausweitung von kollektiven Vergütungsregeln 410
          bb) Pflichtmitgliedschaft in den Sozialversicherungssystemen 411
          cc) Kündigungsschutz 413

                (1) Erfordernis eines sachlichen Grundes 413
                (2) Willkürverbot 415
                (3) Kündigungsfrist 415
         4. Verstärkter Schutz für bestimmte Berufsgruppen
            und Beschäftigungsformen 417
            a) Vor- und Nachteile dieser Lösung 418
            b) Anwendungsbeispiel: Crowdworker 418
                aa) Hintergrund 419
                bb) Rechtliche Einordnung 421
                cc) Regelungsbedürfnis und Regelungsvorschläge 422
      III. Ergebnis 424
   E) Zusammenfassung... 425

4. Kapitel: Kleine Unternehmen im Bürgerlichen Recht 427

§ 9 *Anwendungsbereich des Verbraucherschutzes* 427
   A) Grundlagen des Verbraucherschutzrechts 427
      I. Ziele 429
         1. Individualinteressen 429
            a) Schutz des freien Willens 429
            b) Schutz des Schwächeren 430
                aa) Konzeption des strukturell unterlegenen
                    Verbrauchers 430
                bb) Modell des situativ schutzbedürftigen Verbrauchers .. 433
                cc) Kombinationsmodell 434
         2. Kollektivinteressen 434
            a) Herstellung von Effizienz 434
            b) Verwirklichung des Binnenmarktes und Generierung
                von Nachfrage...................................... 436
      II. Europarechtlicher Hintergrund 436
   B) Kleine Unternehmen in der Dichotomie von Verbrauchern
      und Unternehmen 439
      I. Ressourcen 439
      II. Information 442
      III. Erkenntnisvermögen 445
         1. Die wichtigsten kognitiven Schwächen 446
            a) Überoptimismus und Selbstüberschätzung 446
            b) Verfügbarkeit 446
            c) Kognitive Dissonanz 447
            d) Bedauernsaversion 448
            e) Status-Quo-Effekt und Endowment-Effekt 448
            f) Ankereffekt 449
         2. Die Auswirkungen auf Kleinunternehmer 449

IV. Grundlegende Schlussfolgerungen 451
   1. Verfassungsrechtlicher Ansatz: Art. 3 Abs. 1 GG 451
   2. Ökonomischer Ansatz: Volkswirtschaftliche Folgen 452
   3. Gerechtigkeitsorientierter Ansatz: Gleichheit,
      Interessenabwägung und Umverteilung 454
C) Herausnahme von Kleinunternehmern aus dem
   Verpflichtungsbereich des Verbraucherschutzrechts 455
   I. De lege lata 456
   II. De lege ferenda 457
      1. Der Vorschlag von Zöllner 457
      2. Stellungnahme 458
D) Einbeziehung von Kleinunternehmern in den
   Begünstigungsbereich des Verbraucherschutzrechts 459
   I. De lege lata 459
      1. Grundsatz: Keine Verbrauchereigenschaft bei
         gewerblichem Handeln 459
      2. Scheinselbständige und Arbeitnehmerähnliche 460
      3. Existenzgründer 461
         a) Sachargumente 463
         b) Autoritätsargumente 465
            aa) Wortlaut 465
            bb) Umkehrschluss zu § 513 BGB 465
            cc) Entstehungsgeschichte 467
         c) Zwischenergebnis 468
         d) Analogie zu § 513 BGB 468
   II. De lege ferenda 469
      1. Behandlung aller Unternehmer als Verbraucher 469
      2. Behandlung aller Kleinunternehmer als Verbraucher ... 470
      3. Entwicklung eines beweglichen Systems 471
         a) Einzelfallbezogene Anwendung des Verbraucherschutzes . 473
         b) Behandlung aller Existenzgründer als Verbraucher 475
         c) Kleinunternehmer als mittlere Kategorie:
            Punktuelle Anwendung des Verbraucherschutzrechts 475
            aa) Mögliche Anwendungsbereiche 477
               (1) Verbraucherkreditrecht 477
               (2) Sonstige Bereiche 478
            bb) Definition der mittleren Kategorie 479
            cc) Ergebnis und Regelungsvorschlag 481
E) Zusammenfassung 482

§ 10 AGB-Kontrolle von Kunden- und Lieferantenverträgen 482
   A) Grundlagen der AGB-Kontrolle im Bürgerlichen Recht 484
      I. Bedeutung von AGB im Rechts- und Wirtschaftsleben 484
     II. Zweck der AGB-Kontrolle 484
    III. Ökonomische Auswirkungen der AGB-Kontrolle 486
    IV. Grundlegende Schlussfolgerung im Hinblick
        auf kleine Unternehmen 487
   B) AGB-Kontrolle gegenüber Verbrauchern 488
      I. Tatbestandsseite 489
        1. Unternehmensgröße auf Verwenderseite als
          Abwägungsfaktor 489
        2. Bestimmung der Transparenz i.S.v. § 307 Abs. 1
          S. 2 BGB 491
     II. Rechtsfolgenseite: Abmilderung der Fehlerfolge 494
        1. Keine geltungserhaltende Reduktion außerhalb des
          Arbeitsrechts 494
        2. Zur ergänzenden Vertragsauslegung 495
        3. Zum Vertrauensschutz 496
   C) AGB-Kontrolle gegenüber Unternehmen 496
      I. Grundlagen 496
        1. Die Regelung des § 310 Abs. 1 BGB und ihre Anwendung
          in der Rechtsprechung 496
        2. Teleologische Legitimation 497
     II. Kleine Unternehmen im unternehmerischen
        Rechtsverkehr: Problempunkte und Lösungsvorschläge ... 498
        1. Durchführung der AGB-Kontrolle 499
          a) Unternehmensgröße auf Vertragspartnerseite als
            Abwägungsfaktor 499
            aa) Ausgangspunkt: Überindividuell generalisierende
                Betrachtung 499
            bb) Berücksichtigungsfähigkeit der Interessen von
                Kleinunternehmern 501
          b) Modifikation des Prüfungsprogramms 506
        2. (Partielle) Abschaffung der AGB-Kontrolle 507
          a) Vollständige Abschaffung 508
          b) Größenabhängige Befreiung 509
          c) Beschränkung auf branchenfremde Geschäfte 512
          d) Beschränkung auf inländische Geschäfte 512
          e) Ausschluss bei individualvertraglichem Verzicht 512
        3. Modifikation des AGB-Begriffs 513
        4. Anforderungen an eine Individualvereinbarung 516
   D) Zusammenfassung 517

Vierter Teil:
Zusammenfassung und Schlussbetrachtung

A) Ergebnisse 521
B) Ausblick 527

Literaturverzeichnis 529

Internetquellen 569
Register 571

Abbildungsverzeichnis

Abbildung 1: Methodische Zulässigkeit verfassungsorientierter Argumente 175

Abbildung 2: Lineare Kosten-Nutzen-Funktionen 186

Abbildung 3: Nichtlineare Kosten-Nutzen Funktionen 187

Abbildung 4: Effizienz von größenabhängigen Befreiungen 189

Abbildung 5: Methodische Zulässigkeit ökonomischer Argumente 208

Abbildung 6: Methodische Zulässigkeit gerechtigkeitsorientierter Argumente 251

Abbildung 7: Crowdworking 419

Erster Teil:

Einleitung

A) Problemstellung und Zielsetzung

Das deutsche Recht ist nach Art. 3 Abs. 1 GG dem Gleichheitsgedanken verpflichtet. Gleiches gilt für das europäische Recht, wie Art. 18 AEUV und insbesondere Art. 20 der Grundrechte-Charta zum Ausdruck bringen. Deutsche und europäische Vorschriften gelten für alle Rechtssubjekte gleichermaßen, unabhängig von deren Geschlecht, Alter oder Vermögen. Dies gilt auch für das Zivilrecht, das historisch auf den Ideen des klassischen Liberalismus und damit auf dem Grundsatz formaler Gleichheit beruht.[1] Eine Durchbrechung erfährt dieser Grundsatz dadurch, dass verschiedenen Gruppen von Marktteilnehmern ein spezieller rechtlicher Schutz gewährt wird. Dazu gehören insbesondere Arbeitnehmer und Verbraucher, denen mit Arbeitgeber bzw. Unternehmer ein Vertragspartner gegenüber steht, der nach der gesetzlichen Vorstellung wirtschaftlich überlegen ist. Nun sind Arbeitgeber bzw. Unternehmen aber keineswegs nur große, vielleicht sogar grenzüberschreitend tätige Organisationen, sondern z.B. auch kleine Handwerksbetriebe, Gaststätten oder Physiotherapiepraxen.[2] Die Inhaber von kleinen Unternehmen stellen sich als Rechtssubjekte je nach Perspektive unterschiedlich dar: Gegenüber ihren Arbeitnehmern und Kunden treten sie als Arbeitgeber bzw. Unternehmer auf, die wegen ihrer (vermeintlichen) Überlegenheit von arbeits- und verbraucherschutzrechtlicher Regulierung betroffen sind.[3] Im Rechtsverkehr mit Großunternehmen erscheinen sie hingegen wirtschaftlich unterlegen[4] und eher mit Verbrauchern als mit Topmanagern vergleichbar.[5] Diese Position zwischen Arbeitnehmern und Verbrauchern auf der

---

[1] Vgl. *Staudinger/Richardi/Fischinger*, BGB, Bearb. 2016, A. Geschichtliche Grundlagen und Entwicklung des Arbeitsrechts, Rn. 104 ff.; *Neuner*, Privatrecht und Sozialstaat, 1999, S. 274; *Wolf/Neuner*, Allgemeiner Teil des Bürgerlichen Rechts, 11. Aufl. 2016, § 10 Rn. 42; *Wesel*, Geschichte des Rechts, 4. Aufl. 2014, S. 468.
[2] Dazu aus arbeitsrechtlicher Sicht schon *Hueck/Nipperdey*, Lehrbuch des Arbeitsrechts I, 7. Aufl. 1963, S. 88.
[3] Vgl. *Davies/Freedland*, in: Collins/Davies/Rideout, The Legal Regulation of the Employment Relation, 2000, S. 267 (269).
[4] Zur wirtschaftlichen Unterlegenheit gegenüber größeren Unternehmen näher unten § 3 B) I. 1. b) ee).
[5] Zur Verbraucherähnlichkeit näher unten § 10 B).

einen Seite und Großunternehmen auf der anderen Seite zeigt, dass sich kleine Unternehmen nicht ohne weiteres in die gesetzliche Gegenüberstellung von Arbeitgeber und Arbeitnehmer[6] bzw. Unternehmer und Verbraucher einfügen.[7] Mit Recht weist *Larry Garvin* darauf hin, dass

„[...] these dichotomies – consumer versus non-consumer, merchant versus non-merchant, and, worst of all, consumer versus merchant – are false, because small businesses do not fall cleanly into any of these categories."[8]

Angesichts dieser Sonderstellung ist fraglich, ob ihnen gegenüber der gleiche Arbeitnehmer- und Verbraucherschutz zu legitimieren ist wie gegenüber größeren Unternehmen, und ob sie ihrerseits spezifischen rechtlichen Schutzes bedürfen. Die gesetzliche Regulierung ist für sie ohne rechtliche Beratung nicht immer zu durchschauen und bürdet ihnen eine erhebliche Kostenlast auf, und im Hinblick auf Geschäftserfahrung und wirtschaftliche Macht erscheinen Kleinunternehmer häufig arbeitnehmer- bzw. verbraucherähnlich.[9] *Garvin* beschreibt dies wie folgt:

„In many ways, they most resemble consumers and non-merchants in their abilities to deal with risk, whether financially or cognitively, to secure and process information, and to fend for themselves in the market. Nevertheless they are generally – almost invariably – treated like merchants. Small businesses thus get the worst of each dichotomy. In their dealings with consumers, small businesses must give protections based on asymmetries that may not exist. In their dealings with larger businesses, small businesses are treated as though the parties are essentially equal, which will not usually be true save in the most formal sense."[10]

Diese Ausgangslage wird in der vorliegenden Arbeit zum Anlass genommen, den Schutz von kleinen Unternehmen im Recht grundlegend zu untersuchen und einen angemessenen Interessenausgleich im Machtgefüge zwischen Arbeitnehmern, Verbrauchern und Großunternehmen zu schaffen. Auf dieser Grundlage werden sowohl gesetzliche Regelungsvorschläge als auch Argumentationsmuster und Auslegungsergebnisse für die Rechtsanwendung entwickelt. Die allgemeinen Grundlagen sollen rechtsgebietsübergreifend erarbeitet werden und sodann im besonderen Teil der Arbeit auf ausgewählte Bereiche des Arbeitsrechts und des Bürgerlichen Rechts angewandt werden. Eine Begrenzung auf exemplarische Anwendungsbereiche erscheint geboten, weil weder ein Handbuch noch eine Ausbreitung über mehrere Bände angestrebt wird. Dies wäre jedoch kaum zu vermeiden, wenn auch das Gesellschafts-, Kartell- und Steuerrecht einbezo-

---

[6] Zum überkommenen Lagerdenken im Arbeitsrecht siehe *Rieble*, FS Adomeit, 2008, S. 619 ff.
[7] *Freilich/Webb*, University of Western Australia Law Review 2013, 134 (138).
[8] *Garvin*, 40 Wake Forest Law Review [2005], 295 (296 f.).
[9] Dazu eingehend unten § 3 B) I. 1. b); speziell zur Verbraucherähnlichkeit § 9 B).
[10] *Garvin*, 40 Wake Forest Law Review [2005], 295 (297).

gen oder spezielle Vertragstypen wie Vertragshändler oder Franchisenehmer erörtert würden.[11] Die hier behandelten Referenzgebiete wurden im Hinblick darauf gewählt, dass sie die rechtliche Beziehung von Kleinunternehmern zu den anderen Privatrechtssubjekten regeln, in denen das wirtschaftliche Machtgefüge in besonderem Maße virulent wird. So stellt sich im Arbeitsrecht nicht nur die Frage, inwieweit Kleinunternehmer von den – für sie belastenden – arbeitnehmerschützenden Vorschriften auszunehmen sind, sondern auch, ob im Verhältnis zu ihren Auftraggebern eine Einbeziehung in arbeitnehmerschützende Vorschriften anzustreben ist. Im Bürgerlichen Recht sind es der Verbraucherschutz und die AGB-Kontrolle, die jeweils gesondert für das Verhältnis von Kleinunternehmern zu Verbrauchern und zu größeren Unternehmen zu untersuchen sind: Im Verbraucherschutzrecht stellt sich ebenso wie im Arbeitsrecht die Frage, ob Kleinunternehmer von seinem Verpflichtungsbereich ausgenommen bzw. in den Begünstigungsbereich einzubeziehen sind, und im Rahmen der AGB-Kontrolle fragt sich, inwieweit den Besonderheiten von kleinen Unternehmen gegenüber Verbrauchern einerseits und größeren Unternehmen andererseits Rechnung getragen werden kann. Bereiche, die wie z.B. das Steuerrecht die Beziehung von kleinen Unternehmen zum Staat betreffen, werden demgegenüber ausgespart.

Ebenso ausgespart werden mittelgroße Unternehmen. Diese werden zwar häufig gemeinsam mit kleinen Unternehmen unter dem Akronym „KMU" genannt. Namentlich in der ökonomischen Literatur wird es als sinnvoll erachtet, kleine und mittelgroße Unternehmen als eine Gruppe anzusehen und diese gegenüber den großen Unternehmen abzugrenzen.[12] Für eine solche Gegenüberstellung wird angeführt, dass die Gestaltungsempfehlungen überwiegend in Form von Tendenzaussagen zu erwarten sind. Zudem könne man auf die Ziehung strenger Klassengrenzen verzichten und ohne weiteres mehrere Merkmale zur Beurteilung der Unternehmensgröße heranziehen.[13] Über die Vielzahl der Merkmale wie Organisation, Produktion und Finanzierung könne eine möglichst genaue Charakterisierung der beiden Unternehmenstypen erreicht werden.[14] Zudem könne man für ein konkretes Unternehmen leichter beurteilen, ob es insgesamt oder in bestimmten Bereichen eher dem typischen KMU oder dem typischen Großunternehmen entspricht.[15] Auch wenn dieser Erwägungen in ökonomischer Hinsicht einleuchten, spricht für den hiesigen Ansatz, dass unter

---

[11] Zu den kleine Unternehmen betreffenden Rechtsgebieten *Seifert*, Der Schutz kleiner und mittlerer Unternehmen im deutschen und europäischen Wirtschaftsrecht, 2006, S. 8 f.
[12] *Bergmann*, Unternehmensgröße und technischer Fortschritt, 1972, S. 22 f.; *Pfohl*, in: Pfohl, Betriebswirtschaftslehre der Mittel- und Kleinbetriebe, 4. Aufl. 2006, S. 1 (17).
[13] *Pfohl*, in: Pfohl, Betriebswirtschaftslehre der Mittel- und Kleinbetriebe, 4. Aufl. 2006, S. 1 (17).
[14] *Günzel*, Das betriebswirtschaftliche Größenproblem kleiner und mittlerer industrieller Unternehmen, 1975, S. 38.
[15] *Pfohl*, in: Pfohl, Betriebswirtschaftslehre der Mittel- und Kleinbetriebe, 4. Aufl. 2006, S. 1 (17).

mittleren Unternehmen zumeist Unternehmen mit mehr als 50 Arbeitnehmern verstanden werden (dazu sogleich im Text). Damit überschreiten sie die meisten Schwellenwerte, mit denen kleine Unternehmen von bestimmten Regulierungen ausgenommen werden sollen, sodass sie nach der Wertung des Gesetzgebers nicht in gleichem Maße schutzwürdig sind. In der Tat besteht zwischen einem Unternehmen, das mehr als 50 Arbeitnehmer beschäftigt, und einem Einmannunternehmen augenscheinlich ein qualitativer Unterschied. Angesichts dessen erscheint eine einheitliche Behandlung in einer rechtswissenschaftlichen Untersuchung nicht sinnvoll.

B) Stand der Forschung

In ökonomischer Hinsicht werden kleine Unternehmen bereits seit dem 19. Jahrhundert ausgiebig erforscht.[16] Die entsprechenden Ergebnisse und Theorien werden jedoch in der Rechtswissenschaft häufig unreflektiert aufgegriffen und dem juristischen Standpunkt ohne empirische Fundierung und wirtschaftswissenschaftliche Quellenangaben zugrunde gelegt.[17] Ökonomen kritisieren dies als bloße Behauptung von Klischees.[18] Insoweit besteht daher noch ein breiter Raum für einen interdisziplinären Ansatz, der die ökonomischen Erkenntnisse für eine kritische Überprüfung der geläufigen Prämissen und die Erarbeitung neuer rechtlicher Lösungsvorschläge fruchtbar macht. Im Arbeitsrecht wurde eine Differenzierung des Arbeitnehmerschutzes nach der Unternehmensgröße letztmals auf dem Deutschen Juristentag 2004 in größerem Umfang erörtert, das vorbereitende Gutachten von *Abbo Junker* geht kurz auf die Schutzbedürftigkeit von kleinen Unternehmen ein und befasst sich sodann mit arbeitsrechtlichen Schwellenwerten, Kündigungsschutz, Betriebsverfassung und Tarifrecht.[19] Aktueller, allerdings auf Solo-Selbständige begrenzt ist die kurze Monographie von *Olaf Deinert*.[20] Den Schutz von kleinen Unternehmen speziell im Wirtschaftsrecht hat *Achim Seifert* in seiner unveröffentlichten Habilitationsschrift behandelt.[21] Die allgemeinen, übergreifenden Grundlagen des Themas sind bislang

---

[16] *v. Schmoller*, Zur Geschichte der deutschen Kleingewerbe im 19. Jahrhundert. Statistische und nationalökonomische Untersuchungen, 1870, S. 659 ff.; heute etwa *Acs*, Are Small Firms Important?, 1999.

[17] Symptomatisch etwa *Buchner*, DB 2003, 1510 und *Wolter*, NZA 2003, 1068, die ökonomische Thesen nahezu ausschließlich mit Gesetzesbegründungen und juristischem Schrifttum belegen.

[18] *Krämer*, Mittelstandsökonomik, 2003, S. 2.

[19] *Junker*, Gutachten B für den 65. Deutschen Juristentag, 2004, B 3 ff.

[20] *Deinert*, Soloselbständige zwischen Arbeitsrecht und Wirtschaftsrecht.

[21] *Seifert*, Der Schutz kleiner und mittlerer Unternehmen im deutschen und europäischen Wirtschaftsrecht, 2006.

kaum erforscht. Die historische Entwicklung des Schutzes von kleinen Unternehmen wurde noch nicht als rechtsgeschichtlicher Untersuchungsgegenstand aufgegriffen, sodass sich relevante Erkenntnisse nur in der wirtschafts- und gesellschaftsgeschichtlichen Literatur finden.[22] Zur ökonomischen Analyse von größenabhängigen Befreiungen gibt es mehrere Studien aus verschiedenen Ländern, auf die sich Schlussfolgerungen zur rechtlichen Ausgestaltung von Schwellenwerten stützen lassen.[23] Der rechtsphilosophische Hintergrund des Schutzes von kleinen Unternehmen, namentlich seine Ableitung aus konsentierten Gerechtigkeitstheorien, ist noch weitgehend unerforscht. Das Gleiche gilt für seine verfassungsrechtliche Determination, insoweit wurden bislang nur die verfassungsrechtlichen Bezüge von Schwellenwerten eingehender beleuchtet.[24] Auch methodische Studien zur Frage, inwieweit der Schutz von kleinen Unternehmen im Rahmen der Gesetzesauslegung verwirklicht werden kann, gibt es noch nicht.

Im Hinblick auf ausgewählte, konkrete Anwendungsbeispiele des Schutzes von kleinen Unternehmen wurden die für das Forschungsvorhaben maßgeblichen Untersuchungsgegenstände entweder nur rudimentär oder isoliert in verschiedenen Monographien und Aufsätzen behandelt. Im Arbeitsrecht wurde der Kündigungsschutz im Kleinbetrieb[25] und der Schwellenwert des § 23 KSchG[26] bereits ausführlich erörtert, ebenso wie die Eignung der Betriebsverfassung für Kleinbetriebe[27] und der Eingangsschwellenwert des § 1 BetrVG.[28] Die ökonomischen Auswirkungen von Tarifverträgen auf kleine Unternehmen und die verfassungsrechtliche Befugnis der Tarifparteien zu einer Differenzierung nach

---

[22] Vgl. *Wehler*, Deutsche Gesellschaftsgeschichte, Bd. 1–5; *Nipperdey*, Deutsche Geschichte 1800–1866, 6. Aufl. 1993; ders. Deutsche Geschichte 1866–1918, Bd. 1–2; speziell zum Kaiserreich *Burhop*, Wirtschaftsgeschichte des Kaiserreichs, 2011, S. 139 f., 218; speziell zur Weimarer Republik *Knortz*, Wirtschaftsgeschichte der Weimarer Republik, 2010, S. 196 f.

[23] *Friedrich/Hägele*, Studien der ISG Sozialforschung und Gesellschaftspolitik, Bd. 20, 1997; *Garibaldi/Pacelli/Borgarello*, IZA Discussion Papers, 2003; *Schivardi/Torrini*, Labour Economics 15/3 (2005), 482 ff.; *Martins*, Journal of Labor Economics 27/2 (2009), 257 ff.; Ökonomische Würdigungen dieser Studien finden sich etwa bei *Braguinsky/Branstetter/Regateiro* The Incredible Shrinking Portuguese Firm, NBER Working Paper 17265, 2011, S. 22 ff.; *Koller*, Arbeitsrechtliche Schwellenwerte – Regelungen an der Schwelle zur Unüberschaubarkeit, Discussion Paper 2005; *dies/Schnabel/Wagner*, Schwellenwerte im Arbeitsrecht, 2007.

[24] *Endres*, Schwellenwertregelungen im Arbeitsrecht – Verfassungsrechtliche und rechtspolitische Fragen, 2003.

[25] Dazu etwa *Annuß*, BB 2001, 1898; *Gragert/Wiehe*, NZA 2001, 934 (937).

[26] Dazu etwa *Buschmann*, AuR 2004, 1 (3); *Junker*, Gutachten B für den 65. Deutschen Juristentag, 2004, B 3 (59 f.); *Löwisch*, BB 2004, 154 (161); *Richardi*, DB 2004, 486 (487).

[27] Verneinend z.B. *Gamillscheg*, RabelsZ 62 [1998], 357 (362).

[28] Kritisch dazu *Henssler*, in: Otto Brenner Stiftung (Hrsg.), Reform der Betriebsverfassung und Unternehmerfreiheit, 2001, S. 33 (67); *Buchner*, DB 2003, 1510 (1515); *Junker*, Gutachten B für den 65. Deutschen Juristentag, 2004, B 3 (86 f.).

der Unternehmensgröße haben *Rieble/Klumpp* erörtert.[29] Die grundlegenden Fragen, ob Kleinunternehmer in den Begünstigungsbereich des Arbeitsrechts oder des Verbraucherschutzrechts einzubeziehen sind, werden vorwiegend in der anglo-amerikanischen Literatur diskutiert. Es ist daher an der Zeit, dass die deutsche Rechtswissenschaft insoweit an diesen internationalen Erkenntnisstand anschließt.

Eine Auswertung der vorhandenen Literatur zeigt demnach, dass die allgemeinen Grundlagen des Themas nicht hinreichend erforscht sind und konkrete Mittel, kleine Unternehmen rechtlich zu schützen, nahezu ausschließlich separat untersucht worden sind. Rechtsvergleichende und ökonomische Analysen finden sich kaum. Eine umfassende wissenschaftliche Darstellung dieses interdisziplinären und facettenreichen Themas, die auch den ökonomischen, rechtsgeschichtlichen und rechtsphilosophischen Hintergrund beleuchtet und in die rechtliche Würdigung einbezieht, fehlt bislang. Ebenso fehlt eine Aufarbeitung übergreifender konzeptioneller Zusammenhänge, namentlich die gerechtigkeitsgeleiteten und verfassungsrechtlichen Befugnisse, Pflichten und Grenzen für Gesetzgebung und Rechtsanwendung, kleine Unternehmen zu schützen.

C) Methodisches Vorgehen und Gang der Untersuchung

Da kleine Unternehmen und ihre Stellung im Rechtssystem ein vielschichtiges Thema ist, das neben der rechtlichen auch eine ökonomische, gesellschaftliche und philosophische Dimension aufweist, ist die folgende Studie auf eine grundlegende Forschung ausgerichtet und interdisziplinär angelegt. So lässt sich die Schutzwürdigkeit von kleinen Unternehmen nicht ohne eine eingehende Betrachtung der betriebswirtschaftlichen und volkswirtschaftlichen Zusammenhänge bestimmen, die ihrerseits in die rechtstheoretischen Funktionen des Rechst eingeordnet werden müssen. Zudem sollen gezielte rechtsvergleichende Untersuchungen durchgeführt werden, da sich in allen Industrieländern Regelungen und rechtspolitische Diskussionen zum Schutz von kleinen Unternehmen finden.

Behandelt werden zunächst der Unternehmensbegriff sowie die Abgrenzung der Unternehmensgröße (unten § 1). Sodann wird der rechtstatsächliche und verhaltensökonomische Hintergrund von kleinen Unternehmen und ihrer Gründung beleuchtet (unten § 2). Sodann wird die allgemeine Schutzwürdigkeit von kleinen Unternehmen grundlegend herausgearbeitet (unten § 3). Im nächsten Abschnitt wird die historische Entwicklung des Schutzes von kleinen Unternehmen untersucht (unten § 4). Danach wird herausgearbeitet, inwieweit eine

---

[29] *Rieble/Klumpp*, JZ 2004, 817 (821 f.).

Befugnis oder gar eine Pflicht des Gesetzgebers und der Gerichte zum Schutz kleiner Unternehmen besteht (unten § 5). Dabei wird gezeigt, dass sich eine solche Befugnis bzw. Pflicht nach drei verschiedenen Ansätzen begründen lassen kann, die allerdings ihrerseits bestimmten Grenzen unterliegen: Dem verfassungsrechtlichen Ansatz, der auf den Grundrechten nach Art. 3, 12 und 14 GG aufruht; dem ökonomischen Ansatz, der die volkswirtschaftlichen Vorteile von kleinen Unternehmen und die Effizienz ihres Schutzes im Blick hat; und dem rechtsphilosophischen Ansatz, der sich in erster Linie am Kriterium der Gerechtigkeit orientiert. Im besonderen Teil werden kleine Unternehmen im Arbeitsrecht und im Bürgerlichen Recht behandelt. Dabei wird jeweils zwischen den Verhältnissen gegenüber Arbeitnehmern bzw. Verbrauchern und größeren Unternehmen unterschieden. Der arbeitsrechtliche Teil beginnt mit einer Bestandsaufnahme und allgemeinen Folgerung (unten § 6). Im Verhältnis zu den Arbeitnehmern werden sodann größenabhängige Befreiungen untersucht, namentlich deren Auswirkungen auf das Arbeitgeberverhalten sowie deren zweckmäßige Ausgestaltung (unten § 7). Im Verhältnis zu größeren Unternehmen wird erörtert, inwieweit Kleinunternehmer in den Begünstigungsbereich des Arbeitsrechts einzubeziehen sind (unten § 8). Im Bürgerlichen Recht wird zunächst der Verbraucherschutz behandelt (unten § 9). Auch hier geht es darum, ob Kleinunternehmer gegenüber Verbrauchern aus dem Verpflichtungsbereich des Verbraucherschutzrechts herauszunehmen und gegenüber größeren Unternehmen in den Begünstigungsbereich einzubeziehen sind. Schließlich wird die Inhaltskontrolle von Kunden- und Lieferantenverträgen behandelt (unten § 10).

Zweiter Teil:

Grundlegung

1. Kapitel:

Hintergrund und Schutzwürdigkeit von kleinen Unternehmen

§ 1 Abgrenzung der Unternehmensgröße

Da sich diese Arbeit speziell mit kleinen Unternehmen befasst, ist zu klären, was darunter zu verstehen ist und damit in den thematischen Fokus der Untersuchung fällt. Dafür wird zunächst der Unternehmensbegriff als solcher in den Blick genommen (unten A)). Sodann werden verschiedene Ansätze zur Abgrenzung der Unternehmensgröße entwickelt (unten B)). Zudem werden kleine Unternehmen von dem häufig verwendeten Begriff des Mittelstandes abgegrenzt (unten C)).

A) Der Unternehmensbegriff

Darüber, was ein Unternehmen ist, wurde schon viel geschrieben. Insoweit ist festzuhalten, dass es sich hierbei nicht um einen allgemeingültigen Rechtsbegriff handelt.[1] Zwar knüpfen verschiedene Rechtsgebiete und Einzelvorschriften an das Unternehmen an, etwa das Konzernrecht (§§ 15 ff., 291 ff. AktG), das Kartellrecht (Art. 101, 102 AEUV; § 1 GWB) und das Mitbestimmungsrecht (§ 1 Abs. 1 S. 1 MitbestG). Da diese Gesetze jedoch unterschiedliche Zwecke verfolgen, ist ihr jeweiliger Unternehmensbegriff teleologisch determiniert, sodass die entsprechenden Definitionen keine rechtsgebietsübergreifende Geltung beanspruchen können.[2] Dem – für eine arbeitsrechtliche Untersuchung auf den ersten Blick interessanten – Unternehmensbegriff des § 1 Abs. 1 S. 1 MitbestG kommt z.B. überhaupt keine eigenständige rechtliche Bedeutung zu.[3] Üblicherweise wird unter Unternehmen jede organisierte, eine wirtschaftliche Tätigkeit ausübende Einheit verstanden.[4] Nach dem Gericht der Europäischen Union han-

---

[1] *K. Schmidt,* Handelsrecht, 6. Aufl. 2014, § 3 Rn. 1.
[2] *K. Schmidt,* Handelsrecht, 6. Aufl. 2014, § 3 Rn. 1; eingehend *ders.,* ZGR 1980, 277 ff.
[3] *Oetker,* Großkomm-AktG, 5. Aufl. 2018, § 1 MitbestG Rn. 2.
[4] Vgl. EuGH Slg. 1997, I-7119 – Job Centre coop, Rn. 21 zu Art. 81 EGV a.F.; *Raiser,*

delt es sich um eine wirtschaftliche Einheit, die in einer einheitlichen Organisation persönlicher, materieller und immaterieller Mittel besteht, die dauerhaft einen bestimmten wirtschaftlichen Zweck verfolgt.[5] Dieses Verständnis soll der vorliegenden Arbeit zugrunde gelegt werden. Dabei muss man sich vergegenwärtigen, dass sich die Unternehmensmittel auch in der Arbeitskraft des Unternehmers erschöpfen können, sodass auch freie Mitarbeiter ein eigenes Unternehmen betreiben. Das Einkommensteuergesetz bringt dies dadurch zum Ausdruck, dass es die Tätigkeit als freier Mitarbeiter – mit der Ausnahme der freien Berufe (§ 18 EStG) – der gewerblichen Tätigkeit zuordnet (§ 15 EStG), die es von nichtselbständiger Tätigkeit (§ 20 EStG) unterscheidet.

In der Rechtswissenschaft wird das Unternehmen – anders als in der Betriebswirtschaftslehre – traditionell streng vom Betrieb abgegrenzt.[6] Danach ist das Unternehmen eine auf Gewinnerzielung ausgerichtete Organisation bzw. Wirtschaftseinheit (rechtlich-wirtschaftliche Einheit), ein Betrieb hingegen eine organisatorische Einheit, innerhalb derer ein Unternehmer bestimmte arbeitstechnische Zwecke dauerhaft verfolgt (tatsächlich-arbeitstechnische Einheit).[7] Im Betriebsverfassungsrecht herrscht dieses Verständnis noch immer vor.[8] Im Bereich des Betriebsübergangs verschwimmen die Grenzen jedoch, da Art. 1 Abs. 1 der Richtlinie 2001/23/EG sowohl Betriebe bzw. Betriebsteile als auch Unternehmen bzw. Unternehmensteile erfasst. Der Europäische Gerichtshof definiert den Betrieb mit dem weiten Begriff der „wirtschaftlichen Einheit".[9] Eine wirtschaftliche Einheit in diesem Sinne ist eine organisatorische Gesamtheit von Personen und Sachen zur auf Dauer angelegten Ausübung einer wirtschaftlichen Tätigkeit mit eigener Zielsetzung.[10] Dieser Begriff ist noch weiter als die soeben dargestellte Unternehmensdefinition des Gerichts der Europäischen Union, da er auch eine organisatorische Verbundenheit von Arbeitnehmern ohne jede materiellen und immateriellen Mittel erfassen kann. Das Bundesarbeitsgericht ist dem bei der Interpretation des Betriebsbegriffs des § 613a Abs. 1 BGB gefolgt.[11]

Unternehmen als Organisation, 1969, S. 111 ff.; *K. Schmidt*, Handelsrecht, 6. Aufl. 2014, § 3 Rn. 3 ff.

[5] EuG Slg. 1992, II-757 – Shell.

[6] Dazu eingehend *Joost*, Betrieb und Unternehmen als Grundbegriffe im Arbeitsrecht, 1988, S. 171 ff. et passim.

[7] Grundlegend *Jacobi*, Betrieb und Unternehmen als Rechtsbegriffe, Leipzig 1926; ebenso BAG AP Nr. 2 zu § 4 BetrVG 1972; *Linck*, in: Schaub, Arbeitsrechts-Handbuch, 16. Aufl. 2015, § 17 Rn. 2 f.

[8] Vgl. BAGE 1, 175 (178); BAG NZA 1989, 190; *Koch*, in: ErfKomm, 18. Aufl. 2018, § 1 BetrVG Rn. 8; eingehend *Richardi*, in: Richardi, BetrVG, 16. Aufl. 2018, § 1 Rn. 15 ff.

[9] EuGH Slg. 1986, 1119 (1128 Rn. 11) – Spijkers; EuGH AP Nr. 1 zu EWG-Richtlinie Nr. 77/187 – d'Urso.

[10] EuGH Slg. 1999, I-8643 (8675 Rn. 24) – Allen.

[11] BAG NZA 1998, 249 (250).

Rechtlich ist das Unternehmen von seinem Unternehmensträger zu trennen. Dieser ist der Inhaber des Unternehmens, sachenrechtlich also der zugehörigen materiellen und immateriellen Gegenstände. Die Zuordnung der Rechtsverhältnisse erfolgt ausschließlich zum Unternehmensträger, da das Unternehmen als solches kein Rechtssubjekt ist.[12] Im Handelsrecht wird der Unternehmer Kaufmann genannt (§ 1 Abs. 1 HGB),[13] im Arbeitsrecht Arbeitgeber (vgl. etwa §§ 613a Abs. 2 BGB, 1 Abs. 2 S. 4 KSchG, 5 Abs. 2 S. 2 MuSchG).

B) Ansätze zur Abgrenzung der Unternehmensgröße

In vielen Fällen wird die Unternehmensgröße intuitiv leicht zu beurteilen sein. Wenn z.B. ein Schreinermeister nur einen Gesellen beschäftigt oder eine Physiotherapeutin ihre Praxis ganz ohne Mitarbeiter betreibt, lässt sich ohne weiteres von einem kleinen Unternehmen sprechen. Eine allgemeingültige Antwort darauf gibt es jedoch nicht. Das Gesetz kennt verschiedene Typen von Unternehmen, die entweder per definitionem oder doch typischerweise klein sind. In die erstere Kategorie fallen z.B. Kleingewerbetreibende i.S.v. § 1 HGB sowie Arbeitgeber, die gesetzliche Schwellenwerte unterschreiten. So greift z.B. der allgemeine Kündigungsschutz nach dem treffend als Kleinbetriebsklausel bezeichneten § 23 Abs. 1 KSchG bei mehr als 10 Arbeitnehmern ein, der allgemeine Teilzeitanspruch nach § 8 TzBfG ab 16 Arbeitnehmern und die Pflicht zur Beschäftigung von schwerbehinderten Arbeitnehmern nach § 154 Abs. 1 SGB IX ab 20 Arbeitnehmern. Typischerweise klein sind Existenzgründer i.S.v. § 513 BGB, Arbeitnehmerähnliche i.S.v. § 12a Abs. 1 Nr. 1 TVG sowie Handelsvertreter i.S.v. §§ 84 ff. HGB. Schon dieser Überblick zeigt, dass „klein" ein relativer Begriff ist. So kann z.B. ein Unternehmer wirtschaftlich abhängig und damit arbeitnehmerähnlich sein, zugleich aber – etwa wegen hoher Umsatzwerte – die Kaufmannseigenschaft nach § 1 Abs. 1 HGB erfüllen. Umgekehrt werden die meisten Kleingewerbetreibenden nicht arbeitnehmerähnlich sein.

Man sieht, dass der Untersuchungsgegenstand des kleinen Unternehmens schwerer zu bestimmen ist als z.B. der des Minderjährigen, der in § 106 BGB altersmäßig klar definiert ist, oder als der des Verbrauchers, der sich nicht als Status, sondern nach § 13 BGB kontextabhängig nach dem in Rede stehenden Rechtsgeschäft bestimmt. Eine allgemeingültige, gar apriorisch vorgegebene Definition von kleinen Unternehmen im Recht kann es nicht geben, da immer der Schutzzweck des in Rede stehenden Gesetzes und die Interessen von Dritten

---

[12] K. Schmidt, Handelsrecht, 6. Aufl. 2014, § 3 Rn. 2, § 4 Rn. 1 ff.
[13] Für die Ersetzung des Kaufmannsbegriffs durch den des Unternehmensträgers K. Schmidt, Handelsrecht, 6. Aufl. 2014, § 3 Rn. 2, § 4 Rn. 1 ff.

zu berücksichtigen sind. So sind größenabhängige Befreiungen stets im Kontext der entsprechenden Regulierung zu beurteilen, namentlich im Hinblick auf ihre Bedeutung für die Begünstigten (etwa Arbeitnehmer, Verbraucher oder die Allgemeinheit) und die Eingriffsintensität für die Betroffenen. Gleichwohl ist es auf zweierlei Weise möglich, sich dem Begriff des kleinen Unternehmens zu nähern, nämlich durch Orientierung an gesetzlichen Vorgaben (unten I.) oder durch Orientierung an den ökonomischen Besonderheiten von kleinen Unternehmen (unten II.). Bei dem Versuch einer Definition von kleinen Unternehmen sind folgende Umstände zu berücksichtigen: Eine zu enge Definition könnte Unternehmen aus dieser Kategorie ausschließen, die eine rechtliche Privilegierung verdienen würden, und eine zu weite Definition würde die Unterscheidungskraft und mit ihr die Legitimation einer rechtlichen Privilegierung aufgeben.[14] Sollte die Definition zu komplex sein, würde sie teuer werden, da ihre Grenzen nur unter Investition von Zeit- und ggf. Beratungskosten bestimmt werden könnten.[15]

I. Formeller (autoritätsorientierter) Ansatz

Zunächst kann man kleine Unternehmen über die gesetzlichen Definitionen bestimmen. Eine klare, wenngleich uneinheitliche Definition beinhalten die verschiedenen Schwellenwerte. Danach sind Unternehmen im Sinne einer Regulierung klein, wenn sie deren Schwellenwert unterschreiten und daher von ihrer Anwendung ausgenommen werden. Damit wird die von der Unternehmensgröße abhängige Schutzwürdigkeit nicht selbst bestimmt, sondern die jeweilige Einschätzung des Gesetzgebers übernommen. Diese formelle, autoritätsorientierte Herangehensweise bietet sich vor allem an, wenn im Wege der Gesetzesauslegung bzw. Rechtsfortbildung zwischen kleinen und großen Unternehmen differenziert werden soll. So lässt sich z.B. ab einer gewissen Unternehmensgröße im Wege des Anscheinsbeweises vermuten, dass der Arbeitgeber eine eventuelle Unwirksamkeit seiner arbeitsvertraglichen Klauseln kannte, da die bewusste Verwendung unwirksamer Klauseln erfahrungsgemäß vor allem in großen Unternehmen vorkommt.[16] Durch die Orientierung an vorhandenen Schwellenwerten lässt sich die gesetzliche Systematik und Wertung wahren. Inwieweit es die juristische Methodenlehre erlaubt, im Rahmen der Rechtsanwendung nach der Unternehmensgröße zu differenzieren, wird noch zu erörtern sein.[17]

Aufgrund der Vielzahl an unterschiedlichen Schwellenwerten besteht freilich ein beträchtlicher Definitionsspielraum. Bei der Auswahl des Schwellenwertes ist daher darauf zu achten, dass sich dessen Sinn und Zweck auf die zu lösende Rechtsfrage übertragen lässt. Im obigen Beispiel des Anscheinsbeweises bietet

---

[14] *Garvin*, 40 Wake Forest Law Review [2005], 295 (375).
[15] *Garvin*, 40 Wake Forest Law Review [2005], 295 (375).
[16] Dazu *Stöhr*, ZfA 2013, 213 (234 ff.).
[17] Dazu unten § 5 C) VI. 1., D) III. 2. c) aa), E) I. 2. b) aa).

es sich z.B. an, sich an § 23 Abs. 1 KSchG zu orientieren und die Schwelle bei 10 Arbeitnehmern anzulegen. Die Herausnahme von Kleinbetrieben aus dem Kündigungsschutz beruht u.a. darauf, dass kleine Arbeitgeber wegen ihrer beschränkten wirtschaftlichen und verwaltungsmäßigen Belastbarkeit schutzwürdiger sind als große Arbeitgeber und die engeren persönlichen Beziehungen auch für die Arbeitnehmer einen gewissen Schutz aus menschlicher Rücksichtnahme verbürgen.[18] Diese Erwägungen passen ebenso auf die Inhaltskontrolle von Arbeitsverträgen. Ebenso wäre es jedoch möglich, die Schwelle für kleine Arbeitgeber in Anlehnung an § 267 Abs. 1 Nr. 3 HGB bei 50 Arbeitnehmern anzusetzen. Die Unterteilung in Größenklassen berücksichtigt hinsichtlich der Rechnungslegung ebenfalls, dass kleine Unternehmen weniger belastbar sind.[19]

Flexibler, daher allerdings auch mit einer gewissen Rechtsunsicherheit verbunden wäre die Orientierung an einer unbestimmten gesetzlichen Definition. Eine solche findet sich namentlich in § 1 Abs. 2 HGB, der Kleingewerbetreibende grundsätzlich aus dem Anwendungsbereich des Handelsrechts herausnimmt. Danach werden Kleingewerbe als Gewerbetrieb definiert, die nach Art oder Umfang keinen in kaufmännischer Weise eingerichteten Gewerbebetrieb erfordern. Die Notwendigkeit kaufmännischer Einrichtungen ist ein unbestimmter Rechtsbegriff, der richterrechtlich ausgeformt wurde.[20] Bei der Bestimmung des Umfangs stehen anders als bei den meisten Schwellenwerten keine Arbeitnehmerzahlen, sondern Umsatzwerte im Vordergrund. So wurde eine Erforderlichkeit z.B. bejaht bei Maklern und Handelsvertretern mit Umsatz ab 100.000 Euro,[21] bei Fachhandelsgeschäften mit Umsatz über 100.000 Euro und Warenbestand über 50.000 Euro,[22] oder aber auch bei der Notwendigkeit komplizierter Abrechnungen trotz geringen Umsatzes.[23] Diese Umsatzwerte sind im Wirtschaftsleben relativ schnell erreicht. Vorschlägen, aus Rechtssicherheitsgründen starre Umsatzwerte einzuführen oder sie unter Zuhilfenahme weiterer Daten zu schematisieren,[24] ist der Gesetzgeber nicht gefolgt.[25] Dagegen spricht in der Tat, dass die Festlegung einer bestimmten Umsatzsumme letztlich gegriffen ist.[26] Aufgrund ihrer Unbestimmtheit liegt die Definition des § 1 Abs. 2 HGB in der Nähe zum materiellen Ansatz, der sogleich dargestellt wird. Herangezogen wird sie z.B. im

---

[18] BAG NZA 1990, 724 (725).
[19] Vgl. *Göhner*, BB 1999, 1914 (1915).
[20] Zur Kasuistik vgl. *Hopt*, in: Baumbach/Hopt, HGB, 38. Aufl. 2018, § 1 Rn. 24 ff.
[21] OLG Frankfurt, BB 1983, 335.
[22] OLG Koblenz, BB 1988, 2408.
[23] So für einen Optiker OLG Hamm, DB 1969, 386.
[24] Vgl. *Bernhardt*, in: Busch et al, Übergänge im Arbeitsleben und (Re)Inklusion in den Arbeitsmarkt, 2012, S. 113 (114).
[25] BT-Drucks. 13/8444, S. 47 f.
[26] *Deinert*, Soloselbständige zwischen Arbeitsrecht und Wirtschaftsrecht, 2015, S. 17; abl. auch *K. Schmidt*, in: MünchKomm-HGB, 4. Aufl. 2016, § 1 Rn. 73.

Rahmen der AGB-Kontrolle nach § 307 Abs. 1 BGB, um eine sachgerechte Differenzierung zwischen kleinen und größeren Unternehmen zu bewerkstelligen.[27]

II. Materieller (sachlicher) Ansatz

Ein anderer Ansatz geht dahin, kleine Unternehmen ohne Rücksicht auf gesetzliche Vorgaben allein über ihre wirtschaftlichen Merkmale zu definieren. Bei der Abgrenzung der Unternehmensgröße nach materiellen Gesichtspunkten ist bereits fraglich, an welche Kriterien angeknüpft werden soll: Auf die Arbeitnehmerzahl, wie nach den arbeitsrechtlichen Schwellenwerten? Die Größe der Belegschaft scheint auf den ersten Blick mit Fachwissen und Arbeitskraft im Unternehmen zu korrelieren, jedoch würde z.B. die Einstellung vieler unqualifizierter und unerfahrener Mitarbeiter wenig in dieser Hinsicht bewirken.[28] Weitere denkbare Kriterien sind der Umsatz und die Bilanzsumme.

1. Arbeitnehmerzahlen, Umsatz und Bilanzsumme

An dieser Stelle sollen einige Definitionsvorschläge vorgestellt werden, die in Anlehnung an die wirtschaftlichen Besonderheiten von kleinen Unternehmen im Verhältnis zu größeren Unternehmen erarbeitet wurden und an Arbeitnehmerzahlen, Umsatz und bzw. oder Bilanzsumme anknüpfen. Der Unterschied zu gesetzlichen Schwellenwerten besteht in der fehlenden Verbindlichkeit. Orientiert man sich an ihnen, hat man daher nicht die Autorität des Gesetzgebers bzw. die gesetzliche Systematik zur Seite.

Eine erste Kategorisierung findet sich in den Erhebungen des Statistischen Reichsamts von 1914. Danach wurde die Unternehmensgröße nach Arbeitnehmerzahlen wie folgt eingeteilt:[29]

Typ	AN
Groß	51 u. mehr
Mittel	6–50
Klein	1–5

---

[27] So z.B. *Pfeiffer*, in Wolf/Lindacher/Pfeiffer, AGB-Recht, 6. Aufl. 2013, § 307, Rn. 197; dazu eingehend unten § 10 C) II. 1. a) bb).
[28] *Garvin*, 40 Wake Forest Law Review [2005], 295 (378).
[29] Quelle: Statistisches Reichsamt, zit. nach *Henning*, Handbuch der Wirtschafts- und Sozialgeschichte Deutschland, Bd. 2, 1996, S. 880, nach dem diese Einteilung jedoch schon damals nicht mehr zeitgemäß war.

Heute werden Unternehmen mit 51 Arbeitnehmern regelmäßig noch nicht als groß angesehen. Eine prägnante, auch Umsatz und Bilanzsumme berücksichtigende Definition enthält die Mittelstandsempfehlung der Europäischen Kommission vom 6.5.2003, welche die Unternehmen wie folgt kategorisiert:[30]

Typ	AN		Umsatz		Bilanzsumme
Mittel	50–249	sowie entweder	≤ 50 Mio. Euro	oder	≤ 43 Mio. Euro
Klein	10–49	sowie entweder	≤ 10 Mio. Euro	oder	≤ 10 Mio. Euro
Kleinst.	1–9	sowie entweder	≤ 2 Mio. Euro	oder	≤ 2 Mio. Euro

Dieser Definition haben sich u.a. das Statistische Bundesamt und das Institut für Mittelstandsforschung Bonn (IfM Bonn) seit dem 1.1.2016 im Wesentlichen angeschlossen, um eine Harmonisierung mit der Europäischen Ebene herbeizuführen. Lediglich für mittlere Unternehmen veranschlagt das IfM Bonn den Schwellenwert bei 499 Arbeitnehmern, um die deutsche Besonderheit zu betonen.[31] Angesichts ihres Urhebers als exekutivem Organ der Europäischen Union und ihrer Verbreitung hat die Definition nach der Mittelstandsempfehlung eine solche Bedeutung erlangt, dass sie in der Nähe zu gesetzlichen Schwellenwerten steht und die Orientierung an ihr einen gewissen formellen Charakter erlangt hat.

Diese Definitionen gelten unabhängig von der konkreten Branche des Unternehmens. Allgemeingültige Größenwerte haben den Vorteil, dass sie einfach zu handhaben sind und Rechtsklarheit schaffen.[32] Allerdings werden sie den ökonomischen Gegebenheiten nicht immer gerecht, da die zentralen Daten wie Beschäftigten- und Umsatzzahlen in den verschiedenen Branchen durchaus unterschiedlich sind. Die US-amerikanische Small Business Administration (SBA) sowie Teile der Literatur plädieren daher dafür, die Klassengrenzen für jede Branche gesondert festzulegen.[33] *Hans-Christian Pfohl* hat dazu folgenden Vorschlag erarbeitet:[34]

---

[30] Empfehlung der Kommission vom 6.5.2003 betreffend die Definition der Kleinstunternehmen sowie der kleinen und kleinen und mittleren Unternehmen (2003/361/EG), Amtsblatt der EU Nr. L 124, S. 36.
[31] http://www.ifm-bonn.org/definitionen/kmu-definition-des-ifm-bonn, Stand: 7.8.2016.
[32] *Garvin*, 40 Wake Forest Law Review [2005], 295 (377).
[33] Titel 13 Abschnitt 121 Code of Federal Regulations, abrufbar unter https://www.ecfr.gov/cgi-bin/text-idx?SID=50ff66d5d1cc9357d5f4ce114fcc5c79&mc=true&node=pt13.1.121&rgn=div5#se13.1.121_1101, Stand: 26.6.2017; aus der Literatur z.B. *Aengenendt-Papesch*, Die Funktion der Klein- und Mittelbetriebe in der wettbewerblichen Marktwirtschaft, 1962, S. 7 ff.; *Pfohl*, in: Pfohl, Betriebswirtschaftslehre der Mittel- und Kleinbetriebe, 4. Aufl. 2006, S. 1 (9).
[34] *Pfohl*, in: Pfohl, Betriebswirtschaftslehre der Mittel- und Kleinbetriebe, 4. Aufl. 2006,

Branche und Typ	AN	Umsatz
Industrie		
Klein	bis 49	bis 1 Mio. Euro
Mittel	50–499	1 Mio. – 12,5 Mio. Euro
Groß	500 und mehr	12,5 Mio. Euro und mehr
Handwerk		
Klein	bis 2	bis 50.000 Euro
Mittel	3–49	50.000–1 Mio. Euro
Groß	50 und mehr	1 Mio. Euro und mehr
Großhandel		
Klein	bis 9	bis 500.000 Euro
Mittel	10–199	500.000–25 Mio. Euro
Groß	200 und mehr	25 Mio. Euro und mehr
Einzelhandel		
Klein	bis 2	bis 250.000 Euro
Mittel	3–49	250.000–5 Mio. Euro
Groß	50 und mehr	5 Mio. Euro und mehr
Verkehr und Nachrichtenübermittlung		
Klein	bis 2	bis 50.000 Euro
Mittel	3–49	50.000 Euro – 1 Mio. Euro
Groß	50 und mehr	1 Mio. Euro und mehr
Dienstleistung (Unternehmen u. freie Berufe)		
Klein	bis 2	bis 50.000 Euro
Mittel	3–49	50.000–1 Mio. Euro
Groß	50 und mehr	1 Mio. Euro und mehr

Die SBA geht noch darüber hinaus und bezieht auch den Grad des Wettbewerbs, Gründungskosten und Markteintrittsschranken in der jeweiligen Branche ein.[35] Im Rahmen der Gesetzgebung und Rechtsanwendung ist eine Unterscheidung nach Branchen und anderen wirtschaftlichen Kriterien jedoch kaum praktikabel, da sie eine schwer beherrschbare Rechtsunsicherheit zur Folge hätte. Zudem unterliegen die verschiedenen Branchen häufig wirtschaftlichen Veränderungen, sodass die jeweiligen Definitionen rasch veralten können. Vorzugswürdig ist da-

---

S. 1 (10) auf der Grundlage von *Thürbach/Menzenwerth*, Die Entwicklung der Unternehmensgröße in der BRD von 1962 bis 1972, 1974, S. 7.

[35] Titel 13 Abschnitt 121.102 (2) Code of Federal Regulations.

her eine branchenübergreifende Definition.[36] Aufgrund der Abhängigkeit von der jeweiligen Regulierung kann es allerdings auch insoweit keine allgemeingültige Definition geben.

2. Rechtsform des Unternehmens

Fraglich ist, ob auch die Rechtsform ein geeignetes Kriterium zur Abgrenzung der Unternehmensgröße ist. Im Folgenden wird im Überblick dargestellt, welche Rechtsformen für kleine Unternehmen geeignet sind und in der Praxis typischerweise anzutreffen sind. Eine vertiefte wissenschaftliche Auseinandersetzung mit diesem Thema soll einer eigenständigen Untersuchung vorbehalten bleiben. Will der Unternehmer selbst Unternehmensträger sein, kann er das Unternehmen als Einzelunternehmer bzw. Einzelkaufmann betreiben. In diesem Fall ist das Unternehmensvermögen rechtlich identisch mit dem Privatvermögen. Der Unternehmer haftet persönlich für alle Forderungen, die im Zusammenhang mit seiner unternehmerischen Tätigkeit anfallen. Erfordert das Unternehmen nach Art oder Umfang einen in kaufmännischer Weise eingerichteten Geschäftsbetrieb, liegt gem. § 1 HGB ein Handelsgewerbe vor, das zur Kaufmannseigenschaft des Unternehmers führt. Damit ist bereits ein gewisser Größenwert erreicht,[37] der zur Anwendbarkeit des Handelsrechts führt. Aus der Einzelunternehmerschaft als solcher kann daher kein Rückschluss auf die Unternehmensgröße gezogen werden.

Wollen mehrere Personen das Unternehmen gemeinsam betreiben, kommt eine Gesellschaft in Betracht. Personengesellschaften können vertraglich sehr individuell auf die Bedürfnisse der einzelnen Gesellschafter zugeschnitten werden. Da Gesellschafter einer Personengesellschaft mit Ausnahme der Kommanditisten einer KG in vollem Umfang persönlich haften,[38] empfehlen sich Personengesellschaften nur, wenn man sich dem Unternehmen mit ganzer Kraft widmen möchte. Ein Vorteil der persönlichen Haftung ist allerdings, dass der Kreditzugang durch dieses Haftungssubstrat erleichtert werden kann. Eine OHG und eine KG sind nach §§ 105, 161 Abs. 2 HGB nur möglich, wenn der Gesellschaftszweck auf den Betrieb eines Handelsgewerbes i.S.v. § 1 Abs. 2 HGB gerichtet ist. Für kleine Unternehmen unterhalb dieser Schwelle verbleibt daher nur die Möglichkeit einer GbR. Da eine unternehmerisch tätige GbR nur ein Kleingewerbe i.S.v. §§ 1 Abs. 2, 2 HGB betreiben kann, scheint aus ihrem Vorliegen in der Tat eine kleine Unternehmensgröße zu folgen. Dies trügt allerdings: Da die Gesellschaft nämlich automatisch zur OHG wird, wenn das Unternehmen die Voraus-

---

[36] Zur Befugnis des Gesetzgebers zur Typisierung siehe unten § 3 C) I. 3.
[37] Siehe oben C) II. 1.
[38] Vgl. § 128 S. 1 HGB für Gesellschafter einer OHG; §§ 161 Abs. 2, 128 HGB für Komplementäre einer KG sowie BGH NJW 2013, 1089 (1090) für Gesellschafter einer GbR, für die nach inzwischen h.M. § 128 HGB analog gilt.

setzungen eines Handelsgewerbes i.S.v. § 1 Abs. 2 HGB erfüllt, kann es sich bei einer als GbR firmierenden Gesellschaft durchaus auch um eine OHG handeln.[39] Somit befreit die Bezeichnung als GbR nicht von der Prüfung der Unternehmensgröße nach § 1 Abs. 2 HGB.

Soll die persönliche Haftung vermieden werden, kommt nur eine Kapitalgesellschaft in Betracht. Teilweise wird im deutschen Kapitalgesellschaftsrecht ein Stufenverhältnis erblickt, wonach die Aktiengesellschaft für große Unternehmen zur Verfügung steht, für mittelgroße Unternehmen die GmbH und für kleine Unternehmen die Unternehmergesellschaft.[40] Auch wenn dieses Verständnis für den Regelfall zutreffen dürfte, gehen diese Rechtsformen in der Praxis nicht zwingend mit einer bestimmten Unternehmensgröße einher, sodass sie keine geeigneten Kriterien zur Bestimmung der Unternehmensgröße darstellen. So ist eine AG zwar in der Tat für kleine Unternehmen zumeist unzweckmäßig: Diese ist als Kapitalsammelbecken konzipiert, indem sie nicht nur Unternehmergesellschafter, sondern auch reine Anlegergesellschafter ansprechen soll, sodass sie nur für große unternehmerische Zusammenschlüsse sinnvoll ist.[41] In rechtlicher Hinsicht dürften die größten Hürden für kleine Unternehmen in der Aufbringung des Grundkapitals in Höhe von mindestens 50.000 Euro (§ 7 AktG) sowie in der Bestellung von mindestens drei Aufsichtsratsmitgliedern (§ 95 AktG) bestehen. Dennoch kommt es vor, dass auch kleine Unternehmen in dieser Rechtsform betrieben werden.[42] Eine bestimmte Unternehmensgröße lässt sich daher aus dieser Rechtsform nicht folgern. Richtig ist weiterhin, dass bei kleinen und mittleren Unternehmen die GmbH im Zentrum steht. Indessen werden durchaus auch große Unternehmen in dieser Rechtsform betrieben: So befanden sich im Jahr 2013 unter den gemessen an Arbeitnehmerzahlen 100 größten Unternehmen in Hessen immerhin 24 GmbHs, von denen selbst die kleinste (Vodafone D2 GmbH) noch 1.200 Mitarbeiter beschäftigte.[43] Somit lässt auch diese Rechtsform keine sicheren Rückschlüsse auf die Unternehmensgröße zu. Die Unternehmergesellschaft (haftungsbeschränkt) wurde im Zuge der Reform des GmbH-Rechts aus dem Jahr 2008 als Unterform der GmbH eingeführt, um eine Alternative zur eng-

---

[39] OLG Karlsruhe, NZG 2007, 265 (266).
[40] Vgl. *Gehb*, Arbeitsentwurf zur UGG v. 15.3.2007, S. 31, abrufbar unter http://www.gehb.de/positionen/ugg/Arbeitsentwurf-UGG.pdf, Stand: 24.6.2017.
[41] Vgl. *Koch*, Gesellschaftsrecht, 16. Aufl. 2017, § 29 Rn. 1 f.
[42] Vgl. https://www.gruenderlexikon.de/checkliste/informieren/rechtsform/aktiengesellschaft-gruenden, Stand: 24.6.2017.
[43] Vgl. den Report Nr. 853 der HA Hessen Agentur GmbH Wirtschaftsforschung und Landesentwicklung, abrufbar unter https://www.helaba.de/blob/helaba/55172/5d0c163a3 5b5ddafea8653d9d1192400/report---die-100-groessten-unternehmen-in-hessen---09-10-2013-data.pdf, Stand: 24.6.2017.

lischen Private Company Limited by Shares (Limited) zu schaffen, die lediglich ein Mindestkapital von einem Pfund verlangt. Zuvor hatten kleine Unternehmen dem deutschen Recht in Scharen den Rücken gekehrt und englische Limiteds gegründet.[44] Die Unternehmergesellschaft ist von der Grundstruktur eine GmbH; ihr Mindestkapital beträgt aber gem. § 5a GmbHG lediglich einen Euro, während für eine herkömmliche GmbH immerhin 25.000 Euro aufgebracht werden müssen (§ 5 GmbHG). Seitdem ist die Limited gerade für Kleinunternehmer keine sinnvolle Option mehr, da diese nach englischem Recht gegründet werden muss, dessen Bilanzierungspflichten unterliegt und zudem die Einrichtung eines sog. registered office im Vereinigten Königreich erfordert, an dem die wesentlichen Dokumente aufzubewahren sind.[45] Dies bedeutet einen erheblichen Verwaltungsaufwand und macht häufig eine kostspielige englische Rechtsberatung notwendig.[46] Die Unternehmergesellschaft bietet sich in der Tat vor allem für kleine Unternehmen an, da die partielle Gewinnthesaurierung nach § 5a Abs. 3 GmbHG eine wirtschaftliche Einschränkung für die Gesellschafter bedeutet und das Stammkapital einer herkömmlichen GmbH von größeren Unternehmen problemlos aufgebracht werden sollte. Indessen lässt auch diese Rechtsform nicht auf eine bestimmte Unternehmensgröße schließen.

Insgesamt ist festzuhalten, dass sich aus der Rechtsform des Unternehmens keine sicheren Rückschlüsse auf seine Größe ziehen lassen. Diese bildet damit kein geeignetes Kriterium zur Abgrenzung der Unternehmensgröße.

C) Kleine Unternehmen und Mittelstand

Der Untersuchungsgegenstand der „kleinen Unternehmen" ist von dem Begriff des „Mittelstandes" zu unterscheiden, der in der politischen, wirtschaftlichen und gesellschaftlichen Diskussion allenthalben begegnet. Wenige Begriffe des politischen und wissenschaftlichen Sprachgebrauchs sind vieldeutiger und umstrittener.[47] Eine konsentierte Bedeutung erlangte er im Zeitraum von der Aufklärung bis zur Reichsgründung 1871, wonach der Mittelstand vor allem die durch Besitz und Bildung privilegierten gutbürgerlichen Schichten erfasste.[48] *Johann Wolfgang von Goethe* (1749–1832) verstand darunter

---

[44] *Teichmann*, ZGR 2017, 543 (549).
[45] *Koch*, Gesellschaftsrecht, 16. Aufl. 2017, § 40 Rn. 8.
[46] Vgl. *v. Wilcken*, DB 2016, 225.
[47] *Winkler*, Mittelstand, Demokratie und Nationalsozialismus, 1972, S. 21.
[48] *Ullrich*, Die nervöse Großmacht 1871–1918, 4. Aufl. 2001, S. 291.

„die Bewohner kleiner Städte [...], alle Beamten und Unterbeamten daselbst, Handelsleute, Fabrikanten vorzüglich, Frauen und Töchter solcher Familien, auch Landgeistliche, soweit sie Erzieher sind".[49]

Danach stand der Begriff noch nicht im Zusammenhang mit Unternehmen bzw. deren Inhabern. Es handelte sich also nicht um einen wirtschaftlichen, sondern um einen gesellschaftlichen Begriff. Interessanterweise umfasste der Mittelstand nach diesem Verständnis noch keine Handwerker und Kleinhändler.[50] Für *Georg Wilhelm Friedrich Hegel* (1770–1831) machten

„die Mitglieder der Regierung und die Staatsbeamten [...] den Hauptteil des Mittelstandes aus, in welchen die gebildete Intelligenz und das rechtliche Bewußtsein des Volkes fällt."[51]

Die wirtschaftliche Bedeutung erlangte der Mittelstandsbegriff im Zuge der Industrialisierung. So verengte sich der Begriff im letzten Drittel des 19. Jahrhunderts zunehmend auf die Kleingewerbetreibenden in Handwerk und Handel, die man als „alten Mittelstand" bezeichnet.[52] Hinzu kam die rasch wachsende Zahl der Angestellten, die *Gustav von Schmoller* (1838–1917) im Jahr 1897 als „Kern des neu sich bildenden Mittelstands" ausmachte.[53] Dieser „neue Mittelstand" umfasst damit wiederum keine Unternehmen bzw. Unternehmer.

Heute werden unter Mittelstand teilweise die im Betriebsgrößenvergleich kleinen bis mittelgroßen Unternehmen verstanden (Quantitative Definition).[54] Andere meinen hingegen solche Unternehmen, deren Leitung bei den Inhabern liegt (Einheit von Eigentum und Leitung, qualitative Definition). Nach der Definition des IfM Bonn halten in einem mittelständischen Unternehmen bis zu zwei natürliche Personen oder ihre Familienangehörigen direkt oder indirekt mindestens 50 Prozent der Anteile des Unternehmens, und diese natürlichen Personen gehören der Geschäftsführung an.[55] Nach diesem Verständnis sind die Begriffe Mittelstand, Familienunternehmen, Eigentümerunternehmen und familiengeführte Unternehmen als Synonyme anzusehen. Die Schnittmenge von mittelständischen Unternehmen zu kleinen Unternehmen ist danach sehr groß, da bei quantitativ kleinen Unternehmen deren Leiter oftmals zugleich Inhaber bzw. Mitglied der Inhaberfamilie sind. Angestellte Manager werden in kleinen

---

[49] *Goethe*, Über Kunst und Altertum. Gedenkausgabe der Werke, Briefe und Gespräche, Bd. 14, 1949.
[50] *Winkler*, Mittelstand, Demokratie und Nationalsozialismus, 1972, S. 21.
[51] *Hegel*, Grundlinien der Philosophie des Rechts, Nachdruck 1955, § 297.
[52] *Ullrich*, Die nervöse Großmacht 1871–1918, 4. Aufl. 2001, S. 291.
[53] Zit. nach *Kocka*, Die Angestellten in der deutschen Geschichte 1850–1980, 1981, S. 137.
[54] So z.B. *Krämer*, Mittelstandsökonomik, 2003, S. 1 ff.
[55] http://www.ifm-bonn.org/definitionen/mittelstandsdefinition-des-ifm-bonn/, Stand: 7.8.2016; vgl. auch *Welter/Levering/May-Strobl*, Mittelstandspolitik im Wandel, IfM-Materialien Nr. 247, 2016, S. 2.

Unternehmen z.B. dann eingesetzt, wenn im Zuge einer anstehenden Unternehmensnachfolge kein geeignetes Familienmitglied vorhanden oder interessiert ist.[56] Kleine Unternehmen, die in Abhängigkeit zu einem anderen Unternehmen stehen, erfüllen die qualitative Mittelstandsdefinition ebenfalls nicht.[57] Umgekehrt zählen Unternehmen mit mehr als 500 Beschäftigten oder mehr als 50 Mio. Euro Jahresumsatz zum Mittelstand, wenn sie die genannten Kriterien erfüllen. Mitunter sind mit Mittelstand auch gar nicht die Unternehmen als solche gemeint, sondern deren Eignerfamilien. So verstehen manche Autoren unter Mittelstand die Eignerfamilien von kleinen Unternehmen in Abgrenzung zu den Eignern von großen Unternehmen sowie zu den eigentumslosen Arbeitern,[58] manche sogar auch die unselbständigen Menschen im Allgemeinen.[59]

§ 2 Rechtstatsächlicher und verhaltensökonomischer Hintergrund

A) Kleine und mittlere Unternehmen in Deutschland

Im Hinblick auf den statistischen Hintergrund werden – wie es in der wirtschaftswissenschaftlichen Literatur üblich ist[60] – kleine und mittlere Unternehmen grundsätzlich gemeinsam behandelt.[61] Nach dem Bericht von *René Söllner* für das Statistische Bundesamt, der sich hinsichtlich der Definition von kleinen und mittleren Unternehmen weitgehend an der Definition der Europäischen Kommission[62] orientiert, gehörten im Jahr 2011 in Deutschland mehr als 99 Prozent der Unternehmen zur Gruppe der kleinen und mittleren Unternehmen. Diese beschäftigten im Jahr 2011 mehr als 60 Prozent der damals 26,2 Mio. sozialversicherungspflichtig Beschäftigten,[63] im Jahr 2013 immerhin noch 59,2 Prozent.[64] Ferner entfielen fast 34 Prozent der erzielten Umsätze, beinahe

---

[56] BMWi Dokumentation Nr. 561, 2007, S. 10.
[57] http://www.ifm-bonn.org/definitionen/mittelstandsdefinition-des-ifm-bonn/, Stand: 7.8.2016.
[58] *Bass*, KMU in der deutschen Volkswirtschaft, 2006, S. 8.
[59] Vgl. *Schlecht*, in: Orientierungen zur Wirtschafts- und Gesellschaftspolitik, Nr. 89, 3/2001, S. 11.
[60] *Bergmann*, Unternehmensgröße und technischer Fortschritt, 1972, S. 22 f.; *Pfohl*, in: Pfohl, Betriebswirtschaftslehre der Mittel- und Kleinbetriebe, 4. Aufl. 2006, S. 1 (17). Zum wissenschaftlichen Untersuchungsgegenstand siehe oben A.
[61] *Söllner*, Die wirtschaftliche Bedeutung kleiner und mittlerer Unternehmen in Deutschland, Statistisches Bundesamt, 2014, S. 40 ff.
[62] Dazu oben C.II.
[63] *Söllner*, Die wirtschaftliche Bedeutung kleiner und mittlerer Unternehmen in Deutschland, Statistisches Bundesamt, 2014, S. 42.
[64] Statistik des IfM-Bonn, abrufbar unter http://www.ifm-bonn.org/statistiken/mittel

43 Prozent der Bruttoinvestitionen und gut die Hälfte der erwirtschafteten Bruttowertschöpfung auf kleine und mittlere Unternehmen.[65] Damit vereinbaren sie hinsichtlich der Zahl der Unternehmen und der beschäftigten Personen einen größeren Anteil auf sich als Großunternehmen. Diese dominieren hingegen in den Kategorien Umsatz, Bruttoinvestitionen und Bruttowertschöpfung.[66] Eine Erklärung dafür könnte sein, dass kleine Unternehmen keine Kostenvorteile erzielen können, die durch Arbeitsteilung und Fertigung in großen Stückzahlen bei Großunternehmen erreicht werden. EU-weit stellt sich das Bild ähnlich dar: In den Mitgliedstaaten gibt es beinahe 23 Mio. Kleinstbetriebe im Sinne der Mittelstandsempfehlung der Europäischen Kommission, was 92,8 Prozent aller Unternehmen ausmacht.[67] Diese beschäftigen insgesamt mehr als 66 Prozent der Beschäftigten, was 90 Mio. Menschen bedeutet, die zusammen 3,9 Billionen Euro erwirtschaftet haben.[68]

Was die Branchen anbelangt, waren die meisten kleinen und mittleren Unternehmen im Jahr 2011 in den Wirtschaftsabschnitten „Handel, Instandhaltung und Reparatur" (577.000), „Erbringung von freiberuflichen, wissenschaftlichen und technischen Dienstleistungen" (372.000) sowie „Baugewerbe" (243.000) tätig.[69] Vorherrschend sind sie insbesondere im Bau- und Gastgewerbe, während im Verarbeitenden Gewerbe und in der Energieversorgung Großunternehmen eine größere Bedeutung zukommt. Auch im Außenhandel sind kleine und mittlere Unternehmen weniger aktiv.[70]

Sehr verbreitet sind heute Solo-Selbständige („own-account workers"), die keine Mitarbeiter beschäftigen. In Deutschland ist deren Zahl im Zeitraum von 1991 bis 2005 um ca. 66 Prozent auf 2,29 Mio. angestiegen.[71] Inzwischen gibt es mehr Solo-Selbständige als Selbständige mit eigenen Beschäftigten und eigener unternehmerischer Organisation: Ende 2008 betrug der Anteil Solo-Selbständi-

---

stand-im-ueberblick/#accordion=0&tab=0, Stand: 19.7.2016; dazu *Welter/Levering/May-Strobl*, Mittelstandspolitik im Wandel, IfM-Materialien Nr. 247, 2016, S. 6.
[65] *Söllner*, Die wirtschaftliche Bedeutung kleiner und mittlerer Unternehmen in Deutschland, Statistisches Bundesamt, 2014, S. 42.
[66] *Söllner*, Die wirtschaftliche Bedeutung kleiner und mittlerer Unternehmen in Deutschland, Statistisches Bundesamt, 2014, S. 40 (42).
[67] Siehe die Berechnungen des Instituts der deutschen Wirtschaft Köln (IWD), abrufbar unter https://www.iwd.de/artikel/die-eu-vernachlaessigt-den-mittelstand-342416, Stand: 9.6.2017.
[68] FAZ v. 9.6.2017, abrufbar unter http://www.faz.net/aktuell/wirtschaft/wirtschaft-in-zahlen/grafik-des-tages-so-wichtig-sind-die-kleinen-firmen-in-der-eu-15053777.html.
[69] *Söllner*, Die wirtschaftliche Bedeutung kleiner und mittlerer Unternehmen in Deutschland, Statistisches Bundesamt, 2014, S. 40 (44).
[70] *Söllner*, Die wirtschaftliche Bedeutung kleiner und mittlerer Unternehmen in Deutschland, Statistisches Bundesamt, 2014, S. 40.
[71] Sachverständigenrat zur Begutachtung der gesamtwirtschaftlichen Entwicklung, Jahresgutachten 2006/07, 2006, S. 265.

ger an allen Selbständigen ca. 55 Prozent,[72] im Jahr 2013 57 Prozent.[73] 2014 wurden in Deutschland 2,2 Mio. Solo-Selbständige gezählt, was 5,2 Prozent der Erwerbstätigen entspricht;[74] im Jahr 2015 hat das Statistische Bundesamt sogar 2,34 Mio. angegeben.[75] Im europäischen Vergleich ist dies jedoch noch vergleichsweise wenig, EU-weit beläuft sich der Anteil der Solo-Selbständigen auf etwa 10 Prozent der Erwerbstätigen.[76] Ein erheblicher Teil der Solo-Selbständigen ist nicht marktorientiert, hat also keinen eigenem Kundenkreis, sondern nur einen oder zwei Auftraggeber.[77] Im Wirtschaftsleben ist es nicht immer möglich, seine Leistung am Markt verschiedenen Nachfragern anzubieten, z.B. wenn es nur einen Nachfrager gibt oder wenn es nicht gelingt, Verträge mit mehreren Nachfragern abzuschließen.[78] *Rieble* versteht unter Solo-Selbständigen hingegen nur marktorientierte Unternehmer, wonach Solo-Selbständige und (über wirtschaftliche Abhängigkeit definierte) Arbeitnehmerähnliche einander ausschließen würden.[79] Dies überzeugt nicht: Arbeitnehmerähnliche sind keine eigenständige Beschäftigungskategorie zwischen Selbständigen und Arbeitnehmern,[80] sondern ein Unterfall der Selbständigen, da das deutsche Recht lediglich zwischen Arbeitnehmern und Selbständigen unterscheidet.[81] Solo-Selbständige und Arbeitnehmerähnliche gehören daher jeweils zur Gruppe der Selbständigen[82] und sind dadurch gekennzeichnet, dass sie keine Mitarbeiter beschäftigen bzw. wirtschaftlich abhängig sind. Daher schließen sich beide Kategorien nicht aus, sondern weisen im Gegenteil eine große Schnittmenge auf.[83]

---

[72] Vgl. Statistisches Bundesamt (Hrsg.); Niedrigeinkommen und Erwerbstätigkeit, Begleitmaterialien zum Pressegespräch am 19.8.2009 in Frankfurt a.M., S. 8.
[73] Statistisches Bundesamt, Wirtschaft und Statistik 2013, S. 482, 485.
[74] DIW-Wochenbericht 7/2015, S. 136.
[75] Quelle: Auskunft des Statistischen Bundesamtes auf eine Anfrage der stellvertretenden Franktionsvorsizenden der Linken im Bundestag, Sabine Zimmermann, zit. nach Handelsblatt Online, http://www.handelsblatt.com/politik/deutschland/arbeitslosengeld-in-deutschland-leben-immer-mehr-hartz-iv-unternehmer-/12472864.html, Stand: 18.8.2016.
[76] *Rebhahn*, RdA 2009, 154 (155 ff.); *Waltermann*, RdA 2010, 162; vgl. auch Europäische Kommission (Hrsg.), Employment in Europe 2007, Statistical Annex.
[77] *Rebhahn*, RdA 2009, 236; *Waltermann*, RdA 2010, 162 (164); *Deinert*, Soloselbständige zwischen Arbeitsrecht und Wirtschaftsrecht, 2015, S. 19.
[78] *Wank*, RdA 2010, 193 (203 f.).
[79] *Rieble*, in: Giesen/Junker/Rieble, Ordnungsfragen des Tarifvertragsrechts, 2017, S. 65 (66). Zum Begriff der Arbeitnehmerähnlichen siehe unten § 9 III. 3. a).
[80] So aber *Debald*, Scheinselbständige – Verbraucher im Sinne des § 13 BGB?, 2005, S. 145.
[81] *Buchner*, NZA 1998, 1144 (1148); *Wank*, RdA 2010, 193 (204); vgl. auch *Artz*, Der Verbraucher als Kreditnehmer, 2001, S. 165.
[82] *Mai/Marder-Puch*, Selbständigkeit in Deutschland, Statistisches Bundesamt, Wirtschaft und Statistik, Juli 2013, S. 483; a.A. *Debald*, Scheinselbständige – Verbraucher im Sinne des § 13 BGB?, 2005, S. 145.
[83] Vgl. *Waltermann*, RdA 2010, 162 (143); *Deinert*, Soloselbständige zwischen Arbeitsrecht und Wirtschaftsrecht, 2015, S. 19.

Mitunter sind kleine Unternehmen Teile von Unternehmensgruppen. Bei solchen handelt es sich nicht immer um kleine Unternehmen im eigentlichen Sinne.[84] Im Hinblick auf die politische und rechtliche Förderung ist dies problematisch, da diese „unechten" kleinen Unternehmen möglicherweise nicht die spezifische Schutzbedürftigkeit und -würdigkeit aufweisen. Die EU-Empfehlung zur Definition differenziert zwischen Partnerunternehmen und verbundenen Unternehmen.[85] Danach fallen unter Partnerunternehmen alle Unternehmen, die einen Anteil zwischen 25 Prozent und weniger als 50 Prozent an einem anderen Unternehmen halten bzw. bei denen sich mehr als 25 Prozent, aber weniger als 50 Prozent des Kapitals oder der Stimmrechte im Besitz eines oder mehrerer anderer Unternehmen befinden. Bei verbundenen Unternehmen beträgt der Kapital- oder Stimmrechtsanteil eines oder mehrerer anderer Unternehmen mindestens 50 Prozent. Unternehmen, die nicht als Partnerunternehmen oder als verbundene Unternehmen gelten, sind danach eigenständige und damit „echte" kleine Unternehmen. Bei der Bestimmung der Größenordnung kommt es bei Partnerunternehmen und verbundenen Unternehmen auf die Angaben des anderen Unternehmens an. Diese Empfehlung sollte in Gesetzgebung und Rechtsanwendung im Auge behalten werden, um zu gewährleisten, dass es jeweils um „echte" kleine Unternehmen geht.

Insgesamt ist die wirtschaftliche Bedeutung von kleinen und mittleren Unternehmen steigend, was nicht zuletzt auf einem Strukturwandel der klassischen Industrieländer beruht.[86] Dieser ist durch drei Tendenzen gekennzeichnet: Einem Wandel der Wirtschaftsstruktur vom industriellen Bereich zum Dienstleistungsbereich, wodurch neue Unternehmensgrößenstrukturen und wohl auch mehr kleinere Unternehmen entstehen; einer Konzentration innerhalb der Unternehmen, die parallel dazu neue Strukturen mit kleineren Unternehmen mit sich bringt (Dezentralisierung, Outsourcing, Downsizing); und der zunehmenden Technisierung und Informatisierung, die in der Produktion immer mehr Arbeitskräfte einspart, sodass sich den freigesetzten Arbeitskräften häufig nur im kleingewerblichen Sektor Alternativen bieten.[87]

---

[84] *Söllner*, Die wirtschaftliche Bedeutung kleiner und mittlerer Unternehmen in Deutschland, Statistisches Bundesamt, 2014, S. 40 (45).
[85] Anhang zu Art. 3 der Empfehlung der Kommission vom 6.5.2003 betreffend die Definition der Kleinstunternehmen sowie der kleinen und mittleren Unternehmen, 2003/361/EG.
[86] *Krämer*, Mittelstandsökonomik, 2003, S. 1.
[87] *Krämer*, Mittelstandsökonomik, 2003, S. 1.

B) Existenzgründungen

Neu gegründete Unternehmen fangen in der Regel mit wenigen Mitarbeitern und Umsatzwerten von weniger als 10 Mio. Euro an, sodass sie üblicherweise zu den kleinen Unternehmen gehören.

I. Umfang der Existenzgründungen in Deutschland

Das IfM Bonn erstellt auf der Grundlage der Daten des Statistischen Bundesamtes regelmäßig Statistiken zu den gewerbeanzeigepflichtigen Gründungen.[88] Die Anzahl der Gründungen in den Freien Berufen sowie unter Land- und Forstwirten ermittelt das IfM Bonn auf der Basis der Steueranmeldungen bei den Finanzämtern. Innovative und schnell wachsende Neugründungen werden gerne als Start-ups bezeichnet, häufig wird dieser Begriff jedoch synonym zu „herkömmlichen" Gründung gebraucht.[89] Nicht jede Gewerbeanmeldung gilt als Existenzgründung. Eine solche liegt nur vor, wenn eine berufliche Selbständigkeit realisiert wird. Geht es um die Gründung eines von Beginn an größeren Unternehmens, spricht man eher von einer Unternehmensgründung.[90] In Deutschland begeben sich jährlich rund 306.000 Gründer im Vollerwerb und 562.000 im Nebenerwerb in die unternehmerische Selbständigkeit.[91] Im Jahr 2002 lag Deutschland im europäischen Vergleich im Mittelfeld (Rang 23 von 37), weltweit jedoch im hinteren Drittel.[92] Im Jahr 2014 belegte Deutschland mit seiner Gründungsquote von 5,27 Prozent unter den 70 Ländern des internationalen Forschungskonsortiums Global Entrepreneurship Monitor lediglich Rang 27.[93] Dies zeigt, dass in Deutschland die Neigung, ein Unternehmen zu gründen, im internationalen Vergleich relativ gering ausgeprägt ist. Im Jahr 2015 wurden insgesamt 298.500 gewerbliche Existenzgründungen vermerkt, wozu 178.600 „echte" Kleinbetriebsgründungen gehörten. Im ersten Halbjahr 2017 wurden 147.00 Existenzgründungen vermerkt, was gegenüber dem Vorjahreszeitraum einen Rückgang um 1,5 % bedeutet. Die Gründungstendenz ist damit leicht sinkend, ebenso allerdings die Tendenz der gewerblichen Liquidationen.

---

[88] Abrufbar unter http://www.ifm-bonn.org/statistiken/gruendungen-und-unternehmensschliessungen/#accordion=0&tab=0, Stand: 17.8.2016.
[89] Vgl. http://www.gruenderszene.de/lexikon/begriffe/startup, Stand: 17.8.2016.
[90] Vgl. http://www.gruenderszene.de/lexikon/begriffe/existenzgruendung, Stand: 17.8. 2016.
[91] Quelle: Bundesministerium für Wirtschaft und Energie, http://www.bmwi.de/DE/Themen/Mittelstand/Gruendungen-und-Unternehmensnachfolge/existenzgruendung.html, Stand: 18.8.2016.
[92] Quelle: Weltbericht Global Entrepreneurship Monitor 2003.
[93] Global Entrepreneurship Monitor, Länderbericht Deutschland 2014, S. 9.

76,1 Prozent der gewerblichen Existenzgründungen des Jahres 2015 erfolgten in Form eines Einzelunternehmens. Bis vor kurzem nahm die Zahl der Solo-Selbständigen stark zu, zwischen 1992 und 2012 stieg sie um 83 Prozent.[94] Diese Zunahme wurde durch mehrere Entwicklungen begünstigt: Die wachsende Bedeutung des Dienstleistungssektors, insbesondere des Kreativsektors; die Verbreitung des Outsourcings zur Kostenersparnis; der Liberalisierung im Handwerksrecht sowie eine zeitweise angespannte Lage am Arbeitsmarkt und den damit einhergehenden arbeitsmarktpolitischen Förderprogrammen zur Unterstützung von zuvor arbeitslosen Gründern. Seit 2012 ist die Solo-Selbständigkeit wegen der Entspannung der Arbeitsmarktlage tendenziell wieder rückläufig[95] Es wird jedoch damit gerechnet, dass sie durch die Verbreitung von Plattformen für On-Demand-Dienstleistungen und Crowdworking wieder zunehmen wird.[96]

Der Anteil der Frauen unter den Existenzgründungen von gewerblichen Einzelunternehmen lag im Jahr 2015 bei 28,7 Prozent. Höher liegt der Frauenanteil mit 42,7 Prozent bei den Nebenerwerbsgründungen.[97] Generell ist der Frauenanteil am Gründungsgeschehen in Deutschland vergleichsweise gering.[98] Ebenso unterrepräsentiert ist die Gruppe der über 35-Jährigen. Die meisten Gründungen werden im Alter zwischen 18 und 34 Jahren angestrebt.[99] Im 1. Halbjahr 2012 wurden 44,1 Prozent der Einzelunternehmen von Personen ohne deutsche Staatsangehörigkeit gegründet, wobei der Anteil ausländischer Gründer seit Jahren zunimmt.[100] Im Jahr 2015 lag er allerdings ebenfalls bei 44,0 Prozent.[101]

II. Motive für und gegen eine Existenzgründung und Erfolgseinschätzung

Die meisten Menschen streben eine Existenzgründung an, um eine Geschäftsidee zu verwirklichen. Mitunter erfolgen Gründungen jedoch aus Mangel an Erwerbsalternativen (sog. Notgründungen), was in Deutschland im internationalen Vergleich relativ häufig vorkommt.[102] Notgründungen sind verhaltens-

---

[94] *Welter/Levering/May-Strobl*, Mittelstandspolitik im Wandel, IfM-Materialien Nr. 247, 2016, S. 6. Zu den Solo-Selbständigen siehe auch oben A).
[95] Weißbuch des BMAS „Arbeiten 4.0", 2016, S. 50.
[96] Weißbuch des BMAS „Arbeiten 4.0", 2016, S. 57.
[97] http://www.ifm-bonn.org/statistiken/gruendungen-und-unternehmensschliessungen/#accordion=0&tab=0, Stand: 17.8.2016.
[98] *Bonnemeier*, Praxisratgeber Existenzgründung, 4. Aufl. 2014, S. 3. Zu den Ursachen siehe sogleich im Text.
[99] *Bonnemeier*, Praxisratgeber Existenzgründung, 4. Aufl. 2014, S. 3.
[100] *Bonnemeier*, Praxisratgeber Existenzgründung, 4. Aufl. 2014, S. 3.
[101] http://www.ifm-bonn.org/statistiken/gruendungen-und-unternehmensschliessungen/#accordion=0&tab=0, Stand: 17.8.2016.
[102] Global Entrepreneurship Monitor, Länderbericht Deutschland 2014, S. 19; *Bonnemeier*, Praxisratgeber Existenzgründung, 4. Aufl. 2014, S. 3; *Icks et al*, IfM-Materialien

ökonomisch erklärbar, da die Risikobereitschaft umso höher ist, je geringer und schlechter die Alternativen sind.[103] In den Jahren 2003 bis 2011 war das Gründungsgeschehen in Deutschland besonders stark durch Gründungen aus der Arbeitslosigkeit geprägt, die in der Regel in Form einer Solo-Selbständigkeit ohne Beschäftigte umgesetzt wurde.[104] Umgekehrt ist bei den Solo-Selbständigen der Anteil an Notgründungen aus der Arbeitslosigkeit besonders groß.[105] Mit der Einführung des sog. Existenzgründungszuschusses (Ich-AG) im Jahr 2003 als Ergänzung des bereits seit 1986 existierenden Überbrückungsgeldes stieg die Zahl der Gründungen aus der Arbeitslosigkeit weiter an.[106] Die Hoch-Zeiten dieses Gründungstyps sind allerdings vorbei, seitdem die Begünstigtenzahl durch strengere Regulierung gesunken und die Bezieher von Arbeitslosengeld seit 2005 die Forderungsberechtigung verloren haben.[107] Auch das Weißbuch des Bundesministeriums für Arbeit und Soziales „Arbeiten 4.0" erklärt die Abschwächung der Gründungstendenzen seit 2012 mit der Entspannung der Arbeitsmarktlage.[108]

Als Grund gegen eine Existenzgründung wird häufig deren hohe Bürokratie gesehen. Dabei hat diese durchaus auch Vorteile, da sie den Existenzgründern in Form von erteilten Bescheiden und Genehmigungen eine rechtliche Sicherheit verschafft. Das Hauptargument gegen eine Existenzgründung ist jedoch die Angst vor dem Scheitern. Diese ist in Deutschland stärker ausgeprägt als in vergleichbaren europäischer Staaten, wenngleich sich die Einstellung zur Selbständigkeit geringfügig verbessert hat.[109] Einer repräsentativen Befragung zufolge würden in Deutschland 46 Prozent der Befragten aus Angst vor dem Scheitern von einer Gründung absehen.[110] Von Frauen heißt es, dass sie im Hinblick auf eine Existenzgründung noch stärkere Vorbehalte als Männer und insoweit ein geringeres Selbstvertrauen haben.[111] Gerade in Zeiten einer guten Lage am Arbeitsmarkt ziehen in Deutschland viele Menschen die abhängige Beschäftigung dem Schritt in die Selbständigkeit vor. In der Tat gibt die statistische Überlebenschance einer Existenzgründung wenig Anlass für übermäßigen Optimismus: Weniger als die Hälfte aller neu gegründeten Unternehmen überleben die ersten

---

Nr. 237, 2015, S. 17 f.; vgl. auch *Rieble*, in: Giesen/Junker/Rieble, Ordnungsfragen des Tarifvertragsrechts, 2017, S. 65 (66).
[103] Vgl. *Kahneman*, Thinking, Fast and Slow, 2012, S. 276.
[104] http://www.ifm-bonn.org/statistiken/gruendungen-und-unternehmensschliessungen/#accordion=0&tab=3, Stand: 17.8.2016.
[105] *Waltermann*, RdA 2010, 162.
[106] http://www.ifm-bonn.org/statistiken/gruendungen-und-unternehmensschliessungen/#accordion=0&tab=3, Stand: 17.8.2016.
[107] Eingehend *May-Strobl*, Nachhaltigkeit und Erfolg von Gründungen aus der Arbeitslosigkeit, IfM-Materialien Nr. 196, 2010.
[108] Weißbuch des BMAS „Arbeiten 4.0", 2016, S. 50.
[109] Global Entrepreneurship Monitor, Länderbericht Deutschland 2014, S. 6, 16.
[110] Global Entrepreneurship Monitor, Länderbericht Deutschland 2014, S. 16.
[111] *Bonnemeier*, Praxisratgeber Existenzgründung, 4. Aufl. 2014, S. 4.

fünf Jahre, wobei sich diese Erfolgsquote verschlechtert, je mehr Unternehmen auf den Markt drängen. Die Zahl der gescheiterten Existenzgründungen wird auf 40.000 bis 90.000 pro Jahr geschätzt.[112] Insgesamt dominieren kleine Unternehmen das Insolvenzgeschehen in Deutschland: Im ersten Halbjahr 2017 hatte 52,9 Prozent der von einer Insolvenz betroffenen Unternehmen einen Umsatz von weniger als 250.000 Euro im Jahr erwirtschaftet, dies sind 5.450 Fälle, rund 200 mehr als im Vorjahr.[113] Noch deutlicher fällt dieser Befund aus, wenn man die Zahl der beschäftigten Arbeitnehmer in den Blick nimmt: Vier von fünf Unternehmen, über die im Jahr 2015 ein Insolvenzverfahren eröffnet wurde, haben höchstens fünf Mitarbeiter beschäftigt.[114] Aus den empirischen Daten ergibt sich somit ein Einfluss von Alter und Größe auf die Überlebenswahrscheinlichkeit von Unternehmen.[115] Aufgrund der mannigfaltigen Herausforderungen in der sehr frühen Unternehmensphase scheiden junge Unternehmen mit einer höheren Wahrscheinlichkeit aus dem Markt aus als ältere Unternehmen. Zudem haben kleinere Unternehmen eine geringere Überlebenswahrscheinlichkeit als große Unternehmen der gleichen Alterskohorte.[116] In ideeller Hinsicht wird ein Scheitern in Deutschland häufig als persönlicher Makel gesehen.[117] In den USA herrscht hingegen eine andere Mentalität vor, wonach ein Scheitern nicht als Makel gilt und eher Anreiz für einen neuen Versuch schafft.[118] Tatsächlich ist die Misserfolgsquote in den USA, wo 35 Prozent der Neugründungen die ersten fünf Jahre überleben,[119] eher größer als in Deutschland. Noch größer ist die Misserfolgsquote z.B. in Kanada, wo sowohl im Produktionssektor als auch im Dienstleistungssektor mehr als die Hälfte aller Neugründungen in den ersten zwei Jahren ihres Bestehens scheitern.[120]

Trotz dieser Misserfolgsquote ist in den USA im Gegensatz zum deutschen Pessimismus, der im Ausland gerne als „German Angst" verspottet wird, das gegenteilige Extrem des übermäßigen Selbstvertrauens verbreitet. Der Psychologe

---

[112] *Tamm*, Verbraucherschutzrecht, 2011, S. 333.

[113] So die Wirtschaftsauskunftei Creditreform, abrufbar unter https://www.creditreform.de/nc/aktuelles/news-list/details/news-detail/insolvenzen-in-deutschland-1-halbjahr-2017.html, Stand. 22.6.2017.

[114] Quelle: http://www.abendzeitung-muenchen.de/inhalt.experten-warnen-trotzdem-gute-konjunktur-robuster-arbeitsmarkt-pleiten-auf-tiefstand.84c13eef-3db6-4abe-91ac-d5e443d0117f.html, Stand: 12.12.2015.

[115] *Fackler/Schnabel/Wagner*, Small Business Economics Vol. 41 No. 3 [2013], 683 (691).

[116] *Welter/Levering/May-Strobl*, Mittelstandspolitik im Wandel. IfM-Materialien Nr. 247, 2016, S. 9.

[117] Der Bundesverband Deutsche Startups beklagt, dass man außerhalb der Start-up-Szene häufig auf Stigmatisierung trifft, vgl. Handelsblatt v. 18.4.2017, abrufbar unter http://www.handelsblatt.com/unternehmen/mittelstand/start-up-verband-fordert-kultur-der-zweiten-chance/19679460.html, Stand: 19.4.2017.

[118] Vgl. *Schäfer/Ternès/Towers*, The International Start-Up Scene, 2016, S. 46.

[119] *Kahneman*, Thinking, Fast and Slow, 2012, S. 256.

[120] *Baldwin/Johnson*, in: Acs, Are Small Firms Important, 1999, S. 51 (52).

und Wirtschaftsnobelpreisträger *Daniel Kahneman* hat dafür verhaltensökonomische Erklärungen vorgelegt. Zunächst ist die erfolgreiche Ausführung eines Plans konkret und leicht vorstellbar. Demgegenüber erscheint die Alternative des Scheiterns unscharf, da es unzählige Möglichkeiten gibt, wie ein Projekt schieflaufen kann. Dies gilt somit auch für die Unternehmensgründung, bei der man sich einen Erfolg leichter vorstellen kann als einen Misserfolg. Existenzgründer und Investoren neigen folglich sowohl dazu, ihre Chancen zu überschätzen, als auch ihre Schätzungen überzubewerten.[121] Weiterhin glauben die Unternehmensgründer in den USA regelmäßig nicht, dass die Statistiken (sog. base rates) für sie zutreffen. Eine Studie hat ergeben, dass US-amerikanische Gründer davon ausgehen, dass ihr jeweiliger Geschäftszweig vielversprechend ist. Ihre durchschnittliche Bewertung der Erfolgschancen generell für ein „Unternehmen wie das ihrige" betrug 60 Prozent, also fast doppelt so hoch wie der statistische Wert.[122] Die Wahrnehmungsverzerrung war noch größer, wenn sie die Erfolgschancen ihres eigenen Unternehmens bewerteten: 81 Prozent der Gründer gingen von einer Erfolgswahrscheinlichkeit von 7 oder höher auf einer Skala von 1 bis 10 aus; 33 Prozent der Gründer meinten gar, dass ein Scheitern ausgeschlossen sei.[123] Dies erscheint an sich wenig überraschend. Wenn man jemanden befragt, der kürzlich ein italienisches Restaurant eröffnet hat, würde man kaum erwarten, dass er seine Erfolgschancen schlecht einschätzt oder sich für einen schlechten Gastronomen hält. Es fragt sich indes, ob das Geld und die Zeit in eine Existenzgründung auch dann investiert würde, wenn die Personen die Statistiken – für Restaurants gilt z.B., dass 60 Prozent aller Neueröffnungen nach drei Jahren wieder geschlossen haben – tatsächlich in das Kalkül einbeziehen, also gewissermaßen ihre Chancen von außen bewerten (sog. outside view). Ein Vorteil des hohen Selbstvertrauens ist, dass es Hartnäckigkeit gegenüber Hindernissen schafft. Allerdings kann Hartnäckigkeit teuer sein: *Åstebro* und *Bernhardt* haben empirisch aufgezeigt, wie Optimisten auf schlechte Nachrichten reagieren.[124] Ihre Studie beruht auf Daten einer kanadischen Organisation – dem Inventor's Assiscance Program – die gegen eine kleine Gebühr die Geschäftschancen einer Idee objektiv bewertet auf der Grundlage von 37 Kriterien, darunter der Bedarf für das Produkt, die Produktionskosten und die geschätzte Nachfrage. Das Ergebnis wird in einer Benotung zusammengefasst, wobei die Notenstufen D und E einen Misserfolg bedeuten und in 70 Prozent der bewerteten Ideen vergeben wurden. Die Fehlerprognose ist erstaunlich genau: Nur fünf von 411 Projekten mit der schlechtesten Benotung wurden in Verkehr gebracht, und keines davon hatte Erfolg. Gleichwohl setzten 47 Prozent der Erfinder, denen

---

[121] *Kahneman*, Thinking, Fast and Slow, 2012, S. 325 f.; eingehend *Cooper/Woo*, Journal of Business Venturing 1988, 97; *Palich/Bagby*, Journal of Business Venturing 1995, 425 ff.
[122] *Kahneman*, Thinking, Fast and Slow, 2012, S. 256 f.
[123] *Kahneman*, Thinking, Fast and Slow, 2012, S. 256 f.
[124] *Åstebro/Bernhardt*, The Engineering Economist 44 [1999], 348 ff.

ein Scheitern vorausgesagt wurde, ihre Entwicklungen fort. Im Durchschnitt verdoppelten sie dabei ihre ursprünglichen Kosten noch, bevor sie letztlich aufgaben. Diese Daten zeigen, dass Optimismus in den USA bzw. Kanada verbreitet, stur und kostspielig ist.[125] Dies sollte man stets vergegenwärtigen, wenn in Deutschland – an sich zu Recht – eine Stärkung der Gründungsmentalität gefordert und angestrebt wird und die USA dabei als Vorbild genommen werden.[126]

III. Gründe des Scheiterns

Eine Untersuchung der ehemaligen Deutschen Ausgleichsbank (nun KfW-Mittelstandsbank) zeigt, welche Probleme am häufigsten zum Scheitern junger Unternehmen beigetragen haben.[127] Eine Mehrfachnennung war möglich.

- Finanzierungsmängel (68 Prozent)
- Informationsdefizite (61 Prozent)
- Qualifikationsmängel (48 Prozent)
- Planungsmängel (30,1 Prozent)
- Familienprobleme (29,9 Prozent)
- Überschätzung der Betriebsleistung (20,9 Prozent)
- äußere Einflüsse (15,4 Prozent)

Daraus wird gefolgert, dass der Erfolg einer Existenzgründung eine gründliche Vorbereitung, professionelle und vorsichtige Planung sowie eine umfassende Information erfordert; dass nicht jeder Mensch als Existenzgründer geeignet und dass nicht jede, vermeintlich gute Idee auch wirtschaftlich tragfähig ist.[128] Dies ist sicherlich richtig, impliziert aber, dass es jeder Gründer weitgehend selbst in der Hand hat, ob das Unternehmen Erfolg haben wird. Diese Annahme ist weit verbreitet und wird von zahlreichen Fachleuten und Büchern zur Unternehmensgründung geschürt:[129] Unternehmensgründer, die nach der Abhängigkeit des Erfolgs von den unternehmerischen Fähigkeiten befragt wurden, gaben niemals weniger als 80 Prozent an. Selbst wenn sie von ihrem eigenen Erfolg nicht

---

[125] *Kahneman*, Thinking, Fast and Slow, 2012, S. 257.
[126] Vgl. die Initiative des Bundesministeriums für Bildung und Forschung, BT-Drucks. 16/10500, S. 21. Zu dieser Frage näher unter § 2 C) II.
[127] Zit. nach *Bonnemeier*, Praxisratgeber Existenzgründung, 4. Aufl. 2014, S. 9. Zu ähnlichen Ergebnissen kommt die Vorstudie von *Piorkowsky et al* vom Juli 2010, abrufbar unter https://www.huk.uni-bonn.de/aktuelles/gescheiterte-selbststaendigkeit-in-der-sb, Stand: 13.6.2017. Zu den Gründen des Scheiterns eingehend *Engeln et al*, Ursachen für das Scheitern junger Unternehmen in den ersten fünf Jahren ihres Bestehens, 2010.
[128] *Bonnemeier*, Praxisratgeber Existenzgründung, 4. Aufl. 2014, S. 10 f.
[129] Prominentes Beispiel ist der Bestseller von *Collins/Porras*, Built to Last: Successful Habits of Visionary Companies, 2004. Die Autoren schreiben darüber: „We believe every CEO, manager, and entrepreneur in the world should read this book. You can build a visionary company."

uneingeschränkt überzeugt waren, so gingen sie doch davon aus, dass er allein in ihren Händen liegt.

Dagegen hat sich grundlegend *Kahneman* gewandt, der einen anderen Erklärungsansatz zugrunde legt. Zunächst legt er dar, dass der Erfolg oder Misserfolg eines Unternehmens nicht nur von den Fähigkeiten des Unternehmers abhängt, sondern zu einem erheblichen Teil auch von schlichtem Glück:

„Because luck plays a large role, the quality of leadership and management practices cannot be inferred reliably from observations of success."[130]

Tatsächlich hängt der Erfolg auch von den Verdiensten der Konkurrenten und der wirtschaftlichen Entwicklung ab. Da man jedoch über Konkurrenten wenig weiß, stellt man sich eine Zukunft vor, in denen Wettbewerb nur eine geringe Rolle spielt (competition neglect).[131] Ein augenfälliger Ausdruck dieses Phänomens ist, dass viele teure Big-Budget-Filme an den gleichen Tagen in die Kinos kommen. Dies beruht in aller Regel darauf, dass sich die Filmproduktionsgesellschaften nur auf die eigenen Faktoren wie den Film selbst und das Marketing konzentrieren, die Konkurrenz hingegen außer Acht lassen.[132] Erscheinen aber fünf Filme am gleichen Wochenende, werden die Einnahmen der Filmproduktionsgesellschaften zwangsläufig leiden. *Kahneman* hat insgesamt vier Wahrnehmungsverzerrungen aufgezeigt, auf denen die – in den USA wie gezeigt häufig übertrieben positive – Einschätzung der Erfolgschancen auf verschiedenen Wahrnehmungsverzerrungen beruht: (1) Man fokussiert sich auf das eigene Ziel und ignoriert die einschlägigen Statistiken bei der Planung (planning fallacy); (2) man fokussiert sich auf die eigenen Pläne und Fähigkeiten und lässt diejenigen der Konkurrenten außer Acht; (3) man konzentriert sich sowohl bei der Deutung der Vergangenheit als auch bei der Einschätzung der Zukunft auf die Fähigkeiten und ignoriert die Bedeutung des Glücksfaktors (illusion of control); und schließlich (4) fokussiert man sich auf das, was man weiß und ignoriert, was man nicht weiß (what you see is all there is), was zu einem übersteigerten Selbstvertrauen führt.[133] In der obigen Liste könnte man diese Mängel sowohl den Informationsdefiziten als auch den Planungsmängeln zuordnen.

---

[130] *Kahneman*, Thinking, Fast and Slow, 2012, S. 204 ff., 207; zum Zusammenhang zwischen Erfolg und Glück im Allgemeinen siehe S. 175 ff.

[131] *Kahneman*, Thinking, Fast and Slow, 2012, S. 260. Zum Phänomen des competition neglect grundlegend *Camerer/Lovallo*, American Economic Review 89 [1999], 306 ff.

[132] *Camerer/Lovallo*, American Economic Review 89 [1999], 306 (315).

[133] *Kahneman*, Thinking, Fast and Slow, 2012, S. 259.

C) Sozialer Hintergrund von Kleinunternehmern

Auch in sozialer Hinsicht sind Kleinunternehmer keine homogene Gruppe und reichen von hochbezahlten Experten bis zu Geringverdienern, die von Altersarmut bedroht sind. Eine wichtige Unterscheidung wird darin gesehen, ob die Unternehmer Mitarbeiter beschäftigen.[134] Eine Studie aus dem Jahr 2014 hat das Einkommen von Selbständigen untersucht, getrennt für „Selbständige mit Mitarbeitern" und „Solo-Selbständige".[135] Diese Studie kommt zu dem Ergebnis, dass Selbständige mit Mitarbeitern 1,75mal so viel verdienen wie Arbeitnehmer, Solo-Selbständige hingegen gleich viel wie Arbeitnehmer, wobei die für Selbständige freiwilligen Sozialversicherungsbeiträge nicht berücksichtigt sind. Nach einer anderen Studie liegt der durchschnittliche Verdienst vor Steuern und Versicherung bei 13 Euro pro Stunde, und 25 Prozent der Solo-Selbständigen verdienen weniger als 8,50 Euro pro Stunde.[136] 11 Prozent der Solo-Selbständigen haben ein monatliches Einkommen von unter 500 Euro.[137]

Dies zeigt, dass sich für viele Solo-Selbständige ihre Tätigkeit finanziell nicht auszahlt. Mögliche Gründe sind, dass sie ihr Einkommen falsch einschätzen, dass sie im Bereich abhängiger Arbeit keine Alternative finden („Notgründung") oder dass sie lieber ihr eigener Herr sein möchten.[138] Auch in den USA sind die finanziellen Anreize der Selbständigkeit nur mittelmäßig: Bei gleicher Qualifikation erzielen die Menschen in abhängiger Beschäftigung durchschnittlich höhere Einkommen als in selbständiger Tätigkeit.[139] In wirtschaftlicher Hinsicht ist die Form der Klein- bzw. Solo-Selbständigkeit daher typischerweise nicht mit großem Wohlstand, sondern mit geringem Ertrag verbunden.[140]

Nicht jeder Kleinunternehmer kann überhaupt von seiner Arbeit leben. Unter allen Selbständigen ist der Anteil der Selbständigen mit monatlichen Nettoeinkünften von weniger als 1.100 Euro im Zeitraum von 1995 bis 2005 von 24 Prozent auf 32 Prozent angestiegen.[141] Die Zahl der Selbständigen in Deutschland, die auf Hartz IV angewiesen sind, steigt stetig. Im Jahr 2014 waren es mit 117.904

---

[134] *Fudge*, Osgoode Hall Law Journal 44/4 [2006], 1 (11).
[135] *Sorgner/Fritsch/Kritikos*, IZA Discussion Paper No. 8651, 2014.
[136] DIW-Wochenbericht 7/2013, S. 7; dazu *Klebe*, AuR 2016, 277.
[137] Statistisches Bundesamt, Wirtschaft und Sstatistik 2013, S. 482, 495; dazu *Deinert*, Soloselbständige zwischen Arbeitsrecht und Wirtschaftsrecht, 2015, S. 18.
[138] *Sorgner/Fritsch/Kritikos*, IZA Discussion Paper No. 8651, 2014, S. 19; speziell zu Notgründungen *Rieble*, in: Giesen/Junker/Rieble, Ordnungsfragen des Tarifvertragsrechts, 2017, S. 65 (66).
[139] *Kahneman*, Thinking, Fast and Slow, 2012, S. 257.
[140] Vgl. *Rebhahn*, RdA 2009, 236 (240); zur sozialen Situation von Kleinunternehmern siehe auch *Adomeit*, FS Hilger/Stumpf, 1983, S. 1 (3 f.); *Rieble*, in: Riesenhuber, Das Prinzip der Selbstverantwortung, 2011, S. 337 (349) sowie oben § 3 C).
[141] Sachverständigenrat zur Begutachtung der gesamtwirtschaftlichen Entwicklung, Jahresgutachten 2006/07, 2006, S. 266.

bereits doppelt so viele wie noch 2007 mit 66.910. Besonders hart betroffen sind wiederum Solo-Selbständige. Diese verdienten im Jahr 2014 durchschnittlich 1.496 Euro netto pro Monat. Es ist anzunehmen, dass eine hinreichende Altersvorsorge oftmals wegen fehlender finanzieller Mittel unterbleibt mit der Folge, dass dieser Personenkreis besonders von Altersarmut bedroht ist.[142]

§ 3 Allgemeine Schutzwürdigkeit von kleinen Unternehmen

In diesem Abschnitt soll die prinzipielle Schutzwürdigkeit von kleinen Unternehmen bzw. deren Inhabern untersucht werden.[143] Dazu wird zunächst erörtert, warum und unter welchen Voraussetzungen im Recht ein spezifischer Schutz für bestimmte Marktteilnehmer legitim ist (unten A)). Sodann werden diese theoretischen Erkenntnisse auf kleine Unternehmen angewandt (unten B)). Schließlich werden verschiedene Schlussfolgerungen getroffen, wie ein möglicher Schutz von kleinen Unternehmen ausgestaltet werden kann und soll (unten C)).

A) Gründe und Voraussetzungen eines spezifischen Rechtsschutzes

Das BGB war in seiner ursprünglichen Fassung von den Ideen des klassischen Liberalismus geprägt, der die gesellschaftlichen und wirtschaftlichen Entwicklungen des 19. Jahrhunderts maßgeblich beeinflusste. So richteten sich die Vorschriften des BGB in erster Linie an das in wirtschaftlichen Angelegenheiten erfahrene und geschäftlich urteilsfähige Individuum, das im Verkehr mit anderen Gleichgestellten seine Rechts- und Vermögensverhältnisse selbständig gestalten kann.[144] Verträge sollten nur in den schweren Fällen eines Gesetzes- oder Sittenverstoßes unwirksam sein, §§ 134, 138 BGB. Im Laufe der Zeit erkannte man jedoch, dass diese Vorstellung nicht immer der sozialen Wirklichkeit entspricht, insbesondere im Bereich der Wohnungsmiete, des Arbeitslebens und des Rechts-

---

[142] *Waltermann*, RdA 2010, 162 (163); vgl. auch *Deinert*, Soloselbständige zwischen Arbeitsrecht und Wirtschaftsrecht, 2015, S. 17 f.
[143] Inwieweit darüber hinaus auch eine rechtliche Pflicht zum Schutz von kleinen Unternehmen bestehen kann, wird später unter § 5 untersucht.
[144] *Wolf/Neuner*, Allgemeiner Teil des Bürgerlichen Rechts, 11. Aufl. 2016, § 10 Rn. 42; zu den Ausnahmen zugunsten erster sozialer Schutzstandards siehe *dies.*, § 3 Rn. 17.

verkehrs mit Verbrauchern.[145] Inzwischen wurden die Schutzstandards soweit ausgebaut, dass das Sozialprinzip nunmehr zu den systemprägenden Elementen der Privatrechtsordnung gehört.[146] Da das deutsche Recht jedoch nach Art. 1 Abs. 1 GG dem Grundsatz der formalen Gleichheit verpflichtet ist, sind Sonderregelungen zum Schutz einzelner Marktteilnehmer begründungsbedürftig und müssen in Einklang mit den Funktionen des Rechts stehen.

I. Überblick über die Funktionen des Rechts

Die Funktionen des Rechts werden in breitem Umfang diskutiert und können hier nur im Überblick dargestellt werden. *Uwe Wesel* unterscheidet vier verschiedene Funktionen: Ordnungsfunktion, Gerechtigkeitsfunktion, Herrschaftsfunktion und Herrschaftskontrollfunktion.[147] Die Ordnungsfunktion besagt, dass das Recht das menschliche Zusammenleben ordnen, steuern und (um-)gestalten soll, um eine gewisse Gleichförmigkeit und Berechenbarkeit menschlichen Verhaltens herzustellen.[148] Dies wird von einigen Autoren als primäre Aufgabe des Rechts bezeichnet[149] und geht auf die berühmte These *Thomas Hobbes* (1588–1679) zurück, wonach in einem herrschafts- und rechtsfreien Raum ein Krieg aller gegen alle herrschen würde.[150] Die Verwirklichung von Gerechtigkeit ist eine mindestens ebenso prägnante Funktion des Rechts. *Gustav Radbruch* definierte das Recht als eine Ordnung, die der Gerechtigkeit zu dienen bestimmt ist.[151] Nach der Herrschaftsfunktion soll das Recht Einflussmöglichkeiten aufrechterhalten und nach der Herrschaftskontrollfunktion zugleich begrenzen. Ersteres beinhaltet in bürgerlich-liberalen Demokratien etwa die Erhaltung von Privateigentum an Produktionsmitteln und gewährleistet damit die Existenz von privatem Unternehmertum, letzteres wird insbesondere durch die Kontrolle des Staates durch die Verwaltungs- und Verfassungsgerichtsbarkeit verwirklicht.[152] Besondere Bedeutung kommt dem Recht schließlich im Hinblick auf die Knappheit der meisten Güter zu: Güter sollen gerecht und möglichst effizient verteilt werden, womit das Recht neben der gerechtigkeitsbezogenen Dimension auch eine ökonomische Dimension erhält.[153]

---

[145] *Bork*, Allgemeiner Teil des BGB, 4. Aufl. 2016, Rn. 104; *Wolf/Neuner*, Allgemeiner Teil des Bürgerlichen Rechts, 11. Aufl. 2016.
[146] *Wolf/Neuner*, Allgemeiner Teil des Bürgerlichen Rechts, 11. Aufl. 2016, § 10 Rn. 42.
[147] *Wesel*, Geschichte des Rechts, 4. Aufl. 2014, S. 61.
[148] *Rüthers/Fischer/Birk*, Rechtstheorie, 10. Aufl. 2018, Rn. 72.
[149] Vgl. *Hart*, Der Begriff des Rechts, 1973, III 1 c. (S. 61 ff.); *Rüthers/Fischer/Birk*, Rechtstheorie, 10. Aufl. 2018, Rn. 72.
[150] *Hobbes*, Leviathan, 13. Kapitel („Homo homini lupus est").
[151] *Radbruch*, SJZ 1946, 105 (107). Zum Inhalt der Gerechtigkeit eingehend unten § 5 e) I.
[152] *Wesel*, Geschichte des Rechts, 4. Aufl. 2014, S. 61.
[153] Dazu *Schäfer/Ott*, Lehrbuch der ökonomischen Analyse des Zivilrechts, 5. Aufl. 2012, S. XXXIII ff., 45 f.; eingehend *Eidenmüller*, Effizienz als Rechtsprinzip, 4. Aufl. 2015.

Bei diesen Aufgaben des Rechts ist wiederum zwischen zwei grundlegenden Verhältnissen zu unterscheiden, in welchen die jeweiligen Funktionen zu verwirklichen sind: Dem Verhältnis zwischen Staat und Bürger und dem Verhältnis zwischen den Bürgern untereinander. In Anlehnung an die aus der Volkswirtschaftslehre bekannte Unterscheidung zwischen privaten und öffentlichen Gütern lässt sich auch in rechtstheoretischer Hinsicht zwischen individuellen und kollektiven Interessen differenzieren. Individuelle Interessen sind mit dem Gerechtigkeitsgedanken verknüpft, kollektive Interessen vor allem mit dem ökonomischen Gedanken. *Robert Alexy* hat diese Unterscheidung präzisiert in individuelle Rechte, die einzelnen Personen zugeordnet sind und individuelle Träger haben, und kollektive Güter, die keinen distributiven Charakter haben und den Individuen nicht als Anteile zugeordnet werden können.[154] Vor diesem Hintergrund sind bestimmte Marktteilnehmer schutzwürdig, wenn dies berechtigten Individualinteressen oder berechtigten Kollektivinteressen dient. Der Schutz von Individualinteressen hat das Einzelwohl (bonum particulare) im Blick, der Schutz von Kollektivinteressen das Gemeinwohl (bonum commune). Diese Interessen und die Legitimation ihres Schutzes sollen nun im Folgenden behandelt werden.

II. Individualinteressen: Schwächerenschutz im Recht

Im Zentrum des rechtlichen Schutzes wegen Individualinteressen steht der Schutz von wirtschaftlich und/oder rechtlich Schwächeren.[155]

1. Hintergrund und Anwendungsfelder

Bei ungleicher Kräftelage besteht erfahrungsgemäß die Gefahr, dass der Stärkere – sowohl als Einzelpersonen als auch als Personengruppen – seine Überlegenheit auf Kosten des Schwächeren ausnutzt, was die rechtliche Schutzbedürftigkeit des Schwächeren zur Folge hat.[156] Nach *Heinz Georg Bamberger* bemisst sich der Wert einer Rechtsordnung insgesamt danach, wie sie mit benachteiligten Menschen umgeht.[157] So werden z.B. Minderjährige und Geschäftsunfähige wegen ihrer eingeschränkten psychischen Reife und Lebenserfahrung geschützt (§§ 104 ff. BGB),[158] Arbeitnehmer wegen ihrer strukturellen Unterlegenheit gegenüber dem Arbeitgeber[159] und Mieter wegen der existentiellen Be-

---

[154] Grundlegend *Alexy*, in: Weinberger, Individuelle Rechte und kollektive Güter, 1989, S. 49 ff., 54 f.
[155] Vgl. *Arnold*, Vertrag und Verteilung, 2014, S. 222 f.; *v. Hippel*, Der Schutz des Schwächeren, 1982, S. 1; *Stöhr*, AcP 214 [2014], 425 (450).
[156] *v. Hippel*, Der Schutz des Schwächeren, 1982, S. 1.
[157] *Bamberger*, FS Derleder, 2015, S. 1 (30).
[158] *Staudinger/Habermann*, BGB, Bearbeitung 2012, § 106 Rn. 1.
[159] *Gamillscheg*, Die Grundrechte im Arbeitsrecht, 1989, S. 29; *v. Hippel*, Der Schutz

deutung des Wohnraums.[160] Gerade bei Arbeitnehmern und Mietern geht es um die Sicherung materieller Grundbedürfnisse des Menschen, also nach einem Arbeitsplatz bzw. einer Wohnung.[161] Weitere, wenngleich teilweise umstrittene Beispiele von wegen (angeblicher) Schwäche schutzbedürftigen Personengruppen sind Frauen,[162] Ältere,[163] Behinderte,[164] Arme[165] und Verbraucher.[166] Nach *Stefan Arnold* ist der Schutz von Schwächeren wegen seiner gesamtgesellschaftlichen Auswirkungen Ausdruck von Verteilungsgerechtigkeit (iustitia distributiva).[167] Systematisch lässt er sich den sozialen Rechten zuordnen: Diese gewährleisten materiellen, informationellen, ideellen oder gruppenspezifischen Schutz mit den Hauptzielen, die Vorbedingung für Freiheit und Privatautonomie zu schaffen und die Menschenwürde umfassend zu wahren.[168] Demgegenüber sind die Freiheitsrechte primär der Idee der iustitia commutativa verpflichtet, indem sie die Selbstbestimmung im formalen Sinn absichern und zu keinen Umverteilungseffekten führen.[169]

2. Rechtsphilosophische und verfassungsrechtliche Legitimation

„Die Gerechtigkeit ist das Recht des Schwächeren." Diese Aussage wird dem französischen Moralisten *Joseph Joubert* (1754–1824) zugeschrieben.[170] Auch heute noch wird der Schwächerenschutz häufig als Gebot der (Verteilungs-)Ge-

---

des Schwächeren, 1982, S. 2 ff. Zur vielfach angenommenen gestörten Vertragsparität siehe BVerfGE 89, 214 (233); BAG NZA 2004, 484 (485); differenzierend *Stöhr*, ZfA 2013, 213 (218 f.).

[160] *v. Hippel*, Der Schutz des Schwächeren, 1982, S. 19; *Weitnauer*, Der Schutz des Schwächeren im Zivilrecht, 1975, S. 24; vgl. auch *Arnold*, Vertrag und Verteilung, 2014, S. 338, nach dem die Verteilungsgerechtigkeit im Wohnraummietrecht vornehmlich den Schwächerenschutz verwirklicht.

[161] *Arnold*, Vertrag und Verteilung, 2014, S. 283.

[162] Dazu *v. Hippel*, Der Schutz des Schwächeren, 1982, S. 74 ff.

[163] Im Zivilrecht sind Ältere wegen Beschränkung in der Willensbildungs- und Willensäußerungsfähigkeit schutzwürdig, *M. Roth*, AcP 208 [2008], 451 (469); *Wedemann*, AcP 214 [2014], 664 (670).

[164] Dazu *v. Hippel*, Der Schutz des Schwächeren, 1982, S. 103 ff.

[165] Dazu *v. Hippel*, Der Schutz des Schwächeren, 1982, S. 115 ff.

[166] Für den Verbraucherschutz als Fallgruppe des Schwächerenschutzes etwa BGH NJW 2005, 1045 (1046), wo eine „strukturelle Unterlegenheit" von Verbrauchern im Rechtsverkehr angenommen wird; *Micklitz/Purnhagen*, in: MünchKomm-BGB, 7. Aufl. 2015, Vor §§ 13, 14 Rn. 3, 38 ff.; *Reich*, ARSP 63 [1977], S. 485 Markt und Recht, 1977, S. 182; *Tamm*, Verbraucherschutzrecht, 2011, S. 9 ff. Zum Schutzzweck des Verbraucherrechts eingehend unten § 9 A).

[167] *Arnold*, Vertrag und Verteilung, 2014, S. 158 ff.; 288.

[168] *Wolf/Neuner*, Allgemeiner Teil des Bürgerlichen Rechts, 11. Aufl. 2016, § 3 Rn. 1.

[169] *Wolf/Neuner*, Allgemeiner Teil des Bürgerlichen Rechts, 11. Aufl. 2016, § 3 Rn. 1.

[170] Siehe Pensées, essais et maximes de J. Joubert, Bd. 1, Paris 1842, S. 341: „La justice est le droit du plus faible".

rechtigkeit begriffen[171] und in theologischer Hinsicht als christliche Pflicht angesehen.[172] Gleichwohl befindet sich das Problem des rechtlichen Schwächerenschutzes seit mehreren Jahrzehnten in der Diskussion.[173] Ebenso wie bei paternalistischen Zielen wird regelmäßig über die Berechtigung der jeweiligen Ziele an sich gestritten.[174] Noch im Jahr 1976 meinte *Jürgen Basedow*, dass

„Ursachen und Bekämpfung der faktischen Ungleichheit der Menschen [...] noch weitgehend im Dunkeln [liegen]".[175]

Der rechtlich zu bewältigende Grundkonflikt der „Ungleichheit" und die damit verbundene Argumentationsfigur des „Schwächeren" blieb trotz interdisziplinärer Studien bis heute bestehen.[176] In der Tat sind Eigennutz und damit die Benachteiligungen von anderen Personen wie Vertragspartner in gewissem Umfang naturgegeben und einer Marktwirtschaft immanent: Nicht jedes Ungleichgewicht kann verhindert werden, da ein vollständiger Schutz aus Gründen der Rechtssicherheit und der Ressourcengrenzen praktisch unmöglich und auch gar nicht wünschenswert ist, da ein Schutz Aller vor Allen den Wettbewerbsprozess außer Kraft setzen würde.[177]

Trotz dieser grundsätzlichen Bedenken lässt sich der Schwächerenschutz verfassungsrechtlich mit dem Sozialstaatsprinzip legitimieren.[178] Dieses geht in seinem Ursprung auf die Überlieferung der jüdischen und christlichen Ethik zurück, die den Schutz der Armen und Kranken gebietet,[179] und beinhaltet anders als das beschränkende Rechtsstaatsprinzip einen unbestimmten Auftrag zu staatlichem Handeln. Der Sozialstaat ist dadurch gekennzeichnet, dass er

„den wirtschaftlichen und wirtschaftlich bedingten Verhältnissen [...] wertend, sichernd und verändernd mit dem Ziel gegenübersteht, jedermann ein menschenwürdiges Dasein zu gewährleisten, Wohlstandsunterschiede zu verringern und Abhängigkeitsverhältnisse zu beseitigen oder zu kontrollieren."[180]

---

[171] Vgl. *Bamberger*, FS Derleder, 2015, S. 1 (5).
[172] Vgl. BVerfGE 24, 236 (247); *Bamberger*, FS Derleder, 2015, S. 1 (29); *Leisner*, JZ 2008, 1061 (1062, 1067).
[173] *Rösler*, RabelsZ 2009, 889.
[174] *Arnold*, Vertrag und Verteilung, 2014, S. 283.
[175] *Basedow*, RabelsZ 40 [1976], 783 (787 f.).
[176] *Rösler*, RabelsZ 73 [2008], 889 (890).
[177] *Rösler*, RabelsZ 73 [2008], 889 (892); *Weitnauer*, Der Schutz des Schwächeren im Zivilrecht, 1975, S. 17 f.
[178] *Bamberger*, FS Derleder, 2015, S. 1 (29); *Neuner*, Privatrecht und Sozialstaat, 1999, S. 274 ff.; *Arnold*, Vertrag und Verteilung, 2014, S. 298; a.A. *Schünemann*, FS Brandner, 1996, S. 279 (296), nach dem das Sozialstaatsprinzip „weder ein ökonomisch wirksamer noch verfassungsrechtlich legitimer oder gar ethisch einzufordernder Hebel [ist], um Marktergebnisse [...] zu korrigieren."
[179] BVerfGE 24, 236 (247); *Bamberger*, FS Derleder, 2015, S. 1 (29); *Leisner*, JZ 2008, 1061 (1062).
[180] *Zacher*, in: Handwörterbuch der Wirtschaftswissenschaft, Bd. 7, 1977, S. 154.

Dies zeigt, dass die individuellen wirtschaftlichen Verhältnisse einer vergleichenden Beurteilung durch den Staat und damit durch politische Repräsentanten unterworfen werden sollen: Je nach deren Urteil sind soziöökomische Positionen von Individuen und Gruppen abzusichern oder mit dem Ziel einer Angleichung zu verändern.[181] Die sozialstaatliche Zielsetzung bedingt daher in gewissem Maße soziale Umverteilung.[182] Somit bildet die Verteilungsgerechtigkeit einen rechtsphilosophischen, mit dem Sozialstaatsprinzip eng verbundenen Legitimationsgrund für den Schwächerenschutz.[183] Zudem beeinträchtigen geschäftliche Unerfahrenheit bzw. Entscheidungsschwächen oder gestörte Vertragsparität die Richtigkeitsgewähr von Verträgen und ihre Legitimation durch das Konsensprinzip.[184] Nach verbreitetem Verständnis ist es eine Grundfreiheit moderner zivilrechtlicher Schutznormen, die Vertragsfreiheit des Unterlegenen durch Kontrolle des Mächtigeren und durch Korrektur unangemessener Vereinbarungen zu sichern.[185] Das Bundesverfassungsgericht hat in der berühmten Bürgschaftsentscheidung zum Vertragsrecht festgehalten, dass die Zivilrechtsordnung reagieren und Korrekturen ermöglichen muss, wenn es sich um eine typisierbare Fallgestaltung handelt, die eine strukturelle Unterlegenheit des einen Vertragsteils erkennen lässt, und die Folgen des Vertrags für den unterlegenen Vertragsteil ungewöhnlich belastend sind.[186] Zur Begründung führt das Bundesverfassungsgericht neben der – im Falle einer gestörten Vertragsparität beeinträchtigten – Privatautonomie auch das Sozialstaatsprinzip an.[187]

Der Umfang des Schwächerenschutzes und einer damit legitimierbaren Umverteilung sind jedoch heftig umstritten. Der Schutz von Schwächeren geht regelmäßig mit der Einschränkung der Macht von Stärkeren einher. Eine ausufernde Umverteilung beschränkt stets individuelle Entfaltungsmöglichkeiten, da das, was dem einen gegeben wird, dem anderen weggenommen wird.[188] Dies beeinträchtigt grundrechtlich geschützte Positionen wie die Vertragsfreiheit und bedarf daher der verfassungsrechtlichen Rechtfertigung.[189] Hinter diesem Konflikt steht letztlich der Sinn und Zweck von Recht in der Privatrechtsgesellschaft,

---

[181] *Streit*, Theorie der Wirtschaftspolitik, 6. Aufl. 2005, S. 63.
[182] *Peters*, Wirtschaftspolitik, 3. Aufl. 2000, S. 38.
[183] Vgl. *Arnold*, Vertrag und Verteilung, 2014, S. 158 f. Zum Zusammenhang des Sozialstaatsprinzips mit der Gerechtigkeitsfunktion vgl. *Grzeszick*, in: Maunz/Dürig, GG, 75. EL Sept. 2015, Art. 20 GG Rn. 21.
[184] *Stöhr*, AcP 214 [2014], 425 (430 ff.); vgl. auch v. *Stebut*, Der soziale Schutz als Regelungsproblem des Vertragsrechts, 1982, S. 17 f.
[185] Vgl. v. *Stebut*, Der soziale Schutz als Regelungsproblem des Vertragsrechts, 1982, S. 17 f.
[186] BVerfGE 89, 214 (232); kritisch dazu etwa *Schünemann*, FS Brandner, 1996, S. 279 (296); *Zöllner*, AcP 196 [1996], 1 (15 ff., 19).
[187] BVerfGE 89, 214 (232).
[188] *Peters*, Wirtschaftspolitik, 3. Aufl. 2000, S. 37; vgl. auch *Weitnauer*, Der Schutz des Schwächeren im Zivilrecht, 1975, S. 10.
[189] Vgl. *Stöhr*, AcP 214 [2014], 425 (449 f.).

nämlich die komplexe Aufgabe der Sicherung wirtschaftlicher Bewegungsfreiheit und der selbstbestimmten Entfaltung des Einzelnen in der Gesellschaft und gegenüber dem Staat.[190] Welcher Grad an Freiheit innerhalb immanenter Grenzen rechtsethisch richtig,[191] rechtstatsächlich realisierbar[192] und ökonomisch effizient ist,[193] wird lebhaft diskutiert. *Walter Leisner* sieht im Arbeitnehmer- und Mieterschutz bereits „systematische Subventionsbereiche" [...], auf denen der Staat den Schwächeren hilft – mit Mitteln der Stärkeren", die durch „schützenden Richterspruch und vergünstigende Steuer" verwirklicht würden.[194] Nach *Jörg Neuner* unterliegt die Umverteilung zulasten anderer Privatrechtssubjekte daher engen Grenzen: Es müssten „privatrechtsspezifische Sachgründe einen Interventionsbedarf aufzeigen", der Begriff des „Schwächeren" dürfe nicht „beliebig instrumentalisiert" werden.[195] Danach kommt ein

„sozialgestaltender Eingriff [...] deshalb primär nur zur Behebung konkret-entscheidungsbezogener Defizite in Betracht, wohingegen eine generelle Berücksichtigung von strukturellen Imparitäten zu Kollisionen mit dem Grundsatz formaler Rechtsgleichheit im Privatrecht führt."[196]

Dieser staatliche Interventionsbedarf hängt von der Schutzbedürftigkeit der in Rede stehenden Personengruppen ab.

3. Die Bestimmung der Schutzbedürftigkeit

Die Bestimmung der Schutzwürdigkeit hat eine empirische und eine normative Dimension. In empirischer Hinsicht muss der rechtstatsächliche Hintergrund in den Blick genommen werden, um die vom Recht auszugleichenden Schwächen zu eruieren und zu belegen. Zutreffend kommt die Rechtswissenschaft im Allgemeinen nicht ohne empirisches Erfahrungswissen im Hinblick auf tatsächliche Zusammenhänge aus.[197] Zweck einer evidenzbasierten Jurisprudenz ist die seit jeher

„genuine Aufgabe der Jurisprudenz, festzustellen, welche außerrechtlichen Fakten für eine bestimmte normative Fragestellung herangezogen werden sollen und ob die Ergebnisse der Nachbarwissenschaften dafür sich als fruchtbar erweisen."[198]

---

[190] *Rösler*, RabelsZ 73 [2008], 889 (893).
[191] Dazu *Schmidt-Rimpler*, AcP 147 [1941], 130 ff.
[192] Dazu im Hinblick auf die Informationsüberlastung der Verbraucher *Rösler*, RabelsZ 73 [2008], 889 (894 ff.).
[193] Dazu *Schäfer/Ott*, Lehrbuch der ökonomischen Analyse des Zivilrechts, 5. Aufl. 2012, S. 11 ff.
[194] *Leisner*, JZ 2008, 1061 (1063).
[195] *Neuner*, Privatrecht und Sozialstaat, 1999, S. 274.
[196] *Neuner*, Privatrecht und Sozialstaat, 1999, S. 274.
[197] *Starck*, JZ 1972, 609 (614 These 2); *Mastronardi*, Juristisches Denken, 2001, Rn. 54.
[198] *Schön*, in: Engel/Schön, Das Proprium der Rechtswissenschaft, 2007, S. 313 (318); dazu auch *Hamann*, Evidenzbasierte Jurisprudenz, 2014, S. 7 ff., 11.

Auch die Lage, die als Schwäche oder Unterlegenheit empfunden wird, beruht typischerweise auf natürlichen, wirtschaftlichen oder sozialen, jedenfalls aber auf außerrechtlichen, tatsächlichen Umständen.[199] Bei Älteren haben z.B. Studien im Hinblick auf Anlagegeschäfte ergeben, dass die Qualität finanzieller Entscheidungen im Alter von ca. Mitte 50 durchschnittlich am größten ist und sodann mit steigendem Lebensalter abnimmt; dass bei einem Lebensalter von ca. 70 Jahren ein starker Qualitätsabfall bei Investitionsentscheidungen zu verzeichnen ist; und dass das sich das Finanzwissen und die Fähigkeit, dieses Wissen bei finanziellen Entscheidungen anzuwenden, sich zwischen einem Alter von 60 und 85 Jahren erheblich verringert.[200] Bei Minderjährigen wird allgemein auf die eingeschränkte psychische Reife und Lebenserfahrung abgestellt, bei Arbeitnehmern auf die strukturelle Unterlegenheit gegenüber dem Arbeitgeber und die – empirisch allerdings noch nicht nachgewiesene – gestörte Vertragsparität.[201] Man sieht, dass die Gesellschaft und Wirtschaft der Postmoderne durch eine Ausdifferenzierung von statusbezogenen Schutzrechten gekennzeichnet ist.[202] Nach *Hans-Wolfgang Micklitz*

„produziert und provoziert [das Zivilrecht] jeden, der von einem wirtschaftlichen oder sozialen Unbill getroffen ist, nach dem geeigneten Status zu suchen, der eine ‚bessere' Behandlung verspricht."[203]

In normativer Hinsicht ist zu bestimmen, ab welchem Grad an Schwäche die Rechtsordnung korrigierend eingreifen muss. Nach *Wolfgang Schünemann* beginnt die Schutzwürdigkeit erst dort, wo Mündigkeit endet.[204] Wer hinter diesen Standards zurückbleibt, müsse dies als Teil seines Lebensschicksals tragen. Diesen strengen Maßstab folgert *Schünemann* aus der Prämisse, dass sich eine rechtlich relevante Schutzwürdigkeit nicht aus individuellen Defiziten, sondern nur aus den wettbewerblichen Funktionsbedingungen des Marktes ergeben könne.[205] Dahinter steht letztlich die Grundfrage, ob das Zivilrecht nicht der Gerechtigkeit, sondern ausschließlich dem gesellschaftlichen Gesamtnutzen, namentlich der Effizienz, verpflichtet ist.[206] Eine umfassende Erörterung dieser grundlegenden rechtsphilosophischen Frage ist an dieser Stelle nicht möglich.[207] Richtigerweise ist eine ausschließlich auf den gesellschaftlichen Gesamtnutzen

---

[199] *Weitnauer*, Der Schutz des Schwächeren im Zivilrecht, 1975, S. 13.
[200] Dazu *Wedemann*, AcP 214 [2014], 664 (670).
[201] Dazu ausführlich unten § 6 A) I. 1.
[202] *Micklitz*, Gutachten A zum 69. Deutschen Juristentag, 2012, A 1 (43).
[203] *Micklitz*, Gutachten A zum 69. Deutschen Juristentag, 2012, A 1 (43).
[204] *Schünemann*, FS Brandner, 1996, S. 279 (294).
[205] *Schünemann*, FS Brandner, 1996, S. 279 (294).
[206] Dafür etwa *Posner*, Notre Dame Journal of Law, Ethics and Public Policy 86 [1986], 85 ff.
[207] Dazu eingehend *Mathis*, Effizienz statt Gerechtigkeit?, 2004.

fokussierte Sichtweise abzulehnen.[208] Diese ist mit der überkommenen Funktion des Rechts, der Gerechtigkeit zu dienen,[209] unvereinbar und lässt für einen individualrechtlichen Schwächerenschutz keinen Raum. Zudem wird die ganz überwiegend anerkannte soziale Dimension des Zivilrechts[210] ignoriert.

Gleichwohl darf der Schwächerenschutz im Zivilrecht nicht ausufern, da dieses wie eingangs erwähnt auf den Ideen des klassischen Liberalismus und damit auf dem Grundsatz formaler Gleichheit beruht.[211] Nach *Josef Isensee* wurde die berühmte Forderung *v. Gierkes* nach einem „Tropfen sozialistischen Öls"[212] bereits dahingehend übersteigert, dass dieses „kanisterweise hinzugegossen" wurde.[213] *Erhard Bungeroth* hat gar eine regelrechte „Ölverschmutzung des Privatrechts" ausgemacht.[214] Speziell zum Schwächerenschutz sieht *Leisner* die Gefahr, dass die Zahl der als schutz- und förderungswürdig angesehenen Personengruppen immer größer wird, da mit dem Wohlstand die Armut zunimmt, die sich aus wirtschaftlichem Durchschnittserfolg definiert.[215] Überspitzt hält er fest, dass zu den bisherigen Personengruppen heute „Kinder und die Sterbenden, die Misshandelten und Drogenabhängigen, ganz zu schweigen von Alleinerziehenden, von Nichtehelichen, von Frauen überhaut, von Kranken(versicherten), Bildungsbenachteiligten, Immigranten" hinzukommen.[216] Die in dieser Arbeit behandelten Kleinunternehmer würden sich in der Tat trefflich in diese Tendenz einfügen. Ihr wirtschaftlicher und sozialer Hintergrund muss daher eingehend aufgearbeitet und empirisch verifiziert werden, wenn ihnen ein rechtlicher Schwächerenschutz gewährt werden soll.[217]

---

[208] Kritisch zur Konzeption *Posners* auch *Mathis*, Effizienz statt Gerechtigkeit?, 2004, S. 149 ff.
[209] Dazu *Radbruch*, Schweizerische Juristen-Zeitung 1946, 105 (107); *Stöhr*, Rechtstheorie 2014, 159 ff.
[210] Grundlegend *v. Gierke*, Die soziale Aufgabe des Privatrechts, Nachdruck 1960; aus der heutigen Literatur etwa *Staudinger/Honsell*, BGB, Bearb. 2013, Einleitung zum BGB Rn. 65; *Wolf/Neuner*, Allgemeiner Teil des Bürgerlichen Rechts, 11. Aufl. 2016, § 3.
[211] Vgl. *Staudinger/Richardi/Fischinger*, BGB, Bearb. 2016, A. Geschichtliche Grundlagen und Entwicklung des Arbeitsrechts, Rn. 104 ff.; *Neuner*, Privatrecht und Sozialstaat, 1999, S. 274; *Wolf/Neuner*, Allgemeiner Teil des Bürgerlichen Rechts, 11. Aufl. 2016, § 10 Rn. 42.
[212] *V. Gierke*, Die soziale Aufgabe des Privatrechts, Nachdruck 1960, S. 10.
[213] *Isensee*, FS Großfeld, 1999, S. 485 (505).
[214] *Bungeroth*, FS Schimansky, 1999, S. 279 (280 f.).
[215] *Leisner*, JZ 2008, 1061 (1063).
[216] *Leisner*, JZ 2008, 1061 (1063).
[217] Dazu eingehend unten B).

III. Kollektivinteressen

Neben Individualinteressen kann das Recht auch kollektiven bzw. öffentlichen Interessen dienen. Die damit zusammenhängenden Fragen werden häufig unter dem Stichwort des Gemeinwohls erörtert. Im Folgenden wird zunächst der Hintergrund des Gemeinwohls dargestellt (unten 1.) und danach die verfassungsrechtliche Zulässigkeit (unten 2.) und rechtsphilosophische Legitimation (unten 3.) erörtert, bestimmte Personengruppen wegen des Gemeinwohls zu schützen und Dritte hierauf zu verpflichten. Schließlich werden ausgewählte Anwendungsbeispiele des Gemeinwohls beleuchtet (unten 4.), die im Hinblick auf kleine Unternehmen von besonderer Bedeutung sind.

1. Hintergrund des Gemeinwohls

„Salus Publica suprema lex – Das öffentliche Wohl ist oberstes Gesetz", wie *Cicero* (106–43 v. Chr.) den Herrschenden vorschrieb.[218] Nach *Johann Heinrich Gottlob von Justi* (1717–1771), einem der großen Theoretiker des Absolutismus, war das allgemeine Wohl das Programm allen staatlichen Handelns: „Dieser Endzweck ist die allgemeine Glückseligkeit."[219] Nach der Formulierung von *Thomas Fleiner* muss der Gesetzgeber dem Gemeinwohl dienen, er muss die „volonté générale" finden und widerstrebende private Interessen zu einem legitimen und gerechten Ausgleich bringen.[220] Der Begriff des Gemeinwohls wurde in der Vergangenheit häufig missbraucht: Im Dritten Reich diente er dazu, die Unterdrückung individueller Interessen und Rechte zu legitimieren („Gemeinnutz geht vor Eigennutz"). Aber auch heute wird mitunter versucht, einen Anspruch von Partialinteressen an die Gemeinschaft über das Gemeinwohl zu rechtfertigen, z.B. im Rahmen der Subventionierung der Landwirtschaft oder der Kohle- und Stahlindustrie.[221] Dies kann die Überzeugungskraft von Argumentationen infrage stellen, die auf diesem Begriff beruhen.[222]

Was die Inhaltsbestimmung anbelangt ist festzuhalten, dass Gemeinwohl kein empirischer Begriff ist und deshalb nicht empirisch eruiert werden kann.[223] Vielmehr kann nur in Rückbindung an die verfassungsrechtlichen Normen bestimmt werden, was das Gemeinwohl seinem Inhalt nach ist.[224] Allerdings ent-

---

[218] *Cicero*, De legibus 3, § 8.
[219] *v. Justi*, Kurzer systematischer Grundriß aller Oeconomischen und Cameralwissenschaften, 1759, § 2.
[220] *Fleiner*, FS Häberle, 2004, S. 145 (150).
[221] *Kirchgässner*, in: Brugger/Kirste/Anderheiden, Gemeinwohl in Deutschland, Europa und der Welt, 2002, S. 289 f.
[222] *Kirchgässner*, in: Brugger/Kirste/Anderheiden, Gemeinwohl in Deutschland, Europa und der Welt, 2002, S. 289 (290).
[223] Vgl. *v.d. Pfordten*, in: v. Alemann/Merten/Morlik, Gemeinwohl und politische Parteien, 2008, S. 22 ff.
[224] *Isensee*, in: ders./Kirchhof, HStR IV, 3. Aufl. 2006. § 71 Rn. 70.

hält das Grundgesetz kein vollständiges Gemeinwohlprogramm, sondern nur einzelne Elemente, und hält sich der politischen Entwicklung offen. Dadurch legt es nur die Rahmenbedingungen fest und überlässt es insbesondere dem Gesetzgeber, Ziele zu wählen und über Prioritäten zu entscheiden.[225] *Helmut Gröner* moniert allerdings, dass Regulierungseingriffe in die Marktorganisation oder den Wettbewerb häufig leerformelhaft mit der Verwirklichung öffentlicher Interessen begründet werden, und dass diese öffentlichen Interessen regelmäßig im Sinne staatlich formulierter Marktergebnisse verstanden werden.[226] In der Tat darf die Unbestimmtheit des Gemeinwohlbegriffs nicht dazu verleiten, dieses floskelhaft zur Begründung einer Regulierung heranzuziehen.

Einige Autoren stellen hinsichtlich des Gemeinwohls maßgeblich auf den Begriff der kollektiven Güter ab.[227] Mit diesem aus der Ökonomik stammenden Begriff sind solche Güter gemeint, die durch Inanspruchnahme nicht verbraucht werden bzw. die nicht Gegenstand eines Rivalisierens von Verbrauchern sind, z.B. saubere Umwelt, Bildung oder innere/äußere Sicherheit.[228] Dies überzeugt: Auch wenn bei einzelnen Kollektivgütern wie z.B. Straßen, Eisenbahntrassen oder Windparks einzelne Personen – hier die Anwohner – besonders belastet werden,[229] profitieren von ihnen prinzipiell alle Rechtssubjekte gleichermaßen, da Kollektivgüter nach ihrer Definition keinen Individualpersonen zugerechnet werden können. Schon *Adam Smith* (1723–1790) erkannte die Aufgabe des Staates, eine materielle Infrastruktur bereitzustellen, d.h. die Versorgung mit Kollektivgütern zu sichern.[230] Zum Gemeinwohl trägt auch unternehmerisches Handeln bei, da Unternehmen Arbeitsplätze schaffen, Produkte bzw. Dienstleistungen bereitstellen und den Wettbewerb fördern.[231] Der Wettbewerb wirkt sich seinerseits prinzipiell positiv auf das Gemeinwohl aus, da die durch Wettbewerb erfolgte Preisbildung zur Pareto-optimalen Allokation von Ressourcen führt[232] und qualitätsfördernde Leistungsanreize geschaffen werden.[233] Die Beiträge von kleinen Unternehmen zum Gemeinwohl werden später eingehend behandelt.[234]

---

[225] *Isensee*, in: ders./Kirchhof, HStR IV, 3. Aufl. 2006. § 71 Rn. 71.
[226] *Gröner*, in: Schüller, Property Rights und ökonomische Theorie, 1983, S. 219 (232).
[227] Vgl. *Dewey*, Die Öffentlichkeit und ihre Probleme, 1996, S. 29 ff.
[228] Vgl. *Anderheiden*, Gemeinwohl in Republik und Union, 2006, S. 110 ff.; ders., in: Brugger/Kirste/Anderheiden, Gemeinwohl in Deutschland, Europa und der Welt, 2002, S. 391 (402 ff.).
[229] Vgl. *Anderheiden*, in: Brugger/Kirste/Anderheiden, Gemeinwohl in Deutschland, Europa und der Welt, 2002, S. 391 (420 ff.).
[230] Dazu *Grossekettler*, ORDO 42 [1991], 69 ff.
[231] Vgl. *Spieker*, in: Roos/Watrin, Das Ethos des Unternehmers, 1989 S. 95 (106 f.); *Werhahn*, Der Unternehmer, 2. Aufl. 1990, S. 35. Dazu eingehend unten 4. a).
[232] Vgl. *Eichberger*, Grundzüge der Mikroökonomik, 2004, S. 193, 242 ff.
[233] *Beck*, Volkswirtschaft verstehen, 5. Aufl. 2008, S. 154; vgl. auch *Peters*, Wirtschaftspolitik, 3. Aufl. 2000, S. 108 f.; *Welfens*, Grundlagen der Wirtschaftspolitik, 5. Aufl. 2013, S. 784 f.
[234] Unten B) I.

Insgesamt wird deutlich, dass der Schutz von bestimmten Personengruppen auch dadurch legitimiert sein kann, dass er kollektiven bzw. öffentlichen Interessen, vor allem also dem Gemeinwohl, zugutekommt. So werden z.B. Verbraucher auf europäischer Ebene vor allem wegen ihrer Generierung von Nachfrage und zur Verwirklichung des Europäischen Binnenmarktes geschützt, weniger mit Rücksicht auf ihre individuellen Interessen wie eine wirtschaftliche Unterlegenheit.[235]

2. Verfassungsrechtliche Zulässigkeit

Die Bundesrepublik ist ein Gemeinwohlstaat, der dem Ziel der Stärkung des gesamtgesellschaftlichen Nutzens und der Gesamtheit der öffentlichen Interessen verpflichtet ist.[236] Im Grundgesetz wird das Gemeinwohl explizit angesprochen in Art. 14 Abs. 2, 3, 87e Abs. 4 und 56 S. 1 GG. Das Bundesverfassungsgericht sieht in dem Gemeinwohl einerseits einen Gesichtspunkt zur Begrenzung der Staatsgewalt:

„Das Grundgesetz hat nicht nur eine virtuell allumfassende Staatsgewalt verfasst, sondern den Zweck des Staats materialiter auf die Wahrung des Gemeinwohls beschränkt, in dessen Mitte Freiheit und soziale Gerechtigkeit stehen."[237]

Andererseits anerkennt das Bundesverfassungsgericht die verfassungsrechtliche Zulässigkeit, den Einzelnen zugunsten des Gemeinwohls zu verpflichten bzw. seine Rechte zu beschränken. Das würde z.B. geschehen, wenn Kleinunternehmer unter Hinweis auf volkswirtschaftliche Vorteile gegenüber größeren Unternehmen in den Begünstigungsbereich des Arbeits- oder Verbraucherschutzrechts einbezogen werden oder gegenüber Arbeitnehmern bzw. Verbrauchern aus dem Verpflichtungsbereich herausgenommen werden. So sind z.B. nach der Dreistufentheorie Einschränkungen der Berufsausübung bereits dann zulässig, wenn vernünftige Erwägungen des Gemeinwohls sie zweckmäßig erscheinen lassen.[238]

Einige Autoren betrachten das Gemeinwohl als einheitliches normatives Ziel, das selbst gegenüber der Verfassung vorrangig und deshalb im positiven Recht beachtlich ist.[239] Das Bundesverfassungsgericht geht in einigen Entscheidungen von der „generellen Befugnis des Staates zum Handeln im Gemein-

---

[235] *Heiss*, ZEuP 1996, 625 (629). Auf der nationalen Ebene steht hingegen der Schwächerenschutz im Vordergrund, vgl. *Reich*, Markt und Recht, 1977, S. 182; *Tamm*, Verbraucherschutzrecht, 2011, S. 9 ff.

[236] *Martini*, Der Markt als Instrument hoheitlicher Verteilungslenkung, 2008, S. 218; eingehend *Isensee*, in: ders./Kirchhof, HStR IV, 3. Aufl. 2006, § 71 Rn. 55 ff.

[237] BVerfGE 42, 312 (332); vgl. auch BVerfGE 49, 89 (132).

[238] BVerfGE 7, 377 (402).

[239] *Brugger*, in: Brugger/Kirste/Anderheiden, Gemeinwohl in Deutschland, Europa und der Welt, 2002, S. 17 ff.; ähnlich *Henkel*, Einführung in die Rechtsphilosophie, 2. Aufl. 1977, S. 445 ff., 457 ff.

§ 3 Allgemeine Schutzwürdigkeit von kleinen Unternehmen   47

wohlinteresse" aus.[240] Definiert man nun das Gemeinwohl mit kollektiven Gütern, so wird sogar das Recht als Ganzes damit erklärt, dass es ausschließlich der Bereitstellung und Förderung kollektiver Güter und in diesem Sinne dem Gemeinwohl dient, woran sich alle staatlichen Institutionen auszurichten hätten.[241] Gegen ein eine solche (Über)Betonung des Gemeinwohls wird jedoch mit Recht angeführt, dass der freiheitliche Staat unabhängig von einem wie auch immer definierten Gemeinwohl eine bestimmte verfassungsmäßige Ordnung durchsetzen muss.[242]

3. Rechtsphilosophische Legitimation

Schwieriger als die verfassungsrechtliche Zulässigkeit ist die rechtsphilosophische Legitimation, den Individuen Pflichten zugunsten des Gemeinwohls aufzuerlegen bzw. deren Rechte einzuschränken. Die Orientierung am Gemeinwohl wird – anders als die am Einzelwohl – häufig als rechtsethische Problematik begriffen oder sogar für überflüssig erklärt.[243] So nahmen Theorien im 18. Jahrhundert einen „moral sense" des Menschen an, wonach ohnehin eine individuelle Neigung besteht, sein Handeln nach dem Gemeinwohl zu richten.[244] Einen ähnlichen Ansatz verfolgen neuere Theorien, denen zufolge individuelle Bedürfnisse nach Anerkennung und identitätsförderliche Selbstwertgefühle eine neuartige motivationale Voraussetzung solidarischen Handelns bilden lassen.[245] Danach wäre eine Orientierung am Gemeinwohl nicht begründungsbedürftig, sondern Gegenstand bereits vorhandener Neigungen.[246] Diese Theorien widersprechen jedoch sowohl dem homo oeconomicus als traditionellem Leitbild der Rechtsökonomik, wonach das menschliche Handeln an der eigenen Nutzenmaximierung ausgerichtet ist,[247] als auch den Erkenntnissen der Verhaltensökonomik, wonach menschliches Handeln von typischen Wahrnehmungsverzerrungen und Heuristiken beeinflusst ist.[248] Auch in der heutigen Literatur wird überwiegend angenommen, dass das Individualwohl mit dem Gemeinwohl konfligieren

---

[240] BVerfGE 98, 218 (246); vgl. auch BVerfGE 88, 40 (49 f.); BVerfGE 88, 145 (161); BVerfG DVBl. 2002, 400 (401); BVerfG NJW 2002, 666 (667).
[241] Vgl. *Dewey*, Die Öffentlichkeit und ihre Probleme, 1996, S. 29 ff.
[242] *Anderheiden*, in: Brugger/Kirste/Anderheiden, Gemeinwohl in Deutschland, Europa und der Welt, 2002, S. 391 (409 ff.).
[243] Dazu *Seelmann/Demko*, Rechtsphilosophie, 6. Aufl. 2014, § 11 Rn. 3 f.
[244] Vgl. *Hutcheson*, An Inquiry into the Original of our Ideas of Beauty and Virtue, 1726 (Nachdruck 1971), S. 107 ff.
[245] Vgl. *Kaufmann*, in: Münkler/Fischer, Gemeinwohl und Gemeinsinn, 2002, S. 19 ff.
[246] *Seelmann/Demko*, Rechtsphilosophie, 6. Aufl. 2014, § 11 Rn. 5.
[247] Dazu *Kirchgässner*, Homo oeconomicus, 4. Aufl. 2013, S. 66 ff.; *Schäfer/Ott*, Lehrbuch der ökonomischen Analyse des Zivilrechts, 5. Aufl. 2012, S. 95 ff.; zu den Grenzen dieses Leitbildes *Lüdemann*, in: Engel u.a., Recht und Verhalten, 2007, S. 7 ff.
[248] Dazu unten § 5 D) I, § 10 B) III.

und somit ein Interessengegensatz bestehen kann.²⁴⁹ Je stärker das Gemeinwohlgut kollektiviert und von den Interessen des Einzelnen entfernt ist, umso schwieriger lässt sich ein normativer Bezug auf dieses Gut und eine Verpflichtung des Einzelnen hierauf begründen.²⁵⁰ Bei den Gemeinwohlgütern „Wettbewerb" und „Schaffung von Arbeitsplätzen" – die bei dem Schutz von (kleinen) Unternehmen in Rede stehen – spricht jedoch dafür, dass sie jedem Einzelnen zugutekommen, sodass das Kollektivinteresse weitgehend die Summe aller Individualinteressen bildet. Negative Auswirkungen auf bestimmte Personen werden nicht erzeugt, anders als z.B. bei dem Ausbau von Flughäfen und Eisenbahnnetzen, die mit Lärmbelästigungen der Anwohner verbunden sind.²⁵¹ Im Folgenden werden die wichtigsten rechtsphilosophischen Begründungsansätze dargestellt.

a) Utilitarismus

An der Schnittstelle zwischen Gerechtigkeitsgedanken und dem ökonomischen Effizienzkonzept ist die Lehre des Utilitarismus angesiedelt, die das Glück der Meisten anstrebt.²⁵² Diese Lehre misst Handlungen oder Handlungsnormen daran, ob sie den größtmöglichen Gesamtnutzen bewirken. Dafür geht sie von dem Bild eines Wohlfahrtsthermometers aus: Jedes Gesellschaftsmitglied trägt ein imaginäres Thermometer in der Tasche, das sein Wohl auf einer Skala anzeigt. Die Summe der Werte aller Thermometer gibt das Gesamtwohl an. Eine staatliche Regulierung ist dann utilitaristisch gerechtfertigt, wenn sie zu einer Erhöhung des Gesamtwohls führt, auch wenn das Wohl einiger Gesellschaftsmitglieder sinken sollte.²⁵³ Dies gilt damit auch für den Schutz von bestimmten Personengruppen wie z.B. Kleinunternehmern. Der Utilitarismus hat gar kein anderes Ziel, als die Orientierung am Gesamtnutzen als dem höchsten ethischen Wert auszugeben. Folglich könnte damit selbst die ausschließlich drittnützige Inanspruchnahme eines Menschen legitimiert werden, sofern nicht das Risiko ihrer Aussetzung für sich genommen die Lebensqualität insgesamt stärker beeinträchtigt als sie Nutzenwerte schafft.²⁵⁴ Allerdings wird die Lehre des Utilitarismus in dieser reinen Form kaum noch vertreten. Der häufig vorgebrachte Einwand besteht darin, dass der Utilitarismus die Individualinteressen lediglich als Rechnungswert für die Berechnung des Gesamt-

---

[249] *Seelmann/Demko*, Rechtsphilosophie, 6. Aufl. 2014, § 11 Rn. 7.
[250] *Seelmann/Demko*, Rechtsphilosophie, 6. Aufl. 2014, § 11 Rn. 13.
[251] Vgl. dazu *Anderheiden*, in: Brugger/Kirste/Anderheiden, Gemeinwohl in Deutschland, Europa und der Welt, 2002, S. 391 (399 ff.).
[252] Grundlegend *Bentham*, An introduction to the principles of morals and legislation, 1780, Nachdruck 1982.
[253] Vgl. dazu *Schäfer/Ott*, Lehrbuch der Ökonomischen Analyse des Zivilrechts, 5. Aufl. 2012, S. 25 f.
[254] *Seelmann/Demko*, Rechtsphilosophie, 6. Aufl. 2014, § 11 Rn. 25.

nutzens begreift und im Einzelfall ihre vollständige Aufopferung zugunsten des Gemeinwohls fordern kann.[255]

Eine abgeschwächte Form des Utilitarismus vertritt *Peter Koller*: Nach ihm ist es unter gewissen Umständen vertretbar, dass eine Gemeinschaft ihren Mitgliedern bestimmte Einschränkungen oder Pflichten auferlegt, sofern diese der Verwirklichung gemeinschaftlicher Ziele dienen, die bei unpersönlicher und allgemeiner Erwägung im grundlegenden Interesse aller Beteiligten liegen, selbst wenn nicht zu erwarten ist, dass die Verwirklichung dieser Ziele jedem der betroffenen Individuen tatsächlich von Nutzen ist.[256] Dabei beruft er sich auf die Gerechtigkeitskonzeption von *John Rawls* (1921–2002), wonach die zentralen Forderungen aus dem Modell eines gedachten Urzustandes abgeleitet werden, in dem jeder Abstimmende unter einem Schleier des Nichtwissens (veil of ignorance) steht, der alle persönlichen Eigenschaften und Präferenzen des Abstimmenden verbirgt.[257] Jede Person müsse sich vorstellen, dass sie in jede mögliche Lage geraten könnte, die im Rahmen der in Betracht stehenden Rechts- und Sozialordnung möglich ist, sodass sie bei der Bewertung dieser Ordnung die Interessen aller Beteiligten gleichermaßen zu berücksichtigen und nach dem Grad ihres Gewichts abzuwägen habe.[258] Auch danach wäre der Schutz von kleinen Unternehmen legitim, wenn diese im grundlegenden Interesse der Gesellschaft liegen sollten. Für die klassische Ökonomik, die auf dem Utilitarismus aufbaute, war die Bestimmung des Gemeinwohls kein grundsätzliches Problem: Die individuellen Nutzen wurden als zwischen den Personen vergleichbar angenommen, womit prinzipiell Vorschläge darüber erarbeitet werden konnten, wie „das größte Glück der größten Zahl" zu errechnen sei.[259] Nach *Gebhard Kirchgässner* besteht eine Alternative zum Utilitarismus in der Konzeption *Rawls*, nach welcher es nicht um die Maximierung des Gesamt- oder Durchschnittsnutzens geht, sondern darum, für die am schlechtesten gestellten Individuen eine möglichst gute Situation herbeizuführen bzw. ihren Nutzen zu maximieren. Beide Theorien gingen davon aus, dass die Interessen verschiedener Individuen gegenseitig anhand eines objektiv gültigen Maßstabes abgewogen werden können.[260]

---

[255] *Fletcher*, Basic Conceps of Legal Thought, 1996, S. 169; zur Kritik am Utilitarismus eingehend *Lieth*, Ökonomische Analyse des Rechts und Methodenlehre, 2007, S. 40 ff.

[256] *Koller*, in: Brugger/Kirste/Anderheiden, Gemeinwohl in Deutschland, Europa und der Welt, 2002, S. 41 (62).

[257] *Rawls*, A Theory of Justice, 1972, S. 118 ff., 129.

[258] *Koller*, in: Brugger/Kirste/Anderheiden, Gemeinwohl in Deutschland, Europa und der Welt, 2002, S. 41 (62); gegen diese Übertragung des Rawlsschen Ansatzes *Anderheiden*, in: Brugger/Kirste/Anderheiden, Gemeinwohl in Deutschland, Europa und der Welt, 2002, S. 391 (423 ff.).

[259] *Kirchgässner*, in: Brugger/Kirste/Anderheiden, Gemeinwohl in Deutschland, Europa und der Welt, 2002, S. 289 (291).

[260] *Kirchgässner*, in: Brugger/Kirste/Anderheiden, Gemeinwohl in Deutschland, Europa und der Welt, 2002, S. 289 (292).

Diese Annahme wird jedoch in der Ökonomik kaum noch vertreten. Vielmehr hat sich die Ansicht durchgesetzt, dass Nutzen zwar möglicherweise kardinal messbar ist, dass aber interpersonelle Nutzenvergleiche wissenschaftlich nicht durchführbar sind.[261]

b) Rationaler Egoismus

Die Theorie des rationalen Egoismus orientiert sich am rational bestimmten langfristigen Individualnutzen und geht davon aus, dass eine solche Orientierung am Individualnutzen zumindest langfristig auch dem Gemeinwohl dient.[262] Danach könnte man den Schutz von bestimmten Personengruppen legitimieren. Indessen kann ein so verstandener rationaler Egoismus nicht begründen, dass sich ein Individuum an durch langfristigen Gemeinnutzen legitimierte Normen auch dann halten soll, wenn es ihm kurzfristig bzw. im konkreten Einzelfall schadet.[263] Hegels Philosophie der Intersubjektivität mit ihrem Modell der wechselseitigen Anerkennung von Rechtssubjekten als Grundlage funktionierender Institutionen strebt einen Ausgleich von Einzelwohl und Gemeinwohl an: Wer danach das Gemeinwohl als rechtlich geordnete Institution und darin den anderen als Rechtssubjekt nicht anerkennt, tut seiner eigenen Rechtssubjektivität Abbruch, da er die entsprechende wechselseitig bedingte Anerkennung selbst nicht erfährt.[264] Auf diesen Ansatz kann in diesem Rahmen nicht vertieft eingegangen werden.

c) Angemessener Interessenausgleich

Nach hiesigem Verständnis ist juristische Gerechtigkeit über einen angemessenen Interessenausgleich definiert.[265] Eine zentrale Aufgabe des Rechts besteht darin, die verschiedenen, in einer pluralistischen Gesellschaft häufig widerstreitenden Interessen angemessen auszugleichen.[266] Dies zeigt schon die Waage, die die Justitia als personifizierte Gerechtigkeit und Symbol der Justiz in der Hand hält. In der Sache erfordert sowohl Gesetzgebung als auch konkrete Rechtsanwendung regelmäßig eine Interessenabwägung.[267] Vorteile für den einen wir-

---

[261] *Kirchgässner*, in: Brugger/Kirste/Anderheiden, Gemeinwohl in Deutschland, Europa und der Welt, 2002, S. 289 (293).
[262] So z.B. *Heepe*, ARSP 97 [2011], 493 ff.; *Mackie*, Ethik, 1983, S. 216 ff.
[263] *Seelmann/Demko*, Rechtsphilosophie, 6. Aufl. 2014, § 11 Rn. 26.
[264] Dazu eingehend *Siep*, Anerkennung als Prinzip der praktischen Philosophie, 1979.
[265] Eingehend *Stöhr*, Rechtstheorie 2014, 159 (183 ff.), in diese Richtung auch *Jansen*, Die Struktur der Gerechtigkeit, 1998, S. 43.
[266] *Koch*, in: Erbguth, Abwägung im Recht, 1996, S. 9 (13). Eine Ausnahme bilden reine Ordnungsvorschriften wie z.B. das Rechtsfahrgebot, bei denen es auf eine Regelung als solche ankommt und nicht auf den genauen Inhalt.
[267] *Koch*, in: Abwägung im Recht, 1996, S. 9 (13); *Riehm*, Abwägungsentscheidungen in der praktischen Rechtsanwendung, München 2006, S. 4.

ken sich häufig als Belastung für einen anderen aus. Aufgrund der Knappheit aller Mittel bedeutet jede Zuweisung, dass insoweit ein anderer leer ausgeht. Der Ausbau eines Flughafens stärkt die Flugindustrie und kommt den Reisenden zugute, erhöht jedoch die Lärmbelästigung der Anwohner und belastet die Umwelt. Im Zivilprozess bedeutet das Obsiegen einer Partei das Unterliegen der anderen Partei. Wenn das Recht nun in philosophischer Hinsicht der Gerechtigkeit zu dienen hat,[268] dann liegt es auf der Hand, dass es sich um dasselbe Ziel handelt und Gerechtigkeit in diesem Kontext einen angemessenen Interessenausgleich bedeutet.[269] Der Bundesgerichtshof verbindet den Interessenausgleich vor allem mit der Billigkeit, die er über eine Prüfung und Abwägung der objektiven wirtschaftlichen Interessenlage bestimmt.[270] Diese Unterform der Gerechtigkeit durch ihren Einzelfallbezug gekennzeichnet, während Gesetzesauslegung und Rechtsfortbildung abstrakt erfolgen[271] und gegenüber allen legitimiert sein müssen, die dieser Rechtsordnung unterworfen sind.[272] Aus diesem Grund und mit Rücksicht auf die Rechtssicherheit wird vertreten, dass Gerechtigkeit nicht durch eine am jeweiligen Fall vorgenommene Interessenabwägung erreicht werden könne.[273] *Leisner* beschwört die Gefahr eines Verlustes an Begriffsklarheit, dem Ende von Kontrollen und der Machtausübung durch Persönlichkeitsentscheidung.[274] Dem liegt die Vorstellung zugrunde, dass eine Interessenabwägung ad hoc getroffen wird und sich von Fall zu Fall unterscheidet.[275] Dabei wird indessen übersehen, dass rationalen Interessenabwägungen eine einheitliche Struktur zugrunde liegt[276] und zudem verallgemeinerungsfähige, über den konkreten Einzelfall hinaus verwertbare Leitlinien und Prinzipien aufgezeigt werden können, die der geforderten Rechtssicherheit zugutekommen.[277] Zudem ist Rechtssicherheit der formellen Rechtsstaatlichkeit zuzuordnen, während die materielle

---

[268] *Radbruch*, SJZ 1946, 105 (107).
[269] *Jansen*, Die Struktur der Gerechtigkeit, 1998, S. 43. Von dem Gedanken des Ausgleichs ging schon *Aristoteles* in seiner Konzeption der ausgleichenden Gerechtigkeit aus, vgl. Nikomachische Ethik, 1130b–1134b.
[270] BGHZ 18, 149 (151 f); 41, 271 (280); ebenso *v. Hoyningen-Huene*, Die Billigkeit im Arbeitsrecht, 1978, S. 22 f.
[271] Nach der Gutachtentechnik wird die Gesetzesauslegung im Definitionsschritt vorgenommen, während der konkrete Einzelfall erst im nachfolgenden Subsumtionsschritt gewürdigt wird.
[272] *Osterkamp*, Juristische Gerechtigkeit, 2004, S. 80.
[273] *Luhmann*, Das Recht der Gesellschaft, Frankfurt a.M. 1993, S. 227; *Osterkamp*, Juristische Gerechtigkeit, 2004, S. 139.
[274] *Leisner*, Der Abwägungsstaat – Verhältnismäßigkeit als Gerechtigkeit?, Berlin 1997, S. 96 ff., 114 ff und 219 ff.
[275] Vgl. *Osterkamp*, Juristische Gerechtigkeit, 2004, S. 80.
[276] Dazu eingehend *Jansen*, Die Struktur der Gerechtigkeit, 1998,. S. 102 ff.; *Riehm*, Abwägungsentscheidungen in der praktischen Rechtsanwendung, München 2006, S. 57 ff.
[277] *Riehm*, Abwägungsentscheidungen in der praktischen Rechtsanwendung, München 2006, S. 57 ff.

Rechtsstaatlichkeit dementsprechend materielle Gerechtigkeit fordert.[278] Wenn man im Rahmen der juristischen Gerechtigkeit ganz auf die Rechtssicherheit abstellt, bliebe für die materielle, also inhaltliche Gerechtigkeit kein eigener Inhalt mehr.

Nach diesem Verständnis lässt sich der Schutz von bestimmten Personengruppen aus Gründen des Gemeinwohls und eine damit einhergehende Verpflichtung bzw. Schlechterstellung Dritter prinzipiell ohne weiteres legitimieren, da dies als Abwägungsentscheidung zu begreifen ist. Inhaltlich richtig ist die Entscheidung, wenn damit ein angemessener Interessenausgleich hergestellt wird.[279] Generell wird in der Abwägung vor allem auf außerrechtliche Gesichtspunkte abzustellen sein. So sind im Zivilrecht vor allem die Interessen der betroffenen Personen abzuwägen, also die der konkreten Parteien im Zivilprozess sowie die der abstrakt-generellen Personen im Rahmen der Gesetzesauslegung. Aber auch ökonomisch oder soziologisch orientierte Argumentation dient bestimmten Interessen, z.B. bestimmten Steuerungswirkungen, dem Funktionieren des Marktes oder der Effizienz. Im Hinblick auf den Schutz von kleinen Unternehmen wären daher insbesondere positive Auswirkungen auf Arbeitsmarkt oder Wettbewerb relevant.

4. Ausgewählte Beispiele

a) Wirtschaftspolitik als Kollektivgut

Aufgabe der Wirtschaftspolitik ist es, den rechtlichen Rahmen festzulegen, innerhalb dessen sich die weitgehend privat organisierte Wirtschaft mit all ihren Akteuren entfalten kann. Dabei hat sie darauf hinzuwirken, dass Menschen arbeitsteilig und produktiv Güter und Dienstleistungen herstellen und dabei Vermögen erhalten bzw. dauerhaft bilden können.[280] Wegen des überwiegend angenommenen volkswirtschaftlichen Bedarfs an staatlichen Lenkungsmaßnahmen lässt sich Wirtschaftspolitik als solche als Kollektivgut begreifen. *Isensee* begründet dies mit dem staatlichen Ziel der Selbstbehauptung, die ein Element des Gemeinwohls ist und der u.a. die Wirtschaftspolitik dient.[281] Ausdrücklich normiert ist dies in Art. 151 Abs. 1 der bayerischen Landesverfassung:

„Die gesamte wirtschaftliche Tätigkeit dient dem Gemeinwohl, insbesondere der Gewährleistung eines menschenwürdigen Daseins für alle und der allmählichen Erhöhung der Lebenshaltung aller Volksschichten."

---

[278] BVerfGE 57, 250 (276); BVerfGE 90, 60 (86).
[279] Zu den Kriterien eines angemessenen Interessenausgleichs eingehend unten § 5 E) I. 1. b) cc) (1).
[280] *Welfens*, Grundlagen der Wirtschaftspolitik, 5. Aufl. 2013, S. 586.
[281] *Isensee*, in: ders./Kirchhof, HStR IV, 3. Aufl. 2006, § 71 Rn. 83.

Damit erhält wirtschaftlicher Wohlstand als Teilaspekt des Gemeinwohls Verfassungsrang. Dies gilt damit auch für den Schutz von kleinen Unternehmen aus volkswirtschaftlichen Gründen. Dient dieser dem wirtschaftlichen Wohlstand, ist er unter diesem Gesichtspunkt ein verfassungsrechtlich legitimes Ziel.

Innerhalb der Wirtschaftspolitik lassen sich im Wesentlichen folgende Funktionen unterscheiden: Die Versorgung mit einer institutionellen Infrastruktur in der Absicht, eine gewählte Wirtschaftsordnung zu etablieren und zu ihrer Sicherung beizutragen oder ggf. zu ändern (Ordnungspolitik); die Beeinflussung des Wirtschaftsablaufs in Fällen, in denen die marktmäßige Versorgung ergänzt, eine verschwendungsarme Allokation der Ressourcen gefördert und die Stabilität des Ablaufs ökonomischer Prozesse begünstigt werden könnte (Allokations- und Stabilisierungspolitik) sowie die Korrektur individueller Ausgangspositionen und Versorgungslagen, die aufgrund einer verteilungsorientierten Bewertung von sozioökonomischen Zuständen und deren Veränderungen wünschenswert erscheint (Verteilungspolitik).[282] Dazu gehört die Verteilung des Primäreinkommens – insbesondere Löhne und Unternehmensgewinne –, die von den politisch gewünschten bzw. allgemein akzeptierbaren Verteilungsergebnissen abweichen kann, weshalb der Staat durch Sozialtransfers und die Ausgestaltung des Steuersystems in die Einkommensverteilung eingreift.[283] Dadurch kann die sekundäre Einkommensverteilung, also die Verteilung nach Steuern und einschließlich Sozialtransfers, erheblich von der primären abweichen.

Der Schutz von kleinen Unternehmen kommt vor allem unter dem Aspekt der Verteilungspolitik in Betracht. Dient er im Hinblick auf eine – in dieser Arbeit noch zu klärende – wirtschaftliche Unterlegenheit gegenüber Großunternehmen oder sonstigen Schwächen[284] der Korrektur derartiger unterschiedlicher Ausgangspositionen, lässt er sich auch unter diesem Gesichtspunkt als Kollektivgut und damit prinzipiell gemeinwohlfördernd begreifen.

b) Ökonomische Effizienz als Kollektivgut

Nach *Horst Eidenmüller* ist auch ökonomische Effizienz im Sinne des Kaldor-Hicks-Kriteriums ein kollektives Gut, da sie nicht in einzelne Teile zerlegt und einzelnen Rechtssubjekten zugeordnet werden kann.[285] Konkret ist sie ein Zustand des Rechtssystems, der durch die verhaltenssteuernde Wirkung rechtlicher Regeln ausgelöst wird.[286] Diese Erkenntnis erschöpft sich jedoch in einer Begriffsbestimmung, da kollektive Güter wie dargelegt durch die Eigenschaft ge-

---

[282] *Streit*, Theorie der Wirtschaftspolitik, 6. Aufl. 2005, S. 203 f.; vgl. auch *Welfens*, Grundlagen der Wirtschaftspolitik, 5. Aufl. 2013, S. 655 ff.
[283] *Welfens*, Grundlagen der Wirtschaftspolitik, 5. Aufl. 2013, S. 599.
[284] Dazu unten B) I. 1. b).
[285] *Eidenmüller*, Effizienz als Rechtsprinzip, 4. Aufl. 2015, S. 411 ff. 412.
[286] *Eidenmüller*, Effizienz als Rechtsprinzip, 4. Aufl. 2015, S. 412.

kennzeichnet sind, dass sie einen nicht-distributiven Charakter haben.[287] Eine Aussage über ihre rechtsphilosophische Sinnhaftigkeit ist damit nicht getroffen.[288] Auch eine verfassungsrechtliche Verankerung des Effizienzprinzips wird überwiegend abgelehnt.[289] Gleichwohl stehen die Gedanken der Verschwendungsfreiheit, der Rationalität staatlicher Entscheidungen und der sinnvollen Ressourcenallokation in natürlicher Verbindung zum Gemeinwohl.[290] Daher ist ökonomische Effizienz gemeinwohlfördernd und ein legitimes Regelungsziel des Gesetzgebers, an welchem er sich im einfachen Gesetzesrecht bei der Ausgestaltung der verfassungsrechtlichen Ordnung bedienen darf.[291] Bewirkt eine Maßnahme zum Schutz von kleinen Unternehmen eine effiziente Ressourcenallokation, ist sie somit auch unter diesem Blickwinkel verfassungsrechtlich legitim und erstrebenswert.[292]

5. Verhältnis zum Individualschutz

Einige Autoren begreifen Allokationseffizienz als Gebot der Gerechtigkeit, da nur verteilt werden kann, was auch erwirtschaftet wird.[293] Üblicherweise wird jedoch zwischen dem ökonomisch motivierten Schutz von Kollektivinteressen und gerechtigkeitsorientiertem Individualschutz getrennt. Die Ökonomik könne keine Antwort auf die Frage geben, ob eine effiziente Ressourcenallokation gut, gerecht oder sonstwie sozial oder ethisch wünschenswert ist.[294] Danach bilden Effizienz und Schwächerenschutz eigenständige Kategorien.[295] Deren wechselseitigen Auswirkungen können nicht verallgemeinert werden. So kann der Schutz Schwächerer mitunter zu Effizienzverlusten führen, die vom Gesetzgeber bewusst in Kauf genommen werden. Andererseits kann er aber auch effizienzerhöhend wirken. *Schäfer/Ott* geben dafür anschauliche Beispiele:[296] So wird z.B. der Abbau von Diskriminierungen als Gebot der Gerechtigkeit begriffen. Für die ökonomische Effizienz kann dies nachteilig, aber auch vorteilhaft sein, etwa

---

[287] Siehe oben unter III.
[288] Siehe unten § 5 D) I.
[289] *Eidenmüller*, Effizienz als Rechtsprinzip, 4. Aufl. 2015, S. 445; *Martini*, Der Markt als Instrument hoheitlicher Verteilungslenkung, 2008, S. 222 ff., 232 f.; a.A. Grundmann, RabelsZ 61 [1997], 423 (442), der eine Verankerung des Effizienzdenkens in Art. 14 GG sieht. Dazu eingehend unten § 5 D) III. 1. b) aa).
[290] Insoweit auch *Martini*, Der Markt als Instrument hoheitlicher Verteilungslenkung, 2008, S. 222.
[291] *Martini*, Der Markt als Instrument hoheitlicher Verteilungslenkung, 2008, S. 236 f.
[292] Dazu eingehend unten § 5 D).
[293] *Mathis*, Effizienz statt Gerechtigkeit?, 2004, S. 205; *v. Hoff*, Das Verbot der Altersdiskriminierung, 2009, S. 36 f.
[294] *Posner*, Economic Analysis of Law, 8th edition 2011, S. 35.
[295] Vgl. *Arnold*, Vertrag und Verteilung, 2014, S. 283.
[296] Vgl. dazu *Schäfer/Ott*, Lehrbuch der Ökonomischen Analyse des Zivilrechts, 5. Aufl. 2012, S. XLI ff.

im Hinblick auf die Diskriminierung leistungsstarker Juden im Dritten Reich. Gleiches gilt für die Einschränkung von wirtschaftlicher Macht, da diese häufig zur Fehlallokation von Ressourcen führt, oder für den Schutz von Schwachen, da Verträge von nicht (voll) Geschäftsfähigen voraussichtlich nicht zu einer optimalen Ressourcenallokation führen würden. Auch im Übrigen können Maßnahmen des Schwächerenschutzes auch objektiven Interessen der Gemeinschaft zugutekommen. So begründete *Otto von Gierke* seine Forderung nach einem Schwächerenschutz sowohl mit individuellen als auch mit kollektiven Interessen:

„Schrankenlose Vertragsfreiheit zerstört sich selbst. Eine furchtbare Waffe in der Hand des Starken, ein stumpfes Werkzeug in der Hand des Schwachen, wird sie zum Mittel der Unterdrückung des Einen durch den Anderen, der schonungslosen Ausbeutung geistiger und wirtschaftlicher Übermacht. [...] Mehr als je hat heute auch das Privatrecht den Beruf, den Schwachen gegen den Starken, das Wohl der Gesamtheit gegen die Selbstsucht des Einzelnen zu schützen."[297]

Dies fügt sich in die Vorstellung ein, dass die individuelle Freiheit des Einzelnen zugleich am besten zur Förderung des Gemeinwohls und der Wohlfahrt des Staates beiträgt.[298] Grundlegend hierfür ist die berühmte Idee der „invisible hand" von *Adam Smith*, wonach der Einzelne durch Verfolgung seiner eigenen Interessen regelmäßig mehr zur gesamtwirtschaftlichen Wohlfahrt beiträgt, als wenn er versucht, sich am Wohl der Allgemeinheit zu orientieren.[299] Heute lässt sich z.B. das soziale Mietrecht als Mieterschutzrecht auch als Regulierung zur Erfüllung des menschlichen Bedürfnisses nach einer Wohnung verstehen, und das Arbeitsrecht schützt das allgemeine Bedürfnis des Menschen, dem eigenen Leben durch Arbeit Sinn und materielle Sicherheit zu geben.[300]

IV. Zwischenergebnis

Die Schutzwürdigkeit von bestimmten Personengruppen kann sich einerseits im Hinblick auf deren Individualinteressen ergeben. Insoweit steht der Schwächerenschutz im Vordergrund. Dieser lässt sich als Gebot der Gerechtigkeit begreifen und ist als solcher verfassungsrechtlich unbedenklich. Sein zulässiger Umfang ist jedoch umstritten und im Einzelfall von den betroffenen Rechten Dritter abhängig. Damit kleine Unternehmen unter diesem Gesichtspunkt schutzbedürftig sind, müssen strukturelle Schwächen nachgewiesen werden. Andererseits kann sich die Schutzwürdigkeit im Hinblick auf Kollektivinteressen ergeben. Dies ist der Fall, wenn der Schutz gemeinwohlfördernd ist. Auch der Schutz von bestimmten Personengruppen aus Gemeinwohlgründen ist prinzipiell ver-

---

[297] *V. Gierke*, Die soziale Aufgabe des Privatrechts, Nachdruck 1960, S. 28.
[298] *Fezer*, JZ 1985, 762 (768).
[299] *A. Smith*, An Inquiry into the Nature and Causes of the Wealth of Nations, 1776, Reprint 1980, Book 1 Chaper 2.
[300] *Arnold*, Vertrag und Verteilung, 2014, S. 297 f.

fassungsrechtlich zulässig. Die rechtsphilosophische Legitimation lässt sich am besten damit begründen, dass juristische Gerechtigkeit über einen angemessenen Interessenausgleich definiert ist und eine Abwägung von Individualinteressen mit Belangen des Gemeinwohls grundsätzlich möglich ist. Damit der Schutz von kleinen Unternehmen unter diesem Blickwinkel einen angemessenen Interessenausgleich bewirkt, ist erforderlich, dass dieser gemeinwohlfördernd ist. Dies ist anhand der ökonomischen Zusammenhänge nachzuweisen.

B) Die Bestimmung der Schutzwürdigkeit von kleinen Unternehmen

Im Folgenden wird die Schutzwürdigkeit von kleinen Unternehmen auf der Grundlage der vorstehenden Ausführungen unter mehreren Gesichtspunkten untersucht: Im Hinblick auf ihre Individualinteressen (unten I.) sowie im Hinblick auf das Gemeinwohl, das aufgrund etwaiger volkswirtschaftlicher Vorteile von kleinen Unternehmen (unten II.) oder aber aufgrund ihrer Bedeutung für Arbeitnehmer und Gesellschaft (unten III.) berührt sein kann. Dabei kommt es jeweils auf die ökonomischen Zusammenhänge an. Diese werden allerdings durchaus kontrovers beurteilt. Es wurde bereits in der Einleitung darauf hingewiesen, dass die entsprechenden Ergebnisse und Theorien in der Rechtswissenschaft häufig unreflektiert aufgegriffen und dem juristischen Standpunkt ohne empirische Fundierung und wirtschaftswissenschaftliche Quellenangaben zugrunde gelegt werden. Daher wird im Folgenden auch das einschlägige ökonomische Schrifttum ausgewertet und kritisch diskutiert.

I. Gerechtigkeitsorientierte Schutzwürdigkeit: Individuelles Schutzbedürfnis von kleinen Unternehmen

Ein individuelles Schutzbedürfnis kann sich wiederum aus mehreren Gesichtspunkten ergeben, nämlich aufgrund etwaiger spezifischer Schwächen von kleinen Unternehmen (unten 1.) oder aufgrund der sozialen Verhältnisse ihrer Inhaber (unten 2.). Nachdem die entsprechenden ökonomischen Zusammenhänge beleuchtet werden, wird die Schutzwürdigkeit unter diesen Gesichtspunkten übergreifend diskutiert (unten 3.).

§ 3 Allgemeine Schutzwürdigkeit von kleinen Unternehmen

1. Betriebswirtschaftlicher Hintergrund

Bei der betriebswirtschaftlichen Beurteilung von kleinen Unternehmen ist zu berücksichtigen, dass diese keine vollkommen eigene Spezies sind.[301] Nach innen sind kleine Unternehmen keine homogene Gruppe, sondern je nach genauer Größenklasse, Branche, Land, Rechtsform und anderen Merkmal ziemlich heterogen, wobei Größenklasse und Rechtsform einen prägenden Einfluss ausüben.[302] Generelle Aussagen über kleine Unternehmen sind daher immer ein Stück weit ungenau.[303] Gleichwohl gibt es zahlreiche strukturelle Gemeinsamkeiten, die im Folgenden herausgearbeitet werden sollen.

a) Stärken

In der Diskussion um kleine Unternehmen entsteht gelegentlich der Eindruck, diese seien defizitäre Großunternehmen, die durch äußere Zwänge am Wachstum gehindert sind. Eine solche Sichtweise verkennt jedoch, dass die beschränkte Größe eines Unternehmens auch das Ergebnis strategischer oder organisatorischer Überlegungen sein kann.[304] Eine optimale Unternehmensgröße ist gegeben, wenn eine bestimmte Ausbringungsmenge mit den niedrigsten Stückkosten bzw. dem höchstmöglichen Gewinn produziert werden kann.[305] Dafür müssen die langfristigen Durchschnittskosten im Minimum liegen, weil eine weitere Erhöhung der Kapazitäten zu steigenden Durchschnittskosten führen würde. Es ist jedoch fraglich, was in die Durchschnittskosten eingerechnet wird. So sind in Großunternehmen einerseits die Transaktionskosten aus dem Koordinierungsaufwand regelmäßig höher als in kleinen Unternehmen, während andererseits die sozialen – insbesondere ökologischen – Kosten die Durchschnittskosten stark erhöhen. Vor diesem Hintergrund kann die Frage nach der absoluten, auch branchenabhängigen Optimalgröße nicht beantwortet werden. Die Transaktionskosten – Anbahnung, Durchführung und Kontrolle von Transaktionen – sind in einem Kleinunternehmen deutlich geringer als in Großunternehmen.[306] Mitunter wird sogar eine generell höhere Effizienz von kleinen Unternehmen

---

[301] *Krämer*, Mittelstandsökonomik, 2003, S. 2.
[302] *Brauchlin*, FS Pleitner, 2000, S. 659 (692 f.). Zur Heterogenität des Mittelstandes eingehend *Welter/Levering/May-Strobl*, Mittelstandspolitik im Wandel. IfM-Materialien Nr. 247, 2016, S. III, 1 ff.; vgl. auch *Freilich/Webb*, University of Western Australia Law Review 2013, 134 ff.
[303] *Krämer*, Mittelstandsökonomik, 2003, S. 2; *Garvin*, 40 Wake Forest Law Review [2005], 295 (298).
[304] *Pfarr et al*, RdA 2004, 193 (195).
[305] *Krämer*, Mittelstandsökonomik, 2003, S. 19. Andere Autoren sind hingegen der Auffassung, dass optimale Unternehmensgrößen nicht determiniert sind, vgl. *Bass*, KMU in der deutschen Volkswirtschaft, 2006, S. 19; *Pampel*, in: MünchKomm-Kartellrecht, 2. Aufl. 2015, § 3 GWB Rn. 11; *Schulze*, Kleine Unternehmen in Rußland, 1998, S. 20.
[306] *Krämer*, Mittelstandsökonomik, 2003, S. 19.

angenommen, da sie ihre Betriebsziele mit einem geringeren Aufwand als Großunternehmen erreichen oder mit ihren gegebenen Ressourcen den höchstmöglichen Output verwirklichen könnten.[307] Eine weitere spezifische Stärke von kleinen Unternehmen sind ihre flachen hierarchischen Strukturen, die eine größere Flexibilität ermöglichen. So können sich kleine Unternehmen schnell und effizient an ein veränderndes Umfeld anpassen, während in Großunternehmen regelmäßig mehrere Hierarchieebenen und mehrköpfige Gremien bestehen.[308] *Burton Klein* meint gar, dass

„[...] highly structured organizations are inefficient when dealing with changes in their environment".[309]

In der Tat haben sich die verbreitet angenommenen Vorteile von mehrköpfigen Gremien in Großunternehmen – etwa die Verbreiterung der Informationsgrundlage, das Verhindern vorschneller Entscheidungen, die gegenseitige Kontrolle und Kompromissbindung oder die Reduzierung der Selbstüberschätzung – empirisch als zweifelhaft oder gar falsch erwiesen.[310] Häufig können große Unternehmen zwar effizient und effektiv auf vorhergesehenen Herausforderungen reagieren, nicht aber auf unvorhergesehene.[311] Auch der Produktionsapparat von kleinen Unternehmen ist häufig flexibler als in Großunternehmen.[312] Schließlich erbringen kleine Unternehmen in der Regel individualisierte Leistungen und sind auf lokalen bzw. regionalen Märkten tätig, wodurch sie eine höhere Markt- und Kundennähe haben.[313]

Trotz dieser Stärken sind kleine Unternehmen Großunternehmen nach den Theorien etwa von *John Kenneth Galbraith*, *Karl Marx* und *Josef Schumpeter* sowohl hinsichtlich der Produktivität als auch der Wirtschaftlichkeit unterlegen.[314] Tatsächlich wurden z.B. für die US-amerikanische Industrie im Zeitraum von 1947–1972 bei den größeren Unternehmen größere Wachstumsraten der Produktivität nachgewiesen.[315] *Aiginger/Tichy* führen diese wirtschaftlichen Vorteile insbesondere darauf zurück, dass das Produktionsergebnis überproportional zum Einsatz an Produktionsfaktoren steigt, dass bestimmte Produktionsfaktoren nur in einer bestimmten Mindestmenge und damit erst ab einer

---

[307] Vgl. *Ripsas/Zimmer*, in: Faltin (Hrsg.), Entrepreneurship, 1998, S. V: „Small is more efficient".
[308] *Leicht/Stockmann*, Soziale Welt 44 [1993], 243 (246); *Krämer*, Mittelstandsökonomik, 2003, S. 20.
[309] *Klein*, Dynamic Economics, 1977, S. 58.
[310] *Hamann*, Evidenzbasierte Jurisprudenz, 2014, S. 254 ff.
[311] *Carlsson*, in: Acs, Are Small Firms Important, 1999, S. 99 (107).
[312] *Hamer*, Das mittelständische Unternehmen, 1987, S. 211 ff.
[313] *Krämer*, Mittelstandsökonomik, 2003, S. 20.
[314] *Mugler*, Betriebswirtschaftslehre der Klein- und Mittelbetriebe, 2. Aufl. 1995, S. 39.
[315] *Lustgarten*, in: Judd/Greenwood/Becker, Small business in a regulated economy, 1988, S. 141 ff.

bestimmten Unternehmensgröße eingesetzt werden können und dass Arbeitsteilung und -spezialisierung die Produktionskosten reduzieren.[316]

b) Schwächen

Eine spezifische Schwäche von kleinen Unternehmen kommt unter verschiedenen Gesichtspunkten in Betracht. *Junker* benennt drei Faktoren, nämlich die Kostenbelastung, (unten aa)), das besondere Gewicht einzelner Mitarbeiter (unten bb)) sowie die Rolle des Unternehmensinhabers (unten cc)).[317] Denkbar sind weiterhin eine geringe Erfahrung des Unternehmensinhabers im Rechtsverkehr (unten dd)) sowie eine strukturelle Unterlegenheit gegenüber Großunternehmen (unten ee)).

aa) Kostenfaktor

„Im Ameisenhaus ist der Tau eine Flut."
– Persisches Sprichwort[318]

Von großer Bedeutung ist zunächst der Kostenfaktor. Dazu gehört zunächst, dass kleine Unternehmen regelmäßig eine geringere Finanzausstattung aufweisen als Großunternehmen. *Hanno Mußler* spricht gar von einer „chronischen Eigenkapitalschwäche des Mittelstandes".[319] Dies beruht nicht zuletzt darauf, dass die Kapitalbeschaffung kleinen Unternehmen schwerer fällt als großen. Insbesondere treffen sie höhere Kapitalkosten als Großunternehmen, da sie die Sicherheitsanforderungen schlechter erfüllen können.[320] Vor allem aber verursacht gesetzliche Regulierung für die Unternehmen stets Kosten (dazu unten (1)), die sich auf kleine Unternehmen verhältnismäßig stärker auswirken als auf größere Unternehmen (dazu unten (2)). Früher wurde gelegentlich versucht, das Kostenargument auf eine rein betriebswirtschaftliche Begründung zu reduzieren.[321] Heute wird jedoch mit Recht eine ganzheitliche Betrachtung gefordert, die über Kosten im betriebswirtschaftlichen Sinne hinaus auch nicht bilanzierungsfähige Reibungsverluste einbezieht, die ein kleines Unternehmen verhältnismäßig weniger gut verkraften kann als große Unternehmen.[322]

---

[316] *Aiginger/Tichy*, Die Größe des Kleinen, 1984, S. 24.
[317] *Junker*, Gutachten für den 65. Deutschen Juristentag 2004, B 40 ff.
[318] Frei übersetzt nach *Tripp*, The International Thesaurus of Quotations, 1970, Nr. 597.
[319] *Mußler*, FAZ v. 3.7.2003, S. 11.
[320] *Krämer*, Mittelstandsökonomik, 2003, S. 21; *Pfarr et al*, RdA 2004, 193 (195); *Zander*, Führung in Klein- und Mittelbetrieben, 1994, S. 16 f.
[321] Vgl. *Weigand*, DB 1997, 2484 (2486).
[322] *Junker*, Gutachten für den 65. Deutschen Juristentag 2004, B 41; *Alewell/Schlachter*, in: Alewell, Zwischen Arbeitslosigkeit und Überstunden – Personalwirtschaftliche Überlegungen zur Verteilung von Arbeitsvolumina, 2002, S. 151 (163).

(1) Die Kosten von gesetzlicher Regulierung

Gesetzliche Regulierung verursacht mannigfaltige Kosten.[323] Einige davon treffen den Staat selbst, z.B. die Kosten für die Schaffung der Regulierung, die Überwachung ihrer Einhaltung sowie ihre Durchsetzung. Diese Kosten werden entweder aus Steuermitteln beglichen und damit von der Allgemeinheit getragen, oder durch Instrumente wie Lizenzen oder Gebühren auf die regulierten Rechtssubjekte abgewälzt. Andere Kosten, die vor allem durch Überwachung und Befolgung der Regulierung entstehen (sog. Compliance-Kosten), tragen die regulierten Unternehmen. Diese Kosten lassen sich daher als Form von Steuern begreifen.[324]

Die Kosten von gesetzlicher Regulierung enthalten zumeist sowohl variable als auch fixe Komponenten, wobei die variablen Kosten von der Größe des regulierten Unternehmens bzw. der regulieren Transaktion abhängen. Dies soll an folgendem Beispiel veranschaulicht werden:[325] Es wird eine gesetzliche Vorschrift erlassen, nach welcher Basketballschuhe eine spezielle Dämpfung haben müssen, um Verletzungen der Spieler beim Springen zu verhindern. Jedem Schuhhersteller entstehen nun Informationskosten, da die genauen Anforderungen der Regulierung bestimmt werden müssen, sowie Forschungs- und Entwicklungskosten, da die Schuhe entsprechend der Regulierung modifiziert werden müssen. Dies sind Fixkosten, da sie von der Anzahl an produzierten Schuhen unabhängig sind. Variabel sind hingegen die Kosten für das zusätzliche Material, das für die Modifikation der Schuhe entsteht und vom Umfang der Produktion des jeweiligen Unternehmens abhängt. Die Gesamtkosten jeder staatlichen Regulierung hängen von den Faktoren Gesamtnutzen, Fixkosten (FK) sowie einer Funktion mit der Größe des Unternehmens bzw. der Transaktion ab und lassen sich mit folgender Formel beschreiben:[326]

$$Gesamtkosten = FK + fC\ (Größe)$$

Der Gesetzgeber scheint solche regulierungsbedingten Kosten kaum vor Augen zu haben. Dies erklärt, dass sie nicht selten auf unübersichtlichen und damit ineffizienten Gesetzen beruhen, welche die Bürokratie begünstigen, Gerichtsverfahren generieren und letztlich die Steuerungsfunktion des Rechts infrage stellen.[327] Kosten, die den Unternehmen durch die Teilnahme am Wirtschaftsleben entstehen, sind dem Gesetzgeber hingegen durchaus bewusst. So wurde z.B. die

---

[323] Dazu eingehend *Hahn/Hird*, Yale Journal on Regulation 1991, 233 (239 ff.).
[324] *Bradford*, The Journal of Small & Emerging Business Law 2004, 1 (6).
[325] Nach *Bradford*, The Journal of Small & Emerging Business Law 2004, 1 (6).
[326] Nach *Bradford*, The Journal of Small & Emerging Business Law 2004, 1 (6).
[327] *Karpen*, in: Rieble/Junker, Folgenabschätzung im Arbeitsrecht, 2007, S. 14 (22).

§ 3 Allgemeine Schutzwürdigkeit von kleinen Unternehmen 61

im Zuge der Umsetzung der EU-Zahlungsverzugsrichtlinie[328] erfolgte Reform des Verzugsrechts[329] auch damit begründet, dass insbesondere kleine und mittlere Unternehmen von der Last des mit langen Zahlungsfristen und Zahlungsverzugs verbundenen „Gläubigerkredits" befreit werden sollen.[330]

(2) Auswirkung auf kleine Unternehmen

Kleine Unternehmen werden von Regulierungskosten verhältnismäßig stärker getroffen als größere Unternehmen. Dies gilt besonders für Fixkosten, kann aber auch bei variablen Kosten der Fall sein. Bei Fixkosten ist schon rein mathematisch ein Größenvorteil nachweisbar, da die Kosten pro Größeneinheit mit zunehmender Größe des Unternehmens bzw. der Transaktion abnehmen. Aufbauend auf der obigen Formel berechnen sich die Durchschnittskosten einer Regulierung wie folgt:[331]

$$Durchschnittskosten = \frac{FK}{Größe} + \frac{fC\,(Größe)}{Größe}$$

Ein wichtiges Beispiel sind Investitionsaufwendungen. Viele Regulierungen, vor allem im Umweltbereich, zwingen die Unternehmen zur Anschaffung kapitalintensiver Technologie. Wenn z.B. eine Regulierung vorschreibt, dass auf Fabrikschornsteinen Reinigungsanlagen errichtet werden müssen, um die Emissionen zu reduzieren, hängen die Kosten einer solchen Reinigungsanlage nicht von den tatsächlichen Emissionen der jeweiligen Fabriken ab;[332] variabel sind lediglich in einem gewissen Umfang die Wartungskosten. Da die Kosten somit überwiegend Fixkosten sind, werden größere Unternehmen mit größeren Transaktionen begünstigt.[333] Ein Beispiel aus dem Arbeitsrecht ist eine fiktive Regulierung, wonach Unternehmen für im Freien tätige Arbeitnehmer mobile Toiletten bereitstellen müssen.[334] Das Problem liegt hier in der Unteilbarkeit:[335] Wenn für je 50 Arbeitnehmer eine Toilette bereitgestellt werden muss, können ein Unternehmen mit einem Mitarbeiter nicht 1/50 einer Toilette, ein Unternehmen mit zwei Mitarbeitern nicht 2/50 einer Toilette usw. anschaffen. Unteilbare Kapital-

---

[328] Richtlinie 2011/7/EU des Europäischen Parlaments und des Rates v. 16.2.2011 zur Bekämpfung des Zahlungsverzugs im Geschäftsverkehr (Neufassung), ABl. L 48/1.
[329] Gesetz zur Bekämpfung des Zahlungsverzugs im Geschäftsverkehr und zur Änderung des Erneuerbare-Energien-Gesetzes v. 22.7.2014, BGBl. I 1218.
[330] BT-Drucks. 17/10491, S. 7.
[331] *Bradford*, The Journal of Small & Emerging Business Law 2004, 1 (7).
[332] Es sei denn, die Emissionen sind so hoch, dass mehrere Schornsteine benötigt werden, die jeweils mit Reinigungsanlagen ausgestatten werden müssen.
[333] Beispiel nach *Harrison*, in: Ferguson, Attacking Regulatory Problems, 1981, S. 185 (191).
[334] Nach *Bradford*, The Journal of Small & Emerging Business Law 2004, 1 (7 f.).
[335] *Stein*, Size, Effizienzy and Community Enterprise, 1974, S. 1.

ressourcen können nur effizient genutzt werden, wenn die unternehmerische Aktivität groß genug ist, um sie voll auszunutzen.[336]

Die am häufigsten übersehenen Regulierungskosten sind Informationskosten. Unternehmen müssen die Einführung bzw. Änderung von Regulierungen verfolgen; sie interpretieren, um ihren Anwendungsbereich zu klären; und bestimmen, welche Maßnahmen zur Umsetzung erforderlich sind.[337] Gesetze sind häufig komplex. In den USA hatte sich einmal ein Abgeordneter darüber beklagt, dass sie „von Rechtsanwälten für Rechtsanwälte" geschrieben werden.[338] In Deutschland kommt noch die europäische Ebene hinzu, welche zahlreiche Regulierungen determiniert und bei der Auslegung zu berücksichtigen ist. Im BGB beruht insbesondere das Verbraucherschutzrecht auf europarechtlichen Vorgaben,[339] und auch die arbeitsrechtlichen Normen haben inzwischen vielfach einen europarechtlichen Hintergrund.[340] Trotz verschiedener Hilfen für Kleinunternehmer können die Informationskosten erheblich sein. Der Größenvorteil besteht hier darin, dass die Kosten, welche die Interpretation einer Regulierung verursacht, nicht davon abhängen, wer die Interpretation vornimmt. Das U.S. Small Business Administration Office of Advocacy hat dazu folgendes ausgeführt:

„A significant body of knowledge must be gained by a firm do determine whether a regulation applies to it, whether it is in compliance, or what action must be taken to be in compliance. For example, a firm must first learn that a form is required by rule, determine if the firm is required to submit that form, and then determine how to complete the form correctly. These fixed information-gathering costs are the same for all firms, whether large or small."[341]

Ein weiteres Beispiel sind die Kosten für Meldungen und Buchführungen. Das Mittelstandsinstitut Hannover hat bereits Ende der 1970er Jahre dargelegt, dass den Unternehmen zahlreiche bürokratische Tätigkeiten für eine Vielzahl von Behörden aufgebürdet werden, deren Zeitaufwand im Durchschnitt aller Unternehmen mehr aus tausend Stunden ausmacht und eine Kostenbelastung von 1,5 Arbeitnehmergehältern bedeutet.[342] Der Vizepräsident einer US-amerikanischen, in Familienbesitz befindlichen Wäscherei mit 350 Mitarbeitern beklagte

---

[336] *Stein*, Size, Effiziency and Community Enterprise, 1974, S. 1.
[337] *Bradford*, The Journal of Small & Emerging Business Law 2004, 1 (8).
[338] *Bradford*, The Journal of Small & Emerging Business Law 2004, 1 (8).
[339] Dazu unten § 9 A) II.
[340] Zur Bedeutung des Europarechts für das nationale Arbeitsrecht *Thüsing*, Europäisches Arbeitsrecht, 3. Aufl. 2017, § 1 Rn. 25 ff.
[341] U.S. Small Business Administration Office of Advocacy, Report on the Changing Burden of Regulation, Paperwork, and Tax Compliance on Small Business, abgedruckt in The Cost of Federal Regulations on Small Business, Joint Hearing Before The S. Comm. on Small Bus. And the House Comm. on Small Bus., 104th Cong. 46, 1995.
[342] *Hamer*, in: Pfohl, Betriebswirtschaftslehre der Mittel- und Kleinbetriebe, 4. Aufl. 2006, S. 25 (43); eingehend *ders.*, Bürokratieüberwälzung auf die Wirtschaft, 1979.

§ 3 Allgemeine Schutzwürdigkeit von kleinen Unternehmen 63

sich im Jahr 1997 darüber, dass alleine die bürokratischen Anforderungen jährlich ca. 210.000 Dollar kosten würden.[343] Auch diese Kosten sind zum größten Teil Fixkosten, da die Anzahl der Meldungen und der dafür erforderliche Zeitaufwand nicht von der Unternehmensgröße abhängen.[344] Verschiedene Studien, die sich mit verschiedenen Ländern und Wirtschaftszweigen befassten und unterschiedlichen methodischen Ansätzen folgten, bestätigen, dass kleine Unternehmen durch Rechts- und Verwaltungsvorschriften im Vergleich zu größeren Unternehmen überproportional belastet werden. So kann im Durchschnitt eine Rechtspflicht, die für ein Großunternehmen Kosten in Höhe von einem Euro pro Arbeitnehmer verursacht, mittelständische Unternehmen mit Kosten von rund vier Euro und kleine Unternehmen sogar mit bis zu zehn Euro belasten.[345] Nach den Berechnungen von *Eberhard Hamer* wird ein Mitarbeiter in großen Unternehmen durch Bürokratie nur im Kostenwert von zehn Arbeitsstunden in Anspruch genommen, während kleine Unternehmen eine vierzehnfache Kostenlast pro Mitarbeiter für die gleiche Bürokratielast aufbringen müssen.[346] Nach *Ulrich Karpen* würden Melde-, Auskunfts- und Statistikpflichten Unternehmen mit 50 oder weniger Beschäftigten zwingen, einen halben Arbeitsplatz zusätzlich vorzuhalten.[347] Auch der Europäische Gerichtshof konzediert, dass kleine Unternehmen ein vergleichsweise größerer Verwaltungsaufwand als große Unternehmen trifft, wenn die einen wie die anderen in allen Punkten dieselben Anforderungen erfüllen müssen.[348]

Ein besonders relevanter Kostenfaktor sind schließlich arbeitsrechtliche Schutznormen.[349] Dies gilt nicht nur für die besonders augenfälligen unmittelbaren Geldleistungspflichten wie bei der Entgeltfortzahlung im Krankheitsfall oder Schulungskosten des Betriebsrats, sondern auch für Bürokratiekosten. Darunter fällt vor allem die Arbeitszeit, die der Arbeitgeber selbst oder durch bezahlte Externe wie z.B. Rechtsanwälte aufwenden muss, um die in Rede stehende

---

[343] Small Business Perspectives on Mandates, Paperwork, and Regulation: Hearing Before the S. Comm. on Small Bus., 105th Cong. 66, 1997, S. 61, Aussage von *Bob Spence*.

[344] Overregulation of Small Business: Hearing Before the Subcomm. on Gov't Reg. of the S. Select Comm. on Small Bus., 94th Cong. 30, 1976: Aussage von *Donald S. Shoup*.

[345] Bericht der EU-Sachverständigenkommission: Modelle zur Reduzierung der überproportionalen Belastung kleiner Unternehmen durch öffentliche Regulierung, abrufbar unter http://ec.europa.eu/enterprise/policies/sme/files/support_measures/regmod/regmodex_de.pdf, Stand: 29.6.2015; vgl. auch den Bericht des Bundesministeriums für Wirtschaft und Technologie, BMWi Dokumentation Nr. 561, 2007, S. 52 sowie *Hamer*, in: Pfohl, Betriebswirtschaftslehre der Mittel- und Kleinbetriebe, 4. Aufl. 2006, S. 25 (42).

[346] *Hamer*, in: Pfohl, Betriebswirtschaftslehre der Mittel- und Kleinbetriebe, 4. Aufl. 2006, S. 25 (43).

[347] *Karpen*, in: Rieble/Junker, Folgenabschätzung im Arbeitsrecht, 2007, S. 14 (22).

[348] EuGH, Urt. v. 18.6.2015 – C-508/13, Rn. 14.

[349] *Davidov*, A Purposive Approach to Labour Law, 2016, S. 225; *Rieble*, in: ders./Junker, Folgenabschätzung im Arbeitsrecht, 2007, S. 53 (67). Zu den Auswirkungen der Intransparenz des Arbeitsrechts unten § 6 B).

Schutznorm anzuwenden.³⁵⁰ Diese Kosten sind umso höher, je komplizierter die entsprechende Rechtsmaterie ist, weshalb man sie auch als Komplexitätskosten bezeichnen kann.³⁵¹ Solche Kosten sind Lohnnebenkosten, die eine wirtschaftliche Belastung der abhängigen Arbeit bilden und damit Anreize zur Arbeitsplatzeinsparung oder -verlagerung schaffen.³⁵² Dies bedeutet letztlich, dass die Kosten des arbeitsrechtlichen Schutzes zu einem gewissen Teil mittelbar von den Arbeitnehmern selbst getragen werden.³⁵³ Kleine Unternehmen sind zumeist nicht in der Lage, ausreichendes arbeitsrechtliches Know-How vorzuhalten³⁵⁴ und werden deswegen mit Kosten für Rechtsfehler belastet.³⁵⁵ Eine Studie hat gezeigt, dass viele kleine Unternehmen nur auf rudimentäre arbeitsrechtliche Beratung oder Ausstattung zurückgreifen können.³⁵⁶

Bei variablen Kosten ergeben sich Größenvorteile vor allem durch die Spezialisierung von Funktionen in großen Unternehmen.³⁵⁷ So können größere Unternehmen für die effiziente Erfüllung ihrer regulierungsbedingten Pflichten spezielles Personal einstellen oder rechnergestützte Verfahren einführen. In kleinen Unternehmen muss sich häufig der Unternehmer selbst darum kümmern, was ihm Aufgaben aufbürdet, die nicht unmittelbar zum Erfolg des Unternehmens beitragen.³⁵⁸ Nicht zuletzt kann die verhältnismäßig härtere Belastung von kleinen Unternehmen auch darauf beruhen, dass diese nicht über mehrere Standorte verfügen. Dies soll anhand eines Beispiels aus dem europäischen Verbraucherschutzrecht gezeigt werden:³⁵⁹ Nach Art. 18 Abs. 1, 2 EuGVVO kann der Verbraucher den Unternehmer an seinem Wohnsitz verklagen und selbst nur in seinem Wohnsitzmitgliedstaat verklagt werden. Zudem unterliegt ein Verbrauchervertrag nach Art. 6 Abs. 1 Rom I-VO dem Recht des Aufenthaltsstaats des Verbrauchers, wovon nach Abs. 2 nur eingeschränkt abgewichen werden kann. Danach wird es z.B. eine kleine Modeboutique deutlich härter treffen als Ama-

---

³⁵⁰ *Rieble*, in: ders./Junker, Folgenabschätzung im Arbeitsrecht, 2007, S. 53 (67).
³⁵¹ *Klumpp*, in: Rieble, Transparenz und Reform im Arbeitsrecht, 2006, S. 9 (17); *Rieble*, in: ders./Junker, Folgenabschätzung im Arbeitsrecht, 2007, S. 53 (67); speziell zur Inhaltskontrolle von Arbeitsverträgen *Stöhr*, ZfA 2013, 213 (229 f.).
³⁵² *Rieble*, in: ders./Junker, Folgenabschätzung im Arbeitsrecht, 2007, S. 53 (67).
³⁵³ *Rieble*, in: ders./Junker, Folgenabschätzung im Arbeitsrecht, 2007, S. 53 (67).
³⁵⁴ Siehe die Untersuchung von *Alewell/Koller*, BB 2002, 990.
³⁵⁵ *Junker*, Gutachten für den 65. Deutschen Juristentag 2004, B 41; *Rieble*, in: ders./Junker, Folgenabschätzung im Arbeitsrecht, 2007, S. 53 (68). Dazu auch unten § 6 B) III. 1.
³⁵⁶ *Alewell/Koller*, BB 2002, 990 ff.
³⁵⁷ *Stein*, Size, Efficiency and Community Enterprise, 1974, S. 2; *Fletcher/Karatzas/Kreutzmann-Gallasch*, Small Businesses As Consumers, 2014, S. 7.
³⁵⁸ *Fletcher/Karatzas/Kreutzmann-Gallasch*, Small Businesses As Consumers, 2014, S. 7; vgl. auch den Bericht der EU-Sachverständigenkommission: Modelle zur Reduzierung der überproportionalen Belastung kleiner Unternehmen durch öffentliche Regulierung, abrufbar unter http://ec.europa.eu/enterprise/policies/sme/files/support_measures/regmod/regmodex_de.pdf, Stand: 29.6.2016.
³⁵⁹ Beispiel nach *Wilke*, ZIP 2015, 2306 (2307)

zon, wenn sie im gut 2.000 km entfernten Tallinn nach estnischem Recht prozessieren muss.

bb) Risikofaktor

Der Risikofaktor folgt aus dem Gesetz der kleinen Zahl und bedeutet für kleine Unternehmen eine besondere Störungsanfälligkeit. Der Erfolg eines kleinen Unternehmens hängt mehr als in großen Unternehmen von jedem einzelnen Arbeitnehmer ab, individuelle Fehler und Leistungsdefizite treffen ein kleines Unternehmen deutlich härter als ein großes.[360] Das Gleiche gilt für den Ausfall von Arbeitnehmern wegen Krankheit oder Mutterschaft.[361] Das Bundesverfassungsgericht führt dazu wörtlich aus:

„In einem Betrieb mit wenigen Arbeitskräften hängt der Geschäftserfolg mehr als bei Großbetrieben von jedem einzelnen Arbeitnehmer ab. Auf seine Leistungsfähigkeit kommt es ebenso an wie auf Persönlichkeitsmerkmale, die für die Zusammenarbeit, die Außenwirkung und das Betriebsklima von Bedeutung sind. Kleine Teams sind anfällig für Missstimmungen und Querelen. Störungen des Betriebsklimas können zu Leistungsminderungen führen, die bei geringem Geschäftsvolumen spürbar auf das Ergebnis durchschlagen. Ausfälle lassen sich bei niedrigem Personalbestand nur schwer ausgleichen. Typischerweise arbeitet bei kleinen Betrieben der Unternehmer selbst als Chef vor Ort mit. Damit bekommt das Vertrauensverhältnis zu jedem seiner Mitarbeiter einen besonderen Stellenwert. Auch die regelmäßig geringere Finanzausstattung fällt ins Gewicht. Ein Kleinbetrieb ist häufig nicht in der Lage, Abfindungen bei Auflösung eines Arbeitsverhältnisses zu zahlen oder weniger leistungsfähiges, weniger benötigtes oder auch nur weniger genehmes Personal mitzutragen. Schließlich belastet auch der Verwaltungsaufwand, den ein Kündigungsschutzprozess mit sich bringt, den Kleinbetrieb stärker als ein größeres Unternehmen."[362]

cc) Rollenfaktor

Der Rollenfaktor folgt aus der persönlichen Beziehung zwischen den Inhabern kleiner Unternehmen und den Arbeitnehmern. In kleinen Unternehmen gibt es meist keinen Intermediär wie Geschäftsführer oder Vorstand zwischen Belegschaft und Unternehmensinhaber, sodass letzterer regelmäßig als natürliche Person präsent ist und damit eine andere Rolle einnimmt als in großen Unternehmen.[363] Darauf stellt auch das Bundesverfassungsgericht ab, wenn es feststellt, dass der Unternehmer in kleinen Unternehmen häufig selbst als Chef vor Ort mitarbeitet.[364] Diesem ist es daher nicht zuzumuten, Seite an Seite mit Arbeit-

---

[360] *Davidov*, A Purposive Approach to Labour Law, 2016, S. 190.
[361] *Junker*, Gutachten für den 65. Deutschen Juristentag 2004, B 42; *Franzen*, in: Jahrbuch für Mittelstandsforschung, 2006, S. 101 (109 f.).
[362] BVerfGE 97, 169 (177); zust. *Rieble/Klumpp*, JZ 2004, 817 (818).
[363] *Junker*, Gutachten für den 65. Deutschen Juristentag 2004, B 43.
[364] BVerfGE 97, 169 (177).

nehmern zu arbeiten, mit denen er nicht auskommt, woraus sich ein Interesse an einer erleichterten Kündbarkeit ergibt.[365]

dd) Erfahrungsfaktor

Kleinunternehmer sind in aller Regel persönlich mit der Geschäftsführung befasst. Im Rechtsverkehr sind sie jedoch häufig weniger erfahren als die Inhaber oder gar Manager großer Unternehmen.[366] Dass z.B. ein Großunternehmen mit mehreren 1.000 Arbeitnehmern eine größere rechtsgeschäftliche Kompetenz vorhält als etwa ein selbständiger Franchisenehmer, der von einem Großunternehmen abhängig ist, ist evident.[367] Diese Vorstellung liegt dem gesetzlichen Anwendungsbereich des Handelsrechts zugrunde. Das Handelsrecht ist als Sonderrecht der Kaufleute konzipiert, das den besonderen Bedürfnissen des unternehmerischen Rechtsverkehrs dient, in dem eine Vielzahl von Rechtsgeschäften abgeschlossen und durchgeführt werden und deshalb ein Interesse an Flexibilität, Schnelligkeit, Einfachheit und Rechtssicherheit besteht.[368] Für den unternehmerischen Rechtsverkehr ist charakteristisch, dass man von den beteiligten Akteuren ein erhöhtes Maß an Geschäftsgewandtheit und -erfahrung erwarten kann und auch erwarten muss.[369] Daher sieht das Handelsrecht Kaufleute nicht in gleicher Weise als schutzbedürftig wie Normalbürger und hebt einzelne Schutzbestimmungen des BGB ausdrücklich auf, z.B. die in den §§ 348 ff. HGB genannten Formvorschriften. Durch § 1 Abs. 2 HGB hat der Gesetzgeber die Kleingewerbetreibenden grundsätzlich aus dem Anwendungsbereich des Handelsrechts herausgenommen.[370] Damit soll dem Schutzbedürfnis dieser Personengruppe Rechnung getragen werden, „nicht in aller Strenge dem HGB und den Kaufmännischen Vorschriften" – also den „ungewohnten Regeln des HGB

---

[365] Davidov, A Purposive Approach to Labour Law, 2016, S. 111, zu den Schlussfolgerungen im Hinblick auf die Kleinbetriebsklausel des § 23 KSchG siehe unten § 7 C) II. 4. a).

[366] Deflorian, in: Schulte-Nölke/Schulze, Europäische Rechtsangleichung und nationale Privatrechte, 1999, S. 119 (123); Preis, ZHR 158 [1994], 567 (608 f.).; vgl. auch Kleindiek, in: Hommelhoff/Jayme/Mangold, Europäischer Binnenmarkt. IPR und Rechtsangleichung, 1995, S. 297 (306); Denkinger, Der Verbraucherbegriff, 2007, S. 103; Schlechtriem, JZ 1997, 441 (443). Insoweit auch Burckhardt, Das AGB-Gesetz unter dem Einfluss der EG-Richtlinie über missbräuchliche Klauseln in Verbraucherverträgen, 2000, S. 131, die jedoch rechtliche Konsequenzen im Hinblick auf die AGB-Kontrolle ablehnt.

[367] Preis, ZHR 158 [1994], 567 (608 f.).

[368] Canaris, Handelsrecht, 24. Aufl. 2006, § 1 Rn. 1 ff., 16; Oetker, in: Großkomm-HGB, 5. Aufl. 2009, Einl. Rn. 14 f., 25 ff. Für eine Anknüpfung auf den Begriff des Unternehmensträgers anstatt des Kaufmanns K. Schmidt, Handelsrecht, 6. Aufl. 2014, § 2 Rn. 10 ff.

[369] Canaris, Handelsrecht, 24. Aufl. 2006, § 1 Rn. 16; Oetker, in: Großkomm-HGB, 5. Aufl. 2009, Einl. Rn. 15.

[370] Dem Handelsrecht unterstellt sind sie nur in bestimmten Sonderbereichen, namentlich Handelsmakler (§ 84 Abs. 4 HGB), Handelsmakler (§ 93 Abs. 3 HGB), Kommissionär ((§ 383 Abs. 2 HGB), Spediteur (§ 407 Abs. 3 S. 2 HGB) und Lagerhalter (§ 467 Abs. 3 S. 2 HGB).

unterworfen [zu] werden."[371] Zudem soll berücksichtigt werden, dass Unternehmen wie gezeigt häufig nur zur Vermeidung der Arbeitslosigkeit gegründet werden.[372] Der Regierungsentwurf zum Handelsrechtsreformgesetz vom 29.8.1997 sieht daher einen besonderen Schutzbedarf darin, „dass in Zeiten hoher Arbeitslosigkeit immer mehr Menschen ohne entsprechende kaufmännische Vorkenntnisse und geschäftliche Erfahrungen in die Selbständigkeit dräng[t]en und ihren Lebensunterhalt mit der Führung eines kleinen ‚Ein-Mann-Unternehmens' zu verdienen versuch[t]en"; daher sei es unbillig, diese Personen bedingungslos den strengen handelsrechtlichen Vorschriften zu unterwerfen.[373] Die teilweise vorgebrachte Kritik an der Herausnahme von Kleingewerbetreibenden aus dem Handelsrecht richtet sich weniger gegen Leitbildtreue und Vertragsfreiheit, sondern vielmehr gegen die dadurch bewirkte Rechtsunsicherheit.[374] *Christoph Reymann* weist zwar nicht zu Unrecht darauf hin, dass ein solches Erfahrungsdefizit nicht bei jedem Kleingewerbetreibenden gegeben ist, insbesondere häufig nicht bei spezialisierten Dienstleistungserbringern.[375] Auf die Heterogenität der kleinen Unternehmen wurde bereits hingewiesen.[376] Allerdings werden spezialisierte Dienstleistungserbringer, die nicht auf einen in kaufmännischer Weise eingerichteten Gewerbebetrieb angewiesen sind, schwerlich den Regelfall kleiner Unternehmen abbilden.

Eine besondere Rolle spielt der Erfahrungsfaktor bei Existenzgründungen. Es wurde gezeigt, dass die Misserfolgsquote tendenziell hoch ist.[377] Das deutet auf gewisse Nachteile von kleinen Unternehmen in den ersten Lebensjahren hin. Der Hauptgrund für die geringere Überlebenswahrscheinlichkeit junger Unternehmen wird in deren geringer Erfahrung gesehen: Während ältere Unternehmen von Lernkurveneffekten profitieren, herrscht in jungen Unternehmen Unsicherheit etwa im Hinblick auf die Qualität externer Dienstleistungen, das Konsumentenverhalten oder die eigenen Managementfähigkeiten.[378] Ein Beispiel für Lernkurveneffekte bietet der Beratungsmarkt: Vor allem dann, wenn Unternehmen erstmalig oder selten Beratung in Anspruch nehmen, können sie deren Kosten-Nutzen-Verhältnisse schwer einschätzen, namentlich deshalb, weil es auf

---

[371] So die Begründung des Regierungsentwurfs zum HRefG, BT-Drucks. 13/8444, S. 27 f.
[372] Zur statistischen Häufigkeit dieser „Notgründungen" siehe oben § 2 B) I., II.
[373] BT-Drucks. 13/8444, S. 28.
[374] Vgl. *Canaris*, Handelsrecht, 24. Aufl. 2006, § 1 Rn. 5; *Kaiser*, JZ 1999, 495 ff.; die gesetzliche Regelung befürwortend z.B. *Henssler*, ZHR 161 [1997], 13 (45).
[375] *Reymann*, Das Sonderprivatrecht der Handels- und Verbraucherverträge, 2009, S. 375 f.
[376] Siehe oben unter I. 1.
[377] Siehe oben unter § 2 B) II.
[378] *Welter/Levering/May-Strobl*, Mittelstandspolitik im Wandel. IfM-Materialien Nr. 247, 2016, S. 9; vgl. auch *Mallor*, Southwestern Law Journal 1986, 1065 (1085 f.), die aus der hohen Misserfolgsquote von kleinen Unternehmen Defizite in Erfahrung, Wissen und Kompetenz folgert.

dem Beratungsmarkt keine verbindlichen Qualitätsstandards gibt. Hier haben sowohl etablierte als auch große Unternehmen mit einem höheren Erfahrungsschatz einen Vorteil.[379] Zudem wird die Geschäftsgewandtheit und -erfahrung von Existenzgründern kaum größer sein als diejenige von Normalbürgern, insbesondere wenn diese – wie der Regierungsentwurf zum Handelsrechtsreformgesetz zutreffend festhält – lediglich die Arbeitslosigkeit vermeiden wollen.[380]

ee) Unterlegenheitsfaktor

Das gesetzgeberische Leitbild bei der Regulierung zum Schutz von kleinen Unternehmen ist ein Kleinunternehmer, der konkurrierend am Markt auftritt und der wirtschaftlichen Übermacht großer Unternehmen und der öffentlichen Hand ausgesetzt ist.[381] Zum Ausdruck gekommen ist dieser Gedanke z.B. in § 354a HGB, wonach die freie Vereinbarung eines Abtretungsausschlusses für Forderungen eines Kaufmanns gegenüber einem anderen Kaufmann eingeschränkt ist. Damit soll der einseitigen Vertragsgestaltungsmacht von Großunternehmen durch Auferlegung von Abtretungsverboten gegenüber positionsschwächeren Abnehmern begegnet werden. In der Praxis haben bisher nämlich die meisten großen einkaufenden Unternehmen ein solches Verbot mit ihren Lieferanten vereinbart.[382] Dadurch waren vor allem kleine und mittlere Unternehmen daran gehindert, ihre Außenstände zur Kreditsicherung oder Finanzierung einzusetzen,[383] sodass § 354a HGB deren Refinanzierungsspielraum verbessern will.[384] Im Vergleich zu den sonstigen Regelungen im Rahmen der §§ 343 ff. HGB, die das allgemeine Schuldrecht vergleichsweise geringfügig modifizieren, bedeutet § 354a HGB eine massive Abweichung von § 399 BGB.[385] Während die Kaufmannseigenschaft üblicherweise nur die Grundlage für Erweiterungen der Vertragsfreiheit bildet, behandelt § 354a HGB umgekehrt deren Einschränkung.[386] *Reymann* begreift § 354a HGB daher als eine „Verbrauchervorschrift auf vorgelagerter Vertriebsstufe": Während das Verbraucherschutzrecht den Schutz des Endabnehmers im Blick hat, will § 354a HGB den Gewerbetreibenden auf der mittleren Vertriebsstufe – den typischen Zulieferer – vor dem Großunternehmen der vorgelagerten Vertriebsstufe schützen.[387] Auch das Bundesministerium

---

[379] *Haunschild/Clemens*, IfM-Materialien Nr. 167, 2006, S. 10 f.; *Welter/Levering/May-Strobl*, Mittelstandspolitik im Wandel. IfM-Materialien Nr. 247, 2016, S. 9.
[380] Dazu näher unten § 9 B) I., II.
[381] *Deinert*, Soloselbständige zwischen Arbeitsrecht und Wirtschaftsrecht, 2015, S. 9.
[382] *Hopt*, in: Baumbach/Hopt, HGB, 38. Aufl. 2018, § 354a Rn. 1.
[383] *Wagner*, in: Ebenroth/Boujong/Joost/Strohn, HGB, 3. Aufl. 2015, § 354a Rn. 1.
[384] Vgl. BT-Drucks. 12/7912 S. 24; OLGR Jena 2003, 345 ff.; *Hopt*, in: Baumbach/Hopt, HGB, 38. Aufl. 2018, § 354a Rn. 1; *W.-H. Roth*, in: Koller/Roth/Morck, HGB, § 354a Rn. 1.
[385] *Canaris*, Handelsrecht, 2006, § 26 Rn. 14.
[386] *Canaris*, Handelsrecht, 2006, § 26 Rn. 14.
[387] *Reymann*, Das Sonderprivatrecht der Handels- und Verbraucherverträge, 2009, S. 378.

für Arbeit und Soziales geht ausdrücklich von einer schwachen Verhandlungsmacht von Kleinunternehmern, insbesondere selbständigen Werkvertragsunternehmern, aus.[388] Und auch in der Literatur wird vielfach angenommen, dass aus der häufig eingeschränkten rechtsgeschäftlichen Kompetenz der Kleinunternehmer eine strukturelle Unterlegenheit gegenüber Großunternehmen folgt.[389] Nach *Seifert* kann eine geringe Unternehmensgröße insbesondere zu einer gegenüber größeren Unternehmen unterlegenen Einkaufsmacht führen, da kleine und mittlere Unternehmen nicht in vergleichbarem Umfang Kostenvorteile in Gestalt von Mengen-, Umsatzrabatte usw. erlangen können.[390] *Deinert* hingegen räumt zwar die Unterlegenheit von Kleinunternehmern ein, bestreitet jedoch deren strukturelle Natur.[391] Empirische Untersuchungen zu dieser Frage gibt es – soweit ersichtlich – nicht. Jedenfalls lässt sich eine eventuelle Unterlegenheit nur schwierig quantifizieren.[392] Deshalb sollte man sich vor allzu schnellen Verallgemeinerungen hüten.

2. Auswirkungen auf die Schutzwürdigkeit

Zu klären ist, inwieweit vor diesem Hintergrund ein Schwächerenschutz für kleine Unternehmen bzw. deren Inhaber legitimierbar ist.[393] Eingangs wurde gezeigt, dass die Lage, die als Schwäche oder Unterlegenheit empfunden wird, auf natürlichen, wirtschaftlichen oder sozialen Umständen beruht.[394]

a) Verhältnismäßig stärkere Belastung

Zunächst ergibt sich eine Schutzwürdigkeit daraus, dass Belastungen kleine Unternehmen stets verhältnismäßig härter treffen als große Unternehmen. Da dies regelmäßig mathematisch errechenbar ist, kommt es insoweit nicht auf die Heterogenität kleiner Unternehmen an. Dies gilt insbesondere für eine Kostenbelastung, wie sie insbesondere durch gesetzliche Regulierung verursacht wird, die einen Arbeitnehmerschutz bewirkt oder sonstigen Verwaltungsaufwand zur Folge hat. Dies führt zu einer besonderen Anfälligkeit gegenüber einer solchen

---

[388] Weißbuch des BMAS „Arbeiten 4.0", 2016, S. 170.

[389] Vgl. *Deflorian*, in: Schulte-Nölke/Schulze, Europäische Rechtsangleichung und nationale Privatrechte, 1999, S. 119 (123); *Preis*, ZHR 158 [1994], 567 (608 f.); *Kleindiek*, in: Hommelhoff/Jayme/Mangold, Europäischer Binnenmarkt. IPR und Rechtsangleichung, 1995, S. 297 (306); *Denkinger*, Der Verbraucherbegriff, 2007, S. 103; *Schlechtriem*, JZ 1997, 441 (443).

[390] *Seifert*, Der Schutz kleiner und mittlerer Unternehmen im deutschen und europäischen Wirtschaftsrecht, 2006, S. 125 f.

[391] *Deinert*, Soloselbständige zwischen Arbeitsrecht und Wirtschaftsrecht, 2015, S. 27.

[392] Insoweit auch *Seifert*, Der Schutz kleiner und mittlerer Unternehmen im deutschen und europäischen Wirtschaftsrecht, 2006, S. 126 zu Skaleneffekte beim Einkauf.

[393] Zur Frage, ob kleine Unternehmen als solche oder deren Inhaber zu schützen sind, siehe unten C) I. 3.

[394] Siehe oben unter A) II. 3.

Kostenbelastung, die eine strukturelle Schwäche von kleinen Unternehmen bedeutet. Rechnung getragen kann dieser Schwäche im Rahmen der Gesetzgebung durch größenabhängige Befreiungen sowie im Rahmen der Rechtsanwendung dadurch, dass die besondere Kostenbelastung für kleine Unternehmen bei der Auslegung berücksichtigt wird.[395] Ebenso werden kleine Unternehmen wie gezeigt von Ausfällen oder Leistungsschwächen von Arbeitnehmern verhältnismäßig stärker getroffen als große Unternehmen.

Dieser Faktor ist in erster Linie darauf gerichtet, kleine Unternehmen im Vergleich zu Großunternehmen weniger stark zu belasten. Im Europäischen Primärrecht ist dies in Art. 153 Abs. 2 lit. b) AEUV verankert. Der Europäische Gesetzgeber hat die verhältnismäßig stärkere Belastung z.B. in den Erwägungsgründen zur Richtlinie 2013/34/EU[396] zur Rechnungslegung aufgegriffen. Danach ist ein angemessenes Gleichgewicht zwischen den Interessen der Adressaten von Abschlüssen und dem Interesse von Unternehmen daran, nicht über Gebühr mit Berichtspflichten belastet zu werden, zu finden.[397] Dadurch soll ein unverhältnismäßiger Verwaltungsaufwand für kleine und mittlere Unternehmen verhindert werden.[398]

b) Erfahrungsdefizite

Schwieriger zu bestimmen ist die Schutzwürdigkeit wegen Erfahrungsdefiziten von Kleinunternehmern. Hier geht es vornehmlich um den rechtsgeschäftlichen Bereich. Insoweit ist allerdings die Heterogenität von kleinen Unternehmen zu beachten. Im Hinblick auf ihre eingeschränkte rechtsgeschäftliche Bewandtnis sind Kleinunternehmer im Rechtsverkehr häufig verbraucherähnlich,[399] jedoch keineswegs immer. Da sich Kleinunternehmer allerdings auch häufig keine rechtliche Beratung für die Vertragsgestaltung leisten können, sind sie auch insoweit eher mit Verbrauchern als mit Großunternehmen vergleichbar.[400] Daher lässt sich vorsichtig eine spezifische Schutzbedürftigkeit auch unter diesem Gesichtspunkt bejahen. Dafür spricht auch die gesetzliche Konzeption des § 1 Abs. 1 HGB, wonach Kleingewerbetreibende gerade wegen ihrer einschränkten

---

[395] Zur methodologischen Umsetzbarkeit dieses Arguments eingehend unten § 5 C), D), E).

[396] Richtlinie 2013/34/EU des Europäischen Parlaments und des Rates vom 26. Juni 2013 über den Jahresabschluss, den konsolidierten Abschluss und damit verbundene Berichte von Unternehmen bestimmter Rechtsformen und zur Änderung der Richtlinie 2006/43/EG des Europäischen Parlaments und des Rates und zur Aufhebung der Richtlinien 78/660/EWG und 83/349/EWG des Rates Text von Bedeutung für den EWR.

[397] Richtlinie 2013/34/EU, Erwägungsgrund 4.

[398] Richtlinie 2013/34/EU, Erwägungsgrund 8.

[399] Vgl. *Rieble*, in: Riesenhuber, Das Prinzip der Selbstverantwortung, 2011, S. 337 (349 f.); *Davidov*, A Purposive Approach to Labour Law, 2016, S. 124. Zur Verbraucherähnlichkeit eingehend unten § 9 A) III. 2.

[400] Dazu eingehend unten § 9 B).

rechtsgeschäftlichen Kompetenz von der Anwendung des scharfen Handelsrechts ausgenommen werden.[401] Nach *Ulrich Preis* lassen sich aus dieser Differenzierung ausbaufähige Erkenntnisse für die allgemeine Abstufung in der Behandlung selbständig Erwerbstätiger ziehen.[402] Welche konkreten Maßnahmen vor diesem Hintergrund geboten sind, etwa eine zumindest partielle rechtliche Gleichstellung mit Verbrauchern, wird noch zu erörtern sein.[403] Am leichtesten wird sich dies bei Existenzgründern annehmen lassen, da bei diesen Erfahrungsdefizite wie gezeigt empirisch nachgewiesen bzw. zumindest indiziert sind.

c) Unterlegenheit gegenüber Großunternehmen

Die Annahme einer Schutzwürdigkeit wegen einer etwaigen strukturellen Unterlegenheit gegenüber großen Unternehmen wäre unmittelbar auf den Schutz von kleinen Unternehmen im Verhältnis zu großen Unternehmen gerichtet.[404] Eine solche Annahme ist jedoch problematisch. Dagegen spricht zunächst, dass eine solche nicht empirisch nachgewiesen ist. Das gleiche gilt freilich auch für die strukturelle Unterlegenheit von Arbeitnehmern gegenüber dem Arbeitgeber, die allgemein zur Legitimation eines spezifischen Arbeitnehmerschutzes herangezogen wird.[405] So hängt z.B. die Verhandlungsstärke des Bewerbers auch von dessen Qualifikation ab. Hochqualifizierte oder sonst wertvolle Personen können sich nicht selten den Arbeitgeber aussuchen und ihre eigenen Vorstellungen wie z.B. Gehaltsforderungen durchsetzen.[406] Auch Verbraucher, deren Definition stellvertretend für rechtsgeschäftliche Schwäche steht, sind durchaus heterogen und können im Einzelfall sehr geschäftserfahren sein, sodass ihre generelle Schutzbedürftigkeit vom sozioökonomischen Standpunkt aus zweifelhaft erscheint.[407] Nun liegt allerdings eine strukturelle Unterlegenheit von Arbeitnehmern gegenüber dem Arbeitgeber auch ohne empirischen Nachweis weitaus näher als eine strukturelle Unterlegenheit von kleinen Unternehmen gegenüber Großunternehmen. Auch Verbraucher werden Vertragsverhandlungen mit großen Unternehmen nur in Ausnahmefällen dominieren und ihre Interessen durchsetzen können, und beim Kauf von Standardartikeln haben sie in aller Regel noch nicht einmal ein rationales Interesse daran. Vor diesem Hintergrund

---

[401] Dazu soeben im Text.
[402] *Preis*, ZHR 158 [1994], 567 (609).
[403] Dazu unten im dritten Teil, speziell zur Einbeziehung in der Verbraucherschutz § 10 D).
[404] In diese Richtung *Kleindiek*, in: Hommelhoff/Jayme/Mangold, Europäischer Binnenmarkt. IPR und Rechtsangleichung, 1995, S. 297 (306); *Denkinger*, Der Verbraucherbegriff, 2007, S. 103; *Fletcher/Karatzas/Kreutzmann-Gallasch*, Small Businesses As Consumers, 2014, S. 7 f.
[405] Dazu unten § 6 A) I. 1.
[406] Dazu *Thüsing*, RdA 2005, 257 (261).
[407] *Deflorian*, in: Schulte-Nölke/Schulze, Europäische Rechtsangleichung und nationale Privatrechte, 1999, S. 119 (123).

scheint die Annahme einer strukturellen Unterlegenheit von Arbeitnehmern und Verbrauchern doch naheliegender als bei kleinen Unternehmen. Den Unterlegenheitsfaktor sollte man daher allenfalls zurückhaltend zur Begründung von Sonderregelungen zum Schutz kleiner Unternehmen heranziehen. Im Hinblick auf den Rechtsverkehr wird überwiegend angenommen, dass das allgemeine Zivilrecht einen beachtlichen und im Regelfall auch ausreichenden Schutz vor wirtschaftlicher Unterlegenheit bietet.[408]

Erwägen könnte man, eine allgemeine Schutzwürdigkeit von kleinen Unternehmen wegen struktureller Unterlegenheit aus gesetzlichen Vorschriften abzuleiten. Ein Rechtsgebiet, das sich der Schutzbedürftigkeit von kleinen Unternehmen in besonderem Maße annimmt, ist das Kartellrecht: Dieses hat mit § 3 GWB n.F. eine Möglichkeit geschaffen, durch die Bildung von Mittelstandskartellen Vorteile auszugleichen, die Großunternehmen allein aufgrund ihrer Größe haben, und dadurch strukturelle Nachteile mittelständischer Unternehmen auszugleichen (zuvor schon § 4 GWB a.F.). Begründet wird dies nicht nur mit der Bedeutung einer breiten Schicht von kleinen Unternehmen für einen funktionierenden Wettbewerb, sondern auch mit dem Gedanken des Gegenmachtprinzips, da kleine Unternehmen im Wettbewerb gegenüber marktmächtigen Konkurrenten bestehen sollen.[409] Damit bringt der Gesetzgeber zum Ausdruck, dass er von einer wirtschaftlichen Unterlegenheit kleiner Unternehmen ausgeht.[410] Es ist allerdings umstritten, ob das Kartellrecht überhaupt den individuellen Schutz einzelner Marktteilnehmer bezweckt, wie er zu dem hier behandelten individuellen Ansatz passen würde, oder vielmehr nur einen reinen Institutionenschutz mit Blick auf den Wettbewerb als solchen.[411] In letzterem Fall wäre der Schutz von individuellen kleinen Unternehmen ein bloßer Reflex. Jedenfalls aber zielt § 3 GBW nur auf die spezielle Unterlegenheit im Wettbewerb ab, nicht auf eine allgemeine Unterlegenheit, die auch im Rechtsverkehr zwischen kleinen und großen Unternehmen zur Geltung kommt.

Eine solche Unterlegenheit im Rechtsverkehr wird von der bereits dargestellten Vorschrift des § 354a HGB aufgegriffen, welche der einseitigen Vertragsgestaltungsmacht von Großunternehmen gegenüber positionsschwächeren Abnehmern Rechnung trägt.[412] *Reymann* lehnt es allerdings ab, aus § 354a HGB die Notwendigkeit eines handelsspezifischen Schutzrechts abzuleiten, mit dem die Vertragsfreiheit von Kleinunternehmern über zwingende Rechtsvorschriften generell im Verhältnis zu Unternehmern materialisiert würde. Ein zwingender Kleinunternehmerschutz gegenüber Großunternehmen – ähnlich dem Verbraucher-

---

[408] *Bayreuther*, Wirtschaftlich-existenziell abhängige Unternehmen im Konzern-, Kartell- und Arbeitsrecht, 2001, S. 236; *Rieble*, ZfA 1998, 327 (341 ff.).
[409] *Pampel*, in: MünchKomm-Kartellrecht, 2. Aufl. 2015, § 3 GWB Rn. 6.
[410] Vgl. die Regierungsbegründung, BT-Drucks. VI/2520, S. 43.
[411] Dazu eingehend *Künzler*, Effizienz oder Wettbewerbsfreiheit?, 2008, S. 298 ff.
[412] Dazu soeben im Text.

§ 3 Allgemeine Schutzwürdigkeit von kleinen Unternehmen 73

schutz – würde dem Wertungsgehalt des Handelsvertreter-, Kommissions-, Vertragshändler- und Franchiserecht widersprechen, wonach zwingende Rechtsvorschriften im interprofessionellen Handelsverkehr nur bei einem gewissen Grad an absatzspezifischer Vertikalinstitutionalisierung gerechtfertigt sein können.[413] Erst recht nicht könne § 354a HGB zu dem allgemeinen Schutzgedanken erweitert werden, dass Kleingewerbetreibende generell vor Großunternehmen in ihrer Vertragsfreiheit geschützt werden müssten. Dies würde nicht nur dem Bedürfnis des professionellen Geschäftsverkehrs nach dispositiven Vorschriften widersprechen, sondern auch zu unverhältnismäßigen Eingriffen in den freien Wettbewerb führen.[414] In der Tat wird man einen derart weitgehenden Schutzgedanken ohne den empirischen Nachweis einer strukturellen Unterlegenheit nicht postulieren können. Auf eine solche Unterlegenheit abzielende Gesetzgebungsmaßnahmen oder Gesetzesinterpretationen, etwa die AGB-Kontrolle im unternehmerischen Rechtsverkehr,[415] bedürfen daher der sorgfältigen Begründung.

Zutreffend kann auch die Förderung kleiner und mittlerer Unternehmen auf der europäischen Ebene nicht für die Sonderbehandlung von kleinen Unternehmen ins Feld geführt werden.[416] Abgesehen von der Initiative zur Bekämpfung des Zahlungsverzugs im Geschäftsverkehr durch die Richtlinie 2000/35/EG[417] findet sich keine bewusste zivilrechtliche Privilegierung. Vielmehr beruht die Förderung kleiner und mittlerer Unternehmen in erster Linie auf einer industriepolitischen Grundsatzentscheidung der Europäischen Union, die nicht auf der Überzeugung von einer typisierungstauglichen Benachteiligung im Privatrechtsverkehr, sondern auf der Wertung des Art. 173 AEUV (ex Art. 157 EG) basiert.[418] Nach Art. 173 Abs. 1 Unterabs. 2 Spiegelstrich 2 zielt die Tätigkeit der Europäischen Union auf die Förderung eines für die Initiative und Weiterentwicklung der Unternehmen, insbesondere der kleinen und mittleren Unternehmen, günstigen Umfelds ab. Diese Sonderbehandlung von kleinen Unternehmen lässt sich nicht auf das Vertragsrecht übertragen: Aus dem Grünbuch der Kommission zur „Überprüfung des gemeinschaftlichen Besitzstands im Verbraucherschutz" geht hervor, dass kleine Unternehmen nicht etwa von einem

---

[413] *Reymann*, Das Sonderprivatrecht der Handels- und Verbraucherverträge, 2009, S. 378 f.

[414] *Reymann*, Das Sonderprivatrecht der Handels- und Verbraucherverträge, 2009, S. 379; vgl. auch *Remien*, Zwingendes Vertragsrecht und Grundfreiheiten des EG-Vertrages, 2003, S. 252; *Tonner*, JZ 1996, 533 (535).

[415] Dazu unten § 10 C).

[416] *Reymann*, Das Sonderprivatrecht der Handels- und Verbraucherverträge, 2009, S. 379; vgl. auch *Remien*, Zwingendes Vertragsrecht und Grundfreiheiten des EG-Vertrages, 2003, S. 252 f.

[417] Richtlinie 2000/35/EG zur Bekämpfung des Zahlungsverzugs im Geschäftsverkehr, ABl. 2000 Nr. L 200, S. 35.

[418] *Reymann*, Das Sonderprivatrecht der Handels- und Verbraucherverträge, 2009, S. 380 unter Berufung auf die Pressemitteilung der Kommission vom 12.3.2008, EuZW 19 [2008], 418 ff.

verbraucherähnlichen Schwächerenschutz, sondern vielmehr „von einem stärker vorausschaubaren Regelungsumfeld und unkomplizierteren EU-Vorschriften profitieren können.[419] Mit dieser Strategie bringt die Kommission insgesamt zum Ausdruck, dass kleine und mittlere Unternehmen nicht etwa auf der individual-vertragsrechtlichen Mikroebene geschützt werden sollen, sondern industriepolitischen Unterstützungsbedarf haben, „damit sie ihren Aufwand für die Einhaltung der EU-Vorgaben reduzieren können und generell in die Lage versetzt werden, leichter als bisher unionsweit Handel zu betreiben, und zwar unabhängig davon, wo sie ihren Sitz haben.[420]

Im Ergebnis ist daher festzuhalten, dass eine generelle besondere Schutzwürdigkeit kleiner Unternehmen im Rechtsverkehr wegen struktureller Unterlegenheit gegenüber Großunternehmen nicht angenommen werden kann. Eine solche Unterlegenheit ist weder empirisch belegt noch folgt sie aus der Wertung einzelner Gesetze. Ob darauf konkrete Gesetzgebungsmaßnahmen oder Gesetzesinterpretationen gestützt werden können, ist daher stets im Einzelfall zu prüfen.

II. Ökonomische Schutzwürdigkeit: Volkswirtschaftliche Bedeutung von kleinen Unternehmen

In ökonomischer Hinsicht sind kleine Unternehmen schutzwürdig, wenn dieser Schutz Kollektivinteressen dient, namentlich also dem Gemeinwohl zugutekommt. Insoweit ist zunächst zu bedenken, dass die typisch deutsche „Mittelstandsdebatte" stark durch Ideologie und Lobbypolitik geprägt ist und kleine Unternehmen geradezu überhöht. Demgegenüber soll im Folgenden eine objektive, ideologiefreie Warte eingenommen werden. Dazu werden zunächst die Auffassungen der politischen Entscheidungsträger auf nationaler und europäischer Ebene dargestellt (unten 1.). Sodann wird die historische Entwicklung der Forschung skizziert (unten 2.) und eine übergreifende Würdigung erarbeitet (unten 3.). Auf dieser Grundlage werden sodann die Auswirkungen auf die Schutzwürdigkeit beurteilt (unten 4.).

1. Auffassungen der politischen Entscheidungsträger

Von besonderem Interesse ist zunächst, wie die politischen Entscheidungsträger die volkswirtschaftliche Bedeutung von kleinen Unternehmen einschätzen.

---

[419] Grünbuch der Kommission „Die Überprüfung des gemeinschaftlichen Besitzstands im Verbraucherschutz", ABl. 2007 Nr. C 61, S. 1 Tz. 2.1.
[420] Grünbuch der Kommission „Die Überprüfung des gemeinschaftlichen Besitzstands im Verbraucherschutz", ABl. 2007 Nr. C 61, S. 1 Tz. 2.1; unter Berufung hierauf *Reymann*, Das Sonderprivatrecht der Handels- und Verbraucherverträge, 2009, S. 380.

a) Nationale Ebene

Die Entscheidungsträger in der Bundesrepublik Deutschland gehen von einer großen wirtschaftlichen Bedeutung der kleinen Unternehmen aus. In einer Gesetzesbegründung heißt es z.b., dass die klein- und mittelständisch geprägte Unternehmenslandschaft für die deutsche Wirtschaft im internationalen Wettbewerb von Vorteil sei. Regional vernetzte Familienbetriebe seien notwendige Voraussetzung für wirtschaftliches Wachstum und damit für die Schaffung wettbewerbsfähiger Arbeits- und Ausbildungsplätze in Deutschland. Kleine und mittlere Unternehmen stünden für offene Märkte und hohe Wettbewerbsintensität.[421] Daher würden Gemeinwohlgründe u.a. für eine steuerliche Privilegierung der Unternehmen sprechen.[422] Interessanterweise wird damit ausdrücklich das Gemeinwohl in Bezug genommen, welches in der Tat den teleologischen Bezugspunkt bei der Verwirklichung kollektiver Interessen bildet.[423] Weiterhin nimmt der Gesetzgeber ein großes Beschäftigungspotential von kleinen Unternehmen an.[424] Das Bundesministerium für Wirtschaft und Energie ist der Ansicht, dass kleine Unternehmen für das Wachstum, den Strukturwandel und die Beschäftigung einer Volkswirtschaft sehr wichtig sind.[425] Wegen dieser „großen wirtschaftlichen und gesellschaftspolitischen Bedeutung" der kleinen und mittleren Unternehmen versucht die Bundesregierung, ein wirtschaftlich günstiges Umfeld für Unternehmensgründungen und selbständige Betätigung zu schaffen, bürokratische Hemmnisse abzubauen und zugleich die Innovationskraft und den Ideenreichtum der kleinen und mittleren Unternehmen voll auszuschöpfen.[426] Im Jahr 2003 nahm die Bundesregierung im Rahmen ihrer „Mittelstandsoffensive" etwa die Modernisierung der Ausbildung, die Innovationsförderung in mittelständischen Betrieben, die Verbesserung der Mittelstandsfinanzierung und eine Außenwirtschaftsinitiative für Mittelständler auf die Agenda.[427] Weitere Fördermaßnahmen wurden im Rahmen der „Mittelstandsinitiative" im Jahr 2007 beschlossen[428] Auch der Deutsche Industrie- und Handelskammertag, der Zentralverband des Deutschen Handwerks und der Bundesverband der Deut-

---

[421] BT-Drucks. 16/7918, S. 33
[422] BT-Drucks. 16/7918, S. 23.
[423] Siehe oben A) III. 1.
[424] Vgl. BT-Drucks. 15/1204, S. 1 zum Gesetzesentwurf zu Reformen am Arbeitsmarkt.
[425] Vgl. BMWi, Der Mittelstand in der Bundesrepublik Deutschland. Eine volkswirtschaftliche Bestandsaufnahme", BMWi Dokumentation Nr. 561, 2007, S. 41; BMWi, Schlaglichter der Wirtschaftspolitik, Monatsbericht März 2011, S. 19.
[426] BMWi, Der Mittelstand in der Bundesrepublik Deutschland. Eine volkswirtschaftliche Bestandsaufnahme", BMWi Dokumentation Nr. 561, 2007, S. 41 ff., 51.
[427] FAZ v. 28.1.2004, S. 12. Zu den Schwierigkeiten der Mittelstandsfinanzierung siehe *MacPhee*, Short-term business borrowing, 1984, S. 147 ff.
[428] BMWi, Der Mittelstand in der Bundesrepublik Deutschland. Eine volkswirtschaftliche Bestandsaufnahme", BMWi Dokumentation Nr. 561, 2007, S. 41 ff., 51.

schen Industrie gehen von einem spezifischen Wert einer ausgeprägten Kultur klein- und mittelständischer Unternehmen für die deutsche Wirtschaft aus.[429]

b) Europäische Ebene

Die Förderung von kleinen Unternehmen steht auch im Fokus der europäischen Politik. Primärrechtlich ist dies wie bereits gezeigt in Art. 173 Abs. 1 Unterabs. 2 Spiegelstrich 2 AEUV verankert, wonach die Tätigkeit der Europäischen Union auf die Förderung eines für die Initiative und Weiterentwicklung der Unternehmen günstigen Umfelds, insbesondere der kleinen und mittleren Unternehmen, abzielt. Die Europäische Kommission misst kleinen und mittleren Unternehmen eine große wirtschaftliche Bedeutung bei. In dem Small Business Act (SBA) aus dem Jahr 2008 sowie dem Aktionsplan Unternehmertum betont sie z.B. ihre Wichtigkeit für die Schaffung von Arbeitsplätzen.[430] Durch diese Maßnahmen sollten u.a. die durch gemeinschaftliche Rechtsvorschriften bedingten Verwaltungslasten bis 2012 um 25 Prozent verringert werden.[431] In der Mitteilung zum SBA führte die Kommission wörtlich aus:

„In einem Umfeld, das weltweit im Wandel begriffen ist und im Zeichen von ständigen strukturellen Veränderungen und verschärftem Wettbewerbsdruck steht, spielen die KMU in unserer Gesellschaft eine noch wichtigere Rolle für die Schaffung von Arbeitsplätzen und tragen entscheidend zum Wohlergehen von lokalen und regionalen Gemeinschaften bei […]."[432]

Die Eckpunkte des SBA bestehen darin, dass ein Umfeld geschaffen werden soll, in dem sich Unternehmer und Unternehmen in Familienbesitz entfalten können und in dem sich unternehmerische Initiative lohnt; rechtschaffenen Unternehmern, die insolvent geworden sind, soll rasch eine zweite Chance geboten werden; Regelungen sollen nach dem Prinzip „Vorfahrt für KMU" – d.h. für kleine und mittlere Unternehmen verträglich – gestaltet werden; öffentliche Verwaltungen sollen verstärkt auf die Bedürfnisse der KMU eingehen; politische Instrumente sollen KMU-gerecht gestaltet werden, sodass die KMU leichter an öffentlichen Ausschreibungen teilnehmen und staatliche Beihilfen besser nutzen können; für die KMU soll der Zugang zu Finanzierungen erleichtert und ein rechtliches und wirtschaftliches Umfeld für mehr Zahlungsdisziplin im Geschäftsleben geschaffen werden; KMU sollen dabei unterstützt werden, stärker von den Möglichkeiten des Binnenmarkts zu profitieren; Weiterqualifizierung

---

[429] So deren Stellungnahmen im Verfahren BVerfG – 1 BvL 21/12, zit. nach BVerfG NJW 2015, 303 (311).
[430] Vgl. „Small Business Act" für Europa, KOM [2008] 394 endgültig, S. 2 sowie Aktionsplan Unternehmertum 2020, KOM [2012] 795 endgültig, S. 4.
[431] Mitteilung der Kommission v. 25.6.2008 (KOM(2008) 394 endg.), S. 3.
[432] Mitteilung der Kommission v. 25.6.2008 (KOM(2008) 394 endg.), S. 2.

und alle Formen von Innovation sollen auf der Ebene der KMU gefördert werden; KMU sollen in die Lage versetzt werden, Umweltprobleme in Geschäftschancen umzuwandeln; und KMU sollen ermutigt werden, vom Wachstum der Märkte zu profitieren und dafür entsprechende Unterstützung erhalten.[433] Dieses Programm richtet sich vor allem an kleine Unternehmen und zuvor arbeitslose Gründer. Das Institut der deutschen Wirtschaft Köln ist der Auffassung, dass die Europäische Union den Mittelstand darüber hinaus immer noch bruchstückhaft und stiefmütterlich behandelt. Insoweit müssten vor allem bürokratische Barrieren abgebaut werden.[434]

2. Historische Entwicklung der Forschung

In Deutschland werden kleine Unternehmen bereits seit dem 19. Jahrhundert wissenschaftlich erforscht.[435] *Gustav von Schmoller* veröffentlichte 1870 eine 700 Seiten umfassende „statistische und rationalökonomische Untersuchung" zum deutschen Kleingewerbe, worin das Kleingewerbe als gesellschaftspolitisch notwendiger Stabilitätsfaktor angesehen wurde.[436] Die meisten Analytiker des wirtschaftlichen Wandels im 19. und 20. Jahrhundert sahen die kleinbetrieblichen Organisationsformen in Handwerk und Handel hingegen als Hemmnis und letztlich als notwendiges Opfer des für den materiellen Fortschritt notwendigen Innovations-, Industrialisierungs- und Konzentrationsprozess.[437] *Karl Marx* (1818–1883) bewertete die kleinbetriebliche Produktionsweise folgendermaßen:

„Sie ist nur verträglich mit engen naturwüchsigen Schranken der Produktion und der Gesellschaft. Sie verewigen wollen hieße, [...] ‚die allgemeine Mittelmäßigkeit dekretieren' [...]. Sie muss vernichtet werden, sie wird vernichtet."[438]

Eine ähnliche Prognose stellte *Karl Kautsky* (1854–1938) im Jahre 1891 auf dem Parteitag der SPD in Erfurt an:

„Die ökonomische Entwicklung der bürgerlichen Gesellschaft führt mit Naturnothwendigkeit zum Untergang des Kleinbetriebs, [...] indeß die Produktionsmittel das Mo-

---

[433] Zur Umsetzung des SBA siehe die Mitteilung der Kommission v. 23.2.2011 KOM (2011) 78 endg.
[434] Abrufbar unter https://www.iwd.de/artikel/die-eu-vernachlaessigt-den-mittelstand-342416, Stand: 9.6.2017.
[435] Dazu *Seifert*, Der Schutz kleiner und mittlerer Unternehmen im deutschen und europäischen Wirtschaftsrecht, 2006, S. 1 ff.
[436] *Schmoller*, Zur Geschichte der deutschen Kleingewerbe im 19. Jahrhundert. Statistische und nationalökonomische Untersuchungen, Halle 1870, S. 659, 683.
[437] *Bass*, KMU in der deutschen Volkswirtschaft: Vergangenheit, Gegenwart, Zukunft, Berichte aus dem Weltwirtschaftlichen Colloquium der Universität Bremen, Nr. 101, 2006, S. 4.
[438] *Marx*, Das Kapital. Kritik der politischen Ökonomie, zuerst erschienen 1867, in: Marx-Engels-Werke Bd. 23, Berlin 1972, S. 789.

nopol einer verhältnismäßig kleinen Zahl von Kapitalisten und Großgrundbesitzern werden."[439]

Dem liegt die damals verbreitete Annahme zugrunde, dass sich auf lange Sicht nur größere Unternehmen im Wettbewerb behaupten können. *Joseph Alois Schumpeter* (1883–1950) meinte, dass nur Großunternehmen umfangreiche Innovationen generieren können, da nur sie Abteilungen für Forschung und Entwicklung unterhalten können.[440] *Schumpeter* sah eine Konzentrationstendenz des Kapitalismus und schrieb:

„Die vollkommen bürokratisierte industrielle Rieseneinheit verdrängt [...] die kleine oder mittelgroße Firma und ,expropriiert' ihrer Eigentümer".[441]

Kleine Unternehmen wurden als ein Problem der wirtschaftlichen Entwicklung begriffen. Befürworter von kleinen Unternehmen galten als „reaktionär, kleinbürgerlich oder romantisch".[442] Diese Sichtweise war bis Mitte des 20. Jahrhunderts weit verbreitet.[443] Demgegenüber stellte *Wilhelm Röpke* (1899–1966) mehrere Vorteile der kleinen Unternehmen heraus, darunter insbesondere ihre quasinatürliche beschäftigungsstabilisierende Rolle in den Konjunkturzyklen; die Innovationsfähigkeit sowie die Ermöglichung der entwicklungsnotwendigen Tertialisierung der Wirtschaftsstruktur, insbesondere durch persönliche Dienstleistungen, die der Phantasie, Individualität und Beweglichkeit von kleinen und mittelgroßen Unternehmen bedürften.[444] Demgegenüber vermutete *Röpke* negative externe Effekte der großbetrieblichen Organisationsstruktur, namentlich wirtschaftliche, soziale und ökologische Agglomerationsnachteile, die kaum internalisiert werden können, sowie die bereits erwähnte wirtschaftliche und letztlich auch politische Machtkonzentration.[445] Ein Paradigmenwechsel wurde schließlich durch die ordo-liberale Schule als Keimzelle der deutschen sozialen

---

[439] *Kautsky*, Das Erfurter Programm in seinem grundsätzlichen Theil, 13. Aufl. 1919, S. 120.

[440] *Schumpeter*, Theorie der wirtschaftlichen Entwicklung. Eine Untersuchung über Unternehmergewinn, Kapital, Kredit, Zins und den Konjunkturzyklus, zuerst erschienen 1911/1912, 8. Aufl., Berlin 1993.

[441] *Schumpeter*, Kapitalismus, Sozialismus und Demokratie, 7. Aufl. der deutschen Übersetzung, Tübingen u.a. 1993, S. 218.

[442] *Röpke*, Klein- und Mittelbetriebe in der Volkswirtschaft, in: Ordo, Jahrbuch für die Ordnung von Wirtschaft und Gesellschaft, 1948, S. 155.

[443] *Bass*, KMU in der deutschen Volkswirtschaft: Vergangenheit, Gegenwart, Zukunft, Berichte aus dem Weltwirtschaftlichen Colloquium der Universität Bremen, Nr. 101, 2006, S. 4; *Hamer*, in: Pfohl, Betriebswirtschaftslehre der Mittel- und Kleinbetriebe, 4. Aufl. 2006, S. 25 (26).

[444] *Röpke*, Klein- und Mittelbetriebe in der Volkswirtschaft, in: Ordo, Jahrbuch für die Ordnung von Wirtschaft und Gesellschaft, 1948, S. 155 (159).

[445] *Röpke*, Klein- und Mittelbetriebe in der Volkswirtschaft, in: Ordo, Jahrbuch für die Ordnung von Wirtschaft und Gesellschaft, 1948, S. 155 (159).

Marktwirtschaft begründet.[446] Das Wettbewerbsideal dieser Lehre ist die vollständige Konkurrenz: Idealerweise gibt es nur kleine Anbieter in dem Sinne, dass kein Anbieter den Preis beeinflussen kann. Auch wenn dies in dieser Reinform nicht durchgehalten werden kann, so wird doch anerkannt, dass die Aufsplitterung der Wirtschaft in kleine Unternehmen Monopolbildung verhindert und damit den Wettbewerb belebt.[447] Bei vollständiger Konkurrenz und unter den Bedingungen des Coase-Theorems wird nämlich ein paretoeffizienter Zustand erreicht, und zwar unabhängig davon, wie Rechte ursprünglich verteilt waren.[448] Die ordo-liberale Schule sieht kleine Unternehmen somit nicht mehr als ein Problem der wirtschaftlichen Entwicklung, sondern als Lösung vieler Probleme, insbesondere Massenarbeitslosigkeit, Machtkonzentration und Mangelverwaltung.[449] Diese Sichtweise bildet in der Folgezeit die theoretische Grundlage für eine umfangreiche Förderung von kleinen und mittleren Unternehmen in Westdeutschland.

3. Übergreifende Würdigung

Im Folgenden wird zunächst auf der Grundlage der aktuellen wirtschaftswissenschaftlichen Literatur die volkswirtschaftliche Bedeutung von kleinen Unternehmen im Allgemeinen (unten a)) und von Neugründungen und Soloselbständigen im Besonderen diskutiert (unten b), c)). Sodann wird erörtert, ob die spezifischen Schwächen von kleinen Unternehmen Ausdruck eines Marktversagens sind (unten d)).

a) Volkswirtschaftliche Bewertung von kleinen Unternehmen im Allgemeinen

Die volkswirtschaftlichen Auswirkungen von kleinen Unternehmen werden heute immer noch kontrovers beurteilt.[450] Nach der traditionellen Sichtweise sind kleine Unternehmen volkswirtschaftlich ineffizient, da sie einen beschränkten Produktionsumfang haben und daher verhältnismäßig höhere Produktionskosten verursachen als Großunternehmen. Die ineffiziente Unternehmensgröße führe zu niedrigeren Löhnen der Beschäftigten. In den USA habe der Trend der Wirtschaft von produktiven und gut entlohnenden Großunternehmen zu neuen und kleinen Unternehmen den Wohlstand und Lebensstandard verschlech-

---

[446] *Czayka*, in: Neue Gesellschaft/Frankfurter Hefte, 2006, S. 25 ff.
[447] *Bass*, KMU in der deutschen Volkswirtschaft: Vergangenheit, Gegenwart, Zukunft, Berichte aus dem Weltwirtschaftlichen Colloquium der Universität Bremen, Nr. 101, 2006, S. 6.
[448] *Schäfer/Ott*, Lehrbuch der ökonomischen Analyse des Zivilrechts, 5. Aufl. 2012, S. 78.
[449] *Bass*, KMU in der deutschen Volkswirtschaft: Vergangenheit, Gegenwart, Zukunft, Berichte aus dem Weltwirtschaftlichen Colloquium der Universität Bremen, Nr. 101, 2006, S. 7.
[450] Unzutreffend *Brauchlin*, FS Pleitner, 2000, S. 689, der die volkswirtschaftliche Bedeutung von KMU für unbestritten hält.

tert.[451] Es wird angeführt, dass die meisten kleinen Unternehmen wenig wachsen, weniger produktiv sind und eine geringere Lebenserwartung haben als Großunternehmen.[452]

Gegen diese Sichtweise hat sich grundlegend *Zoltan Acs* gewandt.[453] Während die traditionelle Sichtweise kleine Unternehmen als weniger effiziente Varianten von Großunternehmen begreift, hat *Acs* eine völlig andere Beurteilung erarbeitet. Er hat gezeigt, dass neu gegründete und sonstige kleine Unternehmen vielmehr einen Beitrag zur Dynamik und Weiterentwicklung leisten, der eventuelle Ineffizienzen in der Produktivität bei weitem überwiegt. Vor diesem Hintergrund werden kleine Unternehmen als „agents of change" bezeichnet.[454] Auch *Bo Carlsson* anerkennt die volkswirtschaftliche Bedeutung von kleinen Unternehmen für die Wirtschaft, indem er sie mit Hefe beim Brotbacken vergleicht: Diese ist nur eine von mehreren Zutaten, doch ohne sie würde das Brot nicht aufgehen.[455] Im Folgenden werden die zentralen Faktoren behandelt, aus denen sich eine volkswirtschaftliche Bedeutung von kleinen Unternehmen ergeben kann.

aa) Quantitatives Argument

Häufig wird eine volkswirtschaftliche Bedeutung von kleinen Unternehmen allein wegen deren großen Anzahl angenommen.[456] In der Tat zeigen statistische Auswertungen der Unternehmensstrukturstatistiken, dass kleinen und mittleren Unternehmen nach ihrem Anteil an wichtigen Kennzahlen – insbesondere Anzahl an Unternehmen und Arbeitnehmerbeschäftigung – eine tragende Rolle in der deutschen Wirtschaft zukommt.[457] Nach der Definition der Europäischen Kommission und des IfM Bonn gehören wie gezeigt mehr als 99 Prozent der Unternehmen zur Gruppe der kleinen und mittleren Unternehmen.[458] Dadurch tragen sie zugleich eine deutlich höhere Steuerlastquote als Großunternehmen und

---

[451] So etwa *Weiss*, University of Pennsylvania Law Review 127 [1979], 1104 (1137); ähnlich *Mönnich*, Erklärungsansätze regionaler Entwicklung und politisches Handeln, 2004, nach dem die Unternehmensgröße kein relevantes Kriterium der Subventionierung darstellen sollte; *ders.*, in: Abel/Bass/Ernst-Siebert, Kleine und mittelgroße Unternehmen im globalen Innovationswettbewerb, 2006, S. 264 ff.

[452] *Carlsson*, in: Acs, Are Small Firms Important, 1999, S. 99.

[453] *Acs*, Eastern Economic Journal, Vol. 11 No. 2 [1985], 171 ff.; eingehend *ders.*, Small Firms and Economic Development, 1995.

[454] *Audretsch*, in: Acs, Are Small Firms Important, 1999, S. 21 (33).

[455] *Carlsson*, in: Acs, Are Small Firms Important, 1999, S. 99 (100).

[456] Vgl. *Hamer*, in: Pfohl, Betriebswirtschaftslehre der Mittel- und Kleinbetriebe, 4. Aufl. 2006, S. 25 (26); *Söllner*, Die wirtschaftliche Bedeutung kleiner und mittlerer Unternehmen in Deutschland, Statistisches Bundesamt, 2014, S. 40, 50.

[457] *Söllner*, Die wirtschaftliche Bedeutung kleiner und mittlerer Unternehmen in Deutschland, Statistisches Bundesamt, 2014, S. 40, 50.

[458] Zum statistischen Hintergrund siehe oben unter § 1 D) I.

leisten die höchsten Sozialabgaben.[459] Im täglichen Leben kontrahiert man allenthalben mit kleinen Unternehmen, vom Restaurant zur Textilreinigung, vom Optiker zum Elektriker, oder von der Apotheke zum Zahnarzt.[460] Es ist daher geradezu tautologisch, kleine Unternehmen vor diesem Hintergrund als „Herz und Rückgrat der deutschen Wirtschaft" zu apostrophieren.[461] Gleichwohl hat diese zahlenmäßige Dominanz niemals zu nennenswerter politischer oder gesellschaftlicher Macht von kleinen Unternehmen geführt, da Individualisten nur schwer organisierbar und zu gemeinsamen Handlungen koordinierbar sind.[462] Nach *Hamer* ist dies mit den Ideen der Demokratie und Marktwirtschaft als dezentrale Ordnungssysteme kaum vereinbar. Zwischen den extremen Wegen des Sozialismus und des globalen Monopolkapitalismus bzw. der Kollektivgesellschaft müsse wieder nach echter Demokratie und Marktwirtschaft gesucht werden. Diese beiden dezentralen Freiheitssysteme könnten nur von kleinen Unternehmen garantiert werden.[463] Vor diesem Hintergrund liegt es in der Tat nahe, aus der quantitativen Bedeutung von kleinen Unternehmen ihre rechtliche Schutzwürdigkeit zu folgern.

Bei einem solch weiten Verständnis würden jedoch die Unterschiede zwischen Unternehmen in unvertretbarem Ausmaß ausgeblendet. Eine konkrete Unternehmensgröße kann in den unterschiedlichen Branchen eine unterschiedliche Bedeutung haben, je nach Kapitalintensität der Produktion, Exportverflechtung, Innovationsdynamik usw.[464] Auch für das Wirtschaftswachstum ist nicht die Anzahl von kleinen Unternehmen maßgeblich, sondern deren Dynamik. Zwischen einer großen Zahl von kleinen Unternehmen und Wirtschaftswachstum besteht nicht zwingend ein Zusammenhang.[465] Auch in rechtlicher Hinsicht folgt aus der Häufigkeit einer bestimmten Konstellation nicht zwingend deren Regelungsbedürftigkeit. So werden Minderjährige, Ältere, Mieter, Arbeitnehmer und Verbraucher ja nicht etwa deswegen geschützt, weil sie einen großen Anteil an der Bevölkerung einnehmen. Die Anzahl ist damit nur, aber immerhin ein Indikator für die Praxisrelevanz und Dringlichkeit einer Regelung.

---

[459] *Hamer*, in: Pfohl, Betriebswirtschaftslehre der Mittel- und Kleinbetriebe, 4. Aufl. 2006, S. 25 (37 f.).

[460] *McCarthy*, abrufbar unter https://www.fundera.com/blog/small-businesses-deserve-the-same-legal-protections-as-consumers-when-seeking-a-loan, Stand: 10.5.2017.

[461] So Spiegel-Online v. 3.4.2006, abrufbar unter http://www.spiegel.de/spiegel/print/d-46502901.html, Stand: 30.8.2016; ebenso zur Steuerlast und den Sozialabgaben *Hamer*, in: Pfohl, Betriebswirtschaftslehre der Mittel- und Kleinbetriebe, 4. Aufl. 2006, S. 25 (37 f.).

[462] *Hamer*, in: Pfohl, Betriebswirtschaftslehre der Mittel- und Kleinbetriebe, 4. Aufl. 2006, S. 25 (47 f.). Zur Entwicklung der Interessenvertretung unten § 4 B).

[463] *Hamer*, in: Pfohl, Betriebswirtschaftslehre der Mittel- und Kleinbetriebe, 4. Aufl. 2006, S. 25 (48).

[464] *Bass*, KMU in der deutschen Volkswirtschaft: Vergangenheit, Gegenwart, Zukunft, Berichte aus dem Weltwirtschaftlichen Colloquium der Universität Bremen, Nr. 101, 2006, S. 10.

[465] *Carlsson*, in: Acs, Are Small Firms Important, 1999, S. 99 (105).

bb) Arbeitsmarkt

Ein hoher Beschäftigungsstand gehört zu den tragenden Zielen der Wirtschaftspolitik (§ 1 StabG) und liegt im besonderen Interesse des Gemeinwohls.[466] In der ökonomischen Literatur wird überwiegend angenommen, dass kleine Unternehmen eine Vielzahl und Vielfalt an Arbeitsplätzen schaffen.[467] Diese Sichtweise wird auch in Politik[468] und juristischem Schrifttum[469] vielfach aufgegriffen. So meint z.B. *Bernd Rüthers*, dass neue Beschäftigung heutzutage nicht mehr in den Großunternehmen, sondern vornehmlich von den kleinen und mittleren Unternehmen geschaffen wird.[470] Bestritten wird dies vornehmlich in der gewerkschaftsnahen Literatur.[471]

Uneinheitlich beurteilt wird vor allem, ob kleine Unternehmen im Verhältnis zur bereits bestehenden Beschäftigung einen relativ höheren Beitrag zur Schaffung neuer Arbeitsplätze leisten als Großunternehmen.[472] Dagegen wird angeführt, dass in kleinen Unternehmen auch in bedeutendem Umfang Personal abgebaut wird.[473] Ursächlich dafür ist deren geringere Überlebenswahrscheinlichkeit.[474] Nach *Kelly Edmiston* sind kleine Unternehmen daher nicht die Urquelle

---

[466] Zum Zusammenhang der Wirtschaftspolitik mit dem Gemeinwohl siehe oben unter A) III. 4. a). Nach *Pierce*, Administrative Law Review 1998, 537 (553) ist ein hoher Beschäftigungsstand hingegen kein Indiz für wirtschaftlichen Wohlstand. Dies zeige die dysfunktionale Wirtschaft und niedrige Lebensqualität in der ehem. UdSSR trotz geringer Arbeitslosigkeit; zudem sei nicht jede Beschäftigung auch wirklich produktiv.

[467] Grundlegend *Birch*, The Job Generation Process, 1979, S. 30 ff; ebenso *Krämer*, Mittelstandsökonomik, 2003, S. 29; *Mugler*, Betriebswirtschaftslehre der Klein- und Mittelbetriebe, 2. Aufl. 1995, S. 42; *Robbins et al*, Small Business Economics 2000, 293 ff.; kritisch *Haltiwanger*, in: Acs, Are Small Firms Important, 1999, S. 79 ff.; dezidiert a.A. *Pierce*, Administrative Law Review 1998, 537 (553 ff., 556): „widespread and totally erroneous belief."

[468] Weißbuch des BMAS „Arbeiten 4.0", 2016, S. 166.

[469] Vgl. *Buchner*, DB 2003, 1510; *Junker*, Gutachten für den 65. Deutschen Juristentag 2004, B 39; *Löwisch*, NZA 2003, 689; *Rieble/Klumpp*, JZ 2004, 817 (819, 822); *Rüthers*, NJW 2002, 1601 (1604); *Stöckli*, FS Rehbinder, 2002, S. 107.

[470] *Rüthers*, NJW 2002, 1601 (1604).

[471] Vgl. *Ahlers/Ziegler*, WSI-Mitteilungen 1/2004, 41 ff.; *Engelen-Kefer*, AiB 2002, 453; *Blanke*, AuR 2003, 401 (414); ebenso jedoch *Bader*, NZA 2003, 249 (251); *Wolter*, NZA 2003, 1068 (1069).

[472] Dafür etwa *Birch*, The Job Generation Process, 1979, S. 30 ff.; kritisch *Haltiwanger*, in: Acs, Are Small Firms Important, 1999, S. 79 ff. Eingehend *Wagner/Koller/Schnabel*, Wirtschaftsdienst 2008, 130 ff.; *May-Strobl/Haunschild/Burg*, Wirtschaft und Statistik 2010, 745 ff.; *May-Strobl/Haunschild*, IfM-Materialien Nr. 206, 2013.

[473] Vgl. *Carlsson*, in: Acs, Are Small Firms Important, 1999, S. 99; *Pierce*, Administrative Law Review 1998, 537 (556). Die Beschäftigtenstatistik der BfA weist z.B. für den Zeitraum 2000 bis 2002 für Westdeutschland leichte Beschäftigungsgewinne auf und dies primär in den Betriebsgrößenklassen 50 bis 249 Beschäftigte. Dem stehen jedoch massive und höhere Beschäftigungsverluste in Ostdeutschland gegenüber, die sich vor allem im Bereich der kleinen und mittleren Unternehmen realisiert haben, zit. nach *Pfarr et al*, RdA 2004, 193 (194 f. Fußn. 15)

[474] *Ahlers/Ziegler*, WSI-Mitteilungen 1/2004, 41 (48); *Carlsson*, in: Acs, Are Small Firms Important, 1999, S. 99. Zur Überlebenswahrscheinlichkeit siehe oben § 2 B) II.

für die Schaffung von Arbeitsplätzen, für die sie häufig gehalten werden.[475] Das U.S. Census Bureau hat jedoch empirische Daten veröffentlicht, die klar zeigen, dass die Mehrheit der neuen Netto-Arbeitsplätze[476] in den USA von Unternehmen mit weniger als 20 Arbeitnehmern geschaffen werden: Von 1990 bis 2003 wurden 79,5 Prozent der neuen Netto-Arbeitsplätze in solchen Unternehmen geschaffen, während 13,2 Prozent der der neuen Netto-Arbeitsplätze auf Unternehmen mit 20 bis 499 Arbeitnehmern und 7,3 Prozent auf Unternehmen mit 500 oder mehr Arbeitnehmern entfielen.

Dass der Anteil der Gesamtarbeitsplätze der jeweiligen Unternehmensklassen nicht ihrem Anteil an der Schaffung neuer Netto-Arbeitsplätze entspricht, ist durch die Diskontinuität der Unternehmensgröße zu erklären. Jährlich wachsen einige kleine Unternehmen über die 20–Arbeitnehmer-Schwelle hinaus, während einige große Unternehmen unter die 500–Arbeitnehmer-Schwelle sinken.[477] Ein wichtiger Grund für die Generation von Arbeitsplätzen in kleinen Unternehmen ist ihre arbeitsintensive Leistung: Während Großunternehmen Standard- und Massenproduktion oder -dienstleistung erbringen können, müssen kleine Unternehmen individuelle Produktion und Dienstleistung anbieten. Sie erbringen daher keine Vorratsproduktion, sondern Auftragsproduktion bzw. -dienstleistung. Diese Flexibilität erfordert Personal, sodass nicht Anlagekapital, sondern die Mitarbeiter der dominierende Produktionsfaktor für alle kleinen Unternehmen sind.[478] Nach einer Analyse des Deutschen Industrie- und Handelskammertages werden im Mittelstand insgesamt zusätzliche 450.000 neue Stellen erwartet, u.a. im Dienstleistungs-, Pflege- und Bildungssektor sowie im Baubereich. Dies bedeutet den höchsten Zuwachs in der Geschichte der Bundesrepublik.[479] Allerdings wurde schon im Jahr 2006 beklagt, dass offene Stellen häufig nicht zügig besetzt werden können, weil es den Arbeitssuchenden an erforderlichen spezifischen Qualifikationen fehlt.[480] Dadurch wird ein Teil der Dynamik von kleinen Unternehmen durch Defizite im deutschen Bildungssystem

---

[475] *Edmiston*, Economic Review 92.2. (2007), 73 (91).
[476] Neue Netto-Arbeitsplätze sind die Gesamtzahl neuer Arbeitsplätze, die durch Unternehmensgründungen und -erweiterungen geschaffen werden (neue Brutto-Arbeitsplätze) abzüglich der Gesamtzahl an Arbeitsplätzen, die durch Unternehmensschließungen und -verkleinerungen wegfallen (weggefallene Brutto-Arbeitsplätze), vgl. *Edmiston*, Economic Review 92.2. [2007], 73 (77).
[477] *Edmiston*, Economic Review 92.2. (2007), 73 (77).
[478] *Bass*, KMU in der deutschen Volkswirtschaft: Vergangenheit, Gegenwart, Zukunft, Berichte aus dem Weltwirtschaftlichen Colloquium der Universität Bremen, Nr. 101, 2006, S. 10; *Hamer*, in: Pfohl, Betriebswirtschaftslehre der Mittel- und Kleinbetriebe, 4. Aufl. 2006, S. 25 (35).
[479] Quelle: Saarbrücker Zeitung v. 13.6.2016, abrufbar unter http://www.saarbrueckerzeitung.de/aktuell/berliner_buero/art182516,6170429, Stand: 13.6.2016.
[480] Impulse/Sparkasse Finanzgruppe, MIND 04 – Mittelstand in Deutschland, http://www.impulse.de/diverses/exportgeschaft-wird-fur-den-deutschen-mittelstand-immer-wichtiger/267761.html, Stand: 30.8.2016.

ausgebremst.⁴⁸¹ Der im Zuge des demografischen Wandels häufig konstatierte Fachkräftemangel dürfte diesen Befund noch verstärken.

cc) Wettbewerb

Auch der wirtschaftliche Wettbewerb kommt dem Gemeinwohl zugute, indem er Aktivität stimuliert und Energien und Ordnungsimpulse freisetzt, wie sie die zentrale Planung und Steuerung des Staates nicht hervorbringen könnte.⁴⁸² Einigkeit besteht darin, dass kleine Unternehmen den Wettbewerb sichern und gegen Monopolisierungstendenzen wirken. Sie vergrößern die Auswahlfreiheit der Nachfragenden und müssen sich Nachfrageverlagerungen schnell anpassen können. Zudem sorgen sie für ein vielfältiges und differenziertes Angebot, können individualisierte Bedürfnisse decken und Marktnischen ausnutzen.⁴⁸³ Sie balancieren den Markt aus, indem sie mehr davon anbieten.⁴⁸⁴ *Ulrike Herrmann* vertritt gar die Ansicht, dass es heute keinen uneingeschränkten Wettbewerb mehr gibt, sondern dass die kapitalistische Wirtschaft von Großkonzernen beherrscht wird. Relevant sei der Wettbewerb nur noch für kleine Unternehmen.⁴⁸⁵ Danach haben kleine Unternehmen einen besonders wichtigen Stellenwert für den Wettbewerb, da Großunternehmen diesen einschränken oder gar ausschließen.

dd) Innovation

Innovation ist nach dem amerikanischen Zukunftsforscher *James Canton* das wichtigste Ziel der Wirtschaft: Wirtschaftlicher Erfolg hänge in erster Linie davon ab, ob Unternehmen in der Lage sind, neue Produkte, Ideen oder Verfahren zu erschaffen oder Innovationen zügig aufzunehmen.⁴⁸⁶ Gerade in bodenschatzarmen Ländern wie Deutschland sind Innovationen und deren volkswirtschaftliche Verbreitung der wesentliche Treiber von Wachstum, Beschäftigung und Wohlstand.⁴⁸⁷ Der Zusammenhang zwischen kleinen Unternehmen und Innovation ist bereits ausgiebig untersucht worden. Viele Studien haben jedoch mit der Schwierigkeit zu kämpfen, dass innovative Inputs und Outputs schwierig zu messen sind und die gebildeten Beispiele häufig an einer voreingenomme-

---

⁴⁸¹ *Bass*, KMU in der deutschen Volkswirtschaft: Vergangenheit, Gegenwart, Zukunft, Berichte aus dem Weltwirtschaftlichen Colloquium der Universität Bremen, Nr. 101, 2006, S. 10.
⁴⁸² *Isensee*, in: ders./Kirchhof, HStR IV, 3. Aufl. 2006. § 71 Rn. 120. Zum Gemeinwohlbezug siehe oben § 3 A) III.
⁴⁸³ *Mugler*, Betriebswirtschaftslehre der Klein- und Mittelbetriebe, 2. Aufl. 1995, S. 43 f.
⁴⁸⁴ *Audretsch*, in: Acs, Are Small Firms Important, 1999, S. 21 (24).
⁴⁸⁵ *Herrmann*, Der Sieg des Kapitals, 4. Aufl. 2014, S. 70.
⁴⁸⁶ Zit. nach *Ax*, Die Welt v. 12.5.2006, abrufbar unter http://www.welt.de/print-welt/article216161/Innovation-muss-das-wichtigste-Ziel-der-Wirtschaft-sein.html, Stand: 30.8.2016.
⁴⁸⁷ *Anger/Plünnecke*, Innovation und Wachstum, 2015, S. 4.

nen Auswahl der Daten und anderen Schätzungsproblemen leiden.[488] Kontrovers wird beurteilt, welche Beiträge kleine Unternehmen im Vergleich zu großen Unternehmen zur Generierung von Innovationen leisten. Ob die Innovationsdynamik mit der Unternehmensgröße steigt oder fällt, ist theoretisch und empirisch umstritten. Nach der Schumpeter-Galbraith-Hypothese verlagert sich die Innovationstätigkeit immer mehr auf Großunternehmen.[489] *Edmiston* sieht wenig überzeugende Belege dafür, dass kleine Unternehmen innovativer sind als große Unternehmen.[490] Andere Autoren erkennen kleinen und mittleren Unternehmen hingegen spezifische Funktionen in den Innovationssystemen zu. Nach *Werner Krämer* weisen sie deutlich mehr Innovationen pro Beschäftigtem auf als große Unternehmen.[491] Außerdem sinkt die Zahl an Innovationen, die nach zwei Jahren vermarktet werden, mit zunehmender Unternehmensgröße.[492] Erklären lässt sich dies insbesondere mit der höheren Flexibilität und engeren Kundenbindung von kleinen Unternehmen.[493] Zu bedenken ist allerdings, dass Innovationen in erster Linie von solchen Unternehmen generiert werden, die zur Verwirklichung einer Geschäftsidee gegründet wurden, weniger von Notgründungen zur Vermeidung der Arbeitslosigkeit.

ee) Wachstum und Stabilisierung

In der Literatur werden noch weitere positive Auswirkungen von kleinen Unternehmen genannt. Zu nennen ist hier zunächst ihr Beitrag zum Wachstum. Kleine Unternehmen, die technologische Innovationen hervorgebracht haben, streben häufig ihrerseits eine Internationalisierung an. Im Erfolgsfall wachsen sie zu großen grenzüberschreitenden Unternehmen.[494] Auch dies wird allerdings weniger für Notgründungen gelten. Weiterhin wird angenommen, dass kleine Unternehmen zur makroökonomischen Stabilität beitragen.[495] Je mehr voneinander unabhängige Wirtschaftseinheiten in einer Volkswirtschaft bestehen, desto stabiler ist stochastisch die Zahl der Unternehmer, die scheitern bzw. er-

---

[488] *Lerner*, in: Acs, Are Small Firms Important, 1999, S. 159 (160).
[489] Vgl. *Tabbert*, Unternehmensgröße, Marktstruktur und technischer Fortschritt, 1974; kritisch dazu *Bass*, KMU in der deutschen Volkswirtschaft: Vergangenheit, Gegenwart, Zukunft, Berichte aus dem Weltwirtschaftlichen Colloquium der Universität Bremen, Nr. 101, 2006, S. 11 unter Hinweis darauf, dass diese Hypothese nicht empirisch belegt ist.
[490] *Edmiston*, Economic Review 92.2. (2007), 73 (74); kritisch auch *Pierce*, Administrative Law Review 1998, 537 (551 f.).
[491] *Krämer*, Mittelstandsökonomik, 2003, S. 83; ähnlich *Acs/Morck/Yeung*, in: Acs, Are Small Firms Important, 1999, S. 147 (154 f.).
[492] *Mugler*, Betriebswirtschaftslehre der Klein- und Mittelbetriebe, 2. Aufl. 1995, S. 47
[493] *Krämer*, Mittelstandsökonomik, 2003, S. 83 f.
[494] *Acs/Morck/Yeung*, in: Acs, Are Small Firms Important, 1999, S. 147 (148); *Robbins et al*, Small Business Economics 2000, 293 ff.
[495] *Carlsson*, in: Acs, Are Small Firms Important, 1999, S. 99 (100, 107); *Kramer*, Mittelstandsökonomik, 2003, S. 26 f.; *Mugler*, Betriebswirtschaftslehre der Klein- und Mittelbetriebe, 2. Aufl. 1995, S. 46 f.;

folgreich sind.[496] Kleine Unternehmen gleichen die typischen Konjunkturzyklen (Boom, Abschwung, Rezession, Aufschwung) aus, da sie überwiegend auf lokalen und regionalen Märkten tätig und deshalb sie nicht so stark von der Weltkonjunktur betroffen sind.[497] Sie haben festere Kundenbeziehungen, sind stärker im stabileren Konsumbereich tätig und haben oftmals innerbetriebliche Auffangmöglichkeiten wie die Mithilfe von Familienangehörigen.[498]

Destabilisierend können hingegen Zulieferer wirken, die von Großunternehmen häufig als Puffer verwendet werden, indem diese ihren Kostendruck auf die kleineren Zulieferer weitergeben.[499]Allerdings führen kleine Unternehmen in dieser Rolle Unternehmen eine Koexistenz mit großen Unternehmen und sind eher Kollaborateure als Konkurrenten.[500] Auch das Outsourcen von bestimmten Tätigkeiten in Großunternehmen erfolgt regelmäßig auf kleine Unternehmen.[501]

b) Sonderfall: Neugründungen

Neugründungen haben ihrerseits spezifische volkswirtschaftliche Vorteile. Neue kleine Unternehmen, welche die Bedürfnisse des Marktes besser befriedigen können, ersetzen immer wieder andere kleine Unternehmen, denen dies weniger gut gelingt.[502] *Schumpeter* bezeichnete diesen Prozess als „schöpferische Zerstörung".[503] Der Erfolg solcher Neugründungen zeigt sich häufig darin, dass die entsprechenden Unternehmen höhere Löhne zahlen und produktiver sind als die verdrängten Unternehmen.[504] Der Vorgang von Unternehmensgründungen und -aufgaben schafft Informationen darüber, welche Kombinationen von Produkten und Dienstleistungen die Kundenbedürfnisse am besten befriedigen können. *Acs/Morck/Yeung* sehen die treibende Kraft der Wirtschaft weder in den Kunden noch in den Eigentümern der Produktionsmittel, sondern in den spekulativen Unternehmensgründern.[505] Weiterhin entlastet jede Unternehmensgründung den Arbeitsmarkt da sie die abhängige Beschäftigung ersetzt bzw. ergänzt. So wurden im Jahr 2013 durch Neugründer rund 419.000 vollzeitäquivalente Stellen geschaf-

---

[496] *Mugler*, Betriebswirtschaftslehre der Klein- und Mittelbetriebe, 2. Aufl. 1995, S. 46 f.

[497] *Kramer*, Mittelstandsökonomik, 2003, S. 26; *Robbins et al*, Small Business Economics 2000, 293 ff.

[498] *Lageman/Löbbe*, Kleine und mittlere Unternehmen im sektoralen Strukturwandel, 1999, S. 33; *Kramer*, Mittelstandsökonomik, 2003, S. 26.

[499] *Kramer*, Mittelstandsökonomik, 2003, S. 27; vgl. auch *Mugler*, Betriebswirtschaftslehre der Klein- und Mittelbetriebe, 2. Aufl. 1995, S. 46 f.

[500] *Carlsson*, in: Acs, Are Small Firms Important, 1999, S. 99 (100).

[501] *Carlsson*, in: Acs, Are Small Firms Important, 1999, S. 99 (102).

[502] *Baldwin/Johnson*, in: Acs, Are Small Firms Important, 1999, S. 51 (52); eingehend *Baldwin*, The Dynamics of Industrial Competition, 1995.

[503] *Schumpeter*, Kapitalismus, Sozialismus und Demokratie, 7. Aufl., Tübingen u.a. 1993. S. 137 ff.

[504] Ebenso *Baldwin*, The Dynamics of Industrial Competition, 1995.

[505] *Acs/Morck/Yeung*, in: Acs, Are Small Firms Important, 1999, S. 147.

fen, was gegenüber dem Vorjahr eine Steigerung von 9 Prozent bedeutet.[506] Durch Existenzgründungen zur Vermeidung von Arbeitslosigkeit werden ferner die Sozialsysteme entlastet.[507] Zudem ist evident, dass Neugründungen den Wettbewerb fördern, da sie die Zahl der Akteure im Wettbewerbsgeschehen erhöhen. Die bestehenden Unternehmen werden mit neuen Produkten, Leistungen und Verfahren herausgefordert.[508] Jedes marktwirtschaftliche System steht vor dem Problem, dass es längerfristige Tendenzen gibt, dass sich die Eigentumsrechte in der Hand weniger besonders unternehmerischer bzw. risikobereiter Investoren konzentrieren. Die Neugründung von Unternehmen kann dazu beitragen, ökonomisch und politisch relevante extreme Ungleichverteilungen bei Realkapitaleigentum zu vermeiden.[509] Schließlich sind Neugründungen häufig die wichtigste Quelle von neuen Ideen. So wurden in den USA über 40 Prozent aller Unternehmen, die im Jahr 1986 Maschinen, Elektronikkomponenten und Kommunikationsausstattung angeboten haben, erst 1980 oder später gegründet.[510] Diese volkswirtschaftlichen Vorteile von Neugründungen als solchen ändern freilich nichts daran, dass die einzelnen Unternehmen statistisch betrachtet häufig scheitern.[511] *Dosi/Lovallo* bezeichnen Neugründungen, die letztlich scheitern, aber den Märkten neue Signale und Impulse geben, als „optimistische Märtyrer" – gut für die Volkswirtschaft, aber schlecht für die Unternehmer und deren Investoren.[512]

c) Sonderfall: Solo-Selbständige

Für Solo-Selbständige gelten die gezeigten volkswirtschaftlich positiven Auswirkungen allenfalls begrenzt. Wenn sie keine Mitarbeiter beschäftigen, können sie denklogisch weder Arbeitsplätze generieren noch an den Ausbildungskosten partizipieren. Nach *Volker Rieble* ist die Solo-Selbständigkeit im Gegenteil ein „schädlicher Unterbietungswettbewerb", da Solo-Selbständige den Unternehmen, die Arbeitnehmer beschäftigen, Aufträge wegnehmen und damit generell die Beschäftigung von Arbeitnehmern mindern.[513] So hätte z.B. die Bauwirtschaft mit ihren mächtigen Kollektivakteuren im Zeitraum von 2003 bis 2013

---

[506] Quelle: Bundesministerium für Wirtschaft und Energie, http://www.bmwi.de/ DE/Themen/Mittelstand/Gruendungen-und-Unternehmensnachfolge/existenzgruendung. html, Stand: 1.9.2016.
[507] *Schünemann/Blomeyer*, JZ 2010, 1156.
[508] Quelle: Bundesministerium für Wirtschaft und Energie, http://www.bmwi.de/ DE/Themen/Mittelstand/Gruendungen-und-Unternehmensnachfolge/existenzgruendung. html, Stand: 1.9.2016.
[509] *Welfens*, Grundlagen der Wirtschaftspolitik, 5. Aufl. 2013, S. 594.
[510] *Carlsson*, in: Acs, Are Small Firms Important, 1999, S. 99 (106).
[511] Dazu oben § 3 B) II.
[512] *Dosi/Lovallo*, Rational Entrepreneurs or Optimistic Martyrs?, IIASA Working Paper WP-95-077, 1995.
[513] *Rieble*, in: Giesen/Junker/Rieble, Ordnungsfragen des Tarifvertragsrechts, 2017, S. 65 (67).

ca. 94.000 tarifgebundene Arbeitnehmer an die Solo-Selbständigkeit verloren.[514] Auch die Beiträge zur Innovation dürften ohne Mitarbeiter auch geringer sein. Schließlich wird auch der Wettbewerb kaum belebt, wenn die Unternehmer nicht marktorientiert tätig sind. Es geht dann in erster Linie um Wettbewerb um Auftraggeber, nicht um die Akquise von Einzelkunden.

d) Marktversagen

In der Theorie der Wirtschaftspolitik werden staatliche und damit auch mittelstandspolitische Eingriffe mit einem Marktversagen begründet.[515] Im Falle eines Marktversagens ist es Aufgabe der Wirtschaftspolitik, Marktfehler zu korrigieren bzw. zu verhindern und ggf. Verhaltensänderungen herbeizuführen. Staatliche Eingriffe sind ökonomisch nur dann sinnvoll, wenn nach Abzug der Kosten für die jeweiligen Maßnahmen das gesamtwirtschaftliche Wohlfahrtsniveau erhöht wird.[516] Danach wäre der Schutz von kleinen Unternehmen auch dann unter ökonomischen Gesichtspunkten legitim, wenn deren geschilderte Schwächen auf einem Marktversagen beruhen.[517] Dies ist wirtschaftswissenschaftlich bislang noch kaum erforscht, sodass dem Marktversagen als Legitimationsgrund staatlicher Schutzmaßnahmen mit Zurückhaltung zu begegnen ist. Die Europäische Kommission nimmt z.B. in ihrer Begründung zum Small Business Act pauschal an, dass kleine Unternehmen unter einem Marktversagen leiden, ohne dies substantiiert zu begründen.[518] Zudem werden von der Theorie des Marktversagens immer nur notwendige Voraussetzungen für staatliche Eingriffe präzisiert, ohne daraus hinreichende Bedingungen zu den Auswirkungen von Eingriffen auf den Allokationsprozess abzuleiten.[519]

Von Marktversagen ist dann die Rede, wenn der Koordinationsmechanismus der Transakteure nicht mehr funktioniert und Unvollkommenheiten auch durch geeignete Anpassungsstrategie der Marktteilnehmer nicht überwunden werden können.[520] Marktversagen beruht auf Marktunvollkommenheiten, z.B. unvollständigen Informationen, Unteilbarkeiten, externen Effekten und öffentlichen

---

[514] *Rieble*, in: Giesen/Junker/Rieble, Ordnungsfragen des Tarifvertragsrechts, 2017, S. 65 (67) unter Hinweis auf die IAB-Auftragsstudie von *Dummert*, Der Arbeitsmarkt im Bausektor 2014, 2015, S. 9 ff.

[515] *Welter/Levering/May-Strobl*, Mittelstandspolitik im Wandel, IfM-Materialien Nr. 247, 2016, S. 3.

[516] Vgl. *Storey*, Understanding the small business sector, 1994, S. 254.

[517] So *Fudge*, Osgoode Hall Law Journal 44/4 [2006], 609 (647 f.), ohne allerdings das Marktversagen substantiiert zu begründen.

[518] Mitteilung der Kommission zum Small Business Act 2008, S. 3, abrufbar unter http://eur-lex.europa.eu/LexUriServ/LexUriServ.do?uri=COM:2008:0394:FIN:de:PDF, Stand: 29.8.2016.

[519] *Schulze*, Kleine Unternehmen in Russland, 1998, S. 20.

[520] Grundlegend *Bator*, The Quaterly Journal of Economics, 72/3 [1958], 351 (365 ff.); vgl. auch *Klemmer/Friedrich/Lagemann*, Mittelstandsförderung in Deutschland, 1996, S. 32.

Gütern. So verzichten Unternehmen z.B. auf die Inanspruchnahme externer Beratungen, wenn der Aufwand für die Identifikation geeigneter Angebote (Suchkosten) den Nutzen übersteigt.[521] Dies ist bei kleinen Unternehmen im Hinblick auf rechtliche Beratung typischerweise der Fall, da diese unverhältnismäßig teuer ist. Folglich kann insoweit eine Marktunvollkommenheit angenommen werden. Diese wirkt sich insbesondere auf die Belastungen aus, die durch die Intransparenz des Arbeitsrechts entstehen, darunter etwa die hohe Fehlerquote von Arbeitsverträgen.[522] Einer betriebssoziologischen Untersuchung zufolge ist in Unternehmen mit bis zu 100 Beschäftigten regelmäßig kein arbeitsrechtlicher Sachverstand vorhanden.[523] Unteilbarkeiten führen zu Marktversagen, wenn es infolge von Größenvorteilen bei der Produktion zu einer Monopolbildung oder zu dem Ausbleiben von Neugründungen kommt.[524] Auch dies kann bei kleinen Unternehmen prinzipiell der Fall sein. Kein Marktversagen kann hingegen hinsichtlich der verhältnismäßig stärkeren Kostenbelastung von kleinen Unternehmen als solcher angenommen werden, da diese nicht auf dem Koordinationsmechanismus des Marktes, sondern auf einer mathematischen Gegebenheit beruht. Das gleiche gilt für den Risikofaktor, der aus dem Gesetz der kleinen Zahl folgt.[525] Eine strukturelle Unterlegenheit gegenüber Großunternehmen könnte zwar an sich ein Marktversagen bedeuten, jedoch ist diese wie gezeigt empirisch nicht hinreichend belegt.

4. Auswirkungen auf die Schutzwürdigkeit

Auf der Grundlage der vorstehenden Erkenntnisse lässt sich die Schutzwürdigkeit von kleinen Unternehmen – mit Ausnahme der lediglich wegen individueller Interessen schutzwürdigen Solo-Selbständigen – in Gesetzgebung und Rechtsanwendung auch im Hinblick auf ihre volkswirtschaftlichen Auswirkungen bejahen. Nun sind zwar Wertschöpfung und Arbeit in Unternehmen generell volkswirtschaftlich wertvoll und dieses unabhängig von der Unternehmensgröße, sodass prinzipiell jede unternehmerische Tätigkeit unter diesem Gesichtspunkt schutzwürdig ist. Große Unternehmen leisten ebenfalls ihre spezifischen Beiträge zur Steigerung des Wohlstands, sodass staatliches Handeln nicht einseitig auf kleine Unternehmen ausgerichtet sein darf.[526] Auch das Bundesverfassungsgericht betont, dass sich die grundrechtlich geschützte Unter-

---

[521] *Welter/Levering/May-Strobl*, Mittelstandspolitik im Wandel, IfM-Materialien Nr. 247, 2016, S. 3.
[522] Zur Intransparenz des Arbeitsrechts unten § B) I.
[523] *Alewell/Koller*, BB 2002, 990.
[524] *Welter/Levering/May-Strobl*, Mittelstandspolitik im Wandel, IfM-Materialien Nr. 247, 2016, S. 3.
[525] Dazu oben unter B) I. a), b).
[526] *Welter/Levering/May-Strobl*, Mittelstandspolitik im Wandel, IfM-Materialien Nr. 247, 2016, S. 1.

nehmerfreiheit keineswegs auf kleine und mittlere Unternehmen beschränkt, da Großunternehmen und auch Konzerne wesentliche Elemente einer hochentwickelten und leistungsfähigen Volkswirtschaft sind.[527] Es wurde aber gezeigt, dass kleine Unternehmen in mehrfacher Hinsicht verhältnismäßig größere Beiträge zum Gemeinwohl leisten als große Unternehmen. Dies gilt zunächst für ihre beschäftigungsfördernde Wirkung. Dem Gesetzgeber ist verfassungsrechtlich vorgegeben, einen möglichst hohen Beschäftigungsstand anzustreben,[528] wenngleich nicht als absoluten Wert an sich[529] und ohne ein korrespondierendes subjektives „Recht auf Arbeit".[530] Diese Vorstellung liegt § 1 StabG zugrunde, wonach wirtschafts- und finanzpolitische Maßnahmen u.a. zu einem hohen Beschäftigungsstandard beitragen. Ebenso lässt sich wirtschaftliches Wachstum als öffentliche Aufgabe begreifen, wobei dieser Begriff jedoch unscharf ist.[531] Auch wirtschaftlicher Wettbewerb, der durch kleine Unternehmen gestärkt wird, kommt wie gezeigt dem Gemeinwohl zugute.[532] Die Verdrängung von kleinen Unternehmen im Wettbewerb ermöglicht es Großunternehmen, ihre Marktanteile zu vergrößern, was für kleine Unternehmen das Überleben oder bereits den Eintritt in den Markt erschwert. Die Investitionskosten eines Markteintritts steigen nämlich, wenn die Marktanteile ungleich bzw. auf einige wenige Unternehmen verteilt sind.[533] Das gleiche gilt auch für Innovationen: Wenn kleine Unternehmen – oder auch nur einige von ihnen – eine wichtige Rolle im Rahmen des Innovationsprozesses spielen, sollte es ein staatliches Ziel sein, Gefahren für ihre zukünftige Entwicklung zu erkennen und zu verhindern.[534]

Selbst dann, wenn man die positiven volkswirtschaftlichen Auswirkungen von kleinen Unternehmen bestreiten oder zumindest relativieren wollte, lässt sich ihre Schutzwürdigkeit unter diesem Gesichtspunkt nicht gänzlich leugnen. So befürwortet *Edmiston* einen Schutz von kleinen Unternehmen mit Blick darauf, dass diese wachsen und die großen Unternehmen von morgen werden können.[535] Nach *Edmiston* ist in erster Linie ein attraktives und fruchtbares Umfeld zu schaffen, in welchem sowohl kleine als auch große Unternehmen blühen können und das es dem Markt ermöglicht, erfolgreiche Geschäftsmodelle herauszufiltern. Ein zentraler Faktor dafür ist die Schaffung eines Wirtschaftsklimas mit

---

[527] BVerfGE 14, 263 (282); 50, 290 (363 f.). Zum grundrechtlichen Schutz der Unternehmerfreiheit eingehend unten § 5 C) II.
[528] *Papier*, RdA 2000, 1 (3); *Stadermann*, Wirtschaftspolitik, 1992, S. 96; *Wallerath*, in: Isensee./Kirchhof, HStR IV, 3. Aufl. 2006. § 94 Rn. 23, 27.
[529] *Klumpp*, in: Rieble, Transparenz und Reform im Arbeitsrecht, 2006, S. 9 (15).
[530] *Wallerath*, in: Isensee./Kirchhof, HStR IV, 3. Aufl. 2006. § 94 Rn. 23.
[531] *Stadermann*, Wirtschaftspolitik, 1992, S. 112.
[532] Siehe oben A) III. 1.
[533] Vgl. *Herrmann*, Der Sieg des Kapitals, 4. Aufl. 2014, S. 67
[534] *Lerner*, in: Acs, Are Small Firms Important, 1999, S. 159 (163).
[535] *Edmiston*, Economic Review 92.2. (2007), 73 (91).

angemessenen Graden von Besteuerung und Regulierung,[536] was letztlich wiederum gerade kleinen Unternehmen zugutekäme.

III. Soziale Schutzwürdigkeit

Schließlich kann ein Schutz von kleinen Unternehmen auch in sozialer Hinsicht legitim sein. Insoweit wird auf die Bedeutung von kleinen Unternehmen für die Gesellschaft im Allgemeinen (unten 1.) und für die bei ihnen beschäftigten Arbeitnehmer im Besonderen (unten 2.) abgestellt.

1. Gesellschaftliche Bedeutung von kleinen Unternehmen

Die Wertschätzung von kleinen Unternehmen in der Gesellschaft ist insbesondere in den USA hoch. Eine aktuelle Studie hat gezeigt, dass US-Amerikaner kleine Unternehmen positiver beurteilen als Kirchen und Universitäten.[537] Was die Auswirkungen von kleinen Unternehmen auf die Gesellschaft anbelangt, sind die meisten Gesellschaftstheorien allerdings unergiebig.[538] Die Untersuchungen von *Max Weber*[539] sowie von *Habermas/Luhmann*[540] differenzieren nicht nach der Unternehmensgröße. *Marx* befasste sich zwar ausführlicher mit kleinen Unternehmen, meinte aber, dass sie den Großkapitalisten nacheifern und dadurch die von ihm prognostizierte und befürwortete sozialistische Revolution hinauszögern würden.[541] *Richard Pierce* ist der Ansicht, dass kleine Unternehmen negative Auswirkungen auf die Gesellschaft hätten, da sie in den USA überproportional für gesellschaftliches Unheil verantwortlich seien: Arbeitsunfälle, Diskriminierungen wegen Rasse bzw. ethischer Herkunft, Umweltverschmutzung sowie unzureichender Zugang zur Sozialversicherung.[542] *Becker/Henderson* stimmen dem zu, soweit kleine Unternehmen von der einschlägigen Regulierung ausgenommen werden.[543] Die meisten Autoren nehmen jedoch positive Auswirkungen für die Gesellschaft an. So leisten kleine Unternehmen

---

[536] *Edmiston*, Economic Review 92.2. (2007), 73 (91).
[537] Vgl. *McCarthy*, abrufbar unter https://www.fundera.com/blog/small-businesses-deserve-the-same-legal-protections-as-consumers-when-seeking-a-loan, Stand: 10.5.2017.
[538] Dazu Krämer, Mittelstandsökonomik, 2003, S. 76.
[539] *Max Weber*, Wirtschaft und Gesellschaft, 1972, S. 28 f.
[540] *Habermas/Luhmann*, Theorie der Gesellschaft oder Sozialtechnologie, 1972.
[541] Vgl. *Marx*, Ausgewählte Werke in sechs Bänden, 1971, S. 391, 400, 452, 473.
[542] *Pierce*, Administrative Law Review 1998, 537 (557 ff.); dagegen etwa *Korten*, When Corporations Rule the World, 2th Edition 2001, S. 3, nach dem vielmehr große Unternehmen für viele Probleme auf der Welt verantwortlich sind.
[543] *Becker/Henderson*, Journal of Political Economy 2000, 379 (415) unter Hinweis darauf, dass die Regulierung der Luftqualität die Entstehung kleiner (unregulierter), vergleichsweise dreckiger Fabriken fördere.

einen wichtigen Beitrag zur beruflichen Weiterbildung[544] und zur dualen Berufsausbildung, da Kleinunternehmer verhältnismäßig deutlich mehr Lehrlinge ausbilden als Großunternehmen.[545] Ferner sichern kleine Unternehmen die Nahversorgung und schaffen zumeist weniger nachbarschaftliche Störungen als Großunternehmen, was die Lebensqualität bei Konsumenten und Nachbarn fördert.[546] Hamer sieht eine hohe mittelständische Produktion als Wohlstandsindiz, da Großunternehmen überwiegend Standardprodukte anbieten und kleine Unternehmen mehr Individualisierungen nach den Wünschen der Konsumenten in Einzel-, Kleinserien oder Zusatzproduktion herstellen. Je höher der Lebensstandard der Bevölkerung ist und je individueller deren Wünsche werden, desto stärker müssen Dienstleister die individuelle Nachfrage mit individuellen Angeboten befriedigen und können damit auch für sich neue Marktsegmente schaffen.[547] Aufgrund ihrer großen Anzahl seien kleine Unternehmen nicht nur ordnungspolitisch die tragende Säule der Marktwirtschaft, sondern auch für eine bürgerliche Gesellschaft und eine Demokratie unverzichtbar.[548] Auch andere Autoren meinen, dass kleine Unternehmen die Stabilität der Gesellschaft fördern und grundlegende Werte und Tugenden repräsentieren.[549] Häufig seien sie nicht am reinen Gewinnmaximierungsprinzip orientiert, sondern würden ein gegenseitiges Miteinander berücksichtigen.[550] Zudem wird der Gesichtspunkt der Familienfreundlichkeit angeführt, der für zwei Drittel aller mittelständischen Unternehmer ein wichtiger Grundstein ihrer Unternehmenspolitik sei.[551] Danach sind kleine Unternehmen auch unter sozialen Gesichtspunkten gemeinwohlfördernd. Zu bedenken ist allerdings, dass große Unternehmen mitunter familienfreundlicher sind als kleine Unternehmen, da sie z.B. leichter Teilzeit verwirklichen oder gar unternehmenseigene Kitas anbieten können. Die

---

[544] *Grüner*, Bildungsmanagement in mittelständischen Unternehmen, 2000, S. 63; *Krämer*, Mittelstandsökonomik, 2003, S. 75.

[545] *Kucera*, in: Ridinger, Gesamtwirtschaftliche Funktion des Mittelstandes, 1997, S. 57 (66); *Krämer*, Mittelstandsökonomik, 2003, S. 75; ähnlich die Situation in Österreich und der Schweiz, siehe *Mugler*, Betriebswirtschaftslehre der Klein- und Mittelbetriebe, 2. Aufl. 1995, S. 50 f., 342 f.

[546] *Mugler*, Betriebswirtschaftslehre der Klein- und Mittelbetriebe, 2. Aufl. 1995, S. 47 ff.

[547] *Hamer*, Volkswirtschaftliche Bedeutung von Klein- und Mittelbetrieben, in: Pfohl, Betriebswirtschaftslehre der Mittel- und Kleinbetriebe. Größenspezifische Probleme und Möglichkeiten zu ihrer Lösung, 4. Aufl., Berlin 2006, S. 25 (36).

[548] *Hamer*, Volkswirtschaftliche Bedeutung von Klein- und Mittelbetrieben, in: Pfohl, Betriebswirtschaftslehre der Mittel- und Kleinbetriebe. Größenspezifische Probleme und Möglichkeiten zu ihrer Lösung, 4. Aufl., Berlin 2006, S. 25 (48 f.).

[549] *Scheuch*, in: Oppenländer, Die gesamtwirtschaftliche Funktion kleinerer und mittlerer Unternehmen, 1976, S. 303 ff.; *Krämer*, Mittelstandsökonomik, 2003, S. 76.

[550] *Krämer*, Mittelstandsökonomik, 2003, S. 76.

[551] Empirische Nachweise bei *Backes-Gellner/Kranzusch/Schröer*, IfM Materialien Nr. 155, 2003, S. 24 ff.

Frage der Familienfreundlichkeit ist daher zu unklar, um unter diesem Gesichtspunkt eine Schutzwürdigkeit anzunehmen.

Ein weiterer gesellschaftlicher Aspekt besteht schließlich darin, dass Gründung und Betrieb von kleinen Unternehmen eine Möglichkeit zur Integration von Migranten darstellt. Sie bieten Erwerbschancen für Unternehmensgründer und schaffen Arbeitsplätze, die insbesondere für Angehörige ihrer Ethnie geeignet sind. Probleme von Migranten sind häufig, dass sie als Minderheit wahrgenommen und ausgegrenzt werden, in der Arbeitswelt diskriminiert werden und keine attraktiven Arbeitsplätze bekommen. So gründen sie häufig aus wirtschaftlicher Not ihr eigenes Unternehmen.[552] Derartige Unternehmen sind dadurch gekennzeichnet, dass sie niedrige Liquidität haben und geringe Einstiegs- und Ausstiegshürden aufweisen. Gelegentlich sind sie in bestimmten Stadtvierteln konzentriert, die ihren ethnischen Angehörigen einen kulturellen Rahmen schaffen (z.B. Chinatown).[553] Erfahrungen in den USA haben gezeigt, dass ethnisch geprägte Unternehmen positive Auswirkungen auf Volkswirtschaft und Wohlstand generieren können. Als Beispiel wird auf die Kubaner verwiesen, die in den 1960er und 1970er Jahren in Miami zahlreiche Geschäfte gegründet und damit zur wirtschaftlichen Wiederbelebung der Stadt beigetragen haben. Zugleich wurden Arbeitsplätze für hispanische Menschen geschaffen, die Probleme mit der englischen Sprache hatten.[554] Weitere Beispiele sind Afro-Amerikaner in Durham und North Carolina.[555] Vor einer „Ghettobildung", die durch Unternehmensgründungen und Ansiedlungen in bestimmten Stadtvierteln entstehen könnte, wird allerdings zumeist gewarnt.[556] In Deutschland dürfte dies insbesondere im Zuge der sog. Flüchtlingskrise seit dem Jahr 2015 relevant werden, in welcher die gesellschaftliche und wirtschaftliche Integration der Migranten eines der grundlegenden Probleme darstellt. Diese verursacht gegenwärtig noch erheblich Kosten, die freilich sehr unterschiedlich geschätzt werden. Eine Studie des Mannheimer Zentrums für Europäische Wirtschaftsforschung im Auftrag der Heinrich-Böll-Stiftung kommt zu dem Ergebnis, dass die Staatskassen bei einem Scheitern der Integration in das Erwerbsleben langfristig mit insgesamt bis zu knapp 400 Mrd. Euro belastet werden.[557] Es besteht daher ein erhebliches gesellschaftliches und wirtschaftliches Interesse an der Integration von Migranten in das Erwerbsleben.

---

[552] *Butler/Greene*, in: Acs, Are Small Firms Important, 1999, S. 129 (133).
[553] *Butler/Greene*, in: Acs, Are Small Firms Important, 1999, S. 129 (134).
[554] *Butler/Greene*, in: Acs, Are Small Firms Important, 1999, S. 129 (136 ff.).
[555] *Butler/Greene*, in: Acs, Are Small Firms Important, 1999, S. 129 (138 ff.).
[556] Vgl. etwa *Gabriel*, zit. nach Spiegel Online v. 20.1.2016, abrufbar unter http://www.spiegel.de/politik/deutschland/fluechtlinge-was-eine-wohnsitzauflage-bedeuten-wuerde-a-1072717.html, Stand: 2.9.2016.
[557] Zit. nach *Schieritz*, ZEIT Online v. 27.4.2016, abrufbar unter http://www.zeit.de/wirtschaft/2016-04/fluechtlinge-arbeitsmarkt-integration-kosten-studie-zew, Stand: 28.6.2017.

2. Interessen der Arbeitnehmer:
Die Qualität der Arbeit in kleinen Unternehmen

Im Folgenden wird erörtert, welchen Beitrag kleine Unternehmen zum Wohl der Arbeitnehmer leisten. Dabei geht es um die Qualität der Arbeit in kleinen Unternehmen, die sich an den Arbeitsbedingungen sowie an der Vergütung und Sozialleistungen bemisst. Sollte die Arbeitsqualität in kleinen Unternehmen nachweislich höher sein als in großen Unternehmen, könnte man erwägen, ob dies als Kompensation für eine Reduzierung des Arbeitnehmerschutzes zu bewerten und diese damit zum Schutz der Unternehmen legitimierbar und effizient ist.[558] Der Qualitätsbegriff hat eine objektive und eine subjektive Komponente: In objektiver Hinsicht geht es um die Ausprägung bestimmter Merkmale in Groß-, Mittel- und Kleinunternehmen. Die subjektive Komponente ist schwieriger zu bestimmen und hängt auch von den persönlichen Vorlieben der Arbeitnehmer ab.

a) Arbeitszufriedenheit

Die Arbeitszufriedenheit betrifft im Wesentlichen die Beiträge zur intrinsischen, also aus der Arbeit selbst fließenden Motivation der Arbeitnehmer. Insoweit wird angenommen, dass aus der Arbeit resultierende immaterielle Werte gerade in kleinen Unternehmen eine große Bedeutung als Entgeltersatz oder Sozialleistung besonderer Art haben.[559] Darunter fallen etwa gutes Arbeitsklima, bessere Überschaubarkeit, unmittelbare Wahrnehmbarkeit von Erfolg oder auch Misserfolg, flachere Hierarchien sowie ein breiteres und damit abwechslungsreicheres Aufgabenfeld. Studien zur Arbeitszufriedenheit kommen jedoch nicht zu einheitlichen Ergebnissen. Eine hohe Arbeitszufriedenheit belegen etwa die – freilich schon älteren – Studien von *Aiginger/Tichy*,[560] *Hans Jobst Pleitner*[561] und *Detlev Heinrich*,[562] einschränkender sind hingegen die Ergebnisse von *John Bolton*.[563] Diese Divergenz kann allerdings auf der Heterogenität der kleinen Unternehmen als Gruppe beruhen, sodass die Erkenntnisse keineswegs allgemeingültig sind.

---

[558] Zu den Präferenzen der Arbeitnehmer siehe unten § 5 D) II. 2.
[559] *Curran/Stanworth/Watkin*, The Survival of the Small Firm, 1986, S. 26.
[560] *Aiginger/Tichy*, Die Größe des Kleinen, 1984, S. 98.
[561] *Pleitner*, Die Arbeitszufriedenheit von Unternehmern und Mitarbeitern in gewerblichen Betrieben, 1981, S. 255.
[562] *Heinrich*, IAG 1980, 208 ff.
[563] *Bolton*, Report of the Committee of Enquiry on Small Firms, 1971.

b) Arbeitsbedingungen

Was die Arbeitsbedingungen anbelangt wird überwiegend angenommen, dass diese in kleinen Unternehmen besser sind als in großen Unternehmen.[564] Die insoweit aufgestellten Thesen klingen allerdings teilweise etwas pauschal. So meinte z.B. *Röpke*, dass kleine Unternehmen besser auf die persönlichen Bedürfnisse ihrer Mitarbeiter eingehen können als Großunternehmen.[565] Ferner wird geschrieben, dass in kleinen Unternehmen die „gute Unternehmenskultur" bzw. das „gute Betriebsklima" die Mitarbeitermotivation, die Weiterbildungsanstrengungen der Mitarbeiter und deren Kreativität fördere.[566] Einzelne Arbeitnehmer sollen sich mit „ihren" kleinen Unternehmen eher identifiziert als mit einem Großunternehmen.[567] Die Beziehung zu den Arbeitsergebnissen sei in kleinen Unternehmen stärker ausgeprägt als in großen: Die Arbeitnehmer könnten deutlicher erleben, was ihre Leistung bewirkt, etwa durch Kundenreaktionen, der Kenntnis der Auftragslage oder gar der Einschätzung der wirtschaftlichen Lage des Unternehmens. In Großunternehmen werde Feedback häufig nur durch Evaluierungen des Vorgesetzten gegeben.[568] Demgegenüber hätten große Unternehmen häufig weniger Arbeitnehmerautonomie, strengere Regeln, weniger flexible Zeitplanung und ein unpersönlicheres Arbeitsumfeld.[569] Allerdings wird angenommen, dass die Arbeitsintensität in kleinen Unternehmen höher ist als in großen Unternehmen, wodurch die Produktivität der Beschäftigten geringer ist.[570] In der Tat ist die Arbeitsteilung in kleineren Unternehmen weniger ausgeprägt, wodurch die einzelnen Mitarbeiter größere Aufgabenfelder haben und ein breiteres Fachwissen benötigen.[571]

aa) Arbeitsplatzsicherheit

Ein wesentlicher Faktor für die Arbeitsqualität ist die Arbeitsplatzsicherheit. Diese ist in kleinen Unternehmen nach den statistischen Daten niedriger als in großen Unternehmen. Nach der Studie des WSI aus dem Jahr 2001 liegt die Labour Turnover Rate[572] in Unternehmen mit bis zu fünf Beschäftigten bei 19 Pro-

---

[564] *Röpke*, Die Funktion des Klein- und Mittelbetriebs der Volkswirtschaft, 1947, S. 33 ff.
[565] Vgl. *Pichler/Pleitner/Schmidt*, Management in KMU, 1999, S. 15; *Krämer*, Mittelstandsökonomik, 2003, S. 20; *Edmiston*, Economic Review 92.2. (2007), 73 (81).
[566] Vgl. *Pichler/Pleitner/Schmidt*, Management in KMU, 1999, S. 15; *Krämer*, Mittelstandsökonomik, 2003, S. 20.
[567] *Rieble/Klumpp*, JZ 2004, 817 (819).
[568] *Mugler*, IGA 1997, 217 (228).
[569] *Edmiston*, Economic Review 92.2. (2007), 73 (81).
[570] *Krämer*, Mittelstandsökonomik, 2003, S. 95.
[571] *Mugler*, Betriebswirtschaftslehre der Klein- und Mittelbetriebe, 2. Aufl. 1995, S. 47 ff.; *Welp*, Wirtschaftswoche Nr. 47/2002, S. 136 (138).
[572] Damit ist eine Kennzahl gemeint, die die Summe von Personalzu- und -abgängen innerhalb einer Periode in ein Verhältnis zum mittleren Personalbestand setzt, vgl. *Junker*, Gutachten für den 65. Deutschen Juristentag 2004, B 47 f.

zent, nimmt mit zunehmender Betriebsgröße stetig zu und beläuft sich in Großbetrieben mit 500 und mehr Arbeitnehmern nur noch auf 9 Prozent.[573]

Auch in den USA haben Studien gezeigt, dass die Fluktuation der Arbeitnehmer in großen Unternehmen niedriger als in kleinen, sowohl die arbeitnehmerinitiierte als auch die arbeitgeberinitiierte.[574]

Begründet wird dies damit, dass kleine Unternehmen weniger Möglichkeiten haben, den Personalbedarf durch interne Umschichtungen an die jeweiligen betrieblichen Anforderungen anzupassen.[575] Schwankungen im Arbeitsanfall führen daher in kleinen Unternehmen schneller zur Notwendigkeit externer Anpassung, also zu Kündigungen oder Neueinstellungen.[576] Ein weiterer Grund für die niedrige Fluktuation in größeren Unternehmen könnte sein, dass Arbeitnehmer dort häufiger in Gewerkschaften organisiert sind als in kleinen Unternehmen. Organisierte Arbeitnehmer verdienen regelmäßig mehr und können in Konfliktfällen durch ihre Gewerkschaft unterstützt werden.[577] Zudem investieren größere Unternehmen häufiger in die Aus- und Weiterbildung ihrer Mitarbeiter, was die Stabilität des Arbeitsverhältnisses typischerweise erhöht.[578] Schließlich ist die Sicherheit des Arbeitsplatzes in kleinen Unternehmen auch deswegen geringer, weil diese häufiger scheitern als große.[579] In den USA verloren z.B. im Zeitraum von 2002–2003 12,6 Prozent der Arbeitnehmer in Kleinstunternehmen mit bis zu vier Beschäftigten ihre Arbeit wegen Scheiterns des Unternehmens, während dies in großen Unternehmen nur 5,1 Prozent der Arbeitnehmer betraf.[580]

bb) Vergütung und Sozialleistungen

Ein weiteres zentrales Beurteilungskriterium für die Qualität der Arbeit ist die Vergütung und Sozialleistungen. Die Vergütung fällt in kleinen Unternehmen zumeist niedriger aus als in großen Unternehmen.[581] Im Jahr 2005 betrug der durchschnittliche Stundenlohn in den USA in Unternehmen mit weniger als 100 Arbeitnehmern 15,69 Dollar, in Unternehmen mit 2.500 oder mehr Arbeitnehmern 27,05 Dollar. Geringe Löhne von weniger als 8 Dollar pro Stunde be-

---

[573] *Bielenski et al*, AuR 2003, 81 (83); Quelle der Abbildung a.a.O.
[574] *Brown/Medoff*, NBER Working Paper No. 2870, 1989; *Groothuis*, Quarterly Journal of Business and Economics, vol. 33 no. 2 [1994], 41 ff.; *Winter-Ember*, Economic Inquiry, vol. 39 no. 3 [2001], 474 ff.; für die Situation in Deutschland einschränkend *Bock*, IFM-Materialien Nr. 29, S. 1.
[575] *Pfarr*, in: Blank, Muss der Kündigungsschutz reformiert werden?, 2003, S. 66 (67).
[576] *Bielenski et al*, AuR 2003, 81 (83).
[577] *Anderson/Meyer*, Brookings Papers on Economic Activity: Microeconomics, 1994, 177 (184).
[578] *Idson*, Columbia University, Discussion Paper No. 673 [1993], S. 5.
[579] *Idson*, Columbia University, Discussion Paper No. 673 [1993], S. 6.
[580] *Edmiston*, Economic Review 92.2. (2007), 73 (86 unter Berufung auf Daten des U.S. Census Bureau.
[581] *Mugler*, IGA 1997, 217 (227); *Krämer*, Mittelstandsökonomik, 2003, S. 29.

zogen im Jahr 2004 immerhin 25 Prozent der Beschäftigten in Unternehmen mit weniger als 100 Arbeitnehmern; in Unternehmen mit 2.500 oder mehr Arbeitnehmern lediglich 3 Prozent.[582] Diese Unterschiede lassen sich branchenübergreifend ausmachen. Für diesen sog. size-wage-effect,[583] der in Deutschland freilich im Zuge des Mindestlohngesetzes zumindest teilweise entschärft sein dürfte, wurden schon viele Erklärungsversuche unternommen. So könnten Arbeitnehmer, die die gleiche Tätigkeit ausüben, einen niedrigeren Lohn für höhere Arbeitsplatzsicherheit, höhere Sozialleistungen oder sonstige bessere Arbeitsbedingen in Kauf nehmen. Hinsichtlich gesundheitlicher Vorteile haben dies tatsächlich Untersuchungen in den USA ergeben. Hinsichtlich Arbeitsplatzsicherheit und Sozialleistungen ist dies jedoch nicht überzeugend, da diese in großen Unternehmen wie gezeigt besser sind als in kleinen.[584] Plausibel ist z.B. die Theorie, dass größere Unternehmen mehr höher qualifizierte und daher höher zu bezahlende Arbeitnehmer benötigen, soweit sie kapitalintensiver sind.[585] Dafür sprechen empirische Daten: Im Jahr 1998 hatten 25,5 Prozent der Arbeitnehmer in größeren Unternehmen zumindest einen Bachelorabschluss, was in kleineren Unternehmen nur bei 20,3 Prozent der Arbeitnehmer der Fall war.[586] In größeren Unternehmen können stärkere Anreize zur Aus- und Weiterbildung bestehen, wenn es entsprechende Aufstiegsmöglichkeiten gibt.[587] Außerdem schwanken die die Gewinne und Wachstumsraten in kleinen Unternehmen stärker als in Großunternehmen. Ökonomisch erfolgreichere Unternehmen können ein höheres Entgeltniveau und ein breiteres Spektrum an Sozialleistungen anbieten als ein Unternehmen, das um seine Existenz kämpfen muss.[588] So kommt es, dass Großunternehmen regelmäßig mehr Sozialleistungen anbieten als KMU. Allerdings lassen sich diese in wirtschaftlich schlechten Zeiten nur schwierig reduzieren, sodass häufiger Arbeitskräfte freigesetzt werden als Sozialleistungen neu verteilt werden.[589]

c) Ergebnis

Insgesamt sollte man sich vor allzu schnellen Verallgemeinerungen hüten, was die Qualität der Arbeit in kleinen Unternehmen anbelangt. Die vorstehenden Ausführungen haben aber gezeigt, dass sowohl spezifische Vorteile als auch

---

[582] Bureau of Labor Statistics 2004; dazu *Edmiston*, Economic Review 92.2. (2007), 73 (80).
[583] Dazu grundlegend *Brown/Medoff*, NBER Working Paper No. 2870, 1989.
[584] Bureau of Labor Statistics 2004; dazu *Edmiston*, Economic Review 92.2. (2007), 73 (80).
[585] *Edmiston*, Economic Review 92.2. (2007), 73 (82).
[586] *Headd*, Monthly Labor Review, vol. 123 no. 4 [2000], 13 (15 f.).
[587] *Zabojnik/Bernhardt*, Review of Economic Studies, vol. 68 no. 3 [2001], 693 (694 f.).
[588] *Aiginger/Tichy*, Die Größe des Kleinen, 1984, S. 39; *Mugler*, IGA 1997, 217 (224).
[589] *Mugler*, IGA 1997, 217 (224).

Nachteile bestehen dürften. Es lässt sich nicht pauschal sagen, dass die Qualität der Arbeit in kleinen Unternehmen höher ist als in Großunternehmen. Eine Einschränkung des Arbeitnehmerschutzes unter diesem Gesichtspunkt ist daher nur legitim und unter wohlfahrtsökonomischen Gesichtspunkten effizient, wenn dies nachweislich mit den Interessen der Arbeitnehmer übereinstimmt.[590]

C) Grundlegende Schlussfolgerungen

I. Zu kleinen Unternehmen im Allgemeinen

1. Prinzipielle Schutzwürdigkeit

Es wurde gezeigt, dass kleine Unternehmen sowohl mit Blick auf ihre Individualinteressen als auch auf Kollektivinteressen prinzipiell schutzwürdig sind. Im Hinblick auf die typischen betriebswirtschaftlichen Besonderheiten konstatiert der Bundesgerichtshof zutreffend, dass sich viele Kleinunternehmer in einer mit Arbeitnehmern vergleichbaren wirtschaftlichen Lage befinden.[591] Die Schutzwürdigkeit von kleinen Unternehmen ist daher größer als diejenige von größeren Unternehmen.[592] Daraus folgt schon für sich genommen, jedenfalls aber zusammen mit den volkswirtschaftlich vorteilhaften Auswirkungen von kleinen Unternehmen, dass ihr Schutz generell einen legitimen Zweck von Eingriffen in Grundrechte Dritter darstellt.[593] Das Bundesverfassungsgericht hat dazu ausgeführt:

„Die Förderung und der Erhalt einer für den wirtschaftlichen Erfolg Deutschlands vom Gesetzgeber als besonders wertvoll eingeschätzten Unternehmensstruktur, die er in kleinen und mittelständischen, durch personale Führungsverantwortung geprägten Unternehmen – insbesondere in Familienunternehmen – sieht, und der Erhalt von Arbeitsplätzen durch den Schutz vor allem solcher Unternehmen vor steuerlich bedingten Liquiditätsproblemen stellen danach legitime Ziele von erheblichem Gewicht dar […] Mit dem Ziel, durch die Verschonung namentlich kleiner und mittelständischer Familienunternehmen von der Erbschaft- und Schenkungsteuer diese Betriebe vor möglichen Liquiditätsproblemen zu bewahren und so den Bestand dieser Unternehmen und der mit ihnen verbundenen Arbeitsplätze zu sichern, verfolgt der Gesetzgeber gewichtige Gemeinwohlgründe."[594]

---

[590] Dazu unten § 5 D) I. 2. b), II. 2.
[591] BGH NJW 2014, 2579 (2582).
[592] Ebenso *Braguinsky/Branstetter/Regateiro* The Incredible Shrinking Portuguese Firm, NBER Working Paper 17265, July 2011, S. 21.
[593] BVerfGE 138, 136 (199).
[594] BVerfGE 138, 136 (188 f., 198); vgl. auch BVerfGE 93, 165 (175 f.).

§ 3 Allgemeine Schutzwürdigkeit von kleinen Unternehmen

Damit kann der Schutz von kleinen Unternehmen – vorbehaltlich der stets im Einzelnen zu prüfenden Verhältnismäßigkeit – grundsätzlich auch eine punktuelle Abschwächung des Arbeitnehmerschutzes rechtfertigen.[595] Nicht haltbar ist daher die Ansicht von *Jean-Fritz Stöckli*, dass der arbeitsrechtliche Schutzumfang nicht von der Betriebsgröße abhängig sein solle und in kleinen Unternehmen nur dann gelockert werden dürfe, wenn sich aus den Besonderheiten größerer Unternehmen zusätzliche Schutzbedürfnisse der Arbeitnehmer ergeben.[596] Zutreffend hat z.B. das Bundesverfassungsgericht Ladenschlussregelungen mit der Begründung für verfassungsmäßig erachtet, dass eine grundsätzlich unbeschränkte Möglichkeit der Ladenöffnung zu einem Verdrängungswettbewerb zu Lasten kleinerer Geschäfte führen kann: Im Unterschied zu kleinen Geschäften können vor allem Kaufhäuser auf Grund der größeren Zahl beschäftigter Personen leichter einen Schichtdienst einrichten, um so die freigegebenen Öffnungszeiten auch nachfragegerecht auszuschöpfen. Insbesondere die inhabergeführten Geschäfte können an die Grenzen ihrer Leistungsfähigkeit geraten, wenn sie mit großen Verkaufsstellen auch zu ungünstigen Arbeitszeiten in den Abendstunden konkurrieren müssten. Einzelhändler ohne Personal können bei einem Wegfall der Ladenschlusszeiten aus Konkurrenzgründen gezwungen sein, ihre eigene Arbeitsleistung weiter zu erhöhen oder ihr Geschäft zu schließen. Einer solchen Entwicklung dürfe der Gesetzgeber entgegenwirken.[597] Ebenfalls einem legitimen Ziel diente § 622 Abs. 2 BGB a.F., der für Arbeiter kürzere Kündigungsfristen anordnete als für Angestellte, was nicht zuletzt den Schutz von kleinen Unternehmen im Blick hatte. Konjunkturschwankungen wirken sich in der Produktion stärker aus als in der Verwaltung. Längere Kündigungsfristen der vorwiegend in der Produktion tätigen Arbeiter würden oft kurzfristig notwendig werdende Anpassungen verhindern.[598] Dies könne vor allem bei kleineren Unternehmen zu ernsthaften wirtschaftlichen Schwierigkeiten bis hin zur Existenzgefährdung führen. Trotz dieses legitimen Ziels bewirkte diese Regelung jedoch eine verfassungsrechtlich nicht mehr gerechtfertigte Ungleichbehandlung und verstößt damit gegen Art. 3 Abs. 1 GG.[599]

Wie der prinzipiell gebotene Schutz von kleinen Unternehmen in Gesetzgebung und Rechtsanwendung umzusetzen ist und welche Folgen sich für ausgewählte Regelungs- und Auslegungsprobleme ergeben, ist in ökonomischer, politischer und juristischer Hinsicht noch nicht geklärt[600] und wird im weiteren

---

[595] *Junker*, Gutachten für den 65. Deutschen Juristentag 2004, B 33 ff.; *Rieble/Klumpp*, JZ 2004, 817 (819). Zu den „absolut geschützten" Bereichen des Arbeitnehmerschutzes siehe unten § 5 C) III.
[596] *Stöckli*, FS Rehbinder, 2002, S. 107, 120.
[597] BVerfGE 111, 10 (40).
[598] So die Bundesvereinigung der Deutschen Arbeitgeberverbände und der Bundesverband der Deutschen Industrie, zit. nach BVerfGE 82, 126 (141 f.).
[599] BVerfGE 82, 126 (146 ff.).
[600] Vgl. *Kahneman*, Thinking, Fast and Slow, 2012, S. 259.

Verlauf der Arbeit eingehend erörtert.[601] Auf die Möglichkeit des § 3 GWB, Mittelstandskartelle zu bilden, wurde bereits hingewiesen.[602] Im Vergaberecht ist z.B. der Grundsatz des Mittelstandsschutzes und der Chancengleichheit kleinerer Unternehmen anerkannt und in § 97 Abs. 4 GWB zum Ausdruck gekommen.[603] In politischer Hinsicht strebt das Bundesministerium für Wirtschaft und Energie an, die Chancengleichheit für Unternehmen unterschiedlicher Größenordnungen durch entsprechende Rahmenbedingungen zu sichern und größenbedingte Nachteile auszugleichen.[604] Auch die Europäische Kommission fordert, dass im Allgemeinen ein KMU-freundliches Denken in den politischen Alltag Einzug hält.[605] Die EU-Sachverständigenkommission hat in ihrem Bericht vom Mai 2007 zum Thema „Modelle zur Reduzierung der überproportionalen Belastung kleiner Unternehmen durch öffentliche Regulierung" einige Eckpunkte herausgearbeitet:[606] Bei jeder politischen Maßnahme mit Auswirkungen auf Unternehmen soll zuerst an die kleinen Unternehmen gedacht werden („Think small first"). Im Vorfeld der Regulierung sind deren Auswirkungen auf kleine Unternehmen zu bewerten und im Rahmen von Folgenabschätzungen sollte systematisch eine Bewertung von einschlägigen Sonderregelungen erfolgen. Kleine Unternehmen sollten so weit wie möglich von Pflichten befreit werden; zumindest teilweise oder auf eine bestimmte Zeit begrenzt, falls eine vollständige Befreiung dem Zweck der Regulierung zuwiderlaufen würde. Regulierungsbedingte Pflichten sollten für kleine Unternehmen vereinfacht werden. Für das Inkrafttreten aller neuen Rechtsvorschriften, die sich auf Unternehmen auswirken, sollten einheitliche Termine eingeführt werden, zudem sollten kleinen Unternehmen genügend Zeit für die Anpassung an neue Regelungen eingeräumt werden. Kleinunternehmen sollten mit verständlichen und maßgeschneiderten Informationen versorgt werden. Behördliche Maßnahmen wie z.B. Prüfungen und Auskunftsbegehren sollten koordiniert und rationalisiert werden, zudem sollten für regulierungsbedingte Pflichten zentrale Anlaufstellen eingerichtet werden. Für kleine Unternehmen sollte eine bevorzugte Behandlung wie geringere Gebühren oder beschleunigte Dienstleistung nach dem Grundsatz „klein zuerst" anstatt nach dem Prioritätsprinzip erwogen werden.

---

[601] Siehe dazu Kapitel 2–4.
[602] Siehe oben B) I. 2. c).
[603] Vgl. OLG Jena, NZBau 2007, 730 (731); Vergabekammer bei der Bezirksregierung Lüneburg, Beschluss v. 8.8.2014 – VgK-22/2014, VPR 2015, 14.
[604] BMWi Dokumentation Nr. 561, Berlin 2007, S. 41.
[605] Mitteilung der Kommission zum Small Business Act 2008, S. 4, abrufbar unter http://eur-lex.europa.eu/LexUriServ/LexUriServ.do?uri=COM:2008:0394:FIN:de:PDF, Stand: 29.8.2016.
[606] Bericht der EU-Sachverständigenkommission, abrufbar unter http://ec.europa.eu/enterprise/policies/sme/files/support_measures/regmod/regmodex_de.pdf, Stand: 29.6.2016).

2. Kein Schutz um jeden Preis

Trotz der prinzipiellen Schutzwürdigkeit von kleinen Unternehmen ist kein Schutz um jeden Preis anzustreben. Der Gedanke des Schwächerenschutzes kann nicht jede erdenkliche Maßnahme rechtfertigen. Welche unseeligen Folgen z.B. Ausnahmeregelungen von Regulierungen haben können, konnte man jahrzehntelang an der Ausnahme von der Buchführungspflicht für Landwirte beobachten. Auch eine materielle Marktgerechtigkeit verbietet keine stetige Dynamik im Unternehmenssektor, die für eine funktionierende Wirtschaft unverzichtbar ist. Ein funktionierender Wettbewerb impliziert eine schöpferische Zerstörung, also dass – auch individuell und volkswirtschaftlich schutzwürdige – Anbieter nicht mehr mithalten können und das Unternehmen schließen, während potentielle Gründer ihre Chance sehen, auf den Markt streben und damit den Wettbewerb beleben.[607] Der Versuch, durch staatliches Handeln jedwede Unternehmensschließung zu vermeiden, wäre daher ökonomisch nicht sinnvoll. Gerade die Möglichkeit des Marktaustritts gewährleistet, dass ineffiziente Tätigkeiten eingestellt und knappe Ressourcen, etwa Humankapital, effizient umverteilt werden. Werden Produkte und Leistungen angeboten, für die es keine Nachfrage gibt, oder werden Leistungen ineffizient erstellt, führt somit letztlich kein Weg an einem Marktaustritt vorbei.[608] Die volkswirtschaftlichen Vorteile eines Schutzes von kleinen Unternehmen würden dann in ihr Gegenteil verkehrt. Deshalb darf es letztlich keinen Schutz von kleinen Unternehmen ohne Rücksicht auf die Interessen des Wettbewerbs und anderen Grundrechtsträgern geben. Schutzwürdig sind in erster Linie kleine Unternehmen als solche, nicht aber die jeweiligen konkreten Unternehmen.

3. Die Befugnis des Gesetzgebers zur Typisierung

Für den Schwächerenschutz ist es charakteristisch, dass im Einzelfall Personen in den Genuss einer Besserstellung kommen können, die dies konkret kaum verdienen. Dies beruht darauf, dass die Kriterien, die materielle Schutzbedürftigkeit verbürgen sollen, nicht immer passgenau sind.[609] So können z.B. Minderjährige reifer sein als so mancher Volljähriger, Verbraucher gebildeter und geschäftserfahrener als (Klein-)Unternehmer, Arbeitnehmer bzw. Bewerber bei entsprechender Qualifikation verhandlungsstärker als die Arbeitgeber oder Mieter reicher als ihre Vermieter. Auch kleine Unternehmen sind, wie schon mehrfach erwähnt wurde, keine homogene Gruppe, sondern je nach genauer Größenklasse, Branche, Land, Rechtsform und anderen Merkmal durchaus heterogen. Gerade

---

[607] *Engeln et al*, Ursachen für das Scheitern junger Unternehmen in den ersten fünf Jahren ihres Bestehens, 2010, S. 81.
[608] *Engeln et al*, Ursachen für das Scheitern junger Unternehmen in den ersten fünf Jahren ihres Bestehens, 2010, S. 81.
[609] *Arnold*, Vertrag und Verteilung, 2014, S. 283.

im Dienstleistungssektor gibt es auch hochspezialisierte Anbieter, deren Markt- und Verhandlungsmacht nicht hinter derjenigen von großen Unternehmen zurücksteht. Auch Unternehmen, die Bestandteil eines Konzerns sind, sind unabhängig von ihrer Größe keine kleinen Unternehmen im eigentlichen Sinne.[610] Will sie der Gesetzgeber trotzdem als Gruppe schützen, wird er immer auch Unternehmen begünstigen, die dieses Schutzes gar nicht bedürfen. Kein gangbarer Weg ist es nämlich, die Schutzwürdigkeit nach allen einzelnen Unterscheidungskriterien wie der Branche zu bestimmen. Eine Unterscheidung nach der unterschiedlichen volkswirtschaftlichen Schutzwürdigkeit der verschiedenen Brachen wäre mit der wirtschaftspolitischen Neutralität des Grundgesetzes unvereinbar. Zudem fehlt es an einem tauglichen Beurteilungsmaßstab. Schließlich ist die wirtschaftliche Stärke einer Branche von der wirtschaftlichen Entwicklung abhängig und daher ein zu instabiler Faktor.

Eine einheitliche Behandlung der kleinen Unternehmen bedeutet eine Typisierung. Typisierung heißt, bestimmte in wesentlichen Elementen gleich geartete Lebenssachverhalte normativ zusammenfassen und Besonderheiten, die im Tatsächlichen durchaus bekannt sein mögen, generalisierend zu vernachlässigen.[611] In verfassungsrechtlicher Hinsicht steht dahinter das Spannungsverhältnis zwischen erforderlicher Gleichbehandlung und Individualgerechtigkeit.[612] Das Bundesverfassungsgericht billigt dem Gesetzgeber insoweit einen weiten Beurteilungsspielraum zu. Nach seiner Rechtsprechung ist es prinzipiell Sache des Gesetzgebers, dieses Spannungsverhältnis zu bestimmen und zu gewichten sowie sachgerechte Regelungen zu schaffen[613] Die prinzipielle Befugnis des Gesetzgebers zur Vereinfachung und Typisierung beruht darauf, dass gesetzliche Regelungen zwangsläufig verallgemeinern müssen. Für die abstrakt-generelle Normsetzung ist die Notwendigkeit einer Typisierung und Pauschalisierung von Tatbeständen daher als sachliche Rechtfertigung von Ungleichbehandlungen anerkannt.[614] Der Gesetzgeber ist berechtigt, die Vielzahl an Einzelfällen in dem Gesamtbild zu erfassen, das nach den ihm vorliegenden Erfahrungen die regelungsbedürftigen Sachverhalte zutreffend wiedergibt.[615] Dabei darf es sich grundsätzlich am Regelfall orientieren und ist nicht gehalten, allen Besonderheiten jeweils durch Sonderregelungen Rechnung zu tragen.[616] *Paul Kirchhof*

---

[610] Siehe oben unter § 1 D) I.
[611] BVerfG, Beschluss v. 30.9.2015–2 BvR 1066/10, zit. nach juris Rn. 31.
[612] BVerfGE 89, 15 (24); BVerwGE 95, 188 (203); *I. Schmidt*, in: ErfKomm, 18. Aufl. 2018, Art. 3 GG Rn. 45; *Wollenschläger*, in: v. Mangoldt/Klein/Starck,GG, 7. Aufl. 2018, Art. 3 Abs. 1 Rn. 201 ff.
[613] BVerwGE 95, 188 (203).
[614] BVerfGE 84, 348 (359); 111, 136 (137); 113, 167 (236); *Heun*, in: Dreier, GG, 3. Aufl. 2013, Art. 3 Rn. 34; *Wollenschläger*, in: v. Mangoldt/Klein/Starck, GG, 7. Aufl. 2018, Art. 3 Abs. 1 Rn. 201 ff.
[615] BVerfGE 11, 245 (254); 78, 214 (226 f.); 122, 210 (232).
[616] BVerfGE 82, 159 (185 f.); 96, 1 (6); 133, 377 (412).

spricht treffend von einem „Auftrag zur angemessenen Verallgemeinerung".[617] Dies kommt nicht zuletzt der Praktikabilität und Wirtschaftlichkeit zugute.[618] In der Tat würde eine zu starke Einzelfallbetrachtung hohe Kosten verursachen, da sie vom Rechtsanwender (Gerichte, Behörden) viel Zeit in Anspruch nehmen würde. Die Grenze der gesetzlichen Typisierung besteht in einer realitätsgerechten Orientierung am typischen Fall.[619] Unbedenklich ist eine Typisierung nur, solange eine verhältnismäßig kleine Gruppe benachteiligt wird und der Gleichheitsverstoß nicht sehr intensiv ist.[620] Es geht nicht an, eine größere Zahl von Betroffenen ohne rechtfertigenden Grund stärker zu belasten.[621] Dasselbe gilt, wenn eine privilegierende Regelung ohne rechtfertigenden Grund auf eine große Gruppe von Normadressaten erstreckt wird. Die Privilegierung büßt damit ihre Rechtfertigung vor der Gruppe der Benachteiligten ein, die ihren Anspruch auf Gleichbehandlung einfordert.[622]

Nach diesen Vorgaben ist ein typisierender Schutz von kleinen Unternehmen verfassungsrechtlich unbedenklich. In der Betriebswirtschaftslehre werden sie als „besonderer Unternehmungstyp" bezeichnet, der von größeren Unternehmungen abzugrenzen ist,[623] und mit der Mittelstandsökonomik einen eigenständigen Untersuchungsgegenstand bilden.[624] Zutreffend weisen sie strukturelle Gemeinsamkeiten auf, die eine einheitliche Behandlung rechtfertigen. Oben wurde gezeigt, dass kleine Unternehmen volkswirtschaftlich vorteilhaft sind und daher unter diesem Gesichtspunkt nahezu durchweg schutzwürdig sind. Aber auch die Schutzwürdigkeit aus Gründen des Schwächerenschutzes stellt zumindest den Regelfall dar. Die verhältnismäßig stärkere Belastung betrifft alle kleinen Unternehmen gleichermaßen, da sie mathematisch bedingt ist und nicht vom tatsächlichen wirtschaftlichen Einfluss abhängt.[625] Die Erfahrungsdefizite sind zwar nicht auf alle kleinen Unternehmen verallgemeinerbar, lassen sich aber für einen großen Teil – insbesondere für Existenzgründer und Notgründungen – nicht ausschließen.[626] Zu unerforscht ist allerdings die Unterlegenheit gegenüber Großunternehmen im Rechtsverkehr, um auf dieser Grundlage einen typisierbaren Regelfall anzunehmen. Für eine Typisierungsbefugnis spricht zudem, dass die Unbilligkeiten der etwaigen Ungleichbehandlungen hier weder in der Einbe-

---

[617] *P. Kirchhof*, in: Maunz/Dürig, GG, Art. 3 Abs. 1, Rn. 1, 76. EL Dezember 2015.
[618] BVerfGE 50, 217 (227); VG Karlsruhe, Urt. v. 21.4.1999–7 K 3014/98, zit. nach juris Rn. 19.
[619] BFHE 247, 150; vgl. auch BVerfG, Beschluss v. 30.9.2015–2 BvR 1066/10, zit. nach juris Rn. 16.
[620] BVerfGE 26, 265 (275 f.); *Heun*, in: Dreier, GG, 3. Aufl. 2013, Art. 3 Rn. 34.
[621] Vgl. BVerfGE 71, 39 (50).
[622] BVerfGE 82, 126 (152).
[623] *Brauchlin*, FS Pleitner, 2000, S. 689 (690 ff.).
[624] Vgl. *Krämer*, Mittelstandsökonomik, 2003, S. 23 ff., 79 ff.
[625] Dazu oben B) I. 1. B) aa), bb), 2. a).
[626] Dazu oben B) I. 1. B) dd), 2. b).

ziehung von Personengruppen in Belastungen noch in dem Ausschluss von Personengruppen von Vergünstigungen bestehen, wie es bei Typisierungen zumeist der Fall ist,[627] sondern lediglich in der Einbeziehung nicht schutzwürdiger Personengruppen in Vergünstigungen. Diese Fallgruppe des punktuell unverdienten Schutzes wird man noch leichter hinnehmen können als die beiden anderen. Zudem wird sich eine solche Folge nicht selten durch eine am Sinn und Zweck orientierte Interpretation der Schutznorm vermeiden lassen. Dies betont z.B. das Bundesverfassungsgericht im Hinblick auf die Kleinbetriebsklausel des § 23 Abs. 1 S. 2 KSchG, die verfassungskonform dahin auszulegen ist, dass sie keine Kleinbetriebe erfasst, die Teile größerer Unternehmen sind und daher nicht die spezifische Schutzbedürftigkeit von kleinen Unternehmen aufweisen.[628] Letztlich geht auch die Europäische Kommission trotz der Heterogenität der kleinen Unternehmen von einer Typisierungsbefugnis aus. Sie betont nur, dass entsprechende Maßnahmen „sowohl dieser Vielfalt als auch dem Subsidiaritätsprinzip Rechnung tragen" müssen.[629]

4. Rechtstheoretische Einordnung des Schutzes

a) Bezugspunkt

Bislang wurde offen gelassen, ob sich der Schutz auf die kleinen Unternehmen als solche bezieht, auf deren Rechtsträger als (Klein-)Unternehmer – also z.B. auch auf eine GmbH –, oder aber auf die dahinterstehenden Menschen, bei einer Gesellschaft also auf deren Gesellschafter. In der wissenschaftlichen Diskussion verschwimmt diese Grenze zumeist. In der wirtschaftswissenschaftlichen Literatur wird regelmäßig auf das Unternehmen als solches abgestellt.[630] Dies ist mit dem Untersuchungsgegenstand der Disziplin zu erklären, der sich vor allem mit den wirtschaftlichen Einheiten und weniger mit den dahinter stehenden Menschen befasst. In der Rechtswissenschaft stehen hingegen üblicherweise die Rechtssubjekte im Vordergrund. Der Schutz von Sachen i.S.v. § 90 BGB stellt eine Ausprägung des Eigentums- oder Besitzschutzes dar und erfolgt deshalb zugunsten des Eigentümers bzw. Besitzers. Unternehmen werden als Rechtsgesamtheit begriffen, die alle Vermögensrechte umfassen, die dem Unternehmenszweck in organisatorischer Einheit zu dienen bestimmt sind.[631] Somit ist auch

---

[627] Vgl. BVerfGE 84, 348 (359), wo auf die mit Typisierungen „unvermeidlich verbundenen Härten" abgestellt wird, oder auch *I. Schmidt*, in: ErfKomm, 18. Aufl. 2018, Art. 3 GG Rn. 45.
[628] BVerfGE 97, 169 (184 f.).
[629] Mitteilung der Kommission zum Small Business Act 2008, S. 2, abrufbar unter http://eur-lex.europa.eu/LexUriServ/LexUriServ.do?uri=COM:2008:0394:FIN:de:PDF, Stand: 29.8.2016.
[630] Vgl. *Krämer*, Mittelstandsökonomik, 2003, S. 23 ff.
[631] BGHZ 7, 208 (211); *Stresemann*, in: MünchKomm-BGB, 7. Aufl. 2015, § 90 Rn. 45.

§ 3 Allgemeine Schutzwürdigkeit von kleinen Unternehmen

das Unternehmen selbst ein geschütztes Rechtsgut.[632] Als Ganzes wird es insbesondere über das Recht am eingerichteten und ausgeübten Gewerbebetrieb als „sonstiges Recht" i.S.d. § 823 Abs. 1 BGB geschützt.[633] Auch dieser Schutz wird nicht mit den Interessen des Unternehmens als solchen legitimiert, sondern mit den Interessen des Unternehmers.[634] Tatsächlich lässt sich der Schutz von Unternehmen nicht vollständig von demjenigen des Rechtsträgers lösen. Wird das Unternehmen als solches beeinträchtigt, etwa durch hohe Kostenlasten, sind damit zugleich auch die Interessen des Rechtsträgers beeinträchtigt. Letztlich ist es eine Frage des Blickwinkels, welcher Bezugspunkt in erster Linie betroffen ist. Das Unternehmen als wirtschaftliche Einheit ist vor allem im Zusammenhang mit Kostenlasten betroffen, während bei dem Rechtssubjekt menschliche Eigenschaften (z.B. die Geschäftserfahrung) und Bedürfnisse (z.B. ein auskömmliches Einkommen) im Vordergrund stehen. Man kann daher auch in der Rechtswissenschaft von dem Schutz von Unternehmen sprechen,[635] muss sich aber vergegenwärtigen, dass der Schutz des Unternehmens rechtlich nur mit den Interessen eines Rechtssubjekts legitimiert werden kann. Bei dem deliktischen Schutz des Unternehmens im Rahmen des § 823 Abs. 1 BGB ist dies nur der Rechtsträger. Eine natürliche Person wird nur in ihrer Eigenschaft als Unternehmer geschützt, was voraussetzt, dass sie selbst Inhaber – etwa als Einzelkaufmann – ist.[636] Angehörige der freien Berufe werden demgemäß geschützt, wenn sie selbst eine Betriebsstätte unterhalten bzw. eine Praxis betreiben.[637]

Nicht geschützt werden hingegen die Gesellschafter einer Kapitalgesellschaft, da sie – auch wenn sie Allein- oder Mehrheitsgesellschafter und Geschäftsführer sind, nur Kapitalgeber, nicht aber Unternehmensträger sind.[638] Besonders augenfällig ist dies im Falle einer Publikumsgesellschaft, wo die Interessen der einzelnen Kapitalgeber je nach der aufgebrachten Summe relativ schwach ausgeprägt sein können. Bei dem Schutz speziell von kleinen Unternehmen kann dies nicht anders sein, wenn er sich in die bisherigen Paradigmen des zivilrechtlichen Unternehmensschutzes einfügen soll. Dafür spricht auch, dass die oben herausgearbeitete Schutzwürdigkeit nur auf Seiten des Unternehmensträgers vorliegt. Für die volkswirtschaftlichen Auswirkungen von kleinen Unternehmen ist dies ohne weiteres einsichtig, da diese unmittelbar nur

---

[632] *K. Schmidt*, Handelsrecht, 6. Aufl. 2014, S. 202 ff.
[633] Vgl. BGHZ 138, 311 (314 f.); *Stresemann*, in: MünchKomm-BGB, 7. Aufl. 2015, § 90 Rn. 45; *K. Schmidt*, Handelsrecht, 6. Aufl. 2014, S. 224 ff.; kritisch z.B. *Canaris*, VersR 2005, 577 (582 f.).
[634] *Buchner*, Die Bedeutung des Rechts am eingerichteten und ausgeübten Gewerbebetrieb für den deliktsrechtlichen Unternehmensschutz, 1971, S. 12 f., 118 ff.
[635] So z.B. *Franzen*, in: Jahrbuch zur Mittelstandsforschung, 2006, S. 101 (114): „Schutz von kleinen und mittleren Unternehmen".
[636] *Lange/Schmidtbauer*, in: juris-PK-BGB, 7. Aufl. 2014, § 823 Rn. 37.
[637] *Lange/Schmidtbauer*, in: juris-PK-BGB, 7. Aufl. 2014, § 823 Rn. 37.
[638] BGH NJW 2006, 830 (839).

von dem Unternehmensträger ausgelöst werden, ohne den es das Unternehmen überhaupt nicht geben kann. Auch die betriebswirtschaftlichen Schwächen wie fehlende Geschäftserfahrung wirken sich in erster Linie auf Seiten des Unternehmensträgers aus, nicht etwa auf Seiten von Kapitalgebern. Diese mögen zwar, wenn das Unternehmen zu wenig Gewinn abwirft, unter sozialen Gesichtspunkten schutzwürdig sein, nicht aber unter den hier herangezogenen Gesichtspunkten des Schwächerenschutzes und der volkswirtschaftlichen Relevanz. Deliktsrechtlich geschützt wird lediglich das Mitgliedschaftsrecht der Kapitalgesellschafter an der Gesellschaft, das als „sonstiges Recht" i.S.v. § 823 Abs. 1 BGB begriffen wird.[639] Insoweit ist allerdings zwischen Gesellschaft und Gesellschafter zu trennen, sodass Schäden des Gesellschaftsvermögens und damit Beeinträchtigungen des Unternehmens nicht bereits zugleich eine Verletzung des Mitgliedschaftsrechts bedeuten.[640]

b) Verhältnis

Weiterhin lässt sich nach dem Verhältnis unterscheiden, in welchem der Schutz von kleinen Unternehmen ansetzt. Denkbar sind mehrere Ebenen, nämlich im Verhältnis zu ihren Vertragspartnern – wobei hier wiederum zu unterscheiden ist zwischen Arbeitnehmern, Verbrauchern und Großunternehmen – sowie gegenüber dem Staat als Normsetzer. Im Verhältnis zu den Vertragspartnern geht es um Fragen, inwieweit der Arbeitnehmer- bzw. Verbraucherschutz mit Rücksicht auf kleine Unternehmen abgeschwächt werden kann, und ob gegenüber Großunternehmen ein eigener Schutz gerechtfertigt werden kann. Charakteristisch für das Verhältnis zu den Arbeitnehmern und Verbrauchern ist, dass eine Stärkung des Unternehmensschutzes gerade durch eine Schwächung des Arbeitnehmer- bzw. Verbraucherschutzes verwirklicht wird, weshalb deren Interessen angemessen zu berücksichtigen sind. Darauf wird im weiteren Verlauf der Untersuchung noch ausführlich eingegangen. Im Verhältnis zum Staat geht es insbesondere um die Befreiung von regulierungsbedingten Belastungen; die Interessen von kleinen Unternehmen sind insoweit mit denen der Allgemeinheit abzuwägen.

c) Absoluter versus relativer Schutz

Im Rahmen des Schwächerenschutzes ist sowohl ein absoluter als auch ein relativer Schutz denkbar. Absolut gilt er z.B. für Minderjährige, die aufgrund ihrer allgemeinen Schwäche gegenüber jedem Rechtssubjekt geschützt werden, nicht etwa nur gegenüber Vollgeschäftsfähigen. Verträge von Minderjährigen mit an-

---

[639] RGZ 100, 274 (278) zur GmbH; RGZ 158, 248 (255) zur AG; OLG München, ZIP 1990, 1552 (1553); *Staudinger/Hager*, BGB, Bearb. 2009,§ 823 B Rn. 141 ff.; *Wilhelmi*, in: Erman, BGB, 15. Aufl. 2017, § 823 Rn. 41.

[640] RGZ 158, 248 (255); *Staudinger/Hager*, BGB, Bearb. 2009,§ 823 Rn. 144; *Wilhelmi*, in: Erman, BGB, 15. Aufl. 2017, § 823 Rn. 41.

deren Minderjährigen sind daher ebenfalls schwebend unwirksam. Auch im Arbeitsrecht wird pauschal und nur anknüpfend an den Arbeitnehmerstatus ein Schutzbedarf angenommen.[641] Demgegenüber werden Verbraucher nur relativ geschützt, d.h. in Anknüpfung an bestimmte Situationen wie etwa ein Haustürgeschäft oder der Verwendung von AGB. Die Tatbestände des Verbrauchers (§ 13 BGB) und des Unternehmers (§ 14 BGB) dienen entgegen der gesetzlichen Systematik nicht der Kategorisierung von Rechtssubjekten und bewirken damit keine permanente Zuordnung, sondern dienen nur der Unterscheidung der Verbrauchergeschäfte von den Nicht-Verbrauchergeschäften.[642]

Im Hinblick auf kleine Unternehmen legitimieren deren Individualinteressen nur einen relativen Schutz, da die einzelnen Schwächen nur in bestimmten Verhältnissen bzw. Konstellationen virulent werden. Dies zeigt bereits ihre Stellung im Machtgefüge zwischen Arbeitnehmern, Verbrauchern und Großunternehmen: Da sie nach der gesetzlichen Vorstellung in ihrer Eigenschaft als Arbeitgeber bzw. Unternehmen den Arbeitnehmern und Verbrauchern überlegen sind, kann kein absoluter Schutz angenommen werden, der auch gegenüber diesen Personengruppen uneingeschränkt zur Geltung kommt. Wenn schon Verbraucher nur relativ geschützt werden, dann muss dies für (kleine) Unternehmen erst recht gelten. Man muss den spezifischen Machtbeziehungen Rechnung tragen und den Schutz von kleinen Unternehmen innerhalb dieser Beziehungen untersuchen. Die Gesamtsumme der Macht im Vergleich zu anderen Akteuren, auf die ein absoluter Schutz abzielen würde, kann daher nicht entscheidend sein. Auch die volkswirtschaftlichen Vorteile von kleinen Unternehmen können keinen absoluten Schutz begründen. Dies folgt auch hier aus einem Vergleich zum Verbraucherschutz. Auf der europäischen Ebene werden Verbraucher nämlich vor allem wegen ihrer Generierung von Nachfrage und zur Verwirklichung des Europäischen Binnenmarktes geschützt.[643] Trotz dieses ökonomischen Ansatzes belässt es auch der europäische Gesetzgeber bei einem relativen Schutz, was damit erst recht für Unternehmen gelten muss. Damit kann der Schutz von kleinen Unternehmen nur zum Tragen kommen, wenn er auch tatsächlich virulent wird. Im dritten Teil der Arbeit werden derartige Konstellationen untersucht. Nicht gerechtfertigt ist der Schutz folglich, soweit es um das Privatleben der Unternehmer geht. Die Abgrenzung zwischen privatem und geschäftlichem Handeln sollte allerdings in den meisten Fällen keine Schwierigkeiten bereiten. Im Übrigen ist eine Orientierung an den Maßstäben möglich, die zur Abgrenzung von Verbrauchergeschäften und Nicht-Verbrauchergeschäften entwickelt wur-

---

[641] Vgl. *Klumpp*, in: Rieble, Transparenz und Reform im Arbeitsrecht, 2006, S. 9 (25).
[642] *K. Schmidt*, JuS 2006, 1.
[643] *Heiss*, ZEuP 1996, 625 (629). Auf der nationalen Ebene steht hingegen der Schwächerenschutz im Vordergrund, vgl. *Reich*, Markt und Recht, 1977, S. 182; *Tamm*, Verbraucherschutzrecht, 2011, S. 9 ff.

den. Danach ist der gewerbliche/selbständig berufliche bzw. der private Zweck des jeweiligen Geschäfts maßgeblich.[644]

d) Individueller versus genereller Schutz

Es fragt sich, ob kleine Unternehmen individuell – z.B. durch öffentlich unterstützte Kredite – oder generell als Kategorie geschützt und gefördert werden sollten. *Coelho/de Meza/Reyniers* haben auf die schwierigen politischen Fragen hingewiesen, die eine individuelle Förderung aufwirft.[645] In der Tat erscheint ein Kredit für die Gründung eines kleinen Unternehmens ökonomisch zweifelhaft, wenn dieses statistisch gesehen ohnehin mit großer Wahrscheinlichkeit scheitern wird.[646] Soll die öffentliche Hand Darlehen an Existenzgründer ausreichen, die in ein paar Jahren möglicherweise insolvent werden? Dieser Problemkomplex kann in diesem Rahmen nicht erschöpfend behandelt werden. Gegen eine individuelle Förderung spricht prinzipiell, dass die aufgebrachten Kosten im Falle des Scheiterns des geförderten Unternehmens vergeblich sind, während die Kosten nach dem generellen Ansatz statistisch betrachtet stets Erfolgsfälle treffen oder gar generieren. Ein genereller Schutz harmoniert auch besser mit der volkswirtschaftlichen Legitimation, da die aufgezeigten volkswirtschaftlichen Vorteile von kleinen Unternehmen als solche ausgehen, nicht von den individuellen Einzelunternehmen. Schließlich kann der Schutz von einzelnen Unternehmen auch den Eindruck von Willkür erzeugen und zu Marktunsicherheit führen. In der Finanzkrise seit 2007 hatten z.B. die US-amerikanische Regierung und die Notenbank Federal Reserve der Investmentbank Bear Stearns ein Rettungspaket in Form eines Überbrückungskredits gewährt und die zahlungsunfähigen Hypothekenbanken Fannie Mae und Freddie Mac verstaatlicht, die ebenfalls bedrohte Investmentbank Lehman Brothers jedoch der Insolvenz anheimfallen gelassen, nur um kurze Zeit später das Versicherungsunternehmen AIG staatlich zu unterstützen. Der Journalist *Andrew Sorkin* schreibt dazu:

„What was the pattern? What were the rules? There didn't appear to be any, and when investors grew confused – wondering whether a given firm might be saved, allowed to fail, or even nationalized – they not surprisingly began to panic."[647]

Der damalige Präsident der Federal Reserve Bank of New York, *Tim Geithner*, räumte im Februar 2009 ein, dass

---

[644] *Saenger*, in: Erman, BGB, 15. Aufl. 2017, § 13 Rn. 6.
[645] *Coelho/de Meza/Reyniers*, International Tax and Public Finance 11 [2004] 391 ff.
[646] Zur Misserfolgsquote von Existenzgründungen siehe oben § 2 B) II.
[647] *Sorkin*, Too Big to Fail, 2010, S. 539. Den Versuch einer Erklärung unternimmt *Swagel*, Economix v. 13.9.2013, abrufbar unter https://economix.blogs.nytimes.com/2013/09/13/why-lehman-wasnt-rescued/?_r=0, Stand: 8.4.2017.

"emergency actions meant to provide confidence and reassurance too often added to public anxiety and to investor uncertainty."[648]

Auch das Zivilrecht als abstrakt-generelle Materie kennt nur einen generellen Schutz bestimmter Gruppen von Rechtssubjekten, keinen individuellen Schutz einzelner Rechtssubjekte. Der einzelne Minderjährige, Verbraucher und Arbeitnehmer wird nicht als solcher geschützt, sondern wegen seiner Zugehörigkeit zu einer schutzwürdigen Gruppe von Rechtssubjekten.

e) Negativer versus positiver Schutz

Unterscheiden lässt sich schließlich nach der Auswirkung des Schutzes. Dieser kann darauf abzielen, Belastungen zu verhindern bzw. abzumildern, die mit staatlicher Regulierung verbunden sind. Diese Schutzrichtung ist auf Abwehr gerichtet und lässt sich daher als negativer Schutz bezeichnen. Typisches Instrument dafür sind größenabhängige Befreiungen, wie z.B. die Kleinbetriebsklausel des § 23 Abs. 1 S. 2 KSchG.[649] Befreiungen sind das am weitesten verbreitete Mittel, regulatorische Belastungen für kleine Unternehmen zu reduzieren. Ebenfalls zum negativen Schutz gehören vereinfachte Pflichten von kleinen Unternehmen, namentlich durch einfachere formalere Anforderungen oder durch Einführung von Standardbehandlungen (z.B. Pauschalbesteuerung) sowie die – freilich eher selten angewandten – zeitlichen Ausnahmeregelungen, z.B. längere Fristen für die Erfüllung bestimmter Pflichten (z.B. jährliche statt vierteljährliche Steuerzahlungen, geringere Häufigkeit von Prüfungen oder längere Übergangsfristen bei neuen Regelungen).[650]

Andererseits kann der Schutz von kleinen Unternehmen auch darauf abzielen, solche Belastungen zu verhindern bzw. abzumildern, die unabhängig von einer staatlichen Regulierung durch die Teilnahme am Wirtschaftsleben entstehen. Diese Schutzrichtig ist auf Leistung gerichtet und lässt sich daher als positiver Schutz bezeichnen. Dazu gehört zunächst die Schaffung von Organisationen und Interessenverbänden sowie die Zulassung von Mittelstandskartellen (§ 3 GWB). Zu nennen ist weiter die finanzielle Förderung durch Subventionen. In der Praxis werden allerdings vor allem bestimmte Wirtschaftszweige subventioniert, weniger kleine Unternehmen als solche wegen ihrer geringen Unternehmensgröße. Ebenfalls zum positiven Schutz gehört die Verpflichtung anderer Rechtssubjekte zum Schutz von kleinen Unternehmen, z.B. durch die Auferlegung von verbraucherrechtlichen Aufklärungspflichten.[651] Weitere Beispiele sind gezielte Informationen durch staatliche Stellen (z.B. durch Websites, Helpdesks, Handbücher

---

[648] Zit. nach *Sorkin*, Too Big to Fail, 2010, S. 539.
[649] Dazu eingehend § 7.
[650] http://ec.europa.eu/enterprise/policies/sme/files/support_measures/regmod/regmodex_de.pdf, Stand: 29.6.2016.
[651] Dazu unten § 9 D).

und Broschüren, oder auch durch Coaching- und Schulungsmaßnahmen), da es für kleine Unternehmen oftmals mühsam ist, sich die notwendigen Informationen über Rechtsänderungen selbst zu beschaffen; sowie die Koordinierung der Verwaltungen zugunsten kleiner Unternehmen, z.B. durch zentrale Anlaufstellen, in denen die Unternehmen ihre verschiedenen Pflichten gegenüber mehreren Behörden nachkommen können, die bislang vor allem für Existenzgründer eingerichtet wurden.[652]

Insgesamt betrachtet unterscheiden sich negativer und positiver Schutz in der Schutzrichtung: Negative Maßnahmen haben den Schutz vor Kostenbelastung im Blick[653] während positive Maßnahmen vor allem auf wirtschaftliche Unerfahrenheit[654] und Unterlegenheit[655] gegenüber größeren Unternehmen abzielen. Dadurch unterscheidet sich zugleich der Kreis der Dritten, auf die sich der Schutz nachteilig auswirkt: Größenabhängige Befreiungen wirken sich im Arbeitsrecht primär zulasten der Arbeitnehmer aus, denen der arbeitsrechtliche Schutz in kleinen Unternehmen partiell entzogen wird. Positive Maßnahmen wirken sich hingegen vor allem auf größere Unternehmen aus, deren Konkurrenz gestärkt wird. Es ist nicht verwunderlich, das in Gewerkschaftskreisen positive Maßnahmen konsensfähiger sind als größenabhängige Befreiungen.

II. Zu Neugründungen: Erforderlichkeit einer ideellen Neuausrichtung?

Vielfach wird gefordert, dass das Gründungsgeschehen in Deutschland verstärkt wird.[656] Das Bundesministerium für Arbeit und Soziales hat sich dies ausdrücklich zum Ziel genommen.[657] Dafür spricht, dass Neugründungen grundsätzlich vorteilhafte volkswirtschaftliche Auswirkungen haben.[658] Nach *Paul Welfens* hängt der Lebensstandard in einer Volkswirtschaft wesentlich davon ab, dass risikobereite Unternehmer neue Ideen entwickeln und erfolgreich in Form von Produkt- und Prozessinnovationen umsetzen.[659] Diese Einschätzung teilt der Global Entrepreneurship Monitor. Eine Industrienation wie Deutschland sei zur langfristigen Wahrung ihres hohen Lebensstandards auf die ständige Erneuerung der wirtschaftlichen Basis durch die Kommerzialisierung neuartiger Produkte und die Anwendung innovativer Produktionsverfahren und Organisa-

---

[652] http://ec.europa.eu/enterprise/policies/sme/files/support_measures/regmod/regmodex_de.pdf, Stand: 29.6.2016.
[653] Zum Kostenfaktor siehe oben B) I. 1. b) aa).
[654] Zum Erfahrungsfaktor siehe oben B) I. 1. b) dd).
[655] Zum Unterlegenheitsfaktor siehe oben B) I. 1. b) cc).
[656] *Welfens*, Grundlagen der Wirtschaftspolitik, 5. Aufl. 2013, S. 365.
[657] Weißbuch des BMAS „Arbeiten 4.0", 2016, S. 176.
[658] Siehe oben unter B) II. 3. b).
[659] *Welfens*, Grundlagen der Wirtschaftspolitik, 5. Aufl. 2013, S. 365.

tionsformen angewiesen. Insoweit gingen die meisten Impulse und Neuerungen von Neugründungen aus: Diese verstärken den Wettbewerb und forcieren dadurch den strukturellen Wandel, bewirken Produktivitätssteigerungen und leisten somit einen Beitrag zur Wettbewerbsfähigkeit des Wirtschaftsstandorts.[660]

Empfohlen wird eine explizite Ausrichtung der Gründungsförderpolitiken von Bund, Ländern und Kommunen anhand der komparativen Schwächen des Gründungsstandorts Deutschland. Dazu gehören – soweit grundsätzlich durch Politik beeinflussbar – die gründungsbezogene Ausbildung an Hochschulen und Schulen sowie die fehlende Kultur unternehmerischer Selbständigkeit und Gründung.[661] Letzteres zielt auf eine ideelle Neuausrichtung ab, die vor dem Hintergrund der in Deutschland verbreiteten Angst vor dem Scheitern und dessen Bewertung als Makel angestrebt wird.[662] Gesellschaftliche Anerkennung für risikobereite innovative Unternehmer sei wichtig für langfristiges Wachstum, steigende Produktqualität und neue Arbeitsplätze.[663] Das Bundesministerium für Wirtschaft und Energie versucht im Rahmen Initiative „Gründerland Deutschland" den Unternehmergeist zu stärken, da die Selbständigkeit in Deutschland zu selten als Chance begriffen werde.[664] Die optimistische Eingehung von Risiken durch Existenzgründer trägt zur ökonomischen Dynamik einer Gesellschaft bei, wenngleich die meisten Gründer angesichts der statistischen Misserfolgsquote letztlich enttäuscht werden.[665] Auch die Europäische Kommission betont die Wichtigkeit eines Klimas, das die Gründung eines eigenen Unternehmens für die Menschen attraktiv macht und in dem die Leistungen der kleinen Unternehmen für Beschäftigung, Wachstum und Wohlstand angemessen gewürdigt werden.

Damit ein KMU-freundliches Umfeld entstehen könne, müssten vor allem die Rolle von Unternehmern und die Bereitschaft, Risiken einzugehen, in der Europäischen Union künftig anders wahrgenommen werden. Unternehmerische Initiative und die damit verbundene Risikobereitschaft sollten von den politischen Entscheidungsträgern und den Medien begrüßt und von den Behörden unterstützt werden.[666] Der Bundesverband Deutsche Startups ruft zudem nach

---

[660] Global Entrepreneurship Monitor, Länderbericht Deutschland 2014, S. 25; vgl. auch *Edmiston*, Economic Review 92.2. (2007), 73.
[661] Global Entrepreneurship Monitor, Länderbericht Deutschland 2014, S. 6.
[662] Vgl. die Initiative des Bundesministeriums für Bildung und Forschung, BT-Drucks. 16/10500, S. 21; dafür auch *Blanke*, DIE ZEIT v. 19.11.2015, S. 41; *Welfens*, Grundlagen der Wirtschaftspolitik, 5. Aufl. 2013, S. 365.
[663] *Welfens*, Grundlagen der Wirtschaftspolitik, 5. Aufl. 2013, S. 365.
[664] Vgl. BMWi, Schlaglichter der Wirtschaftspolitik, Monatsbericht März 2011, S. 20. Zum statistischen Hintergrund der Existenzgründungen siehe oben unter § 1 D) II.
[665] *Kahneman*, Thinking, Fast and Slow, 2012, S. 259.
[666] Mitteilung der Kommission zum Small Business Act 2008, S. 4, abrufbar unter http://eur-lex.europa.eu/LexUriServ/LexUriServ.do?uri=COM:2008:0394:FIN:de:PDF, Stand: 29.8.2016.

einer „Kultur der zweiten Chance" nach amerikanischem Vorbild auf, wonach ein Scheitern künftig optimistischer gesehen und die gewonnenen Erfahrungen als Startvorteil bei einem neuen Versuch begriffen werden soll.[667] Bei diesen im Ansatz berechtigten Anliegen sollte man sich jedoch davor hüten, einen übermäßigen Gründungsoptimismus zu schaffen, wie er in den USA verbreitet ist. Während das in Deutschland bestehende Extrem des Pessimismus möglicherweise von erfolgsversprechenden Gründungen abhält, erhöht der übermäßige Optimismus in den USA die Misserfolgsquote und hat damit erhebliche Kosten zur Folge.[668] Zu bedenken ist außerdem, dass sich ein positives Gründungsklima nicht automatisch auf das unternehmerische Umfeld und die Überlebenschancen junger Unternehmen auswirkt, sondern wegen der damit einhergehenden Intensivierung des Wettbewerbs vielmehr das Gegenteil bewirken kann. Was also für die Volkswirtschaft positiv ist, kann für die einzelnen Unternehmer und deren Investoren verhängnisvoll sein.[669]

D) Zusammenfassung

Ein gesonderter Rechtsschutz für bestimmte Rechtssubjekte kann mit Blick auf Individualinteressen oder auf kollektive Interessen gerechtfertigt sein. In die erste Kategorie fällt in erster Linie der Schwächerenschutz, in die zweite Kategorie vor allem das Gemeinwohl. Das Gemeinwohl umfasst insbesondere eine effiziente Ressourcenallokation. Ein gesonderter Schutz von kleinen Unternehmen kann aus beiden Gründen gerechtfertigt werden, sodass es auf den theoretischen Streit über das zulässige Ziel[670] in diesem Rahmen nicht ankommt. Einerseits weisen sie spezifische Schwächen auf, die einen Schwächerenschutz legitimieren. So werden sie verhältnismäßig stärker von regulierungsbedingten Kosten getroffen als größere Unternehmen (Kostenfaktor) und Störungen wie z.B. der Ausfall eines Arbeitnehmers fallen stärker ins Gewicht als in größeren Unternehmen (Risikofaktor). Erfahrungsdefizite im Rechtsverkehr (Erfahrungsfaktor) sind allerdings nur bei Existenzgründern empirisch belegt. Eine strukturelle Unterlegenheit gegenüber größeren Unternehmen (Unterlegenheitsfaktor) wird zwar häufig angenommen, ist aber empirisch nicht belegt und sollte daher allenfalls zurückhaltend zur Begründung kleinunternehmerschützenden Maßnahmen

---

[667] Vgl. Handelsblatt v. 18.4.2017, abrufbar unter http://www.handelsblatt.com/unternehmen/mittelstand/start-up-verband-fordert-kultur-der-zweiten-chance/19679460.html, Stand: 19.4.2017.

[668] Dazu oben § 2 B) II.

[669] *Dosi/Lovallo*, Rational Entrepreneurs or Optimistic Martyrs?, IIASA Working Paper WP-95-077, 1995; *Kahneman*, Thinking, Fast and Slow, 2012, S. 261.

[670] Dazu oben A) II. 3.

herangezogen werden. Andererseits sind kleine Unternehmen, wie in der wirtschaftswissenschaftlichen Literatur überwiegend angenommen wird, in volkswirtschaftlicher Hinsicht vorteilhaft. Angeführt werden vor allem positive Auswirkungen im Hinblick auf Arbeitsmarkt, Wettbewerb und Innovation. Dies gilt auch und gerade für Neugründungen, weniger hingegen für Solo-Selbständige.

Trotz dieser prinzipiellen Schutzwürdigkeit von kleinen Unternehmen ist kein Schutz um jeden Preis anzustreben, da dies unterschiedliche Wettbewerbsvoraussetzungen schaffen würde. Eine gesetzliche Typisierung ist hingegen möglich, wenngleich dadurch im Einzelfall auch solche Unternehmen geschützt werden, die dies gar nicht nötig hätten. Was die rechtstheoretische Einordnung des Schutzes anbelangt kann sich der Schutz sowohl auf das Unternehmen selbst als auch auf den Unternehmer beziehen, nicht aber auf Gesellschafter einer Kapitalgesellschaft. Der Schutz kann sowohl im Verhältnis der kleinen Unternehmen zu ihren Vertragspartnern – also Arbeitnehmern, Verbrauchern und anderen Unternehmen – als auch im Verhältnis zum Staat Platz greifen. Richtigerweise ist jedoch kein absoluter, sondern nur ein relativer, d.h. situationsgebundener Schutz zu legitimieren. Vorzugswürdig ist zudem ein genereller Schutz, kein Schutz konkret individueller Unternehmen. Was die Ausrichtung des Schutzes betrifft ist sowohl ein negativer Schutz denkbar, der auf die Abwehr von Belastungen gerichtet ist, als auch ein auf aktive Begünstigungsmaßnahmen gerichteter positiver Schutz. Im Hinblick auf Neugründungen ist eine Verstärkung des Gründungsgeschehens prinzipiell wünschenswert. Ein übermäßiger Gründungsoptimismus ist jedoch nicht anzustreben.

2. Kapitel:
Verwirklichung des rechtlichen Schutzes

§ 4 Historische Entwicklung des Schutzes kleiner Unternehmen

A) Einführung

Unternehmerschaft ist eine der ältesten Erwerbstätigkeiten der Geschichte.[1] Die Menschen sind seit jeher gezwungen, ihre existentiellen Bedürfnisse wie Nahrung, Kleidung und Unterkunft mit ihrer Arbeit zu befriedigen, weil die notwenigen Güter knapp oder nicht natürlich vorhanden waren. Im Laufe der Zeit wurden Mengen, welche die eigenen Bedürfnisse überstiegen, anderen Menschen zum Tausch angeboten. So konnte man auch Güter erhalten, die man selbst nicht beschaffen konnte. Neue Geschäftsmöglichkeiten zu entdecken oder identifizieren und diese selbständig umzusetzen ist bereits seit alten Zeiten von großer Bedeutung. Schon im babylonischen Reich (2000–1595 v. Chr.) gab es eine florierende Privatwirtschaft, in der es private – zum Teil als Gesellschaft organisierte – Handelsunternehmen gab.[2] In Europa war die organisatorische Einheit der Arbeit zunächst die Familie als Hauswirtschaft. Diese konnte sich im Laufe der weiteren Entwicklung je nach Möglichkeit auf bestimmte Produktionsformen spezialisieren, was zu einer Arbeitsteilung zwischen den Hauswirtschaften geführt hat. Diese Hauswirtschaften bildeten noch in der klassischen Antike die ökonomische Basis. Hinzu kamen selbständige Handwerker, z.B. Eisengewinnung, Schmiede- und Kunsthandwerk.[3] Die heutigen Erscheinungsformen der kleinen Unternehmen und ihre heutige Bedeutung für Wirtschaft und Gesellschaft können nur im historischen Zusammenhang richtig verstanden und gewertet werden. Kleine Unternehmen sind wie andere Institutionen einer Gesellschaft auch Ausdruck ihrer Kultur, und damit auch Ausdruck von kulturellen Unterschieden zwischen geographischen Räumen und geschichtlichen Epochen.[4]

---

[1] *Landström*, Pioneers in entrepreneurship and small business research, 2010, S. 3.
[2] *Wesel*, Geschichte des Rechts, 4. Aufl. 2014, S. 82.
[3] *Krämer*, Mittelstandsökonomik, 2003, S. 7.
[4] *Mugler*, Betriebswirtschaftslehre der Klein und Mittelbetriebe, 2. Aufl. 1995, S. 53.

B) Entwicklung in Deutschland

I. Vom Mittelalter bis zur frühen Neuzeit

1. Entwicklung der selbständigen Erwerbstätigkeit

Auch im Mittelalter bleibt die Hauswirtschaft auf der Grundlage eines Feudalsystems die Lebensgrundlage.[5] Wichtige maßgebliche Impulse erhielten Gewerbe und Handwerk durch die entstehenden Städte in Europa. Die Handwerkshäuser waren als Kleinbetriebe organisiert, in denen der Meister selbst mitarbeite und selten mehr als fünf Arbeiter tätig waren.[6] Der Bedarf an Gerätschaften, Gebäuden und anderen Gütern wurde immer größer, etwa durch die religiösen Einrichtungen (Kirchen, Klöster, Hospitäler usw.) oder das aufkommende Pilgertum.[7] Weitere Meilensteine waren die Entdeckung Amerikas, die Erfindung des Buchdrucks und der Ausbau der Fernhandelsbeziehungen mit Asien, die zu einer Ökonomik für Kaufleute geführt haben. Die Aktivität der ländlichen Hausindustrie führte jedoch von sich aus nicht zu einem selbstgeregelten wirtschaftlichen Wachstum modernen Zuschnitts, da sie schweren Konjunktureinbrüchen und der Konkurrenz der maschinellen Produktion nicht gewachsen waren.[8] Im 16. und 17. Jahrhundert entstand das Verlagswesen, worin die einzelnen Arbeitskräfte selbständig für einen Verlegerkaufmann arbeiteten, der die Ausrüstung und das Know-how zur Verfügung stellte. Das Verlagswesen war eine Frühform von Franchising und der Vorläufer späterer Fabriken in der Industrialisierung.[9] Aber noch im 18. Jahrhundert herrschten Kleinstbetriebe vor. Als Beispiel kann die oberösterreichische Stadt Steyr dienen, wo im Jahr 1762 folgende Unternehmen vermerkt wurden: Fünf Schmiedemeister mit insgesamt vier Gesellen, acht Bäckermeister mit acht Gesellen und einem Lehrling, vier Schlossermeister mit nur einem Schlossergesellen, ein Goldschmiedemeister mit zwei Gesellen und zwei Uhrmachermeister, die als Ein-Mann-Betriebe arbeiteten.[10]

Um 1800 waren rund 12 Prozent der Erwerbstätigen im Handwerk tätig; mit den Familienangehörigen und Hilfskräften lebten rund 17 Prozent der Bevölkerung vom Handwerk. Diese „Handwerksbevölkerung" wuchs Ende des 18. Jahrhunderts stetig an. Etwa die Hälfte der selbständigen Handwerker arbeitete als Alleinmeister, jeder zweie Meister hatte einen Gesellen oder Lehr-

---

[5] *Bauer/Matis*, Geburt der Neuzeit. Vom Feudalsystem zur Marktgesellschaft, Stuttgart 1989, S. 15.
[6] *Krämer*, Mittelstandsökonomik, 2003, S. 7; *Mugler*, Betriebswirtschaftslehre der Klein und Mittelbetriebe, 2. Aufl. 1995, S. 53.
[7] *Krämer*, Mittelstandsökonomik, 2003, S. 8; *Mugler*, Betriebswirtschaftslehre der Klein und Mittelbetriebe, 2. Aufl. 1995, S. 54
[8] *Wehler*, Deutsche Gesellschaftsgeschichte, Bd. 1, 1987, S. 99.
[9] *Mugler*, Betriebswirtschaftslehre der Klein und Mittelbetriebe, 2. Aufl. 1995, S. 56.
[10] *Mugler*, Betriebswirtschaftslehre der Klein und Mittelbetriebe, 2. Aufl. 1995, S. 55.

ling, und nur jeder dritte einen Gesellen.[11] Noch 1907 waren über die Hälfte aller Handwerksbetriebe Alleinbetriebe, die von einem einzelnen Meister ohne Hilfskräfte geführt wurden.[12] Dies zeigt, dass der Einmannbetrieb damals der häufigste Unternehmenstyp war. Ein regionaler Anstieg der Bevölkerung korrelierte oft mit einem Anstieg der Handwerksdichte. Damit ist die wichtige, empirisch allerdings schwer zu beantwortende Frage verbunden, ob der Anstieg des Handwerks auf einem Mangel an alternativen Erwerbsmöglichkeiten beruhte oder darauf, dass mit wachsendem Wohlstand die Tragfähigkeit des Gebiets für eine größere Handwerkerzahl wuchs.[13] Ersteres würde bedeuten, dass es damals schon das Phänomen der Notgründungen gegeben hätte, wenngleich noch nicht im Hinblick auf abhängige Arbeit als Alternative.[14] Nach Ansicht einiger Historiker tritt der günstige Wachstumseffekt stärker in den Vordergrund, wenn man eine längere historische Perspektive zugrunde legt, während die Analyse kurzer Zeitabschnitte eher die Schwierigkeiten der Handwerker mit einem skeptischen Urteil betont.[15] Insgesamt lässt sich festhalten, dass das vorindustrielle Gewerbe kleingewerblich organisiert war, wenn man von Manufakturen und Bergwerk einmal absieht, und vor allem aus dem Handwerk bestand. Zusammen mit dem Kleinhandel bildet es den „alten Mittelstand".[16] Die eigentliche Geschichte der gewerblichen kleinen Unternehmen begann mit der industriellen Revolution im späten 18. und frühen 19. Jahrhundert. Die Betriebsstruktur wurde nun grundlegend reorganisiert durch die Erfindung von Dampfmaschine und Eisenbahn, die Expansion des Dienstleistungssektors (Handel, Geld- und Kreditwesen), die Bildung freier Berufe (Ärzte, Rechtsanwälte, Architekten) und die Erforderlichkeit von Infrastrukturdiensten wie Verkehr, Erziehung und Ausbildung.[17]

2. Zünfte: Wirtschaftlicher und sozialer Schutz für Handwerker

Rechtlich waren die Handwerker bis zur Gewerbereform im Jahr 1810 in Zünften organisiert, welche das jeweilige Handwerk als Monopol kontrollierten und dabei Verwaltungsaufgaben und soziale Funktionen für ihre Mitglieder innehatten. Zünfte waren ständige, auf Zwangsmitgliedschaft beruhende korporative Vereinigungen der Handwerker eines Berufszweigs und bildeten das organisatorische

---

[11] *Wehler*, Deutsche Gesellschaftsgeschichte, Bd. 1, 1987, S. 90 f.
[12] *Ullrich*, Die nervöse Großmacht 1871–1914, 4. Aufl. 2001, S. 291 f.; *Lenger*, Sozialgeschichte der deutschen Handwerker seit 1800, 1988, S. 115.
[13] *Wehler*, Deutsche Gesellschaftsgeschichte, Bd. 1, 1987, S. 91.
[14] Zur Existenzgründung zur Vermeidung von Arbeitslosigkeit siehe oben § 2 B) II.
[15] *Schmoller*, Geschichte der deutschen Kleingewerbe im 19. Jahrhundert, 1870, S. 239 f.; *Wehler*, Deutsche Gesellschaftsgeschichte, Bd. 1, 1987, S. 91.
[16] *Nipperdey*, Deutsche Geschichte 1800–1866, 2. Aufl. 1984, S. 210.
[17] *Krämer*, Mittelstandsökonomik, 2003, S. 8.

Gehäuse, das dem „polyfunktionalen Sozialgebilde" des alten Handwerks einen institutionellen Rückhalt gab. Durch die restriktive Aufnahmepraxis wurden eine gezielte Marktregulierung und soziale Kontrolle verfolgt. Damit war die innere Zunftpolitik darauf ausgerichtet, allen Mitgliedern ein möglichst konstantes und gleichmäßiges Einkommen zu gewährleisten.[18] Dieses sog. „Nahrungsprinzip" bedeutete einen wirtschaftlichen Schutz der Handwerker durch Beschränkung der Konkurrenz. Die Zünfte hatten auch Einfluss auf die Betriebsgröße, da sie die Zahl der Gesellen und Lehrlinge regulierten. Erst das Reichsdekret von 1772 verlieh den Meistern das Recht, beliebig viele Gesellen und Lehrlingen zu beschäftigen. In die Ökonomie der Geschäfte wurde ebenfalls eingegriffen, indem der Kapitaleinsatz mit der Absicht beschränkt wurde, die Überlegenheit einzelner Zunftgenossen zu verhindern. Hinzu kam häufig ein Widerstand gegen neue Techniken und arbeitssparende Produktionsmethoden, der sich bis zur Ablehnung jedes leistungs- und innovationsorientierten Verhaltens steigern konnte. Mitunter wurden sogar Aufträge geschlossen für die Zunft angenommen, der Einkauf der Rohstoffe über die Zunft abgewickelt und der Verkauf fremder Produkte verboten.[19] Mit dem Unternehmertum der späteren Gewerbefreiheit und dem Modell des risikofreudigen und leistungsbereiten Unternehmens, das sich im 19. Jahrhundert herausbildete, hatte dies nichts gemein. Auch der heute vielfach angenommene Beitrag der kleinen Unternehmen zur Innovation[20] wurde damals gezielt verhindert. Schließlich übernahmen die Zünfte auch sozialpolitische Aufgaben, namentlich die Unterstützung bei Krankheit und anderen Unglücksfällen, aber ohne Rechtsanspruch auf Unterstützung durch die Zunftkasse.[21]

Als Hauptbestandteil der Stein-Hardenbergschen Reformen in Preußen wurden 1810 der Zunftzwang aufgehoben und die Gewerbefreiheit eingeführt. Die Aufhebung des Zunftzwangs setzte keineswegs einen Prozess schnellerer Durchsetzung kapitalistischer Unternehmungen auf Kosten des Handwerks in Gang, da sich das Fabrikwesen bis Mitte des 19. Jahrhunderts nur langsam entwickelte. Vielmehr führte die Aufhebung der Zünfte, die eine restriktive Zulassungspolitik zum Handwerk betrieben hatten, zu einem Aufschwung für Klein- und Mittelunternehmen, was zwangsläufig auch den Wettbewerb verstärkte.[22] Mit dem Zunftzwang entfielen zudem auch die sozialen Schutz- und Fürsorgeelemente.[23]

---

[18] *Bergmann*, Das Berliner Handwerk in den Frühphasen der Industrialisierung, 1973, S. 17 ff.; *Henning*, Handbuch der Wirtschafts- und Sozialgeschichte Deutschland, Bd.1, 1991, S. 232; *Wehler*, Deutsche Gesellschaftsgeschichte, Bd. 1, 1987, S. 92.
[19] *Wehler*, Deutsche Gesellschaftsgeschichte, Bd. 1, 1987, S. 93 f.
[20] Dazu oben § 3 B) II. 3. a) dd).
[21] *Henning*, Handbuch der Wirtschafts- und Sozialgeschichte Deutschland, Bd.1, 1991, S. 232.
[22] *Mugler*, Betriebswirtschaftslehre der Klein und Mittelbetriebe, 2. Aufl. 1995, S. 57.
[23] *Streit*, Theorie der Wirtschaftspolitik, 6. Aufl. 2005, S. 63.

Die Handwerker sahen daher in der Gewerbefreiheit eine Bedrohung. Nach ihrer Auffassung war die Gewerbefreiheit „das eigentliche Böse, die Wurzel allen Übels, das Prinzip des anonymen und entfesselten Marktes, der schrankenlosen egoistischen Konkurrenz, des Kampfes aller gegen alle, einer Welt, in der nicht die „Ehre" von Person und Arbeit, sondern der Markterfolg den sozialen Status bestimmten, sie war das Ende der Moral."[24]

II. 19. Jahrhundert bis zur Reichsgründung (1871)

1. Entwicklung der selbständigen Erwerbstätigkeit

Das 19. Jahrhundert ist in wirtschaftlicher Hinsicht vor allem durch die Industrialisierung gekennzeichnet. Industrialisierung bedeutete nicht nur das Entstehen von Fabriken mit Arbeitsteilung, sondern sie bewirkte auch das Entstehen und die Expansion des Dienstleistungssektors. Mit Ausnahme des kapitalintensiven Transportwesens wurden Dienstleistungen während der industriellen Revolution in kleinen Unternehmen produziert. Produkte und Dienste, die früher im „ganzen Haus" produziert wurden, mussten nun in selbständige Kleinunternehmen ausgelagert werden. Eine weitere Ursache für die Entstehung zahlreicher Kleinunternehmen lag darin, dass die Industrialisierung auf Infrastrukturdienste wie Verkehr, Erziehungs- und Ausbildungswesen angewiesen war. Mit der zunehmenden Spezialisierung der Produktion entwickelten sich zunehmend Dienstleistungen, die früher innerhalb der Gewerbebetriebe verrichtet wurden, zu unabhängigen oder freien Berufen mit eigenen Betrieben.[25] Das Wachstum der Industrie bewirkte zudem unmittelbar eine Zunahme des Handels: Die arbeitsteilig produzierende Gesellschaft beruht auf einem weiten Absatzmarkt, der nur durch Handel erreicht wird.[26] Umgekehrt wurden im Zuge der Industrialisierung einige Handwerkszweige durch die industrielle Konkurrenz sowie die veränderten produktionstechnischen und gewerberechtlichen Bedingungen zurückgedrängt oder sogar vernichtet.[27] In der Tat ging das Modell von *Marx* davon aus, dass sich die industriellen Großunternehmen immer mehr zulasten der kleineren und mittleren Unternehmen ausbreiten würden, was Teil der generellen zunehmenden Konzentration auf die beiden Klassen der Ausbeuter und der Ausgebeuteten sein sollte. Im Kommunistischen Manifest von 1848 schrieben *Marx/Engels*:

---

[24] *Nipperdey*, Deutsche Geschichte 1800–1866, 2. Aufl. 1984, S. 215, 217.
[25] *Mugler*, Betriebswirtschaftslehre der Klein und Mittelbetriebe, 2. Aufl. 1995, S. 56.
[26] *Schmoeckel*, Rechtsgeschichte der Wirtschaft, 2008, S. 8.
[27] *Wehler*, Deutsche Gesellschaftsgeschichte, Bd. 2, 3. Aufl. 1996, S. 55.

„Die bisherigen kleinen Mittelstände, die kleinen Industriellen, Kaufleute und Rentiers, die Handwerker und Bauern, alle diese Klassen fallen ins Proletariat hinab, theils dadurch, daß ihr kleines Kapital für den Betrieb der großen Industrie nicht ausreicht, und der Konkurrenz mit den größeren Kapitalisten erliegt, theils dadurch, daß ihre Geschicklichkeit von neuen Produktionsweisen entwerthet wird."[28]

Diese schematische Betrachtung wurde jedoch in der tatsächlichen Entwicklung nicht bestätigt.[29] Vielmehr entwickelten sich die einzelnen Handwerke sehr unterschiedlich. Einerseits wurden klassische Branchen wie Schuster und Schneider zum Großteil von der Fabrikproduktion verdrängt, andere Brachen wie Klempner und Schlosser in die Installation und Reparatur verdrängt. Andererseits konnten im Zuge der Industrialisierung neue, lukrative Handwerkszweige wie Feinmechanik entstehen. *Thomas Nipperdey* bezeichnet dies als Doppelentwicklung: Krise und Abstieg einerseits, Selbstbehauptung und Erneuerung andererseits.[30] Dies ist Ausdruck des von *Schumpeter* als „schöpferische Zerstörung" bezeichneten Prozesses. Quer zu der Unterteilung zwischen Selbständigen und Unselbständigen standen die „Alleinmeister", die sich nicht als Arbeitgeber verstanden und am Rande oder mit der Arbeiterschaft lebten.[31] Trotz der Überlebens- und Modernisierungskraft verlor das Handwerk als Wirtschaftssektor an Gewicht, zum führenden Wirtschaftssektor wurde die Industrie.[32] Gleichwohl behielten die Handwerker ein ausgeprägtes Statusbewusstsein und legten Wert auf eine strenge Abgrenzung gegenüber dem Proletariat.[33] Den Aufstieg vom Kleinunternehmer zum Industriellen schafften Handwerker allerdings fast nie, am häufigsten gelang dies noch Kaufmännern, Verlegern oder Gastwirten. Große Industrieunternehmen wurden regelmäßig von Grundherrn, Bankeigentümern und großen Handelsherren gegründet, zumeist mit Hilfe von Fremdkapital.[34] In dieser Epoche wurde ein neuer Unternehmertypus zum Leitbild, nämlich der „unternehmerische Mensch" mit Risikofreudigkeit und Leistungsbereitschaft. Zu Beginn der Industrialisierung war jedoch in Deutschland das Prestige des Unternehmers – im Gegensatz zu England – noch relativ gering.[35]

---

[28] *Marx/Engels*, Manifest der Kommunistischen Partei, 1848, Nachdruck 1965, S. 8. Zum prophezeiten Untergang der kleinbetrieblichen Produktionsweise siehe oben § 3 B) II. 2.
[29] *Henning*, Handbuch der Wirtschafts- und Sozialgeschichte Deutschland, Bd. 2, 1996, S. 878.
[30] *Nipperdey*, Deutsche Geschichte 1866–1918, Bd. 1, 1990, S. 255.
[31] *Nipperdey*, Deutsche Geschichte 1866–1918, Bd. 1, 1990, S. 258.
[32] *Nipperdey*, Deutsche Geschichte 1866–1918, Bd. 1, 1990, S. 258.
[33] *Nipperdey*, Deutsche Geschichte 1866–1918, Bd. 1, 1990, S. 253.
[34] *Mugler*, Betriebswirtschaftslehre der Klein und Mittelbetriebe, 2. Aufl. 1995, S. 58.
[35] *Matis*, Das Industriesystem, 1988, S. 116.

2. Entstehung der sozialen Frage

Unter der sozialen Frage werden die sozialen Missstände im 19. Jahrhundert verstanden, die dadurch entstanden, dass das Wirtschaftswachstum nicht mit dem Bevölkerungswachstum mithalten konnte und es deshalb zu wenige Arbeitsmöglichkeiten gab. Dies betraf zunächst vor allem die Arbeiterschaft. Mitte des 19. Jahrhunderts drängte das Arbeitskräftepotential aber auch in breitem Umfang ins Kleingewerbe. Dies führte zu einem erheblichen Anstieg der Meistergesellen und Gehilfen. Da die Kaufkraft nicht in gleichem Maße wuchs, kam es zu Unterbeschäftigung und sinkenden Einkommen der Meister bzw. Löhnen der Gehilfen. Damit sank zugleich der Stellenwert des Handwerks.[36] Ein Viertel der Kleinunternehmer lebte am Rande oder unter dem Existenzminimum, und der Großteil zahlte keine Gewerbesteuer. Insgesamt war das Handwerk zu dieser Zeit ökonomisch kein Wirtschaftssektor, sondern – wie die Unterschichten auf dem Land – von der massenhaften Verarmung bedroht.[37]

3. Schutzmaßnahmen

Angesichts der sozialen Entwicklungen forderten viele Handwerker, die Gewerbefreiheit überall, wo sie eingeführt worden war, aufzuheben und die Zünfte wieder zu stärken, dem Handwerk also wieder eine möglichst weitreichende autonome Kontrolle über die gesamte Gewerbewirtschaft zu übertragen. Auch wenn dies letztlich ein „wirklichkeitsfremder Kampf gegen eine unaufhaltsame Entwicklung" war, ging damals angesichts der großen Zahl betroffener Personen – fast 20 Prozent der Bevölkerung – ein erheblicher Druck aus, der die süddeutschen Verfassungsstaaten von einer Liberalisierung ihrer Gewerbepolitik abhielt und in Preußen zu einer langanhaltenden Diskussion über eine Revision der Reformen führte.[38] Die konservativen Regierungen der Zeit nach 1848/49 versuchten, dem Protest der Handwerker dadurch Rechnung zu tragen, indem sie die Gewerbefreiheit durch Einführung des Befähigungsnachweises einschränkten und die (nunmehr freiwilligen) Zünfte durch Übertragung von Ausbildungs- und Prüfungsaufgaben stärkten. Diese Politik konnte der Überbesetzung und Unterbeschäftigung jedoch nicht wirksam entgegenwirken. Vielmehr gingen Ende der 1850er Jahre fast alle Staaten doch zur Gewerbefreiheit über, gesamtpolitisch setzte sich das liberale Konzept „Fortschritt durch Konkurrenz und Selbsthilfe durch Genossenschaften" durch.[39] Eine Hilfe für die in der freien Marktwirtschaft überforderten Handwerker gelang mit einer neuen Form des an sich alten Genossenschaftsgedankens, wonach Genossenschaften steuerliche Privilegien und Schutzgesetze erhielten (Preußen: 1867, Österreich: 1873,

---

[36] *Wehler*, Deutsche Gesellschaftsgeschichte, Bd. 2, 3. Aufl. 1996, S. 58.
[37] *Nipperdey*, Deutsche Geschichte 1800–1866, 2. Aufl. 1984, S. 210 f.
[38] *Wehler*, Deutsche Gesellschaftsgeschichte, Bd. 2, 3. Aufl. 1996, S. 59.
[39] *Nipperdey*, Deutsche Geschichte 1800–1866, 2. Aufl. 1984, S. 215.

Schweiz: 1881).[40] In Deutschland kamen noch zahlreiche einzelne Organisationen zur Interessenvertretung hinzu, von denen allerdings erst der Allgemeine Deutsche Handwerkerbund 1882 nennenswerte politische Macht hatte. In Österreich wurde das Handwerk ab 1807 – später auch in Deutschland – in Innungen und Handwerkskammern organisiert, die sowohl wirksame Schutzinstrumente als auch schlagkräftige Interessenvertretungen bildeten.[41] Der Deutsche Zollverein verfolgte zudem eine Schutzzollpolitik für das Gewerbe.[42]

III. Kaiserreich (1871–1918)

1. Entwicklung der selbständigen Erwerbstätigkeit

a) Rechtstatsächlicher Hintergrund und volkswirtschaftliche Bedeutung

Zur Zeit der Reichsgründung bestand die wirtschaftsbürgerliche Oberklasse aus den alten Oberschichten mit den aufgestiegenen, zuvor „außerständischen" Angehörigen der neuen Unternehmer-Bourgeoisie. Die Kleinunternehmer, die hauptsächlich aus Handwerkern und Kleinhändlern bestanden, fielen aus dieser privilegierten Gemeindebürgerschaft heraus.[43] Auf die Kleingewerbetreibenden in Handwerk und Handel verengte sich im letzten Drittel des 19. Jahrhunderts auch der Mittelstands-Begriff, nachdem dieser noch bis zur Reichsgründung vor allem die durch Besitz und Bildung privilegierten Schichten umfasste.[44] Obwohl es im Kaiserreich zum wirtschaftlichen Durchbruch der Großunternehmen kam,[45] blieben die meisten Arbeitnehmer in kleinen Unternehmen beschäftigt.[46] Das Statistische Reichsamt führte innerhalb des Deutschen Reiches vor 1914 mehrere Erhebungen durch, wobei Kleinbetriebe definiert waren als Unternehmen mit höchstens fünf Arbeitnehmern, Mittelbetriebe als Unternehmen mit 6–50 Arbeitnehmern und Großbetriebe als Unternehmen mit mehr als 50 Arbeitnehmern.[47] Diese ergaben folgendes Bild:

---

[40] *Brusatti*, Wirtschafts- und Sozialgeschichte des industriellen Zeitalters, 1967, S. 162.
[41] *Mugler*, Betriebswirtschaftslehre der Klein und Mittelbetriebe, 2. Aufl. 1995, S. 58.
[42] *Mugler*, Betriebswirtschaftslehre der Klein und Mittelbetriebe, 2. Aufl. 1995, S. 57.
[43] *Wehler*, Deutsche Gesellschaftsgeschichte, Bd. 3, 1995, S. 750; vgl. auch *Henning*, Handbuch der Wirtschafts- und Sozialgeschichte Deutschland, Bd. 2, 1996, S. 877.
[44] Vgl. *Franke*, Die Kleinbürger, 1988, S. 24 f. Zur Entwicklung des Begriffes siehe oben § 1 c).
[45] Trotzdem bildete Deutschland bei der Entwicklung von größeren Unternehmen im Vergleich mit Frankreich, England und den USA das Schlusslicht, vgl. *Burhop*, Wirtschaftsgeschichte des Kaiserreichs, 2011, S. 140.
[46] *Burhop*, Wirtschaftsgeschichte des Kaiserreichs, 2011, S. 139.
[47] Quelle: Statistisches Reichsamt, zit. nach *Henning*, Handbuch der Wirtschafts- und Sozialgeschichte Deutschland, Bd. 2, 1996, S. 880, nach dem diese Einteilung jedoch schon damals nicht mehr zeitgemäß war. Vgl. auch *Born*, Wirtschafts- und Sozialgeschichte des Deutschen Kaiserreichs, 1985, S. 60.

	1882	1895	1907
Erwerbstätige			
Kleinbetriebe	3.270	3.191	3.200
Mittelbetriebe	1.109	1.902	2.715
Großbetriebe	1.554	2.907	4.938
Zusammen	5.934	8.001	10.853
Unternehmen			
Kleinbetriebe	2.176	1.990	1.870
Mittelbetriebe	85	139	187
Großbetriebe	9	18	29
Zusammen	2.270	2.147	2.086

Kleinunternehmen hatten in der damaligen Zeit eine weitgehende Stabilität sowohl im Hinblick auf die Zahl der Beschäftigten als auch auf die Zahl der einzelnen Unternehmen aufgewiesen und seien sogar sowohl nach der Zahl der Erwerbstätigen als auch nach der Zahl der einzelnen Unternehmen deutlich gewachsen. Die kleinen Unternehmen stellten ein breites Innovationspotential dar. Gleichzeitig sorgten sie für eine schnellere Anpassungsfähigkeit im Hinblick auf wirtschaftliche Veränderungen. Sie schufen damit ein erhebliches Entwicklungspotential, auch wenn nur wenige Unternehmer dynamisch genug waren und das notwenige Glück hatten, das eigene Unternehmen erheblich expandieren zu lassen. Aber auch statistisch betrachtet bildeten die kleinen Unternehmen eine stabile Grundlage des sekundären Sektors. Im tertiären (= dienstleistungsbezogenen) Sektor waren kleine Unternehmen schon in jener Zeit prägend.[48] Dies zeigt, dass kleine Unternehmen bereits im Kaiserreich eine erhebliche volkswirtschaftliche Bedeutung hatten. *Friedrich-Wilhelm Henning* konstatiert allerdings, dass es schon damals branchenabhängige Unterschiede gab. So waren das Versicherungswesen und die aufkommenden Warenhauskonzerne durch großbetriebliche Strukturen charakterisiert, während sich die Kleinunternehmen im Handel länger halten konnten. Tante-Emma-Läden konnten damals sogar noch expandieren, insbesondere in den auf den täglichen Nahrungsmittelbedarf ausgerichteten neuen Wohnquartieren, während die Warenhäuser in der Regel keine Nahrungsmittel verkauften.[49]

---

[48] *Born*, Wirtschafts- und Sozialgeschichte des Deutschen Kaiserreichs, 1985, S. 51; *Henning*, Handbuch der Wirtschafts- und Sozialgeschichte Deutschland, Bd. 2, 1996, S. 879.
[49] *Henning*, Handbuch der Wirtschafts- und Sozialgeschichte Deutschland, Bd. 2, 1996, S. 879.

b) Zunehmende wirtschaftliche Probleme

Die Selbständigkeit der Kleinunternehmer war häufig unsicher und gefährdet, und nicht wenige glitten in das Industrieproletariat ab. Ein generelles Problem war, dass sie eingeschränktere Finanzierungsmöglichkeiten hatten als Großunternehmen und im Wesentlichen auf Darlehen von Genossenschaftsbanken oder Sparkassen beschränkt waren.[50] Dieses Problem besteht noch heute und beschäftigt sowohl die nationale als auch die europäische Politik.[51] Im Übrigen ist zwischen Handwerk und Kleinhandel zu unterscheiden. Vom Handwerk wird häufig berichtet, dass es in den letzten Jahrzehnten des 19. Jahrhunderts angesichts der übermächtigen Konkurrenz der Industrie vom Untergang oder zumindest vom massiven Niedergang bedroht schien.[52] Zutreffend ist jedoch nach den Brachen zu differenzieren: Einigen Handwerksbranchen wie das Bau- und Nahrungsgewerbe kam die Industrialisierung und Urbanisierung zugute. Diese waren beteiligt an der ökonomischen Konzentrationsbewegung mit ihrem Trend zu größeren, leistungsfähigeren, hoch kapitalisierten und technisierten Unternehmen. Andere traditionelle Handwerkszweige wie Schneider, Schuhmacher oder Schreiner konnten gegen die billiger produzierende Konkurrenz der städtischen Fabriken und ländlichen Hausindustrie jedoch nicht ankommen. Ihre Angehörigen lebten häufig am Rande einer proletarischen Existenz.[53]

Im Kleinhandel gab es ähnliche Unterschiede in Einkommen und Sicherheit: Während einige Spezialgeschäfte in den Geschäftsstraßen der Großstädte die Bedürfnisse ihrer zahlungskräftigen Kunden zu befriedigen strebten, warfen viele kleine Gemischtwaren- und Kolonialwarenläden nur geringen Gewinn ab und ihre Inhaber wechselten häufig. Die Kleinhändler hatten besonders unter der Konkurrenz durch die Großunternehmen – den Großkaufhäusern, Magazinen, Versandgeschäften und Konsumvereinen – zu leiden. Diese waren durch moderne Methoden der Lagerung, Konservierung und Werbung im Vorteil und konnten die Preise auf ein Niveau drücken, das die Kleinhändler leicht in den Ruin trieb. Die Spezialisierung nach Kundenbedürfnissen und einkaufsorganisatorischen Gesichtspunkten konnte diese nicht nachhaltig entlasten. Überdies sahen sich Kleinhändler zunehmender interner Konkurrenz ausgesetzt, da es in diesem Gewerbe keine Zugangsvoraussetzungen wie Befähigungsnachweise gab und es durch anhaltende Neugründungen zu Überbesetzung kam. Mehr als die Hälfte der Inhaber mussten ihr Geschäft unter dürftigen Umständen ohne Mitarbeiter betreiben und den Geschäftsraum mieten, da sie keine Immobilien

---

[50] *Burhop*, Wirtschaftsgeschichte des Kaiserreichs, 2011, S. 219.
[51] Siehe oben unter § 3 B) II.1.
[52] Vgl. *Nipperdey*, Deutsche Geschichte 1866–1918, Bd. 1, 1990, S. 253.
[53] *Ullrich*, Die nervöse Großmacht 1871–1918, 4. Aufl. 2001, S. 291; differenzierend auch *Born*, Wirtschafts- und Sozialgeschichte des Deutschen Kaiserreichs, 1985, S. 50.

hatten.⁵⁴ Vor diesem Hintergrund mussten viele Unternehmer ihr Geschäft aufgeben oder Konkurs anmelden. In Bremen musste z.B. zwischen 1890 und 1914 ein Drittel aller Kleinhändler ihr Geschäft schon nach sechs Jahren aufgeben.⁵⁵ Auf das ganze Reich übertragen bedeutet dies das Neugründen und Scheitern von Hunderttausenden von kleinen Geschäften jeweils innerhalb weniger Jahre. Häufig mussten Ehefrauen und Kinder ein Nebeneinkommen verdienen, da die meisten Alleinunternehmen keinen auskömmlichen Lebensunterhalt ermöglichten.⁵⁶ Dies zeigt einmal mehr, dass heute keine „Unternehmensgründungen um jeden Preis" angestrebt werden sollten, da das Konkurrenzproblem weiterhin besteht.⁵⁷

Trotz dieser Existenzen in subproletarischen Verhältnissen hielt sich eine ausgeprägte Kleinbürgermentalität, nach welcher sich Kleinunternehmer energisch von dem Proletariat und der Sozialdemokratie abgrenzten.⁵⁸ Viele Meister sahen sich dem Arbeitgeberlager zugehörig und opponierten ebenso vehement gegen Streiks wie die Großunternehmen, während ihre Gesellen vielfach Wähler der Sozialdemokratie waren. Diese Entwicklung wurde politisch forciert, um die Sozialdemokratie einzudämmen. *Johannes von Miquel* (1828–1901), der seit 1890 preußischer Finanzminister und zuvor nationalliberaler Reichstagsabgeordneter war, strebte eine „Sammlung" aller Kräfte an, welche die bestehende Staats- und Gesellschaftsordnung bejahten.⁵⁹ 1879 forderte er, die Vernachlässigung des Handwerks durch Regierung und herrschende Schichten zu beenden, denn dieser Zustand sei

„ein höchst gefährlicher, besonders gefährlich in Zeiten revolutionärer Agitation gegen die Grundlagen unserer gesellschaftlichen Ordnung." ⁶⁰

Von Miquel versuchte eine große Allianz der Eliten zu bilden, die Industrie und Landwirtschaft, Liberalismus und Konservatismus, jeweils in ihrer Gesamtheit, umfasste. Der Mittelstand sollte das breite gesellschaftliche Fundament bilden, mit dem Handwerk als hartem Kern.⁶¹ Der Gegensatz von Kapital und Arbeit trieb auch die Handwerksmeister und die Gesellen so weit auseinander, dass sich die vermeintliche Homogenität des „alten Mittelstandes" als Illusion erwies. Er konnte nicht, wie er es beanspruchte, gleichzeitig gegen die „Herrschaft des Kapitals" und gegen die Umsturzdrohung der Sozialdemokratie an-

---

⁵⁴ *Wehler*, Deutsche Gesellschaftsgeschichte, Bd. 3, 1995, S. 756 f.
⁵⁵ *Haupt*, in: Kocka, Bürgertum im 19. Jahrhundert, Bd. 3, 1995, S. 95; *Ullrich*, Die nervöse Großmacht 1871–1918, 4. Aufl. 2001, S. 292.
⁵⁶ *Wehler*, Deutsche Gesellschaftsgeschichte, Bd. 3, 1995, S. 757.
⁵⁷ Siehe oben unter § 3 C) III. 2.
⁵⁸ *Wehler*, Deutsche Gesellschaftsgeschichte, Bd. 3, 1995, S. 755, 757.
⁵⁹ *Winkler*, Der lange Weg nach Westen I, 2000. S. 270 f.
⁶⁰ Zit. nach *Winkler*, Der lange Weg nach Westen I, 2000. S. 271.
⁶¹ *Winkler*, Der lange Weg nach Westen I, 2000. S. 271.

treten.[62] Dies zeigt, dass sich Kleinunternehmer damals zumindest in ideeller Hinsicht in einer Mittelstellung zwischen Arbeitern und Großunternehmen befanden, während sie in wirtschaftlicher Hinsicht zumindest in einigen Branchen mit Arbeitern vergleichbar waren.

2. Schutzmaßnahmen

So kam es, dass sowohl Handwerker als auch Einzelhändler forderten, dass der Staat den gewerblichen Mittelstand schützt und seine Überlebensfähigkeit sichert. Die Forderungen von protektionistischen Maßnahmen wurden auf eine angeblich unentbehrliche gesellschaftliche Ausgleichsfunktion des Mittelstandes gestützt:

„Reich und Monarchie stürzen zusammen, sobald es nur noch eine unbekümmerte Plutokratie und ein hasserfülltes Proletariat gibt, sobald der als Puffer und Ausgleich dienende Mittelstand verschwunden ist".[63]

Dahinter stand die Angst vor dem Verlust der ökonomischen Selbständigkeit und einem Absinken ins Proletariat. Dies war – soweit ersichtlich – der erste Ruf nach staatlichem Schutz für kleine Unternehmen, der mit ihrer gesellschaftlichen und ökonomischen Bedeutung begründet wurde. Beim Staat stieß dies durchaus auf offene Ohren, da er den alten Mittelstand wie geschildert nach den Plänen *von Miquels* in die gesellschaftliche Sammlung gegen die Sozialdemokratie integrieren wollte. Der Staat lehnte die protektionistischen Forderungen des gewerblichen Mittelstandes nur insoweit ab, wo sie mit großindustriellen Interessen kollidierten, nicht jedoch, soweit sie die Interessen der Verbraucher und kommerziellen Außenseiter beeinträchtigten.[64] Interessanterweise suchte ein großer Teil der Kleinunternehmer Unterstützung von den konservativen „Eliten", um sich gegenüber den Kräften rückzuversichern, die nach mehr Wettbewerb strebten.[65] Dies kam darin zum Ausdruck, dass sich die größte mittelständische Organisation, der Reichsdeutsche Mittelstandsverband, im Jahr 1913 mit dem Bund der Landwirte und dem Zentralverband deutscher Industrieller zum Kartell der schaffenden Stände zusammenschloss.[66]

---

[62] *Wehler*, Deutsche Gesellschaftsgeschichte, Bd. 3, 1995, S. 755.
[63] Zit. nach *Winkler*, Der deutsche Mittelstand vom Kaiserreich zur Bundesrepublik, 1991, S. 25.; vgl. auch *ders.*, Mittelstand, Demokratie und Nationalsozialismus, 1972, 44 ff.
[64] *Winkler*, Mittelstand, Demokratie und Nationalsozialismus, 1972, S. 58.
[65] *Winkler*, Der deutsche Mittelstand vom Kaiserreich zur Bundesrepublik, 1991, S. 10.
[66] *Ullrich*, Die nervöse Großmacht 1871–1918, 4. Aufl. 2001, S. 293.

a) Einrichtung von Interessenvertretungen und Zulassungsbeschränkungen

Angesichts dieser Belastungen fanden die Rufe nach eigener Interessenorganisation und direktem Beistand des Staates immer mehr Resonanz.[67] Nachdem ein „Deutscher Handwerkerbund" in den liberalen 1860er Jahren keinen spürbaren Einfluss entfalten konnte, wurde 1882 der „Allgemeine Deutsche Handwerkerbund" gegründet. In diesem waren 300 Delegierte vertreten, die Zwangsinnungen sowie Meisterprüfung und großen Befähigungsnachweis als Voraussetzung eines selbständigen Gewerbebetriebs forderten. Diese Forderungen sollten erst ein halbes Jahrhundert später erfüllt werden. Seit 1881 gab es freiwillige Innungen, seit 1897 Handwerkskammern und die sog. fakultativen Zwangsinnungen. Diese freien und staatlich geregelten Organisationen konkurrierten jedoch untereinander und waren insoweit schwach.[68] Seit den 1890er Jahren wurde Mittelstandspolitik im strengeren Sinn von den Parteien und Verbänden als politisches Betätigungsfeld entdeckt. Dieser nahmen sich zum einen die Nationalliberalen an, die im Handwerk traditionell eine bedeutsame Klientel hatten, zum anderen insbesondere das konservative Spektrum mit den Deutschkonservativen und dem Zentrum. Dadurch erhofften sie einen weiteren Garanten der soziopolitischen Stabilität, der sich gegen die Sozialdemokratie ins Feld führen ließ, die vor dem Hintergrund der Marxschen Proletarisierungsprognose[69] das Absinken der unteren Mittelklassen in die Arbeiterschaft prophezeite. Diese Parteien verstanden es, mittelstandspolitische Ziele in die Staatsorgane hineinzutragen, sodass diese „mehr und mehr gouvernemental" wurden.[70] Dies zeigt, dass Mittelstandspolitik ursprünglich von den konservativen Parteien verfolgt wurde, um der Sozialdemokratie insoweit den Wind aus den Segeln zu nehmen. Damit gaben sich die Kleinunternehmer nicht zufrieden und gründeten 1900 eine Interessenfusion im „Deutschen Handwerks- und Gewerbetag", der den Allgeneinen Deutschen Handwerkerbund bald an Bedeutung übertraf. Die Repräsentanten des „alten Mittelstandes", also Handwerk und Kleinhandel, forderten einen gezielten staatlichen Protektionismus. Zur Begründung beriefen sie sich einmal mehr auf eine staatserhaltende, zwischen den Extremen ausgleichende Funktion der Mittelklassen angesichts der bedrohlichen Klassenspannungen:

„In allen Fällen bildet der Mittelstand einen notwendigen Ausgleich zwischen Aristokratie und Proletariat. Eine breite Mittelschicht ist für die soziale Struktur, für die nationale Wohlfahrt unentbehrlich. Der Mittelstand bildet im Volkskörper das Rückgrat, und

---

[67] *Winkler*, Mittelstand, Demokratie und Nationalsozialismus, 1972, S. 46 ff.
[68] *Nipperdey*, Deutsche Geschichte 1866–1918, Bd. 1, 1990, S. 258.
[69] *Marx/Engels*, Manifest der Kommunistischen Partei, 1848, Nachdruck 1965, S. 8. Dazu bereits oben unter II. 1.
[70] *Wehler*, Deutsche Gesellschaftsgeschichte, Bd. 3, 1995, S. 753 f.

§ 4 Historische Entwicklung des Schutzes kleiner Unternehmen

wenn der Mittelstand schwindet, so führt das zu einer sozialen Volkskrankheit zu einer Art Rückenmarksschwindsucht"[71]

Darin kam neben der Besorgnis auch eine gewisse Arroganz zum Ausdruck.[72] Diese Klassenspannungen dürfte es heute in dieser Form nicht mehr geben, sodass diese (angebliche) Bedeutung des Mittelstandes entfallen ist. 1908 wurde zumindest der kleine Befähigungsnachweis eingeführt, wonach nur Meister zur Ausbildung von Lehrlingen berechtigt waren. Danach blieb zwar nicht der Betrieb eines Handwerks, wohl aber die Ausbildung von Lehrlingen den geprüften Meistern vorbehalten. Mit Unterstützung der Berliner Regierung wurden weitere Interessenvertretungen gegründet, so die „Deutsche Mittelstandsvereinigung" (1904–1913) und der „Reichsdeutsche Mittelstandsverband" (1911–1920), der immerhin 630.000 Mitglieder gewinnen konnte.

b) Einführung der Warenhaussteuer

Besonders bemerkenswert ist eine Maßnahme, die sich speziell gegen die großen Warenhäuser richtete. Diese wurden von vielen Einzelhändlern als übermächtige und unlautere Konkurrenz empfunden, da sie ihre Waren unter Ausschaltung des Großhandels direkt vom Produzenten beziehen und dadurch Kostenvorteile erlangen konnten. In einigen Einzelstaaten kam die Gesetzgebung den mittelständischen Wünschen nach einer Ausgleichssteuer zur Neutralisierung des Kostenvorteils entgegen. In Preußen wurden die Warenhäuser seit 1900 mit einer Sondersteuer belegt, und in Württemberg wurden 1903 die Gemeinden ermächtigt, eine Warenhaussteuer zu erheben. Diese Sondersteuer sollte die Warenhäuser gezielt belasten und deren Preisdumping erschweren.[73] In der Sache wurde damit erstmals eine Differenzierung nach der Unternehmensgröße vorgenommen. Den gewünschten Erfolg hatte die Warenhaussteuer indes nicht, da die Warenhäuser die neue Belastung weitgehend auf ihre Lieferanten abwälzten und zudem in ihrer Aktivität weiter angespornt wurden.[74]

c) Einführung des Wettbewerbsrechts

Der Erfolg der Warenhäuser wurde häufig in betrügerischen Methoden und zweifelhaften Praktiken gesehen, die jeder gute Kaufmann ablehnen würde: Unter dem Einkaufspreis zu verkaufen, Lieferanten und Angestellte auszubeuten oder weitgehend standardisierte Produkte anbieten, die von schlechtem Ge-

---

[71] So der Westfälische Handwerkerfreund, zit. nach *Wehler*, Deutsche Gesellschaftsgeschichte, Bd. 3, 1995, S. 754.
[72] *Wehler*, Deutsche Gesellschaftsgeschichte, Bd. 3, 1995, S. 754.
[73] *Born*, Wirtschafts- und Sozialgeschichte des Deutschen Kaiserreichs, 1985, S. 60; *Wehler*, Deutsche Gesellschaftsgeschichte, Bd. 3, 1995, S. 756.
[74] *Wehler*, Deutsche Gesellschaftsgeschichte, Bd. 3, 1995, S. 756.

schmack zeugten und von minderer Qualität seien.[75] Derartige Vorwürfe wurden auch in Publikationen der Interessenverbände des Kleinhandels erhoben, die die Rückkehr zu reelleren Handelsmethoden und einem seriöseren Handel forderten.[76] Nachgewiesen ist die Praxis der Warenhäuser, durch vielfältige Aus- und Sonderverkäufe die Preiswürdigkeit unter Beweis zu stellen und zugleich die Umschlagsgeschwindigkeit der Waren zu erhöhen, um so den Kapitaleinsatz intensivieren zu können.[77]

Eine staatliche Maßnahme gegen den vermeintlich unlauteren Wettbewerb der Warenhäuser war die Einführung des 1896 erlassenen und 1909 neugefassten Gesetzes gegen den unlauteren Wettbewerb (UWG).[78] Dieses begrenzte in der novellierten Fassung die Ausverkäufe der Warenhäuser, insbesondere durch das Verbot des Nachschiebens von Waren und des Vorschubs von Waren, also die Komplettierung eines Warenlagers vor Beginn des Ausverkaufs. Zudem wurde der Ausverkauf an bestimmte Kriterien gebunden, er wurde anzeigepflichtig und es wurden von den Veranstaltern eidesstattliche Erklärungen gefordert. Tatsächlich führten das Gesetz und seine konsequente Anwendung in der Rechtsprechung zu einem deutlichen Rückgang der Ausverkäufe.[79] Weitergehende Forderungen aus Mittelstandskreisen, etwa die Begrenzung oder gar Unterbindung von Preisschleuderei, Lockartikeln, übermäßiger Rabatte, Zugaben und gewissen Formen der Ausstellungen, wurden jedoch nicht aufgenommen. Diese Entwicklung zeigt, dass das Wettbewerbsrecht ursprünglich dem Schutz von kleinen Unternehmen diente und Teil einer für das Kaiserreich typischen Mittelstandspolitik war, indem einige, jedoch nicht alle Forderungen des Mittelstandes erfüllt wurden.[80]

IV. Weimarer Republik (1919–1933)

1. Entwicklung der selbständigen Erwerbstätigkeit

Zur Zeit der Weimarer Republik erwiesen sich die kleinen Unternehmen in den klassischen Massenhandwerken als erstaunlich anpassungsfähig. Während Schneider-, Schuster- und Möbelbauerbetriebe vielfach von der Hausindustrie verdrängt wurden, profitierten die konsolidierten Betriebe von der fortschrei-

---

[75] *Haupt*, Konsum und Handel, 2003, S. 85.
[76] *Haupt*, Konsum und Handel, 2003, S. 85.
[77] *Spiekermann*, Basis der Konsumgesellschaft, 1999, S. 373.
[78] In der Fassung von 1896 noch „Gesetz zur Bekämpfung des unlauteren Wettbewerbs" genannt.
[79] *Spiekermann*, Basis der Konsumgesellschaft, 1999, S. 439.
[80] *Spiekermann*, Basis der Konsumgesellschaft, 1999, S. 439. Zum Zusammenhang des Mittelstandsschutzes mit dem Schutz des Wettbewerbs als Institution *Seifert*, Der Schutz kleiner und mittlerer Unternehmen im deutschen und europäischen Wirtschaftsrecht, 2006, S. 154.

tenden Motorisierung sowie der Verbreitung der doppelten Buchführung und modernen Werbungsmethoden. Neben diesen anpassungsfähigen Traditionshandwerkern setzten sich neue Handwerksberufe durch, z.B. Mechaniker für Fahrräder, Näh- und Büromaschinen, Autos und Motorräder. Kleine Unternehmen mussten sich jedoch mit Reparaturarbeiten begnügen, zur Neuanfertigung waren sie nicht imstande.[81] An die Stelle untergehender Gewerbe konnten damit neue, aussichtsreiche Handwerksbranchen treten. Somit blieb das Kleingewerbe ein „Weggenosse des Wachstums".[82] Dies zeigt, dass kleine Unternehmen schon damals zumindest teilweise flexibel waren und zum wirtschaftlichen Wachstum beigetragen haben; insgesamt also dem Prozess der schöpferischen Zerstörung unterlagen. Während der „goldenen Jahre" nach der Inflation 1924–1929 konnte das städtische Handwerk seinen Umsatz zunächst verdoppeln und stand sich durchweg besser als die Industriearbeiterschaft, das Landhandwerk – zu dem fast drei Viertel aller Handwerker zählten – hatte hingegen seit 1926 nachhaltig unter der neuen Agrarkrise zu leiden. In der Weltwirtschaftskrise schien das Handwerk zunächst einigermaßen vor dem Übergreifen der industriellen Arbeitslosigkeit geschützt zu sein, da die Handwerksbetriebe bis 1932 ein Fünftel weniger an Beschäftigten verloren als die Großunternehmen.[83] Am wenigsten waren die Handwerke mit starrem Bedarf betroffen, z.B. die Nahrungs- und Kleidungsbrache. Zu leiden hatten die Zweige mit elastischer Nachfrage. Namentlich im Baugewerbe konnten zwei Drittel der Arbeitnehmer bis Ende 1932 nicht mehr beschäftigt werden, in Hamburg galten im Sommer 1930 80–90 Prozent der Bauhandwerker als arbeitslos.[84] Insgesamt betrachtet blieb die Höhe des handwerklichen Einkommens hinter dem Wachstum des Realeinkommens im sekundären Sektor zurück.[85] Rund die Hälfte der selbständigen Handwerker verfügte 1928 über ein niedrigeres Einkommen als ein Geselle. Während der monatliche Verdienst hier unter 125 Reichsmark lag, verdienten Facharbeiter in der Industrie zwischen 200 und 244 Reichsmark.[86] Die Mehrzahl der Handwerksbetriebe fristete eine kärgliche Existenz als Alleinmeister für Flick- und Reparaturarbeiten. Aus der Neuproduktion waren sie völlig verdrängt worden, und ihre Abhängigkeit von Industrie und Handel hatte sich verstärkt.[87] Der Soziologe *Theodor Geiger* (1891–1951) befand, dass das Handwerk in manchen Betrieben ein „achtbarer", insgesamt aber ein „bescheidener Trabant der Industrie" geworden sei.[88]

---

[81] *Wehler*, Deutsche Gesellschaftsgeschichte, Bd. 4, 2. Aufl. 2003, S. 273.
[82] *Wehler*, Deutsche Gesellschaftsgeschichte, Bd. 4, 2. Aufl. 2003, S. 271.
[83] Zu den Auswirkungen der Weltwirtschaftskrise auf den Mittelstand eingehend *Winkler*, Mittelstand, Demokratie und Nationalsozialismus, 1972, S. 31 ff.
[84] *Wehler*, Deutsche Gesellschaftsgeschichte, Bd. 4, 2. Aufl. 2003, S. 272.
[85] *Wehler*, Deutsche Gesellschaftsgeschichte, Bd. 4, 2. Aufl. 2003, S. 271.
[86] *Knortz*, Wirtschaftsgeschichte der Weimarer Republik, 2010, S. 196.
[87] *Wehler*, Deutsche Gesellschaftsgeschichte, Bd. 4, 2. Aufl. 2003, S. 273 f.
[88] *Geiger*, zit. nach *Haupt*, Die radikale Mitte, 1985, S. 240.

Der Einzelhandel war besonders von Maßnahmen gegen Wucher und Preistreiberei betroffen. Die Inhaber mussten 12–15 Stunden am Tag arbeiten, ohne dabei nennenswerte materielle Erfolge zu erzielen. Ebenso wie in der Vorkriegszeit mussten zwei Drittel aller Einzelhandelsgeschäfte nach nur sechs Jahren wieder schließen.[89] Allerdings wurde der Mittelstand keineswegs vernichtet, auch wenn er gegenüber der dem Trend zu wirtschaftlicher Konzentration unterliegenden Industrie an gesellschaftlicher Bedeutung verlor. So nahm die Zahl der Handwerksbeschäftigten absolut und relativ zu, obwohl sich die Zahl der Unternehmen im Vergleich zur Vorkriegszeit verringerte. *Heike Knortz* erklärt dies damit, dass neue Handwerkszweige wie Kfz-Mechaniker und Elektroinstallateure entstanden.[90] Erst die Weltwirtschaftskrise hat dann Teile des gewerblichen Mittelstandes existenziell gefährdet.

2. Mittelstandsideologie

Was ihre politischen Forderungen anbelangt reklamierten Kleingewerbetreibende ausschließlich idealistische Motive.[91] *Martin Freehsee* veröffentlichte 1923 im Deutschen Handwerksblatt einen Artikel mit dem bezeichnenden Titel „Vom goldenen Boden". Danach habe die damalige verarmte Zeit dringend einer inneren Bereicherung, Erholung, Erbauung und Erhebung bedurft, was man nur „in den vier Wänden" habe finden können:

„Das aber kann nur sein, wenn alles, was uns umgibt, Kleidung und Hausrat, die Dinge, die dem Alltag nützen, und die den Feiertag heiligen sollen, den Stempel des Persönlichen tragen, wenn sie beseelt sind, vom Geiste derer, die sie schufen. Darum schreit diese Zeit geradezu nach einer allgemeinen Erneuerung des Handwerkerstandes an Häupten und Gliedern. Darum erwartet sie mit Recht vieles und das Beste von der Stärkung der Kleinbetriebe, die den Menschen dem Menschen näher bringen als das in den Riesenbetrieben möglich ist, in denen der einzelne immer nur ein Teil bleibt, in denen die Persönlichkeit verwischt wird zur Null in der Masse, in denen aus lebendingen Seelen Räder werden in einer toten Maschine [...]."[92]

Winkler sieht diese sakrale Attitüde, mit der die soziale Mission des Handwerks zelebriert wird, als symptomatisch für die Mentalität der Handwerker, ebenso wie die Gleichsetzung von Handwerksarbeit mit Qualität, von Handwerkslehre mit Erziehung zur Persönlichkeit und von Handwerksehre mit Berufsethos schlechthin.[93] Wie bereits im Kaiserreich sah sich der Mittelstand in der Stabilisierungsphase der Weimarer Republik wieder als Ordnungsfaktor und Schutzwall gegen den Sozialismus. Der Münchener Stadtradt und Vorsitzende

---

[89] *Knortz*, Wirtschaftsgeschichte der Weimarer Republik, 2010, S. 196.
[90] *Knortz*, Wirtschaftsgeschichte der Weimarer Republik, 2010, S. 196.
[91] *Winkler*, Mittelstand, Demokratie und Nationalsozialismus, 1972, S. 117.
[92] DHBl. v. 15.4.1923.
[93] *Winkler*, Mittelstand, Demokratie und Nationalsozialismus, 1972, S. 118.

des Zentralverbandes deutscher Haus- und Grundbesitzervereine, *Josef Humar*, meinte im Jahr 1927:

„Hätten wir nicht diese starke Schicht des Mittelstandes und hätte nicht dieser Mittelstand – wenn auch unter unmenschlichen Opfern – die stärksten Stürme von links nach rechts nicht siegreich überstanden, so wäre schon die rote Flut des Sozialismus über das deutsche Volk hereingebrochen."[94]

3. Schutzmaßnahmen

a) Verankerung des Mittelstandsschutzes in der Verfassung

aa) Art. 164 WRV: Hintergrund und Interpretation

In der Weimarer Republik wurde der Schutz des Mittelstandes durch Art. 164 WRV verfassungsrechtlich verankert. Dieser lautete:

„Der selbstständige Mittelstand in Landwirtschaft, Gewerbe und Handel ist in Gesetzgebung und Verwaltung zu fördern und gegen Überlastung und Aufsaugung zu schützen."

Der Begriff des Mittelstandes ließ sich schon damals schwer bestimmen.[95] Der führende Verfassungsrechtler der Weimarer Republik, *Gerhard Anschütz* (1867–1948), verstand darunter Gesellschaftsschichten, die – obwohl durchaus heterogen – gemeinsam eine Mittelstellung einnehmen und sich von Großunternehmen einerseits und Arbeiterklasse andererseits abgrenzen. Die Verfassung nehme also an, dass die Erhaltung und Förderung dieses „sozialen Zwischenbaus zwischen Kapitalismus und Arbeiterschaft" möglich und im Gemeininteresse notwendig ist.[96] Dem liegt die damalige Vorstellung von Marx und der Sozialdemokratie zugrunde, dass der Mittelstand dem Untergang geweiht ist, da die Entwicklung des Wirtschaftslebens zum Großkapitalismus führen müsse.[97] Die ursprüngliche, vom Unterausschuss des Verfassungsausschusses angeregte Fassung des Art. 164 WRV brachte dies noch besser zum Ausdruck: „Die lebensträchtige Erhaltung des gewerblichen Mittelstandes und des Kleingewerbes ist dauernde Angelegenheit des Reiches".[98] *Anschütz* erkennt darin allerdings einen Widerspruch zur Theorie und Politik des marxistischen Sozialismus und bezeichnet Art. 164 als einen der antisozialistischsten Artikel der Weimarer Reichsverfassung.[99] Nach *Friedrich Giese* erfolgte die Erhaltung des Mittelstandes nicht

---

[94] Stenographischer Bericht (V/53), S. 14.
[95] Zur heutigen Kontroverse über diesen Betriff siehe oben § 1 C).
[96] *Anschütz*, Die Verfassung des Deutschen Reichs vom 11. August 1919, 14. Aufl. 1933, S. 741 zu Art. 164 WRV.
[97] *Arndt*, Die Verfassung des Deutschen Reiches vom 11.August 1919, 3. Aufl. 1927, S. 405 zu Art. 164 WRV.
[98] Prot. zur WRV, S. 392.
[99] *Anschütz*, Die Verfassung des Deutschen Reichs vom 11. August 1919, 14. Aufl. 1933, S. 741 zu Art. 164 WRV.

nur in seinem eigenen Interesse, sondern im Sozialinteresse der Gesamtheit.[100] Man sieht, dass Art. 164 WRV noch nicht die volkswirtschaftlich positiven Auswirkungen des Mittelstandes im Blick hatte, sondern gesellschaftliche Belange. *Hans-Ulrich Wehler* sieht die Proklamation der staatlichen Verpflichtung auf den Mittelstandsschutz als Lohn für die Aktivität der Verbandslobby.[101]

Art. 164 WRV gehörte neben den Art. 119 (soziale Förderung der Familie), 122 (Schutz der Jugend gegen Ausbeutung), 155 (gerechte Verteilung des Bodens) und 163 (Recht auf Arbeit) zum wirtschaftspolitischen Leitbild der Verfassung.[102] Dieses war auf eine gerechtigkeitsorientierte Gestaltung der Wirtschaft gerichtet, wie Art. 151 Abs. 1 WRV zum Ausdruck brachte:[103]

„Die Ordnung des Wirtschaftslebens muss den Grundsätzen der Gerechtigkeit mit dem Ziele der Gewährleistung eines menschenwürdigen Daseins für alle entsprechen."

Solche Verfassungsbestimmungen waren in Deutschland neu. Sie sollten nicht das Individuum schützen, sondern den Einzelnen als Träger bestimmter sozialer Rollen, im Rahmen von Art. 164 WRV also den Angehörigen des Mittelstandes.[104] Sie sollten allerdings weder apriorisch vorgegebene Freiheiten sichern noch überkommene Rechtsinstitute sichern, sondern vielmehr einen künftigen Rechtszustand verheißen und umreißen, im Rahmen von Art. 164 WRV den Schutz des Mittelstandes. Man erachtete es als Chance, gesellschaftlichen Zielvorstellungen Verfassungsrang zu verleihen.[105] Deren Verwirklichung sollte dann im Wege der einfachen Gesetzgebung erfolgen. Folglich wendeten sich diese sozialen Grundrechte nur an den Gesetzgeber, nicht die Verwaltung.[106] Erst recht galt dies für die Rechtsprechung. Im Gegensatz zu bürgerlichen und politischen Freiheitsrechten sind soziale Grundrechte im Wesentlichen Gesetzgebungsaufträge.[107] Sie verpflichten zur Schaffung von Rechtsinstituten, welche die Freiheit der sozial Schutzbedürftigen zu gewährleisten haben.[108] Diese „Wortgewaltigkeit" des Weimarer Verfassungsgebers führte im Ergebnis dazu, dass Rechtsprechung und Literatur viele Bestimmungen im Grundrechtsteil der Weimarer Reichsverfassung als unverbindliche Programmsätze verstanden und

---

[100] *Giese*, Verfassung des Deutschen Reiches vom 11.8.1919, 3. Aufl. 1921, S. 358 zu Art. 164.
[101] *Wehler*, Deutsche Gesellschaftsgeschichte, Bd. 4, 2. Aufl. 2003, S. 272.
[102] *Detjen*, Die Werteordnung des Grundgesetzes, 2009, S. 131.
[103] *Detjen*, Die Werteordnung des Grundgesetzes, 2009, S. 131.
[104] *Eichenhofer*, in: ders. (Hrsg.), 80 Jahre Weimarer Reichsverfassung, 1999, S. 207 (209).
[105] *Kotulla*, Deutsche Verfassungsgeschichte, 2008, Rn. 2331.
[106] *Eichenhofer*, in: ders. (Hrsg.), 80 Jahre Weimarer Reichsverfassung, 1999, S. 207 (209); ebenso *Arndt*, Die Verfassung des Deutschen Reiches vom 11.August 1919, 3. Aufl. 1927, S. 405 zu Art. 164 WRV; a.A. *Giese*, Verfassung des Deutschen Reiches vom 11.8.1919, 3. Aufl. 1921, S. 358 zu Art. 164.
[107] *Gusy*, ZNR 15 [1993], 163 (171).
[108] *Höfe*, Politische Gerechtigkeit, 1989, S. 469 ff.

deshalb bei der konkreten Rechtsanwendung außer Acht ließen.[109] *Hugo Sinzheimer* (1875–1945) meinte, dass Programmsätze wie der Mittelstandsschutz nicht in eine Verfassung, sondern in ein Wahlprogramm gehören.[110] *Clemens von Delbrück* (1856–1921) ergänzte:

„Die Grundrechte kommen mir vor wie ein Füllhorn, das wahllos über viele Bevölkerungsgruppen ausgeschüttet wird. Wenn man es aber tut, dann können wir es [...] nicht zulassen, dass ein so gewichtiger Grund wie der Mittelstand hier vollkommen leer ausgeht."[111]

Das Grundgesetz setzte diese Tradition der Weimarer Reichsverfassung nicht fort, da es ursprünglich als Provisorium gedacht war und lediglich eine vorläufige Ordnung konzipieren sollte.[112] Auch nach der Wiedervereinigung wurden trotz entsprechender Vorschläge keine sozialen Grundrechte aufgenommen.[113] Ihre Wirksamkeit ist daher entscheidend von der gesetzgeberischen Praxis abhängig. Heute wird die Aufnahme von Programmsätzen in eine formelle Verfassung überwiegend abgelehnt. Dagegen spricht bereits der Gedanke der Rechtsklarheit, da die fundamentalen Rechtsquellen des Staates ansonsten mit programmatischen Erklärungen durchsetzt und ihre klaren Aussagen verlieren würden.[114] Das Grundgesetz hat sich für das Sozialstaatsprinzip als Staatsziel anstelle von sozialen Grundrechten entschieden.[115]

bb) Politische Bedeutung und einzelne Umsetzungsmaßnahmen

Die politische Bedeutung von Art. 164 WRV lag in der Entscheidung der Politik gegen das laissez faire gegenüber der Unternehmenskonzentration.[116] Die praktische Relevanz dieser Vorschrift blieb jedoch – wie bei den meisten sozialen Grundrechten – gering.[117] Maßnahmen, mit denen das Reich versucht hat, der Forderung des Art. 164 WRV zu entsprechen, waren die Durchführung einer Regelung über die Versorgung des Handwerks mit staatlich bewirtschafteten Rohstoffen und Betriebsmitteln vom 9.4.1919;[118] die Einsetzung eines Reichskommissars für das Handwerk und das Kleingewerbe beim Reichswirtschaftsmi-

---

[109] *Frotscher/Pieroth*, Verfassungsgeschichte, 17. Aufl. 2018, Rn. 542; *Kotulla*, Deutsche Verfassungsgeschichte, 2008, Rn. 2331.
[110] Zit. nach Prot. zur WRV, S. 511.
[111] Zit. nach *Anschütz*, Die Verfassung des Deutschen Reichs vom 11. August 1919, 14. Aufl. 1933, S. 741 zu Art. 164 WRV.
[112] *Eichenhofer*, in: ders. (Hrsg.), 80 Jahre Weimarer Reichsverfassung, 1999, S. 207 (209).
[113] BT-Drucks. 12/6000, S. 75 ff.; *Brohm*, JZ 1994, 213 ff.
[114] *Tomandl*, Der Einbau sozialer Grundrechte in das positive Recht, 1967, S. 27.
[115] *Eichenhofer*, in: ders. (Hrsg.), 80 Jahre Weimarer Reichsverfassung, 1999, S. 207 (222 f.).
[116] *Gusy*, Die Weimarer Reichsverfassung, 1997, S. 351.
[117] *Eichenhofer*, in: ders. (Hrsg.), 80 Jahre Weimarer Reichsverfassung, 1999, S. 207 (214); *Gusy*, Die Weimarer Reichsverfassung, 1997, S. 343.
[118] RGBL. S. 382.

nisterium; die Bildung eines „Ausschusses des Deutschen Handwerks" bei dem Reichskommissar, später beim Reichswirtschaftsrat[119] sowie die Gewährung besonderer Mittelstandskredite im Sommer 1925.[120] Aufgrund des Art. 164 WRV wurden weiter (vergeblich) gefordert der Erlass einer Handwerksordnung; die Umgestaltung der Gewerbeordnung; die Zurückdrängung von Sozialisierungen und Kommunalisierungen; die Einschränkung der öffentlichen Regiebetriebe; die Organisation des Kreditwesens für den Mittelstand sowie steuerliche Erleichterungen.[121] Den Rationalisierungsschub seit der Hyperinflation und die dadurch bewirkte Konzentrationstendenz in der Wirtschaft konnte Art. 164 WRV nicht verhindern. Wegen der chronischen Kapitalknappheit hatte die Weimarer Republik ohnehin kaum Raum für eine eigene Mittelstandspolitik.[122] Damit schwelte der tiefsitzende Unmut über den unzulänglichen staatlichen Beistand weiter.[123]

b) Interessenvertretungen

Das Handwerk konnte auf verschiedene Organisationsformen der Interessenvertretung zurückgreifen. Das öffentlich-rechtliche Innungswesen dehnte sich weiter aus, 1926 gehörten bereits 75 Prozent der Meister an. Dazu gab es Handwerkskammern und „freie Bünde", deren größter der „Nordwestdeutsche Handwerkerbund" war und die mit den Innungen eng verbunden waren. Nach dem Zerfall der alten Mittelstandsvereinigungen 1919 wurde der „Reichsverband des deutschen Handwerks" gegründet, der die Bünde aufnahm und mit dem „Deutschen Handwerks- und Gewerbekammertag" eine gemeinsame Zentralverwaltung zur besseren Koordination einrichtete.[124] Unerfüllt blieben jedoch die Forderungen nach obligatorischen Innungen, dem Recht auf Preisfixierung, dem Großen Befähigungsnachweis und einem berufsständischen Wirtschaftsparlament. Nach *Wehler* zeigt die Bilanz dieser Handwerkspolitik, dass letztlich alle Anstrengungen erfolglos waren. Die Kurzlebigkeit vieler Kleinunternehmen bestand in den Krisenjahren der Weimarer Republik fort und verstärkte sich noch.[125]

---

[119] Vgl. dazu die Erklärung der Reichsregierung in der RT-Drucks. Nr. 3483 v. 29.6.1927.
[120] Vgl. dazu die Erklärung der Reichsregierung in der RT-Drucks. Nr. 3480 v. 29.6.11927. Zu diesen Umsetzungsmaßnahmen siehe insgesamt *Knortz*, Wirtschaftsgeschichte der Weimarer Republik, 2010, S. 197; *Poetzsch-Heffter*, Handkommentar der Reichsverfassung vom 11. August 1919, 3. Aufl. 1928, S. 497 zu Art. 164 WRV.
[121] *Poetzsch-Heffter*, Handkommentar der Reichsverfassung vom 11. August 1919, 3. Aufl. 1928, S. 497 zu Art. 164 WRV.
[122] *Gusy*, Die Weimarer Reichsverfassung, 1997, S. 343.
[123] *Wehler*, Deutsche Gesellschaftsgeschichte, Bd. 4, 2. Aufl. 2003, S. 272.
[124] *Wehler*, Deutsche Gesellschaftsgeschichte, Bd. 4, 2. Aufl. 2003, S. 300.
[125] *Wehler*, Deutsche Gesellschaftsgeschichte, Bd. 4, 2. Aufl. 2003, S. 301.

V. Drittes Reich (1933–1945)

Die NSDAP machte in ihrer Aufstiegsphase dem „alten Mittelstand" zahlreiche Versprechungen: Dem Einzelhandel stellte sie effektive Schutzmaßnahmen, insbesondere die rigorose Ausschaltung der großen „jüdischen" Warenhäuser in Aussicht, dem Handwerk wurde die Erfüllung langgehegter Hoffnungen auf umfassende Protektion und die Eindämmung der übermächtigen industriellen Konkurrenz versprochen. Gerade unter den Kleinhändlern waren antisemitische Ressentiments verbreitet, sodass der Hass auf die großkapitalistischen Warenhäuser einen fruchtbaren Boden für die Parolen der Nationalsozialisten bildete.[126] Zudem wurden die Untergangs- und Proletarisierungsängste der Kleinunternehmer gezielt geschürt. So erklärte *Hitler* im Reichstagswahlkampf 1930:

„Die Parteien des Mittelstandes versicherten, den deutschen Mittelstand vor der Vernichtung zu retten, der deutsche Mittelstand aber geht in schnellstem Tempo seinem vollständigen Untergang zu."[127]

Im Reichstagswahlkampf 1932 wurde gefordert, den Mittelstand

„als Tragpfeiler eines gesunden Staatswesens wieder lebensfähig zu machen. Der Proletarisierung weiter Kreise des Bürgertums muß Einhalt geboten werden."[128]

In einem gesonderten Appell an Einzelhändler, Handwerker und Gewerbetreibende wurde

„die Vernichtung des Mittelstandes [...] eine bewußte Arbeit des Marxismus"[129]

genannt.

So kam es, dass die NSDAP trotz anfänglichem Misstrauen zahlreiche Stimmen aus dem Mittelstand gewinnen konnte.[130] Nach der Machtergreifung wurde diese Mittelstandsdemagogie zunächst tatsächlich in die Tat umgesetzt, indem Warenhäuser im Besitz jüdischer Unternehmer boykottiert wurden und das Reichsgesetz zum Schutz des Einzelhandels vom 12.5.1933[131] erlassen wurde.[132] Dieses Gesetz diente nach seiner Präambel der Sicherung der mittelständischen Wirtschaft. Gem. §§ 2, 3 verbot es die Übernahme einer Verkaufsstelle durch ein Unternehmen, das bereits mehrere Verkaufsstellen innehatte, sowie generell die Genehmigung eines Verkaufs, wenn dadurch die Betriebsart zu einem

---

[126] *Winkler*, Mittelstand, Demokratie und Nationalsozialismus, 1972, S. 165.
[127] Völkischer Beobachter, Münchner Ausgabe v. 10.9.1930.
[128] Völkischer Beobachter, Münchner Ausgabe v. 30.7.1932.
[129] Völkischer Beobachter, Münchner Ausgabe v. 31.7.1932.
[130] *Wehler*, Deutsche Gesellschaftsgeschichte, Bd. 4, 2. Aufl. 2003, S. 707; eingehend *Winkler*, Mittelstand, Demokratie und Nationalsozialismus, 1972, S. 157 ff.
[131] RGBl. I, S. 262.
[132] *Winkler*, Mittelstand, Demokratie und Nationalsozialismus, 1972, S. 183 ff.

Warenhaus oder Einheitspreisgeschäft umfunktioniert werden würde.[133] Auch hier wurde der Schutz von kleinen Unternehmen noch in erster Linie als Schutz vor Konkurrenz verstanden. Im Handwerk wurde 1934 zumindest die staatliche Konzessionspflicht anstelle der Gewerbefreiheit durchgesetzt und 1935 der Große Befähigungsnachweis eingeführt, womit die alten Forderungen der handwerklichen Interessenverbände erfüllt wurden.[134]

Die Regierung erkannte jedoch bald, dass ein gezielter Ruin der großen Warenhäuser zehntausende Arbeitsplätze vernichtet, wichtige Banken getroffen und kaum absehbare Folgen gehabt hätte. So stand z.B. „Hertie" mit seinen 14.000 Beschäftigten kurz vor dem Bankrott und musste mit Reichshilfe saniert werden, um konjunkturpolitische Aktivität zu demonstrieren und negative Signale zu vermeiden.[135] Dies zeigt, dass die gezielte Benachteiligung von Großunternehmen kein ökonomisch gangbarer Weg ist. Mit dieser Kehrtwende wurde im Allgemeinen das Ende der „romantischen Mittelstandsträume" eingeleitet. Die nationalsozialistischen Organisationen „Kampfbund für den gewerblichen Mittelstand" und „Reichsstand des Deutschen Handels" wurden vom Regime selbst aufgelöst und sogar die Warenhaussteuer aus der wilhelminischen Zeit wieder abgeschafft.[136] Diese Kehrtwende wurde durch die staatliche Wirtschaftspolitik forciert. 1938 meinte der Leiter der „Reichsgruppe Handel", die größeren Einzelhandelsbetriebe seien sehr oft geeignet, für volkswirtschaftliche Sonderzwecke eingesetzt zu werden. Unter dem Gesichtspunkt der Verbrauchslenkung erwiesen sich die Warenhäuser naturgemäß als flexiblere Elemente der staatlichen Wirtschaftspolitik.[137] Die Interessen des Handwerks wurden ebenfalls der staatlichen Rüstungspolitik untergeordnet. Im Februar 1939 stellte Reichswirtschaftsminister *Walther Funk* fest, dass die gestellten wirtschaftlichen Aufgaben eine weitere Schonung des Handwerks im Sinne seiner Erhaltung als Berufsstand unmöglich machten. Im Zuge der „Bereinigung" des Handwerks wurden sodann zahlreiche Unternehmen stillgelegt, die nicht als kriegswirtschaftlich notwendig galten.[138]

Insgesamt wurde der kleingewerbliche Mittelstand im Dritten Reich keineswegs gehegt und gepflegt. Im Gegenteil wurde er von der industriellen Großwirtschaft noch stärker zurückgedrängt als in dem Jahrzehnt vor 1933. So mussten bis 1939 180.000 überlebensunfähige Handwerksbetriebe (10 Prozent) geschlossen werden. Dies lag zum einen an der Vernachlässigung der Konsumwirtschaft,

---

[133] Dazu *Drecoll*, Der Fiskus als Verfolger, 2009, S. 96; eingehend *Uhlig*, Die Warenhäuser im Dritten Reich, 1956, S. 91 ff.
[134] *Wehler*, Deutsche Gesellschaftsgeschichte, Bd. 4, 2. Aufl. 2003, S. 708; *Winkler*, Mittelstand, Demokratie und Nationalsozialismus, 1972, S. 184.
[135] *Wehler*, Deutsche Gesellschaftsgeschichte, Bd. 4, 2. Aufl. 2003, S. 709.
[136] *Wehler*, Deutsche Gesellschaftsgeschichte, Bd. 4, 2. Aufl. 2003, S. 707 f.
[137] *Winkler*, Mittelstand, Demokratie und Nationalsozialismus, 1972, S. 186.
[138] *Winkler*, Mittelstand, Demokratie und Nationalsozialismus, 1972, S. 185.

zum anderen an der Aufrüstungspolitik, der letztlich uneingeschränkter Vorrang gegenüber der mittelständischen Ideologie eingeräumt wurde.[139]

VI. Nachkriegszeit und Bundesrepublik (ab 1945)

Nach dem Zweiten Weltkrieg setzte hinsichtlich der kleinen Unternehmen zunächst ein Schrumpfungsprozess ein, da das wirtschaftspolitische Konzept der Nachkriegszeit einen Wiederaufbau auf der Grundlage der Großtechnologien und Großunternehmen vorsah.[140] Auch in den Wirtschaftswissenschaften – insbesondere der angloamerikanischen Literatur – wurde bis Ende der 1960er Jahre überwiegend vertreten, dass die moderne Wirtschaft aus technischen und finanziellen Gründen in Richtung größerer Einheiten umstrukturiert werden müsste.[141] Zu Beginn der Bundesrepublik kam es im Handwerkssektor jedoch wieder zu einem Gründerboom. Dahinter stand häufig ein aufgeschobener Wunsch nach Selbständigkeit, aber auch die Ankunft und Heimkehr zahlreicher Flüchtlinge, Vertriebener und Soldaten. Schon im März 1951 gelang es der Lobby der Mittelstandspolitiker, die gewerbefreiheitlichen Deregulierungsmaßnahmen in der amerikanischen Besatzungszone – namentlich die Aufhebung der Zwangsinnungen und des Befähigungsnachweises – zu revidieren. Die Handwerksordnung von 1953 führte den Großen Befähigungsnachweis mit seiner Privilegierung des Meisterstatus sowie die Innungen und Kammern wieder ein.[142] Damit regelte die Handwerksordnung nun all das, wofür die Lobby seit dem 19. Jahrhundert gekämpft hatte. Allerdings setzte mit dem Gründerboom im Handwerk zugleich auch ein Konzentrationsprozess ein. So gab es 1978 einerseits nur noch zwei Drittel der Handwerksbetriebe, die 15 Jahre zuvor bestanden, während die gesamte Beschäftigtenzahl in Handwerkssektor im gleichen Zeitraum von drei auf vier Millionen anstieg.[143] Während sich die Handwerksbetriebe vergrößerten, nahm die Anzahl der selbständigen Existenzen stark ab. Wegen des Anstiegs der Kapitalhöhe leistungsfähiger Unternehmen wurden die Neugründung und damit der klassische Aufstieg der Gesellen erschwert, zudem sank dadurch die Fluktuation in den Gewerben.[144] Noch immer wurde im Handwerk aus berufsständischem Selbstbewusstsein der Unterschied zur Industriearbeiterschaft betont, obwohl ein Großteil der Gesellen in die Industrie abwanderte.[145]

---

[139] *Wehler*, Deutsche Gesellschaftsgeschichte, Bd. 4, 2. Aufl. 2003, S. 708; *Winkler*, Mittelstand, Demokratie und Nationalsozialismus, 1972, S. 186 f.
[140] *Mugler*, Betriebswirtschaftslehre der Klein und Mittelbetriebe, 2. Aufl. 1995, S. 9 f.
[141] Vgl. *Galbraith*, The New Industrial State, 1967. Zur Entwicklung der Diskussion siehe oben § 3 B) II. 2.
[142] *Wehler*, Deutsche Gesellschaftsgeschichte, Bd. 5, 2009, S. 151 f.
[143] *Wehler*, Deutsche Gesellschaftsgeschichte, Bd. 5, 2009, S. 65.
[144] *Wehler*, Deutsche Gesellschaftsgeschichte, Bd. 5, 2009, S. 66.
[145] *Wehler*, Deutsche Gesellschaftsgeschichte, Bd. 5, 2009, S. 151.

Die Entwicklung des Einzelhandels verlief ähnlich: Während es zu Beginn der Bundesrepublik noch ca. 600.000 Unternehmen waren, sank die Zahl bis 1970 auf ca. 503.000.[146] Der Beitrag der kleinen Unternehmen zum Gesamtumsatz wurde im Verhältnis zu den Großunternehmen immer geringer, 1960 lag er bei 0,8 Prozent gegenüber von 26,4 Prozent auf Seiten der Großunternehmen.[147] Das 1957 als Zulassungsbegrenzung für Einzelhandelsunternehmen eingeführte Erfordernis der Sachkunde (§ 3 EinzelHG, BGBl. I, S. 1121) erklärte das Bundesverfassungsgericht wegen Verstoß gegen Art. 12 GG für verfassungswidrig.[148]

Insgesamt fiel die Mittelstandspolitik in der Bundesrepublik deutlich liberaler aus als die des Kaiserreichs und der Weimarer Republik.[149] Der gewerbliche Mittelstand wurde als schutzwürdiges Subjekt anerkannt. Die Einkommensteuerreform von 1958 begründete die Bundesregierung auch unter Hinweis auf die Rolle der Kleinunternehmer für die Sicherung der bestehenden Sozialordnung:

„Eine breite Mittelstandsschicht, die wirtschaftlich unabhängig ist, bietet die sicherste Grundlage für eine gesunde Entwicklung der Gesellschaftsordnung und der Wirtschaft. Die angemessene Berücksichtigung der Lebensinteressen des Mittelstandes stellt daher ein besonderes Anliegen der Bundesregierung überhaupt und auch dieses Gesetzgebungswerkes dar."[150]

Und im Hamburger Programm der CDU von 1953 heißt es, der Mittelstand

„ist für eine gesund gegliederte Gesellschaft ein unentbehrliches aufbauendes und verbindendes Element. Tüchtige und verantwortungsfreudige Menschen sollen sich im eigenen Betrieb erfolgreich entfalten können."[151]

Damit haben kleine Unternehmen die politische Wertschätzung erlangt, die ihnen bis heute ganz überwiegend entgegengebracht wird.[152]

C) Zusammenfassung und Fazit

Kleine Unternehmen gibt es schon seit ältesten Zeiten. Eine erste wichtige Einrichtung zu ihrem Schutz waren die handwerklichen Zünfte, die den Zugang zu dem Handwerk und damit den Wettbewerb regulierten, wodurch sie ihren Mitgliedern ein auskömmliches Einkommen sicherten. Schon hier zeigt sich, dass Schutz von kleinen Unternehmen ursprünglich Schutz vor Konkurrenz bedeu-

---

[146] Zur aktuellen Lage siehe oben § 2 A).
[147] *Wehler*, Deutsche Gesellschaftsgeschichte, Bd. 5, 2009, S. 152.
[148] BVerfGE 19, 330.
[149] *Wehler*, Deutsche Gesellschaftsgeschichte, Bd. 5, 2009, S. 152.
[150] Zit. nach *Winkler*, Mittelstand, Demokratie und Nationalsozialismus, 1972, S. 189.
[151] Zit. nach *Winkler*, Mittelstand, Demokratie und Nationalsozialismus, 1972, S. 189.
[152] Dazu oben unter § 3 B) II. 1.

tete. Mit der Einführung der Gewerbefreiheit und dem Anstieg der Bevölkerung im 19. Jahrhundert gerieten die Handwerker zunehmend in soziale Schwierigkeiten. Diese Probleme wurden durch die aufkommende Konkurrenz durch industrielle Großunternehmen noch verstärkt. Auch die Kleinhändler hatten unter der Konkurrenz durch große Warenhäuser zu leiden. Generell gerierte sich der alte Mittelstand von Beginn an wettbewerbsfeindlich.[153] Im Kaiserreich wurde daher verstärkt nach staatlichem Schutz gerufen. Dies wurde in erster Linie von den konservativen Parteien aufgegriffen und führte erstmals zu umfangreicheren Schutzmaßnahmen zugunsten kleiner Unternehmen. Diese verfolgen in erster Linie das Ziel, den alten Mittelstand vor dem Abstieg ins Proletariat und der Verführung durch die Sozialdemokratie zu bewahren.[154] Die Abgrenzung vom Proletariat stand lange im Zentrum der Mittelstandsideologie. Eingeführt wurden im Wesentlichen Interessenvertretungen und Zulassungsbeschränkungen, das Wettbewerbsrecht sowie Warenhaussteuern. Auch hier wurde der Schutz von kleinen Unternehmen somit noch in erster Linie durch Schutz vor Konkurrenz verwirklicht. Die Mittelstandspolitik vertrat vor allem die gutgestellten Handwerker, denen die Ergebnisse in erster Linie zugutekamen. Die Mehrheit der ärmlichen oder bereits proletarisierten Unternehmer wurde hingegen nicht erreicht.[155]

Auch wenn die Auswirkungen des Sozialprotektionismus noch gering waren, erzeugten sie doch immerhin eine Gewöhnung an staatliche Hilfsmaßnahmen und Vertrauen auf vollmundige Versprechungen, was die Hoffnung auf eine bessere Zukunft nährte. Nach *Wehler* waren es gerade die Misserfolge der damaligen Mittelstandspolitik, die die spätere verhängnisvolle Erwartungshaltung in der Weimarer Republik vor allem gegenüber dem Nationalsozialismus geprägt haben.[156] Dies zeigt, dass der Schutz von kleinen Unternehmen nicht den Eindruck entstehen lassen darf, dass der Staat den Unternehmen schon helfen wird, wenn ihre Existenz bedroht sein sollte. Dies würde Anreize reduzieren, profitabel und nachhaltig zu wirtschaften. Dem Wettbewerb müssen auch in einer sozialen Marktwirtschaft gewisse Härten immanent sein. In der jüngeren Zeit wurde dies vor allem in der Finanzkrise ab 2007 virulent. Gegner einer staatlichen Bankenrettung führen an, dass das Vertrauen der Banken auf staatliche Rettungsmaßnahmen Anreize zu riskantem Verhalten schafft.[157] In der Tat wurde nach den staatlichen Rettungsmaßnahen zugunsten Bear Stearns, Fannie Mae und Freddie Mac erwartet, dass auch die ebenfalls insolvenzbedrohte Investmentbank

---

[153] *Knortz*, Wirtschaftsgeschichte der Weimarer Republik, 2010, S. 197
[154] *Wehler*, Deutsche Gesellschaftsgeschichte, Bd. 4, 2. Aufl. 2003, S. 272.
[155] *Wehler*, Deutsche Gesellschaftsgeschichte, Bd. 3, 1995, S. 754.
[156] *Wehler*, Deutsche Gesellschaftsgeschichte, Bd. 3, 1995, S. 755.
[157] So etwa *Joffe*, Zeit Online v. 27.3.2008, abrufbar unter http://www.zeit.de/2008/14/01-Bankenrettung-Contra, Stand: 9.4.2017.

Lehman Brothers gerettet würde, falls ihre eigenen Kapitalaufbringungsversuche scheitern sollten:

„Given the expectation of a bailout, Fuld and Lehman had little reason to start making plans for an orderly bankruptcy, as they might be expected to do if they viewed bankruptcy as a plausible option. [...] Fuld wasn't alone in assuming that Lehman could count on a bailout. Lehman's potential buyers [...] and just about everyone else fully expected a bailout as the bank desperately trolled for buyers in its final days."[158]

Mit der Entscheidung, Lehman Brothers nicht zu retten, sollte signalisiert werden, dass waghalsig geführte Wall Street-Banken gerade nicht alle mit staatlicher Unterstützung rechnen können.[159] Durch die Aussicht auf staatliche Rettungsmaßnahmen werden für das Management des betroffenen Unternehmens geradezu Anreize geschaffen, eine wirtschaftlich verträgliche Abwicklung zu vermeiden:

„Indeed, an executive who thinks that his firm is a candidate for a bailout has every incentive to do precisely the opposite: to deliberately fail to plan for bankruptcy and to make bankruptcy as unattractive as possible, in order to persuade any government officials who might have second thoughts that a bailout is the only option."[160]

Ähnliches dürfte auf politischer Ebene auch für den Schutz von existenzbedrohten Staaten wie Griechenland gelten. Ein zu großes Vertrauen in staatliche Rettungsmaßnahmen im Falle der Existenzbedrohung reduziert Anreize, ökonomisch nachhaltige und zukunftsträchtige Politik zu betreiben.[161]

In der Weimarer Republik wurde der Schutz von kleinen Unternehmen in Art. 164 WRV verfassungsrechtlich verankert. Diese Vorschrift wurde jedoch als bloßer Programmsatz verstanden und blieb ohne nennenswerte praktische Relevanz. Im Grundsatz wurde er bewusst nicht übernommen. Im Dritten Reich wurden Kleinhändler vor allem durch den Boykott von jüdischen Warenhäusern und das Gesetz zum Schutz des Einzelhandels geschützt, insgesamt also immer noch durch Schutz vor Konkurrenz. In der Bundesrepublik wurde von Beginn an eine deutlich liberalere Mittelstandspolitik betrieben. 1953 wurde der große Befähigungsnachweis eingeführt, nach welchem der Betrieb von Handwerksunternehmen nur geprüften Meistern gestattet ist. Damit sind die seit dem 19. Jahrhundert bestehenden Wünsche der Kleinunternehmer und ihrer Interessenvertreter nunmehr erfüllt.

---

[158] *Skeel*, The New Financial Deal, 2011, S. 27 f.
[159] So jedenfalls die ursprüngliche Begründung des Finanzministeriums und der Notenbank, bevor sie sich auf (angeblich) fehlende rechtliche Kompetenz beriefen, siehe *Lewis/Einhorn*, New York Times v. 3.1.2009, abrufbar unter http://www.nytimes.com/2009/01/04/opinion/04lewiseinhorn.html, Stand: 13.4.2017.
[160] *Skeel*, The New Financial Deal, 2011, S. 28.
[161] Vgl. *Rohm*, Europa im Zeichen der Schuldenkrise, 2014, S. 62 ff.

§ 5 Befugnis, Pflicht und Grenzen zum Schutz kleiner Unternehmen

A) Einführung

Nachdem die allgemeine Schutzwürdigkeit von kleinen Unternehmen bereits herausgearbeitet wurde,[162] wird in diesem Abschnitt untersucht, inwieweit eine rechtliche Befugnis oder gar eine Pflicht zum Schutz bestehen kann. Nach einer Bestandsaufnahme zur bisherigen Bedeutung in der Rechtsprechung (unten B)) wird zunächst auf die Verfassung eingegangen (unten C)) und anschließend eine Befugnis bzw. Pflicht aus ökonomischen (unten D)) und gerechtigkeitsbezogen Gründen (unten E)) untersucht. Diese verschiedenen Ansätze fügen sich in die argumentationstheoretische Unterscheidung zwischen Autoritätsargumenten (insb. Wortlaut, Wille des Gesetzgebers) und Sachargumenten (Gerechtigkeit einer Regel, ihre Vernünftigkeit, positive Folgen ihrer Anwendung)[163] ein: Während der verfassungsrechtliche Ansatz das Grundgesetz als oberstes Gesetz in den Blick nimmt und damit autoritätsbezogen ist, orientieren sich der ökonomische und der gerechtigkeitsorientierte Ansatz an den bereits herausgearbeiteten sachlichen Interessen, die einen Schutz von kleinen Unternehmen legitimieren und gebieten können, nämlich den individuellen Interessen der Kleinunternehmer und den Kollektivinteressen.[164]

B) Rechtsprechungsanalyse: Die Bedeutung von kleinen Unternehmen in der juristischen Argumentation

In der Gesetzgebung spielen kleine Unternehmen wie gezeigt eine wichtige Rolle, insbesondere wegen ihrer volkswirtschaftlichen Bedeutung.[165] Im Folgenden wird die gegenwärtige Bedeutung von kleinen Unternehmen in der Rechtsprechung untersucht, also welche Rolle ihren betriebswirtschaftlichen Schwächen und volkswirtschaftlichen Vorteilen im Rahmen der juristischen Argumentation zukommt. Zu diesem Zweck wurde die deutsche zivilrechtliche und europäische Rechtsprechung mit Hilfe der Datenbank juris ausgewertet. Dabei wurde die Rechtsprechung des Europäischen Gerichtshofs, des Bundesgerichts-

---

[162] Siehe oben § 3 B).
[163] *Esser*, Grundsatz und Norm in der richterlichen Fortbildung des Privatrechts, 4. Aufl. 1990; *Neumann*, in: Kaufmann/Hassemer/Neumann, Einführung in die Rechtsphilosophie und Rechtstheorie der Gegenwart, 8. Aufl. 2011, S. 337 f.
[164] Dazu oben § 3 A), B).
[165] Dazu oben § 3 B) II. 1.

hofs und des Bundesarbeitsgerichts vollständig durchgesehen,[166] die Rechtsprechung der Instanzgerichte hingegen nur auszugsweise, sodass die Untersuchung insoweit keinen Anspruch auf Vollständigkeit erhebt. Nicht behandelt wird in diesem Zusammenhang die Rechtsprechung des Bundesverfassungsrechts, da die verfassungsrechtliche Ebene unter C) gesondert behandelt wird.

I. Europäischer Gerichtshof

Der Europäische Gerichtshof betont ausdrücklich, dass kleine Unternehmen ein vergleichsweise größerer Kostenaufwand trifft als große Unternehmen, wenn die einen wie die anderen in allen Punkten dieselben Anforderungen erfüllen müssen.[167] Die Entlastung von kleinen Unternehmen von Verwaltungsaufwand anerkennt er daher als legitimes Ziel des Gemeinschaftsrechts.[168] Bei der Auslegung des Sekundärrechts kommt dies in einigen Schlussanträgen der Generalanwälte zum Ausdruck, in den eigentlichen Urteilen hingegen nahezu überhaupt nicht. So begründete der Generalanwalt *Pedro Cruz Villalón* die Unverhältnismäßigkeit einer mitgliedstaatlichen Regelung, die als finanzielle Sicherheit der Gemeinde von privaten Konzessionsnehmern ein vollständig eingezahltes Mindestkapital von 10 Mio. Euro fordert, u.a. damit, dass diese Anforderung kleinen Unternehmen jede Möglichkeit eines Zugangs zu dieser Tätigkeit nehmen würde.[169] Der Europäische Gerichtshof ist dem nur im Ergebnis gefolgt, ohne auf die genannten Auswirkungen auf kleine Unternehmen einzugehen.[170] Die Frage, ob Art. 5 Abs. 1 Buchst. c der RL 2000/31/EG(2) ein ausschließlich über das Internet tätiges Versicherungsunternehmen dazu verpflichtet, auf seiner Website eine Telefonnummer anzugeben, damit potenzielle Kunden ungehindert mit seinen Mitarbeitern in Kontakt treten können, verneint Generalanwalt *Dámaso Ruiz-Jarabo Colomer*: Diese Systeme der telefonischen Kundenbetreuung seien für das Unternehmen mit hohen Kosten verbunden, was sich negativ auf die Preise auswirke und die Fähigkeit kleiner Unternehmen, die häufig die innovativsten und dynamischsten in der Wirtschaft seien, gefährde, elektronischen Geschäftsverkehr zu betreiben.[171] Dies ist eine ökonomisch orientierte Argumentation, die sowohl auf die betriebswirtschaftlichen Schwächen (Gefährdung

---

[166] Als Suchwort wurde „kleine Unternehmen" verwendet, welches nach der Fehlertoleranz von juris auch ähnliche Begriffe wie „kleinere Unternehmen" abfragt. Die letzte Recherche erfolgte am 28.6.2017.
[167] Vgl. EuGH, Urt. v. 18.6.2015 – C-508/13, Rn. 14.
[168] Vgl. EuGH, Urt. v. 18.6.2015 – C-508/13, Rn. 30 ff. zu Art. 4 Abs. 6 und 8, Art. 6 Abs. 3, Art. 16 Abs. 3 der RL 2013/34/EU.
[169] Schlussanträge des Generalanwalts *Cruz Villalón* v. 16.11.2011 im Verfahren C-357/10 – Duomo Gpa, Rn. 49.
[170] EuGH Urt. v. 10.5.2012 – C-357/10, Rn. 16 ff., 45, NZBau 2012, 714 (715 ff.).
[171] Schlussanträge des Generalanwalts *Ruiz-Jarabo Colomer* v. 15.5.2008 im Verfahren C-298/07 – deutsche internet versicherung, Rn. 42.

§ 5 Befugnis, Pflicht und Grenzen zum Schutz kleiner Unternehmen 143

der Teilnahme am elektronischen Geschäftsverkehr) als auch auf die volkswirtschaftlichen Vorteile (Innovation und Dynamik) von kleinen Unternehmen abstellt. Der Europäische Gerichtshof ist dem ebenfalls nur im Ergebnis gefolgt, indem er aus der Richtlinienvorschrift keine Pflicht konkret zum Betreiben einer Telefonnummer folgert, sondern lediglich eine Pflicht, über eine E-Mail-Adresse hinaus die Möglichkeit der Kontaktaufnahme zu bieten, die z.B. auch durch eine elektronische Anfragemaske erfüllt werden könne.[172] Dies begründet der Europäische Gerichtshof nicht ökonomisch mit den Auswirkungen auf kleine Unternehmen, sondern nur – wenngleich ebenfalls einleuchtend – teleologisch mit dem Sinn und Zweck der Vorschrift, eine effiziente Kommunikation zu gewährleisten, der kein Betreiben einer Telefonnummer erfordert.[173]

Nach Generalanwalt *Leendert Geelhoed* kann die verhältnismäßig stärkere Belastung von kleinen Unternehmen eine europarechtswidrige Ungleichbehandlung bewirken. So stelle das Erfordernis, Einfuhrlizenzen im Vereinigten Königreich in englischer Sprache zu beantragen, eine Ungleichbehandlung von potentiellen Einführern in vergleichbarer Lage dar: Für einen Einführer sei es leichter, einen Antrag in seiner Muttersprache zu stellen. Während eine englischsprachige Antragstellung für sehr große Unternehmen ein normaler Geschäftsvorgang ohne Zusatzkosten oder -probleme sein mag, könne dieses Erfordernis für kleinere Unternehmen ohne weiteres etwa zusätzliche Übersetzungskosten mit sich bringen.[174] Diesen Befund hat der EuGH nicht aufgegriffen, als er im Ergebnis ebenso eine Ungleichbehandlung von in- und ausländischen Unternehmen angenommen hat.[175] Die Generalanwältin *Christine Stix-Hackl* hat eine Ungleichbehandlung auch im Hinblick auf die Marktmacht gesehen: Eine Interpretation des Kriteriums der „individuellen Betroffenheit" als Voraussetzung für die Klagebefugnis in dem Sinne, dass das Unternehmen in seiner wettbewerblichen Stellung betroffen ist, würde zu einer Ungleichbehandlung kleiner und großer Unternehmen führen, da kleine Unternehmen regelmäßig eine geringere Marktmacht hätten als große Unternehmen.[176] Auch diesen Befund hat der Europäische Gerichtshof bei der Begründung der Klagebefugnis ausgeklammert.[177] *Geelhoed* betont schließlich, dass sich die Bemessung einer kartellrechtlichen Geldbuße u.a. an der Wirtschaftskraft des Unternehmens orientieren muss:[178] Es entspreche dem gesunden Menschenverstand, dass sich ein großes Unterneh-

---

[172] EuGH Slg. 2008, I-7841, Rn. 13 ff. 33 ff.
[173] EuGH Slg. 2008, I-7841, Rn. 16, 30.
[174] Schlussanträge des Generalanwalts *Geelhoed* v. 1.12.2005 im Verfahren C-313/04, Rn. 25.
[175] EuGH, Slg 2006, I-6331, Rn. 33 ff.
[176] Schlussanträge der Generalanwältin *Stix-Hackl* v. 16.4.2002 im Verfahren C-312/00, Rn. 65.
[177] EuGH Slg. 2002, I-11355, Rn. 73 ff.
[178] Insoweit prinzipiell auch der EuGH, vgl. Slg. 1983, 1825, Rn. 119 ff. – Musique Diffusion française; EuGH, Urt. v. 29.6.2006 – C-289/04, Rn. 27.

men mit diversifizierten Ressourcen in einer anderen Lage als ein kleines Unternehmen befindet, dessen Existenz auf einem einzigen Produkt beruht. Für ein großes, diversifiziertes Unternehmen wäre jede Geldbuße, die sich nur auf den betroffenen Markt bezöge, gemessen an seinen Gesamtressourcen geringfügiger als dies für ein Unternehmen der Fall wäre, dessen sämtliche Produkte von der Kartellabsprache betroffen wären. Daher hätte eine gleich hohe Geldbuße für denselben Verstoß nicht die gleiche Abschreckungswirkung.[179]

II. Reichsgericht, Bundesgerichtshof und Bundesarbeitsgericht

In der Rechtsprechung des Reichsgerichts und des Bundesgerichtshofs wird mitunter auf die Besonderheiten von kleinen Unternehmen rekurriert. Das Reichsgericht war in der Diamantine-Entscheidung noch der Auffassung, dass die Annahme einer Wettbewerbswidrigkeit i.S.d. Gesetzes gegen den unlauteren Wettbewerb auf wirtschaftspolitische Gründe wie dem Schutz kleinerer und mittlerer Unternehmen und der Unwirtschaftlichkeit der in Rede stehenden Werbemaßnahme gestützt werden kann.[180] In dieser Entscheidung ging es um das Verschenken von Originalware zu Werbezwecken, welches sich kleine Unternehmen weniger leisten können als größere. Ähnlich hatte auch der Bundesgerichtshof noch in der Suwa-Entscheidung argumentiert.[181] Dem wird jedoch heute unter Hinweis auf die insoweit wirtschaftspolitisch neutrale Haltung des Grundgesetzes widersprochen, nach welcher es nicht Aufgabe der Gerichte ist, kleinere Unternehmen vor übersteigerter Werbung größerer Unternehmen zu schützen.[182] Auch der Bundesgerichtshof betont nunmehr, dass es nicht maßgeblich sein kann, ob kleinere Mitbewerber wirtschaftlich in der Lage sind, sich derselben Werbemethode zu bedienen wie große Unternehmen.[183]

Im Rahmen der Insolvenzanfechtung lehnt der Bundesgerichtshof die Rechtsprechung des Bundesarbeitsgerichts, den Arbeitnehmern Vorrechte einzuräumen,[184] u.a. deswegen ab, weil diese Privilegierung der Arbeitnehmer gerade im Vergleich zu kleinen Unternehmen verfehlt sei: Viele Kleinunternehmer, etwa handwerkliche Familienbetriebe, würden sich in einer Arbeitnehmern vergleichbaren wirtschaftlichen Lage befinden, ohne – nach herrschendem Verständnis – der auf § 130 Abs. 1 S. 1 Nr. 1 InsO gestützten Anfechtung von verspätet erlangten Werklohnzahlungen mit dem Hinweis auf einen Baraustausch (§ 142 InsO)

---

[179] Schlussanträge des Generalanwalts *Geelhoed* v. 19.1.2006 im Verfahren C-289/04, Rn. 36 f.
[180] RG GRUR 1936, 810.
[181] BGHZ 23, 265 (371).
[182] Vgl. OLG Hamburg, zit. nach BGHZ 43, 278, vollständig veröffentlicht bei juris Rn. 8. Zur wirtschaftspolitischen Neutralität des Grundgesetzes siehe unten C) I., D) II. 1. a) aa).
[183] Vgl. BGHZ 43, 278 (283).
[184] Vgl. BAG NZA 2012, 330; BAG NZA 2014, 1266.

begegnen zu können.¹⁸⁵ In ihrer Branche gesuchte Arbeitnehmer würden einen vorübergehenden Lohnausfall vielfach leichter verkraften können als etwa ein (Klein-)Unternehmen Umsatzausfälle, die auf der Insolvenz eines langjährigen Hauptabnehmers beruhen. Dies gelte umso mehr für unterhalb des Vorstands als Arbeitnehmer angesiedelte Führungskräfte, die durch die Rechtsprechung des Bundesarbeitsgerichts – will man nicht innerhalb der Gruppe der Arbeitnehmer rechtsschöpferisch differenzieren – ebenfalls geschützt werden. Sachgerechte Gründe für die unterschiedliche Behandlung dieser Gläubigergruppen sind nach Ansicht des Bundesgerichtshofs nicht ersichtlich.¹⁸⁶ Mit der einseitigen Bevorzugung der Arbeitnehmer sei außerdem zwingend eine Verminderung der auf die sonstigen Gläubiger entfallenden Insolvenzquote verknüpft. Erfahrungsgemäß könnten insolvenzbedingte Forderungsausfälle Folgeinsolvenzen auslösen, die als Kettenreaktion für die Arbeitnehmer der nun betroffenen Unternehmen zu Lohnausfällen führen. Diese Konsequenz sei stets zu bedenken, wenn eine Beschränkung des Insolvenzanfechtungsrechts ins Auge gefasst wird.¹⁸⁷

Im Rahmen der Rückzahlung gemeinschaftsrechtswidriger Subventionen berücksichtigt der Bundesgerichtshof die Belange von kleinen Unternehmen insoweit, als sie grundsätzlich davon ausgehen können, dass die zuständige Fachbehörde, die mit den einzuhaltenden Verfahren in besonderem Maße vertraut sein muss, rechtmäßig verfährt.¹⁸⁸ Ob dies auch für größere Unternehmen gilt, hat der Bundesgerichtshof mit dieser Formulierung offen gelassen. Mit dieser Begründung lehnt der Bundesgerichtshof einen Rückforderungsanspruch der Behörde ab, wenn sie mit ihren Pflichtverstößen die wesentliche Ursache für das Entstehen der (möglichen) Forderung gesetzt hat: In diesem Fall ist die vom Europäischen Gerichtshof angenommene – auch kleine Unternehmen treffende – Obliegenheit des Subventionsempfängers zur Vergewisserung, dass die Behörde ihren Pflichten nach Art. 108 Abs. 3 AEUV und Art. 2, 3 VO Nr. 659/1999 nachgekommen war,¹⁸⁹ von untergeordneter Bedeutung.¹⁹⁰ Die in der Literatur vertretene Auffassung, der Verstoß gegen diese Obliegenheit begründe stets den Vorwurf grober Fahrlässigkeit i.S.v. § 48 Abs. 2 S. 3 Nr. 3 VwVfG,¹⁹¹ lehnt der Bundesgerichtshof unter Hinweis darauf ab, dass der Bürger grundsätzlich auf das rechtmäßige Handeln der Behörden vertrauen darf.¹⁹² Freilich relativiert der Bundesgerichtshof diesen Schutz von kleinen Unternehmen wieder dadurch,

---

185 BGH NJW 2014, 2579 (2582).
186 BGH NJW 2014, 2579 (2582) unter Berufung auf BVerfGE 65, 182 (194).
187 BGH NJW 2014, 2579 (2582).
188 BGHZ 149, 50 (55); BGH NJW 2008, 2502 (2504); BGH EuZW 2009, 28 (31).
189 Vgl. EuGH Slg. 1997, I-135, 163 Rn. 51; Slg. 2005 I-11137, Rn. 104; ebenso BVerfG NJW 2000, 2015; BVerwGE 106, 328 (335). Die Anwendbarkeit auf kleine Unternehmen bejahend EuG Slg. 2000, II-2319, 2383 Rn. 172.
190 BGH EuZW 2009, 28 (31).
191 So statt vieler *Kopp/Ramsauer*, VwVfG, 19. Auf. 2018, § 48 Rn. 126.
192 BGH EuZW 2009, 28 (32).

dass er § 48 VwVfG entgegen der Regelvermutung des Abs. 2 S. 2 gemeinschafskonform dahin auslegt, dass das Vertrauen des Beihilfeempfängers, die Subvention behalten zu können, bei Abwägung mit dem öffentlichen Interesse objektiv nicht schutzwürdig ist.[193]

Das Bundesarbeitsgericht zieht den Schutz von kleinen Unternehmen vor allem im Rahmen der Interpretation von Vorschriften heran, die diesen ausdrücklich bezwecken, sodass es sich um eine herkömmliche teleologische Auslegung handelt. So legt es z.B. den Schwellenwert des § 111 BetrVG, welcher der wirtschaftlichen Leistungsfähigkeit des Unternehmens Rechnung tragen und kleine Unternehmen vor einer finanziellen Überforderung durch Sozialpläne schützen soll,[194] dahingehend aus, dass Leiharbeitnehmer zu berücksichtigen sind: Da der Arbeitgeber dem Verleihunternehmen das vereinbarte Entgelt für die jeweilige Arbeitnehmerüberlassung entrichten muss, mache es für die Bestimmung der wirtschaftlichen Leistungsfähigkeit des Unternehmens keinen Unterschied, ob die Arbeitsplätze mit eigenen Arbeitnehmern oder mit Leiharbeitnehmern besetzt sind.[195] Aber auch im Übrigen stellt das Bundesarbeitsgericht im Rahmen der Rechtsanwendung auf die Unternehmensgröße ab. Im Rahmen der AGB-Kontrolle einer Rückzahlungsklausel – namentlich der Bestimmung der zulässigen Bindungsdauer – hat das Bundesarbeitsgericht zulasten des Arbeitgebers ins Feld geführt, dass die streitgegenständlichen Gesamtkosten von 3.122,50 Euro kein besonders erheblicher Aufwand seien, auch wenn man berücksichtige, dass es sich um ein kleines Unternehmen handelt.[196] Daraus folgt im Umkehrschluss, dass die Unternehmensgröße bei der Bestimmung des Aufwandes und damit der zulässigen Bindungsdauer durchaus zu berücksichtigen ist. Schließlich hat das Bundesarbeitsgericht zur Frage der Zumutbarkeit des Arbeitsplatzes i.S.v. § 6 Abs. 4 des tarifvertraglichen Abkommens zum Schutz der Mitarbeiter im DLH-Konzern vom 18.4.1980 angeführt, dass von einem kleinen Konzernunternehmen nicht erwartet werden könne, eine konzernweite Möglichkeit einer Weiterbeschäftigung zu prüfen, da Betriebsänderungen wie die Schließung des Betriebs kaum mehr zeitnah durchführbar wären; es sei daher nicht davon auszugehen, dass die Tarifparteien den Schutz nach § 6 des Tarifvertrags in einer solch unpraktikablen Weise zu Gunsten der betroffenen Arbeitnehmer ausdehnen wollten.[197] Bei der Prüfung einer betriebsbedingten Kündigung hat das Bundesarbeitsgericht im Rahmen der Interessenabwägung berücksichtigt, dass es den Arbeitgeber als Inhaber eines kleinen Unternehmens, der seinen Betrieb aus

---

[193] BGH EuZW 2009, 28 (32); ebenso BVerwGE 92, 81 (84); OVG Münster, JZ 1992, 1080 (1081 f.).
[194] BAG NZA 2011, 466 (468).
[195] BAG NZA 2012, 221 (222).
[196] BAG NZA 2010, 342 (345).
[197] BAG EzAÜG KSchG Nr. 19.

Altersgründen schließt, besonders belasten würde, wenn er das Gehalt trotz fehlender Beschäftigungsmöglichkeit weiterzahlen müsste.[198]

Im Rahmen der Prüfung einer unzumutbaren wirtschaftlichen Beeinträchtigung des Arbeitgebers im Rahmen einer krankheitsbedingten Kündigung hat das Bundesarbeitsgericht hingegen ausdrücklich festgehalten, dass die Unternehmensgröße nicht das maßgebliche Kriterium sei: Während sich das LAG Hessen als Vorinstanz auf den Standpunkt gestellt hat, dass die Größe des Unternehmens eine entscheidende Rolle spiele, da einem größeren Unternehmen mit entsprechend vielen Arbeitnehmern naturgemäß mehr zuzumuten sei als einem kleineren Unternehmen,[199] ist die Zumutbarkeit nach Ansicht des Bundesarbeitsgericht stets im Verhältnis zum Arbeitsvertrag mit dem Arbeitnehmer zu prüfen.[200]

III. Instanzgerichte

Das Landgericht Duisburg hat im Rahmen der AGB-Kontrolle zwar in Übereinstimmung mit der h.M. festgehalten, dass Unternehmer bei der gebotenen generalisierenden Betrachtungsweise im Allgemeinen weniger schutzbedürftig sind als Verbraucher. Denn typischerweise verfügen Unternehmer im Vergleich zu Verbrauchern über die größere geschäftliche Erfahrung, über bessere Möglichkeiten der Nachteilsvermeidung sowie die Möglichkeit, Kosten und Lasten anderweitig abzudecken bzw. auf andere abzuwälzen.[201] Allerdings hat es im konkreten Fall, in dem es um die Finanzierung eines Gebrauchtwagenkaufs eines kleineren Unternehmens ging, die Unwirksamkeit der formularmäßigen Vereinbarung von Bearbeitungsgebühren angenommen: Die bei der Beurteilung der Wirksamkeit von allgemeinen Geschäftsbedingungen gebotene typisierende Betrachtungsweise schließe eine Differenzierung nach Unternehmensgröße, Unternehmensfunktion und Branche nicht aus, sondern gebietet sie geradezu.[202] Vor diesem Hintergrund sei die Interessenlage der Vertragsparteien jedenfalls im Falle des – wie hier – kleineren Unternehmers als Darlehensnehmer im Rahmen einer Fahrzeugfinanzierung nicht anders zu beurteilen als beim Verbraucherkreditvertrag. Schon das im Zusammenhang mit der Fahrzeugfinanzierung vergleichsweise geringe Kreditvolumen indiziere einen Prüfungsaufwand der finanzierenden Bank, der den bei Verbraucherkrediten typischerweise nicht über-

---

[198] BAG, Urt. v. 8.10.1981–2 AZR 226/79, zit. nach juris Rn. 31.
[199] LAG Hessen, Urt. v. 15.4.1985 – Sa 1313/84.
[200] BAG NZA 1988, 161.
[201] LG Duisburg, Urt. v. 15.4.2016–7 S 111/15, zit. nach juris Rn. 18; ebenso BGH Urt. v. 06.04.2005 – XII ZR 308/02, zit. nach juris Rn. 30; *Wurmnest* in MünchKomm, BGB, Kommentar, 7. Aufl. 2016, § 307, Rn. 80.
[202] LG Duisburg, Urt. v. 15.4.2016–7 S 111/15, zit. nach juris Rn. 18; ebenso *Pfeiffer*, in Wolf/Lindacher/Pfeiffer, AGB-Recht, 6. Aufl. 2013, § 307, Rn. 196 f.

steigt. Darüber hinaus war bei der Finanzierung dieser vergleichsweisen geringen Anschaffungsbeträge die Möglichkeit der Nachteilsvermeidung des Unternehmers als Darlehensnehmer vergleichsweise gering, weil derartige Kredite zur fraglichen Zeit typischerweise nur bei Vereinbarung eines Bearbeitungsentgelts gewährt wurden.[203]

Das Landgericht Mainz hat die spezifischen Schwächen von kleinen Unternehmen als Argument für die Auslegung angeführt, dass die Entschädigung im Rahmen des § 642 Abs. 1 BGB stets abhängig vom tatsächlich eingetretenen Nachteil zu bemessen ist: Durch eine Bauzeitverzögerung würde ein kleineres Unternehmen regelmäßig schwerer getroffen als ein größeres Unternehmen, wenn es z.B. immer nur an einer Baustelle gleichzeitig tätig werden kann. Es sei dann nachvollziehbar, dass in einem solchen Fall ein Auftrag abgelehnt werden muss. Ist das der Fall, so hätte der Inhaber eines kleineren Betriebes keine Möglichkeit, seine umsatzbezogen kalkulierten allgemeinen Geschäftskosten mit dem nächsten Auftrag zu kompensieren, weshalb eine konkrete Kompensationsmöglichkeit aufgrund der Bauzeitverzögerung entfalle. Demgegenüber sei es einem größeren Unternehmen eher möglich, durch Umschichtungen des Personals einen anderen Auftrag vorzuziehen oder schneller abzuwickeln. Dass es dann zu unterschiedlichen Entschädigungsleistungen kommt, sei nicht unbillig, sondern schlicht der Tatsache geschuldet, dass im einen Fall ein größerer Nachteil entstanden ist als im anderen Fall. Wollte man der Gegenansicht folgen, so wäre in beiden Fällen – völlig unabhängig vom tatsächlich eingetretenen Nachteil – linear die gleiche Entschädigung zu gewähren, was nicht sachgerecht sei.[204]

Das Landgericht Hamburg hat bei seiner Begründung eines Unterlassungsanspruchs wegen Urheberrechtsverletzung den Einwand der Beklagten nicht gelten lassen, sie würde regelmäßig ganze Kataloge beziehen und verbreiten. Anderenfalls würden nämlich Unternehmen, die in besonders großem Umfang Geschäfte abwickeln, ungerechtfertigt geringeren Sorgfaltspflichten unterliegen als kleinere Unternehmen.[205] Damit hat es auf die unterschiedlichen Auswirkungen einer Interpretation auf kleine und große Unternehmen abgestellt. Das Amtsgericht Frankfurt (Oder) hat im Hinblick auf die tariflichen Mindestbedingungen i.S.v. § 1 Abs. 1 AentG mit der Begründung einen unvermeidbaren Verbotsirrtum des Unternehmers angenommen, dass es diesem als Inhaber eines kleinen Baubetriebes nicht zumutbar sei, sich laufend über „die jeweils geltenden Vorschriften" zu unterrichten.[206] Damit hat es die Unternehmensgröße als Faktor für das Verschulden eines Verbotsirrtums i.S.d. Ordnungswidrigkeitenrechts angenommen. Dem hat jedoch das Oberlandesgericht Brandenburg

---

[203] LG Duisburg, Urt. v. 15.4.2016–7 S 111/15, zit. nach juris Rn. 18.
[204] LG Mainz, NJW-RR 2016, 791 (793).
[205] LG Hamburg, ZUM-RD 2013, 651.
[206] AG Frankfurt (Oder), Urt. v. 15. Mai 2001–4.10 OWi 50/01.

mit der Begründung widersprochen, dass auch Inhaber kleinerer Unternehmen verpflichtet seien, sich jedenfalls über die Mindestbedingungen für Arbeitsverträge Klarheit zu verschaffen, entweder durch eigene Gesetzeslektüre oder durch Erkundigung bei kompetenten Stellen.[207] Das Oberlandesgericht München hat schließlich bei der Bemessung eines Ordnungsgeldes – ebenso wie der Europäische Gerichtshof[208] – die Unternehmensgröße berücksichtigt: Wie hoch im Einzelfall das Ordnungsgeld sein muss, um diesem Grundsatz Rechnung zu tragen, hänge außer von Umfang und Schwere der Zuwiderhandlung wesentlich von der wirtschaftlichen Bedeutung und Größe des zuwiderhandelnden Unternehmens ab, da ein und derselbe Betrag ein kleines Unternehmen weit schwerer treffen kann als ein großes.[209]

IV. Fazit

Die Rechtsprechungsauswertung hat ergeben, dass die spezifischen Schwächen von kleinen Unternehmen und die diesbezüglichen Auswirkungen von bestimmten Auslegungen zwar gelegentlich berücksichtigt werden. Zu einem Auslegungstopos haben sie sich aber bislang nicht entwickelt. Dies gilt erst recht für die volkswirtschaftlichen Vorteile von kleinen Unternehmen, die eine „KMU-freundliche" Auslegung nahelegen könnten. In der Literatur wird kritisiert, dass die Belange der Unternehmer in Gerichtssälen zu wenig Gehör finden.[210] Barbara Reinhard erklärt dies damit, dass Urteile von Richtern gesprochen werden, die nach der Rechtsprechung des Europäischen Gerichtshofs selbst „Arbeitnehmer" sind[211] und die auch vor Antritt ihres Amtes – jedenfalls in Deutschland – regelmäßig kein Unternehmen geführt haben. Daher falle es Richtern zumeist leichter, die Arbeitnehmerperspektive einzunehmen, während der Nachvollzug der Sorgen und Nöte aus Unternehmerperspektive zuweilen der Nachhilfe von außen bedürfe.[212] Auch im Allgemeinen kommt ökonomisch orientierter Argumentation in der deutschen Rechtswissenschaft noch keine große Bedeutung zu.[213] Im Hinblick auf die Schwächen von kleinen Unternehmen ist dies besonders bedauerlich: Der Schwächerenschutz ist zwar in seiner rechtsphilosophischen Fundierung verfassungs- bzw. gerechtigkeitsorientiert, die Existenz einer regulierungsbedürftigen Schwäche ist jedoch eine rein ökonomische Frage.[214]

---

[207] OLG Brandenburg, Beschluss v. 3.4.2003–2 Ss (OWi) 158 B/02, zit. nach juris Rn. 5.
[208] Vgl. EuGH Slg. 1983, 1825, Rn. 119 ff. – Musique Diffusion française.
[209] OLG München, WRP 1978, 72.
[210] Reinhard, RdA 2015, 321.
[211] Vgl. EuGH Slg. 2004, I-2013 (Rn. 37) – My.
[212] Reinhard, RdA 2015, 321.
[213] Dazu eingehend unten D) III. 2.
[214] Siehe oben unter § 3 A) II, B) I.

Es darf allerdings nicht übersehen werden, dass die Rechtsprechung gelegentlich auch dann dem Schutz kleiner Unternehmen dienen soll, wenn dies in den Entscheidungsgründen nicht expressis verbis zum Ausdruck kommt. Neben den dargestellten Entscheidungen des Europäischen Gerichtshofs, in welchen er den zumindest auch mit diesem Gesichtspunkt begründeten Schlussanträgen der Generalanwälte im Ergebnis gefolgt ist, lässt sich z.B. auch die Rechtsprechung zur Sittenwidrigkeit von Bierlieferungsverträgen dem Schutz kleiner Unternehmen zuordnen, wenngleich der Bundesgerichtshof nicht ausdrücklich an die Eigenschaft des Gastwirts als Kleinunternehmer anknüpft. Das Verdikt der Sittenwidrigkeit i.S.v. § 138 BGB wird nämlich in der Sache stets damit begründet, dass es wegen der Vertragsdauer zu einer übermäßigen und unbilligen Beschränkung der wirtschaftlichen Bewegungsfreiheit und Selbständigkeit des Gastwirts kommt.[215] Eine solche Auswirkung kann ein Bierlieferungsvertrag nur entfalten, weil die finanziellen Ressourcen und wirtschaftliche Macht des Gastwirts regelmäßig beschränkt sind und sich die lange Vertragsdauer daher verhältnismäßig stark auswirkt. Ein Großunternehmen würde auch durch einen langfristigen Belieferungsvertrag kaum in seiner wirtschaftlichen Bewegungsfreiheit und Selbständigkeit eingeschränkt werden.

C) Verfassungsrechtlicher Ansatz

Im Folgenden wird untersucht, inwieweit sich aus der Verfassung eine Pflicht zum Schutz von kleinen Unternehmen ergibt.

I. Verfassungsimmanente Vorgaben?

Allgemein aus dem Gemeinwohl lassen sich keine verfassungsrechtlichen Pflichten des Gesetzgebers ableiten, konkrete Maßnahmen zu ergreifen.[216] Das Bundesverfassungsgericht hat sich in der Entscheidung zur Unternehmensmitbestimmung für eine wirtschaftspolitische Neutralität des Grundgesetzes ausgesprochen. Es sei unzulässig, durch

„[...] den individualrechtlichen Gehalt der Grundrechte überhöhende Objektivierungen [...]" einen „[...] institutionellen Zusammenhang der Wirtschaftsverfassung [...]" zu begründen.[217]

---

[215] BGH NJW 1974, 2089 (290); vgl. auch *Armbrüster*, in: MünchKomm-BGB, 7. Aufl. 2015, § 138 Rn. 75.
[216] Zum Hintergrund des Gemeinwohls siehe oben § 3 A) III.
[217] BVerfGE 50, 290 (337 f.).

§ 5 Befugnis, Pflicht und Grenzen zum Schutz kleiner Unternehmen

Daraus folgert das Bundesverfassungsgericht, dass der Gesetzgeber im Rahmen der von den Grundrechten als Individualrechte gezogenen Grenzen jede ihm sachgemäß erscheinende Wirtschaftspolitik verfolgen kann.[218] Somit kann dem Grundgesetz kein genereller Auftrag entnommen werden, kleine Unternehmen aus wirtschaftlichen Gesichtspunkten zu schützen bzw. zu fördern. Bestätigt wird dies durch eine historisch-vergleichende Auslegung: Die Weimarer Reichsverfassung enthielt wie gezeigt mehrere soziale Grundrechte, darunter den Art. 164 WRV zur Förderung des Mittelstandes.[219] Damit sollte die Freiheit der sozial Schutzbedürftigen gewährleistet werden.[220] Das Grundgesetz setzte diese Tradition jedoch nicht fort.[221] Auch nach der Wiedervereinigung wurden trotz entsprechender Vorschläge keine sozialen Grundrechte aufgenommen.[222] Ihre Wirksamkeit ist daher entscheidend von der gesetzgeberischen Praxis abhängig. Da eine dem Art. 164 WRV entsprechende Pflicht zur Förderung des Mittelstandes bewusst nicht übernommen wurde, kann ihr nicht durch die Annahme eines ungeschriebenen Verfassungsauftrags zur Geltung verholfen werden. Es ist daher festzuhalten, dass die Verfassungsordnung des Grundgesetzes keinen allgemeinen Schutzauftrag zugunsten kleiner Unternehmen kennt.[223] Die verfassungsrechtlichen Maßstäbe für einen solchen Schutz können sich somit nur den Grundrechten entnehmen lassen.[224]

Eine ausdrückliche Pflicht ist hingegen in einigen Landesverfassungen vorgesehen,[225] etwa gem. Art. 153 der Bayerischen Verfassung, Art. 40 der Bremischen Verfassung, Art. 44 der Hessischen Verfassung, Art. 51 Abs. 2, 65 der Rheinland-Pfälzischen Verfassung, Art. 54 der Saarländischen Verfassung und Art. 28 der Verfassung Nordrhein-Westfalens. Letzterer lautet z.B.:

„Die Klein- und Mittelbetriebe in Landwirtschaft, Handwerk, Handel und Gewerbe und die freien Berufe sind zu fördern. Die genossenschaftliche Selbsthilfe ist zu unterstützen."

Diese Regelungen erinnern an Art. 164 WRV und sind ebenso wie jener als bloße Programmsätze zu verstehen.[226] Einfachgesetzlich konkretisiert wird diese Pflicht in Nordrhein-Westfalen durch § 1 Abs. des Mittelstandsförderungsgesetzes NRW. Dieser lautet:

---

[218] BVerfGE 50, 290 (338).
[219] Dazu oben § 4 B) IV. 2. a).
[220] *Höfe*, Politische Gerechtigkeit, 1989, S. 469 ff.
[221] *Eichenhofer*, in: ders. (Hrsg.), 80 Jahre Weimarer Reichsverfassung, 1999, S. 207 (209).
[222] BT-Drucks. 12/6000, S. 75 ff.; *Brohm*, JZ 1994, 213 ff.
[223] *Franzen*, in: Jahrbuch zur Mittelstandsforschung, 2006, S. 101 (106); vgl. auch *Seifert*, Der Schutz kleiner und mittlerer Unternehmen im deutschen und europäischen Wirtschaftsrecht, 2006, S. 187 ff.
[224] Dazu sogleich im Text.
[225] Dazu eingehend *Seifert*, Der Schutz kleiner und mittlerer Unternehmen im deutschen und europäischen Wirtschaftsrecht, 2006, S. 181 ff.
[226] *Franzen*, in: Jahrbuch zur Mittelstandsforschung, 2006, S. 101 (106).

„Deshalb ist die Förderung und Stärkung des Mittelstandes und der Freien Berufe im fairen Leistungswettbewerb Aufgabe der Landespolitik. Sie orientiert sich dabei an den Grundsätzen der Sozialen Marktwirtschaft, um Wettbewerbsfähigkeit und Leistungskraft des Mittelstandes zu sichern. Nachhaltigkeit und Ressourceneffizienz sind ebenfalls wesentliche Grundsätze bei der Förderung des Mittelstandes. Dabei gilt es, die Interessen von kleinen und mittleren Unternehmen einerseits und Großunternehmen andererseits ausgewogen zu berücksichtigen."

Dabei hat der Gesetzgeber jedoch vorwiegend wettbewerbsbezogene Aspekte im Blick, wie die in § 1 Abs. 3 des Mittelstandsförderungsgesetzes genannten konkreten Ziele zeigen. Dort heißt es:

„Für die gedeihliche Entwicklung der mittelständischen Wirtschaft in Nordrhein-Westfalen ist eine Wirtschaftspolitik, die einen auf Langfristigkeit angelegten, verlässlichen und nachhaltigen ordnungspolitischen Rahmen schafft, von grundlegender Bedeutung. Dazu gehören insbesondere
1. der Abbau und die Verhinderung von Marktzutrittsschranken sowie die Bekämpfung des Missbrauchs einer marktbeherrschenden Stellung und überlegener Marktmacht, um die Erfolgschancen mittelständischer Unternehmen im Leistungswettbewerb zu gewährleisten, sowie
2. die Stärkung der Haftung im unternehmerischen Entscheidungskalkül; Entscheidungsträger müssen auch die Folgen ihrer Entscheidung verantworten."

Im Zentrum dieses Gesetzes steht die Pflicht zur Durchführung einer Mittelstandsverträglichkeitsprüfung nach § 6 Mittelstandsförderungsgesetz. Danach bedürfen Gesetzes- und Verordnungsvorhaben der Landesregierung, bei denen eine wesentliche Mittelstandsrelevanz gegeben ist, einer Überprüfung und Klärung ihrer Mittelstandsverträglichkeit. Die Durchführung wird von der dazu eingerichteten Clearingstelle Mittelstand durchgeführt, die Überprüfung der Mittelstandsverträglichkeit erfolgt in enger Abstimmung mit den sozialpolitischen Verbänden, den Dachorganisationen der Kammern, den Organisationen der gewerblichen Wirtschaft sowie der Freien Berufe, den kommunalen Spitzenverbänden und dem zuständigen Ministerium. Diese Mittelstandsverträglichkeitsprüfung geht in die gleiche Richtung, die die Europäische Kommission in dem Small Business Act als „Vorfahrt für KMU" bezeichnet.[227] Eine Pflicht zu konkreten Schutzmaßnahmen, die den Schwächerenschutz im Blick haben – insbesondere die Einführung von größenabhängigen Befreiungen – lässt sich darauf jedoch regelmäßig nicht stützen.

---

[227] Mitteilung der Kommission zum Small Business Act 2008, S. 4, abrufbar unter http://eur-lex.europa.eu/LexUriServ/LexUriServ.do?uri=COM:2008:0394:FIN:de:PDF, Stand: 29.8.2016.

II. Berufs- und Unternehmerfreiheit, Art. 12, 14 GG

Die Grundrechte der Berufs- und Unternehmerfreiheit nach Art. 12 Abs. 1, 14 GG können in zweifacher Hinsicht relevant werden: Zum einen in ihrer Funktion als Abwehrrechte, die im Hinblick auf Belastungen durch staatliche Maßnahmen virulent wird (unten 1.)), sowie als Grundlage möglicher Schutzpflichten, welche die Belastungen im Blick haben, die bereits im Wirtschaftsleben unabhängig von staatlichen Maßnahmen bestehen (unten 2.)).

1. Abwehrrecht

a) Schutzbereich

Einigkeit besteht darüber, dass die Unternehmerfreiheit – d.h. das freie Gründen und Führen von Unternehmen – prinzipiell grundrechtlich geschützt ist. Dabei lässt sie sich als Teilgehalt der von Art. 2 Abs. 1 GG geschützten wirtschaftlichen Betätigungsfreiheit begreifen.[228] Nachdem das Bundesverfassungsgericht sie früher in der Tat weitgehend unter Art. 2 Abs. 1 GG rubrizierte,[229] zieht es nunmehr in Übereinstimmung mit der h.L. grundsätzlich Art. 12 Abs. 1 GG heran, sofern es sich um Tätigkeiten handelt, die den allgemeinen Voraussetzungen eines „Berufs" entsprechen.[230] Dabei unterscheidet das Bundesverfassungsgericht allerdings die Gründung und Führung eines kleinen oder mittleren Unternehmens, in der sich das personale Element der Berufsfreiheit voll verwirklicht, von der Tätigkeit eines Großunternehmens, bei der die Unternehmerfreiheit regelmäßig kein Ausfluss der Persönlichkeit des Menschen ist, sondern ein Verhalten grundrechtlich geschützt wird, dessen Wirkungen weit über das wirtschaftliche Schicksal des eigenen Unternehmens hinausreichen.[231] Neben der *Unternehmer*freiheit fällt auch die *Unternehmens*freiheit unter den grundrechtlichen Schutz der Berufsfreiheit, soweit Gesellschaftszweck die Gewinnerzielung im Rahmen einer wirtschaftlichen Tätigkeit ist.[232] Danach genießen inländische juristische Personen des Privatrechts selbst den Schutz des Art. 12 Abs. 1 GG,[233] ebenso wie Handelsgesellschaften.[234] Juristische Personen können einen Beruf zwar nicht im Sinne einer Lebensaufgabe ausüben, doch sind sie gleichwohl in der Lage, wie eine natürliche Person eine Erwerbszwecken dienende Tätigkeit, insbesondere

---

[228] *Di Fabio*, in: Maunz/Dürig, GG, 77. EL Juli 2016, Art. 2 Rn. 126; *Dreier*, in: Dreier, GG, 3. Aufl. 2013, Art. 2 I Rn. 36.
[229] Vgl. BVerfGE 32, 311 (317); 46, 120 (137).
[230] BVerfGE 50, 290 (363); ebenso *Dreier*, in: Dreier, GG, 3. Aufl. 2013, Art. 2 I Rn. 36.
[231] BVerfGE 50, 290 (363 f.); dazu *Wieland*, in: Dreier, GG, 3. Aufl. 2013, Art. 12 Rn. 53.
[232] BVerfGE 21, 207 (208 f.); BVerwG 3, 304 (305 f.); *Kämmerer*, in: v. Münch/Kunig, GG, 6. Aufl. 2012, Art. 12 Rn. 12.
[233] BVerfGE 30, 292 (312); 50, 290 (363); BVerwGE 75, 109 (114).
[234] BVerfGE 42, 212 (219); BVerwGE 96, 302 (306).

ein Gewerbe, zu betreiben.[235] Somit kann sich der Inhaber von kleinen Unternehmen auf die Unternehmer- bzw. Unternehmensfreiheit berufen, unabhängig davon, ob dies eine natürliche Person, eine Handelsgesellschaft oder – im Regelfall eine GmbH – eine juristische Person des Privatrechts ist.

Ausländische Unternehmer fallen hingegen nicht unter Art. 12 Abs. 1 GG und sind daher bei Einschränkungen der wirtschaftlichen Betätigungsfreiheit auf die allgemeine Handlungsfreiheit als Prüfungsmaßstab zu verweisen.[236] Ebenso wenig können sich Gesellschafter einer Handelsgesellschaft oder juristischen Person, die selbst nicht unternehmerisch tätig sind, auf die Berufsfreiheit berufen.[237] Hier ist vielmehr der Eigentumsschutz nach Art. 14 GG einschlägig.[238] Auch der Bestand des Unternehmens als solcher, also der eingerichtete und ausgeübte Gewerbebetrieb, wird nicht von Art. 12 Abs. 1 GG, sondern von Art. 14 GG geschützt.[239] Hier gilt als Grundsatz die eingängige Abgrenzungsformel, dass die Eigentumsgarantie das Erworbene i.S.d. vorhandenen Bestandes an vermögenswerten Gütern erfasst und die Berufsfreiheit die Chance zum Erwerb schützt. Die Berufsfreiheit ist in erster Linie personenbezogen und zukunftsgerichtet, die Eigentumsfreiheit hingegen objektsbezogen und als Bestandsschutz vergangenheitsgerichtet.[240] Diese Abgrenzung schließt freilich Überschneidungen im Einzelfall nicht aus: Staatliche Maßnahmen können sowohl in die Erwerbstätigkeit als auch in das Erworbene eingreifen, in diesem Fall sind sie sowohl an Art. 12 Abs. 1 GG als auch an Art. 14 GG zu messen.[241]

b) Eingriff und verfassungsrechtliche Rechtfertigung

aa) Grundlagen

Eine staatliche Maßnahme greift nach üblichem Verständnis in den Schutzbereich eines Grundrechts ein, wenn es das grundrechtlich geschützte Verhalten erschwert oder unmöglich macht.[242] Keine Grundrechtseingriffe sind hingegen bloße Belästigungen und Bagatellen, die allerdings von einem Eingriff nicht immer klar und eindeutig abgrenzbar sind. Wirtschaftliche Belastungen von kleinen Unternehmen – insbesondere Kostenbelastungen – können nach der Rechtsprechung des Bundesverfassungsgerichts einen Eingriff in die nach Art. 12 Abs. 1 GG geschützte Berufsfreiheit darstellen. So hat das Bundesverfassungsgericht z.B. die gesetzliche Verpflichtung des Arbeitgebers zur Zahlung eines

---

[235] BVerfGE 102, 197 (212 f.); BVerwGE 97, 12 (23).
[236] BVerfGE 128, 1 (68, 24 ff.); *Dreier*, in: Dreier, GG, 3. Aufl. 2013, Art. 2 I Rn. 36.
[237] Dazu schon zur Schutzwürdigkeit der Unternehmensinhaber oben § 3 C) I. 4. a).
[238] BVerfGE 50, 290 (341 f.).
[239] BVerwGE 67, 93 (96); BGHZ 111, 349 (355 f.).
[240] Vgl. *Depenheuer/Froese*, in: v. Mangoldt/Klein/Starck, GG, 7. Aufl. 2018, Art. 14 Rn. 101.
[241] *Depenheuer/Froese*, in: v. Mangoldt/Klein/Starck, GG, 7. Aufl. 2018, Art. 14 Rn. 101.
[242] Vgl. BVerfGE 105, 279 (304).

Zuschusses zum Mutterschaftsgeld als Eingriff qualifiziert.[243] Der Eingriff liegt hier darin, dass den Arbeitgebern zusätzliche Kostenlasten aufgebürdet werden, die aus ihrer Berufstätigkeit, nämlich der Beschäftigung der geschützten Arbeitnehmerinnen, folgen.[244] Dies überzeugt, da die Grundrechte nach h.M. nicht nur vor beabsichtigten (finalen) Verkürzungen des Grundrechtssubstrats schützen, sondern auch vor nur mittelbaren und faktischen Verkürzungen.[245] Geht es nicht um Belastungen als solche, sondern darum, dass diese für kleine Unternehmen verhältnismäßig höher ausfallen als für große Unternehmen, ist hingegen Art. 3 Abs. 1 GG einschlägig.

Die verfassungsrechtliche Rechtfertigung eines Eingriffs setzt nach der überkommenen Grundrechtsdogmatik voraus, dass er einem legitimen Ziel dient und zu dessen Erreichung erforderlich und angemessen ist.[246] Während die allgemeinen Belastungen für Unternehmen wie gezeigt den Grundrechtseingriff darstellt und die Unternehmensgröße insoweit keine Rolle spielt, sind die besonderen Auswirkungen auf kleine Unternehmen im Rahmen der Verhältnismäßigkeit zu berücksichtigen.[247]

bb) Ausgewählte Anwendungsfälle

Die grundrechtlichen Dogmen sollen nun anhand von drei Beispielen aus der Verfassungsgerichtsbarkeit veranschaulicht werden.

(1) Freistellungskosten

Das Bundesverfassungsgericht hat einen mittelbaren Eingriff in die Berufsfreiheit angenommen, wenn dem Arbeitgeber Freistellungs- und Kostenlasten aufgebürdet werden, z.B. wegen einer Pflicht zur vollen Entgeltfortzahlung während eines Sonderurlaubs für Zwecke der Jugendpflege[248] oder nach den Bildungsurlaubsgesetzen der Länder.[249] Dies überzeugt, da diesen Kosten unmittelbar keine Gegenleistung gegenüber steht. Konsequenterweise müsste dann auch die gesetzliche Anordnung eines Urlaubsentgelts nach § 1 BUrlG einen rechtfertigungsbedürftigen Eingriff darstellen, da der Arbeitgeber die volle Vergütung zahlen muss, ohne dafür eine Arbeitsleistung zu erhalten. Was die verfassungsrechtliche Rechtfertigung anbelangt sind die Freistellungs- und Kostenlasten verfassungskonform, wenn sie durch hinreichende Gründe des Allgemeinwohls

---

[243] BVerfGE 109, 64.
[244] BVerfGE 109, 64 (84); anders noch BVerfGE 37, 121 (131).
[245] Vgl. BVerfGE 105, 279 (304); eingehend *Herdegen*, in: Maunz/Dürig, GG, 77. EL Juli 2016, Art. 1 Abs. 3 Rn. 39 f.
[246] Vgl. BVerfGE 105, 279 (299 f.); *Herdegen*, in: Maunz/Dürig, GG, 77. EL Juli 2016, Art. 1 Abs. 3 Rn. 42 ff.
[247] Vgl. BVerfGE 121, 317 (355); BVerfG NZA 2005, 737.
[248] BVerfGE 77, 308 (332); BVerfGE 85, 226.
[249] BVerfG DB 1988, 709.

gerechtfertigt werden und die gewählten Mittel zur Erreichung des verfolgten Zweckes geeignet und erforderlich sind. Das Bundesverfassungsgericht betont, dass das Grundgesetz dem Gesetzgeber im Zusammenhang mit Berufsausübungsregelungen ein erhebliches Maß an Regelungsfreiheit einräumt bei der Festlegung der zu verfolgenden berufs-, arbeits- oder sozialpolitischen Ziele, bei denen der Gesetzgeber Gesichtspunkte der Zweckmäßigkeit in den Vordergrund stellen dürfe. Die Gestaltungsfreiheit des Arbeitgebers sei noch weiter, wenn – wie bei Bildungsurlaubsgesetzen – die beanstandete Regelung keinen unmittelbar berufsregelnden Charakter habe.[250] Im Einzelnen seien die den Arbeitgebern durch die Bildungsurlaubsgesetze auferlegten Freistellungs- und Entgeltfortzahlungspflichten durch Gründe des Allgemeinwohls gerechtfertigt, weil lebenslanges Lernen unter den Bedingungen fortwährenden und sich beschleunigenden technischen und sozialen Wandels zur Voraussetzung individueller Selbstbehauptung und gesellschaftlicher Anpassungsfähigkeit im Wechsel der Verhältnisse werde; dem Einzelnen helfe die Weiterbildung, die Folgen des Wandels beruflich und sozial besser zu bewältigen, wobei der Arbeitnehmer schon wegen begrenzter Verfügung über seine Zeit und wegen des meist engeren finanziellen Rahmens nicht durchweg weiterbildungsbereit sein könne; es liege daher im Interesse des Allgemeinwohls, die Bildungsbereitschaft von Arbeitnehmern zu verbessern.[251] Im Hinblick auf die Pflicht zur vollen Entgeltfortzahlung während eines Sonderurlaubs für Zwecke der Jugendpflege hat das Bundesverfassungsgericht entschieden, dass dem Arbeitgeber eine solche Pflicht ohne einen Ausgleich nicht auferlegt werden darf und dass das hessische Sonderurlaubsgesetz in seiner Fassung vom 28. Juni 1983 deshalb gegen Art. 12 Abs. 1 GG verstößt.[252]

Vor diesem Hintergrund erscheinen die Rechtsprechung des Europäischen Gerichtshofs und deren Umsetzung durch das Bundesarbeitsgericht bedenklich, wonach den Arbeitnehmern nach Art. 7 Abs. 1 der Richtlinie 2003/88/EG in erheblichem Umfang Urlaubsansprüche zugebilligt werden, selbst wenn sie tatsächlich gar nicht gearbeitet haben. So hat der Europäische Gerichtshof in dem vielfach kritisierten Schulz-Hoff-Urteil entschieden, dass der Urlaubsanspruch bei krankheitsbedingter Arbeitsunfähigkeit des Arbeitnehmers nicht verfallen darf.[253] In der KHS-Entscheidung rückte der Europäische Gerichtshof davon lediglich insoweit wieder ab, als er die tarifvertragliche Begrenzung einer Ansammlung auf 15 Monate europarechtlich billigt, da ab diesem Zeitraum der Schutzzweck des Erholungsurlaubs nicht mehr berührt sei.[254] Da sich danach erhebliche Urlaubs- bzw. Abgeltungsansprüche ansammeln können, ist zutref-

---

[250] BVerfG DB 1988, 709.
[251] BVerfG DB 1988, 709.
[252] BVerfGE 85, 226.
[253] EuGH Slg 2009, I-179 – Schultz-Hoff; dem folgend BAG NZA 2009, 538.
[254] EuGH Slg 2011, I-11757 – KHS vs. Schulte; ebenso jetzt BAG NZA 2012, 1216.

fend ein Eingriff in Art. 12 Abs. 1 GG bzw. Art. 15 Abs. 1, 16 GRC zu bejahen. Die verfassungsrechtliche Einwilligung setzt voraus, dass der legitime Zweck des Urlaubsanspruchs, nämlich die Erholung des Arbeitnehmers, auch nach längerer Abwesenheit von der Arbeit noch einschlägig ist. Ansonsten würde es bereits an der Geeignetheit des Eingriffs fehlen. Dies erscheint nicht erst ab der von der aktuellen Rechtsprechung angenommenen 15–Monate-Grenze zweifelhaft. Richtigerweise müsste dies arbeitsmedizinisch eruiert werden, was jedoch bislang noch nicht einmal in Erwägung gezogen wurde. Ein weiteres Beispiel ist die Rechtsprechung des Europäischen Gerichtshofs, wonach ein einmal erworbener Urlaubsanspruch bis zu seinem Verfall ohne Einschränkungen bestehen bleiben muss, wenn ein Arbeitnehmer von Vollzeit in Teilzeit wechselt.[255] Er dürfe nicht reduziert oder nur mit einem geringeren Urlaubsgeld gewährt werden, wie es z.B. früher das Bundesarbeitsgericht angenommen hatte[256] und auch im Tiroler Recht vorgesehen war.[257] Dies hat zur Folge, dass den Arbeitnehmern anschließend mehr Urlaub zusteht, als sie im Verhältnis zu ihrer Arbeitszeit arbeiten müssen. Diese Rechtsprechung führt gerade für kleine Unternehmen zu großen Belastungen, da durch die Reduzierung der Arbeitszeit erhebliche Urlaubsabwesenheitszeiten bis zu einem ganzen Jahr entstehen können, die durch das Unternehmen aufgefangen werden müssen.[258] Das Bundesarbeitsgericht räumt die widersinnigen Folgen des Quotierungsverbots ein und begründet seine Rechtsprechungsänderung ausschließlich mit den Entscheidungen des Europäischen Gerichtshofs.[259]

Insgesamt betrachtet ist es jedenfalls verfehlt, dass in diesen Entscheidungen zum Urlaubsrecht die verfassungsrechtliche Dimension im Hinblick auf die Belastungen gerade von kleinen Unternehmen völlig ausgeblendet wird.

(2) Pflicht zur Beschäftigung schwerbehinderter Menschen und zur Zahlung einer Ausgleichsabgabe

Einen weiteren Grundrechtseingriff stellen die Regelungen über die Pflicht zur Beschäftigung schwerbehinderter Menschen und zur Zahlung einer Ausgleichsabgabe der §§ 71, 77 SGB IV eine Berufsausübungsregelung dar.[260] Das Bundesverfassungsgericht hat aber eine verfassungsrechtliche Rechtfertigung angenommen, da es Beschäftigungspflicht und Ausgleichsabgabe für zumutbar erachtet: Die Arbeitgeber würden weder in der Vergangenheit noch in der Gegenwart unverhältnismäßig belastet. Die Pflichtplatzquote und die daran

---

[255] EuGH Slg 2010, I-3527 – Zentralbetriebsrat der Landeskrankenhäuser Tirols; EuGH NZA 2013, 775 – Brandes; ebenso nun BAG NZA 2015, 1005.
[256] BAG NZA 1999, 156.
[257] EuGH Slg 2010, I-3527 – Zentralbetriebsrat der Landeskrankenhäuser Tirols.
[258] *Hartmann/Dehmel*, DB 2015, 1168 f.; *Karb*, öAT 2013, 164.
[259] BAG NZA 2015, 1005 (1007).
[260] BVerfG NZA 2005, 102.

anknüpfende Abgabe seien eine wirtschaftliche und organisatorische Last, die in ihrem Umfang und in ihrer Höhe nicht unangemessen ist. Die in § 154 Abs. 1 und § 160 Abs. 2 SGB IX eingeführten Staffelungen hätten inzwischen die Belastung kleinerer Unternehmen sogar noch gemildert. Sollte das Angebot an Pflichtarbeitsplätzen tatsächlich in einer Region erheblich zu groß sein, kann die Ausgleichsabgabe für Kleinunternehmen nach § 11 Abs. 6 SchwbG 1986; § 162 Nr. 4 SGB IX weiter verringert oder erlassen werden, zudem ist die Abgabe steuerlich absetzbar.[261] Diese Argumentation zeigt anschaulich, wie die Auswirkungen auf kleine Unternehmen im Rahmen der Verhältnismäßigkeitsprüfung zu berücksichtigen sind.

(3) Rauchverbot in Gaststätten
Einen Eingriff in die Berufsausübungsfreiheit speziell von Gastwirten stellt schließlich das Rauchverbot in Gaststätten dar.[262] Das Bundesverfassungsgericht hat die gesetzlichen Vorschriften insoweit für unverhältnismäßig und daher verfassungswidrig erachtet, als für die wirtschaftlich besonders stark belastete, getränkegeprägte Kleingastronomie keine Ausnahmen gelten.[263] Gemessen wird die Größe der Gaststätten hier allerdings nicht nach dem üblichen, für Gaststätten jedoch weniger aussagekräftigen Kriterium der Arbeitnehmerzahl, sondern nach dem Angebot der Gaststätten (keine zubereiteten Speisen) und nach der Größe der Gastfläche (weniger als 75 m²; kein abgetrennter Nebenraum).[264] Damit hat das Bundesverfassungsgericht die Verfassungswidrigkeit eines Gesetzes wegen fehlenden Ausnahmen für wirtschaftlich besonders belastete Kleinunternehmen angenommen.

2. Schutzpflichten zugunsten kleiner Unternehmen?
Nach üblichem Verständnis sind die Grundrechte nicht auf ihre Abwehrfunktion gegenüber staatlichen Maßnahmen beschränkt, sondern können auch Schutzpflichten zugunsten der Grundrechtsadressaten entfalten.[265] Auf kleine Unternehmen übertragen stellt sich damit die Frage, ob die Berufs- und Unternehmerfreiheit nach Art. 12 Abs. 1, 14 GG nicht nur vor den Belastungen schützen, die durch staatliche Maßnahmen ausgelöst werden, sondern auch eine Pflicht des Staates statuieren, vor bereits bestehenden Belastungen – insbesondere im Wirtschaftsleben – zu schützen. Ein solcher Schutz wäre dann nicht nur

---

[261] BVerfG NZA 2005, 102 (103).
[262] BVerfG NZA 2005, 102.
[263] BVerfGE 121, 317 (355 ff.).
[264] BVerfGE 121, 317 (355 ff.).
[265] Vgl. *Grabenwarter*, in: Maunz/Dürig, GG, 78. EL Sept. 2016, Art. 5 Rn. 108; zur Grundrechtecharta siehe *Callies*, in: Calliess/Ruffert, EUV/AEUV, 5. Aufl. 2016, Art. 1 EU-GRCharta Rn. 5.

negativ zu bewerkstelligen, wie es z.b. größenabhängige Befreiungen tun, sondern positiv durch gezielte Maßnahmen, die freilich ihrerseits in Grundrechte Dritter wie z.B. Arbeitnehmer oder Verbraucher eingreifen können. In diesem Fall würde nicht nur eine Befugnis, sondern auch eine Pflicht zum positiven Handeln gegeben. Keine Schutzpflicht in diesem Sinne ist die vom Landesarbeitsgericht Berlin angeführte „Schutzpflicht", welche der Gesetzgeber durch die Kleinbetriebsklausel des § 23 Abs. 1 S. 2 KSchG erfüllt habe.[266] Da die Kleinbetriebsklausel lediglich vor den Kosten schützen soll, die der gesetzlich eingerichtete Kündigungsschutz für die Unternehmen verursacht, geht es hier um die traditionelle Abwehrfunktion des Art. 12 Abs. 1 GG.

Das Bundesverfassungsgericht hat festgestellt, dass Art. 12 Abs. 1 GG eine besondere, objektiv-rechtliche wertentscheidende Grundsatznorm darstellt, deren Gewährleistungsbereich durchaus über das subjektiv-rechtliche Freiheitsrecht hinausgeht. Dies bedeutet in der Tat, dass sich aus Art. 12 Abs. 1 GG positive Schutzpflichten ergeben können. Solche hat das Bundesverfassungsgericht z.B. zugunsten der Forderung eines gewissen Kräftegleichgewichts zwischen einem Berufstätigen und seinem Vertragspartner anerkannt.[267] Bei der Erfüllung solcher objektiv-rechtlichen Schutzpflichten hat der Gesetzgeber jedoch einen relativ breiten Gestaltungs- und Ermessensspielraum.[268] Das Bundesverfassungsgericht hat immerhin festgehalten, dass jedenfalls dann eine verfassungsrechtlich relevante Verletzung einer Schutzpflicht vorliegt, wenn

„die öffentliche Gewalt Schutzvorkehrungen entweder überhaupt nicht getroffen hat oder die getroffenen Regelungen und Maßnahmen gänzlich ungeeignet oder völlig unzulänglich sind, das gebotene Schutzziel zu erreichen, oder erheblich dahinter zurückbleiben."[269]

Nach diesem großzügigen Maßstab wird die Verletzung einer grundrechtlichen Schutzpflicht zugunsten kleiner Unternehmen nur in Extremfällen gegeben sein, die gegenwärtig nicht ersichtlich sind.

III. Gleichbehandlungsgrundsatz, Art. 3 GG

Als weiteres Grundrecht zugunsten von kleinen Unternehmen kommt der allgemeine Gleichheitssatz nach Art. 3 Abs. 1 GG in Betracht.

---

[266] LAG Berlin, Urt. v. 1.12.1999–17 Sa 1925/99, zit. nach juris Rn. 15.
[267] BVerfGE 81, 242 (254 ff.).
[268] *Scholz*, in: Maunz/Dürig, GG, 77. EL Juli 2016, Art. 12 Rn. 5.
[269] BVerfGE 77, 170 (215); BVerfGE 108, 150 (166).

1. Grundlagen

Aus diesem Grundrecht folgt das Gebot, wesentlich Gleiches gleich und wesentlich Ungleiches ungleich zu behandeln, was für ungleiche Belastungen und ungleiche Begünstigungen gilt.[270] Der allgemeine Gleichheitssatz wird vor allem im Zusammenhang mit Ungleichbehandlungen virulent. Dazu führt das Bundesverfassungsgericht aus, dass Art. 3 Abs. 1 GG dem Gesetzgeber nicht jede Differenzierung verbietet, dass aber Differenzierungen stets der Rechtfertigung durch Sachgründen bedürfen, die dem Ziel und dem Ausmaß der Ungleichbehandlung angemessen sind.[271] Im Hinblick auf den Schutz von kleinen Unternehmen geht es jedoch in aller Regel nicht um Ungleichbehandlungen gegenüber Großunternehmen, sondern im Gegenteil um Gleichbehandlungen, wenn nämlich alle Unternehmen unabhängig von ihrer Größe den gleichen Regelungen unterworfen werden. Auch die formale Gleichbehandlung von faktisch Ungleichem kann in höchstem Maße ungerecht werden, nämlich zur „Freiheit eines freien Fuchses in einem freien Hühnerstall".[272] Zutreffend kann aus Art. 3 Abs. 1 GG nicht nur ein Gebot der Gleichbehandlung, sondern auch ein Gebot der Ungleichbehandlung folgen.[273] Mit der Anerkennung eines Differenzierungsgebots folgt das Bundesverfassungsgericht *Gerhard Leibolz'* Aufnahme der aristotelischen Bestimmung der geometrischen Gleichheit:

> „Nach dem „Proportionalitätsgedanken" [...] haben die Menschen, die einander wesentlich gleich sind, insoweit auch Anspruch auf gleiche rechtliche Behandlung durch den Gesetzgeber. Begründet dagegen ihre individuelle Eigenheit eine Verschiedenheit, so müssen auch diese im Wesen der Sache begründeten Ungleichheiten bei der gesetzlichen Regelung [...] berücksichtigt werden."[274]

Verwirklicht werden kann eine Differenzierung zwischen kleinen und großen Unternehmen insbesondere durch größenabhängige Befreiungen von der kostenverursachenden Regelung mittels Schwellenwerten. Insoweit hat der Gesetzgeber jedoch einen gewissen Beurteilungsspielraum. Das Bundesverfassungsgericht pflegt bei Rügen mangelnder gesetzlicher Differenzierung zu betonen, dass der Gesetzgeber nicht alle tatsächlichen Verschiedenheiten rechtlich unterschiedlich behandeln muss.[275] Konkrete Schwellenwerte lassen sich dem allgemeinen Gleichheitssatz nicht entnehmen.[276] Im Ergebnis muss nur dem Ziel entsprochen werden, dass nicht mehr „wesentlich Ungleiches gleich behandelt"

---

[270] BVerfGE 121, 108 (119); BVerfGE 121, 317 (370); BVerfGE 126, 400 (416).
[271] BVerfGE 75, 108 (157); BVerfGE 129, 49 (69); BVerfGE 132, 179 (188).
[272] *Garaudy*, Die Freiheit als philosophische und historische Kategorie, 1959.
[273] *Alexy*, Theorie der Grundrechte, 2. Aufl. 1994, S. 371 f.; *Heun*, in: Dreier, GG, 3. Aufl. 2013, Art. 3 Rn. 25; *Wollenschläger*, in: v. Mangoldt/Klein/Starck, GG, 7. Aufl. 2018, Art. 3 Abs. 1 Rn. 169 ff.
[274] *Leibolz*, Die Gleichheit vor dem Gesetz, 2. Aufl. 1959, S. 45.
[275] BVerfGE 6, 55 (71); BVerfGE 90, 226 (239).
[276] Vgl. BVerfGE 138, 136 (190 f.).

wird. Unzutreffend ist die von der Bundesregierung geäußerte Ansicht, dass vor ungleichen wirtschaftlichen Auswirkungen nur die einschlägigen Freiheitsrechte – hier insbesondere Art. 12 Abs. 1, Art. 14 GG – schützen, nicht aber der allgemeine Gleichheitssatz.[277] Dies hätte zur Folge, dass regulierungsbedingte Belastungen lediglich isoliert im Hinblick auf ihre Auswirkungen auf einzelne Wirtschaftsteilnehmer berücksichtigt werden können, nicht aber im Hinblick auf ihre Auswirkungen auf Konkurrenten. Würden die Belastungen dann für diesen Wirtschaftsteilnehmer die für einen Eingriff in Art. 12 Abs. 1 GG bzw. Art. 14 GG erforderliche Erheblichkeit nicht überschreiten oder für sich genommen verfassungsrechtlich gerechtfertigt sein, könnte dieser Wirtschaftsteilnehmer auch dann nicht gegen diese Regulierung vorgehen, wenn sie seine Konkurrenten noch (deutlich) milder trifft und ihnen daher einen mittelbaren Wettbewerbsvorteil verschafft. Es ist kein plausibler Grund ersichtlich, die besonders wichtigen und potentiell besonders erheblichen wirtschaftlichen Belastungen aus dem Anwendungsbereich des allgemeinen Gleichheitssatzes herauszunehmen. Mit Recht werden daher auch wirtschaftliche Belastungen an Art. 3 Abs. 1 GG gemessen.[278] Keine Anwendung findet dieses Grundrecht hingegen auf Ungleichbehandlungen mit ausländischen Unternehmen, in deren Staaten keine vergleichbare Regulierung besteht, da der Gesetzgeber nur innerhalb seines Herrschaftsbereichs an den Gleichheitssatz gebunden ist. Es begründet keinen Verstoß gegen Art. 3 Abs. 1 GG, wenn die Bundesrepublik Regelungen erlässt, die von jenen in anderen Mitgliedstaaten der Europäischen Union abweichen.[279]

Umgekehrt kann der Gleichheitsgrundsatz auch dann relevant werden, wenn es um die Einbeziehung von Kleinunternehmern in den Arbeitnehmer- bzw. Verbraucherschutz geht. Eine verfassungsrechtliche Pflicht würde voraussetzen, dass Kleinunternehmer und Arbeitnehmer bzw. Verbraucher „wesentlich Gleich" sind.

2. Gleichbehandlung von wesentlich Ungleichem

Die Annahme eines verfassungsrechtlichen Gebots auf der Grundlage des Art. 3 Abs. 1 GG, zwischen kleinen und großen Unternehmen zu differenzieren, bedeutet einen gravierenden Schritt, den das Bundesverfassungsgericht bislang noch nicht expressis verbis gegangen ist. In der Entscheidung zur Verfassungsmäßigkeit der Kleinbetriebsklausel des § 23 KSchG hat das Bundesverfassungsgericht die Ungleichbehandlung lediglich (unter Auflagen) gebilligt, nicht aber für verfassungsrechtlich für geboten gehalten.[280] Die Begründung, dass einheit-

---

[277] So die Bundesregierung im Verfahren BVerfGE 125, 260, zit. nach BVerfGE 125, 260 (297).
[278] BVerfGE 30, 292 (311 f.); VG Berlin, Vorlagebeschluss v. 2.7.2008 – VG 27 A 3/07.
[279] BVerfGE 10, 354 (371); BVerfG NZA 2005, 102 (103).
[280] BVerfGE 97, 169.

liche Regulierungen von Unternehmen eine Gleichbehandlung von wesentlich Ungleichem darstellt, ist nicht leicht. Bereits die Gruppenbildung im Rahmen des allgemeinen Gleichheitssatz, also die Festlegung des gemeinsamen Oberbegriffs und der Differenzierungskriterien, enthält Elemente der Wertung und lässt sich nicht rein logisch vornehmen, da sie im Hinblick auf die verfolgten Ziele sachgerecht sein muss.[281] Während der gemeinsame Oberbegriff mit „Unternehmen" noch leicht zu bestimmen ist, gestaltet sich die Bestimmung des Differenzierungskriteriums „Unternehmensgröße" schwieriger. Oben wurde gezeigt, dass sich die Unternehmensgröße sowohl formell, also in Anlehnung an gesetzliche Schwellenwerte, als auch materiell in Anlehnung an die spezifischen Schwächen und volkswirtschaftliche Vorteile bestimmen lässt.[282] Im Rahmen des verfassungsrechtlichen Ansatzes ist der formelle Ansatz unmittelbar nicht geeignet, da der Schutzbereich des Gleichheitssatzes ansonsten durch das einfache Recht definiert und zur Disposition des einfachen Gesetzgebers stünde. Die Anwendung des materiellen Ansatzes schließt es freilich nicht aus, die hinter den Schwellenwerten stehenden ökonomischen Erwägungen aufzugreifen und sich damit letztlich doch an diesen zu orientieren.

In besonderem Maße wertungsbedürftig ist die Bestimmung des „wesentlich Gleichen" bzw. „wesentlich Ungleichen". Ob Vergleichspaare wesentlich ungleich sind, lässt sich nur anhand eines Maßstabs beurteilen.[283] Im Fall von Unternehmen verschiedener Größenordnungen ist auf deren ökonomischen Zusammenhänge abzustellen. Insoweit wurde oben herausgearbeitet, dass kleine Unternehmen von regulierungsbedingten Kosten stets verhältnismäßig härter getroffen werden als große Unternehmen (Kostenfaktor).[284] Die Gleichbehandlung von Unternehmen ohne Rücksicht auf ihre Größe führt somit dazu, dass kleine Unternehmen multiplikativ betroffen und belastet werden.[285] Schon damit liegt richtigerweise eine wesentliche Ungleichheit vor, deren Gleichbehandlung für die kleinen Unternehmen somit eine Ungerechtigkeit bedeutet.[286] Auch Störungen wie der Ausfall eines einzelnen Arbeitnehmers wirken sich in kleinen Unternehmen wie gezeigt weitaus stärker aus als in großen Unternehmen (Risikofaktor).[287] Hinzu kommt, dass sich kleine Unternehmen im Hinblick auf Ressourcen, Information und Erkenntnisvermögen grundlegend von großen

---

[281] *Heun*, in: Dreier, GG, 3. Aufl. 2013, Art. 3 Rn. 24.
[282] Siehe oben unter § 1 B).
[283] Vgl. *Heun*, in: Dreier, GG, 3. Aufl. 2013, Art. 3 Rn. 24.
[284] Siehe oben unter § 3 B) I. 1. b) aa), 2. a).
[285] EuGH, Urt. v. 18.6.2015 – C-508/13, Rn. 14; *Hamer*, in: Pfohl, Betriebswirtschaftslehre der Mittel- und Kleinbetriebe. Größenspezifische Probleme und Möglichkeiten zu ihrer Lösung, 4. Aufl., Berlin 2006, S. 25 (43).
[286] *Hamer*, in: Pfohl, Betriebswirtschaftslehre der Mittel- und Kleinbetriebe. Größenspezifische Probleme und Möglichkeiten zu ihrer Lösung, 4. Aufl., Berlin 2006, S. 25 (43).
[287] Siehe oben unter § 3 B) I. 1. b) bb).

§ 5 Befugnis, Pflicht und Grenzen zum Schutz kleiner Unternehmen 163

Unternehmen unterscheiden und ihre Inhaber insoweit eher mit Verbrauchern als mit den Inhabern großer Unternehmen vergleichbar sind.[288]

Das Verwaltungsgericht Berlin hat unter dem Kostengesichtspunkt angenommen, dass die gesetzliche Kostenbelastung von Telekommunikationsanbietern gegen Art. 3 Abs. 1 GG verstößt und deshalb nach Art. 100 Abs. 1 GG dem Bundesverfassungsgericht mit folgender Begründung zur Entscheidung vorgelegt:

„Jedenfalls die Belastung der Gruppe der kleineren Unternehmen erweist sich – auch im Hinblick auf Art. 3 I GG – als unverhältnismäßig. Eine Berufsausübungsregelung ist verfassungswidrig, soweit sie Ungleichheiten nicht berücksichtigt, die typischerweise innerhalb eines Berufes bestünden, dessen Ausübung durch sie gestaltet wird. So verhält es sich hier; denn durch die unterschiedslose Auferlegung der Kosten werden kleinere und mittelständische Telekommunikationsanbieter in wirtschaftlicher Hinsicht härter getroffen als große."[289]

Das Bundesverfassungsgericht befand die Vorlage allerdings als unzulässig.[290] Da es nach der Argumentation des Verwaltungsgerichts maßgeblich auf die Kostenbelastung ankommt, hätte es deren ungefähre Höhe für das klagende Telekommunikationsunternehmen ermitteln und in seinem Vorlagebeschluss feststellen müssen, woran es fehlt. So sei nicht ersichtlich, ob es sich bei dem genannten Betrag um eine über Jahre aufsummierte Gesamtkostenlast handelt, um eine durchschnittliche Jahresbelastung, oder ob damit einmalige Investitionskosten bezeichnet sind. Zu Herkunft und Grundlage der Kostenschätzung teilt die Vorlage nichts mit. Das Verwaltungsgericht wäre daher nach § 86 Abs. 1 VwGO zu weiterreichenden Ermittlungen gehalten gewesen. Denn es sei nicht ersichtlich, dass es zu einer eigenen Beurteilung der auch nach Auffassung der Parteien des Ausgangsverfahrens komplexen technischen und betriebswirtschaftlichen Fragen, die einer Abschätzung der Kostenbelastung zugrunde liegen, in der Lage war.[291] Damit hat das Bundesverfassungsgericht einerseits bestätigt, dass die verhältnismäßig stärkere Belastung von kleinen Unternehmen durch eine Regelung einen Verstoß gegen Art. 3 Abs. 1 GG bewirken kann. Andererseits hat es aber auch konkrete Anforderungen aufgezeigt, die erfüllt sein müssen, um einen Verstoß gegen den allgemeinen Gleichheitssatz annehmen zu können. In einem anderen Verfahren hat das Bundesverfassungsgericht angenommen, dass eine Pflicht von Mineralölimporthändlern zur ständigen Vorratshaltung wegen der – allerdings nicht wegen unterschiedlicher Unternehmensgröße – ungleich fühlbareren wirtschaftlichen Belastung gegen Art. 3 Abs. 1 GG verstößt:

---

[288] Dazu eingehend im verbraucherschutzrechtlichen Abschnitt § 9 B).
[289] VG Berlin, Vorlagebeschluss v. 2.7.2008 – VG 27 A 3/07; zit. nach BVerfG MMR 2009, 606 Rn. 10 f.; das BVerfG brauchte sich dazu allerdings wegen Unzulässigkeit der Vorlage nicht zu äußern.
[290] BVerfG MMR 2009, 606.
[291] BVerfG MMR 2009, 606; vollständig abgedruckt in juris, Rn. 22.

„Es lässt sich also nicht ausschließen, dass bei einer zwar zahlenmäßig kleinen, aber nach typischen Merkmalen deutlich abgrenzbaren Gruppe von Unternehmen die Pflicht zur ständigen Vorratshaltung zu einer ungleich fühlbareren wirtschaftlichen Belastung führt, ohne dass das Gesetz die Möglichkeit böte, diese Belastung auf ein zumutbares Maß zu begrenzen. [...] Dadurch, dass das Gesetz keine Möglichkeit vorsieht, diese Sonderfälle angemessen zu berücksichtigen, sie vielmehr unterschiedslos der allgemeinen Regelung unterwirft, insoweit also in einer das Gerechtigkeitsgefühl nicht befriedigenden Weise ‚Ungleiches gleich' behandelt, ist bei der in dem angefochtenen Gesetz enthaltenen Berufsausübungsregelung Art. 12 Abs. 1 GG in Verbindung mit Art. 3 Abs. 1 GG verletzt worden. [...] Schon die Tatsache, dass das Gesetz die Beschwerdeführerinnen in eine Lage bringt, die eine – im Verhältnis zu den Konkurrenten – unverhältnismäßig schwere Belastung und damit eine einschneidende Verschlechterung ihrer Wettbewerbslage nicht ausgeschlossen erscheinen lässt, ohne irgendeine Möglichkeit des Ausgleichs vorzusehen, beeinträchtigt die Grundrechtsposition der Beschwerdeführerinnen aus Art. 3 Abs. 1 GG."[292]

3. Verfassungsrechtliche Rechtfertigung

Bei der Prüfung der verfassungsrechtlichen Rechtfertigung legt das Bundesverfassungsgericht einen stufenlosen, am Grundsatz der Verhältnismäßigkeit orientierten Prüfungsmaßstab an, dessen Inhalt und Grenzen sich nicht abstrakt, sondern nur nach den jeweils betroffenen unterschiedlichen Sach- und Regelungsbereichen bestimmen lassen.[293] Hinsichtlich der verfassungsrechtlichen Anforderungen an den die Ungleichbehandlung tragenden Sachgrund ergeben sich aus dem allgemeinen Gleichheitssatz je nach Regelungsgegenstand und Differenzierungsmerkmalen unterschiedliche Grenzen für den Gesetzgeber, die von gelockerten auf das Willkürverbot beschränkten Bindungen bis hin zu strengen Verhältnismäßigkeitserfordernissen reichen können.[294] Im Hinblick auf die regulierungsbedingte Belastung von kleinen Unternehmen kommt es somit auf deren Intensität an, welche Anforderungen an den mit der Regelung verfolgten Zweck gestellt werden. Die teilweise Freistellung von Betrieben mit nicht mehr als 20 Beschäftigten von der Erbschafts- und Schenkungssteuer hat das Bundesverfassungsgericht prinzipiell für mit Art. 3 Abs. 1 GG vereinbar befunden, da sie der Sicherung ihres Bestands und damit auch zur Erhaltung der Arbeitsplätze dient.[295] Unverhältnismäßig sei die Privilegierung des unentgeltlichen Erwerbs aber, soweit die Verschonung über den Bereich kleiner und mittlerer Unternehmen hinausgreift, ohne eine Bedürfnisprüfung vorzusehen.[296]

---

[292] BVerfGE 30, 292 (311 f.).
[293] BVerfGE 75, 108 (157); BVerfGE 129, 49 (69); BVerfGE 132, 179 (188).
[294] BVerfGE 117, 1 (30); BVerfGE 122, 1 (23); BVerfGE 129, 49 (68).
[295] BVerfGE 138, 136 (217 f.).
[296] BVerfGE 138, 136 (197, 202 f.).

§ 5 Befugnis, Pflicht und Grenzen zum Schutz kleiner Unternehmen 165

a) Verhältnis der kleinen Unternehmen zu Arbeitnehmern

Häufig dient die gesetzliche Regelung, aus der die unterschiedlich starke Belastung der verschiedenen Unternehmen resultiert, nicht bloß objektiven Belangen, sondern den Rechten Dritter wie z.B. Arbeitnehmer. In diesem Fall würden größenabhängige Befreiungen diesen Schutz verkürzen, z.B. § 23 Abs. 1 S. 2 KSchG für den Kündigungsschutz von Arbeitnehmern.[297] Damit wird wiederum eine Ungleichbehandlung von Angehörigen der geschützten Personengruppe bewirkt. Im Arbeitsrecht werden bei Lockerungen des Schutzes in kleinen Unternehmen somit die betroffenen Arbeitnehmer schlechter gestellt als solche, die in großen Unternehmen beschäftigt sind und damit in den Genuss des vollen Schutzes kommen.[298] Hier zeigt sich in aller Deutlichkeit, dass der Schutz von kleinen Unternehmen mehrere Verhältnisse betreffen kann, auch und gerade solche zu anderen Grundrechtsträgern.[299] Die verfassungsrechtliche Rechtfertigung dieser Ungleichbehandlung ist allerdings mit der Rechtfertigung einer Gleichbehandlung von Unternehmen verknüpft: Verstößt die Gleichbehandlung von kleinen und großen Unternehmen gegen Art. 3 Abs. 1 GG, ist also eine Differenzierung nach der Unternehmensgröße verfassungsrechtlich geboten, so wird auch die Ungleichbehandlung der Arbeitnehmer verfassungsrechtlich gerechtfertigt sein. Umgekehrt ist die Gleichbehandlung von kleinen und großen Unternehmen verfassungsrechtlich gerechtfertigt, wenn die Ungleichbehandlung der Arbeitnehmer gegen Art. 3 Abs. 1 GG verstößt. Eine unabhängige Betrachtung der beiden Verhältnisse könnte zu dem widersprüchlichen Ergebnis führen, dass eine die Unternehmen gleich behandelnde Regelung gegen Art. 3 Abs. 1 GG verstößt, eine Differenzierung dieser Regelung nach der Unternehmensgröße aber wegen Ungleichbehandlung der geschützten Rechtssubjekte ebenfalls verfassungswidrig wäre. Beide Fragen sind also stets im Zusammenhang zu betrachten. Bei der Prüfung der verfassungsrechtlichen Rechtfertigung ist damit eine Gesamtabwägung durchzuführen, die auf die Rechte aller betroffenen Grundrechtsträger eingeht.

Im Arbeitsrecht haben sich im Laufe der Zeit Schutzanliegen gebildet, die so gewichtig sind, dass sie einer Differenzierung nach der Unternehmensgröße entgegenstehen und damit eine Gleichbehandlung der verschiedenen Unternehmen rechtfertigen und gebieten. *Rieble/Klumpp* sprechen hier von einem „schwellenwertfesten Kern".[300] Dazu gehören insbesondere die Bereiche der Gesundheits-

---

[297] BVerfGE 97, 169 (178); *Endres*, Schwellenwertregelungen im Arbeitsrecht, 2003, S. 32 ff.
[298] Dazu *Endres*, Schwellenwertregelungen im Arbeitsrecht – Verfassungsrechtliche und rechtspolitische Fragen, 2003, S. 32 ff.; zur Verfassungsmäßigkeit von § 23 KSchG siehe BVerfG, AP zum KSchG 1969, § 23 Nr. 17.
[299] Dazu oben § 3 C) I. 4. d).
[300] *Rieble/Klumpp*, JZ 2004, 817 (820).

vorsorge und der Unfallverhütung.[301] Dies anerkennt auch Generalanwalt *Geelhoed*, nach dem die Richtlinie 89/391/EWG zur Verbesserung der Sicherheit und des Gesundheitsschutzes der Arbeitnehmer grundsätzlich alle Arbeitnehmer schützt, ungeachtet der Größe des Unternehmens, in dem sie tätig sind, und dass das Ziel der Verbesserung der tatsächlichen Arbeitsverhältnisse nicht Erwägungen rein wirtschaftlicher Art wie einer eventuell unverhältnismäßigen bürokratischen Belastung kleiner Unternehmen untergeordnet werden kann.[302] Der Europäische Gerichtshof ist dem gefolgt und hat eine Regelung wie die bis zum 24.10.2013 existierende Kleinbetriebsklausel des § 6 Abs. 1 S. 3–4 ArbSchG a.F., wonach Arbeitnehmer mit zehn oder weniger Beschäftigten von der Dokumentationspflicht ausgenommen waren, für europarechtswidrig befunden.[303]

Ein solches Differenzierungsverbot ist richtigerweise kein Abwägungsverbot, das es nach zutreffendem Verständnis gar nicht gibt, sondern das Ergebnis einer vorgelagerten Abwägung.[304] Jenseits dieser absolut geschützten Bereiche können die Interessen Dritter jedoch durchaus hinter den Interessen von Kleinunternehmern zurücktreten.[305] Die kündigungsschutzrechtliche Kleinbetriebsklausel des § 23 KSchG hat das Bundesverfassungsgericht mit der Begründung gebilligt, dass den Arbeitnehmern in Kleinbetrieben das größere rechtliche Risiko eines Arbeitsplatzverlustes angesichts der schwerwiegenden und grundrechtlich geschützten Belange der Arbeitgeber zuzumuten ist.[306] Das Landesarbeitsgericht Köln hat die Befreiung von kleinen Unternehmen von dem allgemeinen Teilzeitanspruch nach § 8 Abs. 7 TzBfG gebilligt, weil deren geringere verwaltungsmäßige und wirtschaftliche Belastbarkeit stärker wiegen als die familienpolitischen bzw. allgemeinpolitischen Interessen an einem Teilzeitanspruch.[307]

Führt die Differenzierung nach der Unternehmensgröße zu einer Ungleichbehandlung von Frauen, ist zudem der besondere Gleichheitssatz des Art. 3 Abs. 2 GG zu beachten. So hat das Bundesverfassungsgericht die bis zum 31.12.2005 geltenden §§ 10 ff. LFZG, nach denen Arbeitgeber mit in der Regel mehr als 20 Arbeitnehmern vom Umlageverfahren zur Erstattung des Mutterschaftsgeldes ausgeschlossen waren, für verfassungswidrig befunden: Diese Regelung würde

---

[301] *Junker*, Gutachten für den 65. Deutschen Juristentag 2004, B 33; *Rieble/Klumpp*, JZ 2004, 817 (820); *Hyde*, in: Davidov/Langille, Boundaries and Frontiers of Labour Law, 2006, S. 37 ff.
[302] Schlussanträge des Generalanwalts *Geelhoed* im Verfahren C-5/00, Slg. 2002, I-1305 – Kommission/Deutschland, Rn. 48; ebenso *Hyde*, in: Davidov/Langille, Boundaries and Frontiers of Labour Law, 2006, S. 37 ff.
[303] EuGH Slg. 2002, I-1305, Rn. 35 ff.
[304] Siehe unten E) I. 1. b) cc) (3) (bb).
[305] *Junker*, Gutachten für den 65. Deutschen Juristentag 2004, B 33 ff.
[306] BVerfGE 97, 169 (175). Zum Kündigungsschutz in Kleinbetrieben siehe unten § 7 C) II. 4. a).
[307] LAG Köln, NZA-RR 2002, 511 (512). Zu den wirtschaftlichen Auswirkungen des allgemeinen Teilzeitanspruchs auf die Unternehmen siehe *Stöhr*, ZfA 2015, 167 (187 ff.).

größere Arbeitgeber davon abhalten, Frauen „in gebärfähigem Alter" einzustellen, was eine Ungleichbehandlung der Frauen und damit einen Verstoß gegen Art. 3 Abs. 2 GG bedeute. Die Beschränkung des Umlageverfahrens auf kleine Unternehmen sei nicht sachgerecht, da auch in mittleren und großen Unternehmen eine geschlechtsspezifische Teilung des Arbeitsmarktes mit der Folge erheblicher Unterschiede hinsichtlich des Frauenanteils bestehe und deshalb keine Differenzierung zwischen kleinen und größeren Unternehmen erfolgen dürfe.[308]

b) Verhältnis der kleinen Unternehmen zu größeren Unternehmen

Die Rechtfertigung einer Ungleichbehandlung von Unternehmen verschiedener Größen hat wettbewerbsrechtliche Implikationen, da größere Unternehmen als Konkurrenten der geschützten kleinen Unternehmen benachteiligt werden: Schützt man die Kleinen, aber nicht die Großen, so bestehen unterschiedliche Wettbewerbsvoraussetzungen. Kleine Unternehmen werden weniger durch Kosten betroffen und müssen diese damit auch nicht an ihre Kunden weitergeben.[309] Dies wäre nach einem Verständnis wettbewerbswidrig, nach welchem zunächst alle Marktteilnehmer gleich sind und dann jeder, der aufgrund geringerer wirtschaftlicher Leistungsfähigkeit nicht mit anderen mithalten kann, „vom Markt verschluckt wird".[310] Ein alternatives Verständnis ist der Gedanke der materiellen Marktgerechtigkeit, wonach einem Wettbewerber vom Staat nur das abverlangt werden darf, was dieser auch zu leisten imstande ist.[311] Da sich die Rechtsordnung über gezielte Eingriffe zugunsten einzelner Marktteilnehmer hinaus nicht genau zum Begriff der Wettbewerbsverzerrung verhält, ist der Schutz von kleinen Unternehmen durch die Rechtsordnung nicht zu beanstanden.[312] Aus Art. 3 Abs. 1 sowie Art. 12 Abs. 1 GG wird die Chancengleichheit im wirtschaftlichen Wettbewerb abgeleitet.[313] Soweit das Sozialstaatsprinzip oder die Sicherung eines funktionierenden Marktes einen Ausgleich von Stärken oder Schwächen einzelner Marktteilnehmer erlaubt, verstoßen Ungleichbehandlungen nicht gegen den Gleichheitssatz.[314] Bei der Differenzierung zugunsten kleiner Unternehmen ist zunächst zu prüfen, ob die Chancengleichheit im wirtschaftlichen Wettbewerb dadurch überhaupt beeinträchtigt oder vielmehr überhaupt erst hergestellt wird. Wird eine Beeinträchtigung festgestellt, was insbesondere im Zusammenhang mit

---

[308] BVerfGE 109, 64 (93 f.).
[309] *Rieble/Klumpp*, JZ 2004, 817 (819 f.).
[310] *Rieble/Klumpp*, JZ 2004, 817 (820), die sich jedoch von einem solchen Verständnis ausdrücklich distanzieren.
[311] *Rieble*, Arbeitsmarkt und Wettbewerb, 1996, S. 85.
[312] *Rieble/Klumpp*, JZ 2004, 817 (820).
[313] *Wollenschläger*, in: v. Mangoldt/Klein/Starck,GG, 7. Aufl. 2018, Art. 3 Abs. 1 Rn. 254.
[314] Vgl. BVerwG NJW 1972, 2325 (2326); *Götz*, Recht der Wirtschaftssubventionen, 1966, S. 264 ff.; *Wollenschläger*, in: v. Mangoldt/Klein/Starck,GG, 7. Aufl. 2018, Art. 3 Abs. 1 Rn. 254.

Subventionen vorkommt, so sind im zweiten Schritt bei der Prüfung der Rechtfertigung auch hier beide Fragen im Zusammenhang zu beurteilen: Gebieten die unterschiedlichen Belastungen der verschiedenen Unternehmen eine Differenzierung, ist die Beeinträchtigung der Chancengleichheit gerechtfertigt oder sogar aufgehoben, während eine Ungleichbehandlung umgekehrt nicht geboten sein kann, wenn die Beeinträchtigung der Chancengleichheit nicht gerechtfertigt ist.

Auch auf der europäischen Ebene verstößt eine bevorzugte Behandlung der kleineren und weniger leistungsfähigen Unternehmen nicht gegen wettbewerbsrechtliche Normen, wie der Europäische Gerichtshof zur Befreiung von kleinen Unternehmen vom allgemeinen Kündigungsschutz im Hinblick auf Art. 92 EWG-Vertrag (heute: Art. 87 EG-Vertrag) entschieden hat.[315] Die den kleinen Unternehmen dadurch entstehenden Vorteile seien keine Beihilfen i.S.v. Art. 107 AEUV.[316] Für diese Sichtweise spricht, dass es zumindest bei dem Schutz vor regulierungsbedingten Belastungen nicht um ein direktes Eingreifen des Staates in den Wettbewerb durch Zuwendungen an Einzelne geht,[317] sondern um die Voraussetzungen einer Marktordnung, bei der die einen nahezu zwangsläufig besser gestellt werden als die anderen.[318]

IV. Vertragsfreiheit

Die soziale Marktwirtschaft basiert auf der Vertragsfreiheit, die von Art. 2 Abs. 1 GG grundrechtlich garantiert wird.[319] Die Vertragsfreiheit ist Bestandteil der Privatautonomie als zivilrechtliche Ausprägung der allgemeinen Handlungsfreiheit: Zu dieser gehört die Selbstbestimmung im Rechtsleben, also die Gestaltung der Rechtsverhältnisse nach dem eigenen Willen.[320] Somit beinhaltet die Vertragsfreiheit das Recht, Verträge im Rahmen der zivilrechtlichen Ordnung frei zu schließen und aufzulösen.[321] Auf die Vertragsfreiheit können sich auch (Klein)Unternehmer berufen. Zu beachten ist allerdings die Subsidiarität des Art. 2 Abs. 1 GG. Das Recht zur freien Gestaltung von Vertragsbeziehungen kann bereits von spezielleren Grundrechten gewährleistet sein.[322] Bei Ge-

---

[315] EuGH Slg. 1993, I-6185 – Kirsammer-Hack.
[316] EuGH Slg. 1993, I-6185 – Kirsammer-Hack zur Frage, ob die Befreiung von Kleinbetrieben vom nationalen Kündigungsschutzrecht eine Beihilfe i.S.v. Art. 2 I EWG-Vertrag a.F. darstellt.
[317] *Rieble*, Arbeitsmarkt und Wettbewerb, 1996, S. 278.
[318] *Rieble/Klumpp*, JZ 2004, 817 (820).
[319] Vgl. BVerfGE 8, 274 (328) – Preisgesetz; BVerfGE 12, 341 (347) – Umsatzsteuer; BVerfGE 21, 87 (90) – Genehmigungsvorbehalt für Grundstückskaufvertrag; BVerfGE 65, 196 (210) – AGB-Gesetz; eingehend *Di Fabio*, in: Maunz/Dürig, GG, Art. 2 Rn. 101, 78. EL Sept. 2016; *Dreier*, in: Dreier, GG, 3. Aufl. 2015, Art. 2 Abs. 1 Rn. 24; *Höfling*, Vertragsfreiheit, 1991, passim.
[320] BVerfGE 89, 214 (232).
[321] *Di Fabio*, in: Maunz/Dürig, GG, Art. 2 Rn. 101, 78. EL Sept. 2016.
[322] *Höfling*, Vertragsfreiheit, 1991, S. 9 ff.

sellschaftsverträgen greift z.B. Art. 9 Abs. 1 GG ein, bei tarifvertraglichen Angelegenheiten Art. 9 Abs. 3 GG oder bei erbvertraglichen Angelegen Art. 14 Abs. 1 GG.[323] Die grundrechtliche Gewährleistung der Privatautonomie und der Vertragsfreiheit hat in erster Linie die klassische Bedeutung eines Abwehrrechts.[324] Grundrechtseingriffe sind daher insbesondere Einschränkungen in Form von inhaltlichen Gestaltungsvorgaben etwa für die Preisbildung[325] sowie Verboten für den Vertragsabschluss und die Vertragsgestaltung.[326] Namentlich die AGB-Kontrolle bewirkt einen Eingriff in die Vertragsfreiheit, werden doch die vom Verwender vorformulierten (und vom Vertragspartner angenommenen!) Vertragsklauseln für unwirksam erklärt.[327]

V. Sonderproblem: Schutz vor Konkurrenz

Im historischen Teil wurde herausgearbeitet, dass der Schutz von kleinen Unternehmen früher in erster Linie als Schutz vor Konkurrenz verstanden wurde.[328]

1. Grundsatz: Kein subjektive Recht

Heute lässt sich aus der Verfassung, insbesondere aus Art. 12 Abs. 1 GG, kein dahingehender Anspruch der Kleinunternehmer ableiten. In einer freien und auf schöpferische Zerstörung ausgerichteten Wirtschaftsordnung hat kein Unternehmer einen Anspruch auf Erhalt seiner Marktposition, seines Kundenstamms, seiner Erwerbschancen und auf Schutz vor Konkurrenz.[329] Eine solche Sicherung ist mit der freien Wettbewerbswirtschaft unvereinbar.[330] Außerdem kann die Wettbewerbsfreiheit nicht zugleich dem einen die Freiheit geben, sich durch sein freies Verhalten gegenüber seinen Konkurrenten durchzusetzen, und zugleich dem anderen als dessen Konkurrent das Recht gewähren, nicht in seiner Wettbewerbsstellung beeinträchtigt zu werden.[331] Schließlich kann Art. 12

---

[323] *Höfling*, Vertragsfreiheit, 1991, S. 16 ff.
[324] BVerfGE 89, 48 (61); *Di Fabio*, in: Maunz/Dürig, GG, Art. 2 Rn. 102, 78. EL Sept. 2016.
[325] BVerfGE 8, 274 (328) – Preisgesetz; BVerfGE 70, 1 (25) Höchstpreissystem; vgl. auch BVerwGE 100, 230 (233 ff.).
[326] *Di Fabio*, in: Maunz/Dürig, GG, Art. 2 Rn. 102, 78. EL Sept. 2016; eingehend *Manssen*, Privatrechtsgestaltung durch Hoheitsakt, 1994, S. 121 ff.
[327] Speziell zur AGB-Kontrolle BVerfGE 65, 196 (210); *Becker*, JZ 2010, 1098 (1099); *Oetker*, AcP 212 [2012], 202 (215 ff.); *Stöhr*, ZfA 2013, 213 (215); allgemein *Isensee*, FS Großfeld, 1999, S. 485 ff.; *Stöhr* AcP 214 [2014], 425 (448); eingehend *Manssen*, Privatrechtsgestaltung durch Hoheitsakt, 1994, S. 121 ff.
[328] Siehe oben § 4 B) I. 2., V., C).
[329] BVerfGE 105, 252 (265; BVerfGE 110, 274 (288); BVerwGE 39, 329 (336 f.); BVerwGE 71, 183 (193); OVG Münster, NWVBl 1995, 99 (102).
[330] BVerwGE 71, 183 (193).
[331] *Odewald*, Faktische und mittelbare Eingriffe in die Wettbewerbsfreiheit, 2011, S. 129.

Abs. 1 GG schon deshalb keinen Schutz vor Konkurrenz vermitteln, weil das Grundrecht auf eine möglichst unreglementierte berufliche Betätigung zielt.[332] So berührt z.B. die Vergabe eines Auftrags durch die öffentliche Hand an einen Konkurrenten den Schutzbereich des Art. 12 Abs. 1 GG grundsätzlich nicht.[333] Auch einfachgesetzliches Berufszulassungsrechts gewährt keinen Anspruch auf Schutz vor Konkurrenz durch „Newcomer".[334] In einer freiheitlichen, marktwirtschaftlichen Ordnung bedeutet die Zulassung weiterer Konkurrenten keine staatliche Benachteiligung gegenüber dem etablierten Wirtschaftssubjekt, sondern die Aufhebung einer im öffentlichen Interesse bestehenden Beschränkung zugunsten des Neuerwerbers.[335] Die Verbesserung der Wettbewerbsposition etablierter Altunternehmer ist ein bloßer Reflex und soll auch als Nebenwirkung weitgehend vermieden werden.[336] Ausnahmsweise wird ein subjektives öffentliches Recht auf einen Schutz vor Zulassung von Konkurrenz durch gesetzliche Monopole bzw. Oligopole gewährt.[337]

2. Legitimes Ziel

Eine andere Frage ist, ob der Schutz vor Konkurrenz zumindest ein legitimes Ziel ist und vorbehaltlich verfassungsrechtlicher Schranken einfachgesetzlich bewirkt werden darf. Dies wird zunächst durch Art. 37 Abs. 1, 2 AEUV impliziert, der die genannten Handelsmonopole europarechtlichen Schranken unterwirft und damit immerhin als solche toleriert. Das Bundesverfassungsgericht hat sich auf den Standpunkt gestellt, dass der Schutz vor Konkurrenz zwar nicht als eigenständiger Zweck zur Beschränkung der Berufsfreiheit anzuerkennen ist. Es sei dem Gesetzgeber aber nicht verwehrt, Konkurrenzvorteile zu unterbinden, die aus der Verfolgung eines anderweitigen legitimen Schutzziels abgeleitet werden können.[338] Bejaht hat das Bundesverfassungsgericht dies z.B. bei dem Ladenschlussgesetz: Die zeitliche Beschränkung kommt zwar Kleinunternehmern zugute, die mit weniger oder gar keinen Mitarbeitern auskommen müssen und daher keine so langen Einkaufszeiten anbieten können wie große Unterneh-

---

Dieser will das Problem allerdings nicht auf der Ebene des Schutzbereichs, sondern auf der Ebene des Eingriffs lösen, a.a.O. S. 139.

[332] BVerfGE 34, 252 (256); 55, 261 (269); BVerwGE 39, 329 (336); *Manssen*, in: v. Mangoldt/Klein/Starck, GG, 7. Aufl. 2018, Art. 12 Abs. 1 Rn. 70.

[333] BVerfGE 116, 135 (150 ff.); *Manssen*, in: v. Mangoldt/Klein/Starck, GG, 7. Aufl. 2018, Art. 12 Abs. 1 Rn. 70.

[334] Vgl. BVerfGE 11, 168 (188 f.).

[335] *Wahl/Schütz*, in: Schoch/Schneider/Bier, VwGO, 30. EL Februar 2016, § 42 Abs. 2 Rn. 313 f.

[336] BVerfGE 11, 168 (188 f.).

[337] *Wahl/Schütz*, in: Schoch/Schneider/Bier, VwGO, 30. EL Februar 2016, § 42 Abs. 2 Rn. 313.

[338] BVerfGE 7, 377 (408); BVerfGE 111, 10 (33); ebenso BVerwG Buchholz 451.25 LadSchlG Nr. 30.

§ 5 Befugnis, Pflicht und Grenzen zum Schutz kleiner Unternehmen 171

men; jedoch dienen diese Vorschriften zusätzlich auch dem Arbeitszeitschutz und einer wirksamen und möglichst einfachen Verwaltungskontrolle.[339] Diese Wertung ist im Wege der verfassungsorientierten Auslegung auch im einfachen Recht zu berücksichtigen. So ist z.B. im Rahmen der Sittenwidrigkeitskontrolle nach § 138 Abs. 1 BGB anerkannt, dass der Schutz vor Konkurrenz für sich genommen kein nachvertragliches Wettbewerbsverbot rechtfertigt.[340]

In diese Rechtsprechung fügt sich zumindest auf den ersten Blick auch die Entscheidung des Bundesverfassungsgerichts zur früheren Zweigstellensteuer für Wareneinzelhandelsunternehmen nach § 17 Abs. 1 GewStG a.F. ein.[341] Das Bundesverfassungsgericht hatte darüber zu befinden, ob diese Steuer mit Art. 3 Abs. 1 GG vereinbar ist. Diese Steuer sollte nach seiner Entstehungsgeschichte u.a. dem Schutz von kleinen Einzelhandelsunternehmen dienen: Nach Auskunft des Instituts für Handelsforschung an der Universität Köln weisen die mit den ortsansässigen Betrieben in Wettbewerb stehenden Zweigstellen in der Regel eine über dem Durchschnitt liegende Größe auf, aus der sich allein schon Wettbewerbsvorteile ergäben, wie z.B. die Erzielung günstigerer Preise und Lieferungsbedingungen beim Warenbezug, die rationellere Umsatzgestaltung, die Möglichkeit leistungserhöhender Sachinvestitionen durch Abschreibungen und die in der Zentrale zusammengefasste Verwendung von Spezialisten für Markterkundung, Werbung, Verkaufsschulung, Ladengestaltung, Lager- und Sortimentspolitik, wie sie für kleinere Einzelhandelsunternehmen nicht tragbar seien.[342] Somit dient diese Regelung, die an die gezielte Besteuerung von Warenhäusern aus dem Kaiserreich erinnert,[343] zumindest auch dem Konkurrenzschutz. Das Bundesverfassungsgericht hat die Erwägung, wirtschaftlich stärkere Konkurrenzunternehmen zu einer höheren Gewerbesteuer heranzuziehen, um im Interesse des Mittelstandsschutzes die wirtschaftlich weniger leistungsfähigen Betriebe konkurrenzfähig zu erhalten, als solche im Hinblick auf Art. 3 Abs. 1 GG nicht beanstandet:

„Der Gesetzgeber kann durch wirtschaftliche Lenkungsmaßnahmen das freie Spiel der Kräfte korrigieren und zu diesem Zweck auch Steuergesetze erlassen, soweit dieser Nebenzweck mit verfassungsrechtlich unbedenklichen Steuern erreicht wird […]. Er konnte den mittelständischen Einzelhandel im Verhältnis zu den Zweigstellenunternehmen als besonders schutzbedürftig betrachten und sich daher veranlasst sehen, ihn bei der Gestaltung der Gewerbesteuer zu fördern. Die ihn hierbei leitende Annahme, dass die Zweigstellenunternehmen im Durchschnitt eine größere Ertragskraft hätten, wird durch die vom Bundesverfassungsgericht getroffenen Feststellungen unterstützt."[344]

---

[339] BVerfGE 13, 230 (235); BVerfGE 103, 357 (360); BVerfGE 111, 10 (33).
[340] BGH NJW 1979, 1606; BGH NJW-RR 1990, 226; BAG DB 1966, 1360; *Schmidt-Räntsch*, in: Erman, BGB, 15. Aufl. 2017, § 138 Rn. 170.
[341] BVerfGE 19, 101.
[342] Zit. nach BVerfGE 19, 101 (114 f.).
[343] Siehe oben § 4 III. 2. b).
[344] BVerfGE 19, 101 (114).

Dabei geht das Bundesverfassungsgericht offensichtlich davon aus, dass der Hauptzweck von Steuern per definitionem in der Finanzierung des Staates liegt, da es den angestrebten Schutz vor Konkurrenz nur als Nebenzweck bezeichnet. Danach wären Steuern stets ein zulässiges Mittel, um vor Konkurrenz zu schützen. Nach dieser Argumentation ließe sich entgegen der Ansicht von *Wehler*[345] auch die Besteuerung von Warenhäusern im Kaiserreich rechtfertigen, da auch diese letztlich eine Einnahmequelle des Staates war. Ob dies in dieser Allgemeinheit richtig ist, erscheint zweifelhaft, da keine ausreichenden Vorgaben für eine Missbrauchskontrolle ersichtlich sind. Die Besteuerung könnte somit unter dem Deckmantel der Staatsfinanzierung in breitem Umfang zur gezielten Benachteiligung von Wirtschaftsteilnehmern verwendet werden, sodass sich das „Ob" eines Missbrauchs nicht zuverlässig verhindern lässt. Immerhin hat das Bundesverfassungsgericht die konkrete Ausgestaltung der Zweigstellensteuer, also das „Wie", überprüft und im Ergebnis sogar ihren Verstoß gegen Art. 3 Abs. 1 GG angenommen. Moniert hat es nämlich, dass die Steuer größere Unternehmen über ihre Anknüpfung an eine Zweigstelle definiert. So sei es bereits möglich, dass auch kleinere Unternehmen über Zweigstellen verfügen könnten und damit ihrerseits zur geschützten Gruppe gehören. Jedenfalls aber gäbe es auch Großunternehmen, die zwar keine Zweigstellen unterhalten, aber nach ihrer wirtschaftlichen Struktur und Ertragskraft in gleicher Weise eine belastende Konkurrenz für den mittelständischen Einzelhandel bilden. Diese werden damit gegenüber den Zweigstellenunternehmen, an die sich die Steuer ausschließlich wendet, begünstigt.[346] Die verfassungswidrige Ungleichbehandlung liegt damit nicht im Verhältnis der kleinen Unternehmen zu den Großunternehmen, sondern im Verhältnis der Großunternehmen untereinander.

VI. Umsetzung in der Rechtsanwendung

Die vorstehenden Ausführungen hatten die verfassungsrechtlichen Vorgaben für den Gesetzgeber im Blick, da Grundrechte unmittelbar nur im Verhältnis des Einzelnen zur staatlichen Gewalt gelten.[347] Zwischen Privatpersonen wird nur, aber immerhin eine mittelbare Drittwirkung der Grundrechte angenommen. Das Bundesverfassungsgericht hat in seinem grundlegenden Lüth-Urteil ausgeführt, dass die Grundrechte eine objektive Wertordnung enthalten, die auch auf das Privatrecht ausstrahlt.[348]

---

[345] *Wehler*, Deutsche Gesellschaftsgeschichte, Bd. 3, 1995, S. 756.
[346] BVerfGE 19, 101 (116 ff.).
[347] Die einzige Ausnahme bildet die Koalitionsfreiheit nach Art. 9 Abs. 3 GG.
[348] BVerfGE 7, 198 (206 f.).

1. Gesetzesauslegung

Bei der Gesetzesauslegung geht es darum, aus einer vorgegebenen, ihre Richtigkeit unterstellten Rechtsordnung „richtige" Ergebnisse zu gewinnen. Eine Auslegung ist stets erforderlich, wenn sich die Fälle nicht „glatt aus dem Gesetz" lösen lassen, z.B. weil dieses offene Wertbegriffe enthält oder aus anderen Gründen unterschiedlich verstanden werden kann. Im Rahmen der Auslegung eröffnet das Instrumentarium der traditionellen Methodenlehre häufig einen beachtlichen Interpretationsspielraum. In diesem Fall gebietet es die objektive Wertordnung der Grundrechte, das einfache Recht im Lichte der Grundrechte auszulegen.[349] Dabei sind die betroffenen Grundrechtspositionen in einer dem Verhältnismäßigkeitsgrundsatz genügenden Weise in Ausgleich zu bringen, anstatt eine Grundrechtsposition ohne sachlichen Grund einseitig einer anderen zu bevorzugen.[350] Insoweit besteht eine verfassungsrechtliche Pflicht zur Prüfung, ob die anzuwendenden materiellen zivilrechtlichen Vorschriften in dieser Weise grundrechtlich beeinflusst sind.[351] Verfehlt der Richter diese Maßstäbe und lässt er diesen verfassungsrechtlichen Einfluss außer Acht, so verkennt er nicht nur den objektiven Gehalt des Grundrechts, sondern verstößt als Träger öffentlicher Gewalt gegen das Grundrecht selbst.[352] In diesem Rahmen unterliegt die Wahrung der Grundrechte auch der verfassungsrechtlichen Nachprüfung; im Übrigen ist das Bundesverfassungsgericht bekanntlich keine Superrevisionsinstanz.[353]

In der Literatur wird dieses Vorgehen als verfassungsorientierte Auslegung bezeichnet.[354] Diese ist von der verfassungskonformen Auslegung zu unterscheiden, welche die Rettung einer Norm vor dem Verdikt der Verfassungswidrigkeit anstrebt.[355] Legitimieren lässt sich die verfassungsorientierte Auslegung mit dem Vorrang der Verfassung (Art. 19 Abs. 3 GG), der Grundrechtsbindung der Judikative (Art. 1 Abs. 3 GG) sowie mit der Einheit der Rechtsordnung.[356] Vor diesem Hintergrund stellt sie sich als Sonderform der systematischen und der objektiv-teleologischen Auslegung dar.[357] In methodischer Hinsicht sind ihre Grenzen nicht abschließend geklärt.[358] Dahinter stehen nicht zuletzt Grundfragen der Gewaltenteilung und des Verhältnisses der Verfassungs- zur Fachge-

---

[349] BVerfGE 99, 185 (196); *Herdegen*, in: Maunz/Dürig, 77. EL Juli 2016, Art. 1 Rn. 65.
[350] BVerfGE 7, 198 (206f.); BVerfGE 103, 89 (100).
[351] *Leistner/Facius*, in: Gloy/Loschelder/Erdmann, Wettbewerbsrecht, 4. Aufl. 2010, § 14 Rn. 32.
[352] BVerfGE 7, 198 (206f.).
[353] BVerfGE 7, 198 (206f.).
[354] Vgl. *Stern*, Staatsrecht I, 2. Aufl. 1984, S. 111.
[355] Dazu *Canaris*, FS Kramer, 2004, S. 141 ff.
[356] Vgl. *Lüdemann*, JuS 2004, 27 (29).
[357] *Canaris*, FS Kramer, 2004, S. 141 (154).
[358] Dazu etwa *Rieger*, NVwZ 2003, 18.

richtsbarkeit. Der Respekt vor der Verfassung darf nicht zur Deformation der einfachgesetzlichen Vorgaben führen.[359] Das Bundesverfassungsgericht betont zu Recht, dass die verfassungsorientierte Auslegung durch einen – falls vorhanden – eindeutigen Wortlaut und klaren Willen des Gesetzgebers begrenzt wird.[360] Prinzipiell ausgeschlossen ist eine Differenzierung nach der Unternehmensgröße mittels Schwellenwerten: Wenn die Gerichte Schwellenwerte in ein Gesetz hineinlesen würden, die nicht darinstehen, würde der Wortlaut des Gesetzes keine Auskunft über den Anwendungsbereich geben. Dadurch wäre die Rechtssicherheit erheblich beeinträchtigt. Eine mögliche Ausnahme sind offene Rechtsbegriffe wie §§ 241 Abs. 2, 242, 253 BGB, die z.B. bei der Prüfung von Aufklärungs- und Beratungspflichten der Bank gegenüber einem kreditaufnehmenden (Klein-)Unternehmen relevant sind. Diese sind von Natur aus unbestimmt und stark einzelfallabhängig anzuwenden, sodass die Entscheidung abhängig von der jeweiligen Unternehmensgröße getroffen werden kann. Bei der Festlegung der maßgeblichen Unternehmensgröße sollten sich die Gerichte allerdings entweder nach dem formellen Ansatz an vorhandenen Schwellenwerten orientieren, oder aber nach dem materiellen Ansatz auf anerkannte Definitionen wie vor allem die Mittelstandsempfehlung der Europäischen Kommission zurückgreifen.[361]

Da durchaus verschiedene Ergebnisse einen angemessenen Grundrechtsausgleich bewirken und damit der Verfassung entsprechen können,[362] lässt sich der relevante Bereich als Schnittmenge zweier Kreise begreifen. Innerhalb dieses Spielraums ist danach zu fragen, welche Lösung den verfassungsrechtlichen Maßstäben am besten entspricht. Sollte das anzuwendende Gesetz keinen hinreichenden Ausgleich der betroffenen Grundrechtspositionen ermöglichen – also zwischen den Kreisen keine Schnittmenge bestehen – ist das Gesetz verfassungswidrig.

Folglich sind die Auswirkungen einer bestimmten Auslegung auf kleine Unternehmen im Rahmen der Rechtsanwendung sowohl für sich genommen (Art. 12 Abs. 1, Art. 14 GG) als auch im Vergleich zu größeren Unternehmen (Art. 3 Abs. 1 GG) zu berücksichtigen. Zu vermeiden ist daher eine Auslegung, welche die verfassungsrechtliche Rechtfertigung des bereits gesetzlich bewirkten Grundrechtseingriffs entfallen lässt oder den Eingriff in unverhältnismäßiger Weise intensiviert.[363] Ausdrücklich festgehalten wird dies z.B. in der Verord-

---

[359] *Lüdemann*, JuS 2004, 27 (29).
[360] Vgl. BVerfGE 90, 263 (275) zur verfassungskonformen Auslegung.
[361] Zur formellen und materiellen Definition von kleinen Unternehmen siehe oben § 1 B).
[362] Vgl. BVerfGE 88, 145 (166 f.); 118, 212 (243); BVerfG, NJW 2012, 669 (672).
[363] So bereits *Stöhr*, ZfA 2015, 167 (173) zur Auslegung von gesetzlichen Vertragsanpassungs- und Flexibilisierungsinstrumenten sowie *ders.* AcP 216 [2016], 558 (576) zur Bestimmung der Transparenz i.S.v. § 307 Abs. 1 S. 2 BGB.

§ 5 Befugnis, Pflicht und Grenzen zum Schutz kleiner Unternehmen   175

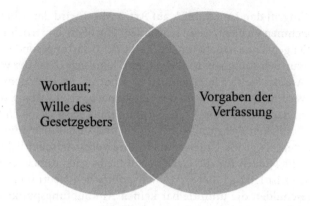

Abbildung 1: Methodische Zulässigkeit verfassungsorientierter Argumente

nung über gute Herstellungspraxis für Materialien und Gegenstände, die dazu bestimmt sind, mit Lebensmitteln in Berührung zu kommen.[364] Dort heißt es in Erwägungsgrund 6:

„Um nicht gerechtfertigte Belastungen von kleinen Unternehmen fernzuhalten, sollten die Regeln für gute Herstellungspraxis dem Verhältnismäßigkeitsgrundsatz entsprechend angewandt werden."

2. Richterliche Rechtsfortbildung

Wenn die geschriebene Rechtsordnung eine planwidrige Regelungslücke enthält oder der Gesetzgeber seine Regelungskompetenz bewusst nicht ausübt, sind die Gerichte wegen des Rechtsverweigerungsverbots zur Rechtsfortbildung berechtigt und verpflichtet.[365] Da die Gerichte insoweit als Ersatzgesetzgeber tätig werden, steht die richterliche Rechtsfortbildung in der Nähe zur gesetzgeberischen Tätigkeit. Deshalb sind sie in noch stärkerem Maße an die Grundrechte gebunden, als im Rahmen der Gesetzesauslegung. Die Auswirkungen auf kleine Unternehmen sind daher auch und gerade im Rahmen der Rechtsfortbildung zu berücksichtigen.

VII. Zusammenfassung

Die Verfassung beinhaltet keinen immanenten Auftrag, kleine Unternehmen zu schützen. Eine solche Pflicht kann sich nur aus den Grundrechten ergeben. Im Hinblick auf Art. 12 Abs. 1 GG, Art. 14 GG stellen bereits wirtschaftliche Belastungen oberhalb der Bagatellschwelle als solche einen rechtfertigungsbe-

---

[364] Verordnung (EG) Nr. 2023/2006 der Komission v. 22.12.2006.
[365] *Canaris*, Die Feststellung von Lücken im Gesetz, 2. Aufl. 1983, S. 59.

dürftigen Eingriff dar. Im Hinblick auf Art. 3 Abs. 1 wird der Schutz von kleinen Unternehmen virulent, wenn sie stärker als größere Unternehmen belastet werden. Hier geht es also nicht um die Stärke der Belastung, sondern um deren Verhältnis zur Belastung von Mitbewerbern. Man sieht, dass der verfassungsrechtliche Ansatz, kleine Unternehmen zu schützen, letztlich dem Schwächerenschutz verpflichtet ist. Sowohl der Schutz nach Art. 12 Abs. 1 bzw. Art. 14 GG als auch nach Art. 3 Abs. 1 GG beruht darauf, dass kleine Unternehmen von wirtschaftlichen Belastungen besonders und verhältnismäßig stärker getroffen werden als große Unternehmen. Ihre volkswirtschaftlichen Vorteile und damit ihr Nutzen für die Gesellschaft bleibt nach diesem Ansatz außer Betracht. Dies ist letztlich der wirtschaftspolitischen Neutralität des Grundgesetzes geschuldet, die unmittelbar keinen Anknüpfungspunkt für ökonomische Erwägungen bietet.

D) Ökonomischer Ansatz

In diesem Abschnitt wird untersucht, inwieweit der Schutz von kleinen Unternehmen unter ökonomischen Gesichtspunkten geboten und begrenzt wird. Dabei ist der ökonomische Ansatz nicht etwa auf „die Wirtschaft" fokussiert. Er stützt sich auf Daten, um zu verstehen wie Menschen im Allgemeinen handeln, wie Anreize Erfolg haben oder scheitern, wie Ressourcen allokiert werden und welche Hindernisse verhindern, dass Menschen diese Ressourcen bekommen.[366] Der ökonomische Ansatz ist somit ein folgenorientierter Ansatz. Daher werden zunächst die Grundlagen der Folgenorientierung unter besonderer Berücksichtigung des Schutzes von kleinen Unternehmen dargestellt (unten I.). Sodann wird untersucht, inwieweit Gesetzgeber und Rechtsprechung diesen Schutz rechtlich umsetzen können (unten II.).

I. Grundlagen der Folgenorientierung

Folgenorientierung bedeutet, die Entscheidung an den prognostizierten Folgen auszurichten oder diese zumindest als Argument für bzw. gegen eine bestimmte Entscheidung heranzuziehen. Dazu müssen die Folgen bestimmt und bewertet werden.

---

[366] *Levitt/Dubner*, Think like a Freak, 2014, S. 9.

1. Bestimmung und Bewertung der Entscheidungsfolgen

Von besonderer Bedeutung für die Folgenbestimmung sind die Anreize, die durch die in Rede stehende Maßnahme geschaffen werden. Eine grundlegende Annahme der wirtschaftswissenschaftlichen Analyse ist, dass Menschen auf Anreize reagieren, wodurch veränderte Anreize zu einem veränderten Verhalten führen können.[367] Danach werden die knappen Ressourcen, mit denen zu wirtschaften ist, durch menschliche Leistung nutzbar. Auch menschliche Leistung ist von Anreizen abhängig. Anreize lassen sich in drei grundlegende Kategorien unterteilen: Ökonomische, soziale und moralische Anreize.[368] Zu den ökonomischen Leistungsanreizen gehört bei Arbeitsteilung vor allem, in welchem Umfang der Einzelne für seine Leistung materielle Gegenleistungen erzielen kann, die sich für die Befriedigung seiner Bedürfnisse nutzen lassen.[369] Soziale Leistungsanreize werden insbesondere durch das persönliche Prestige geschaffen, das sich mit angesehenen und gut bezahlten Berufen erreichen lässt.

Insgesamt sind Anreize die Ecksteine des modernen Lebens. Sie zu verstehen ist häufig der Schlüssel, um ein Problem verstehen und lösen zu können.[370] Übertragen auf die Rechtssetzung und Rechtsanwendung geht es damit um die verhaltenssteuernde Wirkung des Rechts: Jede Norm will durch den unmittelbaren Normbefehl Verhalten steuern.[371] Dabei ist zu berücksichtigen, dass belastende Normen Anreize schaffen, den erzeugten Nachteilen auszuweichen, während begünstigende Normen Anreize schaffen, die erzeugten Vorteile mitzunehmen – und zwar auch bei solchen Personen, die gar nicht zu den Adressaten der Norm gehören.[372] Ein unerwünschtes Mitnahmeverhalten lässt sich nur durch Einengung des Begünstigungstatbestandes erschweren, ggf. durch teleologische Reduktion.[373] Die Frage, welche Anreizwirkungen von Rechtsnormen ausgehen, hat ökonomische, psychologische und sozialphilosophische Aspekte. Vorherrschend ist dabei der „rational-choice-Ansatz", wonach menschliches Verhalten nach seiner Zweckrationalität vorhergesagt wird. Leitbild ist insoweit der rational-eigennützig handelnde Mensch, der homo oeconomicus.[374] Dieses Leitbild stößt zunehmend auf Kritik, da in der Verhaltensökonomik nachgewiesen wurde, dass Menschen in bestimmten Situationen oder sogar generell typi-

---

[367] *Welfens*, Grundlagen der Wirtschaftspolitik, 5. Aufl. 2013, S. 14; *Levitt/Dubner*, Freakonomics, 2005, S. 16 f.
[368] *Levitt/Dubner*, Freakonomics, 2005, S. 17.
[369] *Streit*, Theorie der Wirtschaftspolitik, 6. Aufl., S. 43; *Welfens*, Grundlagen der Wirtschaftspolitik, 5. Aufl. 2013, S. 107.
[370] *Levitt/Dubner*, Freakonomics, 2005, S. 16 f.; *dies.*, Think like a Freak, 2014, S. 8.
[371] *Ott/Schäfer*, in: dies., Die Präventivwirkung zivil- und strafrechtlicher Sanktionen, 1999, S. 131.
[372] *Rieble*, in: ders./Junker, Folgenabschätzung im Arbeitsrecht, 2007, S. 53 (56).
[373] *Rieble*, in: ders./Junker, Folgenabschätzung im Arbeitsrecht, 2007, S. 53 (56).
[374] *Kirchgässner*, Homo oeconomicus, 4. Aufl. 2013, S. 66 ff.; *Schäfer/Ott*, Lehrbuch der ökonomischen Analyse des Zivilrechts, 5. Aufl. 2012, S. 46 ff., 95 ff.

scherweise weder rational noch eigennützig handeln.³⁷⁵ Darauf wird im Rahmen der Verhaltensanalyse von Kleinunternehmern vor dem Hintergrund des Verbraucherschutzrechts noch ausführlich eingegangen.³⁷⁶ An dieser Stelle genügt der Hinweis auf die verbreitete Einschätzung, dass sich das Leitbild des homo oeconomicus trotzdem prinzipiell bewährt hat und ggf. mit den Erkenntnissen der Verhaltensökonomik angereichert werden.³⁷⁷ Sofern man sich seiner Schwächen bewusst ist, kann dieses Leitbild daher weiterhin als Modell für die Folgenabschätzung herangezogen werden. So lässt sich z.B. annehmen, dass ein starker Arbeitnehmerschutz einen rational-eigennützig handelnden Arbeitgeber dazu veranlassen kann, auf freie Mitarbeiter oder Leiharbeitnehmer auszuweichen oder seinen Standort in Länder mit niedrigerem Schutzniveau – und damit niedrigeren Lohnnebenkosten – zu verlegen, und dass der gesetzliche Schutz von Schwangeren oder Schwerbehinderten Anreize schaffen kann, auf die Einstellung solcher Personen zu verzichten.³⁷⁸

Die Kenntnis der voraussichtlichen Entscheidungsfolgen bildet für sich genommen noch keine hinreichende Entscheidungsgrundlage. Hinzukommen muss das Wissen, welche der alternativen Entscheidungsfolgen mit konsentierten Gerechtigkeitsvorstellungen und Gemeinwohlzielen am ehesten vereinbar ist. Dies ist im Wege einer Folgenbewertung zu bestimmen. Die möglichen Bewertungskriterien sind zahlreich. So können z.B. Anreize dem Schutzzweck von bestimmten Regelungen zuwiderlaufen. In diesem Sinne hat der Europäische Gerichtshof die Möglichkeit einer Urlaubsabgeltung oder die Ausklammerung von Provisionen bei der Berechnung des Urlaubsentgelts für EU-rechtswidrig befunden, weil dadurch für die Arbeitnehmer Anreize geschaffen werden, auf den (arbeitsmedizinisch für die meisten Menschen notwendigen) Erholungsurlaub zu verzichten.³⁷⁹

Die Folgenbewertung erfolgt nach dem ökonomischen Ansatz anhand ökonomischer Kriterien. Im Zentrum steht dabei das Kriterium der Effizienz, welches im Rahmen der ökonomischen Analyse im Vordergrund steht und im Folgenden eingehend behandelt wird (unten 2.). Die Bewertung ist aber auch anhand anderer Kriterien möglich und kann dadurch über das Ziel der Effizienz hinausgehen. Insoweit kommt die gesamte Bandbreite volkswirtschaftlicher Ziele in Betracht, namentlich die als Magisches Viereck bekannten Gesichtspunkte des hohen Be-

---

³⁷⁵ Eingehend *Lüdemann*, in: Engel u.a. (Hrsg.), Recht und Verhalten, 2007, S. 7 ff. sowie *Kahneman*, Thinking, Fast and Slow, 2012, passim. Dazu im Zusammenhang mit Unternehmensgründungen bereits oben § 2 B) II, III.
³⁷⁶ Dazu unten § 9 A) III. 2. c).
³⁷⁷ *Schäfer/Ott*, Lehrbuch der ökonomischen Analyse des Zivilrechts, 5. Aufl. 2012, S. 116; vgl. auch *Eidenmüller*, Effizienz als Rechtsprinzip, 4. Aufl. 2015, S. 400.
³⁷⁸ *Rieble*, in: ders./Junker, Folgenabschätzung im Arbeitsrecht, 2007, S. 53 (61).
³⁷⁹ EuGH NZA 2006, 719 (720) zur Urlaubsabgeltung; EuGH NZA 2014, 593 (594) zur Berechnung des Urlaubsentgelts.

schäftigungsstands, außenwirtschaftlichen Gleichgewichts, stetigen und angemessenen Wirtschaftswachstums und stabilen Preisniveaus (vgl. § 1 StabG).

Vor diesem Hintergrund wäre es eine wünschenswerte Folge des Schutzes von kleinen Unternehmen, wenn er insgesamt Anreize zu Neugründung eines Unternehmens schaffen würde, da Neugründungen wie gezeigt positive volkswirtschaftliche Auswirkungen haben.[380] Ebenso begrüßenswert wäre es, wenn er – etwa durch Lockerung des Arbeitnehmerschutzes – Anreize zur Einstellung von Arbeitnehmern schaffen würde. Die Auswirkungen des Arbeitsrechts auf das Einstellungsverhalten der Arbeitgeber werden allerdings kontrovers beurteilt.[381] Heftig umstritten ist z.B., ob der Kündigungsschutz zur Vernichtung von Arbeitsplätzen führt.[382] Umgekehrt kann der Schutz von kleinen Unternehmen auch unerwünschte Anreize schaffen. So kann eine zu starke Umverteilung die Leistungsanreize der Abgabepflichtigen mindern, weil sich die (Mehr-)Leistung nicht mehr lohnt.[383] *Leisner* führt dazu in Korrektur von *Marx* aus:

„Mehrwert steht nicht (mehr nur) den Besitzenden zu, sondern den Schwächeren, jede Stärkung lässt sie zahlreicher werden."[384]

Der Schutz von kleinen Unternehmen darf daher für den Unternehmer keine Leistungsanreize abbauen. Immerhin hat die historische Betrachtung aufgezeigt, dass sich die Unternehmen an staatliche Hilfsmaßnahmen gewöhnen und ihr Verhalten in ihrem Vertrauen darauf ausrichten können.[385] Zudem soll der Schutz von kleinen Unternehmen möglichst keine Anreize schaffen, gezielt klein zu bleiben, weil dies das Beschäftigungspotential der Unternehmen nicht ausschöpfen würde. Im Hinblick auf die Ausgestaltung von arbeitsrechtlichen Schwellenwerten wird dieses Problem noch eingehend behandelt werden.[386] Generell erzeugt die Förderung marktschwacher Unternehmen regelmäßig negative externe Effekte. Ob die positiven die negativen Effekte aufwiegen, lässt sich empirisch nicht immer eindeutig belegen.[387]

---

[380] Siehe oben § 3 B) II. 3. b).
[381] Vgl. *Wallerath*, in: Isensee/Kirchhof, HStR IV, 3. Aufl. 2006, § 94 Rn. 19.
[382] Dafür *Bauer*, NZA 2002, 529 (530): „Kündigungsschutz als Einstellungshindernis"; *P. Hanau*, Deregulierung des Arbeitsrechts, 1997, S. 8; *Rüthers*, NJW 1998, 1433; dagegen *Berkowsky*, in: Münchener Handbuch zum Arbeitsrecht, 3. Aufl. 2009, § 108 Rn. 28; eingehend *Verick*, IZA DP No. 991, 2004; *Wallerath*, in: Isensee/Kirchhof, HStR IV, 3. Aufl. 2006, § 94 Rn. 46 ff.
[383] *Peters*, Wirtschaftspolitik, 3. Aufl. 2000, S. 38; vgl. auch *Welfens*, Grundlagen der Wirtschaftspolitik, 5. Aufl. 2013, S. 672.
[384] *Leisner*, JZ 2008, 1061 (1063).
[385] Siehe oben § 4 C).
[386] Siehe unten § 7 B).
[387] *Welter/Levering/May-Strobl*, IfM-Materialien Nr. 247, 2016, S. 4.

2. Effizienz als ökonomisches Bewertungskriterium

Nach der ökonomischen Analyse des Rechts sind solche Folgen erwünscht, die mit dem ökonomischen Effizienzziel vereinbar sind.[388] Dieses Effizienzziel bedarf einer praxistauglichen Definition. Im juristischen Sprachgebrauch wird „Effizienz" zumeist im Sinne von Wirtschaftlichkeit verstanden, dass sich ein vorgegebenes Ziel mit möglichst geringem Aufwand oder mit einem vorgegebenen Aufwand ein bestimmtes Ziel in möglichst hohem Maße verwirklichen lässt.[389] Eine Bewertung des in Rede stehenden Ziels wird dabei nicht vorgenommen. Aus diesem Grund eignet sich ein solches Verständnis nur bedingt als Leitlinie für die Rechtssetzung und Rechtsanwendung.

a) Nutzensumme

Nach der Lehre des Utilitarismus ist eine staatliche Regulierung dann gerechtfertigt, wenn sie zu einer Erhöhung des Gesamtwohls führt, unabhängig davon, ob das Wohl einiger Gesellschaftsmitglieder sinken sollte.[390] Daraus lässt sich folgern, dass eine staatliche Maßnahme dann effizient ist, wenn der Gesamtnutzen die Gesamtkosten übersteigt.[391] Auf die Interessen und Präferenzen von einzelnen Personen oder Personengruppen – z.B. Arbeitnehmer oder Verbraucher – kommt es danach nicht an.

b) Wohlfahrtsökonomische Effizienzkriterien

Komplexer fällt die Folgenbewertung nach den wohlfahrtsökonomischen Effizienzkriterien aus. Diese werden in der juristischen Literatur bereits eingehend aufgegriffen[392] und im Folgenden im Überblick dargestellt.

aa) Pareto-Kriterium

Nach dem Pareto-Kriterium ist ein sozialer Zustand X einem anderen Zustand Y genau dann vorzuziehen, wenn mindestens ein Individuum X vorzieht und keines Y vorzieht. Somit ist ein sozialer Zustand Pareto-effizient, wenn es keinen anderen Zustand gibt, den mindestens ein Individuum vorzieht und den alle an-

---

[388] Vgl. *Schäfer/Ott*, Lehrbuch der ökonomischen Analyse des Zivilrechts, 5. Aufl. 2012, S. 14 ff., 46 ff.
[389] *Eidenmüller*, Effizienz als Rechtsprinzip, 4. Aufl. 2015, S. 55.
[390] Vgl. dazu *Schäfer/Ott*, Lehrbuch der Ökonomischen Analyse des Zivilrechts, 5. Aufl. 2012, S. 25 f. Näher zur Lehre des Utilitarismus und der dagegen vorgebrachten Kritik siehe oben § 3 A) III. 3. a).
[391] In diesem Sinne z.B. *Bradford*, The Journal of Small & Emerging Business Law 2004, 1 (17).
[392] Dazu etwa *Deckert*, Rechtstheorie 1995, 117 (122 ff.); *Eidenmüller*, Effizienz als Rechtsprinzip, 4. Aufl. 2015, S. 47 ff.; *Martini*, Der Markt als Instrument hoheitlicher Verteilungslenkung, 2008, S. 188 ff.; *Schäfer/Ott*, Lehrbuch der ökonomischen Analyse des Zivilrechts, 5. Aufl. 2012, S. 13 ff.

deren zumindest nicht ablehnen.[393] Dieses Kriterium ist in erster Linie auf den Marktmechanismus zugeschnitten. In der praktischen Wirtschafts- und Rechtspolitik lassen sich bei strenger Anwendung selten Pareto-effiziente Zustände erreichen. Das Pareto-Kriterium gibt jedem Gesellschaftsmitglied gewissermaßen ein Veto-Recht, mit dem es belastende Maßnahmen verhindern kann.[394] Die Förderung von bestimmten Personen oder Personengruppen geht regelmäßig mit Nachteilen für andere Personen einher, etwa bei Subventionen von Unternehmen für die Mitbewerber. Dies gilt auch für den gezielten Schutz von kleinen Unternehmen (Zustand X): Dieser ist selten Pareto-effizient, weil er regelmäßig bestimmte Personen wie Vertragspartner oder Konkurrenten benachteiligt. Legt dieser Schutz nämlich Dritten besondere Pflichten auf oder schwächt er den Arbeitnehmerschutz, so ist anzunehmen, dass nicht alle Personen diesen Zustand gegenüber dem Zustand ohne gezielten Schutz von kleinen Unternehmen (Zustand Y) vorziehen werden. Nach *Eidenmüller* ist das Pareto-Kriterium daher als universelles Entscheidungskriterium für die staatliche Wirtschafts- und Rechtspolitik unbrauchbar.[395]

bb) Kaldor/Hicks-Kriterium

(1) Grundlagen

Nach dem Kaldor/Hicks-Kriterium stellt ein Zustand X gegenüber einem anderen Zustand Y auch dann eine Verbesserung dar, wenn eine oder mehrere Personen in Zustand X schlechter gestellt sind, die Vorteile der Gewinner jedoch so groß sind, dass sie die Verlierer durch Entschädigungsleistungen mit verbleibendem Restgewinn kompensieren könnten und diese damit gegenüber dem Zustand Y indifferent wären.[396] Eine kardinale Nutzenmessung und interpersonelle Nutzenvergleiche sind dabei nicht erforderlich. Vielmehr werden die Vor- und Nachteile monetär in Geldeinheiten bewertet, was ggf. durch Schätzung geschieht.[397] Dabei ist das Kaldor/Hicks-Kriterium nicht gehindert, die Grenze grundlegender Gewährleistungen und die Autonomie des Einzelnen zu überschreiten.

Einen Grundbestand unverzichtbarer Rechte kennt es nicht, die Präferenzen der Individuen werden daher ungefiltert zum Maßstab der Entscheidung gemacht.[398] Somit steht z.B. der Arbeitnehmerschutz in kleinen Unternehmen prinzipiell zur Disposition und müsste als ineffizient zurücktreten, wenn die Ar-

---

[393] *Schäfer/Ott*, Lehrbuch der ökonomischen Analyse des Zivilrechts, 5. Aufl. 2012, S. 20.
[394] *Eidenmüller*, Effizienz als Rechtsprinzip, 4. Aufl. 2015, S. 49.
[395] *Eidenmüller*, Effizienz als Rechtsprinzip, 4. Aufl. 2015, S. 50.
[396] *Eidenmüller*, Effizienz als Rechtsprinzip, 4. Aufl. 2015, S. 51. Bei einer tatsächlichen Kompensation läge sogar Pareto-Effizienz vor.
[397] *Schäfer/Ott*, Lehrbuch der ökonomischen Analyse des Zivilrechts, 5. Aufl. 2012, S. 22, 29.
[398] *Martini*, Der Markt als Instrument hoheitlicher Verteilungslenkung, 2008, S. 253.

beitnehmer mögliche Kompensationen wie z.B. höhere Löhne oder Arbeitsplatzsicherheit vorziehen würden. Nach dem Kaldor/Hicks-Kriterium können prinzipiell alle volkswirtschaftlichen Auswirkungen von Gesetzen und Gerichtsentscheidungen erfasst und in die Kosten-Nutzen-Analyse einbezogen werden. So ist bei der Statuierung eines rechtlichen Schutzes für bestimmte Vertragspartner stets zu berücksichtigen, dass dieser Schutz für den von der Regulierung betroffenen Vertragspartner Kosten bedeutet, die er über den Preis an den geschützten Vertragspartner weitergeben wird. Z.B. würde eine Verschärfung der Mängelgewährleistung die Waren verteuern[399] und eine Verschärfung der vorvertraglichen Aufklärungspflichten der finanzierenden Bank die Zinskosten für Darlehen bzw. die Gebühren für Leistungen erhöhen.[400] Eine Kaldor/Hicks-Effizienz wäre bei solchen Schutzmaßnahmen nur gegeben, wenn mit ihnen entweder alle betroffenen Personen einverstanden wären oder eventuelle Verlierer von den Gewinnern durch Entschädigungsleistungen mit verbleibendem Restgewinn kompensiert werden könnten. Zu verneinen ist dies z.B. bei dem Zuschuss zum Mutterschaftsgeld gem. § 14 MuSchG, den das Bundesverfassungsgericht mit der Begründung für verfassungswidrig erklärt hat, dass eine solche Leistungspflicht den Arbeitgeber davon abhalten kann, junge Frauen einzustellen.[401] Dies beeinträchtigt nicht nur die Berufsfreiheit der Bewerberinnen, sondern führt auch zu einer ineffizienten Ressourcenallokation, wenn den Bewerberinnen weniger qualifizierte Männer vorgezogen werden. Eine Kompensation durch diese Männer müsste den Verdienstausfall abdecken und wäre nicht mit verbleibendem Restgewinn möglich. Ein weiteres Beispiel ist die strenge Handhabung des AGB-rechtlichen Transparenzgebots im Hinblick auf Freiwilligkeitsvorbehalte, die im Ergebnis häufig zur dauerhaften Bindung an als flexibel vorgesehene Leistungen wie Gratifikationen führt und Arbeitgeber daher wegen dieses hohen Risikos davon abhalten kann, die Leistungen überhaupt zu gewähren.[402] Solche Anreize können dazu führen, dass den Geschützten letztlich Steine statt Brot gegeben werden, was die Ineffizienz der Schutzmaßnahme bedeutet.

Da das Kaldor/Hicks-Kriterium auf die Präferenzen aller Personen abstellt, müssen folglich auch die Interessen aller betroffenen Personen berücksichtigt werden. Im Rahmen der Bewertung des Kündigungsschutzes hatte das Bundesverfassungsgericht früher noch zutreffend berücksichtigt, dass er zwar die Beschäftigten schützt, den Arbeitsuchenden jedoch den Zugang zur Beschäftigung erschwert.[403] Nach dem Apotheken-Urteil des Bundesverfassungsgerichts

---

[399] Vgl. *Schäfer/Ott*, Lehrbuch der ökonomischen Analyse des Zivilrechts, 5. Aufl. 2012, S. 7 ff. zur Haftung wegen Reisemängel.
[400] Vgl. *Armbrüster*, ZIP 2006, 406 (414).
[401] BVerfGE 109, 64 (91 ff.).
[402] *Stöhr*, ZfA 2013, 213 (229):
[403] BVerfG NJW 1982, 1447 (1449).

§ 5 Befugnis, Pflicht und Grenzen zum Schutz kleiner Unternehmen   183

kann das Ziel des Schutzes der bereits im Beruf Tätigen niemals Beschränkungen des Berufszugangs für die Außenstehenden rechtfertigen.[404] In der Kleinbetriebs-Entscheidung zu § 23 KSchG hat das Bundesverfassungsgericht jedoch die Interessen der Arbeitssuchenden aus der Abwägung verbannt und sich auf den Standpunkt gestellt, dass der Gesetzgeber das durch Art. 12 Abs. 1 GG geschützte Interesse des Arbeitnehmers an einer Erhaltung seines Arbeitsplatzes lediglich mit dem entgegenstehenden Interesse des Arbeitgebers an der Beschäftigung von seinen Vorstellungen entsprechenden Mitarbeitern ausgleichen muss.[405] Die Kaldor/Hicks-Effizienz des Kündigungsschutzes kann auf diese Weise nicht bestimmt werden.

Insgesamt hat das Kaldor/Hicks-Kriterium auch im juristischen Schrifttum verbreitete Zustimmung erfahren.[406] Es wurde allerdings nachgewiesen, dass es in bestimmten Fällen zu logischen Widersprüchen führt, in denen Zustand X und Zustand Y wechselseitig den Kaldor/Hicks-Test bestehen mit der Folge, dass X besser als Y und Y besser als X gilt.[407] Gleichwohl wird dieses Kriterium weithin akzeptiert und auch im Rahmen der ökonomischen Analyse des Rechts angewandt, wenn die ökonomischen Folgen der rechtlichen Regeln oder Gerichtsentscheidungen bewertet werden.[408]

(2) Bewertung der Vor- und Nachteile für die Betroffenen

Beruht das Effizienzprinzip im Sinne eines Kaldor/Hicks-Kriteriums nun als Grundlage einer sozialen Entscheidungsregel auf die Vorrangstellung höher präferierter Nutzungen, stellt sich die Frage, wie die Vor- und Nachteile, die in das Kosten-Nutzen-Kalkül einzustellen sind, zu bewerten sind. Diese Ermittlung bzw. Schätzung bereitet häufig Schwierigkeiten. In diesem Rahmen ist es nicht möglich, die vertretenen Lösungsansätze auch nur annähernd vollständig auszuwerten.[409] Bei einem Vertrag kommen die subjektiven Wertschätzungen in den ausgehandelten Vertragsbedingungen zum Ausdruck: Sofern die Parteien homines oeconomici sind, werden sie den Vertrag nur abschließen, wenn sie sich davon jeweils einen Vorteil versprechen. Auch außerhalb von Transaktionen wird vorgeschlagen, die Bewertung der Vor- und Nachteile den Betroffenen zu überantworten. So hat *Richard Posner* das Kaldor/Hicks-Kriterium zu einer Auktions-Entscheidungsregel umformuliert, wonach die Zuordnung ei-

---

[404] BVerfGE 7, 347 (408).
[405] BVerfGE 97, 169 (176).
[406] Vgl. *Schäfer/Ott*, Lehrbuch der ökonomischen Analyse des Zivilrechts, 5. Aufl. 2012, S. 19 ff.
[407] Grundlegend *De Scitovszky*, Review of Economic Studies 9 [1941], 77 ff.
[408] Vgl. *Posner*, Economic Analysis of Law, 8th Edition 2011, S. 13: „When an economist says that free trade [...] is efficient, nine times out of ten he means Kaldor-Hicks-efficient, as shall this book".
[409] Dazu eingehend *Eidenmüller*, Effizienz als Rechtsprinzip, 4. Aufl. 2015, S. 116 ff.

nes Rechts – etwa das Recht, den Bau eines Flughafens zu verweigern oder ihn durchzuführen – danach erfolgen soll, wer für dieses Recht den höchsten Preis zahlen würde.[410] Danach entscheiden die Betroffenen in einer hypothetischen Situation selbst, wie sie die Vor- und Nachteile einschätzen und wie viel ihnen der Übergang von einem sozialen Zustand zu einem anderen bzw. die Verhinderung dieses Übergangs wert ist. Dies ist im Ansatz überzeugend, da die Betroffenen ihre eigenen Interessen am besten bewerten können. Allerding wird gegen diese Herangehensweise eingewandt, dass sie nicht praktikabel ist.[411] In der Tat birgt sie die Gefahr, dass die Einschätzung der Betroffenen lediglich von den Entscheidungsträgern geschätzt und daher letztlich von diesen selber getroffen wird, was den Zweck dieses Modells konterkarieren würde. *Eidenmüller* ist zu dem Ergebnis gekommen, dass effizienzorientierte Handlungsempfehlungen nur auf der Grundlage von komplexen und umfangreichen empirischen Untersuchungen möglich sind.[412] Danach wäre es konsequent, auch die maßgeblichen Einschätzungen der betroffenen Parteien empirisch zu eruieren, etwa durch repräsentative Befragungen.

cc) Reichtumsmaximierungsprinzip

Mit dem Kaldor/Hicks-Kriterium verwandt ist das Reichtumsmaximierungsprinzip (wealth maximization principle) von *Posner*. Danach ist ein Zustand X besser als ein Zustand Y, wenn der Reichtum in X höher ist als in Y.[413] Entscheidungen staatlicher Organe sollen danach so getroffen werden, dass die Summe aller durch sie bewirkten Vermögensänderungen bei den Betroffenen maximiert wird. Ein solcher Zustand erfüllt jedoch regelmäßig das Kaldor/Hicks-Kriterium,[414] weshalb dieses Kriterium den gleichen Einwänden ausgesetzt ist wie jenes.

II. Die Effizienz des Schutzes von kleinen Unternehmen

Im Folgenden wird erörtert, ob und unter welchen Voraussetzungen der Schutz von kleinen Unternehmen effizient und damit in ökonomischer Hinsicht erstrebenswert ist. Im Zentrum stehen dabei größenabhängige Befreiungen als zentrale Schutzmaßnahme. Verwirklicht werden diese mittels Schwellenwerten, wonach die Unternehmen oberhalb einer bestimmten Größenklasse von einer

---

[410] *Posner*, Economic Analysis of Law, 8th Edition 2011, S. 17 ff.; dem folgend *Eidenmüller*, Effizienz als Rechtsprinzip, 4. Aufl. 2015, S. 137.
[411] *Schäfer/Ott*, Lehrbuch der ökonomischen Analyse des Zivilrechts, 5. Aufl. 2012, S. 21.
[412] *Eidenmüller*, Effizienz als Rechtsprinzip, 4. Aufl. 2015, S. 116 ff., 168.
[413] *Posner*, Journal of Legal Studies 1979, 103 (119 ff.).
[414] *Eidenmüller*, Effizienz als Rechtsprinzip, 4. Aufl. 2015, S. 54; *Schäfer/Ott*, Lehrbuch der ökonomischen Analyse des Zivilrechts, 5. Aufl. 2012, S. 21 f.

§ 5 Befugnis, Pflicht und Grenzen zum Schutz kleiner Unternehmen

bestimmten Regulierung getroffen werden. Sie fallen damit unter den „negativen Schutz", der auf die Verhinderung bzw. Abmilderung von Belastungen gerichtet ist, die mit staatlicher Regulierung verbunden sind.[415] Auf die Effizienz von positiven Schutzmaßnahmen wird am Rande ebenfalls eingegangen. Nicht behandelt werden an dieser Stelle größenabhängige Befreiungen im Arbeitsrecht. Diese weisen die Besonderheit auf, dass sie stets an die Arbeitnehmerzahl anknüpfen und werden daher später im arbeitsrechtlichen Abschnitt gesondert untersucht.[416]

1. Folgerungen aus der Nutzensumme: Die Studie von Bradford

Die Effizienz von größenabhängigen Befreiungen nach einer reinen Kosten-Nutzen-Rechnung hat *Steven Bradford* behandelt.[417] Im Folgenden werden die Ergebnisse seine Studie vorgestellt.

a) Der Nutzen von gesetzlicher Regulierung

Während die Kosten einer gesetzlichen Regulierung einigermaßen genau beziffert werden können,[418] ist der Nutzen weitaus schwieriger zu bestimmen. Nach *Hahn/Hird* kann er in den meisten Fällen lediglich geschätzt werden.[419] So hängt z.B. der Gesamtnutzen von Umweltauflagen davon ab, welche Umweltschädigungen dadurch tatsächlich verhindert werden, was wiederum wesentlich von den Emissionen der betroffenen Unternehmen abhängt. Je stärker die Emissionen, desto größer der Nutzen. Gehen von einem betroffenen Unternehmen überhaupt keine Emissionen aus, hätte die Regulierung insoweit überhaupt keinen Nutzen. Der Gesamtnutzen einer Regulierung, die die Arbeitgeber zur Errichtung behindertengerechter Maßnahmen verpflichtet, hängt von der Zahl der behinderten Arbeitnehmer ab. Je mehr behinderte Arbeitnehmer beschäftigt werden, desto größer wäre der Nutzen.[420] Man sieht, dass der Gesamtnutzen einer Regulierung regelmäßig von der Größe der regulierten Transaktion abhängt. Der Gesamtnutzen lässt sich mit folgender Formel beschreiben:[421]

$$Gesamtnutzen = fB\ (Größe)$$

---

[415] Siehe oben unter § 3 C) I. 4. e).
[416] Unten § 7.
[417] *Bradford*, The Journal of Small & Emerging Business Law 2004, 1 ff.
[418] Dazu oben § 3 B) I. 1. b) aa).
[419] *Hahn/Hird*, Yale Journal on Regulation 1991, 233 (254).
[420] Beispiele nach *Bradford*, The Journal of Small & Emerging Business Law 2004, 1 (16).
[421] *Bradford*, The Journal of Small & Emerging Business Law 2004, 1 (16).

b) Effizienz nach dem Kosten-Nutzen-Verhältnis

Sieht man eine Regulierung dann als effizient an, wenn ihr Gesamtnutzen die Gesamtkosten übersteigt, und sich die Gesamtkosten nach der Formel

$$Gesamtkosten = FK + fC\ (Größe)$$

berechnen, dann ist eine größenabhängige Befreiung effizient, wenn die Summe der Fixkosten und der Funktion fC größer ist als die Funktion fB, also

$$FK + fC\ (Größe) > fB\ (Größe)$$

Die Funktionen in diesen Formeln wurden bislang nicht näher definiert. Nach *Bradford* kann die genaue Natur der Kosten- und Nutzenfunktion jedoch offen bleiben, da größenabhängige Befreiungen sowohl in linearen als auch nicht nicht-linearen Funktionen effizient sind bzw. sein können.[422]

aa) Lineare Kosten-Nutzen-Funktionen

Sind die variablen Kosten und der Nutzen einer regulierten Transaktion proportional zur Größe der regulierten Transaktion, die beiden Funktionen aus der Kosten-Nutzen-Gleichung $\int C$ und $\int B$ also linear, dann sind die die variablen Kosten und der Gesamtnutzen ein konstantes Vielfaches der Transaktionsgröße:[423]

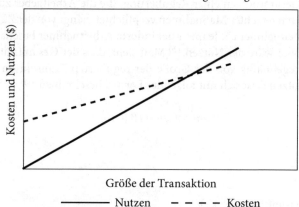

Abbildung 2: Lineare Kosten-Nutzen-Funktionen

---

[422] *Bradford*, The Journal of Small & Emerging Business Law 2004, 1 (17).
[423] *Bradford*, The Journal of Small & Emerging Business Law 2004, 1 (17); Quelle der Abbildung: *Bradford* a.a.O., 1 (33).

Das Vielfache der Kosten sei durch α repräsentiert. Die variablen Kosten der Regulierung ist dann ein α-faches der Größe der Transaktion, unabhängig davon, wie die Größe gemessen wird. Somit ist α in der Abbildung die Steigung der Kostenlinie. Das Vielfache der Nutzen sei durch β repräsentiert: Der Nutzen der Regulierung ist dann ein β-faches der Größe der Transaktion. β ist damit in der Abbildung die Steigung der Nutzenlinie. Daraus folgt nach *Bradford*, dass eine größenabhängige Befreiung gerechtfertigt ist, wenn:

$$FK + (\alpha \times Größe) > (\beta \times Größe)$$

Diese Gleichung kann für die Größe der Transaktion gelöst werden:

$$Größe < \frac{FK}{\beta - \alpha}$$

Mithin sollte von einer Regulierung jede Transaktion ausgenommen werden, deren Größe in der Abbildung geringer ist als durch den Schnittpunkt der Graphen markiert wird.[424]

bb) Nichtlineare Kosten- Nutzen-Funktionen

Die Beziehungen zwischen Größe und Kosten oder zwischen Größe und Nutzen können durchaus auch nichtlinear sein. Das wäre etwa nach der bereits geschilderten Ansicht von *Pierce* der Fall, wonach kleine Unternehmen überproportional für das gesellschaftliche Unheil verantwortlich sind, dass die Regulierungen gerade verhindern sollen.[425] Das Verhältnis von Größe der Transaktion und dem Nutzen der Regulierung würde sich dann in etwa wie folgt darstellen:[426]

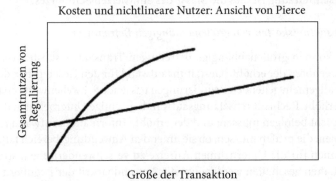

Abbildung 3: Nichtlineare Kosten-Nutzen Funktionen

---

[424] *Bradford*, The Journal of Small & Emerging Business Law 2004, 1 (18).
[425] *Pierce*, Administrative Law Review 1998, 537 (557 ff.); dazu bereits oben § 3 B) III. 1.
[426] *Bradford*, The Journal of Small & Emerging Business Law 2004, 1 (18), Quelle der Abbildung: *Bradford* a.a.O., 1 (34).

Bradford hat jedoch gezeigt, dass größenabhängige Befreiungen auch in diesem Fall effizient sein können, da der Gesamtnutzen einer Regulierung immer noch mit zunehmender Größe der Transaktion steigt, wenngleich in abschwächendem Maße. Auch hier gibt es daher einen Punkt, an welchem sich Gesamtnutzen und Gesamtkosten überschneiden, sodass Transaktionen unterhalb dieses Punktes von der Regulierung ausgenommen werden sollten.[427]

c) Die Bestimmung der Größe

Weiterhin befasst sich *Bradford* mit dem Anknüpfungspunkt von größenabhängigen Befreiungen. Als solche kommen in Betracht die Größe der Transaktion, die Größe der in der Transaktion involvierten Unternehmen,[428] oder beides kumulativ. Nach *Bradford* sollten größenabhängige Befreiungen an alle Faktoren geknüpft werden, die eine solche Befreiung stützen: Befreiungen seien effizient, wenn sie den Nettonutzen einer Regulierung erhöhen, indem sie die Anwendbarkeit der Regulierung ausschließen, soweit diese zu einem Nettoverlust führt.[429] Wenn der Gesetzgeber bestimmte Fälle aus dem Anwendungsbereich herausnehmen kann, in denen die Regulierung zu einem Nettoverlust führt, dann sollte er das tun. Bildlich könne man dies mit einem Bildhauer beschreiben, der alles herausmeißelt, was nicht zu seinem Ziel gehört. Die relevante Dimension der Größe entspreche gewöhnlich der Dimension, welche den Nutzen der Regulierung bestimmt. Bei einem Mindestlohngesetz sei dies die Gesamtzahl an geleisteten Arbeitsstunden: Je größer diese ist, desto größer ist der kollektive Nutzen für die begünstigten Arbeitnehmer. Bei Vorschriften über die Zulassungsvoraussetzungen von Wertpapieren ist dies der Preis für das Angebot. Bei der Regulierung von Umweltverschmutzung ist dies die Masse des emittierten Schmutzes.[430]

d) Die Transaktionskosten von größenabhängigen Befreiungen

Allerdings können größenabhängige Befreiungen Transaktionskosten verursachen. Dazu gehören der erhöhte Gestaltungaufwand für den Gesetzgeber, der anders als bei allgemein geltenden Regulierungen passende Schwellenwerte erstellen muss; der erhöhe Rechtsdurchsetzungsaufwand, da einige Unternehmen die Regulierung nicht befolgen müssen; und der erhöhte Informationsaufwand für die Unternehmen, die prüfen müssen, ob sie unter den Anwendungsbereich fallen.[431] Zudem können für die Unternehmen Anreize zu verschwenderischem strategischem Verhalten geschaffen werden, um die Anwendbarkeit der Regulierung zu

---

[427] *Bradford*, The Journal of Small & Emerging Business Law 2004, 1 (18 f.).
[428] Zur Bestimmung der Unternehmensgröße siehe oben § 1 C).
[429] *Bradford*, The Journal of Small & Emerging Business Law 2004, 1 (23).
[430] *Bradford*, The Journal of Small & Emerging Business Law 2004, 1 (24).
[431] Dazu eingehend *Bradford*, The Cost of Regulatory Exemptions, 2004.

§ 5 Befugnis, Pflicht und Grenzen zum Schutz kleiner Unternehmen 189

vermeiden, insbesondere gezielt klein zu bleiben.[432] Der letztere Aspekt wird vor allem bei arbeitsrechtlichen Schwellenwerten relevant, da diese an – für Unternehmen vergleichsweise leicht beeinflussbare – Arbeitnehmerzahlen anknüpfen. Darauf wird im arbeitsrechtlichen Teil noch ausführlich eingegangen.[433]

Diese Transaktionskosten sind in die Kosten-Nutzen-Rechnung zur Bestimmung der Effizienz einer größenabhängigen Befreiung einzukalkulieren.[434] Das Basismodel wird dadurch allerdings nur unwesentlich komplizierter: Eine größenabhängige Befreiung ist effizient, wenn die Gesamtkosten einer Regulierung (GK) größer sind als die Summe des Gesamtnutzens (GN) und der Transaktionskosten:[435]

$$GK > (GN + Transaktionskosten)$$

Grafisch lässt sich dies wie folgt darstellen:[436]

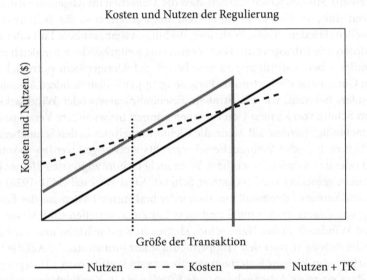

Abbildung 4: Effizienz von größenabhängigen Befreiungen

Die Größe, bei welcher eine Befreiung gerechtfertigt ist, hat sich somit nach links verlagert.

---

[432] *Brock/Evans*, RAND Journal of Economics 1985, 398 (406); *Garvin*, 40 Wake Forest Law Review [2005], 295 (379).
[433] Dazu unten § 7 B).
[434] *Bradford*, The Journal of Small & Emerging Business Law 2004, 1 (25).
[435] *Bradford*, The Journal of Small & Emerging Business Law 2004, 1 (25).
[436] *Bradford*, The Journal of Small & Emerging Business Law 2004, 1 (25), Quelle der Abbildung: *Bradford* a.a.O., 1 (37).

2. Folgerungen aus dem Kaldor/Hicks-Kriterium

Schwieriger zu bestimmen ist die Effizienz, wenn man sich nicht streng nach der Nutzensumme richtet, sondern die Interessen der von der Regulierung bzw. größenabhängigen Befreiung nachteilig Betroffenen berücksichtigt. Eine rein mathematische Berechnung ist hier nicht möglich. Im Folgenden werden einige Überlegungen angestellt, die sich am Kaldor/Hicks-Kriterium und den hierzu von *Posner* und *Eidenmüller* vertretenen Ansätzen orientieren.

Größenabhängige Befreiungen zum Schutz von kleinen Unternehmen sind nach dem Kaldor/Hicks-Kriterium effizient, wenn sie den Interessen der Unternehmer dienen und auch die nachteilig betroffenen Dritten mit ihnen einverstanden sind, insbesondere wenn sie selbst durch eigene Vorteile kompensiert werden könnten. Solche möglichen Vorteile können in kollektiven Gütern liegen, an denen die betroffenen Personen durch die Schutzmaßnahmen mit partizipieren (können). Studien haben ergeben, dass die Menschen im Allgemeinen durchaus bereit sind, für kollektive Güter Geld auszugeben, etwa für Sicherheit vor Kriminellen, Frieden, stabile Währung, Bildungssystem, saubere Luft oder eine funktionierende Infrastruktur. Hier scheint eine weitgehende, wenngleich nicht notwendige Übereinstimmung zu bestehen.[437] Schwieriger sieht es freilich mit solchen Gütern aus, die bestimmte Personengruppen – insbesondere Anwohner – besonders belasten, wie z.B. Straßen, Eisenbahntrassen oder Windparks.[438] Bei dem Schutz von kleinen Unternehmen können insbesondere Vertragspartner benachteiligt werden, z.B. wenn die Kleinunternehmer in den Schutzbereich des Arbeitsrechts oder Verbraucherschutzrechts einbezogen werden (positiver Schutz) oder der Arbeitnehmer- bzw. Verbraucherschutz zugunsten kleiner Unternehmern gelockert wird (negativer Schutz). *Knut Wicksell* (1851–1926) trat für „Paketlösungen" dergestalt ein, dass jeder bestimmte Lasten aus der Bereitstellung von Gütern tragen muss und diese Lasten zu verteilen sind: So wie der eine den Windpark in der Nähe seines Hauses in Kauf nehmen muss, müssen andere die Autobahn oder den Truppenübungsplatz hinnehmen.[439] Auf die Vertragspartner von kleinen Unternehmen übertragen könnte man z.B. argumentieren, dass einzelne Arbeitnehmer eine Kündigung in Kauf nehmen müssen, wenn die Gesellschaft insgesamt von kleinen Unternehmen und damit von einer Lockerung des Kündigungsschutzes profitiert. Gegen diese Legitimation durch Paketlösungen spricht jedoch, dass die Staatsverwaltung nicht nach solchen Tauschgesetzen funktioniert. Sie kontrafaktisch zu unterstellen ist nur um den

---

[437] *Anderheiden.*, in: Brugger/Kirste/Anderheiden, Gemeinwohl in Deutschland, Europa und der Welt, 2002, S. 391 (419) mit Nachw.

[438] Vgl. *Anderheiden.*, in: Brugger/Kirste/Anderheiden, Gemeinwohl in Deutschland, Europa und der Welt, 2002, S. 391 (420 ff.).

[439] *Wicksell*, Finanztheoretische Untersuchungen, 1896, S. 115.

§ 5 Befugnis, Pflicht und Grenzen zum Schutz kleiner Unternehmen

Preis erheblicher Idealisierungen möglich.[440] Eine Effizienz im Sinne des Kaldor/ Hicks-Kriteriums kann daher nur angenommen werden, wenn die Interessen der betroffenen Personengruppen gleichermaßen berücksichtigt werden. Dabei ist allerdings keine tatsächliche Kompensation, sondern nur deren Möglichkeit erforderlich. Sowohl negative als auch positive Schutzmaßnahmen zugunsten kleiner Unternehmen wären also bereits dann effizient, wenn es irgendwo in der Gesellschaft einen Mehrwert geben kann. Zu fragen ist daher danach, inwieweit die betroffenen Personen ein Interesse an der in Rede stehenden Maßnahme haben können. Vorteile für diese Personengruppen können zunächst allgemein darin liegen, dass kleine Unternehmen wie gezeigt positive Auswirkungen auf den Wettbewerb und den Arbeitsmarkt haben, die als Kollektivgüter der ganzen Gesellschaft zugutekommen.[441] Speziell bei Arbeitnehmern ist zu bedenken, dass ein höheres Schutzniveau des Arbeitsrechts Kosten für die Arbeitgeber verursacht, die über die Entlohnung zumindest teilweise an die Arbeitnehmer weitergereicht werden.[442] Eine Regelung wie § 41 BetrVG kann nur ein Umlageverfahren verbieten, nicht aber die kollektive Rückbelastung der Belegschaft, die höhere Löhne und Lohnnebenkosten langfristig selbst erwirtschaften muss.[443] Bei niedrigerer Kostenbelastung ist die Produktivität der Unternehmen höher, wovon die Arbeitnehmer und auch die Gesellschaft als solche profitieren.[444] Dies ist ein zentrales Argumentationsmuster der neoklassischen Ökonomik.[445] In der Tat könnte eine Reduzierung des Arbeitnehmerschutzes die Arbeitgeber dazu veranlassen, die Löhne zu erhöhen. Zudem ist der Arbeitsplatz in einem produktiven Unternehmen sicherer als in einem wirtschaftlich schwachen Unternehmen.

Zu der Bewertung dieser Vor- und Nachteile durch die Arbeitnehmer führt die Unternehmensberatung Towers Watson regelmäßig Untersuchungen durch. Diese kamen zuletzt zu dem Ergebnis, dass den deutschen Arbeitnehmern ein sicherer Arbeitsplatz und ein sicheres Gehalt wichtiger sind als die Höhe des Grundgehalts.[446] Danach wäre die Lockerung des Kündigungsschutzes auch

---

[440] *Anderheiden.*, in: Brugger/Kirste/Anderheiden, Gemeinwohl in Deutschland, Europa und der Welt, 2002, S. 391 (423.).
[441] Wer diese positiven Auswirkungen hingegen bestreitet, muss konsequenterweise auch die Effizienz des Schutzes von kleinen Unternehmen verneinen, so etwa *Pierce*, Administrative Law Review 1998, 537 (570 ff.); vgl. auch *Becker/Henderson*, Journal of Political Economy 2000, 379 (415), nach denen die Regulierung der Luftqualität die Entstehung kleiner (unregulierter), vergleichsweise dreckiger Fabriken fördere.
[442] Vgl. *Rieble*, in: ders./Junker, Folgenabschätzung im Arbeitsrecht, 2007, S. 53 (67).
[443] *Rieble*, in: ders./Junker, Folgenabschätzung im Arbeitsrecht, 2007, S. 53 (67).
[444] Grundlegend *Epstein*, University of Chicago Law Review 51 (1984), 947 ff.; vgl. auch *Posner*, Economic Analysis of Law, 8th edition 2011, S. 341 ff.
[445] Vgl. *A.C.L. Davies*, Perspectives on Labour Law, 2th edition 2009, S. 28 ff.
[446] Die Welt v. 21.10.2014, abrufbar unter http://www.welt.de/newsticker/dpa_nt/info line_nt/wirtschaft_nt/article133503872/Arbeitsplatzsicherheit-fuer-Deutsche-besonders-wichtig.html, Stand: 8.1.2016

dann nicht effizient, wenn die Arbeitnehmer dafür ein höheres Grundgehalt bekommen würden. Etwas anderes wäre nur denkbar, wenn das Grundgehalt so deutlich erhöht würde, dass die Arbeitnehmer Einschränkungen ihres Schutzes hinnehmen würden, was jedoch in der Praxis kaum vorkommen wird. Erschwert wird die Kosten-Nutzen-Analyse im Hinblick auf den Kündigungsschutz dadurch, dass wie ausgeführt auch die Interessen der Arbeitssuchenden einzubeziehen sind, denen der Zugang zur Beschäftigung erschwert wird und die daher nur eingeschränktes Interesse am arbeitsvertraglichen Bestandsschutz haben. Nach einer anderen Studie, bei der 32.000 Arbeitnehmer auf der Welt befragt wurden, sind den Arbeitnehmern sowohl ein sicherer Arbeitsplatz als auch ein hohes Gehalt besonders wichtig. In Krisenzeiten würden Arbeitnehmer vor allem darauf achten, dass ihr Arbeitsplatz möglichst sicher und ihr Gehalt möglichst hoch ist. Danach kann die Lockerung des Arbeitnehmerschutzes von vornherein nicht effizient sein, wenn er die Arbeitsplatzsicherheit beeinträchtigt. Zum gleichen Ergebnis kommt eine aktuelle repräsentative Umfrage des Meinungsforschungsinstituts Innofact im Auftrag der Targobank, wonach Vergütung (61 Prozent) und Arbeitsplatzsicherheit (60 Prozent) nahezu gleichauf als wichtigsten Berufsfaktor angesehen wurden, mit großem Abstand vor der Vereinbarkeit von Familie und Beruf (37 Prozent) und Karrierechancen (26 Prozent).[447] Interessanterweise haben sich die Prioritäten in den vergangenen beiden Jahren deutlich verändert, in der Vorgängerumfrage 2010 waren noch eine herausfordernde Arbeit und ein bequem zu erreichender Arbeitsplatz am wichtigsten.[448] Da diese Studien ein hohes Interesse der Arbeitnehmer an einem sicheren Arbeitsplatz und an einem sicheren Grundgehalt aufzeigen, dürften nur solche Maßnahmen zugunsten von kleinen Unternehmen effizient sein, welche die Arbeitsplatzsicherheit nicht beeinträchtigen. Zu nennen ist hier etwa eine Flexibilisierung der arbeitszeitrechtlichen Vorgaben: Droht ernsthaft ein Entlassungsrisiko, ziehen es Arbeitnehmer nämlich für gewöhnlich vor, bei gleichem Gesamtlohn länger zu arbeiten.[449] Letztlich müssten die Interessen der Arbeitnehmer jedoch für jede staatliche Maßnahme gesondert eruiert werden, um belastbare Ergebnisse zu ermitteln. Insoweit besteht noch ein erheblicher Forschungsbedarf.

Noch schwieriger ist bei den Vertragspartnern von kleinen Unternehmen zu bestimmen, worin die hypothetischen Kompensationen für negative oder positive Schutzmaßnahmen liegen könnten. In Betracht kommen etwa der Fortbestand der kleinen Unternehmen als langfristiger Vertragspartner und im Übri-

---

[447] Zit. nach WirtschaftsWoche v. 25.6.2017, abrufbar unter http://www.wiwo.de/erfolg/beruf/umfrage-zum-arbeitsleben-auf-das-geld-kommts-an/19976140.html, Stand: 25.6.2017.
[448] *Löhr*, FAZ v. 11.7.2012, abrufbar unter http://www.faz.net/aktuell/wirtschaft/studie-arbeitsplatzsicherheit-wird-wichtiger-11816978.html, Stand: 8.1.2016.
[449] Vgl. *Wallerath*, in: Isensee/Kirchhof, HStR IV, 3. Aufl. 2006, § 94 Rn. 19.

gen die allgemeinen positiven Auswirkungen von kleinen Unternehmen auf den Wettbewerb und den Arbeitsmarkt, an denen die Vertragspartner als Mitglieder der Gesellschaft ein generelles Interesse haben. Zu bedenken ist aber, dass sich eine Differenzierung nach der Unternehmensgröße auch nachteilhaft für kleine Unternehmen auswirken kann, wenn potentielle Vertragspartner – insbesondere Kunden – wegen der Auflockerung von Rechten (z.B. Einschränkung des Verbraucherschutzes oder von Aufklärungspflichten) lieber mit größeren Unternehmen kontrahieren, wo ein höheres Schutzniveau besteht. In diesem Fall würde den kleinen Unternehmen Steine statt Brot gegeben. Sie müssten daher den geringeren Umfang der Kundenrechte in einem niedrigeren Preis berücksichtigen. Ob die Kunden dann die Leistung zu dem niedrigeren Preis bei eingeschränkten Rechten bevorzugen oder lieber für einen stärkeren Rechtsschutz mehr Geld bezahlen würden, hängt von deren Präferenzen ab. Das gleiche gilt durchaus auch für Arbeitnehmer, die sich bei einer Einschränkung des Arbeitnehmerschutzes nach Arbeitsplätzen in größeren Unternehmen umsehen könnten. Dies setzt allerdings eine entsprechend starke Nachfrage nach Arbeitskräften voraus, die auch in Zeiten des Fachkräftemangels zumindest nicht in jeder Branche und für jedes Qualifikationsniveau gegeben sein dürfte. Zudem wurde gezeigt, dass die Arbeit in kleinen Unternehmen auch spezifische Vorteile hat, die den eingeschränkten Arbeitnehmerschutz durchaus kompensieren können.[450] All dies sind jedoch bloße Hypothesen, auf die keine belastbaren Schlussfolgerungen gestützt werden können. Auch hier besteht noch weiterer Forschungsbedarf. Insgesamt kann die Effizienz eines Schutzes von kleinen Unternehmen nach dem Kaldor/Hicks-Kriterium nicht pauschal, sondern stets nur in Bezug auf konkrete Maßnahmen bestimmt werden.

III. Rechtliche Umsetzung

1. Gesetzgeber

Die prinzipielle Schutzwürdigkeit von kleinen Unternehmen wurde bereits herausgearbeitet und sowohl individualrechtlich als Form des Schwächerenschutzes als auch kollektivrechtlich wegen der Bedeutung von kleinen Unternehmen für das Gemeinwohl begründet.[451] Im Folgenden wird untersucht, inwieweit der Gesetzgeber unter ökonomischen Gesichtspunkten zum Schutz von kleinen Unternehmen befugt bzw. verpflichtet ist und welche Grenzen ihm dabei gesetzt sind.

---

[450] Dazu oben § 3 B) III. 2.
[451] Siehe oben § 2 B).

a) Folgenorientierung in der Gesetzgebung

Verantwortungsbewusste Gesetzgebung muss folgen- und wirkungsbewusst sein. Dies sollte eigentlich selbstverständlich sein, muss aber trotzdem mit Nachdruck betont werden. Denn in Deutschland, so lässt sich spöttisch sagen, werden die Folgewirkungen eines Bauvorhabens auf eine Feldhamsterpopulation im Planfeststellungsverfahren intensiver geprüft als die Folgewirkungen von Gesetzesvorhaben auf die Gesellschaft.[452] Das Bundesverfassungsgericht nimmt sogar eine Pflicht des Gesetzgebers an, Gesetze auf ihre Folgen hin zu überprüfen.[453] Im Hinblick auf die anzustellende Prognose billigt es dem Gesetzgeber jedoch eine Einschätzungsprärogative zu, deren verfassungsgerichtliche Nachprüfbarkeit insbesondere von der Intensität des Grundrechtseingriffs abhängt. In seinem Urteil zur Unternehmensmitbestimmung führt es dazu aus:

„Ungewissheit über die Auswirkungen eines Gesetzes in einer ungewissen Zukunft kann nicht die Befugnis des Gesetzgebers ausschließen, ein Gesetz zu erlassen, auch wenn dieses von großer Tragweite ist. Umgekehrt kann Ungewissheit nicht schon als solche ausreichen, einen verfassungsrechtlicher Kontrolle nicht zugänglichen Prognosespielraum des Gesetzgebers zu begründen. Prognosen enthalten stets ein Wahrscheinlichkeitsurteil, dessen Grundlagen ausgewiesen werden können und müssen; diese sind einer Beurteilung nicht entzogen. Im Einzelnen hängt die Einschätzungsprärogative des Gesetzgebers von Faktoren verschiedener Art ab, im Besonderen von der Eigenart des in Rede stehenden Sachbereichs, den Möglichkeiten, sich ein hinreichend sicheres Urteil zu bilden, und der Bedeutung der auf dem Spiele stehenden Rechtsgüter. Demgemäß hat die Rechtsprechung des Bundesverfassungsgerichts, wenn auch im Zusammenhang anderer Fragestellungen, bei der Beurteilung von Prognosen des Gesetzgebers differenzierte Maßstäbe zugrunde gelegt, die von einer Evidenzkontrolle[454] […] über eine Vertretbarkeitskontrolle[455] […] bis hin zu einer intensivierten inhaltlichen Kontrolle[456] reichen […]."[457]

b) Speziell: Orientierung an ökonomischen Gesichtspunkten

Zunächst muss man sich vergegenwärtigen, dass der Gesetzgeber das unmittelbar demokratisch legitimierte Organ ist, das zur Rechtssetzung berufen ist. Das Bundesverfassungsgericht folgert daraus eine allgemeine Gestaltungsfreiheit des Gesetzgebers, die ihm einen Entscheidungs- und Wertungsspielraum einräumt.[458] Damit korrespondiert die Verantwortlichkeit für die Folgen des

---

[452] *Rieble*, in: ders./Junker, Folgenabschätzung im Arbeitsrecht, 2007, S. 53 (54).
[453] Vgl. BVerfGE 50, 290 (331 f.).
[454] Z.B. BVerfGE 36, 1 (17); BVerfGE 37, 1 (20); BVerfGE 40, 196 (223).
[455] Z.B. BVerfGE 25, 1 (12 f., 17); BVerfGE 30, 250 (263); BVerfGE 39, 210 (225 f.).
[456] Z.B. BVerfGE 7, 377 (415); BVerfGE 11, 30 (45); BVerfGE 17, 269 (276 ff.); BVerfGE 39, 1 (46, 51 ff.); BVerfGE 45, 187 (238).
[457] BVerfGE 50, 290 (332 f.).
[458] Vgl. BVerfGE 139, 321 (367).

§ 5 Befugnis, Pflicht und Grenzen zum Schutz kleiner Unternehmen   195

Rechts in der Wirklichkeit.[459] Der Gesetzgeber ist daher weitgehend frei, individuelle und kollektive Interessen zu schützen und zu fördern sowie allgemein wirtschaftspolitische Ziele zu verfolgen. Dies gilt daher auch für den Schutz von kleinen Unternehmen. Grenzen werden ihm nur von der Verfassung selbst gezogen, insbesondere von den Grundrechten der nachteilig betroffenen Personen. Das Bundesverfassungsgericht billigt dem Gesetzgeber insoweit jedoch einen weiten Einschätzungs- und Beurteilungsspielraum zu:

„Die Einschätzung der für die Konfliktlage maßgeblichen ökonomischen und sozialen Rahmenbedingungen liegt in seiner politischen Verantwortung, ebenso die Vorausschau auf die künftige Entwicklung und die Wirkungen seiner Regelung. Dasselbe gilt für die Bewertung der Interessenlage, das heißt die Gewichtung der einander entgegenstehenden Belange und die Bestimmung ihrer Schutzbedürftigkeit. Eine Verletzung grundrechtlicher Schutzpflichten kann daher in einer solchen Lage nur festgestellt werden, wenn eine Grundrechtsposition den Interessen des anderen Vertragspartners in einer Weise untergeordnet wird, dass in Anbetracht der Bedeutung und Tragweite des betroffenen Grundrechts von einem angemessenen Ausgleich nicht mehr gesprochen werden kann"[460]

Das Gesetzgebungsverfahren eignet sich in besonderem Maße dazu, die verschiedenen politischen Standpunkte zu dem Stellenwert und dem Gewicht verschiedener rechtspolitischer Ziele bei der Ausgestaltung der Rechtsordnung zur Geltung zu bringen und damit einen angemessenen Interessenausgleich herbeizuführen. Dies gilt damit auch für ökonomische Gesichtspunkte.[461]

aa) Verfassungsrechtliche Pflicht?

Nachdem bereits mehrfach gezeigt wurde, dass sich allgemein aus dem Gemeinwohl keine verfassungsrechtlichen Pflichten des Gesetzgebers ableiten lassen, konkrete Maßnahmen zu ergreifen,[462] geht es im Folgenden um ökonomische Belange im Allgemeinen und der Effizienz im Besonderen. In den 1960er und 1970er Jahren wurde diskutiert, ob das Grundgesetz wirtschaftspolitisch neutral ist,[463] oder ob es eine bestimmte Wirtschaftsverfassung wie etwa die soziale Marktwirtschaft zum Ausdruck bringt[464] und sogar ein Effizienzgebot statuiert.[465] Bekanntlich wohnt den Grundrechten in ihrer Gesamtheit eine objektive Wertordnung inne, die als verfassungsrechtliche Grundentscheidung für

---

[459] BVerfG NJW 1987, 43 (46).
[460] BVerfGE 97, 169 (176 f.).
[461] *Eidenmüller*, Effizienz als Rechtsprinzip, 4. Aufl. 2015, S. 419 ff.
[462] Zum Hintergrund des Gemeinwohls siehe oben § 2 A) III.
[463] Dafür etwa *Leisner*, Effizienz als Rechtsprinzip, 1971, S. 59 ff.: Effizienz sei kein staatstypischer Grundsatz oder Zentralbegriff des öffentlichen Rechts, sondern eine „Staatsromantik der Technokratie", die von außen in die Staatlichkeit hineingetragen werde.
[464] Dafür etwa *Nipperdey*, Soziale Marktwirtschaft und Grundgesetz, 3. Aufl. 1965, S. 13 ff.
[465] Dafür etwa *Krüger*, Allgemeine Staatslehre, 1964, S. VI, 835.

alle Bereiche des Rechts Geltung beanspruchen kann.[466] Der US-amerikanische Ökonom *James M. Buchanan* erarbeitete eine ökonomische Verfassungstheorie, welche die für die ökonomische Theorie des Marktes zentralen Ideen der rationalen individuellen Wahl zwischen Alternativen und des Tauschs auf die kollektive, politische Wahl zwischen alternativen Spielregeln für Wirtschaft, Gesellschaft und Politik überträgt.[467] Nach dieser Sichtweise ist das effizienzorientierte Verständnis von Rechtsnormen verfassungsrechtlich verankert. Der Österreichische Verfassungsgerichtshof ist dem gefolgt und postuliert ausdrücklich ein verfassungsrechtliches Effizienzgebot als bundesverfassungsrechtliche Vorgabe.[468] Das Bundesverfassungsgericht hat dem jedoch für die deutsche Verfassung unter Hinweis auf deren wirtschaftspolitische Neutralität eine Absage erteilt.[469] Zutreffend gilt dies auch und gerade im Hinblick auf das Effizienzkriterium: Wenn das Grundgesetz den Gesetzgeber nämlich nicht einmal auf die freie oder soziale Marktwirtschaft festlegt, kann der Gesetzgeber erst recht nicht verpflichtet sein, die Gesetzgebung an dem noch wesentlich weitergehenden – weil auf Kosten-Nutzen-Erwägungen beruhenden – Effizienzkriterium auszurichten.[470]

bb) Verfassungsrechtliche Grenzen

Das Grundgesetz erhebt die Herstellung einer effizienten Ressourcenallokation nicht zum direkten Ziel staatlichen Handelns, verbietet sie aber auch nicht ausdrücklich.[471] Der Gesetzgeber hat daher einen erheblichen Gestaltungsspielraum bei der Festlegung seiner wirtschaftspolitischen und zuteilungsbezogenen Ziele. Es bleibt daher eine zentrale methodologische Frage, in welchem Umfang der Markt zu sichern ist und welche Eingriffe zulässig bzw. im Hinblick auf wirtschaftliche und soziale Gesichtspunkte geboten sind.[472] Die Grenzen für eine wirtschafts- und effizienzorientierte Politik ergeben sich in erster Linie aus den Grundrechten.[473] Bei dem Schutz von kleinen Unternehmen wird z.B. regelmäßig ein Eingriff bewirkt, wenn die Schutzmaßnahme für andere Personen mit der Beschränkung von Rechten bzw. der Auferlegung von Pflichten

---

[466] So die grundlegende Lüth-Entscheidung BVerfGE 7, 198 (205); vgl. auch BVerfGE 39, 1 (41).
[467] Grundlegend *Buchanan*, The Limits of Liberty, 1975.
[468] VfGH, VfSlg. 14473/1996.
[469] BVerfGE 50, 290 (337 f.), ebenso *Scholz*, in: Maunz/Dürig, GG, 77. EL Juli 2016, Art. 12 Rn. 6.
[470] *Eidenmüller*, Effizienz als Rechtsprinzip, 4. Aufl. 2015, S. 445; *Martini*, Der Markt als Instrument hoheitlicher Verteilungslenkung, 2008, S. 232 f.; a.A. *Grundmann*, RabelsZ 61 [1997], 423 (442), der eine Verankerung des Effizienzgedankens in Art. 14 GG sieht.
[471] *Eidenmüller*, Effizienz als Rechtsprinzip, 4. Aufl. 2015, S.145, 443; *Martini*, Der Markt als Instrument hoheitlicher Verteilungslenkung, 2008, S. 233..
[472] *R. Schmidt*, in: Isensee/Kirchhof, HStR IV, 3. Aufl. 2006, § 92 Rn. 8.
[473] Dazu eingehend *Martini*, Der Markt als Instrument hoheitlicher Verteilungslenkung, 2008, S. 251 ff.

einhergeht. Die verfassungsrechtliche Rechtfertigung eines Eingriffs setzt nach der überkommenen Grundrechtsdogmatik voraus, dass er einem legitimen Ziel dient und zu dessen Erreichung erforderlich und angemessen ist.[474] Besonderen Anforderungen unterliegen dabei Eingriffe in vorbehaltslos gewährleistete Grundrechte: Diese dürfen nur durch oder aufgrund eines Gesetzes erfolgen, dass Grundrechten anderer oder sonstigen Gütern mit Verfassungsrang dient.[475] Das Bundesverfassungsgericht ist bei der Anerkennung eines Verfassungsrangs zwar großzügig und fasst z.B. die sichere Krankenversorgung[476] oder die Sicherstellung der Energieversorgung[477] darunter. In dem wirtschaftlich neutralen Grundgesetz sind wie dargestellt weder die soziale Marktwirtschaft noch die ökonomische Analyse des Rechts institutionell verankert. Ökonomische Effizienz ist daher kein Verfassungsgut, das einen Eingriff in vorbehaltslos gewährleistete Grundrechte legitimieren kann.[478] Das gleiche gilt wie gezeigt auch für den Schutz von kleinen Unternehmen. Auch wenn die Wirtschaftspolitik als solche wie gezeigt ein Kollektivgut darstellt und deshalb einen Gemeinwohlbezug hat,[479] so gibt es keine konkreten wirtschaftspolitischen Maßnahmen mit Verfassungsrang. Grundrechtseingriffe, die dem ökonomischen Effizienzziel dienen bzw. kleinen Unternehmen im Allgemeinen zugutekommen, bedürfen somit eines allgemeinen Gesetzesvorbehalts.

Bei Verkürzungen des Arbeitnehmerschutzes sieht der betroffene Art. 12 Abs. 1 GG einen solchen Gesetzesvorbehalt vor, wobei die Vorgaben der Drei-Stufen-Theorie zu beachten sind. Danach sind Einschränkungen der Berufsausübung bereits dann zulässig, wenn vernünftige Erwägungen des Gemeinwohls sie zweckmäßig erscheinen lassen.[480] Der Schutz von kleinen Unternehmen lässt sich nach den obigen Ausführungen[481] ohne weiteres als vernünftige Erwägung des Gemeinwohls begreifen. Zur Verfassungsmäßigkeit der Kleinbetriebsklausel des § 23 KSchG hat das Bundesverfassungsgericht die besonderen Belange von kleinen Unternehmen als schutzwürdig befunden, allerdings nicht im Hinblick auf ökonomische Effizienz oder die wirtschaftliche Bedeutung von kleinen Unternehmen im Allgemeinen, sondern unter dem individualrechtlichen Gesichtspunkt des Schwächerenschutzes.[482] Die – bei dem

---

[474] Vgl. nur *Pieroth/Schlink/Kingreen/Poscher*, Grundrechte, 33. Aufl. 2017, Rn. 285 ff.
[475] Vgl. BVerfGE 30, 173 (193); BVerfGE 67, 213 (228); BVerfGE 83, 130 (139).
[476] BVerfGE 57, 70 (99) – 3. Rundfunkentscheidung.
[477] BVerfGE 66, 248 (258).
[478] *Martini*, Der Markt als Instrument hoheitlicher Verteilungslenkung, 2008, S. 259.
[479] Siehe oben § 3 A) III. 4. a).
[480] BVerfGE 7, 377 (402).
[481] Siehe oben § 3 B) II.
[482] BVerfGE 97, 169 (177 f.). Eine Beschränkung der Berufswahlfreiheit verneint das BVerfG, da diese keine Bestandsgarantie für den einmal gewählten Arbeitsplatz beinhaltet, BVerfGE 97, 169 (175). Zur Verfassungsmäßigkeit der Kleinbetriebsklausel eingehend unten § 7 C) II. 4. a).

Schutz von kleinen Unternehmen allerdings selten betroffene – Freiheit der Berufswahl darf hingegen nur eingeschränkt werden, „soweit der Schutz besonders gewichtiger („überragender") Gemeinschaftsgüter es zwingend erfordert, d.h.: Soweit der Schutz von Gütern in Frage steht, denen bei sorgfältiger Abwägung der Vorrang vor dem Freiheitsanspruch des Einzelnen eingeräumt werden muss und soweit dieser Schutz nicht auf andere Weise, nämlich mit Mitteln, die die Berufswahl nicht oder weniger einschränken, gesichert werden kann."[483] Einen solchen uneingeschränkten Vorrang der allgemeinen Interessen am Schutz von kleinen Unternehmen vor den Interessen der einzelnen Rechtssubjekte – insbesondere der betroffenen Arbeitnehmer – wird man schwerlich annehmen können.

2. Rechtsprechung

Gerichte sind nach Art. 20 Abs. 3 GG an Gesetz und Recht gebunden, sodass ihnen im Gegensatz zum Gesetzgeber kein politischer Entscheidungs- und Wertungsspielraum zukommt. Zum Schutz von kleinen Unternehmen können sie daher allenfalls im Rahmen der Rechtsanwendung beitragen, nicht im Rahmen eines wirtschaftspolitischen Programms. Im Folgenden wird zunächst als theoretische Grundlegung erarbeitet, ob es prinzipiell legitim ist, die Auswirkungen der gerichtlichen Entscheidungen auf kleine Unternehmen zu berücksichtigen (unten a)). Sodann werden die Möglichkeiten und Grenzen eines ökonomisch orientierten Schutzes von kleinen Unternehmen herausgearbeitet, die von der juristischen Methodenlehre vorgegeben sind (unten b)).

a) Folgenorientierung in der Rechtsanwendung

Im Gegensatz zur Gesetzgebung ist die Orientierung an Folgen in der Rechtsanwendung umstritten.[484] Gemeint sind insoweit abstrakt generellen, empirisch beschreibbaren Konsequenzen der in Betracht kommenden Interpretationen (Entscheidungs- bzw. Realfolgen), nicht die Einzelfallfolgen des singulären Rechtsprechungsaktes.[485] Nach dem wohl verbreitetsten Verständnis hat der Richter unter Anwendung hermeneutischer Methoden – namentlich der Interpretation nach Wortlaut, Systematik, Entstehungsgeschichte und dem Zweck der Norm – aus den vorhandenen rechtlichen Regeln die „richtige" Lösung der Rechtsfrage abzuleiten.[486] Charakteristisch für diese Herangehensweise ist der

---

[483] BVerfGE 7, 377 (405).
[484] Dazu eingehend *Deckert*, Folgenorientierung in der Rechtsanwendung, 1995, S. 56 f.
[485] Vgl. *Deckert*, Folgenorientierung in der Rechtsanwendung, 1995, S. 1; *Karpen*, in: Rieble/Junker, Folgenabschätzung im Arbeitsrecht, 2007, S. 14 (16); *Rieble* a.a.O. S. 53 (54).
[486] Dafür etwa *Dworkin*, Law`s Empire, 1986.

„Blick nach oben" auf Rechtsnormen und Rechtsgrundsetze.[487] Das Bundesverfassungsgericht führt dazu aus:

„Richterliche Rechtsfortbildung überschreitet die verfassungsrechtlichen Grenzen, wenn sie deutlich erkennbare, möglicherweise sogar ausdrücklich im Wortlaut dokumentierte gesetzliche Entscheidungen abändert oder ohne ausreichende Rückbindung an gesetzliche Aussagen neue Regelungen schafft."[488]

Nach der Gegenposition ist die Entscheidung des Rechtsanwenders bei einer auslegungsbedürftigen oder gar fehlenden Regelung nicht durch ein Normprogramm gebunden. Hier würden die Gerichte daher faktisch Recht setzen, womit sie insoweit auch die Verantwortung für die Folgen der Entscheidung tragen. Wegen dieser Nähe zur gesetzgeberischen Tätigkeit sei daher eine Folgenorientierung der Rechtsprechung angezeigt und die juristische Entscheidung von ihren Auswirkungen in der Wirklichkeit abhängig zu machen.[489] Danach sollen erwünschte Folgen für eine bestimmte Entscheidungsmöglichkeit sprechen, unerwünschte Folgen dagegen, was einem „Blick nach unten" entspricht.[490]

Eine solche Folgenorientierung wird vielfach kritisiert. *Luhmann* hat eingewandt, dass sie eine dogmatisch nicht mehr steuerbare, unreflektierte Zuwendung zur Output-Grenze impliziere.[491] Dadurch sei nicht mehr gewährleistet, dass ein konkreter Rechtsstreit überhaupt noch aufgrund der Rechtslage entschieden werden kann.[492] In praktischer Hinsicht wird vor einer Überforderung der Gerichte gewarnt, da ihnen dazu alle Mittel fehlen würden.[493] Zudem fehle es den meisten Richtern an spezifischem ökonomischem und sozialwissenschaftlichem Sachverstand.[494] Ein prinzipiell konsensfähiger Stellenwert sollte der Folgenorientierung jedoch zukommen, wenn man sie in Ergänzung zur herkömmlichen Methodenlehre als Hilfestellung dafür heranzieht, im Rahmen der Rechtsanwendung und Rechtsfortbildung überzeugende Ergebnisse zu gewinnen.[495] Ist

---

[487] *Eidenmüller*, Effizienz als Rechtsprinzip, 4. Aufl. 2015, S. 398; *Karpen*, in: Rieble/Junker, Folgenabschätzung im Arbeitsrecht, 2007, S. 14 (18).
[488] BVerfG, NJW 2012, 669 (671).
[489] Dafür etwa *Wälde*, Juristische Folgenorientierung, 1979; *Karpen*, in: Rieble/Junker, Folgenabschätzung im Arbeitsrecht, 2007, S. 14 (26 ff): dagegen *Luhmann*, Rechtssystem und Rechtsdogmatik, 1974, S. 33 ff.
[490] *Eidenmüller*, Effizienz als Rechtsprinzip, 4. Aufl. 2015, S. 398; *Posner*, Economic Analysis of Law, 8th Edition 2011, S. 31 f.
[491] *Luhmann*, Rechtssystem und Rechtsdogmatik, 1974, S. 33.
[492] *Luhmann*, Rechtssystem und Rechtsdogmatik, 1974, S. 34.
[493] *Teubner*, in: ders., Entscheidungsfolgen als Rechtsgründe, 1995, S. 9.
[494] v. *Klitzing*, Ökonomische Analyse des arbeitsrechtlichen Bestandsschutzes, 2004, S. 287; speziell zur effizienzorientierten Argumentation *Eidenmüller*, Effizienz als Rechtsprinzip, 4. Aufl. 2015, S. 429.
[495] Zur Integration der Folgenbetrachtung in den Auslegungskanon siehe unten § 5 D) III. 2. c).

das anzuwendende Gesetz auslegungsbedürftig oder gar lückenhaft, muss sich die Rechtsanwendung an bestimmten Zielen orientieren, wenn sie nicht willkürlich sein soll. Diese dürfen sich keinesfalls auf die Forderungen und Interessen der Parteien erschöpfen, da die Auslegung und Fortbildung des Rechts über den konkreten Rechtsstreit hinauswirkt.[496] Daher ist es prinzipiell zulässig, dass die Gerichte die möglichen oder wahrscheinlichen Effekte ihrer Entscheidung auf die Privatrechtssubjekte berücksichtigen.[497] In der rechtssoziologischen Literatur setzt sich zunehmend die Auffassung durch, dass Folgenorientierung die relativ beste Methode ist, um Entscheiden nachvollziehbar und rational begründen zu können.[498] Die Gefahr, dass Richter autonom entscheiden, wird damit weitgehend ausgeschlossen.[499] Das prägnanteste Ziel des Rechts ist traditionell die Verwirklichung von Gerechtigkeit, die auch den Gerichten obliegt.[500] Nach dem Verständnis des Verfassers gehören die möglichen Folgen der gerichtlichen Entscheidung zu den Abwägungsfaktoren, die zur Verwirklichung juristischer Gerechtigkeit zu ermitteln und in die Abwägung einzubeziehen sind.[501] Daneben kommen aber durchaus auch Belange des Gemeinwohls in Betracht, die sich wie dargelegt ihrerseits als normatives Ziel begreifen lassen[502] und die Entscheidung der Gemeinschaft als Ganzer dienen soll.[503] Darunter fällt wie gezeigt prinzipiell auch der Schutz von kleinen Unternehmen.

Eidenmüller hat allerdings einige praktische Hürden aufgezeigt, derentwegen er in der Folgenorientierung eher ein Forschungsprogramm als eine Hilfestellung sieht. So müssen die Folgen der gerichtlichen Entscheidung ex ante ermittelt und bewertet werden, wofür jeweils noch keine verlässliche juristische Theorie entwickelt worden ist.[504] Angesichts dieser Schwierigkeiten kann jedenfalls keine Pflicht angenommen werden, die Entscheidung ausschließlich auf ihre möglichen Folgen – also auch diejenigen für kleine Unternehmen – zu stützen. Eine solche Pflicht ist auch nach dem Gerechtigkeitsverständnis des Verfassers nicht geboten, welches von der prinzipiellen Gleichwertigkeit der Abwägungsfaktoren ausgeht. Allerdings lassen sich die dargestellten wohlfahrtsökonomischen Effizienzkriterien durchaus auch im Rahmen der praktischen Rechtsan-

---

[496] *Posner*, Economic Analysis of Law, 8th Edition 2011, S. 31 f.; *Schäfer/Ott*, Lehrbuch der ökonomischen Analyse des Zivilrechts, 5. Aufl. 2012, S. 4.
[497] *Arnold*, Vertrag und Verteilung, 2014, S. 282; *Deckert*, Rechtstheorie 1995, 117 (119).
[498] Vgl. *Röhl*, ZfRSoz 26 [2005], 3 (8).
[499] *Däubler*, in: Rieble/Junker, Folgenabschätzung im Arbeitsrecht, 2007, S. 38 (43).
[500] Dazu unten E) I. 1.
[501] Dazu *Stöhr*, Rechtstheorie 2014, 159 (183 ff.) sowie unten E) I. 1. b) cc).
[502] *Brugger*, in: Brugger/Kirste/Anderheiden, Gemeinwohl in Deutschland, Europa und der Welt, 2002, S. 17 ff.; ähnlich *Henkel*, Einführung in die Rechtsphilosophie, 2. Aufl. 1977, S. 445 ff., 457 ff. Dazu oben § 3 III.
[503] *Schäfer/Ott*, Lehrbuch der ökonomischen Analyse des Zivilrechts, 5. Aufl. 2012, S. 4. Zur Bedeutung des Gemeinwohls siehe oben § 3 III.
[504] *Eidenmüller*, Effizienz als Rechtsprinzip, 4. Aufl. 2015, S. 399 f.

wendung fruchtbar machen, sodass sich die Folgen der gerichtlichen Entscheidung auf kleine Unternehmen durchaus im Hinblick auf ihre Auswirkungen auf Gemeinwohl beurteilen lassen.

b) Kriterien zur Folgenbewertung

Ist eine Folgenorientierung somit zumindest als Ergänzung zur herkömmlichen Methodenlehre prinzipiell legitim, so müssen die Kriterien bestimmt werden, mit denen die Folgen bewertet und die juristische Argumentation aufgenommen werden können. Im Fokus der Aufmerksamkeit steht dabei die Effizienz (unten (1)). Daneben werden auch einige spezifisch arbeitsrechtliche Bewertungskriterien diskutiert (unten (2)).

aa) Effizienz

Die Effizienz ist das wichtigste Kriterium zur Folgenbewertung. Auf die wohlfahrtsökonomischen Effizienzkriterien wurde bereits eingegangen.[505] Dabei wurde festgestellt, dass sich die Effizienz von Gesetzen und deren Interpretationen am besten mit dem Kaldor/Hicks-Kriterium bestimmen lässt.

Umstritten ist allerdings, ob und in welchem Umfang die Verwirklichung ökonomischer Effizienz überhaupt ein legitimes Ziel der Rechtsanwendung ist. *Eidenmüller* begreift die ökonomische Analyse des Rechts primär als Gesetzgebungstheorie, wonach für die Verwirklichung von Effizienz in erster Linie der Gesetzgeber zuständig ist und die Gerichte keine Promotoren des Effizienzdenkens sind.[506] Die Handlungsempfehlungen der ökonomischen Analyse sind Ausdruck eines umfassenden, dazu kontrovers diskutierten rechtspolitischen Programms.[507] Dessen Verwirklichung könne nicht Aufgabe der Gerichte sein. Dafür führt *Eidenmüller* mehrere Gründe an. So sind Richter – anders als in vielen Staaten der USA – demokratisch nur mittelbar legitimiert und unterliegen im Gegensatz zu parlamentarischen Abgeordneten keiner öffentlichen Kontrolle mit der Möglichkeit einer Abwahl. Auch kann das verfassungsrechtliche Gebot der Rechtsanwendungsgleichheit aus Art. 3 Abs. 1 GG[508] im Rahmen eines einzelfallbezogenen Gerichtsverfahrens schwieriger erfüllt werden als in dem allgemeinheitsbezogenen Gesetzgebungsprozess.[509] Zudem fehle den Gerichten häufig die erforderliche genaue Kenntnis über die betroffenen Parameter der Grenzkosten und des Grenznutzens.[510] Daher könnten Gerichte keine Schlüs-

---

[505] Siehe oben unter I. 2. b).
[506] *Eidenmüller*, Effizienz als Rechtsprinzip, 4. Aufl. 2015, S. 414 ff.,
[507] *Eidenmüller*, Effizienz als Rechtsprinzip, 4. Aufl. 2015, S. 417.
[508] Dazu BVerfGE 66, 331 (335 f.); BVerfGE 71, 354 (362).
[509] *Eidenmüller*, Effizienz als Rechtsprinzip, 4. Aufl. 2015, S. 423 ff.; ebenso *Däubler*, in: Rieble/Junker, Folgenabschätzung im Arbeitsrecht, 2007, S. 38 (40).
[510] *Eidenmüller*, Effizienz als Rechtsprinzip, 4. Aufl. 2015, S. 429; *Stoffels*, in: Rieble/Junker, Folgenabschätzung im Arbeitsrecht, 2007, S. 78 (86 ff.).

selstellung bei der Verwirklichung des ökonomischen Effizienzziels haben. Eine solche hätten sie, wenn sie unbestimmte Rechtsbegriffe systematisch im Lichte ökonomischer Effizienzkonzepte interpretieren würden.[511] In der Tat fordert das Bundesverfassungsgericht in seiner Wesentlichkeitstheorie, dass der Gesetzgeber in grundlegenden normativen Bereichen alle wesentlichen Entscheidungen selbst treffen muss.[512] Dieses Postulat folgt aus dem Demokratieprinzip.[513] Auch *Karl Larenz* hat betont, dass es im demokratischen Staat grundsätzlich Sache des Gesetzgebers ist, eine an Zweckmäßigkeitsgesichtspunkten orientierte politische Entscheidung zutreffen. Den Gerichten fehle die Kompetenz, Sozialgestaltung zu betreiben.[514]

Die grundsätzliche Legitimität des Effizienzarguments im Rahmen der Rechtsanwendung wird inzwischen allerdings weitgehend anerkannt.[515] Dies verdient Zustimmung. Der größte Wert der ökonomischen Analyse besteht darin, dass sie einen eigenen, prinzipiell tauglichen Maßstab für Gesetzgebung und Rechtsanwendung zur Verfügung stellt.[516] Fehlt es an positiven gesetzlichen Wertungen, sind effizienzorientierte Argumente ebenso zulässig wie rechtsethische Argumente.[517] In der deutschen Rechtswissenschaft ist das Bewusstsein verschiedener Rechtsmethoden (method-awareness), denen man sich anschließen oder verweigern kann, im Gegensatz zur US-amerikanischen Rechtswissenschaft nur schwach ausgeprägt.[518] Dabei ist es keineswegs das Ziel der Rechtsanwendung, vollständige Effizienz der Rechtsordnung zu verwirklichen. Hier lässt sich nämlich ebenso wie bei der gerechtigkeitsorientierten Interpretation ein vergleichender Ansatz heranziehen:[519] Danach ist bei verschiedenen Auslegungsmöglichkeiten diejenige vorzuziehen, welche die effizienteste Ressourcenallokation bewirken würde. Vor diesem Hintergrund ist der Einwand der mangelnden Eignung des Gerichtsverfahrens zur Verwirklichung von Effizienz nicht stichhaltig,

---

[511] *Eidenmüller*, Effizienz als Rechtsprinzip, 4. Aufl. 2015, S. 415 ff., 417.
[512] Vgl. etwa BVerfGE 33, 125 (158), BVerfGE 40, 237 (248 ff.); BVerfGE 84, 212 (226 f.).
[513] Vgl. BVerfGE 98, 218 (251 ff.); BVerfGE 105, 279 (301 ff.); *Grzeszick*, in: Maunz/Dürig, GG, 79. EL Dezember 2016, Art. 20 Rn. 105 f.
[514] *Larenz*, Methodenlehre der Rechtswissenschaft, 6. Aufl. 1991, S. 428; vgl. auch *Wank*, Grenzen richterlicher Rechtsfortbildung, 1978, S. 240 f.
[515] *Grundmann*, RabelsZ 61 [1997], 442 ff.; *Janson*, Ökonomische Theorie im Recht, 2004, S. 143 ff.; *Ott/Schäfer*, JZ 1988, 215; *Pawlowski*, Methodenlehre für Juristen, 3. Aufl. 1999, S. 855; *Thüsing*, Wertende Schadensberechnung, 2001, S. 345 f.; a.A. *Fezer*, JZ 1986, 821 ff.
[516] *Ott/Schäfer*, JZ 1988, 215 (218); *Oetker*, Das Dauerschuldverhältnis und seine Beendigung, 1994, S. 35.
[517] *Grundmann*, RabelsZ 61 [1997], 423 (444 ff.) bezeichnet dies als Methodenpluralismus.
[518] *Thüsing*, Wertende Schadensberechnung, 2001, S. 349; *v. Hoff*, Das Verbot der Altersdiskriminierung, 2009, S. 42.
[519] Dazu *Stöhr*, Rechtstheorie 2014, 159 (188 f.); sowie unten E) I. 1. b) cc) (2).

§ 5 Befugnis, Pflicht und Grenzen zum Schutz kleiner Unternehmen 203

da diese gar nicht in Vollständigkeit angestrebt wird. Das verfassungsrechtliche Wesentlichkeitsgebot wird durch effizienzorientierte Auslegung ebenfalls nicht per se verletzt, da diese methodologisch von vornherein nur zulässig ist, soweit der Gesetzgeber Interpretationsspielräume und Gesetzeslücken belässt.[520] Da sie den Aspekt der Verteilungsgerechtigkeit außer Acht lässt,[521] ist freilich eine ausschließliche Effizienzorientierung mit Blick auf das Sozialstaatsprinzip (Art. 20 Abs. 1 GG) abzulehnen,[522] wonach der Staat für einen Ausgleich der sozialen Gegensätze und damit für eine gerechte Sozialordnung sorgen muss.[523] Wohlstand kann *ein* Mittel sein, legitime Ziele zu realisieren, und bietet *einen* Maßstab, an dem sich die Gerichte orientieren können.[524]

bb) Spezifisch arbeitsrechtliche Kriterien

Wolfgang Däubler hat neben der Effizienz einige spezifisch arbeitsrechtliche Bewertungskriterien aufgezeigt.[525] An erster Stelle steht dabei der Arbeitnehmerschutz als zentrale Funktion des Arbeitsrechts.[526] Arbeitnehmerschützende Vorschriften wie Entgeltfortzahlung, Urlaub, Teilzeit und Kündigungsschutz wirken sich regelmäßig auch betriebswirtschaftlich aus. So kann die Prävention durch Betriebsärzte den Krankenstand senken, Urlaub, Teilzeitarbeit und Arbeitsplatzsicherheit die Arbeitsmotivation und damit die Produktivität erhöhen.[527] Neben dieser ökonomischen Dimension sind diese Vorschriften zugleich Teil der Sozialstaatlichkeit. Im Rahmen der Folgenbewertung ist bei arbeitnehmerschützenden Maßnahmen zu berücksichtigen, dass sie sich regelmäßig nur zugunsten der Beschäftigten auswirken und sich nicht auf die Arbeitssuchenden beziehen. Daher können sie sich für die geschützten Personen im Ergebnis nachteilig auswirken, wenn sie nämlich für den Arbeitgeber Anreize schaffen, auf ihre Einstellung zu verzichten. Es wurde bereits oben dargelegt, dass z.B. der Zuschuss zum Mutterschaftsgeld gem. § 14 MuSchG oder die strenge Handhabung des Transparenzgebots die Arbeitgeber davon abhalten können, junge Frauen einzustellen bzw. flexible Sonderzahlungen zu leisten.[528] Solche Anreize dürfen bei der Be-

---

[520] Dazu eingehend unten unter III. 2. c) aa).
[521] Zum Verhältnis zwischen Effizienz und Verteilungsgerechtigkeit *Eidenmüller* a.a.O, S. 273 ff.; *Lieth*, Ökonomische Analyse des Rechts und Methodenlehre, 2007, S. 47 ff.; *Martini*, Der Markt als Instrument hoheitlicher Verteilungslenkung, 2008, S. 239 f.; *Polinsky*, An Introduction to Law and Economics, 4th edition 2011, S. 7 ff.
[522] Vgl. *Deckert*, Rechtstheorie 1995, 117 (128 ff.); *Eidenmüller*, Effizienz als Rechtsprinzip, 4. Aufl. 2015, S. 321, 455; *Lieth*, Ökonomische Analyse des Rechts und Methodenlehre, 2007, S. 125; *Ott/Schäfer*, JZ 1988, 213 (215); *Taupitz*, AcP 196 [1996], 127 (135 f.).
[523] BVerfGE 22, 180 (204); BVerfGE 69, 272 (314).
[524] *Thüsing*, Wertende Schadensberechnung, 2001, S. 345 f.
[525] *Däubler*, in: Rieble/Junker, Folgenabschätzung im Arbeitsrecht, 2007, S. 38 (47 ff.).
[526] Zur Funktion des Arbeitsrechts eingehend unten § 6 A).
[527] *Däubler*, in: Rieble/Junker, Folgenabschätzung im Arbeitsrecht, 2007, S. 38 (47); speziell zur Teilzeitarbeit *Stöhr*, ZfA 2015, 167 (187 ff.).
[528] Siehe oben unter I. 2. b) bb) (1).

wertung der Folgen von arbeitnehmerschützenden Gesetzen bzw. Gerichtsentscheidungen nicht ausgeblendet werden.

Als weiteres Kriterium nennt *Däubler* den Gedanken der Partizipation, der seinen Niederschlag in der Arbeitnehmermitbestimmung findet.[529] Auch diese hat erhebliche, wenngleich im Einzelnen umstrittene Auswirkungen auf die Ertragslage des Unternehmens.[530] Interessanterweise hat eine Studie ergeben, dass Niederlassungen deutscher Unternehmen in Großbritannien den Arbeitnehmern mehr Beteiligungsmöglichkeiten einräumen als nach englischem Recht gefordert wird.[531] Umgekehrt wird noch gezeigt, dass (betriebsverfassungsrechtliche) Schwellenwerte Anreize schaffen können, diese durch Verzicht auf die Einstellung weiterer Arbeitnehmer gezielt zu unterschreiten.[532] Damit zeigt sich auch hier, dass sich arbeitnehmerschützende Vorschriften zulasten der Arbeitsuchenden auswirken können.

Ein drittes Kriterium sieht *Däubler* in der Entscheidungsfreiheit des Einzelnen. So soll ein modernes Arbeitsrecht auch gewährleisten, dass die Individuen Spielräume und Handlungsoptionen haben.[533] Die Interessen der Arbeitnehmer an einer Flexibilisierung der Arbeitsbindungen sind allerdings sehr komplex, da letztlich die Gesamtbreite menschlicher Bedürfnisse zum Tragen kommt.[534] In arbeitssoziologischer Hinsicht lassen sich diese Interessen den sog. hedonistischen Ansprüchen, die nicht unmittelbar arbeitsbezogen sind, zuordnen.[535] Diese Ansprüche sind bei den verschiedenen Arbeitnehmern unterschiedlich stark ausgeprägt, haben jedoch im Laufe der Zeit stark an Bedeutung gewonnen. Während früher die existenziellen Bedürfnisse wie die Sicherung des Unterhalts im Vordergrund standen und empirische Untersuchungen aus dem Jahr 2000 noch keinen Zuwachs hedonistischer Werte in der Bevölkerung ergeben haben,[536] dürfte inzwischen ein Trendwechsel eingetreten sein. Dies beruht zu einem nicht geringen Teil auf dem gewandelten Verständnis von Arbeitsbedingungen und der Vereinbarkeit mit dem Privatleben, wonach in der Wohlstandsgesellschaft immer größerer Wert auf Freizeit gelegt wird.[537] Heute wird zumeist

---

[529] *Däubler*, in: Rieble/Junker, Folgenabschätzung im Arbeitsrecht, 2007, S. 38 (48 f.).
[530] Dazu eingehend *Thannisch*, AuR 2006, 81, der im Ergebnis positive Auswirkungen auf Produktivität und Innovationskraft annimmt; *Dilger*, in: Rodi, Recht und Wirkung, 2002, S. 185 (187 ff.).
[531] *Heise et al*, Unternehmerische Performanz deutscher Tochterunternehmen in Großbritannien, WSI-Mitteilungen 7/2005, S. 362–367.
[532] Siehe unten § 7 B).
[533] *Däubler*, in: Rieble/Junker, Folgenabschätzung im Arbeitsrecht, 2007, S. 38 (49).
[534] *Stöhr*, ZfA 2015, 167 (177 ff.).
[535] *Stöhr*, ZfA 2015, 167 (176).
[536] Dazu *Schneider*, Veränderungen von Arbeits- und Umwelteinstellungen im internationalen Vergleich, WZB Papers P00–50 (2000).
[537] *Bund*, DIE ZEIT v. 13.6.2013, S. 21; *Junker*, Grundkurs Arbeitsrecht, 17. Aufl. 2018, Rn. 1.

angenommen, dass die 1980 Geborenen – auch „Generation Y" genannt – ein neues Verständnis von Freizeit und Beruf haben. Für sie würden die Grenzen zusehends verschwimmen, indem sie nach Feierabend Arbeitsmails lesen, dafür aber im Büro Facebook nutzen und auch mal um vier Uhr gehen wollen, um im Café weiterzuarbeiten.[538] Einen nicht unerheblichen Beitrag zu dieser Entwicklung dürften die sozialen Netzwerke geleistet haben, die inzwischen auch das Arbeitsleben durchdringen.[539]

Auch wenn hedonistischen Typen mitunter eine geringe Arbeitsmotivation nachgesagt wird und eine erhöhte Gefahr opportunistischen Verhaltens gesehen wird,[540] können hedonistische Ansprüche im Hinblick auf das Persönlichkeitsrecht und die allgemeine Handlungsfreiheit (Art. 1 Abs. 1, 2 GG) keineswegs rechtlich missbilligt werden. Nach der Rechtsprechung des Bundesverfassungsgerichts wird in den Grenzen des Art. 2 Abs. 1 GG jedes menschliche Verhalten geschützt, ohne Rücksicht darauf, ob es unter sozialethischen Gesichtspunkten wertvoll ist oder ob es sich lediglich als Ausdruck personaler Willkür darstellt.[541] Danach sind auch „banale" Interessen wie z.B. am Reiten im Walde[542] oder gar am Rausch[543] grundrechtlich geschützt. Indessen sind nicht alle menschlichen Interessen gleichermaßen schutzwürdig. Die grundrechtliche Systematik mit ihrer Unterscheidung zwischen beschränkten und vorbehaltlos gewährleisteten Freiheiten zeigt vielmehr, dass die Verfassung den einzelnen Interessen unterschiedliche Bedeutung beimisst. So ist das Interesse an Glauben und Gewissen (Art. 4 GG) oder an Ehe und Familie (Art. 6 GG) schutzwürdiger als das lediglich über die allgemeine Handlungsfreiheit geschützte Interesse, sich zu betrinken. Auf die Interessen der Arbeitnehmer an Flexibilität übertragen bedeutet dies, dass eine Abstufung nach der Schutzwürdigkeit der jeweils dahinterstehenden Interessen möglich und geboten ist.[544] Dies gilt somit auch, wenn die Entscheidungsfreiheit des Einzelnen als Bewertungskriterium im Rahmen der Folgenorientierung herangezogen wird.

---

[538] *Bund*, DIE ZEIT v. 13.6.2013, S. 21; vgl. auch *Rudow*, Die gesunde Arbeit, 3. Aufl. 2014, S. 48: „Weitgehende Aufhebung der Grenze von Arbeitszeit und Freizeit".
[539] Zur Bedeutung von sozialen Netzwerken für das Verhalten von Arbeitnehmern siehe *Stöhr*, Der Einfluss des Internets auf das Zivilrecht, in: Kurzbein et al., Metamorphose des Zivilrechts, 2014, S. 112 ff.
[540] *Dietz*, Der Arbeitsmarkt in institutionentheoretischer Perspektive, 2006, S. 72.
[541] BVerfGE 54, 143 (146); BVerfGE 80, 137 (152 f.).
[542] BVerfGE 80, 137 (152 f.), a.A. das Sondervotum des Verfassungsrichters *Grimm*, BVerfGE 80, 138 (164 ff.).
[543] BVerfGE 90, 145 (152).
[544] *Stöhr*, ZfA 2015, 167 (178).

c) Rechtsmethodische Realisierbarkeit

aa) Möglichkeiten und Grenzen der juristischen Methodenlehre

Es wurde bereits im Rahmen der verfassungsorientierten Auslegung darauf hingewiesen, dass gesetzliche Vorschriften häufig auslegungsbedürftig sind und das Instrumentarium der traditionellen Methodenlehre einen beachtlichen Interpretationsspielraum eröffnet.[545] Zunächst ist festzuhalten, dass die ökonomischen Zusammenhänge – hier also die spezifischen Schwächen und volkswirtschaftlichen Auswirkungen von kleinen Unternehmen – im Rahmen der Gesetzesauslegung prinzipiell berücksichtigt werden können. Dies gilt nicht nur für die Strukturierende Rechtslehre, die eine „Normbereichsanalyse als wesentlichen Faktor juristischer Entscheidung" begreift, also rechtlich relevante Tatsachen „empirisch zu ermitteln und mit den Elementen der Normtextauslegung rational, d.h. [...] systematisch" zu verbinden versucht.[546] Aber auch nach dem noch herrschenden Verständnis von der Rechtsmethodik, das so weit nicht geht, ist es „jedenfalls im Ergebnis nahezu unbestritten", dass Wirklichkeitserkenntnis „in der Rechtswissenschaft insgesamt wie auch und gerade in deren dogmatischem Zweig ihren festen Platz einnimmt".[547] Danach können ökonomische Zusammenhänge in rechtstheoretischer Hinsicht jedenfalls insoweit herangezogen werden, als sie normative Bewertungen nicht ersetzen, sondern empirisch unterfüttern sollen.[548]

Welchen Stellenwert ökonomische Argumente sodann bei der Auslegung und Fortbildung des Rechts haben können, ist in dieser Allgemeinheit noch nicht geklärt. Nachdem oben die prinzipielle verfassungsrechtliche Legitimität einer ökonomisch orientierten Rechtsanwendung dargelegt wurde, werden im Folgenden die Möglichkeiten und Grenzen behandelt, welche die juristische Methodenlehre im Hinblick auf ökonomisch orientierte Argumente vorgibt. Zutreffend lassen sich folgenorientierte Argumente im Allgemeinen und ökonomische Argumente im Besonderen in die herkömmlichen Auslegungsmethoden einordnen.[549] Einige Autoren sehen ihr breitestes Wirkungsfeld im Rahmen der teleologischen Auslegung: Ökonomische Erwägungen sind für die Auslegung fruchtbar zu machen, wenn sie sich dem Willen des Gesetzgebers bzw. dem Sinn

---

[545] Siehe oben unter C) V.
[546] *Müller/Christensen*, Juristische Methodik I, 2013, Rn. 482 f.; dazu *Hamann*, Evidenzbasierte Jurisprudenz, 2014, S. 14.
[547] *Gusy*, JZ 1991, 213; *Schneider/Teitelbaum*, Utah Law Review 2006, 53 (57); dazu *Hamann*, Evidenzbasierte Jurisprudenz, 2014, S. 14.
[548] *Schneider/Teitelbaum*, Utah Law Review 2006, 53 (68); *Hamann*, Evidenzbasierte Jurisprudenz, 2014, S. 14 f.
[549] *Janson*, Ökonomische Theorie im Recht, 2004, S. 144 ff.; *Taupitz*, AcP 196 [1996], 114 (127 f., 136); *Thüsing*, Wertende Schadensberechnung, 2001, S. 349; umfassend dazu *Lieth*, Ökonomische Analyse des Rechts und Methodenlehre, 2007.

§ 5 Befugnis, Pflicht und Grenzen zum Schutz kleiner Unternehmen   207

und Zweck der angewandten Norm entnehmen lassen.[550] Der Zweck einer Norm bestimmt sich nach überwiegender Ansicht nicht allein durch den historischen Willen des Gesetzgebers, sondern nach dem heute rechtlich maßgeblichen Sinn des Gesetzes.[551] Dieser wird häufig wirtschaftliche Folgenabschätzungen fordern oder zumindest zulassen.[552] Die Teleologie nutzt alle Auslegungsspielräume, um – vor allem auf der Rechtsfolgenseite – Folgenargumente einzubringen.[553] *Gregor Thüsing* hält es für unwahrscheinlich, dass

„heute ein Gesetzgeber eine primär wirtschaftliche Regelung trifft, ohne aber auch auf die wirtschaftlichen Folgen achten zu wollen, eine Regelung demnach gänzlich ohne Rücksicht auf den wohlstandsmehrenden oder -mindernden Einfluss treffen wollte.[554]

Eine präzisere Einordnung gelingt durch die bereits eingangs erwähnte argumentationstheoretische Unterscheidung zwischen Autoritätsargumenten und Sachargumenten.[555] Ökonomisch orientierte Argumente fallen damit als folgenorientierte Argumente in die letztere Kategorie. Lehnt man eine bestimmte Interpretation unter Hinweis auf daraus erwachsende unerwünschte Folgen – etwa unbillige Belastungen für kleinen Unternehmen oder Fehlanreize – ab, liegt gewissermaßen eine ökonomische Ausprägung des argumentum ad absurdum vor, bei welchem aus der offenbaren Unrichtigkeit des Ergebnisses auf die Unrichtigkeit des Ausgangspunktes geschlossen wird.[556] Allerdings scheint ein kodifiziertes Rechtssystem primär auf autoritätsorientierte Argumentation ausgerichtet zu sein, sodass Möglichkeit und Grenzen von Sachargumenten bis heute nicht abschließend geklärt sind.[557] Eine umfassende Erörterung dieser Frage ist an dieser Stelle nicht möglich. Zutreffend werden Sachargumente durch zwingende Autoritätsargumente wie z.B. einen eindeutigen Wortlaut oder Willen des Gesetzgebers begrenzt. Eine ökonomisch orientierte Argumentation ist aber jedenfalls dann zulässig, wenn zwingende Autoritätsargumente nicht entgegenstehen oder gar nicht erst möglich sind. Da sowohl Autoritätsargumente als auch öko-

---

[550] *Frank*, in: Riesenhuber, Europäische Methodenlehre, 3. Aufl. 2015, § 5 Rn. 1; *Taupitz*, AcP 196 [1996], 114 (136); *Karpen*, in: Rieble/Junker, Folgenabschätzung im Arbeitsrecht, 2007, S. 14 (29 f.); insoweit auch *Eidenmüller*, Effizienz als Rechtsprinzip, 4. Aufl. 2015, S. 452.
[551] *Larenz*, Methodenlehre der Rechtswissenschaft, 6. Ufl. 1991, S. 318 f.; *v. Hoff*, Das Verbot der Altersdiskriminierung, 2009, S. 41; vgl. auch EuGH NJW 1993, 1257 (1258): „Schließlich ist jede Vorschrift des Gemeinschaftsrechts […] im Lichte […] seiner Ziele und seines Entwicklungsstands zur Zeit der Anwendung der betreffenden Vorschrift auszulegen."
[552] *Karpen*, in: Rieble/Junker, Folgenabschätzung im Arbeitsrecht, 2007, S. 14 (29); *v. Hoff*, Das Verbot der Altersdiskriminierung, 2009, S. 41.
[553] *Karpen*, in: Rieble/Junker, Folgenabschätzung im Arbeitsrecht, 2007, S. 14 (30).
[554] *Thüsing*, Wertende Schadensberechnung, 2001, S. 349.
[555] Siehe oben A).
[556] Zum argumentum ad absurdum *Schneider/Schnapp*, Logik für Juristen, 6. Aufl. 2006, S. 182 ff.
[557] *Neumann*, in: Kaufmann/Hassemer/Neumann, Einführung in die Rechtsphilosophie und Rechtstheorie der Gegenwart, 8. Aufl. 2011, S. 337 f.

nomische Gesichtspunkte im Einzelfall durchaus verschiedene Ergebnisse stützen können,[558] lässt sich der relevante Bereich als Schnittmenge zweier Kreise begreifen. In dem Kreisdiagramm stellt sich dies wie folgt dar:

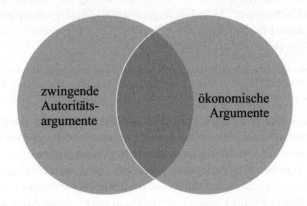

Abbildung 5: Methodische Zulässigkeit ökonomischer Argumente

Besondere Bedeutung kommt ökonomischen Argumenten daher bei Generalklauseln und unbestimmten Rechtsbegriffen zu, die naturgemäß einen weiten Argumentationsspielraum belassen.[559] Hinsichtlich der Folgewirkungen der Rechtsanwendung müssen die Gerichte zudem die Einschätzungsprärogative des Gesetzgebers beachten. In diesem Rahmen und innerhalb der verfassungsrechtlichen Grenzen können sie jedoch die möglichen oder wahrscheinlichen Effekte ihrer Entscheidung auf die Privatrechtssubjekte berücksichtigen.[560] *Stefan Grundmann* plädiert dafür, ökonomisch orientierte Argumente prinzipiell gleichrangig mit rechtsethischen Wertungen zu behandeln: „Der Vorrang der einen oder anderen Methode […] muss jeweils aus der konkreten Norm und den diesbezüglichen gesetzgeberischen Wertungen hergeleitet werden".[561] Lässt sich dabei keine Rangfolge feststellen, ist eine „praktische Konkordanz" zwischen den beiden methodologischen Ansätzen herzustellen.[562] Eine Differenzierung nach der Unternehmensgröße dergestalt, dass in gesetzliche Vorschriften Schwellenwerte ohne nähere Anhaltspunkte hineingelesen werden und die Vorschrift unterhalb dieser Schwelle nicht angewandt wird, ist ebenso wie bei der verfassungs-

---

[558] Zum Spielraum des Gerechtigkeitskriteriums unten V. 1. b), 3. a).
[559] Ebenso *Ott/Schäfer*, JZ 1988, 213 (214); *Taupitz*, AcP 196 [1996], 114 (136).
[560] *Arnold*, Vertrag und Verteilung, 2014, S. 282.
[561] *Grundmann*, RabelsZ 61 [1997], 442 (444).
[562] *Grundmann*, RabelsZ 61 [1997], 442 (450); kritisch dazu *v. Hoff*, Das Verbot der Altersdiskriminierung, 2009, S. 42, der die angewandte Methode vom Normzweck abhängig machen will.

orientierten Auslegung ausgeschlossen. Über den Anwendungsbereich einer Norm kann nur der Gesetzgeber selbst befinden. Die Derogation eines Gesetzes aus ökonomischen Gründen in Anlehnung an die Radbruchsche Formel ist nicht möglich, da ökonomischen Zielen keine vergleichbare Bedeutung zukommt wie der Gerechtigkeit, auf welche die Rechtsprechung nach Art. 20 Abs. 3 GG neben dem Gesetz verpflichtet ist. Ein größerer Spielraum für ökonomisch orientierte Argumentation besteht im Rahmen der richterlichen Rechtsfortbildung. In diesem Zusammenhang befürworten viele Autoren, die juristische Entscheidung wegen der Nähe zur gesetzgeberischen Tätigkeit von ihren Auswirkungen in der Wirklichkeit abhängig zu machen.[563]

Der ökonomischen Argumentation sollte – ebenso übrigens wie bei gerechtigkeitsgeleiteter Argumentation – kein transzendentaler, sondern ein vergleichender Ansatz zugrunde gelegt werden.[564] Anzustreben ist daher keine generell effiziente Ressourcenallokation oder gar eine „gute Wirtschaft bzw. Gesellschaft", was mit den beschränkten Mitteln der Rechtsanwendung ohnehin nicht realisierbar wäre. *Rieble* bezeichnet es mit Recht als vermessen, aus einzelnen Normen Folgen für Wirtschaft und Gesellschaft als Ganzes herzuleiten.[565] Vielmehr sind die im Rahmen der juristischen Methodenlehre vertretbaren Ergebnisse daraufhin zu vergleichen, welches davon die effizienteste Ressourcenallokation bewirkt oder allgemein ökonomisch am sinnvollsten ist.

bb) Stichhaltigkeit von ökonomischen Argumenten

Nach *Eidenmüller* sollen sich die Gerichte mit ökonomisch geleiteter Argumentation zurückhalten. Eine effizienzorientierte Auslegung sei nur geboten, wenn die Regelung ihrerseits dem Effizienzziel dient.[566] Ein Beispiel dafür sei die Gefährdungshaftung des Anlageninhabers nach § 1 UmweltHG.[567] In diesen Fällen ist die effizienzorientierte Argumentation ohne weiteres stichhaltig, weil sie deckungsgleich mit der teleologischen Auslegung ist. Bei anderen Normen, deren Wortlaut und Zweck ökonomisch geleitete Argumente zwar nicht fordern, aber auch nicht ausschließen, solle eine effizienzorientierte Rechtsanwendung hingegen nur erfolgen, wenn sie „wünschenswert" ist. Dies begründet *Eidenmüller* mit der eingeschränkten institutionellen Legitimation und Kompetenz sowie mit dem bereits erwähnten Befund, dass die Gerichte zumeist keine hinreichende Kenntnis über die Grenzkosten und den Grenznutzen haben.[568]

---

[563] *Wälde*, Juristische Folgenorientierung, 1979; eingehend *Deckert*, Folgenorientierung in der Rechtsanwendung, München 1995.
[564] So zur gerechtigkeitsgeleiteten Argumentation *Stöhr*, Rechtstheorie 2014, 159 (188 f.) sowie unten E) I. 2. b).
[565] Vgl. *Rieble*, in: ders./Junker, Folgenabschätzung im Arbeitsrecht, 2007, S. 53 (64).
[566] *Eidenmüller*, Effizienz als Rechtsprinzip, 4. Aufl. 2015, S. 452.
[567] *Eidenmüller*, Effizienz als Rechtsprinzip, 4. Aufl. 2015, S. 458
[568] *Eidenmüller*, Effizienz als Rechtsprinzip, 4. Aufl. 2015.

Diese pauschale Zurückhaltung überzeugt jedoch nicht. Eine vollständige Tatsachenkenntnis des Gerichts ist für eine effizienzorientierte Auslegung zwar im Optimalfall gegeben, aber nicht zwingend erforderlich. Die Entscheidung, Kosten und Nutzen gänzlich zu ignorieren, ist nämlich auch nicht „wünschenswerter" als eine möglicherweise fehlerhafte Kosten-Nutzen-Analyse aufgrund nicht hinreichend genauer Tatsachenkenntnis.[569] Die Tatsachenkenntnis der Gerichte ist ohnehin nicht fest vorgegeben, da die entsprechenden Informationen bei regelmäßiger Anwendung des ökonomischen Arguments im Parteivorbringen einen höheren Stellenwert erhalten werden.[570] Richter können verschiedene Hilfestellungen bekommen, etwa durch Fachleute, Sachverständige, Industrie- und Handelskammern oder speziell bei Arbeitsgerichten durch Arbeitgeberverbände und Gewerkschaften;[571] bei Beweisbedürftigkeit ist ein – freilich von den Parteien zu beantragender – Sachverständigenbeweis nach § 144 ZPO möglich.[572] Im Übrigen haben Richter häufig durchaus eigenes Erfahrungswissen, dass sie durchaus zur Folgenabschätzung und -bewertung befähigt. Dies gilt insbesondere, wenn – wie bei der Arbeitsgerichtsbarkeit – eine Konzentration auf ein bestimmtes Rechtsgebiet erfolgt; die in der Praxis leider verbreitete Rotation der Richter innerhalb zahlreicher Rechtsgebiete verhindert die Entstehung eines solchen Fachwissens weitgehend.[573] Insgesamt nimmt die Stichhaltigkeit von ökonomischen Argumenten zu, wenn sie mit Daten aus Primär- oder Sekundärquellen unterlegt werden.[574] Auf deren Grundlage könnten dann auch Schlussfolgerungen mit gesundem Menschenverstand gezogen werden. Auf ein eigenes Erfahrungswissen hat sich z.B. das Bundesarbeitsgericht in einer Entscheidung vom 17.1.1980 berufen, wonach § 613a BGB nicht auf einen Erwerb in der Insolvenz anwendbar ist, weil der Übergang der Altschulden sich über die Vertragsverhandlungen auf den Kaufpreis auswirkt:

„Dem Senat sind aus seiner Rechtsprechung Fälle bekannt, in denen Betriebsveräußerungen an den haftungsrechtlichen Folgen des § 613 a BGB gescheitert sind, Vor- und Nachteile der Belegschaftsübernahme also nicht ausgeglichen waren. Im Übrigen ist immer wieder zu beobachten, das die Praxis Wege findet, die benötigten Fachkräfte eines stillgelegten Betriebes an sich zu ziehen, ohne die gesamte Belegschaft im Rahmen des § 613 a BGB übernehmen zu müssen. Auch das wirkt sich auf den Kaufentschluss und damit auf den Kaufpreis aus."[575]

---

[569] *v. Hoff,* Das Verbot der Altersdiskriminierung, 2009, S. 38.
[570] *v. Hoff,* Das Verbot der Altersdiskriminierung, 2009, S. 39.
[571] *Karpen,* in: Rieble/Junker, Folgenabschätzung im Arbeitsrecht, 2007, S. 14 (33); *v. Hoff,* Das Verbot der Altersdiskriminierung, 2009, S. 39. Konkret zur Einschaltung von Sachverständigen nach § 144 ZPO *Däubler,* in: Rieble/Junker a.a.O. S. 38 (44 f.).
[572] *Däubler,* in: Rieble/Junker, Folgenabschätzung im Arbeitsrecht, 2007, S. 38 (44).
[573] *Däubler,* in: Rieble/Junker, Folgenabschätzung im Arbeitsrecht, 2007, S. 38 (44).
[574] Vgl. *Karpen,* in: Rieble/Junker, Folgenabschätzung im Arbeitsrecht, 2007, S. 14 (31).
[575] BAG NJW 1980, 1124 (1126).

§ 5 Befugnis, Pflicht und Grenzen zum Schutz kleiner Unternehmen 211

Für die hiesige Untersuchung sind vor allem besondere Belastungen einer bestimmten Auslegung für kleine Unternehmen von Interesse. Dabei wird es regelmäßig um Belastungen unterhalb der Schwelle der Verfassungswidrigkeit gehen, da Belastungen oberhalb dieser Schwelle bereits ein – wesentlich stärkeres – verfassungsrechtliches Argument bilden.[576] Als Beispiel dafür kann die bereits erwähnte Rechtsprechung des Europäischen Gerichtshofs und nun auch des Bundesarbeitsgerichts dienen, wonach bereits erworbene Urlaubsansprüche aus einer Vollzeitbeschäftigung bei einem Wechsel in eine Teilzeitbeschäftigung – anders als nach der überzeugenden früheren Rechtsprechung des Bundesarbeitsgerichts[577] – nicht gekürzt werden dürfen, wenn der Arbeitnehmer diesen Urlaub nicht in Anspruch nehmen konnte.[578] Hier lässt sich wie gezeigt argumentieren, dass diese Interpretation von Art. 7 Abs. 1 der Richtlinie 2003/88/EG gerade kleine Unternehmen belastet, da durch die Reduzierung der Arbeitszeit erhebliche Urlaubsabwesenheitszeiten bis zu einem ganzen Jahr entstehen können, die durch das Unternehmen aufgefangen werden müssen.[579] Ebenso kann auf Ineffizienzen oder Fehlanreize einer bestimmten Auslegung im Hinblick auf kleine Unternehmen abgestellt werden.

Vertretbar sind ökonomisch orientierte Argumente jedenfalls, wenn die in Bezug genommenen Zusammenhänge in der ökonomischen Fachliteratur vertreten werden. Zitiert man fremde empirische Arbeiten zur Unterfütterung seiner Argumentation, nimmt man gewissermaßen die Rolle eines Nutzers (user) ein.[580] Diese sollte im Vergleich zur Rolle des Machers (doer), der empirische Methoden in der eigenen Forschung einsetzt,[581] auch von Richtern ohne Ausbildung in der empirischen Methodik geleistet werden können. Dabei ist die Überzeugungskraft umso stärker, je anerkannter diese Zusammenhänge sind. Sind sie innerhalb der ökonomischen Fachliteratur umstritten, sind die ökonomisch orientierte Argumente auch in rechtlicher Hinsicht nur überzeugend, wenn die vertretenen ökonomischen Ansichten dargestellt und unter Angabe von Quellen gewürdigt werden. Dies geschieht bislang höchst selten. Generell ist bei der Fruchtbarmachung von Erkenntnissen aus anderen Disziplinen für die Rechts-

---

[576] Siehe oben C) II.
[577] BAG NZA 1999, 156.
[578] EuGH Slg. 2010, I-3527 – Zentralbetriebsrat der Landeskrankenhäuser Tirols; EuGH NZA 2013, 775 – *Brandes*; ebenso nun BAG NZA 2015, 1005.
[579] Siehe oben C) II. 1. b) bb) (1).
[580] So die pointierte Bezeichnung von *Diamond*, University of Illinois Law Review 2002, 803 (809).
[581] *Diamond*, University of Illinois Law Review 2002, 803 (808 f.). Zur eigenen empirischen Forschung von Juristen siehe die warnenden Worte von *Schuck*, Journal of Legal Education 39 [1989], 323 (333): „empirical work requires more than the analytical skills that are so highly prized on law school faculties"; sowie *Neumann/Krieger*, Clinical Law Review 10 [2003], 349 (390): „Without that background, we are apt to make methodological errors with some – but not all – empirical research methods."

anwendung darauf zu achten, dass die eigentliche Problemstellung – hier die Bestimmung und Bewertung der Folgen für kleine Unternehmen – im Blick behalten wird und die einschlägige Fachfrage klar und unmissverständlich verwendet wird.[582] Zudem sind die ökonomischen Zusammenhänge differenziert darzustellen und auch etwaige negative externe Effekte zu berücksichtigen, die staatliche Schutzmaßnahmen auslösen können. Zu denken ist hier an den bereits mehrfach erwähnten Abbau von Leistungsanreizen. Stellt man wie im obigen Beispiel auf wirtschaftliche Belastungen ab, steigt die Überzeugungskraft mit deren Plausibilität und Intensität. Da eine gesetzliche Regulierung kleine Unternehmen stets verhältnismäßig stärker trifft als große Unternehmen,[583] ist der bloße Hinweis darauf für sich genommen noch kein stichhaltiges Argument für bzw. gegen eine bestimmte Auslegung. Ein starkes Argument gibt z.B. die einjährige Urlaubsabwesenheitszeit aus dem obigen Beispiel ab. Zu vage wäre außerdem der allgemeine Hinweis, dass eine „KMU-freundliche" Rechtsanwendung wegen der wirtschaftlichen Bedeutung von kleinen Unternehmen generell erstrebenswert wäre. Vergleichbar ist dies mit der allgemeinen Berufung auf die Gerechtigkeit, ohne dies rechtsphilosophisch zu substantiieren, wobei die Gerechtigkeit – im Gegensatz zu ökonomischen Zielen – immerhin ein unbestrittenes Ziel der Rechtsanwendung ist. Ebenso vage wäre ein empirisch nicht näher belegter Hinweis darauf, dass eine „KMU-freundliche" Rechtsanwendung Anreize zur Neugründung sowie zur Übernahme eines kleinen Unternehmens als Nachfolger schaffen würde. Dieser Gesichtspunkt dürfte bei der Entscheidung des Gründungs- bzw. Übernahmeinteressenten von untergeordneter Bedeutung sein, da es stärkere Faktoren – insbesondere das unternehmerische Risiko und andere Nachteile der Selbständigkeit – gibt. Dieses Argument wäre erst überzeugend, wenn sich positive Auswirkungen einer „KMU-freundlichen" Rechtsanwendung auf die Gründungs- bzw. Übernahmeentscheidung empirisch nachweisen lassen.

Eine andere Frage ist, inwieweit die ökonomischen Erwägungen, die für die Entscheidung leitend waren, in der Urteilsbegründung auch tatsächlich offen gelegt werden. *Posner* hat dargelegt, dass sich ökonomische Erwägungen in common-law-basierten Entscheidungen häufig hinter anderen Formulierungen verbergen:

„Few judicial opinions contain explicit references to economic concepts. But often the true grounds of legal decision are concealed rather than illuminated by the characteristic rhetoric of opinions."[584]

---

[582] So *Hilgendorf*, JZ 2010, 913 (921 f.) zu den Voraussetzungen gelingender Interdisziplinarität.
[583] Siehe oben § 3 I. 1. b) aa) (2).
[584] *Posner*, Economic Analysis of Law, 8th Edition, 2011, S. 31.

§ 5 Befugnis, Pflicht und Grenzen zum Schutz kleiner Unternehmen

Ein Beispiel dafür könnten die zitierten Entscheidungen des Europäischen Gerichtshofs sein, worin er den Schlussanträgen der Generalanwälte, die mit den ökonomischen Zusammenhängen im Hinblick auf kleine Unternehmen begründet waren, im Ergebnis gefolgt ist, ohne die Begründung aufzugreifen.[585] In der US-amerikanischen Juristenausbildung werden Studierende gezielt darin geschult, unter der rhetorischen Fassade der Urteilsbegründungen zu forschen und die tatsächlich tragenden Erwägungen der Entscheidung zu ergründen, die häufig ökonomischen Charakter haben.[586] In diesem Abschnitt wurde herausgearbeitet, inwieweit sich Gerichtsentscheidungen in ökonomischer Hinsicht auf den Schutz von kleinen Unternehmen stützen lassen. Damit soll zugleich dazu angeleitet werden, diese Erwägungen in Gerichtsentscheidungen zu erkennen und sie auf ihre rechtliche Plausibilität zu überprüfen. Legt das Gericht die ökonomischen Erwägungen nicht offen, ist die Entscheidung insoweit weniger angreifbar, sofern diese Erwägungen – etwa die Auswirkungen einer Rechtsauffassung auf kleine Unternehmen – oder auch eine ökonomische Herangehensweise im Allgemeinen nicht auf Akzeptanz stoßen. Sie dienen dann lediglich als interne Leitlinie des Richters, entfalten aber keine Steuerungswirkung, die eigentlich ein Ziel der Folgenorientierung darstellt.

cc) Gerichtliche Nachprüfbarkeit

Eine weitere Frage ist, inwieweit eine schwach fundierte, also nach den obigen Maßstäben nicht stichhaltige ökonomische Argumentation einen revisiblen Rechtsfehler i.S.v. § 545 Abs. 1, 546 ZPO darstellt. Nach § 546 ZPO ist das Recht verletzt, wenn eine Rechtsnorm nicht oder nicht richtig angewendet worden ist. Dies ist jedenfalls zu bejahen, wenn die dargestellten methodischen Grenzen überschritten werden, also z.B. ein eindeutiger Wortlaut oder klar dokumentierter Sinn und Zweck des Gesetzes mit ökonomischen Erwägungen überspielt werden. Ebenso sind die rechtlichen Schlussfolgerungen revisibel, die auf die ökonomischen Zusammenhänge gestützt werden. Verfehlt wäre es z.B., einen Schutz von kleinen Unternehmen um jeden Preis zu postulieren und auf dieser Grundlage einen uneingeschränkten Vorrang gegenüber den Interessen von Arbeitnehmern, Verbrauchern und Großunternehmen anzunehmen.[587]

Schwieriger zu beurteilen ist die Feststellung der ökonomischen Zusammenhänge von kleinen Unternehmen. Deren Revisibilität hängt davon ab, ob dies eine Rechtsfrage oder eine Tatfrage ist. Nach traditionellem Verständnis betreffen Rechtsfragen die rechtliche Würdigung des Sachverhalts, Tatfragen die Feststellung der zugrundeliegenden Tatsachen.[588] Da die ökonomischen

---

[585] Siehe oben unter B) I.
[586] *Posner*, Economic Analysis of Law, 8th Edition, 2011, S. 31.
[587] Dazu oben unter § 1 C) I. 2.
[588] Vgl. etwa *Larenz*, Methodenlehre der Rechtswissenschaft, 6. Aufl. 1991, S. 294 ff.

Zusammenhänge Tatsachen sind, wäre ihre Feststellung danach eine Tatfrage. Der Bundesgerichtshof nimmt allerdings an, dass die Heranziehung und Interpretation des Gesetzes sowie die Subsumtion des festgestellten Sachverhalts revisible Rechtsfrage, die Feststellung des Sachverhalts selbst hingegen Tatfrage ist, allerdings Rechts- und Tatfrage sich einander wechselseitig beeinflussen und rechtliche Gesichtspunkte auch bei der Feststellung des Sachverhalts relevant sind, sodass keine trennscharfe Unterscheidung möglich ist.[589] Daher stellt der Bundesgerichtshof auf den Zweck der Revision ab, im Allgemeininteresse die Rechtseinheit zu wahren und das Recht fortzubilden, in diesem Zusammenhang aber auch im Parteiinteresse eine gerechte Einzelfallentscheidung herbeizuführen.[590] Revisibel sind daher vor allem Rechtsfragen, die für die zukünftige Entscheidung anderer Fälle eine Leitbildfunktion haben können. Gleichwohl hat das Revisionsgericht auch Rechtsfragen zu prüfen, die nur für die Entscheidung des Einzelfalls von Bedeutung sind, etwa – wenngleich eingeschränkt – die vom Berufungsgericht vorgenommene Beweiswürdigung oder die Auslegung von Willenserklärungen, wobei sich Tat- und Rechtsfrage insoweit überschneiden.[591] Dieser Zweck spricht dafür, die Feststellung der ökonomischen Zusammenhänge von kleinen Unternehmen als revisibele Rechtsfrage zu begreifen, da sie weit über den konkreten Einzelfall hinaus relevant ist und einen Maßstab der Gesetzesauslegung darstellen sollen. Sie sind gewissermaßen eine Tatsache, die alle Fälle gleichermaßen betrifft und zur Wahrung der Rechtseinheit einheitlich berücksichtigt werden müssen.[592] Deshalb sollten sie ebenso wie eine Rechtsfrage von einem Obergericht festgestellt werden dürfen. Daher stellt es richtigerweise einen Rechtsfehler dar, wenn die in Bezug genommenen Zusammenhänge ökonomisch unvertretbar sind, etwa weil sie mit gesicherten wirtschaftswissenschaftlichen Erkenntnissen unvereinbar oder nach gesundem Menschenverstand schlechthin nicht nachvollziehbar sind. Dies gilt insbesondere für die Frage, inwieweit der Schutz von kleinen Unternehmen effizient ist. Würde man die Feststellung der Effizienz als reine Tatfrage begreifen, könnte sie von den Revisionsgerichten kaum beurteilt werden, was ihrem Stellenwert in der ökonomischen Argumentation und ihrer Rolle in der Folgenorientierung der Rechtsanwendung nicht gerecht wird.

Zudem könnten sich die ökonomischen Zusammenhänge als Erfahrungssätze begreifen lassen. Diese sind zwar keine revisibelen Rechtsnormen, werden aber als solche behandelt. Sie sind entweder Hilfsmittel bei der Auslegung des Gesetzes und dann ebenso revisibel wie jenes, oder Rechtssätze für die Wertung von Tatsachen bei der Feststellung des Sachverhalts, und dann als solche nach-

---

[589] Vgl. BGHZ 14, 163 (167); BGHZ 31, 295 (306).
[590] Vgl. BVerfGE 49, 148 (159 f.).
[591] *Krüger*, in: MünchKomm-ZPO, 5. Aufl. 2016, § 546 Rn. 3.
[592] Zur Zulässigkeit dieser Typisierung siehe oben § 2 C) I. 3.

prüfbar.⁵⁹³ Stützt sich der Tatrichter bei der Feststellung von Tatsachen auf einen allgemeinen Erfahrungssatz, so unterliegt dessen allgemeine Anerkennung und Inhalt der vollen Nachprüfung durch das Revisionsgericht.⁵⁹⁴ Insoweit ist zu differenzieren: Allgemein anerkannt dürfte der Gesichtspunkt sein, dass kleine Unternehmen von regulierungsbedingten Belastungen verhältnismäßig härter getroffen werden als größere Unternehmen, da dies mathematisch überprüfbar ist.⁵⁹⁵ Dieser Gesichtspunkt kann daher als Erfahrungssatz zugrunde gelegt werden. Das gleiche dürfte für die volkswirtschaftlichen Vorteile von kleinen Unternehmen gelten, soweit sie den Beitrag zum Wettbewerb betreffen.⁵⁹⁶ Im Übrigen werden die volkswirtschaftlichen Vorteile von kleinen Unternehmen, namentlich ihre Beiträge zum Arbeitsmarkt oder zur Innovation, wie dargestellt kontrovers gesehen,⁵⁹⁷ sodass sie insoweit keine Erfahrungssätze bilden.

IV. Zusammenfassung

Der Schutz von kleinen Unternehmen aus ökonomischen Gründen setzt an einer Folgenorientierung an, in deren Rahmen die Auswirkungen eines Gesetzes bzw. einer Gesetzesinterpretation auf kleine Unternehmen zu bestimmen, zu bewerten und in der Entscheidung zu berücksichtigen sind. Es wurde gezeigt, dass der Schutz von kleinen Unternehmen, namentlich durch größenabhängige Befreiungen, prinzipiell effizient sein kann. Eine (verfassungs-)rechtliche Pflicht hierzu ist nur schwer begründbar. Dies ist einmal mehr der wirtschaftspolitischen Neutralität des Grundgesetzes geschuldet. Jedoch sind Gesetzgeber und Gerichte dazu immerhin befugt, wobei der Gesetzgeber einen weiten Entscheidungsspielraum hat und die Gerichte den Grenzen der juristischen Methodenlehre unterliegen. Am überzeugendsten wird eine solche Argumentation im Rahmen der Rechtsanwendung sein, wenn sie aufzeigt, dass eine konkrete Interpretation zu übermäßigen Belastungen von kleinen Unternehmen führt – relevant sind hier vor allem die Belastungen unterhalb der Schwelle der Verfassungswidrigkeit, da oberhalb dieser Schwelle bereits der verfassungsrechtliche Ansatz greift – oder Ineffizienzen oder Fehlanreize verursachen kann.

---

593 BGH NJW-RR 1993, 653; *Krüger*, in: MünchKomm-ZPO, 5. Aufl. 2016, § 546 Rn. 5.
594 Vgl. BGHZ 2, 6 (9); BGHZ 24, 39 (41); BGH NJW-RR 1993, 653.
595 Dazu oben § 2 B) I. 1. b) aa), 2. a).
596 Dazu oben § 2 B) III. 3. a) cc).
597 Dazu oben § 2 B) III. 3. a) bb), dd), ee).

E) Rechtsphilosophischer Ansatz

Schließlich wird untersucht, inwieweit sich aus rechtsphilosophischen Kriterien das Erfordernis ergibt, kleine Unternehmen zu schützen und ihre Interessen zu wahren. Im Zentrum steht dabei die Gerechtigkeit als klassisches Leitbild des Rechts (unten I). Weiterhin wird auf den Gesichtspunkt der menschlichen Freiheit eingegangen (unten II.).

I. Gerechtigkeit

Zunächst werden die Grundlagen dieses schwer greifbaren Kriteriums behandelt, wobei sowohl die rechtliche Verankerung des Gerechtigkeitsgebots und die Zuständigkeit für seine Verwirklichung (unten 1.a)) als auch der Inhalt des Gerechtigkeitsgebots (unten 1.b)) behandelt werden. Sodann wird seine praktische Umsetzung in der Rechtsanwendung erörtert (unten 2.).

1. Grundlagen

In der rechtsphilosophischen Fundierung des Rechts hat die Gerechtigkeit eine überragende Bedeutung. Ihre Verwirklichung ist seit jeher die zentrale und prägnanteste Aufgabe des Rechts. *Radbruch* definierte das Recht als eine Ordnung, die der Gerechtigkeit zu dienen bestimmt ist.[598] Auch in der heutigen Zeit finden sich zahlreiche Beispiele. So wird die Rechtspflege durch die Justitia als personifizierte Gerechtigkeit symbolisiert; der Begriff „Justiz" ist von dem lateinischen iustitia (= Gerechtigkeit) abgeleitet; und Richter müssen bei ihrer Vereidigung schwören, nur der Wahrheit und Gerechtigkeit zu dienen. Dieser theoretische Stellenwert der Gerechtigkeit steht in scharfem Kontrast zu ihrer Bedeutung in der praktischen Rechtsanwendung. In der alltäglichen juristischen Arbeit ist das Ziel, Gerechtigkeit zu erreichen, von untergeordneter Bedeutung. Im Vordergrund steht der „richtige" Umfang mit den kodifizierten Normen. Philosophische Gerechtigkeitsüberlegungen werden kaum relevant. In der Tat erschließt sich der praktische Nutzen eines solch philosophisch determinierten, hoch abstrakten Begriffs nicht ohne weiteres. Im juristischen Diskurs ist der Verweis auf die Gerechtigkeit für sich genommen selten überzeugend. Inhaltlich vage oder gar willkürlich kann er dazu dienen, eine schwache rechtliche Position zu verschleiern.

---

[598] *Gustav Radbruch*, Gesetzliches Unrecht und übergesetzliches Recht, in: Schweizerische Juristen-Zeitung 1946, S. 105, 107.

a) Hintergrund des Gerechtigkeitsgebots

Die Gerechtigkeit bedarf der praktischen Umsetzung, wenn sie mehr als ein bloßes Ideal sein soll, das gleichsam über dem Recht schwebt und dort nicht weiter beachtet zu werden braucht.[599] Im Folgenden wird erörtert, wo das Gerechtigkeitsgebot rechtlich herrührt (unten a)), wer für seine Verwirklichung zuständig ist (unten b)), welchen Stellenwert die Gerechtigkeit in der juristischen Methodenlehre einnimmt (unten c)) und inwieweit sie einer gerichtlichen Überprüfung zugänglich ist (unten d)).

aa) Rechtliche Verankerung

Die Verwirklichung von Gerechtigkeit gehört unstreitig zu den Aufgaben eines freiheitlich verfassten Staates. Die rechtliche Herkunft des Gerechtigkeitsgebots wird jedoch unterschiedlich gesehen. Im Wesentlichen lassen sich naturrechtliche und verfassungsrechtliche Begründungsmodelle ausmachen. Die antiken und christlich-mittelalterlichen Naturrechtslehren begreifen die Gerechtigkeit als übergeordnetes Prinzip, das unabhängig von Menschen, Raum und Zeit gültig ist. Nach *Platon* (428–348 v. Chr.) ist Gerechtigkeit eine ewige, unveränderliche, überweltliche Idee, an der die Seele Anteil hat.[600] Bei *Aristoteles* (384–322 v. Chr.) heißt es: „An erster Stelle steht das Gerechte gegenüber den Göttern, dann gegenüber den Dämonen, dann gegenüber Vaterland und Eltern, dann gegenüber den Verstorbenen."[601] *Thomas von Aquin* (1225–1274) definierte die Gerechtigkeit schließlich durch die sich in der Natur zeigende göttliche Schöpfungsordnung.[602] In konsequenter Befolgung der naturrechtlichen Lehre kann nur diejenige Rechtsanwendung gültig sein, die der überpositiven Gerechtigkeitsnorm entspricht. Wer die Existenz eines apriorisch vorgegebenen Naturrechts bestreitet, wird das Gerechtigkeitsgebot jedenfalls aus der Verfassung ableiten müssen, namentlich aus dem Rechtsstaatsprinzip (Art. 20 Abs. 3 GG).[603] Die Erfahrungen aus der NS-Zeit, in der Unrecht und Willkür herrschten, sollen sich niemals wiederholen. In verfassungstheoretischer Hinsicht wird dies dementsprechend dem materiellen Rechtsstaatsverständnis zugeordnet, während die formelle Rechtsstaatlichkeit maßgeblich durch die Gewährleistung von Rechtssicherheit geprägt ist. Diese beiden rechtsstaatlichen Elemente ergänzen sich allerdings nicht nur, sondern stehen auch in einem Spannungsverhältnis zueinander, das

---

[599] *Magen*, in: Engel et al. (Hrsg.), Recht und Verhalten, 2007, S. 261 (270, 345).

[600] Zur Gerechtigkeitsvorstellung Platons eingehend *Christian Schäfer*, in: ders. (Hrsg.), Platon-Lexikon, Darmstadt 2007, S. 132 f.

[601] *Aristoteles*, virt. 5, 1250 b 15 ff., die Echtheit dieser Stelle wird allerdings z.T. bestritten.

[602] *Thomas von Aquin*, Summa Theologica, Die deutsche Thomas-Ausgabe, Kerle u.a. 1977, Frage (quaestio) 90, 2.

[603] BVerfGE 9, 167 (171): Gerechtigkeit als wesentlicher Bestandteil des Rechtsstaatsprinzips; vgl. auch BVerfGE 57, 250 (276); BVerfG 90, 60 (86); BGH NJW 2009, 2463 (2466).

in dem Konflikt zwischen Rechtssicherheit und Einzelfallgerechtigkeit allenthalben zutage tritt.[604] Dabei kommt keinem Element grundsätzlicher Vorrang zu.[605] Im Hinblick auf den Schutz von kleinen Unternehmen wird sich im weiteren Verlauf der Untersuchung häufig zeigen, dass eine Differenzierung nach der Unternehmensgröße einerseits der Einzelfallgerechtigkeit zugutekommt, andererseits jedoch häufig mit einem Verlust an Rechtssicherheit einhergeht.

Richtigerweise ist jedenfalls der Inhalt des Gerechtigkeitsgebots – welcher das auch immer sein mag – überpositiver Natur. Dies zeigt schon Art. 20 Abs. 3 GG, wonach die Judikative nicht nur an das Gesetz, sondern auch an das Recht gebunden sind. Diese Dichotomie ginge verloren, wenn die Gerechtigkeit erst durch das geschriebene Recht definiert würde. Auch das Bundesverfassungsgericht anerkennt in diesem Zusammenhang ausdrücklich die Existenz überpositiver Normen, indem es darauf hinweist, dass das Recht nicht mit der Gesamtheit der geschriebenen Gesetze identisch ist.[606] Selbst Vertreter eines Gesetzespositivismus konzedieren, dass sich die Entscheidung bei Interpretationsspielräumen und Gesetzeslücken an außerrechtlichen Kriterien zu orientieren hat.[607]

bb) Zuständigkeit für die Verwirklichung

Nach einer modellhaften Grundvorstellung liegt die Verantwortlichkeit für die Folgen des Rechts in der Wirklichkeit bei dem demokratisch legitimierten Gesetzgeber, während die Gerichte als Rechtsanwender lediglich die getroffenen Wertentscheidungen umsetzen. Auf die Gerechtigkeit übertragen würde dies bedeuten, dass das materielle Recht gerechte Regelungen schaffen soll, die dann von den Gerichten zur Geltung gebracht werden müssen. Dieses Grundmodell versagt jedoch spätestens dann, wenn die gesetzliche Regelung Interpretationsspielräume zulässt oder sogar gänzlich fehlt.[608] In diesem Rahmen müssen die Gerichte zwangsläufig eigene Wertentscheidungen treffen. Insoweit sind sie richtigerweise auch zur Verwirklichung von Gerechtigkeit berufen. Schon die alten Ägypter sahen dies nicht nur als Aufgabe der Rechtsetzung, sondern auch als Aufgabe der Rechtsanwendung.[609] *Ulpian* bezeichnete Juristen als Priester der Gerechtigkeit, die sie lehren und pflegen.[610] Aus heutiger Sicht kommt der bereits erwähnte Amtseid hinzu, nach welchem sich die Richter verpflichten, nur der Wahrheit und Gerechtigkeit zu dienen.[611] Damit wäre das Bild eines richterli-

---

[604] Vgl. BVerfGE 19, 150 (166); BGH NJW 1999, 2290.
[605] BVerfGE 19, 150 (166); BGH NJW 2012, 1824 (1825).
[606] BVerfGE 34, 269 (287).
[607] *Kelsen*, JW 1929, 1723 (1726).
[608] *Eidenmüller*, Effizienz als Rechtsprinzip, 4. Aufl. 2015, S. 397.
[609] *Erwin Seidl*, Einführung in die Ägyptische Rechtsgeschichte, 1957, S. 41.
[610] Dig. 1, 1, 1, pr.
[611] Dazu oben unter I.

chen Subsumtionsautomaten, der nur die Vorgaben des Gesetzgebers umsetzt,[612] unvereinbar. Dies zeigt auch die bereits erwähnte Bindung an Gesetz und Recht (Art. 20 Abs. 3 GG). Daraus wird zutreffend die Überwindung des wertungsfreien Gesetzespositivismus gefolgert, nicht zuletzt im Hinblick auf die NS-Zeit, in der die Gesetze Unrecht enthielten und der Volksgerichtshof Justizterror statt Gerechtigkeit ausübte.[613] Außerdem kann und will der bundesdeutsche Gesetzgeber schon aus Gründen der Flexibilität nicht allein für die Verwirklichung von Gerechtigkeit zuständig sein, sondern überantwortet dies nicht selten ausdrücklich den Gerichten.[614] So heißt es z.B. in einer Gesetzesbegründung, dass es „aufgrund der Vielgestaltigkeit möglicher Fallkonstellationen […] letztlich der Rechtsprechung überlassen bleiben [muss], weitere Einzelheiten im Rahmen der konkreten Rechtsanwendung zu entwickeln."[615] Auch das Bundesverfassungsgericht betont, dass der Gesetzgeber nicht sämtliche Fallgestaltungen selbst berücksichtigen muss, sondern darauf vertrauen kann, dass Einzelfallgerechtigkeit bei der Rechtsanwendung erreicht wird.[616]

Rechtsanwälte sind jedoch anders als Gesetzgeber und Gerichte nicht zur Verwirklichung von Gerechtigkeit berufen.[617] Das Bundesverfassungsgericht betrachtet den Anwaltsberuf zwar als staatlich gebundenen Vertrauensberuf, der ihm eine der Wahrheit und Gerechtigkeit verbundene amtsähnliche Stellung zuweist.[618] Einem Gerechtigkeitsverwirklichungsauftrag steht jedoch entgegen, dass Anwälte Gerechtigkeit nicht durch verbindliche Entscheidungen umsetzen können, da sie im Gegensatz zu Richtern keine Staatsgewalt ausüben. Gestaltend werden Anwälte nur im Rahmen von Vertrags- und Vergleichsverhandlungen tätig, wo die Macht wiederum durch das Konsensprinzip beschränkt wird. In diesem Zusammenhang hat der Europäische Gerichtshof festgestellt, dass sich Anwälte in erster Linie von Zweckmäßigkeitserwägungen leiten lassen, nicht aber von materiellen Gerechtigkeitserwägungen, wie sie etwa der Streitbeilegung durch Schiedsrichter zugrunde liegen.[619] Aus der Bezeichnung des Anwalts als Organ der Rechtspflege kann bei Lichte besehen wenig abgeleitet werden, da sie kaum Aussagekraft hat und nahezu beliebig verwendet wird. Im Wesentlichen bedeutet sie nur, dass der Anwalt als solcher unverzichtbar für Bestand und Sicherung der rechtsstaatlichen Ordnung ist, er Gerichten und Staats-

---

[612] So aber die vielzitierte Vorstellung *Charles de Montesquieus* (1748), nach welcher der Richter nicht mehr sein darf als der Mund des Gesetzes („la bouche, qui prononce les paroles de la loi").
[613] BVerfGE 3, 225 (232); 23, 98 (106).
[614] BVerfGE 49, 304 (318); 128, 193 (210).
[615] BT-Drucks. 17/9695, S. 9 zur Änderung von § 46b StGB.
[616] BVerfGE 120, 224 (251) zu § 173 StGB.
[617] *Stöhr*, Rechtstheorie 2014, 159 (168 ff.).
[618] BVerfGE 38, 105, 119; ähnlich BGH NJW 2009, S. 2690, 2693: Unabhängiges, der Wahrheit und Gerechtigkeit verpflichtetes Organ der Rechtspflege.
[619] EuGH Slg. 1997, I-4857, Rn. 22 – *von Hoffmann*.

anwaltschaft nicht untergeordnet ist[620] und er die rechtsunkundige Partei vor der Gefahr des Rechtsverlusts schützen muss.[621] Im Strafprozess kommt eine vom Beschuldigten unabhängige Wahrheitspflicht hinzu.[622] Die Annahme, dass Anwälte von Berufs wegen objektiv der Gerechtigkeit dienen, mutet jedoch idealistisch an. Ihre primäre Aufgabe besteht in der Vertretung individueller Partikularinteressen. Mandanten suchen keinen Gehilfen des Richters oder Diener am Recht, sondern jemanden, der für sie spricht und ihr Anliegen durchsetzt. Beschuldigte wollen von ihrem Verteidiger nicht hören, dass das Ziel des Strafverfahrens darin besteht, den Schuldigen der gerechten Strafe zuzuführen, sondern sie wollen freigesprochen oder, wenn sie geständig sind, möglichst gering bestraft werden.[623] Wenn die anwaltliche Tätigkeit im Einzelfall der materiellen Gerechtigkeit zugutekommt, liegt dies in der Regel daran, dass sein Mandant ohnehin das Recht auf seiner Seite hatte. Insgesamt ist die anwaltliche Tätigkeit so stark von der Wahrnehmung der Mandanteninteressen geprägt, dass ein eigener Auftrag zur Gerechtigkeitsverwirklichung letztlich zu verneinen ist. Folglich können Rechtsanwälte von vornherein nicht dazu gehalten sein, unter diesem Gesichtspunkt auf die Belange kleiner Unternehmen Rücksicht zu nehmen.

b) Inhalt des Gerechtigkeitsgebots

Die Frage, was Gerechtigkeit ist, beschäftigt Philosophen und Juristen sein Anbeginn ihrer Disziplinen. Im Laufe der Zeit wurde eine kaum überschaubare Fülle an philosophischen, vielfach interdisziplinär ausgerichteten Theorien entwickelt, die *Reinhold Zippelius* treffend als „Irrgarten der Gerechtigkeit" bezeichnet.[624] Die Nachzeichnung aller oder auch nur der wichtigsten Diskussionslinien ist in diesem Rahmen nicht möglich. Bei Lichte besehen sind die meisten Gerechtigkeitstheorien für die praktische Rechtsanwendung ohnehin unergiebig.[625] Im Folgenden werden drei Ansätze herausgegriffen, die neben dem bereits erwähnten im Hinblick auf den Schutz von kleinen Unternehmen am ergiebigsten sind: Gleichheit (unten a)), Umverteilung (unten b)) und angemessener Interessenausgleich (unten c)).

---

[620] BVerfGE 26, 186 (194); BVerfGE 34, 293 (302).
[621] BVerfG NJW 1996, 3267.
[622] BVerfG, NStZ 1998, 363.
[623] *Stöhr*, Rechtstheorie 2014, 159 (170).
[624] *Zippelius*, Recht und Gerechtigkeit in der offenen Gesellschaft, 1994, S. 39.
[625] *Stöhr*, Rechtstheorie 2014, 159 (160, 162).

aa) Gleichheit

Eine der ersten Antworten hat Aristoteles gegeben. Nach ihm bedeutet Gerechtigkeit Gleichheit.[626] In die gleiche Richtung geht das Postulat, jedem das Seine zu gewähren (suum cuique tribure).[627] Dieses Verständnis ist auf verbreitete Zustimmung gestoßen und wird noch heute vielfach aufgegriffen.[628] Danach ist die Gleichbehandlung von vergleichbaren oder zumindest ähnlichen erstrebenswerter als eine Ungleichbehandlung. Im Hinblick auf den Schutz von Kleinunternehmern kann man daraus das Postulat ableiten, diese in den Arbeitnehmer- bzw. Verbraucherschutz einzubeziehen, sofern sie mit Arbeitnehmern bzw. Verbrauchern vergleichbar oder diesen zumindest ähnlich sind und keine Gründe bestehen, die eine Ungleichbehandlung vorzugswürdig erscheinen lassen. Dieses Gerechtigkeitsgebot wird unterhalb einer verfassungsrechtlichen Gleichbehandlungspflicht aus Art. 3 Abs. 1 GG virulent, das wie gezeigt voraussetzen würde, dass Kleinunternehmer und Arbeitnehmer bzw. Verbraucher „wesentlich Gleich" sind.[629] Nach diesem Verständnis kann der Gleichbehandlungsgrundsatz somit auch unterhalb der Schwelle einer verfassungsrechtlichen Pflicht zum Leitbild staatlichen Handelns herangezogen werden. Er folgt insoweit unmittelbar aus dem Gerechtigkeitsgebot und ist wegen dieser vergleichsweise vagen Fundierung schwächer ausgeprägt als eine verfassungsrechtliche Pflicht aus Art. 3 Abs. 1 GG.

bb) Umverteilung (iustitia distributiva)

Die Verteilungsgerechtigkeit – auch iustitia distributiva genannt – ist eine wichtige und in juristischer Hinsicht häufig herangezogene Gerechtigkeitsform. Einige Autoren begreifen die Einkommensumverteilung als zentrale Aufgabe des Rechts.[630] Ungleichheiten der Vermögensverteilung in einer Gesellschaft seien der Rechtssicherheit und dem Rechtsfrieden abträglich, da sie zu Unzufriedenheit der Bürger führen.[631] Bei der Verwirklichung der Verteilungsgerechtigkeit geht es um die Umschichtung von Vermögen von bestimmten Sozialgruppen zu anderen Sozialgruppen, paradigmatisch ausgedrückt von den Reichen zu den Armen. So befürworten einige Autoren leidenschaftlich Einkommensumverteilung nach Klassen, Geschlecht oder Rassen, um der sozialen Gerechtigkeit

---

[626] *Aristoteles*, Pol 3, 12; 1282 b 14–20.
[627] Vgl. *Platon*, Politeia, 331e, 433a ff.; Inst. 1, 1, 3; ähnlich *Ulpian*, Dig. 1, 1, 10: „Die Gerechtigkeit ist der beständige und dauerhafte Wille, jedem sein Recht zukommen zu lassen."
[628] Vgl. *Mahlmann*, Konkrete Gerechtigkeit, 3. Aufl. 2017, § 14 Rn. 10 ff.: Gerechtigkeit als Gleichheit; *Oechsler*, Gerechtigkeit im modernen Austauschvertrag, 2007, S. 23 ff: Gleichheit als „formale Gerechtigkeit"; *Wesel*, Geschichte des Rechts, 4. Aufl., München 2014, S. 144 ff.
[629] Siehe oben C) III. 1.
[630] *Calabresi*, The Yale Law Journal, Vol. 100 [1991], 1211 (1224); *Kennedy*, Maryland Law Review, Vol. 41 No. 4 [1982], 563 ff.; speziell zum Vertragsrecht *Wilhelmsson*, European Law Journal 10 [2004], 712.
[631] *Zacher*, DÖV 1970, 3.

zu dienen. *Thomas Wilhelmsson* fordert etwa die Entwicklung eines sozialen Vertragsrechts, das an menschlichen und sozialen Bedürfnissen sowie am Fairness-Gedanken orientiert ist.[632] Soweit es um den Schutz von bestimmten Personengruppen wie Arbeitnehmer geht, kommt in der Verteilungsgerechtigkeit zudem ein paternalistischer Ansatz zum Ausdruck.[633] Im Folgenden soll untersucht werden, inwieweit sich der Schutz von kleinen Unternehmen der Perspektive der Verteilungsgerechtigkeit zuordnen und aus ihr heraus gerechtigkeitstheoretisch fundieren lässt.

(1) Inhalt der Verteilungsgerechtigkeit und ihre Anwendung auf kleine Unternehmen

Nach *Aristoteles* ist die Verteilungsgerechtigkeit darauf gerichtet, bei der Verteilung von Ehre, Geld oder anderen teilbaren Gütern ein Gleiches anzustreben. Ungerecht wäre danach derjenige, der ein Ungleiches anstrebt. Demgegenüber betrifft die Austauschgerechtigkeit (iustitia commutativa) die Ermittlung des Gleichen bei Transaktionen zwischen den Menschen,[634] weshalb sie üblicherweise als Gerechtigkeitsform des Vertragsrechts begriffen wird.[635] In diesem Zusammenhang soll Gleichheit unabhängig von persönlichen Eigenschaften verwirklicht werden.[636] Vor diesem Hintergrund besteht das Wesen der Austauschgerechtigkeit darin, generell davon abzusehen, welche konkreten Personen beteiligt sind.[637] Danach lässt sich aus der Austauschgerechtigkeit kein Schutzauftrag zugunsten kleiner Unternehmen ableiten, da dieser gerade deren spezifischen Besonderheiten gegenüber anderen Verkehrsteilnehmern Rechnung tragen soll. Diese Unterscheidung zwischen Verteilungsgerechtigkeit und Austauschgerechtigkeit prägt die Diskussion um die Verteilungsgerechtigkeit auch heute noch maßgeblich.[638]

Der Maßstab einer gerechten Verteilung besteht nach *Aristoteles* in der Würdigkeit („axia"). Die Würdigkeit ist anhand von Wertungsfragen zu bestimmen, die nicht zuletzt vom politischen System und den politischen Entscheidungen der Verteilungsverantwortlichen abhängen.[639] So bestimmt sich z.B. die Wür-

---

[632] *Wilhelmsson*, Critical Studies in Private Law, 1992, S. 21 ff.
[633] vgl. *Kronman*, Yale Law Journal 89 [1983], 763 ff.
[634] *Aristoteles*, Nikomachische Ethik 1130b, 30 ff.
[635] Vgl. *Oechsler*, Gerechtigkeit im modernen Austauschvertrag, 1997, S. 57 ff.; zur Trennungsthese eingehend *Radbruch*, Der Mensch im Recht, 1957, S. 35 (39).
[636] *Arnold*, Vertrag und Verteilung, 2014, S. 42.
[637] *Canaris*, Die Bedeutung der iustitia distributiva im deutschen Vertragsrecht, 1997, S. 10 ff.; *Küster*, FS Raiser, 1974, S. 541 (550).
[638] Vgl. *Weinrib*, in: Panagiotou, Justice, Law and Method in Plato and Aristotle, 1987, S. 133.
[639] *Arnold*, Vertrag und Verteilung, 2014, S. 38.

digkeit für politische Ämter nach *Aristoteles* ausschließlich nach den Kriterien, die für die Leitung des Staats von Bedeutung sind[640] – eine Einschätzung, die nach Art. 33 Abs. 2 GG noch heute gilt.[641] Vor diesem Hintergrund lässt sich die Verteilungsgerechtigkeit als Form der politischen Gerechtigkeit begreifen.[642] Die Würdigkeit als Kriterium einer gerechten Verteilung hängt nach dem aristotelischen Konzept entscheidend von dem konkreten Verteilungsgegenstand ab, sodass die konkreten Forderungen erst im politischen Diskurs gefunden werden können.[643] *Thomas von Aquin* stellte in Anknüpfung an *Aristoteles* auf den Maßstab der Auszeichnung („principalitas") ab, wobei er die Offenheit der Verteilungsgerechtigkeit für unterschiedliche Maßstäbe und deren Abhängigkeit von politischen Vorstellungen durchaus erkannte.[644] Richtigerweise hängt die Würdigkeit auch von ökonomischen Erwägungen ab, sodass die volkswirtschaftliche Bedeutung von kleinen Unternehmen für eine Verteilung zu ihren Gunsten spricht. Das gleiche gilt für den aquinischen Maßstab der Auszeichnung, wenn man diese wörtlich im Sinne von Verdiensthaftigkeit versteht.

In den letzten 40 bis 50 Jahren hat sich zur Gerechtigkeit sozialer Umverteilung eine kaum überschaubare philosophische Diskussion entwickelt.[645] Im Rahmen der vorliegenden Arbeit ist es nicht möglich, alle Diskussionslinien nachzuzeichnen. Im Wesentlichen gibt es sozial-liberale oder egalitäre Ansätze, die soziale Gerechtigkeit als Teil der Rechtsidee verteidigen,[646] und libertäre Ansätze, wonach sich der Staat auf den Schutz der Rechte seiner Bürger beschränken soll.[647] Nach dem libertären Ansatz wäre eine Umverteilung zugunsten kleiner Unternehmen von vornherein kein erstrebenswertes Anliegen des Staates, sodass er im Folgenden außer Betracht gelassen wird.

---

[640] *Aristoteles*, Politik, 1281 a.
[641] Die Kriterien für Bedeutung sind für *Aristoteles* u.a. Adel, Freiheit und Reichtum, vgl. Politik, 1280 b 40 ff., was aus heutiger Sicht natürlich nicht mehr zeitgemäß ist. Zum heutigen verfassungsrechtlichen Leistungsprinzip siehe *Badura*, in: Maunz/Dürig, GG, Art. 33 Rn. 25 f., Stand: Mai 2015.
[642] *Arnold*, Vertrag und Verteilung, 2014, S. 38; *Heyman*, Iowa Law Review 1992, 851 (854 f.).
[643] *Arnold*, Vertrag und Verteilung, 2014, S. 40.
[644] Die deutsche Thomas-Ausgabe: Recht und Gerechtigkeit, 1953, S. 95
[645] Vgl. etwa den Überblick von *Eichenhofer*, JZ 2005, 209; *Arnold*, Vertrag und Verteilung, 2014, S. 72.
[646] So etwa *Ackerman*, Social Justice in the Liberal State, 1980; *Sen*, The Idea of Justice, 2009.
[647] So etwa *Hayek*, The Constitution of Liberty, 1960; *Nozick*, Anarchy, State, and Utopia, 1974.

(a) Sozialer Ausgleich von Schwächen

(aa) Rechtsphilosophische Ableitung

Heute wird die Verteilungsgerechtigkeit spätestens seit *John Rawls* „*A Theory of Justice*" vor dem Hintergrund einer Umverteilung von Reichtum innerhalb der Gesellschaft zwecks sozialen Ausgleichs zwischen Armen und Reichen herangezogen.[648] In diesem Sinne stellt sich Verteilungsgerechtigkeit als Umverteilungsgerechtigkeit dar, wenn der Staat zielgerichtet Vermögen, Rechte und Chancen zugunsten bestimmter Bürger und zulasten anderer Bürger verteilt.[649] *Rawls* spricht insoweit zumeist von sozialer Gerechtigkeit (social justice).[650] Seine Gerechtigkeitskonzeption hat generell die Verteilung der Ressourcen in einer staatlichen Gemeinschaft im Blick, namentlich Rechte, Pflichten und Wohlstand.[651] Dieser Ansatz passt im weiteren Sinne auch auf kleine Unternehmen, da diese gegenüber Großunternehmen regelmäßig deutlich finanzschwächer sind. Inhaltlich zielt die Konzeption *Rawls* vor allem auf Objektivität und Unparteilichkeit ab. Die zentralen Forderungen werden aus dem berühmten Modell eines gedachten Urzustandes abgeleitet, in dem jeder Abstimmende unter einem Schleier des Nichtwissens (veil of ignorance) steht, der alle persönlichen Eigenschaften und Präferenzen des Abstimmenden verbirgt.[652] Die *Rawlssche* Gerechtigkeitskonzeption spricht dafür, kleine Unternehmen zu schützen: Wenn nämlich gesetzliche Regulierung bzw. deren Interpretation kleine Unternehmen verhältnismäßig härter treffen würde als Großunternehmen, würde in dem fiktiven Urzustand niemand dafür votieren, da jeder selbst Inhaber eines kleinen Unternehmens sein könnte. In diese Richtung zielt der Ansatz *Peter Kollers*, wonach sich jede Person bei der Bewertung der Rechts- und Sozialordnung vorstellen muss, dass sie in jede mögliche Lage geraten könnte, die im Rahmen der in Betracht stehenden Rechts- und Sozialordnung möglich ist und die Interessen die Interessen aller Beteiligten gleichermaßen zu berücksichtigen und nach dem Grad ihres Gewichts abzuwägen hat.[653] Zu bedenken ist freilich, dass jeder Mensch auch Arbeitnehmer in kleinen Unternehmen sein könnte, die bei Lockerungen des Arbeitnehmerschutzes zugunsten kleiner Unternehmen insoweit schlechter stünden als andere Arbeitnehmer. Hier zeigt sich wiederum, dass der Schutz von kleinen Unternehmen mehrere Verhältnisse betrifft. Die Arbeitneh-

---

[648] Vgl. *Fleischacker*, A Short History of Distributive Justice, 2004, S. 21 ff.
[649] *Arnold*, Vertrag und Verteilung, 2014, S. 72.
[650] Vgl. *Rawls*, A Theory of Justice, 1972, S. 7.
[651] *Rawls*, A Theory of Justice, 1972, S. 302; *ders.*, in Corlett, Equality and Liberty, 1996, S. 145 ff.
[652] *Rawls*, A Theory of Justice, 1972, S. 118 ff., 129.
[653] *Koller*, in: Brugger/Kirste/Anderheiden, Gemeinwohl in Deutschland, Europa und der Welt, 2002, S. 41 (62 ff.); dazu bereits oben unter § 3 A) III. 3. a).

mer in kleinen Unternehmen dürfen daher nicht völlig rechtlos gestellt werden, da sonst wiederum niemand für größenabhängige Befreiungen stimmen würde.

Nach *Rawls* müssen soziale und wirtschaftliche Ungleichheiten auch dadurch gerechtfertigt sein, dass sie sich für die am wenigsten begüterten und bevorteilten Gesellschaftsmitglieder vorteilhaft auswirken:

„Social and economic inequalities are to be arranged so that they are both (a) to the greatest benefit of the least advantaged, and (b) attached to offices and positions open to all under conditions of fair equality of opportunity."[654]

Dieses sog. Differenzprinzip ist dem Schwächerenschutz verpflichtet.[655] Unter diese Kategorie schutzwürdiger Personen fallen im Wirtschaftsleben durchaus die Kleinunternehmer: Diese erscheinen nicht nur im Verhältnis zu Großunternehmen schwächer, auch ihre soziale Stellung – der durchschnittliche Verdienst von Solo-Selbständigen betrug im Jahr 2014 1.496 € netto; nicht wenige sind gar auf Harz IV angewiesen – gerät zunehmend in den Fokus der Politik.[656] Die Berücksichtigung der Bedürfnisse der am wenigsten bevorteilten Gesellschaftsmitglieder zeigt die Fokussierung *Rawls'* auf sozialen Ausgleich und Teilhaberechte, da jede Verteilung innerhalb der Grundstruktur der Gesellschaft auch den Ärmsten und Schwächsten der Gemeinschaft zugutekommen muss.[657] *Rawls* fasst dies wie folgt zusammen:

„All social primary goods – liberty and opportunity, income and wealth, and the bases of self-respect – are to be distributed equally unless an unequal distribution of any or all of these good is to the advantage of the least favored."[658]

Daraus lässt sich die Notwendigkeit einer Differenzierung nach Unternehmensgröße ableiten, da die dadurch bewirkte Ungleichbehandlung zum Vorteil der am wenigsten begünstigten Unternehmen, nämlich der kleinen Unternehmen, ist. Dies harmoniert auch mit der verfassungsrechtlichen Erwägung, dass hier nicht Gleiches, sondern Ungleiches ungleich behandelt wird, wie es Art. 3 Abs. 1 GG gebietet.[659] Auch hier ist freilich zu bedenken, dass eine Umverteilung zugunsten kleiner Unternehmen die dort beschäftigten Arbeitnehmer benachteiligen kann, sodass deren Belange nicht aus den Augen verloren werden dürfen. Es gelten deshalb ähnliche Maßstäbe wie bei der verfassungsrechtlichen Rechtfertigung einer Gleichbehandlung der verschiedenen Unternehmen,[660] sodass absolut geschützte Arbeitnehmerinteressen wie z.B. Gesundheitsschutz keiner Umverteilung zugunsten kleiner Unternehmen zugänglich sind.

---

[654] *Rawls*, A Theory of Justice, 1972, S. 83.
[655] *Arnold*, Vertrag und Verteilung, 2014, S. 71.
[656] Siehe oben § 1 D) III.
[657] *Arnold*, Vertrag und Verteilung, 2014, S. 70.
[658] *Rawls*, A Theory of Justice, 1972, S. 303.
[659] Siehe oben unter C. III.
[660] Siehe oben unter C. III. 3.

(bb) Gegenstand der Verteilung

Thomas von Aquin diskutierte auf der Grundlage der aristotelischen Lehre die Zuteilung von Gemeinschaftsgütern an einzelne Gesellschaftsmitglieder.[661] Bei der Verteilung durch Zivilrecht geht es um Geld, Güter, Chancen und Risiken sowie allgemein um die Umschichtung von Vermögen.[662] Ein Anwendungsfall der Umverteilung mittels Zivilrechts ist der Schwächerenschutz, z.B. der Minderjährigenschutz.[663] Die Verteilungsgerechtigkeit kommt auch dann als soziale Umverteilungsgerechtigkeit zum Ausdruck, wenn die Zuweisung von Schadensrisiken bzw. Schadensfolgen unter dem Gesichtspunkt der finanziellen Leistungsfähigkeit erfolgen soll. Im Deliktsrecht wird dieser „deep-pocket-Gedanke" durch § 829 BGB verwirklicht und immer wieder herangezogen.[664] Auch bei dem Schutz von kleinen Unternehmen geht es um Vermögen, da eine „KMU-freundliche" Rechtsanwendung letztlich einen Vermögenszuwachs bewirken würde. Umgesetzt werden kann die Umverteilung z.B. durch die Annahme weitergehenderer Beratungs- und Aufklärungspflichten, namentlich im Rahmen von Darlehensverträgen gegenüber der Bank. Der gesetzliche Anknüpfungspunkt dafür ist die Generalklausel des § 241 Abs. 2 BGB. Aber auch größenabhängige Befreiungen von arbeits- und verbraucherrechtlicher Regulierung würden eine Vermögensumverteilung zugunsten kleiner Unternehmen bewirken, da diese insoweit eine geringere Kostenlast zu tragen hätten als größere Unternehmen.

(cc) Kritische Würdigung

Die philosophische Legitimation und ökonomische Sinnhaftigkeit einer staatlichen Umverteilung sind heftig umstritten. Die neoklassische Ökonomik setzt auf die Selbstregulierungskräfte des Marktes und fordert, die Markt- und Vertragsfreiheit zu erhalten und staatliche Intervention weitgehend zu vermeiden. Dadurch würden die Kosten für die Unternehmen niedrig gehalten, was deren Produktivität und Chancen im globalen Wettbewerb verbessert und damit auch der Gesellschaft insgesamt zugutekomme.[665] „Funktionierende Märkte" würden schon gefährliche sozialpolitische Schwächen nicht entstehen lassen, etwaige Verluste seien hinzunehmen. Über den Markt solle Erstverteilung erfolgen, keine Umverteilung. Der Staat fungiere als Controller, nicht als Leistungsträger. Die freie Marktwirtschaft kennt deshalb grundsätzlich keinen freiheitsrechtlichen Bestands- oder ökonomischen Existenzschutz.[666] Diese streng liberale Linie wird jedoch vielfach kritisiert. Die Lehre der neuen Institutionenökonomik geht

---

[661] Die deutsche Thomas-Ausgabe: Recht und Gerechtigkeit, 1953, S. 93.
[662] *Arnold*, Vertrag und Verteilung, 2014, S. 272, 288.
[663] *Arnold*, Vertrag und Verteilung, 2014, S. 158 ff.; 288.
[664] Dazu eingehend *Gärtner*, JZ 1988, 579 (581).
[665] Grundlegend *Epstein*, University of Chicago Law Review 51 (1984), 947 ff.; vgl. auch *Posner*, Economic Analysis of Law, 8th edition 2011, S. 341 ff.
[666] *Leisner*, JZ 2008, 1061 (1065).

davon aus, dass freie, unregulierte Märkte oftmals gerade nicht effizient sind, da es in mannigfaltigen Konstellationen zu einem Marktversagen kommt. Einem solchen müsse durch gesetzliche Vorkehrungen begegnet werden.[667] Auch Vertreter einer sozialen Gerechtigkeit durch Verteilung fordern Erleichterungen für Schwächere, welche Umverteilungen in systematischer Flächendeckung brächten, billige Grundsicherungen sowie Sozialtarife für Energie und Kredite.[668] In der Sache bedeutet dies „Marktordnungen durch systematische soziale Umverteilung".[669] Heute greift der Staat z.B. durch gezielte Subventionen für notleidende Wirtschaftszweige in den Wettbewerb ein. Vertreter einer freien Marktwirtschaft sehen darin einen Sündenfall, Vertreter des Schwächerenschutzes hingegen einen Rest an Menschlichkeit. In der Tat wird die Subventionierung heute vielfach nicht mit dem Gemeinwohl begründet, sondern mit dem Schwächerenschutz: Hinter den generalisierten, kollektivierten Kategorien der Subventionsempfänger werden häufig Einzelne erkennbar, die schwächer zu werden drohen.[670]

Gegen eine staatsdirigierende Umverteilung zum Schutz von Schwächeren wird zunächst angeführt, dass die Definition von „Schwäche" und damit die Begründung der Schutzbedürftigkeit schwierig zu beurteilen ist. In der Praxis erfolge dies durch staatliche Instanzen nach politischen Grundsätzen, die sich möglicherweise an wahltaktischem Profilierungsstreben ausrichten. Damit bleibe das rechtsstaatliche Gebot der exakten Sachverhaltsermittlung weithin unerfüllbar.[671] In der Tat wird auch die Schutzwürdigkeit von kleinen Unternehmen wie gezeigt von den politischen Entscheidungsträgern recht knapp angenommen, obwohl sie eines erheblichen Begründungsaufwandes bedarf. *Leisner* verweist weiterhin darauf, dass Demokratie aber die Wirklichkeit abbilden muss und selbst „laufende Gesellschaftsrealität als Staatsform" ist. Diese Abbildung der Realität werde durch Märkte am leichtesten verwirklicht, da sie realitätsnäher als staatliche Politik seien.[672] Besonders zu kritisieren seien Subventionen, die ein staatliches Machtinstrument seien und von den Unterstützern mit Geld, Einbußen an Freiheit und Zukunftsverlust bezahlt würden.[673] In philosophischer Hinsicht hat *Robert Nozick* in seinem Buch *„Anarchy, State and Utopia"* eine libertäre Antwort auf *Rawls* gegeben, wonach staatliche Umverteilung zu einer Vergesellschaftung der Rechte, Talente und Besitztümer des Einzelnen führen würde.[674] Jede Form staatlicher Umverteilung käme einem Diebstahl gleich und

---

[667] Vgl. *Williamson*, Journal of Law and Economics 22 (1979), 233 ff.
[668] Der damalige Präsident der EU-Kommission *Barroso* forderte z.B. Sozialtarife für Energie, vgl. Medienberichte vom 5./6.7.2008.
[669] *Leisner*, JZ 2008, 1061 (1064).
[670] *Leisner*, JZ 2008, 1061 (1065).
[671] *Leisner*, JZ 2008, 1061 (1067).
[672] *Leisner*, JZ 2008, 1061 (1067).
[673] *Leisner*, JZ 2008, 1061 (1067).
[674] *Nozick*, Anarchy, State, and Utopia, 1974, S. 228; ebenso *Kersting*, Theorien der sozialen Gerechtigkeit, 2000, S. 134 ff.

bedeute die Verletzung subjektiver Rechte der Bürger. Die Aufgabe des Staates sei auf eine Minimalrolle beschränkt, nämlich auf die Gewährung einer stabilen Rechtsordnung und die Garantie der Durchsetzung von Verträgen.[675] Diese Vergesellschaftungsfolge wird indessen bestritten und die entsprechende Behauptung mit einer Fehlinterpretation *Rawls'* durch *Nozick* erklärt:[676] Nach *Rawls* ist zwar die Verteilung individueller Fähigkeiten und Talente als der Gesellschaft gehörig, nicht aber die Fähigkeiten und Talente selbst.[677] Insgesamt lässt sich der Konzeption *Nozicks* vorwerfen, dass sie den individuellen Ersterwerb nicht erklären kann und in sich widersprüchlich ist.[678]

Zutreffend umfasst die Rechtsidee jedoch auch die Verteilungsgerechtigkeit als Form von sozialer Gerechtigkeit. Dafür spricht zunächst in ethischer Hinsicht, dass die Schwächerenhilfe eine christliche Pflicht ist.[679] Menschen empfinden ungleiche Vermögensverteilungen ab einem bestimmten Punkt als ungerecht und problematisch, was zu sozialen Unruhen führen kann. Zudem entspricht der Gedanke der sozialen Gerechtigkeit der Solidarität als menschlichem Grundempfinden. Solidarität wird vielfach darin gesehen, dass die Gesellschaftsmitglieder Mitglieder einer Solidargemeinschaft sind, in der diejenigen, die viel haben, denjenigen etwas von ihrem Reichtum geben, die wenig haben.[680] Diese Erwägung lässt sich auf das Verhältnis von kleinen Unternehmen zu Großunternehmen übertragen, da sie der Regel deutlich finanzschwächer sind als jene. In ökonomischer Hinsicht kommt hinzu, dass eine schwächerenschützende Güterverteilung nach konkreten Bedürfnissen eingesetzt werden kann, während Markteffekte oft die „Falschen" trifft. Das Bundesverfassungsgericht begreift Zielgenauigkeit als Grundkategorie des Staatsverhaltens im Rechtsstaat.[681] Umverteilung wirkt außerdem schneller als Markteffekte und ist vorhersehbarer und steuerbarer als diese. Für eine staatliche Umverteilung spricht schließlich noch die utilitaristische Erwägung, dass Vermögen und Eigentum einen sinkenden Grenznutzen haben. Verdeutlichen lässt sich dies an dem berühmten Beispiel des 100–Euro-Scheins, der für einen Mittellosen sehr großen, für einen Millionär jedoch geringen Nutzen hat. Daraus lässt sich folgern, dass Umverteilung den Gesamtnutzen innerhalb der Gesellschaft vermehrt, da die Vorteile der Begünstigten stärker wiegen als die Einbußen der Benachteiligten.[682] Auch dieses Argument kann ohne weiteres auf das Verhältnis von kleinen Unternehmen

---

[675] *Nozick*, Anarchy, State, and Utopia, 1974, S. 3 ff.; 149 ff.
[676] *Pogge*, Realizing Rawls, 1989, S. 73 ff.; *Arnold*, Vertrag und Verteilung, 2014, S. 73 f.
[677] *Rawls*, A Theorie of Justice, 1972, S. 101 f.; unter Berufung hierauf *Arnold*, Vertrag und Verteilung, 2014, S. 73 f.
[678] Dazu eingehend *Arnold*, Vertrag und Verteilung, 2014, S. 76 ff.
[679] Vgl. BVerfGE 24, 236 (247); *Bamberger*, FS Derleder, 2015, S. 1 (29); insoweit auch *Leisner*, JZ 2008, 1061 (1062, 1067).
[680] *Arnold*, Vertrag und Verteilung, 2014, S. 73.
[681] Vgl. BVerfGE 93, 213 (238 f.); BVerfGE 110, 33 (53 ff.); BVerfGE 113, 348 (375).
[682] *Arnold*, Vertrag und Verteilung, 2014, S. 74.

zu Großunternehmen übertragen werden. Die Verwirklichung durch Befreiungen von Arbeitnehmer- und Verbraucherschutz lässt sich damit allerdings nicht erklären: Es ist nicht messbar, ob die Vorteile der kleinen Unternehmen durch die Befreiung oder die Nachteile der Arbeitnehmer bzw. Verbraucher durch die rechtlichen Einbußen im Hinblick auf das Gesamtwohl stärker wiegen, da die betroffenen Personengruppen unterschiedlich sind und es auch um verschiedene Parameter geht.

(dd) Verteilungsgerechtigkeit und Effizienz

Zwischen Verteilungsgerechtigkeit und Effizienz besteht ein Zielkonflikt: Effiziente Lösungen im Wirtschaftsleben führen nicht immer zu Verteilungsergebnissen, die als gerecht empfunden werden.[683] Dies kann in bestimmtem Rahmen durch Umverteilungspolitik korrigiert werden. Diese zielt in der Regel auf eine Korrektur der Primärverteilung ab. In den meisten Gesellschaften bestehen Transfer- und Ausgleichsmechanismen zugunsten der Lebenssicherung von Kindern, Arbeitslosen sowie älteren und kranken Erwerbsunfähigen. Man könnte daher erwägen, kleine Unternehmen wegen ihren wirtschaftlichen Schwächen ebenfalls als begünstigungswürdige Gruppe zu begreifen. Dagegen spricht allerdings, dass die genannten Transfer- und Ausgleichsmechanismen auf das Einkommen und damit die finanzielle Grundsicherung abzielen, während es bei kleinen Unternehmen weniger um das – freilich oftmals geringe – Einkommen des Inhabers geht, sondern um den Schutz vor wirtschaftlichen und regulierungsbedingten Nachteilen. Dieser wirkt sich auf das Einkommen nur mittelbar aus. Im Hinblick auf die finanzielle Grundsicherung werden Kleinunternehmer von der Rechtsordnung bislang noch nicht so schutzwürdig angesehen wie Kinder, Arbeitslose und Erwerbsunfähige. Generell kann Umverteilung unerwünschte Anreize schaffen, durch verminderten Einsatz in die Gruppe der schutzwürdigen und damit begünstigten Personengruppen zu kommen. Bei kleinen Unternehmen gilt dies insbesondere für den Verzicht auf die Einstellung weiterer Arbeitnehmer, um gesetzliche Schwellenwerte zu unterschreiten. Nach *Welfens* kommt es für die wirtschaftspolitische Brisanz weniger auf ökonomische Ungleichheit an, sondern vor allem darauf, inwieweit Einkommens- oder Vermögensunterschiede als legitim angesehen werden.[684] Vor diesem Hintergrund könnte man der Ansicht sein, dass größere Unternehmen viel geleistet haben und deshalb ihre hohen Gewinne und wirtschaftliche Macht verdient haben. Dies zeigt, dass hinter staatlicher Umverteilung häufig ein Spannungsverhältnis zwischen Leistungsprinzip und Bedarfsprinzip steht.[685] Staatliche Umverteilung muss daher ökonomischen Grenzen unterliegen. So soll das Differenzierungs-

---

[683] *Welfens*, Grundlagen der Wirtschaftspolitik, 5. Aufl. 2013, S. 673.
[684] *Welfens*, Grundlagen der Wirtschaftspolitik, 5. Aufl. 2013, S. 674.
[685] *Welfens*, Grundlagen der Wirtschaftspolitik, 5. Aufl. 2013, S. 673.

prinzip von *Rawls* den Pareto-Optimismus erweitern, indem es die Verbesserung der Aussichten der am besten gestellten Gruppe nur erlaubt, wenn dadurch eine Besserstellung der am schlechtesten Gruppe erreicht wird.[686] Begründet wird dies ebenfalls mit dem Urzustand, in welchem jeder Entscheidungsträger damit rechnen muss, dass er in der künftigen Gesellschaft zu den am schlechtesten Gestellten gehören könnte. Daher wird er für eine Ordnung votieren, in welcher Ungleichverteilungen nicht nur zu keinen weiteren Nachteilen führen, sondern stets auch seinem Vorteil dienen würden. Ungleichheit ist damit nur in dem Umfange zulässig, in dem dadurch auch die Lage der am schlechtesten Gestellten verbessert wird. Im Gegensatz zum Utilitarismus muss nach diesem Konzept niemand seinen Vorteil zugunsten anderer abtreten.

(b) Sozialer Ausgleich von Ungleichheiten

Nach überwiegendem Verständnis umfasst die Verteilungsgerechtigkeit auch den Gedanken der Gleichbehandlung. Da sie die Verteilung von öffentlichen Gütern beherrscht, erfordert sie die Gleichbehandlung, soweit die begünstigten Personengruppen an Würdigkeit vergleichbar sind.[687] Wer weniger würdig ist, bekommt entsprechend weniger zugeteilt. Die iustitia distributiva ist damit eine proportionale Gerechtigkeit, was *Aristoteles* als geometrische Proportion bezeichnete.[688] Insoweit lässt sich die Verteilungsgerechtigkeit auch als Ausprägung des allgemeinen Gleichheitssatzes des Art. 3 Abs. 1 GG begreifen.

(aa) Kosten-Nutzen-Verhältnis

Diesen Ansatz hat das Bundesverwaltungsgericht im Zusammenhang mit Luftsicherheitsgebühren aufgegriffen: Art. 3 Abs. 1 GG gebiete unter dem Gesichtspunkt der Verteilungsgerechtigkeit, die Gebührenpflichtigen ggf. unterschiedlich stark zu belasten, etwa wenn eine Gruppe von Begünstigten aus der Verwaltungsleistung einen größeren Vorteil zieht als andere.[689] Gleiches gilt nach Ansicht des Verwaltungsgerichts Karlsruhe auch für Studiengebühren.[690] Umgekehrt würde dies bedeuten, dass Art. 3 Abs. 1 GG gebietet, die Rechtssubjekte unterschiedlich stark zu schützen, wenn eine Gruppe von Rechtssubjekten durch gesetzliche Regulierungen stärker belastet wird als andere. Daraus ist konsequenterweise eine Pflicht zur Differenzierung nach der Unternehmensgröße zu folgen, da öffentliche Gebühren durchaus mit regulierungsbedingten Belastungen – die kleine Unternehmen wie gezeigt verhältnismäßig stärker treffen als Großunternehmen – vergleichbar sind: Beides sind Kosten für staatliche Leis-

---

[686] *Rawls*, A Theorie of Justice, 1972, 2.17.
[687] Vgl. *Stürner*, Der Grundsatz der Verhältnismäßigkeit im Schuldvertragsrecht, 2010, S. 360 ff.
[688] *Aristoteles*, Nikomachische Ethik, Buch V 7, 1131b.
[689] BVerwGE 95, 188 (203).
[690] VG Karlsruhe, Urt. v. 21.4.1999–7 K 3014/98, zit. nach juris Rn. 19.

§ 5 Befugnis, Pflicht und Grenzen zum Schutz kleiner Unternehmen   231

tungen, die unmittelbar oder mittelbar von den Bürgern zu tragen sind und auf diese verteilt werden müssen, z.B. Gebühren für Studium und Flugsicherheit oder Regulierungskosten für Verbraucher- und Arbeitnehmerschutz. Beim Verbraucher- und Arbeitnehmerschutz besteht allerdings einmal mehr das Problem, dass Drittinteressen hineinspielen, die sich nicht direkt aufwiegen lassen. Sofern die entsprechende Regulierung jedoch vorwiegend öffentlichen bzw. kollektiven Interessen dient, gebietet es die Verteilungsgerechtigkeit, kleine Unternehmen durch größenabhängige Befreiung vor regulierungsbedingten Belastungen zu schützen. Da diese Pflicht nicht nur rechtsphilosophischer, sondern aufgrund der Verankerung der Verteilungsgerechtigkeit in Art. 3 Abs. 1 GG verfassungsrechtlicher Natur ist, besteht insoweit eine Überschneidung mit dem verfassungsrechtlichen Ansatz, kleine Unternehmen zu schützen.

(bb) Sozialstaatsprinzip

Die Bundesverfassungsrichter *Susanne Baer*, *Reinhard Gaier* und *Johannes Masing* haben in einem Sondervotum zur Erbschaftssteuer den Ausgleich von Ungleichbehandlungen zudem mit dem Sozialstaatsprinzip des Art. 20 Abs. 1 GG legitimiert.[691] Dabei betonen sie zunächst in Anlehnung an das Sondervotum von *Ernst-Wolfgang Böckenförde* zur Vermögenssteuer,[692] dass die rechtliche Gleichheit verbunden mit der individuellen Handlungs- und Erwerbsfreiheit und der Garantie des Eigentums eine weitreichende Dynamik entfaltet und unweigerlich zur Entstehung materieller Ungleichheit unter den Bürgern führt. Dies sei gewollt und elementarer Inhalt einer freiheitlichen Rechtsordnung. Insoweit bedürfe es aber eines Ausgleichs. Dies gelte insbesondere für die Eigentumsordnung, da im Eigentum die Ungleichheit der freigesetzten Gesellschaft zur Materie gerinnt und Ausgangspunkt neuer Ungleichheiten wird.[693] Die Schaffung eines Ausgleichs sich sonst verfestigender Ungleichheiten liegt in der Verantwortung der Politik – nicht aber in ihrem Belieben. Das Sozialstaatsprinzip des Art. 20 Abs. 1 GG verpflichtet den Gesetzgeber, für einen Ausgleich der sozialen Gegensätze und damit für eine gerechte Sozialordnung zu sorgen.[694] Befreiungen von der Erbschaftssteuer, die das Bundesverfassungsgericht in dieser Entscheidung verfassungsrechtlich zu würdigen hatte, unterliegen einer umso größeren Rechtfertigungslast, je mehr sie geeignet sind, soziale Ungleichheiten zu verfestigen und jene begünstigen, die unter marktwirtschaftlichen Bedingungen leistungsfähiger sind als andere.[695] Hierdurch erhalten die vom Bundesverfassungsgericht entwickelten Rechtfertigungsanforderungen des Art. 3 Abs. 1 GG für die privilegierende Befreiung von unternehmerischen Vermögen von der Erbschaft-

---

[691] BVerfGE 138, 136 (252 ff.).
[692] BVerfGE 93, 149 (162 f.).
[693] BVerfGE 138, 136 (252).
[694] BVerfGE 138, 136 (254); ebenso BVerfGE 22, 180 (204).
[695] BVerfGE 138, 136 (254).

steuer eine weitere verfassungsrechtliche Grundierung. Eine solche sozialstaatliche Dimension hat vor allem aber auch der vom Senat anerkannte zunehmende Rechtfertigungsbedarf in Abhängigkeit von dem Maß der Ungleichbehandlung und damit dem Umfang des verschonten Vermögens. Werden gerade diejenigen verschont, die als erfolgreiche Unternehmer über die größten Vermögen und damit auch über erheblichen Einfluss auf das Gemeinwesen verfügen, und wird gerade ihnen ermöglicht, dieses Vermögen unter Befreiung der sonst nach Leistungsfähigkeit auferlegten Lasten an Dritte, insbesondere an Familienmitglieder, weiterzureichen, ohne dass diese hierfür eigene Leistung oder Fähigkeiten eingebracht hätten, verfestigt und verstärkt dies die ökonomische Ungleichheit. Die in der Entscheidung entwickelten Maßgaben tragen demgegenüber dazu bei, dass Verschonungsregelungen nicht zur Anhäufung und Konzentration größter Vermögen in den Händen Weniger führen.[696]

Diese Argumentation ist weitgehend von der in Rede stehenden Erbschaftssteuer gelöst und auf Grundsatzfragen der Vermögensverteilung in einer auf Freiheit und Gleichheit beruhenden Verfassungsordnung und ihrer Entwicklung über Generationen ausgerichtet. Damit ließe sich eine Umverteilung zugunsten kleiner Unternehmen legitimieren. Denn die Garantie des Eigentums führt auch und gerade im Bereich der Unternehmen zu materieller Ungleichheit. Eine verhältnismäßig stärkere Belastung von kleinen Unternehmen durch gesetzliche Regulierung kann leicht dazu führen, dass sich diese Ungleichheiten weiter verstetigen und große Unternehmen begünstigen, die ohnehin bereits leistungsstärker sind. Einer Übertragung der Argumentation des Sondervotums auf Unternehmen steht nicht entgegen, dass sie vornehmlich die nicht durch eigene Leistungen bewirkte Ungleichheiten im Blick hat. Man kann mit guten Gründen der Auffassung sein, dass unternehmerischer Erfolg niemals uneingeschränkt auf eigener Leistung und Fähigkeit beruht.[697] Wie bereits gezeigt wurde, ist angesichts der zahlreichen Unwägbarkeiten im Wirtschaftsleben nicht unerhebliches Glück erforderlich, das nicht jedem Unternehmer vergönnt ist.[698] Zu großen Unternehmen entwickeln sich daher nicht zwingend die am besten geführten Unternehmen, sondern auch diejenigen, die das meiste Glück hatten. Die finanzielle Ungleichheit der Unternehmen und ihrer Eigentümer ist somit keineswegs nur durch eigene Leistungen bewirkt. Nach der Argumentation des Sondervotums wäre es folglich rechtfertigungsbedürftig, *keine* Ausnahmen von regulierungsbedingten Belastungen mittels größenabhängiger Befreiungen zu schaffen, da auf diese Weise eine Umverteilung zugunsten der Leistungsschwächeren verhindert wird. Größenabhängige Befreiungen tragen nämlich dazu bei, dass es nicht

---

[696] BVerfGE 138, 136 (254 f.).
[697] So ausdrücklich *Kahneman*, Thinking, Fast and Slow, 2012, S. 259 ff., 260.
[698] Dazu oben § 1 D) II. 3. Zum Zusammenhang zwischen Erfolg und Glück im Allgemeinen siehe *Kahneman*, Thinking, Fast and Slow, 2012, S. 175 ff.

zur Anhäufung und Konzentration größter Vermögen in den Händen Weniger kommt, da größere Unternehmen stärker belastet werden.

Dem Sondervotum lässt sich allerdings vorwerfen, dass es das Sozialstaatsprinzip in eigentümliche Beziehung zum Leistungsdenken bringt, indem es ihn *gegen* nicht durch Leistung erworbene Vorteile ausrichtet, während es ihm doch in erster Linie darum gehen müsste, Unterstützung für die nicht so leistungsfähigen Schwächeren zu bewirken, ohne dass das eine die Kehrseite des anderen sein müsste. Damit wird die Schutzrichtung des Sozialstaatsprinzips zugunsten der – auch finanziell – Schwächeren dahingehend umgepolt, dass es gegen die durch ihr Vermögen Stärkeren in Stellung gebracht wird.[699] Die Bekämpfung großen Reichtums ist indessen ein sozialstaatlich nicht erklärbarer Selbstzweck.[700] Ein Verfassungsgebot, materielle Ungleichheit unter den Bürgern auszugleichen, dürfe sich außerdem nicht auf die Vermögenssphäre beschränken, sondern wäre konsequenterweise auf andere Bereiche zu erstrecken, etwa auf die Verschiedenheiten des Elternhauses im Hinblick auf die Bildung, und letztlich auf die genetische Ausstattung des Individuums, die ebenfalls zu ungleichen Lebenschancen führen.[701] Diese Ebene hat das Sondervotum bei aller Grundsätzlichkeit nicht betreten. Vor diesem Hintergrund erscheint der Ansatz des Sondervotums verfassungsrechtlich zu angreifbar, um darauf einen Schutz von kleinen Unternehmen zu stützen.

(2) Verteilungsmedium

Eine Möglichkeit zur Umverteilung bietet das Zivilrecht. Nach dem Umverteilungsansatz sollten Gesetzgeber und Gerichte das Zivilrecht so gestalten oder interpretieren, dass dieses eine Eigentumsumverteilung zugunsten der bedürftigen Personengruppen bewirkt. Sollten z.B. Verbraucher durchschnittlich ärmer sein als Unternehmer, wären Haftungstatbestände danach so auszulegen, dass sie Verbraucher auf Kosten der Unternehmer begünstigen. Entsprechendes gilt für eine Umverteilung zugunsten kleiner Unternehmen auf Kosten von größeren Unternehmen. Es ist allerdings sehr umstritten, ob das Zivilrecht ein legitimes Medium zur staatlichen Umverteilung darstellt, oder ob diese vielmehr nur durch das Steuerrecht erfolgen darf. In letzterem Fall wäre es dem Gesetzgeber von vornherein verwehrt, eine Umverteilung zugunsten kleiner Unternehmen durch das Zivilrecht vorzunehmen, ebenso wie es Zivil- und Arbeitsrichtern verwehrt wäre, im Rahmen der Rechtsanwendung kleine Unternehmen aufgrund von Verteilungserwägungen zu schützen.

---

[699] *Sachs*, NJW 2015, 601 (603).
[700] *Sachs*, NJW 2015, 601 (603).
[701] *Sachs*, NJW 2015, 601 (603).

Es wird vielfach angenommen, dass progressive Besteuerung und Sozialprogramme Umverteilungsziele effizienter verwirklichen können als eine Modifikation oder Neugestaltung des Zivilrechts.[702] Einkommenssteuer zielt gerade auf Ungleichheit ab, während Umverteilung durch Zivilrecht auf groben Durchschnittswerten beruht.[703] Nach dem zivilrechtlichen Umverteilungsansatz könnten z.B. Gerichte das Recht so auslegen, dass es Verbraucher auf Kosten von Unternehmer begünstigt, um Vermögen von Reich auf Arm umzuverteilen. „Verbraucher" und „Unternehmer" korrespondieren jedoch nicht vollständig mit „arm" und „reich". Verbraucher, die Ferraris besitzen, Skiurlaub machen oder in die Oper gehen, sind regelmäßig einigermaßen vermögend. Umgekehrt können Unternehmen wenig profitabel sein. Ebenso wenig korrespondieren die Gruppen „kleine Unternehmen" und „große Unternehmen" zwingend mit arm und reich bzw. profitabel und unprofitabel. Im Rahmen der Einkommenssteuer unterscheidet das Recht präziser zwischen arm und reich als bei dem indirekten Ansatz über „Verbraucher" und „Unternehmer". Weiterhin sind die Verteilungseffekte einer Neugestaltung des Zivilrechts schwer vorhersehbar. So können sich Gerichte nicht sicher sein, dass die Haftung einer Unternehmensgesellschaft gegenüber ihren Kunden das Vermögen ihrer Eigner reduziert. Die Gesellschaft könnte ihre höheren Kosten nämlich durch Erhöhung der Preise auf ihre Kunden abwälzen, wodurch die entsprechende Rechtsprechung Kosten von einigen Kunden auf andere umverteilt.[704] Die Stärkung von Mängelrechten der Kunden – z.B. im Kauf- oder Reisevertragsrecht – erhöht für den Anbieter die Kosten, die deshalb in den Preis einkalkuliert werden. Ebenso könnten große Unternehmen ihre erhöhten Kosten auf kleine Unternehmen abwälzen, wenn sie mit diesen Verträge schließen. So verhindert z.B. eine AGB-Kontrolle zwischen Unternehmen sowie deren strenge Handhabung durch die Gerichte zum Schutz des Vertragspartners, dass gegenüber diesem bestimmte begünstigende Regelungen wie z.B. Haftungsbegrenzungen durchgesetzt werden können, was ebenfalls im Preis berücksichtigt wird. Sofern der Preis infolge der Verteilungsmaßnahme tatsächlich auf die Begünstigten abgewälzt wird, könnten einige Nachfrager „ausgepreist" werden, wenn sie sich das Gut zuvor gerade noch leisten konnten.[705] Im Hinblick

---

[702] *Kaplow/Shavell*, The Journal of Legal Studies, Vol. 23 No. 2 [1994], 667 ff.; *Eidenmüller*, in: Schulze/von Bar/Schulte-Nölke, Der akademische Entwurf für einen Gemeinsamen Referenzrahmen, 2008, S. 73 (83); Gegen eine Instrumentalisierung des Vertragsrechts als Mittel zur Umverteilung etwa *Ott/Schäfer*, JZ 1988, 213 (222); *Reuter*, AcP 189 [1989], 199 (200); *Wright*, Iowa Law Review 1992, 625 (709).

[703] *Cooter/Ulen*, Law & Economics, 6th Edition 2014, S. 8; vgl. Auch *Polinsky*, An Introduction to Law and Economics, 4. Aufl. 2011, S. 160; *Ott/Schäfer*, JZ 1988, 213 (222)

[704] *Behrens*, Die ökonomischen Grundlagen des Rechts, 1986, S. 193; *Eidenmüller*, in: Schulze/von Bar/Schulte-Nölke, Der akademische Entwurf für einen Gemeinsamen Referenzrahmen, 2008, S. 73 (83 f.); *ders.*, European Review of Contract Law 2009, 109 (120).

[705] *Eidenmüller*, Effizienz als Rechtsprinzip, 4. Aufl. 2015, S. 298; *Polinsky*, An Introduction to Law and Economics, 4. Aufl. 2011, S. 154 f.

§ 5 Befugnis, Pflicht und Grenzen zum Schutz kleiner Unternehmen   235

auf kleine Unternehmen könnte diese Folge insbesondere bei Darlehensverträgen eintreten, wenn diese aufgrund erhöhter Aufklärungs- und Beratungspflichten zugunsten von kleinen Unternehmen verteuert würden. Dies würde das ohnehin schon bestehende Problem noch verschärfen, dass viele kleine Unternehmen nur eingeschränkten Zugang zu Finanzierung haben.[706]

Umverteilung durch Zivilrecht verzerrt die Wirtschaft aufgrund unerwünschter Anreize mehr als progressive Besteuerung. Wird z.B. ein Gesetz so angewendet, dass es die Käufer von Tomaten begünstigt, werden sich die Einnahmen von Tomatenunternehmen verringern. Deren Investoren werden voraussichtlich damit reagieren, dass sie ihre Investition zurückziehen und in andere Branchen investieren, was letztlich den Vorrat an Tomaten verringern und ihren Preis verteuern dürfte.[707] Generell können Umverteilungsmaßnahmen mittels Zivilrechts negative Anreize schaffen, z.B. dazu motivieren, auf Arbeits- und Verdienstmöglichkeiten zu verzichten.[708] Zusätzliche Ineffizienzen entstünden daraus, dass zivilrechtliche Regelungen nicht wohlfahrtsoptimierend ausgestaltet seien (sog. double-distortion-argument).[709] Schließlich führt die Umverteilung mittels Zivilrechts zu Effizienzverlusten, da die entsprechenden Transaktionskosten typischerweise hoch sind. *Arthur Okun* veranschaulicht dies mit dem Beispiel des löchrigen Wassereimers: Die Löcher im Eimer versinnbildlichen die Kosten der Umverteilung, sodass bei den Begünstigten („Armen") stets weniger Wasser ankommt, als bei den Benachteiligten („Reichen") abgeschöpft wird.[710] Staatliche Umverteilung muss administrativ bewältigt werden, was behördliche Erfassung und Kontrolle der Anspruchsberechtigten erfordert.[711] Da Umverteilung zudem auf ihre gerichtliche Durchsetzung angewiesen ist, muss ein nicht unerheblicher Teil des in Rede stehenden Vermögens für Anwaltskosten aufgewendet werden. Umgekehrt machen die Gebühren eines Steuerberaters, der zur Erstellung der Einkommenssteuererklärung konsultiert wird, nur einen kleinen Teil der Steuerlast aus.

Letztlich greifen diese Einwände jedoch nicht durch, sodass eine Umverteilung mittels Zivilrechts prinzipiell möglich ist.[712] Dem Transaktionskostenargument von *Okun* lässt sich entgegenhalten, dass eine generelle Aussage über die jeweiligen Kosten unmöglich ist und damit die Kosten der jeweiligen Umver-

---

[706] Dazu oben § 1 D) II. 3.
[707] *Cooter/Ulen*, Law & Economics, 6th Edition 2014, S. 8.
[708] *Kaplow/Shavell*, The Journal of Legal Studies, Vol. 23 No. 2 [1994], 667 (669 ff.); *Eidenmüller*, Effizienz als Rechtsprinzip, 4. Aufl. 2015, S. 290 f.
[709] *Kaplow/Shavell*, The Journal of Legal Studies, Vol. 23 No. 2 [1994], 667; kritisch dazu eingehend *Markovits*, George Mason Law Review 2005, 511 ff.
[710] *Okun*, Equality and Efficiency, the Big Tradeoff, 1975, S. 91 ff
[711] *Peters*, Wirtschaftspolitik, 3. Aufl. 2000, S. 38.
[712] Für eine Instrumentalisierung des Zivilrechts zur Verwirklichung der Verteilungsgerechtigkeit bereits *v. Gierke*, Die soziale Aufgabe des Privatrechts, Nachdruck 1960; *Menger*, Das bürgerliche Recht und die besitzlosen Volksklassen, 1968, S. 226 ff.

teilungsmedien nicht gegenübergestellt werden können.[713] Zudem ist auch die Eintreibung von Steuern mit Verwaltungskosten und daher Effizienzverlusten verbunden, da sie eine erhebliche Infrastruktur erfordert.[714] Auch das Steuer- und Sozialrecht als zentrale Verteilungsmedien haben ihre spezifischen Schwächen. Bekanntlich werden in erheblichem Umfang Steuern hinterzogen, und auch das Sozialsystem kann ausgenutzt werden und zu Zahlungen an materiell nicht schutzwürdige Personen führen.[715] Auch bei der Umverteilung durch das Steuer- und Sozialrecht können negative Anreize entstehen, die private Allokationsentscheidungen verzerren und ineffiziente Auswirkungen haben. So kann die Erhöhung der Einkommenssteuer z.B. einen Anreiz zu schaffen, weniger zu arbeiten und auf Verdienstmöglichkeiten zu verzichten.[716] Auch die Abwälzung der Umverteilungskosten auf die eigentlich begünstigten Personen lässt sich nur schwer prognostizieren. Es ist nachgewiesen worden, dass solche Modelle zu verzerrt und undifferenziert sind und die Wirkungen von regulierenden Maßnahmen im Bereich des Zivilrechts nur schwer ermittelbar und kaum vorhersehbar sind.[717] Es sind Marktkonstellationen möglich, die eine Abwälzung durch die benachteiligte Partei nicht zulassen.[718] Daher lässt sich nicht pauschal annehmen, dass die Parteien die beabsichtigte Umverteilungswirkung ohnehin wieder zunichtemachen würden.[719] Mit der Einbeziehung der Verteilungsgerechtigkeit in das Zivilrecht werden die Rechtssubjekte nicht mehr nur in ihrer abstrakten Rolle – namentlich als Schuldner oder Gläubiger – betrachtet, sondern auch in ihrer konkreten sozialen Rolle. Dadurch kann das Zivilrecht auch dazu dienen, schwächere Rechtssubjekte zu stärken, insbesondere durch Einräumung von stärkeren Rechtspositionen gegenüber ihren (stärkeren) Vertragspartnern.[720]

(3) Verteilungsinstanz

Verteilende Instanz ist in erster Linie der Gesetzgeber. Nur dieser ist unmittelbar demokratisch legitimiert. Im Hinblick auf die Verteilungsgerechtigkeit als Form von sozialer Gerechtigkeit wird ihm eine Einschätzungs- und Handlungsprärogative zugebilligt, die aus dem Grundsatz der Gewaltenteilung und der Geset-

---

[713] *Arnold*, Vertrag und Verteilung, 2014, S. 275; a.A. *Kaplow/Shavell*, The Journal of Legal Studies, Vol. 23 No. 2 [1994], 667.
[714] *Arnold*, Vertrag und Verteilung, 2014, S. 272 ff.; ebenso *Kronman*, Yale Law Journal 1980, 472 (507 ff.); insoweit auch *Eidenmüller*, Effizienz als Rechtsprinzip, 4. Aufl. 2015, S. 287.
[715] *Kersting*, Theorien der sozialen Gerechtigkeit, 2000, S. 223 f.
[716] *Arnold*, Vertrag und Verteilung, 2014, S. 276.
[717] Vgl. *Kennedy*, Maryland Law Review 41 [1982], 563 ff.; *Collins*, Regulating Contracts, 1999, S. 276 ff.
[718] *Eidenmüller*, Effizienz als Rechtsprinzip, 4. Aufl. 2015, S. 298
[719] *Arnold*, Vertrag und Verteilung, 2014, S. 277.
[720] *Lewinsohn-Zamir*, Minnesota Law Review 2006, 326 (380 ff.).

zesbindung der Judikative (Art. 20 Abs. 2, 3 GG) folgt.[721] Die Grenzen für den Gesetzgeber ergeben sich in rechtlicher Hinsicht aus der Verfassung sowie in politischer Hinsicht durch gesellschaftliche Grundkonsense und parteipolitische Vorgaben.[722] Die Legitimität richterlicher Verteilungsentscheidungen wird hingegen von einigen Autoren bestritten.[723] Umverteilungsmaßnamen seien keine Rechtsentscheidungen, sondern politische Entscheidungen, die Richter mangels hinreichender demokratischer Legitimation nicht zustehen.[724] Da jedoch richterliche Entscheidungen zwingend Verteilungswirkung entfalten, kann der Richter seine Entscheidungen kaum ohne Berücksichtigung dieser Wirkungen treffen. Umverteilungsmaßnamen lassen sich als Verwirklichung von (sozialer) Gerechtigkeit begreifen, die wie gezeigt Aufgabe der Gerichte ist.[725]

Richtigerweise sind jedoch auch die Zivilgerichte zur Verteilung berechtigt.[726] Schon *Immanuel Kant* (1724–1804) begriff die von staatlichen Gerichten im status civilis ausgeübte Gerechtigkeit als iustitia distributiva.[727] Dafür spricht, dass jede Gerichtsentscheidung eine Verteilung von Risiken, Lasten, Chancen und Vermögen zwischen den betroffenen Vertragsparteien, die potentiell über die konkrete Entscheidung hinauswirken, bedeutet. Insoweit geht es um die Wirkungen der Entscheidung auf zukünftige ähnliche Fälle mit gegenwärtig noch nicht individualisierbaren Rechtssubjekten. Wenn ein Gericht z.B. aus § 241 Abs. 2 BGB strenge Aufklärungs- und Beratungspflichten der finanzierenden Bank gegenüber dem Inhaber eines kleinen Unternehmens annimmt, werden sich die Banken zukünftig an diesen Maßstäben orientieren, um sich nicht nach §§ 280 Abs. 1, 311 Abs. 2 BGB schadensersatzpflichtig zu machen. Die Gesetzesinterpretation ermöglicht vor allem bei unbestimmten Rechtsbegriffen einen flexiblen Selbstvollzug. Diese ist mit geringeren Durchsetzungskosten verbunden als Maßnahmen auf der Ebene des Steuer- und Sozialsystems.[728] Einige Autoren sehen in der Umverteilung durch den Wohlfahrtsstaat zudem Gefahren für das Selbstbewusstsein der geförderten Personen. *Wolfgang Kersting* spricht insoweit von einem „strukturellen Entmündigungseffekt", der zu einer Marginalisierung der Persönlichkeit führen kann.[729] Demgegenüber kann die Umverteilung durch das Zivilrecht dazu beitragen, dass das Selbstbewusstsein von schwächeren und benachteiligten Personen gestärkt wird. So sind z.B. die distributiven

---

[721] BVerfG NVwZ 2001, 790 (794).
[722] *Arnold*, Vertrag und Verteilung, 2014, S. 286.
[723] E. *Wolf*, FS Keller, 1989, S. 359 (361 ff.); *Weinrib*, The Idea of Private Law, 1995, S. 211.
[724] *Weinrib*, The Idea of Private Law, 1995, S. 211.
[725] Siehe oben E) I. 1. b).
[726] *Harke*, ARSP 91 [2005],459 ff.
[727] Vgl. *Kant*, Die Metaphysik der Sitten, erstmals erschienen 1785, Akademie-Ausgabe Bd. VI, S. 306; dazu *Harke*, ARSP 91 [2005],459 ff.
[728] *Arnold*, Vertrag und Verteilung, 2014, S. 268 f.; 286 f., 288.
[729] *Kersting*, Theorien der sozialen Gerechtigkeit, 2000, S. 222

Wirkungen von arbeitsrechtlichen Schutzvorschriften für die Geschützten weniger als Umverteilungsmaßnahmen erkennbar als direkte Transferleistungen des Staates.[730] Gleiches gilt für Vorschriften, die eine Umverteilung zugunsten kleiner Unternehmen bewirken.

(4) Verteilungsmaßstab

Der Verteilungsmaßstab kann in diesem Rahmen nicht erschöpfend behandelt werden. Auf der verfassungsrechtlichen Ebene lassen sich den Grundrechten materielle Verteilungsmaßstäbe entnehmen, die auch im Zivilrecht zu beachten sind.[731] Zur Geltung gebracht werden diese in erster Linie durch den Gesetzgeber. Im Zivilrecht obliegt dies aber auch den Gerichten, da die Grundrechte wie mehrfach erwähnt eine objektive Wertordnung enthalten, die auf das Zivilrecht ausstrahlt.[732] Sofern dieses Interpretationsspielräume befasst, ist es im Lichte der Grundrechte auszulegen.[733] Insoweit besteht eine verfassungsrechtliche Pflicht zur Prüfung, ob die anzuwendenden materiellen zivilrechtlichen Vorschriften in dieser Weise grundrechtlich beeinflusst sind.[734] Dies gilt somit auch für die grundrechtlichen Verteilungsmaßstäbe, die es zu identifizieren und umzusetzen gilt. Die meisten Verteilungsmaßstäbe sind jedoch im einfachen Gesetzesrecht enthalten. Im bürgerlichen Recht finden sie sich z.B. in der AGB-Kontrolle, gesetzlichen Widerrufsrechten und dem sozialen Wohnraummietrecht. Im Arbeitsrecht als Arbeitnehmerschutzrecht finden sich Verteilungsmaßstäbe naturgemäß allenthalben, man denke nur an das Kündigungsschutzrecht (Verteilung der Risiken von Störungen im Arbeitsverhältnis) oder den innerbetrieblichen Schadensausgleich (Verteilung der Risiken von betrieblich veranlassten Schäden).[735]

Die Gesetzesinterpretation der Gerichte hat nach traditionellem Verständnis nach der überkommenen Methodenlehre zu erfolgen. Diese trägt dazu bei, Willkür bei der Rechtsanwendung zu verhindern.[736] Im Hinblick auf Verteilungsgesichtspunkte hilft sie, Entscheidungskonsistenz zu bewahren.[737] *Jürgen Oechsler* begreift Entscheidungskonsistenz als zentrales Kriterium juristischer Dogmatik.[738] Nach *Arnold* sind die Gerichte bei ihren Entscheidungen im We-

---

[730] *Arnold*, Vertrag und Verteilung, 2014, S. 269.
[731] Zur Wirkung der Grundrechte im Zivilrecht eingehend *Alexy*, Theorie der Grundrechte, 2. Aufl. 1994.
[732] BVerfGE 7, 198 (206 f.).
[733] BVerfGE 99, 185 (196). Zur verfassungsorientierten Auslegung siehe oben C. V. 1.
[734] *Leistner/Facius*, in: Gloy/Loschelder/Erdmann, Hdb. des Wettbewerbsrechts, 4. Aufl. 2010, § 14 Rn. 32.
[735] *Arnold*, Vertrag und Verteilung, 2014, S. 290.
[736] *Collins*, Regulating Contracts, 1999, S. 42 f.; *R. Stürner*, JZ 2012, 10 ff.
[737] *Arnold*, Vertrag und Verteilung, 2014, S. 294.
[738] Vgl. *Oechsler*, Gerechtigkeit im modernen Austauschvertrag, 1997, S. 27 f.

§ 5 Befugnis, Pflicht und Grenzen zum Schutz kleiner Unternehmen 239

sentlichen daran gebunden, die gesetzlich festgelegten Verteilungsmaßstäbe umzusetzen.[739] Dies entspricht dem üblichen Verständnis, wonach Gerechtigkeitsentscheidungen in erster Linie vom Gesetzgeber getroffen und von den Gerichten ihm Rahmen der Rechtsanwendung zur Geltung gebracht werden.[740] Jenseits der verfassungsrechtlichen und einfachgesetzlichen Maßstäbe wird eine „freie" Entscheidung des Richters vielfach abgelehnt, insbesondere auf der Grundlage von rein politischen Erwägungen.[741] Gerichte seien dazu bereits als Institutionen schlecht geeignet, da politische Entscheidungen Prognosen über künftige Entwicklungen erfordern, die auf der Grundlage empirischer Erkenntnisse zu treffen sind. Richter hätten insoweit regelmäßig weder eigene Sachkunde noch geeignete Möglichkeiten, sich diese Kenntnisse zu beschaffen.[742] Zudem würden freie Verteilungsentscheidungen der Gerichte zu erheblicher Rechtsunsicherheit führen und seien schließlich wegen der fehlenden demokratischen Legitimation des Richters nicht akzeptabel.[743]

Da Gerichte jedoch nach zutreffendem Verständnis einen eigenen Auftrag zur Verwirklichung von Gerechtigkeit haben,[744] können sie richtigerweise auch eigene Verteilungsentscheidungen treffen. Die Grenze zu rein politischen Erwägungen wäre allerdings fließend oder gar nicht vorhanden, da sich politische Entscheidungen idealerweise an Maßstäben der Gerechtigkeit und/oder Ökonomik ausrichten.[745] Methodologische Grundlage dafür sind die Sachargumente, die allerdings wie gezeigt Grenzen unterliegen, die sich aus der Gesetzesbindung des Richters (Art. 20 Abs. 3 GG) ergeben und sich in Form von zwingenden Autoritätsargumenten darstellen.[746] Eigene Verteilungsentscheidungen dürfen daher nicht in Konkurrenz zu denen des unmittelbar demokratisch legitimierten Gesetzgebers treten, sondern diese lediglich ergänzen. Fehlt es an gesetzlichen Leitbildern gänzlich, müssen richterliche Verteilungsentscheidungen auf nachvollziehbaren, rechtsphilosophisch oder ökonomisch fundierten Erwägungen beruhen. Erforderlich wären dafür Deduktionen aus philosophisch vertretbaren Gerechtigkeitstheorien oder – im Hinblick auf die Ökonomik – theoretische

---

[739] *Arnold*, Vertrag und Verteilung, 2014, S. 291.
[740] Vgl. dazu schon oben I. 1. b).
[741] *Arnold*, Vertrag und Verteilung, 2014, S. 291; *Collins*, Regulating Contracs, 1999, S. 74, 82 ff.; *Robertson*, in: Robertson/Wu, The Goals of Private Law, 2009, S. 261 ff.; *Williamson*, Journal of Law, Economics and Organization 1985, 177 (201).
[742] *Collins*, Regulating Contracs, 1999, S. 74, 82 ff.); *Williamson*, Journal of Law, Economics and Organization 1985, 177 (201).
[743] *Arnold*, Vertrag und Verteilung, 2014, S. 292, der den Gerichten lediglich in extremen Ausnahmefällen, , namentlich bei Gesetzeslücken, eine Befugnis zur Verwirklichung sozialer Gerechtigkeit zubilligt.
[744] Siehe oben I. 1. b).
[745] Dazu eingehend *Hiebaum*, Die Politik des Rechts, 2004.
[746] Dazu näher II. 1. a).

oder empirische Belege. Zudem ist bei eigenen Verteilungsentscheidungen zu bedenken, dass sich für den einzelnen Richter anhand des einzelnen Falls kaum sicher prognostizieren lässt, welche Wirkungen seine Entscheidung über den Einzelfall hinaus haben kann. Nicht überzeugend ist es daher, das Recht stets sozial auszulegen.[747] Keine gute, sondern eine freie politische Entscheidung wäre es z.B., wenn ein Richter in einem Prozess eines privaten Anlegers gegen eine Großbank bei zweifelhafter Rechtslage allein deshalb zugunsten des Privatanlegers entscheidet, weil die Bank dem Anleger wirtschaftlich überlegen sei. Gleiches gilt folglich auch für Rechtsstreitigkeiten von kleinen Unternehmen mit Großunternehmen. Verteilungsentscheidungen zugunsten kleiner Unternehmen sind jedoch möglich, wenn sie mit den oben dargestellten Ansätzen begründet werden und sich im Rahmen der von der juristischen Methodenlehre gezogenen Grenzen halten.

cc) Interessenausgleich

Es wurde bereits skizziert, dass juristische Gerechtigkeit nach hiesigem Verständnis über einen angemessenen Interessenausgleich definiert ist.[748] Im Zentrum steht damit eine Interessenabwägung, die im Rahmen der Rechtsanwendung allenthalben begegnet. In der Abwägung wird vor allem auf außerrechtliche Gesichtspunkte abzustellen sein, da gerechtigkeitsgeleitete Argumentation gerade eine Ergänzung oder gar einen Gegenpol zu den gesetzesbezogenen Autoritätsargumenten darstellt.[749] So sind im Zivilrecht vor allem die Interessen der betroffenen Personen abzuwägen, also die der konkreten Parteien im Zivilprozess sowie die der abstrakt-generellen Personen im Rahmen der Gesetzesauslegung. Aber auch ökonomisch oder soziologisch orientierte Argumentation dient konkreten Interessen, z.B. bestimmten Steuerungswirkungen, dem Funktionieren des Marktes oder der Effizienz. Damit stellen die Auswirkungen einer gesetzlichen Regelung bzw. gerichtlichen Auslegung gerade auf kleine Unternehmen, aber auch die volkswirtschaftlich prinzipiell vorteilhaften Auswirkungen von kleinen Unternehmen sowie die Effizienz ihres Schutzes, relevante Abwägungsfaktoren dar. Dies zeigt, dass die Folgenorientierung eine wichtige Quelle zur Gewinnung von Abwägungsfaktoren darstellt und daher nicht nur im ökonomischen Ansatz, sondern auch in dem gerechtigkeitsorientierten Ansatz von großer Bedeutung ist. Da jedoch fast jede wirtschaftliche Regulierung bzw. deren Auslegung Kosten verursacht, die kleine Unternehmen verhältnismäßig stärker treffen als große Unternehmen, brauchen in der Abwägung nur Folgen oberhalb einer Bagatellschwelle berücksichtigt zu werden. In diesem Rahmen ist eine Orientierung

---

[747] Dafür aber *Reifner*, Alternatives Wirtschaftsrecht am Beispiel der Verbraucherverschuldung, 1979, S. 91 ff.
[748] Siehe oben § 2 A) III. 3. c).
[749] Siehe unten II. 1. a).

an § 6 Mittelstandsförderungsgesetz NRW möglich, der nur staatliche Maßnahmen mit „wesentlicher Mittelstandsrelevanz" der Mittelstandsverträglichkeitsprüfung unterwirft. Man sieht, dass die ökonomische Analyse des Rechts sowie allgemein die Folgenorientierung als Quelle zur Gewinnung von Abwägungsfaktoren generell ein konsensfähiger Stellenwert in der Rechtsanwendung zukommen können. Insoweit deckt sich der rechtsphilosophische Ansatz folglich mit dem ökonomischen Ansatz, kleine Unternehmen zu schützen. Die Anwendungsmöglichkeiten sind zahlreich. Beispielhaft sei die Bestimmung von vorvertraglichen Aufklärungspflichten genannt: Je weitreichender diese sind, desto höher wird der Aufwand für die aufklärungspflichtige Partei, die diese Kosten über den Preis wiederum an den Vertragspartner weiterleiten wird, sodass es zu einer Verteuerung der angebotenen Leistungen und Produkte kommt.[750] Im Öffentlichen Recht geht es vor allem um einen Ausgleich der Interessen von Staat und Bürger, also auch derjenigen der Kleinunternehmen. Die Interessenabwägung wird hier insbesondere im Rahmen der Verhältnismäßigkeitsprüfung durchgeführt. Nach dem hiesigen Verständnis lässt sich zwanglos erklären, dass diese eine Ausprägung der Gerechtigkeit darstellt.[751] Insoweit deckt sich der rechtsphilosophische Ansatz mithin auch mit dem verfassungsrechtlichen Ansatz, der auf den Grundrechtsschutz der Kleinunternehmer abstellt.[752]

(1) Angemessenheitskriterien und Abwägungsfehler

Mit dem Verständnis der Gerechtigkeit als angemessenen Interessenausgleich wäre wenig gewonnen, wenn keine Kriterien für die Angemessenheit bekannt wären. Im Folgenden werden einige Kriterien dargestellt, die eine gelungene Interessenabwägung ausmachen.

Ausdruck von Angemessenheit sind zunächst Gesichtspunkte, die aus anderem Zusammenhang geläufig sind und bereits bewährte Kriterien der Rechtsanwendung darstellen. Zu erwähnen sind vor allem *Gleichheit* bzw. *Gleichbehandlung*, wobei das aristotelische Verständnis seinen Platz als Gerechtigkeitsindikator behält, sowie *Verhältnismäßigkeit* und *Vertrauensschutz*. Im Hinblick auf kleine Unternehmen ist somit insbesondere zu berücksichtigen, wie stark diese von den Kosten generell und im Hinblick auf größere Unternehmen getroffen werden. Nach dem utilitaristischen Ansatz besteht ein weiteres Angemessenheitskriterium darin, dass das gefundene Ergebnis das *Gesamtwohl der betroffenen Personen erhöht*, auch wenn dies oftmals schwierig zu bestimmen ist. Schließlich sollte auf die *Vereinbarkeit mit dem Rechtsgefühl* bzw. Gerechtigkeitsempfinden geachtet werden. Zutreffend ist dieses ein Indikator für inhalt-

---

[750] Dazu. *Schäfer/Ott*, Lehrbuch der ökonomischen Analyse des Zivilrechts, 5. Aufl. 2012, S. 566 ff.
[751] Vgl. statt vieler *Rüthers/Fischer/Birk*, Rechtstheorie, 10. Aufl. 2018, Rn. 386.
[752] Siehe oben C) II., III.

liche Richtigkeit und damit für die Gerechtigkeit und ihre Anwendung.[753] Dabei darf jedoch nicht allein das Rechtsgefühl des gerade zur Rechtsanwendung Berufenen maßgeblich sein,[754] sondern auch das von anderen Juristen und juristischen Laien. Letztere können – ggf. nach einer verständlichen Einführung in die konkrete Problematik – durchaus ergiebige Beiträge zur rechtlichen Würdigung leisten. Eine stärkere Berücksichtigung der Vorstellungen in der Bevölkerung würde eine größere Bürgernähe bewirke und die Akzeptanz der Gerichtsentscheidungen erhöhen.[755] Eruiert werden könnte ein solches Rechtsgefühl im Kleinen durch Gespräche mit Kollegen, Bekannten und Verwandten, oder im Großen durch empirische Meinungsforschung.[756] Gegen ein solches Vorgehen wird eingewandt, dass die Bürger außerhalb der Mechanismen der repräsentativen Demokratie keinen Einfluss auf staatliches Handeln nehmen dürften.[757] Nach diesem Argument dürfte es jedoch konsequenterweise auch kein Gewohnheitsrecht geben, das typischerweise außerhalb des staatlichen Bereichs unter Mitwirkung von demokratisch nicht legitimierten Bürgern entsteht, und auch die Suche im Common Law nach der vom Volk gelebten Praxis könnte nicht erklärt werden. Auch wenn empirische Arbeiten einen erheblichen Aufwand bereiten können, stellen mögliche Schwierigkeiten bei der praktischen Durchführung keinen zwingenden Einwand dar.[758] Ohne empirischen Nachweis kann das Rechtsgefühl oder gar das von der Rechtsprechung häufig in Bezug genommene „allgemeine Gerechtigkeitsempfinden" allerdings nur der eigenen Rückversicherung dienen, nicht aber als eigenständiges Argument.

Die Angemessenheit kann durch Abwägungsfehler verloren gehen. Dies wirft die Frage auf, inwieweit die Interessenabwägung und damit die Gerechtigkeit der Rechtsanwendung justitiabel sind.[759] Insoweit empfiehlt sich eine Orientierung an der zu § 1 Abs. 7 BauGB entwickelten Abwägungsfehlerlehre, da das baurechtliche Abwägungsgebot als Modell gerechter Abwägung gilt.[760] Danach setzt die Wahrung des Abwägungsgebots voraus, dass überhaupt eine Abwägung stattfindet (andernfalls Abwägungsausfall); dass sämtliche wesentliche Belange ermittelt und in die Abwägung einbezogen werden (andernfalls Abwägungsdefizit); dass das Abwägungsmaterial richtig gewichtet wurde, also nicht unwesent-

---

[753] *Neumann*, in: Kaufmann/Hassemer/Neumann, Einführung in die Rechtsphilosophie und Rechtstheorie der Gegenwart, 8. Aufl. 2011, S. 390: Rechtsgefühl als Instanz zur Kontrolle von Rechtssätzen; vgl. auch BFHE 81, 572, 579, wo der Begriff der Billigkeit über die Vereinbarkeit mit dem Rechtsempfinden definiert wird.
[754] Vgl. BVerfG 42, 64 (72 f.).
[755] *Stöhr*, Rechtstheorie 2014, 159 (178, 186).
[756] *Stöhr*, Rechtstheorie 2014, 159 (186).
[757] *Riehm*, Abwägungsentscheidungen in der praktischen Rechtsanwendung, 2006, S. 168.
[758] So aber *Osterkamp*, Juristische Gerechtigkeit, 2004, S. 101.
[759] Zur Überprüfbarkeit der Gerechtigkeitsverwirklichung als solche siehe unten II. 2.
[760] *Stöhr*, Rechtstheorie 2014, 159 (187); *ders.* ZfA 2015, 167 (175).

liche Belange für bedeutsam gehalten wurden (andernfalls Abwägungsfehlgewichtung) sowie dass die wesentlichen Belange richtig unter- und gegeneinander abgewogen wurden (andernfalls Abwägungsdisproportionalität).[761] Die wirtschaftlichen Auswirkungen einer staatlichen Maßnahme auf kleine Unternehmen müssen somit jedenfalls oberhalb der Bagatellschwelle ermittelt und in die Abwägung einbezogen werden, ihre wirtschaftliche Relevanz für die Unternehmen sowie auch im Ganzen für die Gesellschaft richtig eingeschätzt und im Vergleich zu den geschützten Rechtssubjekten wie Arbeitnehmer und Verbraucher angemessen gewichtet werden. Hinsichtlich der Fehlerfolge passt schließlich die Wertung des § 214 Abs. 3 S. 2 BauGB, wonach Mängel im Abwägungsvorgang nur erheblich sind, wenn sie offensichtlich und auf das Abwägungsergebnis von Einfluss gewesen sind. Dies bedeutet, dass die Auffindung und Einbeziehung der abzuwägenden Belange uneingeschränkt überprüfbar ist, während hinsichtlich ihrer Gewichtung sowie des Abwägungsvorgangs als solchen ein gewisser Beurteilungsspielraum besteht.[762]

(2) Vergleichender statt transzendentaler Ansatz

Nach dem verbreiteten transzendentalen Ansatz erscheint die Gerechtigkeit als unerreichbares Ideal, das sich im Rahmen der Rechtsanwendung nicht verwirklichen lässt. Der Philosoph und Ökonom *Amartya Sen* hat einen neuen Ansatz zur Gerechtigkeitsbestimmung vorgelegt, der sich von den herkömmlichen Theorien in mehrfacher Hinsicht unterscheidet.[763] Einer seiner Grundpfeiler ist der vergleichende Ansatz, der als Alternative zum transzendentalen Ansatz entwickelt wurde.[764] Dieser sucht keinen Zustand vollständiger Gerechtigkeit, sondern vergleicht verschiedene Zustände und fragt, welcher davon am gerechtesten ist. Dem liegt die Einsicht zugrunde, dass die Handlungsmöglichkeiten regelmäßig begrenzt sind. Wenn sich eine Gerechtigkeitstheorie als Leitlinie für menschliches Handeln eignen soll, dann ist die Kenntnis eines Idealzustandes weder erforderlich noch ausreichend. Wenn man z.B. die Wahl zwischen einem Picasso und einem Dali hat, dann hilft es für die Entscheidung nicht zu wissen, dass das beste Gemälde der Welt die Mona Lisa ist.[765] Selbst die Nähe der verschiedenen tatsächlich existierenden Möglichkeiten zu einem ideellen „perfekten Lösungsweg" lässt sich nicht zuverlässig beurteilen, da es um verschiedene Dimensionen und Parameter geht. So könnte z.B. eine Person, die Rotwein lie-

---

[761] BVerwG 34, 301 (309).
[762] Vgl. BVerwGE 34, 301 (308 f.) zum baurechtlichen Abwägungsgebot. Insoweit entspricht dieses Gerechtigkeitsverständnis der Konzeption *Harts*, wonach die „rules" dem Richter einen gewissen Ermessensspielraum geben, siehe *Herbert L. A. Hart*, Der Begriff des Rechts, 1973, S. 120, 124 ff.
[763] *Sen*, The Idea of Justice, 2009.
[764] *Sen*, The Idea of Justice, 2009, S. 15 ff.
[765] *Sen*, The Idea of Justice, 2009, S. 15 f.

ber mag als Weißwein, Weißwein einer Mischung aus beidem vorziehen, obwohl diese näher am Rotwein liegt als purer Weißwein.[766]

Auch im Rahmen der Rechtsanwendung gibt es stets nur eine begrenzte Zahl an Auslegungs- und Entscheidungsmöglichkeiten, die durch die gesetzlichen Vorgaben und die juristische Methodenlehre determiniert sind. Die Kenntnis eines Idealzustandes vollständiger Gerechtigkeit hilft nicht weiter, wenn sich dieser mit keiner der in Betracht kommenden Entscheidungen erreichen lässt. Daher passt der vergleichende Ansatz auch hier viel besser als der transzendentale Ansatz und sollte auf die Rechtsanwendung übertragen werden.[767] In concreto sind die innerhalb des Auslegungsspielraums vertretbaren Entscheidungen daraufhin zu vergleichen, welche davon den angemessensten Interessenausgleich bewirkt, insbesondere im Hinblick auf die Interessen von kleinen Unternehmen.

(3) Schlussfolgerungen

(a) Gerechtigkeit und One Right Answer Thesis

Der Rechtsphilosoph *Ronald Dworkin* hat die ebenso berühmte wie umstrittene One Right Answer Thesis geprägt. Diese besagt, dass das Recht bei richtiger Auslegung stets genau eine Antwort gibt, für den Richter im konkreten Fall also nur ein einziges richtiges Urteil möglich ist.[768] In diese Richtung geht auch das Sondervotum von Bundesverfassungsrichter *Fabian v. Schlabrendorff*, wonach das Rechtsstaatsprinzip „nur eine richtige Entscheidung" erlaube.[769] Nach *Dworkin* kann ein solches Urteil ein übermenschlicher „Richter Herkules" finden, der neben perfektem Fachwissen über herausragende Logik und Empathie verfügt.[770] Im deutschen Schrifttum ist man sich jedoch weitgehend einig, dass die Annahme einer allein richtigen Entscheidung in der praktischen Rechtsanwendung nicht weiterhilft.[771] Auch nach dem hier vertretenen Gerechtigkeitsverständnis wird es nicht in jedem Fall eine einzig richtige Interessenabwägung geben. Es wurde darauf hingewiesen, dass der Rechtsanwender bei der Gewichtung und Abwägung der in Rede stehenden Interessen einen gewissen Beurteilungsspielraum hat. Nach den geschilderten Kriterien können sich im Einzelfall durchaus verschiedene Abwägungsergebnisse als angemessen darstellen. Dies lässt sich als Verallgemeinerung der in der Strafzumessung herrschenden Spielraum-

---

[766] *Sen*, The Idea of Justice, 2009, S. 16.
[767] Dafür bereits *Stöhr*, Rechtstheorie 2014, 159 (188 f.).
[768] *Dworkin*, Law's Empire, 1986, S. 87 f.
[769] BVerfGE 35, 41 (56).
[770] *Dworkin*, Law's Empire, 1986, S. 87 f.
[771] Vgl. *Staudinger/Rieble*, BGB, Bearb. 2012, § 315 Rn. 302; vermittelnd *Osterkamp*, Juristische Gerechtigkeit, 2004, S. 73 f., der es für möglich hält, verschiedene Entscheidungen als vertretbar anzusehen und dennoch an der leitenden Vorstellung einer einzig richtigen Entscheidung festzuhalten.

theorie begreifen, wonach durch die in § 46 StGB vorgeschriebene Abwägung nicht punktgenau bestimmbar ist, welche Strafe schuldangemessen ist.[772] Ein so verstandenes Gerechtigkeitskriterium gibt also nur einen Auslegungsrahmen vor, innerhalb dessen sich die gefundenen Ergebnisse halten müssen. Es beansprucht keine alleinige Richtigkeit, sondern führt „nur" zur Stärkung der Überzeugungskraft.

(b) Gerechtigkeit und Abwägungsverbote
Abwägungsverbote scheinen auf den ersten Blick mit dem hier vertretenen Gerechtigkeitsverständnis unvereinbar zu sein, da eine zur Gerechtigkeit führende Interessenabwägung gerade nicht stattfinden darf. Ein gesetzliches Beispiel ist § 1671 Abs. 2 BGB a.F., wonach die Zuordnung eines Kindes zu einem Elternteil im Scheidungsprozess ausschließlich nach dem Kindeswohl entschieden wurde. Dies schloss aus, dass das Interesse des Kindes gegen das Interesse eines Elternteils abgewogen wird. So musste das Kind der Mutter auch dann zugesprochen werden, wenn dies nach Auffassung des Gerichts leicht vorteilhaft für das Kind ist, der Vater jedoch ein weitaus größeres Eigeninteresse an dem Kind hatte als die vielleicht sogar indifferente Mutter.[773] Im Arbeitsrecht wurde oben gezeigt, dass der Sicherheits- und Gesundheitsschutz der Arbeitnehmer regelmäßig keine Ausnahmen zugunsten kleiner Unternehmen erlaubt und daher einen absoluten Vorrang genießt. Bei Lichte besehen sind Abwägungsverbote jedoch ihrerseits das Ergebnis einer bereits vom Gesetzgeber oder richterrechtlich getroffenen Abwägung, die stets zugunsten des geschützten Interesses ausfällt. Bei § 1671 Abs. 2 BGB a.F. war dies das Kindeswohl, beim arbeitsrechtlichen Sicherheits- und Gesundheitsschutz die entsprechenden Interessen der Arbeitnehmer. Vor diesem Hintergrund kann auch ein so verstandenes Abwägungsverbot einen angemessenen Interessenausgleich bewirken. Dies setzt allerdings voraus, dass für das geschützte Interesse gewichtige Gründe sprechen, die einen uneingeschränkten Vorrang zu rechtfertigen vermögen. Zu bejahen ist dies z.B. hinsichtlich des Interesses der Arbeitnehmer an der Gesundheitsvorsorge und der Unfallverhütung, die keiner Einschränkung zugunsten kleiner Unternehmen zulassen.[774] Die Verfolgung eines Ziels um seiner selbst Willen ist jedoch unangemessen und damit ungerecht. Dies gilt auch für den Schutz von kleinen Unternehmen, der stets individuellen oder kollektiven Interessen dienen muss, was allerdings wie gezeigt regelmäßig der Fall ist.

---

[772] Vgl. BGHSt 7, 28 (32).
[773] *Schäfer/Ott*, Lehrbuch der ökonomischen Analyse des Zivilrechts, 5. Aufl. 2012, S. 36.
[774] Siehe oben C) III. 3.

dd) Menschenrechte

Menschenrechte lassen sich ebenfalls als Ausdruck von Gerechtigkeit begreifen. Das Recht war in der Geschichte häufig ein Machterhaltungsinstrument der Herrscher.[775] Es hat grobe Ungerechtigkeiten aufrechterhalten, wie etwa die Sklaverei in der antiken Welt oder in Nordamerika, oder es hat die politische Macht bestimmter Weniger über die schwächeren Vielen gesichert, wie in feudalistischen Systemen Europas.[776] Einem Missbrauch der staatlichen Macht sollen die Menschenrechte entgegenwirken. Menschenrechte sind nach dem Begriff Rechte, die jedem Menschen von Natur aus zustehen, etwa das Recht auf Leben, auf Freiheit, auf persönliches Eigentum oder auf Gleichheit.[777] Die Entstehung des bürgerlichen Rechtsstaats im 18. und 19. Jahrhundert, der durch ein demokratisch gewähltes Parlament, die Bindung aller Staatsorgane an Gesetz und Recht sowie die Unabhängigkeit der Justiz gekennzeichnet ist, ist mit der Formulierung der Menschenrechte und ihrer Durchsetzung aufs Engste verbunden.[778] Heute sind Menschenrechte weltweit ein Schlüsselbegriff für Gerechtigkeit als moralische und zugleich politische Leitidee menschlichen Handelns.[779]

2. Umsetzung in der Rechtsanwendung

a) Gerechtigkeitsorientierte Argumentation in der Rechtsprechung

In der Rechtsprechung wird eher selten ausdrücklich auf die Gerechtigkeit abgestellt. In den Entscheidungen des Bundesverfassungsgerichts wird sie zumeist im Zusammenhang mit dem Gleichheitssatz herangezogen. Dieser erscheint daher als ihr wesentlicher Inhalt, was dem aristotelischen Verständnis entspricht. Der Gleichheitssatz sei verletzt,

„wenn die gleiche oder ungleiche Behandlung der geregelten Sachverhalte [...] mit einer am Gerechtigkeitsgedanken orientierten Betrachtungsweise nicht mehr vereinbar ist, wenn also bezogen auf den jeweils in Rede stehenden Sachbereich und seine Eigenart ein vernünftiger, einleuchtender Grund für die Regelung fehlt, kurzum, wenn die Maßnahme als willkürlich bezeichnet werden muss."[780]

---

[775] *Wesel*, Geschichte des Rechts, 4. Aufl. 2014, S. 61.
[776] *Mahlmann*, Konkrete Gerechtigkeit, 3. Aufl. 2017, § 15 Rn. 1.
[777] *Horn*, Einführung in die Rechtswissenschaft und Rechtsphilosophie, 6. Aufl. 2016, Rn. 392; *Mahlmann*, Konkrete Gerechtigkeit, 3. Aufl. 2017, § 15 Rn. 1.
[778] *Horn*, Einführung in die Rechtswissenschaft und Rechtsphilosophie, 6. Aufl. 2016, Rn. 392.
[779] *Horn*, Einführung in die Rechtswissenschaft und Rechtsphilosophie, 6. Aufl. 2016, Rn. 392; *Mahlmann*, Konkrete Gerechtigkeit, 3. Aufl. 2017, § 15 Rn. 51; eingehend *Fischer*, Was ist Gerechtigkeit? Über Gerechtigkeit und Menschenrechte, abrufbar unter http://www.menschenrechte.uzh.ch/dam/jcr:00000000-3175-0061-ffff-ffffd5084ca2/GerechtigkeitundMenschenrechte.pdf, Stand: 5.5.2017.
[780] BVerfGE 1, 14 (52); BVerfGE 83, 89 (197 f.).

§ 5 Befugnis, Pflicht und Grenzen zum Schutz kleiner Unternehmen 247

Die wohl bedeutsamste einzelfallbezogene Anwendung findet sich in der Mauerschützenentscheidung, wo in Anwendung der Radbruchschen Formel aus Gerechtigkeitsgründen die Derogation eines staatlichen Gesetzes angenommen wird: Die Grundlage für das Rückwirkungsverbot entfalle, wenn ein Staat Taten im Bereich schwersten kriminellen Unrechts durch Rechtfertigungsgründe decke und so die allgemein anerkannten Menschenrechte in schwerwiegender Weise missachte.[781] Die Zivilsenate des Bundesgerichtshofs leiteten aus der Gerechtigkeit verschiedene Prinzipien und Rechtsinstitute ab. Von besonderer Tragweite ist die richterrechtliche Entwicklung von Anspruchsgrundlagen wie etwa des verschuldensunabhängigen Anspruchs auf Unterlassung und Widerruf von Ehrkränkungen, der einem „Gebot der Gerechtigkeit" genügen soll.[782] Ebenfalls aus der Gerechtigkeit werden die Beweislastregeln abgeleitet,[783] von denen einige erst nach richterrechtlicher Entwicklung kodifiziert wurden, z.B. die Beweislast bei der Haftung für ärztliche Behandlungs- und Aufklärungsfehler.[784] Weitere aus der Gerechtigkeit abgeleitete, allerdings zum Teil auch gesetzlich normierte Prinzipien sind das Verschuldensprinzip,[785] das Prioritätsprinzip,[786] die Fälligkeitsregelung nach § 23 S. 1 VerlG[787] und die Billigkeitskontrolle nach § 315 Abs. 3 BGB.[788]

Zur inhaltlichen Bestimmung der Gerechtigkeit tragen Gerichtsentscheidungen wenig bei. Besondere Aufmerksamkeit verdient allerdings der Topos der „fundierten allgemeinen Gerechtigkeitsvorstellungen der Gemeinschaft" bzw. der des „allgemeinen Gerechtigkeitsempfindens", der sich in den Entscheidungen des Bundesverfassungsgerichts und des Bundesgerichtshofs häufig findet. Dieser ist im Ansatz überzeugend, da es ein Ausdruck von Bürgernähe ist, die Gerechtigkeit als Maßstab staatlichen Handelns zumindest auch anhand der mehrheitlichen Vorstellung der Bevölkerung zu bestimmen.[789] Wenn Gerichtsentscheidungen dem widersprechen, kann es zu einem Ansehensverlust der Justiz kommen. Die Feststellung eines bestimmen Gerechtigkeitsempfindens ist allerdings schwierig und wird von den Gerichten selten stichhaltig begründet. Das

---

[781] BVerfGE 95, 96 (133); ebenso zuvor BGHSt 39, 1 ff.
[782] BGH NJW 1963, 491 unter Berufung auf RGZ 60, 6 (7). Dieser Anspruch ist nicht zu verwechseln mit dem ebenfalls richterrechtlichen Anspruch auf Geldentschädigung wegen eines immateriellen Schadens durch Persönlichkeitsverletzung, der aus dem grundrechtlichen Schutz der Menschenwürde abgeleitet wird, vgl. BGHZ 35, 363 (367 ff.).
[783] BGH NJW 2006, 47 ff.
[784] Grundlegend BGHZ 72, 132 (133); BGHZ 129, 6 (12); BGHZ 137, 1 (8); heute: § 630 h BGB.
[785] BGH NJW 2002, 1950, mit Blick hierauf stelle die formularmäßige Begründung einer verschuldensunabhängigen Haftung des Vertragspartners nach § 307 II Nr. 1 BGB grundsätzlich eine unangemessene Benachteiligung dar.
[786] BGHZ 149, 191 (200).
[787] BGHZ 115, 38 (42).
[788] BGHZ 126, 109 (120); BGH NJW 2005, 2919 ff.
[789] Stöhr, Rechtstheorie 2014, 159 (178).

Bundesverfassungsgericht versucht dies mitunter aus den Wertentscheidungen der Verfassung zu gewinnen: Der Maßstab dafür, was nach den allgemeinen Gerechtigkeitsvorstellungen der Gemeinschaft als willkürlich zu qualifizieren ist, ergebe sich „zunächst und vor allem aus den in den Grundrechten konkretisierten Wertentscheidungen und den fundamentalen Ordnungsprinzipien des Grundgesetzes".[790] Dieser Zusammenhang erschließt sich jedoch nicht. Da ausdrücklich auf ein kollektives Gerechtigkeitsverständnis abgestellt wird, würde es eine methodenehrliche Herangehensweise vielmehr gebieten, dieses durch empirische Untersuchungen wie z.B. repräsentativen Befragungen zu eruieren. Ansonsten könnte der verfassungsgebende Gesetzgeber die Gerechtigkeitsvorstellungen selbst bestimmen, was mit der Stellung der Gerechtigkeit als überpositiver Maßstab unvereinbar ist.[791] Zumeist wird jedoch ein bestimmtes Gerechtigkeitsempfinden ohne verfassungsrechtlichen, rechtsphilosophischen oder empirischen Nachweis unterstellt. So geht das Bundesverfassungsgericht etwa von einem allgemeinen Gerechtigkeitsempfinden aus, welches die lebenslange Freiheitsstrafe bei Mord rechtfertigt[792] oder erfordert, dass bedeutendere Rechtssachen schon in der ersten Instanz höheren Gerichten zugewiesen werden.[793] Auch in den Entscheidungen des Bundesgerichtshofs findet sich regelmäßig keine nähere Begründung. So soll es z.B. „dem Gerechtigkeitsgefühl widersprechen", dem Schuldner die ihm obliegende Leistung zuzumuten, obwohl seine Gegenrechte dem Anspruch des Gläubigers einmal voll gültig gegenübergestanden haben;[794] oder dass im Falle einer Körperverletzung der Umfang des Schmerzensgeldes bei sonst gleicher Auswirkung der verletzenden Handlung von dem Zufall abhängig sein soll, ob der Schädiger leistungsfähig ist oder nicht, obwohl der Umfang der aus derselben unerlaubten Handlung hervorgehenden vermögensrechtlichen Ansprüche trotz ihrer häufig erheblich geringeren Bedeutung davon unabhängig ist.[795]

Diese Auswertung vermittelt den Eindruck, dass Gerechtigkeitserwägungen in der Rechtsprechung nur eine geringe Rolle spielen. Allerdings verbergen sich Gerechtigkeitsmomente vielfach hinter anderen Formulierungen der Gerichte. So lassen sich z.B. Erwägungen zu Verhältnismäßigkeit, Vertrauensschutz, Selbstbestimmung als Ausdruck von Menschenwürde und Freiheit sowie – für das eigene Gerechtigkeitsverständnis zentral – die Durchführung einer Interessenabwägung als Ausdruck von Gerechtigkeit verstehen.[796] Diese Vorgehensweise entspricht der ebenfalls anzutreffenden Praxis, ökonomische Erwägungen

---

[790] BVerfGE 42, 64 (72 f.).
[791] *Stöhr*, Rechtstheorie 2014, 159 (179).
[792] BVerfGE 45, 187 (259).
[793] So BVerfGE 9, 223 (227).
[794] BGHZ 26, 304 (309).
[795] BGHZ 7, 223 (228).
[796] *Rüthers/Fischer/Birk*, 10. Aufl. 2018, Rn. 386; *Stöhr*, Rechtstheorie 2014, 159 (180).

in den Urteilsgründen nicht offen zu legen.[797] Solange kein allgemein konsentiertes Gerechtigkeitsverständnis existiert, sind solche verdeckten Gerechtigkeitserwägungen sogar vorzugswürdig. Denn ohne rechtsphilosophische Ableitung sind explizite Schlussfolgerungen aus der Gerechtigkeit für sich genommen selten stichhaltig, klingen leicht nach Willkür oder sind gar deren Ausdruck.[798] Im Hinblick auf den Schutz von kleinen Unternehmen wird der Zusammenhang mit der Gerechtigkeit jedoch nicht ohne weiteres erkennbar, wenn dieser nicht mit der Gerechtigkeit begründet oder gar nicht erst offengelegt wird.

b) Möglichkeiten und Grenzen der juristischen Methodenlehre

Als rechtsphilosophischer Maßstab hat die Gerechtigkeit eine Doppelfunktion: Einerseits geht es um die Überprüfung der Rechtsordnung auf inhaltliche Richtigkeit, was die Gesetzgebung im Blick hat. Andererseits um die Durchsetzung inhaltlicher Richtigkeit, was vor allem durch die richterliche Auslegung und Rechtsfortbildung geleistet wird.[799]

aa) Gesetzesauslegung

Zu untersuchen ist, welchen Raum die juristische Methodenlehre für gerechtigkeitsorientierte Argumentation belässt. Dabei wird sich zeigen, dass deutliche Parallelen zur verfassungsorientierten und ökonomisch orientierten Argumentation bestehen. In diesem Rahmen wurde bereits darauf hingewiesen, dass das Instrumentarium der traditionellen Methodenlehre oftmals einen beachtlichen Interpretationsspielraum eröffnet und die Verfassung keine bestimmte Auslegungsmethode oder gar eine reine Wortlautinterpretation vorschreibt. Allerdings können gerechtigkeitsbezogene Argumente nur überzeugen, wenn sie methodisch fundiert und in die juristische Dogmatik integriert sind. Denn ohne Dogmatik fehlt es juristischen Gerechtigkeitserwägungen an einem stabilen Fundament.[800] Ebenso wie verfassungsorientierte und ökonomisch orientierte Argumente fallen gerechtigkeitsgeleitete Argumente in die Kategorie der Sachargumente, deren Möglichkeit und Grenzen bis heute nicht abschließend geklärt sind. Prinzipiell ist es ist den Richtern verwehrt, die Gerechtigkeitsvorstellungen des Gesetzgebers durch ihre eigenen zu ersetzen.[801] Gerichte haben einen ergänzenden, keinen konkurrierenden Auftrag zur Verwirklichung von Gerechtigkeit. Über die Entscheidung des Gesetzgebers darf sich die Rechtsprechung grundsätzlich nicht hinwegsetzen, weil sie dies aus allgemeinen Gerechtigkeits-

---

[797] Siehe oben D) II. 2. c) bb).
[798] *Rüthers/Fischer/Birk*, 10. Aufl. 2018, Rn. 386; *Stöhr*, Rechtstheorie 2014, 159 (180).
[799] Vgl. BVerfGE 34, 269 (287).
[800] *Esser*, Juristisches Argumentieren, 1979, S. 31.
[801] BVerfGE 82, 6 (12); BVerfGE 128, 193 (210 f.); *Stöhr*, Rechtstheorie 2014, 159 (171).

erwägungen für wünschenswert hält.[802] Sofern das Gesetz allerdings in einem solchen unerträglichem Widerspruch zur Gerechtigkeit steht, hat sich der Richter nach der Radbruchschen Formel gegen das Gesetz und für die Gerechtigkeit zu entscheiden.[803] Diese Formel kam in der Rechtsprechung bislang vor allem im Zusammenhang mit dem NS-Unrecht[804] sowie in der bereits erwähnten Entscheidung zur Strafbarkeit von Mauerschützen nach dem Zusammenbruch der DDR[805] zur Anwendung. Insoweit wirkt die Gerechtigkeit im rechtsphilosophischem Sinne als überpositives Korrektiv gegenüber dem unrechten Gesetz. Eine gerechtigkeitsorientierte Argumentation ist aber jedenfalls dann zulässig, wenn zwingende Autoritätsargumente nicht entgegenstehen oder gar nicht erst möglich sind. Die rechtsphilosophische Bedeutung der Gerechtigkeit und die Bindung an Gesetz und Recht (Art. 20 Abs. 3 GG) gebieten es sogar, sie innerhalb dieses Spielraums als Leitlinie der Gesetzesauslegung heranzuziehen.[806] Ansonsten würden die Gerichte diese Möglichkeit ungenutzt lassen, im Rahmen ihrer verfassungsrechtlichen Kompetenzen zur Gerechtigkeitsverwirklichung beizutragen. Dabei geht es keineswegs darum, jedes Ergebnis – also auch den Schutz von kleinen Unternehmen – zwanghaft auf die Gerechtigkeit zurückzuführen. Oben wurde gezeigt, dass verdeckte Gerechtigkeitserwägungen stärker überzeugen können als ausdrückliche. Nach dem eigenen Gerechtigkeitsverständnis muss lediglich die getroffene Interessenabwägung in der Entscheidung offen gelegt und begründet werden,[807] das Wort „Gerechtigkeit" braucht nicht unbedingt erwähnt zu werden. Da sowohl Autoritätsargumente als auch das Gerechtigkeitskriterium im Einzelfall durchaus verschiedene Ergebnisse stützen können,[808] lässt sich der relevante Bereich als Schnittmenge zweier Kreise begreifen.

Innerhalb dieser Grenzen wäre es z.B. möglich, – ggf. in abgeschwächter Form – eine Mittelstandsverträglichkeitsprüfung nach dem Vorbild von § 6 des Mittelstandsfördergesetzes NRW durchzuführen, da sich die Auswirkungen einer Auslegung auf kleine Unternehmen wie gezeigt als Abwägungsfaktor im Rahmen der Interessenabwägung begreifen lassen. Nach dem rechtsphilosophi-

---

[802] BVerfGE 82, 6 (12); BGHZ 138, 321 (329) zu den Grenzen der analogen Gesetzesanwendung.

[803] *Radbruch*, Schweizerische Juristen-Zeitung 1946, 105 (107).

[804] Vgl. BGHZ 3, 94 (107) zur Rechtswidrigkeit der Erschießung eines Deserteurs durch Angehörige des Volkssturms in den letzten Tagen des 2. Weltkriegs.

[805] BGHSt 39, 1 (15 f.), wo eine Strafbarkeit der Mauerschützen trotz entsprechendem DDR-Rechts unter Berufung auf die Radbruchsche Formel bejaht wird; das BVerfG hat dies als verfassungsgemäß befunden, siehe BVerfGE 95, 96 (112 f.).

[806] *Larenz*, Methodenlehre der Rechtswissenschaft, 6. Aufl., Berlin 1991, S. 349 bezeichnet die Gerechtigkeitsverwirklichung in diesem Rahmen als wünschenswertes Ziel der Rechtsanwendung.

[807] Vgl. *Riehm*, Abwägungsentscheidungen in der praktischen Rechtsanwendung, 2006 S. 163 unter Hinweis auf die allgemeine Begründungspflicht bei rechtlichen Entscheidungen.

[808] Vgl. *Stöhr*, Rechtstheorie 2014, 159 (172).

§ 5 Befugnis, Pflicht und Grenzen zum Schutz kleiner Unternehmen 251

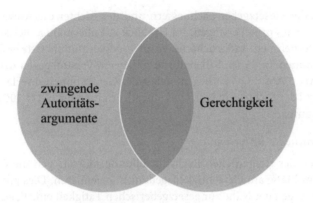

Abbildung 6: Methodische Zulässigkeit gerechtigkeitsorientierter Argumente

schen Ansatz wird es – ebenso wie beim verfassungsrechtlichen und ökonomischen Ansatz – regelmäßig ausgeschlossen sein, eine Differenzierung nach der Unternehmensgröße mittels Schwellenwerten vorzunehmen, die nicht im Gesetz stehen. Eine denkbare Ausnahme sind auch hier offene Rechtsbegriffe, die naturgemäß einen weiteren Interpretationsspielraum belassen. Ein weiteres Beispiel ist die Begründung eines Anscheinsbeweises hinsichtlich der Kenntnis des Verwenders von der Unwirksamkeit einer AGB-Klausel, welche mit zunehmender Unternehmensgröße wahrscheinlicher wird.[809] Wenn eine Differenzierung nach der Unternehmensgröße ausscheidet, die Entscheidung nach der Interessenabwägung aber trotzdem die Belange von kleinen Unternehmen berücksichtigen soll, muss die Entscheidung folglich generell zugunsten von Unternehmen ausfallen. Dies würde freilich dazu führen, dass auch Großunternehmen davon profitieren, die den Schutz ggf. nicht verdienen. Diese Folge mag unbefriedigend sein, kann aber trotzdem den angemesseneren Interessenausgleich bewirken und damit gerechter sein als eine Entscheidung, die nicht auf die Belange der Unternehmen Rücksicht nimmt und kleine Unternehmen dadurch unangemessen belastet. Hier kommt der vergleichende Ansatz zum Tragen: Anzustreben ist danach kein Zustand vollständiger Gerechtigkeit, der auf die Belange jedes einzelnen Rechtssubjekts Rücksicht nimmt, sondern die Entscheidung für den gerechtesten Zustand. Sollte dieser Zustand unbefriedigend sein – z.B. weil Großunternehmen in den Genuss eines unverdienten Schutzes kommen – könnte der Gesetzgeber dies zum Anlass nehmen, geschriebene Schwellenwerte einzuführen.

Sollte das anzuwendende Gesetz keine hinreichende Gerechtigkeitsverwirklichung ermöglichen, zwischen den Kreisen also keine Schnittmenge beste-

---

[809] Dazu *Stöhr*, ZfA 2013, 213 (234 f.).

hen, muss der Gesetzgeber nachbessern und der Richter die Anwendung der Radbruchschen Formel erwägen. Im Hinblick auf übermäßige Belastungen für kleine Unternehmen Radbruchsche Formel jedoch nur in Extremfällen zum Tragen kommen. In diesen Fällen dürfte zudem ein Verstoß gegen Art. 12 Abs. 1 GG oder Art. 3 Abs. 1 GG vorliegen, sodass das Gesetz ohnehin verfassungswidrig wäre und der Richter ein Normenkontrollverfahren nach Art. 100 Abs. 1 GG einleiten kann.

bb) Richterliche Rechtsfortbildung

Im Rahmen der richterlichen Rechtsfortbildung müssen sich die Gerichte in besonderem Maße am Gerechtigkeitsgedanken orientieren. Dies gilt nicht nur, wenn man wegen der Nähe zur gesetzgeberischen Tätigkeit eine Folgenorientierung der Rechtsprechung befürwortet und die juristische Entscheidung von ihren Auswirkungen in der Wirklichkeit abhängig macht,[810] sondern auch, wenn man sich mit der wohl herrschenden juristischen Methodenlehre an den vorhandenen allgemeinen Rechtsgrundsätzen orientiert.[811] Denn das Gerechtigkeitsgebot lässt sich als oberster Rechtsgrundsatz begreifen, aus dem die wesentlichen Grundgedanken abzuleiten sind.[812] Nach dem Bundesverfassungsgericht hat der Richter die fehlende Regelung „in möglichst enger Anlehnung an das geltende Recht nach den fundierten allgemeinen Gerechtigkeitsvorstellungen der Gemeinschaft zu ersetzen."[813] Nach dem Bundesgerichtshof obliegt es dem Richter im Rahmen der Rechtsfortbildung, „diejenige Regelung zu finden und anzuwenden, welche sich aus der Natur der Sache und nach allgemeinen Gerechtigkeitserwägungen als die richtige erweist."[814] Da die richterliche Rechtsfolge einen weiteren Entscheidungsspielraum belässt als die Gesetzesauslegung, ist in diesem Rahmen auch die richterrechtliche Entwicklung von Schwellenwerten leichter möglich.

---

[810] Dafür *Wälde*, Juristische Folgenorientierung, Bodenheim 1979; dagegen *Luhmann*, Rechtssystem und Rechtsdogmatik, 1974, S. 33 ff.; eingehend *Deckert*, Folgenorientierung in der Rechtsanwendung, München 1995.
[811] Vgl. BVerfG NJW 2012, S. 669, 671: „Richterliche Rechtsfortbildung überschreitet die verfassungsrechtlichen Grenzen, wenn sie deutlich erkennbare, möglicherweise sogar ausdrücklich im Wortlaut dokumentierte gesetzliche Entscheidungen abändert oder ohne ausreichende Rückbindung an gesetzliche Aussagen neue Regelungen schafft."
[812] So wird z.B. im Rahmen der Inhaltskontrolle nach § 307 Abs. 2 Nr. 1 BGB (Unvereinbarkeit mit wesentlichen Grundgedanken der gesetzlichen Regelung) verfahren, siehe BGHZ 41, 151 (154); BGH NJW 2007, 3637 (3640).
[813] BVerfGE 34, 269 (287).
[814] BGHZ 37, 219 (229) zur Übergangsregelung für die Umstellung der Verwaltungspraxis wegen Änderung von Gewohnheitsrecht.

§ 5 Befugnis, Pflicht und Grenzen zum Schutz kleiner Unternehmen 253

c) Gerichtliche Nachprüfbarkeit

Wenn die Gerechtigkeit innerhalb der verfassungsrechtlichen und methodologischen Grenzen den Maßstab der Rechtsanwendung bildet, ist zu klären, inwieweit ihre Einhaltung der gerichtlichen Nachprüfung unterliegt. Da den Gerichten eine eigenständige Auslegungskompetenz zugestanden wird, können diese konsequenterweise auch über die Wahrung des Gerechtigkeitsgebots befinden. Diese Aufgabe fällt in erster Linie den Berufungs- und Revisionsgerichten zu. Die Verletzung von Gerechtigkeitsnormen bedeutet nämlich eine fehlerhafte Rechtsanwendung und damit eine Verletzung des Rechts i.S.v. §§ 545 Abs. 1, 546 ZPO, sofern die angewandte Norm auch eine andere Auslegung zulässt. Der Zweck der Revision besteht neben der Wahrung der Rechtseinheit und der Fortentwicklung des Rechts darin, im Parteiinteresse eine gerechte Einzelfallentscheidung herbeizuführen.[815] Nach dem Verständnis des Bundesgerichtshofs ist die „richtige", von der höheren Instanz zu findende Entscheidung diejenige, die im Einzelfall der materiellen Gerechtigkeit entspricht.[816] Ein schwerer, das Vertrauen der Allgemeinheit in eine funktionierende Rechtsprechung gefährdender Rechtsfehler liege vor, wenn das Berufungsgericht bei der Auslegung oder Anwendung von Vorschriften des materiellen Rechts oder des Verfahrensrechts gegen grundlegende, verfassungsrechtlich abgesicherte Gerechtigkeitsanforderungen verstoßen hat und die Entscheidung deshalb von Verfassungs wegen einer Korrektur bedarf.[817] Dies zeigt, dass der festgestellte Gerechtigkeitsverstoß von einem gewissen Gewicht und einer rationalen Begründung zugänglich sein muss. Sofern es um die Auslegung unbestimmter Rechtsbegriffe geht, kann das Revisionsgericht wegen des tatrichterlichen Beurteilungsspielraums nur überprüfen, ob der Rechtsbegriff als solcher verkannt ist.[818] Im Strafverfahren liegt ein reversibler Gerechtigkeitsverstoß zudem vor, wenn die verhängte Strafe keinen gerechten Schuldausgleich zu leisten vermag.[819]

Da das Gerechtigkeitsgebot über das Rechtsstaatsprinzip auf die Verfassung zurückzuführen ist, wacht über seine Einhaltung auch das Bundesverfassungsgericht. Im Hinblick auf Gerichtsentscheidungen besteht der Prüfungsmaßstab jedoch ausschließlich in der „Verletzung spezifischen Verfassungsrechts", da die Verfassungsgerichtsbarkeit bekanntlich keine Superrevisionsinstanz ist.[820] Ein Gerechtigkeitsverstoß kann daher nur dann als verfassungswidrig beanstandet werden, wenn er hinreichend qualifiziert ist. Das Bundesverfassungsgericht betont selbst, dass angesichts der Weite und Unbestimmtheit des Gerechtigkeitsge-

---

[815] BVerfGE 49, 148 (159 f.); *Krüger*, in: MünchKomm-ZPO, 5. Aufl. 2016, § 546 Rn. 3.
[816] BGH NJW 2005, 1583 ff.
[817] BGH NJW 2003, 1943 (1946).
[818] BGH NJW 1990, 2889 (2890).
[819] BGHSt 29, 319 (320).
[820] BVerfGE 18, 85 (92).

bots bei der Ableitung konkreter Bindungen mit Behutsamkeit vorzugehen ist.[821] Aber auch im Hinblick auf Gesetze ist der Prüfungsmaßstab der Gerechtigkeit schwer zu bestimmen. Das Bundesverfassungsgericht kann Entscheidungen des Gesetzgebers nicht etwa mit der schlichten Behauptung korrigieren, sie genügten nicht dem Ideal der Gerechtigkeit.[822] Nicht jede Ungerechtigkeit führt automatisch zu einem Verfassungsverstoß.[823] Zum Gleichheitssatz führt das Bundesverfassungsgericht z.B. aus, dass ihm dieser „keine Möglichkeit bietet, ein Gesetz unter dem Gesichtspunkt „allgemeine Gerechtigkeit" nachzuprüfen und damit seine Auffassung von Gerechtigkeit derjenigen des Gesetzgebers zu substituieren, da der Gleichheitssatz dem Gesetzgeber ein weites Ermessen belässt."[824]

2. Zusammenfassung

Der Schutz von kleinen Unternehmen ist auch aus Gerechtigkeitsgründen geboten. Dies folgt zum einen aus der Verteilungsgerechtigkeit, die sowohl den Ausgleich zugunsten Schwächerer als auch die Kosten-Nutzen-Relation von Belastungen berücksichtigt. Zum anderen folgt dies aus der juristischen Gerechtigkeit, die über einen angemessenen Interessenausgleich definiert ist und die spezifischen Bedürfnisse von und Auswirkungen auf kleine Unternehmen als Abwägungsfaktoren begreift. Die Berücksichtigung dieser Bedürfnisse und Auswirkungen entspricht einer Folgenorientierung, sodass der ökonomische Ansatz insoweit mit dem rechtsphilosophischen Ansatz verknüpft ist. Für die Verwirklichung des rechtsphilosophischen Ansatzes sind neben dem Gesetzgeber auch die Gerichte befugt, die im Rahmen der von der juristischen Methodenlehre gezogenen Grenzen Verteilungserwägungen und Interessenabwägungen vornehmen können und müssen. Ist im Rahmen der Rechtsanwendung eine Differenzierung nach der Unternehmensgröße – wie zumeist – nicht möglich, muss bei einer Entscheidung zugunsten kleiner Unternehmen ggf. in Kauf genommen werden, dass Großunternehmen mitgeschützt werden, auch wenn sie dieses Schutzes nicht bedürfen.

II. Freiheit

Der Gedanke der Freiheit spielt in der Philosophie ebenfalls eine bibliothekenfüllende Rolle. Sein Inhalt und die daraus abzuleitenden politischen, ökonomischen und gesellschaftlichen Gebote sind kaum klarer als bei der Gerechtigkeit.

---

[821] BVerfGE 57, . 250, 276.
[822] BVerfGE 11, S. 105, 123.
[823] BVerfGE 100, 59 (101); BVerfG NJW 1993, 643 (646) zu einem Verstoß gegen den Gleichbehandlungsgrundsatz.
[824] BVerfGE 3, 162 (182).

1. Der „Capability Approach" von Sen

Im Zusammenhang mit kleinen Unternehmen sind insbesondere die Arbeiten von *Sen* von Interesse, auf die sich die nachfolgenden Ausführungen fokussieren. *Sen* hat ein Konzept entworfen, wonach die Freiheit bzw. deren Verwirklichungschancen die Grundlage des ethischen Handelns und das eigentliche Entwicklungsziel sind.[825] Im Zentrum dieses Ansatzes steht der Mensch selbst:

„Human beings are not merely the means of production, but also the end of the exercise."[826]

Daraus folgert er die Bedeutung eines allgemeinen Bildungs- und Gesundheitssystems. Zudem muss staatliches Handeln darauf gerichtet sein, substantielle menschliche Freiheit zu verwirklichen. Dies beinhaltet den Abbau von Schranken menschlicher Freiheit.[827] Die Steigerung des Bruttoinlandproduktes als sozial-ökonomisches Ziel stellt danach nur eine Nebenerscheinung dieses Prozesses dar. Den Maßstab für die Entwicklung sieht *Sen* nicht – wie in der Neoklassik üblich – in der reinen Messung des Anstiegs des Pro-Kopf-Einkommens. Entwicklung soll vielmehr die Freiheit der Menschen sein, ein Leben zu leben, das ihre Wertschätzung verdient. Dazu bedarf es mehr als eines hohen Einkommens, nicht zuletzt weil das Bruttoinlandsprodukt keinen Aufschluss über Einkommensverteilung und menschliche Bedürfnisse gibt. So brauchen z.B. behinderte Menschen ein höheres Einkommen, um daraus denselben Grad an Freiheit zu ziehen wie nichtbehinderte Menschen. Dabei bezieht *Sen* die ethische Dimension der Ökonomik ein: Entwicklung ist die Vergrößerung der menschlichen Freiheit und soll die menschlichen Verwirklichungschancen (capabilities) erweitern. Dazu gehört der ungestörte und freie Zugang zum Markt und zur Arbeit.

2. Folgerung für kleine Unternehmen

Mithin gehören auch die Verwirklichungschancen von Kleinunternehmen zur Aufgabe der Entwicklung. Übermäßige Regulierung und Kostenbelastungen stellen deren Freiheit infrage und sind daher unabhängig von der individuellen Schwäche und den volkswirtschaftlichen Vorteilen von kleinen Unternehmen kritisch zu hinterfragen und ggf. abzuschaffen. In der Literatur wird diese Erkenntnis zum Anlass genommen, den Anwendungsbereich des Arbeitsrechts neu zu bestimmen. *Brian Langille* sieht die Aufgabe des Arbeitsrechts darin, menschliche Freiheit zu vergrößern und die produktive Verwendung des Humankapitals zu maximieren.[828] Da das Arbeitsrecht danach nicht nur den Interessen der Arbeitnehmer dient, sondern dem Interesse aller Beteiligten, folgt

---

[825] *Langille*, in: Davidov/Langille, The Idea of Labour Law, 2011, S. 101 (111).
[826] *Sen*, Development as Freedom, 1999, S. 296.
[827] Grundlegend *Sen*, Development as Freedom, 1999, 296.
[828] *Langille*, in: Davidov/Langille, The Idea of Labour Law, 2011, S. 101 ff., zu den

daraus konsequenterweise die Ausdehnung des Anwendungsbereichs auf Kleinunternehmer.[829] Darauf wird noch einzugehen sein.[830]

F) Zusammenfassung und Fazit

Es wurde gezeigt, dass Gesetzgebung und Rechtsanwendung der spezifischen Schutzwürdigkeit von kleinen Unternehmen prinzipiell Rechnung tragen können und müssen. Eine Rechtspflicht zum Schutz von kleinen Unternehmen ergibt sich unter den geschilderten Voraussetzungen zunächst aus der Verfassung. Die regulierungsbedingte Kostenbelastung bedeutet für Unternehmen oberhalb einer Bagatellschwelle einen rechtfertigungsbedürftigen Eingriff in die Berufsfreiheit (Art. 12 Abs. 1 GG), ggf. auch in die Unternehmerfreiheit (Art. 14 GG). Die spezifischen Belange von kleinen Unternehmen sind dabei in der Prüfung der Verhältnismäßigkeit zu berücksichtigen. Die verhältnismäßig stärkere Belastung von kleinen Unternehmen im Vergleich zu größeren Unternehmen betrifft hingegen den allgemeinen Gleichheitssatz (Art. 3 Abs. 1 GG). Insgesamt ist der verfassungsrechtliche Ansatz in erster Linie auf negativen Schutz gerichtet, also auf die Abwehr von Belastungen. Verwirklicht werden kann dies insbesondere durch größenabhängige Befreiungen. Deren Einführung ist jedoch grundsätzlich dem Gesetzgeber vorbehalten. Die Gerichte können regelmäßig aus methodischen Gründen keine Schwellenwerte in ein Gesetz hineininterpretieren, die nicht darinstehen. Ist eine verfassungsorientierte Auslegung zugunsten kleiner Unternehmen nicht möglich, ist eine Normenkontrolle nach Art. 100 Abs. 1 GG in Erwägung zu ziehen.

Weiterhin kann sich nach dem rechtsphilosophischen Ansatz eine Rechtspflicht zum Schutz von kleinen Unternehmen ergeben. Am klarsten ist insoweit das Gerechtigkeitsverständnis, wonach die spezifischen Bedürfnisse von und Auswirkungen auf kleine Unternehmen im Rahmen der jeweiligen Interessenabwägungen zu berücksichtigen sind. Ob diese in Betracht gezogen und hinreichend gewürdigt wurden lässt sich einigermaßen verlässlich überprüfen, wobei sich eine Anlehnung an die Abwägungslehre zu §§ 1 Abs. 7, § 214 Abs. 3 S. 2 BauGB empfiehlt. Die Verteilungsgerechtigkeit kann ebenfalls den Schutz von kleinen Unternehmen gebieten, ist aber im Hinblick auf die Umverteilung zugunsten Schwächerer deutlich vager und von den Gerichten daher mit Vorsicht heranzuziehen. Am klarsten erscheint der Ansatz des Bundesverfassungs-

---

Schlussfolgerungen aus dem Sen'schen Ansatz S. 111 ff. Zu diesem Ansatz eingehend unten § 8 D) II. 1. c).

[829] *Langille*, Jerusalem Review of Legal Studies 7/1 [2013], 99 (104 ff.); vgl. auch *Hyde*, in: Davidov/Langille, Boundaries and Frontiers of Labour Law, 2006, S. 37 (58).

[830] Siehe unten § 8.

§ 5 Befugnis, Pflicht und Grenzen zum Schutz kleiner Unternehmen 257

gerichts, wonach die Verteilungsgerechtigkeit im Hinblick auf den allgemeinen Gleichheitssatz zu einem angemessenen Kosten-Nutzen-Verhältnis führen muss. Schließlich gebietet auch der „Capability Approach" von *Sen*, Schranken für kleine Unternehmen wie Regulierungen und Kostenbelastungen zu hinterfragen und ggf. abzuschaffen. Der rechtsphilosophische Ansatz kann neben dem negativen Schutz auch auf positiven Schutz gerichtet sein, also auf die Vornahme positiver Maßnahmen wie z.B. die Statuierung von Aufklärungspflichten. Aus dem ökonomischen Ansatz ergibt sich hingegen regelmäßig keine Rechtspflicht, sondern lediglich die Befugnis zum Schutz kleiner Unternehmen. Dies ist letztlich der wirtschaftspolitischen Neutralität des Grundgesetzes geschuldet, wonach Effizienz ein legitimes, aber kein verbindliches Kriterium von Gesetzgebung und Rechtsanwendung ist. Die Bedeutung des ökonomischen Ansatzes liegt vor allem darin, dass er mit der Folgenorientierung und dem Effizienzkriterium eine Herangehensweise ermöglicht, welche die Grenzen einer rein normativen Herangehensweise überschreitet und dadurch gewinnbringende Argumentationsmuster und Ergebnisse ermöglicht. Insoweit wurde gezeigt, dass der Schutz von kleinen Unternehmen, namentlich durch größenabhängige Befreiungen, prinzipiell effizient sein kann.

Im Rahmen der Rechtsanwendung können die verfassungsrechtlichen, ökonomischen und rechtsphilosophischen Zusammenhänge in den von der juristischen Methodenlehre gezogenen Grenzen – namentlich zwingenden Autoritätsargumenten wie ein eindeutiger Wortlaut oder Wille des Gesetzgebers – als Sachargumente eingebracht werden. In der Rechtsprechung kommt es vor, dass die ökonomischen oder gerechtigkeitsgeleiteten Erwägungen nicht offengelegt werden, sondern sich hinter anderen Formulierungen verbergen. So verhält es sich mutmaßlich in den Entscheidungen des Europäischen Gerichtshofs, in denen er den Schlussanträgen der Generalanwälte, die mit den ökonomischen Zusammenhängen im Hinblick auf kleine Unternehmen begründet waren, nur im Ergebnis gefolgt ist. Während dies der inhaltlichen Richtigkeit der Entscheidungen keinen Abbruch tut, vermag eine solche Vorgehensweise jedoch allenfalls eingeschränkte Steuerungswirkung zu entfalten, was den Schutz von kleinen Unternehmen anbelangt.

Die Berücksichtigung der Unternehmensgröße in Gesetzgebung und Rechtsanwendung fügt sich in die Konzeption *Walter Wilburgs* ein. Dieser hat in seinem Entwurf des „beweglichen Systems" erkannt, dass im Recht nicht immer nur in starren Kategorien gedacht werden darf, sondern dass es fließende Übergänge geben muss.[831] Den Mangel der herrschenden Vorstellung sah er darin, dass

---

[831] Vgl. *Wilburg*, Entwicklung eines beweglichen Systems im Bürgerlichen Recht, 1950, S. 12 ff. zum Schadensrecht, S. 17 ff. zur Vertragstreue; *ders*. AcP 163 [1964], 346 ff.

„sie zusehr (sic!) an absolute Prinzipien denkt und die gegebenen Kräfte an bestimmte historisch gewordene Zusammenhänge bindet. Sie gleicht einem Feldherrn, der über seine strategischen Mittel nicht beweglich und souverän verfügt."[832]

Seine vorgeschlagene Lösung

„ist dazu bestimmt, das System des Privatrechts so zu gestalten, daß es ohne Verlust seines inneren Haltes die Eignung erlangt, die vielfältigen Kräfte des Lebens in sich aufzunehmen."[833]

Wilburg versucht, „den Mangel der Geschlossenheit im Aufbau" eines Systems „durch ein bewegliches Zusammenspiel der der Kräfte zu überwinden".[834] Dieser Ansatz ermöglicht – je nach Stärke und Zahl der wirkenden „Kräfte" – eine Abstufung der Rechtsfolgen.[835] Damit harmoniert die hier getroffene Erkenntnis, dass die gesetzlich überkommenen Gegenüberstellungen von Arbeitgebern und Arbeitnehmern und von Unternehmen und Verbrauchern in dieser Stringenz nicht durchgehalten werden können. Vielmehr müssen die Besonderheiten der kleinen Unternehmen und ihre Position im Machtgefüge zwischen Arbeitnehmern, Verbrauchern und Großunternehmen – also die vielfältigen Kräfte des (Wirtschafts-)Lebens – im Auge behalten und durch geeignete Abstufungen der Regulierung angemessen gewürdigt werden. Zum Arbeitsrecht tritt *Rieble* mit Recht für ein Ordnungsdenken anstelle des überkommenen Lagerdenkens ein: Das Arbeitnehmerschutzprinzip ist kein selbsttragender Wert, mit dem sich nach Belieben Sonderregelungen rechtfertigen ließen. Vielmehr muss stets gefragt werden, welchem konkreten Schutzanliegen eine arbeitsrechtliche Sonderregelung dient und ob sie den bezweckten Schutz bewirken kann, ohne schädliche Nebenwirkungen im Sinne verantwortungsvoller Folgenabschätzung.[836] Zum Verbraucherschutzrecht fordert *Hans-Wolfgang Micklitz* die Einführung eines beweglichen Wertesystems, das zwischen „verantwortlichen Verbrauchern", zu denen er auch Klein- und Kleinstunternehmern zählt, und „verletzlichen Verbrauchern" differenziert und das rechtliche Schutzniveau entsprechend abschichtet.[837] Sofern derartige Differenzierungen – ihre Vereinbarkeit mit der juristischen Methodenlehre unterstellt – im Rahmen der Rechtsanwendung getroffen werden, scheint eine solche bewegliche Gestaltung die Verantwortung der Richter zu erhöhen. *Wilburg* weist aber zutreffend darauf hin, dass der Stand der Richter noch viel schwerer ist, wenn sie Grundsätze anwenden sollen, die zu unannehmbaren Konsequenzen führen.[838] So ist z.B. die Arbeitnehmereigen-

---

[832] *Wilburg*, Entwicklung eines beweglichen Systems im Bürgerlichen Recht, 1950, S. 22.
[833] *Wilburg*, Entwicklung eines beweglichen Systems im Bürgerlichen Recht, 1950, S. 22.
[834] *Wilburg*, AcP 163 [1964], 346.
[835] *Gsell*, JZ 2012, 809 (816).
[836] *Rieble*, FS Adomeit, 2008, S. 619 (628 f.).
[837] *Micklitz*, Gutachten A zum 69. Deutschen Juristentag, 2012, A 1 (110 ff.); dazu unten § 10 D) II. 5. b).
[838] *Wilburg*, Entwicklung eines beweglichen Systems im Bürgerlichen Recht, 1950, S. 23.

schaft für die Anwendbarkeit des arbeitsrechtlichen Schutzes[839] und die Verbrauchereigenschaft für die Anwendbarkeit des Verbraucherschutzrechts[840] maßgeblich; mit der richterlichen Entscheidung über diese Kategorien steht und fällt der rechtliche Schutz für die betroffene Partei.

---

[839] Dazu unten § 9 A) I.
[840] Dazu unten § 10.

Dritter Teil:
Anwendung auf Referenzgebiete

3. Kapitel:

Kleine Unternehmen im Arbeitsrecht

„Das Arbeitsrecht setzt die Existenz von Arbeitgebern voraus, bürdet ihnen allerhand auf, fühlt sich aber nicht verantwortlich dafür, ob sie bleiben und nachwachsen."

– Klaus Adomeit

Mit diesen Worten hat *Adomeit* die nahezu ausschließliche Fokussierung des Arbeitsrechts auf die Arbeitnehmer festgestellt.[1] Der Sozialgedanke habe den sozial schutzbedürftigen Arbeitgeber erst noch zu entdecken.[2] Dies veranschaulicht er an dem Fall des Berliner Einzelhändlers: Dieser arbeitete mit seiner Ehefrau und einer Verkäuferin, deren Stelle neu zu besetzen war. Als sich am Mittwoch vor Ostern eine junge Frau meldete, konnte diese wegen fehlender Papiere nicht eingestellt werden. Wegen des erheblichen Arbeitsanfalls engagierte er sie jedoch für Gründonnerstag und den Samstag. Die Frau erwies sich jedoch als ungeeignet und wurde nach vier Stunden mit 40 DM nach Hause geschickt. Auf entsprechende Klage wurde der Händler jedoch zu einstweilen fünf Monaten Lohnzahlung verurteilt.[3] Seine Behauptung, es habe sich um eine befristete Einstellung gehandelt, sei von diesem als irreguläre Abrede zu beweisen,[4] seine Ehefrau sei keine geeignete Zeugin. Nach dem Bericht der Berliner Morgenpost hat der Händler den Glauben an das Recht verloren, die Verurteilungssumme gehe ihm an die Substanz. Ähnliche Reaktionen von Kleinunternehmern sind dem Verfasser aus seiner eigenen anwaltlichen Praxis bekannt. Z.B. hatte eine Physiotherapeutin ihrer ehemaligen Angestellten eine Fortbildung finanziert. Die Rückzahlungsvereinbarung stellte sich jedoch als unwirksam heraus, weil die Rückzahlung generell durch Eigenkündigungen ausgelöst wurde. Damit erfasste die Klausel potentiell auch Fälle, in denen die Eigenkündigung auf vertragswidrigem Verhalten des Arbeitgebers (z.B. Mobbing) beruht und damit aus dessen Sphäre stammt, was nach der Rechtsprechung eine unangemessene Benachteiligung darstellt.[5] Dass ein solcher Fall tatsächlich gar nicht vorlag, war wegen des

---

[1] Ebenso *Rieble*, FS Adomeit, 2008, S. 619 (622 f.). Dazu eingehend § 8 A) I.
[2] *Adomeit*, FS Hilger/Stumpf, 1983, S. 1 (4).
[3] ArbG Berlin, Urteil v. 8.9.1981–30 Ca 180/81.
[4] Das Schriftformerfordernis des § 14 Abs. 4 TzBfG galt damals noch nicht.
[5] BAG NZA 2012, 738 (739).

Verbots der geltungserhaltenden Reduktion unerheblich. Die Physiotherapeutin sagte nach dem Gerichtsprozess, dass sie ihren Mitarbeitern künftig keine Fortbildungen mehr finanzieren wolle. Dieser Fall zeigt eindrucksvoll den „Bumerang-Effekt" jeder Schutznorm, die sich durch Fehlanreize zu Lasten der Geschützten auswirken kann.[6]

In diesem Kapitel wird untersucht, inwieweit das Arbeitsrecht mit den Interessen speziell von kleinen Unternehmen verträglich ist und einen angemessenen Interessenausgleich sowohl im Verhältnis zu den Arbeitnehmern als auch im Verhältnis zu den Auftraggebern bewirkt, und welche Maßnahmen ggf. zu treffen sind. Im ersten Abschnitt wird eine Bestandsaufnahme vorgenommen und daraus gefolgert, dass prinzipiell eine Deregulierung des Arbeitsrechts erforderlich ist (unten § 6). Gegenwärtig ist der Schutz von Kleinunternehmern im Arbeitsrecht im Wesentlichen auf das Ziel beschränkt, die Pflichten gegenüber den Arbeitnehmern und damit die regulierungsbedingten Kosten zu reduzieren. Auf welche Weise Kleinunternehmer in rechtlich möglicher und ökonomisch sinnvoller Weise aus dem Verpflichtungsbereich des Arbeitsrechts herausgenommen werden können, wird im zweiten Abschnitt behandelt (unten § 7). Die ersten beiden Abschnitte befassen sich somit mit der Rolle von Kleinunternehmern als Arbeitgeber und damit mit dem Verpflichtungsbereich des Arbeitsrechts. Nicht im Fokus des Arbeitsrechts steht eine Stärkung von Rechten der Kleinunternehmer gegenüber ihren Vertragspartnern am Güter- und Dienstleistungsmarkt.[7] Der bislang einzige Ansatz ist die Figur der arbeitnehmerähnlichen Person, auf die einige arbeitsrechtliche Gesetze angewandt werden. Die Frage, ob und in welchen Grenzen Kleinunternehmer in den Begünstigungsbereich des Arbeitsrechts einbezogen werden können, wird im dritten Abschnitt erörtert (unten § 8). Damit werden in diesem Kapitel beide Richtungen virulent, kleine Unternehmen zu schützen: Die Herausnahme aus dem Verpflichtungsbereich des Arbeitsrechts bedeutet einen negativen Schutz, die Einbeziehung in den Begünstigungsbereich bedeutet einen positiven Schutz.[8]

---

[6] Vgl. *Rieble*, FS Adomeit, 2008, S. 619 (623) ebenfalls zum Beispiel der Rückzahlungsklauseln.
[7] *Deinert*, Soloselbständige zwischen Arbeitsrecht und Wirtschaftsrecht, 2015, S. 10 f.
[8] Zu dieser Unterscheidung siehe oben § 3 C) I. 4. e).

§ 6 Bestandsaufnahme und allgemeine Folgerung

A) Funktionen des Arbeitsrechts und Arbeitnehmerbegriff

Bevor das Arbeitsrecht im Hinblick auf kleine Unternehmen analysiert und ggf. modifiziert werden kann, muss man sich zunächst dessen Funktionen vergegenwärtigen. Diese sind in den letzten Jahren verstärkt in die internationale Diskussion geraten.[9] Die Funktionen des Arbeitsrechts beziehen sich auf den zu regelnden Lebenssachverhalt, nämlich einem Dauerschuldverhältnis, das für die meisten Menschen die Existenzgrundlage darstellt und nach überwiegender Annahme ein strukturelles Ungleichgewicht der Vertragsparteien aufweist.[10] Vor diesem Hintergrund besteht die zentrale Aufgabe des Arbeitsrechts in dem Schutz der Arbeitnehmer.[11] Da das Arbeitsverhältnis für die Arbeitnehmer in der Regel die Existenzgrundlage darstellt, sind sie darauf angewiesen, dass sie eine angemessene und kontinuierliche Vergütung erhalten, dass ihnen der Arbeitsplatz möglichst erhalten bleibt und dass ihre Gesundheit und damit ihre Arbeitskraft geschützt werden.[12] Darüber hinaus hat Arbeitsrecht die Funktion, Menschenrechte am Arbeitsplatz zu schützen.[13] In einigen Ländern hat dies eine lange Tradition, in anderen ist es eine neuere Erscheinung. Die eingehendste rechtliche Ausgestaltung hat dabei das Gleichheitsprinzip erfahren. Dieses ist auf der europäischen Ebene neben Art. 157 AEUV (gleiches Entgelt für Männer und Frauen) in mehreren Richtlinien normiert[14] und im deutschen Recht im Allgemeinen Gleichbehandlungsgesetz kodifiziert. Auch der Sicherheits- und Gesundheitsschutz der Arbeitnehmer lässt sich als grundlegendes Menschenrecht begreifen.[15]

---

[9] Vgl. den Sammelband von *Davidov/Langille*, The Idea of Labour Law, 2011.
[10] Vgl. statt vieler *Junker*, Grundkurs Arbeitsrecht, 17. Aufl. 2017, Rn. 3 f.
[11] Dies gilt jedenfalls für die arbeitsrechtlichen Sondervorschriften, die das allgemeine Zivilrecht modifizieren, vgl. *Hromadka/Maschmann*, Arbeitsrecht I, 6. Aufl. 2015, § 2 Rn. 4. Da das Arbeitsrecht nicht nur auf Einschränkung und Abwehr von Maßnahmen des Arbeitgebers gerichtet sind, sondern über das Arbeitskampfrecht auch aktive Maßnahmen der Arbeitnehmer schützt, liegt dem Arbeitsrecht – im Gegensatz zum Mietrecht – eine Aggressivstruktur zugrunde, v. *Stebut*, Der soziale Schutz als Regelungsproblem des Vertragsrechts, 1982, S. 287 ff.
[12] *Wank*, RdA 2010, 193 (195); dazu eingehend *Rieble*, Arbeitsmarkt und Wettbewerb, 1996, Rn. 90 ff.; vgl. auch Rebhahn, RdA 2009, 236 (243).
[13] *P. Davies/Freedland*, in: Collins/Davies/Rideout, The Legal Regulation of the Employment Relation, 2000, S. 267 (283); dazu eingehend *C.L. Davies*, Perspectives on Labour Law, 2th edition 2009, S. 38 ff.
[14] RL 2002/73/EG und RL 2006/54/EG (Geschlecht);: RL 2000/43/EG (zu Rasse und Ethnie); RL 2000/78/EG (Religion, Weltanschauung, Behinderung, Alter und sexuelle Ausrichtung); RL 91/383/EWE und RL 2008/104/EG (Leiharbeit); RL 97/81/EG (Teilzeitarbeit); RL 1999/70/EG (Befristung von Arbeitsverhältnissen).
[15] *Hyde*, in: Davidov/Langille, Boundaries and Frontiers of Labour Law, 2006, S. 37 ff.

Umgekehrt verursacht der Arbeitnehmerschutz jedoch erhebliche betriebswirtschaftliche Kosten, die sich für kleine Unternehmen wie gezeigt verhältnismäßig stärker auswirken als für große Unternehmen.[16] Nun wurde in der Arbeitsrechtswissenschaft allerdings schon früh erkannt, dass gesetzliche Eingriffe das Wirtschaftsleben nicht von vornherein belasten, sondern auch entlasten können.[17] In der Tat können arbeitsrechtliche Vorschriften auch positive Auswirkungen für die Unternehmen entfalten, welche die Kosten zumindest teilweise kompensieren. Eine solche ambivalente Wirkung hat z.B. Teilzeitarbeit, die nach § 8 TzBfG unter recht geringen Voraussetzungen beansprucht werden kann:[18] In betriebswirtschaftlicher Hinsicht bedeutet die Entwicklung, Abstimmung und vertragliche Regelung individueller Teilzeitmodelle einen erhöhten Aufwand. Eine Befragung von verschiedenen Unternehmen hat ergeben, dass die Abstimmung und Einführung eines individuellen Teilzeitmodells ca. zwei Personentage bzw. einen Personalaufwand in Höhe von etwa 600 Euro bedeutet.[19] Hinzu kommen die Kosten für notwendige Neueinstellungen bei Reduzierung der Arbeitszeit, wenngleich ein Teil des theoretischen Neueinstellungsbedarfs durch anderweitige Flexibilität – insbesondere durch flexible Ausgestaltung der Arbeitszeiten – aufgefangen werden kann.[20] Umgekehrt hat Teilzeitarbeit durchaus vorteilhafte Auswirkungen auf das Unternehmen: Nachdem sich das Verständnis von Arbeit und ihrer Vereinbarkeit mit dem Privatleben grundlegend gewandelt hat,[21] sind heute flexible Arbeitszeiten nicht nur ein Anliegen der Arbeitnehmer, sondern auch eine Beschäftigungsstrategie der Arbeitgeber. Ferner wird prognostiziert, dass ein erhöhter Einsatz Teilzeitbeschäftigter eine brauchbare Möglichkeit zur Verteilung eines vorhandenen Arbeitsvolumens auf mehr Köpfe sein kann.[22] Schließlich kann sich Teilzeitarbeit auch kostensenkend auswirken. Insoweit wird darauf hingewiesen, dass vor allem solche Unternehmen mit der Reduzierung der Arbeitszeit einverstanden sind, die ohnehin Arbeitskapazitäten aus Kostengründen abbauen wollen und können. Dies gelte insbesondere für den öffentlichen Dienst, wo betriebsbedingte Kündigungen selten sind und den Arbeitnehmern stattdessen schon vor der Einführung des § 8 TzBfG großzügig Teilzeitarbeit gewährt wurde.[23] Nicht zuletzt haben Studien ergeben, dass krankheitsbedingte Fehlzeiten bei Teilzeitbeschäftigten signifikant seltener sind als bei Vollzeitbeschäftigten, was eine geringere Entgeltfortzahlungspflicht und damit

---

[16] Dazu oben § 2 B) I. 1. a) aa).
[17] *Potthoff*, Probleme des Arbeitsrechtes, 1920, S. 73.
[18] Dazu eingehend *Stöhr*, ZfA 2015, 167 (187 ff.).
[19] Bundesministerium für Familie, Senioren, Frauen und Jugend, Betriebswirtschaftliche Effekte familienfreundlicher Maßnahmen, 2005 (Nachdruck 2008), S. 22.
[20] Bundesministerium für Familie, Senioren, Frauen und Jugend, Betriebswirtschaftliche Effekte familienfreundlicher Maßnahmen, 2005 (Nachdruck 2008), S. 30.
[21] Dazu *Stöhr*, ZfA 2015, 167 (177 ff.).
[22] *Buddelmeyer/Mourre/Ward*, IZA Discussion Paper No. 1361 (2005).
[23] *Preis/Gotthardt*, DB 2000, 2065 (2067).

eine Reduzierung der Lohnnebenkosten bedeutet.[24] Auch Betriebsratstätigkeit kann Unternehmen wirtschaftliche Vorteile bringen. Eine Auswertung verschiedener Studien hat gezeigt, dass Unternehmen mit Betriebsrat häufig flexibler und innovativer sind als Betriebe ohne Mitarbeitervertretung.[25]

In anderen Bereichen des Arbeitsrechts fallen für die Unternehmen jedoch die Kosten stärker ins Gewicht als eventuelle wirtschaftliche Vorteile. So argumentieren z.B. Befürworter einer freien Kündbarkeit (employment at will), dass Kündigungsschutz die Motivation der Arbeitnehmer wegen der rechtlichen Absicherung hemmt und Arbeitgeber darin beschränkt, auf wirtschaftliche Situationen flexibel zu reagieren.[26] Die schutzwürdigen Arbeitnehmerinteressen erlauben es nicht, die ökonomischen Auswirkungen des Arbeitsrechts im Allgemeinen und die Kostenbelastungen für die (kleinen) Unternehmen im Besonderen auszublenden. Die von der International Labour Organization (ILO) aufgestellte Prämisse, Arbeit sei keine Ware (labour is not a commodity),[27] ist offensichtlich empirisch falsch und lediglich als normatives Postulat zu verstehen.[28] Zwischen dem Schutz der Arbeitnehmer und dem Schutz der kleinen Unternehmen besteht daher ein Zielkonflikt.[29] Anzustreben ist daher kein einseitiger Arbeitnehmerschutz, sondern ein angemessener Interessenausgleich zwischen den schutzwürdigen Interessen der Arbeitnehmer und derjenigen der Arbeitgeber einschließlich Kleinunternehmer.[30] Dazu muss man sich zunächst der Gesichtspunkte vergegenwärtigen, die arbeitsrechtliche Regelungen legitimieren.

I. Legitimation des Arbeitsrechts: Die traditionelle Sichtweise

Nach traditionellem Verständnis lässt sich der Arbeitnehmerschutz wegen eines Marktungleichgewichts (unten 1.) und der Abhängigkeit der Arbeitnehmer (unten 2.) legitimieren. In jüngerer Zeit wird dieser traditionelle Legitimationsansatz – im Hinblick auf seine Kritiker auch „rehabilitative approach" genannt[31] – zunehmend infrage gestellt, namentlich in der englischsprachigen Literatur.[32]

---

[24] Nachweise bei *Stöhr*, ZfA 2015, 167 (189 Fn. 169).
[25] *Jirjahn*, Ökonomische Wirkungen der Mitbestimmung in Deutschland: Ein Update, 2010.
[26] Grundlegend *Epstein*, University of Chicago Law Review 51 (1984), 947 ff.
[27] Siehe die Präambel der Erklärung von Philadelphia vom 10.5.1944 über die Ziele und Zwecke der ILO.
[28] *Langille*, in: Davidov/Langille, The Idea of Labour Law, 2011, S. 101 (105 f.).
[29] *Franzen*, in: Jahrbuch für Mittelstandsforschung, 2006, S. 101 (108, 115).
[30] Zur Interessenabwägung im Arbeitsrecht siehe *Stöhr*, ZfA 2015, 167 (176 ff.).
[31] Vgl. *Fudge*, Osgoode Hall Law Journal 44/4 [2006], 1 (20 f.).
[32] Vgl. *Collins*, in: Collins/Davies/Rideout, The Legal Regulation of the Employment Relation, 2000, S. 1; *Hyde*, in: Davidov/Langille, Boundaries and Frontiers of Labour Law, 2006, S. 37 ff.; *Langille*, in: Davidov/Langille, The Idea of Labour Law, 2011, S. 101 ff.

Darauf wird im Folgenden nur kursorisch, im Zusammenhang mit der Einbeziehung von Kleinunternehmern in den Schutzbereich des Arbeitsrechts sodann näher eingegangen.[33]

1. Machtungleichgewicht

Es wird regelmäßig angenommen, dass Arbeitnehmer gegenüber den Arbeitgebern strukturell unterlegen sind.[34] Dieses Machtungleichgewicht bildet seit dem 19. Jahrhundert den zentralen Beweggrund für die Schaffung eines Arbeitsrechts.[35] Zutreffend lässt sich dies folgendermaßen auf den Punkt bringen:

„The history of labour law has been told very often. In the 19th century it became evident that the competition between individual employees at the labour market was a race to the bottom and that only collectivization of employees combined with protective legislation could prevent this destiny. Therefore, the interplay between collective self-regulation and legislative intervention from the very beginning characterized labour law. The main goal always has been to compensate the inequality of the bargaining power."[36]

Häufig zitiert und vom kanadischen Supreme Court übernommen sind die Worte von *Davies/Friedland*:

„The relationship between an employer and an isolated employee is typically a relationship between a bearer of power and one who is not a bearer of power. [...] The main object of labour law has always been, and we venture to say always will be, to be a countervailing force to counteract the inequality of bargaining power which is inherent and must be inherent in the employment relationship."[37]

Dieses Machtungleichgewicht soll sich bei Abschluss des Arbeitsvertrags in einer gestörten Vertragsparität niederschlagen.[38] Empirisch ist diese Prämisse freilich nicht erwiesen.[39] *Hugh Collins* und *Alan Hyde* vertreten sogar die Ansicht, dass sich arbeitsrechtliche Regulierungen generell nicht mit ei-

---

[33] Siehe unten § 9.
[34] BVerfGE 84, 212 (229); BVerfG NZA 2007, 85 (87); *Gamillscheg*, Die Grundrechte im Arbeitsrecht, 1989, S. 29; aus der englischsprachigen Literatur siehe *Davidov*, International Labour Review 2007, 311 (312).
[35] *Langille*, in: Davidov/Langille, The Idea of Labour Law, 2011, S. 101 (105).
[36] *Weiss*, in: Davidov/Langille, The Idea of Labour Law, 2011, S. 43 ff.
[37] *Davies/Freedland*, Kahn-Freund's Labour and the Law, 3th edition 1983, S. 18; Supreme Court of Canada, Slaight Communications v. Davidson, 1989, 1 SCR 1038, per Dickson CJC, S. 1051 f.
[38] BAG NZA 2004, 484 (485); *Söllner*, ZfA 2003, 145 (150); *Günther*, AGB-Kontrolle von Arbeitsverträgen, 2007, S. 30 ff.; *Rieble*, in: Riesenhuber, Das Prinzip der Selbstverantwortung, 2011, S. 337 (338 f.).
[39] Zutreffend *Zöllner*, AcP 196 [1996], 1 (19). Kritisch zur Prämisse der gestörten Vertragsparität auch *Davidov*, in: Davidov/Langille, Davidov/Langille, Boundaries and Frontiers of Labour Law, 2006, S. 133 (138 ff.); *Zöllner* a.a.O. S. 18 ff. sowie AcP 176 [1976], 221 (236 ff); diesen Topos gänzlich ablehnend *M. Wolf*, Rechtsgeschäftliche Entscheidungsfreiheit und vertraglicher Interessenausgleich, 1970.

§ 6 Bestandsaufnahme und allgemeine Folgerung

nem Machtungleichgewicht legitimieren lassen,[40] und sehen den Hauptgrund für eine arbeitsrechtliche Regulierung vielmehr in einem Marktversagen.[41] Sie machen dabei mehrere Fehler des Arbeitsmarktes aus: (1) Informationsasymmetrie; (2) fehlende Elastizität des Arbeitskräfteangebots; (3) Probleme kollektiven Handelns; (4) die Überwindung geringen Vertrauens, opportunistischen Verhaltens und suboptimale Investitionen in Humankapital; (5) hohe Transaktionskosten sowie (6) externe Effekte.[42] Erforderlich seien daher die Gewährung der Koalitions- und Tariffreiheit, Grundregelungen für kollektive Konflikte, die Einrichtung von beratenden Organen, die Gewährung von arbeitsrechtlichen Mindestbedingungen wie z.B. Mindestlohn, Grundregelungen für Arbeitsverträge, die Gewährung eines Gesundheits- und Sicherheitsschutz sowie Informationspflichten im Hinblick auf betriebsbedingte Kündigungen.[43] Diese Konzeption entspricht der auch in der deutschen Literatur vertretenen Ansicht, dass sich eine rechtlich relevante Schutzwürdigkeit nicht aus individuellen Defiziten, sondern ausschließlich aus den wettbewerblichen Funktionsbedingungen des Marktes ergeben könne.[44]

In arbeitsrechtlicher Hinsicht ist diesem Ansatz ist insoweit Recht zu geben, als dass das Zustandekommen von Arbeitsverträgen noch nicht hinreichend erforscht ist, insbesondere wie Vertragsverhandlungen tatsächlich ablaufen und welche Machtpositionen insoweit bestehen. Die entsprechenden Argumentationsmuster beruhen daher zu einem nicht unerheblichen Teil auf Mutmaßungen. Ein generelles Verhandlungsungleichgewicht kann in der Tat nicht angenommen werden, da die Machtpositionen von verschiedenen Faktoren beeinflusst werden. So hängt die Verhandlungsstärke der Arbeitnehmer zunächst von der allgemeinen Nachfrage nach Arbeitskräften ab. In Branchen mit einer höheren Arbeitslosigkeitsquote und Bewerberüberangebot besteht eine geringere Nachfrage als in Brachen mit Fachkräftemangel.[45] Auch die Qualifikation des Bewerbers trägt maßgeblich zu seiner Verhandlungsstärke bei. Hochqualifizierte oder sonst wertvolle Personen können sich nicht selten den Arbeitgeber aussu-

---

[40] Vgl. *Collins*, in: Collins/Davies/Rideout, The Legal Regulation of the Employment Relation, 2000, S. 1 (7 ff.); *Hyde*, in: Davidov/Langille, Boundaries and Frontiers of Labour Law, 2006, S. 37 (54 ff.).
[41] *Collins*, in: Collins/Davies/Rideout, The Legal Regulation of the Employment Relation, 2000, S. 1 (3); *Hyde*, in: Davidov/Langille, Boundaries and Frontiers of Labour Law, 2006, S. 37 (38).
[42] *Collins*, in: Collins/Davies/Rideout, The Legal Regulation of the Employment Relation, 2000, S. 1 (7 ff.); *Hyde*, in: Davidov/Langille, Boundaries and Frontiers of Labour Law, 2006, S. 37 (54 ff.).
[43] *Collins*, in: Collins/Davies/Rideout, The Legal Regulation of the Employment Relation, 2000, S. 1 (7 ff.).
[44] So etwa *Schünemann*, FS Brandner, 1996, S. 279 (294), § 3 A) II. 3.
[45] Vgl. *Bens*, Informationspflichten bei der Anbahnung von Arbeitsverträgen, 2007, S. 89 mit statistischen Zahlen zur Arbeitslosenquote.

chen und ihre eigenen Vorstellungen wie z.B. Gehaltsforderungen durchsetzen.[46] Außerdem deutet die REGAM-Studie des Wirtschafts- und Sozialwissenschaftlichen Instituts der Hans-Böckler-Stiftung (WSI) darauf hin, dass Kündigungen zumeist nicht von Arbeitgebern, sondern von Arbeitnehmern ausgesprochen werden.[47] Da Eigenkündigungen gem. § 159 Abs. 1 SGB III eine Sperrzeit der staatlichen Unterstützung zur Folge haben lässt sich schließen, dass es Arbeitnehmer gibt, die sich durch einen Wechsel des Arbeitsplatzes verbessern und deren Marktmacht damit belastbar ist.[48] Allerdings dürften auch verhandlungsstarke Bewerber einen Gutteil der vom Arbeitgeber gestellten (vorformulierten) Vertragsbestimmungen akzeptieren, da es in einer Dauerrechtsbeziehung wie einem Arbeitsvertrag auch um ein gutes Verhältnis zwischen den Parteien und nicht notwendig um das eigene Optimum geht.[49]

Im Übrigen spricht jedoch einiges dafür, dass die Annahme eines Machtungleichgewichts berechtigt ist.[50] Da die meisten Bewerber mit der Arbeit ihren Lebensunterhalt bestreiten müssen, sind sie auf das Arbeitsverhältnis ungleich stärker angewiesen als der Arbeitgeber auf den einzelnen Arbeitnehmer.[51] Schon *Adam Smith* erkannte:

„It is not [...] difficult to see which of the two parties must, upon all occasions, have the advantage in the dispute and force the other into compliance with their terms [...]. The masters can hold out much longer [...]. Many workmen could not subsist [...] without employment."[52]

Wenngleich sich die Situation der Arbeitnehmer durch die Arbeitslosenversicherung deutlich verbessert hat, besteht das von *Smith* beschriebene Machtungleichgewicht fort.[53] Auch heute noch dürften im Regelfall keine guten Einstellungschancen bestehen, wenn die vom Arbeitgeber gestellten Vertragsbedingungen

---

[46] Vgl. *Thüsing*, RdA 2005, 257 (261); *Klumpp*, in: Rieble, Transparenz und Reform im Arbeitsrecht, 2006, S. 9 (25).

[47] *Pfarr et al*, Der Kündigungsschutz zwischen Wahrnehmung und Wirklichkeit, 2005, S. 48: Die Beendigung von Arbeitsverhältnissen beruht in 39 Prozent aller Fälle auf Eigenkündigungen, in 32 Prozent auf Arbeitgeberkündigungen, in 10 Prozent auf Aufhebungsverträgen und in 19 Prozent auf dem Ablauf von Befristungen.

[48] *Klumpp*, in: Rieble, Transparenz und Reform im Arbeitsrecht, 2006, S. 9 (25); a.A. Dieterich, DrA 1995, 129 (135), nach dem es diesen Arbeitnehmern immer an der erforderlichen Übersicht und Flexibilität bei Vertragsschlüssen fehlt.

[49] *Davidov*, International Labour Review 2007, 311 (312).

[50] Vgl. *Bauer/v. Medem*, NZA 2012, 894 (895): „zweifellos vorhandenes strukturelles Ungleichgewicht zwischen den Vertragsparteien"; *Deakin/Morris*, Labour Law, 6th edition 2012, S. 129: „Prior to the hiring, there is rarely any parity in the relative bargaining power of employer and worker".

[51] BVerfG NZA 2007, 85 (87); *A.C.L. Davies*, Perspectives on Labour Law, 2th edition 2009, S. 28.

[52] *A. Smith*, An Inquiry into the Nature and Causes of the Wealth of Nations, 1776, Reprint 1980, S. 169.

[53] *Davidov*, International Labour Review 2007, 311 (312).

nicht vorbehaltlos akzeptiert werden. Diese Situation könnte der Arbeitgeber ausnutzen, indem er die Arbeitsverträge einseitig zu seinem Vorteil gestaltet. Umgekehrt trifft die Beendigung des Arbeitsverhältnisses Arbeitnehmer in Zeiten hoher Arbeitslosigkeit stärker als Arbeitgeber.[54] Damit stellt es einen legitimen Zweck dar und ist zum Schutz der Arbeitnehmer auch erforderlich, dass dem zivilrechtlich entgegengewirkt wird. Zutreffend lässt sich dieses Machtungleichgewicht seinerseits als regulierungsbedürftiges Marktversagen begreifen.[55] Zudem kann Marktversagen entgegen dem Ansatz von *Collins* und *Hyde* nicht den einzigen Legitimationsgrund arbeitsrechtlicher Regulierung bilden. Schwächerenschutz, Menschenrechte und soziale Solidarität sind ebenfalls wichtige Aspekte, denen sich das Arbeitsrecht annehmen muss.[56]

2. Abhängigkeit

Ein weiterer Faktor ist die Abhängigkeit des Arbeitnehmers. Diese bildet in Deutschland das entscheidende Merkmal der Arbeitnehmereigenschaft.

Das Bundesarbeitsgericht stellt traditionell auf eine persönliche Abhängigkeit ab. Eine solche ist gegeben, wenn statt einer freien Tätigkeitsbestimmung die Einbindung in eine fremde Arbeitsorganisation vorliegt, die sich im Weisungsrecht des Arbeitgebers bezüglich der Arbeitsbedingungen zeigt.[57] Die zeitliche, örtliche und fachliche Weisungsgebundenheit ist damit das wichtigste Kriterium der persönlichen Abhängigkeit.[58] Ein weiteres Kriterium ist die Eingliederung in die betrieblichen Abläufe.[59] In einer Entscheidung hat das Bundesarbeitsgericht zudem die Verpflichtung zu persönlicher Erbringung zur Arbeit als Indiz für persönliche Abhängigkeit gesehen.[60] Diese ist allerdings auch bei Selbständigen möglich und hat daher allenfalls schwache Indizwirkung.[61] Eine bloße wirtschaftliche Abhängigkeit soll nach Ansicht des Bundesarbeitsgerichts hingegen nicht zu einer Arbeitnehmereigenschaft führen.[62]

Diese Sichtweise liegt auch dem neu gefassten § 611a BGB zugrunde, der sich in der wörtlichen Wiedergabe der höchstrichterlichen Rechtsprechung zum Arbeitnehmerbegriff erschöpft.[63] Danach ist Arbeitnehmer, wer aufgrund eines

---

[54] *Junker*, Grundkurs Arbeitsrecht, 17. Aufl. 2018, Rn. 3 ff.
[55] *Davidov*, in: Davidov/Langille, Boundaries and Frontiers of Labour Law, 2006, S. 138.
[56] *Fudge*, Osgoode Hall Law Journal 44/4 [2006], 1 (19).
[57] BAG NZA 1995, 622 (623); BAG NZA 2015, 1342 (1343).
[58] *Griebeling*, NZA 1998, 1137 (1140).
[59] BAG AP Nr. 26 zu § 611 BGB Abhängigkeit
[60] BAG NZA 1998, 364 (366).
[61] BAG NZA 1998, 364 (366); kritisch zur Unterscheidungskraft dieses Kriteriums auch *Pottschmidt*, Arbeitnehmerähnliche Personen in Europa, 2006, S. 410.
[62] BAG NZA 2016, 1453 (1455). Zur historisch-vergleichenden Entwicklung der Rechtsprechung siehe unten § 8 D) II. 2. b) aa) (2) (a) (aa).
[63] Die Gesetzesbegründung spricht von einer „1:1-Kodifizierung", BT-Drucks. 18/10064, S. 4. Kritisch dazu etwa *Richardi*, NZA 2017, 36, der die Vorschrift deswegen und

privatrechtlichen Vertrages im Dienste eines anderen zur Leistung weisungsgebundener, fremdbestimmter Arbeit in persönlicher Abhängigkeit verpflichtet ist. Die Beurteilung der Arbeitnehmereigenschaft findet daher weiterhin auf der Grundlage einer wertenden Gesamtbetrachtung statt.[64]

Das Kriterium der persönlichen Abhängigkeit ist auch in anderen Rechtsordnungen geläufig, wenn auch teilweise mit abweichenden Bezeichnungen. Während in Österreich ebenfalls von persönlicher Abhängigkeit die Rede ist,[65] spricht man in Frankeich und wohl auch in Spanien von rechtlicher Abhängigkeit.[66] Erklären lässt sich dieser sprachliche Unterschied mit der Betonung des personenrechtlichen Gemeinschaftscharakters des Arbeitsvertrags im deutschen Recht.[67] In anderen Ländern ist stattdessen der Begriff der Unterordnung bzw. Subordination üblich. Im französischen Recht heißt es z.B. in Art. L. 8221–6 C.T.: „un lien de subordination juridique". Auch der Europäische Gerichtshof fordert für die verschiedenen europäischen Arbeitnehmerbegriffe häufig ein Unterordnungsverhältnis.[68] Generell sind Arbeitsverträge sowohl im kontinentaleuropäischen Recht als auch im anglo-amerikanischen Common Law traditionell durch eine Unterordnung des Arbeitenden gekennzeichnet.[69] Im englischen Recht hat dies seinen Ursprung im Master-Servant-Law des 19. Jahrhunderts, das die persönliche Arbeit aufgrund eines bilateralen Vertrags regelt.[70] Das „Master-Servant-Verhältnis" wird üblicherweise als vorindustrieller Vorgänger des „Arbeitgeber-Arbeitnehmer-Verhältnisses" angesehen.[71] Später gab es jedoch auch im anglo-amerikanischen Recht Ansätze, die Arbeitnehmereigenschaft stattdessen an wirtschaftliche Abhängigkeit zu knüpfen. Auch dies wird noch sowohl historisch-vergleichend als auch im Hinblick auf das geltende Recht dargestellt.[72]

---

wegen konzeptioneller Mängel für überflüssig hält; *Krieger/Ampatziadis*, NJW 2017, 593 (595), nach deren Einschätzung die Neuregelung im Hinbilck auf die Abgrenzung zwischen Arbeitnehmerüberlassung und Fremdpersonaleinsatz auf Grundlage von Werk- oder Dienstvertrag nicht die beabsichtigte Erleichterung schafft; sowie eingehend *Wank*, AuR 2017, 140 ff.; *Preis*, NZA 2018, 817 ff.

[64] *Krieger/Ampatziadis*, NJW 2017, 593 (595); vgl. auch *Preis*, NZA 2018, 817 (819 ff.).
[65] *Rebhahn*, RdA 2009, 154 (164).
[66] *Rebhahn*, RdA 2009, 154 (164) m.w.N.
[67] *Supiot*, in: Kaelble/Schmid, Das europäische Sozialmodell, 2004, S. 423 (430).
[68] Vgl. EuGH NZA 2015, 861 (862).
[69] *Deakin*, in: Davidov/Langille, Boundaries and Frontiers of Labour Law, 2006, S. 89 ff.; *Perulli*, Study on Ecomomically Dependent Work/Parasubordinate (Quasi-subordinate) work, 1999, S. 13 ff.
[70] *Freedland*, The Personal Employment Contract, 2003, S. 37; *Fudge*, Osgoode Hall Law Journal 44/4 [2006], 609 (618 f.).
[71] *Carlson*, Berkeley Journal of Employment & Labor Law 2001, 295 (302).
[72] Siehe unten § 8 D) II. 2. a), b) aa) (2) (a).

II. Wirtschaftliche und verfassungsrechtliche Rahmenbedingungen

Die rechtliche Regelung von Arbeitsverhältnissen wird wesentlich geprägt durch die „Grundanschauungen über den Staat, über seine wirtschaftlichen und sozialen Aufgaben und über die Stellung des Einzelnen".[73] Zu diesen Rahmenbedingungen gehört zunächst die marktwirtschaftliche Ordnung, wonach sich der Wirtschaftsprozess nach den Regeln des Marktes über Angebot und Nachfrage bestimmt. Die Marktwirtschaft ist zwar angesichts der wirtschaftspolitischen Neutralität des Grundgesetzes verfassungsrechtlich nicht vorgegeben,[74] jedoch hat der Verfassungsgeber die Weichen mit der Anerkennung des Privateigentums an Unternehmen in Richtung eines marktwirtschaftlichen Systems gestellt. Arbeitsrecht und Marktwirtschaft bedingen sich wechselseitig: Einerseits setzt die marktwirtschaftliche Ordnung dem Arbeitsrecht Grenzen, indem es z.B. einen absoluten Kündigungsschutz oder gesetzliche Einstellungsansprüche verhindert (vgl. § 15 Abs. 6 AGG), andererseits stellt sich das Arbeitsrecht als Reaktion auf die soziale Schwächen der Marktwirtschaft dar.[75]

Ein wesentliches Element der marktwirtschaftlichen Ordnung ist die Unternehmerfreiheit.[76] Art. 12 GG schützt auch das Gründen und Führen von Unternehmen, sofern die Tätigkeit die Voraussetzungen eines „Berufs" erfüllt. Das Bundesverfassungsgericht betont, dass die Wahrnehmung von Unternehmerfreiheit sowohl die Gründung und Führung eines Klein- oder Mittelbetriebs als auch die Tätigkeit eines Großunternehmens ist.[77] Arbeitsrechtliche Vorschriften bewirken häufig einen Eingriff in die Unternehmerfreiheit und bedürfen daher der verfassungsrechtlichen Rechtfertigung, z.B. bei der Anordnung von Entgeltansprüchen ohne Arbeitspflicht wie z.B. §§ 1 BUrlG, 3 Abs. 1 EFZG.

In verfassungsrechtlicher Hinsicht bildet das Sozialstaatsprinzip i.S.v. Art. 20 Abs. 1 GG eine dritte Rahmenbedingung des Arbeitsrechts. Während das Sozialstaatsprinzip einerseits eine verfassungsrechtliche Grundlage der Verteilungsgerechtigkeit bildet und daher unter diesem Gesichtspunkt einen Mindestschutz von kleinen Unternehmen nahelegt,[78] steht es andererseits einer ungehemmten Marktwirtschaft und einer rücksichtslosen Verwertung des Produktionskapitals entgegen.[79] Auch auf Seiten der Arbeitnehmer gebieten das Sozialstaatsprinzip sowie Art. 12 GG daher einen Mindestschutz insbesondere vor dem Verlust des

---

[73] *Hueck/Nipperdey*, Lehrbuch des Arbeitsrechts I, 7. Aufl. 1963, S. 7.
[74] BVerfGE 50, 290 (338), dazu oben § 5 D) III. 1. b) aa).
[75] *Junker*, Grundkurs Arbeitsrecht, 17. Aufl. 2018, Rn. 5.
[76] *Junker*, Grundkurs Arbeitsrecht, 17. Aufl. 2018, Rn. 5.
[77] BVerfGE 50, 290 (363).
[78] Dazu oben § 5 E) I. 1. b) bb) (1).
[79] *Reuter*, in: Bydlinski/Mayer-Maly, Die ethischen Grundlagen des Privatrechts, 1994, S. 105 (115).

Arbeitsplatzes durch private Disposition.[80] Zwischen dem Wirken der Marktkräfte und dem Sozialschutz der Arbeitnehmer besteht ein Spannungsverhältnis. So wirkt ein besonderer Kündigungsschutz als Einstellungshindernis für die besonders geschützten Personen, was sich daran zeigt, dass die Arbeitslosenquoten von Personen mit besonderem Kündigungsschutz wie z.B. Schwerbehinderte über der allgemeinen Arbeitslosenquote liegen.[81]

B) Defizite des Arbeitsrechts und ihre Folgen

Das deutsche Arbeitsrecht wird schon seit langem kritisiert. Im Folgenden werden die wesentlichen Kritikpunkte dargestellt.

I. Intransparenz

Im Zentrum steht dabei seine nahezu einhellig ausgemachte Intransparenz.[82] Unter Intransparenz versteht man nach dem allgemeinen Sprachgebrauch fehlende Durchschaubarkeit.[83] Transparenz in der Normsetzung erfordert Klarheit, Durchschaubarkeit und Bestimmtheit.[84] Intransparent sind damit solche Vorschriften und Regelungssysteme, die wegen ihres Aufbaus, ihrer Normanzahl, ihrer systematischen Verknüpfung und so insgesamt durch ihre regelungstechnische Gestaltung das Erfassen des Regelungsinhalts erschweren.[85]

Im Arbeitsrecht besteht einerseits eine erhebliche Vielzahl an Einzelgesetzen. Die DTV-Textsammlung der „meistrelevantesten" Einzelgesetze enthält in der 89. Auflage 2016 65 Einzelgesetze. *Meinhard Heinze* spricht hier treffend von „Ausuferungen, Verzweigtheiten und übersteigerten, normativen Wucherungen, wie sie […] in der Praxis des Arbeitslebens in der Bundesrepublik Deutschland gar nicht mehr vermittelbar ist".[86] Neben den Gesetzen gibt es auch zahlreiche tarifvertragliche und betriebsverfassungsrechtliche Regelungen. Die Anwendbarkeit der arbeitsrechtlichen Regelungen hängt von rund 160 Schwellenwerten ab.[87] Hinzu kommt, dass die arbeitsrechtlichen Vorschriften auch inhaltlich mitunter schwer verständlich sind. So sind z.B. die arbeitsvertraglichen Regelungen

---

[80] BVerfGE 97, 169 (175).
[81] *Junker*, Grundkurs Arbeitsrecht, 17. Aufl. 2018, Rn. 6.
[82] Siehe etwa den Tagungsband von *Rieble*, Transparenz und Reform des Arbeitsrechts, 2006.
[83] Vgl. Duden-Online, Stichwort „Intransparenz".
[84] *Stoffels*, AGB-Recht, 3. Aufl. 2015, § 17 Rn. 569.
[85] *Klumpp*, in: Rieble, Transparenz und Reform im Arbeitsrecht, 2006, S. 9 (10).
[86] *Heinze*, NZA 1997, 1 (2); vgl. auch *Richardi*, Arbeitsgesetze, 89. Aufl. 2016, Einführung, S. XVIII, der von einem „Labyrinth des Arbeitsrechts" spricht.
[87] Dazu näher unten § 7 A).

in den §§ 105 ff. GewO systematisch deplatziert, weil die GewO ursprünglich nur für gewerbliche Arbeitnehmer galt, und die Regelung des Wettbewerbsverbots in § 110 GewO ist ohne die Kenntnis der §§ 74 ff. HGB nicht möglich.[88] Ausweislich der Materialien wollte der Gesetzgeber „vereinfachen und deregulieren",[89] wobei er bestenfalls auf halbem Wege stehengeblieben ist.[90] Mit Recht wird dem Gesetzgeber vorgeworfen, dass er die transparente Regelungsgestaltung, die er gem. § 307 Abs. 1 S. 2 BGB von dem Verwender von AGB verlangt, selbst nicht überall einhält.[91]

Gleiches gilt auch für die Rechtsprechung im Bereich der AGB-Kontrolle, die bereits zum Schlagwort von der „Intransparenz der Transparenzrechtsprechung" geführt hat.[92] Arbeitsvertragliche Klauseln scheitern häufig am Transparenzgebot. Das Bundesarbeitsgericht geht dabei gelegentlich von einem befremdlichen, empirisch nicht haltbaren Empfängerhorizont aus. Dies soll anhand zweier Entscheidungen zum Freiwilligkeitsvorbehalt verdeutlicht werden. In den zugrundeliegenden behandelten Fällen war der Freiwilligkeitsvorbehalt im Arbeitsvertrag wie folgt formuliert:

Fall 1: „Darüber hinaus erhalten Sie einen gewinn- und leistungsabhängigen Bonus [...]. Die Zahlung des Bonus erfolgt in jedem Falle freiwillig und begründet keinen Rechtsanspruch für die Zukunft."[93]

Fall 2: „Sonstige, in diesem Vertrag nicht vereinbarte Leistungen des Arbeitgebers an den Arbeitnehmer sind freiwillig und jederzeit widerruflich. Auch wenn der Arbeitgeber sie mehrmals und regelmäßig erbringen sollte, erwirbt der Arbeitnehmer dadurch keinen Rechtsanspruch für die Zukunft."[94]

Das Bundesarbeitsgericht hat den Freiwilligkeitsvorbehalt in beiden Fällen für widersprüchlich und damit intransparent befunden: In Fall 1 ergebe sich nach dem ersten Satz ein Anspruch, während dieser nach dem zweiten Satz ausgeschlossen wird.[95] In Fall 2 sei die Kombination des Freiwilligkeitsvorbehalts mit einem Widerrufsvorbehalt rechtslogisch unvereinbar, da ein Widerrufsrecht einen Anspruch voraussetzt, der durch den Freiwilligkeitsvorbehalt gerade ausgeschlossen wird.[96] Die Rechtsfolge war in beiden Fällen, dass der Freiwilligkeitsvorbehalt nach § 307 Abs. 1 S. 2 BGB unwirksam ist und der Arbeitgeber die

---

[88] *Klumpp*, in: Rieble, Transparenz und Reform im Arbeitsrecht, 2006, S. 9 (11).
[89] BT-Drucks. 14/8796, S. 1, 16.
[90] *Klumpp*, in: Rieble, Transparenz und Reform im Arbeitsrecht, 2006, S. 9 (11).
[91] *Klumpp*, in: Rieble, Transparenz und Reform im Arbeitsrecht, 2006, S. 9 (11).
[92] So zum allgemeinen Zivilrecht OLG Bremen, NJW 1991, 1837 (1838); kritisch auch *Wurmnest*, in: MünchKomm-BGB, 7. Aufl. 2016, § 307 Rn. 57.
[93] BAG NZA 2008, 40.
[94] BAG NZA 2012, 81.
[95] BAG NZA 2008, 40 (41 ff.).
[96] BAG NZA 2012, 81 (83).

Sonderzahlung dauerhaft leisten muss. In der Literatur ist diese Anwendung des Transparenzgebots auf heftige, teilweise geradezu polemisch vorgetragene Kritik gestoßen. So meinen *Bauer/v. Medem*, dass in Fall 1 „jeder normale Mensch die beiden Sätze im Zusammenhang lesen und so verstehen würde, dass man sich nicht darauf verlassen kann, im Folgejahr die Leistung erneut zu erhalten."[97] In Fall 2 gehe das Bundesarbeitsgericht hingegen davon aus, dass Arbeitnehmer den feinsinnigen Unterschied zwischen Freiwilligkeits- und Widerrufsvorbehalt kennen und daher deren Kombination als unverständlich und widersprüchlich identifizieren, was nicht mit seinen „geringen Erwartungen an die intellektuellen Fähigkeiten abhängig Beschäftigter" in Einklang zu bringen sei.[98] Es dränge sich der Eindruck auf, „dass hier an die Stelle des objektiven Empfängerhorizonts ein künstlicher richterlicher Empfängerhorizont gesetzt wird."[99] In der Tat hat eine vom Verfasser durchgeführte Befragung ergeben, dass die in Rede stehenden Freiwilligkeitsvorbehalte überwiegend für hinreichend verständlich befunden werden:[100] In Fall 1 wurde der vom Bundesarbeitsgericht zur Begründung einer Intransparenz angeführte Widerspruch der beiden Sätze nur in 113 von 799 Antworten erwähnt, wobei er in 84 für erheblich und in 29 für unerheblich gehalten wurde. In Fall 2 wurde der Freiwilligkeitsvorbehalt in fast 92 Prozent der Antworten für hinreichend verständlich befunden, der rechtslogische Widerspruch von Freiwilligkeits- und Widerrufsvorbehalt, der nach Ansicht des Bundesarbeitsgerichts zur Intransparenz führt, wurde nur in drei Begründungen gesehen, deren Verfasser überdies Juristen sind.

Andererseits gibt es im Arbeitsrecht Bereiche, die weitgehend frei von gesetzlichen Regelungen sind und daher richterrechtlich geprägt sind. Dies gilt insbesondere für das Arbeitskampfrecht. Aber auch das Kündigungsschutzrecht ist in weiten Teilen von unbestimmten Begriffen wie Prognoseprinzip und Ultima-Ratio-Prinzip gekennzeichnet, die der richterlichen Ausformung bedürfen. Dies ermöglicht zwar eine flexible Entscheidung im Einzelfall, macht aber die Gerichtsentscheidungen sehr unberechenbar. *Rüthers* spricht gar von einem Lotteriespiel.[101]

---

[97] *Bauer/v. Medem*, NZA 2012, 894 (895); für die Verständlichkeit dieser Formulierung auch *Henssler/Schneider*, EWiR 2008, 133; *Lindemann*, AP Nr. 32 zu § 307 BGB; dem BAG zustimmend hingegen *Waltermann*, SAE 2009, 98.
[98] *Bauer/v. Medem*, NZA 2012, 894 (895).
[99] *Bauer/v. Medem*, NZA 2012, 894 (895).
[100] *Stöhr*, AcP 216 [2016], 558 (566 ff.).
[101] *Rüthers*, Beschäftigungskrise und Arbeitsrecht, 1996, S. 18; einschränkend *P. Hanau*, Deregulierung des Arbeitsrechts, 1997, S. 16.

II. Statik

Weiterhin wird dem Arbeitsrecht vorgeworfen, dass es zu statisch ist und sinnvolle privatautonome Regelungen nicht ausreichend zulässt.[102] So könnten z.B. Arbeitnehmer und Arbeitgeber nicht wirksam vereinbaren, dass die Pflicht zur Entgeltfortzahlung für den Arbeitgeber auch bei häufigeren Kurzerkrankungen nach sechs Wochen endet, weshalb Konflikte häufig im Rechtsstreit um eine personenbedingte Kündigung ausgetragen werden.[103] Die Inhaltskontrolle von Arbeitsverträgen hat ein übersteigertes Schutzniveau erfahren,[104] was nicht zuletzt im Hinblick darauf unbefriedigend sind, dass die dispositiven Vorgaben im Arbeitsvertragsrecht sehr rudimentär sind und den Bedürfnissen der Unternehmen nicht gerecht werden. Die immer wieder geforderte Kodifikation des Arbeitsvertragsrechts kam trotz vorhandener Entwürfe bislang nicht zustande.[105] *Steffen Klumpp* erklärt diese Statik aus der historischen Entwicklung mit ihrem Ziel eines möglichst zementierten Mindestschutzes.[106] Die Statik des Arbeitsrechts erschwert die privatautonome Gestaltung und flexible Reaktion auf die wirtschaftlichen Entwicklungen.

III. Auswirkungen auf die Unternehmen

Auch wenn Arbeitsrecht in erster Linie Arbeitnehmerschutzrecht ist und damit den Interessen der Arbeitnehmer dient, dürfen Gesetzgeber und Gerichte nicht ignorieren, dass Arbeitgeber häufig in umkämpften Märkten agieren. Somit sind die Auswirkungen des Arbeitsrechts auf Arbeitsproduktivität und generelle Effizienz stets im Blick zu behalten. *Davies/Freedland* führen dazu aus:

„So, labour law today is not, even if it once was, simply about the protection of workers from the operation of markets; it is also in part about how labour law may contribute to the efficiency of enterprises, and best contribute to the creating and maintaining of a successful social and political economy."[107]

Die ökonomischen Auswirkungen sind insbesondere im Hinblick auf kleine Unternehmen zu beachten, die wie gezeigt ihrerseits schutzwürdig und auch volkswirtschaftlich wertvoll sind.[108] Ebenso wie sich regulierungsbedingte Kosten auf

---

[102] *P. Hanau*, Deregulierung des Arbeitsrechts, 1997, S. 18; *Reuter*, FS Wiedemann, 2002, S. 449 (464); *Preis*, NJW 1998, 1889.

[103] *Thüsing*, FS Wiedemann, 2002, S. 558 (560); *Klumpp*, in: Rieble, Transparenz und Reform im Arbeitsrecht, 2006, S. 9 (13).

[104] Dazu eingehend *Stöhr*, ZfA 2013, 213 ff.

[105] Dazu *Preis*, AuR 2009, 109 ff.

[106] *Klumpp*, in: Rieble, Transparenz und Reform im Arbeitsrecht, 2006, S. 9 (14).

[107] *Davies/Freedland*, in: Collins/Davies/Rideout, The Legal Regulation of the Employment Relation, 2000, S. 267 (271); aus der deutschsprachigen Literatur ebenso *Hromadka/Maschmann*, Arbeitsrecht Bd. 1, 6. Aufl. 2014, § 2 Rn. 5.

[108] Dazu oben § 3 B).

kleine Unternehmen verhältnismäßig stärker auswirken als für Großunternehmen, wirken sich auch solche Belastungen verhältnismäßig stärker aus, die auf den dargestellten Schwächen des Arbeitsrechts beruhen.

1. Rechtsunsicherheitsbedingte Erhöhung der Kosten

Es wurde bereits mehrfach erwähnt, dass arbeitsrechtliche Regulierung für die Unternehmen stets Kosten verursacht.[109] Diese werden durch die Intransparenz des Arbeitsrechts noch verstärkt, da diese zu Rechtsunsicherheit führt und zwangsläufig die praktische Normanwendung erschwert. Die rechtlichen Folgen einzelner Maßnahmen können nicht immer genau vorausgesehen werden. Auf Seiten der Unternehmen wirkt sich dies in einer verminderten Planungs- und Investitionssicherheit aus.[110] Im Kündigungsschutzrecht wird die Rechtsunsicherheit durch schwer beherrschbare Abwägungskriterien, die wie z.b. der Faktor des ungestörten Verlaufs des Arbeitsverhältnisses bei (Bagatell-)Delikten[111] zum Teil auch noch inkonstant gehandhabt werden, sowie lange Zeiträume der Ungewissheit verstärkt.[112] Diese Rechtsunsicherheit wird durch subjektive Faktoren verstärkt: So hat z.B. eine Studie gezeigt, dass 85 Prozent der Unternehmer der unzutreffenden Auffassung sind, einen schwerbehinderten Arbeitnehmer selbst in höchsten Krisenzeiten nicht kündigen zu können.[113] Nach dem Thomas-Theorem hat jedes menschliche Handeln reale Konsequenzen zur Folge, auch wenn sie auf einer irrealen Situationsdefinition beruht.[114] In ökonomischer Hinsicht erhöht intransparentes Recht die Transaktionskosten, da der Recherche- und Beratungsbedarf steigt und zudem Entscheidungsprozesse verlangsamt werden.[115] Kündigungsschutzprozesse werden wegen der häufig unklaren Rechtslage sehr oft durch einen kostenintensiven Abfindungsvergleich beendet.[116] Dabei werden besonders die kleinen Unternehmen getroffen, weil sie nicht in der Lage sind, ausreichendes arbeitsrechtliches Know-How vorzuhalten. Einer betriebssoziolo-

---

[109] Dazu oben § 2 B) I. 1. a) aa) sowie § 6 A).
[110] *Klumpp*, in: Rieble, Transparenz und Reform im Arbeitsrecht, 2006, S. 9 (15).
[111] Früher hatte das BAG in der „Bienenstich-Entscheidung" NJW 1985, 284 eine fristlose Kündigung wegen Bagatelldelikts für wirksam befunden, während es in der „Emmely-Entscheidung" NZA 2010, 1227 dem ungestörten Verlauf des Arbeitsverhältnisses überwiegende Bedeutung beigemessen hat.
[112] *Buchner*, DB 2003, 1510 (1515); *Löwisch*, NZA 2003, 689.
[113] *Janßen*, Arbeitsrecht und unternehmerische Einstellungsbereitschaft, IW-Trens 2004/2, S. 11.
[114] Diese sozialpsychologische These wird auf die amerikanischen Soziologen Dorothy Swaine Thomas (1899–1977) und William Isaac Thomas (1863–1947) zurückgeführt.
[115] *Klumpp*, in: Rieble, Transparenz und Reform im Arbeitsrecht, 2006, S. 9 (16 f.); vgl. auch *Davidov*, A Purposive Approach to Labour Law, 2016, S. 122.
[116] Vgl. *Kamanabrou*, in: Rieble, Transparenz und Reform im Arbeitsrecht, 2006, S. 77 (78 f.). Nach dem Bundesministerium für Wirtschaft und Arbeit wurden vor den Arbeitsgerichten im Jahr 2004 590.442 Klagen eingereicht, von denen 296.639 (50,24 Prozent) durch vergleich beendet wurden.

gische Untersuchung zufolge ist in Unternehmen mit bis zu 100 Beschäftigten typischerweise kein arbeitsrechtlicher Sachverstand vorhanden.[117] Die REGAM-Studie des WSI kam zu dem Ergebnis, dass Kleinunternehmer das Arbeitsrecht häufig überhaupt nicht kennen, sofern es im Betrieb keine Konflikte gibt. So gaben 64 Prozent aller befragten Unternehmen mit bis zu fünf Beschäftigten unzutreffend an, an das KSchG gebunden zu sein.[118] Eine solche Unkenntnis kann im Falle von arbeitnehmerschützenden Vorschriften zu Rechtsverstößen führen und im Falle von unternehmerschützenden Schwellenwerten zum Unterlassen von wirtschaftlich sinnvollen Maßnahmen, was jeweils erhebliche Kosten zur Folge haben kann.[119]

Generell profitiert von gesetzlicher Unbestimmtheit und den dadurch geschaffenen Grauzonen stets die wirtschaftlich stärkere Partei, die sich rechtliche Beratung leisten und privatautonome Regelungen zu ihren Gunsten treffen kann.[120] Im Arbeitsrecht zeigt sich dies insbesondere bei der Inhaltskontrolle von Arbeitsverträgen: Diese wird von der Rechtsprechung derart komplex und streng durchgeführt, dass Arbeitsverträge ohne rechtliche Beratung kaum durchgehend wirksam gestaltet werden können.[121] In der Tat hat eine empirische Erhebung gezeigt, dass die Fehlerquote in kleinen, rechtlich zumeist unberatenen Unternehmen größer ist als in großen Unternehmen.[122] Großen Unternehmen ist es daher leichter möglich als kleinen Unternehmen, arbeitgeberfreundliche Vereinbarungen wie z.B. Verfallsklauseln, Freiwilligkeitsvorbehalte oder Rückzahlungsvereinbarungen wirksam zu treffen. Dieser Gesichtspunkt wird im weiteren Verlauf der Untersuchung noch öfters begegnen.

2. Beeinträchtigung der Rechtstreue

Zudem kann sich die Rechtsunsicherheit auch nachteilhaft auf die Rechtstreue auswirken. Rechtstreue ist eine psychische Voraussetzung für die Effektivität des Rechts. In der Rechtssoziologie sind mehrere Gründe für die Normbefolgung ausgemacht und in drei Motivkomplexe eingeteilt worden: Identifikation (Orientierung am Verhalten von Bezugsgruppen oder von individuellen Vorbildern), Internalisierung (freiwillige Normbefolgung, weil die Legitimität innerlich bejaht und die Norm damit akzeptiert wird) und Sanktionsorientierung (Kosen-Nut-

---

[117] *Alewell/Koller*, BB 2002, 990; dazu *Rieble*, in: Riesenhuber, Das Prinzip der Selbstverantwortung, 2011, S. 337 (349).

[118] Vgl. *Pfarr et al*, Der Kündigungsschutz zwischen Wahrnehmung und Wirklichkeit, 2005, S. 28.

[119] Vgl. *Junker*, Gutachten für den 65. Deutschen Juristentag 2004, B 41; *Rieble*, in: ders./Junker, Folgenabschätzung im Arbeitsrecht, 2007, S. 53 (68).

[120] *Davidov*, A Purposive Approach to Labour Law, 2016, S. 122; *Garvin*, 40 Wake Forest Law Review [2005], 295 (382).

[121] Dazu eingehend *Stöhr*, ZfA 2013, 213 (221 ff.).

[122] *Stöhr*, ZfA 2013, 213 (221 ff.).

zen-Analyse).[123] Nach der Sanktionsorientierung wird sich ein Rechtsunterworfener normgemäß verhalten, wenn die Wahrscheinlichkeit einer negativen Sanktionierung seines Normverstoßes und dessen Kosten für ihn höher sind als der Nutzen, den er aus dem Normbruch ziehen wird. Bei positiver Sanktionierung kommt es zur äußerlichen Befolgung der Norm durch die Erwartung eines Nutzens der Normbefolgung im Verhältnis zu den negativen Folgen einer mangelnden Normeinhaltung.[124] Eine solche Kalkulation der Vor- und Nachteile setzt zwar prinzipiell die Kenntnis der Norm voraus und kommt empirischen Untersuchungen zufolge nur in wenigen Bereichen vor.[125] Wenn jedoch das Bemühen von Arbeitgebern, es richtig zu machen, im arbeitsrechtlichen Fiasko endet – z.B. weil ein Freiwilligkeitsvorbehalt unwirksam ist und daher eine dauerhafte Bindung erzeugt wird, oder weil eine Rückzahlungsvereinbarung unwirksam ist und die investierten Fortbildungskosten nach dem Ausscheiden des Arbeitnehmers vergeblich waren – wird ein solcher Frustrationseffekt ebenfalls in eine Kosten-Nutzen-Analyse einbezogen werden. Wenn der Eindruck entsteht, dem Recht ohnehin nicht gerecht werden zu können, dann bestehen auch keine Anreize, sich rechtstreu zu verhalten und dafür Transaktionskosten wie z.B. Zeitaufwand, Recherche- und Anwaltskosten zu investieren.[126] Besonders betroffen sind einmal mehr kleine Unternehmen, welche die Rechtslage ohne externe Beratung zumeist weder verstehen noch nachvollziehen können.

Auch die Akzeptanz der Normen wird infrage gestellt, wenn sie für die Normunterworfenen nicht zu durchschauen sind und zu wirtschaftlich gravierenden Folgen führen. Zwar setzt die Akzeptanz des Rechts setzt nicht dessen vollständige Kenntnis voraus. Auch bei niedrigem Kenntnisstand und sehr vagen oder gar falschen Vorstellungen über das Recht ist ein diffuses Wohlgefühl oder Unbehagen mit den rechtlichen Verhältnissen möglich, dass zu einer mehr oder minder ausgeprägten Zustimmung führt, während verbesserte Rechtskenntnisse durchaus Kritik und Ablehnung fördern können.[127] Wichtig für die Akzeptanz des Rechts ist jedoch, dass die Menschen damit gute Erfahrungen machen. Schlechte Erfahrungen, wie sie Arbeitgeber allenthalben machen, führen hingegen zu einer Barriere der Rechtsdurchsetzung.[128] Die Rechtstreue von Arbeitgebern ist zwar noch nicht im Einzelnen erforscht. Empirisch könnte dies durch Meinungsbefragungen ermittelt werden, wenngleich um den Preis unvermeidlicher Verallgemeinerungen. Demoskopische Befragungen zu speziellen Gesetzen

---

[123] Grundlegend *Galbraith*, The New Industrial State, 1967, S. 130 ff.
[124] *Rehbinder*, Rechtssoziologie, 8. Aufl. 2014, § 7 Rn. 115.
[125] *Diekmann*, Die Befolgung von Gesetzen, 1980: Steuerhinterziehung, Schwarzfahren und Rauchverbot.
[126] *Rieble*, in: ders./Junker, Folgenabschätzung im Arbeitsrecht, 2007, S. 53 (70); speziell zur Inhaltskontrolle von Arbeitsverträgen *Stöhr*, ZfA 2013, 213 (229 f.).
[127] *Raiser*, Grundlagen der Rechtssoziologie, 6. Aufl. 2013, S. 348.
[128] *Baer*, Rechtssoziologie, 2. Aufl. 2015, S. 212 f.

oder Rechtsgebieten lohnen sich in der Regel nur, wenn diese eine hohe symbolische Kraft aufweisen, besonders umstritten sind oder wenn die Verteilung der Meinung in der Bevölkerung die politische Willensbildung beeinflusst.[129] Im Arbeitsrecht wären solche Erhebungen jedoch aufgrund der wirtschaftlichen Tragweite und der großen Zahl an Betroffenen wünschenswert, um einen empirischen Nachweis für die mutmaßlich häufig fehlende Rechtstreue zu gewinnen.

C) Allgemeine Folgerung: Deregulierung des Arbeitsrechts

Vor diesem Hintergrund wird in der Literatur eine Deregulierung des Arbeitsrechts gefordert, da weniger Recht grundsätzlich übersichtlicher und damit transparenter ist.[130] Mit Recht tritt *Rieble* dafür ein, dass das Arbeitsrecht nicht nur für Juristen, sondern auch von seinen Adressaten verstanden wird, zu denen neben Normalarbeitnehmern auch kleine Unternehmen ohne Rechtsabteilung gehören.[131] Da das Arbeitsrecht insgesamt zu einer Einschränkung der Vertragsfreiheit des Arbeitgebers führt,[132] ist eine Deregulierung am Arbeitsmarkt auf Wiederherstellung der Vertragsfreiheit zwischen Arbeitgeber und Arbeitnehmer gerichtet.[133] Eine Rückkehr zum freien Arbeitsvertragsrecht des 19. Jahrhunderts ist dabei allerdings nicht vertretbar. In ökonomischer Hinsicht entspräche dies zwar dem Postulat der Neoklassik, die für eine möglichst umfassende Vertragsfreiheit eintritt.[134] Demgegenüber fordert die Lehre der neuen Institutionenökonomik, wie bereits dargestellt, einem Marktversagen durch gesetzliche Regulierung zu begegnen.[135] Ein Fall von Marktversagen wird etwa in einem strukturellen Verhandlungsungleichgewicht der Vertragsparteien gesehen.[136] Eine unregulierte Vertragsfreiheit kann nämlich nur funktionieren, wenn die Vertragspartner annähernd gleich stark sind, also vergleichbare Informationen

---

[129] *Raiser*, Grundlagen der Rechtssoziologie, 6. Aufl. 2013, S. 348.
[130] *Klumpp*, in: Rieble, Transparenz und Reform im Arbeitsrecht, 2006, S. 9 (18 ff); vgl. auch *Rieble*, in: ders./Junker, Folgenabschätzung im Arbeitsrecht, 2007, S. 53 (70).
[131] Vgl. *Rieble*, in: ders./Junker, Folgenabschätzung im Arbeitsrecht, 2007, S. 53 (70).
[132] *Hromadka/Maschmann*, Arbeitsrecht I, 6. Aufl. 2015, § 2 Rn. 4.
[133] *Reuter*, FS Wiedemann, 2002, S. 449.
[134] *Davidov*, International Labour Review 2007, 311, zur Neoklassik grundlegend *Epstein*, University of Chicago Law Review 51 (1984), 947 ff.; vgl. Auch *Posner*, Economic Analysis of Law, 8th edition 2011, S. 341 ff. Dazu bereits oben § 5 E) I. 1. b) bb) (1) (a) (cc).
[135] *Williamson*, Journal of Law and Economics 22 (1979), 233; *Deakin/Wilkinson*, in: Collins/P.L.Davies/Ridout, Legal Regulation of the Employment Relation, 2000. Dazu bereits oben § 5 E) I. 1. b) bb) (1) (a) (cc).
[136] *Weitnauer*, Der Schutz des Schwächeren im Zivilrecht, 1975, S. 17 f.; *Drexl*, Die wirtschaftliche Selbstbestimmung des Verbrauchers, 1998, S. 41; vgl. auch *M. Wolf*, Rechtsgeschäftliche Entscheidungsfreiheit und vertraglicher Interessenausgleich, 1970, S. 67 ff.

und Machtpositionen haben.[137] Dies ist im Arbeitsverhältnis wegen des dargestellten Machtgefälles nicht der Fall.[138] Diese Argumentation richtet sich gegen die zentrale Hypothese der Neoklassik, dass staatliche Regulierung prinzipiell ineffizient ist.

I. Grundprobleme einer Deregulierung

Klumpp hat mehrere Grundprobleme einer Deregulierung aufgezeigt.[139] Zunächst ist das Arbeitsrecht ein sehr polarisiertes Gebiet, das durch einen grundsätzlichen – teilweise ideologisch überhöhten – Gegensatz zwischen Arbeitgeberlager und Arbeitnehmerlager gekennzeichnet ist. Dies ist nicht nur im politischen und gesellschaftlichen Bereich, sondern auch in der juristischen Fachliteratur allenthalben erkennbar und erschwert die Einigung über eine grundlegende Neuregelung des Arbeitsrechts erheblich. *Däubler* bezeichnet die Regelungen des Arbeitsrechts vor diesem Hintergrund als „Waffenstillstandsrichtlinien zwischen der besitzenden und der arbeitenden Klasse".[140] Hinzu kommt, dass die kollektiven Interessenvertreter, also Gewerkschaften und Arbeitgeberverbände, nicht selten eigene, von ihren Mitgliedern abweichende Interessen im Blick haben.[141]

In tatsächlicher Hinsicht sind die uneinheitlichen Bedürfnisse zu nennen. Dabei ist neben den in dieser Arbeit behandelten Unterschieden zwischen kleinen und großen Unternehmen insbesondere an die Vereinbarkeit von Familie und Beruf[142] sowie generell an die unterschiedlichen Interessen an Vertragsbindung und Flexibilität[143] zu denken, sowie nicht zuletzt auch an die – gerade im Kündigungsschutz konträren – Interessen der Arbeitssuchenden.[144]

In rechtlicher Hinsicht besteht bei einer Deregulierung das Problem, dass die Grenzen des verfassungsrechtlich, rechtsphilosophisch und ökonomisch gebotenen Mindestbestands arbeitsrechtlicher Regelungen herausgearbeitet werden müssen. Dabei ist zu bedenken, dass die arbeitnehmerschützenden Vorschriften zwingend sein müssen, um ihre Wirkung entfalten zu können. Zwingendes Arbeitsrecht bedeutet stets das Verbot anderer Gestaltungsmöglichkeiten. Vor diesem Hintergrund stellt sich die Grundsatzfrage, ob man zukünftig die Einschränkung des Arbeitnehmerschutzes oder die Einschränkung der Privat-

---

[137] Insoweit auch der individualrechtliche Ansatz des BVerfG, BVerfGE 89, 214 (233).
[138] Vgl. *Preis*, Grundfragen der Vertragsgestaltung im Arbeitsrecht, 1993, S. 216 ff.; *Rieble*, Arbeitsmarkt und Wettbewerb, 1996, Rn. 100; zum Machtgefälle im Arbeitsverhältnis siehe oben A) I. 1.
[139] *Klumpp*, in: Rieble, Transparenz und Reform im Arbeitsrecht, 2006, S. 9 (19 ff.).
[140] *Däubler*, Das Arbeitsrecht I, 14. Aufl. 1995, S. 70.
[141] *Klumpp*, in: Rieble, Transparenz und Reform im Arbeitsrecht, 2006, S. 9 (19).
[142] Dazu etwa *Uffmann*, ZfA 2015, 101.
[143] Dazu eingehend *Stöhr*, ZfA 2015, 167; in rechtshistorischer Hinsicht ders., RdA 2014, 307.
[144] *Adomeit*, FS Hilger/Stumpf, 1983, S. 1 (3); *Papier*, RdA 2000, 1 (4).

autonomie zu rechtfertigen hat.¹⁴⁵ Allerdings muss Deregulierung keineswegs zwangsläufig mit der Reduzierung des Arbeitnehmerschutzes einhergehen. Eine Verbesserung wäre bereits die Entschlackung von überholten, überalterten oder schlicht überflüssigen Regelungen.¹⁴⁶

Schließlich besteht ein weiteres Problem darin, dass die arbeitsrechtlichen Entwicklungen immer mehr auf der europäischen Ebene stattfinden, was den Handlungsspielraum des nationalen Gesetzgebers begrenzt. Die Tendenz in der Europäischen Union geht bekanntlich in die Richtung einer (Über)Regulierung, nicht in die einer Deregulierung.¹⁴⁷ Gerade im Arbeitsrecht bestimmt sich die europäische Rechtsetzung häufig nicht nach der Erforderlichkeit oder Sinnhaftigkeit, sondern nach der politischen Realisierbarkeit, sodass die Regelungen vornehmlich in den Bereichen erlassen werden, in denen mit möglichst geringem Widerstand gerechnet wird.¹⁴⁸ So kommt es, dass die europäische Rechtsetzung oftmals nicht an einem durchdachten Masterplan ausgerichtet ist, sondern tagespolitischen Ereignissen folgt.¹⁴⁹ Eine gezielte Deregulierung des Arbeitsrechts erscheint dadurch sehr schwierig. Hinzu kommt, dass die europäischen Vorgaben häufig unsorgfältig umgesetzt werden, was ihrerseits zur Intransparenz des Arbeitsrechts beiträgt. Als Beispiel kann die Ergänzung des § 613a BGB um die Absätze 5 und 6 dienen, die im Zuge der Neufassung der Betriebsübergangsrichtlinie als RL 2001/23/EG vorgenommen wurde:¹⁵⁰ Hier wurden die Informationspflichten des Arbeitgebers unklar ausgestaltet, was leicht zu einer unvollständigen bzw. falschen Information der Arbeitnehmer und damit zu einer zeitlich unbefristeten Widerspruchsfrist führen kann,¹⁵¹ zumal die Rechtsprechung hohe Anforderungen an eine die Widerspruchsfrist auslösende Unterrichtung stellt.¹⁵²

II. Generelle Lösungsansätze

Bevor in den nachfolgenden Abschnitten die wichtigsten Problempunkte des Arbeitsrechts im Hinblick auf kleine Unternehmen gesondert behandelt werden, sollen an dieser Stelle zunächst generelle Lösungsansätze aufgezeigt wer-

---

¹⁴⁵ *Klumpp*, in: Rieble, Transparenz und Reform im Arbeitsrecht, 2006, S. 9 (22).
¹⁴⁶ *Klumpp*, in: Rieble, Transparenz und Reform im Arbeitsrecht, 2006, S. 9 (31).
¹⁴⁷ Vgl. *Fellmann*, Neue Zürcher Zeitung v. 14.10.2014, abrufbar unter http://www.nzz.ch/international/europa/selbstlob-fuer-buerokratieabbau-1.18403752, Stand: 7.6.2016. Die CSU fordert eine „Entzugstherapie für Kommissare im Regulierungsrausch", Tagesspiegel v. 30.12.2013, abrufbar unter http://www.tagesspiegel.de/politik/csu-wirft-eu-ueberregulierung-vor/9269908.html, Stand: 7.6.2016.
¹⁴⁸ *Thüsing*, Europäisches Arbeitsrecht, 3. Aufl. 2017, § 1 Rn. 23.
¹⁴⁹ *Riesenhuber*, Europäisches Arbeitsrecht, 2009, § 1 Rn. 42; *Thüsing*, Europäisches Arbeitsrecht, 3. Aufl. 2017, § 1 Rn. 23.
¹⁵⁰ BGBl. I 2002 S 1163; zur Gesetzesbegründung siehe BT-Drucks. 14/7760, S. 19.
¹⁵¹ Vgl. *Göpfert/Siegrist*, ArbR 2010, 107; *Seidel/Behrendt*, AuA 2011, 704.
¹⁵² Vgl. BAG NZA 2006, 1273 (1275 f.); hohe Anforderungen der Rechtsprechung konstatieren auch *Hohenstatt/Grau*, NZA 2007, 13 (19); *Lembke*, ZIP 2007, 310.

den. Da die Probleme des Arbeitsrechts wie gezeigt in seiner Intransparenz und seiner Statik bestehen, ist ein zweispuriger Lösungsweg einzuschlagen: Auf der einen Seite sind zwingende Regelungen abzubauen, wo dies möglich ist, und auf der anderen Seite sind klare und rechtssichere Regelungen dort sicherzustellen, wo staatliche Regulierung erforderlich ist.[153] Anzustreben sind daher eine Behebung der dargestellten Mängel des Arbeitsrechts und ein angemessener Ausgleich der betroffenen Interessen einschließlich der spezifischen Interessen der ihrerseits schutzwürdigen Kleinunternehmer.

1. Liberalisierung der arbeitsvertraglichen Ebene

Sowohl aus dem Intransparenzvorwurf und dem Flexibilitätsbedürfnis wird gefolgert, dass eine grundlegende Neuregulierung des Arbeitsrechts mehr Freiheiten auf der arbeitsvertraglichen Ebene zulassen muss.[154] Für eine Besinnung auf den Vertrag als arbeitsrechtliches Regelungsinstrument spricht, dass die Arbeitsvertragsparteien ihre Rechte und Pflichten in größerem Maße ihrer eigenen Vereinbarung entnehmen können und weniger auf „externes" Gesetzesrecht zurückgreifen müssen, womit die Transparenz gestärkt würde.[155] Dies würde auch und gerade Kleinunternehmern zugutekommen, die – wie bereits oben ausgeführt[156] – nicht in der Lage sind, ausreichendes arbeitsrechtliches Know-How vorzuhalten.[157] Auch das Bundesverfassungsgericht hat in der Bürgschaftsentscheidung die verfassungsrechtliche Bedeutung der Vertragsfreiheit betont:

„Die Privatautonomie ist notwendigerweise begrenzt und bedarf der rechtlichen Ausgestaltung. [...] Dies bedeutet jedoch nicht, dass die Privatautonomie zur beliebigen Disposition des Gesetzgebers stünde und ihre grundrechtliche Gewährleistung infolgedessen leerliefe. Vielmehr ist der Gesetzgeber bei der gebotenen Ausgestaltung an die objektiv-rechtlichen Vorgaben der Grundrechte gebunden. Er muss der Selbstbestimmung des Einzelnen im Rechtsleben einen angemessenen Betätigungsraum eröffnen."[158]

Auch im Arbeitsrecht anerkennt das Bundesverfassungsgericht den grundrechtlichen Schutz der Privatautonomie, unbeschadet dem Erfordernis einer speziellen Inhaltskontrolle:

„Berufliche Tätigkeit, für die Art. 12 I GG den erforderlichen Freiraum gewährleistet, dient nicht nur der personalen Entfaltung des arbeitenden Menschen in der Gesellschaft, den meisten Bürgern gewährleistet sie vor allem die Möglichkeit, sich eine wirtschaftliche Grundlage ihrer Existenz zu schaffen. Dazu ist es regelmäßig erforderlich, Bindungen auf Zeit oder auf Dauer einzugehen. Im Rahmen des Zivilrechts geschieht das typischerweise durch Verträge, in denen sich beide Vertragsteile wechselseitig in ihrer

---

[153] *Klumpp*, in: Rieble, Transparenz und Reform im Arbeitsrecht, 2006, S. 9 (21).
[154] *Junker*, NZA 1997, 1305 (1308 ff.); *Richardi*, ZfA 2003, 655 (689).
[155] *Klumpp*, in: Rieble, Transparenz und Reform im Arbeitsrecht, 2006, S. 9 (26).
[156] Siehe oben B) II.
[157] Siehe die Untersuchung von *Alewell/Koller*, BB 2002, 990.
[158] BVerfGE 89, 214 (231).

beruflichen Handlungsfreiheit beschränken, und zwar im Austausch mit der ausbedungenen Gegenleistung. Auf der Grundlage der Privatautonomie, die Strukturelement einer freiheitlichen Gesellschaftsordnung ist, gestalten die Vertragspartner ihre Rechtsbeziehungen eigenverantwortlich. Sie bestimmen selbst, wie ihre gegenläufigen Interessen angemessen auszugleichen sind, und verfügen damit zugleich über ihre grundrechtlich geschützten Positionen ohne staatlichen Zwang. Der Staat hat die im Rahmen der Privatautonomie getroffenen Regelungen grundsätzlich zu respektieren."[159]

Daraus lässt sich folgern, dass die Verfassung eine Lockerung des zwingenden Rechts prinzipiell zulässt.[160] Beschränkungen der Vertragsfreiheit bewirken stets einen Eingriff in die durch Art. 2 Abs. 1 GG geschützte Vertragsfreiheit.[161] Sie bedürfen daher der verfassungsrechtlichen Rechtfertigung, wobei insbesondere das Verhältnismäßigkeitsprinzip zu beachten ist. Verfassungsrechtlich geboten ist ein staatlicher Eingriff nur, soweit die Privatautonomie eine regulierende Kraft nicht zu entfalten vermag, weil einem Vertragspartner ein so starkes Übergewicht zukommt, dass er die Vertragsbestimmungen einseitig bestimmen kann.[162] Eine rechtliche Fixierung auf bestimmte normative Gestaltungen lässt sich dieser Schutzpflicht indes nicht entnehmen.[163] Vielmehr hat der Gesetzgeber einen weiten Regelungsspielraum, innerhalb dessen er die einschlägigen Grundrechte – namentlich die Vertragsfreiheit, Berufsfreiheit, Koalitionsfreiheit und Eigentumsfreiheit[164] – im Wege der praktischen Konkordanz zum Ausgleich bringen muss.[165]

2. Klarheit und Bestimmtheit der Gesetzgebung

Eine weitere Forderung geht dahin, dass die arbeitsrechtliche Gesetzgebung verständlicher gestaltet wird.[166] Auch dies ist im Hinblick auf kleine Unternehmen zu begrüßen, da diese sich seltener rechtliche Beratung leisten können und deshalb in besonderem Maße auf Rechtssicherheit angewiesen sind.[167] Bei verbraucherschützenden Vorschriften räumt der Gesetzgeber selbst ein, dass sie nur dann effektiv sein können, wenn sie überhaupt bekannt sind.[168] Gleiches muss auch für Arbeitnehmer und Kleinunternehmer gelten:

---

[159] BVerfGE 81, 242 (254).
[160] *Klumpp*, in: Rieble, Transparenz und Reform im Arbeitsrecht, 2006, S. 9 (23).
[161] *Stöhr*, AcP 214, 425 (448 ff.).
[162] BVerfGE 81, 242 (254 ff.); BVerfGE 89, 214 (234); *Dieterich*, RdA 1995, 129 (131); *Papier*, RdA 2000, 1 (4).
[163] *Papier*, RdA 2000, 1 (4).
[164] Dazu *Söllner*, RdA 1989, 144
[165] *Dieterich*, RdA 1995, 129 (131); *Papier*, RdA 2000, 1 (4).
[166] *Klumpp*, in: Rieble, Transparenz und Reform im Arbeitsrecht, 2006, S. 9 (29).
[167] *Freilich/Webb*, University of Western Australia Law Review 2013, 134 (139); *Garvin*, 40 Wake Forest Law Review [2005], 295 (382).
[168] BT-Drucks. 17/7745, S. 6 zur Buttonlösung des § 312g III, IV BGB a.F. (heute: § 312j III, IV BGB n.F.).

„Das Einfache ist offen und macht alles sichtbar. [...] Wie die Spitze des Eisbergs liegt es offen auf dem Meer der Gedanken und verbirgt sich nicht im Nebel komplizierter Relativsätze."[169]

Eine verfassungsrechtliche Grenze gibt das aus dem Rechtsstaatsprinzip abgeleitete Bestimmtheitsgebot vor. Dieses fordert solche Gesetze, aus denen der Bürger seine Normunterworfenheit und die Rechtslage so konkret erkennen kann, dass er sein Verhalten danach ausrichten kann – insbesondere, wenn eine hohe Eingriffsintensität besteht.[170] Ein Verstoß hiergegen nimmt das Bundesverfassungsgericht jedoch nur in den seltenen Fällen einer „unerträglichen" Unbestimmtheit an.[171]

Indessen steht die damit angestrebte Rechtssicherheit bekanntlich in einem Spannungsverhältnis zur Einzelfallgerechtigkeit, welche durch unbestimmte Rechtsbegriffe gestärkt wird. Der Gesetzgeber kann und will schon aus Gründen der Flexibilität nicht allein für die Verwirklichung von Gerechtigkeit zuständig sein, sondern überantwortet dies nicht selten ausdrücklich den Gerichten.[172] So heißt es z.B. in einer Gesetzesbegründung, dass es „aufgrund der Vielgestaltigkeit möglicher Fallkonstellationen [...] letztlich der Rechtsprechung überlassen bleiben [muss], weitere Einzelheiten im Rahmen der konkreten Rechtsanwendung zu entwickeln."[173] Auch das Bundesverfassungsgericht betont, dass der Gesetzgeber nicht sämtliche Fallgestaltungen selbst berücksichtigen muss, sondern darauf vertrauen kann, dass Einzelfallgerechtigkeit bei der Rechtsanwendung erreicht wird.[174] *Klumpp* weist jedoch zutreffend darauf hin, dass das Gesetz zumindest Maßstäbe für die Anwendung im Einzelfall bereitstellen kann, welche die Entscheidung berechenbarer und vorhersehbarer machen.[175]

III. Sonderproblem: Verfassungsmäßigkeit einer Deregulierung des Kündigungsschutzes

Der Kündigungsschutz ist von überragender rechtlicher und wirtschaftlicher Relevanz. Nach *Wolfgang Hromadka* bestimmt sich die „Freiheit im Arbeitsverhältnis [...] von seinem Ende her".[176] Teilweise wird er gar als das Nervenzentrum des Arbeitsvertragsrechts bezeichnet.[177] Wenn es um die Deregulierung

---

[169] *Fleiner*, FS Häberle, 2004, S. 145 (149).
[170] BVerfGE 83, 130 (145).
[171] Vgl. BVerfGE 59, 104 (118).
[172] BVerfGE 49, 304, 318; 128, 193, 210; *Hirsch* ZRP 2012, 205, 208; *Wassermann*, in: Wassermann/Kohlegger/Reischl/Vogel (Hrsg.), Justiz für den Bürger, 1981, S. 27, 46.
[173] BT-Drucks. 17/9695, S. 9 zur Änderung von § 46b StGB.
[174] BVerfGE 59, 104 (115); BVerfGE 120, 224 (251).
[175] *Klumpp*, in: Rieble, Transparenz und Reform im Arbeitsrecht, 2006, S. 9 (30).
[176] *Hromadka*, ZfA 2002, 383 (393).
[177] *Schwerdtner*, in: MünchKomm-BGB, 3. Aufl. 1997, Anh. zu § 622 Rn. 1.

§ 6 Bestandsaufnahme und allgemeine Folgerung

des Arbeitsrechts geht, steht der Kündigungsschutz daher häufig im Zentrum der Diskussion. Im Folgenden wird die verfassungsrechtliche Zulässigkeit einer Deregulierung des Kündigungsschutzes erörtert.

Die Vertragsfreiheit umfasst auch die Beendigung eines Vertrags, bei Arbeitsverträgen also sowohl einvernehmlich durch Aufhebungsvertrag als auch einseitig durch Kündigung. Die gesetzliche bzw. richterrechtliche Statuierung eines Kündigungsschutzes greift daher in die Vertragsfreiheit ein.[178] Aus der Perspektive der grundrechtlich geschützten Vertragsfreiheit darf man den weitgehenden Kündigungsschutz nicht als gegeben akzeptieren, sondern muss fragen, ob eine Einschränkung der Kündigungsfreiheit überhaupt verfassungsrechtlich gerechtfertigt ist.[179] Teilweise wird die Einräumung von Kündigungsbefugnissen bei langfristigen Verträgen auch als Ausprägung einer Umverteilung im Privatrecht durch Berücksichtigung von unvorhersehbaren und unverschuldeten Ereignissen (sog. sozialen force majeuer) begriffen.[180] Im Hinblick auf den Kündigungsschutz wurde die Frage nach der verfassungsrechtlichen Zulässigkeit einer Deregulierung zu Beginn der 1990er Jahre ganz überwiegend bejaht.[181] Das Bundesverfassungsgericht führt im WDR-Beschluss vom 13.1.1982 gegen eine verfassungsrechtliche Zementierung des Kündigungsschutzes die Zweischneidigkeit an, da er zwar die Beschäftigten schützt, den Arbeitsuchenden jedoch den Zugang zur Beschäftigung erschwert.[182] Das Apotheken-Urteil des Bundesverfassungsgerichts, wonach das Ziel des Schutzes der bereits im Beruf Tätigen niemals Beschränkungen des Berufszugangs für die Außenstehenden rechtfertigen kann,[183] spricht sogar für die Unzulässigkeit eines Kündigungsschutzes, der – wie es der h.M. zur Austauschkündigung entspricht – die wirtschaftliche Existenzgrundlage der Beschäftigten durch Verhinderung ihres Austauschs gegen Arbeitsuchende zu gewährleisten versucht.[184] Auch in der verfassungsrechtlichen Literatur wurde überwiegend vertreten, dass der Kündigungsschutz im Rahmen des verfassungsrechtlichen Schutzes der Berufsfreiheit in angemessenen Ausgleich mit der Verteilungsgerechtigkeit zwischen Beschäftigten und Arbeitsuchenden gebracht werden muss, wobei keine konkreten verfassungsrechtlichen Vorgaben bestehen und der Gesetzgeber einen weiten Spielraum zur Verwirklichung dieses Interessenausgleichs hat.[185]

---

[178] *Klumpp*, in: Rieble, Transparenz und Reform im Arbeitsrecht, 2006, S. 9 (26).
[179] *Klumpp*, in: Rieble, Transparenz und Reform im Arbeitsrecht, 2006, S. 9 (26).
[180] Vgl. *Wilhelmsson*, Critical Studies in Private Law, 1992, S. 180 ff.
[181] Vgl. *Papier*, DVBl. 1984, 801 (813); *Friauf*, NZA 1985, 513; a.A. unter Berufung auf die sog. sozialstaatliche Grundrechtstheorie *Mückenberger*, NZA 1985, 518.
[182] BVerfG NJW 1982, 1447 (1449).
[183] BVerfGE 7, 347 (408).
[184] *Reuter*, FS Wiedemann, 2002, S. 449 (468).
[185] Vgl. *Papier*, DVBl. 1984, 801 (813).

In der Kleinbetriebs-Entscheidung von 27.1.1998 hat das Bundesverfassungsgericht jedoch die Interessen der Arbeitssuchenden wie erwähnt aus der Abwägung ausgeklammert und sich auf den Standpunkt gestellt, dass der Gesetzgeber das durch Art. 12 Abs. 1 GG geschützte Interesse des Arbeitnehmers an einer Erhaltung seines Arbeitsplatzes lediglich mit dem entgegenstehenden Interesse des Arbeitgebers an der Beschäftigung von seinen Vorstellungen entsprechenden Mitarbeitern ausgleichen muss.[186] Eine Begründung dieses Paradigmenwechsels im Vergleich zum WDR-Beschluss, wo es noch die Auswirkungen des Kündigungsschutzes auf die Arbeitssuchenden berücksichtig hat, bleibt das Bundesverfassungsgericht schuldig.[187] Dadurch wird die Deregulierung des Kündigungsschutzes erschwert, da die richterrechtliche Ausgestaltung in weiten Teilen zum verfassungsrechtlichen Gebot erhoben wird und darüber hinaus ein verfassungsrechtlicher Auftrag zur weiteren Regulierung impliziert wird.[188]

§ 7 Größenabhängige Befreiung mittels Schwellenwerten

Es wurde schon mehrfach darauf hingewiesen, dass größenabhängige Befreiungen ein zentrales Mittel zum Schutz kleiner Unternehmen sind. Dafür sprechen in verfassungsrechtlicher Hinsicht der aus Art. 12, 14 GG abgeleitete Schutz vor unverhältnismäßiger Kostenbelastung[189] sowie das aus Art. 3 Abs. 1 GG abgeleitete Differenzierungsgebot: Da kleine Unternehmen von regulierungsbedingten Kosten wie gezeigt signifikant stärker getroffen werden als große Unternehmen, greift es in den verfassungsrechtlichen Gleichheitssatz ein, alle Unternehmen unabhängig von ihrer Größe derselben Regulierung zu unterwerfen.[190] Zudem wurde gezeigt, dass größenabhängige Befreiungen prinzipiell effizient sind.[191]

Im Folgenden geht es um größenabhängige Befreiungen und ihre inhaltliche Ausgestaltung speziell im Arbeitsrecht.[192] Im Arbeitsrecht sind Schwellenwerte im Hinblick auf die Unternehmens- bzw. Betriebsgröße das wichtigste Mittel zur Abstufung arbeitsrechtlicher Schutzniveaus.[193] Allerdings können Schwellenwerte Anreize für das Unternehmen schaffen, klein zu bleiben.[194] Wenn nämlich Schwellenwerte bestehen, wonach Unternehmen mit begrenzten Arbeitneh-

---

[186] BVerfGE 97, 169 (175 ff.). Dazu bereits oben § 5 D) I. 2. b) bb) (1).
[187] Kritisch auch *Reuter*, FS Wiedemann, 2002, S. 449 (469).
[188] *Reuter*, FS Wiedemann, 2002, S. 449 (469 f.).
[189] Siehe oben § 5 C) II.
[190] Siehe oben § 5 C) III. 2.
[191] Siehe oben § 5 D) II.
[192] Dazu bereits *Stöhr*, Labor Law Journal 2018, 101 ff.
[193] *Wagner/Schnabel/Kölling*, in: *Ehring/Kalmbach*, Weniger Arbeitslose – aber wie?, 2001, S. 177 (180); *Junker*, Gutachten B für den 65. Deutschen Juristentag, 2004, B 3 (25).
[194] Vgl. *Garvin*, 40 Wake Forest Law Review [2005], 295 (297).

merzahlen von bestimmten Regulierungen ausgenommen werden, könnte es betriebswirtschaftlich lukrativ sein, diese Schwellenwerte gezielt zu unterschreiten und auf die Einstellung weiterer Arbeitnehmer zu verzichten. In volkswirtschaftlicher Hinsicht wäre dies misslich, da das Beschäftigungspotential dieser Unternehmen nicht ausgeschöpft würde und Fehlallokationen der Arbeitskräfte bewirkt würden.[195] In diesem Rahmen soll daher eine ökonomische Analyse von Schwellenwerten unternommen werden. Im Folgenden werden zunächst die wichtigsten Schwellenwerte dargestellt und ausgewertet (unten A)). Sodann werden Schwellenwerte ökonomisch analysiert (unten B)). Auf dieser Basis werden schließlich Vorschläge für eine Neukonzeption der Schwellenwerte erarbeitet, mit der sich negative Anreize besser vermeiden lassen und der Schutz von kleinen Unternehmen somit mit geringeren Nachteilen für das Beschäftigungsniveau verwirklicht werden kann (unten C)).

A) Die wichtigsten Schwellenwerte im deutschen Arbeitsrecht

Das deutsche Arbeitsrecht ist durch eine große Vielzahl an Schwellenwerten gekennzeichnet. Im Arbeitsrecht gibt es 160 verschiedene Schwellenwerte. Die wichtigsten davon sind:

Ab 5 Arbeitnehmern	Errichtung eines Betriebsrats möglich, ein Mitglied
Ab 5,25 Arbeitnehmern:	Geltung des KSchG für Arbeitsverhältnisse vor dem 01.01.2004; Wahl eines Betriebsrats (eine Person) möglich (§§ 23 Abs. 1 S. 2 KSchG, 1 BetrVG)
Ab 10,25 Arbeitnehmern:	Geltung des KSchG (§ 23 Abs. 1 S. 2 KSchG)
Ab 16 Arbeitnehmern:	Arbeitnehmer haben Anspruch auf Teilzeitarbeit (§ 8 Abs. 7 TzBfG)
Ab 20 Arbeitnehmern:	Beschäftigungspflicht für Schwerbehinderte, sonst Ausgleichsabgabe (§§ 154 Abs. 1, 160 SGB IX); Unterrichtungspflicht über geplante Betriebsänderungen (§ 111 BetrVG)
Ab 21 Arbeitnehmern:	Betriebsrat wird auf 3 Mitglieder aufgestockt (§ 9 BetrVG), u.a.

---

[195] *Braguinsky/Branstetter/Regateiro* The Incredible Shrinking Portuguese Firm, NBER Working Paper 17265, July 2011, S. 21 f.; vgl. auch *Garicano/LeLarge/Van Reenen*, American Economic Review 2016, 3439 (3442); *Koller*, Arbeitsrechtliche Schwellenwerte – Regelungen an der Schwelle zur Unüberschaubarkeit, 2005, S. 11 f.

Ab 40 Arbeitnehmern:	Beschäftigungspflicht für 2 schwerbehinderte Arbeitnehmer
Ab 51 Arbeitnehmern:	Betriebsrat besteht aus 5 Mitgliedern (§ 9 BetrVG)
Ab 60 Arbeitnehmern:	Beschäftigungspflicht für 3 schwerbehinderte AN; grds. Müssen 5 Prozent der Arbeitsplätze mit schwerbehinderten AN besetzt werden (§ 154 Abs. 1 SGB IX)
Ab 101 Arbeitnehmern:	Betriebsrat besteht aus 7 Mitgliedern; Bildung eines Wirtschaftsausschusses (§§ 9, 106 Abs. 1 BetrVG)
Ab 200 Arbeitnehmern:	Ein Betriebsratsmitglied hat Anspruch auf vollständige Freistellung von der Arbeit (§ 38 BetrVG); Auskunftanspruch zur Überprüfung des Entgeltgleichheitsgebots (§ 12 Abs. 1 EntgTranspG)
Ab 209 Arbeitnehmern:	Betriebsrat besteht aus 9 Mitgliedern (§ 9 BetrVG)
Ab 401 Arbeitnehmern:	Betriebsrat besteht aus 11 Mitgliedern (§ 9 BetrVG)
Ab 501 Arbeitnehmern:	Zwei Betriebsratsmitglieder müssen von der Arbeit freigestellt werden (§ 38 BetrVG); Eingreifen der Unternehmensmitbestimmung (§ 1 DrittelbG); Betriebliches Prüfverfahren hinsichtlich des Entgeltgleichheitsgebots (§ 17 Abs. 1 EntgTranspG)
Ab 1000 Arbeitnehmern:	Grenzübergreifende Unterrichtung und Anhörung der Arbeitnehmer in gemeinschaftsweit tätigen Unternehmen (§ 3 EBRG)
Ab 1001 Arbeitnehmern:	Betriebsrat besteht aus 15 Mitglieder (§ 9 BetrVG), Belegschaft muss einmal im Kalenderviertljahr schriftlich über die wirtschaftliche Lage und die Entwicklung des Unternehmens unterrichtet werden (§ 110 Abs. 1 BetrVG)

B) Ökonomische Analyse von Schwellenwerten

Zunächst werden die Schwellenwerte theoretisch unter Zugrundelegung allgemeiner ökonomischer Hypothesen untersucht (unten I.). Daran schließt sich eine empirische Untersuchung an, in welcher einschlägige Studien ausgewertet werden (unten II.).

I. Theoretische Untersuchung

In der Volkswirtschaftslehre wird regelmäßig mit der Gesetzeshypothese gearbeitet, dass private Unternehmen ihre Gewinne maximieren.[196] Mit dem rational-choice-Ansatz lässt sich dies ohne weiteres für Einmann-Unternehmen erklären.[197] Im Hinblick auf größere Unternehmen, in denen mehrere Personen – insbesondere angestellte Geschäftsführer bzw. Vorstandsmitglieder – geschäftsführungsbefugt sind, wäre denkbar, dass diese Personen ihren eigenen Nutzen und nicht den Gewinn des Unternehmens maximieren. Nach *Schäfer/Ott* hat sich die Gewinnmaximierungshypothese jedoch zur Analyse vieler wirtschaftlicher Vorgänge bewährt, sodass sie weiterhin sinnvoll angewandt werden kann.[198] Der Gewinn des Unternehmens definiert sich nach der Formel

$$Gewinn = Umsatz - Kosten$$

Nach der Gewinnmaximierungshypothese wird das Unternehmen solange keine zusätzlichen Kosten aufwenden, wie eine Kostensteigerung um einen Euro ein Umsatzplus von mehr als einem Euro bringt. Diese Zusatzkosten eines Unternehmens werden als Grenzkosten und der zusätzliche Umsatz als Grenzerlös bezeichnet.[199] Die allgemeine Bedingung für ein Gewinnmaximum ist daher, dass sich die Grenzkosten mit dem Grenzerlös decken.

Die Überschreitung von regulierungsbezogenen Schwellenwerten hat für das Unternehmen stets Kosten zur Folge.[200] Größenabhängige Befreiungen sollen die Unternehmen ja von den regulierungsbedingten Kosten schützen. Unmittelbar werden die Kosten somit durch die Regulierung als solche verursacht, von der Überschreitung des Schwellenwerts nur mittelbar, da diese zur Anwendung der Regulierung führt. Die Kosten, die durch das Überschreiten von Schwellenwerten verursacht werden können, sind vielfältig und nur schwer abschätzbar. Nur für die Nichterfüllung der Beschäftigungspflicht für Schwerbehinderte gem. § 154 SGB IX können sie genau beziffert werden, da es für diesen Fall eine gesetzliche Regelung gibt: Wird diese Beschäftigungspflicht nicht hinreichend erfüllt, müssen die Arbeitgeber eine Ausgleichsabgabe an das zuständige In-

---

[196] *Schäfer/Ott*, Lehrbuch der Ökonomischen Analyse des Zivilrechts, 5. Aufl. 2012, S. 54 f.
[197] Zum rational-choice-Anastz und dem Leitbild des homo oeconomicus siehe oben § 4 D) I. 1.
[198] *Schäfer/Ott*, Lehrbuch der Ökonomischen Analyse des Zivilrechts, 5. Aufl. 2012, S. 55.
[199] *Schäfer/Ott*, Lehrbuch der Ökonomischen Analyse des Zivilrechts, 5. Aufl. 2012, S. 55.
[200] *Koller*, Arbeitsrechtliche Schwellenwerte – Regelungen an der Schwelle zur Unüberschaubarkeit, Friedrich-Alexander Universität Erlangen-Nürnberg, Discussion Paper No. 40, 2005, S. 2 f., 6 ff.

tegrationsamt zahlen, die dynamisch nach Erfüllung der Beschäftigungsquote gestaffelt ist[201] Im Übrigen ist nur eine Schätzung anhand von groben Indikatoren möglich.[202] Unberechenbare Kostenfaktoren verursachen z.B. Pflichten zur Einrichtung von baulichen Einrichtungen wie (Behinderten-)Toiletten und Pausenraum; Gremien wie Betriebsrat oder der frühere Arbeitsschutzausschuss, die wegen der Bindung von Arbeitskraft Personalkosten und außerdem Verwaltungskosten bzgl. der Ausstattung verursachen. Großen Unternehmen entstehen zwar durch die Betriebsratstätigkeit insgesamt höhere Kosten als kleinen Unternehmen, jedoch werden kleine Unternehmen gemessen an den Bruttolohn- und Gehaltskosten durch die Betriebsratstätigkeit verhältnismäßig stärker belastet als größere Unternehmen.[203] Zu bedenken ist freilich, dass Betriebsräte auch Erträge bringen können,[204] zudem hat typischerweise nur ein Bruchteil der kleinen Unternehmen von 5–49 Arbeitnehmern überhaupt einen Betriebsrat.[205] Nach Überschreiten der Arbeitnehmerschwelle zum betrieblichen Anwendungsbereich des Kündigungsschutzgesetzes werden Kündigungen zwar nicht verhindert, aber für das Unternehmen verteuert, da sie nur in einem gesetzlich vorgegebenen Rahmen erfolgen dürfen. Besteht kein Kündigungsgrund, müssen die Arbeitnehmer z.B. durch Abfindungszahlung zur Vertragsaufhebung bzw. dem Absehen von einem Kündigungsschutzprozess bewogen werden, oder der Arbeitgeber muss die Kündigung durch gute Vorbereitung „gerichtsfest" machen.[206]

Auch wenn bislang nur ein Teil der Kosten untersucht wurde, die durch das Überschreiten von Schwellenwerten entstehen können, zeigen die Ergebnisse deutlich, dass arbeitsrechtliche Schwellenwerte zu erheblichen Kosten führen. Zudem ist belegt, dass diese Belastungen für kleine Unternehmen relativ höher sind als für große Unternehmen, zumal der Verwaltungsaufwand für alle Unternehmen gleich hoch ist.[207] Da die Überschreitung von Schwellenwerten somit den Gewinn beeinträchtigt, bestehen nach der Gewinnmaximierungshypothese Anreize für das Unternehmen, dies zu vermeiden und unterhalb der Schwellen-

---

[201] Dazu *Koller/Schnabel/Wagner*, Perspektiven der Wirtschaftspolitik 2007, 242.

[202] *Koller*, Arbeitsrechtliche Schwellenwerte – Regelungen an der Schwelle zur Unüberschaubarkeit, Friedrich-Alexander Universität Erlangen-Nürnberg, Discussion Paper No. 40, 2005, S. 7.

[203] *Koller*, Arbeitsrechtliche Schwellenwerte – Regelungen an der Schwelle zur Unüberschaubarkeit, Friedrich-Alexander Universität Erlangen-Nürnberg, Discussion Paper No. 40, 2005, S. 9 f. Dazu bereits oben § 2 B) I. 1. b) aa), 2. a).

[204] Dazu *Addison/Schnabel/Wagner*, Oxford Economic Papers 2001, 659 ff.; siehe auch oben § 6 A).

[205] Vgl. *Ellguth/Kohaut*, WSI-Mitteilungen 58 [2005], S. 398 ff.

[206] *Koller*, Arbeitsrechtliche Schwellenwerte – Regelungen an der Schwelle zur Unüberschaubarkeit, Friedrich-Alexander Universität Erlangen-Nürnberg, Discussion Paper No. 40, 2005, S. 10.

[207] *Koller*, Arbeitsrechtliche Schwellenwerte – Regelungen an der Schwelle zur Unüberschaubarkeit, Friedrich-Alexander Universität Erlangen-Nürnberg, Discussion Paper No. 40, 2005, S. 11.

werte zu bleiben, sofern die Kosten nicht durch entsprechende Umsatzsteigerungen kompensiert werden.[208]

II. Empirische und vergleichende Untersuchung

Zu den Fragen, ob Unternehmen arbeitnehmerbezogene Schwellenwerte überhaupt kennen, welche Kostenbelastungen sie ihnen beimessen und ob sie diese durch Verzicht auf weitere Einstellungen oder gar durch Personalabbau gezielt unterschreiten, wurden in mehreren Ländern empirische Erhebungen durchgeführt.

1. Deutschland

In Deutschland gibt es verschiedene, allerdings zum Teil schon ältere Studien. Nach einer Befragung des Deutschen Industrie- und Handelstags im Zusammenhang zur erstmaligen Erhöhung der Schwelle des § 23 KSchG aus dem Jahr 1998 gaben 11 Prozent der 300 befragten Unternehmen an, auf Grund des Wegfalls des Kündigungsschutzes Personal eingestellt zu haben bzw. 14 Prozent, deswegen in Zukunft noch einstellen zu wollen.[209] Eine Forsa-Befragung aus dem Jahr 2003 hat sich mit der Reduzierung des Schwellenwerts auf „mehr als fünf" Arbeitnehmern vom 1.1.1999 befasst und gezeigt, dass 14 Prozent der rund 1.000 befragten Unternehmen mit bis zu fünf Arbeitnehmern seit der Reduzierung des Schwellenwerts auf die Einrichtung zusätzlicher Arbeitsplätze verzichtet haben. Von den Unternehmen mit genau fünf Arbeitnehmern gaben sogar 31 Prozent an, auf Einstellungen verzichtet zu haben, um die Anwendbarkeit des Kündigungsschutzgesetzes zu vermeiden. Für diese Studie wurden 1.001 Unternehmen mit einem bis fünf Beschäftigten befragt.[210] Allerdings kommen zahlreiche andere Studien zu dem Ergebnis, dass der Schwellenwert des § 23 Abs. 1 KSchG keine signifikanten Auswirkungen auf das Einstellungsverhalten der Unternehmen hat.[211]

Am umfassendsten ist die Studie von *Friedrich/Hägele* aus dem Jahr 1997. In dieser wurden kleine und mittlere Unternehmen zu den Wirkungen arbeits- und sozialrechtlicher Schwellenwerte befragt, wobei insgesamt 1.482 beantwortete

---

[208] Vgl. *Brock/Evans*, RAND Journal of Economics 1985, 398 (406), nach denen größenabhängige Befreiungen generell Anreize schaffen, die entsprechenden Schwellenwerte gezielt zu unterschreiten.
[209] Zit. nach *Koller*, Arbeitsrechtliche Schwellenwerte – Regelungen an der Schwelle zur Unüberschaubarkeit, 2005, S. 13.
[210] *Funk*, 2003 EIROnline, abrufbar unter http://www.eurofound.europa.eu/observatories/eurwork/articles/survey-finds-that-statutory-protection-against-dismissal-hurts-small-firms, Stand: 9.11.2016; zur methodischen Kritik an diesem Vorgehen [Arbeitgeberbefragung] siehe *Pfarr et al.*, BB 2003, 2286.
[211] Dazu eingehend unten C) II. 4. a) aa) (2).

Fragebögen ausgewertet wurden.[212] Was die Aussagekraft dieser Untersuchung anbelangt wird allerdings darauf hingewiesen, dass nur passives Wissen abgefragt wurde und kein aktives; zudem ließen die Ergebnisse keine Aussagen darüber zu, ob den Unternehmen bekannt war, welche Schwellenwerte sie damals selbst überschritten hatten.[213] Nach dieser Studie sind niedrige Schwellenwerte im Allgemeinen bekannt, mehr als zwei Drittel der befragten kleinen und mittleren Unternehmen waren über die Schwellenwerte bis 16 Arbeitnehmer informiert. Jedoch waren die Schwellenwerte je weniger bekannt, desto höher sie lagen. Die Schwellenwerte ab 51 Arbeitnehmern kannten noch 24 Prozent – 41 Prozent der befragten Unternehmen, die allerdings nur zu einem Fünftel mehr als 50 Arbeitnehmer beschäftigten. Die Schwellenwerte von mehr als 100 Arbeitnehmern kannte nur ein Viertel der Unternehmen.[214] Die Kostenbelastung der Unternehmen durch die Schwellenwerte wurde von den kleinen und mittleren Unternehmen mit hoch angegeben: 60 Prozent beklagen sich über die Kosten, 55 Prozent über den Zeitaufwand und 50 Prozent über den Organisationsaufwand.[215] Konkrete negative Erfahrungen mit Schwellenwerten haben 29 Prozent der Unternehmen gemacht, während lediglich 2 Prozent von positiven Effekten berichten. Genannt werden dabei vor allem der Kündigungsschutz (79 Prozent der Nennungen) sowie die Bestimmungen des Betriebsverfassungsrechts (19 Prozent der Nennungen). An der Schwelle „ab 21 Arbeitnehmer" verdoppeln sich z.B. die Kosten der Betriebsratstätigkeit, während die Belastung durch die Pflicht zur Beschäftigung von Schwerbehinderten bzw. die Zahlung einer Ausgleichsabgabe vernachlässigt werden kann. Vor diesem Hintergrund achten viele Unternehmen tatsächlich darauf, dass sie unterhalb bestimmter Schwellenwerte bleiben. Insbesondere in der Industrie wird sogar ein „Gesundschrumpfen" mit den entsprechenden Auswirkungen auf den Personalbestand betrieben.[216] 19 Prozent aller Unternehmen geben an, dass sie Einstellungen so lange wie möglich hinauszögern würden, 22 Prozent bleiben konsequent unter Schwellenwerten und für 1 Prozent sind Schwellenwerte aus sonstigen Gründen für das Einstellungsverhalten von Bedeutung. Namentlich Unternehmen, die mit ihrer Beschäftigungszahl knapp unterhalb von Schwellenwerten liegen – deutschlandweit sind dies in der Abgrenzung der Sozialversicherungsstatistik gut die Hälfte aller Unternehmen – geben zu 18 Prozent an, mit Einstellungen zurückhaltend zu sein; 28 Prozent

---

[212] *Friedrich/Hägele*, Ökonomische Konsequenzen von Schwellenwerten im Arbeits- und Sozialrecht, 1997, S. 3 ff.
[213] *Koller*, Arbeitsrechtliche Schwellenwerte – Regelungen an der Schwelle zur Unüberschaubarkeit, 2005, S. 6.
[214] *Friedrich/Hägele*, Ökonomische Konsequenzen von Schwellenwerten im Arbeits- und Sozialrecht, 1997, S. 20 ff.
[215] *Friedrich/Hägele*, Ökonomische Konsequenzen von Schwellenwerten im Arbeits- und Sozialrecht, 1997, S. 20 f.
[216] *Friedrich/Hägele*, Ökonomische Konsequenzen von Schwellenwerten im Arbeits- und Sozialrecht, 1997, S. 21.

bleiben strikt unter Schwellenwerten. Diese Gruppe von Unternehmen verzichtet in größerem Umfang auf Neueinstellungen als die Gesamtheit der kleinen und mittleren Unternehmen.[217]

Allerdings verfolgen die Unternehmen zum Teil Ausweichstrategien, sodass dieses Verhalten nicht unbedingt eine „Beschäftigungsverweigerung" bedeutet. Solche Ausweichstrategien sind vor allem Überstunden (71 Prozent), aber auch die Beschäftigung von Aushilfen (61 Prozent), Befristungen (48 Prozent) und die Kooperation mit anderen Unternehmen (41 Prozent).[218] Eine nachrangige Rolle spielte damals noch der Einsatz von Leiharbeitern (32 Prozent) und der Abschluss von Werkverträgen (26 Prozent), was sich heute jedoch geändert haben dürfte. Der Verzicht auf Aufträge ist verständlicherweise selten (22 Prozent), ebenso wie Outsourcing und Zusammenarbeit mit Tochterunternehmen.[219] *Friedrich/Hägele* sehen vor allem den Einsatz von Überstunden als Beschäftigungshemmnis an, da hier im Gegensatz zu den anderen Ausweichstrategien, die in sog. atypischer Beschäftigung bestehen, vollständig auf anderes Personal verzichtet wird. Insgesamt würden aber von den Schwellenwerten keine wesentlichen negativen Beschäftigungswirkungen ausgehen. Von weitaus größerer Bedeutung für das Beschäftigungsverhalten aller kleinen und mittleren Unternehmen seien andere Faktoren wie die Auftragslage, die Kapazitätsauslastung oder die Geschäftserwartungen.[220]

2. Portugal

In Portugal wurde der Schwellenwert der Decreto-Lei Nr. 64–A/89 untersucht, die bis 2003 galt. Danach konnten Unternehmen, die weniger als 20 Arbeitnehmer beschäftigten, unter erleichterten Voraussetzungen kündigen. *Pedro Martins* kam zu dem Ergebnis, dass dieser Schwellenwert keinen signifikanten Einfluss auf die Beschäftigungsentwicklungen oberhalb und unterhalb des Schwellenwerts hat. Immerhin wurde gezeigt, dass Unternehmen unterhalb des Schwellenwertes ihre wirtschaftliche Leistung messbar steigern konnten.[221] Ins-

---

[217] *Friedrich/Hägele*, Ökonomische Konsequenzen von Schwellenwerten im Arbeits- und Sozialrecht, 1997, S. 23 f.
[218] *Friedrich/Hägele*, Ökonomische Konsequenzen von Schwellenwerten im Arbeits- und Sozialrecht, 1997, S. 22.
[219] *Friedrich/Hägele*, Ökonomische Konsequenzen von Schwellenwerten im Arbeits- und Sozialrecht, 1997, S. 22 f.; vgl. auch *Braguinsky/Branstetter/Regateiro* The Incredible Shrinking Portuguese Firm, NBER Working Paper 17265, July 2011, S. 23; *Koller*, Arbeitsrechtliche Schwellenwerte – Regelungen an der Schwelle zur Unüberschaubarkeit, 2005, S. 11 f.
[220] *Friedrich/Hägele*, Ökonomische Konsequenzen von Schwellenwerten im Arbeits- und Sozialrecht, 1997, S. 23 f.
[221] *Martins*, Journals of Labor Economics 2009, 257 ff; dazu *Braguinsky/Branstetter/Regateiro* The Incredible Shrinking Portuguese Firm, NBER Working Paper 17265, July 2011, S. 22.

gesamt wurde jedoch keine Konzentration von Unternehmen unterhalb eines bestimmten Schwellenwerts festgestellt. Allerdings stellte sich heraus, dass Unternehmen unterhalb des Schwellenwertes erkennbare Steigerungen der relativen Performance erzielen.[222]

3. Frankreich

Auch in Frankreich greifen zahlreiche arbeitsrechtliche Vorschriften, welche die Arbeitskosten erhöhen, ab einer Unternehmensgröße von 50 Arbeitnehmern ein. So müssen ab diesem Schwellenwert z.B. ein Betriebsrat (comité d'entreprise) mit einem Mindestbudget von 0,3 Prozent des insgesamt gezahlten Lohnes eingerichtet werden, ein Komitee für Gesundheit und Arbeitssicherheit eingesetzt und ein Gewerkschaftsrepräsentant bestellt werden. Im Zuge der Macronschen Reformen des Arbeitsmarktes soll dieser starre Schwellenwert allerdings fließender ausgestaltet werden.[223] Bislang gibt es in Frankreich aber eine signifikant große Anzahl an Unternehmen, die diesen Schwellenwert gerade so unterschreiten: 416 Unternehmen beschäftigen 49 Arbeitnehmer, jedoch nur 160 Unternehmen 50 Arbeitnehmer.[224] In den USA, wo es keine vergleichbaren Regelungen und Schwellenwerte gibt, ist dies hingegen nicht der Fall.[225] Dies deutet auf eine gezielte Unterschreitung dieses Schwellenwerts hin, sodass profitable Unternehmen ohne diesen Schwellenwert größer wären.[226] Mit dem Befund von *Martin* für Portugal stimmt dies nicht überein. Die Abweichung lässt sich allerdings damit erklären, dass es in Portugal eine Vielzahl unterschiedlicher Schwellenwerte gibt, während in Frankreich diese 50-Arbeitnehmer-Schwelle im Mittelpunkt steht.[227]

4. Italien

In Italien greift der Statuto die Lavoratori (Arbeiterstatut), der in Art. 18 insbesondere einen Kündigungsschutz für unbefristete Arbeitsverhältnisse anordnet, erst ab einer Unternehmensgröße von 15 Arbeitnehmern ein. Hier fanden *Schivardi/Torrini* heraus, dass diese Vorschrift eine Konzentration von Unternehmen unterhalb des Schwellenwerts bewirkt.[228] Dies zeige eine klare Absicht der Un-

---

[222] *Martins*, Journals of Labor Economics 2009, 257 ff.
[223] Überblick unter http://www.elexica.com/en/legal-topics/employment-and-benefits/090517-emmanuel-macrons-key-social-measures, Stand: 5.2.2018.
[224] *Garicano/LeLarge/Van Reenen*, American Economic Review 2016, 3439 (3458 f.).
[225] Vgl. *Alderman*, New York Times v. 23.7.2014, abrufbar unter https://www.nytimes.com/2014/07/24/business/international/the-number-that-many-french-businesses-fear.html?_r=0, Stand: 13.6.2017.
[226] Vgl. *Alderman*, New York Times a.a.O.
[227] *Garicano/LeLarge/Van Reenen*, American Economic Review 2016, 3439 (3442).
[228] *Schivardi/Torrini*, Labour Economics 2008, 482 ff.

ternehmen, diesen Schwellenwert im Hinblick auf die Kosten des Kündigungsschutzes gezielt zu unterschreiten. Dennoch seien die wirtschaftlichen Auswirkungen dieser Regulierung nicht besonders gravierend, da die durchschnittliche Unternehmensgröße ohne diesen Schwellenwert Experimenten zufolge weniger als 1 Prozent größer wäre. Die Autoren folgern daraus, dass die Unternehmensgröße nicht entscheidend von arbeitsrechtlichen Schwellenwerten beeinflusst wird.[229]

5. Fazit

Auf der Grundlage dieser empirischen Erkenntnisse lässt sich festhalten, dass Schwellenwerte zwar kein allein maßgeblicher, aber doch relevanter Faktor der Beschäftigungspolitik der Unternehmen darstellen. *Lena Koller* vertritt ausdrücklich die Ansicht, dass Schwellenwerte die Schaffung zusätzlicher Arbeitsplätze hemmen.[230]

C) Plädoyer für eine Neukonzeption

I. Bewertungen in der Literatur

In der Literatur wird häufig kritisiert, dass die Vielzahl an unterschiedlichen Schwellenwerten den Überblick über diese Regelungen erschwert.[231] Zudem seien die Schwellenwerte zu uneinheitlich ausgestaltet. Der Gesetzgeber habe sie nicht nach einem übergreifenden Plan, sondern fallweise in die Gesetze eingefügt.[232] Überdies wurden die 160 Schwellenwerte seit 1993 etwa zur Hälfte mindestens einmal geändert.[233] Die große Zahl und die uneinheitliche Ausgestaltung der Schwellenwerte erschweren es den Unternehmen, einen Überblick über diese Regelungen zu erhalten und zu behalten. Insbesondere für kleine und mittlere Unternehmen wird dies mit einem hohen personellen Aufwand, zusätzlichen (Bürokratie-)Kosten und Ineffizienzen verbunden sein. Zur Senkung von Transaktionskosten könne es für Unternehmen sogar rational erscheinen, sich

---

[229] *Schivardi/Torrini*, Labour Economics 2008, 482 ff.
[230] *Koller*, Arbeitsrechtliche Schwellenwerte – Regelungen an der Schwelle zur Unüberschaubarkeit, 2005, S. 13; *dies./Schnabel/Wagner*, Perspektiven der Wirtschaftspolitik 2007, 242.
[231] *Koller*, Arbeitsrechtliche Schwellenwerte – Regelungen an der Schwelle zur Unüberschaubarkeit, 2005, S. 2.
[232] *Junker*, Gutachten für den 65. Deutschen Juristentag 2004, B 111; ebenso *Koller*, Arbeitsrechtliche Schwellenwerte – Regelungen an der Schwelle zur Unüberschaubarkeit, 2005, S. 3; *dies./Schnabel/Wagner*, Perspektiven der Wirtschaftspolitik 2007, 242.
[233] *Koller/Schnabel/Wagner*, Perspektiven der Wirtschaftspolitik 2007, 242 (247 f.).

über derartige Regelungen gar nicht zu informieren und deren Missachtung in Kauf zu nehmen. Wo die Regelungen nicht behördlich überwacht werden, was etwa im Bereich der Arbeitssicherheit und der Schwerbehindertenabgabe der Fall ist, müssen die Arbeitnehmer selbst die Einhaltung einfordern.[234] Gefordert wird daher, die Gesamtzahl der Schwellenwerte zu verringern und auf wenige – insbesondere die 20-Arbeitnehmer – Schwellen zu konzentrieren und diese einheitlicher auszugestalten.[235]

II. Eigene Würdigung

1. Anknüpfungspunkt von Schwellenwerten

a) Umsatz und Bilanzsumme als Alternative zu Arbeitnehmerzahlen?

Erwägen könnte man zunächst, die Schwellenwerte an andere Kriterien als an die Arbeitnehmerzahl zu knüpfen. Nach *Thilo Ramm* sei es unhaltbar, ausschließlich auf die Zahl der Beschäftigten abzustellen; vielmehr müssten zumindest auch – wenn nicht sogar vorwiegend – Indikatoren der wirtschaftlichen Leistungsfähigkeit einbezogen werden, wie z.B. im Wettbewerbsrecht (§ 4 Abs. 1 Nr. 2 GWB a.F.) oder im Steuerrecht (§ 19 UStG). Alternativen wären die Umsatzerlöse, das Nennkapital oder die Bilanzsumme.[236] Diese Kriterien stellen immerhin auch nach der Empfehlung der Europäischen Kommission eigenständige Parameter zur Bestimmung der Unternehmensgröße dar.[237] Es wäre allerdings nicht gewährleistet, dass diese Parameter keine Anreize mehr schaffen, sie gezielt zu unterschreiten. Nach der Gewinnmaximierungshypothese würden die Unternehmen durchaus auch den Umsatz reduzieren, wenn dies zu Kosteneinsparungen führt, die sich positiv auf den Unternehmensgewinn auswirken. Jedoch ist die Europäische Kommission selbst der Auffassung, dass das Kriterium der Arbeitnehmerzahl eines der aussagekräftigsten sei und als Hauptkriterium festgeschrieben werden müsse.[238] Dies trifft jedenfalls für das Arbeitsrecht zu, wo es ja gerade um Arbeitnehmer geht.[239] Zudem sind die wirtschaftlichen Indikatoren noch intransparenter und leichter zu manipulieren als die Arbeitnehmerzahlen.[240]

---

[234] *Koller/Schnabel/Wagner*, Perspektiven der Wirtschaftspolitik 2007, 242 ff.).
[235] *Koller/Schnabel/Wagner*, Perspektiven der Wirtschaftspolitik 2007, 242 (251 f.); *Rieble/Klumpp*, JZ 2004, 817 (821).
[236] *Ramm*, AuR 1991, 257, 261
[237] Siehe oben unter § 1 C) II. 2.
[238] Empfehlung der Kommission vom 6.5.2003 betreffend die Definition der Kleinstunternehmen sowie der kleinen und kleinen und mittleren Unternehmen (2003/361/EG), Amtsblatt der EU Nr. L 124, Erwägungsgrund 4.
[239] *Junker*, Gutachten für den 65. Deutschen Juristentag 2004, B 26 f.
[240] *Endres*, Schwellenwertregelungen im Arbeitsrecht – Verfassungsrechtliche und rechtspolitische Fragen, 2003, S. 205 ff.

b) Unternehmen als primärer Anknüpfungspunkt

Kontrovers diskutiert wird, ob die Schwellenwerte an den Betrieb, das Unternehmen oder an den Arbeitgeberbegriff anknüpfen sollten. Die arbeitsrechtlichen Regelungen sind insoweit uneinheitlich, vorherrschend ist allerdings noch die Anknüpfung an den Betrieb.[241] Vor diesem Hintergrund plädiert *Koller* dafür, die Schwellenwerte einheitlich an den Betrieb zu knüpfen.[242] Demgegenüber steht im europäischen und ausländischen Arbeitsrecht das Unternehmen im Zentrum.[243] Auch im deutschen Recht ist die Tendenz erkennbar, dass arbeitsrechtliche Regelungen zunehmend an das „Unternehmen" bzw. den „Arbeitgeber" geknüpft werden.[244] So stellt bei den §§ 99, 111 BetrVG inzwischen auch der nationale Gesetzgeber auf das Unternehmen ab, und in § 8 Abs. 7 TzBfG wird auf den Begriff des Arbeitgebers als Unternehmensträger rekurriert, was in der Sache das Gleiche ist.[245] Die US-amerikanische Small Business Administration plädiert dafür, die Arbeitnehmerzahlen generell unternehmens- oder gar konzernweit zu bestimmen.[246]

Richtigerweise muss immer auf den jeweiligen Regelungsgegenstand abgestellt werden.[247] Die Anknüpfung an den Betrieb ist sinnvoll, wenn es um arbeits- oder betriebsorganisatorische Regeln geht, insbesondere zur Arbeitnehmermitbestimmung oder tariflicher Schlichtung.[248] Im Übrigen sollte jedoch entgegen der bisherigen Tradition nicht auf den Betrieb, sondern im Regelfall auf das Unternehmen abgestellt werden. Der Vorschlag von *Koller*, einheitlich an den Betrieb anzuknüpfen, überzeugt nicht. Er erzeugt den unzutreffenden Eindruck, Schwellenwerte seien eine betriebliche Frage. Tatsächlich dienen Schwellenwerte dem Schutz der Unternehmen, indem sie von regulierungsbedingten Kosten verschont werden, nicht aber dem Schutz der Arbeitnehmer. Den Arbeitnehmerschutz bewirkt die jeweilige Regulierung als solche, die Schwellenwerte betreffen die Ausnahme davon. Dies spricht dafür, grundsätzlich an das

---

[241] Vgl. *Preis*, RdA 2000, 257 ff.
[242] *Koller*, Arbeitsrechtliche Schwellenwerte – Regelungen an der Schwelle zur Unüberschaubarkeit, 2005, S. 24 ff.
[243] *Junker*, Gutachten für den 65. Deutschen Juristentag 2004, B 20 f.
[244] *Junker*, Gutachten für den 65. Deutschen Juristentag 2004, B 22 unter Hinweis auf die Rechtsprechung zu §§ 23 Abs. 1 KSchG, 111 S. 1 BetrVG n.F. und die Gesetzgebung zu §§ 8 Abs. 7 TzBfG, 99 Abs. 1, 111 S. 1 BetrVG n.F.
[245] Zur Interpretation des § 8 Abs. 7 siehe *Bayreuther*, in: Rolfs et al, BeckOK-ArbR, § 8 TzBfG Rn. 6, Stand: 1.3.2017; *Preis*, in: ErfKomm, 18. Aufl. 2018, § 8 TzBfG Rn. 10;
[246] Titel 13 Abschnitt 121.106 Code of Federal Regulations, abrufbar unter https://www.ecfr.gov/cgi-bin/text-idx?SID=50ff66d5d1cc9357d5f4ce114fcc5c79&mc=true&node=pt13.1.121&rgn=div5#se13.1.121_1101, Stand: 26.6.2017.
[247] *Endres*, Schwellenwertregelungen im Arbeitsrecht, 2003, S. 64 ff.
[248] *Rieble/Klumpp*, JZ 2004, 817 (822); für eine Anknüpfung auch der betriebsverfassungsrechtliche Schwellenwerte an das Unternehmen *Junker*, Gutachten für den 65. Deutschen Juristentag 2004, B 93 Fn. 430 unter Hinweis auf eine widersinnige Privilegierung von Kleinbetrieben in Großunternehmen.

Unternehmen anzuknüpfen. Die wirtschaftliche Belastbarkeit, welcher Schwellenwerte Rechnung tragen sollen, bemisst sich nach den Unternehmensverhältnissen und nicht nach der Größe einzelner von mehreren Betrieben.[249] Für eine grundsätzliche Anknüpfung an das Unternehmen spricht schließlich auch der Gedanke der Rechtsklarheit: Da es keine allgemein anerkannte Definition des Betriebsbegriffs gibt, ist bei hierauf abstellenden Schwellenwerte mitunter zweifelhaft, ob die Regulierung eingreift oder nicht. Demgegenüber ist der Unternehmensbegriff weitaus klarer.[250]

2. Streuung von Schwellenwerten

Häufig wird gefordert, die Vielzahl an unterschiedlichen Schwellenwerten auf wenige zu konzentrieren, wobei der bereits jetzt von einigen Vorschriften genannte Wert von 20 Arbeitnehmern empfohlen wird.[251] Gegen einen einheitlichen Schwellenwert spricht bereits in teleologischer Hinsicht, dass sich jeder Schwellenwert nur nach den jeweiligen Regelungszwecken bestimmen kann, die durchaus unterschiedlich sind.[252] Aber auch in ökonomischer Hinsicht ist dem nach den empirischen Erkenntnissen zu widersprechen. Die Untersuchungen haben gezeigt, dass sich die Arbeitnehmerzahlen gerade dann unterhalb bestimmter Schwellenwerte konzentrieren, wenn es wie in Frankreich nur wenige, dafür aber besonders gewichtige Schwellenwerte gibt. „The Number That Many French Businesses Fear", schreibt *Alderman* treffend zur früheren französischen Rechtslage.[253] In Frankreich fällt die 50–Arbeitnehmer-Schwelle deutlich stärker ins Gewicht als etwa die 20–Arbeitnehmer-Schwelle in Portugal, wo die Schwellenwerte breiter gestreut sind. Der französische Ökonom *Jaques Attali* sieht hier einen Reformbedarf, da der zentrale Schwellenwert Wirtschaftswachstum und Beschäftigung hemme.[254] Da sie nicht einmal in Frankreich anerkannt ist und im Zuge der Macronschen Reformen in dieser Form aufgegeben wurde, eignet sich die französische Rechtslage schwerlich als Vorbild.

Auch *Friedrich/Hägele* sehen die geringen Auswirkungen von Schwellenwerten auf die Beschäftigung in Deutschland als Folge der vielen verschiedenen Grenzen, die das deutsche Arbeits- und Sozialrecht kennt. Gerade Klein- und Kleinstunternehmen befinden sich praktisch immer knapp unterhalb einer Schwelle. Damit trete die Bedeutung eines einzelnen Schwellenwertes zurück.

---

[249] Vgl. *Rieble/Klumpp*, JZ 2004, 817 (822).
[250] Zum Unternehmensbegriff oben unter § 1 A).
[251] *Koller/Schnabel/Wagner*, Wirtschaftsdienst 2008, 130 (134); *Rieble/Klumpp*, JZ 2004, 817 (821).
[252] Insoweit auch *Rieble/Klumpp*, JZ 2004, 817 (821).
[253] Vgl. *Alderman*, New York Times v. 23.7.2014, abrufbar unter https://www.nytimes.com/2014/07/24/business/international/the-number-that-many-french-businesses-fear.html?_r=0, Stand: 13.6.2017.
[254] *Attali*, zit. nach *Alderman*, New York Times a.a.O.

Gäbe es allerdings nur eine oder zwei Schwellen, würden sich voraussichtlich Einstellungsbarrieren aufbauen.[255] Die geforderte Konzentration der Schwellenwerte würde daher die Anreize für die Unternehmen noch deutlich verstärken, diese gezielt zu unterschreiten. Die bisherige starke Streuung mag zwar unausgereift wirken, erweist sich aber in ökonomischer Hinsicht als vorzugswürdig.

3. Vereinheitlichung

Im Übrigen ist jedoch eine Vereinheitlichung der Schwellenwerte zu befürworten, um die Transparenz des Rechts zu erhöhen. Die einzelnen Parameter sind insbesondere, ob Schwellenwerte Mindestwerte oder „mehr als"-Werte sein sollen; welcher Zeitraum der Berechnung der Arbeitnehmerzahl zugrunde gelegt werden soll („in der Regel" oder ein bestimmter Zeitpunkt, z.B. wie bei der Kündigung der Zeitpunkt des Zugangs) und wie atypisch Beschäftigte bei der Berechnung mitzählen, bei Teilzeitkräften entweder voll oder pro rata temporis, oder Auszubildende (diese werden bislang häufig nicht mitgezählt, um die Ausbildungsbereitschaft der Betriebe nicht zu „bestrafen"), Leiharbeiter, Heimarbeiter, leitende Angestellte usw. Diese Punkte wurden bereits ausgiebig diskutiert,[256] weshalb an dieser Stelle nur kurz Stellung genommen werden soll. Für einen Regelzeitraum für die Arbeitnehmerberechnung statt eines konkreten Zeitpunkts spricht, dass die Maßgeblichkeit eines konkreten Zeitpunktes die Anreize noch verstärkt, dass der Schwellenwert gerade zu diesem Zeitpunkt unterschritten wird. Ist hingegen ein Rückblick auf die bisherige personelle Stärke des Unternehmens sowie eine Einschätzung der zukünftigen Entwicklung vorzunehmen, womit der Regelzeitraum nach der Rechtsprechung des Bundesarbeitsgerichts zu bestimmen ist,[257] ist der Personalbestand nicht in einem konkreten Zeitpunkt maßgeblich und kann daher nur langfristig, aber nicht kurzfristig für konkrete Anlässe manipuliert werden. Zu erwägen ist außerdem, dass die Regulierung erst nach einer gewissen Zeit eingreift, um dem Unternehmen eine gewisse „Lernzeit" zu gewähren. Die Messgröße eines solchen Schwellenwerts ist insoweit das Unternehmensalter. Eine solche Regelung gibt es bislang selten, soweit ersichtlich nur in § 14 Abs. 2a TzBfG und § 112a Abs. 2 BetrVG. Diese Regelungen beruhen auf arbeitsmarktpolitischen Erwägungen: Durch die Schaffung gesetzlicher Erleichterungen für Neugründungen, welche einzelne Kostenrisiken reduzieren, sollen Anreize für Neueinstellungen schaffen.[258] Dadurch wer-

---

[255] *Friedrich/Hägele*, Ökonomische Konsequenzen von Schwellenwerten im Arbeits- und Sozialrecht, 1997, S. 23 f.
[256] *Junker*, Gutachten B für den 65. Deutschen Juristentag, 2004, B 25 ff.; *Koller*, Arbeitsrechtliche Schwellenwerte – Regelungen an der Schwelle zur Unüberschaubarkeit, 2005, S. 17.
[257] Vgl. BAG NZA 1997, 818 (819 f.).
[258] *Seifert*, Der Schutz kleiner und mittlerer Unternehmen im deutschen und europäischen Wirtschaftsrecht, 2006, S. 423 f.

den umgekehrt Anreize gemindert, gezielt klein zu bleiben. Dieser Ansatz erfordert eine Abwägung der Bedeutung der Regulierung mit dem Schutzbedürfnis der Unternehmen: Für arbeitnehmerschützende Vorschriften, die mit Rücksicht auf ihren Sinn und Zweck den Arbeitnehmern nicht mit einer zeitlichen Verzögerung zugutekommen sollen, scheidet eine solche Lernzeit aus. Zudem sollen Neugründungen, die im Zusammenhang mit einer rechtlichen Umstrukturierung von Unternehmen und Konzernen entstehen und daher „unechte" kleine Unternehmen sind, nicht in den Genuss einer Privilegierung kommen, wie §§ 14 Abs. 2a TzBfG, 112a Abs. 2 BetrVG ausdrücklich klarstellen.[259]

Für eine lediglich zeitanteilige Berücksichtigung von Teilzeitkräften spricht, dass die Anknüpfung an Kopfzahlen das Unternehmen erheblich belasten kann, z.B. wenn es – wie häufig im Reinigungsgewerbe – überwiegend geringfügig beschäftigte Arbeitnehmer hat und nach § 38 BetrVG eine Vollzeitkraft von der Arbeit freistellen muss.[260] Auch in Frankreich werden Teilzeitbeschäftigte, deren Arbeitszeit weniger als 4/5 der gewöhnlichen tariflichen oder gesetzlichen Arbeitszeit beträgt, nur anteilig gezählt (Art. L 421–2 a.s. 4 Code du travail). Die US-amerikanische Small Business Administration schlägt hingegen vor, Teilzeitkräfte wie Vollzeitkräfte zu berücksichtigen.[261]

4. Der Schwellenwert des § 23 KSchG

Nachdem die verfassungsrechtliche Zulässigkeit einer Deregulierung des Kündigungsschutzes bereits im Allgemeinen behandelt wurde,[262] wird nun die Herausnahme von kleinen Unternehmen aus dem Anwendungsbereich des Kündigungsschutzes untersucht. Dies regelt § 23 Abs. 1 KSchG. Diese Vorschrift stammt ursprünglich aus dem Betriebsverfassungsrecht, die Festlegung des Schwellenwerts ist durch einen Zickzack-Kurs gekennzeichnet:[263] Nach § 84 des Betriebsrätegesetzes von 1920 gab es in betriebsratsfähigen Betrieben die Möglichkeit, gegen eine Kündigung vorzugehen. Betriebsratsfähig waren Betriebe mit mindestens 20 Arbeitnehmern, was damit zugleich den Schwellenwert für den Kündigungsschutz bedeutete. Das Gesetz zur Ordnung der nationalen Arbeit vom 21.1.1934[264] zog die Grenze des Kündigungsschutzes bei 10 Arbeitnehmern. Landesgesetze in der Nachkriegszeit stellten regelmäßig

---

[259] *Seifert*, Der Schutz kleiner und mittlerer Unternehmen im deutschen und europäischen Wirtschaftsrecht, 2006, S. 424.
[260] *Junker*, Gutachten B für den 65. Deutschen Juristentag, 2004, B 29.
[261] Titel 13 Abschnitt 121.106 (b) (2) Code of Federal Regulations, abrufbar unter https:// www.ecfr.gov/cgi-bin/text-idx?SID=50ff66d5d1cc9357d5f4ce114fcc5c79&mc=true&node= pt13.1.121&rgn=div5#se13.1.121_1101, Stand: 26.6.2017.
[262] Oben unter § 6 C) III.
[263] Zur rechtlichen Entwicklung siehe *Junker*, Gutachten B für den 65. Deutschen Juristentag, 2004, B 61 ff.
[264] RGBl. I, S. 45.

auf fünf Arbeitnehmern ab.²⁶⁵ Das KSchG 1951 löste den Kündigungsschutz schließlich von der Betriebsverfassung und schloss seine Geltung für Betriebe aus, in denen fünf oder weniger Arbeitnehmer beschäftigt waren.²⁶⁶ Dieser Wert wurde im KSchG 1969 beibehalten. Durch das ArbBeschFG 1996 wurde der Schwellenwert auf 10 Arbeitnehmer angehoben, um einen Beschäftigungseffekt zu erzielen. Das KorrekturG 1998 reduzierte den Schwellenwert jedoch wieder auf fünf Arbeitnehmer. Nach dem ReformG 2003 gilt für Neueinstellungen wiederum der Schwellenwert von 10 Arbeitnehmern, der bis heute besteht. Die Kleinbetriebsklausel ist jedoch noch immer sowohl verfassungsrechtlich als auch rechtspolitisch umstritten.

a) Gründe für die Abschwächung des Kündigungsschutzes in kleinen Unternehmen

Das Bundesarbeitsgericht nennt drei Gründe für die Herausnahme von Kleinbetrieben aus dem Kündigungsschutz:²⁶⁷

(1) Die „geringe verwaltungsmäßige und wirtschaftliche Belastbarkeit der Kleinbetriebe, die sich aus der Notwendigkeit eventueller Prozessführung, arbeitsrechtlich und wirtschaftlich bedingter Vorhaltekosten und eventuellen Abfindungszahlungen ergibt",

(2) Die „engen persönlichen Beziehungen des Kleinbetriebsinhabers, die einerseits einen gewissen Schutz aus menschlicher Rücksichtnahme verbürgen, andererseits aber auch erforderlich sind, um überhaupt das Funktionieren einer kleinen Betriebseinheit zu gewährleisten, wobei sich ein gesetzlicher Kündigungsschutz hinderlich auswirken könnte",

(3) Die „Gewährleistung größerer arbeitsmarktpolitischer Freizügigkeit des Kleinunternehmers (u.a. Schutz des Mittelstandes), die sowohl verlässlicher marktwirtschaftliche Rahmenbedingungen für kleinunternehmerische Betätigung schafft und damit im Interesse der Volkswirtschaft eine Ausgleich angesichts der zunehmenden Vermarktung durch Konzerne bietet sowie gleichzeitig eine größere Flexibilität bei Schwankungen in der Auftragslage ermöglicht, die besonders im Kleinbetrieb existenzgefährdend sein können."

Diese Argumente fügen sich in die hiesige Erkenntnis ein, dass kleine Unternehmen sowohl im Hinblick auf individuelle als auch im Hinblick auf kollektive

---

²⁶⁵ *Moll*, in: Ascheid/Preis/Schmidt, Kündigungsrecht, 5. Aufl. 2017, § 23 Rn. 1.

²⁶⁶ Der Regierungsentwurf zum KSchG 1951 legte die Grenze sogar bei drei Arbeitnehmern, siehe Regierungsentwurf eines Kündigungsschutzgesetzes (KSchG) v. 23.1.1951, RdA 1951, 58 (61).

²⁶⁷ BAG NZA 1990, 724 (725). Die hier wiedergegebene Reihung entspricht nicht derjenigen des BAG. Vgl. auch BT-Drucks. 13/4612, S. 9; *Kiel*, in: ErfKomm, 18. Aufl. 2018, § 23 KSchG Rn. 1; *Moll*, in: Ascheid/Preis/Schmidt, Kündigungsrecht, 5. Aufl. 2017, § 23 KSchG Rn. 5.

Interessen schutzwürdig sind.[268] Neben den bereits behandelten Gesichtspunkten der Kostenbelastung (Individualinteresse) und der volkswirtschaftlichen Vorteile des Schutzes von kleinen Unternehmen (Kollektivinteresse) nennt das Bundesarbeitsgericht noch den kündigungsspezifischen Gesichtspunkt des Näheverhältnisses, das sich ebenfalls den individuellen Interessen zuordnen lässt. Diese Argumente werden im Folgenden näher diskutiert.

aa) Individuelle Interessen

(1) Kosten des Unternehmens

Es wurde bereits gezeigt, dass gesetzliche Regulierung stets mit Kosten verbunden ist.[269] Für den Kündigungsschutz gilt dies in besonderem Maße. Die durch den Kündigungsschutz verursachten Kosten setzen sich insbesondere zusammen aus Rechtsverfolgungskosten (einschließlich der Kosten, die für die Erlangung von Beweisen anfallen), mögliche Fehler der Gerichte (die eine soziale Rechtfertigung fehlerhaft verneinen), Zeitverlust, der durch die Durchführung eines Kündigungsschutzverfahrens entsteht, sowie ggf. Abfindungsvergleichen.[270] Auch die Rechtsunsicherheit im Kündigungsschutzrecht ist ein beachtlicher Kostenfaktor, da der Arbeitgeber gerade bei betriebsbedingten Kündigungen auf Klarheit angewiesen ist und sich diese häufig mit Abfindungen erkaufen muss.[271] In der Praxis wird die Wirksamkeit der Kündigung jedoch so gut wie nie noch während des Laufs der Kündigungsfrist gerichtlich geklärt, sodass dem Arbeitgeber eine – nicht selten mehrjährige – Ungewissheit über den Fortbestand des Arbeitsverhältnisses zugemutet wird.[272] Unterliegt der Arbeitgeber im Kündigungsschutzprozess, muss er häufig für den gesamten Zeitraum den Lohn einschließlich Sozialabgaben für tatsächlich nicht geleistete Arbeit nachzahlen, da eine unwirksame Kündigung regelmäßig einen Anspruch auf Annahmeverzugslohn gem. § 615 BGB zur Folge hat, weil die Rechtsprechung ein (wörtliches) Arbeitsangebot durch den Arbeitnehmer nach § 296 BGB für entbehrlich hält.[273] Zwar kann der Kündigungsschutz durchaus auch positive Auswirkungen für das Unternehmen wie z.B. eine Stärkung der Loyalität der Belegschaft entfalten, je-

---

[268] Dazu oben § 3 B).
[269] Siehe oben § 3 B) I. 1. b) aa).
[270] *Davidov*, A Purposive Approach to Labour Law, 2016, S. 108.
[271] *Kamanabrou*, in: Rieble, Transparenz und Reform im Arbeitsrecht, 2006, S. 77 (78 f.); vgl. auch *Bauer*, NZA 2002, 529; *Buchner*, NZA 2002, 533 (534); *Willemsen*, NJW 2000, 2779 (2780); das Interesse des Arbeitgebers an einer Rechtsklarheit konstatiert auch BAG NZA 1999, 311 (313).
[272] *Willemsen*, NJW 2000, 2779 (2781), nach dem zwischen dem Eingehen der Kündigungsschutzklage und Rechtskräftiger Entscheidung durch das LAG bzw. BAG durchaus drei oder gar fünf Jahre liegen können.
[273] Grundlegend BAG NZA 1985, 119 (120); BAG NZA 1985, 778 (779); unter Hinweis darauf *Willemsen*, NJW 2000, 2779 (2782).

doch wird überwiegend angenommen, dass er die Profitabilität beeinträchtigt.[274] Diese Kosten wirken sich für kleine Unternehmen einmal mehr verhältnismäßig stärker aus als für große Unternehmen.[275] Selbst die einschlägig befassten Richter räumen ein, dass der Kündigungsschutzprozess „gerade in Klein- und Mittelunternehmen finanziell zum Fiasko werden" kann.[276] In der Literatur werden das bestehende Kündigungsschutzsystem gar als „Schreckgespenst für kleinere und mittlere Arbeitgeber"[277] und die entsprechenden Prozesse als „nicht zu verkraftendes finanzielles Abenteuer"[278] bezeichnet. In größeren Unternehmen stellt sich die Situation gänzlich anders dar. Da Arbeitnehmer die Kosten für Gerichtsverfahren schwerer tragen können als ihre Arbeitgeber, fallen die Anzahl der Fälle und die anfallenden Kosten im Verhältnis zu den Einnahmen der Unternehmen relativ gering aus. Da die Gesamtkosten in größeren Unternehmen damit kleiner ausfallen, ist ein „chilling effect" – d.h. ein Zögern des Managements, das wirtschaftliche Risiko einer Kündigung einzugehen, selbst wenn an sich ein valider Kündigungsgrund vorliegt – unwahrscheinlicher als in kleinen Unternehmen.[279]

Für kleine Unternehmen kann selbst ein einzelnes Kündigungsschutzverfahren erhebliche Kosten bedeuten.[280] Bereits im Jahr 1981 zeigte eine Studie, dass in Kleinstbetrieben mit bis zu fünf Beschäftigten die Kündigungshäufigkeit siebenmal höher war als in Großbetrieben.[281] Auch wenn diese heute nur noch eingeschränkt verwertbar sein dürfte, so hat die zentrale Erkenntnis noch immer Bestand, wie aktuellere Studien zeigen. So geht aus der Studie der Infratest Sozialforschung hervor, dass es in Kleinstunternehmen mit bis zu fünf Beschäftigten die mit Abstand stärksten Personalbewegungen gibt. Die Labour Turnover Rate[282] wird hier mit 19 Prozent veranschlagt, nehme mit zunehmender Betriebsgröße stetig ab und liege in Großbetrieben mit über 500 Arbeitneh-

---

[274] *Bauer/Bender/Bonin*, Dismissal Protection and Worker Flows in Small Establishments, IZA discussion paper Nr. 1105, 2004, S. 2 ff.; eingehend *Epstein*, University of Chicago Law Review 51 (1984), 947 ff.

[275] *Alewell/Schlachter*, in: Alewell (Hrsg.), Zwischen Arbeitslosigkeit und Überstunden, 2000, S. 151 (162); *Davidov*, A Purposive Approach to Labour Law, 2016, S. 108; *Freyens/Oslington*, Economic Record 83 [2007], 1 ff.; *Funk*, 2003 EIROnline, abrufbar unter http://www.eurofound.europa.eu/observatories/eurwork/articles/survey-finds-that-statutory-protection-against-dismissal-hurts-small-firms, Stand: 9.11.2016.

[276] *Gilberg*, NZA 2003, 817 vor dem Hintergrund des Annahmeverzugslohn bei unwirksamer Kündigung; vgl. auch *Kamanabrou*, in: Rieble, Transparenz und Reform im Arbeitsrecht, 2006, S. 77 (79 f.).

[277] *Bauer*, NZA 2002, 529.

[278] *Willemsen*, NJW 2000, 2729 (82).

[279] *Davidov*, A Purposive Approach to Labour Law, 2016, S. 189 f.

[280] *Davidov*, A Purposive Approach to Labour Law, 2016, S. 108.

[281] *Falke et al*, Kündigungspraxis und Kündigungsschutz in der Bundesrepublik Deutschland, 1981, S. 961; BMA, RdA 1981, 300 ff.

[282] Diese setzt die Summe von Personalzu- und -abgängen innerhalb einer Periode in ein Verhältnis zum mittleren Personalbestand

mern nur noch bei 9 Prozent.²⁸³ Dies wird nicht mit einem ausgeprägten Kündigungsverhalten erklärt, sondern damit, dass Kleinstunternehmen viel weniger Möglichkeiten haben, den Personalbedarf durch interne Umschichtungen an die jeweiligen betrieblichen Anforderungen anzupassen.²⁸⁴ Große Unternehmen können auf Nachfrageschwankungen leichter durch interne Anpassung reagieren und dadurch externe Flexibilität reduzieren, während es in kleinen Unternehmen schneller zum Erfordernis externer Anpassung – also Kündigung und Neueinstellungen – kommt.²⁸⁵

Der zentrale Grund für Arbeitgeberkündigungen in kleinen Unternehmen ist die betriebsbedingte Kündigung.²⁸⁶ Aufgrund der geringeren Finanzkraft haben sie bei internen oder externen Entwicklungen häufig nicht die Mittel, Kündigungen durch großzügige Abfindungsangebote oder anderen Entgegenkommen (z.B. vom Unternehmen finanziertes „Outplacement") zu vermeiden.²⁸⁷ Demgegenüber vermeldete eine große deutsche Bank, die ihre Belegschaft innerhalb von drei Jahren von 89.748 auf 67.700 Arbeitnehmern reduziert hatte, dass sie keine betriebsbedingten Kündigungen aussprach, sondern sich stets in individuellen Gesprächen einigte.²⁸⁸ Dass es in kleinen Unternehmen häufiger Eigenkündigungen gibt als in größeren Unternehmen wird damit erklärt, dass es in letzteren wegen der größeren internen Flexibilität zugleich größere betriebliche Aufstiegsmöglichkeiten gibt.²⁸⁹ Zum gleichen Ergebnis sind *Gerlach/Stephan* mit einer Datenerhebung in Niedersachsen gekommen, wonach langfristige Arbeitsverhältnisse ein konstituierendes Merkmal von betriebsinternen Arbeitsmärkten sind. Da solche erst ab einer bestimmten Betriebsgröße entstehen, ist davon auszugehen, dass die Dauer der Betriebszugehörigkeit mit der Unternehmensgröße steigt.²⁹⁰ Vor diesem Hintergrund ist das Kündigungsrecht von Kleinunternehmern in hohem Maße schutzwürdig, weil der Erfolg eines Unternehmens stärker als in großen Unternehmen von jedem einzelnen Arbeitnehmer abhängt.²⁹¹ Die Herausnahme von kleinen Unternehmen aus dem allgemeinen Kündigungs-

---

²⁸³ Studie der Infratest Sozialforschung in Zusammenarbeit mit dem Wirtschafts- und Sozialwissenschaftlichen Institut (WSI) in der Hans Böckler Stiftung, 2001. Dazu bereits oben § 2 B) III. 2. b) aa).
²⁸⁴ So der Diskussionsbeitrag von *Pfarr*, in: Blank, Muss der Kündigungsschutz reformiert werden?, 2003, S. 66 (67).
²⁸⁵ *Bielenski et al*, AuR 2003, 81 (83).
²⁸⁶ *Pfarr*, in: Blank, Muss der Kündigungsschutz reformiert werden?, 2003, S. 66 (67) unter Hinweis auf die WSI-Studie 2001, veröffentlicht von *Bielenski et al*, AuR 2003, 81 ff.
²⁸⁷ *Junker*, Gutachten für den 65. Deutschen Juristentag 2004, B 49.
²⁸⁸ Vgl. FAZ v. 12.2.2004, S. 20, unter Berufung hierauf *Junker*, Gutachten für den 65. Deutschen Juristentag 2004, B 49.
²⁸⁹ *Bielenski et al*, AuR 2003, 81 (84).
²⁹⁰ *Gerlach/Stephan*, in: Struck/Köhler, Beschäftigungsstabilität im Wandel?, 2004, S. 157 ff.
²⁹¹ BVerfGE 97, 169 (177 f.).

schutz ist also keineswegs ein bloßes Privileg.²⁹² Wegen der unterschiedlichen Auswirkungen der Kosten ist es letztlich auch keine Alternative, den Kündigungsschutz unter genereller Abschwächung seiner Intensität allen Arbeitnehmern unabhängig von der Betriebs- bzw. Unternehmensgröße zukommen zu lassen:²⁹³ Auch wenn die Kosten dadurch etwas verringert würden – eine allzu starke Abschwächung des Kündigungsschutzes dürfte schwerlich konsensfähig sein – würden diese kleine Unternehmen immer noch belasten und verhältnismäßig stärker treffen als größere Unternehmen.

(2) Näheverhältnis und Unternehmerautonomie

Das vom Bundesarbeitsgericht in Bezug genommene Näheverhältnis wirkt sich in zweifacher Hinsicht aus: Einerseits soll es wegen der menschlichen Rücksichtnahme den rechtlich eingeschränkten Kündigungsschutz kompensieren, andererseits das Funktionieren einer kleinen Betriebseinheit gewährleisten.²⁹⁴ Es hat damit sowohl eine moralische als auch eine ökonomische Dimension.

(a) Moralische Dimension

Die verstärke Rücksichtnahme in kleinen Unternehmen leuchtet jedenfalls dann intuitiv ein, wenn Arbeitgeber und Arbeitnehmer ein gutes persönliches Verhältnis zueinander haben. Aus psychologischen Theorien könnte gefolgert werden, dass deshalb gerade in Familienunternehmen weniger Personen entlassen werden. Familienunternehmen führen weniger Entlassungen durch und messen Profitabilitätserwägungen geringere Bedeutung bei als Nicht-Familienunternehmen, da sie in erster Linie an Stabilität und Reputation interessiert sind, um ihr Unternehmen als Familienerbe an nachfolgende Generationen übergeben zu können.²⁹⁵ *Deniz/Suarez* führen dazu aus:

„The second perspective on family firm's social responsibility can be derived from the literature that associates family firms with values like product quality, respect for, and protection of the employees, involvement with the community, family sacrifice to support the company financially, continuity and integrity in the management policies, concern for reputation, long-term orientation, respect for tradition and family values, ec."²⁹⁶

Martin Schröder hat zudem Mechanismen aufgezeigt, wie ökonomische Entscheidungen durch moralische Gesichtspunkte beeinflusst werden: Der Unsicherheitsmechanismus, wonach sich Menschen in unklaren ökonomischen Situationen häufig an einem Moralkompass orientieren, sowie der Öffentlich-

---

²⁹² *Junker*, Gutachten für den 65. Deutschen Juristentag 2004, B 49.
²⁹³ Eine solche Lösung erwägt jedoch *Waas*, RdA 2007, 76 (81).
²⁹⁴ BAG NZA 1990, 724 (725). Die hier wiedergegebene Reihung entspricht nicht derjenigen des BAG.
²⁹⁵ *Deniz/Suarez*, Journal of Business Ethics 2005, 27 (30 f.); *Stavrou/Kassinis/Filotheou*, Journal of Business Ethics 2007, 149 (159).
²⁹⁶ *Deniz/Suarez*, Journal of Business Ethics 2005, 27 (30 f.) m.w.N.

keitsmechanismus, nach welchem unmoralisch handelnde Unternehmen an Reputation einbüßen.[297]

Speziell im Hinblick auf kleine Unternehmen sind eine verstärkte Rücksichtnahme und ihre Auswirkung auf das Kündigungsverhalten allerdings empirisch noch nicht näher erforscht. Generell ist die Forschung zu Kündigungspraktiken nicht sehr weit fortgeschritten, weil sich Unternehmen insoweit ungern in die Karten schauen lassen. Es wurde zwar gezeigt, dass die Arbeitsplatzsicherheit in kleinen Unternehmen nach den statistischen Daten niedriger ist als in großen Unternehmen.[298] Begründet wird diese hohe Arbeitnehmerfluktuation in kleinen Unternehmen allerdings nicht mit einem (fehlenden) Näheverhältnis oder gar einer besonders starken „Kündigungslust" von Kleinunternehmern, sondern mit der stärkeren Gewerkschaftsorganisation in großen Unternehmen, der intensiveren Aus- und Weiterbildungsinvestitionen in großen Unternehmen und der höheren Misserfolgsquote von kleinen Unternehmen, kurzum: mit den betriebswirtschaftlichen Gegebenheiten.[299] Bezeichnend ist die bereits erwähnte Dominanz der betriebsbedingten Kündigung. Rückschlüsse auf das Bestehen oder Nichtbestehen eines stärkeren Näheverhältnisses in kleinen Unternehmen lassen sich daher aus den Studien nicht ziehen. Letztlich wird sich hier einmal mehr die Heterogenität der kleinen Unternehmen bemerkbar machen: Während es Unternehmen mit größerer Rücksichtnahme geben mag, gibt es Brachen wie z.B. das Gaststättengewerbe, die eher von einer Hire-and-Fire-Kultur geprägt sind. Ob Unternehmen mit größerer Rücksichtnahme so typisch sind, dass eine entsprechende Typisierung zulässig ist,[300] müsste noch empirisch verifiziert werden.

(b) Ökonomische Dimension

Die zweite Wirkungsrichtung des Näheverhältnisses in kleinen Unternehmen beschreibt der Gesetzgeber mit dem

„[…] Charakter des Kleinbetriebes […], in dem der Betriebsinhaber noch so eng mit seinen Mitarbeitern zusammenarbeitet, dass im Interesse des Betriebsfriedens und der Funktionsfähigkeit des Betriebes notwendige Entlassungen erleichtert möglich sein sollen."[301]

Dahinter steht letztlich die Autonomie des Unternehmers, also die Freiheit, das Unternehmen nach seinem eigenen Willen zu führen und entsprechende Verträge abzuschließen. Diese Freiheit umfasst auch die Beendigung eines Vertrags

---

[297] *Schröder*, Organization 20/4 [2012], 551 (567 ff.). Vgl. auch *Levitt/Dubner*, Think Like a Freak, 2014, S. 39, nach denen Entscheidungen häufig nach einem Bauchgefühl oder Moralkompass getroffen werden.
[298] Dazu bereits oben § 3 B) III. 2 zur Arbeitsqualität in kleinen Unternehmen.
[299] Siehe oben § 3 B) III. 2.
[300] Zu den Voraussetzungen einer Typisierung siehe § 3 C) I. 3.
[301] BT-Drucks. 13/4612, S. 9.

durch Kündigung, weshalb die gesetzliche bzw. richterrechtliche Statuierung eines Kündigungsschutzes in die Unternehmerautonomie und die Vertragsfreiheit eingreift.[302] Auf diesen Gesichtspunkt lässt sich die Ausnahme von kleinen Unternehmen aus dem Kündigungsschutz, die diesen Eingriff aufhebt oder zumindest abmildert, ebenfalls stützen.[303] In kleinen Unternehmen, in denen der Inhaber gemeinsam mit den Mitarbeitern arbeitet, wäre die gesetzliche Anordnung einer Fortdauer der Arbeitsverhältnisse äußerst zudringlich. Ebenso wie man niemals einem Arbeitnehmer die Fortdauer seines Arbeitsverhältnisses aufzwingen würde – dies wäre Sklaverei – sollte sie auch keinem Kleinunternehmer aufgezwungen werden. Dies wäre nicht nur ökonomisch ineffizient, weil unproduktive Arbeitnehmer in kleinen Unternehmen verhältnismäßig stärker ins Gewicht fallen, sondern – noch wichtiger – würde die Freiheit und Autonomie des Unternehmers empfindlich beeinträchtigen. Auch insoweit stellt sich die Situation in mittleren und großen Unternehmen gänzlich anders da, wo die Inhaber zumeist in keiner persönlichen Beziehung zu den Arbeitnehmern stehen. Erwägungen mit Blick auf Freiheit und Autonomie verlieren hier deutlich an Gewicht. Man sieht, dass die beiden Wirkungsrichtungen des Näheverhältnisses durchaus in einem Spannungsverhältnis zueinander stehen, da der Arbeitgeber einerseits wegen der gesteigerten Rücksichtnahme von Kündigungen abgehalten wird, andererseits aber ein gesteigertes wirtschaftliches Interesse an Kündigungen haben kann. Hier zeigt sich deutlich, dass moralische und ökonomische Anreize durchaus gegenläufig wirken können.[304]

Die Lockerung des Kündigungsschutzes wegen der Unternehmerautonomie bedeutet nicht, dass kleine Unternehmer davon befreit werden sollen, den Arbeitnehmer ordnungsgemäß zu informieren und etwaige Abfindungen zu leisten, wo dies von der Gesellschaft als erforderlich angesehen wird. Ebenso wenig bedeutet es, dass die Gesellschaft die Kündigung nicht in bestimmten Fällen wie z.B. Schwangerschaft der Arbeitnehmerin oder allgemein Willkür des Arbeitgebers für unwirksam hält. Jedoch sollten Kleinunternehmer jedem Arbeitnehmer kündigen dürfen, auch wenn es objektiv an einem Sachgrund im Sinne einer Erforderlichkeit fehlt. Nach *Guy Davidov* soll eine Kündigung auch dann möglich sein, wenn der Kleinunternehmer den Arbeitnehmer schlichtweg nicht mag.[305] Verfassungsrechtlich lässt sich dies mit der grundrechtlich geschützten Unternehmerfreiheit legitimieren.[306] Im anglo-amerikanischen Raum ist dieser

---

[302] *Klumpp*, in: Rieble, Transparenz und Reform im Arbeitsrecht, 2006, S. 9 (26).
[303] *Davidov*, A Purposive Approach to Labour Law, 2016, S. 110 f.; vgl. auch *Volkening*, in: Rolfs et al, BeckOK-ArbR, § 23 KSchG Rn. 1, .9.2016, der auf die Vertragsfreiheit von Kleinunternehmern abstellt.
[304] Dazu *Levitt/Dubner*, Freakonomics, 2005, S. 17 ff.
[305] *Davidov*, A Purposive Approach to Labour Law, 2016, S. 111.
[306] Zum grundrechtlichen Schutz der Unternehmerfreiheit siehe BVerfGE 50, 290 (363) sowie eingehend oben § 5 C) II.

Ansatz hingegen nicht ganz einfach zu begründen, da die rechtliche Fundierung der Arbeitgeberautonomie umstritten ist. Häufig wird das Eigentum am Unternehmen als Grundlage herangezogen.[307] Diesen Ansatz kritisiert *Davidov*, da dem Eigentum nach den „legal realists" keine Rechte inhärent sind. „Eigentum" sei nur ein Werkzeug, dessen Inhalt relativ frei bestimmt werden könne. Zudem könne man auch vertreten, dass das Unternehmen im Eigentum der Arbeitnehmer steht und das Recht des Arbeitgebers zur Unternehmensführung daran gebunden ist, dass soziale Werte beachtet werden.[308] Im deutschen Recht kommt die Sozialbindung des Eigentümers in Art. 14 Abs. 1 GG zum Ausdruck.

bb) Kollektive Interessen

Umstritten ist, ob die Abschwächung des Kündigungsschutzes für kleine Unternehmen auch mit kollektiven Interessen gerechtfertigt werden kann, namentlich mit Vorteilen für den Arbeitsmarkt.[309] Es wurde bereits dargelegt, dass kleine Unternehmen nach überwiegendem Verständnis beschäftigungsfördernd sind. Damit begründet der Gesetzgeber die Festlegung des Schwellenwerts:

„Der Schwellenwert, bis zu dem Betriebe nicht in den Geltungsbereich des Gesetzes fallen, wird von fünf auf zehn Arbeitnehmer heraufgesetzt. Bei der Neuregelung wird berücksichtigt, dass sich der jetzige Schwellenwert insbesondere in Handwerksbetrieben, die einen wesentlichen Teil der Kleinbetriebe ausmachen, einstellungshemmend auswirkt. [...] Ein wesentlicher Grund für die Heraufsetzung ist aber auch, dass – wie die Entwicklung der letzten Jahre zeigt – neue Arbeitsplätze vor allem in kleinen und mittleren Unternehmen, insbesondere im Handwerks- und Dienstleistungsbereich, zu erwarten sind. Daher erscheint es hier besonders dringend, einstellungshemmende Vorschriften zu überprüfen und sozial ausgewogene Änderungen vorzunehmen, die sowohl die Interessen der Arbeitsplatzbesitzer als auch die der Arbeitsuchenden berücksichtigen. [...] Bei den kleineren Unternehmen handelt es sich zudem vielfach um Unternehmen in der Existenzgründungsphase, die zu zusätzlichen Einstellungen ermutigt werden und von tatsächlich und psychologisch einstellungshemmenden Vorschriften nicht zu sehr eingeschränkt sein sollen."[310]

„Um Arbeitgebern in kleinen Betrieben die Entscheidung zu Neueinstellungen zu erleichtern, wird die Anwendungsschwelle des KSchG flexibel gestaltet [...] Gerade in Kleinbetrieben besteht ein hohes Beschäftigungspotential, das durch Entschärfung der ‚Schwellenwertproblematik' wirksam erschlossen werden kann."[311]

---

[307] Vgl. *Semonche*, The Faith. A Cultural History of the U.S. Supreme Court, 1998, S. 152.
[308] *Davidov*, A Purposive Approach to Labour Law, 2016, S. 110.
[309] Dafür etwa *Bauer*, NZA 2002, 529; *P. Hanau*, Deregulierung des Arbeitsrechts, 1997, S. 8; *Rieble/Klumpp*, JZ 2004, 817 (818); *Rüthers*, NJW 1998, 1433; vgl. auch *Kamanabrou*, in: Rieble, Transparenz und Reform im Arbeitsrecht, 2006, S. 77 (80); dagegen *Berkowsky*, in: Münchener Handbuch zum Arbeitsrecht, 3. Aufl. 2009, § 108 Rn. 28; *Blanke*, AuR 2003, 401 (402); *Nägele*, BB 2003, 739 (740); *Pfarr et al.*, BB 2003, 2286.
[310] BT-Drucks. 13/4612, S. 9.
[311] BT-Drucks. 15/1204, S. 13.

§ 7 Größenabhängige Befreiung mittels Schwellenwerten 311

Im Hinblick auf das Sozialstaatsprinzip führt der Gesetzgeber zudem die Interessen der Arbeitssuchenden ins Feld:

„[Mit der Anhebung des Schwellenwerts] wird dem Sozialstaatsprinzip entsprochen, das die Verwirklichung einer sozial gerechten Ordnung für alle gebietet, also auch zur Sorge für diejenigen verpflichtet, die keinen Arbeitsplatz haben."[312]

Während die empirischen Daten im Hinblick auf Schwellenwerte im Allgemeinen in der Tat nahelegen, dass diese einstellungshemmend wirken,[313] kommen die Studien zu 23 Abs. 1 KSchG im Besonderen jedoch zu unterschiedlichen Ergebnissen. Nach der Forsa-Studie aus dem Jahr 2003 würde die Erhöhung des damaligen Schwellenwertes des § 23 KSchG auf 10 Arbeitnehmer rund 300.000 neue Stellen schaffen.[314] Demgegenüber attestieren die Studien von *Bauer/Bender/Bonin*,[315] *Heide Pfarr et al*[316] und *Sher Verick*[317] keine signifikanten negativen Auswirkungen des Kündigungsschutzes auf das Einstellungsverhalten. Die REGAM-Studie des WSI hat anhand einer Befragung der Personalverantwortlichen gezeigt, dass das Einstellungsverhalten durch den Schwellenwert des § 23 KSchG (damals: fünf Arbeitnehmer) nicht nennenswert beeinflusst wird.

Ein Bruch der Einstellungen an der Schwelle der Betriebe mit fünf Beschäftigten ist nach diesen Daten nicht erkennbar. Dieser müsste aber auftreten, wenn der Schwellenwert der Kleinbetriebsklausel und damit der Kündigungsschutz einstellungshemmend wirken würde.[318] Auch die Studie von *Wagner/Schnabel/Kölling*, die auf der Grundlage von Daten des IAB der BfA erstellt wurde, verneint für die Schwellenwerte des § 23 Abs. 1 KSchG a.F. und des § 5 SchwbG a.F. eine einstellungshemmende Wirkung.[319] Die Autoren weisen jedoch darauf hin,

---

[312] BT-Drucks. 13/4612, S. 9.
[313] Siehe oben B) II. 5.
[314] *Funk*, 2003 EIROnline, abrufbar unter http://www.eurofound.europa.eu/observatories/eurwork/articles/survey-finds-that-statutory-protection-against-dismissal-hurts-small-firms, Stand: 9.11.2016.
[315] *Bauer/Bender/Bonin*, Dismissal Protection and Worker Flows in Small Establishments, IZA discussion paper Nr. 1105, 2004, S. 22 ff., die jedoch einräumen, dass Auswirkungen des Kündigungsschutzes auf das Einstellungsverhalten nicht generell bestritten werden können.
[316] *Pfarr et al.*, BB 2003, 2286.
[317] *Verick*, Threshold Effects of Dismissal Protection Legislation in Germany, IZA discussion paper Nr. 991, 2004. Die erhobenen Daten des IAB-Betriebspanel sind jedoch nicht repräsentativ für kleine Unternehmen in Deutschland, unter Hinweis hierauf *Bauer/Bender/Bonin*, Dismissal Protection and Worker Flows in Small Establishments, IZA discussion paper Nr. 1105, 2004, S. 5.
[318] *Pfarr et al.*, BB 2003, 2286 (2287).
[319] *Wagner/Schnabel/Kölling*, in: Ehrig/Kalmbach (Hrsg.), Weniger Arbeitslose – aber wie?, 2001, S. 177 sowie *Kölling/Schnabel/Wagner*, Bremst das Schwerbehindertengesetz die Arbeitsplatzdynamik in Kleinbetrieben? – Eine empirische Untersuchung mit Daten des IAB-Betriebspanels, Universität Lüneburg, Arbeitsberichte des Fachbereichs Wirtschafts- und Sozialwissenschaften, Nr. 235, 2001.

dass dieses Ergebnis möglicherweise auf die unzureichende Datenlage zurückzuführen sei.[320] Generell wird zu den Auswirkungen von § 23 Abs. 1 KSchG auf das Einstellungsverhalten ein Mangel an belastbarem Datenmaterial beklagt.[321] Nach *Junker* sagen die verschiedenen Studien angesichts ihrer Diskrepanzen mehr über die Schwierigkeiten aus, das Einstellungsverhalten der Arbeitgeber empirisch zu erfassen, als über das zu untersuchende Einstellungsverhalten selbst.[322] Daraus wird teilweise gefolgert, dass die Arbeitsrechtspolitik nicht auf empirische Überlegungen, sondern auf Interessenanalysen und -bewertungen gestützt werden soll.[323] Während dies im Hinblick auf den potentiell erheblichen wissenschaftlichen Wert von empirischen Erkenntnissen für die Rechtswissenschaft[324] in dieser Allgemeinheit nicht zutrifft, ist der empirische Hintergrund zu § 23 Abs. 1 KSchG gegenwärtig in der Tat zu unklar, um mit Belangen des Arbeitsmarktes rechtliche Schritte wie eine Abschwächung des Kündigungsschutzes für kleine Unternehmen zu rechtfertigen.

b) Schlussfolgerungen

Im Folgenden werden die wesentlichen Schlussfolgerungen aus den obigen Erkenntnissen aufgezeigt.

aa) Verfassungsmäßigkeit der gegenwärtigen Regelung

Seifert hält die Kleinbetriebsklausel des § 23 Abs. 1 KSchG wegen Verstoßes gegen Art. 3 Abs. 1 GG für verfassungswidrig.[325] Die vollständige Herausnahme von Kleinbetrieben aus dem Kündigungsschutz und die damit bewirkte Ungleichbehandlung der in den Unternehmen verschiedener Größenordnungen beschäftigten Arbeitnehmer sei unverhältnismäßig. Als Alternativen käme die gesetzliche Anordnung einer Deckelung von Abfindungsansprüchen als Nachteilsausgleich, die Möglichkeit eines Umlageverfahrens nach dem Modell der Vorschriften des AAG sowie eine einzelfallbezogene Berücksichtigung der wirtschaftlichen Belange des (Klein)Unternehmens in Betracht.[326]

---

[320] *Wagner/Schnabel/Kölling*, in: Ehrig/Kalmbach (Hrsg.), Weniger Arbeitslose – aber wie?, 2001, S. 177 (196).
[321] *Bielenski et al*, AuR 2003, 81 (83).
[322] *Junker*, Gutachten für den 65. Deutschen Juristentag 2004, B 51 f. Weiteren empirischen Forschungsbedarf sehen auch *Bauer/Bender/Bonin*, Dismissal Protection and Worker Flows in Small Establishments, IZA discussion paper Nr. 1105, 2004, S. 24.
[323] *Rieble*, in: Blank, Muss der Kündigungsschutz reformiert werden, 2003, S. 78 f.; *Junker*, Gutachten für den 65. Deutschen Juristentag 2004, B 47, 53.
[324] Dazu eingehend *Hamann*, Evidenzbasierte Jurisprudenz, 2014; speziell zur Transparenzkontrolle *Stöhr*, AcP 216 [2016], 558 (573 ff.).
[325] *Seifert*, Der Schutz kleiner und mittlerer Unternehmen im deutschen und europäischen Wirtschaftsrecht, 2006, S. 452 ff., 458 f.
[326] *Seifert*, Der Schutz kleiner und mittlerer Unternehmen im deutschen und europäischen Wirtschaftsrecht, 2006, S. 454 ff.

§ 7 Größenabhängige Befreiung mittels Schwellenwerten 313

Bei der Prüfung der Verfassungsmäßigkeit der Kleinbetriebsklausel ist zunächst zu berücksichtigen, dass der Schutz von kleinen Unternehmen vor Kostenbelastungen prinzipiell ein legitimes Ziel von Grundrechtseingriffen darstellt.[327] Zudem wurde herausgearbeitet, dass die verfassungsrechtliche Würdigung einer Differenzierung nach der Unternehmensgröße, die im Hinblick auf Dritte eine Ungleichbehandlung bewirkt – etwa die hier in Rede stehende unterschiedliche Ausgestaltung des Kündigungsschutzes – eine Abwägung der Unternehmensinteressen mit den Interessen der ungleich behandelten Dritten erfordert.[328] Vor diesem Hintergrund ist mit dem Bundesverfassungsgericht die Verfassungsmäßigkeit der Kleinbetriebsklausel zu bejahen. Das Bundesverfassungsgericht nimmt in der Entscheidung vom 27.1.1998 zutreffend an, dass den Arbeitnehmern in Kleinbetrieben in Abwägung mit den Belangen der Kleinunternehmer ein größeres rechtliches Risiko eines Arbeitsplatzverlustes zumutbar ist.[329] Die Kostenbelastung und Einschränkung der Unternehmerautonomie sind wie gezeigt erheblich. Die von *Seifert* genannten Alternativen überzeugen nicht: Eine Deckelung von Abfindungsansprüchen würde nur einen Teil des vom Kündigungsschutz verursachten Kosten reduzieren, eine einzelfallbezogene Berücksichtigung der wirtschaftlichen Belange hätten eine erhebliche Rechtsunsicherheit zur Folge und die Einführung eines Ausgleichs- und Umlageverfahren ist jedenfalls im Kündigungsschutzrecht abzulehnen.[330] Umgekehrt sind die Arbeitnehmer bei Nichtgeltung des Kündigungsschutzgesetzes nicht schutzlos gestellt, da die zivilrechtlichen Generalklauseln vor einer sitten- oder treuwidrigen Ausübung des Kündigungsrechts des Arbeitgebers schützen und damit ein Mindestmaß an Schutz bewirken.[331]

Dieser Kündigungsschutz unterhalb des Kündigungsschutzgesetzes, der im Hinblick auf den verfassungsrechtlichen Schutz des Arbeitsplatzes i.V.m. dem Sozialstaatsprinzip aus dem Grundgesetz abgeleitet wird, darf allerdings nicht dazu führen, dass dem Kleinunternehmer praktisch die Maßstäbe des § 1 Abs. 1, 2 KSchG auferlegt werden.[332] Ansonsten würde der Schwellenwert des § 23 Abs. 1 KSchG unterlaufen. Bei den §§ 138, 242 geht es nicht um Sozialwidrigkeit der Kündigung, sondern um Schutz vor Willkür und sachfremden Erwägungen des Arbeitgebers.[333] Gefolgert wird aus dem Schutz über §§ 138, 242 BGB z.B. ein gewisses Maß an sozialer Rücksichtnahme, wenn unter mehreren Arbeit-

---

[327] Dazu oben § 3 C) I. 1.
[328] Dazu oben § 5 C III. 3.
[329] BVerfGE 97, 169 (178); zust. *Hönsch*, DB 1988, 1650 ff.; eingehend *Endres*, Schwellenwertregelungen im Arbeitsrecht, 2003, S. 32 ff.
[330] Zum Ausgleichs- und Umlageverfahren als Alternative zu größenabhängigen Befreiungen unten 7. a).
[331] BVerfGE 97, 169 (178).
[332] Vgl. BAG NJW 2002, 532.
[333] Vgl. BAGE 77, 128 (133 f.).

nehmern eine Auswahl zu treffen ist („Sozialauswahl light").[334] *Junker* hat allerdings festgestellt, dass es keine massenhafte Entscheidungspraxis zur Anwendung des § 242 BGB auf Kündigungen im Kleinbetrieb gibt, aus der sich ergibt, dass Kleinunternehmer in nennenswerter Zahl das Kündigungsrecht willkürlich oder aus sachfremder Motivation ausübe.[335] Da es auch kaum einschlägige instanzgerichtliche Urteile gibt, kann rein quantitativ nicht von einem „allgemeinen Kündigungsschutz zweiter Klasse" die Rede sein.[336] Zu einer ausufernden Kontrolle von Arbeitgeberkündigungen nach § 242 BGB ist es nicht gekommen. Das Bundesarbeitsgericht betont, dass eine Kündigung nicht willkürlich ist, wenn „ein irgendwie einleuchtender Grund" für die Kündigung vorliegt, z.B. ein – nicht notwendig verifizierbarer – Vertrauensverlust.[337] Eine Auswahlentscheidung ist nur missbräuchlich, wenn „der Arbeitgeber von mehreren auf den ersten Blick vergleichbaren Arbeitnehmern den evident Schutzwürdigeren entlässt, ohne dass dafür Gründe vorlägen".[338] Die Kriterien des „irgendwie einleuchtenden Grundes" und des „evidenten Auswahlfehlers" sind griffig und auch für juristisch nicht geschulte Arbeitgeber handhabbar.[339] Demgegenüber würde die Forderung, die Anforderungen des Kündigungsschutzes in Kleinbetrieben zu erhöhen,[340] eine schwer berechenbare Kasuistik erzeugen.

bb) Höhe des Schwellenwertes

Zur Festlegung von Schwellenwerten hat der Gesetzgeber verfassungsrechtlich einen weiten Gestaltungsfreiraum. Das Bundesverfassungsgericht konstatiert, dass die Einschätzung der für die Konfliktlage maßgebenden ökonomischen und sozialen Rahmenbedingungen in seiner Verantwortung liegt, ebenso wie die Vorausschau auf die künftige Entwicklung und die Wirkungen seiner Regelung.[341] Der aktuelle Schwellenwert von 10 Arbeitnehmern wird verfassungsrechtlich überwiegend nicht beanstandet.[342] Zutreffend ist das verfassungsrechtlich zulässige Maximum noch nicht erreicht, sodass eine weitere Anhebung des Schwellenwerts möglich wäre.[343] Auch das Gerechtigkeitskriterium eröffnet einen gewissen Spielraum, innerhalb dessen staatliche Entscheidungen wie die Festle-

---

[334] BVerfGE 97, 169 (178); dies umsetzend BAGE 97, 92 (100 f.); BAG NZA 2003, 717.
[335] *Junker*, Gutachten für den 65. Deutschen Juristentag 2004, B 59 f.
[336] So noch die Befürchtung von *Annuß*, BB 2001, 1898; *Gragert/Wiehe*, NZA 2001, 934 (937); *Reuter*, FS Wiedemann, 2002, S. 449 (470).
[337] BAG NJW 2002, 532 (534).
[338] BAG NZA 2003, 717 (719).
[339] *Junker*, Gutachten für den 65. Deutschen Juristentag 2004, B 61.
[340] So etwa *Däubler*, AiB 2004, 7 (9).
[341] BVerfGE 97, 169 (176).
[342] Vgl. *Bader*, NZA 2004, 65 (66); *Löwisch*, BB 2004, 154 (161); *Richardi*, DB 2004, 486 (487); zweifelnd aber *Buschmann*, AuR 2004, 1 (3).
[343] *Junker*, Gutachten für den 65. Deutschen Juristentag 2004, B 70; vgl. auch *Buchner*, NZA 2002, 533 (535).

§ 7 Größenabhängige Befreiung mittels Schwellenwerten 315

gung von Schwellenwerten getroffen werden können.[344] Es lässt sich schwerlich annehmen, dass nur ein einziger Schwellenwert einen angemessenen Interessenausgleich zwischen den Arbeitgeber- und Arbeitnehmerinteressen bewirken kann.

Da somit die Verfassung und die Gerechtigkeit einen Spielraum belassen, muss sich die Festlegung des Schwellenwerts richtigerweise an ökonomischen Gesichtspunkten als orientieren, die das dritte Kriterium der Gesetzgebung und Rechtsanwendung darstellen.[345] Insoweit ist maßgeblich auf die noch immer bestehende Kostenbelastung des Kündigungsschutzes abzustellen, die sich für kleine Unternehmen wie gezeigt geradezu verheerend auswirken kann.[346]

Vor diesem Hintergrund wird gefordert, den Schwellenwert auf 20 Arbeitnehmer anzuheben.[347] Eine solche Anhebung überzeugt, da dies die Kostenbelastung von zahlreichen schutzwürdigen Unternehmen reduzieren würde, während die Arbeitnehmer immerhin einen Mindestschutz nach § 242 BGB haben. Dessen Kriterien des „irgendwie einleuchtenden Grundes" und des „evidenten Auswahlfehlers" bewirken bereits einen Schutz vor Arbeitgeberwillkür, was letztlich auch das Ziel von § 1 KSchG ist.[348] Ein höherer Schwellenwert würde ferner der vom Bundesarbeitsgericht in Bezug genommenen Funktion des § 23 Abs. 1 KSchG Rechnung tragen, das Einstellungsverhalten des Arbeitgebers zu fördern, wobei die einstellungshemmende Wirkung des Kündigungsschutzes allerdings wie gezeigt nicht nachgewiesen ist.[349] Zudem würde ein solcher Schwellenwert mit dem Grenzwert für die Sozialplanpflicht nach §§ 111 S. 1, 112 BetrVG harmonieren.[350] Dabei wird nicht verkannt, dass eine zu starke Harmonisierung der Schwellenwerte nach den obigen Ausführungen nicht wünschenswert ist, da ein einheitlicher Schwellenwert noch stärkere Anreize schaffen würde, diesen gezielt zu unterschreiten.[351] Die Schwelle von 20 Arbeitnehmern würde jedoch auch bei einer entsprechenden Modifikation des § 23 KSchG keine dominante Bedeutung erlangen, da zu den §§ 23 KSchG und 111, 112 BetrVG im Wesentlichen nur

---

[344] *Stöhr*, Rechtstheorie 2014, 159 (189 f.) zur Gerechtigkeitsverwirklichung durch Interessenabwägung.
[345] Dazu im Hinblick auf kleine Unternehmen eingehend § 5 C), D), E).
[346] Siehe oben a) aa) (1).
[347] Siehe aus dem juristischen Schrifttum *Bauer*, NZA 2002, 529 (531); *Junker*, Gutachten für den 65. Deutschen Juristentag 2004, B 71 f.; *Kamanabrou*, in: Rieble, Transparenz und Reform im Arbeitsrecht, 2006, S. 77 (90); vgl. weiterhin *Preis*, NZA 2003, 252 (256), der eine Abfindungsoption in Unternehmen mit i.d.R. weniger als 20 Arbeitnehmern vorschlägt. Aus der Politik siehe den Entwurf der CDU/CSU-Bundestagsfraktion v. 18.6.2002, BT-Drucks. 15/1182, S. 7 für Neueingestellte sowie den Antrag der FDP-Bundestagsfraktion v. 12.2.2003, BT-Drucks. 15/430, S. 2.
[348] *Junker*, Gutachten für den 65. Deutschen Juristentag 2004, B 71.
[349] Siehe oben a) bb).
[350] *Bauer*, NZA 2002, 529 (531); *Junker*, Gutachten für den 65. Deutschen Juristentag 2004, B 72.
[351] Siehe oben C) II. 2.

die Beschäftigungspflicht für Schwerbehinderte gem. §§ 154 Abs. 1, 160 SGB IX treten würde. Zu weit geht allerdings der Entwurf des Freistaats Sachsen vom 6.3.2003, den Schwellenwert auf 80 Arbeitnehmer anzuheben.[352] Dadurch würde der allgemeine Kündigungsschutz nur noch in einem Bruchteil aller Unternehmen eingreifen und daher seine praktische Bedeutung weitgehend verlieren.

cc) Anknüpfung an das persönliche Mitwirken des Arbeitgebers

Davidov erwägt, den Schwellenwert weniger an konkrete Arbeitnehmerzahlen zu knüpfen, sondern vielmehr an den Grad des persönlichen Einsatzes des Arbeitgebers:

„In some legal systems the threshold may be in need of change. Perhaps it should be based more on the personal involvement of the owner than on the exact number of employees."[353]

Dieser Vorschlag ist der Unternehmerautonomie verpflichtet und hat den Umstand im Blick, dass das Interesse an arbeitgeberseitigen Kündigungen wegen der besonders engen Beziehung zwischen Arbeitgeber und Arbeitnehmer in kleinen Unternehmen höher ist. Der Arbeitgeber soll nicht Seite an Seite mit Arbeitnehmern arbeiten müssen, mit denen er nicht auskommt. Dieser Ansatz ist sehr innovativ und verdient eine nähere Befassung. Eine rechtliche Umsetzung dürfte jedoch auf kaum überwindliche praktische Schwierigkeiten stoßen. Der Grad des persönlichen Einsatzes des Arbeitgebers ist ein sehr unbestimmter Gesichtspunkt: Soll damit nur eine unmittelbare Zusammenarbeit gemeint sein, z.B. von Meister und Gesellen in der Werkstatt oder beim Kunden, oder soll auch eine regelmäßige Kommunikation via Email berücksichtigt werden? Zudem kann er je nach Branche und Auftragslage stark schwanken und ist damit noch ein unsteterer Faktor als die Arbeitnehmerzahl. Die bereits jetzt bestehende Rechtsunsicherheit im Hinblick auf die soziale Rechtfertigung einer Kündigung würde damit noch auf die Anwendbarkeit des Kündigungsschutzgesetzes erstreckt.

dd) Anknüpfung an das Unternehmen

Es wurde bereits allgemein gezeigt, dass Schwellenwerte an das Unternehmen und nicht an den Betrieb anknüpfen sollten, sofern der Zweck der Regulierung nicht etwas anderes gebietet.[354] Dies ist entgegen der Ansicht des Bundesarbeitsgerichts[355] auch und gerade im Rahmen des § 23 Abs. 1 KSchG der Fall. Die nach dem Wortlaut der Kleinbetriebsklausel vorgenommene Anknüpfung an den Betrieb („Die Vorschriften des ersten Abschnitts [...] gelten nicht für Betriebe und

---

[352] Vgl. BR-Drucks. 158/03, S. 1.
[353] *Davidov*, A Purposive Approach to Labour Law, 2016, S. 111.
[354] Siehe oben 1. b).
[355] Für eine betriebsbezogene Bestimmung des Schwellenwerts zuletzt BAG NZA 2017, 859 (860 f.)

Verwaltungen [...]") wird in der Literatur als unangemessen empfunden.[356] Die wichtigsten Funktionen dieses Schwellenwerts sprechen für eine Anknüpfung an das Unternehmen. Dies gilt insbesondere für den Schutz vor Kostenbelastung: Wie allgemein bei größenabhängigen Befreiungen sollen diese der beschränkten finanziellen Belastbarkeit von kleinen Unternehmen Rechnung tragen, sodass für die Belastbarkeit die Größe des Unternehmens und nicht diejenige des konkret betroffenen Betriebs maßgeblich ist. Auch bei § 23 Abs. 1 KSchG bildet der Schutz vor den Kosten, die der allgemeine Kündigungsschutz für das Unternehmen zur Folge hat, eine wichtige Funktion. Die Anknüpfung des Schwellenwerts an den Betrieb führt daher zu einer unverdienten kündigungsrechtlichen Privilegierung von Unternehmen, die ihre Organisation in kleine Einheiten dezentralisieren.[357] Aber auch das vom Bundesarbeitsgericht in Bezug genommene Näheverhältnis zwischen Arbeitnehmer und Arbeitgeber in Kleinbetrieben dürfte nur bestehen, wenn der Arbeitgeber auch persönlich in diesem Betrieb mit dem Arbeitnehmer zusammenarbeitet. Hat das Unternehmen jedoch mehrere Betriebe, so ist der (kündigungsberechtigte) Arbeitgeber häufig nicht mit dem (nicht kündigungsberechtigten) Leiter des konkreten Betriebs identisch. In dieser Konstellation vermag die menschliche Rücksichtnahme daher keinen hinreichenden Arbeitnehmerschutz zu gewährleisten, sodass der Arbeitnehmer stärker auf den rechtlichen Kündigungsschutz angewiesen ist.

Mit Recht wird vertreten, dass sich § 23 Abs. 1 KSchG dahingehend auslegen lässt und sich daher bereits de lege lata auf das Unternehmen bezieht.[358] Dies muss umso mehr der Fall sein, als Unternehmer mit mehreren Kleinbetrieben sich weitestgehend arbeitsvertraglich die Einsetzbarkeit der Arbeitnehmer im Unternehmen vorbehalten werden, sodass es nach Art. 12 Abs. 1 GG geboten ist, den überbetrieblichen Einsatzbereich der Arbeitnehmer mit der Institution gleichzusetzen, die für die Frage der Anwendbarkeit des Kündigungsschutzgesetzes maßgeblich ist.[359] Dies würde außerdem verhindern, dass sich Unternehmen mit geeigneter Struktur durch Aufspaltung ihres (Groß-)Betriebs in zahlreiche Kleinbetriebe („Outsourcing") dem Kündigungsschutz entziehen können.[360] Man sieht, dass die Anknüpfung des Schwellenwertes an das Unternehmen den Anwendungsbereich des Kündigungsschutzgesetzes und damit den Arbeitnehmerschutz erweitern würde. Denn ein Unternehmen, das mehr als einen Betrieb unterhält, wird regelmäßig mehr Arbeitnehmer beschäftigen

---

[356] Vgl. *Richardi*, DB 2004, 486 ff.
[357] Vgl. auch *Grobys*, FAZ v. 10.10.2017, abrufbar unter http://www.faz.net/aktuell/beruf-chance/mein-urteil/kolumne-mein-urteil-wann-gilt-kuendigungsschutz-fuer-mich-15095822.html?GEPC=s5, Stand: 5.8.2017.
[358] *Berkowsky*, in: MünchHdb. Arbeitsrecht, 3. Aufl. 2009, § 109 Rn. 50; a.A. BAG NZA 2017, 859 (860 f.); *Bader*, in: KR, 11. Aufl. 2016, § 23 KSchG Rn. 30.
[359] ArbG Hamburg, DB 1997, 2439; *Bepler*, AuA 1997, 325 (326).
[360] *Berkowsky*, in: MünchHdb. Arbeitsrecht, 3. Aufl. 2009, § 109 Rn. 50.

als in dem in Rede stehenden Betrieb tätig sind. Dies würde die Verkürzung des Anwendungsbereichs durch die die oben befürwortete Anhebung des Schwellenwertes auf 20 Arbeitnehmer zumindest teilweise kompensieren. In bestimmten Fällen würden die Arbeitnehmer sogar bessergestellt als nach der gegenwärtigen Rechtsprechung, nämlich wenn ein Unternehmen mehrere Kleinbetriebe unterhält, die jeweils weniger als zehn Arbeitnehmer beschäftigen. Die Unterscheidung des § 1 Abs. 1 KSchG zwischen „Betrieb" und „Unternehmen" mag zwar auf den ersten Blick gegen diese Auslegung sprechen,[361] muss aber letztlich hinter den genannten teleologischen und ökonomischen Argumenten zurückstehen. Dass die rechtliche Differenzierung zwischen Betrieb und Unternehmen überwunden werden kann, ist allgemein anerkannt. Im Rahmen des § 613a Abs. 1 BGB wurde sie sogar gänzlich aufgegeben und durch das Kriterium der „wirtschaftlichen Einheit" ersetzt.[362]

Das Bundesverfassungsgericht meint immerhin, dass der Betriebsbegriff in § 23 Abs. 1 KSchG „im Wege verfassungskonformer Auslegung auf die Einheiten zu beschränken ist, für deren Schutz die Kleinbetriebsklausel allein bestimmt ist".[363] Demzufolge setzt die Anwendbarkeit der Kleinbetriebsklausel voraus, dass der zugunsten des Kleinunternehmers beabsichtigte Schutzgedanke dieser Regelung für diese Einheit zutrifft und die kündigungsschutzrechtliche Benachteiligung der betroffenen Arbeitnehmer sachlich begründet ist.[364] Damit wird die verfehlte Anknüpfung an den Betrieb zumindest teilweise durch eine am Sinn und Zweck der Kleinbetriebsklausel ausgerichteten Auslegung modifiziert.[365] Generell sagt das Bundesverfassungsgericht, dass zumindest in den prekären Fällen – insbesondere bei Filialgeschäften größerer Handelsunternehmen – bereits de lege lata der Anknüpfungspunkt „Betrieb" durch „Unternehmen" ersetzt werden muss.[366] Auch wenn dies nach der hier vertretenen Auffassung generell gilt, sollte § 23 Abs. 1 KSchG zur Klarstellung dahingehend modifiziert werden, dass der Schwellenwert ausdrücklich an das Unternehmen angeknüpft wird.[367]

Die hier befürwortete Anknüpfung des § 23 Abs. 1 KSchG an das Unternehmen bezieht sich jedoch nur auf den Anwendungsbereich des Kündigungsschutzes (das Ob), nicht auf dessen inhaltliche Ausgestaltung (das Wie). Eine ganz andere Frage ist es, ob der Kündigungsschutz auch inhaltlich unternehmensbe-

---

[361] Unter Berufung hierauf BAG NZA 2017, 859 (860 f.).
[362] Grundlegend EuGH, Slg. 1986, 1119 (Rn. 11) – *Spijkers* auf der Grundlage des Art. 1 Abs. 1 der ursprünglichen Betriebsübergangsrichtlinie 77/187/EWG; dem folgend BAG AP Nr. 154 zu § 613a BGB; BAG NZA-RR 2017, 123 (125 f.).
[363] BVerfGE 97, 169 (184).
[364] BVerfGE 97, 169 (184); *Bader*, in: KR, 11. Aufl. 2016, § 23 KSchG Rn. 31.
[365] *Bader*, in: KR, 11. Aufl. 2016, § 23 KSchG Rn. 31, der sich jedoch einer Stellungnahme zur Anknüpfung an den Betrieb enthält.
[366] BVerfGE 97, 169 (184).
[367] So auch die Gesetzesvorschläge von *Bauer*, NZA 2002, 529 (533); *Preis*, NZA 2003, 252 (253).

zogen ausgestaltet werden sollte, etwa durch eine unternehmensweite Sozialauswahl anstatt der von der h.M. praktizierten betriebsbezogenen Sozialauswahl.[368] Dies ist jedenfalls im Hinblick auf die Sozialauswahl zu verneinen. De lege lata spricht bereits dagegen, dass der Betriebsbezug ausdrücklich nur in § 1 Abs. 2 S. 2, 3 KSchG für den Fall durchbrochen wird, dass für den anderenfalls zu kündigenden Arbeitnehmer eine Weiterbeschäftigungsmöglichkeit vorhanden ist.[369] Angezeigt ist eine unternehmensweite Sozialauswahl nach geltendem Recht nur bei einer Spaltung oder Teilübertragung nach dem Umwandlungsgesetz, wenn die an der Spaltung oder Teilübertragung beteiligten Rechtsträger den Betrieb gemeinsam weiterführen, da der gemeinsam weitergeführte Betrieb nach § 322 UmwG in diesem Fall als Betrieb i.S.d Kündigungsschutzgesetzes gilt.[370] Aber auch de lege ferenda ist eine unternehmensweite Sozialauswahl abzulehnen, da dies verschiedene Belegschaften und Betriebsräte in Konflikt bringen würde. Der Anwendungsbereich des Kündigungsschutzes und dessen inhaltliche Ausgestaltung lassen sich ohne weiteres voneinander trennen, da sie verschiedene Schutzzwecke verfolgen – der Kündigungsschutz dient den Interessen der Arbeitnehmer, die größenabhängige Befreiung nach § 23 Abs. 1 KSchG den Interessen der Arbeitgeber – und in der Rechtsanwendung verschiedene Prüfungspunkte betreffen.

Insgesamt empfiehlt sich daher folgende Modifikation von § 23 Abs. 1 S. 2 KSchG, die sowohl (klarstellend) an das Unternehmen anknüpft sowie den Schwellenwert auf 20 Arbeitnehmer erhöht:

„Die Vorschriften des Ersten Abschnitts gelten mit Ausnahme der §§ 4 bis 7 und des § 13 Abs. 1 Satz 1 und 2 nicht für Unternehmen und Verwaltungen, in denen in der Regel zwanzig oder weniger Arbeitnehmer ausschließlich der zu ihrer Berufsbildung Beschäftigten beschäftigt werden, [...]".[371]

ee) Abfindungssystem als Alternative

Anfang der 2000er Jahre wurde ausführlich diskutiert, ob das gegenwärtige, auf Bestandsschutz ausgerichtete Kündigungsschutzsystem durch ein – wie auch immer gestaltetes – Abfindungssystem ersetzt werden sollte. So hat sich z.B. *Bauer* dafür ausgesprochen, dass das Arbeitsverhältnis auf bloßen Antrag des Arbeitgebers oder des Arbeitnehmers durch Auflösungsurteil zum vorgesehenen ordentlichen Beendigungstermin gegen Zahlung einer Abfindung beendet

---

[368] Zur Betriebsbezogenheit der Soialauswahl vgl. BAG NZA 2013, 1007 (1012 f.); *Kiel*, in: Ascheid/Preis/Schmidt, Kündigungsrecht, 5. Aufl. 2017, § 1 KSchG Rn. 596 ff.; *Oetker*, in: ErfKomm, 18. Aufl. 2018, § 1 KSchG Rn. 318; für eine unternehmensbezogene Sozialauswahl etwa LAG Köln, NZA-RR 2005, 26 (27 f.).
[369] BAG NZA 2005, 1175 f.; *Kiel*, in: Ascheid/Preis/Schmidt, Kündigungsrecht, 5. Aufl. 2017, § 1 KSchG Rn. 596.
[370] *Kiel*, in: Ascheid/Preis/Schmidt, Kündigungsrecht, 5. Aufl. 2017, § 1 KSchG Rn. 600.
[371] In Anlehnung an *Bauer*, NZA 2002, 529 (533).

wird.[372] Es wurde bereits darauf hingewiesen, dass der Arbeitgeber wegen der vielen Unwägbarkeiten und dem schwer kalkulierbaren Kostenrisiko im Kündigungsschutz an Abfindungen interessiert ist. Dies gilt aber auch für den Arbeitnehmer, da Kündigung und Kündigungsschutzprozess sein Verhältnis zu Arbeitgeber, Vorgesetzten und Kollegen regelmäßig belasten, insbesondere bei der verhaltensbedingten Kündigung.[373] Es verwundert daher nicht, dass in der Praxis die meisten Kündigungsschutzprozesse in einen Abfindungsvergleich münden und entgegen der Vorstellung des Kündigungsschutzgesetzes ohnehin der Bestandsschutz zur Ausnahme und der Abfindungsschutz zur Regel geworden ist.[374]

Die gegenwärtige Abfindungspraxis wird sowohl von Arbeitgebern als auch von Arbeitnehmern vielfach als ungerecht empfunden. So erhält z.B. häufig der Arbeitnehmer, bei dem der Betriebsrat nicht wirksam angehört wurde, eine höhere Abfindung als der Arbeitnehmer, in dessen Betrieb gar kein Betriebsrat existiert. Unbefriedigend ist auch, dass bei einer betriebsbedingten Kündigung im Rahmen einer Betriebsänderung gem. § 112 BetrVG eine Sozialplanabfindung vorgeschrieben ist, während der Arbeitnehmer bei einer (wirksamen) betriebsbedingten Einzelmaßnahme leer ausgeht.[375] Verfassungsrechtliche Positionen würden einer solchen Umstellung des Kündigungsschutzrechts richtigerweise nicht entgegenstehen: Während das Interesse des Arbeitnehmers an der Erhaltung seines Arbeitsplatzes zwar von der Berufsfreiheit nach Art. 12 Abs. 1 GG geschützt ist, gilt gleiches für die wirtschaftliche Betätigungsfreiheit des Unternehmers nach Art. 12 Abs. 1, 14, 2 Abs. 1 GG.[376] Eine solche Neukonzeption würde im Wesentlichen der Rechtslage der meisten Mitgliedstaaten der Europäischen Union entsprechen, in denen der Kündigungsschutz nicht auf die Fortsetzung des Arbeitsverhältnis im Falle der Unwirksamkeit der Kündigung gerichtet ist.[377] Zudem würde die Rechtsklarheit erhöht, da es in einem Gerichtsprozess nur um die Zahlungspflicht und deren Umfang geht.[378] Letztlich ist von einem Abfindungssystem aber jedenfalls dann abzusehen, wenn jede (außer ggf. verhaltensbedingte) Kündigung eine Zahlungspflicht des Arbeitgebers auslöst, da diesen zusätzliche Kosten aufgebürdet würden, für die Rückstellungen gebildet werden müssten.[379] Dies würde gerade den Interessen kleiner Unternehmen besonders zuwiderlaufen. Außerdem zeigt die Erfahrung aus anderen Mitgliedstaaten, dass mit der Abfindung keineswegs ein Verzicht auf ein gerichtliches

---

[372] *Bauer*, NZA 2002, 529 (530); für ein Abfindungssystem auch *Buchner*, NZA 2002, 533 (535). Zum Meinungsstand eingehend *Kamanabrou*, RdA 2004, 333 ff.
[373] *Bauer*, NZA 2002, 529.
[374] *Bauer*, NZA 2002, 529.
[375] *Bauer*, NZA 2002, 529 (530).
[376] *Buchner*, NZA 2002, 533 (535); eingehend *Kamanabrou*, RdA 2004, 333 ff.
[377] Vgl. *Willemsen*, NJW 2000, 2779 (2780 ff.); *Waas*, RdA 2007, 76 (81).
[378] *Buchner*, NZA 2002, 533 (534).
[379] Vgl. *Rühle*, DB 1991, 1378 (1381).

Verfahren einhergeht, in dem über die Rechtmäßigkeit der Kündigung gestritten wird.[380]

5. Der Schwellenwert des § 1 BetrVG

Nur kursorisch soll der Schwellenwert des § 1 BetrVG behandelt werden. Danach werden in Betrieben mit in der Regel mindestens fünf ständigen wahlberechtigten Arbeitnehmern, von denen drei wählbar sind, Betriebsräte gewählt. Diese Eingangsschwelle ist die bedeutendste im Betriebsverfassungsgesetz, da sie einen Großteil der Betriebsratskompetenzen auslöst.[381] Auch wenn der Wortlaut Gegenteiliges suggeriert, ist der Arbeitgeber nicht verpflichtet, eine Betriebsratswahl einzuleiten. Die Initiative dafür obliegt alleine den Arbeitnehmern oder einer im Betrieb vertretenen Gewerkschaft.[382] Unterbleibt eine Betriebsratswahl, bleibt dies sanktionslos. Eine Rechtspflicht der Belegschaft oder des Arbeitgebers zur Errichtung eines Betriebsrats wäre ohnehin nicht realisierbar. Dies zeigt die Situation in Frankreich, wo der Arbeitgeber in Unternehmen mit 50 oder mehr Beschäftigten unter Androhung von Bußgeld verpflichtet ist, Wahlen zum Comité d'entreprise zu organisieren, und trotzdem nur die wenigsten Unternehmen mit weniger als 200 Beschäftigten einen solchen Unternehmensausschuss haben.[383] Zudem ist unklar, welchen kostenäquivalenten Vorteil ein Betriebsrat haben soll, der ohne oder sogar gegen den Willen der Belegschaft eingerichtet wird.[384]

a) Ökonomischer Hintergrund

Nur wenige Kleinunternehmen haben einen Betriebsrat. Nach einer vom Gesetzgeber im Jahr 2001 herangezogenen Studie gab es in 4 Prozent der Betriebe mit 5–20 Arbeitnehmern und in 28 Prozent der Betriebe mit 21–100 Arbeitnehmern einen Betriebsrat.[385] Eine Untersuchung des WSI von 2004 kam zu dem Ergebnis, dass 7 Prozent aller Betriebe mit 5–49 Arbeitnehmern und 56 Prozent aller Betriebe mit 50–249 Arbeitnehmern einen Betriebsrat hatten.[386] Erklärt wird dies damit, dass die Arbeitnehmer in kleinen Unternehmen aufgrund der engeren persönlichen Beziehung zum Arbeitgeber häufig keine Mittelsperson

---

[380] *Waas*, RdA 2007, 76 (81), der der Abfindungslösung gleichwohl nicht ablehnend gegenübersteht.
[381] *Junker*, Gutachten für den 65. Deutschen Juristentag 2004, B 86; kritisch dazu *Buchner*, DB 2003, 1510 (1515); *Henssler*, in: Blank/Otto Brenner Stiftung, Reform der Betriebsverfassung und Unternehmerfreiheit, 2001, S. 33 (67).
[382] *Richardi*, in: Richardi, BetrVG, 16. Aufl. 2018, § 1 Rn. 2.
[383] *Junker*, Gutachten für den 65. Deutschen Juristentag 2004, B 91.
[384] *Junker*, Gutachten für den 65. Deutschen Juristentag 2004, B 91; allgemein zu Kosten-Nutzen-Erwägungen der Diskussionsbeitrag von *Däubler* in: Blank/Otto Brenner Stiftung, Reform der Betriebsverfassung und Unternehmerfreiheit, 2001, S. 139.
[385] BT-Drucks. 14/5741, S. 2 f.
[386] *Ahlers/Ziegler*, WSI Mitt. 2004, 41 (43).

wünschen, sondern den direkten Kontakt vorziehen.[387] Zudem könnte die Belegschaft in kleinen Unternehmen ein Gefühl der persönlichen Illoyalität gegenüber einem selbst mitarbeitenden Unternehmer entwickeln, wenn eine Betriebsratswahl initiiert wird.[388]

Die Kosten der Betriebsratstätigkeit für das Unternehmen sind tendenziell hoch. Im Jahr 2004 beliefen sie sich pro Arbeitnehmer und Jahr – bei steigender Tendenz – auf 650,12 €.[389] Diese Kosten kann ein Großunternehmen leichter tragen als ein mittelständisches Unternehmen. Zudem verläuft die betriebsverfassungsbedingte Kostenbelastung degressiv: Je mehr Arbeitnehmer ein Unternehmen hat, desto geringer ist die Betreuungsquote (Anzahl der Betriebsräte je 100 Mitarbeiter) und daher auch die auf das einzelne Arbeitsverhältnis heruntergerechnete Kostenbelastung.[390] Es wurde allerdings darauf hingewiesen, dass diese Kosten zumindest teilweise durch wirtschaftliche kompensiert werden können, da Unternehmen mit Betriebsrat verschiedenen Studien zufolge häufig flexibler und innovativer sind als Betriebe ohne Mitarbeitervertretung.[391]

b) Kritik und Reformvorschläge: Betriebsverfassung für Kleinunternehmen?

Obwohl das Betriebsverfassungsgesetz nach der Betriebs- bzw. Unternehmensgröße abschichtet, wird ihm vorgeworfen, nicht genügend Rücksicht auf kleine Unternehmen zu nehmen. *Manfred Löwisch* monierte im Rahmen der BetrVG-Reform 2001:

„Das gravierendste Defizit ist die mangelnde Rücksichtnahme auf kleine und mittlere Unternehmen. Das bis in die Einzelheiten ausgeformte, auf Großbetriebe zugeschnittene Modell des BetrVG bleibt ihnen übergestülpt."[392]

Noch schärfer führt *Franz Gamillscheg* aus:

„In perfektionistischer Sucht, alles vorauszusehen, ist das Gesetz für den durchorganisierten und durchbürokratisierten Großbetrieb geschrieben worden."[393]

In der Tat scheint das Betriebsverfassungsgesetz auf die Organisationsstruktur von Großunternehmen mit formalisierten Entscheidungsprozessen zugeschnitten zu sein. Es wird darauf hingewiesen, dass die betriebsverfassungsbedingte

---

[387] Vgl. *Henssler*, in: Blank/Otto Brenner Stiftung, Reform der Betriebsverfassung und Unternehmerfreiheit, 2001, S. 33 (42, 44).
[388] So der Diskussionsbeitrag von *Däubler* in: Blank/Otto Brenner Stiftung, Reform der Betriebsverfassung und Unternehmerfreiheit, 2001, S. 139 (144).
[389] *Rieble/Klumpp*, JZ 2004, 817 (818); eingehend *Niedenhoff*, Die direkten Kosten der Anwendung des Betriebsverfassungsgesetzes, IW-Analyse Nr. 7 v. 26. Oktober 2004.
[390] *Rieble/Klumpp*, JZ 2004, 817 818 f.).
[391] *Jirjahn*, Ökonomische Wirkungen der Mitbestimmung in Deutschland: Ein Update, 2010; dazu bereits oben § 6 A).
[392] *Löwisch*, BB 2001, Heft 30, Editorial „Die erste Seite".
[393] *Gamillscheg*, RabelsZ 62 [1998], 357 (362).

§ 7 Größenabhängige Befreiung mittels Schwellenwerten

Formalisierung von Entscheidungsprozessen kleine Unternehmen belastet und ihnen die Flexibilität als wichtigsten Marktvorteil nimmt.[394]

Im Zuge der BetrVG-Novelle 2001[395] wurde lediglich das vereinfachte Wahlverfahren in Betrieben mit fünf bis fünfzig Arbeitnehmern eingeführt (§ 14a Abs. 1–4, fakultativ in Betrieben mit 51–100 Arbeitnehmern, vgl. § 14 a Abs. 5 BetrVG). Gefordert wird, die Zahl von fünf ständigen wahlberechtigten Arbeitnehmern auf zehn,[396] zwanzig[397] oder gar fünfzig Arbeitnehmern[398] zu erhöhen. Die Praxisrelevanz ist allerdings nicht allzu groß, solange es bei dem fakultativen Charakter der Betriebsverfassung bleibt.[399] Zudem wird vorgeschlagen, bei der Arbeitnehmerzahl Auszubildende außerhalb der §§ 60–73b BetrVG nicht zu berücksichtigen, um die Ausbildungsbereitschaft kleiner und mittlerer Betriebe zu fördern.[400]

Im Rahmen der BetrVG-Novelle 2001 haben einige Stimmen zudem dafür plädiert, die Betriebsverfassung für kleine Unternehmen zu modifizieren („Betriebsverfassung light"), was vom Gesetzgeber jedoch verworfen wurde. Ein dahingehender Entwurf von *Martin Henssler* für Unternehmen mit nicht mehr als 20 wahlberechtigten Arbeitnehmern sah folgende Modifikationen vor: Die Stärkung der Individualrechte der Arbeitnehmer, insbesondere bei der betrieblichen Weiterbildung; das Tätigwerden des Betriebsrats in „individuell gelagerten Angelegenheiten" lediglich auf Wunsch des Arbeitnehmers und die Ersetzung des Einigungsstellenverfahrens durch ein vereinfachtes Schlichtungsverfahren, das auch mediative Elemente enthält.[401] *Gregor Thüsing* und *Herbert Buchner* schlugen in Anlehnung an eine frühere niederländische Regelung ein dreistufiges Modell vor: In Unternehmen mit elf bis 34 Arbeitnehmern sollen diese nur Informations- und Beratungsrechte in einer Betriebsversammlung haben, während Betriebsräte nur mit Zustimmung des Arbeitgebers gebildet werden können; in Unternehmen mit 35 bis 99 Arbeitnehmern ist der Betriebsrat obligatorisch, jedoch mit eingeschränkten Kompetenzen versehen; und in Unternehmen mit mindestens 100 Arbeitnehmern bestehen die vollumfänglichen Kompetenzen des Betriebsrats.[402] Gegen solche Vorschläge wird jedoch in rechtsvergleichender Hinsicht eingewandt, dass das französische und spanische Konzept der

---

[394] Vgl. Bertelsmann-Stiftung/Hans-Böckler-Stiftung (Hrsg.), Mitbestimmung und neue Unternehmenskulturen, 1998, S. 113.
[395] BGBl. 2001 I, S. 1852, 1854.
[396] *Buchner*, DB 2003, 1510 (1515).
[397] Antrag der CDU/CSU-Fraktion, BT-Drucks. 14/5753, S. 2 zum BetrV-Reformgesetz 2001.
[398] Antrag der FDP-Fraktion, BT-Drucks. 14/5764, S. 2 zum BetrV-Reformgesetz 2001.
[399] *Junker*, Gutachten für den 65. Deutschen Juristentag 2004, B 93.
[400] *Hanau*, FAZ v. 6.12.2003, S. 11.
[401] Vgl. *Henssler*, in: Blank/Otto Brenner Stiftung, Reform der Betriebsverfassung und Unternehmerfreiheit, 2001, S. 33 (42, 44 f.).
[402] *Thüsing*, NZA 2000, 700 (701 f.); *Buchner*, DB 2003, 1510 (1515).

Personaldelegierten, die in Betrieben mit elf bis 49 Arbeitnehmern deutlich geringere Kompetenzen als die große Arbeitnehmervertretung haben, nicht erfolgreich ist.[403] Das vergleichbare niederländische Modell wurde bereits mangels Akzeptanz abgeschafft, bevor *Thüsing* und *Buchner* ihre Vorschläge darauf stützten.[404] In rechtspolitischer Hinsicht wird der Nutzen einer modifizierten Betriebsverfassung für kleine Unternehmen in Frage gestellt, da die Betriebsverfassung insgesamt komplizierter würde und ein wahrer Orkan von Streitfragen von betriebsverfassungsrechtlichen Spezialvorschriften für Kleinunternehmen prophezeit wird.[405] Bestünde der Vorteil der Betriebsverfassung in „Plausibilität, Transparenz und Akzeptanz" der mitbestimmten Unternehmensentscheidungen,[406] wäre eine untere Ebene der Betriebsverfassung ohne Mitbestimmungsrechte ohnehin nicht sinnvoll.[407] Zutreffend wäre es eine sinnvolle Alternative zur „Betriebsverfassung light", dass das Betriebsverfassungsgesetz stärker für betriebliche Vereinbarungen über betriebsverfassungsrechtliche Fragen geöffnet wird, die dafür nicht auf kleine und mittlere Unternehmen beschränkt zu werden bräuchte.[408]

6. Schwellenwerte in Tarifverträgen

Auch tarifvertragliche Regelungen können kleine Unternehmen belasten. In der Praxis fügen die Tarifparteien jedoch häufig größenabhängige Befreiungen ein, die typischerweise an die Beschäftigtenzahl im Betrieb bzw. Unternehmen anknüpfen.[409] Da dadurch wie bei gesetzlichen Schwellenwerten eine Ungleichbehandlung der von der Regulierung begünstigten Arbeitnehmer bewirkt wird, sind sie ebenfalls an Art. 3 Abs. 1 GG zu messen.[410] Rechtliche Herleitung und Reichweite der Grundrechtsbindung der Tarifvertragsparteien sind zwar umstritten.[411] Die Bindung an den allgemeinen Gleichheitssatz des Art. 3 Abs. 1 GG ist aber im Ergebnis allgemein anerkannt.[412] Im Tarifvertrag dürfen we-

---

[403] So der Diskussionsbeitrag von *Zachert*, in: Blank/Otto Brenner Stiftung, Reform der Betriebsverfassung und Unternehmerfreiheit, 2001, S. 117 (119).
[404] *Junker*, Gutachten für den 65. Deutschen Juristentag 2004, B 94.
[405] *Junker*, Gutachten für den 65. Deutschen Juristentag 2004, B 95.
[406] So der Diskussionsbeitrag von *Heither*, in: Blank/Otto Brenner Stiftung, Reform der Betriebsverfassung und Unternehmerfreiheit, 2001, S. 121 (122).
[407] *Junker*, Gutachten für den 65. Deutschen Juristentag 2004, B 95.
[408] *Löwisch*, DB 1999, 2209 (2215); *Junker*, Gutachten für den 65. Deutschen Juristentag 2004, B 95.
[409] *Rieble/Klumpp*, JZ 2004, 817 (822); eingehend *Seifert*, Der Schutz kleiner und mittlerer Unternehmen im deutschen und europäischen Wirtschaftsrecht, 2006, S. 460 ff.
[410] *Löwisch/Rieble*, TVG, 4. Aufl. 2017, § 4 Rn. 174.
[411] Vgl. BAG NZA 2001, 613 (614 ff.); *Löwisch/Rieble*, TVG, 4. Aufl. 2017, § 1 Rn. 662 ff. Für eine unmittelbare Grundrechtsbindung z.B. noch BAG AP Nr. 4 zu Art. 4 GG; offen gelassen aber wieder von BAG DB 2000, 980.
[412] BAG NZA 2001, 613 (615); *I. Schmidt*, in: ErfKomm, 18. Aufl. 2018, Einl. Rn. 54; zur Grundrechtsbindung als solche vgl. *Löwisch/Rieble*, TVG, 4. Aufl. 2017, § 1 Rn. 662.

sentlich gleiche Sachverhalte nicht willkürlich verschieden behandelt werden. Die Rechtfertigung der Ungleichbehandlung bestimmt das Bundesarbeitsgericht unter Rückgriff auf die vom Bundesverfassungsgericht entwickelte Unterscheidung zwischen personenbezogenen und sachbezogenen Merkmalen: Bei einer Ungleichbehandlung nach personenbezogenen Merkmalen ist diese Grenze dann erreicht, wenn zwischen beiden Gruppen keine Unterschiede von solcher Art und solchem Gewicht bestehen, dass sie die ungleiche Behandlung rechtfertigen können; eine sachbezogene Ungleichbehandlung verstößt nur dann gegen den Gleichheitssatz, wenn sie willkürlich ist, weil sich ein vernünftiger, aus der Natur der Sache sich ergebender oder sonst wie einleuchtender Grund für die jeweilige Differenzierung oder Gleichbehandlung nicht finden lässt.[413] Somit lassen sich die zu staatlicher Regulierung angestellten Erwägungen[414] auf Tarifverträge übertragen, wonach die strukturellen Unterschiede von kleinen Unternehmen eine größenabhängige Befreiung rechtfertigen oder sogar gebieten können. Sollen die betroffenen Arbeitnehmer insgesamt vom Tarifschutz ausgenommen werden, ist eine solche „große Ungleichheit" nur zu rechtfertigen, wenn entweder eine deutlich geringere Schutzbedürftigkeit der betroffenen Arbeitnehmer begründet werden kann, wie z.B. bei Chefärzten oder Leitenden Angestellten,[415] oder aber ein besonderes Tariffreiheitsbedürfnis des Arbeitgebers besteht. Ein solches Tariffreiheitsbedürfnis hat das Bundesarbeitsgericht z.B. aus der Wissenschaftsfreiheit abgeleitet,[416] kann sich aber auch aus den besonderen wirtschaftlichen Belastungen von kleinen Unternehmen ergeben.[417]

Was die Anknüpfung der Schwellenwerte anbelangt kann das Abstellen auf den Betrieb als sachwidrige Ungleichbehandlung gegen Art. 3 Abs. 1 GG verstoßen, wenn die Befreiung allein die Rücksicht auf die wirtschaftliche Belastbarkeit bezweckt, da sich die wirtschaftliche Kraft nach den Unternehmensverhältnissen und nicht nach der Größe einzelner von mehreren Betrieben bestimmt.[418] Vorzugswürdig ist daher auch hier eine möglichst einheitliche Anknüpfung an das Unternehmen. An den Betrieb sollten nur Schwellenwerte zu arbeits- und betriebsorganisatorischen Regelungen geknüpft werden, insbesondere bei Mitbestimmungserweiterungen, tariflichen Schlichtungsstellen oder betrieblichen Einrichtungen.[419] Im Hinblick auf die Gleichbehandlung der Arbeitgeber kann auch hier die anteilige Zählung von Teilzeitkräften geboten sein, weil die Leistungsfähigkeit eines Unternehmens nicht steigt, wenn es zwei Teilzeitkräfte statt

---

[413] BAG NZA 2004, 1399 (1403) unter Hinweis auf BVerfGE 82, 126 (146).
[414] Dazu oben § 5 C) III. 3.
[415] *Löwisch/Rieble*, TVG, 4. Aufl. 2017, § 4 Rn. 176.
[416] Vgl. BAG NZA 2004, 1399 (1403 f.) zu Lektoren; BAG AP Nr. 53 zu § 1 BetrAVG zu angestellten Hochschullehrern.
[417] *Löwisch/Rieble*, TVG, 4. Aufl. 2017, § 4 Rn. 176.
[418] *Rieble/Klumpp*, JZ 2004, 817 (822).
[419] *Rieble/Klumpp*, JZ 2004, 817 (822).

einer Vollzeitkraft beschäftigt.[420] Das Bundesarbeitsgericht hat es sogar gebilligt, dass für die Betriebsgröße pauschalisierend nur die Vollzeitkräfte berücksichtigt werden.[421] Dadurch werden freilich solche Arbeitgeber begünstigt, die viele Teilzeitkräfte beschäftigen, da sie die (tarifvertraglichen) Schwellenwerte trotz entsprechender Gesamtarbeitskraft unterschreiten können. Dies führt in solchen Bereichen zu bedenklichen Ergebnissen, in denen sich wie z.b. im Einzelhandel typischerweise hohe Teilzeitquoten finden.[422]

7. Alternativen zu größenabhängigen Befreiungen

Größenabhängige Befreiungen mittels Schwellenwerten sind nicht die einzige Möglichkeit, kleine Unternehmen vor Kostenlasten zu schützen.

a) Ausgleichs- und Umlageverfahren

Eine Alternative zu größenabhängigen Befreiungen bietet zunächst das Ausgleichs- und Umlageverfahren, welches der Finanzierung von Sozialleistungen dient. Bei Unternehmen gibt es bislang nur die Umlage U1, über welche die Entgeltfortzahlung des Arbeitgebers im Krankheitsfall halbiert wird, die Umlage U2 für den Ausgleich der finanziellen Belastungen aus dem Mutterschutz sowie die Umlage U3 für die Zahlung des Insolvenzgeldes. Danach treffen die Unternehmen zunächst die volle Belastung, diese wird ihnen jedoch zumindest teilweise aus einem Topf erstattet, in welchen die Unternehmen einzahlen.[423]

aa) Umlage zugunsten kleiner Unternehmen

An der Umlage 1 nehmen gem. § 1 AAG diejenigen Arbeitgeber teil, die in der Regel nicht mehr als 30 Arbeitnehmer beschäftigen. Im Falle der Krankheit eines Arbeitnehmers kann der Arbeitgeber von der bei den Krankenkassen geführten Umlagekasse grundsätzlich bis zu 80 Prozent des nach § 3 EntgFG fortzuzahlenden Entgelts und bis zu 80 Prozent der darauf entfallenden Arbeitgeberanteile erstatten lassen. Nach § 9 Abs. 2 AAG kann die zuständige Krankenkasse die Erstattungshöhe jedoch durch Satzungsbestimmungen beschränken. Nach der Umlage 2 erhalten die Arbeitgeber die nach §§ 11 Abs. 1, 14 Abs. 1 MuSchG zu zahlenden Bezüge von der für die Arbeitnehmerin zuständigen Krankenkasse erstattet. Zur Finanzierung werden im Wesentlichen von allen Arbeitgebern Beiträge erhoben, deren Höhe sich heute vom Bruttoarbeitsentgelt bis zur Beitragsbemessungsgrenze berechnet, § 7 AAG. Nach den bis zum 31.12.2005 geltenden §§ 10 ff. LFZG waren Arbeitgeber mit in der Regel mehr als 20 Arbeitnehmer

---

[420] Rieble/Klumpp, JZ 2004, 817 (822).
[421] So für einen Sonderkündigungsschutz älterer Arbeitnehmer BAG AP Nr. 4 zu § 620 Schuldrechtliche Kündigungsbeschränkung.
[422] Rieble/Klumpp, JZ 2004, 817 (822).
[423] Dazu Junker, Gutachten B für den 65. Deutschen Juristentag, 2004, B 13 f.

vom Umlageverfahren ausgeschlossen. Bei diesen hat der Gesetzgeber die Kostenbelastung in Relation zur Lohnsumme als minimal eingeschätzt, während kleine Arbeitgeber durch einen hohen Frauenanteil an der Belegschaft verhältnismäßig stärker belastet werden können.[424] Auch das Bundesarbeitsgericht sah ein Umlageverfahren nur als sinnvoll an, wenn die Arbeitgeber in unterschiedlichem Maß in Anspruch genommen würden. Bei den Leistungen nach §§ 11 Abs. 1, 14 Abs. 1 MuSchG gelte das aber nur für kleinere Arbeitgeber. Größeren und mittleren Arbeitgebern bringe ein Umlageverfahren auf mittlere Sicht keine Vorteile, da sich dadurch an der finanziellen Gesamtbelastung des einzelnen Arbeitgebers nichts ändere.[425] Das Bundesverfassungsgericht hat diese Regelung jedoch wie bereits erwähnt wegen Verstoßes gegen Art. 3 Abs. 2 GG für verfassungswidrig befunden, da sie die nicht in das Umlageverfahren einbezogenen größeren Arbeitgeber davon abhalten könne, Frauen „in gebärfähigem Alter" einzustellen.[426] Durch die Gesetzesänderung hat das Umlageverfahren 2 freilich seinen Charakter als Schutzinstrument für kleine Unternehmen zumindest teilweise verloren. Die Umlage 3 – auch Insolvenzgeldumlage genannt – ist in §§ 358 ff. SGB III geregelt und dient der Finanzierung des Insolvenzgeldes, wozu die Arbeitgeber monatlich eine entsprechende Leistung zu erbringen haben. Insolvenzgeld erhalten Arbeitnehmer, deren Lohnforderungen wegen Insolvenz des Arbeitgebers ausfallen. Die Umlage 3 müssen gem. § 358 Abs. 1 SGB III alle insolvenzfähigen Arbeitgeber zahlen, unabhängig davon, wie viele Arbeitnehmer sie beschäftigen. Die Höhe der Umlage berechnet sich nach einem in § 360 SGB III festgelegten Umlagesatz prozentual nach dem Arbeitsentgelt.

Das Umlageverfahren hat gegenüber größenabhängigen Befreiungen den Vorteil, dass es fließende Regelungen bewirkt und keine Anreize schafft, die entsprechenden Schwellenwerte gezielt zu unterschreiten. In Erwägung gezogen wird die Einführung eines Umlageverfahrens für den Kündigungsschutz: Danach würden kleine Unternehmen mit ihren Beiträgen einen Fonds speisen, der deren Abfindungspflichten nach den §§ 9, 10 KSchG zu übernehmen hätte.[427] De lege lata ist das Umlageverfahren allerdings auf solche Kostenbelastungen beschränkt, die unmittelbar sozialen Interessen von Dritten zugutekommen, wie der Entgeltfortzahlung im Krankheitsfall, dem Mutterschaftsgeld und dem Insolvenzgeld. Die Einbeziehung von Kostenbelastungen, die nur mittelbar – gewissermaßen als unerwünschter Nebeneffekt – im Zusammenhang mit Arbeitnehmerschutz stehen wie etwa beim Kündigungsschutz, erschiene systemwidrig. Zudem würde ein solches Versicherungsmodell die Gesamtbelastung von Kleinunternehmen erhöhen und erhebliche Verwaltungskosten verursachen.[428] Letzt-

---

[424] Vgl. BT-Drucks 10/2102, S. 36 f.; BT-Drucks 13/2763, S. 12.
[425] BAG NZA 1996, 377 (379).
[426] BVerfGE 109, 64 (90 f.).
[427] Vgl. *Becker/Rommelspacher*, ZRP 1976, 40 (43).
[428] *Hönsch*, DB 1988, 1650 (1651).

lich sind viele Schwellenwerte von vornherein unverzichtbar. So ist z.B. „ein bisschen Betriebsrat" nicht möglich.[429] Das gleiche gilt für Kündigungsschutz und Ansprüche auf Teilzeitarbeit. Eine Entlastung von kleinen Unternehmen von Betriebsratskosten durch eine obligatorische Fondslösung[430] würde im Gegenteil erhebliche Kosten schaffen, da zahlreiche Unternehmen mit fünf oder mehr Arbeitnehmern mit einer Abgabepflicht belastet würden, die – warum auch immer – keinen Betriebsrat haben.[431]

bb) Exkurs: Tarifliche Ausbildungskostenumlage für Solo-Selbständige

Während das Ausgleichs- und Umlageverfahren typischerweise dem Schutz kleiner Unternehmen dient, wird von einer tariflichen Ausbildungskostenumlage für Solo-Selbständige das Gegenteil bezweckt.[432] Ökonomischer Hintergrund ist das bereits dargestellte Phänomen, dass Solo-Selbständige die Arbeitnehmerschaft und damit die Zahl der „Tarifuntertanen"[433] schmälern, ohne dabei zur Ausbildung von Arbeitskräften beizutragen und an den Ausbildungskosten der Unternehmen zu partizipieren.[434] Daher haben die Tarifvertragsparteien in drei Branchen (Schornsteinfeger, Bauwirtschaft und Dachdecker) ein Umlageverfahren geschaffen, wonach die Ausbildungskosten den ausbildenden Unternehmen von einer Ausgleichskasse teilweise erstattet werden und von den Arbeitgebern und Solo-Selbständigen als mittelbaren Nutznießern durch Beiträge an die Ausgleichskasse als gemeinsame Einrichtung i.S.v. § 4 Abs. 2 TVG finanziert werden. In dem Tarifvertrag der Bauwirtschaft heißt es z.B.:

„Zur Aufbringung der Mittel für die tarifvertraglich festgelegten Leistungen im Berufsbildungsverfahren haben die Betriebe, auch wenn sie keine gewerblichen Arbeitnehmer beschäftigen, unter Anrechnung auf den Beitragsanteil nach § 15 Abs. 1 bis 3 einen jährlichen Betrag für den Zeitraum Oktober bis September des Folgejahres in Höhe von mindestens 900,00 € spätestens bis zum 20. November nach diesem Zeitraum zu zahlen. Entsteht oder endet die Beitragspflicht im Laufe dieses Zeitraumes, so ist für jeden angefangenen Kalendermonat ein Zwölftel des jährlichen Mindestbeitrages abzuführen."

Erreicht wird dies durch einen Zwangsanschluss durch Allgemeinverbindlicherklärung nach § 5 TVG, der eine solche Ausbildungskostenumlage in dem im Zuge des Tarifautonomiestärkungsgesetzes vom 11. August 2014[435] eingefügten

---

[429] Zur Erforderlichkeit der betriebsverfassungsrechtlichen Schwellenwerte *Preis*, RdA 2000, 257 (271); *Endres*, Schwellenwertregelungen im Arbeitsrecht, 2002, S. 215.

[430] Dafür der Diskussionsbeitrag von *Weiss* in: Blank/Otto Brenner Stiftung, Reform der Betriebsverfassung und Unternehmerfreiheit, 2001, S. 75 (76).

[431] *Junker*, Gutachten für den 65. Deutschen Juristentag 2004, B 92.

[432] Dazu eingehend *Rieble*, in: Giesen/Junker/Rieble, Ordnungsfragen des Tarifvertragsrechts, 2017, S. 65 ff.

[433] So die Bezeichnung von *Rieble*, in: Giesen/Junker/Rieble, Ordnungsfragen des Tarifvertragsrechts, 2017, S. 65 (67).

[434] Siehe oben § 3 B) II. 3. c).

[435] Gesetz zur Stärkung der Tarifautonomie, BGBl. I, S. 1348.

Abs. 1a S. 1 Nr. 4 ermöglicht. Begründet wird die Ausbildungskostenumlage neben einer „gerechten" Verteilung der Ausbildungskosten mit der Bekämpfung der Scheinselbständigkeit und der Reduktion von vermeintlichen Wettbewerbsverzerrungen.[436] Dies ist indessen abwegig: Die Scheinselbständigkeit kann nicht bekämpft werden, da die Beitragspflichten im Falle einer tatsächlichen Arbeitnehmereigenschaft des Solo-Selbständigen den Arbeitgeber treffen müssten; und die Wettbewerbsvorteile von Solo-Selbständigen in Form von fehlenden Beitragspflichten sind natürliche Wettbewerbsfolgen, keine Wettbewerbsverzerrungen.[437] *Rieble* sieht das wahre Ziel des Mindestbeitrags in der Verdrängung leistungsschwacher Kleinunternehmer vom Markt.[438] Die Wirksamkeit einer solchen tariflichen Ausbildungskostenumlage ist umstritten, wobei sich die Diskussion in Rechtsprechung und Literatur noch in einem frühen Stadium befindet. Das Landesarbeitsgericht Köln und *Bayreuther/Deinert* halten die Umlage für Schornsteinfeger für wirksam, insbesondere bewege sie sich innerhalb der von § 4 Abs. 2 TVG eingeräumten Tarifmacht, solange die Tarifnorm nur

„eine Regelung für die Leistung abhängiger Arbeit – hier für Auszubildende in einem Ausbildungsverhältnis – anstrebt."[439]

Demgegenüber verneinen das Arbeitsgericht Siegburg und *Rieble* die Tarifmacht, weil diese nur „Arbeitgeber" erfasst und keine arbeitnehmerlosen Unternehmer.[440] Mit Spannung wird die höchstrichterliche Klärung dieser Frage erwartet.[441] In diesem Rahmen kann diese Umlage zulasten kleiner Unternehmen nicht vertieft behandelt werden. Neben den tarifrechtlichen Zweifeln ist insbesondere zu kritisieren, dass der Mindestbeitrag nicht nach Schwellenwerten – etwa für Arbeitseinsatz, Umsatz oder Ertrag – gestaffelt ist, sondern allen Solo-Selbständigen gleichermaßen auferlegt wird, auch wenn diese z.B. körperbehindert oder wegen Familien- oder Pflegelasten nur in geringem Umfang unternehmerisch tätig sind.[442] Diese Ungleichbehandlung erweckt erhebliche Be-

---

[436] Vgl. die Angaben von *Wohlfeil* gegenüber dem Handwerksblatt, abrufbar unter https://www.handwerksblatt.de/themen-specials/63-heftige-proteste-gegen-soka-bau-abgabe/24074-kampf-gegen-die-scheinselbststaendigkeit.html, Stand: 6.4.2017.
[437] *Rieble*, in: Giesen/Junker/Rieble, Ordnungsfragen des Tarifvertragsrechts, 2017, S. 65 (71 ff.).
[438] *Rieble*, in: Giesen/Junker/Rieble, Ordnungsfragen des Tarifvertragsrechts, 2017, S. 65 (72).
[439] LAG Köln, Urt. v. 23.10.2015–9 Sa 395/15, zit nach juris Rn. 40; *Bayreuther/Deinert*, RdA 2015, 129 (140).
[440] ArbG Siegburg, Urt. v. 28.4.2016–1 Ca 525/16, zit. nach juris Rn. 53 sowie Urt. v. 5.7.2016–1 Ca 1504/14, zit. nach juris Rn. 52; *Rieble*, in: Giesen/Junker/Rieble, Ordnungsfragen des Tarifvertragsrechts, 2017, S. 65 (75 ff.).
[441] Die Revision gegen das Urteil des LAG Köln ist anhängig beim BAG unter dem Az. 10 AZR 60/16.
[442] *Rieble*, in: Giesen/Junker/Rieble, Ordnungsfragen des Tarifvertragsrechts, 2017, S. 65 (72, 78).

denken im Hinblick auf Art. 3 Abs. 1 GG, jedenfalls aber auf das schwächere gerechtigkeitsbezogene Gleichbehandlungsgebot. Zudem kann die Kostenbelastung für die Unternehmer einen unverhältnismäßigen Eingriff in Art. 12 GG bedeuten. Hier kommen also sowohl der verfassungsrechtliche als auch der gerechtigkeitsorientierte Ansatz zum Schutz kleiner Unternehmen zum Tragen.

b) Subventionierung

Eine weitere Alternative zu größenabhängigen Befreiungen ist die Subventionierung von kleinen Unternehmen. Eine solche Möglichkeit bieten insbesondere Steuererleichterungen im Verhältnis zu größeren Unternehmen. Eine progressive Besteuerung findet sich bislang nur in der Einkommenssteuer, nicht aber in der Körperschaftssteuer, der Gewerbesteuer oder dem Solidaritätszuschlag. Im Hinblick auf den Gleichheitssatz des Art. 3 Abs. 1 GG bedürfen steigende Steuersätze der Rechtfertigung. Die Steuerprogression für Privatpersonen wird häufig mit dem abnehmenden Grenznutzen steigender Einkommen und Vermögen gerechtfertigt, wonach mit dem Anstieg zunehmend nicht mehr Lebensnotwendiges, sondern nur noch Luxusbedarf konsumiert wird.[443] Zunehmend wird die Steuerprogression mit Gerechtigkeitserwägungen und dem Sozialstaatsprinzip gerechtfertigt, da diese eine Umverteilung der Einkommen bewirkt.[444] Dieser Gedanke lässt sich auch auf kleine Unternehmen übertragen, da sich deren Schutz wie gezeigt der Perspektive der Verteilungsgerechtigkeit zuordnen und aus ihr heraus gerechtigkeitstheoretisch fundieren lässt.[445] Auch im Übrigen rechtfertigen die strukturellen Nachteile von kleinen Unternehmen prinzipiell eine Ungleichbehandlung gegenüber größeren Unternehmen.[446] Eine Ausweitung der Steuerprogression hätte gegenüber größenabhängigen Befreiungen ebenfalls den Vorteil, dass sie weniger Anreize schaffen, den Personalbestand unter bestimmten Schwellenwerten zu halten, da Steuern typischerweise nicht an Arbeitnehmerzahlen geknüpft sind. Allerdings kann dies in diesem Rahmen nicht vertieft behandelt werden und mag daher als Gedankenanregung verstanden werden.

---

[443] Dazu eingehend *Keller*, Dogmengeschichte des wohlstandspolitischen Interventionismus, 1955.
[444] Vgl. *Birk*, Das Leistungsfähigkeitsprinzip als Maßstab der Steuernormen, 1983, S. 142.
[445] Dazu oben § 5 E) I. 2. a).
[446] Dazu oben § 5 C) III.

D) Zusammenfassung

Die größenabhängige Befreiung von arbeitsrechtlicher Regulierung mittels Schwellenwerte ist ein wichtiges Instrument zum Schutz von kleinen Unternehmen. Allerdings kann sie volkswirtschaftlich unerwünschte Anreize schaffen, Schwellenwerte durch den Verzicht auf Personaleinstellungen gezielt zu unterschreiten. Studien aus verschiedenen Ländern haben gezeigt, dass diese Gefahr tatsächlich besteht. Daher sind die Schwellenwerte so auszugestalten, dass diese Gefahr weitgehend minimiert wird. Die gegenwärtige breite Streuung der Schwellenwerte ist daher durchaus begrüßenswert, da eine Konzentration auf wenige Schwellenwerte die Anreize zur Unterschreitung verstärken würde. Im Übrigen erscheint jedoch eine Vereinheitlichung sinnvoll, z.B. im Hinblick auf die Berücksichtigung von Teilzeitkräften. Im Hinblick auf den Schutzweck von Schwellenwerten sollten diese möglichst an das Unternehmen anstatt an den Betrieb anknüpfen. Der Schwellenwert des § 23 KSchG ist verfassungsrechtlich nicht zu beanstanden. Die Arbeitnehmerzahl sollte jedoch unter Anknüpfung an das Unternehmen anstatt an den Betrieb auf 20 erhöht werden. Eine spezielle Betriebsverfassung für Kleinbetriebe („Betriebsverfassung light") ist nicht anzustreben, vorzugswürdig wäre eine stärkere Öffnung des BetrVG für betriebliche Vereinbarungen über betriebsverfassungsrechtliche Fragen. Auch die Tarifparteien können größenabhängige Befreiungen mittels Schwellenwerten vereinbaren, wobei sie ebenso wie der Staat an den verfassungsrechtlichen Gleichheitssatz gebunden sind. Mögliche Alternativen zu größenabhängigen Befreiungen sind das – in seinem Anwendungsbereich freilich beschränkte – Ausgleichs- und Umlageverfahren sowie eine Subventionierung von kleinen Unternehmen.

§ 8 Arbeitsrecht für Kleinunternehmer

Selbständige fallen mit Ausnahme der Arbeitnehmerähnlichen nicht in den Schutzbereich des Arbeitsrechts, sodass ihre Verträge dem allgemeinen Zivilrecht bzw. dem Handelsrecht unterfallen. Vom Arbeitsrecht werden sie vielmehr verpflichtet, sofern sie selbst Arbeitnehmer beschäftigen. Mit der Rolle von Kleinunternehmern als Arbeitgeber haben sich die vorstehenden Abschnitte befasst. Im folgenden Abschnitt wird untersucht, ob und in welchen Grenzen sie auch als Begünstigte behandelt, also in den Schutzbereich des Arbeitsrechts einbezogen werden können. Dies gilt insbesondere für wirtschaftlich abhängige Unternehmer, die nur für einen oder wenige Auftraggeber tätig sind und daher finanziell auf diese angewiesen sind. In ethischer Hinsicht wird schon seit längerem eine Gleichsetzung von Kleinunternehmern mit Arbeitnehmern gefordert. So hielt u.a. der spätere Kardinal *Joseph Höffner* im Rahmen einer vorbereitenden Studie zur Rentenreform 1957 fest:

„Die kleinen Selbständigen, die durch persönliche Vorsorge ihr Altern zu sichern suchen, verdienen für diese Ersparnisse den selben [sic!] Schutz wie die gesetzliche Altersversicherung der Unselbständigen. Alle, die für ihr Alter vorsorgen, verdienen gleichen Schutz."[447]

Im Folgenden wird zunächst der rechtshistorische und ökonomische Hintergrund beleuchtet (dazu unten A)). Sodann wird der arbeitsrechtliche Schutz von Selbständigen auf der internationalen, europäischen und nationalen Ebene behandelt (dazu unten B)). Nach einem Abstecher in andere Rechtsordnungen (dazu unten C)) wird schließlich der Versuch einer Lösung erarbeitet (dazu unten D)).

Von der hiesigen Fragestellung zu unterscheiden ist die ebenfalls praxisrelevante, in dieser Arbeit jedoch nicht behandelte Thematik der Scheinselbständigen. Darin geht es um die Frage, ob als selbständig deklarierte Arbeitende tatsächlich Arbeitnehmer sind. Scheinselbständige erfüllen alle Kriterien der Arbeitnehmerdefinition und unterfallen daher bei rechtlich richtiger Betrachtung unproblematisch dem arbeitsrechtlichen Schutz.[448] Der Europäische Gerichtshof betont, dass die Einstufung als selbständiger Leistungserbringer nach innerstaatlichem Recht nicht ausschließt, dass jemand als Arbeitnehmer im Sinne des Unionsrechts einzustufen sei, „wenn seine Selbständigkeit nur fiktiv ist und damit ein Arbeitsverhältnis verschleiert."[449] Im Folgenden geht es hingegen um „echte", wenngleich möglicherweise wirtschaftlich abhängige Selbständige, die nach der gesetzlichen Konzeption prinzipiell nicht dem Arbeitsrecht unterfallen. Beide Themen sind streng zu trennen: Leistungserbringer, die sich wegen wirtschaftlicher Abhängigkeit in einer vergleichbaren Lage wie Arbeitnehmer befinden, und Personen, deren wahre Eigenschaft – die Arbeitnehmereigenschaft – verschleiert wird.

A) Rechtshistorischer und ökonomischer Hintergrund

I. Fokussierung des Arbeitsrechts auf Arbeitnehmer

In der Geschichte des Arbeitsrechts war die Abgrenzung von Arbeitnehmern zu sonstigen Arbeitenden noch weit bis 19. Jahrhundert hinein von geringer Bedeutung. Erst als sich im weiteren Laufe der Zeit ein umfangreicher arbeits-

---

[447] Zit. nach *Achinger* et al, Neuordnung der sozialen Leistungen, 1955, S. 106.
[448] *Rieble*, in: Giesen/Junker/Rieble, Ordnungsfragen des Tarifvertragsrechts, 2017, S. 65 (67).
[449] EuGH Slg. 2004, I-873, Rn. 71 – Allonby.

rechtlicher Schutz herausbildete, wurde diese Abgrenzung relevant. Zu diesem haben nämlich nur Arbeitende Zugang, die sich in einem herkömmlichen Arbeitsverhältnis befinden. Die Definition des Arbeitnehmerbegriffes markiert gewissermaßen „die Grenzen des Schlüssellochs, durch das ein jeder muss, der den Schutz des Arbeitsrechts genießen will."[450] Selbständige kommen grundsätzlich nicht in den Genuss des Arbeitsrechts und müssen selbst für ihre soziale Absicherung sorgen.[451] Eine Folge davon ist, dass Arbeitnehmer teurer sind als Selbständige.[452] Diese Fokussierung des Arbeitsrechts auf Arbeitnehmer verwundert nicht, da das Arbeitsrecht wie gezeigt in erster Linie Arbeitnehmerschutzrecht ist.[453] Die gleiche Entwicklung ist auch in anderen Ländern zu beobachten. So findet sich z.B. im US-amerikanischen Recht die erste signifikante Differenzierung von Arbeitenden in § 220 Restatement (First) of the Law of Agency aus dem Jahr 1933, der im Rahmen der Haftung des Geschäftsherrn für seinen Verrichtungsgehilfen (respondeat superior liability) zwischen „servants" und „independent contractors" unterscheidet. Praktische Relevanz erlangte die Bestimmung der Arbeitnehmereigenschaft auch in den USA erst, als sie zum Anknüpfungspunkt zunehmender Arbeitnehmerschutzgesetze wurde. Heute gehen die meisten Rechtsordnungen von einer prinzipiellen Zweiteilung in Arbeitnehmer und Selbständige aus, von denen nur erstere arbeitsrechtlichen Schutz genießen.[454] Darin wird teilweise eine politisch gewollte Ordnung gesehen,[455] die eine bestimmte Form der persönlichen Arbeit bewusst privilegiert, auch um von anderen Formen abzuhalten.[456] Jede Verbesserung der Rechtstellung von Selbständigen würde nicht nur dieses Anliegen gefährden, sondern wegen verstärkter Konkurrenz auch den Arbeitnehmerschutz.[457] Vor diesem Hintergrund wird der Arbeitsvertrag als normativer Referenzpunkt für persönliche Arbeit gesehen.[458]

---

[450] *Deinert*, Soloselbständige zwischen Arbeitsrecht und Wirtschaftsrecht, 2015, S. 9.
[451] *Bosse/Pennings*, in: Pennings/Bosse, The Protection of Working Relationships, 2011, S. 1; *Deinert*, Soloselbständige zwischen Arbeitsrecht und Wirtschaftsrecht, 2015, S. 9 f.
[452] *Bosse/Pennings*, in: Pennings/Bosse, The Protection of Working Relationships, 2011, S. 1 (2).
[453] Siehe oben § 6 A).
[454] *Bosse/Pennings*, in: Pennings/Bosse, The Protection of Working Relationships, 2011, S. 1 (2).
[455] So etwa *Zachert*, RdA 2004, 1 ff.
[456] Vgl. *Countouris*, The Changing Law of the Employment Relationship, 2007, S. 85.
[457] Vgl. *Rebhahn*, RdA 2009, 236 (241 f.).
[458] Vgl. *Deakin*, in: Davidov/Langille, Boundaries and Frontiers of Labour Law, 2006, S. 89 (105); *Countouris*, The Changing Law of the Employment Relationship, 2007, S. 85; vgl. auch *Kahn-Freund*, in: Armstrong Clegg, The System of Industrial Relations in Britain, 1954, S. 47.

II. Die heutigen Formen von Arbeitsbeziehungen

1. Wirtschaftliche Entwicklung

Es verwundert nicht, dass Recht, Politik und Gewerkschaften nach 1945 lange Zeit andere Formen von Arbeitsbeziehungen zurückgedrängt haben, z.B. die – durchaus schon seit langem bekannte[459] – Arbeitnehmerüberlassung und private Vermittlung.[460] Seit den 1980er Jahren haben die Arbeitswelt und die Arbeitsbeziehungen jedoch erhebliche Änderungen erfahren. Im Zuge der Globalisierung der Wirtschaft stieg das Bedürfnis nach flexibleren Arbeitsbeziehungen.[461] Während zuvor regelmäßig eine klare Unterscheidung zwischen Arbeitgeber und Arbeitnehmer möglich war, gibt es heute zunehmend moderne Arbeitsformen wie Subunternehmertum, Leiharbeit, Franchising sowie die Ausgliederung vor- und nachgelagerter Produktionsstufen eines Produktes in rechtlich selbständige Betriebe mit eigener Unternehmensführung (vertikale Desintegration).[462] Verstärkt wurde diese Entwicklung durch die Digitalisierung, die neue Arbeitsformen wie Crowdworking geschaffen hat und die Grenzen zwischen abhängiger Beschäftigung und selbständiger Arbeit verschwimmen lässt.[463]

Vor diesem Hintergrund hat sich die Selbständigkeit in Deutschland in den letzten 25 Jahren grundlegend gewandelt.[464] Die selbständige Verrichtung von Tätigkeiten, die historisch traditionell in Arbeitsverhältnissen ausgeübt wurden, wird vielfach als „neue Selbständigkeit" bezeichnet.[465] Nicht identisch mit der Gruppe der neuen Selbständigen, aber eine große Schnittmenge mit ihnen hat die Gruppe der Solo-Selbständigen.[466] Die Beschäftigung von wirtschaftlich abhängigen Selbständigen entsteht besonders häufig im Zuge von Outsourcingmaßnahmen, wenn Tätigkeiten, die zuvor durch eigene Mitarbeiter erledigt wurden, auf selbständige Einheiten ausgelagert werden.[467] In diesem Fall liegt oftmals eine sog. Onsite-Selbständigkeit vor, bei der ein Unternehmer im Betrieb

---

[459] Frühe Formen von Arbeitnehmerüberlassung bzw. -vermittlung gab es bereits vor tausenden Jahren in Mesopotamien, siehe *Stöhr*, RdA 2014, 307 (309 f.).
[460] *Rebhahn*, RdA 2009, 236 (242).
[461] Zur rechtshistorischen Entwicklung der arbeitsrechtlichen Flexibilität eingehend *Stöhr*, RdA 2014, 307 ff.
[462] Vgl. *Bosse/Pennings*, in: Pennings/Bosse, The Protection of Working Relationships, 2011, S. 1 (2); Grundlegend *Collins*, Oxford Journal of Legal Studies 1990, 353.
[463] Weißbuch des BMAS „Arbeiten 4.0", 2016, S. 176.
[464] Zum Gründungsgeschehen in Deutschland siehe oben § 2 B) II.
[465] Vgl. *Deinert*, Soloselbständige zwischen Arbeitsrecht und Wirtschaftsrecht, 2015, S. 19.
[466] Zu den Solo-Selbständigen siehe oben § 2 A).
[467] *Perulli*, Study on Ecomomically Dependent Work/Parasubordinate (Quasi-subordinate) work, 2002, S. 90 f., 98; vgl. auch *Bayreuther*, Sicherung der Leistungsbedingungen von (Solo-)Selbständigen, 2018, S. 13.

eines anderen Unternehmers diesem gegenüber seine Leistungen erbringt.[468] Tätig sind wirtschaftlich abhängige Selbständige daher überwiegend im Dienstleistungssektor, namentlich in den Bereichen Buchführung, Marketing und Sozialdienste; aber auch Hotel und Catering, Medien, Ausbildung, Erziehung und Unterhaltung.[469] Über die genaue Zahl dieser wirtschaftlich abhängigen Selbständigen gibt es unterschiedliche Ansichten. *Robert Rebhahn* schätzt sie auf ein Viertel der Selbständigen, was EU-weit etwa fünf Mio. Erwerbstätige bedeutet.[470] Es geht dabei keineswegs um ein aktives Unternehmertum, sondern um flexible Arbeitsformen, die für die Arbeitenden nicht immer lukrative Bedingungen bereithalten. Die OECD hat zu dieser neuen Selbständigkeit Bedenken im Hinblick auf die Qualität (Arbeitsbedingungen, Ausbildung, Sicherheit und Einkommen) und Status (versteckte Form von Arbeitnehmern) geäußert.[471]

2. Systematisierung

Davies/Freedland haben den Versuch unternommen, diese Vielzahl an Arbeitsformen zu systematisieren und Arbeitende in vier Gruppen aufzuteilen:[472] (1) Klassische Arbeitnehmer, die aufgrund eines Arbeitsvertrags tätig sind (subordinated workers); (2) Arbeitnehmerähnliche, die zwar selbständig sind, jedoch nur für einen oder wenige Auftraggeber tätig sind und von diesen wirtschaftlich abhängig sind, weil sie ohne diese(n) Auftraggeber nur schwierig anderweitige Arbeit finden (workers who are not legally subordinate but who are economically so); (3) Selbständige, die zwar ebenfalls zur persönlichen Arbeit verpflichtet sind, jedoch im Gegensatz zur zweiten Gruppe dem Markt zugewandt sind und typischerweise für eine Reihe von Auftraggebern tätig sind (workers providing personal service via an identifiable business of their own); sowie (4) Selbständige, die nicht zur Erbringung persönlicher Arbeit, sondern lediglich zur Erreichung bestimmter Ergebnisse verpflichtet sind (those who have contracted to produce a result). Ein Maler, der von Eltern zur Portraitierung ihres Kindes beauftragt wird, fällt danach in die dritte Kategorie, während ein Umzugsunternehmen üblicherweise in die vierte Kategorie fällt.[473] Tabellarisch lässt sich dies folgendermaßen darstellen:

---

[468] *Deinert*, Soloselbständige zwischen Arbeitsrecht und Wirtschaftsrecht, 2015, S. 17.
[469] EIRO-Studie aus dem Jahr 2002, abrufbar unter http://www.eurofound.europa.eu/observatories/eurwork/comparative-information/economically-dependent-workers-employment-law-and-industrial-relations, Stand: 18.1.2017.
[470] *Rebhahn*, RdA 2009, 236 (240).
[471] OECD, Partial Renaissance of Self-Employment, OECD Employment Outlook, 2000, S. 187.
[472] *Davies/Freedland*, in: Collins/Davies/Rideout, The Legal Regulation of the Employment Relation, 2000, S. 267 (273 f.).
[473] *Davies/Freedland*, in: Collins/Davies/Rideout, The Legal Regulation of the Employment Relation, 2000, S. 267 (274).

	Status	Merkmale
Gruppe 1	Arbeitnehmer	persönlich abhängig, da weisungsgebunden; zur persönlichen Arbeit verpflichtet
Gruppe 2	Selbständig	wirtschaftlich abhängig, da nur für einen oder wenige Auftraggeber tätig; zur persönlichen Arbeit verpflichtet
Gruppe 3	Selbständig	nicht wirtschaftlich abhängig, weil dem Markt zugewandt; aber trotzdem zur persönlichen Arbeit verpflichtet
Gruppe 4	Selbständig	nicht wirtschaftlich abhängig, weil dem Markt zugewandt; nicht zur persönlichen Arbeit verpflichtet

Diese Kategorisierung wird auch der hiesigen Untersuchung zugrunde gelegt. *Adalberto Perulli* hat die Arbeitsbeziehungen ebenfalls in vier Gruppen eingeteilt, nämlich in echte Arbeitsverhältnisse (subordinate employment); Scheinselbständigkeit (false self-employment), bei der es sich tatsächlich um Arbeitsverhältnisse handelt; Selbständigkeit (self-employment) sowie deren Unterfall der wirtschaftlich abhängigen Selbständigkeit (economically dependent employment).

III. Folgen für die Anwendung des Arbeitsrechts

Der gegenwärtige Anwendungsbereich des Arbeitsrechts knüpft an einen bilateralen Vertrag an, der durch persönliche Abhängigkeit gekennzeichnet ist. Dabei geht das Arbeitsrecht davon aus, dass eine konzeptionell und normativ klare Unterscheidung zwischen Arbeitnehmern und Selbständigen möglich ist.[474] Indessen fügen sich die neuen Formen von Arbeitsbeziehungen nicht immer bruchlos in die gesetzliche Struktur ein, die Arbeitnehmer und Selbständige unterschiedlich behandelt.[475] Gerade die nicht marktorientierten Selbständigen, die lediglich für einen oder zwei Auftraggeber tätig sind, halten sich dem Auftraggeber in ähnlichem Maße zur Verfügung wie Arbeitnehmer dem Arbeitgeber, ohne aber rechtlich weisungsgebunden und persönlich untergeordnet zu sein.[476] Während das Weisungsrecht früher ein geeignetes Abgrenzungskriterium war, hat die wirtschaftliche Abhängigkeit heute zugenommen

---

[474] *Fudge*, Osgoode Hall Law Journal 44/4 [2006], 609 (618 f.).
[475] *Rebhahn*, RdA 2009, 154 (163 ff.); *ders.* RdA 2009, 236 (241 f.); *Waltermann*, RdA 2010, 162 (163).
[476] *Waltermann*, RdA 2010, 162 (164); *Deinert*, Soloselbständige zwischen Arbeitsrecht und Wirtschaftsrecht, 2015, S. 17 ff.

und damit zur wirtschaftlichen Annäherung zahlreicher Selbständiger an die Arbeitnehmer geführt.[477] Es ist daher eine erhebliche Grauzone entstanden, innerhalb derer es unklar ist, inwieweit den Arbeitenden arbeitsrechtlicher Schutz zukommen soll.[478] Diese Unsicherheit bedeutet eine große Herausforderung für das Arbeitsrecht. *Judy Fudge* spricht gar von einer „konzeptionellen Krise des Arbeitsrechts".[479] Der ehemalige Pressesprecher der ILO, *Ibrahim Patel*, führte dazu aus:

„The erosion of the employment relationship and the failure of labour law to keep pace with evolving labour market issues is the most important industrial relation issue of our time."[480]

In der Tat hat diese Entwicklung zur Folge, dass das Arbeitsrecht immer weniger Menschen zugutekommt.[481] Es wurde gezeigt, dass Arbeitsbeziehungen, die früher als normale Arbeitsverhältnisse behandelt wurden, heute leicht in unabhängige Arbeitsbeziehungen außerhalb des traditionellen Anwendungsbereichs des Arbeitsrechts umgewandelt werden können.[482] Der Vertragspartner eines wirtschaftlich derart eingeschränkten Unternehmers kann das dazu nutzen, ihn wie einen Arbeitnehmer für seine Unternehmenszwecke einzusetzen und ihn zugleich wirtschaftlich unter Druck zu setzen.[483] Da arbeitsrechtliche Schutzvorschriften kaum auf diese Form der Selbständigen anwendbar sind, ist deren Einsatz für größere Unternehmen ein beliebtes Instrument.[484] Nach der gegenwärtigen Konzeption kommt z.B. eine bei einem Zeitungsverlag als freier Mitarbeiter tätige Person nicht in den Genuss der beschränkten Arbeitnehmerhaftung oder der Gefährdungshaftung des Arbeitgebers im Hinblick auf eigene Güter des Arbeitnehmers. Wenn die Arbeit jedoch anstatt von einem einzigen Unternehmen mit seinen eigenen Arbeitnehmern von einer Vielzahl von Einheiten wie z.B. Solo-Selbständigen verrichtet wird, drohen die arbeitsrechtlichen Schutzvorschriften umgangen zu werden bzw. leerzulaufen.[485] In der Rechtswissenschaft konnte

---

[477] *Wank*, EuZA 2008, 172 (189); *Waltermann*, RdA 2010, 162 (164).
[478] *Bosse/Pennings*, in: Pennings/Bosse, The Protection of Working Relationships, 2011, S. 1 (2). Zur rechtlichen Diskussion siehe *Bayreuther*, Wirtschaftlich-existenziell abhängige Unternehmen im Konzern-, Kartell- und Arbeitsrecht, 2001, S. 452; *Appel/Frantzioch*, AuR 1998, 93 ff.; *Hromadka*, NZA 1997, 569 ff.
[479] *Fudge*, Osgoode Hall Law Journal 44/4 [2006], 609 (610).
[480] *Patel*, ILO, Provisional Record 26 [2003], S. 26.
[481] *Collins*, Oxford Journal of Legal Studies 1990, 353; *Fudge*, Osgoode Hall Law Journal 44/4 [2006], 609 (616, 647 f.).
[482] *Collins*, Oxford Journal of Legal Studies 1990, 353; *Wank*, RdA 2010, 193 (203 f.).
[483] *Frantzioch*, Abhängige Selbständigkeit im Arbeitsrecht, 2000, S. 33 ff.
[484] *Wank*, RdA 2010, 193 (203 f.).
[485] *Collins*, Modern Law Review 1990, 731 (736); *Fudge*, Osgoode Hall Law Journal 44/4 [2006], 609 (612 f.).

diese Grauzone noch nicht geklärt werden. Der Erkenntnisgewinn verläuft langsam und es ist schwierig, konsensfähige Vorschläge zu erarbeiten.[486]

B) Arbeitsrechtlicher Schutz von Selbständigen: Die gegenwärtige Regelung

Im Folgenden wird untersucht, welche Regelungen es gegenwärtig zum Schutz von Selbständigen gibt, die für Deutschland relevant sind. Dazu werden die Ebenen der Internationalen Organisationen (dazu unten I.), des europäischen Rechts (dazu unten II.) sowie des nationalen Rechts (dazu unten III.) in den Blick genommen.

I. Ebene der Internationalen Organisationen

Die International Labour Organization (ILO) hat im Jahr 1997 eine Konvention erlassen, die sich mit wirtschaftlich abhängiger Arbeit befasst. In dieser Konvention hat die ILO den Begriff der wirtschaftlich abhängigen Arbeit mit „Vertragsarbeit" (contract labour) gleichgesetzt. Diesen hat sie wie folgt definiert:

„Im Sinne des vorgeschlagenen Übereinkommens sollte der Ausdruck „Vertragsarbeit" Arbeit bedeuten, die für eine natürliche oder juristische Person (als „Nutzerbetrieb" bezeichnet) von einer Person (als „Vertragsarbeiter" bezeichnet) durchgeführt wird, wobei die Arbeit dem Arbeitnehmer persönlich unter tatsächlichen Bedingungen der Abhängigkeit von dem Nutzerbetrieb oder der Unterstellung unter den Nutzerbetrieb durchgeführt wird und diese Bedingungen denen ähnlich sind, die ein Arbeitsverhältnis gemäß der innerstaatlichen Gesetzgebung und Praxis kennzeichnen, und wobei entweder
   a) die Arbeit gemäß einem unmittelbaren Vertragsverhältnis zwischen dem Arbeitnehmer und dem Nutzerbetrieb durchgeführt wird; oder
   b) der Arbeitnehmer dem Nutzerbetrieb durch einen Unterauftragnehmer oder einen Vermittler zur Verfügung gestellt wird […]"[487]

Während der Konferenz stellte sich jedoch heraus, dass sich das Konzept der Vertragsarbeit nicht als Maßstab eignet. Dies liegt vor allem daran, dass der Begriff der Vertragsarbeit in den verschiedenen Sprachen unterschiedliche Bedeutungen hat, eine Vielzahl von Konditionen und Konstellationen erfasst und mit den nationalen Rechtsordnungen und Rechtspraktiken nicht kompatibel ist. Arbeitgeberorganisationen und zahlreiche Regierungen befürchteten, dass die Konvention zur Beeinträchtigung von Geschäftsmöglichkeiten, Wirt-

---

[486] *Bosse/Pennings*, in: Pennings/Bosse, The Protection of Working Relationships, 2011, S. 1 (2).
[487] Siehe Contract labour, Report V (2A), Geneva: ILO 1998, S. 81 abrufbar unter http://staging.ilo.org/public/libdoc/ilo/1997/97B09_129_germ.pdf, Stand: 25.1.2017.

schaftswachstum und Arbeitsplatzschaffung führen würde. Einige Arbeitgeberverbände meinten gar, dass die ILO damit außerhalb ihres Mandats handeln würde.[488] Die Konvention wurde daher abgelehnt. Man war sich jedoch darin einig, dass das Thema in einer zukünftigen Sitzung erneut auf die Agenda gebracht werden soll. Die ILO beauftrage daraufhin 39 Länderstudien und ernannte eine Expertengruppe, um zu untersuchen, wann Arbeitende schutzbedürftig sind.[489] Erwartungsgemäß bestimmten die Experten aus dem „Arbeitnehmerlager" die Schutzbedürftigkeit anders als diejenigen aus dem „Arbeitgeberlager". Arbeitnehmernahe Experten sehen ein Bedürfnis nach einem internationalen Instrument, um nationale Standards und die Grenzen der Arbeitsgesetzgebung neu zu bestimmen („soziale Perspektive"). Arbeitgebernahe Experten räumten zwar die Notwendigkeit ein, missbräuchliche Gestaltungen der Arbeitsbeziehungen zu bekämpfen, lehnten aber die Einführung eines internationalen Instruments ab. Dagegen führten sie an, dass die Kosten einer Regulierung für alle Arbeitenden zu hoch seien und sich negativ auf Wettbewerb und Beschäftigung auswirken würden („ökonomische Perspektive"). Die von den Regierungen bestellten Experten verteilten sich auf beide Lager.[490] Einigkeit bestand insoweit, dass die geltenden Gesetze effektiver durchgesetzt und der Anwendungsbereich des Arbeitsrechts klarer bestimmt werden müssten.[491] Im Jahr 2003 verabschiedete das Komitee eine Resolution zum Anwendungsbereich des Arbeitsrechts, die insbesondere folgende Punkte enthält:[492]

- Selbständigkeit und unabhängige Arbeit auf der Grundlage von handels- und zivilrechtlichen Verträgen sind per definitionem außerhalb des Anwendungsbereichs des Arbeitsrechts;
- die Konzeption des Arbeitsverhältnisses ist allen Rechtsordnungen und rechtlichen Traditionen bekannt;
- die Kriterien zur Bestimmung eines Arbeitsverhältnisses variieren in vielen Ländern, aber zentrale Vorstellungen wie Abhängigkeit und Unterordnung finden sich in den meisten Ländern;
- es liegt im Interesse aller Arbeitsmarktakteure, dass die Vielzahl von möglichen Arbeitsbeziehungen angemessen geregelt wird.

---

[488] *Bosse*, in: Pennings/Bosse, The Protection of Working Relationships, 2011, S. 15 (17).
[489] Die Länderstudien sind abrufbar unter http://www.ilo.org/public/english/standards/relm/ilc/ilc95/pdf/rep-v-1.pdf, Stand: 25.1.2017.
[490] Vgl. *Bosse*, in: Pennings/Bosse, The Protection of Working Relationships, 2011, S. 15 (18).
[491] *Bosse*, in: Pennings/Bosse, The Protection of Working Relationships, 2011, S. 15 (20).
[492] Provisional Record 26 (Geneva: ILO, 2003a), 34, abrufbar unter http://www.ilo.org/public/german/standards/relm/ilc/ilc91/pdf/rep-v.pdfhttp://www.ilo.org/public/german/standards/relm/ilc/ilc91/pdf/rep-v.pdf, Stand: 25.1.2017.

Das Komitee meinte, dass eine Empfehlung das angemessene Instrument sei:

„Diese Empfehlung sollte die Annahme einer innerstaatlichen Politik über den Erstreckungsbereich des Arbeitsverhältnisses fördern und sich auf verschleierte Arbeitsverhältnisse und die Notwendigkeit von Mechanismen konzentrieren, um sicherzustellen, dass Personen mit einem Arbeitsverhältnis Zugang zu dem Schutz haben, auf den sie auf innerstaatlicher Ebene Anspruch haben. Sie sollte ausreichend flexibel sein, um unterschiedlichen wirtschaftlichen, sozialen, rechtlichen und industriellen Traditionen Rechnung zu tragen, und [...] sollte nicht in echte handelsrechtliche und unabhängige vertragliche Vereinbarungen eingreifen."[493]

Diese letzte Aussage, auf die sich alle Parteien verständigten, spielt auf der zweiten Konferenz über die Arbeitsbeziehung aus dem Jahr 2006 eine wichtige Rolle. Darin verabschiedete das Komitee mit 329 zu 94 Stimmen eine neue Empfehlung. Die Abstimmungsverhältnisse zeigen bereits, dass die Thematik erneut sehr kontrovers diskutiert wurde. Im Zentrum der Empfehlung steht die Aufforderung an die Mitgliedstaaten, den Anwendungsbereich des Arbeitsrechts zu überprüfen, klarzustellen und ggf. zu überarbeiten, um den Rechtsschutz in Arbeitsverhältnissen zu gewährleisten. Dabei sollten die Mitgliedstaaten zumindest folgende Maßnahmen treffen:

– Kenntnisse dazu vermitteln, unter welchen Voraussetzungen ein Arbeitsverhältnis vorliegt und worin der Unterschied zwischen Arbeitnehmern und Selbständigen liegt;
– verdeckte Arbeitsverhältnisse bekämpfen;
– Standards gewährleisten, die auf alle Formen von Arbeitsbeziehungen anwendbar sind, einschließlich der Mehrpersonenverhältnisse;
– auf die Einhaltung der arbeitsrechtlichen Regelungen hinwirken.

Mit dem dritten Punkt wird somit eine vorsichtige Ausdehnung des Anwendungsbereichs des Arbeitsrechts angestrebt. Inhaltlich trägt die Empfehlung dazu jedoch wenig bei. Als Kriterien, welche zur Charakterisierung von Arbeitsverhältnissen in Betracht kommen, nennt die Empfehlung die bereits hinlänglich bekannten der Abhängigkeit und der Unterordnung. Unterordnung besteht aus zwei Aspekten: Dem Willen des Arbeitnehmers, unter den Weisungen und der Kontrolle des Arbeitgebers zu arbeiten, und dem Recht des Arbeitgebers, Weisungen zu erteilen, die Arbeit zu kontrollieren und ggf. Disziplinarmaßnahmen zu ergreifen. Auf bestimmte Konstellationen, die ein Arbeitsverhältnis darstellen sollten, konnte man sich auf der Konferenz nicht einigen.[494] Der Sprecher der Arbeitgebervertreter *Andrew Finlay* fürchtete, dass verbindliche Kriterien unflexibel seien und Kleinbetriebs-Vereinbarungen unterminieren.[495] Insgesamt wurde die Empfehlung ohne Konsens erlassen. Möglicherweise hat das Komitee

---

[493] ILO 2003, Provisional Record 21, 21/57, S. 101, abrufbar unter http://www.ilo.org/public/german/standards/relm/ilc/ilc92/pdf/rep-i-a.pdf, Stand: 25.1.2017.
[494] *Bosse*, in: Pennings/Bosse, The Protection of Working Relationships, 2011, S. 15 (23).
[495] ILO, Provisional Record 21 (Geneva: ILO 2006), no. 399.

den Widerstand der Arbeitgebervertreter unterschätzt. *Claire Bosse* spricht hier gar von einem Debakel.[496]

Wenig später hat die ILO ihre Erklärung 198 über soziale Gerechtigkeit für eine faire Globalisierung verabschiedet,[497] die von der Internationalen Arbeitskonferenz auf ihrer 97. Tagung am 10.6.2008 in Genf angenommen wurde. Darin kamen Vertreter von Regierungen, Arbeitgeber und Arbeitenden aus der ganzen Welt überein, dass

„die Bedeutung des Arbeitsverhältnisses anerkannt werden sollte als ein Instrument, das Arbeitnehmern rechtlichen Schutz bietet [...]".[498]

Dies sollte jedoch in der heutigen Zeit eine Selbstverständlichkeit sein, die keinen normativen Erkenntnisgewinn verspricht.

II. Europäische Ebene

1. Prinzipielle Fokussierung auf Arbeitnehmer

Das europäische Arbeitsrecht selbst ist weitestgehend nur auf Arbeitnehmer anwendbar und enthält kaum eine Sonderregelung für wirtschaftlich abhängig Arbeitende.[499] Dem Arbeitnehmerbegriff misst das europäische Arbeitsrecht keine universelle Bedeutung bei.[500] In den Grundfreiheiten wird der Arbeitnehmer z.B. der Arbeitnehmerfreizügigkeit nach Art. 45 AEUV zugeordnet und von der selbständigen Tätigkeit abgegrenzt, die der Niederlassungsfreiheit nach Art. 49 ff. AEUV zugeordnet wird. Nach der Rechtsprechung des EuGH ist Arbeitnehmer i.S.v. Art. 45 AUEV, wer während einer bestimmten Zeit für einen anderen nach dessen Weisung Leistungen erbringt, für die er als Gegenleistung eine Vergütung erhält.[501] In anderen europarechtlichen Vorschriften hängt die Bedeutung des Arbeitnehmerbegriffs vom jeweiligen nationalen Recht ab. Dies gilt z.B. für die Richtlinie 2001/23/EG zum Betriebsübergang, die in Art. 1 Nr. 1 d) auf die jeweiligen Arbeitnehmerdefinitionen der Mitgliedstaaten verweist.

Einen etwas erweiterten Anwendungsbereich haben lediglich die unionsrechtlichen Vorschriften gegen Diskriminierung und zum Arbeitsschutz, und außerdem die Arbeitszeit-Richtlinie für den Straßenverkehr.[502] Nach Art. 3 lit. e) dieser Richtlinie handelt es sich um selbständige Kraftfahrer nur dann, wenn sie

---

[496] *Bosse*, in: Pennings/Bosse, The Protection of Working Relationships, 2011, S. 15 (27).
[497] Abrufbar unter http://www.ilo.org/wcmsp5/groups/public/---europe/---ro-geneva/---ilo-berlin/documents/genericdocument/wcms_100192.pdf, Stand: 25.1.2017.
[498] IAO Erklärung 198, S. 8.
[499] Vgl. *Wank*, EuZA 2008, 172 ff.
[500] Dazu eingehend *Ziegler*, Arbeitnehmerbegriffe im europäischen Arbeitsrecht, 2011.
[501] Vgl. EuGH Slg. 1986, 2121, Rn. 16 f. – Lawrie-Blum; EuGH Slg. 2004, I-2703, Rn. 26 – Collins.
[502] Richtlinie 2002/15/EG des Europäischen Parlaments und des Rates zur Regelung der Arbeitszeit von Personen, die Fahrtätigkeiten im Bereich des Straßentransports ausüben.

u.a. „befugt sind, auf eigene Rechnung zu arbeiten", ihre „Einkünfte direkt von den erzielten Gewinnen abhängen", und sie „die Freiheit haben [...] Geschäftsbeziehungen zu mehreren Kunden zu unterhalten." Diese Richtlinie sieht Kleinunternehmer, die nur für einen Kunden arbeiten, offenbar als unselbständig an. Einen Begriff des Arbeitnehmerähnlichen kennt das EU-Recht nicht.[503] Vielmehr hat auf der europäischen Ebene das traditionelle Gegensatzpaar Arbeitnehmer-Selbständiger weiterhin Bestand.[504] Der Europäische Gerichtshof hat sich mit Arbeitnehmerähnlichen noch nicht ausdrücklich befasst.

2. *Schutz von Handelsvertretern*

Eine Sonderregelung haben Handelsvertreter erfahren. Diese sind nach der Definition der Art. 1 Abs. 2 Richtlinie 86/653/EWG und § 84 Abs. 1 HGB selbständige Gewerbetreibende, die damit beauftragt sind, für einen anderen oder mehrere andere Unternehmer Geschäfte zu vermitteln oder in dessen bzw. deren Namen abzuschließen.

Der Größe von Handelsvertretern ist allerdings uneinheitlich und reicht von kleinen, arbeitnehmerähnlichen Vertretern bis zu Importeuren, die häufig Handelsgesellschaften sind. Diese Unterschiede wirken sich auf die Schutzbedürftigkeit aus, welche bei einer natürlichen Person viel größer ist als bei einer Handelsgesellschaft.[505] Insgesamt wird aber von einer besonderen Schutzbedürftigkeit des Handelsvertreters ausgegangen, die sich aus mehreren Gesichtspunkten ergibt. Zunächst kann das Vertragsverhältnis mit dem Unternehmer wegen des Erfordernisses der ständigen Betrauung für ihn zur Grundlage des Lebensunterhalts werden, sodass der Handelsvertreter bei den Vertragsverhandlungen häufig faktisch unterlegen ist.[506] Zudem unterliegt er einem Weisungsrecht des Unternehmers. Vor diesem Hintergrund steht der Handelsvertreter trotz seiner Selbständigkeit in gewisser Nähe zum Arbeitnehmer, dessen Schutzbedürftigkeit ebenfalls im Wesentlichen auf diesen Gesichtspunkten beruht.[507] Beim Handelsvertreter kommt hinzu, dass er mit seinen Leistungen in Vorlage zu treten hat, was das Risiko der ausbleibenden Vergütung und damit der Abhängigkeit verstärkt.[508]

Am 18.12.1986 wurde die Richtlinie 86/653/EWG zur Koordinierung des Handelsvertreterrechts erlassen.[509] Diese Richtlinie will einen Mindestschutz

---

[503] *Pottschmidt*, Arbeitnehmerähnliche Personen in Europa, 2006, S. 54.
[504] Vgl. EuGH Slg. 1996, I-139 – David Maxwell Middleburgh.
[505] *K. Schmidt*, Handelsrecht, 6. Aufl. 2014, § 27 Rn. 35.
[506] *Canaris*, Handelsrecht, 24. Aufl. 2006, § 15 Rn. 16.
[507] *Canaris*, Handelsrecht, 24. Aufl. 2006, § 15 Rn. 16; *Emde*, in: Großkomm-HGB, 5. Aufl. 2008, Vor § 8 Rn. 5 f.; a.A. *Hopt*, in: Baumbach/Hopt, HGB, 38. Aufl. 2018, § 84 Rn. 34.
[508] *Emde*, in: Großkomm-HGB, 5. Aufl. 2008, Vor § 8 Rn. 12.
[509] ABl. EG Nr. L 382 S. 17.

von selbständigen Handelsvertretern gegenüber ihren Unternehmern sicherstellen, indem sie u.a. Bestimmungen über die Vergütung, über die Umwandlung von auf bestimmte Zeit geschlossenen Verträge in unbefristete Verträge und über Ersatzansprüche bei einem durch die Beendigung des Vertragsverhältnisses mit dem Unternehmer entstandenen Schaden festlegt.[510] Mit Blick hierauf kann man das Handelsvertreterrecht als besonderen Fall des Schutzes von kleinen Unternehmen begreifen.[511] Andererseits sollen durch die Richtlinie aber auch die Harmonisierung des Vertreterrechts gefördert und Wettbewerbsverzerrungen der Gemeinschaft beseitigt werden.[512] Diese unterschiedlichen Regelungszwecke der Richtlinie zeigen, wie die Binnenmarktvorschriften bestimmten Aspekten des Arbeitsrechts sehr nahe kommen können. Auf den Schutz von Handelsvertretern nach nationalem Recht wird noch eingegangen.[513]

3. Reformbestrebungen

Die Europäische Kommission hat die prinzipielle Fokussierung des europäischen Arbeitsrechts auf Arbeitnehmer selbst hinterfragt und die Zunahme von wirtschaftlich abhängiger Selbständigkeit als regulierungsbedürftiges Problem wahrgenommen. Dazu hat sie zwei Studien in Auftrag gegeben (dazu unten a) – b)) und sodann ein Grünbuch erarbeitet (dazu unten c)). Unter d) wird sodann erörtert, inwieweit die Europäische Union überhaupt eine Regelungskompetenz in diesem Bereich hat.

a) Der Supiot-Report von 1999

Alain Supiot wurde von der Europäischen Kommission beauftragt, die existierenden Beschäftigungsverhältnisse in Europa zu analysieren. Der veröffentlichte Report „Beyond Employment. Changes in Work and the Future of Labour Law in Europe" bildet einen bedeutenden Schritt in der Diskussion des arbeitsrechtlichen Schutzbereichs.[514] *Supiot* hat gezeigt, dass die Einschaltung von Dritten wie Subunternehmer und Zeitarbeitsfirmen zu komplexeren Arbeitsbeziehungen und einer Grauzone zwischen abhängiger und selbständiger Arbeit führen. Er hält es für unangemessen, dass das Arbeitsrecht nicht alle Arbeitenden er-

---

[510] Zum Zweck des Handelsvertreterschutzes siehe EuGH Slg. 2006, I-2879, Rn. 19; EuGH EWS 2008, 151 (153); *Hakenberg*, in: Ebenroth/Boujong/Joost/Strohn, HGB, 3. Aufl. 2014, Vor § 84 Anh. Rn. 11.
[511] *Remien*, Zwingendes Vertragsrecht und Grundfreiheiten des EG-Vertrages, 2003, S. 253.
[512] *Emde*, in: Großkomm-HGB, 5. Aufl. 2008, Vor § 8 Rn. 13. Eingehend zur Handelsvertreterrichtlinie *Hakenberg*, in: Ebenroth/Boujong/Joost/Strohn, HGB, 3. Aufl. 2014, Vor § 84 Anh. Rn. 1 ff.
[513] Siehe unten III. 1.
[514] *Supiot*, Beyond Employment, 2001. Die originale Studie wurde 1999 auf Französisch veröffentlicht, siehe *Suipot*, au-delà de l'emploi, 1999.

fasst, die mit Arbeitnehmern vergleichbar sind und befürwortet nachdrücklich die Schaffung einer mittleren Kategorie zwischen Arbeitnehmern und Selbständigen:

„Therefore there seems to be a clear need for an intermediate legal category between employee and entrepreneur."[515]

Zur Umsetzung hat er folgende Vorschläge erarbeitet: (1) Die Europäische Union muss einen Arbeitnehmerbegriff einführen, der solche Arbeitsbeziehungen erfasst;[516] (2) die Gerichte müssen die Möglichkeit haben, einen als freien Dienstvertrag bezeichneten Vertrag als Arbeitsvertrag zu qualifizieren, um die Umgehung durch Scheinselbständigkeit auszuschließen;[517] (3) der Anwendungsbereich des Arbeitsrechts muss auf alle Rechtsverhältnisse erstreckt werden, die zur Arbeit für andere Personen verpflichten.[518]

b) Der Perulli-Report von 2002

Adalberto Perulli wurde ebenfalls von der Europäischen Kommission für die Untersuchung von Arbeitsbeziehungen beauftragt. Der umfangreiche Report aus dem Jahr 2002 „Study on Ecomomically Dependent Work/Parasubordinate (Quasi-subordinate) work" wird im Folgenden nur grob skizziert. Auf die wichtigsten Forderungen wird noch einzugehen sein.[519]

Perulli entwickelt vier Lösungsszenarien: (1) Die Beibehaltung des Status Quo, also den weitgehenden Ausschluss wirtschaftlich abhängiger Selbständiger vom Arbeitsrecht, deren Schicksal dadurch den Kräften des Markts überantwortet würde; (2) der Schaffung einer neuen rechtlichen Kategorie, die zwischen rechtlich abhängiger Arbeit und selbständiger Arbeit angesiedelt ist und punktuell in den arbeitsrechtlichen Schutz einbezogen würde; (3) die Kategorie der rechtlich abhängigen Arbeit dahingehend neu definieren, dass sie dem geänderten sozioökonomischen Kontext besser entspricht; sowie (4) die Schaffung eines „harten Kerns" von sozialen Rechten, die auf alle Arbeitsbeziehungen unabhängig von ihrer Rechtsnatur anwendbar sind. *Perulli* plädiert dafür, die strenge Dichotomie zwischen Arbeitnehmern und Selbständigen zu überwinden und das Arbeitsrecht auf wirtschaftlich abhängige Selbständige auszudehnen.[520] Zur Verwirklichung empfiehlt er eine Lösung auf europäischer Ebene, die den Mitgliedstaten allerdings einen weiten Umsetzungsspielraum belässt.[521] Erarbeitet werden

---

[515] *Supiot*, Beyond Employment, 2001, S. 219.
[516] *Supiot*, Beyond Employment, 2001, S. 219.
[517] *Supiot*, Beyond Employment, 2001, S. 220.
[518] *Supiot*, Beyond Employment, 2001, S. 219.
[519] Siehe unten D) II. 2., 3.
[520] *Perulli*, Study on Ecomomically Dependent Work/Parasubordinate (Quasi-subordinate) work, 2002, S. 97.
[521] Ebenso *Freedland*, Industrial Law Journal 35/1 [2006], 1 (28 ff.).

sollten die Regelungen von den Sozialpartnern, denen nach Art. 154 AEUV eine aktive Rolle bei der Gestaltung des europäischen Arbeits- und Sozialrechts zukommt.[522] Die Mitgliedstaaten sollten insbesondere folgende Regelungen und Schutzmaßnahmen treffen: Form des Vertrags (Schriftform); Regelungen zum Arbeitsentgelt; Abwesenheit wegen Mutterschaft, Krankheit, Unfall und ernsthaften Familiengründen (der Vertrag sollte für diese Fälle ein Recht zur Suspendierung vorsehen); Regulierung der Kündigung (namentlich einer Kündigungspflicht) sowie das Recht, Gewerkschaften zu gründen und sich darin zu beteiligen. Der Report wurde im Juni 2003 im Europäischen Parlament diskutiert. Dies führte aber zunächst nicht zu konkreten Lösungsvorschlägen und Regulierungsmaßnahmen, sondern lediglich zu weiteren, von der Kommission initiierten Studien zur Entwicklung des Arbeitsrechts in den Mitgliedstaaten.[523]

c) Das Grünbuch der Europäischen Kommission von 2006

Die Überlegung, den Schutzzweck des Arbeitsrechts auf Kleinunternehmer auszudehnen, hat die Europäische Kommission schließlich in ihrem Grünbuch vom 22.11.2006 „Ein moderneres Arbeitsrecht für die Herausforderungen des 21. Jahrhunderts" aufgegriffen. Darin wird u.a. erörtert, ob das Arbeitsrecht seine überkommenen Grenzen überschreiten und in einzelnen Fragen auch wirtschaftlich abhängige Selbständige erfassen soll.[524]

Die Europäische Kommission hält zunächst fest, dass die Grenzen zwischen Arbeitsrecht und allgemeinem Zivilrecht bzw. Handelsrecht durch Auftreten vielfältiger Nichtstandard-Beschäftigungsformen fließend wurden. Die überkommene Unterscheidung zwischen abhängigen „Beschäftigten" und nicht abhängigen „Selbständigen" spiegele die wirtschaftlichen und sozialen Gegebenheiten der Arbeitswelt nicht mehr angemessen wider.[525] Diskussionen über die Rechtsnatur eines Beschäftigungsverhältnisses könnten aufkommen, wo es entweder verschleiert ist oder wo Schwierigkeiten beim Versuch auftreten, neue und dynamische Arbeitsregelungen in den Rahmen traditioneller Beschäftigungsverhältnisse einzufügen. Die in den Blick genommene Gruppe bezeichnet die Europäische Kommission in Anknüpfung an den Perulli-Report als „wirtschaftlich abhängige Beschäftigte" (economically dependent workers).[526] Unter den Begriff der „wirtschaftlich abhängigen Arbeit" fallen nach Ansicht der Europäischen Kommission Konstellationen, die zwischen den beiden herkömmlichen Begriffen der abhängigen Erwerbstätigkeit und der selbständigen Erwerbstätig-

---

[522] *Perulli*, Study on Ecomomically Dependent Work/Parasubordinate (Quasi-subordinate) work, 2002, S. 116. Zum Perulli-Report siehe oben B) II. 3.
[523] *Pennings*, in: Pennings/Bosse, The Protection of Working Relationships, 2011, S. 29 (33).
[524] KOM (2006) 708 endg. v. 22.11.2006, S. 12 ff.
[525] KOM (2006) 708 endg. v. 22.11.2006, S. 12.
[526] KOM (2006) 708 endg. v. 22.11.2006, S. 13.

keit stehen und daher in einer Grauzone liegen. Die betreffenden Personen haben keinen Arbeitsvertrag. Auch wenn sie formal selbständig sind, sind sie doch von einem einzigen Hauptkunden als Einkommensquelle wirtschaftlich abhängig, ohne allerdings wie ein Arbeitnehmer in einer gefährdeten Position zu sein.[527] Die Europäische Kommission erkennt, dass einige Mitgliedstaaten bereits einschlägige Regelungen getroffen haben, um den Rechtsstatus wirtschaftlich abhängiger und gefährdeter Selbständiger abzusichern. Wenn auch diese Ansätze noch etwas zögerlich und unvollständig sind,[528] sieht die Europäische Kommission darin doch die Bemühungen der Gesetzgeber, Gerichte und Sozialpartner, die Probleme in diesem komplexen Umfeld anzugehen. Auf der europäischen Ebene sieht die Europäische Kommission in der Richtlinie 86/653/EWG über die selbständigen Handelsvertreter einen punktuellen arbeitsrechtlichen Schutz von Unternehmern.[529] Eine klare Richtung wird in dem Grünbuch jedoch nicht aufgezeigt, konkrete Regelungsvorschläge werden nicht erarbeitet.

Die Reaktionen auf das Grünbuch wurden von der Kommission in einem „Outcome Paper" gesammelt veröffentlicht.[530] Insgesamt erhielt die Kommission 450 Antworten, die starke Meinungsdivergenzen der Mitgliedstaaten und sonstigen Beteiligten aufzeigten. So wurde davor gewarnt, das Normalarbeitsverhältnis als obsolet anzusehen und als Hindernis bei der Schaffung von Arbeitsplätzen zu begreifen. Zahlreiche Stimmen sprachen sich unter Hinweis auf die (vermeintlich) beschränkten Kompetenzen der Europäischen Union dafür aus, das Arbeitsrecht auf nationaler Ebene zu reformieren.[531] Zudem wurde betont, dass es ein komplexes Unterfangen sei, die Begriffe „Arbeitnehmer" und „Selbständige" auf europäischer Ebene zu definieren. Die Einführung einer dritten Kategorie wie z.B. „wirtschaftlich abhängig Arbeitende", „Solo-Selbständige" oder allgemein „abhängig Arbeitende" wurde von den meisten Mitgliedstaaten abgelehnt. Selbst Mitgliedstaaten, die – wie etwa Italien – in ihrem nationalen Recht bereits eine entsprechende Konzeption kannten, waren gegenüber einer europaweiten Vereinheitlichung zurückhaltend.[532] Vor diesem Hintergrund wurde das Grünbuch insgesamt nicht weiter verfolgt. Ein Weißbuch ist dem Grünbuch nicht gefolgt.

Die Diskussionen im Zusammenhang mit dem Grünbuch haben gezeigt, dass eine europaweite Vereinheitlichung des Arbeitnehmerbegriffs und der Anwendbarkeit des Arbeitsrechts nicht konsensfähig ist.[533] Überwiegend wird eine Lö-

---

[527] KOM (2006) 708 endg. v. 22.11.2006, S. 13.
[528] Dazu näher unten C).
[529] KOM (2006) 708 endg. v. 22.11.2006, S. 13.
[530] COM (2007) 627 final.
[531] *Pennings*, in: Pennings/Bosse, The Protection of Working Relationships, 2011, S. 29 (36 f.). Zur Kompetenzfrage sogleich im Text.
[532] *Pennings*, in: Pennings/Bosse, The Protection of Working Relationships, 2011, S. 29 (38).
[533] *Pennings*, in: Pennings/Bosse, The Protection of Working Relationships, 2011, S. 29 (39).

sung auf mitgliedstaatlicher Ebene befürwortet. Gerade Arbeitgeber stehen der Ausdehnung des Anwendungsbereichs des Arbeitsrechts zumeist ablehnend gegenüber, da sie Beeinträchtigungen der Flexibilität und Wettbewerbsfähigkeit fürchten. Aber auch die Gewerkschaften sehen Gefahren, namentlich, dass aus Kostengründen das Schutzniveau für „echte" Arbeitnehmer abgesenkt wird. Diese Ausgangslage lässt nur geringen Spielraum für Regulierungen auf europäischer Ebene, selbst wenn das Parlament ausdrücklich um Initiativen bittet. Lösungen werden daher nur von den Mitgliedstaaten zu erwarten sein.[534] Gleichwohl forderte *Jan Cremers* als Mitglied des Europäischen Parlaments im Jahr 2009 erneut eine europaweite Definition von Selbständigkeit und schlug unter Berufung auf den Perulli-Report folgende neue Kategorie vor:

„A form of work falling within the grey zone between subordinate work and self-employment."[535]

Die Europäische Kommission räumte nunmehr selbst ein, dass die Definition von Arbeitsbeziehungen und die Einführungen von Kategorien wie „wirtschaftlich abhängige Selbständige" von Unsicherheiten gekennzeichnet sind. Sie zog es deshalb vor, zunächst keine europaweite Definition von Selbständigkeit vorzunehmen und stattdessen durch eine vergleichende Studie die Rechtslage in den Mitgliedstaaten zu ermitteln.[536]

d) Kompetenzen und Schranken für eine Ausdehnung des Arbeitsrechts auf Selbständige

Lösungen auf europäischer Ebene würden jedenfalls eine entsprechende Regelungskompetenz der Europäischen Union voraussetzen. Als Grundlage kommen nur Art. 153 ff. AEUV in Betracht, die eine ausdrückliche Kompetenz der Europäischen Union auf dem Gebiet des Arbeitsrechts begründen. Der Bereich der „Arbeitsbedingungen" i.S.v. Art. 153 Abs. 1 lit. b AEUV ist so weit, dass er im Grunde das gesamte Arbeitsrecht umfasst.[537] Keine Kompetenz hat die Europäische Union in den in 153 Abs. 5 AEUV genannten Bereichen, nämlich des Arbeitsentgelts, des Koalitionsrechts, des Streikrechts sowie des Aussperrungsrechts. In den Aufzählungen des Art. 153 Abs. 1 AEUV wird jedoch stets auf „Arbeitnehmer" Bezug genommen. *Rolf Wank* weist darauf hin, dass die Europäische Union auf der Tatbestandsseite die Anwendungsvoraussetzungen des Arbeitsrechts festlegen und dadurch den Arbeitnehmerbegriff definieren kann, da sie die Kompetenz zur Regelung des Arbeitsrechts in dem dargestellten Um-

---

[534] *Pennings*, in: Pennings/Bosse, The Protection of Working Relationships, 2011, S. 29 (39).
[535] Question of 14 Jan. 2009, E-0019/9.
[536] *Pennings*, in: Pennings/Bosse, The Protection of Working Relationships, 2011, S. 29 (39). Zum Rechtsvergleich siehe unten C).
[537] *Wank*, EuZA 2008, 172 (174).

fang hat. Geschehen ist dies in den jeweiligen Richtlinien, jedoch wäre auch eine eigenständige Definition für eine Vielzahl von Richtlinien im Sinne eines EU-Arbeitsvertragsgesetzes möglich.[538]

Ob sich daraus jedoch auch die Kompetenz ergibt, Regelungen für andere persönlich Arbeitende als Arbeitnehmer zu treffen, insbesondere für nur wirtschaftlich Abhängige, ist umstritten.[539] *Rebhahn/Reiner* folgern eine entsprechende Kompetenz zunächst aus Urteilen des Europäischen Gerichtshofs zur Arbeitnehmerfreizügigkeit, die nicht maßgeblich auf die Weisungsgebundenheit, sondern auf die unternehmerischen Risiken und den Einsatz von Hilfskräften abgestellt haben.[540] Ferner verweisen sie darauf, dass es keine fest gefügte Umschreibung von selbständiger Erwerbsarbeit gibt[541] und andere Sprachfassungen des AEUV weiter sind als der traditionelle Begriff der Arbeitnehmer in Deutschland, z.B. die italienische („lavoratori"), französische („travailleur") und englische („worker") Fassung.[542] Zudem spreche der Zweck des Art. 153 AEUV für ein weites Verständnis: In Anbetracht der Änderungen in der Erwerbsarbeit könne es sein, dass die Arbeitsbedingungen – etwa in einer Branche – nicht mehr effektiv und sinnvoll reguliert werden können. Ein Normsetzer solle auch Randphänomene regeln können, schon um Umgehungen zu vermeiden.[543] Dieses teleologische Argument erscheint im Hinblick auf die wirtschaftlichen Entwicklungen, nach welcher das Arbeitsrecht immer weniger Arbeitenden zugutekommt,[544] durchaus einleuchtend. *Thüsing* weist allerdings mit Recht darauf hin, dass eine solch weite Auslegung des Art. 153 AEUV den Damm öffnen würde.[545] Die Einbeziehung von wie auch immer zu verstehenden europarechtlichen Arbeitnehmerähnlichen wirft erhebliche Abgrenzungsschwierigkeiten auf: Zur Frage, wie ähnlich das Beschäftigungsverhältnis sein muss, um noch unionsrechtlich geregelt werden zu können, gibt es kaum Anhaltspunkte. Es bestünde daher die Gefahr einer extensiven und letztlich beliebigen Auslegung.[546] Bezeichnenderweise

---

[538] *Wank*, EuZA 2008, 172 (175).
[539] Dafür z.B. *Rebhahn/Reiner*, in: Schwarze, EU-Kommentar, 3. Aufl. 2012, Art. 153 AEUV Rn. 13 f.; *Pottschmidt*, Arbeitnehmerähnliche Personen in Europa, 2006, S. 509 ff.; dagegen z.B. *Schubert*, Der Schutz der arbeitnehmerähnlichen Personen, 2004, S. 159 ff.; *Thüsing*, Europäisches Arbeitsrecht, 3. Aufl. 2017,§ 1 Rn. 17.
[540] *Rebhahn/Reiner*, in: Schwarze, EU-Kommentar, 3. Aufl. 2012, Art. 153 AEUV Rn. 13 unter Berufung auf EuGH Slg. 1989, S. 4459 – The Queen/Ministry of Agriculture sowie EuGH Slg. 1992, I-1027, Rn. 10 f. – Raulin; vgl. auch *Rebhahn*, RdA 2009, 236 (246 f.).
[541] *Rebhahn/Reiner*, in: Schwarze, EU-Kommentar, 3. Aufl. 2012, Art. 153 AEUV Rn. 14.
[542] *Rebhahn/Reiner*, in: Schwarze, EU-Kommentar, 3. Aufl. 2012, Art. 153 AEUV Rn. 13; ebenso *Pottschmidt*, Arbeitnehmerähnliche Personen in Europa, 2006, S. 509 ff.; am Wortlaut der deutschen Fassung orientiert sich hingegen *Schubert*, Der Schutz der arbeitnehmerähnlichen Personen, 2004, S. 159 ff.
[543] *Rebhahn/Reiner*, in: Schwarze, EU-Kommentar, 3. Aufl. 2012, Art. 153 AEUV Rn. 13.
[544] Dazu oben A) II., III.
[545] *Thüsing*, Europäisches Arbeitsrecht, 3. Aufl. 2017,§ 1 Rn. 17.
[546] *Thüsing*, Europäisches Arbeitsrecht, 3. Aufl. 2017,§ 1 Rn. 17.

wurden die bisherigen Rechtsakte der Europäischen Union zum arbeitsrechtlichen Schutz von Selbständigen, nämlich die Handelsvertreterrichtlinie 86/653/EWG sowie die Antidiskriminierungsrichtlinien 2000/43/EG und 2000/78/EG, nicht auf die spezifisch arbeitsrechtlichen Rechtsetzungskompetenzen gestützt. Daher kann letztlich keine allgemeine Kompetenz der Europäischen Union angenommen werden, arbeitsrechtliche Regelungen für Arbeitnehmerähnliche zu treffen.

Rebhahn hat außerdem gezeigt, dass die Niederlassungs- und Dienstleistungsfreiheit einer Ausdehnung des Arbeitsrechts auf Selbständige auf nationaler Ebene entgegenstehen können. Bereits eine bloße widerlegbare Vermutung zugunsten der Arbeitnehmereigenschaft kommt prinzipiell auch bei Arbeitenden zum Tragen, die aufgrund einer Entsendung über die Grenze tätig werden wollen und dabei möglicherweise selbständig sind.[547] So hat der Europäische Gerichtshof in einer im französischen Recht normierter Vermutung betreffend Künstler bereits eine Beschränkung der Grundfreiheit gesehen, unabhängig davon, wie schwer sie zu widerlegen ist. Eine Rechtfertigung der bei fehlender Widerlegung der Vermutung ausgelösten Entstehung eines Anspruchs auf bezahlten Urlaub hat der Europäische Gerichtshof verneint.[548] Die in Rede stehende Vermutung betraf allerdings nur einen bestimmten Beruf, knüpfte nicht an eine längere Dauer des Arbeitseinsatzes an und erfasste auch die Sozialversicherung. Aus dieser Entscheidung lässt sich daher nicht folgern, dass eine widerlegliche Vermutung schlechthin europarechtswidrig ist. Eine Vermutung, die alle Arbeitenden betrifft und dafür zusätzliche Voraussetzungen wie z.B. eine längere Dauer der Arbeitsbeziehung enthält, dürfte eher gerechtfertigt sein als eine auf bestimmte Berufe beschränkte Vermutung, weil nur jene glaubhaft dem Schutz der wirtschaftlich Untergeordneten bzw. Abhängigen dienen kann.[549]

Wenn schon eine widerlegliche Vermutung der Arbeitnehmereigenschaft in eine Grundfreiheit eingreift, dann kann dies bei einer Ausweitung des Arbeitnehmerbegriffs erst Recht der Fall sein.[550] Arbeitende, die in einem Mitgliedstaat als Arbeitnehmer gewertet werden, obwohl sie nicht rechtlich untergeordnet sind, sind im Primärrecht der Europäischen Union Selbständige. Diese fallen unter die Niederlassungs- bzw. Dienstleistungsfreiheit, nicht unter die Arbeitnehmerfreizügigkeit nach Art. 45 AEUV. Der Europäische Gerichtshof sieht den Arbeitnehmerschutz allerdings als möglichen Rechtfertigungsgrund bei der Dienstleistungsfreiheit und bei der Niederlassungsfreiheit an.[551] Es bleibt jedoch stets die Verhältnismäßigkeit zu prüfen.

---

[547] *Rebhahn*, RdA 2009, 236 (246 f.).
[548] EuGH, Slg. 2006, I-05251, Rn. 38 – Kommission/Frankreich.
[549] *Rebhahn*, RdA 2009, 236 (246 f.).
[550] *Rebhahn*, RdA 2009, 236 (247).
[551] EuGH Sgl. 2007, I-10779, Rn. 79 – Viking/ITF; EuGH Slg. 20077, I-11767, Rn. 107 – Laval.

III. Nationale Ebene

Im deutschen Recht gibt es neben Regelungen zu einzelnen Bereichen wie dem Handelsvertreterrecht (dazu unten 1.) und der Entgeltsicherung (dazu unten 2.) die Kategorie der Arbeitnehmerähnlichen, die wirtschaftlich abhängige Selbständige erfasst (dazu unten 3).

1. Schutz von Handelsvertretern

In Deutschland wurde die besondere Regelung des Handelsvertreterrechts bereits mit dem HGB vom 10.5.1897 geschaffen,[552] obgleich der Berufsstand rechtstatsächlich schon vorher bekannt war.[553] Die gesetzliche Normierung hatte jedoch wegen der Selbständigkeit des Handelsvertreters noch nicht dessen wirtschaftliche und soziale Sicherung im Blick.[554] Erst mit der grundlegenden Reform durch das Änderungsgesetz vom 6.8.1953[555] sollte die Rechtsstellung des Handelsvertreters gezielt gestärkt werden, indem insbesondere zwingende Schutzvorschriften eingeführt sowie der Ausgleichsanspruch nach § 89b HGB gewährt wurden.[556]

a) Die Einschätzung des Gesetzgebers zur Schutzbedürftigkeit

Auch der nationale Gesetzgeber nimmt eine spezifische Schutzbedürftigkeit von Handelsvertretern an. In den Materialien zur Gesetzesnovelle von 1953 wird namentlich die gestörte Vertragsparität als zentraler Grund für die Einführung zwingender Schutzvorschriften genannt:

„Die wirtschaftliche Lage der Handelsvertreter als selbständige Kaufleute hat sich durch die sozialen Umwälzungen seit 1918 von Grund auf geändert. Gegenüber den wirtschaftlich unabhängigen Handelsvertretern überwiegt die Zahl der von den Unternehmern mehr oder weniger wirtschaftlich abhängigen Handelsvertreter erheblich. Diese Handelsvertreter vermögen, obwohl sie rechtlich ebenfalls selbständige Kaufleute sind, den wirtschaftlich überlegenen Unternehmern gegenüber nicht gleichberechtigt aufzutreten. Der Grundsatz der Vertragsfreiheit, der das Handlungsagentenrecht des HGB beherrscht, wirkt sich vielfach zu ihrem Nachteil aus. Es wird deshalb anstelle der Vertragsfreiheit eine gesetzliche Regelung angestrebt, die der im Allgemeinen schwächeren Stellung der Handelsvertreter Rechnung trägt. Zwingende gesetzliche Vorschriften sollen ihn in wesentlichen Punkten des Vertragsverhältnisses vor Vereinbarungen schützen, die ihn benachteiligen. Dies bedeutet zwar eine Beschränkung des für Kaufleute geltenden Grundsatzes der Vertragsfreiheit. Diese Einschränkung ist aber unumgänglich, weil die Mehrzahl der Handelsvertreter nicht die Stellung eines „königlichen

---

[552] RGBl. S. 219.
[553] *Emde*, in: Großkomm-HGB, 5. Aufl. 2008, Vor § 8 Rn. 9.
[554] *v. Hoyningen-Huene*, in: MünchKomm-HGB, 4. Aufl. 2016, § 84 Rn. 1.
[555] BGBl. I S. 771.
[556] *v. Hoyningen-Huene*, in: MünchKomm-HGB, 4. Aufl. 2016, § 84 Rn. 2.

Kaufmannes" hat, der keines Schutzes bedarf, sondern vielfach schlechter gestellt ist als ein Angestellter."[557]

Dieser Schutzbedürftigkeit misst das Bundesverfassungsgericht im Hinblick auf Art. 12 GG auch verfassungsrechtliche Bedeutung bei.[558]

b) Rechtliche Umsetzung des Schutzes

Der Schutz der Handelsvertreter wird in den §§ 84 ff. HGB vor allem dadurch bewerkstelligt, dass sie eine angemessene Provision sicherstellen (§§ 87–88a HGB); einen gewissen Kündigungsschutz durch Kündigungsfristen vorsehen (§ 89 Abs. 1, 2 HGB); die Weitergeltung des Vertragsverhältnisses bei Fortsetzung der Tätigkeit fingieren (§ 89 Abs. 3 HGB) und nachvertragliche Wettbewerbsvereinbarungen an bestimmte Voraussetzungen knüpfen (§ 90a HGB). Die Regelung des § 90a HGB zur Wettbewerbsabrede weist starke Ähnlichkeiten mit den arbeitsrechtlich geprägten §§ 74 ff. HGB auf. Auch die §§ 8 ArbPlSchG, 17 Abs. 1 S. 2 BetrAVG stellen Handelsvertreter weitgehend mit Arbeitnehmern gleich. Das Gesetz bringt die Arbeitnehmerähnlichkeit von Handelsvertretern auch darin zum Ausdruck, dass verschiedene Regelungen nicht zum Nachteil des Handelsvertreters abdingbar sind, namentlich §§ 86a Abs. 3, 87a Abs. 5, 87c Abs. 5, 88a Abs. 1, 89 Abs. 2, 89b Abs. 4, 90a Abs. 4 und 92a HGB. Besonders schutzbedürftig sind Handelsvertreter, die nur für ein einziges Unternehmen tätig sind. Diese haben in § 92a HGB eine Spezialregelung erfahren, wonach die zuständigen Bundesministerien eine Mindestvergütung festsetzen können. Diese Vorschrift zeigt, dass Handelsvertreter auch mit arbeitnehmerähnlichen Personen vergleichbar sein können, da die dort genannten Kriterien denjenigen der wirtschaftlichen Abhängigkeit entsprechen.[559] Im Übrigen ähneln Handelsvertreter aber den „echten" Selbständigen mehr als Arbeitnehmerähnlichen.[560] Von Tarifverträgen sind Handelsvertreter nach § 12a Abs. 4 TVG hingegen ausgeschlossen. Die Arbeitsgerichtsbarkeit ist für Handelsvertreter nach § 5 Abs. 3 S. 1 ArbGG nur dann eröffnet, wenn der Durchschnittsverdienst nicht mehr als 1.000 Euro pro Monat beträgt, was in der Praxis zumeist nicht der Fall ist.[561]

Bei dem in diesem Zusammenhang ebenfalls oftmals angeführten § 89b HGB ist das Element des Sozialschutzes hingegen von untergeordneter Bedeutung. Diese Vorschrift ist nach zutreffendem Verständnis keine Billigkeitsrege-

---

[557] BT-Drucks. 1/3856, S. 10 f.
[558] BVerfGE 81, 242 (256 ff.).
[559] *Pottschmidt*, Arbeitnehmerähnliche Personen in Europa, 2006, S. 416 f.
[560] Zu arbeitnehmerähnlichen Personen unten 3.
[561] *Däubler*, in: Pennings/Bosse, The Protection of Working Relationships, 2011, S. 127 (141).

lung,[562] sondern vielmehr eine Vergütung für Leistungen des Handelsvertreters, die durch die Provisionen noch nicht voll abgegolten sind.[563] *Walther Habscheid* spricht von einer „Kapitalisierung der noch ausstehenden Vergütungen".[564] Dieser Anspruch hat weniger die Nachteile des Handelsvertreters im Blick, sondern vor allem den Ausgleich von Vorteilen des Unternehmers. § 89b HGB ist damit kein Entschädigungs-, sondern ein Vorteilsabschöpfungsanspruch.[565] Er ist durchaus mit der condictio ob causam finitam gem. § 812 Abs. 1 S. 2 Var. 1 BGB verwandt, da der Handelsvertreter in den erfassten Fällen die Möglichkeit zu Geschäftsabschlüssen mit neu gewonnenen Kunden verschafft hat und der Rechtsgrund für diesen Vorteil mit der Beendigung des Handelsvertreterverhältnisses weggefallen ist.[566] Bei der Bestimmung der Billigkeit i.S.v. § 89b Abs. 1 S. 1 Nr. 3 HGB können jedoch die sozialen Verhältnisse des Handelsvertreters wie z.B. die Größe seiner Familie berücksichtigt werden.[567]

Insgesamt ist festzuhalten, dass der rechtliche Status von Handelsvertretern trotz ihrer wirtschaftlichen Abhängigkeit weit vom arbeitsrechtlichen Schutzniveau entfernt ist. Eine analoge Anwendung von arbeitsrechtlichen Vorschriften scheidet regelmäßig mangels planwidriger Regelungslücke aus.[568]

c) Handelsvertreterrecht als Vorbild für den Schutz von kleinen Unternehmen?

Da Handelsvertreter ein eigenes, zumeist kleines Unternehmen betreiben, kann man das Handelsvertreterrecht als besonderen Fall des Schutzes von kleinen Unternehmen begreifen.[569] Es fragt sich daher, inwieweit das Handelsvertreterrecht als Vorbild für den Schutz von kleinen Unternehmen herangezogen werden kann. Das Grünbuch der Europäischen Kommission verweist hinsichtlich des Schutzes von wirtschaftlich abhängigen Selbständigen auf die Handelsvertreterrichtlinie 86/653/EWG und stellt damit ausdrücklich eine Verknüpfung her.[570] Auch *Davies/Freedland* sehen im Handelsvertreterrecht einen verallge-

---

[562] So aber *Ulmer*, Der Vertragshändler, 1969, S. 456; *Schwerdtner*, DB 1989, 1757 (1759).
[563] BGHZ 24, 215 (222); *Hopt*, in: Baumbach/Hopt, HGB, 38. Aufl. 2018, § 89b Rn. 2; *v. Hoyningen-Huene*, in: MünchKomm-HGB, 4. Aufl. 2016, § 89b Rn. 5.
[564] *Habscheid*, FS Schmidt-Rimpler, 1957, S. 335 (356).
[565] *Canaris*, Handelsrecht, 24. Aufl. 2006, § 15 Rn. 98.
[566] *Canaris*, Handelsrecht, 24. Aufl. 2006, § 15 Rn. 100.
[567] BGHZ 43, 154 (161 f.); *K. Schmidt*, Handelsrecht, 6. Aufl. 2014, § 27 Rn. 78; *W.-H. Roth*, in: Koller/Kindler/Roth/Morck, HGB, 9. Aufl. 2017, § 89b Rn. 11 a; einschränkend *Hopt*, in: Baumbach/Hopt, HGB, 38. Aufl. 2018, § 89b Rn. 43; ablehnend *Grundmann*, Der Treuhandvertrag, 1997, S.378.
[568] *Däubler*, in: Pennings/Bosse, The Protection of Working Relationships, 2011, S. 127 (140).
[569] *Remien*, Zwingendes Vertragsrecht und Grundfreiheiten des EG-Vertrages, 2003, S. 253.
[570] KOM (2006) 708 endg. v. 22.11.2006, S. 13.

meinerungsfähigen Ansatz, Unternehmer zu schützen.[571] Die von der Richtlinie erfassten Handelsvertreter könnten sowohl in die zweite bzw. dritte als auch in die vierte Gruppe von Arbeitenden fallen. In der Tat ist es keineswegs zwingend erforderlich, dass Handelsvertreter stets persönlich tätig werden.[572] In der Sache wendet die Richtlinie arbeitsrechtliche Mechanismen an, um ein zivilrechtliches bzw. handelsrechtliches Problem zu lösen. Die Kombination zwischen Handels- und Sozialpolitik bringt die Richtlinie in ihrer Präambel zum Ausdruck:

„Die Unterschiede zwischen den einzelstaatlichen Rechtsvorschriften auf dem Gebiet der Handelsvertretungen beeinflussen die Wettbewerbsbedingungen und die Berufsausübung innerhalb der Gemeinschaft spürbar und beeinträchtigen den Umfang des Schutzes der Handelsvertreter in ihren Beziehungen zu ihren Unternehmen sowie die Sicherheit im Handelsverkehr. Diese Unterschiede erschweren im Übrigen auch erheblich den Abschluss und die Durchführung von Handelsvertreterverträgen zwischen einem Unternehmer und einem Handelsvertreter, die in verschiedenen Mitgliedstaaten niedergelassen sind."

Ein Umkehrschluss zu § 92a HGB zeigt jedoch, dass der Gesetzgeber den Handelsvertretern auch unterhalb der Schwelle der wirtschaftlichen Abhängigkeit rechtliche Schutzwürdigkeit beimisst, auch wenn der Schutz im Vergleich zum „echten" Arbeitsrechtsrecht recht schwach ausfällt. Generell verallgemeinerungsfähig erscheint die Regelung des § 90a HGB zur Wettbewerbsabrede: Ein nachvertragliches Wettbewerbsverbot stellt für den Unternehmer eine erhebliche wirtschaftliche Beschränkung dar, sodass das Schriftformerfordernis und die zeitliche Höchstdauer allen Unternehmern zugutekommen können. In diesem Rahmen sind deren Interessen schutzwürdiger als die Interessen des Auftraggebers, für den ein nachvertraglicher Wettbewerb regelmäßig keine vergleichbare wirtschaftliche Beeinträchtigung bedeutet. Das Erfordernis einer Kündigungsfrist (§ 89 Abs. 1, 2 HGB) erscheint zumindest bezüglich solcher Unternehmern sinnvoll, die eine längerfristige Vertragsbeziehung zu ihrem Auftraggeber unterhalten, insbesondere also bei wirtschaftlich Abhängigen.[573] Sind die Unternehmer hingegen marktorientiert tätig und haben noch andere Auftraggeber, so beeinträchtigt die zeitliche Fixierung den Auftraggeber mehr, als eine sofortige Vertragsbeendigung den Unternehmer belasten würde. Das Gleiche gilt für die Weitergeltung des Vertragsverhältnisses bei einem für bestimmt Zeit eingegangenen Vertragsverhältnis im Falle einer Fortsetzung der Tätigkeit (§ 89 Abs. 3 HGB), die sogar per definitionem eine bestimmte Dauer der Vertragsbeziehung verlangt. Nicht verallgemeinerungsfähig ist die Regelung des § 89b HGB: Unabhängig davon, dass es sich bei dieser wie gezeigt um eine Vorteilsabschöpfungs-

---

[571] *Davies/Freedland*, in: Collins/Davies/Rideout, The Legal Regulation of the Employment Relation, 2000, S. 267 (288).
[572] Vgl. *Däubler*, in: Pennings/Bosse, The Protection of Working Relationships, 2011, S. 127 (140).
[573] Dazu näher unten D) II. 3. c) aa).

regelung handelt, kann diese generell nur in dem besonderen Gewerbe des Handelsvertreters zum Tragen kommen. Auf die Entgeltsicherung wird noch separat eingegangen.[574]

2. Entgeltsicherung

Es wurde bereits gezeigt, dass Kleinunternehmer häufig kein lukratives Einkommen haben. Solo-Selbständige verdienen nach Abzug der freiwilligen Sozialversicherungsbeiträge durchschnittlich weniger als Arbeitnehmer und sind nicht selten auf Hartz IV angewiesen.[575] Vor diesem Hintergrund besteht hier das Bedürfnis nach einer hinreichenden Vergütung sowie nach einem besonderen Schutz vor verspäteter oder gar ganz ausbleibender Entgeltzahlung.[576]

a) Mindestvergütung

Während jedoch für Arbeitnehmer verschiedene Instrumente zur Sicherung einer angemessenen Mindestvergütung geschaffen wurden – namentlich die Rechtsprechung des Bundesarbeitsgericht zur Sittenwidrigkeit,[577] dem Mindestlohn nach § 1 MiLoG, dem Equal-Pay-Prinzip bei der Leiharbeit nach § 10 Abs. 4 AÜG und dem Arbeitsortsprinzip bei der Arbeitnehmerentsendung nach § 8 AEntG – müssen Selbständige ihr Einkommen selbst am Markt erwirtschaften.[578] Eine allgemeine Absicherung gegen Übervorteilung bildet auch bei Selbständigen die Sittenwidrigkeit nach § 138 BGB. Diese ist jedoch äußerst unzuverlässig. So ist bereits das auffällige Missverhältnis schwer zu bestimmen, da sich der bei Arbeitnehmern angewandte Maßstab des Tariflohns nicht auf Werk- oder freie Dienstverträge übertragen lässt, da diese zu uneinheitlich sind und es damit an belastbaren Leitbildern fehlt.[579] Zudem ist die „übliche Vergütung", die nach §§ 612 Abs. 2, 632 Abs. 2 BGB bei Unwirksamkeit der Vergütungsabrede beansprucht werden kann, nur schwer nachweisbar.[580] Schließlich werden Selbständige im Hinblick auf ihren Ruf in der Branche häufig keinen Rechtsstreit mit ihren Kunden riskieren wollen, insbesondere wenn sie auf einen einzigen Auftraggeber angewiesen sind.[581]

---

[574] Siehe unten D) II. 3. c) bb). sowie sogleich im Text.
[575] Oben § 2 C).
[576] Vgl. *Deinert*, Soloselbständige zwischen Arbeitsrecht und Wirtschaftsrecht, 2015, S. 54.
[577] Vgl. BAG NZA 2009, 837: Ein auffälliges Missverhältnis i.S.v. § 138 Abs. 2 BGB liegt vor, wenn die Arbeitsvergütung nicht einmal zwei Drittel eines in der betreffenden Branche und Wirtschaftsregion üblicherweise gezahlten Tariflohns erreicht.
[578] *Bayreuther*, NJW 2017, 357.
[579] *Bayreuther*, NJW 2017, 357.
[580] Vgl. *Edenfeld*, in: Erman, BGB, 15. Aufl. 2017, § 612 Rn. 21.
[581] *Bayreuther*, NJW 2017, 357.

Für Handelsvertreter, die rechtlich oder tatsächlich an einen Auftraggeber gebunden sind, kann das zuständige Bundesministerium nach § 92a Abs. 1 S. 1 HGB wie erwähnt durch Rechtsverordnung eine Vergütungsuntergrenze festsetzen. Dies dient neben der Herstellung von Vertragsgerechtigkeit der Absicherung der essenziellen sozialen und wirtschaftlichen Bedürfnisse dieser Handelsvertreter.[582] Indessen wurde eine solche Rechtsverordnung bis heute nicht erlassen. Bei vertraglichen Wettbewerbsbeschränkungen besteht nach § 90a Abs. 1 S. 3 HGB ein Anspruch auf Karenzentschädigung.

Im Urhebervertragsrecht kann der Urheber nach § 32 Abs. 1 UrhG für die Einräumung von Nutzungsrechten und der Erlaubnis zur Werknutzung eine Vergütung verlangen. Soweit eine vereinbarte Vergütung nicht angemessen ist, kann der Urheber von seinem Vertragspartner die Einwilligung in die Änderung des Vertrags verlangen, durch die dem Urheber die angemessene Vergütung gewährt wird. Mit dieser im Jahr 2002 aufgenommenen Bestimmung wollte der Gesetzgeber dem Umstand Rechnung tragen, dass Urheber häufig eine zu schwache Markt- und Verhandlungsmacht haben, um eine angemessene Vergütung zu vereinbaren und durchzusetzen.[583] Das Bundesverfassungsgericht hat diese Regelung für verfassungsmäßig befunden und einen Verstoß gegen die Berufsfreiheit der Verwerter verneint.[584] Flankiert wird dies von den gemeinsamen Vergütungsregeln nach § 36 UrhG, wonach repräsentative Vereinigungen von Urhebern mit Vereinigungen von Werknutzern oder einzelnen Werknutzern gemeinsame Vergütungsregeln aufstellen können, die als angemessen i.S.v. § 32 UrhG gelten.

Für Architekten, Bauingenieure, Notare, Rechtsanwälte und Steuerberater gelten schließlich öffentliche Honorarordnungen. Diese sollen nicht nur zur Absicherung der wirtschaftlichen Situation des Berufsträgers beitragen, sondern insbesondere auch der Allgemeinheit zugutekommen, indem sie zur Absicherung eines Qualitätswettbewerbs und der Unabhängigkeit des jeweiligen Berufsträgers einen ruinösen Preiswettbewerb zwischen den Marktteilnehmern verhindern.[585]

---

[582] BT-Drucks. 1/3856, S. 39 f.; BGH NJW-RR 2015, 289 (90); *v. Hoyningen-Huene*, in: MünchKomm-HGB, 4. Aufl. 2016, § 92a Rn. 3.
[583] BT-Drucks. 18/8625, S. 1.
[584] BVerfGE 134, 204.
[585] *Bayreuther*, NJW 2017, 357 (359).

b) Zahlungsverzug und Zahlungsunfähigkeit

Der Problematik des Zahlungsverzugs bzw. -ausfalls hat sich der Gesetzgeber schon mehrfach im allgemeinen Zivilrecht angenommen. So wurde im Zuge der Umsetzung der EU-Zahlungsverzugsrichtlinie[586] das Verzugsrecht reformiert.[587] Auch wenn diese Vorschriften u.a. mit dem Schutz von kleinen Unternehmen begründet wurden,[588] gelten sie zugunsten aller (gewerblichen) Gläubiger von Entgeltforderungen und bilden keinen spezifischen Schutz von Kleinunternehmern. Bereits im Zuge der Schuldrechtsreform wurde in § 286 Abs. 3 BGB klargestellt, dass der Geldschuldner in Abweichung von den allgemeinen Verzugsvoraussetzungen „spätestens" 30 Tage nach Fälligkeit oder Zugang einer Rechnung oder gleichwertigen Zahlungsaufstellung in Verzug gerät; einen gesonderten Hinweis auf diese Folge verlangt das Gesetz nur gegenüber Verbrauchern. Parallel dazu wird der Zahlungsverzug gem. § 288 Abs. 1 S. 2, Abs. 2 BGB n.F. durch eine Erhöhung der Zinsen sanktioniert, wonach der Verzugszins bei Geldschulden fünf bzw. neun Prozentpunkten über dem Basiszinssatz liegt. Damit der Verzugseintritt nicht durch überlange Zahlungsfristen hinausgezögert wird, wurde die privatautonome Abweichung von § 271 BGB durch § 271a BGB beschränkt. Danach ist eine Bestimmung, welche die Fälligkeit um mehr als 60 Tage nach Empfang der Gegenleistung bzw. einer späteren Rechnung oder gleichwertigen Zahlungsaufstellung hinausschiebt, nur wirksam, wenn sie ausdrücklich getroffen wurde und nicht grob unbillig ist.[589] Nach § 271a Abs. 5 BGB gilt dies jedoch nicht für Ratenzahlungen sowie gegenüber Verbrauchern. Der Gesetzgeber verspricht sich von diesen Regelungen eine „Kultur der unverzüglichen Zahlungen".[590] Ob dieses Ziel erreicht wird, erscheint nach den gegenwärtigen Erfahrungen aus der Praxis indessen zweifelhaft.[591]

Die Zahlungsunfähigkeit des Vertragspartners kann die wirtschaftliche Existenzgrundlage von Kleinunternehmern gefährden, wenn sie hauptsächlich für diesen tätig sind. Während Arbeitnehmer vor der Insolvenz durch das Insolvenzgeld nach §§ 165 SGB III geschützt werden, tragen Unternehmer generell das Insolvenzrisiko bezüglich ihrer Vertragspartner. Sie können ggf. von ihrem Zurückbehaltungsrecht nach § 273 BGB Gebrauch machen, um das Risiko

---

[586] Richtlinie 2011/7/EU des Europäischen Parlaments und des Rates vom 16.2.2011 zur Bekämpfung des Zahlungsverzugs im Geschäftsverkehr (Neufassung), ABl. L 48/1.
[587] Gesetz zur Bekämpfung des Zahlungsverzugs im Geschäftsverkehr und zur Änderung des Erneuerbare-Energien-Gesetzes vom 22.7.2014, BGBl. I 1218.
[588] Vgl. BT-Drucks. 17/10491, S. 7; dazu bereits oben § 3 B) I. 1. b) aa).
[589] Dazu *Deinert*, Soloselbständige zwischen Arbeitsrecht und Wirtschaftsrecht, 2015, S. 55.
[590] So Erwägungsgrund 12 der RL 2011/7/EU sowie BT-Drucks. 18/1309, S. 8.
[591] Vgl. *Verse*, ZIP 2014, 1809 (1818); *Deinert*, Soloselbständige zwischen Arbeitsrecht und Wirtschaftsrecht, 2015, S. 57.

zu begrenzen.[592] Gesetzliche Sicherungsmittel existieren nur für Werkunternehmer (Pfandrecht nach § 647 BGB) und Bauunternehmer (Sicherungshypothek nach § 648 BGB; Anspruch auf Sicherheitsleistung nach § 648a BGB). Die vertragliche Vereinbarung von Sicherungsmitteln setzt eine gewisse Verhandlungsstärke des Sicherungsnehmers voraus. Insgesamt ist festzuhalten, dass Kleinunternehmern nur ein äußerst schwacher Schutz vor Zahlungsfähigkeit des Vertragspartners gewährt wird, der sich regelmäßig in dem Zurückbehaltungsrecht erschöpft.[593]

3. Die Kategorie der Arbeitnehmerähnlichen

Das deutsche Recht kennt die Kategorie der Arbeitnehmerähnlichen. Diese sind jedoch wie bereits erwähnt ein Unterfall der Selbständigen, keine eigenständige Beschäftigungskategorie zwischen Selbständigen und Arbeitnehmern, unterscheidet das deutsche Recht doch lediglich zwischen Arbeitnehmern und Selbständigen.[594] Nach dem in Deutschland herrschenden Verständnis des Arbeitnehmers als persönlich Abhängigen können Arbeitnehmerähnliche keine Arbeitnehmer sein, da sie wegen fehlender Weisungsgebundenheit persönlich unabhängig sind.[595]

a) Begriffsbestimmung

Eine allgemeingültige Definition von Arbeitnehmerähnlichen gibt es nicht.[596] Die konkreteste Beschreibung findet sich in § 12a TVG. Danach sind persönliche Arbeit, wirtschaftliche Abhängigkeit sowie eine mit Arbeitnehmern vergleichbare soziale Schutzbedürftigkeit erforderlich. § 12a TVG gilt jedoch nur für dieses Gesetz und ist nicht verallgemeinerungsfähig.[597] §§ 5 Abs. 1 ArbGG, 2 BUrlG setzen demgegenüber wirtschaftliche Unselbständigkeit voraus, die jedoch interessanterweise mit wirtschaftlicher Abhängigkeit gleichgesetzt wird.[598] Wirtschaftliche Abhängigkeit kann daher als das zentrale Merkmal von Arbeitnehmerähnlichen verstanden werden. Diese folgt daraus, dass sie in der Regel an eine einzige Person gebunden und auf deren Aufträge angewiesen ist, weil sonst

---

[592] *Deinert*, Sololselbständige zwischen Arbeitsrecht und Wirtschaftsrecht, 2015, S. 61 f.
[593] *Deinert*, Sololselbständige zwischen Arbeitsrecht und Wirtschaftsrecht, 2015, S. 62.
[594] *Artz*, Der Verbraucher als Kreditnehmer, 2001, S. 165; *Buchner*, NZA 1998, 1144 (1148); *Wank*, RdA 2010, 193 (204); für eine eigenständige Kategorie hingegen *Debald*, Scheinselbständige – Verbraucher im Sinne des § 13 BGB?, 2005, S. 144. Dazu bereits oben § 2 A).
[595] *Wank*, Arbeitnehmer und Selbständige, 1988, S. 236 ff.
[596] *Neuvians*, Die arbeitnehmerähnliche Person, 2002, S. 49 ff.; *Deinert*, Sololselbständige zwischen Arbeitsrecht und Wirtschaftsrecht, 2015, S. 11; *Bayreuther*, Sicherung der Leistungsbedingungen von (Solo-)Selbständigen, 2018, S. 25.
[597] *Wank*, RdA 2010, 193 (204).
[598] *Koch*, in: ErfKomm, 18.Aufl. 2018, § 5 ArbGG Rn. 5; *Dörner* a.a.O., § 2 BUrlG Rn. 2.

ihre wirtschaftliche Existenzgrundlage entfiele.[599] Dies lässt sich annehmen, wenn aus dem Vertragsverhältnis mehr als die Hälfte des gesamten Einkommens erzielt wird.[600] Weitere Auftraggeber stehen einer wirtschaftlichen Abhängigkeit daher nicht entgegen, sofern der Hauptauftraggeber die existenzsichernde Einnahmequelle ist.[601]

b) Anwendungsbereich

Arbeitnehmerähnliche sind jeweils nicht als eigener Vertragstypus geregelt, sondern werden als eher randständiger Annex des Arbeitsrechts behandelt.[602] Arbeitsrechtliche Schutzvorschriften für Arbeitnehmerähnliche gibt es nur wenige:[603] Anspruch auf bezahlten Jahresurlaub (§ 2 S. 1 BUrlG); Arbeits- und Gesundheitsschutz (§ 2 Abs. 2 Nr. 3 ArbSchG; die bürgerlich-rechtliche Seite regelt § 618 BGB direkt für freie Dienstverträge und analog auch für Werkverträge[604]); Diskriminierungsschutz (§ 6 Nr. 3 AGG: Arbeitnehmerähnliche sind hier Teil eines über den Arbeitnehmerbegriff hinausgehenden arbeitsrechtlichen Beschäftigtenbegriffs); Anspruch auf Pflegezeit (§ 7 Nr. 3 PflegezeitG); die Einbeziehung in Tarifverträge (§ 12a TVG), die im Bereich des öffentlichen Rundfunks besonders praxisrelevant ist, da hier – anders als im privaten Sektor – viele freie Mitarbeiter von Tarifverträgen erfasst werden;[605] die Eröffnung der Arbeitsgerichtsbarkeit (§ 5 Abs. 1 S. 2 ArbGG) sowie für Frauen ein Mutterschutz, für den jedoch Mutterschutzlohn und Mutterschaftsgeld ausgenommen sind (§ 1 Abs. 2 Nr. 7 MuSchG). Über diese spärlichen Regelungen hinaus sieht die Rechtsordnung keinen arbeitsrechtlichen Schutz vor. Ob eine analoge Anwendung des Arbeitsrechts auf Arbeitnehmerähnliche möglich ist, wird noch zu erörtern sein.[606]

Dieser arbeitsrechtliche Schutz von Arbeitnehmerähnlichen bleibt deutlich hinter demjenigen von Arbeitnehmern zurück.[607] Von einigen wichtigen Bereichen des Arbeitsrechts werden Arbeitnehmerähnliche ausgenommen, nämlich vom Kündigungsschutz und von der Mitbestimmung. Auch vom Arbeitszeitgesetz sind Arbeitnehmerähnliche generell ausgeschlossen mit der Folge, dass für

---

[599] BAG AP Nr. 1 zu § 12a TVG; *Pottschmidt*, Arbeitnehmerähnliche Personen in Europa, 2006, S. 420 f.
[600] LAG Hamm, AP Nr. 7 zu § 5 ArbGG 1979.
[601] BAG AP Nr. 30 zu § 5 ArbGG 1979.
[602] Dazu *Pottschmidt*, Arbeitnehmerähnliche Personen in Europa, 2006, S. 413 ff.
[603] Dazu eingehend *Pottschmidt*, Arbeitnehmerähnliche Personen in Europa, 2006, S. 413 ff.
[604] Zur analogen Anwendbarkeit auf Werkverträge BGH NJW 1958, 710 (711); *Wank*, in: ErfKomm, 18. Aufl. 2018, §. 618 Rn. 7.
[605] *Däubler*, in: Pennings/Bosse, The Protection of Working Relationships, 2011, S. 127 (141).
[606] Dazu unten D) II. 2. a).
[607] Nach *Däubler* sind dies nur „wenige wichtige Teile des Arbeitsrechts", FS Wank, 2014, S. 81 (84).

sie keine zeitlichen Höchstgrenzen gelten. Im Übrigen ist die Rechtslage vielfach ungeklärt: Koalitionsfreiheit und Streikrecht könnten Arbeitnehmerähnlichen durchaus zugebilligt werden, da diese mit der in § 12a TVG gewährten Tariffreiheit eng verknüpft sind.[608] Im Hinblick auf ein nachvertragliches Wettbewerbsverbot wendet das Bundesarbeitsgericht die §§ 74b Abs. 2, 75a HGB nicht nur auf gewerbliche Arbeitnehmer entsprechend an, sondern wegen des vergleichbaren Schutzbedürfnisses auch auf wirtschaftlich abhängige freie Mitarbeiter.[609]

IV. Grundlegende Schlussfolgerungen

Eine ausschließliche Fixierung des Arbeitsrechts auf Arbeitnehmer in strenger Abgrenzung zu Selbständigen ist im heutigen Wirtschaftsleben nicht mehr zeitgemäß, so dass nach einer differenzierenden Lösung zu suchen ist. Dies entspricht dem oben festgestellten, auf der Konzeption *Wilburgs* beruhenden Befund, dass das Recht nicht nur in starren Kategorien denken darf, sondern dass es fließende Übergänge geben muss.[610] Eine solche Differenzierung wird durch eine zumindest partielle Anwendung des Arbeitsrechts auf Kleinunternehmer erreicht. Dadurch würden Kleinunternehmer vor wirtschaftlichen Belastungen und gegenüber größeren Unternehmen als ihren möglichen Auftraggeber besser geschützt. Nach geltendem Recht geschieht dies allerdings sowohl auf der internationalen und europäischen Ebene als auch auf der nationalen Ebne nur in begrenztem Umfang. Im Folgenden wird untersucht, inwieweit eine Ausdehnung des arbeitsrechtlichen Schutzes auf Kleinunternehmer möglich, sinnvoll oder gar geboten ist. Dabei wird auf die bereits allgemein behandelten Ansätze zurückgegriffen, die den Schutz von Kleinunternehmern gebieten können, nämliche verfassungsrechtliche, ökonomische und gerechtigkeitsorientierte Erwägungen.[611]

1. Verfassungsrechtlicher Ansatz: Art. 3 Abs. 1 GG

Die Grundlagen des verfassungsrechtlichen Ansatzes, kleine Unternehmen über den Gleichheitssatz zu schützen, wurden bereits dargestellt.[612] An dieser Stelle geht es um die Frage, inwieweit Art. 3 Abs. 1 GG eine Gleichbehandlung von Kleinunternehmern mit Arbeitnehmern gebietet, insbesondere eine Erstreckung des arbeitsrechtlichen Schutzes. Dies ist der Fall, wenn ansonsten eine Ungleichbehandlung von wesentlich Gleichem vorliegt, die verfassungsrechtlich nicht gerechtfertigt ist. In diese Richtung geht auch der in der Literatur vorgebrachte Be-

---

[608] *Däubler*, in: Pennings/Bosse, The Protection of Working Relationships, 2011, S. 127 (142).
[609] BAG NZA 1997, 1284 (1285).
[610] Siehe oben § 5 F).
[611] Siehe oben § 5 B).
[612] Siehe oben § 5 C) III.

gründungsansatz, dass das Arbeitsrecht in der heutigen Arbeitswelt zahlreiche Arbeitsbeziehungen nicht mehr erfasst und daher immer weniger Menschen arbeitsrechtlichen Schutz genießen:[613] Es wurde bereits darauf hingewiesen, dass Arbeitsverhältnisse heute leicht in unabhängige Arbeitsbeziehungen umgewandelt werden können, die dem überkommenen Anwendungsbereich des Arbeitsrechts nicht unterfallen.[614] Vor diesem Hintergrund hat bei der Zuweisung des arbeitsrechtlichen Schutzes eine nicht unerhebliche Willkür Einzug gehalten.

a) Rechtlich relevante Ungleichbehandlung

Eine verfassungsrechtlich relevante Ungleichbehandlung erfordert zunächst die Feststellung der vergleichbaren Personen, Personengruppen oder Sachverhalten, die verschieden behandelt werden. Der Begriff der Personengruppe verweist auf die Zulässigkeit gesetzlicher Generalisierung.[615] Relevante Personengruppen sind nach der Rechtsprechung des Bundesverfassungsgerichts z.B. Arbeiter und Angestellte[616] sowie Arbeitnehmer, Arbeitgeber und andere Rechtsschutzsuchende.[617] Die Unterscheidung zwischen Arbeitnehmern und Selbständigen fügt sich ohne weiteres in diese Gruppenbildung ein. Dabei lässt sich die Gruppe der Selbständigen mit *Davies/Freedland*[618] nochmals unterteilen in wirtschaftlich abhängig Arbeitende (zweite Gruppe); dem Markt zugewandte, jedoch persönlich Arbeitende (dritte Gruppe) sowie nicht zur persönlichen Arbeit Verpflichtete (vierte Gruppe). Die Feststellung einer Ungleichbehandlung erfordert weiter die Angabe eines gemeinsamen Oberbegriffs.[619] Dieser ist hier der Begriff des „Arbeitenden", sofern es generell um eine Ungleichbehandlung von Arbeitnehmern und Selbständigen geht, oder aber der engere Begriff des „wirtschaftlich abhängigen" bzw. „persönlich arbeitenden" Selbständigen, wenn man den Vergleich mit Arbeitnehmern entsprechend beschränken will. Arbeitnehmer arbeiten stets persönlich (vgl. § 613 BGB) und sind typischerweise, wenngleich nicht zwingend (z.B. Chefärzte oder Spitzenfußballer) wirtschaftlich abhängig.[620] Indem sie ihre Arbeitskraft dem Arbeitgeber fremdnützig und nach dessen Vorstellungen zur Verfügung stellen, verzichten sie insoweit auf alternative Erwerbsmöglichkeiten und sind daher auf eine gewisse Kontinuität des Erwerbseinkommens angewie-

---

[613] So etwa *Collins*, Oxford Journal of Legal Studies 1990, 353; *Fudge*, Osgoode Hall Law Journal 44/4 [2006], 609 (616, 647 f.).; zu diesem Befund bereits oben A) III.

[614] *Collins*, Oxford Journal of Legal Studies 1990, 353; *Wank*, RdA 2010, 193 (203 f.). Dazu bereits oben A) III.

[615] *Nußberger*, in: Sachs, GG, 8. Aufl. 2018, Art. 3 Rn. 28; zur Befugnis des Gesetzgebers zur Typisierung siehe oben § 3 C) I. 3.

[616] Vgl. BVerfGE 90, 46 (57).

[617] BVerfGE 88, 5 (12).

[618] Siehe oben unter A) II.

[619] *Heun*, in: Dreier, GG, 3. Aufl. 2013, Art. 3 Rn. 24.

[620] Vgl. *Wank*, AuR 2017, 140 (145).

sen.[621] Davon geht auch der Gesetzgeber aus, wie der gesetzliche Begriff des Arbeitnehmerähnlichen zeigt. Da es sich bei diesen wie gezeigt um (wirtschaftlich abhängige) Selbständige handelt,[622] wären sie gar nicht mit Arbeitnehmern vergleichbar, wenn diese nicht ihrerseits wirtschaftlich abhängig wären. Auch das Reichsarbeitsgericht hatte noch angenommen, dass Arbeitnehmer persönlich *und* wirtschaftlich vom Arbeitgeber abhängig sind.[623]

Erforderlich ist nach der Terminologie des Bundesverfassungsgerichts eine „wesentliche" Gleichheit.[624] Eine solche ist bei Arbeitnehmern und Selbständigen grundsätzlich nicht gegeben: Die einen leisten fremdbestimmte Arbeit in persönlicher und zumeist wirtschaftlicher Abhängigkeit, die anderen leisten selbstbestimmte Arbeit in persönlicher Unabhängigkeit. Unternehmer, die nach der Unterteilung von *Davies/Freedland* in die dritte und vierte Gruppe fallen, sind anders als Arbeitnehmer nicht wirtschaftlich abhängig. Die Verpflichtung zur persönlichen Arbeit, welche noch Unternehmer aus der dritten Gruppe erfasst, schränkt den wirtschaftlichen Handlungsspielraum zwar insoweit ein, als nur Aufträge innerhalb einer gewissen Größenordnung angenommen und nicht mehrere Aufträge gleichzeitig bewältigt werden können.[625] Gleichwohl führt sie für sich genommen nicht zur spezifischen Schutzbedürftigkeit von Arbeitnehmern und vermag daher keine „wesentliche" Gleichheit zu begründen. *Davidov* sieht zwei augenfällige Unterschiede zwischen Arbeitnehmern und selbständigen Unternehmern, nämlich dass sich Arbeitnehmer im Gegensatz zu selbständigen Unternehmern nicht selbst im Markt schützen können und dass Arbeitnehmer im Gegensatz zu selbständigen Unternehmern einen Arbeitgeber haben, der sich um ihr Wohl kümmern kann und muss.[626]

Verfassungsrechtlich relevant kann daher nur der Vergleich von Arbeitnehmern mit Unternehmern aus der zweiten Gruppe, also mit wirtschaftlich abhängig Arbeitenden bzw. Arbeitnehmerähnlichen sein. Der Unterschied besteht in der persönlichen Abhängigkeit, die lediglich auf Seiten der Arbeitnehmer gegeben ist.[627] Zutreffend ist dennoch eine wesentliche Gleichheit zu bejahen. *Mark Freedland* beschreibt Arbeitnehmerähnliche als

---

[621] Vgl. *Rebhahn*, RdA 2009, 236 (241, 243).
[622] Siehe oben unter III. 3. a).
[623] RAG, Urt. v. 7.11.1928 – RAG 167/28, ARS 4, 143.
[624] Zum Merkmal der „wesentlichen Gleichheit siehe BVerfGE 90, 145 (196) sowie oben § 5 C) III. 1.
[625] Vgl. *Debald*, Scheinselbständige – Verbraucher im Sinne des § 13 BGB?, 2005, S. 146.
[626] *Davidov*, in: Davidov/Langille, Boundaries and Frontiers of Labour Law, 2006, S. 138 (147); kritisch dazu *Fudge*, Osgoode Hall Law Journal 44/4 [2006], 609 (632 f.) unter Hinweis darauf, dass diese traditionellen Unterschiede im heutigen Wirtschaftsleben zunehmend verloren gehen würden.
[627] *Debald*, Scheinselbständige – Verbraucher im Sinne des § 13 BGB?, 2005, S. 144; *Deinert*, Soloselbständige zwischen Arbeitsrecht und Wirtschaftsrecht, 2015, S. 10.

„[...] working people who, although deemed independent, are, in reality, at least semi-dependent upon employing enterprises, and as vulnerable to exploitation as workers in the ‚employee' category."[628]

Zutreffend ergibt sich die Schutzwürdigkeit von Arbeitnehmern in erster Linie aus dieser wirtschaftlichen, nicht aus der persönlichen Abhängigkeit.[629] Gerade der Verlust freier wirtschaftlicher Dispositionsmöglichkeiten führt dazu, dass die Personen auf das Arbeitsverhältnis als Lebensgrundlage angewiesen sind. Die Situation von Arbeitnehmern ist insoweit mit derjenigen von Unternehmern vergleichbar, die nicht marktorientiert, sondern nur für einen oder wenige Auftraggeber tätig sind. Weisungen des Arbeitgebers bezüglich Inhalt, Durchführung, Zeit, Dauer und Ort der Tätigkeit können zwar im Einzelfall erhebliche Auswirkungen auf die Lebensgestaltung haben, z.B. bei Versetzungen. Allerdings wirken sie sich typischerweise – etwa bei der Zuweisung von Tätigkeiten innerhalb des Betriebs, der Festlegung der Arbeitszeit im Rahmen des Arbeitszeitgesetzes oder der Anordnung von Dienstkleidung – nicht auf die Lebensgrundlage aus und vermögen daher keine spezifische Schutzbedürftigkeit zu begründen.[630] Der gesetzliche Begriff des Arbeitnehmerähnlichen zeigt, dass der Gesetzgeber selbst eine Vergleichbarkeit annimmt. Die persönliche Abhängigkeit von Arbeitnehmern ist daher erst im Rahmen der verfassungsrechtlichen Rechtfertigung der Ungleichbehandlung von Bedeutung, nicht aber im Rahmen der Vergleichbarkeit.

Erforderlich ist weiterhin eine Ungleichbehandlung aufgrund eines Unterscheidungsmerkmals.[631] Dieses ist hier die persönliche Abhängigkeit, die Arbeitnehmer gem. § 611a BGB n.F. von Arbeitnehmerähnlichen unterscheidet und für die Anwendung des Arbeitsrechts prinzipiell erforderlich ist.[632] Ein Verstoß gegen den Gleichheitssatz erfordert zudem einen Nachteil für den Betroffenen.[633] Dieser kann auch in einem Begünstigungsausschluss bestehen.[634] Diese Fallgruppe ist hier einschlägig, da es um einen überwiegenden Ausschluss der Arbeitnehmerähnlichen aus dem Anwendungsbereich des Arbeitsrechts geht. Dieser bewirkt daher eine verfassungsrechtlich relevante Ungleichbehandlung.

---

[628] *Freedland*, Industrial Law Journal 35/1 [2006], 1 (28 f.); vgl. auch *Carlson*, Berkeley Journal of Employment & Labor Law 2001, 295 (300).
[629] Dazu näher unten D) 2. b) aa) (2) (a).
[630] Vgl. *Wank*, Arbeitnehmer und Selbständige, 1988, S. 126.
[631] *Heun*, in: Dreier, GG, 3. Aufl. 2013, Art. 3 Rn. 24.
[632] Dazu eingehend oben § 6 A) I. 2.
[633] BVerfGE 6, 55 (71); BVerfGE 60, 16 (42); BVerfGE 90, 226, 239).
[634] BVerfGE 121, 108 (119); BVerfGE 121, 317 (370); BVerfGE 127, 263 (280); BVerfGE 132, 179 (188).

b) Verfassungsrechtliche Rechtfertigung

aa) Grundsätzliche Anforderungen

Das Bundesverfassungsgericht unterzieht die Ungleichbehandlung von Personengruppen einer strengeren Rechtfertigungskontrolle als die bloße Ungleichbehandlung von Sachverhalten, indem es nicht nur sachliche Gründe, sondern Verhältnismäßigkeit fordert.[635] Danach ist zunächst die Zulässigkeit des Differenzierungsziels erforderlich. Das Ziel der Differenzierung besteht in der Privilegierung von Arbeitnehmern gegenüber Selbständigen, die wegen der spezifischen Schutzbedürftigkeit von Arbeitnehmern nicht nur gerechtfertigt, sondern sogar geboten ist. Es geht daher letztlich um den Schutzzweck des Arbeitsrechts selbst.[636] Auch das Differenzierungskriterium muss zulässig sein. Dieses besteht hier in der persönlichen Abhängigkeit, die nach der Abgrenzung des § 611a BGB lediglich auf Seiten der Arbeitnehmer, nicht aber auf Seiten der Arbeitnehmerähnlichen gegeben ist. Auch wenn sich die Schutzbedürftigkeit von Arbeitnehmern nach der hier vertretenen Ansicht nicht aus der persönlichen, sondern aus der wirtschaftlichen Abhängigkeit ergibt, so kann die persönliche Abhängigkeit gleichwohl prinzipiell legitimieren, dass bestimmte arbeitsrechtliche Vorschriften nur für Arbeitnehmer gelten. Ob dies bei der jeweiligen Vorschrift der Fall ist, ist eine Frage der Erforderlichkeit. Das Differenzierungskriterium muss nämlich weiterhin im Hinblick auf das Differenzierungsziel geeignet, erforderlich und angemessen sein.[637] Der Ausschluss von Arbeitnehmerähnlichen aus dem Anwendungsbereich des Arbeitsrechts ist daher nur verfassungsrechtlich gerechtfertigt, wenn die in Rede stehende Vorschrift bezweckt und bewirkt, dass gerade die persönliche Abhängigkeit von Arbeitnehmern kompensiert wird. Würde der Schutzzweck der Vorschrift keine persönliche Abhängigkeit erfordern, so wäre diese insoweit kein erforderliches Differenzierungskriterium.

bb) Erforderlichkeit der persönlichen Abhängigkeit

Vor einigen Jahrzehnten, als es noch eine klare Trennung zwischen Arbeitnehmern und Selbständigen gab, gingen Weisungsgebundenheit und wirtschaftliche Abhängigkeit regelmäßig miteinander einher, sodass die Weisungsgebundenheit noch als faktisch ausreichendes Indiz für eine Rechtfertigung durch wirtschaftliche Abhängigkeit dienen konnte.[638] Diese Grenze ist in den letzten Jahren zunehmend verschwommen, da einerseits viele Arbeitnehmer in Teilzeit tätig und damit wirtschaftlich weniger auf das Arbeitsverhältnis angewiesen sind, andererseits aber auch immer mehr Unternehmer dem Vertragspartner wirtschaftlich

---

[635] BVerfGE 84, 348 (361); kritisch zu dieser Differenzierung *Nußberger*, in: Sachs, GG, 8. Aufl. 2018, Art. 3 Rn. 27.
[636] Zum Schutzzweck des Arbeitsrechts eingehend oben § 6 A).
[637] *Heun*, in: Dreier, GG, 3. Aufl. 2013, Art. 3 Rn. 27.
[638] *Rebhahn*, RdA 2009, 236 (241).

untergeordnet sind.[639] Herbert Wiedemann hat bereits 1966 aufgezeigt, dass der Schutzgrund der arbeitsrechtlichen Normen immer weniger in der Weisungsgebundenheit zu sehen sei, sondern stattdessen im Verlust freier wirtschaftlicher Dispositionsmöglichkeiten und in der Angewiesenheit auf das Arbeitsverhältnis als Existenzgrundlage, und damit auf Erwägungen, die nicht auf die persönlich Abhängigen beschränkt sind.[640] Damit war er in Deutschland einer der ersten, die eine Überprüfung des Anwendungsbereichs des Arbeitsrechts im Lichte der Rechtsfolgen angeregt haben.[641]

Rebhahn hat herausgearbeitet, welche arbeitsrechtlichen Vorschriften speziell die persönliche Abhängigkeit kompensieren.[642] Da ist zunächst die Beschränkung der Arbeitszeit. Diese schützt unmittelbar vor der Ausübung des Direktionsrechts, welchem der Arbeitende bei bloß wirtschaftlicher Abhängigkeit nicht ausgesetzt ist.[643] Weiter nennt *Rebhahn* den Arbeits- und Gesundheitsschutz, da die Gefährdung bei Weisungsgebundenheit und bei einer Eingliederung in die Betriebsorganisation größer ist als bei rechtlich freien Arbeitenden. Er räumt aber ein, dass der Arbeits- und Gesundheitsschutz auch bei wirtschaftlich Abhängigen virulent werden kann.[644] In Deutschland wird er ohnehin auch Arbeitnehmerähnlichen gewährt, § 2 Abs. 2 Nr. 3 ArbSchG. Auch die Entgeltfortzahlung lässt sich nach *Rebhahn* auf die persönliche Abhängigkeit zurückführen: Wenngleich diese in erster Linie die wirtschaftliche Abhängigkeit von dem Arbeitsverhältnis als einzige Einkommensquelle kompensiert, kann sie in ökonomischer Hinsicht als Versicherung verstanden werden, die der Arbeitnehmer als Gegenleistung für die Weisungsgebundenheit erhält.[645] Dies lässt bessere Ergebnisse (Kooperationsgewinne) als eine Lage ohne diese Absicherung erwarten, sodass diese Risikoverlagerung eine effizienten Ausgleich für die Weisungsgebundenheit darstellt.[646] Schon *Wiedemann* hat diese Risikoverlagerung als Äquivalent für die Möglichkeit des Arbeitgebers gesehen, über die Arbeitskraft des Arbeitnehmers zu verfügen.[647] Da die genannten Regelungen folglich mit der persönlichen Abhängigkeit legitimiert werden können, ist die Beschränkung ih-

---

[639] *Goldin*, in: Davidov/Langille, Boundaries and Frontiers of Labour Law, 2006, S. 109 (122); *Rebhahn*, RdA 2009, 236 (241).

[640] *Wiedemann*, Das Arbeitsverhältnis als Austausch- und Gemeinschaftsverhältnis, 1966, S. 13 ff.

[641] *Rebhahn*, RdA 2009, 236 (241); dazu näher unten D) 2. b) aa) (2) (a).

[642] *Rebhahn*, RdA 2009, 236 (241 ff).

[643] *Rebhahn*, RdA 2009, 236 (242).

[644] *Rebhahn*, RdA 2009, 236 (242); vgl. auch *Pottschmidt*, Arbeitnehmerähnliche Personen in Europa, 2006, S. 209 ff.

[645] *Deakin*, in: Davidov/Langille, Boundaries and Frontiers of Labour Law, 2006, S. 89 (101, 104); *Ichino*, Lezioni di diritto del lavoro, 2004, S. 177 ff.; a.A. wohl *Hromadka*, NZA 1997, 569 (579).

[646] *Rebhahn*, RdA 2009, 236 (243).

[647] *Wiedemann*, Das Arbeitsverhältnis als Austausch- und Gemeinschaftsverhältnis, 1966, S. 16 ff.

res Anwendungsbereichs auf Arbeitnehmer verfassungsrechtlich gerechtfertigt. Bei welchen Vorschriften hingegen die Erstreckung auf wirtschaftlich Abhängige angezeigt ist, wird noch zu erörtern sein.[648]

2. Ökonomischer Ansatz: Volkswirtschaftliche Folgen

Nach dem ökonomischen Ansatz sind die volkswirtschaftlichen Folgen in den Blick zu nehmen, die eine Ausdehnung des Arbeitsrechts auf Kleinunternehmer hätte. Negativ schlägt dabei die erhöhte Kostenbelastung für die Auftraggeber zu Buche: Da das Arbeitsrecht wie gezeigt stets Kosten für die Arbeitgeber verursacht,[649] würden diese Kosten durch eine Ausdehnung des Anwendungsbereichs erhöht, sofern nicht das Schutzniveau abgesenkt würde. Dadurch würde Deutschland als Wirtschaftsstandort unattraktiver werden. Allerdings könnten die Kosten durch positive volkswirtschaftliche Auswirkungen kompensiert werden. *Perulli* verspricht sich von einer rechtlichen Stärkung der wirtschaftlich abhängigen Unternehmer die Schaffung bzw. Verstärkung von Anreizen, ein Unternehmen zu gründen.[650] Unternehmensgründungen sind zwar wie gezeigt prinzipiell volkswirtschaftlich vorteilhaft.[651] Bei wirtschaftlich abhängigen Unternehmern sind die Vorteile allerdings wie gezeigt begrenzt.[652]

Vor diesem Hintergrund würde die Kostenbelastung voraussichtlich stärker ins Gewicht fallen als die erzielten volkswirtschaftlichen Vorteile. Eine genaue Prognose über die entstehenden Kosten oder die eventuellen volkswirtschaftlichen Vorteile kann in diesem Rahmen nicht erarbeitet werden. Insgesamt legt der ökonomische Ansatz jedoch nahe, den arbeitsrechtlichen Schutz nur zurückhaltend zu erweitern. *Fudge* begründet die von ihr befürwortete Ausdehnung des Arbeitsrechts auf Selbständige noch mit einem Marktversagen, ohne dieses jedoch substantiiert darzulegen.[653] Es wurde bereits dargestellt, dass sich der Schutz von kleinen Unternehmen zwar durchaus auf ein Marktversagen stützen lässt. Dieses besteht jedoch wie gezeigt vor allem in Informationsdefiziten und möglicherweise Unteilbarkeiten, nicht jedoch in der verhältnismäßig stärkeren Kostenbelastung als mathematischer Gegebenheit oder einer empirisch nicht hinreichend belegten strukturellen Unterlegenheit gegenüber größeren Unternehmen.[654]

---

[648] Dazu unten D) III. 2. b).
[649] Dazu oben § 6 A), B) III. 1.
[650] *Perulli*, Study on Ecomomically Dependent Work/Parasubordinate (Quasi-subordinate) work, 2002, S. 117.
[651] Dazu oben § 6 A), B) III. 2. b).
[652] Siehe oben § 3 B) II. 3. c).
[653] *Fudge*, Osgoode Hall Law Journal 44/4 [2006], 609 (647 f.).
[654] Siehe oben § 3 B) II. 3. c).

3. Gerechtigkeitsorientierter Ansatz:
Gleichheit, Interessenabwägung und Umverteilung

Nach dem aristotelischen Verständnis der Gerechtigkeit als Gleichheit geht dieser Ansatz in die gleiche Richtung wie der verfassungsrechtliche Ansatz über Art. 3 Abs. 1 GG, nur dass er inhaltlich offener und weniger verbindlich ist. Unterhalb der Schwelle des Art. 3 Abs. 1 GG kann die Gleichheit daher nicht als verfassungsrechtliche Pflicht, sondern lediglich als Handlungsempfehlung, Orientierungspunkt oder Abwägungsfaktor herangezogen werden. Die Vergleichbarkeit ist daher nicht an dem Maßstab der „wesentlichen Gleichheit" zu bestimmen, der wie gezeigt nur wirtschaftlich abhängige Selbständige bzw. Arbeitnehmerähnliche erfasst. Vielmehr können auch Unternehmer aus der dritten Gruppe als gleich angesehen werden, die ebenso wie Arbeitnehmer zur persönlichen Arbeit verpflichtet sind. Die Gleichheit spielt auch im Rahmen des Gerechtigkeitsverständnisses als angemessener Interessenausgleich eine Rolle, nach welchem Gleichheit ein Angemessenheitskriterium im Rahmen der Interessenabwägung bildet.[655] Eine Gleichbehandlung von Arbeitnehmern mit Arbeitnehmerähnlichen, eventuell auch mit persönlich arbeitenden Selbständigen, ist danach prinzipiell erstrebenswert. Einen Abwägungsfaktor stellen allerdings die Kosten dar, die eine Erstreckung des Arbeitsrechts auf Arbeitnehmerähnliche zur Folge hätte. Solange diese nicht hinreichend genau feststehen, sind noch nicht alle wesentlichen Belange ermittelt, sodass in Anlehnung an die baurechtliche Abwägungsfehlerlehre ein Abwägungsdefizit bestünde.[656] Die Verteilungsgerechtigkeit kann wie gezeigt ebenfalls prinzipiell den Schutz von Kleinunternehmern legitimieren, da diese als benachteiligte Gesellschaftsmitglieder im Sinne der *Rawlsschen* Konzeption angesehen werden können.[657] Dies gilt erst Recht für wirtschaftlich abhängig Arbeitende. In der Tat begründet *Fudge* die Einbeziehung in den arbeitsrechtlichen Schutz damit, dass die Gegenmacht der Arbeitenden gestärkt werden soll.[658]

Perulli führt zudem den Verantwortungsgedanken ins Feld: Danach sei z.B. die Allokation der Kosten für den Arbeits- und Gesundheitsschutz bei dem Unternehmer bzw. Leiter einer Organisation nicht nur wegen ihrer hierarchischen Position gerechtfertigt, sondern auch, weil diese eine absolute und objektive Verantwortung für alle Menschen haben, die sich ihretwegen Gefährdungen aussetzen.[659] Auf diesen Gedanken lässt sich eine Einstandspflicht des Unternehmers für alle Personen stützen, die für ihn arbeiten. Eine solch weitgehende Regelung

---

[655] *Stöhr*, Rechtstheorie 2014, 159 (186).
[656] *Stöhr*, Rechtstheorie 2014, 159 (187).
[657] Siehe oben § 5 E) I. 1. b) aa) (1) (a).
[658] *Fudge*, Osgoode Hall Law Journal 44/4 [2006], 609 (647 f.).
[659] *Perulli*, Study on Ecomomically Dependent Work/Parasubordinate (Quasi-subordinate) work, 2002, S. 117 f.

findet sich im englischen Recht, nach welchem der Unternehmer z.B. dazu verpflichtet ist, alle erforderlichen Maßnahmen zu treffen, um die Gesundheit und Sicherheit für alle zu gewährleisten, die in die unternehmerischen Aktivitäten involviert sind.[660] Insgesamt ist die Erstreckung des Arbeitsrechts zumindest auf wirtschaftlich abhängige Selbständige nach dem gerechtigkeitsorientierten Ansatz prinzipiell erstrebenswert. Konkrete Schutzvorschriften lassen sich daraus allerdings kaum ableiten.

4. Ergebnis

Nach Art. 3 Abs. 1 GG ist die Ungleichbehandlung von wesentlich Gleichem rechtfertigungsbedürftig. Arbeitnehmer sind zwar nicht mit Selbständigen im Allgemeinen, wohl aber mit wirtschaftlich abhängigen Selbständigen vergleichbar. Da das Arbeitsrecht grundsätzlich an die Arbeitnehmereigenschaft anknüpft, bildet das Kriterium der persönlichen Abhängigkeit das Differenzierungskriterium. Dieses ist jedoch nur dann erforderlich und damit verhältnismäßig, wenn die in Rede stehende Regelung zumindest auch durch die persönliche Abhängigkeit legitimiert wird. Man sieht, dass nach dem verfassungsrechtlichen Ansatz nach der Legitimation der jeweiligen arbeitsrechtlichen Vorschrift zu differenzieren ist. Diese Differenzierung findet sich auch in der Argumentation *Däublers*, nach dem theoretisch alle arbeitsrechtlichen Vorschriften auf Arbeitnehmerähnliche ausgedehnt werden *können*, soweit sie nicht der Weisungsgebundenheit des Arbeitenden geschuldet sind.[661] Die Annahme einer dahingehenden Pflicht geht freilich deutlich über eine bloße Befugnis hinaus.

Nach dem ökonomischen Ansatz sind die volkswirtschaftlichen Folgen in den Blick zu nehmen, die eine Ausdehnung des Arbeitsrechts auf Kleinunternehmer hätte. Diese bestehen jedenfalls in einer Erhöhung der Kosten, möglicherweise aber auch in volkswirtschaftlichen Vorteilen durch die Förderung der Unternehmer. Bei wirtschaftlich abhängig Arbeitenden werden diese jedoch geringer sein als bei herkömmlichen, marktorientierten Unternehmen. Insgesamt dürften die eventuellen Vorteile die Kostenerhöhung kaum aufwiegen, sodass nach dem ökonomischen Ansatz Zurückhaltung angezeigt ist. Der gerechtigkeitsorientierte Ansatz legt ebenfalls eine Ausweitung des Schutzes für wirtschaftlich abhängige, nach einem weiten Verständnis auch auf wirtschaftlich unabhängige Selbständige nahe. Dabei werden jedoch nur eine allgemeine Richtung vorgegeben, keine konkreten Einzelmaßnahmen. Bei der Umsetzung des Schutzes besteht ein breiter gesetzgeberischer Spielraum.

Das allgemeine Ergebnis besteht somit darin, dass jedenfalls wirtschaftlich abhängig Arbeitende bzw. Arbeitnehmerähnliche in größerem Umfang in den

---

[660] Zum englischen Recht siehe unten C) I. 1.
[661] *Däubler*, in: Pennings/Bosse, The Protection of Working Relationships, 2011, S. 127 (142).

Anwendungsbereich des Arbeitsrechts einbezogen werden sollten, soweit sie mit Arbeitnehmern vergleichbar sind – die in Rede stehende Regelung daher nicht mit der persönlichen Abhängigkeit legitimiert wird – und sich die Kosten in vertretbarem Rahmen halten. Aufgrund der fehlenden Kompetenz der Europäischen Union für Arbeitnehmerähnliche sind die Lösungsmöglichkeiten primär auf der nationalen Ebene zu suchen.

C) Arbeitsrechtlicher Schutz von Selbständigen in anderen Rechtsordnungen

Nachdem also ein grundsätzlicher Regelungsbedarf festgestellt wurde, soll im Folgenden der arbeitsrechtliche Schutz von Selbständigen in anderen Rechtsordnungen in den Blick genommen werden, um nach Vorbildern und Orientierungsmöglichkeiten Ausschau zu halten. Die Auswahl der vorgestellten Rechtsordnungen ist, wie immer, ein Stück weit willkürlich und auf europäische Länder beschränkt. Dies mag als Beschränkung angesehen werden. Es erscheint aber dennoch sinnvoll, da das Arbeitsrecht in diesen Ländern hoch entwickelt ist und von der Verbreitung neuer Beschäftigungsformen in besonderem Maße infrage gestellt wird, sodass das Regulierungsbedürfnis dementsprechend virulent wird.[662]

I. Rechtslage in anderen EU-Ländern

1. Vereinigtes Königreich

Das englische Recht kennt neben Arbeitnehmern (employees) und Selbständigen (self-employed) die workers als mittlere Kategorie. Dabei handelt es sich um Selbständige, denen ein gewisser arbeitsrechtlicher Schutz zukommt.[663] Ebenso wie bei den Arbeitnehmerähnlichen im deutschen Recht liegt kein eigener Vertragstypus vor, sondern ein Mittel, bestimmte arbeitsrechtliche Regelungen auf andere Verträge als den Arbeitsvertrag anzuwenden. Workers werden in section 230 des Employment Rights Act (ERA) 1996 wie folgt definiert:

„'Worker' means an individual who has entered into or works under [...] (a) a contract of employment, or (b) any other contract, [...] whereby the individual undertakes to do or perform personally any work or services for another party to the contract whose status is not by virtue of the contract that of a client or customer of any profession or business undertaking carried on by the individual."

---

[662] *Bosse/Pennings*, in: Pennings/Bosse, The Protection of Working Relationships, 2011, S. 1 (3 f.) zur Auswahl dieser Länder.
[663] *Pottschmidt*, Arbeitnehmerähnliche Personen in Europa, 2006, S. 453 ff.

Mit der Fokussierung auf die Verpflichtung zur persönlichen Arbeit werden somit Arbeitende aus den Gruppen zwei bis drei erfasst. Da der Begriff des workers somit weit gefasst ist und auch employees umfasst, besteht die hier relevante mittlere Kategorie zwischen Unselbständigen und Selbständigen nicht in den workers, sondern in der Differenzmenge von workers und employees.[664] Aus der Gruppe der workers heraus fallen nur dem Markt zugewandte Unternehmer. Zur besseren Unterscheidung werden im englischen Recht die Selbständigen mit arbeitsrechtlichem Schutz als limb (b) worker und die anderen Selbständigen als truly self-employed bezeichnet.[665]

Der Schutz von workers wird verwirklicht durch Arbeits- und Gesundheitsschutz nach dem Health and Safety at Work Act 1974, der für Selbständige zumindest beschränkt gilt; Diskriminierungsschutz; gesetzlichen Mindestlohn nach dem National Minimum Wage Act 1998 nebst Schutz vor unberechtigten Lohnabzügen; Beschränkung der Arbeitszeit nach den Working Time Regulations 1998 sowie bezahlten Erholungsurlaub. Den employees als „echten Arbeitnehmern" vorbehalten sind demgegenüber folgende Rechte: Kündigungsschutz, Kündigungsfristen, Abfindung bei betriebsbedingter Kündigung, Konsultation bei Massenentlassung, Rechte im Falle eines Betriebsübergangs, bezahlte Elternzeit, Flexibilisierung der Arbeitszeit, Benachteiligungsverbot bei befristeter Beschäftigung und berufliche Fortbildung. Nach section 230 des ERA 1996 ist die Regierung zwar ermächtigt, die Bestimmungen für employees teilweise oder ganz auf andere Arbeitende zu erstrecken.[666] Davon wurde jedoch bislang kein Gebrauch gemacht.

Der Arbeitnehmer ist definiert in section 295 (1) des Trade Union and Labour Relations (Consolidation) Act 1992 sowie in section 230 des Employment Rights Act 1996 als Individuum, das aufgrund eines Arbeitsvertrags (contract of employment bzw. contract of service)) beschäftigt ist. Die Abgrenzung von Arbeitnehmern und Selbständigen wird anhand verschiedener „Tests" vorgenommen.[667] Zu nennen sind insbesondere der „control test", der nach dem Umfang der Kontrollmöglichkeiten des Auftraggebers fragt und am ehesten mit dem Kriterium der Weisungsgebundenheit aus dem deutschen Recht vergleichbar ist; dem „organizational" bzw. „integration" test, der nach dem Grad der Eingliederung des Arbeitenden in die Betriebsorganisation fragt und ebenfalls im deutschen Recht geläufig ist; dem „business on one's own account' test", der danach fragt, ob der Arbeitende selbstbestimmt oder fremdbestimmt auftritt; sowie der etwas kryptische „you know one when you see one' test", der stark einzelfallbezogen und weniger methodisch ist. Heute werden die verschiedenen Tests zumeist

---

[664] Rebhahn, RdA 2009, 236 (238); Sutschet, EuZA 2016, 171 (174).
[665] Sutschet, EuZA 2016, 171 (174).
[666] Employment Relations Act 1999 sec 23.
[667] Dazu Neal, in: Pennings/Bosse, The Protection of Working Relationships, 2011, S. 143 (158 f.).

kombiniert („multiple test"). In der Ready-Mixed-Concrete-Entscheidung wird der Arbeitsvertrag wie folgt definiert:

„A contract of service exists if these three conditions are fulfilled. (i) The servant agrees that, in consideration of a wage or other remuneration, he will provide his own work and skill in the performance of some service of his master. (ii) He agrees, expressly or impliedly, that in the performance of that service we will be subject to the other's control in a sufficient degree to make that other master. (iii) The other provisions of the contract are consistent with its being a contract of service."[668]

In der Folgezeit hat die Rechtsprechung verschiedene Kriterien für die Arbeitnehmereigenschaft entwickelt, die denen des Bundesarbeitsgericht für den deutschen Arbeitnehmerbegriff entsprechen: Maß der Kontrolle, Höhe und Regelmäßigkeit der Vergütung, eigene Investitionen, Einsatz eigener oder fremder Arbeitsmittel, Tätigkeit für einen oder mehrere Auftraggeber und Umfang der jeweiligen Anteile, Ansicht und Bezeichnung der Parteien über ihr Vertragsverhältnis, Arrangements über Zahlung von Steuern und Sozialversicherungsbeiträgen, Vereinbarungen über die Beendigung der Vertragsbeziehung.[669] *Sutschet* stellt allerdings nach einer Auswertung der einschlägigen Rechtsprechung fest, dass der Arbeitnehmerbegriff des englischen Rechts von zu großer Komplexität ist mit der Folge, dass die Anwendung der relevanten Kriterien in der Praxis auch erfahrenen Juristen oft nicht gelingt.[670]

Die Abgrenzung von limb (b) workers und den truly self-employed erfolgt nach dem Gesetz mit folgender Maßgabe: Wenn sich jemand zur Erbringung einer persönlichen Arbeitsleistung verpflichtet und diese Dienste jemandem erbringt, der nach dem Vertrag nicht als sein Klient oder Kunde angesehen wird, dann unterfällt er dem arbeitsrechtlichen Schutz als worker. Es kommt also zunächst darauf an, ob die Dienste persönlich erbracht werden müssen. Ein Dienstverpflichteter, der die Arbeit durch einen anderen verrichten lassen darf, ist kein worker.[671] Für die Kunde/Klient-Ausnahme wird maßgeblich darauf abgestellt, ob der Dienstverpflichtete seine Leistungen exklusiv für ein Unternehmen erbringt, in welches er integriert ist.[672] Danach können z.B. selbständige Handelsvertreter, selbständige Mitarbeiter in Anwaltskanzleien und Fußballschiedsrichter als worker anzusehen sein.[673]

---

[668] Ready Miced Concrete (South East) Ltd v Minister for Pensions and National Insurance [1968].
[669] *Sutschet*, EuZA 2016, 171 (172).
[670] *Sutschet*, EuZA 2016, 171 (182 f.).
[671] Gunning v Mirror Group Newspapers Ltd [1986] 1 All England Law Reports 385.
[672] Suhail v Barking Havering & Redbridge University Hospitals NHS Trust, United Kingdom Employment Appeal Tribunal 0536/13/RN; Hospital Medical Group Ltd v Westwood [2012], IRLR 834.
[673] *Sutschet*, EuZA 2016, 171 (175) unter Hinweis auf Sash Window Workshop Ltd v King United Kingdom Employment Appeal Tribunal 0057/14/MC (Handelsvertreter); Ranu v Diamond Solicitors LLP United Kingdom Employment Appeal Tribunal 0537/11/

2. Niederlande

Solo-Selbständigen kommen im niederländischen Recht verschiedene Schutzmaßnahmen zugute. Der Arbeits- und Gesundheitsschutz besagt nach Art. 7:658 des Bürgerlichen Gesetzbuchs (Burgerlijk Wetboek), dass eine Person, für die eine andere Person Arbeit verrichtet, für Schäden haftet. Ein spezifisch arbeitsrechtlicher Schutz ist dies freilich nicht, in Deutschland ergibt sich eine solche allgemeine Haftung z.b. aus dem allgemeinen Schuldrecht (§§ 280 Abs. 1, 241 Abs. 2 BGB) sowie aus dem Deliktsrecht (§§ 823 ff. BGB).

Weiterhin findet das niederländische Mindestlohngesetz (Wet Minimumloon) nach Art. 3 Anwendung auf bestimmte Solo-Selbständige. Voraussetzung ist, dass der Arbeitende für höchstens zwei Auftraggeber tätig ist, die Arbeit persönlich oder durch Familienangehörige zu erbringen ist und die Arbeit zumindest fünf Stunden pro Woche in Anspruch nimmt. Auch das niederländische Tarifvertragsgesetz (Wet op de Collectieve Arbeidsovereenkomst) kann nach Art. 1 prinzipiell Verträge von Selbständigen erfassen. Es ist jedoch umstritten, ob es den Tarifparteien zusteht, einen generellen Tariflohn für Selbständige zu vereinbaren.[674] Die Frage wurde virulent, als ein Tarifvertrag einen Mindestlohn für Musiker vorgesehen hat, die fest angestellte Orchesterspieler ersetzen. Die niederländische Wettbewerbsbehörde hält einen fixen Mindestlohn in einer amtlichen Stellungnahme aus dem Dezember 2007 (Cao-tariefbepalingen voor zelfstandigen en de Mededingingswet) für unvereinbar mit dem Wettbewerbsrecht.[675] Vor dem Hintergrund des Albany-Urteils des EuGH könnte man die Wettbewerbskonformität allerdings durchaus bejahen:[676] In diesem Urteil hat der EuGH die Vereinbarkeit von Kollektivverträgen mit dem europäischen Wettbewerbsrecht bejaht, wenn diese verhandelt wurden und eine soziale Zielrichtung verfolgen.[677]

Schließlich kommt Selbständigen ein gewisser Kündigungsschutz zugute. So ist der Auftraggeber zunächst verpflichtet, den Arbeitenden eine angemessene Kündigungsfrist einzuräumen. Eine Kündigung ohne entsprechende Frist kann einen Verstoß gegen die Prinzipien der Fairness und Vernunft darstellen.[678] Weiter kann erforderlich sein, dass die Arbeitsbehörde (UWV WERKbedrijf) der Kündigung zustimmen muss. Die entsprechende Regelung (Buitengewoon Bes-

---

BA (Rechtsanwälte) und Conroy v Scottish Football Association Ltd United Kingdom Employment Appeal Tribunal 0024/13/JW (Schiedsrichter).
[674] Dazu *Pennings*, in: Pennings/Bosse, The Protection of Working Relationships, 2011, S. 83 (102).
[675] Abrufbar unter https://www.acm.nl/nl/download/bijlage/?id=8953, Stand: 1.2.2017.
[676] *Pennings*, in: Pennings/Bosse, The Protection of Working Relationships, 2011, S. 83 (102).
[677] EuGH, Slg. 1999, I-5863 (Rn. 103) – Albany.
[678] *Pennings*, in: Pennings/Bosse, The Protection of Working Relationships, 2011, S. 83 (102).

luit Arbeidsverhoudingen) erfasst Arbeitende, die zur persönlichen Arbeit verpflichtet sind, nicht für mehr als zwei Auftraggeber tätig sind, nicht mehr als zwei Mitarbeiter (außer Familienangehörigen) beschäftigen und es sich nicht um geringfügige Arbeit handelt. Art. 7:411 des Bürgerlichen Gesetzbuchs gewährt zudem einen gewissen Schutz für den Fall, dass die Arbeitsbeziehung vor ihrer Erfüllung gekündigt wird. Wenn der Vertrag endet, bevor die Arbeit abgeschlossen ist oder eine vereinbarte Laufzeit erreicht ist, obwohl der vereinbarte Lohn von diesen Bedingungen abhängt, kann der Arbeitende eine angemessene Vergütung beanspruchen. Der Arbeitende kann die vollständige Vergütung verlangen, wenn die Vertragsbeendigung aus der Sphäre des Auftraggebers herrührt.

3. Italien

In Italien gibt es die Untergruppe von Selbständigen der lavoratori autonomie, die als den Arbeitnehmern ähnlich angesehen und daher parasubordinati genannt werden. Der Gesetzgeber hat denjenigen Teil der parasubordinati in die Arbeitsgerichtsbarkeit und in die Sozialversicherung einbezogen, bei denen eine koordinierte und kontinuierliche Zusammenarbeit (collaborazione coordinata e continuativa) gegeben ist. Diese stellt nicht auf wirtschaftliche Abhängigkeit ab, sondern auf die Verpflichtung zu persönlicher Arbeit, insbesondere die Befugnis des Vertragspartners zur Koordination und die längere Dauer. Arbeitsrechtliche Vorschriften für diese Gruppe gibt es nur wenige, namentlich zum Verzicht und Vergleich; Arbeits- und Gesundheitsschutz; Arbeitnehmererfindungsrecht; Anspruch auf Elternurlaub und Beschäftigungsverbot für schwangere Personen.[679]

4. Spanien

In Spanien wurde 2007 ein umfassendes Gesetz für den sog. Trabajo autónomo erlassen.[680] Dieses enthält Regelungen über wirtschaftlich abhängige Arbeit, deren Anwendung neben persönlicher Arbeit u.a. erfordert, dass der Arbeitende mindestens 75 Prozent des Erwerbseinkommens von einem Vertragspartner erzielt. Die Eigenschaft als wirtschaftlich abhängig Arbeitender muss im Vertrag zum Ausdruck kommen und kann nur im Verhältnis zu einem einzigen Auftraggeber bestehen. Zudem muss der Vertrag in einem Register angemeldet werden. Die Rechtsfolgen einer solchen wirtschaftlichen Abhängigkeit umfassen eine jährliche Freistellung ohne Entgeltzahlung, die Möglichkeit zu kollektiven Verträgen und eine Bindung der auftraggeberseitigen Kündigung an einen sachlichen Grund. Damit wird hier sogar ein allgemeiner Kündigungsschutz gewährt.

---

[679] Dazu eingehend *Stefanescu*, Die arbeitnehmerähnliche Person im italienischen Recht, 2013.
[680] Estatuto del trabajo autónomo, Gesetz Nr. 115–15.

5. Portugal

In Portugal sieht Art. 13 des Arbeitsgesetzbuches vor, dass auf wirtschaftlich abhängig Arbeitende die Regelungen des Arbeitsrechts insbesondere hinsichtlich der Rechte der Persönlichkeit, Diskriminierung, Gleichbehandlung und Gesundheitsschutz anzuwenden sind. Einschränkend wird allerdings auf spezielle Gesetze verwiesen. In der Praxis werden jedoch kaum arbeitsrechtliche Normen auf nur wirtschaftlich abhängig Arbeitende angewandt, auch nicht auf der Grundlage dieser Bestimmung.

6. Frankreich

Auch das französische Arbeitsrecht geht prinzipiell von einer Zweiteilung in Arbeitnehmer und Selbständige aus.[681] Als weitere Kategorie kennt das französische Arbeitsrecht noch die travailleurs non salariés, von denen aber nur wenige Berufsgruppen eine arbeitsrechtliche Regelung erfahren haben. Einheitlich angewandt werden nur die Vorschriften zum Gesundheitsschutz am Arbeitsplatz und zur Weiterbildung.[682] Im Übrigen erfolgt die Anwendung des Arbeitsrechts auf Nichtarbeitnehmer durch Vermutungen, die für einige Berufe widerlegbar, für andere unwiderlegbar sind. Dies gilt namentlich für Handelsreisende (Art. L 7311 Code du Travail) und manche Absatzmittler (Art. L 7321 Code du Travail). Auch Franchisenehmer werden im französischen Recht gem. Art. 781 Code de travail grundsätzlich wie Arbeitnehmer behandelt.[683] Sind die Arbeitende allerdings von einer der berufsspezifischen Vermutung erfasst, genießen sie einen umfassenden Schutz, der deutlich über den in anderen Staaten hinausgeht. Damit ist diese Kategorie – anders als in den anderen europäischen Ländern – nicht abstrakt generell über wirtschaftliche Abhängigkeit oder Pflicht zur persönlichen Arbeit definiert, sondern auf bestimmte Berufsgruppen beschränkt.

Vor dem Hintergrund des Grünbuchs der Europäischen Kommission vom 22.11.2006 wurde ein vom Arbeitsministerium in Auftrag gegebener Report zur Frage veröffentlicht, welcher rechtliche Schutz wirtschaftlich abhängigen Selbständigen zukommen sollte.[684] Dieser befürwortete die Einführung einer entsprechenden dritten Kategorie und zeigte Kriterien auf, wie die entsprechenden Personen zu identifizieren und zu schützen sind. Danach sind Selbständige wirtschaftlich abhängig, wenn ihr Einkommen zu mehr als 50 Prozent von einem

---

[681] *Daugareilh*, in: Pennings/Bosse, The Protection of Working Relationships, 2011, S. 61 (63).
[682] Dazu *Pottschmidt*, Arbeitnehmerähnliche Personen in Europa, 2006, S. 472 ff.
[683] Dazu *Perulli*, Study on Ecomomically Dependent Work/Parasubordinate (Quasi-subordinate) work, 2002, S. 91.
[684] *Antonmattei/Sciberras*, Droit social 2009, 221 ff.

einzigen Auftraggeber abhängt.⁶⁸⁵ Zudem wird das Kriterium der Dauer der Geschäftsbeziehung herangezogen, die Autoren empfehlen eine Mindestdauer von zwei Monaten.⁶⁸⁶ Bei der rechtlichen Abhängigkeit spielt die Dauer der Vertragsbeziehung keine Rolle, diese liegt bereits zu Beginn der Tätigkeit vor. Demgegenüber entwickelt sich wirtschaftliche Abhängigkeit erst im Laufe der Zeit: Je länger die Geschäftsbeziehung, desto größer die wirtschaftliche Abhängigkeit.⁶⁸⁷ Dieser Gedanke wird im italienischen Recht aufgegriffen.⁶⁸⁸ Ein weiteres Kriterium ist die Spezialisierung der Arbeitsmittel, die der Arbeitende einsetzt. Was die Schutzmaßnahmen anbelangt werden zunächst die wichtigsten Risiken von wirtschaftlich abhängigen Selbständigen herausgearbeitet. Diese werden in Einkommensverlusten und Arbeitsunfällen bzw. krankheitsbedingter Arbeitsunfähigkeit gesehen. Vor diesem Hintergrund empfehlen die Autoren eine Lösung über das Sozialversicherungsrecht, wonach entsprechende Vorkehrungen eingeführt werden sollen, die durch eine Abgabe im Rahmen der Entlohnung von den Auftraggebern finanziert werden.⁶⁸⁹ Zudem erwägen die Autoren einen Schutz der Arbeitsbeziehung durch Arbeitsrecht im Rahmen des code du travail. Insoweit halten sie fest, dass einige Rechte – namentlich die Menschenrechte – für alle Arbeitenden unabhängig von ihrem Status gelten sollten. So sei z.B. der Streik auch bei Selbständigen gebräuchlich geworden⁶⁹⁰ und sollte entsprechend geschützt werden, indem die Arbeitsbeziehung im Falle eines Streiks aufrechterhalten wird und der Auftraggeber von der Ersetzung des Streikenden durch einen anderen abgehalten wird.⁶⁹¹ Ein Mindestlohn für Selbständige sei zwar als gesetzliche Regelung durchaus erstrebenswert, könne aber in der Praxis schwer umgesetzt werden, weshalb eine Lösung über die Tarif- und Koalitionsfreiheit für Selbständige vorzugswürdig sei.⁶⁹² Im Hinblick auf die Fristen- und Abfindungspflichten bei Kündigungen empfehlen die Autoren die Anwendung der Vorschriften für Handelsvertreter (Art. L 134–12 code du travail) und Außendienstleiter (L 146–4 code du travail).⁶⁹³ Ebenso sollte der Arbeits- und Ge-

---

⁶⁸⁵ *Antonmattei/Sciberras*, Droit social 2009, 221; zit. nach *Daugareilh*, in: Pennings/Bosse, The Protection of Working Relationships, 2011, S. 61 (80).
⁶⁸⁶ *Antonmattei/Sciberras*, Droit social 2009, 221; zit. nach *Daugareilh*, in: Pennings/Bosse, The Protection of Working Relationships, 2011, S. 61 (80).
⁶⁸⁷ *Daugareilh*, in: Pennings/Bosse, The Protection of Working Relationships, 2011, S. 61 (80).
⁶⁸⁸ Dazu oben 3.
⁶⁸⁹ *Antonmattei/Sciberras*, Droit social 2009, 221; zit. nach *Daugareilh*, in: Pennings/Bosse, The Protection of Working Relationships, 2011, S. 61 (81).
⁶⁹⁰ Vgl. *Suipot*, Droit social 2001, 687 (696).
⁶⁹¹ *Antonmattei/Sciberras*, Droit social 2009, 221; zit. nach *Daugareilh*, in: Pennings/Bosse, The Protection of Working Relationships, 2011, S. 61 (81).
⁶⁹² *Antonmattei/Sciberras*, Droit social 2009, 221; zit. nach *Daugareilh*, in: Pennings/Bosse, The Protection of Working Relationships, 2011, S. 61 (81).
⁶⁹³ *Antonmattei/Sciberras*, Droit social 2009, 221; zit. nach *Daugareilh*, in: Pennings/Bosse, The Protection of Working Relationships, 2011, S. 61 (81).

sundheitsschutz angewandt werden.[694] Das Erfordernis eines sachlichen Grundes für Kündigungen lehnen die Autoren jedoch ab, da dies dem Kündigungsschutzrecht für Arbeitnehmer vorbehalten sei.[695] Insgesamt ist dieser Report stark von Vorbildern aus Italien und Spanien beeinflusst.[696] Für ihn spricht sein pragmatischer und praxisorientierter Ansatz, der sich ohne größeren Umbruch in das französische Arbeitsrecht einfügen würde. Er könnte daher durchaus die Grundlage einer neuen Regulierung in Frankreich bilden.[697] Bislang wurden dem Parlament jedoch keine entsprechenden Entwürfe vorgelegt. Gegenwärtig gibt es daher in Frankreich keine spezifische Regulierung, welche die Grauzone zwischen rechtlich abhängiger Arbeit und Selbständigkeit erfasst.

II. Auswertung

Sämtliche Länder gehen grundsätzlich von einer Dichotomie von Arbeitnehmern und Selbständigen aus, in welcher nur erstere unbeschränkten arbeitsrechtlichen Schutz genießen. Die Arbeitnehmerdefinition ähnelt zumeist derjenigen aus dem deutschen Recht. Selbständige sind in den meisten europäischen Rechtsordnungen auch dann keine Arbeitnehmer, wenn sie im Verhältnis zum Auftraggeber wirtschaftlich abhängig und unselbständig arbeiten, weil diese Rechtsordnungen für die Arbeitnehmereigenschaft vor allem auf Aspekte der Organisation und der Verpflichtung abstellen.[698] Gleichwohl haben die behandelten Länder den arbeitsrechtlichen Schutz punktuell auf Selbständige ausgedehnt. Erfasst sind zumeist solche Unternehmer, die persönlich tätig sind und wirtschaftlich stark von einem oder wenigen Auftraggebern abhängig sind, weil sie ohne diese(n) überhaupt keine Beschäftigung haben.[699] Eine eigenständige mittlere Kategorie, wie sie im deutschen Recht mit den Arbeitnehmerähnlichen besteht, kennen jedoch nur wenige Länder.[700] Zu nennen ist hier insbesondere das englische Recht mit der Kategorie der workers, die im europäischen Vergleich den breitesten arbeitsrechtlichen Schutz genießen. Im Übrigen wird zumeist abgestellt auf eine längere Arbeit hauptsächlich für einen Vertragspartner, das Leistungsverhältnis als Haupteinkommensquelle oder die Arbeit in koordinier-

---

[694] *Antonmattei/Sciberras*, Droit social 2009, 221; zit. nach *Daugareilh*, in: Pennings/Bosse, The Protection of Working Relationships, 2011, S. 61 (81).
[695] *Antonmattei/Sciberras*, Droit social 2009, 221; zit. nach *Daugareilh*, in: Pennings/Bosse, The Protection of Working Relationships, 2011, S. 61 (81).
[696] *Daugareilh*, in: Pennings/Bosse, The Protection of Working Relationships, 2011, S. 61 (82).
[697] *Daugareilh*, in: Pennings/Bosse, The Protection of Working Relationships, 2011, S. 61 (65, 82).
[698] *Rebhahn*, RdA 2009, 236 (236).
[699] *Davies/Freedland*, in: Collins/Davies/Rideout, The Legal Regulation of the Employment Relation, 2000, S. 267 (273); *Rebhahn*, RdA 2009, 236 (240).
[700] *Waas*, in: Crowdwork – A Comparative Law Perspective, 2017, S. 264.

ter Zusammenarbeit. Demgegenüber fällt das italienische Erfordernis der koordinierten Zusammenarbeit enger aus als die Kriterien von Hauptpartner oder Haupteinkommensquelle.[701] Die gewährten Rechte bestehen insbesondere in Diskriminierungsschutz, Schutz von Gesundheit und Sicherheit, Mindestlohngarantien und Schutz der tarifvertraglichen Rechte. Andere Rechte, insbesondere im Zusammenhang mit Kündigung, werden eher auf reguläre Arbeitnehmer beschränkt, die über einen bestimmten vorgeschriebenen Zeitraum ohne Unterbrechung beschäftigt waren.[702] Einzigartig im europäischen Vergleich ist der allgemeine Kündigungsschutz, der nach spanischem Recht gewährt wird.

D) Versuch einer Lösung

Es wurde festgestellt, dass der Anwendungsbereich des Arbeitsrechts in ökonomisch vertretbarem Umfang auf Selbständige auszudehnen ist. Aufbauend auf dieser Erkenntnis wird nun der Versuch einer Lösung erarbeitet. Dabei wird an die europaweite und inzwischen auch transatlantisch geführte Debatte um den Anwendungsbereich des Arbeitsrechts angeknüpft, die in der deutschen Rechtswissenschaft bislang nur in Teilen rezipiert wird.

I. Ausgangspunkt: Eingeschränkte Konsensfähigkeit grundlegender Änderungen

Versuche, das Arbeitsrecht in größerem Umfang auf Selbständige auszudehnen, stoßen regelmäßig auf heftigen Widerspruch, stellen sie doch das traditionelle Verständnis vom Anwendungsbereich und normativen Wert des Arbeitsrechts infrage.[703] So ist z.B. in Australien unter der Howard-Regierung ein Gesetzesvorhaben zum Schutz von Selbständigen gescheitert und durch ein Gesetz ersetzt worden, dass die überkommenen Grenzen des Arbeitsrechts beibehält.[704] *Freedland* hat in der entsprechenden Diskussion eine regelrechte Angst ausgemacht, die er etwas überspitzt wie folgt beschreibt:

„The anxiety [...] is one which has attended, in some degree, much of the recent debate about the personal scope of employment law. It is a fear that, as one extends the frontiers of labour law to include contracts or relationships formerly regarded as outside the territory, because they are more in the nature of business contracts or relationships with independent contractors, so one risks foregoing the normative claim for labour law to

---

[701] *Rebhahn*, RdA 2009, 236 (240).
[702] KOM (2006) 708 endg. v. 22.11.2006, S. 13.
[703] *Fudge*, Osgoode Hall Law Journal 44/4 [2006], 609 (646 f.); *Langille*, in: Davidov/Langille, The Idea of Labour Law, 2011, S. 101 (107).
[704] Dazu *Riley*, Australian Journal of Labour Law 2007, 246 ff.

constitute an autonomous legal domain within which inequality of bargaining power between worker and employer may be taken for granted, and where protection of the worker against unfair exploitation is therefore a paramount and systemic rationale for law-making and for adjudication. This fear has, however, generally been a rather muted one, if only because the discussion has mainly concentrated upon modest or intermediate extensions of the personal scope of employment law, which can be envisaged as reaching out to working people who, although deemed independent, are, in reality, at least semi-dependent upon employing enterprises, and as vulnerable to exploitation as workers in the ‚employee' category.

This muted anxiety becomes the more strident as we further extend the personal scope of employment law [...]. It becomes hard to see how the normative edge of labour law can fail to be blunted [...]. Two alternative particular dangers present themselves, Scylla and Charybdis or a rock and a hard place, between which it is hard to discern a path which can be steered. Either the worker-protective envelope of labour law will fail to ‚stick' at the entrepreneurial margins [...] or, on the other hand, the inclusionary category will prevail but at the cost of a normatively crippling compromise with the economic and social neutrality of general private contract and commercial law."[705]

Freedland beschreibt damit das Dilemma, dass die arbeitsrechtliche Behandlung von wirtschaftlich abhängigen Selbständigen auslöst: Schließt man sie nach dem traditionellen Verständnis weithin vom Anwendungsbereich des Arbeitsrechts aus, werden ihre schutzwürdigen Interessen vernachlässigt. Dehnt man aber den Anwendungsbereich des Arbeitsrechts entsprechend aus, verliert man die Orientierungspunkte und verwässert die Kraft der normativen Quelle, nämlich den Schutz von Arbeitnehmern vor einer Ausbeutung durch Arbeitgeber. Diese beiden Alternativen lassen sich damit in der Tat als die Skylla und Charybdis des Arbeitsrechts bezeichnen.[706]

Nach *Fudge* muss drei tief verwurzelten Ideologien begegnet werden, um die überkommenen Grenzen des Arbeitsrechts zu überwinden:[707] Erstens, dass Selbständige immer Unternehmer sind, die für sich selbst sorgen können und für ihre Risiken mit Profiten kompensiert werden. Empirische Daten zeigen, dass unternehmerisches Risiko gerade nicht mit Profit korreliert.[708] Zweitens, dass das allgemeine Zivilrecht das geeignetste Instrument ist, die Arbeitsbeziehungen zwischen Selbständigen zu regulieren.[709] Die dritte Ideologie kommt aus dem Gesellschaftsrecht und besagt, dass eine haftungsbeschränkte Kapitalgesellschaft das genaue und vollständige Äquivalent zum menschlichen Arbeit-

---

[705] *Freedland*, Industrial Law Journal 35/1 [2006], 1 (28 f.).
[706] *Langille*, in: Davidov/Langille, The Idea of Labour Law, 2011, S. 101 (108 f.); ders. Jerusalem Review of Legal Studies 7/1 [2013], 99 (104).
[707] *Fudge*, Osgoode Hall Law Journal 44/4 [2006], 609 (647 f.).
[708] Dazu bereits oben A) II.
[709] Vgl. zu dieser Ideologie *Fudge*, Osgoode Hall Law Journal 44/4 [2006], 609 (647 f.); in Deutschland wird diese These – soweit ersichtlich – nicht explizit aufgestellt.

geber ist.[710] Tatsächlich ist die Rechtsfähigkeit einer haftungsbeschränkten Kapitalgesellschaft nicht apriorisch vorgegeben, sondern wird für die Bereitschaft der Gesellschaft verliehen, eine Reihe von sozialen Verantwortungen zu übernehmen.[711]

II. Lösungsmöglichkeiten

Diskutiert wird zunächst eine vollständige Neukonzeption des Arbeitsrechts (dazu unten 1.). Sodann werden eine Ausdehnung des gesamten Arbeitsrechts auf alle wirtschaftlich Abhängigen (dazu unten 2.), die punktuelle Anwendung des Arbeitsrechts auf eine – wie auch immer zu bestimmende – mittlere Kategorie (dazu unten 3.) sowie der verstärkte Schutz für bestimmte Berufsgruppen (dazu unten 4.) erörtert.

1. Vollständige Neukonzeption des Arbeitsrechts

Eine vollständige Neukonzeption des Arbeitsrechts wird vor allem in der anglo-amerikanischen Literatur diskutiert. Da die rechtliche Ausgangslage in beiden Rechtskreisen gleich ist, nämlich dass die Anwendung des Arbeitsrechts grundsätzlich eine über persönliche Abhängigkeit definierte Arbeitnehmereigenschaft voraussetzt, und auch die wirtschaftlichen Entwicklungen vergleichbar sind, lassen sich die dort vertretenen Ansätze auch für das deutsche Recht fruchtbar machen.

a) Der Ansatz von Freedland: Arbeitsrecht für alle persönlich Arbeitenden

aa) Herleitung

Freedland betont, dass die strenge Unterscheidung der persönlichen Erwerbsarbeit in Arbeitnehmer und Selbständige den ökonomischen und sozialen Bedingungen für Arbeit heute kaum noch entspricht. Vor diesem Hintergrund fordert er ein neues normatives Ideal des Arbeitsrechts, dass nicht lediglich auf das klassische Unterordnungsverhältnis und Machtungleichgewicht zwischen Arbeitnehmer und Arbeitgeber fokussiert ist. Nur durch einen solchen tieferen Blick könne die Angst überwunden werden, vermeintliche Grenzen des Arbeitsrechts zu überdenken und ggf. zu überwinden. Arbeitsrecht sei nicht apriorisch vorgegeben und in Gesetzgebung und Rechtsprechung zu entdecken, sondern müsse normativ durchdacht werden.[712] Einen Schlüssel für einen neuen Ansatz sieht er

---

[710] *Davies/Freedland*, in: Davidov/Langille, Boundaries and Frontiers of Labour Law, 2006, S. 273 (276).
[711] *Fudge*, Osgoode Hall Law Journal 44/4 [2006], 609 (647 f.).
[712] Ebenso *Hyde*, in: Davidov/Langille, Boundaries and Frontiers of Labour Law, 2006, S. 37 ff.; *Langille*, in: Davidov/Langille, The Idea of Labour Law, 2011, S. 101 (111).

in der Unterscheidung zwischen Arbeitnehmern als Objekt und Arbeitnehmern als Subjekt. Auf dieser Grundlage ist er zu der Erkenntnis gekommen, dass die überkommene Legitimation des Arbeitsrechts über ein Unterordnungsverhältnis und ein Machtungleichgewicht nicht geeignet ist, die heutige Arbeitswelt angemessen zu erfassen.[713] Während das alte Master-Servant-Verhältnis durchaus mit dem Normalarbeitsverhältnis vergleichbar ist, unterscheidet es sich jedoch erheblich von den Fällen, in denen der Arbeitende in einem großen bürokratischen Netzwerk beschäftigt ist, mehreren Quellen von Weisungen und Autorität ausgesetzt ist und der Vertrag mit einer Gesellschaft anstatt mit einer natürlichen Person abgeschlossen wird.[714] Arbeitgeberfunktionen werden hier zumeist nicht von einer Person, sondern von einer Vielzahl von Personen wahrgenommen. Die legitimatorischen Schwächen der bisherigen Konzeption fasst *Freedland* gemeinsam mit *Davies* wie folgt zusammen:

„[There is] a level of employment relations within the enterprise which cannot satisfactorily be characterized in terms of simple subordination and dependency. This thereby erodes, at a deep and subtle level, not just the simple bipolar antithesis between ‚the employer' and ‚the worker', but also, and no less momentously, the simple binary distinction between employees and independent contractors. All of this tends to de-legitimate the use of that distinction as a basis for drawing the boundaries of employment rights."[715]

Es müsse daher eine grundsätzlich neue Ordnung für das Recht der Arbeit geschaffen werden, die das faktische Kontinuum der Formen persönlicher Erwerbsarbeit neu gliedert und regelt.[716] Aufbauend auf der Prämisse, dass es eine zwingende Verbindung zwischen dem Zweck des Rechts und seinem Anwendungsbereich gibt, lassen sich sämtliche erkenntnistheoretischen Fragen zum Arbeitsrecht in einem Grundproblem destillieren: Was ist bzw. sollte die maßgebliche Gleichung zwischen Zweck und Anwendungsbereich des Arbeitsrechts sein?[717] Nach dem traditionellen Verständnis stellt sich die Gleichung folgendermaßen dar:

Schutzzweck (Ausgleich des Machtungleichgewichts, um die Arbeitnehmer als schwächere Partei zu schützen) = Anwendungsbereich (in Arbeitsverträgen).[718]

---

[713] *Freedland/Kountouris*, The Legal Construction of Personal Work Relations, 2011, S. 371; ebenso *Fudge*, Osgoode Hall Law Journal 44/4 [2006], 609 (631).
[714] *Freedland*, The Personal Employment Contract, 2003, S. 37; *Fudge*, Osgoode Hall Law Journal 44/4 [2006], 609 (622 f.).
[715] *Davies/Freedland*, in: Davidov/Langille, Boundaries and Frontiers of Labour Law, 2006, S. 273 (283).
[716] *Freedland*, International Labour Review 2007, 3 ff.
[717] *Freedland/Kountouris*, The Legal Construction of Personal Work Relations, 2011, S. 20.
[718] *Langille*, Jerusalem Review of Legal Studies 7/1 [2013], 99 (103).

Freedland hat einen Weg entwickelt, der aus dem Skylla-und-Charybdis-Dilemma herausführen soll: Eine Neubestimmung und Erweiterung des Anwendungsbereichs des Arbeitsrechts und die Implementierung breiterer Konzepte, ohne aber „das arbeitsrechtliche Kind mit dem Bade auszuschütten", also die bisherige Ausrichtung vollständig aufzugeben.[719] Nachdem er früher noch eine Anknüpfung an das Kriterium der wirtschaftlichen Abhängigkeit befürwortet hat,[720] sieht er die Lösung nun darin, dass das Arbeitsrecht vom Arbeitsvertrag auf die Verhältnisse ausgedehnt wird, in denen persönliche Arbeit zu leisten ist (Gruppen 1 bis 3).[721] Diese Verhältnisse werden definiert als Verbindung bzw. Reihe von Verbindungen zwischen einer Person – dem Arbeitenden – und einer anderen Person, Personengruppe, Organisation oder Organisationsgruppe, die durch eine Vereinbarung oder Reihe von Vereinbarungen entsteht, die Arbeit oder Dienstleistung persönlich, also zumindest in erster Linie durch den Arbeitenden selbst, zu erbringen.[722] Danach wird die Gleichung zwischen Zweck und Anwendungsbereich des Arbeitsrechts wie folgt modifiziert:

Schutzzweck (Maximierung der Persönlichkeit in der Arbeit) = Anwendungsbereich (in Verhältnissen, in denen persönliche Arbeit zu leisten ist).[723]

Freedland begründet die Anwendung des Arbeitsrechts auf alle zur persönlichen Arbeit Verpflichteten damit, dass sie die strenge Zweiteilung zwischen geschützten Arbeitnehmern und nicht geschützten Selbständigen überwinden und schutzbedürftige Personen in größerem Umfang einbeziehen würde.[724] Zudem würden differenziertere und fließende Regelungen ermöglicht, die den unterschiedlichen Beschäftigungsverhältnissen besser Rechnung tragen können als die einseitige Fokussierung auf Arbeitsverhältnisse.[725] Dies entspricht der bereits erwähnten Konzeption *Wilburgs*, wonach das Recht nicht nur aus starren Kategorien bestehen darf, sondern fließende Übergänge ermöglichen muss.[726] Schließlich würde die nach Ansicht von *Freedman* falsche Vorstellung aufgegeben, dass die Regulierung von Arbeitsverträgen und Arbeitsverhältnissen nach allgemeinem Zivil- bzw. Handelsrecht zwei völlig eigenständige Anliegen mit

---

[719] *Freedland/Kountouris*, The Legal Construction of Personal Work Relations, 2011, S. 371.
[720] Dazu sogleich unten bb).
[721] *Freedland*, Industrial Law Journal 35/1 [2006], 1 (3 ff.); eingehend *Freedland/Kountouris*, The Legal Construction of Personal Work Relations, 2011. Für eine zumindest punktuelle Einbeziehung von Arbeitenden aus der dritten Kategorie auch *Tomandl*, ZAS 2008, 112.
[722] *Freedland/Kountouris*, The Legal Construction of Personal Work Relations, 2011, S. 31.
[723] *Langille*, Jerusalem Review of Legal Studies 7/1 [2013], 99 (104).
[724] *Freedland*, Industrial Law Journal 35/1 [2006], 1 (19 f.).
[725] *Freedland*, Industrial Law Journal 35/1 [2006], 1 (20).
[726] Vgl. *Wilburg*, Entwicklung eines beweglichen Systems im Bürgerlichen Recht, 1950; dazu bereits oben § 5 F).

verschiedenen Zielen sind. *Freedman* konstatiert zwar bestimmte Besonderheiten von Arbeitsverträgen, die insoweit eigenständige Regelungen rechtfertigen, sieht aber im Übrigen zahlreiche Gemeinsamkeiten, vor allem wenn Dienstleistungen an Kunden erbracht werden.[727]

Diese Argumentation entspricht grundsätzlich der hier gefundenen gerechtigkeitsorientierten Erkenntnis, wonach das Arbeitsrecht insoweit auf Selbständige auszudehnen ist, als diese mit Arbeitnehmern vergleichbar sind. Diese Vergleichbarkeit kann man durchaus auch in der Verpflichtung zur persönlichen Arbeit sehen, wenn man dieses Merkmal entsprechend großzügig interpretiert.[728] Die nach dem verfassungsrechtlichen Ansatz erforderliche wesentliche Gleichheit kann man jedoch wie gezeigt nur im Hinblick auf wirtschaftlich abhängige Selbständige bzw. Arbeitnehmerähnliche annehmen, da dieses Kriterium nach zutreffendem Verständnis für die erforderliche Schutzbedürftigkeit maßgeblich ist.[729]

bb) Regelungsvorbilder und ähnliche Vorschläge

Im Rechtsvergleich finden sich einschlägige Regelungsvorbilder im englischen Recht. So wird das Diskriminierungsschutzrecht nicht mit der (wirtschaftlichen) Unterlegenheit der Arbeitnehmer legitimiert, sondern mit dem entsprechenden Menschenrecht, vor Diskriminierungen geschützt zu werden. Dadurch erfasst es jeden zur persönlichen Arbeit Verpflichteten, also auch Arbeitende der zweiten und dritten Kategorie.[730] Wenn also eine Person den konsultierten Klempner deswegen wieder wegschickt, weil er sich als Schwarzer herausstellt, ist dies auch dann rechtswidrig, wenn der Klempner viele Auftraggeber hat und nicht wirtschaftlich von der diskriminierenden Person abhängt. Auch Section 3 des British Health and Safety at Work Act 1974 verpflichtet Arbeitgeber, zugunsten *aller* von dem unternehmerischen Verhalten betroffenen Personen Vorkehrungen zu treffen, Risiken für die Gesundheit und Sicherheit zu vermeiden. Dies gilt somit auch für die Personen, die unabhängig, aber persönlich für das Unternehmen arbeiten. Es werden sogar auch Personen erfasst, die überhaupt keine Arbeitsbeziehung zu dem Unternehmen haben.

Rebhahn knüpft an diesen Ansatz an und erwägt die Schaffung eines Vertragstypus für persönliche Arbeit, der auch bei Fehlen von rechtlicher und wirtschaftlicher Abhängigkeit eingreift, und daher nur die allgemeinen Regeln dazu enthält. Dieser sollte neben den (grundsätzlich dispositiven) schuldrechtlichen Vorschriften z.B. Diskriminierungsverbote und Gesundheitsschutz regeln, so-

---

[727] *Freedland*, Industrial Law Journal 35/1 [2006], 1 (23 f.).
[728] Siehe oben B) IV. 3.
[729] Siehe oben B) IV. 1. a).
[730] *Davies/Freedland*, in: Collins/Davies/Rideout, The Legal Regulation of the Employment Relation, 2000, S. 267 (284).

weit der Arbeitsplatz vom Vertragspartner gestaltet wird.[731] *Rebhahn* sieht darin den Vorteil, dass den verschiedenen Formen von selbständiger Arbeit die jeweils angemessene Beachtung gegeben würde. Die Einführung dieser beiden neuen gesetzlichen Vertragstypen würde eine Regelung in mehreren Kreisen schaffen: Der weiteste Kreis regelt die persönliche Arbeit, der mittlere zusätzlich diejenige in wirtschaftlicher Abhängigkeit, der engste zusätzlich diejenige in rechtlicher Unterordnung. Auf die Arbeit in rechtlicher Unterordnung wären die Regelungen aller drei Kreise anwendbar.[732] Diese Abschichtung des Schutzniveaus begründet er mit der Vielfalt der Arbeitsformen, die keine Pauschalierung, sondern vielmehr Differenzierung erfordere. Die pauschale Einbeziehung der zur persönlichen Arbeit Verpflichteten in das gesamte Arbeitsrecht lehnt er ab, da dadurch viele Selbständige erfasst würden, die dieses Schutzes gar nicht bedürfen.[733]

cc) Bewertung

Die Erstreckung des Arbeitsrechts auf marktorientierte Unternehmer aus der dritten Gruppe dürfte in kontinentaleuropäischen Ländern kaum konsensfähig sein. Dies zeigen die Erfahrungen aus Frankreich mit dem Loi Madelin aus dem Jahr 1994 zur Altersvorsorge. Dieses Gesetz wurde als Reaktion auf die Rechtsprechung zur Abhängigkeit erlassen und bewirkt einen Mechanismus, nach welchem Arbeitende der dritten Kategorie ihre Unabhängigkeit vom Arbeitsrecht erklären können. Durch Eintragung in das Handelsregister kann der Arbeitende eine widerlegliche Vermutung erzeugen, dass er kein Arbeitnehmer ist. Dieses Gesetz hat einen erheblichen Widerstand ausgelöst, der bei einer Ausdehnung des Arbeitsrechts auf marktorientierte Unternehmer der dritten Kategorie zu erwarten ist.[734]

Früher hatte sich *Freedman* selbst noch dagegen ausgesprochen, den Anwendungsbereich des Arbeitsrechts an die Verpflichtung zur persönlichen Arbeit zu knüpfen. In seiner gemeinsamen Publikation mit *Paul Davies* meinte er, dass dieses Kriterium aus mehreren Gründen keine geeignete Anwendungsvoraussetzung sei.[735] So belasse diese Grenze den Vertragsparteien, insbesondere dem Arbeitgeber, Spielraum für Manipulationen. Dem Arbeitenden könnte z.B. vertraglich die Möglichkeit eingeräumt werden, Subunternehmer einzuschalten, wovon er aber häufig aus tatsächlichen Gründen keinen Gebrauch machen kann. Zur Vermei-

---

[731] *Rebhahn*, RdA 2009, 236 (249) unter Berufung auf die gesetzliche Regelung in Großbritannien.
[732] *Rebhahn*, RdA 2009, 236 (249).
[733] *Rebhahn*, RdA 2009, 236 (245).
[734] Vgl. *Ray*, Droit Social 7/8 [1995], 634 ff.; dies konstatieren auch *Davies/Freedland*, in: Collins/Davies/Rideout, The Legal Regulation of the Employment Relation, 2000, S. 267 (281).
[735] *Davies/Freedland*, in: Collins/Davies/Rideout, The Legal Regulation of the Employment Relation, 2000, S. 267 (287 ff.).

dung solcher Manipulationen sollte die Verpflichtung zur persönlichen Arbeit funktional und nicht allein nach der vertraglichen Vereinbarung bestimmt werden.[736] Nach deutschem Recht ist diese Art der Manipulation freilich ausgeschlossen, dass es nach § 611a Abs. 1 S. 5 BGB n.F. auf die tatsächliche Durchführung des Vertrags ankommt, wie es zuvor auch schon vom Bundesarbeitsgericht vertreten wurde.[737] Eine solche „Scheinfreiheit" wäre danach ohnehin unerheblich. Eine weitere Möglichkeit zur Manipulation besteht allerdings in der Eingliederung des Unternehmens, welches die persönliche Arbeit verrichtet. Vertraglich eingeschaltet wird also ein Unternehmen, auch wenn die Arbeiten immer noch von einer bestimmten Person oder Personengruppe verrichtet werden sollen. Dies ist vor allem in solchen Ländern eine naheliegende Manipulationsmöglichkeit, in denen eine Eingliederung kostengünstig und mit geringen Anforderungen – z.B. im Hinblick auf ein Mindestkapital – verbunden ist. Eine Lösung sehen *Davies/Freedland* darin, dass Gerichte diesen „Unternehmensschleier" bei der Anwendung des Rechts, das auf persönliche Arbeit abstellt, „durchstechen" können. Es sei aber schwer vorherzusehen, wie die Gerichte eine solche Macht ausüben würden.[738] Im deutschen Recht wäre § 242 BGB ein tauglicher Anknüpfungspunkt dafür: Eine vertragliche Konstruktion, die letztlich der Entziehung des arbeitsrechtlichen Schutzes dient, kann man mit guten Gründen für treuwidrig befinden. Ähnlich argumentiert das Bundesarbeitsgericht zum Missbrauch von befristeten Arbeitsverhältnissen in der Konstellation des sog. individuellen Missbrauchs, in welcher mehrere Arbeitgeber – z.B. verschiedene Tochtergesellschaften – gezielt hintereinander geschaltet werden, um jeweils eine sachgrundlose Befristung nach § 14 Abs. 2 TzBfG zu ermöglichen.[739] Zudem meinten *Davies/Freedland* früher noch, dass die Freiheit, die Arbeit nicht persönlich verrichten zu müssen, kein verlässlicher Indikator fehlender Abhängigkeit ist. Die englischen Gerichte stellen z.B. für die Anwendbarkeit des Verbots der Geschlechterdiskriminierung lediglich darauf ab, dass die persönliche Arbeit „dominiert", nicht darauf, dass sie den ausschließlichen Vertragszweck darstellt.[740]

Insgesamt erscheint der neue Ansatz von *Freedman* durchaus scharfsinnig und gerade nach dem gerechtigkeitsorientierten, auf Gleichheit abstellenden Ansatz plausibel. Bei einigen Bereichen des Arbeitsrechts erscheint eine Anwendung auf Arbeitende aus der dritten Kategorie sogar vorzugswürdig, z.B. bei den Menschenrechten wie dem Diskriminierungsschutz oder bei dem Arbeits- und Gesundheitsschutz. Beide Bereiche können kaum durch das Vorliegen einer ab-

---

[736] *Davies/Freedland*, in: Collins/Davies/Rideout, The Legal Regulation of the Employment Relation, 2000, S. 267 (287).
[737] Vgl. BAG DB 1998, 624.
[738] *Davies/Freedland*, in: Collins/Davies/Rideout, The Legal Regulation of the Employment Relation, 2000, S. 267 (287).
[739] Zur Treuwidrigkeit dieser Konstruktion BAG NZA 2014, 840.
[740] Mirror Group Newspapers Ltd v Gunning [1986], ICR 145.

hängigen Arbeit legitimiert werden.[741] Im Übrigen macht es jedoch einen Unterschied, ob eine soziale Schutzbedürftigkeit aus persönlicher Abhängigkeit, aus wirtschaftlicher Abhängigkeit oder bei persönlicher und wirtschaftlicher Unabhängigkeit allein aus der Verpflichtung zur persönlichen Arbeit folgt. Eine generelle Einbeziehung der Arbeitenden aus den Gruppen 1 bis 3 erscheint insoweit nicht sachgerecht.[742] Zudem vermag dieser Ansatz keine zufriedenstellende Antwort auf die drohende Kostenerhöhung zu geben, die mit der Anwendung des Arbeitsrechts auf alle persönlich Arbeitenden einhergehen würde. Eine solch weite Ausdehnung des Anwendungsbereichs erschiene daher unter ökonomischen Gesichtspunkten nur vertretbar, wenn das arbeitsrechtliche Schutzniveau reduziert würde.[743] Eine solche Lösung erscheint jedoch weder erstrebenswert noch konsensfähig.

b) Der Ansatz von Carlson: Anknüpfung des Arbeitsrechts an die Transaktion

Richard Carlson stellt sich zunächst auf den Standpunkt, dass wirtschaftlich abhängige Arbeitende ohne Arbeitnehmereigenschaft prinzipiell ebenso schutzwürdig sind wie Arbeitnehmer. Die Arbeitnehmereigenschaft sei lediglich deshalb wichtig, weil sie vom Arbeitsrecht wichtig gemacht wird.[744] Anhand verschiedener Materien zeigt er, dass die Regelungen nicht an den Arbeitnehmerstatus anknüpfen sollten:[745] Lohnsteuer und Beitragsabführung, mit deren Durchführung allgemein derjenige belastet werden soll, der Zahlungen in einer bestimmten Höhe und Regelmäßigkeit erbringt; Sozialzulagen, die besser nach dem tatsächlichen Bedarf an Kompensationen geregelt werden sollten; Mindestlohn, der für alle Arbeitenden gelten sollte, die regelmäßige, standardisierte Zahlungen erhalten; sowie Diskriminierungsschutz, der Selbständigen ebenso zugutekommen sollte wie Arbeitnehmern. Es gebe keine Gründe, die eine Besserstellung von Arbeitnehmern gegenüber vergleichbaren Selbständigen rechtfertigen können.[746] Als Lösung schlägt *Carlson* vor, den arbeitsrechtlichen Schutz nicht wie nach geltendem Recht an den Status der Arbeitnehmereigenschaft zu knüpfen, sondern an die Transaktionen zwischen den Parteien. Nach seiner Vorstellung soll Arbeitsrecht regeln: Kompensationen für Dienst- und Arbeitsleistungen anstatt „Arbeitnehmer"-Löhne; Orte, an denen Personen arbeiten anstatt Orte, an denen Arbeitnehmer tätig sind; sowie Diskriminierungsschutz bei der Auswahl und

---

[741] *Davies/Freedland*, in: Collins/Davies/Rideout, The Legal Regulation of the Employment Relation, 2000, S. 267 (286).

[742] *Deinert*, Soloselbständige zwischen Arbeitsrecht und Wirtschaftsrecht, 2015, S. 14 f.

[743] Dafür in der Tat *Schrank*, in: Mazal/Muranaka, Sozialer Schutz für atypisch Beschäftigte, 2005, S. 91 (115 ff.).

[744] *Carlson*, Berkeley Journal of Employment & Labor Law 2001, 295 (368).

[745] *Carlson*, Berkeley Journal of Employment & Labor Law 2001, 295 (356 ff.).

[746] *Carlson*, Berkeley Journal of Employment & Labor Law 2001, 295 (300).

Beschäftigung von arbeitenden Personen anstatt Diskriminierungsschutz gegenüber Arbeitnehmern.[747] Mit der Anknüpfung an die Transaktion würden jedoch prinzipiell alle Selbständigen erfasst. Eine solche Lösung wäre wegen der Kostenbelastung ökonomisch nicht vertretbar. Die von *Carlson* angestrebte Beschränkung auf wirtschaftlich Abhängige lässt sich über das Kriterium der Transaktion kaum erreichen. Vielmehr zeigt diese Einschränkung, dass es letztlich doch auf die Person des Arbeitenden und nicht auf die der Transaktion ankommen kann.

c) Der Ansatz von Deakin und Fudge: Anknüpfung des Arbeitsrechts an den Arbeitgeber

Die Ansätze von *Simon Deakin* und *Judy Fudge* beruhen auf der Erkenntnis, dass zwischen der bilateralen und persönlichen Konzeption des Arbeitsvertrags, die den Arbeitgeber als eine Einheit begreift, und dem heutigen Wirtschaftsleben eine Diskrepanz besteht: Arbeitgeber sind heute häufig große, komplexe Organisation, während dem Arbeitsrecht typischerweise die Vorstellung von Dienstherren aus der Master-Servant-Zeit zugrunde liegt.[748] Dieses traditionelle Bild wird nicht zuletzt aus ideologischen Gründen aufrechterhalten.[749] *Deakin* hat einen Ansatz entwickelt, das Subjekt arbeitsrechtlicher Pflichten losgelöst von bilateralen Arbeitsverträgen nach funktionalen Kriterien zu bestimmen. Danach ist ein Arbeitgeber dadurch gekennzeichnet, dass er den Unternehmensprozess koordiniert bzw. leitet, über das Steuer- und Sozialversicherungssystem ökonomische und soziale Risiken absorbiert sowie Gleichbehandlung gewährleistet.[750] Auch das Kriterium des unternehmerischen Risikos wird in diesem Zusammenhang herangezogen.[751] Auf dieser Grundlage kann man den Arbeitnehmer konsequenterweise als Person definieren, bei dem der Auftraggeber Arbeitgeberfunktionen ausübt, wie z.B. die Bestimmung des Beginns und des Endes der Tätigkeit, der Entgegennahme und Nutzung der Arbeitsergebnisse, der Versorgung mit Arbeit bzw. Entgelt und vor allem der Leitung des internen und externen Marktes.[752] Nach diesem Ansatz bliebe es allerdings dabei, dass nur eine bestimmte rechtliche Einheit Subjekt arbeitsrechtlicher Pflichten ist. Demgegenüber befürwortet *Fudge* eine Aufteilung der arbeitsrechtlichen Pflichten auf die jeweils mit arbeitgeberspezifischen Funktionen betrauten Rechtssubjekte, etwa das Management.[753] Danach wird das Unternehmen als Aktivität begriffen,

---

[747] *Carlson*, Berkeley Journal of Employment & Labor Law 2001, 295 (301).
[748] *Fudge*, Osgoode Hall Law Journal 44/4 [2006], 609 (622 f.).
[749] *Davies/Freedland*, in: Davidov/Langille, Boundaries and Frontiers of Labour Law, 2006, S. 273 (276).
[750] *Deakin*, Industrial Law Journal 2001, 72 (81 f.).
[751] *Fudge*, Osgoode Hall Law Journal 44/4 [2006], 609 (637).
[752] Dafür *Prassl/Risak*, Oxford Legal Studies Research Paper No. 8/2016, 16 ff.
[753] *Fudge*, Osgoode Hall Law Journal 44/4 [2006], 609 (637 ff., 644); vgl. auch *Marchington et al*, Fragmenting Work, 2005, S. 264.

anstatt es mit einer bestimmten Organisationsform zu identifizieren. Dadurch werden auch solche Arbeitsbeziehungen erfasst, die vom Prototyp des Arbeitsverhältnisses als abhängige Arbeit aufgrund eines bilateralen Vertrags abweichen, also auch diejenige von Selbständigen mit anderen Unternehmen.[754]

d) Der Ansatz von Langille: Verwirklichung menschlicher Freiheit

Die fundamentalste Neukonzeption des Arbeitsrechts strebt der Ansatz von *Brian Langille* an.

aa) Herleitung

Langille versucht, eine neue Normativität des Arbeitsrechts aus den Arbeiten von *Sen* abzuleiten.[755] Danach muss staatliches Handeln darauf gerichtet sein, substantielle menschliche Freiheit zu verwirklichen, indem Schranken menschlicher Freiheit abgebaut werden.[756] Mit diesem Bestreben ist Arbeitsrecht eng verbunden, da hier menschliche Freiheit und Humankapital miteinander in Konflikt treten.[757] Humankapital wird dabei nicht wie sonst üblich rein ökonomisch definiert (indirekter Beitrag zu Produktivität und Wirtschaftswachstum), sondern auch als Selbstzweck, der den Kern menschlicher Freiheit ausmacht (direkter Beitrag zu einem freieren und erfüllenderen Leben).[758] Danach ist Arbeitsrecht nicht mehr als Recht zu verstehen, das in erster Linie dem Schutz von Arbeitnehmern vor strukturell überlegenen Arbeitgebern verpflichtet ist, sondern als Recht, das die Schaffung und Entfaltung von Humankapital strukturiert, dieses also entweder beschränkt oder befreit.[759] Entscheidend für die Schaffung von Humankapital sind einerseits Bildung und frühkindliche Entwicklung, andererseits aber auch die Regulierung des Arbeitslebens, sowohl für Arbeitnehmer als auch für Selbständige. Gerade im Zeitalter der wissensbasierten Wirtschaft muss Humankapital nicht nur geschaffen, sondern auch eingesetzt und sinnvoll verwendet werden. Eine kanadische Studie kommt zu folgendem Ergebnis:

„[...] for the first time in human history, the logic of economic development and prosperity requires that we harness and develop our full human potential."[760]

Langille sieht im Arbeitsrecht das Recht, das diese wichtigen Dimensionen des Zusammenlebens regelt. Ein so verstandenes Arbeitsrecht würde vieles umfassen, was nach bisherigem Verständnis nicht erfasst ist. Er räumt ein, dass die Ver-

---

[754] Vgl. *Fudge*, Osgoode Hall Law Journal 44/4 [2006], 609 (637 ff., 645); *Marchington et al*, Fragmenting Work, 2005, S. 264.
[755] *Langille*, in: Davidov/Langille, The Idea of Labour Law, 2011, S. 101 (111).
[756] *Sen*, Development as Freedom, 2001, dazu oben § 5 E) II. 1.
[757] *Langille*, in: Davidov/Langille, The Idea of Labour Law, 2011, S. 101 (112).
[758] *Sen*, World Development 1997, 1959 ff.
[759] *Langille*, in: Davidov/Langille, The Idea of Labour Law, 2011, S. 101 (112).
[760] *Florida/Martin*, Ontario in the Creative Age, 2009, S. 31.

§ 8 Arbeitsrecht für Kleinunternehmer

bindung zwischen einer solchen Konzeption des Arbeitsrecht mit dem *Sen'schen* Ansatz, Hindernisse für menschliche Freiheit zu bekämpfen, bislang noch nicht vollständig erforscht ist.[761] Nach *Sen* ist das Verhältnis zwischen Humankapital und seiner Vorstellung von menschlicher Freiheit wie gezeigt „eng verbunden, aber doch verschieden":[762]

„[...] if education makes a person more efficient in commodity production then this is clearly an enhancement of human capital. This can add to the value of production in the economy and also to the income a person may benefit from education, in reading, communicating, arguing, in being able to choose in a more informed way, in being taken seriously by other, and so on."[763]

Die Verbindung zwischen diesen beiden Ideen ist nicht nur kumulativ, sondern integrativ: Obwohl Humankapital für Produktivität und Wirtschaftswachstum erforderlich ist, muss man sich vergegenwärtigen, warum Wirtschaftswachstum überhaupt angestrebt wird.[764] Darin sieht *Langille* die wahre Bedeutung der Aussage, Arbeit sei keine Ware. Der Gegenstand des Arbeitsrechts sollte somit darin liegen, die Verwendung von Humankapital zu regulieren und dabei Produktivität und menschliche Freiheit in Einklang zu bringen.[765] Nach diesem Ansatz ist der Anwendungsbereich des Arbeitsrechts deutlich weiter als nach dem traditionellen Verständnis, welches Arbeitnehmer, Arbeitgeber und Arbeitsverträge im Blick hat. Sowohl die begriffliche als auch die normative Dimension des Arbeitsrechts stellt sich völlig neu dar. Es geht nicht mehr nur um den Schutz der strukturell unterlegenen Arbeitnehmer, sondern um die gesamte Produktionstätigkeit. Erfasst sind danach auch Bereiche wie unbezahlte Arbeit, Bildung und Kinderbetreuung. Dadurch wird die Entwicklung neuer Kategorien erforderlich, die über „Arbeitnehmer und Arbeitgeber" hinausgehen.[766]

Dieser Ansatz beruht auf dem „capability approach" von *Sen*[767] und besteht aus drei Komponenten: Würde (dignity), Fähigkeit (capability) und Stabilität (stability).[768] Würde in diesem Sinne besteht aus Gleichheit und persönlicher Autonomie, Fähigkeit ist als „Sprungbrett" für soziale Rechte gemeint und Stabilität soll einen Gegenpol zu Flexibilisierung und Deregulierung bilden.[769] Danach würde der Anwendungsbereich des Arbeitsrechts in der Tat erheblich erweitert werden. Denn Würde steht jedem zu, der arbeitet. Normative Rechte sol-

---

[761] *Langille*, in: Davidov/Langille, The Idea of Labour Law, 2011, S. 101 (113).
[762] *Sen*, in: World Development 1997, 1959.
[763] *Sen*, in: World Development 1997, 1959.
[764] *Sen*, Development as Freedom, 1999, S. 295.
[765] *Langille*, in: Davidov/Langille, The Idea of Labour Law, 2011, S. 101 (114).
[766] *Langille*, in: Davidov/Langille, The Idea of Labour Law, 2011, S. 101 (114).
[767] Dazu bereits oben § 5 E) II. 1.
[768] *Freedland/Kountouris*, The Legal Construction of Personal Work Relations, 2011, S. 371 ff.
[769] *Freedland/Kountouris*, The Legal Construction of Personal Work Relations, 2011, S. 379 ff.

len den Menschen gleichermaßen zukommen, ebenso wie Menschenrechte.[770] Das Gleiche gilt für Fähigkeit, die auf soziale Rechte abzielt,[771] und wohl auch für Stabilität.[772] *Langille* befürwortet deshalb, den Anwendungsbereich des Arbeitsrechts nicht auf die Arbeitsbeziehungen, sondern auf die Arbeitenden selbst zu fokussieren.[773] Nach diesem Verständnis fallen zwanglos auch Selbständige in den Anwendungsbereich des Arbeitsrechts. Die Begründung von *Langille* lässt sich dem ökomischen Ansatz zuordnen, sofern sie auf die Produktivität abstellt. Den Schwerpunkt bilden jedoch rechtsphilosophische Erwägungen, da die Verwirklichung menschlicher Freiheit im Zentrum steht.[774] Der Gedanke, Freiheit durch Arbeitsrecht zu schützen, findet sich bereits bei *Sinzheimer*. *Kahn-Freund* hat das wissenschaftliche Werk *Sinzheimers* eingehend studiert und kam zu der Erkenntnis, dass dessen Konzeption eines Arbeitsrechts über die Machtungleichheit zwischen Arbeitgeber und Arbeitnehmer hinausgeht:

„Sinzheimer's whole work is dominated by the motif of freedom. So, [...] additional legal obligations in the employment relationship would contribute to the emancipation of the working human being. [...] His whole work is a call to the emancipation of man."[775]

bb) Bewertung

Mit der Verpflichtung dieses Ansatzes auf die menschliche Freiheit ist dieser Ansatz auf ein zentrales Menschenrecht und damit auf die Gerechtigkeit gestützt.[776] In der Literatur ist der Ansatz jedoch scharf angegriffen worden. Die neue normative Theorie bedrohe die historisch gewachsene moralische Grundlage des Arbeitsrechts, sodass die Idee des Arbeitsrechts unterminiert werde.[777] *Davidov* brandmarkt diesen Ansatz daher als einen „Angriff auf das Arbeitsrecht von innen", da er von Arbeitsrechtlern vertreten wird, während er die vorwiegend von Ökonomen gestellten, neoklassisch geprägten Forderung nach einer Deregulierung des Arbeitsrechts als „Angriff von außen" bezeichnet.[778] *Langille* selbst will seinen Ansatz jedoch keineswegs als „Angriff auf das Arbeitsrecht" verstanden wissen. Er meint vielmehr, dass es größere und bessere Gründe für arbeitsrechtliche Regelungen gibt als die Unterlegenheit von Arbeitnehmern. Umverteilung dürfe nicht als Selbstzweck verstanden werden. Die Anregungen von *Sen* sollen dazu dienen, die wirklichen Ziele zu überdenken. Eine solche Neuausrichtung

---

[770] *Langille*, Jerusalem Review of Legal Studies 7/1 [2013], 99 (105).
[771] *Nussbaum*, Creating Capabilities, 2011, S. 40.
[772] *Langille*, Jerusalem Review of Legal Studies 7/1 [2013], 99 (105 f.).
[773] *Langille*, Jerusalem Review of Legal Studies 7/1 [2013], 99 (108).
[774] Siehe oben § 5 E) II.
[775] *Kahn-Freund*, Labour Law and Politics of the Weimar Republic, 1981, S. 103 f.
[776] Zu den Menschenrechten aus Ausprägungen der Gerechtigkeit siehe oben § 5 E) I. 1. b) cc).
[777] *Davidov*, International Labour Review 2007, 311 (318).
[778] *Davidov*, International Labour Review 2007, 311.

sei kein Angriff auf, sondern eine Voraussetzung für eine tragfähige Zukunft für das Arbeitsrecht.[779] Gegen den Ansatz ist allerdings einzuwenden, dass das Arbeitsrecht danach sehr konturlos wirkt sich von dem ursprünglichen Gegenstand der „Arbeit" weit entfernt.[780] Der historische Konflikt zwischen Arbeitnehmer und Arbeitgeber als historischer Legitimationsgrund des Arbeitsrechts wird ignoriert. Den Interessenausgleich zwischen Arbeitnehmer und Arbeitgeber wird man nicht völlig aufgeben können.[781] Zudem bleibt das normative Programm des Arbeitsrechts unklar. *Langille* hat nicht deutlich gemacht, wie menschliche Freiheit genau gestärkt werden soll. Der Abbau des Kündigungsschutzes würde z.B. die Freiheit der Unternehmen vergrößern und die Produktivität der Unternehmen erhöhen, jedoch die Freiheit der Arbeitnehmer beeinträchtigen.

2. Ausdehnung des gesamten Arbeitsrechts auf alle wirtschaftlich Abhängigen

Einige Autoren fordern die Anknüpfung des Arbeitsrechts an das Kriterium der wirtschaftlichen Abhängigkeit.[782] Dafür hatte sich bereits die ILO in ihrer – letztlich abgelehnten – Konvention aus dem Jahr 1997 ausgesprochen.[783] Das Kriterium der wirtschaftlichen Abhängigkeit würde sowohl positiv als auch negativ funktionieren: Nach einer konsequenten Umsetzung dieses Ansatzes wäre das gesamte Arbeitsrecht anwendbar, wenn wirtschaftliche Abhängigkeit vorliegt, während das Arbeitsrecht nicht anwendbar wäre, wenn keine wirtschaftliche Abhängigkeit vorliegt.[784] Diese Lösung anerkennt jedoch die Charakterisierung des Arbeitsverhältnisses als persönlicher, bilateraler Vertrag, während die oben dargestellten Ansätze eine radikale Überdenkung des Status Quo, der Arbeitsrecht an einen persönlichen, bilateralen Vertrag knüpft, bedeutet.

---

[779] *Langille*, in: Davidov/Langille, The Idea of Labour Law, 2011, S. 101 (116 f.); vgl. auch *Hyde*, in: Davidov/Langille, Boundaries and Frontiers of Labour Law, 2006, S. 37 (58 f.).
[780] Ebenso *Davidov*, International Labour Review 2007, 311 (316).
[781] *Davidov*, International Labour Review 2007, 311 (318).
[782] *Davidov*, Industrial Law Journal 2005, 57 ff.; ebenso noch *Davies/Freedland*, in: Collins/Davies/Rideout, The Legal Regulation of the Employment Relation, 2000, S. 267 (276); vgl. auch *Däubler*, in: Pennings/Bosse, The Protection of Working Relationships, 2011, S. 127 (142).
[783] Empfehlung der Internationalen Arbeitsorganisation auf der 85. Sitzung 1997, dazu bereits oben B) I.
[784] *Davies/Freedland*, in: Collins/Davies/Rideout, The Legal Regulation of the Employment Relation, 2000, S. 267 (276).

a) Begründungsversuche und Kritik

Auch wenn die Ausdehnung des Arbeitsrechts auf alle wirtschaftlich Abhängigen weiterhin an den Arbeitsvertrag als persönlichen, bilateralen Vertrag anknüpft, scheint diese Lösung auf den ersten Blick von erheblicher Tragweite zu sein, da bislang in keinem Mitgliedstaat der Europäischen Union Arbeitnehmereigenschaft allein wegen wirtschaftlicher Abhängigkeit angenommen wird. Sofern Arbeitnehmerähnliche in den EU-Mitgliedstaaten als eigenständige Kategorie anerkannt sind, werden sie nur mit punktuellen Regelungen bedacht.[785] Allerdings gibt es schon jetzt Rechtsordnungen, in denen die Rechte für Arbeitnehmerähnliche vergleichsweise umfangreich sind. Dies gilt insbesondere für das englische Recht, das der Kategorie der workers wie gezeigt weitgehenden arbeitsrechtlichen Schutz gewährt.[786] Im englischen Recht wird der Anwendungsbereich des Arbeitsrechts erst verlassen, wenn die Arbeitenden ein echtes, marktorientiertes Unternehmen führen. Mit Blick hierauf erscheint die Anwendung des gesamten Arbeitsrechts auf Arbeitnehmerähnliche weitaus weniger radikal, jedenfalls nach dem Schutzniveau des englischen Rechts.[787] Zu bedenken ist freilich, dass die Anwendung des gesamten Arbeitsrechts auch das Kündigungsschutzrecht umfassen würde, das gegenwärtig nur im spanischen Recht ansatzweise für Selbständige gewährt wird.[788] Man kann sich vorstellen, dass dies im Hinblick auf die Schaffung von Arbeitsplätzen auf Kritik stoßen wird.[789]

Nach *Davies/Freedland* rechtfertigt wirtschaftliche Abhängigkeit bereits für sich genommen eine entsprechende Ausdehnung des Arbeitsrechts:

„No doubt, for most workers their subordination to the power of the employer is a reflection of their economic dependence, but the control of abuse of power seems equally justified when, as with our worker of independent means, it is, usually, a reflection of a particular employer's monopoly over a means of self-development. So we would conclude that economic dependence is a sufficient reason to give a worker the protection of labour law, but it is not the exclusive reason."[790]

In der Tat sind wirtschaftlich abhängig Arbeitende weitaus stärker auf den Schutz der Rechtsordnung angewiesen als wirtschaftlich Unabhängige, die Pro-

---

[785] *Pennings/Bosse*, in: Pennings/Bosse, The Protection of Working Relationships, 2011, S. 173 (187 ff.).
[786] Siehe oben C) I.
[787] *Davies/Freedland*, in: Collins/Davies/Rideout, The Legal Regulation of the Employment Relation, 2000, S. 267 (277).
[788] Siehe oben C) IV.
[789] Insoweit auch *Davies/Freedland*, in: Collins/Davies/Rideout, The Legal Regulation of the Employment Relation, 2000, S. 267 (280).
[790] *Davies/Freedland*, in: Collins/Davies/Rideout, The Legal Regulation of the Employment Relation, 2000, S. 267 (282). A.A. hingegen *Tomandl*, ZAS 2008, 112, nach dem wirtschaftliche Abhängigkeit nur Sonderregelungen zum Ausgleich unterschiedlicher Verhandlungsstärken rechtfertigt, z.B. Tarifrecht.

blemen wie Gesundheitsgefahren aus dem fremden Organisationsbereich, der wirtschaftlichen Sicherung bei ausbleibender Leistung oder der einseitigen Beendigung der Vertragsbeziehung u.U. durch Wahl anderer Vertragspartner ausweichen können.[791] Untermauert wird diese Erwägung durch den Gleichheitsgedanken im Sinne des verfassungsrechtlichen bzw. gerechtigkeitsorientierten Ansatzes, soweit die arbeitsrechtlichen Regelungen nicht gerade durch die persönliche Abhängigkeit des Arbeitnehmers legitimiert sind.[792] Es wurde gezeigt, dass die wirtschaftliche Abhängigkeit die augenfällige Gemeinsamkeit zwischen Arbeitnehmern und Arbeitnehmerähnlichen ist und nach zutreffendem Verständnis für die Schutzbedürftigkeit maßgeblich ist.[793] Eine einheitliche Behandlung von Arbeitnehmern und Arbeitnehmerähnlichen hätte zudem den Vorteil, dass die komplexen Diskussionen über die Konzeption des Arbeitnehmerbegriffs weitgehend überflüssig würden.[794]

Abzulehnen ist aber jedenfalls eine ausschließliche Anknüpfung an das Kriterium der wirtschaftlichen Abhängigkeit. Dadurch würden einige Arbeitende vom Arbeitsrecht ausgeschlossen, die gegenwärtig davon erfasst werden.[795] So würde ein klassischer, d.h. persönlich abhängiger Arbeitnehmer aus dem Anwendungsbereich des Arbeitsrechts herausfallen, wenn sie wirtschaftlich nicht von ihrem Arbeitgeber abhängig sind. Dies wäre z.B. bei einem Arbeitnehmer der Fall, der neben seinem Arbeitslohn noch über ein unabhängiges Einkommen verfügt.[796] Die Herausnahme eines solchen wirtschaftlich nicht zwingend erforderlichen Arbeitsverhältnisses aus dem Anwendungsbereich des Arbeitsrechts erscheint kaum haltbar. Diese Folge ließe sich nur vermeiden, wenn wirtschaftliche Abhängigkeit nicht allein maßgeblich wäre, sondern auch durch persönliche Abhängigkeit ersetzt werden könnte. Dadurch würden sowohl die Arbeitenden aus der ersten Gruppe als auch diejenigen aus der zweiten Gruppe vom Arbeitsrecht erfasst. Gegen diese Lösung spricht jedoch auch hier die Kostenerhöhung, die mit einer solchen Ausdehnung des Anwendungsbereichs des Arbeitsrechts verbunden wäre.[797] Die vollumfängliche Anwendung des Arbeitsrechts auf Arbeitnehmerähnliche unter Aufrechterhaltung der bisherigen Schutzstandards dürfte für viele Auftraggeber zu teuer sein bzw. zu erheblichen Preiserhöhungen führen, auch wenn die Kosten niedriger wären als die oben diskutierte Einbe-

---

[791] *Deinert*, Soloselbständige zwischen Arbeitsrecht und Wirtschaftsrecht, 2015, S. 10.
[792] Vgl. auch *Däubler*, in: Pennings/Bosse, The Protection of Working Relationships, 2011, S. 127 (142).
[793] *Wank*, RdA 2010, 193 (203); dazu oben B) IV. 1. a).
[794] *Däubler*, in: Pennings/Bosse, The Protection of Working Relationships, 2011, S. 127 (142).
[795] *Davies/Freedland*, in: Collins/Davies/Rideout, The Legal Regulation of the Employment Relation, 2000, S. 267 (282).
[796] *Davies/Freedland*, in: Collins/Davies/Rideout, The Legal Regulation of the Employment Relation, 2000, S. 267 (282).
[797] *Buchner*, NZA 1998, 1144 (1151); *Rebhahn*, RdA 2009, 236 (245).

ziehung von Arbeitenden aus der dritten Kategorie. Die Dimension der Arbeitskräfte, die bei einer vollen Einbeziehung der Arbeitnehmerähnlichen unter das Arbeitsrecht fallen würden, ist schwierig abzuschätzen. Im Vereinigten Königreich wurde die Zahl der workers, die unter die englische Definition der Arbeitnehmerähnlichen fallen würde, im Rahmen einer – inzwischen allerdings schon älteren – Erhebung auf 5 Prozent der gesamten Arbeitskräfte geschätzt.[798] Dies ist bereits durchaus eine beachtliche Zahl.[799] Heute wird die Zahl der wirtschaftlich abhängigen Selbständigen wie bereits erwähnt auf ein Viertel der Selbständigen geschätzt.[800]

b) Rechtliche Umsetzungsmöglichkeiten

Unabhängig von den vorgebrachten Einwänden gegen eine Ausdehnung des Arbeitsrechts auf alle wirtschaftlich Abhängigen wird im Folgenden untersucht, auf welchem Wege sich eine solche Lösung umsetzen ließe. Dabei werden insbesondere Umsetzungsmöglichkeiten nach geltendem Recht erörtert.

aa) De lege lata

(1) Möglichkeit einer Analogie?

Teilweise wird eine analoge Anwendung von arbeitsrechtlichen Vorschriften auf Arbeitnehmerähnliche befürwortet.[801] Dies gilt insbesondere für die richterrechtlichen Grundsätze zur beschränkten Arbeitnehmerhaftung.[802] Das Bundesarbeitsgericht hatte sich mit dieser Frage bislang noch nicht oft befasst. Die Anwendbarkeit des Kündigungsschutzes auf Arbeitnehmerähnliche hat es abgelehnt, ohne sich mit der Möglichkeit einer Analogie auseinanderzusetzen.[803] Die analoge Anwendung des § 613a BGB auf Heimarbeiter hat es ausdrücklich abgelehnt.[804] Der Bundesgerichtshof lehnt die analoge Anwendung der richterrechtlichen Grundsätze zur beschränkten Arbeitnehmerhaftung mit der Begründung ab, dass diese nur auf persönlich abhängig Beschäftigte zugeschnitten sind.[805] Auch in der Literatur wird die Möglichkeit einer Analogie überwiegend ver-

---

[798] *Burchill/Deakin/Honey*, The Employment Status of Individuals in Non-Standard Employment, 1999.
[799] Insoweit auch *Davies/Freedland*, in: Collins/Davies/Rideout, The Legal Regulation of the Employment Relation, 2000, S. 267 (281), die darin gleichwohl keine revolutionäre Ausdehnung des Arbeitsrechts sehen.
[800] *Rebhahn*, RdA 2009, 236 (240); dazu bereits oben A) II. 1.
[801] *Neuvieans*, Die arbeitnehmerähnliche Person, 2002, S. 115 ff.
[802] *Joussen*, RdA 2006, 129 (136 f.); *Krause*, in: Henssler/Willemsen/Kalb, Arbeitsrecht, 7. Aufl. 2016, § 619a BGB Rn. 20; einschränkend *Waltermann*, RdA 2010, 162 (164).
[803] BAG AP Nr. 7 zu § 5 ArbGG 1953.
[804] BAG AP Nr. 23 zu § 613a BGB.
[805] BGH AP Nr. 28 zu § 611 BGB Haftung des Arbeitnehmers, vgl. auch BGH VersR 2016, 1464.

neint.⁸⁰⁶ Zutreffend fehlt es an einer planwidrigen Regelungslücke, da der Gesetzgeber Arbeitnehmerähnliche bewusst punktuell geregelt und deren Schutzbedürftigkeit als solche nicht übersehen hat.⁸⁰⁷

(2) Modifikation des Arbeitnehmerbegriffs

Nach *Davies/Freedland* wäre es falsch, anzunehmen, dass der arbeitsrechtliche Schutz von Arbeitnehmerähnlichen nur durch ausdrückliche gesetzliche Anerkennung dieser Kategorie erreicht werden könnte. Vielmehr seien die Kriterien der Arbeitnehmereigenschaft heute gerade im englischen Recht so flexibel und vielseitig, dass der Schutz von Arbeitnehmerähnlichen häufig auch im Wege der Rechtsanwendung durch Subsumtion unter den Arbeitnehmerbegriff erreicht werden könnte.⁸⁰⁸ Im deutschen Recht knüpft die Arbeitnehmerdefinition jedoch wie gezeigt traditionell an die persönliche Abhängigkeit an, die sich in erster Linie nach dem Grad der Weisungsgebundenheit bestimmt.⁸⁰⁹

(a) Anknüpfung an wirtschaftliche Abhängigkeit

Demgegenüber sehen einige Autoren die spezifische Schutzwürdigkeit von Arbeitnehmern nicht in der Weisungsgebundenheit, sondern in dem wirtschaftlichen Aspekt, dass sich Arbeitnehmer aufgrund ihrer arbeitsvertraglichen Bindung schlechthin der Möglichkeit begeben haben, selbst unternehmerisch am Markt aufzutreten und dadurch eine eigenverantwortliche Einkommensquelle zu unterhalten.⁸¹⁰ Damit wird der Begriff der persönlichen Abhängigkeit aufgeweicht und stärker auf den wirtschaftlichen Aspekt abgestellt. Auf dieser Grundlage wird befürwortet, die Arbeitnehmereigenschaft an die wirtschaftliche Abhängigkeit zu knüpfen.⁸¹¹ Der Europäische Gerichtshof bezieht Kriterien der wirtschaftlichen Abhängigkeit zumindest im Wege einer Gesamtbetrachtung in die rechtliche Würdigung ein. In der Queen-Entscheidung hat er betont, dass die Arbeitnehmereigenschaft von der Gesamtheit der jeweiligen Faktoren und Umstände abhängt, die die Beziehungen zwischen den Parteien charakterisieren,

---

⁸⁰⁶ *Pottschmidt*, Arbeitnehmerähnliche Personen in Europa, 2006, S. 418; *Schubert*, Der Schutz der arbeitnehmerähnlichen Personen, 2004, S. 91 ff.; *Wank*, RdA 2010, 193 (204).
⁸⁰⁷ *Schubert*, Der Schutz der arbeitnehmerähnlichen Personen, 2004, S. 94, ebenso *Pottschmidt*, Arbeitnehmerähnliche Personen in Europa, 2006, S. 418.
⁸⁰⁸ *Davies/Freedland*, in: Collins/Davies/Rideout, The Legal Regulation of the Employment Relation, 2000, S. 267 (278). Gegen eine Lösung über den Arbeitnehmerbegriff hingegen *Fudge*, Osgoode Hall Law Journal 44/4 [2006], 609 (612 f.) unter Hinweis darauf, dass das Problem tiefgründiger sei.
⁸⁰⁹ Dazu oben § 7 A) I. 2.
⁸¹⁰ Grundlegend *Wiedemann*, Das Arbeitsverhältnis als Austausch- und Gemeinschaftsverhältnis, 1966, S. 13 ff.; *Wank*, Arbeitnehmer und Selbständige, 1988, S. 126.
⁸¹¹ *Bauschke*, RdA 1994, 209 (214 f.); *Kreider*, AuR 1996, 386 (392 ff.); *Wank*, Arbeitnehmer und Selbständige, 1988, S. 126 ff.; die Vernünftigkeit dieser Sichtweise anerkennt auch *Preis*, in: ErfKomm, 18. Aufl. 2018, § 611 BGB Rn. 58.

394   3. Kapitel: Kleine Unternehmen im Arbeitsrecht

darunter die Beteiligung an den geschäftlichen Risiken des Unternehmens.[812] Das Bundesarbeitsgericht ist diesem Ansatz jedoch nicht gefolgt und betont, dass eine bloße wirtschaftliche Abhängigkeit nicht zu einer Arbeitnehmereigenschaft führt:

„Soweit der Kläger „im Übrigen" für die Beklagte in ständiger Dienstbereitschaft war, Aufträge nicht ablehnte und auch Nebenarbeiten, die über die reinen Programmiertätigkeiten hinausgingen, übernahm, wie z.B. die Beantwortung von Sachanfragen seitens der Kunden oder die Problemlösung bei Programmierfragen seitens der Beklagten, können daraus keine Rückschlüsse auf ein Arbeitsverhältnis zwischen den Parteien gezogen werden […]. Entscheidend ist nicht die Bereitschaft, Aufträge zu übernehmen bzw. Tätigkeiten auszuführen, sondern, ob nach dem rechtsgeschäftlichen Willen der Parteien die Beklagte die Möglichkeit haben sollte, dem Kläger einseitig, also unabhängig von seiner Bereitschaft, Aufgaben zuzuweisen und damit nach § 106 GewO den Inhalt der Arbeitsleistung näher zu bestimmen […]. Allein der Umstand, dass es für den Kläger „undenkbar" gewesen sein mag, Aufträge abzulehnen, lässt nicht den Rückschluss auf eine für einen Arbeitnehmer typische persönliche Abhängigkeit zu. Grund dafür können auch wirtschaftliche Erwägungen sein, wie die Befürchtung, künftig keine oder weniger Aufträge zu erhalten. Die bloße wirtschaftliche Abhängigkeit begründet keine Arbeitnehmereigenschaft […]."[813]

Weniger weitgehend wäre es, den Arbeitnehmerbegriff stärker zu differenzieren. *Wank* befürwortet eine teleologische Begriffsbildung, die darauf abstellt, ob dem Arbeitenden die Möglichkeit verbleibt, auf eigene Rechnung unternehmerisch tätig zu sein. Danach soll Arbeitnehmer sein,

„wer auf privatrechtlicher Grundlage im Dienste eines anderen nach dessen Weisung beschäftigt und in dessen Unternehmensorganisation eingegliedert ist. Weisungsbindung bedeutet das Fehlen einer eigenen unternehmerischen Entscheidungsspielraums mit Zurechnung des Ergebnisses an den Beschäftigten. An einem eigenen unternehmerischen Entscheidungsspielraum fehlt es insbesondere, wenn der Beschäftigte nach dem zugrunde liegenden Vertrag keine eigenen Mitarbeiter und keine unternehmerische Organisation einsetzen darf oder einsetzen kann."[814]

Diese Definition hat eine etwas andere Konstellation im Blick als die gemeinhin mit wirtschaftlicher Abhängigkeit diskutierte Konstellation, mit welcher traditionell das Angewiesensein auf die betreffende Erwerbsgelegenheit verknüpft wird. Bei *Wank* geht es nicht, wie in der Literatur teilweise verstanden wird, um eine irgendwie geartete wirtschaftliche Abhängigkeit,[815] wie etwa bei Zulieferern, sondern um eine auf den konkreten Vertrag bezogene wirtschaftliche Abhängigkeit.[816] Damit würden mit dieser teleologischen Begriffsbildung nicht sämtliche Arbeitnehmerähnliche erfasst, sondern nur der Kreis der Arbeitneh-

---

[812] Vgl. EuGH Slg. 1989, 4459 Rn. 36 – The Queen/Ministry of Agriculture.
[813] BAG NZA 2016, 1453 (1455).
[814] *Wank*, EuZA 2008, 172 (191).
[815] So z.B. *Buchner*, NZA 1998, 1144 81146 f.).
[816] *Wank*, EuZA 2008, 172 (189).

mer etwas erweitert.⁸¹⁷ *Rebhahn* möchte die von *Wank* als zentral angesehene wirtschaftliche Konstellation daher nicht als wirtschaftliche Abhängigkeit, sondern als wirtschaftliche Unselbständigkeit bezeichnen.⁸¹⁸

Auch das European Labour Law Network⁸¹⁹ hat im Hinblick auf ein gemeineuropäisches Restatement Kriterien der Arbeitnehmereigenschaft angeführt, die neben persönlicher auch auf wirtschaftlicher Abhängigkeit beruhen. Unter den vorgeschlagenen Kriterien finden sich insbesondere (1) Arbeit nur für einen Vertragspartner; (2) kein eigenes Auftreten am Markt; (3) kein Handeln auf eigene Rechnung sowie (4) keine unternehmerischen Risiken und Chancen.⁸²⁰ In die gleiche Richtung geht die Empfehlung 198 der ILO betreffend das Arbeitsverhältnis, worin u.a. die ausschließliche oder hauptsächliche Arbeit für eine andere Person sowie das Fehlen finanzieller Risiken als Kriterien der Arbeitnehmereigenschaft genannt werden.⁸²¹ *Wank* schließt daraus, dass die Berücksichtigung auch der wirtschaftlichen Abhängigkeit dem europäischen Standard entspricht.⁸²²

(aa) Rechtsvergleich

In Frankreich und den USA stehen die Gerichte dem Kriterium der wirtschaftlichen Abhängigkeit hingegen aufgeschlossener gegenüber. In Frankreich verlief die Rechtsprechungsentwicklung von der alleinigen Maßgeblichkeit der rechtlichen bzw. persönlichen Abhängigkeit⁸²³ hin zur Maßgeblichkeit der wirtschaftlichen Abhängigkeit. Früher hatte der Cour de Cassation noch ausgeführt:

„Die rechtliche Beziehung zwischen Arbeitenden und der Person, für die sie arbeiten, kann nicht nach dem Grad ihrer Schwäche oder wirtschaftlichen Abhängigkeit beurteilt werden, sondern nur nach einem Vertrag zwischen den Parteien; der Arbeitnehmerstatus erfordert das Verhältnis einer rechtlichen Unterordnung zwischen Arbeitendem und Arbeitgeber."⁸²⁴

Dementsprechend interpretierte der Cour de Cassation das Kriterium der rechtlichen Abhängigkeit streng. Dieses bezog sich nach damaligem Verständnis auf die Kontrolle des Arbeitgebers auf den Arbeitsprozess, also seiner Überwachungs- und Weisungsbefugnis. Derartige Einflussmöglichkeiten des Arbeitgebers sollten mit Selbständigkeit unvereinbar sein. In der Société Générale-Entscheidung führt der Cour de Cassation aus:

---

⁸¹⁷ *Wank*, EuZA 2008, 172 (189 f.).
⁸¹⁸ *Rebhahn*, RdA 2009, 236 (246).
⁸¹⁹ http://www.labourlawnetwork.eu/, Stand: 3.3.2017.
⁸²⁰ Zit. nach *Wank*, EuZA 2008, 172 (190).
⁸²¹ Zit. nach *Wank*, EuZA 2008, 172 (190).
⁸²² *Wank*, EuZA 2008, 172 (190).
⁸²³ Zu den verschiedenen Bezeichnungen dieses Kriteriums siehe oben § 6 A) I. 2. b).
⁸²⁴ Cass. Civ. 6 Jul. 1931, *Dalloz*, 1931, I, 121 P. Pic.

"Ein Verhältnis rechtlicher Abhängigkeit liegt vor, wenn die Arbeit unter der Autorität eines Arbeitgebers ausgeführt wird, der das Recht hat, Weisungen zu geben, die Arbeit zu kontrollieren, und den Arbeitenden bei Zuwiderhandlungen zu sanktionieren."[825]

Als Kriterien für rechtliche Abhängigkeit werden heute genannt, wer den Arbeitsort und die Arbeitszeit bestimmt;[826] wer die Arbeit verrichtet; wer die Arbeitsmittel zur Verfügung stellt; wer für die Leitung und Überwachung der Arbeit zuständig ist;[827] und wer vertragswidriges Verhalten sanktionieren kann.[828] Später verfolgte der Cour de Cassation jedoch einen flexibleren Ansatz, um bestimmten Arbeitenden Zugang zum Sozialversicherungssystem zu verschaffen sowie um den ökonomischen Entwicklungen Rechnung zu tragen.[829] Nunmehr stellt sich der Cour de Cassation auf den Standpunkt, dass Arbeitende auch dann vom Arbeitnehmerstatus profitieren sollten, wenn sie wirtschaftlich statt ausschließlich rechtlich abhängig sind.[830] So hat er die Verträge von Taxifahrern auch dann als Arbeitsverhältnis qualifiziert, wenn das Taxiunternehmen keine Vorgaben hinsichtlich Arbeitsort und Arbeitszeit macht. In der Sache wurde wirtschaftliche Abhängigkeit damit zwar nicht für erforderlich, jedoch für ausreichend erklärt. Die Arbeitnehmereigenschaft setzt danach rechtliche Abhängigkeit *oder* wirtschaftliche Abhängigkeit voraus.

In den USA verlief die dogmengeschichtliche Entwicklung hingegen umgekehrt. Hier wurde die Arbeitnehmereigenschaft früher teilweise nach dem Kriterium der wirtschaftlichen Abhängigkeit bestimmt. In der Entscheidung Lehigh Valley Coal Co. V. Yensavage aus dem Jahr 1914 beschäftigte ein Bergbauunternehmen die Bergarbeiter im Anschluss an die Einschätzung des National Labor Relations Board als Selbständige und verweigerte ihnen Arbeitnehmerrechte.[831] Richter *Learned Hand* qualifizierte sie jedoch wegen der wirtschaftlichen Macht des Arbeitgebers als Arbeitnehmer.[832] Dahinter stand möglicherweise die Befürchtung, dass die Verneinung der Arbeitnehmereigenschaft dazu geführt hätte, dass zahlreiche Arbeiter keinen Arbeitnehmerschutz hätten.[833] Den gleichen Ansatz hat Supreme Court dreißig Jahre später aufgegriffen, als er selbständige Zeitungsausträger mit der Begründung als Arbeitnehmer qualifiziert hat, dass sie wirtschaftlich von dem beauftragenden Zeitungsunternehmen abhängig sind. Auch wenn sie einen eigenen Gewinn erwirtschaften können und

---

[825] Cass. v. 18.6.1976, *Dalloz*, 1977, S. 173.
[826] Cass. v. 4.3.1983, *Bull. Civ*, V, n° 3.
[827] Soc. 29.1.2002, *Bull. Civ*, V, n° 38.
[828] Soc. 13.11.1996, *Bull. Civ*, V, n° 386.
[829] *Daugareilh*, in: Pennings/Bosse, The Protection of Working Relationships, 2011, S. 61 (67).
[830] Soc. 19.12.2000, B., V., n°
[831] 2d Cir. 1914, *Lehigh Valley Coal Co. V. Yensavage*, 218 F. 547.
[832] 2d Cir. 1914, *Lehigh Valley Coal Co. V. Yensavage*, 218 F. 547 (552 f.).
[833] *Carlson*, Berkeley Journal of Employment & Labor Law 2001, 295 (312).

das Risiko eines Weiterverkaufs der Zeitungen tragen, würden sie durch die Festlegung der Löhne und der auszutragenden Menge durch das Zeitungsunternehmen dominiert.[834] Zudem sei ihre Verhandlungsmacht ebenso schwach wie die von regulären Arbeitnehmern.[835] In dieser Entscheidung hat der Supreme Court den economic realities test zur Bestimmung der Arbeitnehmereigenschaft für maßgeblich erklärt:

„In short, when [...] economic facts of the relation make it more nearly one of employment [...] with respect to the ends sough to be accomplished by the legislation, [those facts] may outweigh technical legal classifications for purposes unrelated to the statute's objectives and bring the relation within its protections."[836]

Transportfahrer, die einen eigenen Lkw benutzen, eigene Mitarbeiter beschäftigen und für verschiedene Auftraggeber tätig sind, hat der Supreme Court als hingegen wirtschaftlich unabhängige Selbständige qualifiziert.[837] Der Kongress bestimmte jedoch in dem Taft-Hartley Act von 1947,[838] dass Arbeitnehmer im Sinne dieser Regelung keine wirtschaftlich abhängigen Selbständigen sind.[839] Vielmehr soll die Arbeitnehmereigenschaft wieder nach dem traditionellen common law test zu bestimmen sein. Damit hat der Kongress dem Ansatz des Supreme Court ausdrücklich eine Absage erteilt:

„To correct what the Board has done, and what the Supreme Court, putting misplaced reliance upon the Board's expertness, has approved, the bill excludes ‚independent contractors' from the definition of ‚employee'. [...] In the law, there has always been a difference, and a big difference, between ‚employees' and ‚independent contractors'. ‚Employees' work for wages or salaries under direct supervision. ‚Independent contractors' undertake to do a job for a price, decide how the work will be done, usually hire others to do the work, and depend for their income not upon wages, but upon the difference between what they pay for goods, materials, and labor and what they receive for the end result, that is, upon profits."[840]

Gleichwohl wurde der economic realities test nicht gänzlich aufgegeben. Er lebt heute als Teil des common law tests fort, namentlich in dem Kriterium, ob der Arbeitende für verschiedene Auftraggeber tätig werden kann.[841] Dieser Faktor kann freilich in der Gesamtschau hinter anderen Faktoren zurücktreten, z.B. ob der Arbeitende Beginn und Ende seiner täglichen Arbeitszeit frei einteilen

---

[834] *Hearst*, 322 U.S. 116 (117).
[835] *Hearst*, 322 U.S. 116 (127).
[836] *Hearst*, 322 U.S. 116 (127 f.).
[837] *Silk*, 331 U.S. 711/714 f.).
[838] Labor Management Relations (Taft-Hartley) Act, Pub. L. No. 101, 61 Stat. 137 (1947), codified as amended at 29 U:S:C: §§ 141–197 (1994).
[839] 20 U:S:C: § 152 (3).
[840] H.R. REP No. 80–245 (1947), 3020.
[841] Vgl. Glenn v. Stoneload Delivery Co., 894 S.W.2d 713, 716 (Mo. App. 1995).

kann.⁸⁴² Wirtschaftlich abhängigen Selbständigen ist der Arbeitnehmerschutz damit keineswegs garantiert.

(bb) Stellungnahme

In Deutschland ist die Anknüpfung an das Kriterium der wirtschaftlichen Abhängigkeit überwiegend auf Kritik gestoßen. *Buchner* weist darauf hin, dass der Arbeitsmarkt für eine solch kostenintensive Ausweitung des Arbeitnehmerschutzes zu unflexibel ist.⁸⁴³ *Hromadka* betont die innere Logik des traditionellen Verständnisses, wonach der Unternehmer nach außen durch seine Tätigkeit am Wirtschaftsmarkt und nach innen durch die Freiheit gekennzeichnet ist, die Arbeit zu organisieren.⁸⁴⁴ In teleologischer Hinsicht ist diese Lösung allerdings vorzugswürdig. Letztlich geht es allein darum, ob das Beschäftigungsverhältnis selbst dem Beschäftigten einen angemessenen Ausgleich von Chancen und Risiken bietet.⁸⁴⁵ Es wurde bereits darauf hingewiesen, dass die Schutzwürdigkeit von Arbeitnehmern in erster Linie aus der wirtschaftlichen Abhängigkeit folgt, weniger aus der Weisungsgebundenheit.⁸⁴⁶ Die Weisungsbindung mag zwar in den meisten Fällen zu zutreffenden Ergebnissen führen, nämlich wenn ohnehin klar ist, dass es sich um Arbeitnehmer oder Selbständige handelt. In Zweifelsfällen versagt dieser Ansatz indessen.⁸⁴⁷ *Richardi* hält das Merkmal der persönlichen Abhängigkeit für eine „Verlegenheitslösung ohne brauchbaren Inhalt mit einer ideologischen Komponente", der eine personal begründete Herrschaftsbefugnis suggeriert und die heutige Arbeitswelt im digitalen Zeitalter nicht mehr angemessen erfasst.⁸⁴⁸ Für den differenzierenden Vorschlag von *Wank*⁸⁴⁹ führt *Rebhahn* ins Feld, dass der wirtschaftliche Aspekt als eigentliche Motivation des Arbeitsrechts stärker zum Ausdruck kommt als in dem traditionellen Kriterium der rechtlichen Abhängigkeit. Er wirft jedoch die Frage auf, welchen Inhalt und welche Bedeutung die Einordnung in die Unternehmensorganisation als weiteres Erfordernis haben soll: Sollte dies in erster Linie auf organisatorische Merkmale abstellen, käme es dem traditionellen Verständnis zumindest nahe.⁸⁵⁰

---

⁸⁴² Vgl. Herman, 161 F.3d, 304 (307 ff.).
⁸⁴³ *Buchner*, NZA 1998, 1144 (1151) unter Hinweis auf die Stellungnahme des Internationalen Währungsfonds zur Lage der Weltwirtschaft, abgedruckt in FAZ v. 14.4.1998, S. 17, sowie die Stellungnahme des Instituts der Deutschen Wirtschaft, abgedruckt in FAZ v. 27.3.1998, S. 19.
⁸⁴⁴ *Hromadka*, NZA 1997, 569 (576); *ders.* NZA 1997, 1249 (1250).
⁸⁴⁵ *Wank*, RdA 2010, 193 (194).
⁸⁴⁶ Siehe oben B) IV. 1. a).
⁸⁴⁷ *Wank*, EuZA 2008, 172 (189).
⁸⁴⁸ *Richardi*, NZA 2017, 36 (39).
⁸⁴⁹ *Wank*, EuZA 2008, 172 (191); dazu oben (a).
⁸⁵⁰ *Rebhahn*, RdA 2009, 236 (246).

In § 611a BGB n.F. ist die wirtschaftliche Herangehensweise jedoch nicht zum Ausdruck gekommen. Daraus lässt sich schließen, dass der Gesetzgeber dieser eine Absage erteilt hat.[851] Es überrascht nicht, dass *Wank* eine Neufassung der Definition befürwortet, die auf den von ihm schon zuvor in den Mittelpunkt gestellten Aspekt abstellt, dass der Arbeitende nach dem Vertrag und seiner tatsächlichen Durchführung die Möglichkeit zu eigenen unternehmerischen Entscheidungen auf eigene Rechnung hat.[852] Gegen die wirtschaftliche Herangehensweise lässt sich auch § 7 Abs. 1 S. 2 SGB IV ins Feld führen, der ebenfalls die traditionellen Kriterien der Rechtsprechung normiert.[853] Letztlich kann die wirtschaftliche Herangehensweise daher in grammatikalischer und historischer Hinsicht nicht (mehr) zur Bestimmung der Arbeitnehmereigenschaft herangezogen werden. Trotz des Vorschlags von *Wank* ist nicht davon auszugehen, dass sich der Gesetzgeber zu einer Neufassung der Arbeitnehmereigenschaft durchringen wird, nachdem er diese gerade erst gesetzlich festgelegt hat. Vor diesem Hintergrund erscheint eine teleologische Modifikation des Arbeitnehmerbegriffs de lege lata nicht mehr möglich.

(b) Modifikation der persönlichen Abhängigkeit

Eine andere Lösung geht dahin, die Anknüpfung der Arbeitnehmereigenschaft an die persönliche Abhängigkeit zwar beizubehalten, dieses Kriterium jedoch inhaltlich zu modifizieren. Im europäischen Vergleich ist bereits jetzt festzustellen, dass sich die Anforderungen an die persönliche bzw. rechtliche Abhängigkeit bzw. Unterordnung[854] im Laufe der Zeit gewandelt hat: Während man früher noch ein umfangreiches Weisungsrecht verlangt hat, wurde erkannt, dass der Arbeitgeber nicht immer die Expertise für detaillierte Weisungen hat und außerdem zunehmend außerhalb des eigentlichen Arbeitsplatzes gearbeitet wird. Es wurde daher allmählich akzeptiert, dass auch solche Personen Arbeitnehmer sein können, die einen breiten Handlungs- und Entscheidungsspielraum haben.[855] So hat z.B. der französische Cour de Cassation entschieden, dass die Eingliederung in die Organisation des Prinzipals keine Voraussetzung, sondern lediglich Indikator für eine Unterordnung sei; entscheidend sei vielmehr, dass der Prinzipal die Arbeitsbedingungen einseitig festlegen kann.[856] Der Preis dieser flexibleren Sichtweise ist freilich, dass der Arbeitnehmerbegriff seine klaren Konturen verloren hat und eine breite Grauzone entstanden ist. *Pennings/Bosse* sehen die Neudefinition der persönlichen Abhängigkeit deshalb auch nicht als

---

[851] Vgl. *Thüsing*, Editorial zu NZA Heft 22/2016.
[852] *Wank*, AuR 2017, 140 (153).
[853] *Preis*, in: ErfKomm, 18. Aufl. 2018, § 611 BGB Rn. 58.
[854] Zur Terminologie siehe oben § 6 A) I. 2. b).
[855] *Pennings/Bosse*, in: Pennings/Bosse, The Protection of Working Relationships, 2011, S. 173 (174).
[856] Cass. v. 18.6.1976, *Dalloz*, 1977, S. 173.

den besten Ansatz, um Kleinunternehmer besser zu schützen.[857] Keine Privatperson, die einen Installateur beauftragt hat, möchte mit Arbeitgeberpflichten aus einem Arbeitsvertrag konfrontiert werden. Das gleiche gilt für Unternehmer, die bestimmte Tätigkeiten fremdvergeben haben, auch wenn in dieser Konstellation häufig eine wirtschaftliche Abhängigkeit besteht.[858] Es wird daher die Gefahr gesehen, dass eine Ausweitung der Definition von persönlicher abhängiger Arbeit diesen Begriff übermäßig ausdehnt und verwässert.[859] In Deutschland eröffnet der § 611a Abs. 1 S. 4 BGB n.F. allerdings ohnehin einen Spielraum für eine teleologische Interpretation der persönlichen Abhängigkeit, da der erforderliche Grad auch an die Eigenart der jeweiligen Tätigkeit geknüpft wird. Eine Reduzierung des erforderlichen Grads auf Null mit der Folge, dass überhaupt keine persönliche Abhängigkeit erforderlich ist, ist jedoch nicht möglich, da dies eine Umgehung der Vorschrift bedeuten würde. Echte Selbständige bleiben aber weiterhin vom Arbeitnehmerbegriff ausgenommen. Es bleibt abzuwarten, ob sich die Rechtsprechung zur persönlichen Abhängigkeit durch die Einführung dieser Vorschrift überhaupt ändern wird, da ja in der Sache lediglich die bisherige Rechtsprechung des Bundesarbeitsgerichts in Gesetzesform gegossen wurde.[860]

bb) De lege ferenda: Ausdehnung des Anwendungsbereichs

Eine vollständige Ausdehnung des Anwendungsbereichs des Arbeitsrechts auf wirtschaftlich Abhängige kann durch deren Einbeziehung in den jeweiligen Arbeitsgesetzen bewirkt werden. Dies ist jedoch unpraktisch und eignet sich eher für eine punktuelle als für eine allgemeine Einbeziehung. Einfacher wäre daher eine gesetzliche Neubestimmung der Arbeitnehmereigenschaft, die in Deutschland an § 611a BGB n.F. ansetzen müsste. Angesichts der gerade erst erfolgten Einführung dieser Vorschrift ist ein solcher Schritt jedoch nicht zu erwarten. Eine dritte Möglichkeit wäre, die Arbeitnehmereigenschaft in bestimmten Situationen gesetzlich zu vermuten. Vermutungsregeln werden üblicherweise nicht als eigener Typus strukturiert, sondern nur an die organisatorischen Elemente der konkreten Leistungsbeziehung geknüpft. Überlegen könnte man, bei einer (widerleglichen) Vermutung entscheidend darauf abzustellen, dass die Arbeitsbeziehung länger, nämlich drei Monate, gedauert hat.[861] Ein Vorbild dafür findet sich in der niederländischen Regelung des Art. 610a Burgerlijk Wetboek.[862]

---

[857] *Pennings/Bosse*, in: Pennings/Bosse, The Protection of Working Relationships, 2011, S. 173 (176).

[858] *Pennings/Bosse*, in: Pennings/Bosse, The Protection of Working Relationships, 2011, S. 173 (176 f.).

[859] *Pennings*, in: Pennings/Bosse, The Protection of Working Relationships, 2011, S. 5 (13).

[860] *Richardi*, NZA 2017, 36.

[861] Vgl. *Rebhahn*, RdA 2009, 236 (251).

[862] Diese Regelung lautet: „Hij die ten behoeve van een ander tegen beloning door die ander gedurende drie opeenvolgende maanden, wekelijks dan wel gedurende ten minste

Möglich ist zudem die Voraussetzung, dass persönlich gearbeitet wird. *Rebhahn* schlägt vor diesem Hintergrund folgende Formulierung vor:

„Die Arbeitnehmereigenschaft wird widerleglich vermutet, wenn jemand für einen anderen länger als drei Monate lang regelmäßig und im Wesentlichen persönlich arbeitet."[863]

Dadurch würden wirtschaftlich abhängige Selbständige erfasst, deren Beschäftigungsverhältnis länger als drei Monate dauert. Denkbar wären auch die alternativen oder teilweise kumulativen Voraussetzungen einer koordinierten Zusammenarbeit; dass der Arbeitende im Wesentlichen nur für den Vertragspartner tätig wird und dies dem Vertragspartner bei Vertragsschluss erkennbar ist; eine durchschnittliche Mindestanzahl an Wochenarbeitsstunden; eine Mindest- und Höchstgrenze für das durchschnittliche Entgelt je Monat. Für eine solche Vermutung spricht, dass die Praxis zu klaren Verhältnissen erzogen und von verschiedenen Streitigkeiten entlastet würde, wodurch Streitkosten eingespart und auch das Problem der Scheinselbständigkeit entschärft würden.[864] Eine widerliche Vermutung hätte gegenüber eine verbindlichen gesetzlichen Anordnung den Vorteil, dass die Arbeitnehmereigenschaft in bestimmten Situationen bestritten werden und damit einzelfallgerechtere Lösungen erreicht werden könnten.

3. Punktuelle Anwendung des Arbeitsrechts auf eine mittlere Kategorie

Bislang wurde die gesamte Anwendung des Arbeitsrechts auf alle Selbständigen bzw. bestimmte Kategorien von Selbständigen (Gruppen zwei bis drei) diskutiert. Ein zurückhaltender Ansatz ist die lediglich punktuelle Anwendung arbeitsrechtlicher Vorschriften auf eine bestimmte Kategorie von Selbständigen; im Übrigen bleibt es bei der Geltung des allgemeinen Zivilrechts bzw. des Handelsrechts. Diesen Ansatz verfolgen u.a. die Lösungen von *Supiot*,[865] *Perulli*[866] und der Europäischen Kommission in ihrem Grünbuch vom 22.11.2006,[867] die jedoch länderübergreifend auf geringe Zustimmung stießen.[868] In der Anhörung zum Grünbuch der Europäischen Kommission haben sich wichtige Akteure gegen eine Regelung dieser Kategorie auf europäischer Ebene ausgesprochen.[869]

---

twintig uren per maand arbeid verricht, wordt vermoed deze arbeid te verrichten krachtens arbeidsovereenkomst."

[863] *Rebhahn*, RdA 2009, 236 (251).
[864] *Rebhahn*, RdA 2009, 236 (251).
[865] *Supiot*, Beyond Employment, 2001.
[866] *Perulli*, Study on Ecommically Dependent Work/Parasubordinate (Quasi-subordinate) work, 2002.
[867] Grünbuch der EU-Kommission v. 22.11.2006, KOM (2006) 708 endg. v. 22.11.2006, S. 12 ff.
[868] *Pennings/Bosse*, in: Pennings/Bosse, The Protection of Working Relationships, 2011, S. 173 (188); dazu oben B) II. 3.
[869] Mitteilung der Kommission: Ergebnis der Anhörung zum Grünbuch Arbeitsrecht, KOM (2007), S. 627, 8. Dazu oben B) II. 4. c).

Regelungen auf nationaler Ebene steht dies freilich nicht entgegen. So wird z.B. in Deutschland und Österreich vielfach ein vorsichtiger Ausbau der Kategorie der Arbeitnehmerähnlichen befürwortet.[870]

a) Begründungsversuche und Kritik

Wank steht einer Ausdehnung der arbeitsrechtlichen Vorschriften auf Selbständige jedoch skeptisch gegenüber, die in eine Untergliederung der Selbständigkeit gesetzten Hoffnungen hält er für verfehlt.[871] Seiner Ansicht nach seien die bisherigen punktuellen Regelungen für Arbeitnehmerähnliche ausreichend, über diese Regelungen hinaus könne ein adäquater Schutz über Tarifverträge erreicht werden.[872] Allerdings harmoniert diese Lösung am besten mit den oben gefundenen grundlegenden Schlussfolgerungen:[873] Art. 3 Abs. 1 GG sowie gleichheitsorientierte Gerechtigkeitsansatz legen die Gleichbehandlung von Arbeitnehmern und wirtschaftlich abhängig Arbeitenden nahe, soweit die in Rede stehenden Vorschriften nicht speziell durch die persönliche Abhängigkeit legitimiert sind. In ökonomischer Hinsicht verursacht diese Lösung die geringsten Kosten, da sie auf einzelne Schutzvorschriften begrenzt ist. Es ist zwar die Befürchtung geäußert worden, dass die Ausweitung einer dritten Kategorie Anreize zu einer „Flucht aus dem Arbeitsrecht" schafft und dadurch die Zahl der (besser geschützten) Arbeitnehmer reduziert, weil die Vertragspartner dann häufiger als jetzt gar keinen Arbeitsvertrag anbieten würden.[874] In der Tat dürfte der Arbeitsvertrag als Form von Lohnarbeit an Bedeutung zugunsten der mittleren Kategorie verlieren. Dem lässt sich jedoch entgegenhalten, dass der Bedarf nach Arbeit in persönlicher Abhängigkeit ohnehin wegen der wirtschaftlichen Entwicklung zurückgegangen ist.[875] Für den Ausbau einer mittleren Kategorie spricht nach *Rebhahn* weiterhin, dass die Vielfalt der Erwerbsformen besser abgebildet wird; dass bei den Rechtsfolgen stärker nach den tatsächlichen Schutzgründen differenziert werden und dadurch eine höhere „Treffsicherheit" erreicht werden kann; sowie dass weitere Arbeitsformen ermöglicht werden, die den zunehmend ausdifferenzierten Wünschen insbesondere der Unternehmen besser entspricht als ein bloß binäres Modell.[876]

---

[870] Zum deutschen Recht vgl. *Hromadka*, NZA 1997, 569 (578); *Buchner*, NZA 1998, 1144 (1150); zum österreichischen Recht vgl. *Tomandl*, ZAS 2008, 111 ff.; länderübergreifend *Rebhahn*, RdA 2009, 236 (248).
[871] *Wank*, EuZA 2008, 172 (177).
[872] *Wank*, RdA 2010, 193 (204).
[873] Dazu oben B) IV. Für diese Lösung auch *Deinert*, Soloselbständige zwischen Arbeitsrecht und Wirtschaftsrecht, 2015, S. 15.
[874] Vgl. *Perulli*, Study on Ecomomically Dependent Work/Parasubordinate (Quasi-subordinate) work, 2002, S. 115.
[875] *Rebhahn*, RdA 2009, 236 (248).
[876] *Rebhahn*, RdA 2009, 236 (248).

b) Definition und Ausgestaltung der mittleren Kategorie

Zu klären ist, wie die mittlere Kategorie zu definieren und auszugestalten ist. Nach *Rebhahn* kann eine mittlere Kategorie die angestrebte Ordnungsfunktion nur erfüllen, wenn sie als eigener Vertragstypus ausgestaltet würde.[877] Der Rechtsvergleich hat jedoch gezeigt, dass dies mit Ausnahme von Italien mit der dortigen Gruppe der parasubordinati bislang nicht verwirklicht wurde. Die italienische Regelung ist jedoch sehr unübersichtlich und kompliziert, sodass sie sich nicht als Vorbild eignet.[878] Allerdings würde der Schutz der Kleinunternehmer schon dann verbessert, wenn die arbeitsrechtlichen Regelungen im Rahmen des bestehenden Vertragstypus – also Dienstvertrag bzw. Werkvertrag – ausgedehnt würden, etwa indem sie in größerem Umfang Arbeitnehmerähnliche einbeziehen würden. Im Vordergrund stehen daher die Kriterien, durch welche die mittlere Kategorie definiert wird.

Insoweit bietet sich die Beibehaltung der Kategorie der Arbeitnehmerähnlichen an, die durch wirtschaftliche Abhängigkeit definiert sind.[879] Im deutschen Recht wäre dies bereits aus systematischen Gründen am einfachsten, da diese ohnehin bekannt ist und daher lediglich ausgebaut werden müsste. Die Anknüpfung an die wirtschaftliche Abhängigkeit ist auch in teleologischer Hinsicht vorzugswürdig, da diese wie gezeigt grundsätzlich die Anwendung arbeitsrechtlicher Schutzvorschriften legitimiert.[880] Die Verpflichtung zur persönlichen Arbeit, auf die z.B. die Kategorie der workers im englischen Recht abstellt, vermag hingegen für sich genommen prinzipiell keine arbeitsrechtlichen Schutzvorschriften zu legitimieren.[881] Das Abstellen auf wirtschaftliche Abhängigkeit scheint auf den ersten Blick der Wertung der Teilzeit-Richtlinie 97/81/EG[882] zu widersprechen, welche die unsachliche Benachteiligung von Teilzeitkräften verbietet.[883] Allerdings hat die Europäische Kommission in ihrem Grünbuch vom 22.11.2006 bei den Nichtarbeitnehmern selbst an die wirtschaftliche Abhängigkeit als Kriterium für zusätzlichen Schutz gedacht. Möglich wäre es natürlich, kumulativ an die Kriterien der wirtschaftlichen Abhängigkeit und der Verpflichtung zur persönlichen Arbeit anknüpfen. Dahin geht der Vorschlag von *Rebhahn*, der einen besonderen Vertragstypus für diejenigen befürwortet, die ohne Unterordnung im Wesentlichen zu persönlicher Arbeit (also ohne Mitarbeiter)

---

[877] *Rebhahn*, RdA 2009, 236 (248).
[878] *Rebhahn*, RdA 2009, 236 (248).
[879] Dafür auch *Pennings*, in: Pennings/Bosse, The Protection of Working Relationships, 2011, S. 29 (40).
[880] Siehe oben B) IV. 1. a).
[881] Siehe oben B) IV. 1. a).
[882] Richtlinie 97/81/EG des Rates vom 15.12.1997 zu der von UNICE, CEEP und EGB geschlossenen Rahmenvereinigung übe Teilzeitarbeit – Anhang: Rahmenvereinbarung über Teilzeitarbeit.
[883] *Rebhahn*, RdA 2009, 236 (249).

verpflichtet sind und voraussichtlich oder tatsächlich länger für einen Vertragspartner arbeiten (also nicht am Markt auftreten) und/oder ihre Arbeit nach dem Vertrag mit diesem koordinieren müssen.[884] Bei den Arbeitenden der zweiten Gruppe sind ohnehin zumeist beide Merkmale erfüllt. *Henssler/Preis* wollen in ihrem Diskussionsentwurf eines Arbeitsvertragsgesetzes für Arbeitnehmerähnliche die Sonderbestimmungen zudem nur eingreifen lassen, wenn das Vertragsentgelt innerhalb einer bestimmten Bandbreite liegt.[885]

Was die inhaltliche Bestimmung der der wirtschaftlichen Abhängigkeit anbelangt kann an die gegenwärtigen Regelungen der §§ 12a TVG, 5 Abs. 1 ArbGG, 2 BUrlG angeknüpft werden.[886] Im deutschen Schrifttum wird überzeugend vorgeschlagen, den Begriff der arbeitnehmerähnlichen Person zu erweitern und bereits dann zu bejahen, wenn 25 Prozent des Erwerbs bei einem Auftraggeber erzielt werden[887] bzw. wenn eine entsprechende Ertragsschwäche beim Selbständigen, also etwa ein Einkommen unterhalb des Mindestlohns, vorliegt.[888] Dies beruht auf der Erwägung, dass Selbständige auch dann wirtschaftlich abhängig sind, wenn der Verlust eines Auftraggebers unabhängig von seinem Beitrag zum Gesamteinkommen die Existenzsicherung insgesamt gefährdet.[889] *Perulli* führt neben der zentralen Fokussierung auf einen oder wenige Auftraggeber weitere Kriterien für wirtschaftliche Abhängigkeit an, nämlich dass kein direkter Marktkontakt besteht, sondern für einen am Markt tätigen Auftraggeber gearbeitet wird; dass der Auftraggeber zwar keine Weisungen gibt, aber für die Koordination der Arbeit verantwortlich ist; sowie dass eine zeitliche Kontinuität der Beschäftigung besteht.[890] An das zuletzt genannte Kriterium könnte stärker angeknüpft werden mit der Folge, dass bestimmte Rechte stärker als gegenwärtig von der vereinbarten bzw. verstrichenen Dauer der Arbeitsbeziehung abhängen würden. Zum italienischen Recht wird z.B. vorgeschlagen, die Unterscheidung zwischen befristeten und unbefristeten Verträgen zu überwinden – d.h. den befristeten Vertrag zumindest stark zurückzudrängen – und dafür den Kündigungsschutz in Betrieben mit über 15 Arbeitnehmern bis zum Ablauf von drei Jahren stark einzuschränken.[891] Zum deutschen und österreichischen Recht wird eine solche verstärkte Differenzierung ebenfalls für den Kündigungsschutz

---

[884] *Rebhahn*, RdA 2009, 236 (248).
[885] *Henssler/Preis*, NZA-Beil. 2007, 6 (7): Zwischen einem Viertel und den Dreifachen der Bezugsgröße nach § 4 SGB IV.
[886] Dazu oben B) III. 3. a).
[887] *Klebe*, AuR 2016, 277 (280).
[888] *Deinert*, Soloselbständige zwischen Arbeitsrecht und Wirtschaftsrecht, 2015, S. 91.
[889] *Deinert*, Soloselbständige zwischen Arbeitsrecht und Wirtschaftsrecht, 2015, S. 90.
[890] *Perulli*, Study on Ecomomically Dependent Work/Parasubordinate (Quasi-subordinate) work, 2002, S. 98, 105.
[891] *Boeri/Garibaldi*, Un nuovo contratto per tutti, 2007; der Vorschlag hat sich jedoch nicht als konsensfähig erwiesen.

in Erwägung gezogen. Nach *Rebhahn* könnte der Kündigungsschutz vor Ablauf der verlängerten Dauer zumindest auf Abfindung gerichtet sein.[892]

c) Mögliche Schutzmaßnahmen

Es werden zahlreiche arbeitsrechtliche Schutzmaßnahmen diskutiert, die auf die mittlere Kategorie ausgedehnt werden könnten. Nach der abgelehnten Konvention der ILO von 1997 sollten zumindest in folgenden Bereichen Regelungen für wirtschaftlich abhängig Arbeitende getroffen werden: Tarif- und Koalitionsfreiheit, Diskriminierungsschutz, Altersbegrenzung, Bezahlung, Arbeits- und Gesundheitsschutz, Betriebsunfälle und Sozialversicherung.[893] Einige Autoren befürworten die Gewährung eines „harten Kerns sozialer Rechte" für alle wirtschaftlich abhängig Arbeitenden.[894] Dieser besteht nach *Pennings/Bosse* aus folgenden Rechten, die sich teilweise mit denen der von der ILO genannten decken: (a) Begrenzungen der Arbeitszeit und Mindestruhezeit; (b) bezahltem Jahresurlaub; (c) gesetzlicher Mindestvergütung; (d) Arbeits- und Gesundheitsschutz; (e) Mutterschutz; sowie (f) Diskriminierungsschutz.[895] Davon werden im deutschen Recht Jahresurlaub, Arbeits- und Gesundheitsschutz und Diskriminierungsschutz bereits gewährt.[896] Nach *Perulli* sollten den wirtschaftlich abhängigen Selbständigen außerdem folgende Schutzvorkehrungen gewährt werden: Finanzielle Strafen für unterbliebene bzw. verspätete Lohnzahlungen, die strenger als im Handelsrecht sind; die Möglichkeit, die Vertragsbeziehung aus persönlichen Gründen unter Aufrechterhaltung der Lohnzahlung zu suspendieren (z.B. nach dem Vorbild von § 616 BGB); einen Kündigungsschutz dergestalt, dass der Auftraggeber eine Kündigungsfrist einhalten muss oder einen Sachgrund für eine frühzeitige Kündigung benötigt (z.B. schwere Vertragsverstöße, Beeinträchtigung des Vertrauensverhältnisses, oder fehlende ökonomische Sinnigkeit des Auftrags); Gewährung der Koalitions- und Tariffreiheit.[897] *Tomandl* plädiert dafür, die mittlere Kategorie vor allem an das Kriterium der Fremdbestimmung anzuknüpfen und (nur) solche Normen auf fremdbestimmt arbeitende Selbständige auszudehnen, die vor spezifischen Gefahren und Folgen der Fremdbestimmung

---

[892] *Rebhahn*, RdA 2009, 236 (249).

[893] Zur Empfehlung der ILO siehe oben B) I.

[894] So etwa *Perulli*, Study on Ecomomically Dependent Work/Parasubordinate (Quasisubordinate) work, 2002; *Davidov*, Seminar Report of 2nd Annual Legal Seminar of European Labour Law Network, 24 ff.; *Pennings/Bosse*, in: Pennings/Bosse, The Protection of Working Relationships, 2011, S. 173 (190); vgl. auch *Hromadka*, NZA 1997, 569 (579).

[895] *Pennings/Bosse*, in: Pennings/Bosse, The Protection of Working Relationships, 2011, S. 173 (190).

[896] Zum Diskriminierungsschutz nach § 6 Abs. 1 Nr. 3 AGG siehe *Deinert*, Soloselbständige zwischen Arbeitsrecht und Wirtschaftsrecht, 2015, S. 33 f.

[897] *Perulli*, Study on Ecomomically Dependent Work/Parasubordinate (Quasi-subordinate) work, 2002, S. 119.

schützen, insbesondere Erholungsbedürfnis, Entgeltfortzahlung bei Krankheit und Haftungsminderung.[898] *Preis* tritt schließlich dafür ein, arbeitnehmerähnliche Personen und anderen (Solo-)Selbständige insoweit in das Arbeitsrecht einzubeziehen, als es um einen besonderen Diskriminierungs-, Gesundheits- oder Grundrechtsschutz geht.[899] Dieser Schutz soll durch eine Verallgemeinerung des Konzepts des Heimarbeitsrechts verwirklicht werden. Das Heimarbeitsgesetz schützt die Arbeitenden durch Regelung von Stück- bzw. Stundenentgelten (§§ 17 ff. HAG) und sieht eine soziale Absicherung gegen Kündigung vor (§ 29 HAG). Allgemeiner Bestandsschutz wird hingegen nicht gewährt, da das Kündigungsschutzgesetz, das TzBfG sowie § 613a BGB unanwendbar sind.[900] De lege lata erfasst das Heimarbeitsgesetz auf der Tatbestandsebene keine Selbständigen, die ihre Leistung vor Ort bzw. im Betrieb erbringen, und auf der Rechtsfolgenseite ist es nicht auf nur punktuelle Austauschbeziehungen zugeschnitten.[901] Die Ausdehnung des Heimarbeitsgesetzes auf alle wirtschaftlich abhängigen Selbständigen wäre nur im Wege einer vollständigen Neufassung des Heimarbeitsgesetzes im Sinne eines „Selbständigenschutzgesetzes" möglich.[902] *Preis* will das Heimarbeitsgesetz daher zugunsten einer allgemeinen Regelung zumindest für arbeitnehmerähnliche Personen und (Solo-)Selbständige abschaffen.[903] Zudem soll diese Personengruppe einen den Arbeitnehmern und Heimarbeitern vergleichbaren sozialrechtlichen Schutz genießen, insbesondere eine Einbeziehung in die gesetzliche Rentenversicherung.[904]

Nach dem verfassungsrechtlichen und gerechtigkeitsorientierten Begründungsansatz ist vor allem die Ausdehnung solcher arbeitsrechtlicher Vorschriften auf Arbeitnehmerähnliche zu erwägen, die nicht durch die persönliche Abhängigkeit der Arbeitnehmer legitimiert sind.[905] Dies gilt wie gezeigt für die Beschränkung der Arbeitszeit, die unmittelbar vor der Ausübung des Direktionsrechts schützt. Da Abreitnehmerähnliche im Gegensatz zu Arbeitnehmern selbstbestimmt tätig sind und die Arbeitszeit unmittelbar gewinnzielend nutzen können, würde eine Beschränkung ihrer Arbeitszeit – etwa nach dem Vorbild der englischen Regelung für workers nach dem Working Time Regulations

---

[898] *Tomandl*, ZAS 2008, 112 (113).
[899] *Preis*, SR 2017, 173 (179); *ders.* NZA 2018, 817 (825).
[900] Vgl. *Preis*, SR 2017, 173 (179).
[901] *Bayreuther*, Sicherung der Leistungsbedingungen von (Solo-)Selbständigen, 2018, S. 23.
[902] *Krause*, Gutachten B zum 71. Deutschen Juristentag, 2016, B 106; *Bayreuther*, Sicherung der Leistungsbedingungen von (Solo-)Selbständigen, 2018, S. 23.
[903] *Preis*, SR 2017, 173 (179 f.), für eine Orientierung an einzelnen Regelungsbereichen des HAG wie das Kartellprivileg des § 17 und des Entgeltfestsetzungsmechanismus des § 19 auch *Bayreuther*, Sicherung der Leistungsbedingungen von (Solo-)Selbständigen, 2018, S. 24.
[904] *Preis*, SR 2017, 173 (179 f.).
[905] Siehe oben B) IV. I. 1. b) (2).

1998 – erheblich in die verfassungsrechtlich geschützte Unternehmerfreiheit eingreifen, die durch einen paternalistischen Gesundheitsschutz kaum zu rechtfertigen wäre. Zudem wäre die Einhaltung einer zeitlichen Höchstarbeitszeit kaum kontrollierbar. Bekanntlich wird schon bei Arbeitnehmern häufig dagegen verstoßen. Bei Selbständigen, die ein eigenes wirtschaftliches Interesse an einer längeren Arbeitszeit haben können, wird dies noch häufiger der Fall sein.

Im Folgenden werden drei ausgewählte Schutzmaßnahmen eingehender erörtert, nämlich die Entgeltsicherung (unten aa)), die Pflichtmitgliedschaft in den Sozialversicherungssystemen (unten bb)) und der Kündigungsschutz (unten cc)).

aa) Entgeltsicherung

Im Hinblick auf die häufigen Schwierigkeiten von Selbständigen, ein angemessenes Einkommen zu erzielen,[906] wird zunehmend eine verbindliche Mindestvergütung gefordert. Insoweit kommen eine gesetzliche (unten 1.) und eine kollektivvertragliche (unten 2.) Lösung in Betracht.

(1) Gesetzliche Mindestvergütung

Die Bundestagsabgeordnete der Linken, *Sabine Zimmermann*, warnt davor, Selbständige mit geringem Einkommen im Stich zu lassen und fordert ein gesetzliches „Mindesthonorar".[907] Auch Bündnis 90/Die Grünen fordern in ihrer Parteitagsagenda 2016 die Einführung von Mindesthonoraren von Selbständigen analog zum Mindestlohn.[908] Ein Vorbild dafür findet sich im englischen National Minimum Wage Act 1998, der für die Gruppe der workers einen gesetzlichen Mindestlohn gewährt, sowie im niederländischen Wet Minimumloon, der auf Selbständige anwendbar ist, welche Arbeit im Umfang von zumindest fünf Stunden pro Woche persönlich oder durch Familienangehörige erbringen müssen.[909] Nach diesen Regelungen wird die Mindestvergütung nicht – wie es den Vorschlägen in Deutschland offenbar vorschwebt – allen Selbständigen, sondern nur den zur persönlichen Arbeit Verpflichteten gewährt, also Arbeitenden aus den Gruppen zwei bis drei.

Unter praktischen Gesichtspunkten erscheint eine solche Regelung indessen auch mit einer entsprechenden Beschränkung der geschützten Personengruppe schwierig. Zum einen unterliegen Selbständige im Gegensatz zu Arbeitnehmern keiner zeitlichen Weisungsgebundenheit, sodass der Zeitaufwand eine eigenständige Größe neben der Vergütung darstellt. Insoweit lässt sich der verfas-

---

[906] Dazu oben § 2 C).
[907] Siehe FAZ v. 20.10.2015, abrufbar unter http://www.faz.net/aktuell/wirtschaft/menschen-wirtschaft/immer-mehr-selbstaendige-sind-auf-hartz-iv-angewiesen-13866387.html, Stand: 18.8.2016.
[908] Quelle: „Wir investieren in Gerechtigkeit, Antragsteller*in: Bundesvorstand Bündnis 90/Die Grünen, 29.9.2016.
[909] Siehe oben C) I. 1., 2.

sungsrechtliche bzw. gerechtigkeitsorientierte Begründungsansatz nicht fruchtbar machen, da es an der Vergleichbarkeit von Arbeitnehmern und Selbständigen fehlt. Zum anderen sind die notwendigen Aufwendungen des Auftragnehmers sowie die Steuern und Vorsorgeaufwendungen je nach Branche und Tätigkeit so unterschiedlich, dass ein einheitlicher Vergütungssatz oftmals nicht sachgerecht wäre.[910] *Frank Bayreuther* hält am ehesten die Vorgabe von leistungsbezogenen Sätzen nach dem Vorbild der staatlichen Gebührenordnungen und des § 36 UrhG für gangbar, deren markt- und praxisgerechte Implementierung jedoch angesichts des vielgestaltigen, kaum überschaubaren Leistungsspektrums schwierig ist.[911] Eine Gleichbehandlung von (wirtschaftlich abhängigen) Selbständigen mit Arbeitnehmern ist aufgrund dieser grundlegenden Unterschiede jedenfalls nicht geboten und auch unter ökonomischen Gesichtspunkten zweifelhaft. Da eine gesetzliche Mindestvergütung für Selbständige die Arbeit verteuern würde, dürfte sie voraussichtlich Schwarzarbeit fördern. Gerade Unternehmer mit einem kleineren Kundenstamm hätten daher Anreize, auf den Mindestlohn freiwillig zu verzichten, was seinen Schutzzweck leerlaufen ließe. Die Sicherung des Einkommens bei Hinderungsgründen in der Person des Arbeitenden sollte daher eher dem Sozialsystem überantwortet werden als dem Auftraggeber.[912]

In verfassungsrechtlicher Hinsicht würde eine gesetzliche Mindestvergütung sowohl in die Berufs- und Vertragsfreiheit des Auftraggebers als auch in diejenige des Arbeitenden eingreifen, da dieser die Möglichkeit verliert, frei zu kalkulieren und damit durch günstigere Preise Wettbewerbsvorteile am Markt zu erzielen.[913] Das Bundesverfassungsgericht hat jedoch in den Urteilen zur Karenzentschädigung des Handelsvertreters[914] und zum Urhebervertragsrecht[915] den Standpunkt eingenommen, dass der Gesetzgeber Vorkehrungen zum Schutz der Berufsfreiheit gegen vertragliche Beschränkungen normieren darf, die auf einer gestörten Vertragsparität beruhen. In europarechtlicher Hinsicht setzt jedoch die Dienstleistungsfreiheit nach Art. 56 AEUV Grenzen. Diese beinhaltet nach der Rechtsprechung des Europäischen Gerichtshofs ein Beschränkungsverbot, wonach das Recht des Aufnahmemitgliedstaats keine zusätzlichen administrativen oder wirtschaftlichen Belastungen auferlegen darf, die geeignet sind, Dienstleistungen von Unternehmen mit Sitz in anderen Mitgliedstaaten zu unterbinden, zu behindern oder weniger attraktiv zu machen.[916] Dies ist jedoch bei einer gesetzlichen Mindestvergütung der Fall, da sie ausländischen Anbie-

---

[910] *Bayreuther*, NJW 2017, 357 (359); *ders.*, Sicherung der Leistungsbedingungen von (Solo-)Selbständigen, 2018, S. 35 ff., 36.
[911] *Bayreuther*, NJW 2017, 357 (359).
[912] *Rebhahn*, RdA 2009, 236 (248).
[913] *Bayreuther*, NJW 2017, 357 (360).
[914] BVerfGE 81, 242 (253 ff.).
[915] BVerfGE 134, 204 (222 ff.).
[916] EuGH Slg. 1974, 1299 Rn. 26 – van Binsbergen.

tern einen Teil ihres Wettbewerbsvorteils nehmen, soweit diese ihre Leistungen aufgrund der Wirtschafts-, Arbeits- und Lebensbedingungen ihres Heimatlandes günstiger anbieten könnten als ein Inländer.[917] Entsprechend hat der Europäische Gerichtshof bereits im Zusammenhang von Mindestarbeitsbedingungen argumentiert.[918] Auch für das Recht der freien Berufe hat der Europäische Gerichtshof entschieden, dass ein gesetzliches Verbot, von den durch eine Rechtsanwaltsgebührenordnung festgelegten Mindesthonoraren für Leistungen abzuweichen, eine Beschränkung des freien Dienstleistungsverkehrs darstellt.[919] Danach wäre ein Eingriff in die Dienstleistungsfreiheit zu bejahen. Im Hinblick darauf steht das Bundesministerium für Arbeit und Soziales einer gesetzlichen Mindestvergütung skeptisch gegenüber.[920]

Eine Beschränkung der Dienstleistungsfreiheit kann zwar nach der Rechtsprechung des Europäischen Gerichtshofs durch zwingende Erfordernisse des Allgemeininteresses gerechtfertigt sein.[921] Die betreffenden Beschränkungen müssen jedoch zu den verfolgten Zielen angemessen sein und dürfen nicht über das zu deren Erreichung Erforderliche hinausgehen.[922] Soweit die staatlichen Vergütungsregelungen zumindest auch den Belangen der Allgemeinheit dienen, wie dies bei den öffentlichen Honorarordnungen der Fall ist, ließe sich eine Rechtfertigung durchaus bejahen. So hat der Europäische Gerichtshof bereits festgehalten, dass eine zwingende Vergütungsordnung für Rechtsanwälte prinzipiell europarechtskonform sein kann.[923] Hat die Mindestvergütung jedoch ausschließlich den Schutz des Arbeitenden im Blick, erscheint eine Rechtfertigung zweifelhaft.[924] *Bayreuther* meint in Anlehnung an die Kunsten-Entscheidung des Europäischen Gerichtshofs,[925] dass eine Festsetzung von Mindestentgelten desto eher in Betracht kommt, je mehr sich der Selbständige einem Arbeitnehmer angenähert hat, insbesondere also bei Arbeitnehmerähnlichen.[926] Danach wären verbindliche Vergütungssätze am ehesten dann zulässig, wenn der Arbeitende sein Verhalten nicht mehr selbständig auf dem Markt bestimmen kann, weil er von einem Auftraggeber finanziell und wirtschaftlich abhängig ist.[927] Eine generelle Mindestvergütung für alle Selbständigen erscheint hingegen mit der Dienstleistungsfreiheit unvereinbar.

---

[917] *Bayreuther*, NJW 2017, 357 (360).
[918] EuGH Slg. 2001, I-7831, Rn. 30 – Finalarte; EuGH Slg. 2008, I-1989, Rn. 37 – Rüffert.
[919] EuGH Slg. 2006, I-11421. Rn. 58 – Cipolla.
[920] Weißbuch des BMAS „Arbeiten 4.0", 2016, S. 174.
[921] Vgl. EuGH Slg. 2008, I-1989, Rn. 42 – Rüffert.
[922] EuGH Slg. 2007, I-8251, Rn. 82 – ELISA.
[923] EuGH Slg. 2006, I-11421. Rn. 54 – Cipolla.
[924] *Bayreuther*, NJW 2017, 357 (360 f.).
[925] EuGH NZA 2015, 55 – Kunsten.
[926] *Bayreuther*, NJW 2017, 357 (361); ders., Sicherung der Leistungsbedingungen von (Solo-)Selbständigen, 2018, S. 31 ff.
[927] *Eufinger*, DB 2015, 192 (193).

(2) Ausweitung von kollektiven Vergütungsregeln

Ein anderer Ansatz ist die Ausweitung von kollektiven Vergütungsregeln. *Bayreuther* verspricht sich davon mehr Erfolg als von staatlich eingeführten Mindestvergütungssätzen, sofern sie durch geeignete gesetzliche Instrumentarien flankiert werden.[928] Als Vorbild können dafür die Tarifverträge für Arbeitnehmerähnliche (§ 12a TVG) und die staatlich-kollektiven Vergütungsanordnungen nach §§ 32, 36 UrhG dienen. In Anlehnung an §§ 32, 36 UrhG könnten derartige kollektive Vergütungstarife als abstrakt angeordnete angemessene Vergütungspflicht des Auftraggebers ausgestaltet werden. Zudem kann verstärkt auf die Leitbildfunktion kollektiver Preisempfehlungen gesetzt werden. Der Gesetzgeber sollte einschlägige Empfehlungen jedoch vorsorglich ausdrücklich gegen das nationale Kartellrecht absichern, da entsprechende Musterverträge häufig im Verdacht eines Kartellverstoßes stehen.[929] Aus dem Anwendungsbereich des europäischen Kartellrechts kann der nationale Gesetzgeber kollektive Empfehlungen freilich nicht herausnehmen. So kommt es, dass gerade die Vereinbarkeit der §§ 32, 36 UrhG mit Art. 101 AEUV – ebenso wie in den Niederlanden[930] – kontrovers diskutiert wird.[931] Zum niederländischen Recht wurde bereits auf das Albany-Urteil des Europäischen Gerichtshofs hingewiesen, worin er die Vereinbarkeit von Kollektivverträgen mit dem europäischen Wettbewerbsrecht bejaht, wenn diese verhandelt wurden und eine soziale Zielrichtung verfolgen.[932] Ohnehin wird dem „Beschluss" der „tarifsetzenden" Vereinigung häufig die kartellrechtlich notwendige Verbindlichkeit fehlen.[933] Zudem werden viele Mustervergütungen nicht die Zwischenstaatlichkeitsklausel des europäischen Kartellrechts erfüllen und erst recht keine spürbare Wettbewerbsbeschränkung entfalten.[934] Daher erscheint diese Lösung in europarechtlicher Hinsicht leichter realisierbar als die Einführung einer gesetzlichen Mindestvergütung, die überdies mit praktischen Schwierigkeiten verbunden ist.

Was die rechtspolitische Realisierbarkeit anbelangt befürwortet das Bundesministerium für Arbeit und Soziales eine kollektivvertragliche Lösung, will sich aber zunächst darauf beschränken, die Unternehmer besser über ihre tarifver-

---

[928] *Bayreuther*, NJW 2017, 357 (359); ders., Sicherung der Leistungsbedingungen von (Solo-)Selbständigen, 2018, S. 66 ff.; für die Schaffung eines entsprechenden Rechtsrahmens bereits *Krause*, Gutachten B zum 71. Deutschen Juristentag, 2016, B 107; *Deinert*, Soloselbständige zwischen Arbeitsrecht und Wirtschaftsrecht, 2015, S. 91.
[929] *Bayreuther*, NJW 2017, 357 (359).
[930] Dazu bereits oben C) I. 2.
[931] Dazu ewa *Tolkmitt*, GRUR 2016, 564.
[932] EuGH, Slg. 1999, I-5863 (Rn. 103) – Albany; unter Berufung hierauf *Pennings*, in: Pennings/Bosse, The Protection of Working Relationships, 2011, S. 83 (102).
[933] *Emmerich*, in: Immenga/Mestmäcker, Wettbewerbsrecht, Teil 1, 5. Aufl. 2012, Art. 101 AEUV Rn. 78 ff.
[934] Vgl. EuGH Slg. 2000, I-6451, Rn. 97 – Pavlov; unter Berufung hierauf *Bayreuther*, NJW 2017, 357 (361).

traglichen Möglichkeiten zu informieren.⁹³⁵ Inwieweit Gewerkschaften dazu bereit sind, sich für die Belange von (wirtschaftlich abhängigen) Selbständigen einzusetzen, bleibt abzuwarten. *Bayreuther* sieht dafür bereits positive Signale: So nimmt *ver.di* nach § 6 Nr. 1 lit. b der Satzung Selbständige auf, die in ihrem Organisationsbereich tätig sind; Crowdworker können seit 2016 Mitglied der IG Metall werden; und Arbeitnehmerähnliche werden seit jeher durch Gewerkschaften vertreten und nach § 12a TVG in Tarifverträgen berücksichtigt.⁹³⁶ Für sonstige Selbständige werden Tarifverträge bislang noch nicht in Deutschland, wohl aber z.B. in breitem Umfang in Dänemark abgeschlossen, wie eine für das Europäische Parlament erstellte Studie ergeben hat.⁹³⁷

bb) Pflichtmitgliedschaft in den Sozialversicherungssystemen

Ebenfalls der finanziellen Absicherung von Kleinunternehmen würde eine Pflichtmitgliedschaft in den Sozialversicherungssystemen dienen. Diese ist in erster Linie sozialrechtlicher Natur, fügt sich aber in die hier behandelte Rechtsbeziehung zwischen Kleinunternehmer und Auftraggeber ein, sofern sie anteilig durch den Auftraggeber finanziert würde. Sozialrechtlicher Versicherungsschutz wird in allen Bereichen der Sozialversicherung sowie in der Arbeitslosenversicherung über das Beschäftigungsverhältnis vermittelt, siehe §§ 24 Abs. 1 SGB III, 5 Abs. 1 Nr. 1 SGB V, 1 S. 1 Nr. 1 SGB VI, 2 Abs. 1 Nr. 1 SGB VII, 20 Abs. 1 S. 1 SGB XI). Beschäftigung in diesem Sinne ist nach § 7 Abs. 1 S. 1 SGB IV die nichtselbständige Arbeit, „insbesondere in einem Arbeitsverhältnis". Gesetzlich vermutet wird eine Beschäftigung gem. § 7 Abs. 4 SGB IV n.F. inzwischen nur noch für den Fall der illegalen Ausländerbeschäftigung. Somit ist die Sozialversicherung prinzipiell Arbeitnehmern vorbehalten.⁹³⁸ Selbständige werden bislang nur punktuell einbezogen, z.B. selbständige Hebammen, Hausgewerbetreibende oder kleine Küstenschiffer, § 2 S. 1 Nr. 3, 6, 7 SGB VI. In der Arbeitslosenversicherung können Existenzgründer gem. § 28a SGB III auf Antrag ein Versicherungspflichtverhältnis begründen, wenn zuvor überwiegend ein solches Verhältnis bestand oder Entgeltersatzleistungen bezogen wurden, unmittelbar vor der Aufnahme der selbständigen Tätigkeit eine Versicherungspflicht bestanden hat und keine anderweitige Versicherungspflicht eingreift. Nach § 2 S. 1 Nr. 9 SGB VI besteht zudem für Solo-Selbständige, die auf Dauer und im Wesentlichen nur für einen Auftraggeber tätig sind, branchen- bzw. berufsübergreifend eine Versicherungspflicht in der Rentenversicherung. Diese Gruppe deckt sich weitgehend mit derjenigen der Arbeitnehmerähnlichen, erfordert jedoch nach

---

⁹³⁵ Weißbuch des BMAS „Arbeiten 4.0", 2016, S. 174.
⁹³⁶ *Bayreuther*, Sicherung der Leistungsbedingungen von (Solo-)Selbständigen, 2018, S. 66 f.
⁹³⁷ Social Protection of Workers in the Platform Industry, 2017, S. 79.
⁹³⁸ Vgl. *Deinert*, Solosetbständige zwischen Arbeitsrecht und Wirtschaftsrecht, 2015, S. 80 f.; *Waltermann*, RdA 2010, 162 (165).

§ 2 S. 1 Nr. 9 SGB VI keine einem Arbeitnehmer vergleichbare Schutzbedürftigkeit.[939] Eine verbindliche Sozialversicherung wird in der Literatur für Solo-Selbständige zunehmend befürwortet.[940] Sinnvoll erscheint sie insbesondere im Hinblick auf die Altersvorsorge, wie es auf dem 68. Deutschen Juristentag 2010 beschlossen wurde.[941] Vor dem Hintergrund des Art. 3 Abs. 1 GG bzw. dem gleichheitsorientierten Gerechtigkeitsverständnis leuchtet es nicht ein, dass lediglich Arbeitnehmer und einige Selbständige zur Vorsorge, zu solidarischem Ausgleich innerhalb der Versichertengemeinschaft und zur Mitfinanzierung der Infrastruktur der Vorsorge verpflichtet sein sollen.[942] In ökonomischer Hinsicht spricht weiterhin dafür, dass wegen der zunehmenden Zahl von Solo-Selbständigen und den in diesem Bereich häufig geringen Einkommen ein steigendes Risiko der Altersarmut besteht und dass zukünftige Generationen wegen den wachsenden Kosten der Grundsicherung belastet werden.[943] In den meisten europäischen Ländern werden Selbständige bereits in die gesetzliche Altersvorsorge einbezogen, sodass es entsprechende Regelungsvorbilder gibt. Gemeinsame Regelungen für Arbeitnehmer und Selbständige gibt es in Dänemark, Estland, Finnland, Irland, Island, den Niederlanden, Norwegen, Österreich, Portugal, Schweden, der Schweiz und im Vereinigten Königreich; Sondersysteme für Selbständige gibt es z.B. in Belgien, Frankreich, Griechenland, Italien und Spanien.[944] Zur Lösung in Deutschland wurde auf dem 68. Deutschen Juristentag beschlossen, das Tatbestandsmerkmal der im Wesentlichen nur für einen Auftraggeber ausgeübten Tätigkeit in § 2 S. 1 Nr. 9 b) SGB V zu streichen, damit die gesamte Solo-Selbständigkeit von der gesetzlichen Rentenversicherung umfasst wird.[945] Mit dieser Lösung wäre zugleich die Frage geklärt, wie die Altersvorsorge zu finanzieren ist, nämlich durch Beitragsaufbringen aus dem Ertrag der Selbständigkeit. *Thomas Klebe* befürwortet, die Finanzierung wie bei Arbeitnehmern zur Hälfte dem Auftraggeber zu überantworten.[946] Für eine entsprechende Gleichbehandlung spricht auch hier der verfassungsrechtliche und gerechtigkeitsorientierte Ansatz. Unklar ist, ob darüber hinaus auch eine Einbeziehung von Kleinunternehmern erstrebenswert ist, die wenige sozialversicherungspflichtige Mitarbeiter beschäf-

---

[939] *Deinert*, Soloselbständige zwischen Arbeitsrecht und Wirtschaftsrecht, 2015, S. 83.
[940] *Klebe*, AuR 2016, 277 (280 f.); speziell zur Rentenversicherung *Waltermann*, RdA 2010, 162 (166 ff.).
[941] Beschluss 13 der arbeits- und sozialrechtlichen Abteilung.
[942] Vgl. *Waltermann*, RdA 2010, 162 (165 f.).
[943] *Waltermann*, RdA 2010, 162 (166).
[944] *Waltermann*, RdA 2010, 162 (166). *Klebe* empfiehlt z.B. eine Orientierung an dem österreichischen Gewerblichen Selbständigen-Pensionsversicherungsgesetz von 1958, AuR 2016, 277 (280).
[945] Beschlüsse 13 d) und e) der arbeits- und sozialrechtlichen Abteilung; dafür auch *Ruland*, ZRP 2009, 165 (167), *Waltermann*, RdA 2010, 162 (167).
[946] *Klebe*, AuR 2016, 277 (281).

tigen.⁹⁴⁷ Der Gleichheitsgedanke gebietet einen solch weitgehenden Schritt nicht zwingend, da sich Selbständige aus der vierten Gruppe im Hinblick auf die Arbeitsbeziehung wie gezeigt grundlegend von Arbeitnehmern unterscheiden.⁹⁴⁸ Eine potentielle Gleichheit besteht lediglich im Hinblick auf die Vergütung. Allerdings ist das Einkommen von Kleinunternehmern mit eigenen Mitarbeitern heterogener und tendenziell höher als das von Solo-Selbständigen.⁹⁴⁹ Entscheidend sind daher die ökonomischen Auswirkungen einer solchen Erweiterung, die bislang noch nicht hinreichend geklärt scheinen.

cc) Kündigungsschutz

Kündigungsschutz kann verschiedene Regelungen von unterschiedlicher Schutzintensität beinhalten. Den weitreichendsten Schutz bewirkt das Erfordernis eines sachlichen Grundes (dazu unten (1)). Schwächer sind ein bloßes Willkürverbot (dazu unten (2)) sowie eine Kündigungsfrist (dazu unten (3)).

(1) Erfordernis eines sachlichen Grundes

Im Folgenden wird erörtert, ob die Kündigung von wirtschaftlich abhängig Arbeitenden von einem sachlichen Grund abhängig gemacht werden sollte. Dabei muss man sich zunächst vergegenwärtigen, dass es der Rechtfertigung bedarf, dass dem Vertragspartner beim Arbeitsvertrag Beschränkungen bei der Beendigungsmöglichkeit und die damit verbundene Zuweisung der Risiken des Marktes aufgebürdet werden. Die Legitimation des allgemeinen Kündigungsschutzes ist sehr komplex und wird häufig nur sehr allgemein begründet. Rechtspolitisch ist er durch die gegensätzlichen Interessen der Arbeitsvertragsparteien gekennzeichnet: Der Arbeitnehmer will aus wirtschaftlichen und sozialen Gründen seinen Arbeitsplatz behalten, der Arbeitgeber möchte seinen Personalbestand flexibel den wirtschaftlichen Rahmenbedingungen anpassen können.⁹⁵⁰ Durch das Erfordernis einer sozialen Rechtfertigung wird der Vertragspartner beim Arbeitsvertrag deutlich stärker in seiner Beendigungsfreiheit eingeschränkt und den Beschäftigungsrisiken des Marktes ausgesetzt als bei der Beschäftigung von Selbständigen wie z.B. freien Mitarbeitern. Diese Differenzierung lässt sich jedenfalls nicht damit rechtfertigen, dass Arbeitnehmer auf eine Erwerbsgelegenheit – die bisherige oder eine andere – angewiesen sind, da dies bei wirtschaftlich abhängigen Selbständigen per definitionem ebenso der Fall ist.⁹⁵¹ Ferner wird der allgemeine Kündigungsschutz damit begründet, dass ein gewisser Vertrauensschutz durch Kündigungsschutz sei ökonomisch sinnvoll ist: Arbeitnehmer treffen häufig im Vertrauen auf den Fortbestand der Leistungsbeziehung

---

⁹⁴⁷ Offen gelassen von *Waltermann*, RdA 2010, 162 (167).
⁹⁴⁸ Siehe oben B) IV. 1. a).
⁹⁴⁹ Dazu oben § 3 C).
⁹⁵⁰ Vgl. *Oetker*, in: ErfKomm. 18. Aufl. 2018, § 1 KSchG Rn. 3.
⁹⁵¹ *Rebhahn*, RdA 2009, 236 (244).

Dispositionen wie etwa die Aufnahme eines Darlehens und erbringen Vorleistungen wie z.B. Investitionen in unternehmensspezifische Kenntnisse.[952] Diese Erwartungen können jedoch auch bei wirtschaftlich abhängig Arbeitenden mit langer Vertragsbeziehung bestehen, sodass bei bloß wirtschaftlicher Abhängigkeit ähnlich argumentiert werden könnte.[953]

Plausibel erscheint die Beschränkung des allgemeinen Kündigungsschutzes auf Arbeitnehmer allerdings im Hinblick auf verhaltensbedingte und personenbedingte Kündigung, da die Weisungen des Arbeitgebers das arbeitsvertragliche Pflichtenprogramm konkretisieren und die persönliche Verwendbarkeit des Arbeitnehmers mitbestimmen, sodass hier die persönliche Abhängigkeit virulent wird.[954] Bei dem Schutz vor betriebsbedingten Kündigungen scheint die persönliche Abhängigkeit hingegen keine Rolle zu spielen, sofern man ihn nicht – wie z.B. einige Autoren die Entgeltfortzahlung – als Gegenleistung für die Weisungsgebundenheit begreift.[955] Dies vertritt jedoch – soweit ersichtlich – niemand. Hinsichtlich der betriebsbedingten Kündigung sind hingegen kaum spezifische Gründe ersichtlich, die eine Beschränkung des Kündigungsschutzes auf Arbeitnehmer rechtfertigen können.[956] Art. 3 Abs. 1 GG sowie der gerechtigkeitsorientierte Gleichheitsgedanke legen daher insoweit eine Ausdehnung des Kündigungsschutzes auf Arbeitnehmerähnliche nahe. Bewirkt werden könnte dies durch eine Regelung im Kündigungsschutzgesetz, wonach die Kündigung von Arbeitnehmerähnlichen aus wirtschaftlichen Gründen der sozialen Rechtfertigung bedarf. Dies wäre in Anlehnung an § 1 Abs. 2 S. 1 KSchG gegeben, wenn die Kündigung durch dringende betriebliche Erfordernisse, die einer Weiterbeschäftigung des Arbeitnehmerähnlichen in diesem Betrieb entgegenstehen, bedingt ist. In der Sache würde eine solche Ausdehnung des Kündigungsschutzes allerdings einen Kontrahierungszwang bedeuten und damit in Konflikt mit der Privatautonomie treten, da die Auftraggeber verpflichtet werden, bestimmte Leistungen stets an denselben Auftragnehmer zu vergeben.[957] Nach *Deinert* könnte ein Selbständiger, der selbst frei bleiben möchte, nicht erwarten, dass die andere Seite uneingeschränkt leistungs- und abrufbereit ist.[958] Schließlich könnten dagegen nach dem ökonomischen Ansatz die damit verbundenen Kosten sprechen. Diese Kosten müssten daher für die Beurteilung prognostiziert werden. Insoweit besteht daher noch Forschungsbedarf. Mit geringeren Kosten wäre

---

[952] Vgl. *v. Klitzing*, Ordnungsökonomische Analyse des arbeitsrechtlichen Bestandschutzes, 2004, S. 152 ff.
[953] *Rebhahn*, RdA 2009, 236 (244); zum italienischen Recht dezidiert *Ichino*, Lezioni di diritto del lavoro, 2004, S. 95.
[954] Vgl. *Rebhahn*, RdA 2009, 236 (244).
[955] Zu dieser Sichtweise siehe oben C) IV. 1. b) (2).
[956] *Rebhahn*, RdA 2009, 236 (244).
[957] *Bayreuther*, Sicherung der Leistungsbedingungen von (Solo-)Selbständigen, 2018, S. 46.
[958] *Deinert*, Soloselbständige zwischen Arbeitsrecht und Wirtschaftsrecht, 2015, S. 70.

ein schwächerer Schutz vor einer Auflösung durch den Auftraggeber verbunden, der erst nach einer bestimmten Dauer der Leistungsbeziehung eingreift.[959] Als Vorbild kann die spanische Regelung dienen, die die auftraggeberseitige Kündigung eines trabajadores autonomos an einen sachlichen Grund knüpft.[960]

(2) Willkürverbot
Das Verbot einer willkürlichen Kündigung lässt sich aus Art. 12 GG ableiten und auf die einfachgesetzlichen Normen der §§ 138, 242 BGB stützen.[961] Im Hinblick auf Arbeitnehmer fordert das Bundesarbeitsgericht auf dieser Grundlage ein Mindestmaß an sozialer Rücksichtnahme.[962] Dies muss konsequenterweise auch für Arbeitnehmerähnliche gelten, da sie wegen ihrer wirtschaftlichen Abhängigkeit in gleicher Weise eines Willkürschutzes bedürfen wie Arbeitnehmer in Kleinbetrieben.[963] Bei Arbeitnehmerähnlichen wird der Arbeitsplatz – anders als bei wirtschaftlich unabhängigen Unternehmern[964] – nicht nur als räumlicher Ort begriffen, sondern wie bei einem Arbeitnehmer auch durch die eingegangenen vertraglichen Bindungen konstituiert.[965] Bei wirtschaftlich unabhängig Arbeitenden aus den Gruppen drei und vier ist die Begründung eines Kündigungsschutzes ohne gesetzliche Grundlage hingegen nicht möglich.[966] Ein aus §§ 138, 242 BGB abgeleiteter Kündigungsschutz wird jedoch ohnehin weithin überschätzt, ein Verstoß gegen die guten Sitten bzw. gegen Treu und Glauben wird nur in Extremfällen angenommen.[967] Gleiches wird letztlich auch für die Kündigung von Arbeitnehmerähnlichen gelten.

(3) Kündigungsfrist
Die Einführung einer Kündigungsfrist gehört wie erwähnt zu den Maßnahmen, die zugunsten wirtschaftlich abhängig Arbeitender gefordert wird.[968] Der Zweck von Kündigungsfristen besteht zum einen in dem (Existenz-)Schutz des Vertragspartners, zum anderen aber auch in der Stabilisierung des Arbeitsmarkts.[969]

---

[959] Dafür etwa *Schrank*, in: Mazal/Muranaka, Sozialer Schutz für atypisch Beschäftigte, 2005, S. 91 ff., 114; in diese Richtung auch *Bayreuther*, Sicherung der Leistungsbedingungen von (Solo-)Selbständigen, 2018, S. 46, 50 ff.
[960] Dazu oben C) 4.
[961] BVerfGE 97, 169 (197). Zum Kündigungsschutz im Kleinbetrieb siehe bereits oben § 7 C) II. 4. a) bb) (1).
[962] BAG DB 2001, 1677.
[963] *Appel/Frantzioch*, AuR 1998, 93 (97); *Vogelsang*, in: Schaub, Arbeitsrechts-Handbuch, 16. Aufl. 2015, § 10 Rn. 10.
[964] Vgl. *Mann*, in: Sachs, GG, 8. Aufl. 2018, Art. 12 Rn. 86.
[965] *Deinert*, Soloselbständige zwischen Arbeitsrecht und Wirtschaftsrecht, 2015, S. 69.
[966] *Deinert*, Soloselbständige zwischen Arbeitsrecht und Wirtschaftsrecht, 2015, S. 69.
[967] Dazu eingehend oben § 7 C) II. 4. a) bb) (1).
[968] So etwa *Perulli*, Study on Ecomomically Dependent Work/Parasubordinate (Quasisubordinate) work, 2002, S. 119.
[969] v. *Stebut*, Der soziale Schutz als Regelungsproblem des Vertragsrechts, 1982, S. 24 f.

Letztere Erwägung lag der ersten Kündigungsfrist im deutschen Recht zugrunde, nämlich in der Kündigungsfrist von Handlungsgehilfen nach dem im Jahre 1897 geschaffenen § 67 HGB.[970] In der Denkschrift zu dem Entwurf eines Handelsgesetzbuchs heißt es,

> [...] daß die Auflösung des Dienstverhältnisses durch Kündigung vertragsmäßig nicht für einen anderen Zeitpunkt als für das Ende eines Kalendermonats gestattet werden kann [...] entspricht in der That dem Interesse aller Beteiligten, weil bei einer derartigen Regelung die Nachfrage nach Stellen und das Angebot von solchen am leichtesten und sichersten ihre Ausgleichung finden."[971]

Im Hinblick auf den Schutz des Vertragspartners wird die Dauer der Kündigungsfrist nach der Schutzwürdigkeit des Vertragspartners bemessen, sodass diese umso länger ist, je schwächer seine wirtschaftliche Position ist. So gelten für Selbständige, die aufgrund eines freien Dienstvertrags tätig sind, nach § 621 BGB die kürzesten Kündigungsfristen. Diese bestimmen sich nach den Zeiträumen, nach denen die Vergütung bemessen ist. Längere Kündigungsfristen gelten nach § 89 HGB für Handelsvertreter, die ebenso wie die Kündigungsfristen für Arbeitnehmer nach § 622 BGB nach der Vertragsdauer gestaffelt sind. Diese Kündigungsfristen beruhen darauf, dass die im Handelsvertreterverhältnis liegende Dauerbindung eine dem Arbeitsrecht ähnliche Regelung angemessen erscheinen lässt.[972] Diese Erwägung trifft auch auf Arbeitnehmerähnliche zu, die für einen unbestimmten für denselben Auftraggeber tätig sind.[973] Zudem besteht bei wirtschaftlich abhängig Arbeitenden ebenfalls ein volkswirtschaftliches Interesse an einer Stabilisierung des Arbeitsmarkts, da kurzfristige Beendigungen der existenziellen Vertragsbeziehungen ebenso wie bei Arbeitnehmern zu einer Belastung des Sozialsystems führen würde.

Vor diesem Hintergrund erscheint eine Gleichbehandlung, also die Einführung entsprechender Kündigungsfristen für Arbeitnehmerähnliche, angezeigt. Dies würde auch der Forderung entsprechen, im Rahmen des Schutzes von Arbeitnehmerähnlichen generell stärker an die vereinbarte bzw. verstrichene Dauer der Arbeitsbeziehung anzuknüpfen.[974] Verwirklicht werden könnte dies am besten durch die Einführung eines § 621a BGB, wonach die dem § 89 HGB entsprechenden Kündigungsfristen für solche Arbeitnehmerähnliche gelten, deren Vertragsverhältnis auf unbestimmte Zeit eingegangen wurde. Eine solche Regelung könnte wie folgt gefasst werden, wobei die Definition von Arbeitnehmerähnlichen dem § 12a Abs. 1 TVG folgt:

---

[970] v. *Stebut*, Der soziale Schutz als Regelungsproblem des Vertragsrechts, 1982, S. 25.
[971] Denkschrift zu dem Entwurf eines Handelsgesetzbuchs in der Fassung der dem Reichstag gemachten Vorlage, 189, S. 65.
[972] BT-Drucks. 1/3856, S. 31; v. *Hoyningen-Huene*, in: MünchKomm-HGB, 4. Aufl. 2016, § 89 Rn. 2.
[973] Siehe oben B) III. 1. c).
[974] Dazu oben 3. b).

"§ 621a BGB Kündigungsfristen bei Arbeitnehmerähnlichen

(1) Das Dienstverhältnis eines Arbeitnehmerähnlichen kann, sofern es auf unbestimmte Zeit eingegangen ist, im ersten Jahr der Vertragsdauer mit einer Frist von einem Monat, im zweiten Jahr mit einer Frist von zwei Monaten und im dritten bis fünften Jahr mit einer Frist von drei Monaten gekündigt werden. Nach einer Vertragsdauer von fünf Jahren kann das Vertragsverhältnis mit einer Frist von sechs Monaten gekündigt werden. Die Kündigung ist nur für den Schluss eines Kalendermonats zulässig, sofern keine abweichende Vereinbarung getroffen ist.

(2) Die Kündigungsfristen nach Absatz 1 Satz 1 und 2 können durch Vereinbarung verlängert werden; die Frist darf für den Dienstberechtigten nicht kürzer sein als für den Arbeitnehmerähnlichen. Bei Vereinbarung einer kürzeren Frist für den Dienstberechtigten gilt die für den Arbeitnehmerähnlichen vereinbarte Frist. Bei Vereinbarung einer kürzeren Frist für den Dienstberechtigten gilt die für den Arbeitnehmerähnlichen vereinbarte Frist.

(3) Ein für eine bestimmte Zeit eingegangenes Dienstverhältnis, das nach Ablauf der vereinbarten Laufzeit von beiden Teilen fortgesetzt wird, gilt als auf unbestimmte Zeit verlängert. Für die Bestimmung der Kündigungsfristen nach Absatz 1 Satz 1 und 2 ist die Gesamtdauer des Dienstverhältnisses maßgeblich.

(4) Arbeitnehmerähnliche im Sinne dieser Vorschrift sind Personen, die wirtschaftlich abhängig und vergleichbar einem Arbeitnehmer sozial schutzbedürftig sind, wenn sie auf Grund des Dienstvertrages für andere Personen tätig sind, die geschuldeten Leistungen persönlich und im Wesentlichen ohne Mitarbeit von Arbeitnehmern erbringen und

1. überwiegend für eine Person tätig sind oder

2. ihnen von einer Person im Durchschnitt mehr als die Hälfte des Entgelts zusteht, das ihnen für ihre Erwerbstätigkeit insgesamt zusteht; ist dies nicht voraussehbar, so sind für die Berechnung, soweit im Tarifvertrag nichts anderes vereinbart ist, jeweils die letzten sechs Monate, bei kürzerer Dauer der Tätigkeit dieser Zeitraum, maßgebend."

Eine solche Regelung würde eine stimmige Abschichtung der Kündigungsfristen ergeben: Die längsten Kündigungsfristen gelten für Arbeitnehmer, die etwas Kürzeren für Arbeitnehmerähnliche und die kürzesten Kündigungsfristen gelten für sonstige Selbständige. Noch weitgehender wäre die Erstreckung des § 622 BGB auf Arbeitnehmerähnliche. Dies hätte aber einen Wertungswiderspruch zu § 89 HGB zur Folge, da Handelsvertreter schlechter gestellt würden als sonstige Kleinunternehmer, obwohl sie gerade eine spezialgesetzliche Regelung erfahren haben.

4. Verstärkter Schutz für bestimmte Berufsgruppen und Beschäftigungsformen

Ein vierter Ansatz besteht schließlich darin, Sonderregelungen für bestimmte Berufsgruppen und Beschäftigungsformen zu schaffen, wie dies im deutschen Recht bislang zu den Handelsvertretern geschehen ist. In die ähnliche Richtung geht die Lösung des französischen Rechts, die Arbeitnehmereigenschaft berufsspezifisch zu vermuten, wie dies für Handelsreisende, Franchisenehmer und manche Absatzmittler geschehen ist.[975] Eine berufsspezifische Vermutung der Arbeitnehmereigenschaft bewirkt freilich einen sehr intensiven Schutz.

a) Vor- und Nachteile dieser Lösung

Davies/Freedland sind der Ansicht, dass spezielle Regelungen für bestimmte Berufsgruppen und Beschäftigungsformen eine flexiblere Lösung wären, als das Arbeitsrecht einheitlich ein bestimmtes abstraktes Merkmal zu knüpfen und damit auf Arbeitende aus den verschiedenen Gruppen einheitlich anzuwenden.[976] Als Beispiel verweisen sie auf die Handelsvertreterrichtlinie 86/653/EWG. Auch *Pennings/Bosse* meinen, dass das Spannungsverhältnis von arbeitsrechtlichem Schutz und flexiblem Personaleinsatz dadurch besser gelöst werden kann.[977] Da diese Lösung keinen generellen, sondern einen individuellen Schutz bewirkt, lassen sich in der Tat einzelfallgerechtere und auf die konkrete Berufsgruppe und Beschäftigungsform zugeschnittene Regelungen treffen als durch eine einheitliche Ausdehnung des Arbeitsrechts auf gesamte Kategorien von Selbständigen. Allerdings hat diese Vorgehensweise den Nachteil, dass die Gesetzgebung den wirtschaftlichen Entwicklungen nicht selten hinterherhinkt.[978] Dies gilt z.B. für die Beschäftigungsformen, die im Zuge der Digitalisierung entstanden sind, wie etwa die sogleich besprochenen Crowdworker. Erstreckt man den arbeitsrechtlichen Schutz ausschließlich auf bestimmte Berufsgruppen und Beschäftigungsformen, wird es häufig schutzwürdige Berufsgruppen und Beschäftigungsformen geben, die ungeschützt bleiben. Daher sollten berufsgruppen- und beschäftigungsformenspezifische Regelungen eine generelle Ausdehnung des Arbeitsrechts auf Selbständige nicht ersetzen, sondern lediglich ergänzen.

b) Anwendungsbeispiel: Crowdworker

Ein viel diskutiertes Problemfeld sind Crowdworker, für die in jüngerer Zeit verstärkt gesetzliche Sonderregeln gefordert werden.

---

[975] Dazu oben C) 6.
[976] *Davies/Freedland*, in: Collins/Davies/Rideout, The Legal Regulation of the Employment Relation, 2000, S. 267 (288).
[977] *Pennings/Bosse*, in: Pennings/Bosse, The Protection of Working Relationships, 2011, S. 173 (192).
[978] Insoweit auch *Pennings/Bosse*, in: Pennings/Bosse, The Protection of Working Relationships, 2011, S. 173 (192).

aa) Hintergrund

Unter Crowdworking versteht man üblicherweise die Vergabe bzw. Auslagerung von bestimmten Arbeiten durch den Auftraggeber (Crowdsourcer) an eine üblicherweise unbestimmte Menge von Menschen (Crowd).[979] Dabei werden Aufgaben auf eine – ihrerseits von einem Unternehmen betriebene – Plattform gestellt und dann durch die Crowd, also durch die einzelnen Auftragnehmer (Crowdworker), erledigt. Grafisch lässt sich dies wie folgt darstellen:[980]

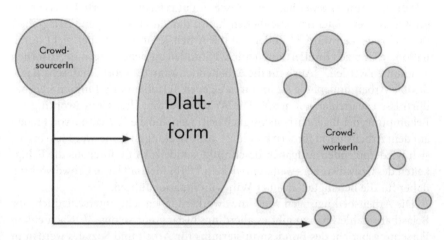

Abbildung 7: Crowdworking

Die Aufgaben können eine Vielzahl kleiner Teilaufgaben sein, die dann vom Auftraggeber zusammengeführt werden, oder aber standardisierte Arbeiten wie etwa das Überprüfen einer Website auf Fehler oder das Testen von Softwareprodukten. Die Vergabe der Aufträge an die Crowdworker kann auf Zusammenarbeit oder wettbewerbsorientierte Arbeit (wer ist am besten bzw. am schnellsten?) gerichtet sein. Bei der wettbewerbsorientierten Arbeit können Crowdworker ohne Rücksicht auf die bereits investierte Arbeit leer ausgehen.[981] Crowdworker können nicht nur eigene Arbeitnehmer des Auftraggebers sein, die über dessen Intranet tätig werden (internes Crowdworking), sondern auch und gerade unter-

---

[979] *Leimeister/Zogaj/Blohm*, in: Benner, Crowdwork – Zurück in die Zukunft?, 2014, S. 9 ff.; *Klebe*, AuR 2016, 277 (278); *Krause*, Gutachten B zum 71. Deutschen Juristentag, 2016, B 1 (99 f.); *Prassl/Risak*, Oxford Legal Studies Research Paper No. 8/2016, 4.

[980] Quelle der Abbildung: *Risak*, in: Risak/Lutz, Arbeit in der Gig-Economy, 2017, Kapitel 1.

[981] *Krause*, Gutachten B zum 71. Deutschen Juristentag, 2016, B 1 (102); zu den AGB bei AMT siehe etwa *Däubler/Klebe*, NZA 2015, 1033 (1034).

nehmensfremde Personen (externes Crowdworking).[982] Beim externen Crowdworking nutzt der Auftraggeber üblicherweise Plattformen, die bereits über eine Anzahl aktiver, registrierter Crowdworker verfügen.[983] Die größten Plattformen finden sich im englischen Sprachraum: So werden z.B. für *Amazon Mechanical Turk – AMT* (USA) 500.000 Nutzer in 190 Ländern genannt, die sich an durchschnittlich 30.000 bis 60.000 neuen HITs („Human Intelligence Tasks") pro Tag abarbeiten;[984] *Freelancer* (Australien) listet gar fast 18 Mio. registrierte Nutzer und über 8,2 Mio. Projekte auf.[985]

Für den Auftraggeber hat diese Beschäftigungsform den Vorteil, dass er ein großes Wissenspotential erschließen kann, das durch die eigene Belegschaft nicht abzudecken wäre.[986] Zudem ist die Arbeitskraft im Internet nicht durch nationale Grenzen limitiert und kann 24 Stunden an sieben Tagen in Anspruch genommen werden.[987] Auch für die Arbeitenden kann dies vorteilhaft sein, da sie flexible Arbeit finden, die sie an ihren eigenen Terminen und Einkommensbedürfnissen ausrichten können.[988] Die Weltbank betont, dass Crowdworking zur Bekämpfung der Jugendarbeitslosigkeit beitragen und die Teilnahme von Frauen auf dem Arbeitsmarkt fördern kann.[989] Crowdworking ist keineswegs auf simple, sich wiederholenden Aufgaben beschränkt, sondern kann durchaus die Fähigkeiten des Crowdworkers weiterentwickeln.[990] Im Idealfall kann Crowdworking daher für die Beteiligten zu einer Win-win-Situation führen.[991]

Die Arbeitsbedingungen von Crowdworkern fallen sehr unterschiedlich aus. Belastbare Zahlen hierzu gibt es allerdings bislang nur wenige.[992] Nach einem Forschungsbericht des Bundesministeriums für Arbeit und Soziales werden in Deutschland durchschnittlich ca. 200 EUR monatlich, jedoch im Wesentlichen in Nebentätigkeit, verdient.[993] Bei *Amazon Mechanical Turk* können mit 90 Prozent der Aufgaben nur weniger als 0,10 Dollar vor Steuern und Versicherung verdient werden.[994] *Ver.di* spricht vor diesem Hintergrund von einer „Kannibalisierung von Arbeitsbedingungen", und der DGB sieht eine moderne „Art Skla-

---

[982] *Krause*, Gutachten B zum 71. Deutschen Juristentag, 2016, B 1 (100).
[983] Vgl. *Prassl/Risak*, Oxford Legal Studies Research Paper No. 8/2016, 5.
[984] Vgl. www.mturk-tracker.com.
[985] Vgl. www.freelancer.com.
[986] *Däubler/Klebe*, NZA 2015, 1032 (1033).
[987] *Waas*, in: Crowdwork – A Comparative Law Perspective, 2017, S. 17 f.
[988] *Prassl/Risak*, Oxford Legal Studies Research Paper No. 8/2016, 29.
[989] Weltbank, The global opportunity in online outsourcing, 2015, S. 1, abrufbar unter http://documents.worldbank.org/curated/en/138371468000900555/The-global-opportunity-in-online-outsourcing, Stand: 7.7.2017.
[990] *Waas*, in: Crowdwork – A Comparative Law Perspective, 2017, S. 18.
[991] *Waas*, in: Crowdwork – A Comparative Law Perspective, 2017, S. 19.
[992] *Selzer*, in: Husemann/Wietfeld, Zwischen Theorie und Praxis – Herausforderungen des Arbeitsrechts, 2015, S. 27 (33).
[993] Forschungsbericht 463, Foresight-Studie „Digitale Arbeitswelt, 2016, S. 23 f.
[994] *Klebe*, AuR 2016, 277 (278).

verei".⁹⁹⁵ Crowdworker selbst beklagen in einigen Befragungen neben der Vergütungshöhe Unsicherheiten bei der Bezahlung, unaufrichtige Zielformulierungen, Zahlungsverzögerungen und untragbare Zielvorgaben.⁹⁹⁶

bb) Rechtliche Einordnung

In rechtlicher Hinsicht stellt Crowdworking eine besondere Herausforderung für das Arbeitsrecht dar, da die Plattformen als Intermediär zwischen Auftraggeber treten und sich in die überkommene bilaterale Konzeption der Arbeitsbeziehung nur schwer einfügen.⁹⁹⁷ Ob externe Crowdworker als Arbeitnehmer zu bewerten sind, hängt von den Umständen des Einzelfalls ab.⁹⁹⁸ Dafür würde sprechen, wenn es sehr genaue Vorgaben und Kontrollen der Auftraggeber bzw. Plattformen, direkte Anweisungen und Screenshots gibt, mit denen sich die Plattformen auf den Bildschirm des Crowdworkers schalten, um die Arbeit des Crowdworkers zu kontrollieren.⁹⁹⁹ Einige Plattformen bestehen zudem aus einem festen Stamm von Crowdworkern, wie z.B. die deutsche Plattform Online-Markters.de, die mit 80 Crowdworkern aus 20 Ländern arbeitet. Gegen die Arbeitnehmereigenschaft würde jedoch sprechen, wenn Crowdworker in keine Organisation integriert sind, mit eigenen Arbeitsmitteln arbeiten und allenfalls einen Endtermin zur Erbringung der Leistung haben.¹⁰⁰⁰ Nach der Einschätzung von *Rüdiger Krause* ist die Arbeitnehmereigenschaft nach dem überkommenen Verständnis vielfach zu verneinen.¹⁰⁰¹ Ob der in der englischsprachigen Literatur vertretene Ansatz, die Anwendbarkeit des Arbeitsrechts von der Wahrnehmung spezifischer Arbeitgeberfunktionen durch den Auftraggeber abhängig zu machen (functional approach),¹⁰⁰² zu anderen Ergebnissen führt, lässt sich nicht allgemeingültig beantworten und wird letztlich von der konkreten Ausgestaltung der Arbeitsbeziehung abhängig sein. Immerhin ermöglicht diese Abkehr von dem Verständnis des Arbeitsverhältnisses als bila-

---

⁹⁹⁵ *Reiter*, DIE ZEIT v. 27.11.2014, abrufbar unter http://www.zeit.de/2014/47/crowd sourcing-freelancer-digital-arbeitsmarkt, Stand: 14.3.2017.
⁹⁹⁶ Vgl. *Klebe/Neugebauer*, AuR 2014, 4 (6); *Klebe*, AuR 2016, 277 (278).
⁹⁹⁷ *Prassl/Risak*, Oxford Legal Studies Research Paper No. 8/2016, 29.
⁹⁹⁸ *Krause*, Gutachten B zum 71. Deutschen Juristentag, 2016, B 1 (104); ebenso die Bundesregierung auf eine kleine Anfrage der Franktion DIE LINKE, BT-Drucks. 18/3032, S. 4. Zur Arbeitnehmereigenschaft von Crowdworkern eingehend *Däubler*, SR Sonderausgabe 2016, 11 (32 ff.); *Selzer*, in: Husemann/Wietfeld, Zwischen Theorie und Praxis – Herausforderungen des Arbeitsrechts, 2015, S. 27 (33 ff.), *Waas*, in: Crowdwork – A Comparative Law Perspective, 2017, S. 146 ff.
⁹⁹⁹ *Klebe*, AuR 2016, 277 (279).
¹⁰⁰⁰ *Däubler/Klebe*, NZA 2015, 1032 (1034 f.).
¹⁰⁰¹ *Krause*, NZA 2016, 1004 (1007); ebenso *Selzer*, in: Husemann/Wietfeld, Zwischen Theorie und Praxis – Herausforderungen des Arbeitsrechts, 2015, S. 27 (41).
¹⁰⁰² Dazu oben 1. c), speziell zum Crowdworking *Prassl/Risak*, Oxford Legal Studies Research Paper No. 8/2016, 16 ff.

teraler Vertrag, die mannigfaltigen Konstellationen des Crowdworkings angemessen zu erfassen.[1003]

Im Übrigen können Crowdworker Arbeitnehmerähnliche sein, wenn sie wirtschaftlich von ihrem Auftraggeber abhängig sind. Arbeitnehmerähnlichkeit wird in der Tat häufiger gegeben sein.[1004] Eine wirtschaftliche Abhängigkeit ist aber zu verneinen, wenn sie auf verschiedenen Plattformen und/oder für unmittelbare Rechtsbeziehungen zu zahlreichen unterschiedlichen Auftraggebern treten.[1005] Diskutiert wird schließlich die Einstufung von Crowdworking als Heimarbeit.[1006] Zutreffend ist dies jedoch selbst bei wirtschaftlicher Abhängigkeit des Crowdworkers zu verneinen.[1007] Heimarbeit setzt nach § 2 Abs. 1 HAG voraus, dass die Verwertung der Arbeitsergebnisse dem Unternehmer überlassen wird. Dem liegt die Vorstellung zugrunde, dass nur der Unternehmer auf dem Markt für Güter und Dienstleistungen aktiv ist. Demgegenüber wird die Dienstleistung beim Crowdworking unmittelbar an die jeweiligen Nachfrager erbracht, sodass sich der Crowdworker wirtschaftlich betrachtet auf dem Markt für Dienstleistungen – und nicht auf dem für Arbeitsleistungen bewegt; jedenfalls ist hier keine klare Abgrenzung möglich.[1008]

cc) Regelungsbedürfnis und Regelungsvorschläge

Liegt im Einzelfall weder Arbeitnehmereigenschaft noch Arbeitnehmerähnlichkeit vor und kann auch das Heimarbeitsgesetz nicht angewandt werden, so bestimmt sich die rechtliche Behandlung der Arbeit ausschließlich nach zivilrechtlichen Grundsätzen. Dies kann zu erheblichen Schutzdefiziten führen.[1009] Ein gesetzliches Regelungsbedürfnis lässt sich hier nicht mit dem Einwand begegnen, dass sich Crowdworker freiwillig für ihr Beschäftigungsverhältnis entscheiden: Mit schlechten Arbeitsbedingungen werden nämlich sowohl die Interessen anderer Crowdworker als auch von Stammbelegschaften berührt, da eine Dumpinggefahr besteht.[1010] Dass sich die Ausgestaltung der Arbeitsbeziehungen im

---

[1003] *Prassl/Risak*, Oxford Legal Studies Research Paper No. 8/2016, 30.

[1004] *Selzer*, in: Husemann/Wietfeld, Zwischen Theorie und Praxis – Herausforderungen des Arbeitsrechts, 2015, S. 27 (44 f.); *Waas*, in: Crowdwork – A Comparative Law Perspective, 2017, S. 160 f.

[1005] *Krause*, Gutachten B zum 71. Deutschen Juristentag, 2016, B 1 (105).

[1006] *Klebe*, AuR 2016, 277 (280); eingehend *Waas*, in: Crowdwork – A Comparative Law Perspective, 2017, S. 163 ff.

[1007] *Krause*, Gutachten B zum 71. Deutschen Juristentag, 2016, B 1 (105); i.E. auch *Däubler/Klebe*, NZA 2015, 1032 (1036); *Däubler*, Internet und Arbeitsrecht, 5. Aufl. 2015, Rn. 447u ff.; *Waas*, in: Crowdwork – A Comparative Law Perspective, 2017, S. 171.

[1008] *Däubler*, Internet und Arbeitsrecht, 5. Aufl. 2015, Rn. 447w.

[1009] *Däubler*, SR Sonderausgabe 2016, 11 (32); *Waas*, in: Crowdwork – A Comparative Law Perspective, 2017, S. 176.

[1010] *Klebe*, AuR 2016, 277 (278 f.).

Einzelnen unterscheiden kann, Crowdworker also keine homogene Gruppe sind, steht einheitlichen Regelungsansätzen nicht entgegen.[1011]

Däubler tritt dafür ein, alle Crowdworker, die aufgrund einer allgemeinen Aufforderung zu vorgegebenen Arbeitsbedingungen tätig werden, generell zu Arbeitnehmern zu erklären.[1012] Dies wird jedoch der Heterogenität der Crowdworkformen und dem Selbstverständnis der Betroffenen nicht gerecht.[1013] Zudem gibt es Bereiche des Arbeitsrechts, die auf Crowdworker nicht recht passen. Dies gilt insbesondere für den Arbeits- und Gesundheitsschutz, da Crowdworker üblicherweise von zuhause aus arbeiten und dort auch keinen regulierungsbedürftigen Gefahren ausgesetzt sind.[1014] In der Diskussion werden daher spezielle Regelungen zum Schutz von Crowdworkern befürwortet. Der 71. Deutsche Juristentag 2016 hat beschlossen, dass Crowdworking im Sinne eines Mindestschutzes gesetzlich geregelt werden sollte, etwa für Entgelt, Arbeitserholung, Arbeitsschutz sowie Vertragsbeendigung.[1015] Gegen einen Mindestlohn wird jedoch eingewandt, dass dieser sich auf die Arbeit als zeitabhängige Daueraufgabe bezieht und einen Mindestwert für die Arbeit pro Stunde festsetzt, während beim Crowdworking Erfolge bei freier Zeiteinteilung geschuldet sind, die sich nicht in dieser Weise beziffern lassen.[1016] In der Tat ist das Wirtschaftsgut das Arbeitsergebnis, wofür das Arbeitsrecht nicht zuständig ist. Die Korrektur von Entgeltvereinbarungen läuft daher über § 138 BGB. Dies kann für Crowdworker sogar günstiger sein als die Orientierung an einem arbeitsrechtlichen Mindestlohn, weil der für eine Sittenwidrigkeit erforderliche Marktreis als Referenzwert nicht das übliche Gehalt eines abhängigen Beschäftigten ist, sondern der Preis, den ein Selbständiger auf dem freien Markt erhalten würde.[1017]

Weiterhin wird ein gesteigertes Engagement der Gewerkschaften für Crowdworker befürwortet, um deren häufig isolierte Lage auszugleichen.[1018] *Krause* empfiehlt zudem eine Modifikation des Heimarbeitsgesetzes, um zeitgemäße Formen häuslicher Arbeit wie die Übernahme von Mikro- oder Makrotasks am Computer einzubeziehen. Dafür spricht, dass Crowdworking und Heimarbeit mehrere Gemeinsamkeiten haben: Aus Sicht des Auftraggebers sind beide durch

---

[1011] *Kezuka*, in: Crowdwork – A Comparative Law Perspective, 2017, S. 230.

[1012] *Däubler*, Regelung mobiler und digitaler Arbeit – Anforderungen an das Arbeitsrecht, noch unveröffentlichtes Gutachten im Auftrag des Büros für Technikfolgen-Abschätzung beim Deutschen Bundestag, 2015, S. 88.

[1013] *Krause*, Gutachten B zum 71. Deutschen Juristentag, 2016, B 1 (106) unter Hinweis auf BT-Drucks. 17/12505, S. 48 zu Softwareentwicklern.

[1014] *Kezuka*, in: Crowdwork – A Comparative Law Perspective, 2017, S. 236.

[1015] Beschluss I. 2. der arbeits- und sozialrechtlichen Abteilung.

[1016] *Selzer*, in: Husemann/Wietfeld, Zwischen Theorie und Praxis – Herausforderungen des Arbeitsrechts, 2015, S. 27 (47).

[1017] *Selzer*, in: Husemann/Wietfeld, Zwischen Theorie und Praxis – Herausforderungen des Arbeitsrechts, 2015, S. 27 (47).

[1018] *Benner*, in: Benner, Crowdwork – Zurück in die Zukunft?, 2014, S. 289 ff.; *Däubler/Klebe*, NZA 2015, 1032 (1041).

einen gewissen Grad an Anonymität gekennzeichnet; die Arbeitszeit kann in beiden Fällen relativ frei eingeteilt werden; sowohl Crowdworking als auch Heimarbeit müssen in Rahmenvereinbarungen eingebettet werden; schließlich sind die Arbeitenden in beiden Fällen relativ alleine und nicht Teil einer Unternehmensgemeinschaft.[1019] Aufgrund dieser Gemeinsamkeiten könnte man meinen, dass zumindest der am Gleichheitsgedanken ausgerichtete gerechtigkeitsorientierte Ansatz eine Einbeziehung von Crowdworking in das Heimarbeitsgesetz nahelegen würde. Gleichwohl erscheint die unbesehene Erstreckung des Heimarbeitsgesetzes auf Crowdworking nicht sinnvoll. Die traditionelle Heimarbeit ist dadurch gekennzeichnet, dass die Initiative zur Vergabe des einzelnen Auftrags vom Auftraggeber ausgeht, was Regeln wie die „gleichmäßige" Ausgabe von Arbeit nach § 11 Abs. 1 HAG erklärt. Im Bereich des Crowdworkings muss hingegen der Arbeitende aktiv werden und sich um jeden Auftrag bewerben; bei mehreren Bewerbern wird immer nur einer berücksichtigt, sodass § 11 HAG keinen Anwendungsbereich hätte.[1020] Vorzugswürdig wäre die Schaffung eines eigenen Regimes, welches den Crowdworkern einen an §§ 17 ff., 29 HAG angelehnten Entgelt- und Kündigungsschutz zukommen lässt. Diese Vorschriften passen ihrem Sinn und Zweck nach auch auf Crowdworker und bleiben hinter dem echten Arbeitnehmerschutz zurück, sodass eine sinnvolle Abstufung von unselbständigen Arbeitnehmern und (zumeist) selbständigen Crowdworkern erreicht würde.[1021] *Kezuka* tritt außerdem für eine Begrenzung der Arbeitszeit ein, die in der gemeinsamen Verantwortung von Crowdsourcer und Plattform liegen sollte.[1022] In sozialrechtlicher Hinsicht wird zudem die Einbeziehung von Crowdworkern in die Sozialversicherung gefordert.[1023] Angesichts der besonderen Schutzwürdigkeit von Crowdworkern erscheint dies prinzipiell erstrebenswert.[1024]

III. Ergebnis

Kleinunternehmer könnten durch eine vollständige Neukonzeption des Arbeitsrechts in dessen Anwendungsbereich einbezogen werden. Die hierzu entwickelten Lösungsansätze erscheinen jedoch noch nicht ausgereift zu sein bzw. drohen ohne Reduzierung des Schutzniveaus eine übermäßige Erhöhung der Kosten zu bewirken. Eine solch weitgehende Lösung ist auch unter Gleichbehandlungsgesichtspunkten nicht geboten, da zwischen Arbeitnehmern und nicht wirtschaftlich abhängigen Selbständigen ein grundlegender Unterschied

---

[1019] *Waas*, in: Crowdwork – A Comparative Law Perspective, 2017, S. 177.
[1020] *Däubler*, Internet und Arbeitsrecht, 5. Aufl. 2015, Rn. 447v.
[1021] *Waas*, in: Crowdwork – A Comparative Law Perspective, 2017, S. 179.
[1022] *Kezuka*, in: Crowdwork – A Comparative Law Perspective, 2017, S. 235.
[1023] *Däubler/Klebe*, NZA 2015, 1032 (1041), *Krause*, Gutachten B zum 71. Deutschen Juristentag, 2016, B 1 (107 f.).
[1024] *Krause*, Gutachten B zum 71. Deutschen Juristentag, 2016, B 1 (106).

besteht. Dem Kosteneinwand sieht sich auch eine generelle Ausdehnung des Arbeitsrechts auf alle wirtschaftlich abhängig Arbeitenden ausgesetzt. Die überzeugendste Lösung besteht in der punktuellen Ausweitung des arbeitsrechtlichen Schutzes von wirtschaftlich abhängig Arbeitenden. Hier empfiehlt sich insbesondere die Einführung von längeren Kündigungsfristen nach dem Vorbild von § 89 HGB, um einen Gleichlauf mit Handelsvertretern herzustellen. Ebenfalls in Betracht kommt ein Schutz vor betriebsbedingten Kündigungen, da die entsprechende Regelung aus dem KSchG – anders als bei der personenbedingten und verhaltensbedingten Kündigung – nicht durch die persönliche Abhängigkeit der Arbeitnehmer legitimiert ist. Ein verstärkter Schutz für bestimmte Berufsgruppen und Beschäftigungsformen hat den generellen Nachteil, dass dies mit den wirtschaftlichen Entwicklungen nicht immer Schritt hält und regelmäßig ungeschützte Gruppen zurückbleiben werden. Prinzipiell erstrebenswert erscheinen besondere Schutzmaßnahmen zugunsten von Crowdworkern.

E) Zusammenfassung

Das Arbeitsrecht ist prinzipiell auf Arbeitnehmer fokussiert. Dies ist bereits in der historischen Entwicklung des Arbeitsrechts als Schutzrecht für Arbeitnehmer angelegt. Selbständige unterfallen demgegenüber dem allgemeinen Zivilrecht bzw. dem Handelsrecht. Allerdings ist die strenge Unterscheidung zwischen Arbeitnehmern und Selbständigen im heutigen Wirtschaftsleben, das zahlreiche neue Arbeitsformen hervorgebracht hat, weder sinnvoll noch möglich. Gleichwohl ist der arbeitsrechtliche Schutz von Selbständigen bislang beschränkt. Im deutschen Recht finden sich nur wenige Vorschriften für Arbeitnehmerähnliche. In anderen EU-Ländern ist das arbeitsrechtliche Schutzniveau für Selbständige teilweise höher. Der verfassungsrechtliche und der gerechtigkeitsorientierte Ansatz legen eine verstärkte Ausdehnung des arbeitsrechtlichen Schutzes auf Kleinunternehmer nahe. Arbeitnehmer und wirtschaftlich abhängige Selbständige sind als „wesentlich gleich" anzusehen. Daher ist die Anwendung arbeitsrechtlicher Vorschriften insoweit angezeigt, als sie nicht durch die arbeitnehmerspezifische persönliche Abhängigkeit legitimiert sind. Nach dem ökonomischen Ansatz sind allerdings die dadurch für die Auftraggeber verursachten Kosten zu berücksichtigen. Zu kostenintensiv und daher letztlich abzulehnen ist eine vollständige Neukonzeption des Arbeitsrechts, die auch wirtschaftlich unabhängige, jedoch zur persönlichen Arbeit verpflichtete Selbständige in den Schutzbereich einbezieht. Das gleiche gilt für die gesamte Erstreckung des Arbeitsrechts auf wirtschaftlich abhängige Selbständige. Vorzugswürdig ist die verstärkte punktuelle Ausdehnung von arbeitsrechtlichen Schutzvorschriften auf wirtschaftlich abhängige Selbständige. Dies gilt insbesondere für eine Kündigungsfrist, wobei sich eine Parallele zu § 89 HGB empfiehlt. Aber auch der Schutz vor betriebsbedingten Kündigungen ist – anders als der Schutz vor personenbedingter und verhaltensbedingter Kündigung – nicht durch die persönliche Abhängigkeit legitimiert und könnte daher auf wirtschaftlich abhängige Selbständige ausgedehnt werden. Ein vierter Ansatz besteht schließlich in dem verstärkten Schutz für bestimme Berufsgruppen und Beschäftigungsformen. Empfehlenswert sind insbesondere Regelungen für Crowdworker, namentlich ein an §§ 17 ff., 29 HAG angelehnter Entgelt- und Kündigungsschutz sowie die Einbeziehung in die Sozialversicherung.

4. Kapitel:
Kleine Unternehmen im Bürgerlichen Recht

Das folgende Kapitel befasst sich mit der rechtlichen Stellung von kleinen Unternehmen im Verhältnis zu Verbrauchern und zu größeren Unternehmen. Zunächst wird untersucht, inwieweit Kleinunternehmer aus dem Verpflichtungsbereich des Verbraucherschutzrechts auszunehmen oder umgekehrt in dessen Begünstigungsbereich einzubeziehen sind (unten § 9). Sodann wird die AGB-Kontrolle von Kunden- und Lieferantenverträgen behandelt, die kleinen Unternehmen als Verwender keine übermäßigen Belastungen aufbürden, ihnen aber umgekehrt als Vertragspartner einen angemessenen Schutz zukommen lassen soll (unten § 10).

§ 9 Anwendungsbereich des Verbraucherschutzes

A) Grundlagen des Verbraucherschutzrechts

Der Verbraucherschutz hat sich zu einem wesentlichen, zahlreiche Rechtsmaterien durchdringenden Schutzprinzip entwickelt.[1] So bestehen zahlreiche verbraucherschützende Widerrufsrechte, insbesondere §§ 312g Abs. 1, 495 Abs. 1 BGB; Verbraucher werden gem. § 310 Abs. 3 BGB durch eine umfangreiche AGB-Kontrolle geschützt und genießen gem. §§ 474 ff., 491 ff. BGB einen besonderen Schutz im Kauf- und Darlehensrecht. Da dem Verbraucherschutzrecht eine sozial regulierende Konzeption des Zivilrechts zugrunde liegt, wird es von Befürwortern traditionell-liberal ausgerichteter Marktkonzeptionen jedenfalls in Teilen als paternalistisch und entmündigend abgelehnt.[2] Nicht zum Verbraucherschutzrecht im engeren Sinne gehört das Verbraucherinsolvenzverfahren nach §§ 304 ff. InsO. Dieses steht gem. § 304 Abs. 1 S. 2 InsO auch Unternehmern offen, deren Vermögensverhältnisse überschaubar sind und gegen die keine Forderungen aus Arbeitsverhältnissen bestehen. Diese Regelung erfasst vor allem

---

[1] *Schünemann/Blomeyer*, JZ 2010, 1156.
[2] *Reuter*, AcP 89 [1989]. 200 ff.; *Adomeit*, NJW 2004, 579 (581). Zur Möglichkeit eines liberalen Paternalismus siehe *Eidenmüller*, JZ 2011, 814 ff.

gescheiterte Existenzgründungen. Vor diesem Hintergrund geht der Gesetzgeber von einem ähnlichen Schutzbedürfnis wie in reinen Verbraucherangelegenheiten aus.³

Anknüpfungspunkt des Verbraucherschutzrechts ist der Verbraucher. Allerdings ist der Verbraucherbegriff – anders als z.B. die Begriffe „natürliche Person", „juristische Person" oder auch „Arbeitnehmer" – kein Statusbegriff und keine permanente Zuordnung.⁴ Verbrauchereigenschaft besteht nur beim Abschluss des in Rede stehenden Geschäfts in dieser jeweiligen Rolle.⁵ Zurückführen lässt sich dies auf die rollensoziologische Konzeption *Norbert Reichs*, wonach jede Person sowohl in der Rolle des Produzenten als auch in der Rolle des Konsumenten agieren kann und die Rolle nicht mit einer bestimmten Position im Produktionsprozess oder in der Konsumtion verknüpft ist.⁶ Die Tatbestände „Verbraucher" und „Unternehmer" dienen daher entgegen der systematischen Stellung im Abschnitt des BGB über „Personen" (§§ 1–89 BGB) nicht der Kategorisierung von Rechtssubjekten, sondern der Unterscheidung der Verbrauchergeschäften von den Nicht-Verbrauchergeschäften.⁷ Die Definitionen des Verbrauchers und des Unternehmers nach §§ 13, 14 BGB sind bewusst an § 24a AGBG angelehnt, um die Begrifflichkeit der Verbraucherschutzgesetze zu vereinheitlichen.⁸ Dort hieß es:

„Bei Verträgen zwischen einer Person, die in Ausübung ihrer gewerblichen oder beruflichen Tätigkeit handelt (Unternehmer) und einer natürlichen Person, die den Vertrag zu einem Zweck abschließt, der weder einer gewerblichen noch einer selbständigen beruflichen Tätigkeit zugerechnet werden kann (Verbraucher), sind die Vorschriften dieses Gesetzes mit folgenden Maßgaben anzuwenden: […]"

Im Verbraucherschutz stellt sich in besonderem Maße die Frage, wie weit der Gesetzgeber bei der nötigen Typisierung gehen darf: Fasst er den Verbraucherbegriff zu eng, kann dies gegen den verfassungsrechtlichen Gleichheitssatz verstoßen, wenn solche Personen ausgenommen bleiben, die wie ein Verbraucher schutzbedürftig sind. Fasst er den Begriff hingegen zu weit, so kann dies einen Verstoß gegen die Vertragsfreiheit des anderen Vertragsteils bedeuten.⁹ Nach *Dieter Medicus* ist richtigerweise nicht zu fragen, wer ein Verbraucher ist, sondern vielmehr, wer in welcher Situation eines besonderen Schutzes bedarf. Dies

---

³ *Tamm*, Verbraucherschutzrecht, 2011, S. 333.
⁴ Vgl. *K. Schmidt*, JuS 2006, 1.
⁵ *K. Schmidt*, JuS 2006, 1.
⁶ *Reich*, ZRP 1974, 187 (190).
⁷ *K. Schmidt*, JuS 2006, 1; *Peintinger*, GPR 2013, 24 (26).
⁸ BT-Drucks. 14/2658, S. 47 f.
⁹ *Medicus*, FS Kitagawa, 1992, S. 471 (472). Zur verfassungsrechtlichen Dimension des Verbraucherschutzes eingehend *Drexl*, Die wirtschaftliche Selbstbestimmung des Verbrauchers, 1998, S. 229 ff.

sei jedoch letztlich die klassische rechtsphilosophische Frage nach dem richtigen Recht und letztlich nach Gerechtigkeit.[10]

I. Ziele

Bei der Einführung des Verbraucherrechts wurde – anders als in anderen europäischen Ländern – wenig über Sinn und Zweck des Verbraucherrechts diskutiert. In den folgenden Jahren zeigte sich jedoch bei der Anwendung des Verbraucherrechts, dass die „Transformation des Bürgers zum Verbraucher" konzeptionell ungenügend vorbereitet war.[11] Der 69. Deutsche Juristentag 2012 sah zehn Jahre nach der Schuldrechtsreform die Notwendigkeit einer konzeptionellen Unterfütterung des deutschen Verbraucherrechts, die zweckmäßigerweise nicht durch die Schaffung eines eigenständigen Gesetzbuches,[12] sondern durch entsprechende Transformation der Normen des BGB erfolgt.[13] Damit wird es der Rechtsprechung und Literatur überantwortet, eine interessengerechte und europarechtskonforme Konzeption des Verbraucherschutzrechts zu erarbeiten. Die Ziele des Verbraucherschutzes sind Gegenstand einer lebhaften Kontroverse. Im Wesentlichen lassen sich dabei zwei Ansätze ausmachen, nämlich der Schutz von Individualinteressen (unten 1.) sowie der Schutz von Kollektivinteressen (unten 2.), jeweils mit unterschiedlichen Stoßrichtungen.

1. Individualinteressen

a) Schutz des freien Willens

Michel Hoffmann charakterisiert das Verbraucherschutzrecht als typisierten Mangel in der Willensbildung beim Vertragsschluss.[14] Das Verbraucherrecht gehe – im Gegensatz zur Anfechtung – typisierend von einem Mangel in der Willensbildung aus und sei daher mit dem Minderjährigenrecht vergleichbar.[15] Dieses Verständnis versucht das Verbraucherschutzrecht durch die überkommene Willenstheorie zu erklären und damit mit der klassischen Rechtsgeschäftslehre in Einklang zu bringen. Allerdings lässt sich dem entgegenhalten, dass die gesetzgeberische Intention und die Zweckrichtung der europäischen Vorgaben ausgeblendet werden, die jeweils nicht die Sicherung des freien Willens der Vertragsparteien im Blick haben. Zudem kann dieser Ansatz verbraucherschutz-

---

[10] *Medicus*, FS Kitagawa, 1992, S. 471 (486).
[11] *Micklitz/Purnhagen*, in: MünchKomm-BGB, 7. Aufl. 2015, Vorb. zu §§ 13, 14 Rn. 36.
[12] Dafür aber *Micklitz*, Gutachten A zum 69. Deutschen Juristentag, A 1 (25).
[13] Vgl. Beschluss I. 1. der zivilrechtlichen Abteilung, abrufbar unter http://www.djt-net.de/beschluesse/beschluesse.pdf, Stand: 22.3.2017.
[14] *Hoffmann*, JZ 2012, 1156 (1156 f.).
[15] *Hoffmann*, JZ 2012, 1156 (1157).

rechtliche Normen des Schadensersatzrechts wie etwa § 84 Abs. 1 S. 1 AMG nicht erklären.[16]

b) Schutz des Schwächeren

Zumeist wird der Verbraucherschutz als Ausprägung des Schwächerenschutzes gesehen.[17] Aus der typisierten Schwäche des Verbrauchers wird ein typisiertes Schutzbedürfnis abgeleitet, welches eine staatliche Intervention legitimiert. Während dieses Modell z.B. dem skandinavischen Recht schon immer zugrunde gelegen hat, wurde es in Deutschland erst in der Bürgschaftsentscheidung des Bundesverfassungsgerichts in das Zivilrecht eingeführt.[18] Unterschieden werden dabei verschiedene Schutzmodelle, die sich im Laufe der Zeit chronologisch entwickelt haben: Die Konzeption des strukturell unterlegenen Verbrauchers, des situativ schutzbedürftigen Verbrauchers und des Kombinationsmodells.[19]

aa) Konzeption des strukturell unterlegenen Verbrauchers

Überwiegend wird das Verbraucherschutzrecht als Recht zum Schutz einer strukturell unterlegenen Vertragspartei verstanden.[20] Als Recht zum Schutz des schwächeren Marktteilnehmers ziele es auf gesetzliche Regulierung zur Ausbalancierung des bestehenden Machtungleichgewichts bzw. des daraus resultierenden (Verhandlungs-)Ergebnisses zwischen den Parteien.[21] Dieses Verständnis beruht auf einer egalitären Gesellschaftsvorstellung, in der grundsätzlich allen Menschen unabhängig von ihrem sozialen das gleiche Recht auf Teilhabe am Markt zugesichert wird.[22] Vor diesem Hintergrund lässt sich das Verbraucherschutzrecht als Konkretisierung der Verteilungsgerechtigkeit zum Schutz Schwächerer im Zivilrecht begreifen, indem es die Mittel bereitstellt, um Vermögensverschiebungen, die nur aufgrund einer solchen Diskriminierung entstanden sind, auszugleichen.[23] So hat z.B. § 312b Abs. 1 Nr. 1–4 BGB bestimmte Situa-

---

[16] *Micklitz/Purnhagen*, in: MünchKomm-BGB, 7. Aufl. 2015, Vorb. zu §§ 13, 14 Rn. 37.
[17] Vgl. *Micklitz/Purnhagen*, in: MünchKomm-BGB, 7. Aufl. 2015, Vorb. zu §§ 13, 14 Rn. 3; *Saenger*, in: Erman, BGB, 15. Aufl. 2017, § 13 Rn. 2: *Tamm*, Verbraucherschutzrecht, 2011, S. 9 ff.; vgl. auch *Habermas*, Faktizität und Geltung, 2. Aufl. 1992, S. 487 f.
[18] BVerfGE 89, 214 (232); dazu bereits oben § 3 A) II. 2.
[19] *Micklitz/Purnhagen*, in: MünchKomm-BGB, 7. Aufl. 2015, Vorb. zu §§ 13, 14 Rn. 37 ff.
[20] EuGH Slg. 2000, I-4941, Rn. 25; EuGH Slg. 2006, I-10421, Rn. 25 – Mostaza Claro; EuGH Slg. 2009, I-9579, Rn. 31 – Asturcom; BVerfGE 89, 214 (232); BGH NJW 2005, 1045 (1046); *Micklitz/Purnhagen*, in: MünchKomm-BGB, 7. Aufl. 2015, Vorb. zu §§ 13, 14 Rn. 3; *Saenger*, in: Erman, BGB, 15. Aufl. 2017, § 13 Rn. 2: *Reich*, Markt und Recht, 1977, S. 182; *Tamm*, Verbraucherschutzrecht, 2011, S. 9 ff.
[21] *Tamm*, Verbraucherschutzrecht, 2011, S. 14.
[22] *Micklitz/Purnhagen*, in: MünchKomm-BGB, 7. Aufl. 2015, Vorb. zu §§ 13, 14 Rn. 37.
[23] *Arnold*, Vertrag und Verteilung, 2014, S. 248; *Cziupka*, Dispositives Vertragsrecht, 2010, S. 36; *Denkinger*, Der Verbraucherbegriff, 2007, S. 133 ff.; *Micklitz/Purnhagen*, in: MünchKomm-BGB, 7. Aufl. 2015, Vorb. zu §§ 13, 14 Rn. 37.

§ 9 Anwendungsbereich des Verbraucherschutzes 431

tionen im Blick, die den Verbraucher durch Überrumpelung in eine schlechtere vertragliche Position bringen, auf die das Recht mit der Möglichkeit einer Rückgängigmachung reagiert.[24]

Worin die Schwäche des Verbrauchers als Grundlage seines spezifischen Schutzes genau besteht, ist umstritten. Der Europäische Gerichtshof und Teile der Literatur sehen den Grund für die unterlegene Marktstellung des Verbrauchers vor allem oder gar ausschließlich in einem typisierbaren Informationsdefizit.[25] Entgegen dem Informationsaxiom der liberalen Markttheorie habe sich herausgestellt, dass Verbraucher zumindest nicht typischerweise ein im selben Umfang wie Unternehmer informierter Marktteilnehmer ist.[26] Andere Autoren verweisen darauf, dass die Verbraucher eine inhomogene Gruppe sind, die unterschiedliche Interessen haben und daher kein Gruppenbewusstsein entwickeln.[27] Zudem würde die schlechtere Marktstellung von Verbrauchern nur selten durch eine organisierte Interessenvertretung aufgefangen.[28] Vereinzelte Beispiele sind Konsumgenossenschaften, Automobilclubs, Mietervereine oder der Bund der Versicherten.[29] In ökonomischer Hinsicht lassen sich Verbraucher nur dann zu einem Zusammenschluss mobilisieren, wenn ihnen das unmittelbare Vorteile bringt.[30] In der Wirtschaftswelt können Verbraucher daher allenfalls ansatzweise zu einer Gegenmachtbildung beitragen,[31] im Gegensatz insbesondere zu gewerkschaftlich organisierten Arbeitnehmern.[32] Schließlich werden Schwierigkeiten der Verbraucher bei der prozessualen Durchsetzung ihrer Rechte angeführt.[33] Rechtssoziologische Untersuchungen haben gezeigt, dass in der ganz überwiegenden Mehrzahl der amtsgerichtlichen Prozesse Verbraucher auf der Beklagtenseite stehen.[34] Zudem hätten Verbraucher signifikant schlechtere Erfolgsquoten als Unternehmen, was eine prozesstaktische Chancenungleichheit im Verhältnis Verbraucher-Unternehmer bedeute.[35] Der Grund für die Un-

---

[24] *Micklitz/Purnhagen*, in: MünchKomm-BGB, 7. Aufl. 2015, Vorb. zu §§ 13, 14 Rn. 37.
[25] EuGH NJW 2014, 841 (841 f.) – Vapenik/Thurner unter Hinweis auf den Sinn und Zweck von Art. 6 Abs. 1 der RL 93/13/EG; *Dauner-Lieb*, Verbraucherschutz durch Ausbildung eines Sonderprivatrechts für Verbraucher, 1983, S. 63 ff.; *Hommelhoff*, Verbraucherschutz im System des deutschen und europäischen Privatrechts, 1996,
[26] *Habermas*, Faktizität und Geltung, 2. Aufl. 1992, S. 487 f.; *Scherhorn*, Gesucht der mündige Verbraucher, 2. Aufl. 1974, S. 58.
[27] Vgl. *Kuhlmann*, Verbraucherpolitik, 1990, S. 85; *Oehler*, VuR 2006, 294 (296).
[28] *Tamm*, Verbraucherschutzrecht, 2011, S. 16.
[29] Dazu *Kemper*, Verbraucherschutzinstrumente, 1994, S. 68 ff.
[30] *Kemper*, Verbraucherschutzinstrumente, 1994, S. 70; *Tamm*, Verbraucherschutzrecht, 2011, S. 16.
[31] *Reich*, Markt und Recht, 1977, S. 221 f.
[32] *Tamm*, Verbraucherschutzrecht, 2011, S. 17.
[33] *Kemper*, Verbraucherschutzinstrumente, 1994, S. 56; *Tamm*, Verbraucherschutzrecht, 2011, S. 17.
[34] *Kocher*, Funktionen der Rechtsprechung, 2007, S. 3 ff.
[35] *Tamm*, Verbraucherschutzrecht, 2011, S. 18.

gleichheit der Prozesschancen wird darin gesehen, dass Verbraucher als „Einmal- bzw. Wenigprozessierer" nicht die Erfahrung und Routine von Unternehmern und ihrer Berater aufweisen können.[36] Auf der europäischen Ebene soll die Richtlinie über Unterlassungsklagen[37] staatlichen und privaten Verbraucherschutzorganisationen zwar die Möglichkeit geben, Verstöße gegen nationales und EU-Verbraucherrecht in allen Mitgliedstaaten abzustellen. In Deutschland wurde diese Richtlinie mit dem Gesetz über Unterlassungsklagen bei Verbraucherrechts- und anderen Verstößen (UKlaG) umgesetzt. Gleichwohl sieht die Europäische Kommission aufgrund einer Studie[38] ein Rechtsdurchsetzungsdefizit in Verbraucherangelegenheiten. In einem Grünbuch vom 27.11.2008 tritt die Kommission dafür ein, dieses Defizit durch die Installation einer Verbrauchersammelklage zu beheben.[39] In Deutschland wurde dies auf dem 72. Deutschen Juristentag 2018 debattiert.

Die Annahme eines strukturellen Machtungleichgewichts ist auf Kritik gestoßen.[40] Es wird eingewandt, dass die typisierende Annahme eines strukturellen Machtungleichgewichts eine Entmündigung des Verbrauchers am Markt bedeute.[41] Wenn dem Verbraucher vom Gesetzgeber ein bestimmtes Maß an Schutz zwangsverordnet werde, so sei er seiner Rolle als autonom handelndes Subjekt beraubt.[42] Dies konfligiere mit dem Verbraucherschutzgedanken des BGB, da es bei der Frage nach der Rechtsgültigkeit von Verträgen nicht auf die Gleichwertigkeit der Vertragspartner, sondern auf das Vorhandensein eines hinreichenden Maßes an Entscheidungsfreiheit ankomme.[43] Zum anderen könnten atypische Fälle von einem auf typisierende Regelung abstellenden § 13 BGB zu sachwidrigen Ergebnissen führen: Ein Kleinunternehmer kann ebenso schutzwürdig sein wie eine Privatperson, da beide bei der Rechtswahl oder bei der Aufnahme von Krediten keine Sachkunde haben.[44] *Neuner* sieht die Schutzbedürftigkeit in der fehlenden Gewandtheit und Routine in Geschäftsangelegenheiten, nicht aber in einer generellen Unterlegenheit.[45] Andere Autoren verneinen eine konstitutio-

---

[36] *Tamm*, Verbraucherschutzrecht, 2011, S. 18.
[37] ABl. L 166 v. 11.6.1998, S. 51.St.
[38] Studie über Probleme von Verbrauchern bei der Einlegung von Rechtsbehelfen bei Verstößen gegen das Verbraucherrecht sowie über die wirtschaftlichen Folgen solcher Verstöße, S. 42, abrufbar unter http://ec.europa.eu/consumers/redress_cons/collective_redress_en.htm, Stand: 19.3.2017.
[39] Grünbuch über kollektiven Rechtsschutz in Verbraucherangelegenheiten, KOM (2008), 794 endg., abrufbar unter http://eur-lex.europa.eu/legal-content/DE/TXT/?uri=celexProzent3A52008DC0794, Stand: 19.3.2017.
[40] *Lieb*, AcP 183 [1983], 327 (362); *Zöllner*, AcP 196 [1996], 1 (15 ff.).
[41] *Eidenmüller et al*, Common Market Law Review 2011, 1077 (1081 f.).
[42] *Schünemann*, FS Brandner, 1996, S. 279 (294).
[43] *Zöllner*, AcP 196 [1996], 1 (30 ff.).
[44] *Medicus*, FS Kitagawa, 1992, S. 471 (486) am Beispiel eines Klempners.
[45] *Neuner*, Privatrecht und Sozialstaat, 1999, S. 277.

nelle Schwäche von Verbrauchern gänzlich.⁴⁶ Nach *Neuner* rechtfertigt weder intellektuelle noch wirtschaftliche Unterlegenheit einen generellen Verbraucherschutz: Dieser werde problematisch, soweit er über die Kompensation konkreter Gefährdungen des Willensbildungsprozesses hinausgeht und aufgrund allgemein-struktureller Imparitätsprämissen unmittelbar in den Inhalt privatautonomer Regelungen eingreift oder in sonstiger Form den Verbraucher privilegiert.⁴⁷ Auf dieser Grundlage sei ein soziales Verbraucherschutzmodell abzulehnen, das ein ausgleichsbedürftiges Machtgefälle zwischen Unternehmen und Verbrauchern sieht.⁴⁸ Eine mögliche Unterlegenheit von Verbrauchern würde lediglich einen spezifischen Schutz rechtfertigen, z.B. vor suggestiver Werbung oder durch Aufklärung.⁴⁹ Die Annahme der strukturellen Unterlegenheit erhebt indes nicht den Anspruch, menschliches Verhalten umfassend abzubilden. Sie ist daher solange als Orientierungsmodell für Marktregulierung geeignet, wie die Abweichungen nicht systematisch sind.⁵⁰ Bislang wurden systematische Abweichungen lediglich behauptet, nicht aber empirisch nachgewiesen, im Gegensatz zur strukturellen Unterlegenheit.⁵¹

bb) Modell des situativ schutzbedürftigen Verbrauchers

Während die Konzeption des strukturell unterlegenen Verbrauchers auf typisierte Ungleichgewichtslagen abzielt und nicht nach der Schutzbedürftigkeit im konkreten Einzelfall fragt, befürworten andere Autoren ein Modell des situativ schutzbedürftigen Verbrauchers.⁵² Danach lässt sich der Verbraucher nicht ohne den konkreten Schutzgegenstand, nämlich den Kernbestand des Verbraucherrechts, definieren. Geboten sei vielmehr eine Analyse der zivilrechtlichen Funktion des Verbraucherbegriffs unter Berücksichtigung eines spezifischen rechtlichen Wertungsinstrumentariums, das in der fehlenden Geschäftskompetenz des Verbrauchers zu sehen sei. Maßgeblich ist somit, ob eine Person in einer bestimmten Vertragsschlusssituation über die Geschäftskompetenz eines Nichtverbrauchers verfügt, woraufhin die Verbraucherrolle zu verneinen wäre. Damit wird das normative Werturteil gefällt, dass eine Person über hinreichende Geschäftskompetenz verfügt, um die von den einzelnen Verbraucherrechten erfassten situativen Beeinträchtigungen ihrer Entscheidungsfreiheit zu bewältigen.⁵³

---

[46] So etwa *Eidenmüller et al.*, Revision des Verbraucher-acquis, 2011, S. 267
[47] *Neuner*, Privatrecht und Sozialstaat, 1999, S. 277.
[48] *Neuner*, Privatrecht und Sozialstaat, 1999, S. 277.
[49] *Neuner*, Privatrecht und Sozialstaat, 1999, S. 279.
[50] *Micklitz/Purnhagen*, in: MünchKomm-BGB, 7. Aufl. 2015, Vorb. zu §§ 13, 14 Rn. 44.
[51] *Micklitz/Purnhagen*, in: MünchKomm-BGB, 7. Aufl. 2015, Vorb. zu §§ 13, 14 Rn. 44.
[52] Vgl. *Drexl*, Die wirtschaftliche Selbstbestimmung des Verbrauchers, 1998, S. 206 f.; *Duve*, in: HKK-BGB, 2003, §§ 1–14 Rn. 78 ff., 80.
[53] *Drexl*, Die wirtschaftliche Selbstbestimmung des Verbrauchers, 1998, S. 206 f.

cc) Kombinationsmodell

Teilweise wird eine Verknüpfung des rollenspezifischen Verbraucherbegriffs mit dem situationsspezifischen Verbraucherbegriff befürwortet:[54] Der rollenspezifische Verbraucherbegriff soll den Ausgangspunkt für die Konkretisierung der Normadressaten bilden, insoweit sei auf das strukturelle Ungleichgewicht zwischen Unternehmer und Verbraucher abzustellen. Dieses sollte jedoch lediglich als Vermutungstatbestand begriffen werden, der die Schutzbedürftigkeit typisierend grundsätzlich begründet, allerdings einer situationsspezifischen Ergänzung bedarf.[55]

2. Kollektivinteressen

a) Herstellung von Effizienz

Nach dem effizienzorientierten Ansatz knüpft der Verbraucherschutz nicht an eine wirtschaftliche Unterlegenheit der Verbraucher an, sondern an Verhaltensanomalien der Verbraucher sowie an Informationsasymmetrien.[56] Der Verbraucher als Rechtssubjekt soll generell befähigt sein, optimale Marktentscheidungen zu treffen.[57] Generell wird eine effiziente Ressourcenallokation angestrebt. Ebenso wie das Arbeitsrecht verursacht Verbraucherschutzrecht in betriebswirtschaftlicher Hinsicht Kosten, die sich entweder in höheren Preisen oder in sinkendem Angebot niederschlagen.[58] Die Anbieter müssen die ihnen entstehenden Zusatzkosten kalkulieren und die Korrelation mit der Zahlungsbereitschaft der Marktteilnehmer für ein erhöhtes Schutzniveau herstellen, d.h. die Rentabilität der Zusatzprämie für die Verbraucher bestimmen[59] und die Kosten des Verbraucherschutzes über den Preis an die Kunden weitergeben.[60] So muss z.B. ein Internetunternehmen die tatsächlichen Folgekosten des Widerrufsrechts nach § 355 BGB einpreisen, was die Preise für den Verbraucher erhöht oder die Konsumentenrente beim Unternehmen durch sinkenden Gewinn verkleinert.[61] Höhere Preise stellen sich für den Verbraucher wie Prämien für eine aufgezwun-

---

[54] *Bydlinski*, System und Prinzipien des Privatrechts, 1996, 728 ff.; *Denkinger*, Der Verbraucherbegriff, 2007, S. 458 f.; *Micklitz/Purnhagen*, in: MünchKomm-BGB, 7. Aufl. 2015, Vorb. zu §§ 13, 14 Rn. 43.
[55] *Micklitz/Purnhagen*, in: MünchKomm-BGB, 7. Aufl. 2015, Vorb. zu §§ 13, 14 Rn. 43.
[56] *Schäfer/Ott*, Lehrbuch der ökonomischen Analyse des Zivilrechts, 5. Aufl. 2012, S. 489.
[57] *Oehler*, VuR 2006, 294 (300).
[58] Vgl. *Mankowski*, in: Eger/Schäfer, Ökonomische Analyse der europäischen Zivilrechtsentwicklung, 2007, S. 406 (409); *Schäfer/Ott*, Lehrbuch der ökonomischen Analyse des Zivilrechts, 5. Aufl. 2012, S. 8, 374.
[59] *Mankowski*, in: Eger/Schäfer, Ökonomische Analyse der europäischen Zivilrechtsentwicklung, 2007, S. 406 (409).
[60] *Schäfer/Ott*, Lehrbuch der ökonomischen Analyse des Zivilrechts, 5. Aufl. 2012, S. 374.
[61] *Micklitz/Purnhagen*, in: MünchKomm-BGB, 7. Aufl. 2015, Vorb. zu §§ 13, 14 Rn. 47.

gene Versicherung dar.⁶² Daher kann der Verbraucherschutz den Interessen der Verbraucher zuwiderlaufen, wenn er bewirkt, dass den Verbrauchern Risiken abgenommen werden, die sie selber kostengünstiger tragen könnten und bei funktionierendem Markt auch selber tragen würden.⁶³ Nach der klassischen ökonomischen Theorie ist Verbraucherschutz somit nur geboten, wenn er zur Herstellung der Funktionsfähigkeit von Märkten unerlässlich ist.⁶⁴ In einem Wettbewerb ohne Marktversagen und Transaktionskosten wäre ein Verbraucherschutzrecht überflüssig, da der Verbraucher einen Anbieter finden würde, der seine Präferenzen erfüllt. Ein regelungsbedürftiges Marktversagen könnte daher – ähnlich wie im Arbeitsrecht⁶⁵ – in der strukturellen Unterlegenheit des Verbrauchers gesehen werden.⁶⁶ In erster Linie wird auf eine Informationsasymmetrie zwischen Unternehmern und Verbrauchern abgestellt: Wenn Verbraucher keine Informationen über Produktqualität erhalten oder sie diesen nicht mehr vertrauen, entscheidet nur noch der Preis über den Vertragsschluss.⁶⁷ *George Akerlof* hat an seinem berühmten Beispiel von Gebrauchtwagenmärkten („Market for Lemons") gezeigt, dass nur noch Produkte mit niedrigem Preis und niedriger Qualität gekauft werden, sodass höherwertige Produkte vom Markt verdrängt werden.⁶⁸ Verbraucherschützende Regelungen können daher notwendig sein, um ein solches „race to the bottom" zu verhindern.⁶⁹ Aus diesem Grund kann sich der Verbraucherschutz für die Unternehmen positiv auswirken. So wurde am Beispiel des Gebrauchtwagenmarkts dargelegt, dass sich der Verbraucherschutz empirisch nachweisbar auf die Qualität auswirkt, indem gute Qualitäten über Händler mit verbindlichen Gewährleistungen vertrieben und schlechtere Qualitäten direkt von Privat an Privat verkauft werden.⁷⁰

---

⁶² Vgl. *Schäfer/Ott*, Lehrbuch der ökonomischen Analyse des Zivilrechts, 5. Aufl. 2012, S. 138.
⁶³ *Schäfer/Ott*, Lehrbuch der ökonomischen Analyse des Zivilrechts, 5. Aufl. 2012, S. 374.
⁶⁴ *Luth*, Behavioural Economics in Consumer Policy, 2010, S. 26.
⁶⁵ Siehe oben § 6 A) I.
⁶⁶ *Drexl*, Die wirtschaftliche Selbstbestimmung des Verbrauchers, 1998, S. 287, 291 ff.; *Habermas*, Faktizität und Geltung, 2. Aufl. 1992, S. 487.
⁶⁷ *Micklitz/Purnhagen*, in: MünchKomm-BGB, 7. Aufl. 2015, Vorb. zu §§ 13, 14 Rn. 47; grundlegend *Goldberg*, Journal of Law and Economics 1974, 461 ff.
⁶⁸ *Akerlof*, Quarterly Journal of Economics 1970, 488 ff.
⁶⁹ *Franck/Purnhagen*, in: Mathis, Law and Economics in Europe, 2014, S. 329 (332 ff.).
⁷⁰ *Kirstein/Schäfer*, in: Eger/Schäfer, Ökonomische Analyse der europäischen Zivilrechtsentwicklung, 2007, S. 369 (370 ff.).

b) Verwirklichung des Binnenmarktes und Generierung von Nachfrage

Nach einem weiteren, vor allem auf der europäischen Ebene verbreiteten Verständnis werden Verbraucher zur Verwirklichung des Europäischen Binnenmarktes und wegen ihrer Generierung von Nachfrage geschützt.[71] Die Europäische Union hat nämlich keine originäre Kompetenz für verbraucherschützende Maßnahmen: Auch wenn der Verbraucherschutz in Art. 4 Abs. 2 f), 169 Abs. 1 AEUV ausdrücklich als Ziel genannt wird, ist dies an die allgemeine Kompetenz zur Verwirklichung des Binnenmarktes geknüpft, wie der Verweis in Art. 169 Abs. 2 a) AEUV auf Art. 114 AEUV zeigt.[72] Somit müssen verbraucherschutzrechtliche Maßnahmen der Europäischen Union bereits aus kompetenzrechtlichen Gründen zumindest auch der Binnenmarktverwirklichung dienen.[73] Ebenso wenig wie der Schwächerenschutz verfolgt die europäische Verbraucherpolitik eine Umverteilung von reich nach arm oder eine soziale Gerechtigkeit im Allgemeinen.[74]

Was die Generierung von Nachfrage anbelangt wird angenommen, dass Verbraucher eine wichtige Rolle im Wettbewerbskreislauf spielen, der zum wirtschaftlichen Wachstum beiträgt. Danach muss nicht nur die Angebotsseite aktiv sein, sondern auch die Nachfrageseite.[75] Dies erfordert effiziente Entscheidungen auf Seiten der Kunden im Markt, nach denen sie Produkte und Dienstleitungen erhalten, die ihren Bedürfnissen am meisten und preisgünstigsten Rechnung tragen. Das Verbraucherschutzrecht soll effiziente Entscheidungen insbesondere durch Informationsversorgung sicherstellen.[76] Dieser Begründungsansatz setzt damit ebenfalls am Effizienzgedanken an, hat jedoch nicht die Vertragsparteien, sondern das Funktionieren des Marktes und das Wirtschaftswachstum im Blick.

II. Europarechtlicher Hintergrund

Das Verbraucherschutzrecht ist in weiten Teilen europarechtlich determiniert. Das primäre und sekundäre Unionsrecht kennt zwar noch keinen einheitlichen Verbraucherbegriff,[77] jedoch hat sich durch die rege Rechtssetzungstätigkeit ein europäischer Begriffskern herausgebildet.[78] Das Primärrecht trägt zur inhalt-

---

[71] *Heiss*, ZEuP 1996, 625 (629).
[72] *Arnold*, Vertrag und Verteilung, 2014, S. 357; *Denkinger*, Der Verbraucherbegriff, 2007, S. 241 ff.; *Krebber*, in: Calliess/Ruffert, EUV, AEUV, 4. Aufl. 2011, Art. 169 AEUV Rn. 2 f.
[73] *Arnold*, Vertrag und Verteilung, 2014, S. 357.
[74] *Denkinger*, Der Verbraucherbegriff, 2007, S. 245 f.; *Rösler*, Europäisches Konsumentenvertragsrecht, 2004, S. 209.
[75] *Fletcher/Karatzas/Kreutzmann-Gallasch*, Small Businesses As Consumers, 2014, S. 5.
[76] *Fletcher/Karatzas/Kreutzmann-Gallasch*, Small Businesses As Consumers, 2014, S. 5.
[77] Vgl. *Staudinger/Kannowski*, BGB, Bearb. 2013, Vorb. zu §§ 13, 14, Rn. 17; eingehend *Faber*, ZEuP 1998, 854 ff.
[78] Vgl. *Reich*, ZEuP 1994, 381 (389 f.); *H. Roth*, JZ 1999, 529 (531).

lichen Bestimmung des Verbraucherbegriffs allerdings wenig bei, indem es in Art. 4 Abs. 2 lit. f), 12, 169 AEUV die Person des Verbrauchers ohne eine Definition in Bezug nimmt.[79] Konkreter wird das Kollisionsrecht, wo dem Verbraucher insbesondere in Art. 15 EuGVVO privilegierende Regelungen zuerkannt werden, in welchen die zu schützende Person durchaus beschrieben wird. Art. 15 Abs. 1 EuGVVO bezieht sich z.B. auf einen

„[...] Vertrag, den eine Person zu einem Zweck geschlossen hat, der nicht ihrer beruflichen oder gewerblichen Tätigkeit dieser Person zugerechnet werden kann [...]."

Ebenso heißt es in Art. 6 Abs. 1 der Rom I-VO. Man sieht, dass der europäisch geprägte Verbraucherbegriff Personen im Blick hat, die zu privaten Zwecken agieren.[80] Im Sekundärrecht haben die Richtlinien im Versicherungs-, Bank- und Anlagerecht sowie die Pauschalreiserichtlinie einen weiteren persönlichen Anwendungsbereich, indem sie auf den Begriff des Kunden eines professionellen Anbieters abstellen, der nicht davon abhängt, ob er zu privaten oder beruflichen Zwecken handelt.[81] Den meisten verbraucherschutzrechtlichen EU-Richtlinien liegt jedoch das vorstehende Verständnis zugrunde.[82] Nach Art. 2 Nr. 1 der Verbraucherrechte-Richtlinie RL 2011/83/EU vom 25.10.2011 fällt unter den Verbraucherbegriff „jede natürliche Person, die bei von dieser Richtlinie erfassten Verträgen zu Zwecken handelt, die außerhalb ihrer gewerblichen, geschäftlichen, handwerklichen oder beruflichen Tätigkeit liegen". Die damit erreichte begriffliche Konsolidierung wird in der Literatur allgemein begrüßt.[83] De lege lata knüpfen die europäischen Vorgaben zum Verbraucherschutzrecht damit ausschließlich an Personen an, die weder beruflich noch gewerblich handeln.[84]

Konkretisiert wurde der europäische Verbraucherbegriff durch das Sekundärrecht und die Rechtsprechung des EuGH.[85] Danach kann nur eine natürliche Person Verbraucher sein.[86] Der Europäische Gerichtshof hat unter Hinweis auf den Wortlaut des Art. 2 lit. b der Richtlinie 93/13/EWG über missbräuchliche Klauseln in Verbraucherverträgen ausgeführt,

---

[79] Vgl. *Rösler*, Europäisches Konsumentenvertragsrecht, 2004, S. 104.
[80] *Tamm*, Verbraucherschutzrecht, 2011, S. 322.
[81] *Tamm*, Verbraucherschutzrecht, 2011, S. 323.
[82] Vgl. Art. 2 der RL 85/577/EWG v. 20.12.1985 zum Haustürwiderruf; Art. 1 Abs. 2 der RL 87(102/EWG v. 22.12.1986 zum Verbraucherkredit; zum Ganzen siehe *Faber*, ZEuP 1998, 854.
[83] Vgl. *Tamm*, Verbraucherschutzrecht, 2011, S. 324.
[84] *Staudinger/Kannowski*, BGB, Bearb. 2013, Vorb. zu §§ 13, 14, Rn. 18 f.
[85] Dazu *Denkinger*, Der Verbraucherbegriff, 2007, S. 317.
[86] Vgl. EuGH Slg. 2001, I-9049 – Idealservice MN RE Sas/OMAI Srl.

„dass eine andere als eine natürliche Person, die einen Vertrag mit einem Gewerbetreibenden schließt, nicht als Verbraucher im Sinne dieser Vorschrift angesehen werden kann."[87]

„Der Begriff Verbraucher [...] ist dahin auszulegen, dass er sich ausschließlich auf natürliche Personen bezieht."[88]

Der europäische Verbraucherbegriff hat damit einen engen Anwendungsbereich: Jeder gewerbliche und berufliche Bezug führt grundsätzlich schon zu einem Ausschluss der Verbrauchereigenschaft,[89] es sei denn, der beruflich-gewerbliche Zweck spielt im Gesamtzusammenhang des in Rede stehenden Geschäfts nur eine ganz untergeordnete Rolle.[90] Danach wäre z.B. die Verbrauchereigenschaft eines Arbeitnehmers, der Arbeitskleidung für seine berufliche Tätigkeit bestellt, zu verneinen.[91]

Lange Zeit versuchte die Europäische Union, Konflikte des Europarechts mit den nationalen Rechtsordnungen dadurch zu vermeiden, dass sich die Richtlinien auf die Schaffung von Mindeststandards beschränken.[92] In jüngerer Zeit wendet sich die Europäische Union jedoch zunehmend zur vollständigen Harmonisierung hin.[93] Im Verbraucherschutzrecht besteht nun das Dilemma, dass die §§ 13, 14 BGB auf Richtlinien anwendbar sind, die sowohl der Mindest- als auch der Vollharmonisierung dienen.[94] Die Verbraucherrechterichtlinie 2011/83/EU mit dem in ihr enthaltenen Verbraucherbegriff folgt jedoch weiterhin dem Ansatz der Mindestharmonisierung, wie sich aus Erwägungsgrund 13 ergibt. Danach ist es den Mitgliedstaaten gestattet, „den Geltungsbereich dieser Richtlinie auf juristische oder natürliche Personen auszudehnen, die keine „Verbraucher" im Sinne dieser Richtlinie sind". Der EuGH hat entschieden, dass den Mitgliedstaaten insgesamt die Möglichkeit verbleibt, den Verbraucherbegriff in den Grenzen des Verhältnismäßigkeitsprinzips auszunehmen.[95] Damit wäre es nach nationalem Recht z.B. möglich, die von der Verbraucherrechterichtlinie gewährten Rechte auch Kleinunternehmern zukommen zu lassen.

---

[87] Vgl. EuGH Slg. 2001, I-9049 – Idealservice MN RE Sas/OMAI Srl.
[88] EuGH Slg. 2001, I-9049.
[89] *Peintinger*, GPR 2013, 24 (25).
[90] EuGH EuZW 2005, 241.
[91] *Peintinger*, GPR 2013, 24 (25).
[92] *Micklitz/Purnhagen*, in: MünchKomm-BGB, 7. Aufl. 2015, Vorb. zu §§ 13, 14 Rn. 24.
[93] Dazu eingehend *Mittwoch*, in: Kurzbein et al, Metamorphose des Zivilrechts, 2014, S. 11 ff.
[94] *Micklitz/Purnhagen*, in: MünchKomm-BGB, 7. Aufl. 2015, Vorb. zu §§ 13, 14 Rn. 24 ff.
[95] EuGH Slg. 1991, I-1189 – Pinto; EuGH Slg. 2003, I-14887 – Doc Morris.

B) Kleine Unternehmen in der Dichotomie von Verbrauchern und Unternehmen

Das Verbraucherschutzrecht ist durch eine strenge Trennung zwischen Verbrauchern und Unternehmern gekennzeichnet. Während Verbraucher durch entsprechende Spezialvorschriften geschützt werden, ist der Schutz von gewerblichen Kunden deutlich geringer, da diese nach der gesetzlichen Vorstellung besser für sich selbst sorgen können.[96] Es wurde bereits festgestellt, dass kleine Unternehmen eine Zwischenstellung im Machtgefüge zwischen Verbrauchern und Großunternehmen einnehmen[97] und dass sie u.a. wegen ihrer betriebswirtschaftlichen Schwächen prinzipiell schutzbedürftig sind.[98] Nun soll ihre Stellung in der gesetzlichen Dichotomie von Unternehmen und Verbrauchern behandelt und geklärt werden, welcher Kategorie sie nach ihren ökonomischen Charakteristika und dem Sinn und Zweck des Verbraucherschutzes am ehesten zuzuordnen sind. Abgestellt wird dabei auf die (verhaltens-)ökonomischen Parameter „Ressourcen" (unten I.), „Information" (unten II.) und „Erkenntnisvermögen" (unten III.). Man muss sich allerdings vergegenwärtigen, dass die strenge Unterteilung zwischen Verbrauchern und Unternehmern auf keiner der beiden Seiten der sozialen und wirtschaftlichen Realität entspricht.[99] So ist der Eigentümer einer Yacht nicht vergleichbar mit dem Stromkunden, der seine Rechnung nicht bezahlen kann und dem der Strom abgestellt wird; Internetverbraucher sind nicht selten multilingual und sprachkompetent und können deshalb ihre Rechte erkennen und durchsetzen.[100] Die diesbezüglichen Ausführungen beruhen daher notwendigerweise auf typisierten Bildern. Anschließend werden grundlegende Schlussfolgerungen nach dem verfassungsrechtlichen, ökonomischen und gerechtigkeitsorientierten Ansatz gezogen (unten IV.)

I. Ressourcen

Ein typischer Verbraucher verfügt nicht über die finanziellen Ressourcen eines typischen Unternehmens. Dass es einem individuellen Verbraucher an wirtschaftlicher Macht fehlt, wirkt sich in einem umkämpften Markt kaum aus, da sich die Bedürfnisse der Verbraucher umgehend in den Preisen oder Konditionen niederschlagen sollten.[101] Etwas anderes gilt freilich für Monopole oder Oligopole. Während das US-amerikanische Kartellrecht die Auswirkungen von

---

[96] *Fletcher/Karatzas/Kreutzmann-Gallasch*, Small Businesses As Consumers, 2014, S. 3, 7; *Freilich/Webb*, University of Western Australia Law Review 2013, 134 f.
[97] Siehe oben § 1 A).
[98] Siehe oben § 3 B) I. 1.
[99] *Micklitz*, Gutachten A zum 69. Deutschen Juristentag, 2012, A 1 (34).
[100] Beispiele nach *Micklitz*, Gutachten A zum 69. Deutschen Juristentag, 2012, A 1 (56).
[101] *Garvin*, 40 Wake Forest Law Review [2005], 295 (304).

Monopolen bzw. Oligopolen auf den Wohlstand der Verbraucher im Blick hat,[102] ist das Kartellrecht der Europäischen Union stärker auf die Auswirkungen auf kleine Unternehmen fokussiert. Weiter fehlt es Verbrauchern im Gegensatz zu Unternehmern der Möglichkeit, Risiken kosteneffektiv zu streuen.[103] Namentlich die Eigenversicherung ist für Individuen nicht annähernd so lukrativ wie für Unternehmen. Mit weniger Transaktionen können Verbraucher nicht davon ausgehen, dass sich Fluktuationen angemessen ausgleichen; mit weniger Vermögen können Verbraucher nicht davon ausgehen, dass sie Schicksalsschläge gut verkraften.[104] Verbraucher können zwar Haftpflichtversicherungen eingehen, deren Kosten sind jedoch nicht selten höher als für Unternehmer. Auch in der Rechtsprechung wird konstatiert, dass Unternehmer im Vergleich zu Verbrauchern bessere Möglichkeiten haben, Nachteile zu vermeiden sowie Kosten und Lasten anderweitig abzudecken bzw. auf andere abzuwälzen.[105] Weiterhin sind Verbraucher häufiger von Vermögensverfall betroffen: So wurden im Jahr 2016 in Deutschland mit 77.238 weitaus mehr Insolvenzverfahren über Verbraucher eröffnet als mit 21.518 über Unternehmern.[106] Dem will das Verbraucherdarlehensrecht Rechnung tragen, indem es Verbraucher vor dem Eingehen von gefährlichen finanziellen Risiken abhält, auch wenn dies möglicherweise deren Liquidität beeinträchtigt.[107]

Stärker ins Gewicht fällt die relative Kleinheit von Verbrauchern als Marktteilnehmer. An einigen Transaktionen sind Verbraucher häufig beteiligt, sodass sie insoweit eine Geschäftserfahrung entwickeln.[108] Andere Transaktionen werden weitaus seltener vorgenommen, vielleicht nur einmal im Jahr, in einem Jahrzehnt oder sogar im ganzen Leben. Insoweit haben sie kaum Chancen, Erfahrungswerte zu sammeln.[109] Demgegenüber sind Unternehmer „repeat players", die bestimmte Transaktionen regelmäßig vornehmen und daher Erfahrungswerte sammeln und Kosten streuen können.[110]

---

[102] Vgl. die Entscheidung des New Jersey Supreme Court Henningsen v. Bloomfield Motors, 161 A.2d 69 (N.J. 1960), 87 ff., wo das Gericht die vertragliche Einschränkung von Rechtsbehelfen für sittenwidrig befunden hat, weil sie auf dem oligopolistischen Automarkt die Entstehung sachgerechter Ergebnisse verhindert.

[103] *Garvin*, 40 Wake Forest Law Review [2005], 295 (304).

[104] *Garvin*, 40 Wake Forest Law Review [2005], 295 (304 f.).

[105] BGH Urt. v. 06.04.2005 – XII ZR 308/02, zit. nach juris Rn. 30; LG Duisburg, Urt. v. 15.4.2016–7 S 111/15, zit. nach juris Rn. 18.

[106] Statistisches Bundesamt, abrufbar unter https://www.destatis.de, Stichwort „Insolvenzen".

[107] *Posner*, Economic Analysis of Law, 8th edition 2011, S. 393 f.

[108] Vgl. *Fletcher/Karatzas/Kreutzmann-Gallasch*, Small Businesses As Consumers, 2014, S. 7.

[109] Eine niedrigere Geschäftserfahrung von Verbrauchern im Vergleich zu Unternehmer konstatieren BGH Urt. v. 06.04.2005 – XII ZR 308/02, zit. nach juris Rn. 30; LG Duisburg, Urt. v. 15.4.2016–7 S 111/15, zit. nach juris Rn. 18.

[110] *Bradford*, The Journal of Small & Emerging Business Law 2004, 1 (8 ff.).

§ 9 Anwendungsbereich des Verbraucherschutzes

Im Hinblick auf die Ressourcen sind Kleinunternehmer eher mit Verbrauchern als mit Unternehmern vergleichbar.[111] Nach der KMU-Definition der Europäischen Kommission haben Kleinstunternehmen einen Umsatz bis zu zwei Mio. Euro.[112] Die Nettoeinnahmen sind häufig nicht höher als bei Arbeitnehmern, nicht selten sogar niedriger.[113] Zudem sind die meisten kleinen Unternehmen finanziell mit ihren Gründern verflochten: Die Gründer bringen typischerweise den größten Teil des Kapitals auf, der für die Unternehmensgründung benötigt wird, was zumeist eine Kombination aus Eigen- und Fremdkapital bedeutet.[114] Dazu bringen die Gründer häufig ihre Ersparnisse ein und beleihen ihr Privatgrundstück.[115] Dies hat mehrere Konsequenzen. So können sich kleine Unternehmen nicht so effektiv versichern wie große Unternehmen, sodass sie die Risiken weniger effektiv über ihre Transaktionen streuen können. Zwar können sie sich versichern, jedoch bekommen sie häufig nicht die gleichen Konditionen wie größere Unternehmen, entweder wegen geringerer Sicherheit auf Seiten des Versicherers oder wegen der Notwendigkeit des Versicherers, Abschlusskosten auszugleichen.[116] Im Rahmen einer Befragung von Kleinunternehmern nach ihren größten Problemen wurden am häufigsten Kosten und Erhältlichkeit von Versicherungen genannt.[117] Zudem können sie Kosten, die z.B. durch Planung und Recherche entstehen, kaum durch Transaktionen amortisieren und daher nicht auf dem Erfahrungslevel agieren wie ihre größere Konkurrenz.[118] Weiter haben kleine Unternehmen schwierigeren Zugang zum Kreditmarkt, da sie wie erwähnt die Sicherheitsanforderungen schlechter erfüllen können.[119] Einige Finanzierungsinstrumente wie z.B. Wertpapiere sind für sie praktisch nicht zugänglich, da die Kosten außer Verhältnis zu dem ausgereichten Finanzierungsbetrag stehen.[120] Das gleiche gilt für den Equity-Markt. Theorie und Praxis zeigen, dass die Kombination aus unzureichenden Informationen und einer risikoaversen Auswahl Kreditgeber dazu bewegt, die Darlehen zu begrenzen, sodass die Kreditnehmer keine ausreichenden Darlehensvolumina erhalten, dass ihre Zins-

---

[111] *Fletcher/Karatzas/Kreutzmann-Gallasch*, Small Businesses As Consumers, 2014, S. 7 ff.; *Garvin*, 40 Wake Forest Law Review [2005], 295 (306).; *McCarthy*, https://www.fundera.com/blog/small-businesses-deserve-the-same-legal-protections-as-consumers-when-seeking-a-loan, Stand: 10.5.2017.
[112] Siehe oben § 1 C) II. 2.
[113] Siehe oben § 2 C).
[114] *Longeneker et al*, Small Business Management, 17th Edition 2014, S. 254 ff.
[115] *Garvin*, 40 Wake Forest Law Review [2005], 295 (306).
[116] *Garvin*, 40 Wake Forest Law Review [2005], 295 (307).
[117] Abrufbar unter http://www.nfib.com/PDFs/sbet/sbet09_2003.pdf., Stand: 18.4.2017.
[118] *Garvin*, 40 Wake Forest Law Review [2005], 295 (307).
[119] *Krämer*, Mittelstandsökonomik, 2003, S. 21; *Pfarr et al*, RdA 2004, 193 (195); *Zander*, Führung in Klein- und Mittelbetrieben, 1994, S. 16 f. Dazu bereits oben § 3 B) I. 1. b) aa).
[120] *MacPhee*, Short-term business borrowing, 1984, S. 147, 155 spricht von einer Mindestsumme von einer Mio. Dollar.

kosten der erwarteten Rendite entsprechen.[121] Daher sind kleine Unternehmen ebenso wie Verbraucher besonders anfällig gegen plötzliche Schicksalsschläge.

II. Information

Insoweit stellen sich zwei Fragen: Welche Information ist verfügbar, und wie hoch sind die Kosten für verfügbare Informationen.[122] Sowohl die Information als auch ihre Aufnahme sind mit Kosten verbunden, sodass menschliche Handlungen auf der Grundlage unvollständiger Informationen getroffen werden.[123] Dies bedeutet freilich nicht, dass das Handeln irrational ist. *Herbert Alexander Simon* hat die Konzeption der begrenzten Rationalität (bounded rationality) entwickelt. Danach handeln Menschen

„*intendedly* rational, but only *limitedly* so."[124]

Man kann daher keine Perfektion erreichen, wohl aber ein bestimmtes Maß an Befriedigung. Dies hat zur Folge, dass das Maß an Befriedigung umso weiter von Perfektion entfernt ist, je teurer die Information zu erlangen bzw. zu verarbeiten ist.[125]

Verbraucher und Unternehmer sind daher vor dem Hintergrund dieser begrenzten Rationalität zu vergleichen. Insoweit ist festzuhalten, dass Verbraucher typischerweise weniger Informationen haben als Unternehmer, wenngleich im Zeitalter des Internets und der Verbreitung von Verbraucherberichten durchaus eine gewisse Informationsversorgung gegeben ist. Verlässliche Informationen über Produkte (insbesondere über Qualität, Design-Probleme, Fehlerquote und Ausmaß von Fehlern) sind für Kunden häufig nur schwer zu bekommen, während der Verkäufer – etwa durch eigene Tests oder durch Kundenfeedback – regelmäßig alles über seine Produkte weiß.[126] Zwischenhändler werden zwar nicht so viele Informationen haben wie der Hersteller, jedoch immer noch mehr als die Endkunden. Da die Verbraucher mit dem Produktkauf deutlich seltener befasst sind, haben sie zudem weniger Informationen über die Vertrauenswürdigkeit und Verlässlichkeit ihres Verkäufers, namentlich beim Onlineerwerb, während dieser als Zwischenhändler deutlich mehr von dem Hersteller als seinem eigenen Verkäufer weiß. Trotz dieser unvollkommen Informationsgrundlage und -aufnahme sind Verbraucher jedoch

---

[121] *Garvin*, 40 Wake Forest Law Review [2005], 295 (308).
[122] *Garvin*, 40 Wake Forest Law Review [2005], 295 (308).
[123] Grundlegend *Simon*, Administrative Behavior, 2th Edition 1966, S. XXIV.
[124] *Simon*, Administrative Behavior, 2th Edition 1966, S. XXIV, Hervorhebung im Original.
[125] *Garvin*, 40 Wake Forest Law Review [2005], 295 (309).
[126] *Garvin*, 40 Wake Forest Law Review [2005], 295 (309); *Sunstein/Thaler*, The University of Chicago Law Review 2003, 1159 (1163).

häufig auf das Produkt angewiesen, sodass die Kaufentscheidung häufig unvollkommen und manchmal sogar untragbar ist.[127]
Neben dem Vertragsgegenstand sind Informationen auch für die Vertragsbedingungen relevant. Bei Verträgen im Massengeschäft werden diese in aller Regel nicht vom Verbraucher formuliert, sondern vom Unternehmer vorformuliert.[128] Vorformulierte Vertragsbindungen werden vom Kunden häufig ignoriert. Dieses Verhalten ist ökonomisch durchaus rational, da die Informationskosten den zu erwartenden Nutzen regelmäßig deutlich übersteigen.[129] Ohne rechtliche Kenntnisse, die Verbraucher typischerweise nicht haben, sind Vertragsbedingungen oftmals nicht verständlich.[130] Die Kosten einer rechtlichen Beratung stehen jedoch außer Verhältnis zur Tragweite der meisten Verbrauchertransaktionen. Außerdem wird sich der Verbraucher fragen, inwieweit ihm das Verständnis sämtlicher Klauseln überhaupt bei der Auswahl des Produkts und des Vertragspartners hilft. Normalerweise haben Kunden nämlich keine zumutbaren Ausweichmöglichkeiten, weil es sich – wie z.B. bei Banken – um vereinheitlichte Verbands-AGB handelt oder der Verwender über eine entsprechende Marktmacht hat.[131] So kommt es, dass die Verbraucher von ihren abgeschlossenen Verträgen und damit den eingegangenen Verpflichtungen häufig wenig verstehen.[132] Demgegenüber lohnt es sich für Unternehmer deutlich mehr, einen Anwalt zur Gestaltung der Verträge einzuschalten, da sie die entsprechenden Kosten über eine Vielzahl an Transaktionen streuen können. Zudem können Unternehmer eigene Erfahrung mit Vertragssprache sammeln.[133]

Das Verbraucherschutzrecht trägt diesem Informationsdefizit in zweifacher Hinsicht Rechnung: Die Informationsversorgung wird durch Informationspflichten des Vertragspartners bewerkstelligt, z.B. in § 312d BGB beim Haustür- und Fernabsatzgeschäft oder in § 491a BGB beim Verbraucherdarlehensvertrag. Dadurch sollen die Informationssymmetrie verkleinert, dem Verbraucher die entsprechenden Kosten erspart und die Qualität seiner Entscheidungen verbessert werden.[134] Die Fähigkeit, auf Informationen reagieren zu können, wird

---

[127] *Garvin*, 40 Wake Forest Law Review [2005], 295 (309).
[128] Vgl. *Staudinger/Schlosser*, BGB, Bearb. 2013, Vorb. zu §§ 305 ff. Rn. 4; *Wolf/Neuner*, Allgemeiner Teil des Bürgerlichen Rechts, 11. Aufl. 2016, § 47 Rn. 1, 3.
[129] *Kötz*, JuS 2003, 209 (211 ff.); *Wolf/Neuner*, Allgemeiner Teil des Bürgerlichen Rechts, 11. Aufl. 2016, § 47 Rn. 4. Zu den Informationskosten siehe bereits oben § 3 B) I. 1. b) aa) (1).
[130] Eine Analyse von 49 englischsprachigen Verträge eines kanadischen Kreditinstituts und 11 US-amerikanischen Finanzdienstverträgen hat gezeigt, dass das Verständnis eines Großteils der Dokumente zumindest einen College-Abschluss erfordert, vgl. *Garvin*, 40 Wake Forest Law Review [2005], 295 (310 Fußn. 62).
[131] Vgl. *Wolf/Neuner*, Allgemeiner Teil des Bürgerlichen Rechts, 11. Aufl. 2016, § 47 Rn. 4, die deshalb ein Marktversagen annehmen.
[132] *Garvin*, 40 Wake Forest Law Review [2005], 295 (310).
[133] *Garvin*, 40 Wake Forest Law Review [2005], 295 (311).
[134] Eingehend *Fleischer*, Informationsasymmetrie im Vertragsrecht, 2001, S. 203 ff.; 570 f.; 750 f.

durch das Verbraucherwiderrufsrecht erreicht, namentlich in § 312g BGB beim Haustür- und Fernabsatzgeschäft oder in § 495 beim Verbraucherdarlehensvertrag.[135]

Auch hier nehmen Kleinunternehmer eine Zwischenstellung ein, ähneln aber häufiger Verbrauchern als Großunternehmen.[136] Wie erwähnt kann ein kleines Unternehmen seine Informationskosten nicht wie ein großes Unternehmen über viele Transaktionen amortisieren. Dies gilt auch und gerade für die Einschaltung eines Rechtsanwalts zur Erstellung der vorformulierten Verträge, die sich für kleine Unternehmen daher in finanzieller Hinsicht häufig nicht lohnt. In einem umkämpften Markt sehen sich kleine Unternehmen daher gezwungen, auf den Erwerb von Informationen und qualifizierten Rechtsrat zu verzichten. Zudem können sie – abgesehen von hoch spezialisierten Kleinunternehmen, die sich auf eine bestimmte Tätigkeit beschränken und darin eine große Erfahrung gewinnen – auch im Rahmen ihrer Geschäftstätigkeit nicht so viele Informationen sammeln, da weniger Transaktionen weniger Feedback bedeuten. Demgegenüber können größere Unternehmen aufgrund ihrer Vielzahl an Transaktionen mehr Informationen sammeln und professionell auswerten als Verbraucher und Kleinunternehmer.[137] Auch im Hinblick auf gerichtliche und außergerichtliche Rechtsstreitigkeiten können Kleinunternehmer deutlich weniger Erfahrung sammeln als größere Unternehmen, da sie weitaus seltener Prozesse führen werden und auch insoweit die geringeren rechtlichen Beratungsressourcen zu Buche schlagen. Häufig sehen sich Kleinunternehmer im Hinblick auf die vorformulierten Verträge ihrer Vertragspartner den gleichen Verständnisschwierigkeiten ausgesetzt wie Verbraucher.[138] Demographische Studien von Kleinunternehmern aus den USA zeigen, dass sie durchschnittlich weniger gebildet sind als die Manager von größeren Unternehmen und sich vielmehr in der Nähe zum Gesamtschnitt der Bevölkerung befinden.[139] Zudem beschäftigen sie überwiegend Mitarbeiter mit einem niedrigeren Bildungsniveau als die Mitarbeiter in Großunternehmen.[140] Wenngleich diese Daten stark vergröbern – High-Tech-Unternehmen sind schwerlich mit Tankstellen oder Hausmeisterdienstleistern vergleichbar – ähneln Kleinunternehmer und ihre Mitarbeiter insgesamt betrachtet deutlich stärker der Durchschnittsbevölkerung als die Manager von größeren Unternehmen, und sind daher weitaus anfälliger für Probleme

---

[135] Vgl. *Fletcher/Karatzas/Kreutzmann-Gallasch*, Small Businesses As Consumers, 2014, S. 6.

[136] *Freilich/Webb*, University of Western Australia Law Review 2013, 134 (137 ff.); *Garvin*, 40 Wake Forest Law Review [2005], 295 (312).

[137] *Fletcher/Karatzas/Kreutzmann-Gallasch*, Small Businesses As Consumers, 2014, S. 7.

[138] *Garvin*, 40 Wake Forest Law Review [2005], 295 (313).

[139] Bureau Of The Census, U.S. Department Of Commerce, 1992; Economic Census: Characteristics of Business Owners 1997, S. 72, 74.

[140] U.S. Small Business Administration, Office of Advocacy, Characteristics of Small Business Employers and Owners, 1998, S. 6 ff.

im Zusammenhang mit Informationen als größere Unternehmen.[141] Die Verbraucherähnlichkeit von Kleinunternehmern besteht erst recht, wenn man – wie es das europäische Verbraucherrecht favorisiert – von einem durchschnittlich informierten Verbraucher ausgeht, der sich kundig im Geschäftsumfeld bewegt. Ein solcher unterscheidet sich allenfalls bedingt von einem Kleinunternehmer, der vergleichbaren Herausforderungen ausgesetzt ist wie der informierte Verbraucher.[142]

III. Erkenntnisvermögen

Dieser Parameter betrifft die Bereiche Psychologie und Verhaltensökonomik. Während das klassische Leitbild der ökonomischen Analyse vom homo oeconomicus als stets rational und eigennützig handelnden Menschen ausgeht,[143] wurde in der Verhaltensökonomik gezeigt, dass menschliche Annahmen und Entscheidungen oftmals auf systematischen Wahrnehmungsverzerrungen und Heuristiken beruhen.[144] Heuristiken sind zwar ein Mittel, um schnelle Entscheidungen zu treffen, ohne alle relevanten Informationen zu kennen.[145] Trotz der Komplexität des menschlichen Gehirns ist das Denkvermögen nämlich im Vergleich zur Komplexität der Umwelt sehr begrenzt.[146] Im Laufe der menschlichen Evolution haben sich verschiedene Heuristiken entwickelt, die ein unverzichtbares Instrument sind, um Entscheidungen in komplexen, unübersichtlichen Situationen auf unzureichender Datenbasis und unter Zeitdruck zu treffen.[147] Indessen führen Heuristiken leicht zu kognitiven Verzerrungen, welche die Fehlerhaftigkeit und Ineffizienz des entsprechenden Handelns zur Folge hat.[148] Sollte dabei eine Gruppe von Marktteilnehmern mehr Fehler machen als andere, besteht Raum für Marktversagen, welches den weniger fehleranfälligen Akteuren Vorteile gegenüber den fehleranfälligeren Akteuren verschafft.[149] Die Versorgung der fehleranfälligeren Akteure mit mehr Informationen – einem Hauptanliegen des Verbraucherschutzrechts – wäre dann ineffektiv.[150] Im Folgenden wird erörtert, ob das Erkenntnisvermögen von Kleinunternehmern im Hinblick

---

[141] *Garvin*, 40 Wake Forest Law Review [2005], 295 (313).
[142] *Micklitz*, Gutachten A zum 69. Deutschen Juristentag, 2012, A 1 (34).
[143] Dazu oben § 5 D) I. 1.
[144] *Kahneman*, Thinking, Fast and Slow, 2012, S. 109 ff., 199 ff.: *Luth*, Behavioural Economics in Consumer Policy, 2010, S. 45 f.; eingehend *Thaler/Sunstein*, Nudge, 2008.
[145] *Kahneman*, Thinking, Fast and Slow, 2012, S. 1 ff.; *Boehme-Neßler*, RW 2014, 189 (203 f.).
[146] *Simon*, Models of Thought, 1979, S. 3.
[147] *Boehme-Neßler*, RW 2014, 189 (204 f.).
[148] *Tversky/Kahneman*, Science 1974, 1124 ff.; *Luth*, Behavioural Economics in Consumer Policy, 2010, S. 45 f.; eingehend *Thaler/Sunstein*, Nudge, 2008.
[149] Vgl. *Hanson/Kysar*, Harvard Law Review 1999, 1420.
[150] *Garvin*, 40 Wake Forest Law Review [2005], 295 (313 f.).

auf typische Wahrnehmungsverzerrungen eher mit Verbrauchern oder eher mit Managern von Großunternehmen vergleichbar ist.

1. Die wichtigsten kognitiven Schwächen

Im Folgenden werden besonders wichtige kognitive Schwächen, also Wahrnehmungsverzerrungen und Heuristiken, dargestellt.[151]

a) Überoptimismus und Selbstüberschätzung

Auf das Phänomen des Überoptimismus und der Selbstüberschätzung wurde bereits im Zusammenhang mit Existenzgründungen hingewiesen.[152] Neben Unternehmern begegnet es auch bei Investoren, Investmentanalytikern und Verbrauchern allenthalben.[153] Die Auswirkungen auf die Risikoallokation liegen auf der Hand und können gravierend sein: Ein überoptimistischer Verbraucher kann die Wahrscheinlichkeit unterschätzen, dass das Produkt fehlerhaft ist, der Hersteller eine Garantie missachtet oder der Verkäufer eine eventuelle Mängelgewährleistung nicht ordnungsgemäß durchführt.[154] Die damit eng verwandte Selbstüberschätzung betrifft neben den bereits angesprochenen Existenzgründern auch Verbraucher. So hat z.B. eine Studie ergeben, dass sich 97 Prozent der Verbraucher für überdurchschnittlich in der Fähigkeit halten, Fahrrad- und Rasenmäherunfälle zu vermeiden.[155] Selbstüberschätzung kann Menschen davon abhalten, weitere Informationen einzuholen, selbst wenn diese verfügbar und mit geringen Kosten verbunden wären.[156]

b) Verfügbarkeit

Eine weitere Wahrnehmungsverzerrung ist die Tendenz, sich auf eindrucksvolle und daher im Bewusstsein präsente Informationen zu stützen und diese zu überbewerten, unabhängig davon, ob diese relevant sind oder nicht.[157] Das Standardbeispiel für dieses Phänomen ist das Ergebnis einer Studie von *Fischhoff/Slovic/ Lichtenstein* über die verbreitete Einschätzung von Risiken. Die Probanden sollten Paare von Todesursachen bewerten, z.B. Diabetes und Asthma oder Schlaganfall und Unfälle. Für jedes Paar sollten die häufigeren Ursachen geschätzt sowie das Verhältnis der beiden Häufigkeiten bestimmt werden. Sodann wurden

---

[151] Grundlegend hierzu *Tversky/Kahneman*, Science 1974, 1124 ff.; eine umfassende Darstellung findet sich z.B. bei *Kahneman*, Thinking, Fast and Slow, 2012.
[152] Siehe oben § 2 B) II, III.
[153] Vgl. *Kahneman*, Thinking, Fast and Slow, 2012, S. 261 ff.
[154] *Garvin*, 40 Wake Forest Law Review [2005], 295 (316).
[155] *Asch*, Consumer Safety Regulation, 1988, S. 76.
[156] *Garvin*, 40 Wake Forest Law Review [2005], 295 (318).
[157] Grundlegend *Tversky/Kahneman*, Cognitive Psychology 1973, 207 ff.; vgl. auch *Kahneman*, Thinking, Fast and Slow, 2012, S. 137 ff.

die Einschätzungen der Probanden mit den damaligen Statistiken verglichen. Dabei kamen u.a. folgende Ergebnisse heraus: Schlaganfälle verursachen beinahe doppelt so viele Todesfälle wie alle Unfälle zusammen, während 80 Prozent der Probanden einen Tod durch Unfall für wahrscheinlicher hält; Tornados wurden als häufigere Todesursache als Asthma gesehen, obwohl letzteres das 20facher an Todesfällen verursacht; ein Tod durch Blitzschlag wurde als weniger wahrscheinlich als ein Tod durch Nahrungsmittelvergiftung gesehen, obwohl er 52mal so häufig auftritt; ein Tod durch Seuche wurde 18mal so wahrscheinlich gesehen als ein Tod durch Unfall, während beide Fälle in etwa gleich wahrscheinlich sind; ein Tod durch Unfall wurde mehr als 300mal so wahrscheinlich gesehen als ein Tod durch Diabetes, obwohl das tatsächliche Verhältnis 1:4 ist.[158] Die Schlussfolgerung ist eindeutig: Schätzungen der Todesursachen sind durch Medienberichte verzerrt. Die Berichterstattung beeinflusst nicht nur das öffentliche Interesse, sondern wird umgekehrt auch von diesem beeinflusst.[159]

c) Kognitive Dissonanz

Wenn man sich entscheiden muss, kann man kognitive Dissonanz fühlen, weil man sich möglicherweise falsch entscheidet. Dissonanzen werden auf verschiedene Weise reduziert. Manchmal wird das Gute an einer Entscheidung überbetont und unterbetont, welche Nachteile die Entscheidung haben kann.[160] Die Dissonanzaversion kann schädliche ökonomische Auswirkungen haben. So kann die unternehmerische Selbstüberschätzung auf einer Dissonanzaversion beruhen: Wenn z.B. ein Unternehmer eine riskante Entscheidung getroffen hat, wird er seine Entscheidung wegen der Unannehmlichkeiten einer Risikobetrachtung danach häufig nicht hinterfragen.[161] Dies wird die Unternehmer davon abhalten, den Kurs zu ändern, falls sich die ursprüngliche Entscheidung als ungünstig herausstellt.[162] Ebenso neigen Anleger dazu, eine Beteiligung an einem schlecht laufenden Fonds zu halten, um sich keine Fehlentscheidung eingestehen zu müssen.[163] Verbraucher und andere Marktteilnehmer können daher durch eine frühe Kenntnis von irreführenden oder unausgewogenen Informationen voreingenommen sein.[164]

---

[158] Bahnbrechend *Fischhoff/Slovic/Lichtenstein*, Journal of Experimental Psychology 1977, 552 ff.
[159] *Kahneman*, Thinking, Fast and Slow, 2012, S. 138.
[160] *Garvin*, 40 Wake Forest Law Review [2005], 295 (319).
[161] *Cooper/Woo*, Journal of Business Venturing 1988, 97 (106).
[162] *Garvin*, 40 Wake Forest Law Review [2005], 295 (320).
[163] *Garvin*, 40 Wake Forest Law Review [2005], 295 (3327).
[164] *Garvin*, 40 Wake Forest Law Review [2005], 295 (320).

d) Bedauernsaversion

Menschen neigen dazu, Handlungen zu vermeiden, deren Folgen sie später bedauern können.[165] Eine Studie hat ergeben, dass mehr Menschen einen sicheren Gewinn von einer Millionen einer Lotterie vorziehen, nach welcher eine 10prozentige Chance zum Gewinn von fünf Millionen besteht, eine 89prozentige Chance zum Gewinn von 100 Millionen und eine einprozentige Chance, überhaupt nichts zu gewinnen.[166] Während ein ausbleibender Gewinn an sich ein Nichtereignis ist, das keinen Verlust darstellt, würde er in dieser Lotterie von den Menschen als großer Verlust empfunden.[167] Aus Angst vor dieser Enttäuschung würden sich die Menschen für die sichere Variante entscheiden, auch wenn ihr materieller Wert niedriger ist als derjenige der Lotterie.

e) Status-Quo-Effekt und Endowment-Effekt

Der Status-Quo-Effekt besagt, dass Menschen den gegenwärtigen Zustand typischerweise einem ungewissen Zustand vorziehen.[168] Eine besondere Ausprägung davon ist der Endowment-Effekt: Wer ein Objekt besitzt, neigt dazu, dieses höher zu bewerten, als wenn er es nicht besitzen würde.[169] Veranschaulichen lässt sich dies mit einer vielzitierten Anekdote von *Richard Thaler*: Professor R, ein überzeugter Anhänger der klassischen ökonomischen Theorie, ist ein Weinliebhaber. Für eine Flasche aus seinem Weinkeller werden ihm 100 Dollar geboten. Er lehnt das Angebot ab, obwohl er selbst für eine Flasche des gleichen Weines höchstens 35 Dollar zahlen würde. Für Preise zwischen 35 und 100 Dollar würde er weder kaufen noch verkaufen.[170] Demgegenüber hätte ein homo oeconomicus einen genauen Wert für die Flasche und würde sie zu jedem Preis verkaufen, der diesen Wert übersteigt.[171] Der Status-Quo-Effekt und der Endowment-Effekt führen dazu, dass Vertragsparteien typischerweise nicht vollständig auf Veränderungen von anderen reagieren. Diese Neigung, den Status-Quo zu bewahren, kann daher die andere Vertragspartei zu ihren Gunsten ausnutzen.[172]

---

[165] Eingehend *Kahneman*, Thinking, Fast and Slow, 2012, S. 278 ff., 283 ff.
[166] *Garvin*, 40 Wake Forest Law Review [2005], 295 (320).
[167] *Kahneman*, Thinking, Fast and Slow, 2012, S. 287.
[168] *Garvin*, 40 Wake Forest Law Review [2005], 295 (320); *Schäfer/Ott*, Lehrbuch der ökonomischen Analyse des Zivilrechts, 5. Aufl. 2012, S. 107.
[169] *Kahneman*, Thinking, Fast and Slow, 2012, S. 289 ff.
[170] *Thaler*, Journal of Economic Behavior and Organization 1980, 39 (43 f.). Wie man heute weiß, handelt es sich bei dem Professor um den Ökonom Richard Rosset, vgl. *Kahneman*, Thinking, Fast and Slow, 2012, S. 292.
[171] *Kahneman*, Thinking, Fast and Slow, 2012, S. 293.
[172] *Garvin*, 40 Wake Forest Law Review [2005], 295 (322).

f) Ankereffekt

Der Ankereffekt bewirkt, dass eine bestimmte Information am Anfang eines Entscheidungsprozesses das nachfolgende Urteil überproportional prägt und beeinflusst, das Urteil sich also wie ein Anker an ihr orientiert.[173] So schätzen Menschen Mengen oder Wahrscheinlichkeiten, indem sie sich auf eine vorhandene Zahl stützen und die zu bestimmende Zahl auf der Grundlage des Ankerwertes ausjustieren.[174] Wenn man z.B. zunächst gefragt wird, ob Gandhi älter als 144 Jahre alt war, als er starb, und danach gefragt wird, in welchem Alter er gestorben ist, wird das geschätzte Alter wegen des Ankerwerts aus der ersten Frage trotz seiner offensichtlichen Absurdität voraussichtlich hoch ausfallen.[175] Durch die erste Frage erzeugt die menschliche Assoziation unwillkürlich das Bild eines sehr alten Mannes. Der Ankereffekt kann auf dem Markt ausgenutzt werden. So kaufen z.B. Verbraucher nachweislich mehr Produkte, wenn dazu eine Höchstzahl von 12 angegeben wird, als wenn Höchstzahl von 6 oder überhaupt keine Begrenzung angegeben wird.[176] Ebenso kaufen Verbraucher mehr, wenn der Preis in Form von mehreren Einheiten (z.B. 6 für 3 Euro) angegeben ist, als wenn er als einzelne Einheit (z.B. 50 Cent pro Stück) angegeben ist.[177] Die Verbraucher orientieren sich also nach einem Ankerwert und nicht nach ihren tatsächlichen Bedürfnissen.[178]

2. Die Auswirkungen auf Kleinunternehmer

Man sieht, dass das menschliche Verhalten häufig vom Modell des homo oeconomicus abweicht und sich dies auch und gerade am Markt auswirken kann. Dies gilt damit auch für Verbraucher, die per definitionem nicht zwischen verschiedenen Menschengruppen unterscheiden und damit den nicht gewerblich handelnden Durchschnittsmenschen abbilden. Jedoch sind die Menschen nicht von allen Wahrnehmungsverzerrungen und Heuristiken in gleichem Umfang betroffen.[179] Größere Unternehmen könnten daher Personen als Manager einstellen, die davon in geringerem Maße betroffen sind als Verbraucher, was sich mit entsprechenden Einstellungstests bewerkstelligen ließe. In den USA unterrichten verschiedene Business Schools und MBA-Programme in ökonomischem Verhalten.[180] Zudem bieten Großunternehmen mitunter entsprechendes Inhouse-

---

[173] *Kahneman*, Thinking, Fast and Slow, 2012, S. 119 ff.; *Boehme-Neßler*, RW 2014, 189 (204).
[174] *Kahneman*, Thinking, Fast and Slow, 2012, S. 119 ff.; *Schäfer/Ott*, Lehrbuch der ökonomischen Analyse des Zivilrechts, 5. Aufl. 2012, S. 107.
[175] Beispiel nach *Kahneman*, Thinking, Fast and Slow, 2012, S. 122.
[176] *Wansink/Kent/Hoch*, Journal of Marketing Research 1998, 71 (73 f.).
[177] *Wansink/Kent/Hoch*, Journal of Marketing Research 1998, 71 (74 ff.).
[178] *Garvin*, 40 Wake Forest Law Review [2005], 295 (323).
[179] *Garvin*, 40 Wake Forest Law Review [2005], 295 (329).
[180] Vgl. http://www.thebearchitects.com/blog/ProzentE2Prozent80Prozent8Bteach

Training für ihre Mitarbeiter an.[181] Demgegenüber sind Kleinunternehmer wie erwähnt im Durchschnitt weniger gut ausgebildet wie die Manager größerer und großer Unternehmen.[182] In der Tat gibt es empirischen Nachweis dafür, dass die Manager größerer und großer Unternehmen weniger stark von Wahrnehmungsverzerrungen und Heuristiken betroffen sind als die durchschnittliche Bevölkerung.[183] Da Kleinunternehmer üblicherweise keine einschlägige Ausbildung haben, werden sie somit von den menschlichen Wahrnehmungsverzerrungen und Heuristiken in vergleichbarem Umfang wie Verbraucher betroffen und sind nicht mit den Inhabern und Managern größerer Unternehmen vergleichbar.

Ein zweites Merkmal, dass Verbraucher und Großunternehmer im Hinblick auf das Erkenntnisvermögen unterscheidet, ist gruppengeprägtes Verhalten. Während Verbraucher Entscheidungen regelmäßig individuell treffen, d.h. alleine oder mit dem Partner, werden in großen Unternehmen Entscheidungen häufiger in Gremien getroffen, etwa im Vorstand einer Aktiengesellschaft.[184] In börsennotierten Unternehmen muss das Führungsorgan stets plural besetzt werden, ebenso in dualistischen Systemen der Unternehmensführung das Aufsichtsorgan (vgl. §§ 95 S. 1, 108 Abs. 2 S. 3 AktG), in einzelnen Ländern zusätzlich das Führungsorgan. Eine Studie hat gezeigt, dass fast alle Fortune 1000-Unternehmen spezielle Gruppen zur Problemlösung einsetzen und die große Mehrheit der Mitarbeiter in Teams arbeitet.[185] Nach landläufiger Meinung werden durch das Handeln in Gruppen die Informationsgrundlage verbreitert, vorschnelle Entscheidungen verhindert, durch gegenseitige Kontrolle und Kompromissbildung eine gegenseitige Überwachung und Mäßigung erreicht sowie die Selbstüberschätzung reduziert.[186] In kleinen Unternehmen werden Entscheidungen hingegen weitaus seltener in Gruppen getroffen.[187] Augenfällig ist dies insbesondere bei Solo-Selbständigen. Auch in dieser Hinsicht sind Kleinunternehmer, insbesondere Solo-Selbständige, somit eher mit Verbrauchern vergleichbar. Allerdings wurde bereits darauf hingewiesen, dass die Vorteile von gruppengeprägten Ent-

---

ing-mba-students-about-behavioural-economics/; http://gsbwww.uchicago.edu/fac/reid. hastie/teaching/BUS38002/BUS38002Win04syllabus.pdf; http://bear.cba.ufl.edu/brenner/ Geb6930/syllabus.html; http://www.newschool.edu/milano/course/sp04/4328/syllabus.pdf; http://www.kellogg.nwu.edu/faculty/murnighan/htm/decisionmaking_syllabus.htm; Stand: 37.4.2017.

[181] Dazu *Lawler/Morhman/Ledford*, Creating High Performance Organizations, 1995, S. 16.

[182] Economic Census: Characteristics of Business Owners 1997, S. 72, 74: Inhaber kleiner Unternehmen sind weniger gut ausgebildet als die Inhaber großer Unternehmen.

[183] Zu den einschlägigen Studien siehe *Stewart/Roth*, Journal of Applied Psychology 2001, 145 ff.

[184] *Garvin*, 40 Wake Forest Law Review [2005], 295 (351).

[185] *Lawler/Morhman/Ledford*, Creating High Performance Organizations, 1995, S. 27 f.

[186] Nachweise bei *Hamann*, Evidenzbasierte Jurisprudenz, 2014, S. 254 ff.

[187] *Devine et al*, Small Group Research 1999, 678 ff.

scheidungen nicht überschätzt werden dürfen.[188] *Hanjo Hamann* hat unter Auswertung zahlreicher Studien dargelegt, dass die genannten Annahmen empirisch nicht belegt oder gar unzutreffend sind.[189]

IV. Grundlegende Schlussfolgerungen

Auch hier sollen die gefundenen Erkenntnisse im Hinblick auf den verfassungsrechtlichen, ökonomischen und gerechtigkeitsorientierten Ansatz bewertet werden.

1. Verfassungsrechtlicher Ansatz: Art. 3 Abs. 1 GG

Der verfassungsrechtliche, auf Art. 3 Abs. 1 GG gestützte Ansatz wurde bereits im Allgemeinen dargestellt[190] und für die Anwendbarkeit des Arbeitsrechts auf Kleinunternehmer fruchtbar gemacht.[191] Im Rahmen des Verbraucherschutzes wird er insoweit relevant, als die rechtliche Behandlung von Kleinunternehmern als Unternehmer i.S.v. § 14 BGB eine Ungleichbehandlung mit Verbrauchern bewirkt.[192] Eine Gleichbehandlung mit Verbrauchern könnte zum einen dadurch bewerkstelligt werden, dass Kleinunternehmer aus dem Verpflichtungsbereich des Verbraucherschutzrechts herausgenommen werden (dazu unten C)), was allerdings zugleich eine Ungleichbehandlung mit größeren Unternehmen bewirken würde. Zum anderen könnte eine Gleichbehandlung durch eine Einbeziehung von Kleinunternehmern in den Begünstigungsbereich des Verbraucherschutzrechts erreicht werden (dazu unten D)).

Eine verfassungsrechtlich relevante Ungleichbehandlung erfordert bekanntlich zunächst die Feststellung der vergleichbaren Personen, Personengruppen oder Sachverhalten, die verschieden behandelt werden. Hier geht es um die Personengruppen der gewerblich handelnden Kleinunternehmer und der nicht gewerblich handelnden Verbraucher. Eine wesentliche Gleichheit wurde bereits zwischen arbeitnehmerähnlichen, d.h. wirtschaftlich abhängigen Unternehmern mit Arbeitnehmern festgestellt.[193] Daher ist eine Gleichbehandlung geboten, sofern die gesetzliche Regelung nicht auf der arbeitnehmerspezifischen persönlichen Abhängigkeit beruht.[194] Dies ist bei der von der Rechtsprechung angenommenen Einbeziehung von Arbeitnehmern in den Verbraucherschutz[195] indes nicht der Fall: Das Bundesverfassungsgericht begründet die Verbraucherei-

---

[188] Siehe oben § 3 B) I. 1. a).
[189] *Hamann*, Evidenzbasierte Jurisprudenz, 2014, S. 254 ff.
[190] Siehe oben § 5 C) III.
[191] Siehe oben § 9 B) IV. 1.
[192] Für eine Grundrechtsrelevanz auch *Medicus*, FS Kitagawa, 1992, S. 471 (472).
[193] Siehe oben § 9 B) IV. 1.
[194] Siehe oben § 9 B) IV. 1.
[195] BAG NZA 2005, 1111 (1115 f.); ebenso BVerfG NZA 2007, 85 (86).

genschaft von Arbeitnehmern damit, dass sie sich typischerweise in einer Situation struktureller Unterlegenheit befinden würden. Eine solche wirtschaftliche Abhängigkeit ist per definitionem auch bei Arbeitnehmerähnlichen gegeben.[196] Ausgehend von der (durchaus angreifbaren[197]) Prämisse, dass Arbeitnehmer als Verbraucher i.S.v. § 13 BGB zu qualifizieren sind, ist bei Arbeitnehmerähnlichen somit ebenso zu entscheiden.[198] Ebenso lässt sich eine wesentliche Gleichheit von Verbrauchern und Existenzgründern bejahen. Existenzgründer sind solche Personen, die im Begriff sind, Unternehmer zu werden. § 513 BGB definiert sie als Personen, die eine gewerbliche oder selbständige berufliche Tätigkeit aufnehmen. Bei Existenzgründern tritt zu den bereits festgestellten Gemeinsamkeiten von Kleinunternehmern mit Verbrauchern noch die empirisch nachgewiesene eingeschränkte Geschäftserfahrung hinzu,[199] die nach verbreitetem Verständnis eine zentrale teleologische Legitimationsgrundlage des Verbraucherschutzrechts darstellt.[200] Daher ist es aus verfassungsrechtlichen Gründen geboten, Existenzgründer in den Begünstigungsbereich des Verbraucherschutzes einzubeziehen. Im Übrigen erscheint eine „wesentliche Gleichheit" von Kleinunternehmern und Verbrauchern jedoch trotz der festgestellten Verbraucherähnlichkeit zweifelhaft, da privates und gewerbliches Handeln einen erheblichen Unterschied bedeutet.

2. Ökonomischer Ansatz: Volkswirtschaftliche Folgen

In diesem Rahmen sind insbesondere die Kosten zu berücksichtigen, die der Verbraucherschutz für die Unternehmen zur Folge hat.[201] Diese Kosten treffen kleine Unternehmen auch insoweit verhältnismäßig stärker als größere Unternehmen.[202] *Garvin* betont, dass die einheitliche Anwendung des Verbraucherschutzrechts auf Kleinunternehmer diesen Belastungen auferlegt, die mit Blick auf ihre wirkliche Natur nicht immer angemessen sind – ihre Ressourcen, ihre Fähigkeit zur Sammlung und Auswertung von Informationen und ihre Neigung, dabei Fehler zu machen.[203] Der ökonomische Ansatz lässt sich daher insbesondere für eine Befreiung von kleinen Unternehmen von dem Verbraucherschutz fruchtbar machen. Es wurde gezeigt, dass größenabhängige Befreiungen im Hinblick auf die regulierungsbedingten Kosten prinzipiell effizient sind.[204] Zu bedenken ist indessen, dass der Verbraucherschutz auch positive Auswirkungen

---

[196] Dazu oben § 9 B) III. 3. a).
[197] Dagegen z.B. *Henssler*, RdA 2002, 129 (134).
[198] Dazu unten D) I. 2.
[199] Siehe oben § 3 B) I. 1. b) dd).
[200] Siehe oben A) I. 1. b).
[201] Dazu oben A) I. 2. a).
[202] Vgl. *Micklitz/Purnhagen*, in: MünchKomm-BGB, 7. Aufl. 2015, Vorb. zu §§ 13, 14 Rn. 47.
[203] *Garvin*, 40 Wake Forest Law Review [2005], 295 (381).
[204] Siehe oben § 5 D) II.

auf die Unternehmen haben kann, indem er eine gewisse Qualität verbürgt und den Verbrauchern eine rechtliche Absicherung verschafft.[205] Ob die Verbraucher diesen zusätzlichen Schutz möchten, ist letztlich eine Frage des Preises, in welchen die Unternehmen die Kosten des Verbraucherschutzes einkalkulieren werden. Würden kleine Unternehmen pauschal vom Verbraucherschutz befreit werden, könnte dies die Kunden veranlassen, nur mit solchen Unternehmern zu kontrahieren, die dem Verbraucherschutz unterliegen. Im Arbeitsrecht ist eine solche Auswirkung von größenabhängigen Befreiungen weniger zu befürchten, da der Kleinunternehmer als Arbeitgeber regelmäßig stärker gefragt sein dürfte anstatt als Anbieter auf dem Markt. Auf dem Markt wären sie daher gehalten, für die Kunden den Verlust des Verbraucherschutzes durch entsprechende Vergünstigungen zu kompensieren, entweder durch einen niedrigeren Preis oder durch die freiwillige Einräumung der Verbraucherrechte. Umgekehrt ist es unwahrscheinlich, dass die Verbraucher als Vertragspartner die informativen oder kognitiven Schwächen von Kleinunternehmern zu ihren Gunsten ausnutzen können, da sie diese bzw. deren Auswirkungen kaum erkennen werden.[206] Vielmehr bliebe die Legitimationsgrundlage des Verbraucherschutzes erhalten, wenn Verbraucher trotz aller Gemeinsamkeiten finanzielle, informative oder kognitive Nachteile gegenüber Kleinunternehmern haben sollten. Solange die Kostenbelastung für die kleinen Unternehmen nicht unverhältnismäßig hoch oder aus anderen Gründen ineffizient ist – was derzeit nicht ersichtlich ist – können auf diesen Gesichtspunkt keine rechtlichen bzw. rechtspolitischen Schlussfolgerungen im Hinblick auf den Verbraucherschutz gestützt werden.

Auf die Einbeziehung von Kleinunternehmern in den Verbraucherschutz gerichtet ist die Erwägung, dass eine gleiche Behandlung von Verbrauchern und Kleinunternehmern ein stärkeres Gegengewicht bilden, das große Unternehmen wirtschaftlich und politisch wirksamer bekämpfen könnte, als wenn beide Gruppen separat behandelt würden.[207] Außerdem wird angeführt, dass der verbraucherrechtliche Schutz von Kleinunternehmern effektivere Kaufentscheidungen bewirken und daher ihre Rolle im Wettbewerbskreislauf sicherstellen würde.[208] Schließlich könnten volkswirtschaftlich vorteilhafte Anreize geschaffen werden, Unternehmen zu gründen – ein Gesichtspunkt, der insbesondere bei Existenzgründern relevant wird und für deren Einbeziehung in den Verbraucherschutz spricht. Indessen würde sich auch diese Lösung nachteilhaft auf kleine Unternehmen auswirken, wenn größere Unternehmen aufgrund der Verbraucherschutzrechte nicht mehr mit kleinen Unternehmen kontrahieren wollen, etwa weil sie

---

[205] Siehe oben B) I.
[206] *Garvin*, 40 Wake Forest Law Review [2005], 295 (385).
[207] *Garvin*, 40 Wake Forest Law Review [2005], 295 (368 ff.), der sich jedoch letztlich von einer solchen Lösung abwendet.
[208] *Fletcher/Karatzas/Kreutzmann-Gallasch*, Small Businesses As Consumers, 2014, S. 14; zum Wirtschaftskreislauf siehe oben A) I. 2. b).

sich zu einfach von Verträgen lösen können, mit zu vielen Informationen versorgt werden müssen und die Verträge der strengen AGB-Kontrolle nach § 310 Abs. 3 BGB unterfallen, kurzum: weil dies für sie erhebliche Kosten zur Folge hätte.[209] Solange diese möglichen Folgen nicht hinreichend prognostizierbar sind, sollte die Einbeziehung von Kleinunternehmern in den Verbraucherschutz nur zurückhaltend mit ökonomischen Gesichtspunkten begründet werden.

3. Gerechtigkeitsorientierter Ansatz: Gleichheit, Interessenabwägung und Umverteilung

Der Gerechtigkeitsansatz wird zunächst im Zusammenhang mit der Gleichheit als traditionellem Gerechtigkeitsinhalt relevant. Insoweit kommt wiederum die festgestellte Verbraucherähnlichkeit von Kleinunternehmern zum Tragen: Während diese zwar abgesehen von der Spezialgruppe der Existenzgründer keine wesentliche Gleichheit bewirkt und daher aus verfassungsrechtlichen Gründen keine Gleichbehandlung geboten ist, ist es nach dem schwächeren Maßstab der Gerechtigkeit doch zumindest erstrebenswert, Kleinunternehmer und Verbraucher nach Möglichkeit gleich zu behandeln. Nach *Freilich/Webb* ist die unterschiedliche Behandlung von Verbrauchern und Kleinunternehmern nicht mit gesundem Menschenverstand vereinbar und die Dichotomie zwischen Verbrauchern und Unternehmern willkürlich:

„Many contracts are used by both business and by consumers: for example mobile telephones. It defies common sense for a statute which promotes, inter alia, fair trading, to have the same contract subject to unfair contract terms provisions when a well-educated, experienced consumer purchases the telephone, but not when a less experienced, small businessperson does.[210] [...]

The adoption of a status driven dichotomy that cuts an arbitrary legal line between consumers and business distorts the perspective from which the legislature and the courts proceed."[211]

Fletcher et al sehen eine Gleichbehandlung zudem als Gebot der normativen Kohärenz:

„If small businesses behave more like consumers than they behave like big businesses, then it would simply be coherent to treat them the same under the law.[212]

Nach dem Verständnis, welches Gerechtigkeit als Ergebnis eines angemessenen Interessenausgleichs begreift,[213] sind die Interessen der betroffenen Per-

---

[209] *Fletcher/Karatzas/Kreutzmann-Gallasch*, Small Businesses As Consumers, 2014, S. 15; 40 Wake Forest Law Review [2005], 295 (386 f.).
[210] *Freilich/Webb*, University of Western Australia Law Review 2013, 134 (141).
[211] *Freilich/Webb*, University of Western Australia Law Review 2013, 134 (154).
[212] *Fletcher/Karatzas/Kreutzmann-Gallasch*, Small Businesses As Consumers, 2014, S. 14.
[213] *Stöhr*, Rechtstheorie 2014, 159 (183 ff.); dazu oben § E) I. 1. b) cc).

sonengruppen zu ermitteln und abzuwägen. Zutreffend empfehlen daher *Fletcher et al*, dass sowohl der nationale als auch der europäische Gesetzgeber die Einbeziehung von Kleinunternehmen in verbraucherschützende Vorschriften stets aktiv in Erwägung zieht und die – möglichst empirisch belegten – Pro- und Contra-Argumente sorgfältig berücksichtigt.[214] Offen bleibt dabei, ob die Argumentationslast bei der Einbeziehung oder bei der Ausklammerung von Kleinunternehmern aus dem Verbraucherschutzrecht liegt: Während das britische Office of Gas and Electricity Markets der Ansicht ist, dass Kleinunternehmer nur dann in das Verbraucherschutzrecht einbezogen werden sollten, wenn dafür ein nachweisbares Bedürfnis besteht,[215] plädieren *Fletcher et al* für eine Einbeziehung, soweit dies nicht aus eindeutigen Gründen unnötig oder unangemessen ist.[216]

Begreift man das Verbraucherschutzrecht als Instrument zur Verwirklichung der Verteilungsgerechtigkeit,[217] so kann man daraus ebenfalls die Einbeziehung von Kleinunternehmern in den Verbraucherschutz folgern, da sich der Verteilungsgerechtigkeit wie gezeigt prinzipiell eine Umverteilung zugunsten Kleinunternehmer entnehmen lässt.[218] Nach dem Ansatz von *Neuner*, nach dem weder intellektuelle noch wirtschaftliche Unterlegenheit einen spezifischen Verbraucherschutz rechtfertigt, wäre ein Verbraucherschutz für Kleinunternehmer aufgrund wirtschaftlicher Schwäche hingegen nicht angezeigt. Ein Verbraucherschutz für Existenzgründer wäre danach nur geboten, soweit der Willensbildungsprozess gefährdet ist.

C) Herausnahme von Kleinunternehmern aus dem Verpflichtungsbereich des Verbraucherschutzrechts

Im Verhältnis der Kleinunternehmer zu Verbrauchern kommt die Herausnahme aus dem Verpflichtungsbereich des Verbraucherschutzrechts in Betracht.

---

[214] *Fletcher/Karatzas/Kreutzmann-Gallasch*, Small Businesses As Consumers, 2014, S. 28.
[215] Vgl. *Fletcher/Karatzas/Kreutzmann-Gallasch*, Small Businesses As Consumers, 2014, S. 28.
[216] Vgl. *Fletcher/Karatzas/Kreutzmann-Gallasch*, Small Businesses As Consumers, 2014, S. 29.
[217] *Arnold*, Vertrag und Verteilung, 2014, S. 248; *Cziupka*, Dispositives Vertragsrecht, 2010, S. 36; *Denkinger*, Der Verbraucherbegriff, 2007, S. 133 ff.; dazu oben A) I. 1. b).
[218] Siehe oben § 5 E) I. 1. b) aa) (1) (a).

I. De lege lata

In einem bemerkenswerten Urteil vom 30.7.1991 hat der Superior Court of Pennsylvania ein kleines Unternehmen aus der Definition eines „merchants", deren Rolle derjenigen des Unternehmers i.S.v. § 14 BGB entspricht, herausgenommen, weil das Ergebnis einer vollumfänglichen Anwendung des Verbraucherschutzrechts zu weitgehend erscheint.[219] In die ähnliche Richtung geht eine Reihe von Entscheidungen, Farmer nicht als merchants zu qualifizieren.[220] Diese Entscheidungen beruhen auf der antiquierten Vorstellung, dass Farmer eher naive Menschen und keine landwirtschaftliche Unternehmer seien,[221] und sind daher abzulehnen.[222]

Auf der europäischen Ebene könnte dem Einwand, durch eine umfassende Herabstufung des Kleinunternehmers zum Verbraucher gegen die prinzipiellen Grundwertungen des höherrangigen Rechtslinienrechts zu verstoßen, durch Rückgriff auf die Öffnungsklauseln der Mindestharmonisierung begegnet werden. Die damit verbundene Markterhaltung würde letztlich jedoch nicht nur neue Beschränkungen im (zwischenstaatlichen) Handelsverkehr hervorrufen, sondern auch dem Subsidiaritäts- und Wettbewerbsprinzip widersprechen, wonach staatliche Eingriffe selbst im (minder-)professionellen Geschäftsverkehr Marktparameter verfälschen können.[223] Im deutschen Recht bietet die juristische Methodenlehre für solche Erwägungen, wie sie der Superior Court of Pennsylvania angestellt hat, indessen keinen Raum. Es wurde bereits darauf hingewiesen, dass die Gerichte prinzipiell keine Schwellenwerte in Gesetze hineinlesen dürfen, die nicht darinstehen.[224] Der Wortlaut des § 14 BGB ist derart klar, dass Einschränkungen für Kleinunternehmer nicht möglich sind und daher contra legem wären. Die Voraussetzungen einer teleologischen Reduktion liegen nicht vor, da die Erfassung von Kleinunternehmern dem Zweck des Verbraucherschutzrechts nicht in eindeutiger Weise zuwiderläuft.[225]

---

[219] Moscatiello v. Pittsburgh Contractors Equipment Co., 595 A.2d 1190 (Pa. Super. Ct. 1991).

[220] Vgl. Loeb & Co. V. Schreiner, 321 So. 2d 1999 (Alabama 1975); Cook Grains, Inc. v. Fallis, 395 S.W.2d 555 (Arkansas. 1965); Harvest States Coops. V. Anderson, 577 N.".2d 381 (Wisconsin Ct. App. 1998).

[221] *Garvin*, 40 Wake Forest Law Review [2005], 295 (302 Fußn. 27).

[222] Ebenso Colo.-Kan. Grain Co. V. Reifschneider, 817 P.2d 637 (Colorado Ct. App 1991), wo ein Farmer als merchant qualifiziert wurde.

[223] *Reymann*, Das Sonderprivatrecht der Handels- und Verbraucherverträge, 2009, S. 376.

[224] Siehe oben § 5 C) VI., D) III. c) aa), E) I. 2. b).

[225] Zu den Voraussetzungen einer teleologischen Reduktion siehe *Rüthers/Fischer/Birk*, Rechtstheorie, 10. Aufl. 2018, Rn. 848, 939.

II. De lege ferenda

Die Herausnahme von Kleinunternehmern aus dem Verpflichtungsbereich des Verbraucherschutzrechts wäre daher nur im Wege einer Gesetzesänderung möglich. Im Rechtsvergleich findet sich eine Differenzierung von verbraucherschützenden Regelungen nach der Unternehmensgröße z.B. in den UDAP (Unfair & Deceptive Acts & Practices)-Vorschriften gem. §§ 17.41 ff. des texanischen Business and Commerce Code.

1. Der Vorschlag von Zöllner

In der deutschsprachigen Literatur hat sich *Wolfgang Zöllner* für eine solche Lösung ausgesprochen.[226] Damit soll in erster Linie der Wertungswiderspruch vermieden werden, der zwischen der eintragungsabhängigen Einbeziehung von Kleingewerbetreibenden in das Handelsrecht und ihrer obligatorischen Behandlung als Unternehmer i.S.v. § 14 BGB entsteht. In der Tat wirkt es ungereimt, Kleingewerbetreibende, wenn sie als Fernabsatzverkäufer auftreten, einem sachgrundlosen verbraucherseitigen Widerrufsrecht auszusetzen,[227] wenn ihnen andererseits im Handelsverkehr ohne Registereintragung noch nicht einmal das kaufmännische Zurückbehaltungsrecht nach § 369 HGB zusteht. Die verbraucherseitigen Widerrufskosten sollen sie als Unternehmer tragen, aber andererseits nicht ohne weiteres qualifizierte Zinsansprüche (§§ 352 ff. HGB) geltend machen können.[228] Im österreichischen Recht wurde ein Gleichlauf mit dem Verbraucherschutzrecht dadurch hergestellt, indem durch die Handelsrechtsreform die Differenzierung zwischen kleinen und größeren Unternehmen aufgegeben wurde.[229] Die für Kleinunternehmen schwer erträglichen Folgen hinsichtlich besonders belastender handelsrechtlicher Vorschriften werden dadurch abgemildert, dass die Anwendung dieser Vorschriften auf bestimmte Unternehmen beschränkt wird, bei den Buchführungspflichten z.B. auf Einzelunternehmer mit einem Jahresumsatz über 700.000 EUR (§ 189 Abs. 1 Nr. 3 UGB). Im Hinblick auf die geplante Angleichung von Handelsrecht und Verbraucherschutzrecht hat sich *Zöllner* für die umgekehrte Lösung ausgesprochen, nämlich Kleinunternehmer von den Belastungen des Konsumentenschutzgesetzes freizustellen.[230] Das Konsumentenschutzgesetz soll den Konsumenten vor Benachteiligung im Rechtsverkehr schützen. Es beruht auf der – auch im deutschen Verbraucherschutzrecht verbreiteten – Annahme, dass der Konsument als Vertragspartner

---

[226] *Zöllner*, in: Harrer/Mader, Die HGB-Reform in Österreich, S. 1 (19).
[227] Art. 6 der Fernabsatzrichtlinie, §§ 312g, 355 ff. BGB.
[228] *Reymann*, Das Sonderprivatrecht der Handels- und Verbraucherverträge, 2009, S. 376.
[229] Eine solche Lösung begrüßend *Reymann*, Das Sonderprivatrecht der Handels- und Verbraucherverträge, 2009, S. 376.
[230] *Zöllner*, in: Harrer/Mader, Die HGB-Reform in Österreich, S. 1 (19).

dem Unternehmer unterlegen ist.[231] *Zöllner* hält ein solches Modell zwar für bestimmte Vertragskonstellationen für akzeptabel, die generelle Unterlegenheit des Konsumenten gegenüber dem Kleinunternehmer sei jedoch eine Fehlvorstellung.[232] Daher sollten Kleinunternehmer mit der Anwendung des Verbraucherschutzrechts verschont werden. Soweit man dies nicht möchte, politisch für nicht durchsetzbar oder wegen der europarechtlichen Vorgaben für nicht umsetzbar hält, hätte man die handelsrechtliche Harmonisierung einstweilen bleiben lassen müssen.[233]

2. Stellungnahme

Die Herausnahme von Kleinunternehmern aus dem Verpflichtungsbereich des Verbraucherschutzrechts würde wie gezeigt den Unterschieden zu größeren Unternehmen Rechnung tragen. Eine solche Lösung liegt vor allem dann nahe, wenn man das Verbraucherschutzrecht mit der Unterlegenheit des Verbrauchers legitimiert, da diese gegenüber Kleinunternehmern nicht in gleichem Maße gegeben ist wie gegenüber größeren Unternehmen. In ökonomischer Hinsicht stellt sich dies wie gezeigt ambivalent dar, da Kleinunternehmer zwar einerseits vor Kostenbelastung geschützt werden, andererseits aber Kunden verlieren können, die den Verbraucherschutz bei Verträgen mit größeren Unternehmen bevorzugen.[234] In letzterem Fall würde sich der Schutz von Kleinunternehmern in sein Gegenteil verkehren. Aus diesem Grund ist von einer größenabhängigen Befreiung vom Verbraucherschutzrecht letztlich abzusehen. Da eine bedingungslose Einbeziehung von Kleinunternehmern in das Handelsrecht weder teleologisch sinnvoll noch rechtspolitisch konsensfähig ist,[235] ist der Wertungswiderspruch zwischen dem Verbraucherschutzrecht und dem Handelsrecht letztlich in Kauf zu nehmen. Abgemildert wird er dadurch, dass die Zielrichtung der beiden Regelungsbereiche unterschiedlich ist: Während das Verbraucherschutzrecht zutreffend einen Schwächerenschutz anstrebt, geht es im Handelsrecht um die Interessen des unternehmerischen Verkehrs.

---

[231] So zum österreichischem Recht etwa *Denkinger*, Der Verbraucherbegriff, 2007, S. 174 ff.
[232] *Zöllner*, in: Harrer/Mader, Die HGB-Reform in Österreich, S. 1 (19); eingehend *ders.* AcP 196 [1996], 1 (15 ff.].
[233] *Zöllner*, in: Harrer/Mader, Die HGB-Reform in Österreich, S. 1 (19 f.).
[234] Siehe oben B) IV 2.
[235] Für eine solche Lösung jedoch *Reymann*, Das Sonderprivatrecht der Handels- und Verbraucherverträge, 2009, S. 376.

D) Einbeziehung von Kleinunternehmern in den Begünstigungsbereich des Verbraucherschutzrechts

Im Folgenden wird untersucht, inwieweit Kleinunternehmer de lege lata in den Begünstigungsbereich des Verbraucherschutzrechts einbezogen werden können bzw. de lege ferenda einbezogen werden sollten. Wenn die unter dem Signum des Verbraucherschutzes stehenden Fortentwicklungen des Schuldrechts die Funktionsbedingungen privatautonomer Gestaltungsfreiheit gegen erkannte Gefährdungen sichern sollen, dann müssten sie konsequenterweise auch überall dort eingreifen, wo jene Gefährdungen bestehen. Solche Gefährdungen sind keineswegs zwingend auf das Verhältnis zwischen Unternehmern und Letztverbrauchern beschränkt, z.B. können auch Kleinunternehmer im Rahmen ihrer gewerblichen Tätigkeit schutzbedürftig sein.[236] Dabei gilt es, die – allerdings durchaus ambivalenten – Erkenntnisse aus dem verfassungsrechtlichen, ökonomischen und gerechtigkeitsorientierten Ansatz zur Geltung zu bringen. Während der verfassungsrechtliche Ansatz zumindest die Gleichstellung von Arbeitnehmerähnlichen mit Verbrauchern gebietet und der gerechtigkeitsorientierte Ansatz sogar die Einbeziehung von allen Kleinunternehmern anzeigt, legt der ökonomische Ansatz eine größere Zurückhaltung nahe.[237]

I. De lege lata

Im Rahmen der Rechtsanwendung sind die Grenzen der juristischen Methodenlehre zu beachten, die im Folgenden untersucht werden.

1. Grundsatz: Keine Verbrauchereigenschaft bei gewerblichem Handeln

Zunächst ist festzuhalten, dass Verbraucher nach § 13 BGB und den europarechtlichen Vorgaben nur natürliche Personen sein können. Die in Deutschland herrschende Meinung legt den Begriff der natürlichen Person jedoch sehr weit aus und lässt auch eine GbR als gesellschaftsrechtlich verbundene Gruppe von natürlichen Personen ausreichen.[238] Bei gewerblichem Handeln scheidet eine Verbrauchereigenschaft jedoch nach dem Wortlaut von § 13 BGB aus. Unternehmenstragende Handelsgesellschaften fallen daher von vornherein aus dem Verbraucherbegriff heraus.[239] In anderen Mitgliedstaaten können die Verbraucherdefinitionen hingegen auch gewerbliche Kunden erfassen, nämlich in Bel-

---

[236] *Kleindiek*, in: Hommelhoff/Jayme/Mangold, Europäischer Binnenmarkt. IPR und Rechtsangleichung, 1995, S. 297 (306); *Denkinger*, Der Verbraucherbegriff, 2007, S. 103.
[237] Siehe oben B) IV.
[238] BGHZ 149, 80; *Micklitz/Purnhagen*, in: MünchKomm-BGB, 7. Aufl. 2015, § 13 Rn. 17; *Staudinger/Kessal-Wulf*, BGB, Bearb. 2004, § 491 Rn. 20, 25.
[239] *Flume*, ZIP 2000, 1427 (1428).

gien, Dänemark, Österreich, Frankreich, Griechenland, Portugal, der Slowakei und Tschechien.[240] Im niederländischen Recht ist die Verbraucherdefinition zwar ebenfalls auf natürliche Personen beschränkt, könnte aber im Wege einer richterrechtlichen Analogie auf Kleinunternehmer erstreckt werden.[241] Insgesamt geht die Tendenz in Europa jedoch in Richtung eines engen Verbraucherbegriffs.[242] Die weitere Entwicklung bleibt abzuwarten.

2. Scheinselbständige und Arbeitnehmerähnliche

Unproblematisch ist die Rechtslage bezüglich Scheinselbständigen. Darunter versteht man persönlich abhängig Arbeitende, die vertraglich als Selbständige behandelt werden.[243] Da es sich bei ihnen in der Sache um Arbeitnehmer handelt, fallen sie ohne weiteres unter den Verbraucherbegriff, sofern man Arbeitnehmer als Verbraucher qualifiziert.[244] Umstritten ist jedoch die verbraucherrechtliche Behandlung von arbeitnehmerähnlichen, also wirtschaftlich abhängigen Unternehmern. Es wurde gezeigt, dass deren Einbeziehung in den Begünstigungsbereich des Verbraucherschutzes mit Blick auf Art. 3 Abs. 1 GG an sich geboten ist, da den „wesentlich gleichen" Arbeitnehmern nach der Rechtsprechung ein entsprechender Schutz zuteil wird.[245] Erst Recht spricht somit der gerechtigkeitsorientierte Ansatz dafür, sofern man auf das Gleichheitsverständnis abstellt. Während die Verbrauchereigenschaft von Arbeitnehmern allerdings mit dem Wortlaut des § 13 BGB vereinbar ist, da diese weder ein Gewerbe noch eine selbständige berufliche Tätigkeit ausüben,[246] ist dies bei Arbeitnehmerähnlichen nicht der Fall, da diese einen Unterfall von Selbständigen bilden.[247] Unter Hinweis darauf wird die Verbrauchereigenschaft von Arbeitnehmerähnlichen teilweise verneint.[248] Zutreffend steht die Selbständigkeit von Arbeitnehmerähn-

---

[240] Siehe *Schulte-Nölke* (Hrsg.), EC Consumer Law Compendium, 2007, abrufbar unter http://ec.europa.eu/consumers/archive/cons_int/safe_shop/acquis/comp_analysis_en.pdf, Stand: 8.5.2017.

[241] *Schulte-Nölke* (Hrsg.), EC Consumer Law Compendium, 2007, S. 427.

[242] *Fletcher/Karatzas/Kreutzmann-Gallasch*, Small Businesses As Consumers, 2014, S. 18.

[243] BT-Drucks 13/6549, S. 5; zur Abgrenzung von Arbeitnehmerähnlichen siehe bereits oben § 9 am Anfang.

[244] *Saenger*, in: Erman, BGB, 15. Aufl. 2017, § 14 Rn. 15; *Bülow*, FS Derleder, 2005, S. 27 (32); *K. Schmidt*, JuS 2006, 1 (3).

[245] Siehe oben B) IV. 1.

[246] *Preis*, in: ErfKomm, 18. Aufl. 2018, § 611 BGB Rn. 182.

[247] Siehe oben § A), § 9 B) III. 3. a); a.A. *Debald*, Scheinselbständige – Verbraucher im Sinne des § 13 BGB?, 2005, S. 145, der Arbeitnehmerähnliche als eigenständige Zwischenkategorie zwischen Arbeitnehmern und Selbständigen begreift und ihre Verbrauchereigenschaft daher ohne weiteres bejahen kann.

[248] *Gotthardt*, in: Henssler/Willemsen/Kalb, Arbeitsrecht, 7. Aufl. 2016, § 310 BGB Rn. 1; vgl. auch LG Rostock, ZUM 2010, 828 (830), das freie Mitarbeiter eines Presseverlages grundsätzlich als Unternehmer eingestuft hat.

lichen ihrer Verbrauchereigenschaft jedoch nicht entgegen.[249] Da § 13 BGB nicht zwischen (arbeitnehmerspezifischer) persönlicher und wirtschaftlicher Abhängigkeit differenziert, sondern lediglich auf das Bestehen einer real existierenden Abhängigkeitslage abstellt, muss die wirtschaftliche Abhängigkeit zur Begründung der Verbrauchereigenschaft ausreichen.[250] Sieht man den Zweck des Verbraucherschutzes mit der herrschenden Konzeption in dem Ausgleich von Vertragsdisparitäten in typisierten Situationen wegen struktureller Unterlegenheit des Verbrauchers,[251] sind Arbeitnehmerähnliche konsequenterweise als Verbraucher zu qualifizieren, da diese per definitionem wirtschaftlich unterlegen sind und daher eine typisierte Ungleichgewichtslage vorliegt.[252] Das gilt freilich nur für ihre Rolle als Nachfrager, z.B. beim Kauf von Arbeitsmaterial, nicht jedoch für eine Anbietertätigkeit.[253] In methodischer Hinsicht ist das autoritäre Wortlautargument damit nicht zwingend und kann durch eine sachlich-teleologische Argumentation überwunden werden. Unklar ist, ob sich diese Argumentation noch im Rahmen einer teleologischen Auslegung bewegt, oder bereits eine Analogie darstellt.[254] Die Frage kann jedoch letztlich offen bleiben, da die Voraussetzungen einer Analogie hier erfüllt sind: Die unterbliebene Einbeziehung von Arbeitnehmerähnlichen in § 13 BGB, die nach dem Sinn und Zweck des Verbraucherschutzrechts an sich geboten wäre, stellt eine planwidrige Regelungslücke dar.[255]

3. Existenzgründer

Umstritten ist die Anwendbarkeit des Verbraucherrechts auf Verträge, die ein Noch-nicht-Unternehmer für Zwecke seiner künftigen Unternehmertätigkeit abschließt: Während die Verbrauchereigenschaft von Existenzgründern nach einigen instanzgerichtlichen Entscheidungen und Teilen der Literatur bejaht wird,[256]

---

[249] *Artz*, Der Verbraucher als Kreditnehmer, 2001, S. 162, 165; *Bülow/Artz*, Verbraucherkreditrecht, 8. Aufl. 2014, § 491 Rn. 69; *Bülow*, FS Derleder, 2005, S. 27 (32); *Micklitz/Purnhagen*, in: MünchKomm-BGB, 7. Aufl. 2015, § 13 Rn. 59; *Saenger*, in: Erman, BGB, 15. Aufl. 2017, § 14 Rn. 15;
[250] *Artz*, Der Verbraucher als Kreditnehmer, 2001, S. 165; *Debald*, Scheinselbständige – Verbraucher im Sinne des § 13 BGB?, 2005, S. 144 ff.
[251] Vgl. BVerfGE 89, 214 (232); BGH NJW 2005, 1045 (1046).
[252] *Debald*, Scheinselbständige – Verbraucher im Sinne des § 13 BGB?, 2005, S. 144 ff., 147.
[253] *Micklitz/Purnhagen*, in: MünchKomm-BGB, 7. Aufl. 2015, § 13 Rn. 59; *Saenger*, in: Erman, BGB, 15. Aufl. 2017, § 14 Rn. 15.
[254] Für eine Analogie *Micklitz/Purnhagen*, in: MünchKomm-BGB, 7. Aufl. 2015, § 13 Rn. 59.
[255] Vgl. *Micklitz/Purnhagen*, in: MünchKomm-BGB, 8. Aufl. 2018, § 13 Rn. 59.
[256] OLG Koblenz, NJW 1987, 74; OLGR Düsseldorf 1996, 39; *Denkinger*, Der Verbraucherbegriff, 2007, S. 460 ff.; *Micklitz/Purnhagen*, in MünchKomm-BGB, 7. Aufl. 2015, § 13 Rn. 61 ff.; *Grädler/Marquardt*, ZGS 2008, 250; *Schünemann/Blomeyer*, JZ 2010, 1156; *Purnhagen*, VuR 2015, 3 (7).

ist sie nach der überwiegenden Meinung zu verneinen.[257] Der Europäische Gerichtshof hat für die Anwendung des europäischen Prozessrechts entschieden, dass es auf die Natur und die Zielsetzung des Vertrags ankomme, nicht aber auf die schon gegenwärtige gewerbliche oder berufliche Tätigkeit.[258] In diesem Fall hatte der Europäische Gerichtshof die Verbrauchereigenschaft eines zukünftigen Franchisenehmers beim Abschluss des Franchise-Vertrags zu prüfen und stellte sich auf den Standpunkt, der Zweck eines Vertragsschlusses sei auch dann ein gewerblicher, wenn der Betrieb des Gewerbes erst ein zukünftiger ist, da die Tatsache, dass es sich um eine erst künftig aufzunehmende Tätigkeit handele, nichts an ihrer beruflichen oder gewerblichen Natur ändere. Diese Rechtsprechung ist nicht ohne weiteres verallgemeinerungsfähig und sollte nicht als Präzedenzfall betrachtet werden, da die verbraucherrechtlichen Implikationen nicht wirklich gewürdigt wurden.[259]

Gleichwohl knüpft der Bundesgerichtshof daran bei der Auslegung des § 13 BGB unausgesprochen an: Nach der ersten Existenzgründerentscheidung kommt es nicht darauf an, ob eine gewerbliche oder selbständige Tätigkeit bereits ausgeübt wird, sondern entscheidend sei die objektiv zu bestimmende Zweckrichtung des abzuschließenden Geschäfts. Es liege daher ein Unternehmer- und kein Verbraucherhandeln vor, wenn das betreffende Geschäft im Zuge der Aufnahme einer gewerblichen oder selbständigen beruflichen Tätigkeit geschlossen wird.[260] In seiner zweiten Existenzgründerentscheidung hat der Bundesgerichtshof die Anwendung des Verbraucherschutzrechts immerhin dann zugelassen, wenn das Geschäft lediglich der Vorbereitung zur Entscheidung über eine Existenzgründung dient.[261] Durch diese Unterscheidung zwischen solchen Geschäften, die die Existenzgründungstätigkeit bewirken und die die Existenzgründungsentscheidung vorbereiten, hat der Bundesgerichtshof eine Möglichkeit geschaffen, die mögliche fehlende Sachkunde des Verbrauchers bei dem Entschluss zur Existenzgründung doch noch zu berücksichtigen, ohne seine erste Existenzgründungsentscheidung in Frage zu stellen.[262]

Die höchstrichterliche Ablehnung des Verbraucherschutzes für noch im Stadium der Existenzgründung befindliche Unternehmer fügt sich in die bisherige

---

[257] BGH NJW 2005, 1273 (1374 ff.);OLG Oldenburg, NJW-RR 2002, 641 (642); OLG Rostock, OLG-Report 2003, 505 (506 ff.); OLG Düsseldorf, NJW 2004, 3192; *Staudinger/Kannowski*, BGB, Bearb. 2013, § 13 Rn. 32; *Saenger*, in: Erman, BGB, 15. Aufl. 2017, § 13 Rn. 16; *Peintinger*, GPR 2013, 24 (26); *Tamm*, Verbraucherschutzrecht, 2011, S. 332; *Wolf/Neuner*, Allgemeiner Teil des Bürgerlichen Rechts, 11. Aufl. 2016, § 15 Rn. 12.
[258] EuGH Slg. 1997, I-3767 – Benincasa.
[259] *Micklitz/Purnhagen*, in: MünchKomm-BGB, 7. Aufl. 2015, § 13 Rn. 64; gegen eine bindende Wirkung dieser Entscheidung auch OLG Rostock, ZVI 2003, 332; *Staudinger/Kannowski*, BGB, Bearb. 2013, § 13 Rn. 55.
[260] BGH NJW 2005, 1273 (1274).
[261] BGH NJW 2008, 435 (436).
[262] *Micklitz/Purnhagen*, in: MünchKomm-BGB, 7. Aufl. 2015, § 13 Rn. 66.

Linie des Bundesgerichtshofs ein,[263] da er dies bereits 1994 für die Frage des Schutzbereiches des Haustürwiderrufsgesetzes ebenso entschieden hatte:

„[...] Maßgebender Ausnahmegrund ist [...] nicht allein die mit der selbständigen Erwerbstätigkeit typischerweise verbundene geschäftliche Erfahrung; vielmehr kommt es zusätzlich auf die Zweckrichtung des Handelns des Kunden, nämlich auf den Zusammenhang des Vertragsschlusses mit der Erwerbstätigkeit an. Das entspricht dem Verbraucherschutzzweck der Regelung des HWiG und der für das Verbraucherrecht kennzeichnenden Differenzierung zwischen privatem und geschäftlichem Bereich [...] Diese Abgrenzung zwischen privatem und geschäftlichem Bereich spricht dafür, auch solche von selbständigen erwerbstätigen abgeschlossenen Geschäfte vom Geltungsbereich des HWiG auszunehmen, die der Vorbereitung der Erwerbstätigkeit dienen [...], selbst wenn es sich dabei um die Vorbereitungen für die Neuaufnahme einer selbständigen Tätigkeit handelt [...]."[264]

Bejaht hat der Bundesgerichtshof den verbraucherrechtlichen Schutz von Unternehmensgründern lediglich in Bezug auf das insoweit eindeutige Verbraucherkreditgesetz:

„[...] nach dem eindeutigen Wortlaut des § 1 Abs. 1 VerbrKrG [ist] ein „Kredit" nur dann nicht mehr als privater Verbraucherkredit anzusehen [...], wenn er für die vom Kreditnehmer bereits ausgeübte, d.h. für eine konkret schon bestehende gewerbliche oder selbständige berufliche Tätigkeit bestimmt ist. Hierdurch unterscheidet sich die Ausnahmeregelung in § 1 Abs. 1 VerbrKrG auch von der allgemeiner gefassten Vorschrift des § 6 Nr. 1, 1. Alternative HWiG [...]."[265]

Die folgende Erörterung soll neben der Lösung der Sachfrage zugleich als Anwendungsbeispiel dienen, wie sich die in dieser Untersuchung erarbeiteten Ansätze, kleine Unternehmen zu schützen, im Rahmen der von der juristischen Methodenlehre markierten Grenzen umsetzen lassen.

a) Sachargumente

Auch hier sprechen der verfassungsrechtliche und der gerechtigkeitsorientierte Ansatz für die Anwendbarkeit, da sich eine wesentliche Gleichheit von Existenzgründern und Verbrauchern bejahen lässt.[266] Der ökonomische Ansatz ist hingegen einmal mehr ambivalent.[267] In teleologischer Hinsicht wird die die konzeptionelle Grundlegung des Verbraucherbegriffs ins Feld geführt: Existenzgründer agieren aus seiner ursprünglichen Rolle als Verbraucher heraus, ihre Operationsbasis in der Gründungsvorbereitung liegt in den eher häuslichen Aktivitäten, aus denen heraus sie ein Geschäft aufbauen wollen. Aus diesem „transitorischen Stadium" der Existenzgründung folgte die situative Schutzbedürftigkeit,

---

[263] *Denkinger*, Der Verbraucherbegriff, 2007, S. 470 f.
[264] BGH NJW 1994, 2759 (2760).
[265] BGHZ 128, 156 (162 f.).
[266] Siehe oben B) IV. 1.
[267] Siehe oben B) IV. 2.

da die notwendige Geschäftskompetenz typischerweise noch fehlt.[268] In der Anlaufphase des Unternehmens bestehe diese Schutzbedürftigkeit hingegen nicht mehr, sodass die Verbrauchereigenschaft mit Abschluss der Gründung entfällt. Diese Argumentation lässt sich insbesondere auf das Modell des situativ schutzbedürftigen Verbrauchers stützen, wonach Verbraucherschutz solchen Personen zukommen soll, die wegen fehlender Geschäftskompetenz schutzwürdig sind.[269] Es wird zwar mit Recht darauf hingewiesen, dass mit der „juristischen Sekunde" der Existenzgründung in der Regel nicht an Geschäftserfahrung gewonnen und damit an Schutzwürdigkeit verloren wird.[270] Allerdings lässt sich auf dieser Grundlage nicht bestreiten, dass dieser Zeitpunkt eine teleologisch sinnvolle Differenzierung ermöglicht.[271] Denn im Interesse der Rechtssicherheit ist das Recht auch im Bereich des Schwächerenschutzes auf klare Abgrenzungskriterien angewiesen, die der tatsächlichen Schutzbedürftigkeit im Einzelfall möglicherweise nicht gerecht werden. Auch Minderjährige pflegen regelmäßig nicht just mit Eintritt der Volljährigkeit die geistige Reife und Geschäftserfahrung zu gewinnen, welche die uneingeschränkte Teilnahme am Rechtsverkehr rechtfertigt.

Deutlich schwerer wiegt hingegen der Einwand, dass die Unternehmensgründung als Abschluss der Existenzgründungsphase gerade kein klares Abgrenzungskriterium darstellt. Tatsächlich ginge mit der Verbrauchereigenschaft von Existenzgründern eine nicht unerhebliche Rechtsunsicherheit einher: Im Rechtsverkehr ist es bei einem unternehmerisch auftretenden Verkehrsteilnehmer für den Vertragspartner kaum zu erkennen, ob er nun mit einem Existenzgründer oder mit einem etablierten Unternehmer kontrahiert. Ihn auf Nachforschungen in dieser Hinsicht zu verweisen, ist regelmäßig unzumutbar.[272] Zutreffend betont *Arnold*, dass dem Verbrauchervertragsrecht eine für die Wirtschaft sichtbare und berechenbare Kontur verliehen werden muss. Für Unternehmer ist ein sinnvolles Wirtschaften schwierig, wenn sie nicht einschätzen können, unter welchen Voraussetzungen und in welchem Umfang ihren Vertragspartnern Vorteile wie Widerrufsrechte zustehen. Sind Voraussetzungen und Umfang des Verbrauchervertragsrechts nicht planbar, können deren Effekte nicht kalkuliert und in das wirtschaftliche Kalkül einbezogen werden.[273] Der Gesichtspunkt der Rechtssicherheit wird bei der verbraucherrechtlichen Behandlung von Kleinunternehmern noch häufiger begegnen.

---

[268] *Micklitz/Purnhagen*, in: MünchKomm-BGB, 7. Aufl. 2015, § 13 Rn. 66; insoweit auch *Wolf/Neuner*, Allgemeiner Teil des Bürgerlichen Rechts, 11. Aufl. 2016, § 15 Rn. 12.
[269] Siehe oben A) I. 1. b) bb).
[270] OLG Schleswig-Holstein, SchlHA 2010, 119; *Staudinger/Kannowski*, BGB, Bearb. 2013, § 13 Rn. 59.
[271] So aber OLG Schleswig-Holstein, SchlHA 2010, 119; *Staudinger/Kannowski*, BGB, Bearb. 2013, § 13 Rn. 59.
[272] Insoweit auch *Purnhagen*, VuR 2015, 3 (7); der sich jedoch im Ergebnis für die Verbrauchereigenschaft ausspricht.
[273] *Arnold*, Vertrag und Verteilung, 2014, S. 355.

b) Autoritätsargumente

Die Autoritätsargumente sprechen durchweg gegen die Qualifizierung von Existenzgründern als Verbraucher. In systematischer Hinsicht lässt sich aus § 343 HGB kein allgemeiner Schluss zur Beurteilung der Verbrauchereigenschaft ziehen: Auch wenn er so ausgelegt wird, dass Vorbereitungsgeschäfte zur Unternehmensgründung bereits als Handelsgeschäfte anzusehen sind,[274] kann diese spezielle handelsrechtliche Wertung nicht dahingehend verallgemeinert werden, dass Vorbereitungsgeschäfte generell dem Bereich des angestrebten Gewerbes oder Berufs zugerechnet werden.[275]

aa) Wortlaut

Nach dem Wortlaut des § 13 BGB ist die Verbrauchereigenschaft von Existenzgründern bereits wegen der objektiv zu bestimmenden Zweckrichtung des Verhaltens zu verneinen: Das Gesetz stellt nicht auf das Vorhandensein oder Nichtvorhandensein geschäftlicher Erfahrung, Kenntnis oder Geschäftstüchtigkeit ab, sondern vielmehr darauf, ob das Verhalten des Existenzgründers objektiv dem privaten oder dem gewerblich-beruflichen Bereich zuzuordnen ist, wobei in letzterem Fall unternehmerisches Handeln vorliegt.[276]

bb) Umkehrschluss zu § 513 BGB

Beim Abschluss von Darlehensverträgen (§§ 491 ff. BGB) und sonstigen Finanzierungshilfen (§§ 506 ff. BGB) fallen auch Existenzgründer nach der gesetzlichen Spezialvorgabe des § 513 BGB unter das Verbraucherschutzrecht. Geschützt werden danach natürliche Personen, die sich ein Darlehen, einen Zahlungsaufschub oder eine sonstige Finanzierungshilfe für die Aufnahme einer gewerblichen oder selbständigen beruflichen Tätigkeit gewähren lassen oder zu diesem Zweck einen Ratenlieferungsvertrag schließen, es sei denn, der Nettodarlehensbetrag oder Barzahlungspreis übersteigt 75.000 Euro.[277] Darunter fallen auch Personen, die zwar bereits ein Unternehmen betreiben, mit den Kreditmitteln aber ein neues, mit dem bereits betriebenen Unternehmen nicht im Zusammenhang stehendes Zweitunternehmen begründen will.[278] Nicht erfasst ist hingegen die bloße Erweiterung einer bereits bestehenden gewerblichen oder beruflichen Tätigkeit.[279] Maßgeblich für die Beurteilung, ob ein Darlehensnehmer noch in der Gründerphase ist, oder ob er die finanzierte Tätigkeit bereits aufge-

---

[274] Vgl. *Hopt*, in: Baumbach/Hopt, HGB, 38. Aufl. 2018, § 343 Rn. 3.
[275] *Staudinger/Kannowski*, BGB, Bearb. 2013, § 13 Rn. 57.
[276] BGH NJW 2005, 1273 (1274); *Staudinger/Kannowski*, BGB, Bearb. 2013, § 13 Rn. 59.
[277] Zur inhaltlich weitgehend gleichen Vorgängervorschrift des § 1 Abs. 1 VerbrKrG vgl. *Remien*, Zwingendes Vertragsrecht und Grundfreiheiten des EG-Vertrags, 2003, S. 251.
[278] BGH NJW 1998, 540 (541).
[279] BGH NJW-RR 2000, 719.

nommen hat, ist der Zeitpunkt des Vertragsschlusses.[280] Das Ende der Existenzgründerphase wird darin gesehen, wenn nach außen hin die Bereitschaft signalisiert wird, am Markt aufzutreten, z.B. durch Eröffnung eines Geschäfts oder durch die Aufnahme der Produktion.[281] Aus der Sonderregelung des § 513 BGB wird im Umkehrschluss gefolgert, dass in den nicht besonders geregelten Fällen die unternehmerische Existenzgründung im Übrigen dem Bereich der geschäftlichen Tätigkeit zugerechnet wird.[282] § 513 BGB würde Existenzgründer nicht zu Verbrauchern erklären,[283] sondern diese weiterhin als Unternehmer betrachten und lediglich innerhalb der geschilderten Grenzen rechtlich mit Verbrauchern gleichstellen.[284] Auch die zugrundeliegenden europäischen verbraucherschutzrechtlichen Richtlinien sowie Art. 6 Rom I-VO, Art. 15 Brüssel I-VO würden die Figur des Existenzgründers als zu schützende Person nicht kennen.[285] In der Tat nahm der am 11.9.2002 veröffentlichte Vorschlag der Europäischen Kommission zur Überarbeitung des Verbraucherkreditrechts[286] den Begriff des Existenzgründers ebenso wenig auf wie der überarbeitete Entwurf vom 28.10.2004[287] sowie die Verbraucherkreditrichtlinie 2008/48/EG, die in Art. 3 verschiedene Definitionen enthält, sich aber nicht zum Existenzgründer verhält. *Reymann* wirft dem Gesetzgeber außerdem vor, sich mit § 513 BGB in offenen Widerspruch zu den Unternehmerleitbildvorstellungen des EuGH gesetzt zu haben, der seinerseits bereits eine künftige berufliche Tätigkeit als unternehmerisch erachtet.[288] Seiner Ansicht nach ginge es jedenfalls zu weit, aus dem Verbrauchercharakter einer partikulär-professionellen Tätigkeit eines voll Berufstätigen (= Mischtypus) auf den Verbrauchercharakter einer vollprofessionellen Tätigkeit eines partikulär Berufstätigen (= Kleingewerbetreibenden) zu schließen.[289]

Gegen diesen Umkehrschluss haben sich Teile der Literatur gewandt. *Kai Purnhagen* sieht darin einen Griff in die juristische Trickkiste, da man genauso argumentieren könne, dass der Gesetzgeber in § 512 BGB a.F. als Vorgänger von § 513 BGB deklaratorisch die besondere Verbrauchereigenschaft hervorgehoben

---

[280] BGH NJW 1995, 722 (723); *Schürnbrand*, in: MünchKomm-BGB, 7. Aufl. 2017, § 513 Rn. 3.
[281] *Schürnbrand*, in: MünchKomm-BGB, 7. Aufl. 2017, § 513 Rn. 3; *Tamm*, Verbraucherschutzrecht, 2011, S. 332.
[282] *Saenger*, in: Erman, BGB, 15. Aufl. 2017, § 13 Rn. 5; *Tamm*, Verbraucherschutzrecht, 2011, S. 326 f.; *Tamm*, Verbraucherschutzrecht, 2011, S. 332.
[283] So aber *Schünemann/Blomeyer*, JZ 2010, 1156 (1159).
[284] *Saenger*, in: Erman, BGB, 15. Aufl. 2017, § 13 Rn. 16; *Schürnbrand*, in: MünchKomm-BGB, 7. Aufl. 2017, § 513 Rn. 2, *Staudinger/Kannowski*, BGB, Bearb. 2013, § 13 Rn. 59.
[285] *Tamm*, Verbraucherschutzrecht, 2011, S. 332.
[286] KOM (2002), 443 endg.
[287] KOM (2004), 747 endgl.
[288] *Reymann*, Das Sonderprivatrecht der Handels- und Verbraucherverträge, 2009, S. 377 unter Berufung auf EuGH Sl. 1997, I-3767 Rn. 19 – Benincasa/Dentalkit.
[289] *Reymann*, Das Sonderprivatrecht der Handels- und Verbraucherverträge, 2009, S. 377 unter Berufung auf EuGH Sl. 1997, I-3767 Rn. 19 – Benincasa/Dentalkit.

hat, damit der Existenzgründer stets als Verbraucher zu qualifizieren sei.[290] Weder § 512 BGB a.F noch seine Vorgängerfassung § 507 BGB a.F. seien im Lichte einer Regelung von Streitfragen der §§ 13, 14 geschaffen worden.[291] *Schünemann/Blomeyer* meinen, dass der Gesetzgeber seinerzeit bei Erlass des § 507 BGB a.F. das Zusammenspiel mit § 13 BGB, also die rechtliche Einordnung des Existenzgründers in Abgrenzung zu § 14 BGB, gar nicht im Blick gehabt hat.[292] Auch in den Materialien zu den Neufassungen würden sich keine Anhaltspunkte für eine diesbezügliche gesetzgeberische Reflexion finden.[293] Diese Argumentation überzeugt jedenfalls nach der weiteren Neufassung der Regelung in § 513 BGB nicht mehr, da dem Gesetzgeber der Meinungsstreit zur verbraucherrechtlichen Stellung von Existenzgründern inzwischen bekannt war. Darin, dass die Regelung inhaltlich trotzdem unverändert geblieben ist, ist daher ein „beredtes Schweigen" des Gesetzgebers zu sehen.

cc) Entstehungsgeschichte

Im Hinblick auf die Entstehungsgeschichte spricht gegen die Verbrauchereigenschaft von Existenzgründern, dass die spezifische Ausdehnung des Verbraucherbegriffs auf bestimmte Existenzgründer im Verbraucherkreditgesetz nicht in die Definition des § 13 BGB übernommen wurde. In der Literatur wird aus den Gesetzesmaterialien gefolgt, dass dies der Absicht des Gesetzgebers entspricht.[294] Im Zuge der Reformierung des Verbraucherkreditrechts hat sich die Bundesregierung wie folgt in Bezug auf den Verbraucherbegriff geäußert:

„Der Existenzgründer, der ein Darlehen aufnimmt und sich auf die §§ 491 bis 498 BGB-E berufen will, müsste mithin darlegen und beweisen, dass das Darlehen für die *Aufnahme* seiner gewerblichen oder selbständigen beruflichen Tätigkeit bestimmt war und nicht seiner bereits ausgeübten Tätigkeit diente. [...] Diese Beweislastverteilung ist vor dem Hintergrund des Verbraucherbegriffs des § 13 BGB sachgerecht: Danach sieht das Gesetz grundsätzlich nur solche Personen als „Verbraucher" an, die ein Rechtsgeschäft zu einem Zweck abschließen, der weder ihrer gewerblichen noch ihrer selbständigen beruflichen Tätigkeit zugerechnet werden kann.

Dahinter steht der Gedanke, dass nur derjenige besonders schützenswert ist, der entweder zu privaten oder als Arbeitnehmer zu beruflichen Zwecken einen Vertrag schließt."[295]

---

[290] *Purnhagen*, VuR 2015, 3 (7); *Micklitz/Purnhagen*, in: MünchKomm-BGB, 7. Aufl. 2015, § 13 Rn. 67.
[291] *Micklitz/Purnhagen*, in: MünchKomm-BGB, 7. Aufl. 2015, § 13 Rn. 67.
[292] *Schünemann/Blomeyer*, JZ 2010, 156 (1158).
[293] *Schünemann/Blomeyer*, JZ 2010, 156 (1158) zu den Materialien zu § 512 BGB a.F.
[294] *Denkinger*, Der Verbraucherbegriff, 2007, S. 451 Fn. 1842; *Wolf/Neuner*, Allgemeiner Teil des Bürgerlichen Rechts, 11. Aufl. 2016, jeweils unter Hinweis auf BT-Drucks. 14/6857, S. 64 f.
[295] BT-Drucks. 14/6857, S. 65, Hervorhebung im Original.

468 4. Kapitel: Kleine Unternehmen im Bürgerlichen Recht

Außerdem wird der Existenzgründer nach dem Wortlaut des § 513 BGB nicht als „Verbraucher" bezeichnet, sondern gewissermaßen aus eigenem Recht in den Schutzbereich einbezogen.[296] Demgegenüber lautete die von der Bundesregierung ursprünglich vorgeschlagene Formulierung des Schutzbereichs:

„Verbraucher im Sinne dieses Titels ist über § 13 hinaus auch, wer […]."[297]

Der Bundesrat hat diese Formulierung jedoch in seiner Stellungnahme erfolgreich abgelehnt:

„[…] Durch die gewählte Formulierung wird der in § 13 BGB enthaltene Verbraucherbegriff für einen bestimmten Teilbereich des BGB erweitert, wodurch die in § 13 BGB enthaltene Definition in unerwünschter Weise an Konturen verliert. Gerade im Bereich von Definitionen sollte ein derartiges „Aufweichen" vermieden werden, zumal hierfür auch kein Anlass besteht. Das gleiche Ziel ließe sich statt durch Erweiterung des Verbraucherbegriffs dadurch erreichen, dass man die Vorschriften des Titels für die näher beschriebenen Personen für anwendbar erklärt, ohne dieselben als Verbraucher einzustufen."[298]

Dies zeigt, dass der Gesetzgeber eine Verbrauchereigenschaft von Existenzgründern gerade vermeiden wollte.

c) Zwischenergebnis

Die Sachargumente sind ambivalent: Während der verfassungsrechtliche Ansatz eine Gleichbehandlung von Existenzgründern anzeigt, spricht die dadurch erzeugte Rechtsunsicherheit dagegen. Der ökonomische Ansatz ist bereits für sich genommen ambivalent. Letztlich ist die Verbrauchereigenschaft von Existenzgründern jedenfalls wegen zwingenden Autoritätsargumenten abzulehnen.

d) Analogie zu § 513 BGB

Schünemann/Blomeyer bejahen die Verbrauchereigenschaft von Existenzgründern mit einer analogen Anwendung von § 513 BGB (§ 512 BGB a.F.).[299] Richtig daran ist zunächst, dass eine analoge Anwendung stets eine zumindest theoretische Alternative zum Umkehrschluss darstellt: In der Rechtswissenschaft wird zumeist vertreten, dass die beiden Schlussformen in der Weise zusammenhängen, dass stets, wenn ein Umkehrschluss in Frage steht, immer auch eine Analogie in Betracht kommt.[300] Voraussetzung einer Analogie ist bekanntlich eine planwidrige Regelungslücke sowie eine vergleichbare Interessenlage.[301] Letzteres ist gegeben: § 513 BGB beruht auf der Vorstellung, dass der typische Existenz-

---
[296] *Denkinger*, Der Verbraucherbegriff, 2007, S. 460.
[297] BT-Drucks. 14/6040, S. 26.
[298] BT-Drucks. 14/6857, S. 32 f.
[299] *Schünemann/Blomeyer*, JZ 2010, 1156 (1159 f.).
[300] Vgl. *Klug*, Juristische Logik, 4. Aufl. 1982, S. 143 ff., 144 m.w.N.
[301] Vgl. etwa BGH MDR 2015, 701.

gründer noch nicht die geschäftliche Erfahrung hat, die erst die Unternehmenspraxis vermittelt, sodass er (noch) in besonderer Weise schutzbedürftig ist.[302] Dies entspricht wie gezeigt dem Schutzzweck des Verbraucherrechts[303] und wird von *Schünemann/Blomeyer* als Ausdruck eines allgemeinen Prinzips begriffen.[304] Allerdings wird man letztlich eine planwidrige Regelungslücke verneinen müssen, nachdem der Gesetzgeber den ursprünglichen § 507 BGB a.F. mehrfach neu gefasst, jedoch in Kenntnis der Existenzgründerproblematik einschließlich der Diskussion um die Verbrauchereigenschaft inhaltlich unverändert gelassen hat. Dies kann wie erwähnt nur als beredtes Schweigen verstanden werden.

II. De lege ferenda

Im Hinblick auf die festgestellte Verbraucherähnlichkeit von Kleinunternehmern kommen vier Möglichkeiten in Betracht: Die Behandlung aller Unternehmer als Verbraucher (unten 1.), die Behandlung aller Kleinunternehmer als Verbraucher (unten 2.) sowie die Schaffung eines beweglichen Systems (unten 3).

1. Behandlung aller Unternehmer als Verbraucher

Die einfachste Lösung wäre, das Verbraucherschutzrecht auf alle Marktteilnehmer anzuwenden, die entsprechenden Rechte also bei jedem Vertrag verbindlich vorzugeben. Dies wäre jedoch überzogen.[305] Verbraucherrechtliche Regelungen sind häufig nicht auf den unternehmerischen Rechtsverkehr zugeschnitten, sodass eine „one-size-fits-all-Regelung" zu unangemessenen Ergebnissen führen würde. Nach *Thomas Pfeiffer* birgt die Übertragung verbraucherschutzrechtlicher Mechanismen auf den Unternehmensverkehr ein „nicht unerhebliches dysfunktionales Störpotential".[306] So benötigen größere Unternehmen die verbraucherrechtliche Informationsversorgung häufig gar nicht, der carveat emptor-Grundsatz („der Käufer sei wachsam") dürfte sie hinreichend schützen.[307] Zudem ist der unternehmerische Rechtsverkehr in besonderem Maße auf Schnelligkeit, Flexibilität, Einfachheit und Rechtssicherheit angewiesen.[308] Somit tragen die entsprechenden handelsrechtlichen Vorschriften wie z.B. die kaufmännische Untersuchungs- und Rügepflicht nach § 377 HGB den Interessen

---

[302] BT-Drucks. 16/11643, S. 96, 168 zu § 512 BGB a.F.
[303] Siehe oben A) I. 1.
[304] Vgl. *Klug*, Juristische Logik, 4. Aufl. 1982, S. 143 ff., 144 m.w.N.
[305] *Garvin*, 40 Wake Forest Law Review [2005], 295 (373).
[306] *Pfeiffer*, NJW 2012, 2609 (2611).
[307] *Fletcher/Karatzas/Kreutzmann-Gallasch*, Small Businesses As Consumers, 2014, S. 15.
[308] Diese Erwägung liegt dem gesamten Handelsrecht zugrunde, vgl. *Canaris*, Handelsrecht, 24. Aufl. 2006, § 1 Rn. 16; *Kindler*, in: Ebenroth/Boujong/Joost/Strohn, HGB, 3. Aufl. 2014, Vorb. Rn. 75.

der Parteien besser Rechnung als Vorschriften, die einer Partei ein zweiwöchiges Widerrufsrecht einräumen und die endgültige Wirksamkeit des Vertrags damit in der Schwebe halten, oder die wie § 477 Abs. 1 BGB der Verständlichkeit dienen.[309] In politischer Hinsicht wäre eine solche Lösung, welche die gesetzliche Gegenüberstellung von Unternehmern und Verbrauchern nach §§ 13, 14 BGB aufheben würde, ohnehin nicht konsensfähig, da das Verbraucherrecht gerade als Privilegierung einer benachteiligten Personengruppe gedacht ist und sich in diesem Sinne jahrzehntelang entwickelt hat.[310]

2. Behandlung aller Kleinunternehmer als Verbraucher

Eine andere Lösung wäre es, alle Kleinunternehmer mit Verbrauchern gleichzustellen. Dies würde die Unterscheidung zwischen großen und kleinen Unternehmen aufrechterhalten und der Verbraucherähnlichkeit von Kleinunternehmern Rechnung tragen, sodass vor allem der verfassungsrechtliche und gerechtigkeitsorientierte Ansatz eine solche Lösung stützen würden. Gefordert wird dies insbesondere im englischen Recht, welches das Verbraucherschutzrecht bereits punktuell auf kleine Unternehmen ausdehnt.[311] Das allgemeine Verbraucherschutzrecht bleibt jedoch auch im englischen Recht den Verbrauchern vorbehalten.[312] Erwägungen der Regierung, das Verbraucherschutzrecht generell auf Kleinunternehmer auszudehnen, lehnt das Department for Business, Innovation and Skills unter Hinweis auf den Widerstand einiger Geschäftsgruppen ab:

„In the 2008 Consumer Law Review, the Government asked whether the definition of consumer should be extended to include small or micro businesses whose bargaining power in a contract is often similar to that of the consumer. Business groups were opposed to the idea and we do not propose to take it forward."[313]

Diese ablehnende Haltung verdient auch für das deutsche Recht Zustimmung. Gegen die Einbeziehung von Kleinunternehmern in das Verbraucherschutzrecht spricht entscheidend, dass sie den Vertragspartner – der durchaus selbst Kleinunternehmer sein kann – mit erheblichen Kosten belasten würde, die sie letztlich von Vertragsschlüssen mit Kleinunternehmern abhalten können.[314] Dieser ökonomische Gesichtspunkt überwiegt verfassungsrechtliche und gerechtigkeits-

---

[309] *Garvin*, 40 Wake Forest Law Review [2005], 295 (373 f.).
[310] Ebenso *Pfeiffer*, NJW 2012, 2609 (2611).
[311] Dazu näher unten 3. c) bb).
[312] *Fletcher/Karatzas/Kreutzmann-Gallasch*, Small Businesses As Consumers, 2014, S. 4, 19 ff.
[313] Department for Business, Innovation and Skills, Enhancing Consumer Confidence by Clarifying Consumer Law, 2012, S. 27, abrufbar unter https://www.gov.uk/government/consultations/consultation-on-enhancing-consumer-confidence-by-clarifying-consumer-law, Stand: 8.5.2017.
[314] *Fletcher/Karatzas/Kreutzmann-Gallasch*, Small Businesses As Consumers, 2014, S. 15; zum ökonomischen Ansatz siehe oben B. IV. 2.

orientierte Erwägungen, die eine Behandlung aller Kleinunternehmer als Verbraucher nahelegen könnten.[315] Auf eine lediglich partielle Einbeziehung in den Verbraucherschutz ist noch einzugehen.[316]

3. Entwicklung eines beweglichen Systems

Die vollumfängliche Einteilung von kleinen Unternehmen in die eine oder andere Kategorie könnte zu komplex, willkürlich oder beides zugleich erscheinen.[317] Nicht alle Unternehmen sind gleich, ebenso wie nicht alle Verbraucher gleich sind. Vor diesem Hintergrund ist die Gestaltung eines beweglichen Systems zu untersuchen, das differenzierte und abgeschichtete Lösungen ermöglicht. In diesem Sinne befürwortet *Hans-Wolfgang Micklitz* in seinem vorbereitenden Gutachten zum 69. Deutschen Juristentag 2012 eine Anpassung der erfassten Personengruppen an das jeweils einschlägige Verbraucherleitbild. Dies bedeutet insbesondere eine Einbeziehung von Kleinunternehmern, wo es um den verantwortlichen Verbraucher geht. Dabei stellt er maßgeblich auf den Kunden ab, den er als neue Kategorie zwischen Verbraucher und Unternehmer begreift: „Verbraucher(schutz)-recht wird Kundenschutzrecht."[318] Auf der Grundlage der Prämisse, dass sich unterschiedlichen Verbrauchertypen unterschiedliche Rechte und Pflichten zuordnen lassen, schlägt er ein „bewegliches System" des Verbraucherschutzes vor, in welchem den unterschiedlichen Verbrauchertypen differenzierte Verbraucherschutzinstrumente zugeordnet werden.[319] Auf dieser Grundlage fordert *Micklitz*, den Verbraucherbegriff im Hinblick auf Klein- bzw. Kleinstunternehmer, die sich von dem verantwortlichen Verbraucher nicht oder nur bedingt unterscheiden, zu erweitern.[320]

Vorsichtige, aber noch unvollkommene Versuche in diese Richtung sieht er in der Definition des Kunden im Telekommunikations-, Energie- und Finanzdienstleistungsrecht bzw. des Passagiers im Transportrecht.[321] Das EnWG enthält – im Gegensatz etwa zum TKG – in § 3 Nr. 24 eine Bestimmung des Kundenbegriffs, nämlich als „Großhändler, Letztverbraucher und Unternehmen, die Energie kaufen". Letztverbraucher sind nach § 3 Nr. 25 EnWG natürliche oder juristische Personen, die Energie für den eigenen Verbrauch kaufen. Ein Unterfall des Letztverbrauchers ist der Haushaltskunde, unter dem § 3 Nr. 22 EnWG alle Letztverbraucher versteht, die Energie überwiegend für den Eigenverbrauch im Haushalt oder für den eigenen Jahresverbrauch von 10.000 Kilowattstunden

---

[315] Gegen eine generelle Konsumierung des Unternehmensverkehrs auch *Pfeiffer*, NJW 2012, 2609 (2611).
[316] Dazu unten 3. c) bb).
[317] Garvin, 40 Wake Forest Law Review [2005], 295 (376).
[318] *Micklitz*, Gutachten A zum 69. Deutschen Juristentag, 2012, A 1 (50).
[319] *Micklitz*, Gutachten A zum 69. Deutschen Juristentag, 2012, A 1 (104 ff.).
[320] *Micklitz*, Gutachten A zum 69. Deutschen Juristentag, 2012, A 1 (106, 118).
[321] *Micklitz*, Gutachten A zum 69. Deutschen Juristentag, 2012, A 1 (106, 118).

nicht übersteigenden Eigenverbrauch für berufliche, landwirtschaftliche oder gewerbliche Zwecke kaufen. Damit werden in kleinem Umfang unternehmerisch tätige Personen mit Verbrauchern gleichgestellt. Jede Regelung, die sich an Haushaltskunden wendet, erfasst automatisch auch Kleinunternehmer.[322] Dazu gehört z.B., dass Unternehmer, die als Haushaltskunden i.S.d. § 3 Nr. 22 EnWG zu qualifizieren sind, in den Genuss der Grundversorgung nach § 36 EnWG gelangen. Eine solche Ausweitung des Verbraucherbegriffs soll mit der Einführung eines beweglichen Wertesystems eingehergehen, das zwischen „verantwortlichen Verbrauchern" wie Klein- und Kleinstunternehmern und „verletzlichen Verbrauchern" differenziert und das rechtliche Schutzniveau entsprechend abschichtet.[323]

Die Idee eines so verstandenen beweglichen Schutzsystems leitet *Micklitz* aus der Vorstellung ab, dass sich den unterschiedlichen Verbrauchertypen unterschiedliche Rechte und Pflichten zuordnen lassen.[324] Dazu überträgt er die von *Wilhelmsson* herausgearbeiteten und unterschiedlichen Zielen und Instrumenten zugeordneten Typen von „welfarism in contract law"[325] auf die Bestimmung des Verbraucherbegriffs: Markt-rationale bzw. markt-korrigierende Wohlfahrt (1./2. Variante); intern/extern umverteilende Wohlfahrt (3./4. Variante) sowie die Bedürftigkeits-Rationalität (5. Variante). Erstere korreliere mit dem – vom EU-Recht favorisierten – Leitbild des verantwortlichen Verbrauchers, der sein Verhalten am Markt ausrichtet und auf die korrigierenden Sicherungsmaßnahmen des Gesetzgebers vertraut; die zweite Variante korreliere mit dem Leitbild des verletzlichen Verbrauchers, der auf eine soziale Umverteilung zu seinen Gunsten angewiesen ist, wenn er am wirtschaftlichen und gesellschaftlichen Leben weiter teilhaben will.[326] Diese Typisierung ist nicht starr, sondern durchlässig und situationsabhängig. Auf der Tatbestandsseite könnte man Kleinunternehmer dem Typus des verantwortlichen Verbrauchers zuordnen. Auf der Rechtsfolgenseite solle es dem verantwortlichen Verbraucher weniger um soziale Gerechtigkeit durch Umverteilung gehen, sondern um Zugang zum Markt, um ihm in einem erweiterten europäischen bzw. globalen Umfeld die Vorteile des vervielfachten Waren- und Dienstleistungsangebots zukommen zu lassen, während es dem verletzlichen Verbraucher um soziale Gerechtigkeit geht. Umgekehrt könne dem verantwortlichen Verbraucher mehr Eigenverantwortung abverlangt werden als dem verletzlichen Verbraucher.[327] Das Widerrufsrecht nütze z.B. in erster Linie dem verantwortlichen Verbraucher, der die wirtschaftlichen Folgen des Vertrags

---

[322] *Micklitz*, Gutachten A zum 69. Deutschen Juristentag, 2012, A 1 (52).
[323] *Micklitz*, Gutachten A zum 69. Deutschen Juristentag, 2012, A 1 (108).
[324] *Micklitz*, Gutachten A zum 69. Deutschen Juristentag, 2012, A 1 (108 ff).
[325] *Wilhelmsson*, European Law Journal 2004, 712 ff.
[326] *Micklitz*, Gutachten A zum 69. Deutschen Juristentag, 2012, A 1 (108).
[327] *Micklitz*, Gutachten A zum 69. Deutschen Juristentag, 2012, A 1 (110).

§ 9 Anwendungsbereich des Verbraucherschutzes

einschätzen und ggf. einen Wechsel des Vertragspartners vornehmen kann, während der verletzliche Verbraucher nicht aus seiner misslichen Lage befreit werde.[328] Die Eigenverantwortung des Verbrauchers komme in der Verpflichtung zum Ausdruck, die ihm zur Verfügung gestellte Information zu verarbeiten und ggf. erkennbare Defizite an den Unternehmer zurückzumelden.[329] Die Umsetzung eines solchen beweglichen Systems führe zu differenzierten Schutzbereichen und -instrumenten. Im Hinblick auf den verantwortlichen Verbraucher solle eine sinnvoll aufbereitete Information im Vordergrund stehen, für den verletzlichen Verbraucher müssten neue Mechanismen entwickelt werden, die gegenwärtig im Recht der Universaldienstleistungen erkennbar seien.[330]

Ein solches bewegliches System wäre ganz im Sinne *Wilburgs*, nach dem das Recht wie bereits erwähnt nicht immer nur in starren Kategorien denken darf, sondern fließende Übergänge ermöglichen muss.[331] Eine abgeschwächte bzw. punktuelle Ausdehnung des Verbraucherschutzes auf Kleinunternehmer wäre gewissermaßen die bürgerlich-rechtliche Entsprechung zu der oben befürworteten punktuellen Ausdehnung des arbeitsrechtlichen Schutzes.[332] Die inhaltliche Ausgestaltung eines solchen beweglichen Systems steht allerdings noch am Anfang und bleibt in dem Gutachten vage.[333] Wenngleich die zivilrechtliche Abteilung des 69. Deutsche Juristentags erfreulicherweise beschlossen hat, dass Existenzgründer und kleine und mittlere Unternehmen zumindest nicht generell vom Verbraucherrecht auszuschließen sind,[334] haben die politische und juristische Diskussion diesen Vorschlag leider wieder weitgehend aus dem Blickfeld verloren. Im Folgenden werden verschiedene Möglichkeiten diskutiert, wie ein solches bewegliches System gestaltet werden könnte.

a) Einzelfallbezogene Anwendung des Verbraucherschutzes

Garvin erwägt, die Anwendungsvoraussetzungen des Verbraucherschutzrechts derart offen zu gestalten, dass die Gerichte die Anwendbarkeit einzelfallbezogen entscheiden müssen, wobei sie sich insbesondere an relativer Bildung, Größe, Informationskosten, kognitivem Erkenntnisvermögen der jeweiligen Vertragsparteien orientieren sollen.[335] Auch die Geschäftskompetenz wäre ein denkbares

---

[328] *Micklitz*, Gutachten A zum 69. Deutschen Juristentag, 2012, A 1 (111).
[329] *Micklitz*, Gutachten A zum 69. Deutschen Juristentag, 2012, A 1 (120).
[330] *Micklitz*, Gutachten A zum 69. Deutschen Juristentag, 2012, A 1 (111 f.).
[331] Vgl. *Wilburg*, Entwicklung eines beweglichen Systems im Bürgerlichen Recht, 1950. Einen Bezug dieses Ansatzes zur Konzeption *Wilburgs* bejaht auch *Gsell*, JZ 2012, 809 (816), die jedoch infrage stellt, ob *Micklitz* dies überhaupt beabsichtigt hat.
[332] Dazu oben § 9 B) IV., D).
[333] *Gsell*, JZ 2012, 809 (813, 816).
[334] Beschluss I. 5 der zivilrechtlichen Abteilung, abrufbar unter http://www.djt-net.de/beschluesse/beschluesse.pdf, Stand: 22.3.2017.
[335] *Garvin*, 40 Wake Forest Law Review [2005], 295 (375).

Kriterium. Für eine einzelfallbezogene Anwendung spricht die Heterogenität der Marktteilnehmer, also dass einerseits nicht alle Verbraucher auf den vollumfänglichen Verbraucherschutz angewiesen sind und es umgekehrt auch juristischen Personen wie gemeinwohlorientierten Stiftungen und rechtsfähigen Idealvereinen an Geschäftskompetenz fehlen kann.[336] Zudem besteht die Geschäftskompetenz typischerweise nicht generell, sondern lediglich in Bezug auf bestimmte Geschäfte. So hat z.B. ein Klempnermeister vertiefte Kenntnisse über Wasserleitungen und das zu ihrer Verlegung oder Reparatur erforderliche Material. Diese besondere Sachkunde erstreckt sich jedoch nicht auch auf die Wahl eines fremden Rechts oder die Aufnahme von Krediten.[337] Dennoch wird dem Klempner nicht der Verbraucherschutz nach Art. 6 Rom I-VO und §§ 491 ff. BGB zuteil, wenn die Rechtswahl oder der Kredit mit seinem Gewerbe zusammenhängen. Dies gilt sogar dann, wenn der Geschäftspartner – etwa eine Bank – eine überlegene Sachkunde hat. Man sieht, dass die gesetzliche Typisierung häufig zu unbefriedigenden Ergebnissen führt. Betroffen ist somit einmal mehr das berühmte Spannungsverhältnis zwischen Rechtssicherheit und Einzelfallgerechtigkeit.[338] Mit Rücksicht auf die Rechtssicherheit, die mit gesetzlicher Typisierung stets erreicht wird, ist letztlich ein gewisser Mangel an Einzelfallgerechtigkeit in Kauf zu nehmen.[339] Bei einer einzelfallbezogenen Bestimmung der Verbrauchereigenschaft wäre der Anwendungsbereich der verbraucherschutzrechtlichen Bestimmungen sehr unscharf und von Wertungen abhängig,[340] sodass sich hierzu würde sich ein möglicherweise unübersichtliches Fallrecht entwickeln würde.[341] *Garvin* räumt dies selbst ein und weist ergänzend darauf hin, dass – wie bereits im arbeitsrechtlichen Teil erwähnt wurde – von gesetzlicher Unbestimmtheit stets die wirtschaftlich stärkere Partei profitiert, die sich rechtliche Beratung leisten kann.[342] Kleinen Unternehmen würde daher oftmals Steine statt Brot gegeben. Insgesamt ist eine einzelfallbezogene Anwendung des Verbraucherschutzrechts damit abzulehnen.

---

[336] So etwa *Faber*, ZEuP 1998, 854 (860, 684); vgl. auch *Saenger*, in: Erman, BGB, 15. Aufl. 2017, § 13 Rn. 5.
[337] Beispiel nach *Medicus*, FS Kitagawa, 1992, S. 471 (485).
[338] Vgl. dazu BVerfGE 19, 150 (166); BGH NJW 1999, 2290.
[339] Gegen eine Ausdehnung des Verbraucherbegriffs unter Hinweis auf die Rechtssicherheit auch BGH WM 2010, 647; *Tamm*, Verbraucherschutzrecht, 2011.
[340] *Tamm*, Verbraucherschutzrecht, 2011, S. 327.
[341] *Staudinger/Kannowski*, BGB, Bearb. 2013, § 13 Rn. 31; *Tamm*, Verbraucherschutzrecht, 2011, S. 327.
[342] *Garvin*, 40 Wake Forest Law Review [2005], 295 (382): „legal complexity favors the informed"; zum Arbeitsrecht vgl. *Davidov*, A Purposive Approach to Labour Law, 2016, S. 122.

b) Behandlung aller Existenzgründer als Verbraucher

Nach dem verfassungsrechtlichen Ansatz sind jedoch zumindest Existenzgründer als Verbraucher zu behandeln, da hier – anders als bei Kleinunternehmern im Allgemeinen – eine „wesentliche Gleichheit" gegeben ist. Die dadurch entstehende Rechtsunsicherheit, die im Rahmen der Gesetzesauslegung gegen eine Einbeziehung in den Verbraucherschutz spricht,[343] ist insoweit in Kauf zu nehmen. Umgesetzt wird dies am besten durch eines entsprechenden, an der Existenzgründerdefinition des § 513 BGB orientierten Satz 2 in § 13 BGB. Dieser würde dann insgesamt lauten:

„Verbraucher ist jede natürliche Person, die ein Rechtsgeschäft zu Zwecken abschließt, die überwiegend weder ihrer gewerblichen noch ihrer selbständigen beruflichen Tätigkeit zugerechnet werden können. Verbraucher ist auch ein Existenzgründer, der das Rechtsgeschäft für die Aufnahme einer gewerblichen oder selbständigen beruflichen Tätigkeit abschließt."

Die Vorschrift des § 513 BGB würde dadurch freilich überflüssig und müsste ersatzlos gestrichen werden.

c) Kleinunternehmer als mittlere Kategorie:
Punktuelle Anwendung des Verbraucherschutzrechts

Die Behandlung aller Unternehmer oder zumindest aller Kleinunternehmer über Existenzgründer hinaus als Verbraucher provoziert neben den geschilderten Einwänden insoweit Zweifel, als sie Gruppen von Unternehmen bzw. Personen verschmelzen würde, die nicht völlig gleich sind. Die Gleichbehandlung aller Marktteilnehmer würde bedeuten, dass *Siemens* wie Otto Normalverbraucher behandelt würde, oder umgekehrt Otto Normalverbraucher wie *Siemens*. Die Behandlung aller Kleinunternehmer als Verbraucher würde eine Gleichbehandlung von Personen bedeuten, die sich auf verschiedenen Seiten von Verträgen und ggf. Rechtsstreitigkeiten befinden. Dem könnte man dadurch Rechnung tragen, indem Kleinunternehmer als mittlere Kategorie verstanden werden, ähnlich wie es im Arbeitsrecht mit der Kategorie der Arbeitnehmerähnlichen geschieht.[344] „Verbraucherähnliche" wären dann ebenso ein Unterfall von Selbständigen wie Arbeitnehmerähnliche. Auch im Übrigen ist dem deutschen Recht eine mittlere Unternehmenskategorie nicht fremd, wie die handelsrechtliche Unterteilung des § 1 Abs. 2 HGB in Kleingewerbe und kaufmännische Gewerbe zeigt. Nach dieser erfordert die Prüfung der Kaufmannseigenschaft, von der die Anwendbarkeit des Handelsrechts abhängt, eine Differenzierung nach dem Grade der Geschäftserfahrung oder ähnlichen Kriterien.[345]

---

[343] Siehe oben I. 3. a).
[344] Dazu oben § 8 D) II. 2.
[345] *Canaris*, Handelsrecht, 24. Aufl. 2006, § 1 Rn. 36.

Will man Kleinunternehmer als mittlere Kategorie einführen, liegt es nahe, auf diese zumindest bestimmte Bereiche des Verbraucherschutzrechts anzuwenden. Diese Lösung würde der oben befürworteten Ausweitung einer mittleren Kategorie im Arbeitsrecht entsprechen.[346] Gefordert wird eine punktuelle Einbeziehung von Kleinunternehmern in das Verbraucherschutzrecht vor allem im anglo-amerikanischen Rechtskreis, dort neben Teilen der Literatur[347] auch von verschiedenen Organisationen, z.B. von der US-amerikanische Kleinunternehmensberatung Fundera[348] oder der britische Federation of Small Businesses.[349] Verwirklicht wurde dies z.B. im australischen Consumer Law, wo der Verbraucherschutz vor unfairen Vertragsbedingungen zum 12.11.2016 auf Unternehmen mit weniger als 20 Arbeitnehmern ausgedehnt wurde.[350] Auch in speziellen Bereichen des englischen Rechts wurde bereits eine Gleichbehandlung verwirklicht bzw. geplant: Im Telekommunikations- und Medienbereich erstreckt das Office of Communications das Verbraucherschutzrecht unter Berufung auf den Communication Act 2003 auf Unternehmen mit weniger als 10 Arbeitnehmern; im Energiesektor macht das Office of Gas and Electricity Markets die Anwendung jeder verbraucherschützender Regelung hingegen davon abhängig, dass sie im Einzelfall angemessen ist; in dem rechtlich komplexen Finanzsektor werden verbraucherschützende Regelungen zumindest teilweise auf gewerbliche Kunden angewandt; und im Wassersektor überprüft die Water Services Regulation Authority gegenwärtig die Einbeziehung von kleinen Unternehmen in den Verbraucherschutz.[351]

Auch eine punktuelle Einbeziehung von Kleinunternehmern in den Verbraucherschutz belastet die andere Partei mit Kosten, die sie von einem Vertragsschluss abschrecken und sich daher letztlich auch zum Nachteil der Kleinunternehmer selbst auswirken können. Der diesbezügliche Einwand gegen eine vollumfängliche Einbeziehung in das Verbraucherschutzrecht gilt damit auch hier, wenngleich in abgeschwächter Form. Aus diesem Grund muss sich auch eine punktuelle Anwendung des Verbraucherschutzrechts auf wirklich notwendige Bereiche beschränken, in denen ein wirkliches Schutzbedürfnis der Kleinunternehmer besteht. Zu klären ist daher, welche Bereiche des Verbraucherschutzrechts auf Kleinunternehmer angewandt werden sollen.

---

[346] Dazu oben § 8 D) II. 2.

[347] *Freilich/Webb*, University of Western Australia Law Review 2013, 134 (154 f.).

[348] Vgl. die Stellungnahme von *McCarthy*, abrufbar unter https://www.fundera.com/blog/small-businesses-deserve-the-same-legal-protections-as-consumers-when-seeking-a-loan, Stand: 10.5.2017.

[349] Vgl. *Fletcher/Karatzas/Kreutzmann-Gallasch*, Small Businesses As Consumers, 2014, S. 4, 20 ff.

[350] Section 23 des australischen Consumer Law, vgl. http://www.diamondconway.com.au/extension-of-consumer-protection-laws-to-benefit-small-businesses/, Stand: 10.5.2017.

[351] https://www.fsb.org.uk/media-centre/press-releases/small-businesses-need-better-consumer-protection-says-fsb-pr-2014-14, Stand: 10.5.2017.

aa) Mögliche Anwendungsbereiche

(1) Verbraucherkreditrecht

Fletcher et al sehen das größte Bedürfnis für einen gesteigerten Schutz für Kleinunternehmer im Finanz-, Energie- und Telekommunikationssektor, da die hier abgeschlossenen Verträge komplex und von großer wirtschaftlicher Tragweite sind, Unsicherheiten und Risiken beinhalten und wenig Lernen aus vergangenen Fehlern erlauben.[352] In der Tat können gerade Finanzprodukte erhebliche Verluste bewirken, die kleine Unternehmen auch im Falle gut laufender Geschäfte bedrohen. Kleinunternehmer haften für ihre Kredite regelmäßig persönlich mit ihrem Privatvermögen, sodass ein Scheitern existenzgefährdend ist.[353] Das Verbraucherkreditrecht der §§ 491 ff. BGB dient in besonderem Maße der Kompensation einer gestörten Vertragsparität, da es in diesem Bereich typischerweise an Einstellung, Bereitschaft und praktischer Durchführbarkeit der Geschäftsanalyse im privaten Handeln fehlt.[354] Verwirklicht wird dies neben dem Widerrufsrecht nach § 495 BGB vor allem durch vorvertragliche Informationspflichten nach § 491a Abs. 1 BGB, Art. 247 EGBGB. Die von der Verhaltensökonomik herausgearbeiteten typischen Wahrnehmungsverzerrungen und Heuristiken, die das menschliche Erkenntnisvermögen beeinträchtigen und damit rationale Entscheidungen erschweren, erfordert gerade im Darlehensrecht eine hinreichende Versorgung des Darlehensnehmers mit Informationen.[355] Da Kleinunternehmer von diesen Wahrnehmungsverzerrungen und Heuristiken wie gezeigt in ähnlichem Maße betroffen sind wie Verbraucher,[356] besteht somit ein vergleichbares Bedürfnis nach einer Informationsversorgung. Vor diesem Hintergrund wäre eine Anwendung der vorvertraglichen Informationspflichten zu begrüßen.[357] Sinnvoll übertragen lassen sich jedoch nur die Informationspflichten bei Allgemein-Verbraucherdarlehensverträgen nach Art. 247 § 3 EGBGB, da vorvertragliche Information bei Immobiliar-Verbraucherdarlehensverträgen gem. Art. 247 § 3 EGBGB in erster Linie die ordnungsgemäße Durchführung der – im unternehmerischen Rechtsverkehr nicht vorgesehenen – Kreditwürdigkeitsprüfung nach §§ 505a ff. BGB gewährleisten soll.[358] Das Widerrufsrecht nach § 495 BGB sollte hingegen nicht auf Kleinunternehmer angewandt werden, da dieses den

---

[352] *Fletcher/Karatzas/Kreutzmann-Gallasch*, Small Businesses As Consumers, 2014, S. 16.
[353] *McCarthy*, abrufbar unter https://www.fundera.com/blog/small-businesses-deserve-the-same-legal-protections-as-consumers-when-seeking-a-loan, Stand: 10.5.2017.
[354] *Bülow*, in: Bülow/Arzt, Verbraucherkreditrecht, 9. Aufl. 2016, Einführung Rn. 44.
[355] *M. Roth*, in: Langenbucher/Bliesener/Spindler, Bankrechts-Kommentar, 2. Aufl. 2016, Vor § 491 BGB Rn. 6.
[356] Siehe oben B) III.
[357] Dafür etwa *Brown*, Common Law World Review 2012, 59 ff.
[358] Vgl. dazu *Artz*, in: Bülow/Arzt, Verbraucherkreditrecht, 9. Aufl. 2016, § 491a BGB Rn. 21a.

Vertragspartner mit einer für den unternehmerischen Rechtsverkehr unangemessenen Unsicherheit über den Fortbestand des Vertrags belasten würde.[359]

Eine solche punktuelle Anwendung des Verbraucherkreditrechts bewirkt eine abgestufte Lösung: Während Verbrauchern (einschließlich Existenzgründern) die vollumfängliche Regulierung zukommt, gilt für Kleinunternehmer ein abgeschwächter Schutz. Diese Lösung entspricht der gesetzlichen Konzeption der AGB-Kontrolle: Diese greift für Verbraucher in vollem Umfang, im unternehmerischen Rechtsverkehr jedoch nur in abgeschwächtem Umfang ein. Gem. § 310 Abs. 1 S. 1 BGB finden im unternehmerischen Rechtsverkehr die Einbeziehungsvoraussetzungen gem. § 305 Abs. 2 und 3 BGB sowie die besonderen Klauselverbote der §§ 308, 309 BGB keine Anwendung, sodass sich die AGB-Kontrolle maßgeblich auf die Generalklausel des § 307 BGB stützt.[360]

(2) Sonstige Bereiche

Der vom australischen Recht gewährte Verbraucherschutz vor unfairen Vertragsbedingungen ist in Deutschland schon in Form des für alle Unternehmen geltenden AGB-Rechts verwirklicht, das im nächsten Abschnitt eingehend behandelt wird. Weiter ginge lediglich die Anwendbarkeit der spezifisch verbraucherrechtlichen Regelung des § 310 Abs. 3 BGB. Ein dahingehendes Schutzbedürfnis ist jedoch nicht ersichtlich, da die AGB-Kontrolle nach der Rechtsprechung auch im unternehmerischen Verkehr sehr weit geht und ein (zu) hohes Schutzniveau erfahren hat.[361] Auch für das Widerrufsrecht bei Haustür- und Fernabsatzgeschäften nach §§ 312b ff. BGB fehlt es an einem Schutzbedürfnis. Das Haustürwiderrufsrecht soll dem Befund Rechnung tragen, dass ein Verbraucher außerhalb von Geschäftsräumen möglicherweise psychisch unter Druck steht oder einem Überraschungsmoment ausgesetzt ist,[362] und auch bei Fernabsatzverträgen soll ein Kundenschutz vor den besonderen Gefahren des elektronischen Geschäftsverkehrs erreicht werden.[363] Von Kleinunternehmern kann jedoch durchaus erwartet werden, dass sie unternehmensbezogene Geschäfte auch in einer Haustür- oder Fernabsatzsituation hinreichend durchdenken und kalkulieren. Es wurde bereits darauf hingewiesen, dass ein zweiwöchiger Schwebezustand im unternehmerischen Rechtsverkehr unangemessen wäre. Ein Mindestschutz vor den Gefahren des elektronischen Rechtsverkehrs wird auch im unternehmerischen Rechtsverkehr durch die Buttonlösung des § 312j BGB (§ 312g BGB a.F.) erreicht.

---

[359] Dafür etwa *Brown*, Common Law World Review 2012, 59 ff.
[360] Diese Konzeption wird freilich durch die Rechtsprechung aufgeweicht, wonach im Rahmen des § 307 Abs. 1 BGB in breitem Umfang die Wertungen der §§ 308, 309 BGB zu berücksichtigen sind, dazu eingehend unten § 10 C).
[361] Dazu eingehend unten § 10 C) I.
[362] *Wendehorst*, in: MünchKomm-BGB, 7. Aufl. 2016, § 312b Rn. 2.
[363] BT-Drucks. 14/6040, S. 169 f.; *Staudinger/Thüsing*, BGB, Bearb. 2012, Vorb. zu §§ 312b – i, Rn. 1.

Ebenso ist kein Schutzbedürfnis für die Anwendung des Verbrauchsgüterkaufrechts nach §§ 474 ff. BGB ersichtlich, da das allgemeine Leistungsstörungs- und Mängelgewährleistungsrecht einen hinreichenden Schutz bieten dürfte.

bb) Definition der mittleren Kategorie

Bei der punktuellen Anwendung des Verbraucherschutzrechts stellt sich weiterhin die schwierige und bislang offen gelassene Frage, wie die mittlere Kategorie in diesem Zusammenhang zu definieren und damit der verbraucherschutzrechtliche Schwellenwert zu bestimmen ist.[364] Soll das Verbraucherschutzrecht nur in abgeschwächter Form auf Kleinunternehmer angewandt werden, also ein eigenes Regime für diese Kategorie geschaffen werden, muss der Anwendungsbereich dieses Regimes genau festgelegt werden. Hierbei werden die bereits im Rahmen der allgemeinen Begriffsbestimmung von kleinen Unternehmen geschilderten Gesichtspunkte virulent:[365] Eine zu enge Definition würde solche Unternehmen ausgrenzen, die eine unterschiedliche Behandlung von größeren Unternehmen verdienen; und eine zu weite Definition würde jede Unterscheidungskraft beseitigen und damit den Grund für ein eigenständiges Regime.[366] Drei Kategorien bedeuten zwei Grenzen. Die Grenze zwischen Kleinunternehmern und Verbrauchern dürfte nach der von §§ 13, 14 BGB verfolgten Abgrenzung anhand der Zweckrichtung des in Rede stehenden Vertrags – gewerblich oder privat – einfach zu bestimmen sein, sodass das Kriterium der Unternehmereigenschaft Verbraucher ohne weiteres ausschließen würde.

Schwieriger zu bestimmen ist hingegen die Grenze zwischen Kleinunternehmern und größeren Unternehmen. Im Handelsrecht und im Arbeitsrecht lassen sich die Schwellenwerte noch relativ klar festlegen: Die Kaufmannseigenschaft kann teleologisch sinnvoll nur im Hinblick auf die im HGB geregelten spezifisch kaufmännischen Einrichtungen wie Buchführung und Bilanzierung, Führung einer Firma sowie eine kaufmännische Ordnung der Vertretung bestimmt werden;[367] bei der Befreiung von Kleinunternehmern von arbeitsrechtlichen Regelungen ist richtigerweise nur eine Anknüpfung an die Arbeitnehmerzahl möglich;[368] und bei der Einbeziehung von Kleinunternehmern in arbeitsrechtliche Regelungen sind die Anknüpfungspunkte mit wirtschaftlicher Abhängigkeit bzw. Verpflichtung zur persönlichen Arbeit ebenfalls klar.[369] Im

---

[364] *Fletcher/Karatzas/Kreutzmann-Gallasch*, Small Businesses As Consumers, 2014, S. 28; eingehend *Garvin*, 40 Wake Forest Law Review [2005], 295 (368 ff.); vgl. auch *Pfeiffer*, NJW 2012, 2609 (2611).
[365] Dazu oben § 1 B).
[366] *Garvin*, 40 Wake Forest Law Review [2005], 295 (375).
[367] Vgl. *Canaris*, Handelsrecht, 24. Aufl. 2006, § 3 Rn. 9, der maßgeblich auf die Frage abstellt, ob ein ordnungsgemäßes Wirtschaften die Anwendung der Grundsätze kaufmännischer Buchführung notwendig macht.
[368] Siehe oben § 7 C) II. 1. a).
[369] Siehe oben § 8 D) II.

Rahmen des Verbraucherschutzes kommt hingegen die gesamte Bandbreite an Anknüpfungspunkten und Größenwerten in Betracht, also Arbeitnehmerzahlen, Umsatzzahlen oder auch die Bilanzsumme. Ein am Sinn und Zweck orientierter Maßstab wie das handelsrechtliche Kriterium des Erfordernisses eines in kaufmännischer Weise eingerichteten Geschäftsbetriebs i.S.v. § 1 Abs. 2 HGB lässt sich dabei nicht ohne weiteres aufstellen. Die wirtschaftlichen Kriterien wie Umsatz oder Bilanzsumme wären z.B. im Hinblick auf den Zugang des Unternehmens zu Krediten, der für die Verbraucherähnlichkeit durchaus von Bedeutung ist, aussagekräftiger als die im australischen und englischen Recht herangezogenen Arbeitnehmerzahlen.[370] Hinzu kommt, dass die Größenzahlen für den Vertragspartner kaum erkennbar sind, da sie im unternehmensinternen Bereich angesiedelt sind und zumeist nicht öffentlich bekannt sind. Damit kann der Vertragspartner nicht zuverlässig bestimmen, ob Verbraucherschutzrechte zur Anwendung kommen.[371] Beschränkt man die Anwendbarkeit des Verbraucherschutzes allerdings wie hier vertreten auf das Verbraucherkreditrecht, könnte diese Rechtsunsicherheit in Kauf genommen werden, da Banken ohnehin schon im eigenen Interesse eingehende Informationen über den Darlehensnehmer einholen und daher – trotz einer inzwischen erheblichen Regulierungsdichte – entsprechende Erkundigungen kaum ins Gewicht fallen dürften. Da keine der genannten Kriterien in einem unmittelbaren teleologischen Zusammenhang mit dem Verbraucherkreditrecht steht, empfiehlt es sich, den Schwellenwert an die „Universallösung" der Mittelstandsempfehlung der Europäischen Kommission anzulehnen. Da die dort definierten Kleinunternehmen mit bis zu 49 Arbeitnehmern für den Verbraucherschutz nicht mehr in Betracht kommen, ist an die Definition von Kleinstunternehmen anzuknüpfen, die höchstens neun Arbeitnehmer beschäftigen sowie entweder höchstens zwei Mio. Euro Umsatz generieren oder höchstens eine Bilanzsumme von zwei Mio. Euro aufweisen.

Ein anderer Ausweg wird von dem Vorschlag von *Fletcher et al* eingeschlagen, die Schwellenwerte nicht (ausschließlich) an der Unternehmensgröße, sondern am Konsumniveau bzw. Transaktionsvolumen auszurichten.[372] Es wurde bereits im ökonomischen Teil gezeigt, dass die Transaktionsgröße neben der Unternehmensgröße ein geeigneter Parameter ist, die Effizienz von größenabhängigen Befreiungen zu messen.[373] Somit müsste sie umgekehrt auch für größenabhängige Einbeziehungen herangezogen werden können. Die Transaktionsgröße ist für den Vertragspartner weitaus leichter zu erkennen bzw. zu eruieren als unternehmensinterne Daten. Im deutschen Recht wird die Anknüpfung an

---

[370] *Garvin*, 40 Wake Forest Law Review [2005], 295 (378).
[371] *Fletcher/Karatzas/Kreutzmann-Gallasch*, Small Businesses As Consumers, 2014, S. 15.
[372] *Fletcher/Karatzas/Kreutzmann-Gallasch*, Small Businesses As Consumers, 2014, S. 30.
[373] Siehe oben § 2 B) I. 1. b) aa); § 5 D) II.

das Transaktionsvolumen teilweise im Rahmen der AGB-Kontrolle im unternehmerischen Rechtsverkehr befürwortet, wonach Verträge ab einem bestimmten Volumen von der AGB-Kontrolle ausgenommen werden sollen.[374] Da dieser Ansatz nicht auf die Einbeziehung, sondern im Gegenteil auf die Herausnahme – nämlich von größeren Unternehmen – aus einem rechtlichen Schutzinstitut abzielt, sind die hierzu vorgeschlagenen Zahlen, die von 500.000 bis eine Mio. Euro reichen, im hiesigen Zusammenhang ungeeignet. Vielmehr müsste eruiert werden, in welchem Rahmen sich die Transaktionsvolumen der Verträge von Kleinunternehmern, die in den Verbraucherschutz einbezogen werden sollen, typischerweise bewegen. Dies kann durchaus von Vertragstyp zu Vertragstyp unterschiedlich sein und im Gesetz geregelt werden, da die Definition von Kleinunternehmern nicht in den § 13 f. BGB, sondern – wie bei den Arbeitnehmerähnlichen – in den jeweiligen Bereichen des Verbraucherschutzrechts geregelt werden sollte. Bei der hier befürworteten Anwendung des Verbraucherkreditrechts könnte an die in § 513 BGB genannte Schwelle von 75.000 Euro angeknüpft werden, der den oberen Anwendungsbereich der Verbraucherkreditrichtlinie 2008/48/EG[375] markiert, Art. 2 Abs. 1 lit. c) der Richtlinie. Da die Anknüpfung an die Transaktionsgröße jedoch potentiell auch große Unternehmen erfasst, welche schlechterdings keines Verbraucherschutzes bedürfen, bleibt die Orientierung an der Mittelstandsempfehlung der Europäischen Kommission im Bereich des Verbraucherkreditrechts vorzugswürdig.

cc) Ergebnis und Regelungsvorschlag

Auf Kleinunternehmer sollten die verbraucherkreditrechtlichen vorvertraglichen Informationspflichten für Allgemein-Verbraucher nach § 491a BGB, Art. 247 § 3 EGBGB angewandt werden. Die Anwendung weiterer Bereiche des Verbraucherschutzrechts ist entbehrlich. Die Definition von Kleinunternehmern sollte sich an der der Mittelstandsempfehlung der Europäischen Kommission orientieren. Vor diesem Hintergrund wird folgende Regelung vorgeschlagen, die § 513 BGB um einen Abs. 2 ergänzt:

„Die vorvertraglichen Informationspflichten nach § 491a Abs. 1 BGB, Art. 247 § 3 EGBGB gelten auch gegenüber Unternehmern gem. § 14 BGB, die nicht mehr als neun Arbeitnehmer beschäftigen sowie entweder einen Jahresumsatz von höchstens zwei Millionen Euro oder eine Bilanzsumme von höchstens zwei Millionen Euro haben, es sei denn, der Nettodarlehensbetrag oder Barzahlungsbetrag übersteigt 75 000 Euro."

---

[374] Vgl. *Becker,* JZ 2010, 1098 (1105); *Leuschner,* JZ 2010, 875 (884), dazu näher unten § 10 C) II. 2. b).

[375] Richtlinie 2008/48/EG des Europäischen Parlaments und des Rates v. 23.4.2008 über Verbraucherkreditverträge und zur Aufhebung der Richtlinie 87/102/EWG des Rates.

E) Zusammenfassung

Das Verbraucherschutzrecht dient in erster Linie dem Schutz des im Rechtsverkehr typischerweise unterlegenen Verbrauchers und damit dem Schwächerenschutz. Daneben erfüllt es aber auch ökonomische Funktionen, namentlich die Herstellung von Effizienz, der Verwirklichung des Binnenmarktes sowie der Generierung von Nachfrage. In der verbraucherrechtlichen Dichotomie von Verbrauchern und Unternehmern sind Kleinunternehmer im Hinblick auf die Parameter Ressourcen, Information und Erkenntnisvermögen eher mit Verbrauchern vergleichbar. Zugunsten von Kleinunternehmern kommt sowohl eine Befreiung vom Verbraucherschutz gegenüber Verbrauchern als auch eine Einbeziehung in den Verbraucherschutz gegenüber anderen (größeren) Unternehmen in Betracht. Der ökonomische Ansatz ist jeweils ambivalent. Der verfassungsrechtliche Ansatz über Art. 3 Abs. 1 GG gebietet die Einbeziehung speziell von Existenzgründern in den Verbraucherschutz, da diese „wesentlich gleich" sind. Im Übrigen spricht auch der gerechtigkeitsorientierte Ansatz für einen verbraucherrechtlichen Schutz von Kleinunternehmern.

Was die Umsetzung des Schutzes anbelangt ist eine größenabhängige Befreiung von Kleinunternehmern de lege lata nicht möglich und de lege ferenda nicht sinnvoll. Die Einbeziehung von Kleinunternehmern in den Verbraucherschutz ist de lege lata nur bei Arbeitnehmerähnlichen und Scheinselbständigen möglich. De lege ferenda ist die Einbeziehung aller Kleinunternehmer oder gar aller Unternehmer abzulehnen. Anzustreben ist daher die Entwicklung eines beweglichen Systems, das abgestufte Lösungen vorsieht. Insoweit sind Existenzgründer als besondere Gruppe von Kleinunternehmern vollumfänglich in das Verbraucherschutzrecht einzubeziehen. Auf sonstige Kleinunternehmer sollte zumindest das Verbraucherkreditrecht angewandt werden. Der entsprechende Schwellenwert sollte sich dabei an der Mittelstandsempfehlung der Europäischen Kommission für Kleinstunternehmen orientieren.

§ 10 AGB-Kontrolle
von Kunden- und Lieferantenverträgen

Nachdem die Inhaltskontrolle von Arbeitsverträgen bereits in einer eigenständigen Veröffentlichung behandelt wurde,[376] wird nun die AGB-Kontrolle im allgemeinen Zivilrecht untersucht, also insbesondere diejenige von Kunden- und Lieferantenverträgen. Das klassische deutsche AGB-Recht wird typischerweise

---

[376] *Stöhr*, ZfA 2013, 213 ff.

nicht dem soeben behandelten Verbraucherrecht zugeordnet.[377] In teleologischer Hinsicht wird angenommen, dass die Schutzbedürftigkeit des Vertragspartners nicht von seiner Einstufung als Verbraucher oder als Unternehmer abhängt.[378] Auch in der praktischen Anwendung ist der Kontrollstandard der Inhaltskontrolle im unternehmerischen Verkehr substantiell derselbe wie beim Verbrauchervertrag, wie noch zu zeigen ist.[379] Bei Verbraucherverträgen wird nach § 310 Abs. 3 BGB vor allem der Anwendungsbereich der AGB-Kontrolle erweitert und eine Würdigung der Begleitumstände vorgeschrieben.[380] Während die AGB-Kontrolle auch in der zivilrechtlichen Literatur einen sehr breiten Raum einnimmt, wird sie im Hinblick auf kleine Unternehmen vergleichsweise wenig diskutiert. Darum soll es in diesem Abschnitt gehen.

Es wurde bereits dargelegt, dass die AGB-Kontrolle in die grundrechtlich geschützte Vertragsfreiheit eingreift, sodass sie einem legitimen Ziel dienen und angemessen sein muss.[381] Für den arbeitsvertraglichen Bereich ist die Angemessenheit der Inhaltskontrolle in ihrer von der Rechtsprechung praktizierten Weise zu verneinen.[382] Dort geht es ausschließlich um die Rolle von kleinen Unternehmen als „Verwender" von AGB. In diesem Abschnitt wird sowohl die Rolle von kleinen Unternehmen als Verwender als auch ihre Rolle als Vertragspartner beleuchtet. Nach einer Skizzierung der Grundlagen (unten A)) wird zunächst die AGB-Kontrolle gegenüber Verbrauchern behandelt (unten B)). Insoweit treten Kleinunternehmer wohl ausschließlich als Verwender auf. Sodann wird die AGB-Kontrolle im unternehmerischen Rechtsverkehr untersucht (unten C)), wobei Kleinunternehmer sowohl als Verwender als auch als Vertragspartner betroffen sein können.

---

[377] *Leuschner*, AcP 207 [2007], 491 (505); *Pfeiffer*, NJW 2012, 2609 (2611).
[378] *Becker*, JZ 2010, 1098 (1104); *Leuschner*, AcP 207 [2007], 491 (523), *Kötz*, JuS 2003, 209 (2011).
[379] *Schmidt-Kessel*, AnwBl 2012, 308; dazu unten C) I. 1.
[380] Zur nachträglichen Integration des Verbraucherschutzes siehe *Leuschner*, AcP 207 [2007], 491 (505 ff.).
[381] *Stöhr*, ZfA 2013, 213 (215); allgemein *ders.* AcP 214 [2014], 425 (448); dazu oben § 5 C) IV.
[382] *Stöhr*, ZfA 2013, 213 (229 ff.).

A) Grundlagen der AGB-Kontrolle im Bürgerlichen Recht

I. Bedeutung von AGB im Rechts- und Wirtschaftsleben

Allgemeine Geschäftsbedingungen (AGB) sind im heutigen Rechts- und Wirtschaftsleben nicht mehr wegzudenken und begegnen einem im Kreißsaal mit den AGB für Krankenhäuser über die AGB der Banken und Versicherungen bis zu den Allgemeinen Bestattungsbedingungen.[383] Auch im unternehmerischen Rechtsverkehr sind die meisten der dort getroffenen Vereinbarungen nach den Maßstäben der Rechtsprechung als AGB zu qualifizieren.[384]

In einer Marktwirtschaft erfüllen AGB im Wesentlichen drei Funktionen: Sie dienen insbesondere bei Massengeschäften der Rationalisierung, indem sie die Rechtsbeziehungen zu den einzelnen Vertragspartnern einheitlich gestalten und damit den Geschäftsverkehr effizienter und kostengünstiger machen; Sie dienen der Lückenausfüllen, sofern für den in Rede stehenden Vertragstypus dispositive Regeln nicht vorhanden oder nicht passend sind; vor allem aber dienen sie der Abwälzung von Risiken und Lasten auf den Vertragspartner.[385] Was den Anwendungsbereich von AGB anbelangt lässt sich zwischen den Bereichen Unternehmer/Verbraucher und Unternehmer/Unternehmer unterscheiden, die häufig mit den englischen Abkürzungen B2C (Business-to-Consumer) bzw. B2B (Business-to-Business) bezeichnet werden.[386]

II. Zweck der AGB-Kontrolle

Da die AGB-Kontrolle wie gezeigt in die Vertragsfreiheit des Verwenders eingreift und daher der verfassungsrechtlichen Rechtfertigung bedarf,[387] ist der Zweck der AGB-Kontrolle in besonderem Maße begründungsbedürftig. Anerkannt ist, dass sie einer Missbrauchsgefahr begegnen soll. Über deren Ursache besteht allerdings Uneinigkeit. Nach der traditionellen Sichtweise liegt sie in einem strukturellen Ungleichgewicht: Während der Verwender die Bindungen im Vorhinein ohne Zeitdruck und durchaus auch unter Inanspruchnahme rechts-

---

[383] *Leuschner*, JZ 2010, 875.
[384] So anschaulich *Wolf/Neuner*, Allgemeiner Teil des Bürgerlichen Rechts, 11. Aufl. 2016, § 47 Rn. 1.
[385] *Wolf/Neuner*, Allgemeiner Teil des Bürgerlichen Rechts, 11. Aufl. 2016, § 47 Rn. 3; *Kessel*, AnwBl 2012, 293; eingehend *Staudinger/Schlosser*, BGB, Bearb. 2013, § 305 Rn. 3 ff.; *Stoffels*, AGB-Recht, 3. Aufl. 2015, Rn. 67 ff.
[386] Diese Abkürzungen haben inzwischen sogar Einzug in die Rechtsprechung gehalten, vgl. OLG Köln, MMR 2012, 535 (536); OLG Sachsen-Anhalt, OLGSt ElektroG § 2 Nr. 1, aus der Literatur siehe etwa *Oetker*, AcP 212 [2012], 202 (203).
[387] Siehe *Oetker*, AcP 212 [2012], 202 (215 ff.); *Stöhr* AcP 214 [2014], 425 (448); speziell zum Arbeitsrecht *ders.*, ZfA 2013, 213 (215).

kundiger Beratung in seinem Sinne ausformulieren kann,[388] stehe der Vertragspartner oft unter dem Druck einer konkreten Abschlusssituation, sei mit dem Lesen und Verstehen der AGB nicht selten intellektuell überfordert und erliege leicht der Scheinautorität des Gedruckten.[389] Nach dieser Ansicht dient die AGB-Kontrolle somit dem Schwächerenschutz und ist mit den Interessen der am jeweiligen Rechtsgeschäft beteiligten Parteien legitimiert. Im Arbeitsrecht, wo überwiegend eine strukturelle Unterlegenheit des Arbeitnehmers angenommen wird, herrscht dieser Ansatz noch immer vor.[390]

Einer zunehmend vertretenen, ökonomisch orientierten Ansicht zufolge beruht die Missbrauchsgefahr hingegen auf einem rationalen Desinteresse des Vertragspartners, die im Verhältnis zum Verwender zu einer Informationsasymmetrie führt.[391] Dieser Ansatz beruht auf der Erkenntnis, dass die Parteien regelmäßig keine Vertragsverhandlungen mehr führen, wenn Verträge unter Einbeziehung von AGB geschlossen werden: Die Prüfung des genauen Inhalts der AGB, die Führung von Vertragsverhandlungen mit dem Ziel ihrer Abänderung sowie der Vergleich der AGB mit den Bedingungswerken anderer Verwender hätte nämlich nicht unerhebliche Transaktionskosten zur Folge, die in der Regel weitaus höher sind als der Vorteil.[392] Da der Vertragspartner vorformulierte Vertragsbedingungen deshalb von vornherein wenig beachtet und seine Aufmerksamkeit zudem auf bestimmte, für ihn günstige Bestimmungen gelenkt werden kann, könnte der Verwender an anderer Stelle unbemerkt Klauseln verwenden, die den Vertragspartner besonders belasten. Da der Verwender auf diese Weise einen Wettbewerbsvorteil gegenüber seinen Konkurrenten gewinnen könnte, seien diese veranlasst, mit ähnlichen Klauseln nachzuziehen. Dadurch drohe eine allgemeine Qualitätsabsenkung der Klauseln im Sinne eines „race to the bottom", weshalb es die Aufgabe der Inhaltskontrolle sei, eine gewisse Mindestqualität von vorformulierten Vertragsklauseln sicherzustellen.[393] Nach diesem Ansatz dient die AGB-Kontrolle somit keinen individuellen, sondern kollektiven Interessen. Danach wäre eine AGB-Klausel unwirksam, wenn

---

[388] Insoweit auch *Becker*, JZ 2010, 1098 (1101); *Leuschner*, JZ 2010, 875 (879), die daher eine situative Unterlegenheit des Vertragspartners annehmen.

[389] Vgl. BR-Drucks. 586/71, S. 8; BGHZ 126, 326 (333), BGH WM 2004, 794 (795); *Müller/Griebler/Pfeil*, BB 2009, 2658 (2665); *Staudinger/Coester*, BGB, Bearb. 2013, § 307 Rn. 3. In diesem Sinne auch die meisten Vorträge und Diskussionen auf dem Symposium des DAV und des Deutschen Juristentags vom 19.1.2012, wie *Kieninger*, AnwBl 2012, 301 feststellt.

[390] BAG NZA 2004, 484 (485); *Söllner*, ZfA 2003, 145 (150); *Günther*, AGB-Kontrolle von Arbeitsverträgen, 2007, S. 30 ff.; dazu oben § 8 A) I. 1.

[391] *Basedow*, in: MünchKomm-BGB, 7. Aufl. 2016, Vorb. §§ 305 ff. Rn. 4; *Wurmnest* a.a.O., § 307 Rn. 41; *Kieninger*, AnwBl 2012, 301 f.; *Kötz*, JuS 2003, 209 (210 ff.); *Leyens/Schäfer*, AcP 210 [2010], 771 (779 ff.); dazu bereits oben § 8 A) I. 2.

[392] *Basedow*, in: MünchKomm-BGB, 7. Aufl. 2016, Vorb. §§ 305 ff. Rn. 4; *Wurmnest* a.a.O., § 307 Rn. 41; *Kötz*, JuS 2003, 209 (211).

[393] *Adams*, BB 1989, 781 (783 f.); *Kötz*, JuS 2003, 209 (211); *Schäfer/Ott*, Lehrbuch der ökonomischen Analyse des Zivilrechts, 5. Aufl. 2012, S. 514 f.

sie von derjenigen Vertragsvereinbarung abweicht, zu der die Parteien gelangt wären, wenn man sich das Marktversagen wegdenkt und davon ausgeht, dass sie über den streitigen Punkt in einer hypothetischen Welt ohne Transaktionskosten verhandelt hätten.[394] In diesem Fall würde das vertragliche Risiko, welches in dem Vertrag zu verteilen ist, von derjenigen Partei übernommen worden sein, die es mit geringeren Kosten als die andere abwenden („cheapest cost avoider") bzw. versichern („cheapest insurer") kann.[395] Im Arbeitsrecht ist dieser Ansatz nicht tragfähig, da die Vertragsbestimmungen typischerweise nicht im „Kleingedruckten", sondern klar erkennbar im eigentlichen Vertragstext geregelt sind und Arbeitnehmer den Vertragsbestimmungen aufgrund der Bedeutung eines Arbeitsvertrags größere Aufmerksamkeit schenken dürften als den AGB beim Kauf eines Konsumguts.[396] Im allgemeinen Zivilrecht erscheint dieser Ansatz hingegen vorzugswürdig.[397]

III. Ökonomische Auswirkungen der AGB-Kontrolle

Bei der Vertragsgestaltung ist die AGB-Kontrolle heute allgegenwärtig. Auch im unternehmerischen Rechtsverkehr kann ihr kaum ein Unternehmen entkommen, und zwar nicht nur große, sondern auch kleine Unternehmen.[398] Dies liegt neben dem weiten AGB-Begriff des § 305 Abs. 1 S. 1 BGB insbesondere an den hohen Anforderungen, die an Individualabreden i.S.v. § 305 Abs. 1 S. 3 BGB gestellt werden.[399] Wie jede staatliche Regulierung verursacht auch die AGB-Kontrolle Kosten.[400] Der Rationalisierungseffekt von standardisierten Vertragsbedingungen geht durch ihre Kontrolle und ggf. Unwirksamkeit zumindest teilweise verloren.[401] Nach der Lehre der neuen Institutionenökonomik lässt sich zwar eine Effizienz einer Klauselkontrolle nicht von vornherein bestreiten, da freie, unregulierte Märkte im Falle eines Marktversagens gerade nicht effizient sind.[402] Ein solches ist nach dem oben skizzierten ökonomischen Modell in Form des „race to the bottom" gegeben.[403] Die AGB-Kontrolle zwingt die Verwender dazu, in

---

[394] *Kötz*, JuS 2003, 209 (211); *Wurmnest*, in: MünchKomm-BGB, 7. Aufl. 2016, § 307 Rn. 41.
[395] *Wurmnest*, in: MünchKomm-BGB, 7. Aufl. 2016, § 307 Rn. 42.
[396] *Stöhr*, ZfA 2013, 213 (216 f.).
[397] *Becker*, JZ 2010, 1098 (1100) sieht darin im unternehmerischen Rechtsverkehr sogar das einzige überzeugende Konzept; a.A. *Salger/Schröder*, AnwBl 2012, 683 (689), nach denen Unternehmer vor dem „Kleingedruckten" nicht geschützt werden müssten.
[398] *Kessel*, AnwBl 2012, 293; *Maier-Reimer*, NJW 2017, 1.
[399] Dazu eingehend unten C) II. 4.
[400] Dazu allgemein oben § 3 B) I. 1. b) aa) (1).
[401] *Salger/Schröder*, AnwBl 2012, 683 (689).
[402] Vgl. *Williamson*, Journal of Law and Economics 22 (1979), 233 ff.; dazu bereits oben § 5 E) I. 1. b) bb) (1) (a) (cc).
[403] *Adams*, BB 1989, 781 (783 f.); *Drexl*, Die wirtschaftliche Selbstbestimmung des Verbrauchers, 1998, S. 330 f.

die Vertragsgestaltung Ressourcen wie Zeit, Informationskosten und ggf. rechtliche Beratung zu investieren, die im Falle der Unwirksamkeit einer Klausel überdies verschwendet waren.[404] *Salger/Schröder* bezeichnen es als den „blanken Horror" für jedes rational und rationell arbeitende Unternehmen, wenn sämtliche Vertragsklauseln, die mehr als ein- oder zweimal verwendet wurden oder auch nur verwendet werden sollen, der verschärften Inhaltskontrolle unterliegen.[405] Eine besondere Kostengefahr liegt in der Unwirksamkeit von Haftungsausschlüssen und -begrenzungen, welche die Geltung der – gem. § 276 Abs. 1 S. 1 BGB bereits ab leichtester Fahrlässigkeit eingreifenden und daher potentiell existenzbedrohenden – gesetzlichen Haftung zur Folge hat. *Christian Kessel* hält die strengen und schwer durchschaubaren Anforderungen an eine vertragliche Risikobegrenzung sowohl im internationalen Vergleich als auch in wirtschaftlicher und rechtspolitischer Hinsicht für inakzeptabel.[406] Von solchen Kosten werden kleine Unternehmen als Verwender einmal mehr verhältnismäßig stärker betroffen als größere Unternehmen. In rechtstatsächlicher Hinsicht ist zudem festgestellt worden, dass je kleiner ein Unternehmen ist, desto eher AGB eingesetzt und desto weniger Vertragsbedingungen ausgehandelt werden.[407] Der weite AGB-Begriff und die strengen Anforderungen an das Aushandeln schaffen eine Rechtsunsicherheit, die kleine Unternehmen viel stärker trifft als größere Unternehmen, die sich eine rechtliche Beratung und damit den Aufwand einer den Anforderungen der Rechtsprechung an den Klauselinhalt und das Aushandeln von Individualabreden leisten können.[408] Auch hier zeigt sich wieder, dass von einer komplexen, schwer durchschaubaren Rechtslage die wirtschaftlich stärkere Partei profitiert.[409] Vor diesem Hintergrund wird teilweise konstatiert, dass die AGB-Kontrolle kleine Unternehmen als Verwender insgesamt stärker belastet, als sie ihnen als Vertragspartner gegenüber größeren Unternehmen nützt.[410]

IV. Grundlegende Schlussfolgerung im Hinblick auf kleine Unternehmen

Vor dem Hintergrund der Kostenbelastung ist es angezeigt, die Interessen von kleinen Unternehmen im Rahmen der AGB-Kontrolle angemessen zu berücksichtigen. In ökonomischer Hinsicht lässt sich dies neben der Kostenbelastung gerade für kleine Unternehmen mit den Gedanken des cheapest cost avoiders

---

[404] So bereits oben § 8 C) II.
[405] *Salger/Schröder*, AnwBl 2012, 683 (689).
[406] *Kessel*, AnwBl 2012, 293 (294).
[407] *Kessel*, AnwBl 2012, 293.
[408] *Kessel*, AnwBl 2012, 293.
[409] *Davidov*, A Purposive Approach to Labour Law, 2016, S. 122; *Garvin*, 40 Wake Forest Law Review [2005], 295 (382); dazu bereits oben § 6 B) III. 1.
[410] *Kessel*, AnwBl 2012, 292.

und des cheapest insurers begründen: Diese sprechen prinzipiell dafür, dass das von der Klausel geregelte Risiko am kostengünstigsten von dem größeren Unternehmen übernommen wird, da größere Unternehmen wie gezeigt kostenmäßig regelmäßig im Vorteil sind. Dies ist freilich immer im Einzelfall zu begründen. Im Verhältnis zwischen Kleinunternehmern und Verbrauchern dürften die Risiken freilich kostenmäßig am günstigsten von den Kleinunternehmern übernommen werden. In diesem Verhältnis ist einmal mehr zu berücksichtigen, dass eine rechtliche Privilegierung von kleinen Unternehmen einen Wettbewerbsnachteil bewirken kann, wenn die Kunden ihre Waren oder Dienstleistungen lieber bei größeren Unternehmen nachfragen, die einer schärferen AGB-Kontrolle unterliegen. Eine ähnliche Privilegierung müssten zudem Verbraucher als AGB-Verwender erfahren; denn es kann nicht sein, dass ein kleines Unternehmen als Verwender besser behandelt wird als ein Verbraucher-Verwender.

Neben dem ökonomischen Ansatz lässt sich auch der gerechtigkeitsorientierte Ansatz ins Feld führen, welcher juristische Gerechtigkeit über einen angemessenen Interessenausgleich definiert. Es wird gezeigt, dass die Prüfung einer unangemessenen Benachteiligung nach § 307 Abs. 1 S. 1 BGB eine Interessenabwägung erfordert, innerhalb derer die Besonderheiten von kleinen Unternehmen zu berücksichtigen sind. Erreichen lässt sich ein Schutz von kleinen Unternehmen als Verwender im Rahmen der AGB-Kontrolle durch eine Zurückdrängung des Anwendungsbereichs und der Kontrollintensität, was kleinen und großen Unternehmen gleichermaßen zugutekäme. Als Vertragspartner wäre eine Differenzierung nach der Unternehmensgröße wünschenswert. Im Folgenden wird untersucht, inwieweit dies de lege lata oder de lege ferenda möglich ist.

B) AGB-Kontrolle gegenüber Verbrauchern

Im Rechtsverkehr mit Verbrauchern treten kleine Unternehmen üblicherweise als Verwender von AGB auf. Ihre Interessen kollidieren daher mit den Interessen der Verbraucher, die nach der gesetzlichen Vorstellung des Verbraucherschutzrechts schutzwürdiger sind. Die allgemeine Stellung von Kleinunternehmern im Verbraucherschutzrecht wurde bereits behandelt und insbesondere eine größenabhängige Befreiung von dem Verpflichtungsbereich abgelehnt.[411] Bei der AGB-Kontrolle gilt dies somit auch für die Verschärfung zugunsten Verbraucher gem. § 310 Abs. 3 BGB. Darüber hinaus ist eine größenabhängige Befreiung von der AGB-Kontrolle erst recht nicht möglich, da diese als solche kein spezifisches Verbraucherschutzrecht ist und nicht etwa an die Unternehmereigenschaft, sondern

---

[411] Dazu oben § 9 C).

an die Verwendereigenschaft anknüpft. Auch Verträge zwischen Verbrauchern können der AGB-Kontrolle unterfallen. Zudem ist der Schutzzweck der AGB-Kontrolle – unabhängig davon, worin er genau besteht – auf Verbraucherseite jedenfalls einschlägig[412] und lässt daher keine Ausnahmen zugunsten eines möglicherweise seinerseits schutzbedürftigen Verwenders zu.[413] Da die AGB-Kontrolle daher nicht zu vermeiden ist, wird im Folgenden untersucht, inwieweit sich den Interessen von Kleinunternehmern im Rahmen der AGB-Kontrolle Rechnung tragen lässt.

I. Tatbestandsseite

1. Unternehmensgröße auf Verwenderseite als Abwägungsfaktor

Die AGB-Kontrolle erfordert bei den Klauselverboten des § 308 BGB, insbesondere aber bei der Generalklausel der unangemessenen Benachteiligung nach § 307 Abs. 1 S. 1 eine Interessenabwägung. Der Bundesgerichtshof betont mit Recht, dass die Beurteilung der Angemessenheit i.S.v. § 307 Abs. 1 S. 1 BGB in erster Linie auf einer sorgfältigen und alle Umstände des Falles in Betracht ziehende Ermittlung und Abwägung der Interessen beruht.[414] Dies kommt unmittelbar der Verwirklichung materieller juristischer Gerechtigkeit zugute, die nach dem hier vertretenen Verständnis durch einen angemessenen Interessenausgleich gekennzeichnet ist.[415] Ein angemessener Interessenausgleich setzt wie gezeigt voraus, dass überhaupt eine Abwägung stattfindet, dass sämtliche wesentliche Belange ermittelt und in die Abwägung einbezogen werden, dass das Abwägungsmaterial richtig gewichtet wird sowie dass die wesentlichen Belange richtig unter- und gegeneinander abgewogen werden.[416] Dies impliziert, die Besonderheiten von kleinen Unternehmen, namentlich deren spezifische Schwächen und Bedürfnisse, in die Abwägung einzubeziehen. Es fragt sich allerdings, ob die Dogmatik der AGB-Kontrolle dies erlaubt. Nach ganz überwiegender Ansicht ist nämlich bei der Prüfung einer unangemessenen Benachteiligung nach § 307 Abs. 1 S. 1 BGB ein überindividuell-generalisierender und typisierender, von den konkreten Umständen des Einzelfalles absehender Maßstab anzule-

---

[412] Daher wird auch eine Differenzierung nach der individuellen Schutzbedürftigkeit von Verbrauchen abgelehnt und insoweit ein einheitlicher Maßstab angelegt, vgl. *Pfeiffer*, in: Wolf/Lindacher/Pfeiffer, AGB-Recht, 6. Aufl. 2013, § 307 BGB Rn. 83.
[413] Ob dies auch im B2B-Bereich gilt, ist noch zu untersuchen, dazu unten C) II. 2.
[414] Vgl. BGH NJW 2000, 1110 (1112); BGH NJW 2005, 1774 (1775); *Staudinger/Coester*, BGB, Bearb. 2013, § 307 Rn. 96; *Wurmnest*, in: MünchKomm-BGB, 7. Aufl. 2016, § 307 Rn. 33.
[415] *Stöhr*, Rechtstheorie 2013, 159 (183 ff.), dazu oben § 5 E) I. 1. b) cc).
[416] *Stöhr*, Rechtstheorie 2013, 159 (187), dazu oben § 5 E) I. 1. b) cc) (1).

gen.[417] Abzuwägen sind danach die Interessen des Verwenders gegen diejenigen der typischerweise beteiligten Durchschnittskunden.[418] Zu prüfen ist also, ob der Klauselinhalt generell unter Berücksichtigung der typischen Interessen der beteiligten Verkehrskreise eine unangemessene Benachteiligung des Vertragspartners bewirkt.[419]

Der generalisierende Maßstab gilt allerdings nur auf Seiten des geschützten Vertragspartners, nicht für den Verwender selbst.[420] In die Feststellung und Bewertung der Verwenderinteressen können daher auch besondere individuelle Umstände einfließen, die beim jeweiligen Abschluss der fraglichen Art von Rechtsgeschäften nur für ihn und nicht auch für seine Wettbewerber im Markt oder andere vergleichbare AGB-Verwender von Bedeutung sind.[421] Schon aus den Funktionen der AGB und dem begrenzten Schutzzweck der Inhaltskontrolle (Verhinderung einer unangemessenen Benachteiligung des Vertragspartners) folgt die Notwendigkeit, dem Verwender auch bei der Gestaltung von AGB einen – wenngleich gegenüber Individualabreden begrenzten – Bereich privatautonomer Gestaltungsfreiheit zu belassen, den er zur Erfüllung seiner spezifischen Bedürfnisse nach eigenen Vorstellungen ausfüllen kann.[422] Somit sind auch Interessen des Verwenders zu berücksichtigen, die aus der Besonderheit eines kleinen Unternehmens resultieren. Dazu gehören insbesondere Gesichtspunkte, die schon generell ein Interesse des Verwenders an Vertragsklauseln begründen und bei kleinen Unternehmen besonders virulent werden, z.B. die Absicherung gegenüber Forderungsausfällen,[423] Kundenbindung[424] oder die Amortisierung hoher vertragsbezogener Investitionen durch eine längere Vertragsbindung.[425]

---

[417] BGH NJW 1997, 3022 (3024), BGH NJW 2013, 1454 (1455); BAG NZA 2004, 727 (733); *Fuchs*, in: Ulmer/Brandner/Hensen, AGB-Recht, 12. Aufl. 2016, § 307 Rn. 111; *Pfeiffer*, in: Wolf/Lindacher/Pfeiffer, AGB-Recht, 6. Aufl. 2013, § 307 BGB Rn. 77; *Stoffels*, AGB-Recht, 3. Aufl. 2015, Rn. 473.

[418] *Pfeiffer*, in: Wolf/Lindacher/Pfeiffer, AGB-Recht, 6. Aufl. 2013, § 307 BGB Rn. 78; *Stoffels*, AGB-Recht, 3. Aufl. 2015, Rn. 473.

[419] BGH NJW 1990, 1601 (1602); *Fuchs*, in: Ulmer/Brandner/Hensen, AGB-Recht, 12. Aufl. 2016, § 307 Rn. 111, *Stoffels*, AGB-Recht, 3. Aufl. 2015, Rn. 473.

[420] *Fastrich*, Richterliche Inhaltskontrolle im Privatrecht, 1992, S. 311; *Staudinger/Coester*, BGB, Bearb. 2013, § 307 Rn. 109; *Fuchs*, in: Ulmer/Brandner/Hensen, AGB-Recht, 12. Aufl. 2016, § 307 Rn. 112.

[421] *Fuchs*, in: Ulmer/Brandner/Hensen, AGB-Recht, 12. Aufl. 2016, § 307 Rn. 112.

[422] *Fuchs*, in: Ulmer/Brandner/Hensen, AGB-Recht, 12. Aufl. 2016, § 307 Rn. 112.

[423] So allgemein für Verwender BGH NJW 2010, 2272 (2274);

[424] So allgemein für Verwender BGH BB 2008, 469.

[425] So allgemein für Verwender BGH NJW 1985, 2328.

2. Bestimmung der Transparenz i.S.v. § 307 Abs. 1 S. 2 BGB

Maßstab der Transparenzkontrolle ist die Verständnismöglichkeit eines durchschnittlichen Vertreters der angesprochenen Verkehrskreise.[426] Nach der hier vertretenen Ansicht ist es vorzugswürdig, das Verständnis eines objektiven Durchschnittsvertragspartners durch empirische Untersuchungen zu eruieren, anstatt die Transparenz anhand normativer Erwägungen zu beurteilen.[427] In einer eigenständigen Veröffentlichung wurde bereits der prozessuale Rahmen sowie eine praxistaugliche Handhabung der empirischen Herangehensweise gezeigt.[428] Für diese sprechen teleologische, verfassungsrechtliche und ökonomische Gründe.

Die Transparenzkontrolle soll der Gefahr vorbeugen, dass der Vertragspartner des Klauselverwenders von der Durchsetzung bestehender Rechte abgehalten wird.[429] Daher muss eine Klausel so formuliert werden, dass ein juristisch nicht vorgebildeter Vertragspartner die sich daraus für ihn ergebenden wirtschaftlichen Folgen auf der Grundlage genauer und nachvollziehbarer Kriterien absehen kann.[430] Der Europäische Gerichtshof hat dazu ausgeführt, der Gewerbetreibende soll

„von Anfang an für Klarheit und Verständlichkeit der Klauseln Sorge tragen, um sicherzustellen, dass der Verbraucher schon vor Abschluss des Vertrags die erforderlichen Informationen erhalten kann, um seine Entscheidung in voller Kenntnis der Sache zu treffen."[431]

Zutreffend geht es dabei um die Informationsfunktion des Transparenzgebots.[432] Dem entspricht es, dass die Transparenz nach dem objektiven Empfängerhorizont zu beurteilen ist, welcher ebenfalls dem Verkehrsschutz dient.[433] Die hinreichende Information des Vertragspartners lässt sich empirisch weitaus besser bestimmen als normativ. Empirische Erkenntnisse beruhen auf Daten, nicht auf bloßen Vermutungen, rechtspolitischen Vorstellungen oder Ideologien. Die oben geschilderten Fälle zum Freiwilligkeitsvorbehalt zeigen dies in aller Deutlichkeit:[434] Wenn ein durchschnittlicher Arbeitnehmer den Widerspruch der bei-

---

[426] BGHZ 106, 42 (49); BGH NJW-RR 2011, 1144 (1145); *Wurmnest*, in: Münch-Komm-BGB, 7. Aufl. 2016, § 307 Rn. 62.
[427] So bereits *Stöhr*, AcP 216 [2016], 558 (573 ff.).
[428] *Stöhr*, AcP 216 [2016], 558 (578 ff.).
[429] BAG NZA 2013, 1015 (1017).
[430] EuGH EuZW 2014, 506 (509) zu Art. 5 der RL 93/13/EWG.
[431] EuGH Slg. 2001, I-3541 (3554, 3566) – Kommission/Niederlande unter Berufung auf die Ausführungen von Generalanwalt *Tizzano*.
[432] *Gottschalk*, AcP 206 [2006], 555 (588).
[433] BGHZ 91, 324 (330); BAGE 47, 130 (133); *Staudinger/Singer*, BGB, Bearb. 2012, Vor §§ 116 ff. Rn. 14.; *Wolf/Neuner*, Allgemeiner Teil des Bürgerlichen Rechts, 11. Aufl. 2016, § 35 Rn. 2.
[434] Siehe oben § 6 B) I.

den Sätze in Fall 1 oder die rechtslogische Unvereinbarkeit von Freiwilligkeits- und Widerrufsvorbehalt in Fall 2 gar nicht sieht und den Freiwilligkeitsvorbehalt demzufolge für wirksam hält, erkennt er die Grenzen der Sonderzahlungen genau und kann daher gar keine Rechte übersehen, die ihm an sich zustünden. Auch im Rahmen der Rechtsanwendung lässt sich anhand von Daten deutlich präziser begründen als mit normativen Erwägungen, inwieweit die Vertragspartner den Umfang ihrer Rechte und Pflichten erkennen können. Normativ heißt oftmals – wie auch sonst in der Rechtsanwendung – auslegungsbedürftig. Auslegungsbedürftig bedeutet wiederum häufig, dass unter Anwendung der juristischen Methodenlehre verschiedene Ergebnisse vertretbar sind.[435] Damit wird eine Unsicherheit in die Rechtsanwendung hineingetragen, die durch objektive Leitbilder gerade vermieden werden soll. Für das allgemeine Zivilrecht gilt dies ebenso wie für das Arbeitsrecht.

In verfassungsrechtlicher Hinsicht ist zu berücksichtigen, dass die Transparenzkontrolle – ebenso wie die Inhaltskontrolle als solche – in die Grundrechte des Verwenders eingreift.[436] Die Transparenzkontrolle soll dem Vertragspartner Klarheit über seine Rechte und Pflichten verschaffen und dient damit einem legitimen Ziel.[437] Diese Interessen sind in angemessenen Ausgleich mit der Vertragsfreiheit des Verwenders zu bringen.[438] Im Rahmen der Rechtsanwendung ist dies durch eine verfassungsorientierte Auslegung zu bewerkstelligen. Wie bereits dargestellt kann und muss den Wertungen der Grundrechte im Rahmen einer verfassungsorientierten Auslegung Rechnung getragen werden, nach welcher das Privatrecht im Lichte der Grundrechte auszulegen ist, sofern es Interpretationsspielräume enthält.[439] Es besteht eine verfassungsrechtliche Pflicht zur Prüfung, ob die anzuwendenden materiellen zivilrechtlichen Vorschriften in dieser Weise grundrechtlich beeinflusst sind. Bei der Inhaltskontrolle von Verträgen ist dies erkennbar der Fall, da diese die Vertragsfreiheit der Parteien beschränkt und insbesondere im Hinblick auf die Generalklausel des § 307 Abs. 1 BGB zahlreiche Auslegungsfragen aufwirft. Zutreffend kann eine unangemessene Benachteiligung nur im Wege einer Interessenabwägung bestimmt werden, die sowohl der Schutzbedürftigkeit des Vertragspartners als auch den Interessen des Verwenders Rechnung trägt.[440] Dies gilt folglich auch für die Intransparenz als besonderer Fall einer unangemessenen Benachteiligung. Zu vermeiden ist

---

[435] Vgl. statt vieler *Stöhr*, Rechtstheorie 2014, 159 (171).
[436] *Stöhr*, AcP 216 [2016], 558 (575).
[437] Zum Schutzzweck der Transparenzkontrolle siehe oben B) II. 3.
[438] Zum angemessenen Interessenausgleich als Ausdruck juristischer Gerechtigkeit siehe *Stöhr*, Rechtstheorie 2014, 159 (183 ff.).
[439] BVerfGE 99, 185 (196); *Herdegen*, in: Maunz/Dürig, 72. Lfg. 2014, Art. 1 Rn. 65; zur verfassungsorientierten Auslegung siehe bereits oben § 5 C) VI. 1.
[440] *M. Stürner*, Der Grundsatz der Verhältnismäßigkeit im Schuldvertragsrecht, 2010, S. 163.

somit eine Handhabung der Inhaltskontrolle, welche die verfassungsrechtliche Rechtfertigung des bereits gesetzlich bewirkten Grundrechtseingriffs entfallen lässt oder den Eingriff in unverhältnismäßiger Weise intensiviert.[441]

Da die Transparenzkontrolle dem Schutz des Vertragspartners dient, darf sie nicht weiter gehen, als es zum Schutz seiner Interessen erforderlich ist.[442] Die Schutzbedürftigkeit kann mit der empirischen Methode am genauesten bestimmt werden, da sie am tatsächlichen Verständnis eines durchschnittlichen Vertragspartners ansetzt: Sofern sich dieses Verständnis mit dem Willen des Verwenders deckt, ist der beabsichtigte Inhalt in der Klausel hinreichend deutlich zum Ausdruck gekommen, sodass der Vertragspartner die angestrebte Klarheit über seine Rechte und Pflichten hat. Nach der dargestellten Befragung erkennt ein durchschnittlicher Arbeitnehmer in beiden Fällen, dass er keinen Anspruch auf dauerhafte Leistung der Sonderzahlung hat. Es ist daher nicht erforderlich, die Klausel gleichwohl nach § 307 Abs. 1 S. 2 BGB für unwirksam zu erklären. Im Hinblick auf die praktisch nicht gesehene Unvereinbarkeit von Freiwilligkeits- und Widerrufsvorbehalt in Fall 2 oder den überwiegend nicht erkannten bzw. für unerheblich gehaltenen Widerspruch zwischen den beiden Sätzen in Fall 1 ist die Unwirksamkeit des Freiwilligkeitsvorbehalts ein reines Zufallsgeschenk, das einen unverhältnismäßigen Eingriff in die Vertragsfreiheit des Arbeitgebers darstellt.

Nicht zuletzt sprechen auch ökonomische Erwägungen für eine empirische Herangehensweise. Zunächst ist festzuhalten, dass die Unwirksamkeit von AGB stets die Verschwendung von Transaktionskosten bedeutet: In die Gestaltung von Verträgen müssen Ressourcen wie Zeit, Informationskosten und ggf. rechtliche Beratung investiert werden, die bei Unwirksamkeit von Vertragsklauseln insoweit vergeblich sind.[443] Auch wenn sich der Gesetzgeber im Rahmen seines Social Engineerings bewusst dazu entschieden hat, einen hohen Anteil der Sozialkosten bei den Arbeitgebern zu allokieren,[444] kann niemand Interesse an Fehlinvestitionen des Arbeitgebers haben. Kosten, die nicht durch einen Gegenwert kompensiert werden, beeinträchtigen den Wohlstand der Gesellschaft.[445] Sofern diese Verschwendung von Transaktionskosten nicht zur Wahrung schutzwürdiger Interessen der Vertragspartner erforderlich ist, ist die Transparenzkontrolle in ökonomischer Hinsicht ineffizient. Zudem kann eine überstrenge Transpa-

---

[441] So zur Auslegung von gesetzlichen Vertragsanpassungs- und Flexibilisierungsinstrumenten bereits *Stöhr*, ZfA 2015, 167; speziell zur Transparenzkontrolle *ders.*, AcP 216 [2016], 558 (576).
[442] Für eine Rückführung des Transparenzgebots auf seine ursprüngliche Funktion auch *Hoffmann*, NZA-RR 2015, 337 (346).
[443] *Stöhr*, ZfA 2013, 213 (229).
[444] So schon *Potthoff*, Probleme des Arbeitsrechtes, 1912, S. 72 f.
[445] *Posner*, Economic Analysis of Law, 8th Edition 2011, S. 6 f.

renzkontrolle die Arbeitgeber im Hinblick auf die Folgen einer unwirksamen Rückzahlungs- oder Flexibilisierungsklausel davon abhalten, Sonderzahlungen zu leisten.[446] Damit würden den Arbeitnehmern letztlich Steine statt Brot gegeben.

Ein rein normativ bestimmter Empfängerhorizont vermag keine verlässliche Leitlinie zur Gestaltung wirksamer Verträge zu begründen. So wird die rechtslogische Unvereinbarkeit von Freiwilligkeits- und Widerrufsvorbehalt auch kaum einem Arbeitgeber bekannt sein, sodass sie von der Beurteilung als intransparent ziemlich überrascht sein dürften. Dadurch werden letztlich gerade kleine Unternehmer getroffen, die sich keine externe oder gar interne Rechtsberatung leisten können.[447] Demgegenüber wäre die Orientierung am tatsächlichen Verständnis eines durchschnittlichen Vertragspartners deutlich berechenbarer, da sich dieses häufig mit dem des Verwenders decken wird und dieser sich auf der Grundlage seines eigenen Verständnisses um Klarheit und Verständlichkeit seiner Verträge bemühen könnte. Dies würde somit einen Beitrag dazu leisten, die bislang so geringe Rechtssicherheit im AGB-Recht zu erhöhen.

Schließlich die eine empirische Herangehensweise auch im Hinblick darauf vorzugswürdig, dass die Transparenzkontrolle die (Informations-)Kosten des Vertragspartners reduzieren soll.[448] Die Rechtsunsicherheit, die eine normative Herangehensweise auf Verwenderseite verursacht, besteht nämlich ebenso auf der Seite der Vertragspartner. Können sich diese nicht auf ihre eigene Einschätzung verlassen, wie dies z.B. bei den normativ geleiteten Entscheidungen zum Freiwilligkeitsvorbehalt der Fall ist, sind sie in noch größerem Maße auf private Klärungsbemühungen – etwa die Einschaltung eines Rechtsanwalts – angewiesen. Das ökonomische Ziel der Transparenzkontrolle wird damit geradezu in sein Gegenteil verkehrt.

II. Rechtsfolgenseite: Abmilderung der Fehlerfolge

1. Keine geltungserhaltende Reduktion außerhalb des Arbeitsrechts

Auf der Rechtsfolgenseite ist eine geltungserhaltende Reduktion außerhalb des Arbeitsrechts[449] nicht möglich.[450] Im Arbeitsrecht lässt sie sich nämlich mit den mit den Besonderheiten des Arbeitsrechts begründen (§ 310 Abs. 4 S. 2 BGB), zu denen das Fehlen einer gesetzlichen Ersatzordnung gehört, was Arbeitgeber

---

[446] *Stöhr*, ZfA 2013, 213 (229).
[447] Zur Überforderung von kleinen Arbeitgebern durch die AGB-Kontrolle eingehend *Stöhr*, ZfA 2013, 213 (221 ff.; 228); vgl. auch *Hoffmann*, NZA-RR 2015, 337 (346 Fn. 211).
[448] Dazu *Leyens/Schäfer*, AcP 210 [2010], 771 (798 f.).
[449] Für eine geltungserhaltende Reduktion im Arbeitsrecht entgegen der h.M. *Soergel*, ZfA 2003, 145 (157 ff.); *Bayreuther*, NZA 2004, 953 ff.; *Stöhr*, ZfA 2013, 213 (232 ff.).
[450] Vgl. BGH NJW 2006, 1059 (1060); für eine geltungserhaltende Reduktion hingegen *Uffmann*, Das Verbot der geltungserhaltenden Reduktion, 2010, passim.

zu kautelarjuristischen Lösungen zwingt.⁴⁵¹ Im allgemeinen Zivilrecht hält das BGB jedoch zu den wichtigsten Vertragstypen eine dispositive Rechtsgrundlage bereit. Anders als im Arbeitsrecht gilt hier also kein Alles-oder-Nichts-Prinzip, da bei Unwirksamkeit einer Klausel eine zumindest typischerweise interessengerechte Regelung eingreift.

2. Zur ergänzenden Vertragsauslegung

Ein anderer Lösungsvorschlag geht dahin, die bislang nur in Ausnahmefällen angewandte ergänzende Vertragsauslegung großzügiger zu handhaben, um die Fehlerfolge unwirksamer AGB abzumildern.⁴⁵² Diese unterscheidet sich von der geltungserhaltenden Reduktion dadurch, dass eine unwirksame Klausel durch eine Regelung ersetzt wird, welche die Parteien in Kenntnis der Unwirksamkeit vereinbart hätten, wodurch eine angemessene und nicht die gerade noch zulässige Ersatzregelung eingreift.⁴⁵³ Dadurch würde der gegen die Aufrechterhaltung unwirksamer Klauseln vorgebrachte Präventionseinwand entkräftet, dass der Verwender nämlich die Grenze des Zulässigen unbedenklich überschreiten könnte, wenn die Klausel schlimmstenfalls auf das gerade noch zulässige Maß zurückgeführt würde.⁴⁵⁴ Der Bundesgerichtshof lässt eine ergänzende Vertragsauslegung zu, wenn kein dispositives Recht zur Verfügung steht und die ersatzlose Streichung der Klausel nicht zu einer angemessenen, den typischen Interessen Rechnung tragenden Lösung führt.⁴⁵⁵ In der Tat kann es sein, dass die Vorschrift des § 306 Abs. 3 BGB nicht hilft, weil der Vertragspartner des Verwenders ein schutzwürdiges Interesse am Fortbestand des Vertrags ohne die nichtige Klausel hat. Allerdings ist die ergänzende Vertragsauslegung grundlegenden methodischen, dogmatischen und pragmatischen Bedenken ausgesetzt.⁴⁵⁶ So ist das Ergebnis schwer vorhersehbar, was eine nicht unerhebliche Rechtsunsicherheit zur Folge hat.⁴⁵⁷ Außerdem wird der Richter zum Herrn des Rechtsverhältnisses.⁴⁵⁸ Auch wenn dies gerade kleinen Unternehmen zugutekommen würde, sollte die ergänzende Vertragsauslegung daher allenfalls zurückhaltend zum Einsatz kommen.

---

⁴⁵¹ Vgl. *Bayreuther*, NZA 2004, 953 ff.; *Stöhr*, ZfA 2013, 213 (232 ff.).
⁴⁵² In diese Richtung gehen *Henssler/Moll*, AGB-Kontrolle vorformulierter Arbeitsbedingungen, 2011, S. 17 zur Inhaltskontrolle von Arbeitsverträgen.
⁴⁵³ *Ohlendorf/Salomon*, RdA 2006, 281 (284 ff.).
⁴⁵⁴ BAG NZA 2011, 89 (92); ähnlich die Rechtsprechung des BGH, vgl. BGH NJW 2006, 1059 (1060).
⁴⁵⁵ Vgl. BGHZ 137, 153 (157); BGH WM 2017, 2382 (2385 f.). Zur Problematik des Alles-oder-Nichts-Prinzips als Rechtsfolge der AGB-Kontrolle grundlegend *Zimmermann*, Richterliches Moderationsrecht oder Totalnichtigkeit?, 1979, S. 19 ff.
⁴⁵⁶ Teile der Literatur lehen sie daher gänzlich ab, siehe *Wieacker*, JZ 1967, 385 (390); *Wolf/Neuner*, Allgemeiner Teil des Bürgerlichen Rechts, 11. Aufl. 2016, § 35 Rn. 68 ff.
⁴⁵⁷ *Medicus/Petersen*, AT des BGB, 11. Aufl. 2016, Rn. 344.
⁴⁵⁸ *Medicus/Petersen*, AT des BGB, 11. Aufl. 2016, Rn. 344.

3. Zum Vertrauensschutz

Eine Stärkung des Vertrauensschutzes ist zwar auch im allgemeinen Zivilrecht prinzipiell erstrebenswert, jedoch dürfte dieser Gesichtspunkt eine geringere Bedeutung haben als bei Arbeitsverträgen.[459] Zum einen scheint die Rechtsprechung zu den einzelnen Klauseln nicht so schnelllebig zu sein wie im Arbeitsrecht, sodass eine wirksame Vertragsgestaltung nicht immer die Verwendung der aktuellen Auflage eines Vertragshandbuchs erfordert. Zum anderen geht es gerade bei Kunden- und Lieferantenverträgen häufig nicht um Dauerschuldverhältnisse, sodass eine nachträgliche Anpassung der AGB an die Rechtsprechungsentwicklung keiner Mitwirkung des Vertragspartners bedarf.

C) AGB-Kontrolle gegenüber Unternehmen

Einer gesonderten Würdigung bedarf die – vor allem im internationalen Vergleich – sehr weitgehende AGB-Kontrolle im unternehmerischen Rechtsverkehr.

I. Grundlagen

1. Die Regelung des § 310 Abs. 1 BGB und ihre Anwendung in der Rechtsprechung

Nach § 310 Abs. 1 BGB unterliegen auch Verträge im unternehmerischen Rechtsverkehr der AGB-Kontrolle, allerdings in flexibilisierter Form. Die besonderen Klauselverbote der §§ 308, 309 BGB sind nicht unmittelbar anwendbar, vielmehr erfolgt die Klauselkontrolle ausschließlich über die Generalklausel des § 307 Abs. 1 BGB. Dadurch kann den Besonderheiten des Unternehmerverkehrs Rechnung getragen werden, wie es § 310 Abs. 1 S. 2 2. Halbs. BGB ausdrücklich anordnet. In diesem Rahmen ist zu prüfen, ob gesetzgeberische Wertungen aus den §§ 308, 309 BGB auch im konkreten unternehmerischen Vertrag von Bedeutung und daher im Rahmen der Interessenabwägung nach § 307 Abs. 1 BGB zu berücksichtigen sind.[460]

Die Rechtsprechung misst gerade den Klauselverboten des § 309 BGB eine weitreichende Indizwirkung bei. Fällt eine Klausel bei Verwendung gegenüber Verbrauchern unter ein solches Klauselverbot, so sei dies ein Indiz dafür, dass sie auch im Falle der Verwendung unter Unternehmern zu einer unangemessenen Benachteiligung des Vertragspartners führt, es sei denn, sie kann wegen der

---

[459] Dazu *Stöhr*, ZfA 2013, 213 (236 f.).
[460] *Staudinger/Coester*, BGB, Bearb. 2013, § 307 Rn. 5a; *Staudinger/Schlosser* a.a.O., § 310 Rn. 1 ff.

besonderen Interessen und Bedürfnissen des kaufmännischen Rechtsverkehrs ausnahmsweise als angemessen angesehen werden.[461] Aber auch die Klauselverbote mit Wertungsmöglichkeit nach § 308 BGB enthalten nach Ansicht des Bundesgerichtshofs „Grundgedanken", die im Bereich des § 307 Abs. 1 BGB auch im unternehmerischen Verkehr gelten.[462] So kommen die Gerichte letztendlich bei der Inhaltskontrolle über § 307 Abs. 1 BGB zu demselben Ergebnis, unabhängig davon, ob es sich um den B2C- oder den B2B-Bereich handelt.[463] Der Bundesgerichtshof hat es sogar einmal ausdrücklich offen gelassen, ob der Vertragspartner Unternehmer ist oder nicht:

„Es besteht kein Grund, bezüglich der Wirksamkeit der Klausel danach zu differenzieren, ob es sich bei dem Gegner des Klauselverwenders um einen Unternehmer handelt. Die im kaufmännischen Geschäftsverkehr weisen keine Besonderheiten auf, die eine andere Beurteilung rechtfertigen könnten."[464]

2. Teleologische Legitimation

Die teleologische Legitimation der weitgehenden Erstreckung der AGB-Kontrolle auf den unternehmerischen Verkehr wird in der Literatur eher selten begründet.[465] *Martin Schmidt-Kessel* sieht sie zum einen historisch bedingt, da das Reichsgericht und der Bundesgerichtshof bei der richterrechtlichen Entwicklung der Inhaltskontrolle keinen wesentlichen Unterschied zwischen den beteiligten Vertragsparteien gemacht haben und dabei sogar die meisten der behandelten Fälle im unternehmerischen Bereich entschieden haben.[466] Erst im Gesetzesentwurf der Bundesregierung zum AGBG finden sich klare Anhaltspunkte dafür, dass der spätere § 24 AGBG a.F. als Vorläufer des heutigen § 310 Abs. 1 BGB deutliche Unterschiede beim Maßstab der Inhaltskontrolle bewirken sollte.[467] Vor allem aber habe die CDU eine Differenzierung zwischen Verbraucher- und Unternehmerverträge damals abgelehnt, da sie darin eine Anlehnung an sozialistische Zivilrechtstheorien sah.[468] Im Übrigen gelten die überkommenen Legitimationsgrundlagen der AGB-Kontrolle prinzipiell auch für den unternehmerischen Rechtsverkehr. Vertreter des Schwächerenschutzes meinen, dass die situative Unterlegenheit desjenigen, der mit vorformulierten Vertragsbedingungen konfrontiert wird, und ein strukturelles Ungleichgewicht auch in der Geschäfts-

---

[461] BGH NJW 1984, 1750 (1751) zu § 11 AGBG.
[462] BGH NJW 1994, 1060 (1067); BGH NJW-RR 2005, 642 (643); jeweils zu § 10 AGBG;
[463] *Hannemann*, AnwBl 2012, 314 (316).
[464] BGH NJW 2002, 2388 (2389).
[465] Eingehend etwa *Axer*, Rechtfertigung und Reichweite der AGB-Kontrolle im unternehmerischen Geschäftsverkehr, 2012, S. 100 ff.
[466] *Schmidt-Kessel*, AnwBl 2012, 308 unter Hinweis auf BGH NJW 1976, 2345 (2346).
[467] *Schmidt-Kessel*, AnwBl 2012, 308 unter Hinweis auf BT-Drucks. 7/3919, S. 43; BT-Drucks. 14/6857, S. 54.
[468] *Schmidt-Kessel*, AnwBl 2012, 308 (309).

welt nicht unbekannt sind.[469] Danach dürfte vor allem eine AGB-Kontrolle gegenüber kleinen Unternehmen zu legitimieren sein, wenn man von deren wirtschaftlicher Unterlegenheit gegenüber größeren Unternehmen ausgeht.[470] Universell gültiger ist allerdings die Begründung mit dem rationalen Desinteresse, welches auch Unternehmer von einer eingehenderen Lektüre der AGB abhält.[471] Denn auch für größere Unternehmen lohnt es sich wegen der Transaktionskosten zumeist nicht, die AGB zu studieren und zu vergleichen. Die Gefahr eines Qualitätsverlusts besteht daher im unternehmerischen Rechtsverkehr gleichermaßen.[472] Nach diesem Ansatz ist somit auch eine AGB-Kontrolle gegenüber größeren Unternehmen berechtigt. Gleichwohl sollten die größeren Ressourcen von größeren Unternehmen und damit deren stärkere wirtschaftliche Position insoweit berücksichtigt werden, als eine erleichterte privatautonome Vermeidung der AGB-Kontrolle möglich ist. Der Gedanke des Schwächerenschutzes, denen größere Unternehmen im Hinblick auf die Vertragsgestaltung nicht bedürfen, sollte mithin zumindest anklingen.

II. Kleine Unternehmen im unternehmerischen Rechtsverkehr: Problempunkte und Lösungsvorschläge

Die Vorträge und Diskussionen des Symposiums, zu dem der Deutsche Anwaltverein gemeinsam mit dem Deutschen Juristentag am 19.1.2012 in Berlin geladen hatte, deuten darauf hin, dass die Inhaltskontrolle im B2B-Bereich ganz überwiegend als zu weitgehend empfunden wird.[473] In der Diskussion lassen sich zwei Stellschrauben ausmachen: Zum einen eine Vereinfachung des privatautonomen Ausschlusses der AGB-Kontrolle, die gegenwärtig an den Begriff des „Aushandelns" i.S.v. § 305 Abs. 1 S. 3 BGB anknüpft, und zum anderen der Maßstab der Inhaltskontrolle, der von § 310 Abs. 1 S. 1, 2 BGB vorgegeben wird.[474] Die Rechtsprechung des Bundesgerichtshofs zum AGB-Begriff und der restriktiven Interpretation des „Aushandelns" soll ihrerseits zu einer Übersteigerung der AGB-Kontrolle und letztlich sogar zu einer Schädigung der internationalen

---

[469] *Staudinger/Coester*, BGB, Bearb. 2013, § 307 Rn. 5a.
[470] Dazu oben § 3 B) I. 1. b) ee).
[471] *Schäfer/Ott*, Lehrbuch der ökonomischen Analyse des Zivilrechts, 5. Aufl. 2012, S. 514 f.; vgl. auch *Hannemann*, AnwBl 2012, 314.
[472] A.A. *Schmidt-Kessel*, AnwBl 2012, 308 (309), nach dem es im unternehmerischen Verkehr – außer im Falle eines Monopols oder anderer Marktbeherrschungsstrukturen – Ausweichmöglichkeiten und Versicherungslösungen bestünden, welche die Kosten des Desinteresses anders zuweisen würden, als dies durch die AGB selbst geschehe.
[473] *Kieninger*, AnwBl 2012, 301; vgl. auch *Pfeiffer*, NJW 2012, 2609 (2611). Bestätigt wird dies durch die Literaturliste der IHK Frankfurt a.M. unter www.agb-recht-initiative.de, die vor allem ab 2010 eine kontinuierliche Steigerung ausweist.
[474] *Hannemann*, AnwBl 2012, 314.

Wettbewerbsfähigkeit des deutschen Rechts beitragen.[475] Die Befürworter einer AGB-Kontrolle im unternehmerischen Rechtsverkehr sehen freilich keinen Grund, die gesetzgeberische Entscheidung zu revidieren.[476] *Jürgen Basedow* spricht von einer „vernünftigen Mittellösung".[477] Im Folgenden wird untersucht, inwieweit den Interessen von kleinen Unternehmen de lege lata Rechnung getragen wird und ggf. eine Modifikation sinnvoll oder gar geboten ist. Dabei geht es um die Durchführung der AGB-Kontrolle (unten 1.), um eine zumindest partielle Abschaffung der AGB-Kontrolle (unten 2.), um eine Modifikation des AGB-Begriffs (unten 3.) sowie um die Anforderungen an eine Individualabrede (unten 4.).

1. Durchführung der AGB-Kontrolle

a) Unternehmensgröße auf Vertragspartnerseite als Abwägungsfaktor

Es wurde gezeigt, dass die Unternehmensgröße auf Seiten des Verwenders einen Abwägungsfaktor darstellt. Dies gilt somit auch für die Verwendung gegenüber Unternehmen. Umgekehrt müssen dann freilich auch die spezifischen Besonderheiten von großen Unternehmen einen relevanten Abwägungsfaktor bilden. So kann z.B. die Organisation von Großunternehmen auf Verwenderseite längere Fristen im Einzelfall gebieten als bei Einzelpersonen, und das Erfordernis einer schriftlichen Bestätigung von mündlichen Abreden kann – anders als bei einem Einmannbetrieb – gerechtfertigt sein.[478] Im Folgenden wird untersucht, ob Gleiches auch auf Seiten des Vertragspartners gilt, also ob eine unangemessene Benachteiligung i.S.v. § 307 Abs. 1 S. 1 BGB gerade deswegen angenommen werden kann, weil der Vertragspartner ein kleines Unternehmen betreibt.

aa) Ausgangspunkt: Überindividuell generalisierende Betrachtung

Es wurde allerdings schon unter dem früheren AGBG überwiegend vertreten, dass bei der Unangemessenheitsprüfung ein objektiver Maßstab zugrunde zu legen ist und eine überindividuell generalisierende Betrachtung unter Berücksichtigung der typischen Interessen der Beteiligten angezeigt ist.[479] Daraus wurde gefolgert, dass die Wirksamkeit der Klauseln für alle Fälle gleichermaßen beurteilt werden muss.[480] Dem ist die h.M. zu § 307 Abs. 1 S. 1 BGB gefolgt, wonach

---

[475] Vgl. *Maier-Reimer*, NJW 2017, 1 ff.
[476] Staudinger/*Coester*, BGB, Bearb. 2013, § 307 Rn. 5b; *Oetker*, AcP 2012 [2012], 202 (219, 233).
[477] *Basedow*, in: MünchKomm-BGB, 7. Aufl. 2016, § 310 Rn. 3.
[478] BGH NJW 1983, 1853 (1854); *Pfeiffer*, in Wolf/Lindacher/Pfeiffer, AGB-Recht, 6. Aufl. 2013, § 307, Rn. 197.
[479] BGH NJW 1987, 487 (489); *Fastrich*, Richterliche Inhaltskontrolle im Privatrecht, 1992, S. 310 f.; *Drexl*, Die wirtschaftliche Selbstbestimmung des Verbrauchers, 1998, S. 353.
[480] *Tilmann*, ZHR 142 [1978], 52 (62).

bei der Prüfung einer unangemessenen Benachteiligung nach § 307 Abs. 1 S. 1 BGB ein überindividuell-generalisierender und typisierender, von den konkreten Umständen des Einzelfalles absehender Maßstab anzulegen ist.[481] Auch im unternehmerischen Rechtsverkehr soll nicht auf die Schutzwürdigkeit des Vertragspartners im Einzelfall, sondern auf eine überindividuell generalisierende Betrachtung abgestellt werden.[482] Für den objektiven Begriff der Unangemessenheit spricht auf der Grundlage der Rechtsgeschäftslehre die Vorformulierung für eine Vielzahl von Verträgen, deren Geltungsanspruch der Vertragspartner durch die Zustimmung gewissermaßen akzeptiert.[483] Außerdem soll die AGB-Kontrolle nur einen Mindeststandard an Schutz zu gewährleisten, den das seinerseits generalisierend vorgehende dispositive Recht geboten hätte. Die AGB-Kontrolle soll keine Vertragshilfe im Einzelfall gewährleisten.[484] Dies ergibt sich aus einem Umkehrschluss zu § 310 Abs. 3 Nr. 3 BGB, wonach die Umstände des Einzelfalls nur bei Verbraucherverträgen zu berücksichtigen sind. Weiterhin ließe sich die Rationalisierungsfunktion von AGB nicht erreichen, wenn der Verwender befürchten müsste, dass sein Vertragswerk gegenüber seinen Kunden nicht einheitlich zur Anwendung gelangen würde, weil ihre Wirksamkeitsprüfung je nach Vertragspartner unterschiedlich ausfallen würde.[485] Es hätte auch eine erhebliche Rechtsunsicherheit zur Folge, wenn ein und dieselbe Klausel je nach Vertragspartner sowohl wirksam als auch unwirksam sein könnte. Eine verlässliche Leitlinie zur rechtswirksamen Vertragsgestaltung wäre kaum gegeben, da auch Formularbücher an Nutzen bzw. Transparenz verlieren würden. Schließlich besteht gerade bei der Verbandsklage ein Bedürfnis nach einer generalisierenden, die typischen Verhältnisse berücksichtigenden Beurteilung, weil nicht ein individueller Konflikt, sondern die generelle Angemessenheit der AGB überprüft werden muss.[486] Der Kontrollmaßstab muss aber im Individualprozess prinzipiell der gleiche sein wie im Verbandsprozess, da ansonsten eine im Verbandsprozess für ungültig erklärte Klausel für wirksam erklärt werden könnte und umgekehrt.[487]

---

[481] BGH NJW 1997, 3022 (3024), BGH NJW 2013, 1454 (1455); BAG NZA 2004, 727 (733); *Fuchs*, in: Ulmer/Brandner/Hensen, AGB-Recht, 12. Aufl. 2016, § 307 Rn. 111; *Pfeiffer*, in: Wolf/Lindacher/Pfeiffer, AGB-Recht, 6. Aufl. 2013, § 307 BGB Rn. 77; *Stoffels*, AGB-Recht, 3. Aufl. 2015, Rn. 473.
[482] BGH NJW 2005, 2006 (2008); für eine stärkere Berücksichtigung individueller Belange *Schmidt-Salzer*, JZ 1995, 223 ff.
[483] Vgl. bereits RGZ 81, 117 (119); *Drexl*, Die wirtschaftliche Selbstbestimmung des Verbrauchers, 1998, S. 349; kritisch *Schmidt-Salzer*, JZ 1995, 223 (225 ff.).
[484] *Fastrich*, Richterliche Inhaltskontrolle im Privatrecht, 1992, S. 310 f.; *Drexl*, Die wirtschaftliche Selbstbestimmung des Verbrauchers, 1998, S. 353.
[485] *Pfeiffer*, in: Wolf/Lindacher/Pfeiffer, AGB-Recht, 6. Aufl. 2013, § 307 BGB Rn. 78; zur Auslegung von AGB ebenso *Stoffels*, AGB-Recht, 3. Aufl. 2015, Rn. 362.
[486] BGH NJW 1982, 765.
[487] *Pfeiffer*, in: Wolf/Lindacher/Pfeiffer, AGB-Recht, 6. Aufl. 2013, § 307 BGB Rn. 78.

bb) Berücksichtigungsfähigkeit der Interessen von Kleinunternehmern

Fraglich ist indessen, wie breit eine solche überindividuell generalisierende Betrachtung bei der Inhaltskontrolle einer Klausel angelegt sein muss. Im Rahmen der Auslegung von AGB hat sich ein auch-subjektiver Maßstab herauskristallisiert, der den allgemeinen Auslegungsgrundsatz der §§ 133, 157 BGB modifiziert. Danach sind AGB ausgehend von den Verständnismöglichkeiten eines rechtlich nicht vorgebildeten Durchschnittskunden einheitlich so auszulegen, wie sie von verständigen und redlichen Vertragsparteien unter Abwägung der Interessen der normalerweise beteiligten Verkehrskreise verstanden werden.[488] Auch bei der Inhaltskontrolle sind die Interessen des Verwenders gegen diejenigen der typischerweise beteiligten Durchschnittskunden abzuwägen.[489] Zu prüfen ist also, ob der Klauselinhalt generell unter Berücksichtigung der typischen Interessen der beteiligten Verkehrskreise eine unangemessene Benachteiligung des Vertragspartners bewirkt.[490]

Durch das Abstellen auf die typischerweise beteiligten Verkehrskreise anstatt auf den streng objektiven Durchschnittsempfänger wird die überindividuell generalisierende Betrachtung aufgelockert. Dies hat zur Folge, dass die Abwägung durchaus zu gruppentypisch unterschiedlichen Ergebnissen führen kann, wenn die AGB gegenüber verschiedenen Verkehrskreisen verwendet werden, deren Interessen, Verhältnisse und Schutzbedürfnisse generell unterschiedlich gelagert sind.[491] Anders gewendet: Die Konzentration auf die typischen Verhältnisse steht der Berücksichtigung unterschiedlicher Kundengruppen und Verkehrskreise und deren unterschiedlichen Interessen und Schutzbedürfnisse nicht entgegen.[492] Schon in § 310 BGB angelegt ist eine Differenzierung zwischen Verbrauchern (Abs. 3), Unternehmern (Abs. 1) und „Normalkunden", die als Vertragspartner einem nicht unternehmerisch handelnden Verwender gegenüberstehen und selbst auch nicht als Unternehmer zu qualifizieren sind. So kann z.B. eine Klausel, die im unternehmerischen Rechtsverkehr unbedenklich ist, in einem Verbrauchervertrag gegen § 307 Abs. 1. BGB verstoßen.[493] Zu vermeiden ist in-

---

[488] BGH NJW 2002, 285 (286); BGH NJW-RR 2010, 63 (64); zum Arbeitsrecht siehe BAG NZA 2013, 1024 (1025).

[489] *Pfeiffer*, in: Wolf/Lindacher/Pfeiffer, AGB-Recht, 6. Aufl. 2013, § 307 BGB Rn. 78; *Stoffels*, AGB-Recht, 3. Aufl. 2015, Rn. 473. Zum Verhältnis des Maßstabes bei der Auslegung von AGB zu demjenigen bei der Inhaltskontrolle *Drexl*, Die wirtschaftliche Selbstbestimmung des Verbrauchers, 1998, S. 350.

[490] BGH NJW 1990, 1601 (1602); *Fuchs*, in: Ulmer/Brandner/Hensen, AGB-Recht, 12. Aufl. 2016, § 307 Rn. 111, *Stoffels*, AGB-Recht, 3. Aufl. 2015, Rn. 473.

[491] BGH NJW 1990, 1601 (1602); BGH NJW 2000, 658 (660); BAG NZA 2009, 370 (373); *Fuchs*, in: Ulmer/Brandner/Hensen, AGB-Recht, 12. Aufl. 2016, § 307 Rn. 111; *Pfeiffer*, in: Wolf/Lindacher/Pfeiffer, AGB-Recht, 6. Aufl. 2013, § 307 BGB Rn. 83; *Stoffels*, AGB-Recht, 3. Aufl. 2015, Rn. 474.

[492] *Pfeiffer*, in: Wolf/Lindacher/Pfeiffer, AGB-Recht, 6. Aufl. 2013, § 307 BGB Rn. 83.

[493] BT-Drucks. 7/3919, S. 23; *Wurmnest*, in: MünchKomm-BGB, 7. Aufl. 2016, § 307

dessen eine Aufsplitterung der Vertragspartner in eine Vielzahl schwer abgrenzbarer, nicht eindeutig homogener Untergruppen.[494] Der Bundesgerichtshof hat z.B. eine Differenzierung zwischen privaten Klein- und Großkreditnehmern bei der Beurteilung einer Tilgungsverrechnungsklausel abgelehnt.[495] Zutreffend kann jedoch die Interessenlage innerhalb der Unternehmerschaft eine Differenzierung nach der Unternehmensgröße gebieten.[496] Die maßgebliche Gruppe kann schon deshalb nicht der Unternehmer an sich sein, da der Unternehmensbegriff insofern zu weit ist und nicht zwischen Existenzgründern und DAX-Konzernen differenziert.[497]

Will man die Interessen von Kleinunternehmern in der Interessenabwägung berücksichtigen, muss bestimmt werden, was in diesem Zusammenhang unter einem kleinen Unternehmen zu verstehen ist. Bei der Definition besteht auch insoweit ein breiter Spielraum. *Fotios Karatzenis* stellt einerseits auf eine wirtschaftliche, also strukturelle Unterlegenheit ab, die sich aus einer Reihe verschiedener Faktoren bestimme: Zahl der Wettbewerbseinheiten, Umsatzvolumen, Kapitalkraft, Diversifikationsgrad sowie insgesamt eine wirtschaftliche Angewiesenheit auf den Vertragsschluss.[498] Weiterhin unterscheidet er nach dem speziellen Gesichtspunkt, inwieweit der Vertragspartei eine rechtliche Beratung zumutbar ist.[499] Dies sei bei größeren Unternehmen eher der Fall als bei kleineren, da sie die nötigen finanziellen Ressourcen haben und die Kosten im Wirtschaftsleben besser amortisieren können. So sei z.B. einer Supermarktkette eine rechtliche Beratung zumutbar, nicht aber einem Lebensmittelhändler, der eine Vielzahl von verschiedenen Geschäften abschließt. Andererseits könne von einem Tankstellenbesitzer bei dem einmaligen Abschluss seines Belieferungsvertrags eine rechtliche Beratung erwartet werden.[500] Ähnlich ist der Ansatz von *Pfeiffer*, der auf die Kenntnis und Geschäftserfahrung abstellt.[501]

Rn. 38. Eine Differenzierung zwischen Verbrauchern und Unternehmern grundsätzlich begrüßend auch *Jansen*, ZEuP 2010, 69 (89).
[494] *Fuchs*, in: Ulmer/Brandner/Hensen, AGB-Recht, 12. Aufl. 2016, § 307 Rn. 111.
[495] BGH NJW 1992, 1097 (1098).
[496] *Pfeiffer*, in: Wolf/Lindacher/Pfeiffer, AGB-Recht, 6. Aufl. 2013, § 307 BGB Rn. 83, 197; ebenso *Fuchs*, in: Ulmer/Brandner/Hensen, AGB-Recht, 12. Aufl. 2016, § 307 Rn. 111; *Salger/Schröder*, AnwBl 2012, 683 (686); zum AGBG bereits *Karatzenis*, Zur Anwendung der Generalklausel des 3 9 AGB-Gesetz im Handelsverkehr, 1989, S. 36 ff.
[497] *Salger/Schröder*, AnwBl 2012, 683 (686).
[498] *Karatzenis*, Zur Anwendung der Generalklausel des 3 9 AGB-Gesetz im Handelsverkehr, 1989, S. 37 f.
[499] *Karatzenis*, Zur Anwendung der Generalklausel des 3 9 AGB-Gesetz im Handelsverkehr, 1989, S. 36 ff.
[500] *Karatzenis*, Zur Anwendung der Generalklausel des 3 9 AGB-Gesetz im Handelsverkehr, 1989, S. 37.
[501] *Pfeiffer*, in: Wolf/Lindacher/Pfeiffer, AGB-Recht, 6. Aufl. 2013, § 307 BGB Rn. 197.

All dies überzeugt nicht. Die genannten Gesichtspunkte sind nämlich zunächst nur für die Frage relevant, ob überhaupt eine AGB-Kontrolle durchzuführen ist. Insoweit sind sie vor allem dem Gedanken des Schwächerenschutzes verhaftet. Unabhängig davon, ob die AGB-Kontrolle mit dem Schwächerenschutz oder mit einem rationalen Desinteresse zu legitimieren ist, vermögen beide Ansätze lediglich zu begründen, dass eine Missbrauchsgefahr besteht, die zu einer unangemessenen Benachteiligung führen *kann*. Das Ob der AGB-Kontrolle, also dass Kleinunternehmern als Vertragspartner in deren Genuss kommen, steht nach der gesetzlichen Konzeption jedoch ohnehin außer Streit. Hier geht es jedoch nicht um das Ob, sondern um das Wie der AGB-Kontrolle, nämlich um die Interessenabwägung zur Bestimmung einer unangemessenen Benachteiligung. Folglich muss eine Differenzierung nach der Unternehmensgröße auf Kriterien beruhen, die gerade mit Blick auf kleine Unternehmen als Vertragspartner zu einer unangemessenen Benachteiligung führen können. Die relevanten Interessen des Vertragspartners sind vor allem wirtschaftlicher oder finanzieller Natur.[502] Der Bundesgerichtshof hat z.B. zugunsten des Vertragspartners berücksichtigt, dass eine nahe liegende Gefahr besteht, durch eine vertragswidrige Inanspruchnahme von Sicherheiten in erhebliche Liquiditätsschwierigkeiten zu geraten;[503] oder dass eine Vorfinanzierung kreditierter Verkaufserlöse zu finanziellen Nachteilen führt.[504] Für die Bewertung der wirtschaftlichen und finanziellen Belastungen des Vertragspartners ist in erster Linie dessen wirtschaftliche bzw. finanzielle Belastbarkeit relevant. Somit muss sich eine Differenzierung nach der Unternehmensgröße an solchen Kriterien orientieren, die sich auf die wirtschaftliche bzw. finanzielle Belastbarkeit auswirkt, die also dazu führen, dass eine bestimmte Klausel kleine Unternehmen aus inhaltlichen Gründen verhältnismäßig stärker benachteiligen können als größere Unternehmen. Demgegenüber sind die von *Karatzenis* und *Pfeiffer* genannten Kriterien lediglich für die Frage relevant, warum sich der Vertragspartner überhaupt mit der in Rede stehenden Klausel einverstanden erklärt hat, also z.B., weil der Unternehmer wirtschaftlich auf den Vertragsschluss angewiesen ist oder es ihm an Rechtskenntnissen oder Geschäftserfahrung mangelt. Sie betreffen damit die Begleitumstände des Vertragsschlusses, die nach § 310 Abs. 3 Nr. 3 BGB nur bei Verbraucherverträgen im Rahmen der Inhaltskontrolle berücksichtigt werden können.

---

[502] *Fuchs*, in: Ulmer/Brandner/Hensen, AGB-Recht, 12. Aufl. 2016, § 307 Rn. 127
[503] Vgl. BGH ZIP 2002, 1198 (1200): Unwirksamkeit der Verpflichtung zur Stellung einer Bürgschaft auf erstes Anfordern; BGH WM 2006, 1188: Unwirksamkeit einer Klausel, die dem Besteller gegenüber dem Bauunternehmer das Recht zu einem Bareinbehalt von 5Prozent der Schlussrechnungssumme für die Dauer der Gewährleistungsfrist einräumt, der allein durch eine Bürgschaft auf erstes Anfordern abgelöst werden kann.
[504] BGH ZIP 2006, 288: Finanzielle Nachteile eines Tankstellenunternehmers durch Vorfinanzierung kreditierter Verkaufserlöse gegenüber dem Mineralölunternehmen.

Für die wirtschaftliche Belastbarkeit sind vor allem wirtschaftlichen Kriterien wie Umsatz oder Bilanzsumme relevant. Insoweit könnte daher auf die Mittelstandsempfehlung der Europäischen Kommission abgestellt werden,[505] wobei der für Kleinstunternehmen genannte Umsatz von weniger als zwei Mio. Euro oder die Bilanzsumme von ebenfalls weniger als zwei Mio. Euro noch ziemlich hoch erscheinen und sehr viele Unternehmen erfassen würde. Ergänzend kann daher auch auf die Arbeitnehmerzahl abgestellt werden, wie es im englischen und australischen Recht für die Einbeziehung von Kleinunternehmern in den Verbraucherschutz getan wird.[506] Immerhin sieht das Bundesarbeitsgericht die Begründung, dass die über ihre Arbeitnehmerzahl definierten Kleinbetriebe aus dem allgemeinen Kündigungsschutz herausgenommen werden, u.a. in deren eingeschränkter wirtschaftlicher Belastbarkeit.[507] Danach wird der Arbeitnehmerzahl durchaus eine Indizwirkung für die wirtschaftliche Belastbarkeit beigemessen. In Anlehnung an § 23 Abs. 1 KSchG empfiehlt sich daher ein Schwellenwert von weniger als 10 Arbeitnehmern, wie es auch der Mittelstandsempfehlung der Europäischen Kommission entspricht. Die Beeinträchtigung eines rechtlich anerkannten Interesses des Vertragspartners durch eine Klausel ist allerdings nur dann zu berücksichtigen, wenn die begründeten Nachteile von einigem Gewicht sind.[508] Dieses Erfordernis lässt sich aus dem Maßstab der „Unangemessenheit"[509] sowie aus dem vom Gesetz in Bezug genommenen Widerspruch zu „Treu und Glauben"[510] ableiten. Übertragen auf die Benachteiligung von Kleinunternehmern bedeutet dies, dass eine unangemessene Benachteiligung gerade wegen dieser Eigenschaft nur dann angenommen werden kann, wenn die wirtschaftliche oder finanzielle Belastung im Verhältnis zu größeren Unternehmen von einigem Gewicht ist. Der rein mathematisch bedingte Umstand, dass kleine Unternehmen von Belastungen generell verhältnismäßig stärker getroffen werden als größere Unternehmen, reicht hier für sich genommen noch nicht aus.

Prinzipiell können die Besonderheiten von kleinen Unternehmen bei jeder Klausel relevant werden, die dem Vertragspartner wirtschaftliche oder finanzielle Belastungen auferlegen. In der Rechtsprechung und Literatur gibt es bislang allerdings bislang wenige Anwendungsbeispiele, in denen die Unternehmensgröße im Rahmen der Interessenabwägung berücksichtigt wurde. Zu er-

---

[505] Dazu oben § 1 C) II. 2.
[506] Dazu kritisch oben § 10 D) II. 2.
[507] BAG NZA 1990, 724 (725).
[508] So schon der Bericht des Rechtsausschusses, BT-Drucks. 7/5422, S. 6; ferner OLG Hamm, NJW 1981, 1049 (1050); *Fuchs*, in: Ulmer/Brandner/Hensen, AGB-Recht, 12. Aufl. 2016, § 307 Rn. 101, 127; *Staudinger/Coester*, BGB, Bearb. 2013, § 307 Rn. 91; einschränkend *Stoffels*, AGB-Recht, 3. Aufl. 2015, Rn. 471, der geringfügige Benachteiligungen nicht per se für irrelevant hält.
[509] So der Rechtsausschuss, BT-Drucks. 7/5422, S. 6.
[510] *Fuchs*, in: Ulmer/Brandner/Hensen, AGB-Recht, 12. Aufl. 2016, § 307 Rn. 101, 127; *Pfeiffer*, in Wolf/Lindacher/Pfeiffer, AGB-Recht, 6. Aufl. 2013, § 307, Rn. 177.

wähnen sind zunächst Nachbesserungsfristen. Bei diesen wurde erkannt, dass sie gerade Kleinunternehmer erheblich belasten und aus diesem Grund eine unangemessene Benachteiligung i.S.v. § 307 Abs. 1 S. 1 BGB bedeuten können.[511] Virulent wird dies etwa im Crowdworking, wo die Komplexität der Leistung und der Umfang des Nachbesserungsbedarfs offenbar häufig nicht berücksichtigt werden.[512] Ein weiteres Beispiel sind Vertragsstrafeversprechen. Diese können die Vertragsbeendigungsfreiheit von Kleinunternehmern gegenüber ihren Vertragspartnern einschränken.[513] Zur Vertragsstrafe bei Lösung vom Vertrag sieht § 309 Nr. 6 BGB ein Klauselverbot vor. Diese Vorschrift ist zwar nach § 310 Abs. 1 S. 1 BGB im unternehmerischen Verkehr unanwendbar, und auch seine Wertung lässt sich nicht ohne weiteres auf § 307 Abs. 1 S. 1 BGB übertragen.[514] Vertragsstrafeversprechen sind damit im unternehmerischen Verkehr grundsätzlich wirksam.[515] Was die konkrete Bemessung der Vertragsstrafe anbelangt gilt freilich die Grenze der unangemessenen Benachteiligung nach § 307 Abs. 1 S. 1 BGB. Bei der in diesem Rahmen durchzuführenden Interessenabwägung sind neben dem zu sanktionierenden Verstoß und der damit für den Verwender drohenden Gefahren auch die Belastung des Vertragspartners durch die drohende Vertragsstrafe zu berücksichtigen.[516] Daraus wird zutreffend gefolgert, dass für gerade bei Kleingewerbetreibenden i.S.v. § 1 HGB strengere Maßstäbe anzusetzen sind.[517] Nach *Deinert* lässt sich zudem die Rechtsprechung des Bundesarbeitsgerichts zu arbeitsvertraglichen Vertragsstrafeversprechen, wonach diese im Hinblick auf §§ 310 Abs. 4 S. 2 BGB, 888 Abs. 3 ZPO wirksam sind, wenn sie nicht die Vergütung des Arbeitgebers für die Dauer einer vom Arbeitnehmer einzuhaltenden Kündigungsfrist überschreiten,[518] auf den unternehmerischen Verkehr mit Kleinunternehmer übertragen: Für diese könne die Vertragserfüllung persönlichkeitsrelevante Bedeutung entfalten und sei zumindest dann, wenn der Unternehmer wirtschaftlich von einem oder wenigen Vertragspartnern abhängig ist, wirtschaftlich oftmals von existenzieller Bedeutung.[519] Letzteres zielt auf eine Berücksichtigung der Besonderheiten von kleinen Unternehmen auf der Verwenderseite; ersteres auf eine Berücksichtigung der Besonderheiten von kleinen Unternehmen auf Vertragspartnerseite.

---

[511] *Klebe/Neugebauer*, AuR 2014, 4 (6); *Deinert*, Soloselbständige zwischen Arbeitsrecht und Wirtschaftsrecht, 2015, S. 47.
[512] *Deinert*, Soloselbständige zwischen Arbeitsrecht und Wirtschaftsrecht, 2015, S. 47.
[513] *Deinert*, Soloselbständige zwischen Arbeitsrecht und Wirtschaftsrecht, 2015, S. 73.
[514] Vgl. *Staudinger/Coster-Waltjen*, BGB, Bearb. 2013, § 309 Rn. 6 Rn. 28.
[515] *Stoffels*, AGB-Recht, 3. Aufl. 2015, Rn. 917; *Wurmnest*, in: MünchKomm-BGB, 7. Aufl. 2016, § 309 Nr. 6 Rn. 19.
[516] BGH NJW 1997, 3233 (3234); BGH NJW 2014, 2180 f.; *Deinert*, Soloselbständige zwischen Arbeitsrecht und Wirtschaftsrecht, 2015, S. 73.
[517] *Deinert*, Soloselbständige zwischen Arbeitsrecht und Wirtschaftsrecht, 2015, S. 73 f.
[518] BAG NZA 2004, 727 (733 f.); BAG DB 2009, 569 (571).
[519] *Deinert*, Soloselbständige zwischen Arbeitsrecht und Wirtschaftsrecht, 2015, S. 73 f.

b) Modifikation des Prüfungsprogramms

Häufig wird für den unternehmerischen Rechtsverkehr eine Modifikation des Prüfungsprogramms gefordert. De lege lata wird zunächst dafür eingetreten, bei der Annahme einer Indizwirkung der §§ 308, 309 BGB für die Auslegung des § 307 Abs. 1 BGB eine größere Zurückhaltung zu üben. Dafür spricht, dass eine zu weitgehende Indizwirkung die Regelung des § 310 Abs. 1 S. 1 BGB sinnentleeren würde, da die an sich gerade ausgenommenen Klauselverbote über die Generalklausel des § 307 Abs. 1 BGB letztlich doch nahezu vollumfänglich eingreifen würden.[520] Da damit eine Abschwächung der Kontrollintensität verbunden wäre, würden kleine Unternehmen davon als Verwender profitieren. Als Vertragspartner wäre es dann umso wichtiger, ihre Interessen im Rahmen der dann noch offeneren Interessenabwägung zur Bestimmung einer unangemessenen Benachteiligung zu berücksichtigen.

Ein weiterer Kritikpunkt im B2B-Bereich ist der Passus des § 310 Abs. 1 S. 2 Halbs. 2 BGB, wonach auf die im Handelsverkehr geltenden Gewohnheiten und Gebräuche angemessene Rücksicht zu nehmen ist. Dieser hat sich nämlich als weitgehend wirkungslos erwiesen.[521] De lege lata wird gefordert, die Bedürfnisse des Handelsverkehrs stärker zu berücksichtigen.[522] Hierzu sind jedoch auch Gesetzesänderungen erarbeitet worden. So wird vorgeschlagen, den Begriff der „Handelsbräuche" in § 310 Abs. 1 BGB durch denjenigen der „Bedürfnisse des Handelsverkehrs" oder eine andere Formulierung zu ersetzen, die sich am englischen Begriff der „good commercial practice" orientiert.[523] Die Initiative zur Fortentwicklung des AGB-Rechts im unternehmerischen Rechtsverkehr, die vom Verband Deutscher Maschinen- und Anlagenbau (VDMA), Zentralverband Elektrotechnik- und Elektroindustrie (ZVEI), der Industrie- und Handelskammer Frankfurt am Main (IHK Frankfurt a.M.), Wirtschaftsanwälten, Rechtswissenschaftlern und Syndici aus Unternehmen getragen wird, hat vorgeschlagen, den § 310 Abs. 1 S. 2 BGB in Anlehnung an Art. 7/1) (a) der Verzugsrichtlinie,[524] Art. II des DCFR[525] und den – zwischenzeitlich gescheiterten – Vorschlag der Europäischen Kommission für ein Europäisches Kaufrecht[526] wie folgt zu modifizieren:

---

[520] Vgl. *Hannemann*, AnwBl 2012, 314 (316).
[521] *Pfeiffer*, NJW 2012, 2609 (2611).
[522] *Kieninger*, AnwBl 2012, 301 (306).
[523] *Müller/Griebeler/Pfeil*, BB 2009, 2658; *Kieninger*, AnwBl 2012, 301 (306 f.) befürwortet das Abstellen auf die „vernünftige unternehmerische Praxis".
[524] Richtlinie 2011/7/EU, ABl. EU Nr. L 48/1 v. 23.2.2011.
[525] Art. II.-9:405 DCFR: „A term in a contract between businesses is unfair for the purposes of this Section only if it is a term forming part of standard terms supplied by one party and of such a nature that its use grossly deviates from good commercial practice, contrary to good faith and fair dealing."
[526] Art. 86 (1) CESL KOM (1011) 635 endg.: „In einem Vertrag zwischen Unternehmen gilt eine Vertragsbestimmung [...] nur dann als unfair, wenn sie [...] so beschaffen ist, dass

„§ 307 [...] findet mit der Maßgabe Anwendung, dass lediglich solche Vertragsbestimmungen unangemessen sind, die entgegen den Geboten von Treu und Glauben von gängiger unternehmerischer Praxis grob abweichen."[527]

Das Merkmal der groben und treuwidrigen Abweichung von der gängigen unternehmerischen Praxis dürfte jedoch einen zu großräumigen Ausnahmebereich bewirken.[528]

Etwas differenzierter erscheint der Gesetzesvorschlag von *Thomas Hannemann* für einen § 310 Abs. 1 BGB:

„Satz 2: Die in den §§ 308 und 309 genannten Vertragsbestimmungen können aber in den Fällen des Satzes 1 ausnahmsweise im Rahmen von § 307 Abs. 1 und 2 unwirksam sein.

Satz 3: Eine unangemessene Benachteiligung im Sinne des § 307 Abs. 1 und 2 liegt nicht vor, wenn die Bestimmung unter Heranziehung des Gesamtinhalts des Vertrages, insbesondere dort geregelter anderer Kompensationen zugunsten des Vertragspartners des Verwenders, sowie der jeweils üblichen Gepflogenheiten der betroffenen Branche, zu deren Kerngeschäft der Vertrag gehört, von objektiv vernünftiger unternehmerischer Praxis allenfalls unerheblich abweicht. Dabei ist die grundsätzlich geringere Schutzbedürftigkeit von Unternehmern gegenüber Verbrauchern zu beachten."[529]

Dies kombiniert verschiedene Anliegen. Die Neufassung von Satz 2 soll den Ausnahmecharakter der Klauselverbote nach den §§ 308, 309 BGB im unternehmerischen Verkehr betonen, der durch die von der Rechtsprechung angenommene weitgehende Indizwirkung verloren geht. Der Begriff des Handelsbrauches ist ersetzt worden. Zudem wird eine Differenzierung nach der Branchenzugehörigkeit vorgenommen, auf die noch zurückzukommen sein wird. Dieser Vorschlag sollte daher in der rechtspolitischen Diskussion auf jeden Fall im Blick behalten werden.

2. (Partielle) Abschaffung der AGB-Kontrolle

In der Literatur wird immer wieder die zumindest partielle Abschaffung der AGB-Kontrolle im unternehmerischen Rechtsverkehr gefordert. Verwirklichen ließe sich dies auf verschiedene Weise. Der weitreichendste Schritt wäre die vollständige Abschaffung (unten a)). In Betracht kommen weiterhin eine größenabhängige Befreiung (unten b)), eine Beschränkung auf branchenfremde Geschäfte

---

ihre Verwendung untre Verstoß gegen das Gebot von Treu und Glauben und des redlichen Geschäftsverkehrs gröblich von der guten Handelspraxis abweicht."
[527] Initiative zur Fortentwicklung des AGB-Rechts. Vorschlag für eine Gesetzesänderung, abrufbar unter https://www.vdma.org/documents/105628/642347/InitiativeProzent20zurProzent20FortentwicklungProzent20AGB-Recht.pdf/5efc2723-4308-4777-b680-2d57472e5789, S. 5, Stand: 18.5.2017.
[528] *Kieninger*, AnwBl 2012, 301 (306 f.).
[529] *Hannemann*, AnwBl 2012, 314 (317).

(unten c)), eine Beschränkung auf inländische Geschäfte (unten d)) sowie ein Ausschluss bei individualvertraglichem Verzicht (unten e)).

a) Vollständige Abschaffung

Auf der Grundlage der Erkenntnis, dass die AGB-Kontrolle im B2B-Bereich kleine Unternehmen als Verwender insgesamt stärker belastet als sie ihnen als Vertragspartner hilft, könnte man deren vollständige Abschaffung in Erwägung ziehen. In der Tat treten einige Autoren dafür ein, die AGB-Kontrolle im unternehmerischen Rechtsverkehr gänzlich abzuschaffen und stattdessen auf die kartellrechtliche Klauselkontrolle unter dem Gesichtspunk des Konditionenmissbrauchs marktbeherrschender Unternehmen zurückzugreifen.[530] Dafür wird angeführt, dass bei funktionierendem Wettbewerb jeder freiwillig in den Markt eintretende Marktteilnehmer – also der Unternehmer nahezu immer, nicht aber der Verbraucher – für seine geschäftliche Betätigung eigenverantwortlich sei und ggf. bestimmte Geschäfte unterlassen könne. In diesem Fall sollte er aber nicht berechtigt sein, im Nachhinein – vor allem, wenn sich der Vertrag als nachteilhaft erwiesen hat – die standardisierten Vertragsbestimmungen zu seinen Gunsten zu ändern.[531] Damit wird jedoch lediglich die Selbstverständlichkeit ausgesprochen, dass es in einem funktionierenden Markt keiner Regulierung zum Schutz einzelner Marktteilnehmer bedarf. Inwieweit dies im unternehmerischen Rechtsverkehr tatsächlich der Fall ist, wird gerade nicht gesagt. Ausgehend von der Prämisse, dass wegen struktureller bzw. situativer Unterlegenheit oder – wie dies gerade auch im unternehmerischen Rechtsverkehr naheliegt – wegen des rationalen Desinteresses eine Missbrauchsgefahr besteht, liegt kein funktionierender Markt vor. Eine vollständige Abschaffung der AGB-Kontrolle ist daher abzulehnen. Zudem lässt sich nicht zuverlässig prognostizieren, ob kleinen Unternehmen dadurch wirklich insgesamt mehr geholfen als geschadet würde, wenn sie im Verhältnis zu größeren Unternehmen weitgehend schutzlos gestellt würden. Es wurde gezeigt, dass der Gedanke des Schwächerenschutzes auch im unternehmerischen Rechtsverkehr zumindest zu berücksichtigen ist.[532] Vorzugswürdig ist daher eine Modifikation der AGB-Kontrolle im unternehmerischen Rechtsverkehr in einer für kleine Unternehmen verträglichen Weise, die einen angemessenen Ausgleich der Interessen von kleinen und größeren Unternehmen bewirkt.

---

[530] *Salger/Schröder*, AnwBl 2012, 683 (689).
[531] *Salger/Schröder*, AnwBl 2012, 683 (687).
[532] Siehe oben I. 2.

b) Größenabhängige Befreiung

Eine weniger weitgehende und zudem besser auf die Interessen von Kleinunternehmern zugeschnittene Lösung wäre die Beschränkung der AGB-Kontrolle auf solche Verträge, die gegenüber kleinen Unternehmen verwendet werden. Danach würden Unternehmen unterhalb einer bestimmten Größe als Verwender von der AGB-Kontrolle ausgenommen, würden aber als Vertragspartner den vollständigen Schutz behalten. Diesen Weg hat das niederländische Recht eingeschlagen, in welchem gem. Art. 6:235 (1) Burgerlijk Wetboek Unternehmen, die entweder 50 oder mehr Mitarbeiter beschäftigen oder die zur Veröffentlichung ihrer Jahresbilanz verpflichtet sind, von der Inhaltskontrolle ausgenommen sind. Zum englischen Recht schlägt die English and Scottish Law Commission vor, von der AGB-Kontrolle im unternehmerischen Verkehr solche Unternehmen auszunehmen, die mehr als neun Mitarbeiter beschäftigen.[533] Auch in dem – zwischenzeitlich gescheiterten – Verordnungsvorschlag der Europäischen Kommission für ein Gemeinsames Europäisches Kaufrecht findet sich dieser Ansatz, wenn die in Art. 86 vorgesehene AGB-Kontrolle im unternehmerischen Rechtsverkehr gem. Art. 7 Nr. 1 nur eingreift, wenn mindestens eine der Parteien ein kleines oder mittleres Unternehmen ist.[534] Da der Verordnungsvorschlag jedoch unter KMU gem. Art. 7 Nr. 2 solche Unternehmen versteht, die weniger als 250 Personen beschäftigen und einen Jahresumsatz von höchstens 50 Mio. Euro oder eine Jahresbilanzsumme von höchstens 43 Mio. Euro versteht, wäre die Inhaltskontrolle auf einen Großteil der Verträge anwendbar.

Was den Schwellenwert anbelangt ist zu bedenken, dass es hier um das Ob der AGB-Kontrolle geht, nicht um deren inhaltliche Durchführung. Die Ausführungen zur Berücksichtigung der Interessen kleiner Unternehmen im Rahmen des § 307 Abs. 1 S. 1 BGB[535] lassen sich daher nicht unbesehen übertragen. Da es jedoch bei der größenabhängigen Befreiung von der AGB-Kontrolle ebenfalls um den Schutz vor einer Kostenbelastung geht, würden sich auch hier solche Kriterien empfehlen, welche die wirtschaftliche Belastbarkeit des Unternehmens zum Ausdruck bringen. Dies sind letztlich auch hier der Umsatz, die Bilanzsumme oder die vom niederländischen Recht und der English and Scottish Law Commission in Bezug genommene Arbeitnehmerzahl. Die starke Divergenz zwischen den beiden Schwellenwerten von 50 und neun Arbeitnehmern zeigt freilich, dass hier ein erheblicher Einschätzungs- und Beurteilungsspielraum besteht.[536]

---

[533] English and Scottish Law Commission, Unfair Terms in Contracts. Joint Report, 2005, para. 5.40, abrufbar unter https://www.scotlawcom.gov.uk/files/2512/7989/6621/rep199.pdf, Stand: 18.5.2017.

[534] Abrufbar unter http://eur-lex.europa.eu/LexUriServ/LexUriServ.do?uri=COM:2011:0635:FIN:de:PDF, Stand: 2.6.2017.

[535] Oben 1. a) bb).

[536] *Kieninger*, AnwBl 2012, 301 (303).

Ein anderer, gerade auch zum deutschen Recht vertretener und im allgemeinen Verbraucherschutzrecht bereits erwähnter Ansatz geht dahin, den Schwellenwert an das Transaktionsvolumen zu knüpfen und die AGB-Kontrolle ab einem bestimmten Volumen für nicht anwendbar zu erklären.[537] Ab einem bestimmten Transaktionsvolumen könne davon ausgegangen werden, dass auch die nicht ausgehandelten Klauseln kraft hinreichend freier Entscheidungen vom rechtsgeschäftlichen Willen der Parteien umfasst sind.[538] Zudem soll diese Lösung dem ökonomischen Schutzzweck der AGB-Kontrolle Rechnung tragen, da die Transaktionskosten in Relation zum Vertragsvolumen ab einem bestimmten Punkt wegen der eintretenden Sättigung des vertraglichen Regelungsbedarfs nicht mehr in relevantem Umfang zunehme.[539] Die Anknüpfung an das Transaktionsvolumen diene schließlich der Rechtssicherheit, da es sich im Regelfall einfach nach dem Entgelt bestimmen ließe.[540] Allerdings ist auch die Festlegung eines solchen Schwellenwertes immer ein gutes Stück weit willkürlich.[541] Zudem ist das konkrete Transaktionsvolumen keineswegs immer einfach zu berechnen, namentlich bei Rahmenverträgen und Dauerschuldverhältnissen.[542] Schließlich harmoniert die Herausnahme gerade von großvolumigen Transaktionen aus der AGB-Kontrolle nicht mit der allgemeinen Erkenntnis, dass eine gesetzliche Regulierung prinzipiell gerade bei höheren Transaktionsvolumina effizient ist, während bei niedrigeren Transaktionsvolumina größenabhängige Befreiungen angezeigt sind.[543] In der Tat fallen die durch die AGB-Kontrolle verursachten fixen Transaktionskosten umso weniger ins Gewicht, je größer das Transaktionsvolumen ist. Wer z.B. ein Unternehmen für 100 Mio. Euro verkauft, wird die Kosten einer rechtlichen Beratung kaum scheuen, die für eine rechtswirksame Vertragsgestaltung anfallen. Während die Anknüpfung an das Transaktionsvolumen im Rahmen der Einbeziehung von Kleinunternehmern in das Verbraucherschutzrecht durchaus vertretbar erscheint,[544] ist sie für eine Befreiung von der AGB-Kontrolle abzulehnen.

Unabhängig von ihrem Nutzen für kleine Unternehmen und von dem anzusetzenden Schwellenwert bestehen jedoch grundlegende Einwände gegen eine

---

[537] Vgl. *Becker*, JZ 2010, 1098 (1105): 500.000 EUR; *Leuschner*, JZ 2010, 875 (884): 1 Mio. EUR. Die English and Scottish Law Commission plädiert in ihrem Bericht zur Neuausrichtung des AGB-Rechts für eine Herausnahme von B2B-Verträgen ab einem Volumen von 500.000 britischen Pfund, siehe English and Scottish Law Commission, Unfair Terms in Contracts. Joint Report, 2005, para. 5.24, abrufbar unter https://www.scotlawcom.gov.uk/files/2512/7989/6621/rep199.pdf, Stand: 18.5.2017.
[538] *Becker*, JZ 2010, 1098 (1104).
[539] *Leuschner*, JZ 2010, 875 (884).
[540] *Leuschner*, JZ 2010, 875 (884).
[541] *Kieninger*, AnwBl 2012, 301 (302).
[542] *Kieninger*, AnwBl 2012, 301 (302); vgl. auch *Leyens/Schäfer*, AcP 210 [2010], 771 (793 ff.); *Oetker*, AcP 212 [2012], 202 (219).
[543] Siehe oben § 5 D) II. 1.
[544] Siehe oben § 9 D) II. 3. c) bb).

größenabhängige Befreiung.[545] *Salger/Schröder* lehnen eine größenabhängige Befreiung zunächst unter Hinweis auf ein unredliches Verhalten von kleinen Unternehmen ab, da sie sich

„ganz gerne patronalistisch bevormunden lassen, weil sie einerseits im Markt um jeden Preis Aufträge einholen, dann aber den vereinbarten Preis letztlich nicht bezahlen wollen."[546]

Ohne konkrete Belege für ein solches Verhalten erscheint dieser Vorwurf freilich sehr gewagt. Bei Arbeitsverträgen von kleinen Unternehmen beruhen unwirksame Klauseln zumeist auf fehlender Rechtskenntnis, nicht auf einer bewussten Übervorteilung des Vertragspartners.[547] Auch in der eigenen anwaltlichen Praxis des Verfassers hat es keine Fälle gegeben, in denen sich Kleinunternehmer in einem solchen Sinne unmoralisch verhalten haben. Teleologisch ist eine größenabhängige Befreiung indessen schwer zu legitimieren. Ihr liegt die Vorstellung von der situativen Unterlegenheit des Kunden und von der strukturellen Unterlegenheit bzw. Unerfahrenheit auch innerhalb des unternehmerischen Bereichs zugrunde.[548] Zu der ökonomischen Zielsetzung der AGB-Kontrolle hat sie hingegen keinen Bezug, da kleine Unternehmen kein größeres oder geringeres Interesse an einer Prüfung der in Rede stehenden AGB haben als größere Unternehmen und die ökonomisch bedingte Informationsasymmetrie damit auch im unternehmerischen Rechtsverkehr besteht.[549] In der Tat akzeptieren üblicherweise auch Großunternehmen die AGB von kleineren, vorgeblich unterlegenen Geschäftspartnern.[550] Nach *Schmidt-Kessel* ist die Beschränkung der AGB-Kontrolle auf kleine Unternehmen jedoch auch auf der Basis des Schwächerenschutzes abzulehnen, weil sie keinem einheitlichen Schutzprinzip folge. Die aus dem Subventionsrecht entnommenen Kriterien würden keine Verhandlungsmacht widerspiegeln.[551] Letztlich sind andere Faktoren ohnehin wichtiger als die Unternehmensgröße, insbesondere ob der Vertrag zum Kerngeschäft des Unternehmens gehört, wie häufig gleichartige Vertragsschlüsse vorkommen, und ob es sich angesichts der Häufigkeit und des Gesamtvolumens lohnt, Kosten für die Prüfung und Verhandlung von AGB aufzuwenden.[552]

---

[545] Ablehnend *Kieninger*, AnwBl 2012, 301 (303); *Salger/Schröder*, AnwBl 2012, 683 (689); *Schmidt-Kessel*, AnwBl 2012, 308 (312); vgl. auch *Oetker*, AcP 212 [2012], 202 (219).
[546] *Salger/Schröder*, AnwBl 2012, 683 (689).
[547] Siehe *Stöhr*, ZfA 2013, 213 (223 f.).
[548] *Micklitz*, Gutachten A zum 69. Deutschen Juristentag, A 1 (34); *Staudinger/Coester*, BGB, Bearb. 2013, § 307 Rn. 5b.
[549] *Kieninger*, AnwBl 2012, 301 (303).
[550] *Becker*, JZ 2010, 1098 (1100); *Kötz*, JuS 2003, 209 (210 f.); vgl. auch *Jansen*, ZEuP 2010, 69 (84).
[551] *Schmidt-Kessel*, AnwBl 2012, 308 (312).
[552] *Kieninger*, AnwBl 2012, 301 (303).

c) Beschränkung auf branchenfremde Geschäfte

Ein weiterer Vorschlag geht dahin, die AGB-Kontrolle auf branchenfremde Geschäfte zu beschränken. Dies beruht auf der Erwägung, dass der Unternehmer bei Verträgen, die zum Kerngeschäft des Unternehmens gehören, unabhängig vom Volumen des einzelnen Vertrags und der Verhandlungsdauer ein rationales Interesse an der Prüfung und Verhandlung der AGB hat, da er diese Verträge laufend schließt. Wenn er seine Vorstellungen von Vertragsgerechtigkeit trotzdem nicht durchsetzen kann, liegt das nicht an einem Marktversagen, sondern tatsächlich an wirtschaftlicher Unterlegenheit.[553] Für kleine Unternehmen dürfte dieser Ansatz jedoch wenig ändern. Als Verwender werden sie kaum von der AGB-Kontrolle befreit werden, da sie relativ häufig Dienstleistungen anbieten, die nicht zum Kerngeschäft des Vertragspartners gehören, z.B. Reparaturen, Instandsetzungen, Einrichtungen oder die Durchführung outgesourcter Tätigkeiten. Und auch als Vertragspartner werden sie überwiegend Verträge abschließen, die ihre unternehmerische Tätigkeit lediglich unterstützen und nicht unmittelbar zu ihrer Branche gehören, z.B. die Bestellung von Material. Generell ist gegen diesen Vorschlag einzuwenden, dass die verschiedenen Branchen mitunter schwierig abzugrenzen sind.[554] Problematisch ist dies insbesondere bei Unternehmen, die in verschiedenen Branchen tätig sind, etwa bei einer Zimmerei, die auch Dachdeckerarbeiten anbietet.[555]

d) Beschränkung auf inländische Geschäfte

Ein weiterer Vorschlag besteht in dem Ausschluss der AGB-Kontrolle für grenzüberschreitende Verträge.[556] Zur Begründung werden vor allem Wettbewerbsnachteile angeführt, die deutsche Unternehmen aufgrund der zwingenden AGB-Kontrolle im internationalen Geschäft erleiden würden.[557] Da dies jedoch den in aller Regel lediglich national oder gar regional agierenden kleinen Unternehmen nicht helfen würde, soll dieser Vorschlag hier nicht weiter erörtert werden.

e) Ausschluss bei individualvertraglichem Verzicht

Schließlich wird vorgeschlagen, die AGB-Kontrolle bei individualvertraglichem Verzicht auszuschließen.[558] Damit könnten die (unternehmerischen) Parteien frei über die Anwendbarkeit der AGB-Kontrolle disponieren. Dem liegt die Vorstellung zugrunde, die AGB-Kontrolle schütze den nachlässigen oder flüchtigen

---

[553] *Kieninger*, AnwBl 2012, 301 (306); vgl. auch *Hannemann*, AnwBl 2012, 314.
[554] *Schmidt-Kessel*, AnwBl 2012, 308 (312); insoweit auch *Kieninger*, AnwBl 2012, 301 (306).
[555] *Schmidt-Kessel*, AnwBl 2012, 308 (312).
[556] So etwa *Berger*, NJW 2010, 465 (466).
[557] *Berger*, NJW 2010, 465 (466).
[558] *Jansen*, ZEuP 2010, 69 (92 f.).

Vertragspartner. Nach dem ökonomisch orientierten Schutzzweck ist dieser Vorschlag indessen bedenklich: Bei einem individualvertraglichen Verzicht bleibt der Vertragspartner zwar bewusst desinteressiert, dies ändert jedoch nichts daran, dass das Desinteresse kostengünstig und damit rational ist.[559] Zudem ist diese Lösung besonders missbrauchsanfällig, da ein Verzicht auf die AGB-Kontrolle vor allem bei überlegener wirtschaftlicher Macht durchsetzbar wäre.[560] Sofern kleine Unternehmen tatsächlich gegenüber größeren Unternehmen unterlegen sein sollten und für den Vertragsschluss auf einen entsprechenden Verzicht angewiesen wären, würden sie daher ihren Schutz verlieren, Schließlich wäre eine generelle opt-out-Lösung auch nicht mit den europäischen Vorgaben vereinbar, da die Zahlungsverzugsrichtlinie entsprechende Regelungen hinsichtlich Zahlungsfristen und Rechtsfolgen verspäteter Zahlungen erfordert.[561]

3. Modifikation des AGB-Begriffs

Ein anderer Ansatz besteht in der Modifikation des AGB-Begriffs. Auch darüber ließe sich der Anwendungsbereich der AGB-Kontrolle steuern.[562] Im Jahr 2012 hat die Initiative zur Fortentwicklung des AGB-Rechts im unternehmerischen Rechtsverkehr einen Gesetzgebungsvorschlag für einen neuen Satz 4 von § 305 Abs. 1 BGB vorgelegt. Dieser lautet:

„Werden Vertragsbedingungen gegenüber einem Unternehmen, einer juristischen Person des öffentlichen Rechts oder einem öffentlich rechtlichen Sondervermögen verwendet, stellen sie keine Allgemeinen Geschäftsbedingungen dar, soweit die andere Vertragspartei diesem oder dem Vertragswerk insgesamt auf Grund einer selbstbestimmten unternehmerischen Entscheidung zustimmt; einer Abänderung des vorformulierten Vertragstextes bedarf es nicht."[563]

Dadurch wird eine Trennung zwischen Verträgen im B2C- und B2B-Bereich erreicht. Für den unternehmerischen Rechtsverkehr wird zum privatautonomen Ausschluss der AGB-Kontrolle nicht mehr auf den Begriff des Aushandelns abgestellt, sondern auf den der selbstbestimmten unternehmerischen Entscheidung. Dieser fügt sich in die Linie des Bundesgerichtshofs insoweit ein, als dieser ein „Stellen von Vertragsbedingungen" verneint, wenn sich die Einbeziehung vorformulierter Vertragsbedingungen in einen Vertrag als Ergebnis einer freien Entscheidung desjenigen darstellt, der vom anderen Vertragsteil mit dem Ver-

---

[559] *Kieninger*, AnwBl 2012, 301 (305).
[560] *Schmidt-Kessel*, AnwBl 2012, 308 (312).
[561] *Schmidt-Kessel*, AnwBl 2012, 308 (312).
[562] *Salger/Schröder*, AnwBl 2012, 683 (687).
[563] Initiative zur Fortentwicklung des AGB-Rechts. Vorschlag für eine Gesetzesänderung, abrufbar unter https://www.vdma.org/documents/105628/642347/InitiativeProzent20zurProzent20FortentwicklungProzent20AGB-Recht.pdf/5efc2723-4308-4777-b680-2d57472e5789, S. 3, Stand: 18.5.2017.

wendungsvorschlag konfrontiert wird.[564] Auch die Gesetzesbegründung zum AGBG stellte bereits auf den Maßstab der „selbstverantwortlichen Prüfung, Abwägung und möglichen Einflussnahme beider Vertragsparteien" ab.[565] Ob man allerdings tatsächlich von Unternehmern aller Größenordnungen erwarten kann, dass sie alle Vertragstexte prüfen/prüfen lassen bzw. gegebene Handlungsmöglichkeiten nutzen,[566] erscheint zweifelhaft, da die Kosten eines solchen Verhaltens auch im unternehmerischen Verkehr den Nutzen häufig überwiegen.[567] Mit der ökonomischen Zielsetzung der AGB-Kontrolle harmoniert diese Lösung daher nicht ohne weiteres. Da die Gruppe der Unternehmen jedoch weitaus heterogener ist als diejenige der Verbraucher, sollte im unternehmerischen Rechtsverkehr nicht ausschließlich das – bei den meisten auch unternehmerischen Vertragspartnern gegebene – rationale Desinteresse in den Blick genommen werden, da eine Differenzierung zwischen Unternehmen verschiedener Größenordnungen ansonsten kaum möglich wäre.[568] Immerhin sollten gerade größere Unternehmen für eine Prüfung bzw. Mitgestaltung der Vertragstexte wenigstens entsprechende finanzielle Kapazitäten haben.

Der unbestimmte Rechtsbegriff der selbstbestimmten unternehmerischen Entscheidung erlaubt eine solche erstrebenswerte Interessenabwägung im Einzelfall.[569] Da das Kriterium der Selbstbestimmung der Privatautonomie der (unternehmerischen) Parteien Rechnung tragen soll, ist es folglich in diesem Lichte auszulegen. Vor diesem Hintergrund würden für eine selbstbestimmte unternehmerische Entscheidung in diesem Sinne u.a. sprechen: Die Kenntnis der rechtlichen und wirtschaftlichen Bedeutung der Vertragsbedingungen, die Aufnahme von Änderungswünschen einer Partei in den Vertragstext, die tatsächliche Durchführung von Vertragsverhandlungen sowie die rechtliche Beratung; dagegen sprechen würde z.B. in Anlehnung an § 20 Abs. 1 GWB eine wirtschaftliche Abhängigkeit des Vertragspartners vom Verwender mangels ausreichender und zumutbarer Möglichkeiten, auf andere Unternehmen auszuweichen.[570] Man sieht, dass das Kriterium der selbstbestimmten unternehmerischen Entscheidung eine sachgerechte Differenzierung zwischen kleinen und größeren Unternehmen bewirken dürfte, sind doch die dafür sprechenden Indizien vor allem bei größeren Unternehmen erfüllt und das dagegen sprechende Indiz vor allem bei (wirtschaftlich abhängigen) Kleinunternehmern. Die Initiative zur Fortentwicklung des AGB-Rechts sieht in der Unternehmensgröße ausdrücklich ein zu be-

---

[564] BGH NJW 2010, 1131 (1133).
[565] BT-Drucks. 7/3919, S. 17.
[566] So *Kessel*, AnwBl 2012, 293 (299).
[567] *Kieninger*, AnwBl 2012, 301 (302); dazu im Allgemeinen oben A) II.
[568] Den Gesetzesvorschlag unter Hinweis darauf begrüßend *Kessel*, AnwBl 2012, 293 (300).
[569] Den Gesetzesvorschlag unter Hinweis darauf begrüßend *Kessel*, AnwBl 2012, 293 (300).
[570] *Kessel*, AnwBl 2012, 293 (300).

§ 10 AGB-Kontrolle von Kunden- und Lieferantenverträgen   515

rücksichtigendes Kriterium.[571] Da es bei dem AGB-Begriff um das Ob der AGB-Kontrolle geht, kann insoweit durchaus auf die von *Karatzenis* und *Pfeiffer* entwickelten Kriterien zurückgegriffen werden, kleine Unternehmen zu definieren, nämlich auf eine wirtschaftliche Unterlegenheit, die Kenntnis und Geschäftserfahrung sowie die Zumutbarkeit rechtlicher Beratung.[572] Diese Kriterien sind in diesem Zusammenhang aussagekräftiger als die allgemeinen Größenmerkmale wie Umsatz- und Arbeitnehmerzahlen, die vor allem für die finanzielle Belastbarkeit im Hinblick auf die Auswirkungen einzelner Klauseln und damit für das Wie der AGB-Kontrolle im Rahmen des § 307 Abs. 1 S. 1 BGB relevant sind. Durch diese Ausrichtung am Einzelfall geht diese Lösung auch nicht so weit wie ein Ausschluss der AGB-Kontrolle bei individualvertraglichem Verzicht, der die wirtschaftlich schwächere Partei weitgehend schutzlos stellt. Vor diesem Hintergrund verspricht der Gesetzesvorschlag einen angemessenen Interessenausgleich und verdient nachdrückliche Zustimmung.

Um eine angemessene Berücksichtigung der genannten Gesichtspunkte zu gewährleisten, erscheint allerdings deren Aufnahme in den Gesetzestext als Regelbeispiele sinnvoll. Der Gesetzesvorschlag wäre daher durch Sätze 5 und 6 zu ergänzen, die lauten könnten:

„Eine selbstbestimmte unternehmerische Entscheidung liegt in der Regel vor, wenn
1. die andere Vertragspartei die rechtliche und wirtschaftliche Bedeutung der Vertragsbedingungen – insbesondere aufgrund rechtlicher Beratung – kennt,
2. in den Vertragstext Änderungswünsche einer Partei aufgenommen wurden, oder
3. Vertragsverhandlungen tatsächlich durchgeführt wurden.

Eine selbstbestimmte unternehmerische Entscheidung liegt in der Regel nicht vor, wenn
1. die andere Vertragspartei wirtschaftlich vom Verwender abhängig ist,
2. die andere Vertragspartei hinsichtlich ihrer Kenntnis und Geschäftserfahrung eher mit Verbrauchern als mit den Geschäftsführern größerer Unternehmen vergleichbar ist, oder
3. wenn der anderen Vertragspartei eine rechtliche Beratung im Hinblick auf das in Rede stehende Rechtsgeschäft nicht zumutbar ist."

In Fällen, in denen sowohl ein Tatbestand des Satzes 5 als auch ein Tatbestand des Satzes 6 der hier vorgeschlagenen Regelung gegeben ist – etwa, wenn in den Vertragstext Änderungswünsche des Vertragspartners aufgenommen werden, obwohl dieser wirtschaftlich vom Verwender abhängig ist – führen die Regelbeispiele freilich kaum weiter.

---

[571] Initiative zur Fortentwicklung des AGB-Rechts. Vorschlag für eine Gesetzesänderung, abrufbar unter https://www.vdma.org/documents/105628/642347/InitiativeProzent20zurProzent20FortentwicklungProzent20AGB-Recht.pdf/5efc2723-4308-4777-b680-2d57472e5789, S. 4, Stand: 18.5.2017.
[572] Siehe oben 1. a) bb).

4. Anforderungen an eine Individualvereinbarung

Ein Aushandeln i.S.v. § 305 Abs. 1 S. 3 BGB soll nach der Rechtsprechung nur vorliegen, wenn der Verwender zu Verhandlungen ernsthaft bereit ist und dies dem Vertragspartner eindeutig erklärt hat, die Klausel tatsächlich zur Disposition des Vertragspartners gestellt wird und dieser auch einen tatsächlichen Gestaltungsspielraum zur Wahrung seiner Interessen hat.[573] Ein bloßes Verhandeln genügt danach ebenso wenig wie die generelle Bereitschaft des Verwenders, belastende Klauseln abzuändern.[574] Diese Anforderungen sind hoch und erschweren einen privatautonomen Ausschluss der AGB-Kontrolle stark. Im Hinblick auf die Privatautonomie erscheint es bedenklich, dass damit keine Fälle erfasst werden, in denen es zwar an einer Aushandlung im Sinne der Rechtsprechung zu § 305 Abs. 1 BGB fehlt, in denen aber die Zustimmung zu den AGB auf einem frei gebildeten individuellen rechtsgeschäftlichen Willen beruht.[575] In der Praxis sind oft beide Parteien überrascht, wenn die klaglos akzeptierten Vertragsbedingungen unwirksam sind, weil sie nicht im Einzelnen besprochen und ausdrücklich „zur Disposition gestellt" wurden und damit der AGB-Kontrolle unterliegen. Dadurch würden Unternehmer wie unmündige Kinder behandelt.[576] Nach *Leuschner* weist das Kriterium des Aushandelns auch in normativer und teleologischer Hinsicht zwei entscheidende Schwächen auf: Zum einen werde es dem Umstand nicht gerecht, dass die informationelle Unterlegenheit des Vertragspartners nicht nur durch ein (konsensuales) Aushandeln, sondern auch durch eine (einseitige) Analyse der Vertragsbedingungen überwunden werden kann. Zum begründe der Verzicht auf ein normatives Element – maßgeblich ist allein, ob der Vertragspartner das Informationsdefizit überwunden hat, und nicht, ob er es hätte überwinden sollen – ein erhebliches Fehlsteuerungspotential, da der Vertragspartner kein Anreiz zur eigenverantwortlichen Interessenwahrnehmung hätte.[577] Diesen Missstand hat der Bundesgerichtshof nicht korrigiert, sondern durch seine strengen Anforderungen an das Aushandeln noch erheblich verschärft.[578] Eine Modifikation dieser Anforderungen würde kleinen und großen Unternehmen auf Verwenderseite gleichermaßen zugutekommen.

Befürwortet wird eine Herabsetzung der Anforderungen an eine Individualvereinbarung, namentlich der Verzicht auf das Erfordernis, dass sich die Verhandlungen über die AGB in einer konkreten Änderung des Klauseltextes niedergeschlagen haben.[579] Umstritten ist allerdings, ob dies im unternehmerischen Rechtsverkehr generell oder nur unter bestimmten Voraussetzungen gelten soll.

---

[573] BGH NJW 2003, 1805 (1807).
[574] BGH NJW-RR 2005, 1040 (1041).
[575] *Pfeiffer*, NJW 2012, 2609 (2611).
[576] *Salger/Schröder*, AnwBl 2012, 683 (689).
[577] *Leuschner*, JZ 2010, 875 (882).
[578] *Leuschner*, JZ 2010, 875 (882).
[579] *Miethaner*, NJW 2010, 3121 (3125 ff.); *Kieninger*, AnwBl 2012, 301 (304).

Im letzteren Sinne wird vertreten, dass ein Aushandeln nach einem gesetzlichen Indizienkatalog widerleglich vermutet werden soll: Die Parteien haben länger als zwei Monate verhandelt; eine Partei hat die AGB mindestens einmal schriftlich kommentiert; das Transaktionsvolumen beträgt mindestens eine Mio. Euro; der Verwender war juristisch beraten; der Verwender hat zumindest eine Textänderung durchgesetzt; oder die AGB entsprechen Bedingungen, die bereits zuvor zwischen denselben Parteien ausgehandelt worden sind.[580] Diese Indizien erscheinen vom Standpunkt der ökonomischen Funktion der AGB-Kontrolle einleuchtend, da in den genannten Fällen ein rationales Desinteresse durchaus fehlen kann.[581] Da die Entscheidung jedoch stets im Einzelfall getroffen werden muss, kann ein solcher Kriterienkatalog nur eine unverbindliche Leitlinie darstellen.[582] Vor diesem Hintergrund schlägt *Kieninger* vor, § 305 Abs. 1 S. 3 BGB für den unternehmerischen Verkehr durch folgenden Satz ersetzen:

„AGB liegen nicht vor, wenn die Vertragsbedingungen vom Verwender zur Disposition gestellt und von den Vertragsparteien verhandelt worden sind."[583]

Allerdings wird danach an dem Merkmal des Aushandelns im Kern festgehalten, auf ein normatives Element wird weiterhin verzichtet. Dies führt dazu, dass die damit verbundenen Fehlanreize nicht beseitigt, sondern verstärkt würden: Könnte der Verwender eine AGB-Kontrolle z.B. durch einzelne textliche Änderungen vermeiden, hätte er Anreize, in den ursprünglichen Entwurf zumindest eine inakzeptable Klausel aufzunehmen, um sich dann in diesem Punkt nachgiebig zu zeigen.[584] Daher plädiert *Leuschner* de lege lata für eine „schutzzweckkonforme Anpassung" des Anwendungsbereichs der AGB-Kontrolle.[585]

D) Zusammenfassung

AGB haben im Wirtschaftsleben eine erhebliche Bedeutung erlangt. Der Zweck einer speziellen, über die allgemeinen Schranken der §§ 134, 138 BGB hinausgehenden Inhaltskontrolle wird in einer Missbrauchsgefahr gesehen. Diese wird traditionell mit einer strukturellen Unterlegenheit des Vertragspartners, überzeugender allerdings mit einem rationalen Desinteresse begründet. Sowohl der ökonomische als auch der gerechtigkeitsorientierte Ansatz legen es nahe, die

---

[580] *Müller/Griebeler/Pfeil*, BB 2009, 2658 (2661 f.).
[581] *Leuschner*, JZ 2010, 875 (883), der darin einen Widerspruch zur Auffassung von *Müller/Griebeler/Pfeil* sieht, da diese an sich der Konzeption der AGB-Kontrolle als Schwächerenschutz verhaftet seien.
[582] *Kieninger*, AnwBl 2012, 301 (305 f.).
[583] *Kieninger*, AnwBl 2012, 301 (307).
[584] *Leuschner*, JZ 2010, 875 (883).
[585] *Leuschner*, AcP 207 [2007], 493 (524).

spezifischen Interessen von Kleinunternehmern im Rahmen der AGB-Kontrolle zu berücksichtigen. Gegenüber Verbrauchern ist dies an sich unproblematisch möglich, da es im Rahmen der Interessenabwägung zur Bestimmung einer unangemessenen Benachteiligung auf die Interessen des konkreten Verwenders ankommt. Im Übrigen ist auch im allgemeinen Zivilrecht eine empirische Bestimmung der Transparenz i.S.v. § 307 Abs. 1 S. 2 BGB zu befürworten, da dies für rechtlich nicht beratene Kleinunternehmer zu nachvollziehbareren und vorhersehbareren Ergebnissen führt. Auf der Rechtsfolgenseite ist eine geltungserhaltende Reduktion – anders als bei Arbeitsverträgen – nicht möglich. Verschärft die Rechtsprechung die inhaltlichen Anforderungen an bestimmte Klauseln, ist auch hier der Vertrauensschutz zugunsten des Verwenders zu beachten.

Auch im unternehmerischen Rechtsverkehr können die spezifischen Interessen von Kleinunternehmern im Rahmen der Interessenabwägung berücksichtigt werden, und zwar trotz der an sich gebotenen überindividuell generalisierenden Betrachtung auch auf Vertragspartnerseite. Was das Prüfungsprogramm anbelangt sollte die Inhaltskontrolle dadurch abgeschwächt werden, dass die Indizwirkung der Klauselverbote der §§ 308, 309 BGB bei der Auslegung des § 307 Abs. 1 S. 1 BGB zurückgedrängt wird. Beachtung verdient insoweit der Gesetzesvorschlag von *Hannemann*. Abzulehnen ist hingegen eine vollständige Abschaffung der AGB-Kontrolle oder eine größenabhängige Befreiung. Vertretbar, für kleine Unternehmen jedoch kaum gewinnbringend oder gar nachteilhaft ist eine Beschränkung auf branchenfremde und inländische Geschäfte sowie ein Ausschluss bei individualvertraglichem Verzicht. Nachdrücklich zu begrüßen ist der Gesetzesvorschlag der Initiative zur Fortentwicklung des AGB-Rechts im unternehmerischen Rechtsverkehr zur Modifikation des AGB-Begriffs, der auf das Kriterium der selbstbestimmten unternehmerischen Entscheidung abstellt. Dies dürfte bei richtiger Handhabung eine sachgerechte Differenzierung zwischen kleinen und größeren Unternehmen bewirken. Dieser Vorschlag sollte allerdings durch die Aufnahme von Regelbeispielen präzisiert werden. Nicht vollständig zu überzeugen vermögen hingegen die Vorschläge, die zu den Anforderungen an eine Individualvereinbarung i.S.v. § 305 Abs. 1 S. 3 BGB unterbreitet wurden.

Vierter Teil:

Zusammenfassung und Schlussbetrachtung

Kapitel 7

Zusammenfassung und Schlussbetrachtung

A) Ergebnisse

1. Die Abgrenzung der Unternehmensgröße kann einerseits in Anlehnung an gesetzliche, teleologisch einschlägige Schwellenwerte getroffen werden (formeller bzw. autoritätsorientierter Ansatz). Andererseits können Unternehmen ohne Rücksicht auf gesetzliche Vorgaben allein über ihre wirtschaftlichen Merkmale kategorisiert werden (materieller bzw. sachlicher Ansatz). Hierzu wurden verschiedene Definitionen erarbeitet, von denen die Mittelstandsempfehlung der Europäischen Kommission eine zentrale Stellung einnimmt. Dem Einzelfall Rechnung tragend, für Gesetzgebung und Rechtsanwendung jedoch ungeeignet ist eine weitere Unterscheidung nach den verschiedenen Branchen.

2. Nach innen sind kleine Unternehmen keine homogene Gruppe, sondern je nach genauer Größenklasse, Branche, Land, Rechtsform und anderen Merkmal ziemlich heterogen.

3. Vor dem Hintergrund des Gleichheitssatzes bedarf ein gesonderter Rechtsschutz für einzelne Kategorien von Marktteilnehmern der verfassungsrechtlichen und rechtsphilosophischen Legitimation. Die Gründe für einen solchen gesonderten Rechtsschutz können einerseits im individuellen Interesse der in Rede stehenden Marktteilnehmer liegen. Insoweit steht der Schwächerenschutz im Zentrum. Dieser dient vor allem der Gerechtigkeit, sodass es hier um einen gerechtigkeitsorientierten Ansatz geht. Andererseits kann ein gesonderter Rechtsschutz kollektiven Interessen dienen. Insoweit geht es um das Gemeinwohl. Dazu gehören insbesondere volkswirtschaftlich vorteilhafte Auswirkungen einer staatlichen Handlung, sodass es hier um einen ökonomischen Ansatz geht.

4. Der Schutz von kleinen Unternehmen ist sowohl im Hinblick auf individuelle Interessen als auch im Hinblick auf kollektive Interessen legitim. Kleine Unternehmen verdienen aufgrund ihrer betriebswirtschaftlichen Besonderheiten einen Schwächerenschutz. Dies beruht insbesondere darauf, dass sie von regulierungsbedingten Kosten stets verhältnismäßig stärker getroffen werden als größere Unternehmen (Kostenfaktor). Zudem fallen einzelne Probleme wie z.B. kranke Arbeitnehmer stärker ins Gewicht (Risikofaktor). Erfahrungsdefizite im Geschäftsverkehr sind nur bei Existenzgründern empirisch belegt (Erfahrungsfaktor). Eine strukturelle Unterlegenheit gegenüber größeren Unternehmen ist empirisch nicht belegt (Unterlegenheitsfaktor). Kleine Unternehmen sind aufgrund verschiedener volkswirtschaftlich positiver Auswirkungen prinzipiell gemeinwohlfördernd und daher auch unter ökonomischen Gesichtspunkten schutzwürdig. Insbesondere schaffen sie Arbeitsplätze und beleben den Wettbe-

werb. Besonders vorteilhaft sind Neugründungen. Für Solo-Selbständige gilt dies jedoch allenfalls eingeschränkt, sodass sich deren Schutzwürdigkeit auf individuelle Interessen beschränkt. Schließlich sind kleine Unternehmen auch unter sozialen Gesichtspunkten schutzwürdig, da sie nach überwiegender Ansicht positive Auswirkungen auf die Gesellschaft und damit auf das Gemeinwohl haben.

5. Trotz der prinzipiellen Schutzwürdigkeit ist ein Schutz um jeden Preis zu vermeiden. Da kleine Unternehmen trotz ihrer Heterogenität strukturelle Gemeinsamkeiten haben, ist der Gesetzgeber zu typisierenden Regelungen befugt. Bezugspunkt des Schutzes können sowohl die Kleinunternehmer als Inhaber als auch die Unternehmen als solche sein. Der Schutz kann sowohl im Verhältnis zu Arbeitnehmern und Verbrauchern als auch im Verhältnis zu größeren Unternehmen eingreifen. Angezeigt ist nur ein relativer, kein absoluter Schutz kleiner Unternehmen. Ebenso ist nur ein genereller Schutz angezeigt, also von kleinen Unternehmen als solchen, kein Schutz individueller Unternehmer. Im Hinblick auf die Schutzrichtung kann zwischen negativem, d.h. auf die Abwehr von Belastungen gerichtetem Schutz, und positivem, d.h. auf die Schaffung begünstigender Maßnahmen gerichtetem Schutz unterschieden werden.

6. Eine frühe Form von Kleinunternehmerschutz bildeten die Zünfte, in denen die Handwerker bis zur Gewerbereform unter Einführung der Gewerbefreiheit im Jahr 1810 obligatorisch organisiert waren. Diese sollten den Handwerkern vor allem ein auskömmliches Einkommen sichern, indem sie den Wettbewerb durch strenge Marktzugangsschranken regulierten. Schutz von Kleinunternehmern wurde also in erster Linie als „Schutz vor Konkurrenz" verstanden.

7. Im Kaiserreich wurden bereits verschiedene Maßnahmen getroffen, um Kleinunternehmer zu schützen: Die Einrichtung von Interessenvertretungen und Zulassungsbeschränkungen, die Einführung einer Warenhaussteuer sowie die Einführung des UWG. In der Weimarer Republik wurde der Schutz von kleinen Unternehmen in Art. 164 WRV verfassungsrechtlich verankert. Dabei handelte es sich jedoch um einen bloßen Programmsatz, der kein subjektives Recht verschaffte und kaum praktische Relevanz hatte. Insgesamt erzeugte der Sozialprotektionismus im 19. und frühen 20. Jahrhundert trotz wirtschaftlich eher geringer Auswirkungen eine Gewöhnung an staatliche Hilfsmaßnahmen und Vertrauen auf vollmundige Versprechungen. Die Hitlerbewegung machte in ihrer Aufstiegsphase dem alten Mittelstand (Handwerk und Einzelhandel) zahlreiche Versprechungen: Schutz des Einzelhandels insbesondere durch Ausschaltung der großen „jüdischen" Warenhäuser und Schutz des Handwerks durch Protektion und Eindämmung der übermächtigen industriellen Konkurrenz. Vor diesem Hintergrund erhielt die NSDAP zahlreiche Stimmen aus dem Mittelstand. Nach der Machtergreifung wurde diese Mittelstandsdemagogie zunächst in die Tat umgesetzt. Davon kehrte die Regierung jedoch wieder ab, als in den Großunternehmen zahlreiche Arbeitsplätze vernichtet wurden.

A) Ergebnisse

8. Der Schutz von kleinen Unternehmen darf nicht den Eindruck entstehen lassen, dass der Staat den Unternehmen schon helfen wird, wenn ihre Existenz bedroht sein sollte. Dies würde Anreize reduzieren, profitabel und nachhaltig zu wirtschaften. Dem Wettbewerb müssen auch in einer sozialen Marktwirtschaft gewisse Härten immanent sein. Erforderlich ist eine „schöpferische Zerstörung".

9. In den Verfahren des Europäischen Gerichtshofs führen die Generalanwälte des Öfteren die besondere Schutzbedürftigkeit von kleinen Unternehmen ins Feld. Der EuGH pflegt dies in den Urteilen allerdings nicht aufzugreifen, auch wenn er sich den Schlussanträgen anschließt. Gleichwohl liegt es nahe, dass der Europäische Gerichtshof den einschlägigen Erwägungen der Generalanwälte inhaltlich gefolgt ist. In der Rechtsprechung der Ober- und Instanzgerichten wird mitunter auf die Schutzbedürftigkeit von kleinen Unternehmen rekurriert. Zu einem Auslegungstopos hat sie sich aber bislang nicht entwickelt.

10. Einen verfassungsimmanenten Auftrag, kleine Unternehmen zu schützen, gibt es nicht. Die Berufs- und Unternehmerfreiheit gem. Art. 12, 14 GG kann im Rahmen von wirtschaftlichen Belastungen virulent werden. Namentlich regulierungsbedingte Kosten können einen Grundrechtseingriff bedeuten und müssen insoweit dem Verhältnismäßigkeitsgrundsatz entsprechen. Dieser kann somit größenabhängige Befreiungen gebieten. Auch der Gleichheitssatz nach Art. 3 Abs. 1 GG kann eine Differenzierung nach der Unternehmensgröße gebieten, da die Gleichbehandlung von wesentlich Ungleichem rechtfertigungsbedürftig ist. Kleine Unternehmen unterscheiden sich insgesamt so grundlegend von großen Unternehmen, dass eine wesentliche Ungleichheit vorliegt. Eine verfassungsrechtliche Rechtfertigung einer Gleichbehandlung kann insbesondere aus schutzwürdigen Interessen Dritter folgen, etwa von Arbeitnehmern oder Verbrauchern. Umgekehrt kann der Gleichheitssatz die Einbeziehung von Kleinunternehmern in den Arbeitnehmer- und Verbraucherschutz gebieten, soweit Kleinunternehmer und Arbeitnehmer wesentlich gleich sind. Eine Differenzierung nach der Unternehmensgröße führt zwar zu unterschiedlichen Wettbewerbsbedingungen, jedoch nicht zu einem Verstoß gegen Wettbewerbsrecht. Der Schutz vor Konkurrenz, der in der historischen Entwicklung noch den Schutz von kleinen Unternehmen prägte, kann nach der Rechtsprechung des Bundesverfassungsgerichts auch unter dem Grundgesetz ein legitimes Ziel darstellen. Ein subjektives Recht vermittelt er aber nicht. Im Rahmen der Rechtsanwendung kann den Vorgaben der Verfassung zum Schutz kleiner Unternehmen durch verfassungsorientierte Auslegung Rechnung getragen werden. Diese wird durch zwingende Autoritätsargumente wie z.B. einen eindeutigen Wortlaut oder Willen des Gesetzgebers begrenzt.

11. Der ökonomische Ansatz bedeutet eine Orientierung an den Folgen und eine Bewertung dieser Folgen am Kriterium der Effizienz. Nach der Lehre des Utilitarismus ist eine staatliche Regulierung gerechtfertigt, wenn sie zu einer Erhöhung des Gesamtwohls führt. Danach ist eine Regelung insbesondere effizient,

wenn sich die Nutzensumme erhöht. Aus der Nutzensumme folgt, dass größenabhängige Befreiungen ab einer bestimmten Transaktions- bzw. Unternehmensgröße effizient sind. Heute wird zumeist auf die wohlfahrtsökonomischen Effizienzkriterien Pareto und Kaldor/Hicks abgestellt. Danach ist der Schutz von kleinen Unternehmen effizient, wenn auch davon nachteilig betroffene Dritte wie z.B. Arbeitnehmer mit der entsprechenden Maßnahme einverstanden sind – etwa, weil sie die Arbeitsplatzsicherheit erhöht – oder zumindest hypothetisch kompensiert werden könnten. Zur Folgenorientierung ist neben dem Gesetzgeber auch die Rechtsprechung berufen. Im Hinblick auf kleine Unternehmen sind vor allem besondere Belastungen einer bestimmten Auslegung von Interesse. Der Spielraum für ökonomisch orientierte Argumente wird allerdings ebenso wie die verfassungsorientierte Auslegung durch zwingende Autoritätsargumente begrenzt.

12. Im Zentrum des rechtsphilosophischen Ansatzes steht die Gerechtigkeit, zu deren Verwirklichung sowohl der Gesetzgeber als auch die Gerichte berufen sind. Zu der Frage, was Gerechtigkeit ist, gibt es unzählige Konzeptionen und Theorien. Für den Schutz von kleinen Unternehmen sind vor allem der Gedanke der Gleichheit, der Umverteilung und der angemessene Interessenausgleich von Bedeutung. Nach dem Gedanken der Gleichheit ist der gerechtigkeitsorientierte Ansatz gegenüber dem verfassungsrechtlichen Ansatz über Art. 3 Abs. 1 GG offener, dafür auch weniger verbindlich. Die Verteilungsgerechtigkeit lässt sich vor allem nach der Konzeption *Rawls* fruchtbar machen, wonach soziale und wirtschaftliche Ungleichheiten auch dadurch gerechtfertigt sein müssen, dass sie sich für die am wenigsten begüterten und bevorteilten Gesellschaftsmitglieder vorteilhaft auswirken. Eine spezifisch juristische Gerechtigkeit ist über einen angemessenen Interessenausgleich definiert. Ein Abwägungsfaktor sind dabei die Auswirkungen einer staatlichen Maßnahme auf kleine Unternehmen. Im Rahmen der Rechtsanwendung wird der Spielraum für gerechtigkeitsorientierte Argumentation einmal mehr durch zwingende Autoritätsargumente begrenzt. Ebenfalls zum rechtsphilosophischen Ansatz gehört der Gedanke der Freiheit. Nach *Sen* muss staatliches Handeln darauf gerichtet sein, substantielle menschliche Freiheit zu verwirklichen. In diesem Sinne ist Entwicklung die Vergrößerung der menschlichen Freiheit und soll die menschlichen Verwirklichungschancen (capabilities) erweitern. Mithin gehören auch die Verwirklichungschancen von Kleinunternehmen zur Aufgabe der Entwicklung. Übermäßige Regulierung und Kostenbelastungen stellen deren Freiheit infrage und sind daher unabhängig von der individuellen Schwäche und volkswirtschaftlichen Vorteilen von kleinen Unternehmen kritisch zu hinterfragen und ggf. abzuschaffen.

13. Die verschiedenen Ansätze legen prinzipiell nahe, im Rahmen der Gesetzgebung und Rechtsanwendung nach der Unternehmensgröße zu differenzieren. Dies fügt sich in die Konzeption des beweglichen Systems von *Wilburg* ein, wo-

nach im Recht nicht immer nur in starren Kategorien gedacht werden darf, sondern fließende Übergänge existieren müssen.

14. Wie jede gesetzliche Regulierung verursacht auch und gerade das Arbeitsrecht erhebliche Kosten, die kleine Unternehmen verhältnismäßig stärker treffen als größere. Verstärkt werden diese Kosten durch die Intransparenz und auch durch die Statik des Arbeitsrechts. Gerade die Intransparenz belastet kleine Unternehmen ihrerseits stärker als größere, rechtlich beratene Unternehmen. Zudem kann sie die Rechtstreue der Kleinunternehmer beeinträchtigen. Zu fordern ist daher eine Deregulierung des Arbeitsrechts. Diese würde am besten durch eine Liberalisierung der arbeitsvertraglichen Ebene verwirklicht.

15. Größenabhängige Befreiungen mittels Schwellenwerten können theoretisch Anreize schaffen, die Schwellenwerte gezielt zu unterschreiten, also auf die Einstellung von weiteren Mitarbeitern zu verzichten oder gar durch deren Entlassung. Die einschlägigen Studien dazu sind uneinheitlich, belegen diesen Befund aber insgesamt betrachtet.

16. Zu fordern ist daher eine Neukonzeption der Schwellenwerte. Arbeitsrechtliche Schwellenwerte können sich sinnvollerweise nur auf die Arbeitnehmerzahl beziehen. Diese sollten jedoch grundsätzlich an das Unternehmen anknüpfen, sofern nicht die entsprechende Regelung spezifisch betriebliche Belange regelt. Die gegenwärtige breite Streuung der Schwellenwerte ist durchaus begrüßenswert, da eine Konzentration der verschiedenen Regelungen auf wenige Schwellenwerte die Anreize zur gezielten Unterschreitung noch verstärken würde. Im Übrigen ist jedoch eine Vereinheitlichung der Schwellenwerte sinnvoll, etwa im Hinblick auf die Behandlung von Leiharbeitnehmern. Die Kleinbetriebsklausel des § 23 Abs. 1 KSchG ist verfassungsmäßig. Auch eine weitere Deregulierung des Kündigungsschutzes wäre prinzipiell mit der Verfassung vereinbar. Wünschenswert wäre eine Anhebung des Schwellenwerts auf 20 Arbeitnehmer sowie eine Anknüpfung an das Unternehmen. Im Betriebsverfassungsrecht ist die Einführung einer Betriebsverfassung speziell für Kleinbetriebe („Betriebsverfassung light") abzulehnen. Vorzugswürdig ist es, sie stärker für betriebliche Vereinbarungen über betriebsverfassungsrechtliche Fragen zu öffnen, die dafür nicht auf kleine und mittlere Unternehmen beschränkt zu werden bräuchte. Auch die Tarifvertragsparteien können größenabhängige Befreiungen zugunsten kleiner Unternehmen treffen. Diese sind wie staatliche Regelungen insbesondere an Art. 3 Abs. 1 GG zu messen. Das Ausgleichs- und Umlageverfahren kann eine sinnvolle Alternative zu größenabhängige Befreiungen sein, ist aber nicht bei jeder Regelung praktikabel. Eine weitere erwägenswerte Alternative ist die Subventionierung von kleinen Unternehmen, etwa durch Steuererleichterungen.

17. Das Arbeitsrecht ist historisch bedingt auf Arbeitnehmer fokussiert. Das deutsche Recht kennt allerdings neben dem Schutz von Handelsvertretern die Kategorie der Arbeitnehmerähnlichen, die über wirtschaftliche Abhängigkeit

definiert sind und partiell in den arbeitsrechtlichen Schutz einbezogen werden. Das Handelsvertreterrecht kann zumindest teilweise als Vorbild für den Schutz von kleinen Unternehmen dienen. Der verfassungsrechtliche Ansatz legt eine Verstärkung des arbeitsrechtlichen Schutzes für wirtschaftlich abhängige Selbständige nahe, da diese und Arbeitnehmer wesentlich gleich sind. Dies gilt jedoch nicht für solche arbeitsrechtlichen Vorschriften, die gerade der persönlichen Abhängigkeit von Arbeitnehmern Rechnung tragen. Zum gleichen Ergebnis kommt der gerechtigkeitsorientierte Ansatz. Der ökonomische Ansatz spricht demgegenüber für eine Zurückhaltung, da die Ausdehnung des arbeitsrechtlichen Anwendungsbereichs die Kosten der Auftraggeber erhöht.

18. Vorzugswürdig ist die punktuelle Anwendung des Arbeitsrechts auf eine mittlere Kategorie wie die der Arbeitnehmerähnlichen, welche am besten wie bislang über wirtschaftliche Abhängigkeit definiert wird. Zu befürworten ist insbesondere die Verlängerung der Kündigungsfrist, die sich an den Vorschriften des Handelsvertreterrechts orientieren sollte. Ein weiterer Ansatz ist der verstärkte Schutz für bestimmte Berufsgruppen und Beschäftigungsformen. Insoweit kommen arbeitsrechtliche Regelungen insbesondere für Crowdworker in Betracht. Empfehlenswert ist insoweit ein an §§ 17 ff., 29 HAG angelehnter Entgelt- und Kündigungsschutz sowie die Einbeziehung in die Sozialversicherung.

19. Im Rahmen des Verbraucherschutzrechts fügen sich Kleinunternehmer nicht bruchlos in die Dichotomie zwischen Unternehmern und Verbrauchern ein. Im Hinblick auf die zentralen Parameter Ressourcen, Information und Erkenntnisvermögen ähneln sie insgesamt betrachtet eher Verbrauchern als den Managern größerer Unternehmen.

20. Eine Herausnahme von Kleinunternehmern aus dem Verpflichtungsbereich des Verbraucherschutzrechts ist im geltenden Recht nicht möglich. De lege ferenda spricht die ökonomische Erwägung dagegen, dass die Kleinunternehmer dadurch Kunden an größere Unternehmen verlieren könnten und daher letztlich Steine statt Brot erhielten. Die Einbeziehung von Kleinunternehmern in den Verbraucherschutz ist nach geltendem Recht hinsichtlich Scheinselbständigen (da Arbeitnehmer und keine Unternehmer) und Arbeitnehmerähnlichen möglich. Existenzgründer lassen sich hingegen nicht als Verbraucher i.S.v. § 13 BGB begreifen. De lege ferenda ist eine Behandlung aller Unternehmer als Verbraucher abzulehnen, ebenso wie die Behandlung aller Kleinunternehmer als Verbraucher. Zu befürworten ist die Konzeption eines beweglichen Systems, das Existenzgründer generell und sonstige Kleinunternehmer punktuell – nämlich im Hinblick auf das Verbraucherkreditrecht – in das Verbraucherschutzrecht einbezieht.

21. Auch im Rahmen der AGB-Kontrolle ist ein angemessener Ausgleich der Interessen von kleinen Unternehmen, Verbrauchern und größeren Unternehmen anzustreben. De lege lata können die Besonderheiten von kleinen Unternehmen als Verwender gegenüber Verbrauchern in der Interessenabwägung zur

Bestimmung einer unangemessenen Benachteiligung i.S.v. § 307 Abs. 1 S. 1 BGB berücksichtigt werden. Die Transparenz i.S.v. § 307 Abs. 1 S. 2 BGB ist richtigerweise empirisch zu bestimmen. Auf der Rechtsfolgenseite ist eine geltungserhaltende Reduktion anders als bei Arbeitsverträgen nicht möglich. Erstrebenswert ist freilich eine Stärkung des Vertrauensschutzes.

22. Gegenüber größeren Unternehmen können die Besonderheiten von kleinen Unternehmen auch als Vertragspartner berücksichtigt werden. Was die Definition von kleinen Unternehmen anbelangt entspricht es dem Zweck der AGB-Kontrolle am besten, sich an der Mittelstandsempfehlung der Europäischen Kommission zu orientieren. De lege ferenda ist eine vollständige Abschaffung der AGB-Kontrolle im unternehmerischen Rechtsverkehr nicht sinnvoll, da kleine Unternehmen gegenüber größeren Unternehmen zu stark geschwächt würden. Ebenfalls abzulehnen sind größenabhängige Befreiungen sowie ein Ausschluss bei individualvertraglichem Verzicht. Auch eine Beschränkung auf branchenfremde Geschäfte ist problematisch. Im Hinblick auf eine Modifikation des AGB-Begriffs verdient der Vorschlag der Initiative zur Fortentwicklung des AGB-Rechts im unternehmerischen Rechtsverkehr Zustimmung. Danach stellen Vertragsbedingungen gegenüber einem Unternehmen keine AGB dar, soweit die andere Vertragspartei diesem oder dem Vertragswerk insgesamt auf Grund einer selbstbestimmten unternehmerischen Entscheidung zustimmt. Jedoch sollte der Vorschlag zur Präzisierung um Regelbeispiele ergänzt werden.

B) Ausblick

Es wurde gezeigt, dass sich kleine Unternehmen bzw. deren Inhaber nicht bruchlos in die gesetzlichen Dichotomien Arbeitnehmer – Arbeitgeber und Verbraucher – Unternehmer einfügen. Angesichts ihrer verschiedenen, typischen Schwächen sollten sie als neue Kategorie schutzbedürftiger Rechtssubjekte begriffen werden, die neben Minderjährige, Verbraucher und Arbeitnehmer treten und die Anwendung eines spezifischen rechtlichen Schutzes wie die punktuelle Anwendung des Arbeits- und Verbraucherschutzrechts verdienen. Die Kriterien zur Abgrenzung der Unternehmensgröße stehen allerdings keineswegs fest, sondern können sich im Laufe der Zeit ändern, wie die Entwicklung vom Statistischen Reichsamt bis zur Mittelstandsempfehlung der Europäischen Kommission zeigt. Verstärkt wird die Schutzwürdigkeit noch durch ihre volkswirtschaftlich vorteilhaften und daher gemeinwohlfördernden Auswirkungen. Es ist daher zu wünschen, dass der Schutz von kleinen Unternehmen vor regulierungsbedingten und wirtschaftlichen Belastungen noch stärker als bisher als eigenständiges Regelungsproblem wahrgenommen wird. Dieser Ausgangspunkt sollte mit Blick auf die schon jetzt vertretenen Ansichten der politischen Entscheidungsträger und das ökonomische und juristische Schrifttum auf breite Zustimmung stoßen. Dass kleine Unternehmen durchaus heterogen sind, steht einer typisierenden Behandlung grundsätzlich nicht entgegen. Es gibt auch Minderjährige, Verbraucher und Arbeitnehmer, die gar keines rechtlichen Schutzes bedürfen. Darüber, wie der Schutz in Gesetzgebung und Rechtsprechung konkret zu verwirklichen ist, dürfte hingegen heftig gestritten werden. Überwunden ist jedenfalls die Fokussierung auf einen Schutz vor Konkurrenz, der in früheren Zeiten noch vorherrschend war. Im allgemeinen Teil dieser Untersuchung wurden verschiedene Ansätze entwickelt, die Gesetzgebung und Rechtsanwendung anleiten und mit griffigen, praxistauglichen Argumentationsmustern versorgen sollen. Im besonderen Teil wurde gezeigt, dass zentrale Argumentationsmuster wie die verhältnismäßig stärkere Kostenbelastung von kleinen Unternehmen, die Begünstigung großer Unternehmen durch rechtliche Grauzonen, die Kostenwirkung von rechtlichen Schutzmaßnahmen für die Vertragspartner oder die Nachteile von Schutzmaßnahmen für die geschützten Unternehmen selbst (Steine statt Brot) immer wiederkehren.

Es wurde auch herausgearbeitet, dass die Anwendung der verschiedenen Ansätze im besonderen Teil zumeist keine radikalen Maßnahmen, sondern nur eine moderate Stärkung des Schutzes von kleinen Unternehmen nahelegen, sieht man einmal von der empirischen Bestimmung der Transparenz i.S.v. § 307 Abs. 1 S. 2 BGB und der – in einer eigenständigen Veröffentlichung befürworteten – Durchführung einer geltungserhaltenden Reduktion bei der Inhaltskontrolle von Arbeitsverträgen ab. Im Arbeitsrecht wurde eine Deregulierung als allgemeines Ziel gefordert, deren Umfang jedoch einen erheblichen Handlungs- und Gestaltungsspielraum belässt. Solch weitreichende Schritte wie eine vollumfängliche Einbeziehung von Kleinunternehmen in den Begünstigungsbereich des Arbeitsrechts oder des Verbraucherschutzrechts wurden verworfen und stattdessen nur eine punktuelle Ausdehnung dieser Regime wie die (partielle) Anwendung des Arbeitsrechts oder Verbraucherschutzrechts auf bestimmte Kategorien von (Klein)Unternehmern befürwortet. Dies zeigt, dass das geltende Recht abgesehen von der Inhaltskontrolle von Arbeitsverträgen, wo vieles im Argen liegt, keine grundlegenden, sondern nur punktuelle Schutzschwächen im Hinblick auf kleine Unternehmen aufweist. Es bleibt zu hoffen, dass die vorliegende Untersuchung einen Beitrag dazu leisten kann, diese de lege lata oder de lege ferenda auszuräumen.

Literaturverzeichnis

Achinger, Hans/Höffner, Joseph/Muthesius, Hans/Neundörfer, Ludwig: Neuordnung der sozialen Leistungen, Denkschrift auf Anregung des Herrn Bundeskanzlers, Köln 1955 (zit.: *Achinger et al*, Neuordnung der sozialen Leistungen).
Ackerman, Bruce Arnold: Social Justice in the Liberal State, New Haven 1980.
Acs, Zoltan J.: The Changing Structure of the U.S. Economy: Lessons from the Steel Industry, in: Eastern Economic Journal, Vol. 11 No. 2 [1985], S. 171–173.
Acs, Zoltan J. (Hrsg.): Small Firms and Economic Development, Cheltenham/UK 1995.
Acs, Zoltan J./Audretsch, David B.: Innovation and Small Firms, Cambridge 1990.
Acs, Zoltan J./Audretsch, David B.: Innovation in Large and Small Firms: An Empirical Analysis, in: American Economic Review, vol. 78 no. 4 (1988), S. 678–690.
Acs, Zoltan J./Morck, Randall/Yeung, Bernard: Evolution, Community, and the Global Economy, in: Are Small Firms Important? Their Role and Impact, hrsg. von Zoltan Acs, Boston u.a. 1999, S. 147–157 (zit.: *Acs/Morck/Yeung*, in: Acs, Are Small Firms Important?).
Adams, Michael: Ökonomische Begründung des AGB-Gesetzes. Verträge bei asymmetrischer Information, in: BB 1989, S. 781–788.
Addison, John T./Schnabel, Claus/Wagner, Joachim: Works councils in Germany: their effects on establishment performance, in: Oxford Economic Papers 2001, S. 659–694.
Adomeit, Klaus: Herbert Marcuse, der Verbraucherschutz und das BGB, in: NJW 2004, S. 579–582.
Adomeit, Klaus: Über einige Schwierigkeiten, ein Arbeitsrechtler zu ein, in: Festschrift für Marie Luise Hilger und Hermann Stumpf, hrsg. von Thomas Dieterich, München 1983, S. 1–15 (zit: FS Hilger/Stumpf).
Aengenendt-Papesch, Renate: Die Funktion der Klein- und Mittelbetriebe in der wettbewerblichen Marktwirtschaft, Köln-Opladen 1962.
Ahlers, Elke/Ziegler, Astrid: Jobmotor Kleinbetrieb – ein Trugschluss. Eine betriebsgrößenbezogene Auswertung der WSI-Betriebs- und Personalrätebefragung, WSI-Mitteilungen 1/2004, S. 41–48.
Aiginger, Karl/Tichy, Gunther: Die Größe des Kleinen. Die überraschenden Erfolge kleiner und mittlerer Unternehmungen in den achtziger Jahren, Wien 1984 (zit.: Die Größe des Kleinen).
Akerlof, George A.: The Market for „Lemons": Quality Uncertainly and the Market Mechanism, in: The Quarterly Journal of Economics 1970, S. 488–500.
Alewell, Dorothea/Koller, Petra: Arbeitsrechtliche Ressourcen und Einschätzungen in Personalabteilungen deutscher Unternehmen. Einige empirische Befunde, in: BB 2002, S. 990–992.
Alewell, Dorothea/Schlachter, Monika: Arbeitsrechtliche Schwellenwerte als Barriere gegen eine gleichmäßigere Verteilung von Arbeitsvolumina? Überlegungen aus arbeitsrechtlicher und ökonomischer Sicht, in: Zwischen Arbeitslosigkeit und Überstunden

– Personalwirtschaftliche Überlegungen zur Verteilung von Arbeitsvolumina, hrsg. von Dorothea Alewell, Frankfurt a.M. 2000, S. 151–187 (zit.: Alewell/Schlachter, in: Alewell, Zwischen Arbeitslosigkeit und Überstunden).

Alexy, Robert: Individuelle Rechte und kollektive Güter, in: Internationales Jahrbuch für Rechtsphilosophie und Gesetzgebung – Aktuelle Probleme der Demokratie, hrsg. von Ota Weinberger, Wien 1989, S. 49–70 (zit.: *Alexy*, in: Weinberger, Individuelle Rechte und kollektive Güter).

Alexy, Robert: Theorie der Grundrechte, 2. Aufl., Frankfurt a.M. 1994.

Anderheiden, Michael: Gemeinwohl in Republik und Union, Tübingen 2006.

Anderheiden, Michael: Gemeinwohlförderung durch die Bereitstellung kollektiver Güter, in: Gemeinwohl in Deutschland, Europa und der Welt, hrsg. von Winfried Brugger, Stephan Kirste und Michael Anderheiden, Baden-Baden 2002, S. 391–450 (zit.: *Anderheiden*, in: Brugger/Kirste/Anderheiden).

Anderson, Patricia/Meyer, Bruce D.: The Extent and Consequences of Job Turnover, Brookings Papers on Economic Activity: Microecenomics, 1994, S. 177–248.

Anger, Christina/Plünnecke, Axel: Innovation und Wachstum, Kurzgutachten des Instituts der deutschen Wirtschaft Köln, 26. März 2015 (zit.: Innovation und Wachstum).

Annuß, Georg: § 242 BGB als Fundament eines allgemeinen Kündigungsschutzes?, in: BB 2001, S. 1898–1902.

Anschütz, Gerhard: Die Verfassung des Deutschen Reichs vom 11. August 1919. Ein Kommentar für Wissenschaft und Praxis, 14. Aufl., Berlin u.a. 1933 (zit.: Die Verfassung des Deutschen Reichs vom 11. August 1919).

Antonmattei, Paul-Hentri/Sciberras, Jean-Christophe: Le travailleur économiquement dépendant: quelle protection?, in: Droit social 2009, S. 221–233.

Appel, Clemens/Frantzioch, Petra: Sozialer Schutz in der Selbständigkeit, in: AuR 1998, S. 93–98.

Aquin, Thomas von: Die deutsche Thomas-Ausgabe, Recht und Gerechtigkeit, Heidelberg u.a. 1953.

Armbrüster, Christian: Kapitalanleger als Verbraucher? Zur Reichweite des europäischen Verbraucherschutzrechts, in: ZIP 2006, S. 406–415.

Arndt, Adolf: Die Verfassung des Deutschen Reiches vom 11.August 1919 mit Einl. u. Kommentar, 3. Aufl., Berlin 1927 (zit.: Die Verfassung des Deutschen Reiches vom 11.August 1919).

Arnold, Stefan: Vertrag und Verteilung. Die Bedeutung der iustitia distributiva im Vertragsrecht, Tübingen 2014 (zit.: Vertrag und Verteilung).

Arthurs, Harry W.: Fairness at Work: Federal Labour Standards for the 21st Century, in: Federal Labour Standards Review 2006, S. 190–195.

Artz, Markus: Der Verbraucher als Kreditnehmer, Berlin 2001.

Asch, Peter: Consumer Safety Regulation. Putting a Price on Life and Limb, Oxford u.a. 1988 (zit.: Consumer Safety Regulation).

Ascheid, Reiner/Preis, Ulrich/Schmidt, Ingrid: Kündigungsrecht. Großkommentar zum gesamten Recht der Beendigung von Arbeitsverhältnissen, 5. Aufl., München 2017 (zit.: *Bearbeiter*, in: Ascheid/Preis/Schmidt, Kündigungsrecht).

Åstebro, Thomas/Bernhardt, Irwin: The Social Rate of Return to an Inventor's Assistance Program, in: The Engineering Economist 44 [1999], S. 348–361.

Audresch, David B.: Small Firms and Efficiency, in: Are Small Firms Important? Their Role and Impact, hrsg. von Zoltan Acs, Boston u.a. 1999, S. 21–38 (zit.: *Audresch*, in: Acs, Are Small Firms Important?).

Axer, Constantin: Rechtfertigung und Reichweite der AGB-Kontrolle im unternehmerischen Geschäftsverkehr, Frankfurt a.M. 2012.
Backes-Gellner, Uschi/Kranzusch, Peter/Schröer, Sanita: Familienfreundlichkeit im Mittelstand – Betriebliche Strategien zur besseren Vereinbarkeit von Beruf und Familie, IfM-Materialien Nr. 155, Bonn 2003 (zit.: IfM-Materialien Nr. 155).
Bader, Peter: Das Gesetz zu Reformen am Arbeitsmarkt: Neues im Kündigungsschutzgesetz und im Befristungsrecht, in: NZA 2004, S. 65–76.
Bader, Peter: Zur möglichen Flexibilisierung des Schwellenwertes im Kündigungsschutzrecht, in: NZA 2003, S. 249–251.
Baer, Susanne: Rechtssoziologie. Eine Einführung in die interdisziplinäre Rechtsforschung, 3. Aufl., Baden-Baden 2017 (zit.: Rechtssoziologie).
Baldwin, John R.: The Dynamics of Industrial Competition, Cambridge 1995.
Baldwin, John R./Johnson, Joanne: Entry, Innovation and Firm Growth, in: Are Small Firms Important? Their Role and Impact, hrsg. von Zoltan Acs, Boston u.a. 1999, S. 51–97 (zit.: Baldwin/Johnson, in: Acs, Are Small Firms Important?).
Bamberger, Heinz Georg: Eine neue Justiz, in: Zivilrecht im Wandel. Festschrift für Peter Derleder zum 75. Geburtstag, hrsg. von Kai-Oliver Knops u.a., Berlin u.a. 2015, S. 1–32 (zit.: FS Derleder).
Basedow, Jürgen: Diskussionsbericht, Zugang zum Recht, in: RabelsZ 40 [1976], S. 783–788.
Bass, Hans-Heinrich: KMU in der deutschen Volkswirtschaft: Vergangenheit, Gegenwart, Zukunft, Berichte aus dem Weltwirtschaftlichen Colloquium der Universität Bremen, Nr. 101, 2006, 8 (zit.: KMU in der deutschen Volkswirtschaft).
Bator, Francis M.: The Anatomy of Market Failure, in: The Quarterly Journal of Economics, Vol. 72 No. 3 [1958], S. 351–379.
Bauer, Jobst-Hubertus: Ein Vorschlag für ein modernes und soziales Kündigungsschutzrecht, in: NZA 2002, S. 529–533.
Bauer, Jobst-Hubertus/Medem, Andreas von: Rettet den Freiwilligkeitsvorbehalt – oder schafft eine Alternative! Ein Zwischenruf zu BAG, NZA 2012, 81, und Preis/Sagen, NZA 2012, 697, in: NZA 2012, S. 894–895.
Bauer, Leonhard/Matis, Herbert: Geburt der Neuzeit. Vom Feudalsystem zur Marktgesellschaft, 2. Aufl., München 1989.
Bauer, Thomas K./Bender, Stefan/Bonin, Holger: Dismissal Protection and Worker Flows in Small Establishments, IZA discussion paper Nr. 1105, 2004.
Baumbach, Adolf/Hopt, Klaus J. (Hrsg.): Handelsgesetzbuch, 38. Aufl., München 2018 (zit.: Bearbeiter, in: Baumbach/Hopt, HGB).
Bauschke, Hans-Joachim: Auf dem Weg zu einem neuen Arbeitnehmerbegriff. Anmerkungen zu neueren arbeitsrechtlichen Phänomena, in: RdA 1994, S. 209–215.
Bayreuther, Frank: Das Verbot der geltungserhaltenden Reduktion im Arbeitsrecht. Zur Kehrtwende des BAG vom 4.3.2004, in: NZA 2004, S. 953–956.
Bayreuther, Frank: Entgeltsicherung Selbständiger, in: NJW 2017, S. 357–361.
Bayreuther, Frank: Wirtschaftlich-existenziell abhängige Unternehmen im Konzern-, Kartell- und Arbeitsrecht. Zugleich ein Beitrag zur rechtlichen Erfassung moderner Unternehmensverträge, Berlin 2001 (zit.: Wirtschaftlich-existenziell abhängige Unternehmen im Konzern-, Kartell- und Arbeitsrecht).
Bayreuther, Frank: Sicherung der Leistungsbedingungen von (Solo-)Selbständigen, Crowdworkern und anderen Plattformbeschäftigten, Frankfurt a.M. 2018 (zit.: Sicherung der Leistungsbedingungen von (Solo-)Selbständigen).

Bayreuther, Frank/Deinert, Olaf: Der Einbezug arbeitnehmerloser Betriebe in gemeinsame Einrichtungen der Tarifvertragsparteien, in: RdA 2015, S. 129–140.
Beck, Bernhard: Volkswirtschaft verstehen, 5. Aufl., Zürich 2008.
Becker, Felix: Die Reichweite der AGB-Inhaltskontrolle im unternehmerischen Geschäftsverkehr aus teleologischer Sicht, in: JZ 2010, S. 1098–1106.
Becker, Friedrich/Rommelspacher, Peter: Ansatzpunkte für eine Reform des Kündigungsrechts, in: ZRP 1976, S. 40–44.
Becker, Randy/Henderson, Vernon: Effects of Air Quality Regulations on Polluting Industries, in: Journal of Political Economy 2000, S. 379–421.
Behrens, Peter: Die ökonomischen Grundlagen des Rechts. Politische Ökonomie als rationale Jurisprudenz, Tübingen 1986 (zit.: Die ökonomischen Grundlagen des Rechts).
Benner, Christiane: Amazonisierung oder Humanisierung der Arbeit durch Crowdsourcing? Gewerkschaftliche Perspektiven in einer digitalen Arbeitswelt, in: in: Crowdwork – zurück in die Zukunft? Perspektiven digitaler Arbeit, hrsg. von Christiane Benner, Frankfurt a.M. 2015, S. 289–302 (zit.: *Benner*, in: Benner, Crowdwork – Zurück in die Zukunft?).
Bens, Renate: Informationspflichten bei der Anbahnung von Arbeitsverträgen, Diss. Osnabrück, 2006.
Bentham, Jeremy: An introduction to the principles of morals and legislation, London u.a. 1982 (original erschienen 1780).
Bepler, Klaus: Die Anhebung des Schwellenwertes im allgemeinen Kündigungsschutz, in: AuA 1997, S. 325–330.
Berger, Klaus Peter: Für eine Reform des AGB-Rechts im Unternehmerverkehr, in: NJW 2010, S. 465–470.
Bergmann, Jürgen: Das Berliner Handwerk in den Frühphasen der Industrialisierung, Berlin 1973.
Bergmann, Ulrich H.: Unternehmensgröße und technischer Fortschritt, Göttingen 1972.
Bernhardt, Ute: Die sozialversicherungsrechtliche Absicherung „Kleiner Selbständiger", in: Übergänge im Arbeitsleben und (Re)Inklusion in den Arbeitsmarkt, Symposion anlässlich des 65. Geburtstages von Prof. Dr. Wolfhard Kohte, hrsg. von Dörte Busch u.a., Baden-Baden 2012, S. 113–124 (zit.: *Bernhardt*, in: Busch et al, Übergänge im Arbeitsleben und (Re)Inklusion in den Arbeitsmarkt).
Bertelsmann-Stiftung/Hans-Böckler-Stiftung (Hrsg.): Mitbestimmung und neue Unternehmenskulturen – Bilanz und Perspektiven. Empfehlungen der Kommission Mitbestimmung, Gütersloh 1998 (zit.: Mitbestimmung und neue Unternehmenskulturen).
Bettis, Richard A./Hitt, Michael A.: The new competitive landscape, Strategic Management Journal, vol. 16 [1995], pp. 7–19.
Bielenski, Harald/Hartmann, Josef/Pfarr, Heide/Seifert, Hartmut: Die Beendigung von Arbeitsverhältnissen: Wahrnehmung und Wirklichkeit. Neue empirische Befunde über Formen, Ablauf und soziale Folgewirkungen, in: AuR 2003, S. 81–91.
Birch, David C.: The Job Generation Process, Cambridge (Mass.) 1979.
Birk, Dieter: Das Leistungsfähigkeitsprinzip als Maßstab der Steuernormen. Ein Beitrag zu den Grundfragen des Verhältnisses Steuerrecht und Verfassungsrecht, Köln u.a. 1983 (zit.: Das Leistungsfähigkeitsprinzip als Maßstab der Steuernormen).
Blanke, Thomas: Kleinbetriebsklausel und Befristung. Die Zulässigkeit der Nichtanrechnung befristeter Beschäftigter bei der Berechnung des Schwellenwertes nach § 23 Abs. 1 S. 2 KSchG, in: AuR 2003, S. 401–414.

Bock, Kurt: Unterschiede im Beschäftigungsverhalten zwischen kleinen und großen Unternehmen, IfM-Materialien Nr. 29, Bonn 1985 (zit.: IfM-Materialien Nr. 29).

Boehme-Neßler, Volker: Prekäre Balance: Überlegungen zum heiklen Verhältnis von Richtern und Gutachtern, in: RW 2014, S. 189–227.

Boeri, Tito/Garibaldi, Pietro: Un nuovo contratto per tutti, Brescia 2007.

Bolton, John: Report of the Committee of Enquiry on Small Firms, London 1971.

Bonnemeier, Sandra: Praxisratgeber Existenzgründung. Erfolgreich starten und auf Kurs bleiben, 4. Aufl., München 2014 (zit.: Praxisratgeber Existenzgründung).

Bork, Reinhard: Allgemeiner Teil des Bürgerlichen Gesetzbuchs, 4. Aufl., Tübingen 2016 (zit.: Allgemeiner Teil des BGB).

Born, Karl Erich: Wirtschafts- und Sozialgeschichte des Deutschen Kaiserreichs (1867/71–1914), Stutgart 1985 (zit.: Wirtschafts- und Sozialgeschichte des Deutschen Kaiserreichs).

Bradford, Steven C.: Does Size Matter? An Economic Analysis of Small Business Exemptions from Regulation, in: The Journal of Small & Emerging Business Law 2004, S. 1–37.

Bradford, Steven C.: The Cost of Regulatory Exemptions. University of Nebraska – Lincoln, College of Law, Faculty Publications, 2004.

Braguinsky, Serguey/Branstetter, Lee G./Regateiro, Andre: The Incredible Shrinking Portuguese Firm, NBER Working Paper 17265, July 2011.

Brauchlin, Emil: KMU als Gegenstand der Forschung und Lehre. Reflexionen aus wissenschaftstheoretischer und didaktischer Sicht anhand der Beispiele der Internationalisierung und Informatisierung der Wirtschaft, in: Unternehmer und Unternehmerperspektiven für Klein- und Mittelunternehmen. Festschrift für Hans Jobst Pleitner, hrsg. von Emil Brauchlin und J. Hanns Pichler, Berlin 2000, S. 689–700 (zit.: FS Pleitner).

Brock, William A./Evans, David S.: The economics of Regulatory Tiering, in: RAND Journal of Economics 1985, S. 398–409.

Brohm, Winfried: Soziale Grundrechte und Staatszielbestimmungen in der Verfassung. Zu den gegenwärtig diskutierten Änderungen des Grundgesetzes, JZ 1994, S. 213–220.

Brown, Charles/Medoff, James: The employer size wage effect, National Bureau of Economic Research, Working Paper No. 2870, 1989 (zit.: NBER, Working Paper No 2870).

Brown, Sarah: Protection of the Small Business as a Credit Consumer: Paying Lip Service to Protection of the Culnerable or Providing a Real Service to the Struggling Entrepreneur?, in: Common Law World Review 2012, S. 59–96.

Brugger, Winfried: Gemeinwohl als Integrationskonzept von Rechtssicherheit, Legitimität und Zweckmäßigkeit, in: Gemeinwohl in Deutschland, Europa und der Welt, hrsg. von Winfried Brugger, Stephan Kirste und Michael Anderheiden, Baden-Baden 2002, S. 17–40 (zit.: Brugger, in: Brugger/Kirste/Anderheiden).

Brusatti, Alois: Wirtschafts- und Sozialgeschichte des industriellen Zeitalters, Graz 1967.

Buchanan, James M.: The Limits of Liberty. Between anarchy and Leviathan, Chicago u.a. 1975 (zit.: The Limits of Liberty).

Buchner, Herbert: Das Recht der Arbeitnehmer, der Arbeitnehmerähnlichen und der Selbständigen – jedem das Gleiche oder jedem das Seine?, in: NZA 1998, S. 1144–1153.

Buchner, Herbert: Die Bedeutung des Rechts am eingerichteten und ausgeübten Gewerbebetrieb für den deliktsrechtlichen Unternehmensschutz, München 1971.

Buchner, Herbert: Notwendigkeit und Möglichkeiten einer Deregulierung des Kündigungsschutzrechts, in: NZA 2002, S. 533–536.

Buchner, Herbert: Reform des Arbeitsmarkts – Was brauchen und was können wir?, in: DB 2003, S. 1510–1517.

Bülow, Peter: Scheinselbständiger und Ich-AG als Verbraucher nach § 13 BGB?, in: Zivilrecht im Sozialstaat, Festschrift für Peter Derleder, hrsg. von Wolf-Rüdiger Bub, Baden-Baden 2005, S. 27–38 (zit.: FS Derleder).

Bülow, Peter/Artz, Markus: Verbraucherkreditrecht, 9. Aufl., München 2016 (zit.: *Bearbeiter*, in: Bülow/Artz, Verbraucherkreditrecht).

Bundesministerium für Wirtschaft und Technologie (Hrsg.): Der Mittelstand in der Bundesrepublik Deutschland: Eine volkswirtschaftliche Bestandsaufnahme, erstellt in Zusammenarbeit mit dem IfM Bonn, BMWi Dokumentation Nr. 561, Berlin 2007 (zit.: BMWi Dokumentation Nr. 561).

Bungeroth, Erhard: Schutz vor dem Verbraucherschutz? – Merkwürdigkeiten im Verbraucherkreditgesetz – , in: Festschrift für Herbert Schimansky, Hrsg. von Norbert Horn, Köln 1999, S. 279–298 (zit.: FS Schimansky).

Burchill, Brendan/Deakin, Simon/Honey, Sheila: The Employment Status of Individuals in Non-Standard Employment, Department of Trade and Industry, London 1999.

Burckhardt, Karin: Das AGB-Gesetz unter dem Einfluss der EG-Richtlinie über missbräuchliche Klauseln in Verbraucherverträgen. Mit vergleichender Betrachtung des französischen Rechts, Baden-Baden 2000 (zit.: Das AGB-Gesetz unter dem Einfluss der EG-Richtlinie über missbräuchliche Klauseln in Verbraucherverträgen).

Burhop, Carsten: Wirtschaftsgeschichte des Kaiserreichs 1871–1918, Göttingen 2011 (zit.: Wirtschaftsgeschichte des Kaiserreichs).

Buschmann, Rudolf: Vorwärts Kameraden, es geht zurück! Neue alte gesetzliche Regelungen ab 1.1.2004, in: AuR 2004, S. 1–5.

Butler, John Sibley/Greene, Patricia Gene: „Don't Call Me Small": The Contribution of Ethnic Enterprises to the Economic and Social Well-Being of America, in: Are Small Firms Important? Their Role and Impact, hrsg. von Zoltan Acs, Boston u.a. 1999, S. 129–145 (zit.: *Butler/Green*, in: Acs, Are Small Firms Important?).

Bydlinski, Franz: System und Prinzipien des Privatrechts, Wien u.a. 1996.

Calabresi, Guido: The Pointlessness of Pareto: Carrying Coase Further, The Yale Law Journal, Vol. 100 [1991], pp. 1211–1237.

Calliess, Matthias/Ruffert, Matthias (Hrsg.): Das Verfassungsrecht der Europäischen Union mit Grundrechtscharta, 4. Aufl., München 2011 (zit.: *Bearbeiter*, in: Callies/Ruffert, EUV, AEUV).

Camerer, Colin Farrell/Lovallo, Dan: Overconvidence and Excess Entry: An Experimental Approach, in: American Economic Review 89 [1999], S. 306–318.

Canaris, Claus-Wilhelm: Die Bedeutung der iustitia distributiva im deutschen Vertragsrecht. Aktualisierte und stark erweiterte Fassung des Vortrags vom 2. Juli 1993, München 1997 (Die Bedeutung der iustitia distributiva im deutschen Vertragsrecht).

Canaris, Claus-Wilhelm: Die verfassungskonforme Auslegung und Rechtsfortbildung im System der juristischen Methodenlehre, in: Privatrecht und Methode, Festschrift für Ernst A. Kramer, hrsg. von Heinrich Honsell, Basel u.a. 2004, S. 141–159.

Canaris, Claus-Wilhelm: Grundstrukturen des deutschen Deliktsrechts, in: VersR 2005, S. 577–584.

Canaris, Claus-Wilhelm: Handelsrecht, 24. Aufl., München 2006.

Carlson, Richard R.: Why the Law Still Can't Tell an Employee When It Sees One and How It Ought to Stop Trying, in: Berkeley Journal of Employment & Labor Law 2001, S. 295–368.

Carlsson, Bo: Small Business, Entrepreneurship and Industrial Dynamics, in: Are Small Firms Important? Their Role and Impact, hrsg. von Zoltan Acs, Boston u.a. 1999, S. 99–110 (zit.: *Carlsson*, in: Acs, Are Small Firms Important?).

Cassier, Siegfried C.: Mittelständische Unternehmen und Finanzierung, in: Handwörterbuch der Finanzwirtschaft, hrsg. von Hans Büschgen, Stuttgart 1976, S. 1356–1370 (zit.: *Cassier*, in: Büschgen, Handwörterbuch der Finanzwirtschaft).

Coelho, Marta/de Meza, David/Reyniers, Diane J.: Irrational exuberance, entrepreneurial finance and public policy, in: International Tax and Public Finance 11 [2004], S. 391–417.

Collins, Hugh: Ascription of Legal Responsibility to Groups in Common Patterns of Economic Integration, in: Modern Law Review 1990, S. 731–744.

Collins, Hugh: Independent Contractors and the Challenge of Vertical Disintegration to Employment Protection Laws, in: Oxford Journal of Legal Studies 1990, S. 353–380.

Collins, Hugh: Justifications and Techniques of Legal Regulation of the Employment Relation, in: The Legal Regulation of the Employment Relation, hrsg. von Hugh Collins, M. Davies und Roger Rideout, London 2000, S. 1–9 (zit.: *Collins*, in: Collins/Davies/Rideout, The Legal Regulation of the Employment Relation).

Collins, Hugh: Regulating Contracts, Oxford 1999.

Cooper, Arnold C./Woo, Carolyn Y.: Entrepreneurs' perceived chances for success, in: Journal of Business Venturing 1988, S. 97–108.

Cooter, Robert/Ulen, Thomas: Law & Economics, 6th edition, Harlow 2014.

Countouris, Nicola: The Changing Law of the Employment Relationship. Comparative Analyses in the European Context, Aldershot 2007 (zit.: The Changing Law of the Employment Relationship).

Curran, James/Stanworth, John/Watkins, David: The Survival of the Small Firm. The economics of survival and entrepreneurship, Aldershot 1986 (zit.: The Survival of the Small Firm).

Czayka, Lothar: Vom Manchester-Kapitalismus zur Sozialen Marktwirtschaft – und zurück?, in: Neue Gesellschaft – Frankfurter Hefte, Bd. 53 (2006), S. 25–31 (zit.: Czayka, in: Neue Gesellschaft – Frankfurter Hefte).

Cziupka, Johannes: Dispositives Vertragsrecht. Funktionsweise und Qualitätsmerkmale gesetzlicher Regelungsmuster, Tübingen 2010 (zit.: Dispositives Vertragsrecht).

Däubler, Wolfgang: Das Arbeitsrecht. Leitfaden für Arbeitnehmer, Bd. 1, 14. Aufl., Reinbek 1995 (zit.: Das Arbeitsrecht I).

Däubler, Wolfgang: Folgenabschätzung im Arbeitsrecht – zwischen Schutzprinzip und Effizienzdenken, in: Folgenabschätzung im Arbeitsrecht, hrsg. von Volker Rieble und Abbo Junker, München 2007, S. 38–77 (zit.: *Däubler*, in: Rieble/Junker, Folgenabschätzung im Arbeitsrecht).

Däubler, Wolfgang: Für wen gilt das Arbeitsrecht?, in: Moderne Arbeitswelt. Festschrift für Rolf Wank, hrsg. von Martin Henssler, München 2014, S. 81–94 (zit.: FS Wank).

Däubler, Wolfgang: Internet und Arbeitsrecht. Web 2.0, Social Media und Crowdwork, 5. Aufl., Frankfurt a.M. 2015 (zit.: Internet und Arbeitsrecht).

Däubler, Wolfgang: Weniger Kündigungsschutz im Kleinbetrieb, in: AiB 2004, S. 7–10.

Däubler, Wolfgang: Digitalisierung und Arbeitsrecht, in: SR Sonderbeilage 2016, S. 1–44.

Däubler, Wolfgang/Klebe, Thomas: Crowwork: Die neue Form der Arbeit – Arbeitgeber auf der Flucht?, in: NZA 2015, S. 1032–1041.

Dauner-Lieb, Barbara: Verbraucherschutz durch Ausbildung eines Sonderprivatrechts für Verbraucher. Systemkonforme Weiterentwicklung oder Schrittmacher der Systemveränderung?, Berlin 1983 (zit.: Verbraucherschutz durch Ausbildung eines Sonderprivatrechts für Verbraucher).

David, Steven J./Haltiwanger, John/Schuh, Scott: Small Business and Job Creation: Dissecting the Myth and Reassessing the Facts, in: Labor Markets, Employment, and Job Creation, hrsg. Von Lewis Solmon und Alec Leoinson, Boulder 1994, S. 13–22 (zit.: David/Haltiwanger/Schuh, in: Solmon/Leoinson, Labor Markets, Employment, and Job Creation).

Davidov, Guy: A Purposive Approach to Labour Law, Oxford 2016.

Davidov, Guy: ‚Employee' as a Viable Legal Concept, in: Boundaries and Frontiers of Labour Law. Goals and Means in the Regulation of Work, hrsg. von Guy Davidov und Brian Langille, Oxford 2006, S. 133–152 (zit.: *Davidov*, in: Davidov/Langille, Boundaries and Frontiers of Labour Law).

Davidov, Guy: Making Sense of Intermediate Groups in Labour Law: The Distinction between Subordination and Dependency, Seminar Report of 2nd Annual Legal Seminar of European Labour Law Network (zit.: Seminar Report of 2nd Annual Legal Seminar of European Labour Law Network).

Davidov, Guy: The (changing?) idea of labour law, in: International Labour Review 2007, S. 311–320.

Davidov, Guy: The Report of My Death are Greatly Exaggerated: ‚Employee' as a Viable (Though Over-used) Legal Concept, in: Boundaries and Frontiers of Labour Law. Goals and Means in the Regulation of Work, hrsg. von Guy Davidov und Brian Langille, Oxford 2006, S. 138–152 (zit.: *Davidov*, in: Davidov/Langille, Boundaries and Frontiers of Labour Law).

Davidov, Guy: Who is a Worker?, in. Industrial Law Journal 2005, S. 57–71.

Davidov, Guy/Langille, Brian (Eds.): The Idea of Labour Law, Oxford 2011.

Davies, Anne C. L.: Perspectives on Labour Law, 2th Edition, Cambridge 2009.

Davies, Paul/Freedland, Mark R.: Kahn-Freund's Labour and the Law, 3th edition, London 1983.

Davies, Paul/Freedland, Mark R.: The Complexities of the Employing Enterprise, in: Boundaries and Frontiers of Labour Law. Goals and Means in the Regulation of Work, hrsg. von Guy Davidov und Brian Langille, Oxford 2006, S. 273–294 (zit.: *Davies/Freedland*, in: Davidov/Langille, Boundaries and Frontiers of Labour Law).

Davies, Paul/Freedland, Mark R.: Employees, Workers and the Autonomy of Labour Law, in: The Legal Regulation of the Employment Relation, hrsg. von Hugh Collins, M. Davies und Roger Rideout, London 2000, S. 267–286 (zit.: *Davies/Freedland*, in: Collins/Davies/Rideout, The Legal Regulation of the Employment Relation).

De Scitovszky, Tibor: A Note on Welfare Propositions in Economics, in: The Review of Economic Studies, Vol. 9 Uss. 1 [1941], S. 77–88.

Deakin, Simon: The Changing Concept of ‚Employer' in Labour Law, in: Industrial Law Journal 2001, S. 72–84.

Deakin, Simon: The Comparative Evolution of the Employment Relationship, in: Boundaries and Frontiers of Labour Law. Goals and Means in the Regulation of Work, hrsg. von Guy Davidov und Brian Langille, Oxford 2006, S. 89–108 (zit.: *Deakin*, in: Davidov/Langille, Boundaries and Frontiers of Labour Law).

Deakin, Simon/Morris, Gillian S.: Labour Law, 6th Edition, Oxford u.a. 2012.

Deakin, Simon/Wilkinson, Frank: Labour Law and Economic Theory: A Reappraisal, in: Legal Regulation of the Employment Relation, hrsg. von Hugh Collins, Paul Davies und Roger W. Rideout, London 2000, S. 29–42 (zit.: *Deakin/Wilkinson*, in: Collins/Davies/Rideout, The Legal Regulation of the Employment Relation.
Debald, Dirk: Scheinselbständige – Verbraucher im Sinne des § 13 BGB?, Berlin 2005.
Deckert, Martina: Effizienz als Kriterium der Rechtsanwendung, in: Rechtstheorie 1995, S. 117–133.
Deckert, Martina: Folgenorientierung in der Rechtsanwendung, München 1995.
Deflorian, Luisa Antoniolli: Consumer Contracts in Italian and Community Law – Patterns of Integration and Disintegration, in: Europäische Rechtsangleichung und nationale Privatrechte, hrsg. von Hans Schulte-Nölke und Reiner Schulze, Baden-Baden 1999, S. 119–172 (zit.: *Deflorian*, in: Schulte-Nölke/Schulze, Europäische Rechtsangleichung und nationale Privatrechte).
Deinert, Olaf: Soloselbständige zwischen Arbeitsrecht und Wirtschaftsrecht. Zur Notwendigkeit eines erweiterten Sonderrechts für Kleinunternehmer als arbeitnehmerähnliche Personen, Baden-Baden 2015 (zit.: Soloselbständige zwischen Arbeitsrecht und Wirtschaftsrecht).
Deniz, Maria de la Cruz/Suarez, Maria Katiuska Cabrera: Corporate Social Responsibility and Family Business in Spain, in: Journal of Business Ethics 56/1 [2005], S. 27–36.
Denkinger, Fleur: Der Verbraucherbegriff. Eine Analyse persönlicher Geltungsbereiche von verbraucherrechtlichen Schutzvorschriften in Europa, Berlin 2007 (zit.: Der Verbraucherbegriff).
Detjen, Joachim: Die Werteordnung des Grundgesetzes, Wiesbaden 2009.
Devine, Dennis J. et al: Teams in Organizations. Prevalence, Characteristics and Effectiveness, in: Small Group Research 1999, S. 678–711.
Dewey, John: Die Öffentlichkeit und ihre Probleme, Bodenheim 1996 (Original: The Public and Ist Problems, New York 1927).
Diamond, Shari Seidman: Empirical Marine Life in Legal Waters: Clams, Dolphins, and Plankton, in: University of Illinois Law Review 2002, S. 803–818.
Dichtl, Erwin/Raffee, Hans/Wellenreuther, Hans: Mittelstandspolitik, in: Spezielle Wirtschaftspolitik, hrsg. von Otmar Issing, München 1982, S. 42–58 (zit.: *Dichtl/Raffee/Wellenreuther*, in: Issing, Spezielle Wirtschaftspolitik).
Diekmann, Andreas: Die Befolgung von Gesetzen. Empirische Untersuchungen zu einer rechtssoziologischen Theorie, Berlin 1980 (zit.: Die Befolgung von Gesetzen).
Dieterich, Thomas: Grundgesetz und Privatautonomie im Arbeitsrecht, in: RdA 1995, S. 129–136.
Dietz, Martin: Der Arbeitsmarkt in institutionentheoretischer Perspektive, Stuttgart 2006.
Dilger, Alexander: Effizienzfolgen betrieblicher Mitbestimmung – unter besonderer Berücksichtigung der betrieblichen Ertragslage, in: Recht und Wirkung. Greifswalder Beiträge zur Rechtswirkungsforschung, hrsg. von Michael Rodi, Köln u.a. 2002, S. 185–208 (zit.: *Dilger*, in: Rodi, Recht und Wirkung).
Dosi, Giovanni/Lovallo, Dan: Rational Entrepreneurs or Optimistic Martyrs? Some Considerations on Technological Regimes, Corporate Entries, and the Evolutionary Role of Decision Biases, IIASA Working Paper WP-95-077, August 1995 (zit.: Rational Entrepreneurs or Optimistic Martyrs?, IIASA Working Paper WP-95-077).
Drecoll, Axel: Der Fiskus als Verfolger. Die steuerliche Diskriminierung der Juden in Bayern 1933–1941/21, München u.a. 2009 (zit.: Der Fiskus als Verfolger).

Dreier, Horst (Hrsg.): Grundgesetz. Kommentar, Bd. 1 (Präambel, Art. 1–19), 3. Aufl., Tübingen 2013 (zit.: *Bearbeiter*, in: Dreier, GG).

Drexl, Josef: Die wirtschaftliche Selbstbestimmung des Verbrauchers. Eine Studie zum Privat- und Wirtschaftsrecht unter Berücksichtigung gemeinschaftsrechtlicher Bezüge, Tübingen 1998 (zit.: Die wirtschaftliche Selbstbestimmung des Verbrauchers).

Dworkin, Ronald: Law's Empire, Cambridge (Mass.) 1986.

Ebenroth, Carsten Thomas/Boujong, Karlheinz/Joost, Detlev/Strohn, Lutz (Hrsg.): Handelsgesetzbuch, Kommentar, Bd. 1 (§§ 1–342e), 3. Aufl., München 2014 (zit.: *Bearbeiter*, in: Ebenroth/Boujong/Joost/Strohn, HGB).

Edmiston, Kelly: The Role of Small and Large Business in Economic Development, in: Economic Review 92.2 [2007], S. 73–97.

Eichberger, Jürgen: Grundzüge der Mikroökonomik, Tübingen 2004.

Eichenhofer, Eberhard: Soziale Grundrechte – verlässliche Grundrechte? in: 80 Jahre Weimarer Reichsverfassung – was ist geblieben?, hrsg. von Eberhard Eichenhofer, Tübingen 1999, S. 107–230 (zit.: *Eichenhofer*, in: 80 Jahre Weimarer Reichsverfassung).

Eichenhofer, Eberhard: Sozialrecht und soziale Gerechtigkeit, in: JZ 2005, S. 209–216.

Eidenmüller, Horst: Effizienz als Rechtsprinzip, 4. Aufl., Tübingen 2015.

Eidenmüller, Horst: Liberaler Paternalismus, in: JZ 2011, S. 814–821.

Eidenmüller, Horst: Party Autonomy, Distributive Justice and the Conclusion of Contracts in the DCFR, in: European Review of Contract Law 2009, S. 109–131.

Eidenmüller, Horst: Privatautonomie, Verteilungsgerechtigkeit und das Recht des Vertragsschlusses, in: Der akademische Entwurf für einen Gemeinsamen Referenzrahmen, hrsg. von Reiner Schulze, Christian von Bar und Hans Schulte-Nölke, Tübingen 2008, S. 73–98 (zit.: *Eidenmüller*, in: Schulze/von Bar/Schulte-Nölke, Der akademische Entwurf für einen Gemeinsamen Referenzrahmen).

Eidenmüller et al: Towards a Revision of the Consumer-*acquis*, in: Common Market Law Review 2011, S. 1077–1123.

Eidenmüller, Horst et al.: Revision des Verbraucher-acquis, Tübingen 2011.

Ellguth, Peter/Kohaut, Susanne: Tarifbindung und betriebliche Interessenvertretung. Aktuelle Ergebnisse aus dem IAB-Betriebspanel, in: WSI-Mitteilungen 58 [2005], S. 398–403.

Endres, Esther: Schwellenwertregelungen im Arbeitsrecht – Verfassungsrechtliche und rechtspolitische Fragen, Baden-Baden 2003.

Engelen-Kiefer, Ursula: Arbeitsrecht – Beschäftigungsbremse oder Beschäftigungsmotor? Entwicklung und Grundlagen des Arbeitsrechts, in: AiB 2002, S. 453–457.

Engeln, Jürgen et al: Ursachen für das Scheitern junger Unternehmen in den ersten fünf Jahren ihres Bestehens. Studie im Auftrag des Bundesministeriums für Wirtschaft und Technologie, Mannheim u.a. 2010 (zit.: Egeln et al, Ursachen für das Scheitern junger Unternehmen in den ersten fünf Jahren ihres Bestehens).

Epstein, Richard A.: In Defense of the Contract at Will, University of Chicago Law Review 51 (1984); S. 947–982.

Erfurter Kommentar zum Arbeitsrecht: Hrsg. von Rudi Müller-Glöge, Ulrich Preis und Ingrid Schmidt, 18. Aufl., München 2018 (zit.: *Bearbeiter*, in: ErfKomm).

Erman, Walter (Begr.): BGB, Kommentar, 14. Aufl., Köln 2014 (zit.: *Bearbeiter*, in: Erman).

Esser, Josef: Grundsatz und Norm in der richterlichen Fortbildung des Privatrechts. Rechtsvergleichende Beiträge zur Rechtsquellen- und Interpretationslehre, 4. Aufl., Tübingen 1990 (zit.: Grundsatz und Norm in der richterlichen Fortbildung des Privatrechts).

Esser, Josef: Juristisches Argumentieren im Wandel des Rechtsfindungskonzepts unseres Jahrhunderts. Vorgetragen am 21. Oktober 1978, Heidelberg 1979 (zit.: Juristisches Argumentieren).
Eufinger, Alexander: Zur Anwendung des Kartellrechts bei Tarifverträgen, DB 2015, S. 192–193.
Faber, Wolfgang: Elemente verschiedener Verbraucherbegriffe in EG-Richtlinien, zwischenstaatlichen Übereinkommen und nationalem Zivil- und Kollisionsrecht, in: ZEuP 1998, S. 854–892.
Fackler, Daniel/Schnabel, Claus/Wagner, Joachim: Establishment exits in Germany: the role of size and age, in: Small Business Economics Vol. 41 No. 3 [2013], S. 683–700.
Falck, Oliver: Das Scheitern junger Betriebe: Ein Überlebensdauermodell auf Basis des IAB-Betriebspanels, IAB-Forschungsbericht Nr. 13, Nürnberg 2005 (zit.: IAB-Forschungsbericht Nr. 13).
Falke, Josef et al: Kündigungspraxis und Kündigungsschutz in der Bundesrepublik Deutschland. Eine empirische Untersuchung im Auftrag des Bundesministeriums für Arbeit und Sozialordnung, durchgeführt vom Max-Planck-Institut für Ausländisches und Internationales Privatrecht, Hamburg, Bonn 1981 (zit.: Kündigungspraxis und Kündigungsschutz in der Bundesrepublik Deutschland).
Faltin, Günter (Hrsg.): Entrepreneurship. Wie aus Ideen Unternehmen werden, München 1998 (zit.: *Bearbeiter*, in: Faltin (Hrsg.), Entrepreneurship).
Fastrich, Lorenz: Richterliche Inhaltskontrolle im Privatrecht, München 1992.
Fezer, Karl-Heinz: Die Pluralität des Rechts. Prolegomena zu einer pluralistischen Privatrechtstheorie, in: JZ 1985, S. 762–771.
Fezer, Karl-Heinz: Aspekte einer Rechtskritik an der economic analysis of law und am property rights approach, in: JZ 1986, S. 817–824.
Fischhoff, Baruch/Slovic, Paul/Lichtenstein, Sarah: Knowing with Certainty: The Appropriateness of Extreme Confidence, in: Journal of Experimental Psychology 1977, S. 552–564.
Fleiner, Thomas: Simplicitas Legum Amica. Einige Überlegungen zur Gesetzessprache, in: Verfassung im Diskurs der Welt. Liber Amicorum für Peter Häberle zum siebzigsten Geburtstag. Hrsg. von Alexander Blankenagel u.a., Tübingen 2004, S. 145–153 (zit.: FS Häberle).
Fleischacker, Samuel: A Short History of Distributive Justice, Cambridge (Mass.) 2004.
Fleischer, Holger: Informationsasymmetrie im Vertragsrecht. Eine rechtsvergleichende und interdisziplinäre Abhandlung zu Reichweite und Grenzen vertragsschlussbezogener Aufklärungspflichten, München 2001 (zit.: Informationsasymmetrie im Vertragsrecht).
Fletcher, Amelia/Karatzas, Antony/Kreutzmann-Gallasch, Antje: Small Businesses As Consumers: Are They Sufficiently Well Protected? A Report for The Federation of Small Businesses, 2014 (zit.: Small Businesses As Consumers).
Fletcher, George P.: Basic Conceps of Legal Thought, New York u.a. 1996.
Florida, Richard/Martin, Roger L.: Ontario in the Creative Age, Martin Prosperity Institute, 2009.
Flume, Werner: Vom Beruf unserer Zeit für Gesetzgebung. Die Änderungen des BGB durch das Fernabsatzgesetz, in: ZIP 2000, S. 1427–1430.

Franck, Jens-Uwe: Vom Wert ökonomischer Argumente bei Gesetzgebung und Rechtsfindung für den Binnenmarkt, in: Europäische Methodenlehre, hrsg. von Karl Riesenhuber, 3. Aufl., Berlin u.a. 2015, § 5 (zit.: *Franck*, in: Riesenhuber, Europäische Methodenlehre).

Franck, Jens-Uwe/Purnhagen, Kai: The nudge principle, in: Law and Economics in Europe – foundations and applications, hrsg. von Klaus Mathis, Berlin u.a. 2014, S. 329–350 (zit.: *Franck/Purnhagen*, in: Mathis, Law and Economics in Europe).

Franke, Berthold: Die Kleinbürger. Begriff, Ideologie, Politik, Frankfurt a.M. u.a. 1988 (zit.: Die Kleinbürger).

Frantzioch, Petra: Abhängige Selbständigkeit im Arbeitsrecht. Eine Untersuchung der rechtlichen Stellung von Selbständigen in persönlicher oder wirtschaftlicher Abhängigkeit, Berlin 2000 (zit.: Abhängige Selbständigkeit im Arbeitsrecht).

Franzen, Martin: Die Berücksichtigung von Interessen mittelständischer Unternehmen im Arbeitsrecht, in: Jahrbuch zur Mittelstandsforschung 2/2005, hrsg. vom Institut für Mittelstandsforschung Bonn, Wiesbaden 2006, S. 101–121 (zit.: Franzen, in: Jahrbuch zur Mittelstandsforschung).

Freedland, Mark R.: Application of labour and employment law beyond the contract of employment, in: International Labour Review 2007, S. 3–20.

Freedland, Mark R.: From the Contract of Employment to the Personal Work Nexus, in: Industrial Law Journal 35/1 [2006], S. 1–29.

Freedland, Mark R.: The Personal Employment Contract, Oxford 2003.

Freedland, Mark R./Kountouris, Nicola: The Legal Construction of Personal Work Relations, Oxford 2011.

Freilich Aviva/Webb, Eileen: Small Business – Forgotten and in need of protection from unfairness?, in: University of Western Australia Law Review 2013, S. 134–155.

Freyens, Benoit/Oslington, Paul: Dismissal Costs and Their Impact on Employment: Evidence from Australian Small and Medium Enterprises, in: Economic Record 83 [2007], S. 1–15.

Friedrich, Werner/Hägele, Helmut: Ökonomische Konsequenzen von Schwellenwerten im Arbeits- und Sozialrecht sowie die Auswirkungen dieser Regelungen – Kurzfassung des Endberichtes 1997 –, Untersuchung im Auftrag des Bundesministeriums für Wirtschaft, 1997 (zit.: Ökonomische Konsequenzen von Schwellenwerten im Arbeits- und Sozialrecht).

Fröhlich, Erwin/Pichler, Hanns J.: Werte und Typen mittelständischer Unternehmer, Berlin 1988.

Frotscher, Werner/Pieroth, Bodo: Verfassungsgeschichte, 17. Aufl., München 2018.

Fudge, Judy: Fragmenting Work and Fragmenting Organizations: The Contract of Employment and the Scope of Labour Regulation, in: Osgoode Hall Law Journal 44/4 [2006], S. 609–649.

Führ, Martin: Eigen-Verantwortung im Rechtsstaat, Berlin 2003.

Galbraith, John Kenneth: The New Industrial State, Boston 1967.

Gamillscheg, Franz: Die Grundrechte im Arbeitsrecht, Berlin 1989.

Garaudy, Roger: Die Freiheit als philosophische und historische Kategorie, Berlin u.a. 1959.

Garicano, Luis/LeLarge, Claire/Van Reenen, John: Firm Size Distortions and the Productivity Distribution: Evidence from France, in: American Economic Review 2016, S. 3439–3479.

Gärtner, Rudolf: Leistungsfähigkeit als Haftungsgrenze?, in: JZ 1988, S. 579–584.

Garvin, Larry T.: Small Business and the false Dichotomies of Contract Law, in: 40 Wake Forest Law Review [2005], S. 295–388.

Gerlach, Knuth/Stephan, Gesine: Betriebszugehörigkeitsdauer, Betriebseffekte und industrielle Beziehungen, in: Beschäftigungsstabilität im Wandel? Empirische Befunde und theoretische Erklärungen für West- und Ostdeutschland, hrsg. von Olaf Struck und Christoph Köhler, München u.a. 2004, S. 157–180 (zit.: Gerlach/Stephan, in: Struck/Köhler, Beschäftigungsstabilität im Wandel?).

Gierke, Otto von: Die soziale Aufgabe des Privatrechts, Nachdruck, Berlin 1960.

Giese, Friedrich: Verfassung des Deutschen Reiches vom 11.8.1919, 3. Aufl., Berlin 1921.

Gilberg, Dirk: Die Unternehmerentscheidung vor Gericht, in: NZA 2003, S. 817–821.

Goethe, Johann Wolfgang von: Über Kunst und Altertum. Gedenkausgabe der Werke, Briefe und Gespräche, Bd. 14 (Schriften zur Literatur), Zürich 1949.

Göhner, Frank: Zur Anwendung der neuen Größenklassenkriterien nach dem Gesetzesentwurf der Bundesregierung zum KapCoRiLiG, in: BB 1999, S. 1914–1916.

Goldberg, Viktor P.: Institutional Change and the Quasi-Invisible Hand?, in: Journal of Law and Economics 1974, S. 461–492.

Goldin, Adrián: Labour Subordination and the Subjective Weakening of Labour Law, in: Boundaries and Frontiers of Labour Law. Goals and Means in the Regulation of Work, hrsg. von Guy Davidov und Brian Langille, Oxford 2006, S. 109–131 (zit.: *Goldin*, in: Davidov/Langille, Boundaries and Frontiers of Labour Law).

Göpfert, Burkard/Siegrist, Carolin: Betriebsübergänge – ein unkalkulierbares Risiko? – Strategien zur künftigen Risikominimierung, in: ArbR 2010, S. 107–110.

Gottschalk, Eckart: Das Transparenzgebot und allgemeine Geschäftsbedingungen, in: AcP 206 [2006], S. 555–597.

Götz, Volkmar: Recht der Wirtschaftssubventionen, München u.a. 1966.

Grädler, Thomas/Marquart, Christian: Die Verbrauchereigenschaft eines Existenzgründers, in: ZGS 2008, S. 250–252.

Gragert, Nicola/Wiehe, Henning: Das Aus für die freie Auswahl in Kleinbetrieben – § 242 BGB, in: NZA 2001, S. 934–937.

Griebeling, Gert: Die Merkmale des Arbeitsverhältnisses, in: NZA 1998, S. 1137–1144.

Gröner, Helmut: Property Rights-Theorie und staatlich regulierte Industrien, in: Property Rights und ökonomische Theorie, hrsg. von Alfred Schüller, München 1983, S. 219–239 (zit.: *Gröner*, in: Schüller, Property Rights und ökonomische Theorie).

Groothuis, Peter A.: Turnover: The Implications of Establishment Size and Unionization, Quaterly Journal of Business and Economics, vol. 33, no. 2. [1994, pp. 41–53.

Grossekettler, Heinz: Die Versorgung mit Kollektivgütern als ordnungspolitisches Problem, in: ORDO 42 [1991], S. 69–89.

Großkommentar zum Aktiengesetz: Begr. von Wilhelm Gadow, hrsg. von Klaus Hopt und Hartmut Oetker, Bd. 6 (§ 117AktG, Unternehmensmitbestimmung), 5. Aufl., Berlin u.a. 2018 (zit.: *Bearbeiter*, in: Großkomm-AktG).

Großkommentar zum Handelsgesetzbuch: Begr. von Hermann Staub, hrsg. von Claus-Wilhelm Canaris u.a., , Bd. 1 (§§ 1–47b), 5. Aufl., Berlin 2009; Bd. 2 (§§ 48–104), 5. Aufl., Berlin 2008 (zit.: *Bearbeiter*, in: Großkomm-HGB).

Grundmann, Stefan: Der Treuhandvertrag. Insbesondere die werbende Treuhand, München 1997 (zit.: Der Treuhandvertrag).

Grundmann, Stefan: Methodenpluralismus als Aufgabe – Zur Legalität von ökonomischen und rechtsethischen Argumenten in Auslegung und Rechtsanwendung, in: RabelsZ 61 [1997], S. 423–453.

Grüner, Herbert: Bildungsmanagement in mittelständischen Unternehmen, Herne u.a. 2000.
Gsell, Beate: Verbraucherrealitäten und Verbraucherrecht im Wandel, in: JZ 2012, S. 809–818.
Günther, Jens: AGB-Kontrolle von Arbeitsverträgen. Analyse der deutschen Rechtslage nach der Schuldrechtsreform und vergleichenden Betrachtung des österreichischen Kontrollsystems, Frankfurt a.M. 2007 (zit.: AGB-Kontrolle von Arbeitsverträgen).
Günzel, Dieter: Das betriebswirtschaftliche Größenproblem kleiner und mittlerer industrieller Unternehmen, Göttingen 1975.
Gusy, Christoph: „Wirklichkeit" in der Rechtsdogmatik, in: JZ 1991, S. 213–222.
Gusy, Christoph: Die Grundrechte in der Weimarer Republik, ZNR 15 [1993], S. 163–183.
Gusy, Christoph: Die Weimarer Reichsverfassung, Tübingen 1997.
Habermas, Jürgen: Faktizität und Geltung. Beiträge zur Diskurstheorie des Rechts und des demokratischen Rechtsstaats, 2. Aufl., Frankfurt a.M. 1992 (zit.: Faktizität und Geltung).
Habermas, Jürgen/Luhmann, Niklas: Theorie der Gesellschaft oder Sozialtechnologie, Frankfurt a.M. 1972.
Habscheid, Walther J.: Das Ausgleichsrecht des Handelsvertreters, in: Festschrift zum 70. Geburtstag von Walter Schmidt-Rimpler, hrsg. von der Rechts- u. Staatswissenschaftlichen Fakultät der Rheinischen Friedrich Wilhelms-Universität Bonn, Karlsruhe 1957, S. 335–368 (zit.: FS Schmidt-Rimpler).
Hahn, Robert W./Hird, John A.: The Costs and Benefits of Regulation: Review and Synthesis, in: Yale Journal on Regulation 1991, S. 233–278.
Haltiwanger, John/Krizan, C.J.: Small Business and Job Creation in the United States: The Role of New and Young Business, in: Are Small Firms Important? Their Role and Impact, hrsg. von Zoltan Acs, Boston u.a. 1999, S. 79–97 (zit.: *Haltiwanger/Krizan*, in: Acs, Are Small Firms Important?).
Hamann, Hanjo: Evidenzbasierte Jurisprudenz, Tübingen 2014.
Hamer, Eberhard: Bürokratieüberwälzung auf die Wirtschaft. Eine kritische Bestandsaufnahme des Mittelstandsinstitutes Niedersachsen-Bremen am Beispiel des Handwerks, Hannover 1979 (zit.: Bürokratieüberwälzung auf die Wirtschaft).
Hamer, Eberhard: Das mittelständische Unternehmen, Stuttgart 1987.
Hamer, Eberhard: Volkswirtschaftliche Bedeutung von Klein- und Mittelbetrieben, in: Betriebswirtschaftslehre der Mittel- und Kleinbetriebe. Größenspezifische Probleme und Möglichkeiten zu ihrer Lösung, hrsg. von Christian Pfohl, 4. Aufl., Berlin 2006, S. 25–50 (zit.: Hamer, in: Pfohl, Betriebswirtschaftslehre der Mittel- und Kleinbetriebe).
Hamer, Eberhard: Wer finanziert den Staat?, Hannover 1982.
Hamer, Eberhard/Gebhard, Rainer: Privatisierungspraxis, Hannover 1992.
Hanau, Peter: Deregulierung des Arbeitsrechts – Ansatzpunkte und verfassungsrechtliche Grenzen. Erweiterte und aktualisierte Fassung eines Vortrags gehalten vor der Juristischen Gesellschaft zu Berlin am 19. Februar 1997 (zit.: Deregulierung des Arbeitsrechts).
Hanau, Peter: Welche arbeits- und -ergänzenden sozialrechtlichen Regelungen empfehlen sich zur Bekämpfung der Arbeitsosigkeit?, Gutachten C für den 63. Deutschen Juristentag, München 2000, C 3 – C 92 (zit.: Gutachten C für den 63. Deutschen Juristentag).

Hannemann, Thomas R.: AGB: Der Maßstab der Inhaltskontrolle und der Wille des Gesetzgebers. AGB im unternehmerischen Rechtsverkehr: Gesetzgeber gefordert – Regelungsvorschlag, in: AnwBl 2012, S. 314–317.

Hanson, Jon D./Kysar, Douglas A.: Taking Behavioralism Seriously: Some Evidence of Market Manipulation, in: Harvard Law Review 1999, S. 1420–1472.

Harke, Jan Dirk: Kants Beispiele für die iustitia distributive im Privatrecht, in: Archiv fürRechts- und Sozialphilosophie (ARSP) 91 [2005], S. 459–483.

Harrison, David: Regulation and Distribution, in: Attacking Regulatory Problems. An Agenda for Research in the 1980s, hrsg. Von Allen R. Ferguson, Cambridge (Mass) 1982, S. 185–208 (zit.: *Harrison*, in: Ferguson, Attacking Regulatory Problems).

Hart, Herbert L.A.: Der Begriff des Rechts, Frankfurt a.M. 1973.

Hartmann, Nina/Dehmel, Esther: Neue Grundsätze bei der Berechnung des Urlaubsanspruchs bei Wechsel von Voll- in Teilzeit, in: DB 2015, 1168–1169.

Haunschild, Ljuba/Clemens, Reinhard: Konsistenz und Transparenz in der Beratungsförderung des Bundes und der Bundesländer. Empirische Analyse und Handlungsoptionen, IfM-Materialien Nr. 167, 2006 (zit.: IfM-Materialien Nr. 167).

Haupt, Heinz-Gerhard: Die radikale Mitte. Lebensweise und Politik von Handwerkern und Kleinhändlern in Deutschland seit 1848, München 1985 (zit.: Die radikale Mitte).

Haupt, Heinz-Gerhard: Kleine und große Bürger in Deutschland und Frankreich am Ende des 19. Jahrhunderts, in: Jürgen Kocka (Hrsg.), Bürgertum im 19. Jahrhundert, Bd. 3, Göttingen 1995, S. 95 ff.

Haupt, Heinz-Gerhard: Konsum und Handel. Europa im 19. und 20. Jahrhundert, Göttingen 2003 (zit.: Konsum und Handel).

Hayek, Friedrich August von: The Constitution of Liberty, London 1960.

Headd, Brian: The characteristics of small-business employees, Monthly Labor Review, vol. 123 no. 4 [2000], S. 13–18.

Heepe, Moritz: Die Unmöglichkeit von Herrschaftslegitimation durch Einwilligung: Humes Kritik am naturrechtlichen Kontraktualismus, in: ARSP 97 [2011], S. 479–497.

Hegel, Georg Wilhelm Friedrich: Grundlinien der Philosophie des Rechts, unveränderter Nachdruck der 4. Aufl. von 1955, Hamburg 1967 (zit.: Grundlinien der Philosophie des Rechts, Nachdruck 1955).

Heinrich, Detlev: Die sozio-ökonomischen Bedingungen der Arbeitnehmer in mittelständischen Betrieben, in: IAG 1980, S. 208–216.

Heinze, Meinhard: Wege aus der Krise des Arbeitsvertragsrechts – Der Beitrag der Wissenschaft, in: NZA 1997, S. 1–9.

Heise, Arne et al: Unternehmerische Performanz deutscher Tochterunternehmen in Großbritannien, WSI-Mitteilungen 7/2005, S. 362–367.

Heiss, Helmut: Verbraucherschutzrecht im Binnenmarkt – Art. 129a EGV und die wirtschaftlichen Verbraucherinteressen, in: ZEuP 1996, S. 625–647.

Henkel, Heinrich: Einführung in die Rechtsphilosophie, 2. Aufl., München 1977.

Henning, Friedrich-Wilhelm: Die gewerblichen Klein- und Mittelbetriebe des Bergischen Landes im Industrialisierungsprozess, in: Zeitschrift des Bergischen Geschichtsvereins, Bd. 94 [1989/90], S. 125–146.

Henning, Friedrich-Wilhelm: Handbuch der Wirtschafts- und Sozialgeschichte Deutschlands, Bd. 1: Deutsche Wirtschafts- und Sozialgeschichte im Mittelalter und in der frühen Neuzeit, Paderborn u.a. 1991 (zit.: Handbuch der Wirtschafts- und Sozialgeschichte Deutschlands, Bd. 1).

Henning, Friedrich-Wilhelm: Handbuch der Wirtschafts- und Sozialgeschichte Deutschlands, Bd. 2: Deutsche Wirtschafts- und Sozialgeschichte im 19. Jahrhundert, Paderborn u.a. 1996 (zit.: Handbuch der Wirtschafts- und Sozialgeschichte Deutschlands, Bd. 2).
Henssler, Martin: Arbeitsrecht und Schuldrechtsreform, in: RdA 2002, S. 129–140.
Henssler, Martin: Gewerbe, Kaufmann und Unternehmen. Herkunft und Zukunft der subjektiven Anknüpfungspunkte des Handelsrechts, in: ZHR 161 [1997], S. 13–51.
Henssler, Martin: Unternehmerische Entscheidungsfreiheit und Betriebsverfassung, in: Reform der Betriebsverfassung und Unternehmerfreiheit, hrsg. von Michael Blank und der Otto Brenner Stiftung, Frankfurt a.M. 2001, S. 33–68 (zit.: *Henssler*, in: Blank/Otto Brenner Stiftung, Reform der Betriebsverfassung und Unternehmerfreiheit).
Henssler, Martin/Moll, Wilhelm: AGB-Kontrolle vorformulierter Arbeitsbedingungen, München 2011.
Henssler, Martin/Preis, Ulrich: Diskussionsentwurf eines Arbeitsvertragsgesetzes, Stand: November 2007, in: NZA Beilage 2007, Nr. 1, S. 6–32.
Henssler, Martin/Willemsen, Heinz Josef/Kalb, Heinz-Jürgen (Hrsg.): Arbeitsrecht. Kommentar, 7. Aufl., Köln 2016 (zit.: *Bearbeiter*, in: Henssler/Willemsen/Kalb, Arbeitsrecht).
Herrmann, Ulrike: Der Sieg des Kapitals. Wie der Reichtum in die Welt kam: Die Geschichte von Wachstum, Geld und Krisen, 4. Aufl., Frankfurt a.M. 2014 (zit.: Der Sieg des Kapitals).
Heyman, Steven J.: Aristotle on Political Justice, in. Iowa Law Review 1992, S. 851–863.
Hiebaum, Christian: Die Politik des Rechts. Eine Analyse juristischer Rationalität, Berlin u.a. 2004 (zit.: Die Politik des Rechts).
Hilgendorf, Eric: Bedingungen gelingender Interdisziplinarität – am Beispiel der Rechtswissenschaft, in: JZ 2010, S. 913–922.
Hippel, Eike von: Der Schutz des Schwächeren, Tübingen 1982.
Historisch-kritischer Kommentar zum BGB: Teil 1: Allgemeiner Teil, hrsg. von Mathias Schmoeckel, Tübingen 2003 (zit.: *Bearbeiter*, in: HKK-BGB).
Höfe, Otfried: Politische Gerechtigkeit. Grundlegung einer kritischen Philosophie von Recht und Staat, Frankfurt a.M. 1989 (zit.: Politische Gerechtigkeit).
Hoff, Konrad von: Das Verbot der Altersdiskriminierung aus Sicht der Rechtsvergleichung und der ökonomischen Analyse des Rechts, Berlin 2009 (zit.: Das Verbot der Altersdiskriminierung).
Hoffmann, Jan Felix: Verbraucherwiderruf bei Stellvertretung, in: JZ 2012, S. 1156–1165.
Hoffmann, Michel: Rückzahlungsklauseln bei Fortbildungskosten – Anforderungen, Rechtsfolgenproblematik und Vertrauensschutz, in: NZA-RR 2015, S. 337–346.
Höfling, Wolfram: Vertragsfreiheit. Eine Grundrechtsdogmatische Studie, Heidelberg 1991 (zit.: Vertragsfreiheit).
Hohenstatt, Klaus-Stefan/Grau, Timon: Arbeitnehmerunterrichtung beim Betriebsübergang, in: NZA 2007, S. 13–19.
Hommelhoff, Peter: Verbraucherschutz im System des deutschen und europäischen Privatrechts. Vortrag v. 27. Juni 1995, Heidelberg 1996.
Hönsch, Ronald: Kleinbetriebsklausel und Gleichheitssatz. Zur Verfassungsmäßigkeit des § 23 Abs. 1 Satz 2 KSchG, in: DB 1988, S. 1650–1652.
Horn, Norbert: Einführung in die Rechtswissenschaft und Rechtsphilosophie, 6. Aufl., Heidelberg 2016.

Hromadka, Wolfgang: Arbeitnehmerbegriff und Arbeitsrecht. Zur Diskussion um die „neue Selbständigkeit", in: NZA 1997, S. 569–580.
Hromadka, Wolfgang: Unternehmerische Freiheit – ein Problem der betriebsbedingten Kündigung?, in: ZfA 2002, 283–396.
Hromadka, Wolfgang/Maschmann, Frank: Arbeitsrecht Bd. 1. Individualarbeitsrecht, 6. Aufl., Berlin u.a. 2015 (zit.: Arbeitsrecht I).
Hueck, Alfred/Nipperdey, Hans Carl: Lehrbuch des Arbeitsrechts, Teil 1, 7. Aufl., Berlin 1963 (zit.: Lehrbuch des Arbeitsrechts I).
Hutcheson, Francis: An Inquiry into the Original of Our Ideas of Beauty and Virtue, original erschienen 1726, Nachdruck Hildesheim u.a. 1971.
Hyde, Alan: What is labour law?, in: Boundaries and Frontiers of Labour Law. Goals and Means in the Regulation of Work, hrsg. von Guy Davidov und Brian Langille, Oxford 2006, S. 37–61 (zit.: *Hyde*, in: Davidov/Langille, Boundaries and Frontiers of Labour Law).
Ichino, Pietro: Lezioni di diritto del lavoro. Un approccio di labour law and economics, Milano 2004 (zit.: Lezioni di diritto del lavoro).
Icks, Annette et al: Wirtschaftspolitische Implikationen der Gründungsforschung, IfM-Materialien Nr. 237, 2015 (zit.: IfM-Materialien Nr. 237).
Idson, Todd L.: Employer Size and Labor Turnover, Columbia University, Discussion Paper No. 673 [1993] (zit.: Columbia University, Discussion Paper No. 673).
Immenga, Ulrich/Mestmäcker, Ernst-Joachim (Hrsg.): Wettbewerbsrecht, Teil 1, Kommentar zum Europäischen Kartellrecht, 5. Aufl., München 2012 (zit.: *Bearbeiter*, in: Immenga/Mestmäcker, Wettbewerbsrecht, Teil 1).
Isensee, Josef: Vertragsfreiheit im Griff der Grundrechte – Inhaltskontrolle von Verträgen am Maßstab der Verfassung, in: Festschrift für Bernhard Großfeld zum 65. Geburtstag, hrsg. von Ulrich Hübner und Werner Ebke, Heidelberg 1999, S. 485–514 (zit.: FS Großfeld).
Isensee, Josef: Gemeinwohl und Staatsaufgaben im Verfassungsstaat, in: Handbuch des Staatsrechts der Bundesrepublik Deutschland, hrsg. von Josef Isensee und Paul Kirchhof Bd. IV, 3. Aufl., Heidelberg 2006, § 71 (zit.: *Isensee*, in: ders./Kirchhof, HStR IV).
Jacob, Adolf-Friedrich/Schween, Olaf: Public Support for the German Mittelstand, WHU Koblenz, Structure and Dynamics of the German Mittelstand, Heidelberg u.a. 1999, S. 45–70 (zit.: Jacob/Schween, in: WHU Koblenz, Structure and Dynamics of the German Mittelstand).
Jacobi, Erwin: Betrieb und Unternehmen als Rechtsbegriffe, Leipzig 1926.
Jansen, Nils: Die Struktur der Gerechtigkeit, Baden-Baden 1998.
Jansen, Nils: Klauselkontrolle im europäischen Privatrecht. Ein Beitrag zur Revision des Verbraucheracquis, in: ZEuP 2010, S. 69–106.
Janson, Gunnar: Ökonomische Theorie im Recht. Anwendbarkeit und Erkenntniswert im allgemeinen und am Beispiel des Arbeitsrechts, Berlin 2004 (zit.: Ökonomische Theorie im Recht).
Janßen, Peter: Arbeitsrecht und unternehmerische Einstellungsbereitschaft, in: IW-Trends Nr. 2 vom 25. Juni 2004, S. 1–18.
Jirjahn, Uwe: Ökonomische Wirkungen der Mitbestimmung in Deutschland: Ein Update, Arbeitspapier 186 der Hans Böckler Stiftung, 2010 (zit.: Ökonomische Wirkungen der Mitbestimmung in Deutschland: Ein Update).
Joost, Detlev: Betrieb und Unternehmen als Grundbegriffe im Arbeitsrecht, München 1988.

Joussen, Jacob: Der persönliche Anwendungsbereich der Arbeitnehmerhaftung, in: RdA 2006, S. 129–137.
Junker, Abbo: Arbeitsrecht zwischen Markt und gesellschaftspolitischen Herausforderungen – Differenzierung nach Unternehmensgröße? –, – Familiengerechte Strukturen –, Gutachten B für den 65. Deutschen Juristentag, München 2004, B 3–95 (zit.: Gutachten für den 65. Deutschen Juristentag 2004).
Junker, Abbo: Grundkurs Arbeitsrecht, 17. Aufl., München 2018.
Junker, Abbo: Individualwille, Kollektivgewalt und Staatsintervention im Arbeitsrecht, in: NZA 1997, S. 1305–1319.
Kahneman, Daniel: Thinking, Fast and Slow, London u.a. 2012.
Kahn-Freund, Otto: Labour Law and Politics of the Weimar Republic, Oxford 1981.
Kahn-Freund, Otto: Legal framework, in: The System of Industrial Relations in Britain, hrsg. von Hugh Armstrong Clegg, 1954, S. 42–127 (zit.: *Kahn-Freund*, in: Armstrong Clegg, The System of Industrial Relations in Britain).
Kaiser, Dagmar: Reform des Kaufmannsbegriffs – Verunsicherung des Handelsverkehrs?, in: JZ 1999, S. 495–502.
Kamanabrou, Sudabeh: Die kalkulierbare Kündigung – Leitlinien eines Abfindungssystems, in: Transparenz und Reform im Arbeitsrecht. 2. Ludwigsburger Rechtsgespräch, hrsg. von Volker Rieble, München 2006, S. 77–104 (zit.: *Kamanabrou*, in: Rieble, Transparenz und Reform im Arbeitsrecht).
Kamanabrou, Sudabeh: Verfassungsrechtliche Aspekte eines Abfindungsschutzes bei betriebsbedingten Kündigungen, in: RdA 2004, S. 333–340.
Kant, Immanuel: Grundlegung zur Metaphysik der Sitten, erstmals erschienen 1785, Akademie Ausgabe Bd. IV, Berlin 1911 (zit.: Die Metaphysik der Sitten).
Kaplow, Louis/Shavell, Steven: Why the Legal System is Less Efficient than the Income Tax in Redistributing Income, The Journal of Legal Studies, Vol. 23 No. 2 [1994], pp. 667–681.
Karatzenis, Fotios: Zur Anwendung der Generalklausel des 3 9 AGB-Gesetz im Handelsverkehr, Pfaffenweiler 1989.
Karb, Svenja: Anm. zu EuGH v. 13.6.2013 – C-415/12, in: öAT 2013, S. 164.
Karpen, Ulrich: Folgenabschätzung für Gesetze und Richterrecht – methodische Aspekte –, in: Folgenabschätzung im Arbeitsrecht, hrsg. von Volker Rieble und Abbo Junker, München 2007, S. 14–37 (zit.: *Karpen*, in: Rieble/Junker, Folgenabschätzung im Arbeitsrecht).
Kaufmann, Arthur/Hassemer, Winfried/Neumann, Ulfried (Hrsg.): Einführung in die Rechtsphilosophie und Rechtstheorie der Gegenwart, 8. Aufl., Heidelberg 2011 (zit.: *Bearbeiter*, in: Kaufmann/Hassemer/Neumann, Einführung in die Rechtsphilosophie und Rechtstheorie der Gegenwart).
Kaufmann, Franz-Xaver: Sozialpolitik zwischen Gemeinwohl und Solidarität, in: Gemeinwohl und Gemeinsinn – Rhetoriken und Perspektiven sozial-moralischer Orientierung, hrsg. von Herfried Münkler und Karsten Fischer, Berlin 2002, S. 19–34 (zit: *Kaufmann*, in: Münkler/Fischer, Gemeinwohl und Gemeinsinn).
Kautsky, Karl: Das Erfurter Programm in seinem grundsätzlichen Theil, 13. Aufl., Stuttgart u.a. 1919.
Keller, Paul: Dogmengeschichte des wohlstandspolitischen Interventionismus, Winterthur 1955.
Kelsen, Hans: Juristischer Formalismus und reine Rechtslehre, in: JW 1929, S. 1723–1726.

Kemper, Rainer: Verbraucherschutzinstrumente, Baden-Baden 1994.
Kennedy, Duncan: Distributive and Paternalist Motives in Contract and Tort Law with Special Reference to Compulsory Terms and Unequal Bargaining Power, in: Maryland Law Review 41 [1982], S. 563–658.
Kersting, Wolfgang: Theorien der sozialen Gerechtigkeit, Stuttgart u.a. 2000.
Kessel, Christian: AGB oder Individualvereinbarung – Relevanz und Reformbedarf. AGB im unternehmerischen Rechtsverkehr: Wie aus der Schwäche des deutschen Rechts eine Stärke wird, in: AnwBl 2012, S. 293–300.
Kezuka, Katsutoshi: Crowdwork and the Law in Japan, in: Crowdwork – A Comparative Law Perspective, Frankfurt a.M. 2017 (zit.: *Kezuka*, in: Crowdwork – A Comparative Law Perspective).
Kieninger, Eva-Maria: AGB bei B2B-Verträgen: Rückbesinnung auf die Ziele des AGB-Rechts. Konkrete Perspektiven für eine Änderung der AGB-Kontrolle im unternehmerischen Geschäftsverkehr, in: AnwBl 2012, S. 301–307.
Kirchgässner, Gebhard: Gemeinwohl in der Spannung von Wirtschaft und politischer Organisation: Bemerkungen aus ökonomischer Perspektive, in: Gemeinwohl in Deutschland, Europa und der Welt, hrsg. von Winfried Brugger, Stephan Kirste und Michael Anderheiden, Baden-Baden 2002, S. 289–326 (zit.: *Kirchgässner*, in: Brugger/Kirste/Anderheiden).
Kirchgässner, Gebhard: Homo eoconomicus. Das ökonomische Modell individuellen Verhaltens und seine Anwendung in den Wirtschafts- und Sozialwissenschaften, 4. Aufl., Tübingen 2013 (zit.: Homo eoconomicus).
Kirstein, Roland/Schäfer, Hans-Bernd: Erzeugt das Verbrauchsgüterkaufrecht Marktversagen? Eine informationsökonomische und empirische Analyse, in: Ökonomische Analyse der europäischen Zivilrechtsentwicklung. Beiträge zum X. Travemünder Symposium zur ökonomischen Analyse des Rechts (29. März bis 1. April 2006), hrsg. von Thomas Eger und Hans-Bernd Schäfer, Tübingen 2007, S. 369–405 (zit.: *Kirstein/Schäfer*, in: Eger/Schäfer, Ökonomische Analyse der europäischen Zivilrechtsentwicklung).
Klebe, Thomas: Crowdwork: Faire Arbeit im Netz?, in: AuR 2016, S. 277–280.
Klebe, Thomas/Neugebauer, Julia: Crowdsourcing: Für eine handvoll Dollar oder Workers oft he crowd unite?, in: AuR 2014, S. 4–7.
Klein, Burton: Dynamic Economics, Boston 1977.
Kleindiek, Detlef: Aspekte gemeinschaftsweiter Privatrechtsangleichung: Ein Sonderprivatrecht für Verbraucher?, in: Europäischer Binnenmarkt. IPR und Rechtsangleichung, hrsg. von Peter Hommelhoff, Erik Jayme und Werner Mangold, Heidelberg 1995, S. 297–310 (zit.: *Kleindiek*, in: Hommelhoff/Jayme/Mangold, Europäischer Binnenmarkt. IPR und Rechtsangleichung, 1995, S. 297 (306)).
Klemmer, Paul et al: Mittelstandsförderung in Deutschland – Konsistenz, Transparenz und Ansatzpunkte für Verbesserungen, in: Untersuchungen des Rheinisch-Westfälischen Instituts für Wirtschaftsforschung 21, Essen 1995 (zit.: *Klemmer et al*, in: RWI 21).
Klitzing, Henning von: Ökonomische Analyse des arbeitsrechtlichen Bestandsschutzes. Eine Untersuchung richterlicher Regelsetzung, Berlin 2004 (zit.: Ökonomische Analyse des arbeitsrechtlichen Bestandsschutzes).
Klug, Ulrich: Juristische Logik, 4. Aufl., Berlin u.a. 1982.

Klumpp, Steffen: Mehr Transparenz! Notwendigkeit, Probleme und Wege der Deregulierung des Arbeitsrechts, in: Transparenz und Reform im Arbeitsrecht. 2. Ludwigsburger Rechtsgespräch, hrsg. von Volker Rieble, München 2006, S. 9–39 (zit.: *Klumpp*, in: Rieble, Transparenz und Reform im Arbeitsrecht).

Knortz, Heike: Wirtschaftsgeschichte der Weimarer Republik. Eine Einführung in die Ökonomie und Gesellschaft der ersten Deutschen Republik, Göttingen 2010 (zit.: Wirtschaftsgeschichte der Weimarer Republik).

Koch, H.-J.: Die normtheoretische Basis der Abwägung, in: Abwägung im Recht. Symposium und Verabschiedung von Werner Hoppe am 30. Juni 1995 in Münster aus Anlass seiner Emeritierung, hrsg. von Wilfried Erbguth Köln u.a. 1996, S. 9–24 (zit.: *Koch*, in: Erbguth, Abwägung im Recht).

Koch, Jens: Gesellschaftsrecht, 16. Aufl., München 2017.

Kocher, Eva: Funktionen der Rechtsprechung. Konfliktlösung im deutschen und englischen Verbraucherprozessrecht, Tübingen 2007 (zit.: Funktionen der Rechtsprechung).

Kocka, Jürgen: Die Angestellten in der deutschen Geschichte 1850–1980, Göttingen 1981.

Koller, Ingo/Kindler, Peter/Roth, Wulf-Henning/Morck, Winfried (Hrsg.): Handelsgesetzbuch, Kommentar, 9. Aufl., München 2017 (zit.: *Bearbeiter*, in: Koller/Kindler/Roth/Morck, HGB).

Koller, Lena: Arbeitsrechtliche Schwellenwerte – Regelungen an der Schwelle zur Unüberschaubarkeit, Friedrich-Alexander Universität Erlangen-Nürnberg, Discussion Paper No. 40, 2005.

Koller, Lena/Schnabel, Claus/Wagner, Joachim: Arbeitsrechtliche Schwellenwerte und betriebliche Arbeitsplatzdynamik: Eine empirische Untersuchung am Beispiel des Schwerbehindertengesetzes, Friedrich-Alexander Universität Erlangen-Nürnberg, Diskussionspapier Nr. 38, Nürnberg 2005 (zit.: Arbeitsrechtliche Schwellenwerte und betriebliche Arbeitsplatzdynamik, Friedrich-Alexander Universität Erlangen-Nürnberg, Diskussionspapier Nr. 38).

Koller, Peter: Das Konzept des Gemeinwohls. Versuch einer Begriffsexplikation, in: Gemeinwohl in Deutschland, Europa und der Welt, hrsg. von Winfried Brugger, Stephan Kirste und Michael Anderheiden, Baden-Baden 2002, S. 41–70 (zit.: *Koller*, in: Brugger/Kirste/Anderheiden).

Kopp, Ferdinand O./Ramsauer, Ulrich (Hrsg.): Verwaltungsverfahrensgesetz. Kommentar, 19. Aufl., München 2018 (zit.: VwVfG).

Korch, Stefan: Haftung und Verhalten. Eine ökonomische Untersuchung des Haftungsrechts unter Berücksichtigung begrenzter Rationalität und komplexer Präferenzen, Tübingen 2015 (zit.: Haftung und Verhalten).

Korten, David C.: When Corporations Rule the World, 2th Edition, Bloomfield u.a. 2001.

Kotulla, Michael: Deutsche Verfassungsgeschichte. Vom Alten Reich bis Weimar (1495–1934), Berlin u.a. 2008 (zit.: Deutsche Verfassungsgeschichte).

Kötz, Hein: Der Schutzzweck der AGB-Kontrolle – Eine rechtsökonomische Skizze, in: JuS 2003, S. 209–214.

KR – Gemeinschaftskommentar zum Kündigungsschutzgesetz: Hrsg. von Gerhard Etzel u.a., 11. Aufl., Köln 2016 (zit.: *Bearbeiter*, in: KR).

Krämer, Werner: Mittelstandsökonomik, München 2003.

Krause, Rüdiger: Digitalisierung der Arbeitswelt – Herausforderungen und Regelungsbedarf, in: NZA 2016, S. 1004–1007.

Krause, Rüdiger: Digitalisierung der Arbeitswelt – Herausforderungen und Regelungsbedarf, Gutachten B zum 71. Deutschen Juristentag, München 2016, B 1–112 (zit.: Gutachten B zum 71. Deutschen Juristentag).
Kreuder, Thomas: Arbeitnehmereigenschaft und „neue Selbständigkeit" im Lichte der Privatautonomie, in: AuR 1996, S. 386–394.
Krieger, Steffen/Ampatziadis, Sophia: Die Reform der Arbeitnehmerüberlassung – Auf was müssen Unternehmen achten?, in: NJW 2017, S. 593–596.
Kronman, Anthony Townsend: Contract Law and Distributive Justice, in: Yale Law Journal 1980, S. 472–511.
Kronman, Anthony Townsend: Paternalism and the Law of Contract, in: Yale Law Journal 92 [1983], S. 763–798.
Krüger, Herbert: Allgemeine Staatslehre, Stuttgart 1964.
Kucera, Gustav: Der Beitrag des Mittelstandes zur volkswirtschaftlichen Humankapitalbildung unter besonderer Berücksichtigung des Handwerks, in: Gesamtwirtschaftliche Funktion des Mittelstandes, hrsg. von Rudolf Ridinger, Berlin 1997, S. 57–72 (zit.: Kucera, in: Ridinger, Gesamtwirtschaftliche Funktion des Mittelstandes).
Kuhlmann, Eberhard: Verbraucherpolitik. Grundzüge ihrer Theorie und Praxis, München 1990 (zit.: Verbraucherpolitik).
Künzler, Adrian: Effizienz oder Wettbewerbsfreiheit? Zur Frage nach den Aufgaben des Rechts gegen private Wettbewerbsbeschränkungen, Tübingen 2008 (zit.: Effizienz oder Wettbewerbsfreiheit?).
Küster, Otto: Über die beiden Erscheinungsformen der Gerechtigkeit, nach Aristoteles, in: Funktionswandel der Privatrechtsinstitutionen, Festschrift für Ludwig Raiser zum 70. Geburtstag, hrsg. von Fritz Baur, Tübingen 1974, S. 541–558 (zit.: FS Raiser).
Lageman, Bernhard/Löbbe, Klaus: Kleine und mittlere Unternehmen im sektoralen Strukturwandel, Rheinisch-Westfälisches Institut für Wirtschaftsforschung, Heft 27, Essen 1999.
Landström, Hans: Pioneers in entrepreneurship and small business research, New York 2010.
Langenbucher, Katja/Bliesener, Dirk/Spindler, Gerald (Hrsg.): Bankrechts-Kommentar, 2. Aufl., München 2016 (zit.: *Bearbeiter*, in: Langenbucher/Bliesener/Spindler, Bankrechts-Kommentar).
Langille, Brian: A Question of Balance in The Legal Construction of Personal Work Relations, in: Jerusalem Review of Legal Studies 7/1 [2013], S. 99–111.
Langille, Brian: Labour Law's Theory of Justice, in: The Idea of Labour Law, hrsg. von Guy Davidov und Brian Langille, Oxford 2011, S. 101–119 (zit.: *Langille*, in: Davidov/Langille, The Idea of Labour Law).
Larenz, Karl: Methodenlehre der Rechtswissenschaft, 6. Aufl., Berlin u.a. 1991.
Lawler, Edward E. III/Morhrman, Susan A./Ledford, Gerald E.: Creating High Performance Organizations, San Francisco 1995.
Leibolz, Gerhard: Die Gleichheit vor dem Gesetz. Eine Studie auf rechtsvergleichender und rechtsphilosophischer Grundlage, 2. Aufl., München u.a. 1959 (zit.: Die Gleichheit vor dem Gesetz).
Leicht, Rene/Stockmann, Reinhard: Die Kleinen ganz groß?, in: Soziale Welt 44 [1993], S. 243–274.

Leimeister, Jan Marco/Zogaj, Shkodran/Blohm, Ivo: Crowdwork – digitale Wertschöpfung in der Wolke. Grundlagen, Formen und aktueller Forschungsstand, in: Crowdwork – zurück in die Zukunft? Perspektiven digitaler Arbeit, hrsg. von Christiane Benner, Frankfurt a.M. 2015, S. 9–42 (zit.: *Leimeister/Zogaj/Blohm*, in: Benner, Crowdwork – Zurück in die Zukunft?).

Leisner, Walter: Effizienz als Rechtsprinzip, Tübingen 1971.

Leisner, Walter: Markt- oder Verteilungsstaat – Schwächerenschutz und Verfassung in Krisenzeit, in: JZ 2008, S. 1061–1067.

Leisner, Walter:Der Abwägungsstaat – Verhältnismäßigkeit als Gerechtigkeit?, Berlin 1997.

Lembke, Mark: Unterrichtungspflicht und Widerspruchsrecht beim Betriebsübergang im Lichte der neuesten Rechtsprechung, in: ZIP 2007, S. 310–314.

Lenger, Friedrich: Sozialgeschichte der deutschen Handwerker seit 1800, Frankfurt a.M. 1988.

Lerner, Joshua: Small Businesses, Innovation, and Public Policy, Are Small Firms Important? Their Role and Impact, hrsg. von Zoltan Acs, Boston u.a. 1999, S. 159–168 (zit.: *Lerner*, in: Acs, Are Small Firms Important?).

Leuschner, Lars: AGB-Kontrolle im unternehmerischen Verkehr – Zu den Grundlagen einer Reformdebatte –, in: JZ 2010, S. 875–884.

Leuschner, Lars: Gebotenheit und Grenzen der AGB-Kontrolle. Warum M&A-Verträge nicht der Inhaltskontrolle der §§ 305 ff. BGB unterliegen, in: AcP 207 [2007], S. 491–529.

Levitt, Steven D./Dubner, Stephen J.: Freakonomics. A Rogue Economist explores the hidden Side of Everything, New York 2005 (zit.: Freakonomics).

Levitt, Steven D./Dubner, Stephen J.: Think like a Freak, New York 2014.

Lewinsohn-Zamir, Daphna: In Defense of Redistribution Through Private Law, in: Minnesota Law Review 2006, S. 326–397.

Leyens, Patrick C./Schäfer, Hans-Bernd: Inhaltskontrolle allgemeiner Geschäftsbedingungen. Rechtsökonomische Überlegungen zu einer einheitlichen Konzeption von BGB und DCFR, in: AcP 210 [2010], S. 771–803.

Lieb, Manfred: Grundfragen einer Schuldrechtsreform, in: AcP 183 [1983], S. 327–366.

Liedtke, Christa/Rohn, Holger: Können KMU zukunftsfähiger wirtschaften?, Umwelt-Wirtschafts-Forum, H.1, 2001, S. 20–26.

Lieth, Oliver: Die ökonomische Analyse des Rechts im Spiegelbild klassischer Argumentationsrestriktionen des Rechts und seiner Methodenlehre, Baden-Baden 2007 (zit.: Ökonomische Analyse des Rechts und Methodenlehre).

Liikanen, Erkki: SMEs, International Markets, Entrepreneurs and their importance to the vitality of the EU, 29th International Small Business Congress, Amsterdam, 28.10.2002 (zit.: SMEs).

Longenecker, Justin G. et al: Small Business Management, 17th Edition, Stamford 2014.

Loschelder, Michael/Ahrens, Hans-Jürgen/Gloy, Wolfgang: Handbuch des Wettbewerbsrechts, 4. Aufl., München 2010 (zit.: *Bearbeiter*, in: Gloy/Loschelder/Erdmann, Hdb. des Wettbewerbsrechts).

Löwisch, Manfred: Betriebsverfassung in der Wirtschaft der Gegenwart. Überlegungen zur Reform des Betriebsverfassungsrechts, in: DB 1999, S. 2209–2216.

Löwisch, Manfred: Die kündigungsrechtlichen Vorschläge der „Agenda 2010", in: NZA 2003, S. 689–695.

Löwisch, Manfred: Neuregelungen des Kündigungs- und Befristungsrechts durch das Gesetz zu Reformen am Arbeitsmarkt, in: BB 2004, S. 154–162.
Löwisch, Manfred/Rieble, Volker: Tarifvertragsgesetz. Kommentar, 4. Aufl., München 2017 (zit.: TVG).
Lüdemann, Jörn: Die Grenzen des homo oeconomicus, in: Recht und Verhalten, hrsg. von Christoph Engel u.a., Tübingen 2007, S. 7–59 (zit.: *Lüdemann*, in: Engel u.a., Recht und Verhalten).
Lüdemann, Jörn: Die verfassungskonforme Auslegung von Gesetzen, in: JuS 2004, S. 27–30.
Luhmann, Niklas: Das Recht der Gesellschaft, Frankfurt a.M. 1993.
Luhmann, Niklas: Rechtssystem und Rechtsdogmatik, Stuttgart u.a. 1974.
Lustgarten, Steven A.: Firm size and productivity growth in manufacturing industries, in: Small business in a regulated economy, ed. by Richard J. Judd, William T. Greenwood and Fred W. Becker, New York 1988, S. 141–154 (zit.: *Lustgarten*, in: Judd/Greenwood/Becker, Small business in a regulated economy).
Luth, Hanneke Arendina: Behavioural Economics in Consumer Policy. The Economic Analysis of Standard Terms in Consumer Contract Revisited, Antwerpen u.a. 2010 (zit.: Behavioural Economics in Consumer Policy).
Mackie, John Leslie: Ethik. Die Erfindung des moralisch Richtigen und Falschen, Stuttgart 1983 (zit.: Ethik).
MacPhee, William A.: Short-term business borrowing. Sources, Terms, and techniques, Illinois 1984 (zit.: Short-term business borrowing).
Magen, Stefan: Fairness, Eigennutz und die Rolle des Rechts, in: Recht und Verhalten, hrsg. von Christoph Engel u.a., Tübingen 2007, S. 261–362 (zit.: *Magen*, in: Engel et al, Recht und Verhalten).
Mahlmann, Matthias: Konkrete Gerechtigkeit. Eine Einführung in Recht und Rechtswissenschaft der Gegenwart, 3. Aufl., Baden-Baden 2017 (zit.: Konkrete Gerechtigkeit).
Maier-Reimer, Georg: AGB-Recht im unternehmerischen Rechtsverkehr – Der BGH überdreht die Schraube, in: NJW 2017, S. 1–10.
Mallor, Jane: Unconscionability in Contracts between Merchants, in: Southwestern Law Journal 1986, S. 1065–1088.
Mangoldt, Hermann von/Klein, Friedrich/Starck, Christian (Hrsg.): Kommentar zum Grundgesetz, Bd. 1: Präambel, Artikel 1–19, 7. Aufl., München 2018 (zit.: Bearbeiter, in: v. Mangoldt/Klein/Starck, GG).
Mankowski, Peter: Erzeugt das Verbrauchsgüterkaufrecht Marktversagen? Korreferat zu Roland Kirstein/Hans-Bernd Schäfer, in: Ökonomische Analyse der europäischen Zivilrechtsentwicklung. Beiträge zum X. Travemünder Symposium zur ökonomischen Analyse des Rechts (29. März bis 1. April 2006), hrsg. von Thomas Eger und Hans-Bernd Schäfer, Tübingen 2007, S. 406–416 (zit.: *Mankowski*, in: Eger/Schäfer, Ökonomische Analyse der europäischen Zivilrechtsentwicklung).
Manssen, Gerrit: Privatrechtsgestaltung durch Hoheitsakt. Verfassungsrechtliche und verwaltungsrechtliche Grundfragen, Tübingen 1994 (zit.: Privatrechtsgestaltung durch Hoheitsakt).
Marchington, Mick et al: Fragmenting Work. Blurring Organizational Boundaries and Disordering Hierarchies, Oxford 2005.
Markovits, Richard S.: Why Kaplow and Shavell's „Double-Distortion Argument" Articles are Wrong, in: George Mason Law Review 2005, S. 511–619.

Martini, Mario: Der Markt als Instrument hoheitlicher Verteilungslenkung. Möglichkeiten und Grenzen einer marktgesteuerten staatlichen Verwaltung des Mangels, Tübingen 2008 (zit.: Der Markt als Instrument hoheitlicher Verteilungslenkung).
Martins, Pedro S.: Dismissal for cause: The Difference That Just Eight Paragraphs Can Make, in: Journal of Labor Economics 2009, S. 257–279.
Marx, Karl/Engels, Friedrich: Ausgewählte Werke in sechs Bänden, Frankfurt a.M. 1971.
Marx, Karl/Engels, Friedrich: Manifest der Kommunistischen Partei. Originalgetreue Reproduktion der Erstausgabe von 1848, Berlin 1965 (zit.: *Friedrich*: Manifest der Kommunistischen Partei).
Mastronardi, Philippe: Juristisches Denken. Eine Einführung, Bern u.a. 2001 (zit.: Juristisches Denken).
Mathis, Klaus: Effizienz statt Gerechtigkeit? Auf der Suche nach den philosophischen Grundlagen der Ökonomischen Analyse des Rechts, Berlin 2004 (zit.: Effizienz statt Gerechtigkeit?).
Matis, Herbert: Das Industriesystem: Wirtschaftswachstum und sozialer Wandel im 19. Jahrhundert, Wien 1988 (zit.: Das Industriesystem).
Maunz, Theoror/Dürig, Günter (Begr.): Grundgesetz, Kommentar, München (zit.: *Bearbeiter*, in: Maunz/Dürig, GG, *Bearbeitungsstand*).
May-Strobl, Eva: Nachhaltigkeit und Erfolg von Gründungen aus der Arbeitslosigkeit – Ergebnisse einer Nachbefragung bei aus den Gründungs- und Begleitzirkeln der G.I.B. hervorgegangenen Gründungen, IfM-Materialien Nr. 196, Bonn 2010 (zit.: Nachhaltigkeit und Erfolg von Gründungen aus der Arbeitslosigkeit, IfM-Materialien Nr. 196).
May-Strobl, Eva/Haunschild, Ljuba: Der nachhaltige Beschäftigungsbeitrag von KMU, Institut für Mittelstandsforschung. Eine sektorale Analyse unter besonderer Berücksichtigung der FuE- und wissensintensiven Wirtschaftszweige, IfM-Materialien Nr. 206, 2013 (zit.: IfM-Materialien Nr. 206).
May-Strobl, Eva/Haunschild, Ljuba/Burg, Florian: Der Beschäftigungsbeitrag mittelständischer Unternehmen. Eine sektorale Analyse auf Basis des Umsatzsteuerpanels, in: Wirtschaft und Statistik 2010, S. 745–753.
Medicus, Dieter: Wer ist ein Verbraucher?, in: Festschrift für Zentaro Kitagawa zum 60. Geburtstag, hrsg. von Hans Leser und Tamotsu Isomura, Berlin 1992, S. 471–486 (zit.: FS Kitagawa).
Medicus, Dieter/Petersen, Jens: Allgemeiner Teil des BGB, 11. Aufl., Heidelberg 2016.
Menger, Anton: Das bürgerliche Recht und die besitzlosen Volksklassen, Darmstadt 1968.
Meyer, Jörn-Axel/Schwering, Markus G.: Lexikon für kleine und mittlere Unternehmen, München 2000.
Micklitz, Hans-Wolfgang: Brauchen Konsumenten und Unternehmen eine neue Architektur des Verbraucherrechts?, Gutachten A zum 69. Deutschen Juristentag, München 2012, A 1–129 (zit.: Gutachten A zum 69. Deutschen Juristentag).
Micklitz, Hans-Wolfgang: Principles of Social Justice, in European Private Law, in: Yearbook of European Private Law 1999/2000, S. 167–204 (zit.: *Micklitz*, in: Yearbook of European Private Law 1999/2000).
Mittwoch, Anne-Christin: Die Metamorphose der europäischen Privatrechtsangleichung, in: Metamorphose des Zivilrechts, hrsg. von Regula Kurzbein et al, Stuttgart 2014, S. 11–38 (zit.: *Mittwoch*, in: Kurzbein et al, Metamorphose des Zivilrechts).
Mückeberger, Ulrich: Der verfassungsrechtliche Schutz des Dauerarbeitsverhältnisses. Anmerkung zur Befristungsregelung des Beschäftigungsförderungsgesetzes 1985, in: NZA 1985, S. 518–526.

Mönnich, Ernst: Erklärungsansätze regionaler Entwicklung und politisches Handeln, Frankfurt a.M. 2004.
Mönnich, Ernst: Mythos Innovation. Plädoyer für ein adaptives Modell regionaler Entwicklung. in: Kleine und mittelgroße Unternehmen im globalen Innovationswettbewerb. Technikgestaltung, Internationalisierungsstrategien, Beschäftigungsschaffung, hrsg. von Roland Abel, Hans H. Bass und Robert Ernst-Siebert, München 2006, S. 264–282 (zit.: *Mönnich*, in: Abel/Bass/Ernst-Siebert, Kleine und mittelgroße Unternehmen im globalen Innovationswettbewerb).
Mugler, Josef: Betriebswirtschaftslehre der Klein- und Mittelbetriebe, 2. Aufl., Wien u.a. 1995.
Mugler, Josef: Die Qualität der Arbeit in Klein- und Mittelbetrieben, in: IGA 1997, S. 217–233.
Müller, Friedrich/Christensen, Ralph: Juristische Methodik, Teil 1: Grundlegung für die Arbeitsmethoden der Rechtspraxis, 11. Aufl., Berlin 2013 (zit.: Juristische Methodik I).
Müller, Werner/Griebeler, Carsten/Pfeil, Julia: Für eine maßvolle AGB-Kontrolle im unternehmerischen Geschäftsverkehr, in: BB 2009, 2658–2665.
Münch, Ingo von/Kunig, Philip (Hrsg.): Grundgesetz. Kommentar, Bd. 1: Präambel bis Art. 69 GG, 6. Aufl., München 2012 (zit.: *Bearbeiter*, in: v. Münch/Kunig, GG).
Münchener Handbuch zum Arbeitsrecht: Teil 1: Individualarbeitsrecht, hrsg. von Reinhard Richardi u.a., 3. Aufl., München 2009 (zit.: *Bearbeiter*, in: Münchener Handbuch zum Arbeitsrecht).
Münchener Kommentar Europäisches und Deutsches Wettbewerbsrecht: Hrsg. von Joachim Bornkamm, Bd. 2: Kartellrecht, Missbrauchs- und Fusionskontrolle, 2. Aufl., München 2015 (zit.: *Bearbeiter*, in: MünchKomm-Kartellrecht).
Münchener Kommentar zum Bürgerlichen Gesetzbuch: Hrsg. von Franz Jürgen Säcker u.a., Bd. 1 (§§ 1–240), 7. Aufl., München 2015, Bd. 2 (§§ 241–432), 7. Aufl., München 2016 (zit.: *Bearbeiter*, in: MünchKomm-BGB).
Münchener Kommentar zum Handelsgesetzbuch: Bd. 1 (§§ 1–104a), hrsg. von Karsten Schmidt, 4. Aufl., München 2016 (zit.: *Bearbeiter*, in: MünchKomm-HGB).
Münchener Kommentar zur Zivilprozessordnung: Hrsg. von Wolfgang Krüger und Thomas Rauscher Bd. 2 (§§ 355–945b), 5. Aufl. 2016 (zit.: *Bearbeiter*, in: MünchKomm-ZPO).
Nägele, Stefan: Ein neues Arbeitsrecht als Investitionsmotor?, in: BB 2003, S. 739–740.
Neumann, Richard/Krieger, Stefan: Empirical Inquiry Twenty-Five Years after The Lawyering Process, in: Clinical Law Review 10 [2003], S. 349–397.
Neuner, Jörg: Privatrecht und Sozialstaat, München 1999.
Neuvians, Nicole: Die arbeitnehmerähnliche Person, Berlin 2002.
Niedenhoff, Horst Udo: Die administrativen Kosten der Anwendung des Betriebsverfassungsgesetzes, in:.
Nipperdey, Hans Carl: Soziale Marktwirtschaft und Grundgesetz, 3. Aufl., Köln u.a. 1965.
Nipperdey, Thomas: Deutsche Geschichte 1800–1866, Bürgerwelt und starker Staat, 2. Aufl., München 1984 (zit.: Deutsche Geschichte 1800–1866).
Nipperdey, Thomas: Deutsche Geschichte 1866–1918, Bd. 1: Arbeitswelt und Bürgergeist, München 1990 (zit.: Deutsche Geschichte 1866–1918, Bd. 1).
Nozick, Robert: Anarchy, State, and Utopia, Oxford 1974.
Nussbaum, Martha: Creating Capabilities. The Human Development Approach, Cambridge (Mass.) u.a. 2011 (zit.: Creating Capabilities).

Odewald, Jendrik: Faktische und mittelbare Eingriffe in die Wettbewerbsfreiheit. Eine Untersuchung zu Beeinträchtigungen durch öffentliche Informationen und administrative Begünstigungen von Konkurrenten, Frankfurt a.M. 2011 (zit.: Faktische und mittelbare Eingriffe in die Wettbewerbsfreiheit).

Oechsler, Jürgen: Gerechtigkeit im modernen Austauschvertrag. Die theoretischen Grundlagen der Vertragsgerechtigkeit und ihr praktischer Einfluss auf Auslegung, Ergänzung und Inhaltskontrolle des Vertrags, Tübingen 1997 (zit.: Gerechtigkeit im modernen Austauschvertrag).

Oehler, Andreas: Zur ganzheitlichen Konzeption des Verbraucherschutzes – eine ökonomische Perspektive, in: VuR 2006, S. 294–301.

Oetker, Hartmut: AGB-Kontrolle im Zivil- und Arbeitsrecht, in: AcP 212 [2012], S. 202–250.

Oetker, Hartmut: Das Dauerschuldverhältnis und seine Beendigung. Bestandsaufnahme und kritische Würdigung einer tradierten Figur der Schuldrechtsdogmatik, Tübingen 1994 (zit.: Das Dauerschuldverhältnis und seine Beendigung).

Ohlendorf, Bernd/Salomon, Erwin: Die Aufrechterhaltung unwirksamer Formulararbeitsbedingungen – das Verhältnis des Verbots geltungserhaltender Reduktion zur ergänzenden Vertragsauslegung im Arbeitsrecht, in: RdA 2006, S. 281–288.

Okun, Arthur M.: Equality and Efficiency, the Big Tradeoff, Washington 1975.

Osterkamp, Thomas: Juristische Gerechtigkeit. Rechtswissenschaft jenseits von Positivismus und Naturrecht, Tübingen 2004 (zit.: Juristische Gerechtigkeit).

Ott, Claus/Schäfer, Hans-Bernd: Die Anreiz- und Abschreckungsfunktion im Zivilrecht, in: Die Präventivwirkung zivil- und strafrechtlicher Sanktionen, Tübingen 1999, S. 131–155 (zit.: *Ott/Schäfer*, in: dies., Die Präventivwirkung zivil- und strafrechtlicher Sanktionen).

Ott, Claus/Schäfer, Hans-Bernd: Die ökonomische Analyse des Rechts – Irrweg oder Chance wissenschaftlicher Rechtserkenntnis?, in: JZ 1988, S. 213–223.

Palich, Leslie E./Bagby, Ray: Using cognitive theory to explain entrepreneurial risktaking: Challenging conventional wisdom, in: Journal of Business Venturing 1995, S. 425–438.

Papier, Hans-Jürgen: Arbeitsmarkt und Verfassung, in: RdA 2000, S. 1–7.

Pawlowski, Hans-Martin: Methodenlehre für Juristen. Theorie der Norm und des Gesetzes, ein Lehrbuch, 3. Aufl., Heidelberg 19999 (zit.: Methodenlehre für Juristen).

Peintinger, Stefan: Der Verbraucherbegriff im Lichte der Richtlinie über die Rechte von Verbrauchern und des Vorschlages für ein Gemeinsames Europäisches Kaufrecht – Plädoyer für einen einheitlichen europäischen Verbraucherbegriff, in: GPR 2013, S. 24–32.

Pennings, Frans/Bosse, Claire (Hrsg.): The Protection of Working Relationships. A Comparative Study, Bedfordshire 2011 (zit.: *Bearbeiter*, in: Pennings/Bosse, The Protection of Working Relationships).

Perulli, Adalberto: Study on Ecomomically Dependent Work/Parasubordinate (Quasi-subordinate) work, Brüssel (European Commission), 2002, DV/47999 (zit.: Study on Ecomomically Dependent Work/Parasubordinate (Quasi-subordinate) work).

Peters, Hans-Rudolf: Wirtschaftspolitik, 3. Aufl., München u.a. 2000.

Pfarr, Heide: Diskussionsbeitrag, in: Muss der Kündigungsschutz reformiert werden?, hrsg. von Michael Blank, Frankfurt a.M. 2003, S. 67 (zit.: *Pfarr*, in: Blank, Muss der Kündigungsschutz reformiert werden?).

Pfarr, Heide et al: Der Kündigungsschutz zwischen Wahrnehmung und Wirklichkeit: Betriebliche Erfahrungen mit der Beendigung von Arbeitsverhältnissen, München u.a. 2005 (zit.: Der Kündigungsschutz zwischen Wahrnehmung und Wirklichkeit).
Pfarr, Heide et al: Personalpolitik und Arbeitsrecht – Differenzierung nach der Unternehmensgröße? Ein Beitrag des Projekts „Regulierung des Arbeitsmarktes (REGAM)" des Wirtschafts- und Sozialwissenschaftlichen Instituts (WSI) in der Hans-Böckler-Stiftung, in: RdA 2004, S. 193–200.
Pfarr, Heide et al: REGAM-Studie: Hat der Kündigungsschutz eine prohibitive Wirkung auf das Einstellungsverhalten der kleineren Betriebe?, in: BB 2003, S. 2286–2289.
Pfeiffer, Thomas: Verbraucherrecht mit vielen Säulen – Auf der Suche nach funktionsgerechten Konstruktionsprinzipien eines Rechtsgebiets, in: NJW 2012, S. 2609–2613.
Pfohl, Hans-Christian: Abgrenzung der Klein- und Mittelbetriebe von Großbetrieben, in: Ders. (Hrsg.), Betriebswirtschaftslehre der Mittel- und Kleinbetriebe. Größenspezifische Probleme und Möglichkeiten zu ihrer Lösung, 4. Aufl., Berlin 2006 (zit.: Pfohl, in: Pfohl, Betriebswirtschaftslehre der Mittel- und Kleinbetriebe).
Pfordten, Dietmar von der: Zum Begriff des Gemeinwohls, in: Gemeinwohl und politische Parteien, hrsg. von Ulrich v. Alemann, Heike Merten und Martin Morlik, Baden-Baden 2008, S. 22–37 (zit.: *v.d. Pfordten*, in: v. Alemann/Merten/Morlik, Gemeinwohl und politische Parteien).
Pichler, J. Hanns/Pleitner, Hans Jobst/Schmidt, Karl-Heinz: Management in KMU, hrsg. von Karl-Heinz Schmidt, Bern u.a. 1996.
Picker, Eduard: Die Tarifautonomie in der deutschen Arbeitsverfassung, Köln 2000.
Pierce, Richard J.: Small is Not Beautiful: The Case Against Special Regulatory Treatment of Small Firms, in: Administrative Law Review 1998, S. 537–578.
Pieroth, Bodo/Schlink, Bernhard/Kingreen, Thorsten/Poscher, Ralf: Grundrechte. Staatsrecht II, 33. Aufl., Heidelberg 2017 (zit.: Grundrechte).
Pleitner, Hans Jobst: Die Arbeitszufriedenheit von Unternehmern und Mitarbeitern in gewerblichen Betrieben, Berlin 1981.
Poetzsch-Heffter, Fritz: Handkommentar der Reichsverfassung vom 11. August 1919. Ein Handbuch für Verfassungsrecht und Verfassungspolitik, 3. Aufl., Berlin 1928 (zit.: Handkommentar der Reichsverfassung vom 11. August 1919).
Pogge, Thomas Winfried Menko: Realizing Rawls, Ithaca (N.Y.) u.a. 1989.
Polinsky, Alan Mitchell: An Introduction to Law and Economics, 4th edition, New York 2011.
Posner, Richard: Economic Analysis of Law, 8th Edition, Austin u.a. 2011.
Posner, Richard: Utilitarianism, Economics, and Legal Theory, in: Journal of Legal Studies 1979, S. 103–140.
Posner, Richard: Wealth Maximization Revisited, in: Notre Dame Journal of Law, Ethics and Public Policy 86 [1986], S. 85–105.
Potthoff, Heinz: Probleme des Arbeitsrechtes. Rechtspolitische Betrachtungen eines Volkswirtes, Jena 1912 (zit.: Probleme des Arbeitsrechtes).
Pottschmidt, Daniela: Arbeitnehmerähnliche Personen in Europa. Die Behandlung wirtschaftlich abhängiger Erwerbstätiger im Europäischen Arbeitsrecht sowie im (Arbeits-)Recht der EU-Mitgliedstaaten, Baden-Baden 2006 (zit.: Arbeitnehmerähnliche Personen in Europa).
Prassl, Jeremias/Risak, Martin: Uber, Taskrabbit, & Co: Platforms as Employers? Rethinking the Legal Analysis of Crowdwork, Oxford Legal Studies Research Paper No. 8/2016 (zit.: Oxford Legal Studies Research Paper No. 8/2016).

Preis, Ulrich: Arbeitsrecht und „unbegrenzte Auslegung", in: NJW 1998, S. 1889-1894.
Preis, Ulrich: Der persönliche Anwendungsbereich der Sonderprivatrechte. Zur systematischen Abgrenzung von Bürgerlichem Recht, Verbraucherrecht und Handelsrecht, in: ZHR 158 [1994], S. 567-613.
Preis, Ulrich: Grundfragen der Vertragsgestaltung im Arbeitsrecht, Neuwied u.a. 1993.
Preis, Ulrich: Legitimation und Grenzen des Betriebsbegriffes im Arbeitsrecht, in: RdA 2000, S. 257-279.
Preis, Ulrich: Zur Debatte um das Arbeitsvertragsgesetz, in: AuR 2009, S. 109-115.
Preis, Ulrich: Heimarbeit, Home-Office, Global-Office – das alte Heimarbeitsrecht als neuer Leitstern für die digitale Arbeitswelt=, in: SR 2017, S. 173-182.
Preis, Ulrich: § 611a BGB – Potenziale des Arbeitnehmerbegriffes, in: NZA 2018, S. 817-826.
Preis, Ulrich/Gotthardt, Michael: Neuregelung der Teilzeitarbeit und befristeten Arbeitsverhältnisse. Zum Gesetzesentwurf der Bundesregierung, in: DB 2000, S. 2065-2074.
Purnhagen, Kai: Die Zurechnung von Unternehmer- und Verbraucherhandeln in den §§ 13 und 14 BGB im Spiegel de Rechtsprechung – Eckpfeiler eines Konzepts?, in: VuR 2015, S. 3-9.
Radbruch, Gustav: Der Mensch im Recht. Ausgewählte Vorträge und Aufsätze über Grundfragen des Rechts, Göttingen 1957 (zit.: Der Mensch im Recht).
Radbruch, Gustav: Gesetzliches Unrecht und übergesetzliches Recht, in: SJZ 1946, S. 105-108.
Radbruch, Gustav: Rechtsphilosophie, 8. Aufl., Stuttgart 1973.
Raiser, Thomas: Das Unternehmen als Organisation. Kritik und Erneuerung der juristischen Unternehmenslehre, Berlin 1969 (zit.: Das Unternehmen als Organisation).
Raiser, Thomas: Grundlagen der Rechtssoziologie, 6. Aufl., Tübingen 2013.
Ramm, Thilo: Arbeitsrecht und Kleinunternehmen (Teil I und Teil II). Beitrag zu einer überfälligen Grundsatzdiskussion, in: AuR 1991, S. 257-266.
Rawls, John: A Theory of Justice, Oxford 1972.
Rawls, John: Justice as Fairness: Political Not Metaphysical, in: Equality and Liberty, Analyzing Rawls and Nozick, hrsg. von Angelo J. Corlett, 2. Aufl., Basingstoke 1996, S. 145-173 (zit.: Rawls, in: Corlett, Equality and Liberty).
Ray, Jean-Emanuel: De *Germinal* à *Internet*: une nécessaire évolution *du* critère *du* contrat de travail, in: Droit Social 7/8 [1995], S. 634-637.
Rebhahn, Robert: Arbeitnehmerähnliche Personen – Rechtsvergleich und Regelungsperspektive, in: RdA 2009, S. 236-253.
Rebhahn, Robert: Der Arbeitnehmerbegriff in vergleichender Perspektive, in: RdA 2009, S. 154-175.
Rehbinder, Manfred: Rechtssoziologie. Ein Studienbuch, 8. Aufl., München 2014 (zit.: Rechtssoziologie).
Rehm, Gebhard M.: Aufklärungspflichten im Vertragsrecht, München 2003.
Reich, Norbert: Markt und Recht, Neuwied u.a. 1977.
Reich, Norbert: Zivilrechtstheorie, Sozialwissenschaft und Verbraucherschutz, in: ZRP 1974, S. 187-194.
Reich, Norbert: Zur Theorie des Europäischen Verbraucherrechtes, in: ZEuP 1994, S. 381-407.
Reifner, Udo: Alternatives Wirtschaftsrecht am Beispiel der Verbraucherverschuldung. Realitätsverleugnung oder soziale Auslegung im Zivilrecht, Neuwied u.a. 1979 (zit.: Alternatives Wirtschaftsrecht am Beispiel der Verbraucherverschuldung).

Reinhard, Barbara: Einflüsse und Auswirkungen der Rechtsprechung des EuGH auf das nationale Recht – Betrachtung des Unternehmers K, in: RdA 2015, S. 321–329.
Remien, Oliver: Zwingendes Vertragsrecht und Grundfreiheiten des EG-Vertrags, Tübingen 2003.
Reuter, Dieter: Die ethischen Grundlagen des Privatrechts – formale Freiheitsethik oder materiale Verantwortungsethik?, in: AcP 189 [1989], S. 199–222.
Reuter, Dieter: Freiheitsethik und Privatrecht, in: Die ethischen Grundlagen des Privatrechts, hrsg. von Franz Bydlinski und Theo Mayer-Maly, Wien u.a. 1994. S. 105–130 (zit.: Reuter, in: Bydlinski/Mayer-Maly, Freiheitsethik und Privatrecht).
Reuter, Dieter: Möglichkeiten und Grenzen einer Deregulierung des Arbeitsrechts, in: Festschrift für Herbert Wiedemann zum 70. Geburtstag, hrsg. von Rolf Wank, München 2002, S. 449–492.
Reymann, Christoph: Das Sonderprivatrecht der Handels- und Verbraucherverträge. Einheit, Freiheit und Gleichheit im Privatrecht, Tübingen 2009 (zit.: Das Sonderprivatrecht der Handels- und Verbraucherverträge).
Richardi, Reinhard: Arbeitsvertrag und Tarifgeltung, in: ZfA 2003, S. 655–689.
Richardi, Reinhard: Der Arbeitsvertrag im Licht des neuen § 611a BGB, in: NZA 2017, S. 36–39.
Richardi, Reinhard: Misslungene Reform des Kündigungsschutzes durch das Gesetz zu Reformen am Arbeitsmarkt, in: DB 2004, S. 486–490.
Richardi, Reinhard: Sind im Interesse einer gerechteren Verteilung der Arbeitsplätze Begründung und Beendigung des Arbeitsverhältnisses neu zu regeln?, in: JZ 1978, S. 485–494.
Richardi, Reinhard (Hrsg.): Betriebsverfassungsgesetz mit Wahlordnung. Kommentar, 16. Aufl., München 2018 (zit.: *Bearbeiter*, in: Richardi, BetrVG).
Ridinger, Rudolf: Rolle gesamtwirtschaftlicher Funktionen kleiner und mittlerer Unternehmen in politischen Entscheidungsprozessen auf nationaler und europäischer Ebene, in: Gesamtwirtschaftliche Funktion des Mittelstandes, hrsg. von Rudolf Ridinger, Berlin 1997, S. 13–26 (zit.: *Ridinger*, in: Ridinger, Gesamtwirtschaftliche Funktion des Mittelstandes).
Rieble, Volker: Arbeitsmarkt und Wettbewerb. Der Schutz von Vertrags- und Wettbewerbsfreiheit im Arbeitsrecht, Berlin u.a. 1996 (zit.: Arbeitsmarkt und Wettbewerb).
Rieble, Volker: Das Prinzip der Selbstverantwortung im Arbeitsrecht, in: Das Prinzip der Selbstverantwortung, hrsg. von Karl Riesenhuber, Tübingen 2011, S. 337–357 (zit.: *Rieble*, in: Riesenhuber, Das Prinzip der Selbstverantwortung).
Rieble, Volker: Die relative Verselbständigung von Arbeitnehmern – Bewegung in den Randzonen des Arbeitsrechts?, in: ZfA 1998, S. 327–358.
Rieble, Volker: Diskussionsbeitrag, in: Muss der Kündigungsschutz reformiert werden?, hrsg. von Michael Blank, Frankfurt a.M. 2003, S. 78–79 (zit.: *Rieble*, in: Blank, Muss der Kündigungsschutz reformiert werden?).
Rieble, Volker: Folgenabschätzung im Arbeitsrecht, in: Folgenabschätzung im Arbeitsrecht, hrsg. von Volker Rieble und Abbo Junker, München 2007, S. 53–76 (zit.: *Rieble*, in: ders./Junker, Folgenabschätzung im Arbeitsrecht).
Rieble, Volker: Lager- und Ordnungsdenken im Arbeitsrecht, in: Gegen den Strich, Festschrift für Klaus Adomeit, hrsg. von Peter Hanau u.a., Köln 2008, S. 619–630.

Rieble, Volker: Tarifliche Ausbildungskostenumlage zu Lasten Soloselbständiger, in: Ordnungsfragen des Tarifvertragsrechts. 8. ZAAR-Tagung, Hamburg, 2. September 2016, München 2017, hrsg. Von Richard Giesen, Abbo Junker und Volker Rieble, S. 65–84 (zit.: *Rieble*, in: Giesen/Junker/Rieble, Ordnungsfragen des Tarifvertragsrechts).

Rieble, Volker/Klumpp, Steffen: Arbeitsrecht zwischen Markt und gesellschaftspolitischen Herausforderungen, in: JZ 2004, S. 817–827.

Rieger, Reinhard: Grenzen verfassungskonformer Auslegung, in: NvwZ 2003, S. 17–22.

Riehm, Thomas: Abwägungsentscheidungen in der praktischen Rechtsanwendung, München 2006.

Riesenhuber, Karl: Europäisches Arbeitsrecht. Eine systematische Darstellung, Heidelberg 2009 (zit.: Europäisches Arbeitsrecht).

Riley, Joellen: A Fair Deal for the Entrepreneurial Worker? Self-employment and Independent Contracting Post Work Choices, in: Australian Journal of Labour Law 2007, S. 246–261.

Risak, Martin/Lutz, Doris (Hrsg.): Arbeit in der Gig-Economy. Rechtsfragen neuer Arbeitsformen in der Crowd und Cloud, Wien 2017 (zit.: *Bearbeiter*, in: Arbeit in der Gig-Economy).

Robbins, Keith et al: An Empirical Assessment of the Contribution of Small Business Employment to U.S. State Economic Performance, in: Small Business Economics 2000, S. 293–302.

Robertson, Andrew: Constrains on Policy-Based Reasoning in Private Law, in: The Goals of Private Law, hrsg. von Andrew Robertson und Tang Hang Wu, Oxford 2009, S. 261–280 (zit.: *Robertson*, in: Robertson/Wu, The Goals of Private Law).

Röhl, Klaus F.: Recht und Wirtschaft als Thema der Rechtssoziologie, in: ZfRSoz 26 [2005], S. 3–34.

Rohm, Thomas: Europa im Zeichen der Schuldenkrise. Ursachen, Fehlentwicklungen und Lösungsansätze, Hamburg 2014 (zit.: Europa im Zeichen der Schuldenkrise).

Rolfs et al: Beck'scher Online-Kommentar Arbeitsrecht (zit.: BeckOK-ArbR, *Bearbeitungsstand*).

Röpke, Wilhelm: Die Funktion des Klein- und Mittelbetriebs in der Volkswirtschaft, St. Gallen 1947.

Röpke, Wilhelm: Klein- und Mittelbetriebe in der Volkswirtschaft, in: Ordo, Jahrbuch für die Ordnung von Wirtschaft, 1947, S. 155–175.

Rösler, Hannes: Europäisches Konsumentenvertragsrecht. Grundkonzeption, Prinzipien und Fortentwicklung, München 2004 (zit.: Europäisches Konsumentenvertragsrecht).

Rösler, Hannes: Schutz des Schwächeren im Europäischen Vertragsrecht. Typisierte und individuelle Unterlegenheit im Mehrebenenprivatrecht, in: RabelsZ 2009, S. 889–911.

Roth, Herbert: EG-Richtlinien und Bürgerliches Recht, in: JZ 1999, S. 529–538.

Roth, Markus: Die Rechtsgeschäftslehre im demographischen Wandel. Stärkung der Autonomie sowie Schutzkonzepte bei Älteren und Minderjährigen, in: AcP 208 [2008] S. 451–489.

Rühle, Hans Gottlob: Sinn und Unsinn des allgemeinen Kündigungsschutzes in Deutschland. Plädoyer für eine Neuordnung des Kündigungsschutzrechts, in: DB 1991, S. 1378–1381.

Ruland, Franz: Ausbau der Rentenversicherung zu einer allgemeinen Erwerbstätigenversicherung?, in: ZRP 2009, S. 165–169.

Rüthers, Bernd: Arbeitsrecht und ideologische Kontinuitäten? Am Beispiel des Kündigungsschutzrechts, in: NJW 1998, S. 1433–1440.

Rüthers, Bernd: Beschäftigungskrise und Arbeitsrecht. Zur Arbeitsmarktpolitik der Arbeitsgerichtsbarkeit, Bad Homburg 1996 (zit.: Beschäftigungskrise und Arbeitsrecht).
Rüthers, Bernd: Vom Sinn und Unsinn des geltenden Kündigungsschutzrechts, in: NJW 2002, S. 1601–1609.
Rüthers, Bernd/Fischer, Christian/Birk, Axel: Rechtstheorie mit juristischer Methodenlehre, 10. Aufl., München 2018 (zit.: Rechtstheorie).
Sachs, Michael: Konzentration privater Vermögen im Sozialstaat, in: NJW 2015, S. 601–604.
Sachs, Michael (Hrsg.): Grundgesetz. Kommentar, 8. Aufl., München 2018 (zit.: *Bearbeiter*, in: Sachs, GG).
Salger, Hanns-Christian/Schröder, Sönke: AGB im unternehmerischen Rechtsverkehr: Schwäche oder Stärke des deutschen Rechts?, in: AnwBl 2012, S. 683–689.
Sattes, Ingrid/Schärer, Ulrich/Gilardi, Simona: KMU: Die Rolle der Mitarbeiter und neuer Produktionstechnologien, in: IO Management Zeitschrift 7 [1994], S. 19–22.
Schäfer, Hans-Bernd/Ott, Claus: Lehrbuch der ökonomischen Analyse des Zivilrechts, 5. Aufl., Berlin u.a. 2012 (zit.: Ökonomische Analyse des Zivilrechts).
Schäfer, Matthias/Ternès, Anabel/Towers, Ian (Eds.): The International Start-Up Scene, Konrad- Adenauer-Stiftung, 2016.
Schaub, Günter (Begr.): Arbeitsrechts-Handbuch, 16. Aufl., München 2015 (zit.: *Bearbeiter*, in: Schaub, Arbeitsrechts-Handbuch).
Scheuch, Erwin K.: Die Bedeutung kleinerer und mittlerer Betriebe für die Sozialordnung einer modernen Industriegesellschaft, in: Die gesamtwirtschaftliche Funktion kleinerer und mittlerer Unternehmen, hrsg. von Karl Heinrich Oppenländer, München 1976, S. 303–331 (zit.: *Scheuch*, in: Oppenländer, Die gesamtwirtschaftliche Funktion kleinerer und mittlerer Unternehmen).
Schivardi, Fabiano/Torrini, Roberto: Identifying the effects of firing restrictions through size-contingent differences in regulation, in: Labour Economics 2008, S. 482–511.
Schlecht, Otto: An der Stärke des Mittelstandes zeigt sich der Erfolg der Sozialen Marktwirtschaft, in: Orientierungen zur Wirtschafts- und Gesellschaftspolitik, Bonn 2001, S. 10–14 (zit.: *Schlecht*, in: Orientierungen zur Wirtschafts- und Gesellschaftspolitik).
Schlechtriem, Peter: Verbraucherkaufverträge – ein neuer Richtlinienentwurf, in: JZ 1997, S. 441–447.
Schmidt, Karsten: „Unternehmen" und „Abhängigkeit" – Begriffseinheit und Begriffsvielfalt im Kartell- und Konzernrecht, Besprechung der Entscheidung BGHZ 74, 359, in: ZGR 1980, S. 277–288.
Schmidt, Karsten: Handelsrecht, Unternehmensrecht I, 6. Aufl., Köln 2014 (zit.: Handelsrecht).
Schmidt, Karsten: Verbraucherbegriff und Verbrauchervertrag – Grundlagen des § 13 BGB, in: JuS 2006, S. 1–8.
Schmidt, Reiner: Staatliche Verantwortung für die Wirtschaft, in: Handbuch des Staatsrechts der Bundesrepublik Deutschland, hrsg. von Josef Isensee und Paul Kirchhof Bd. IV, 3. Aufl., Heidelberg 2006, § 92 (zit.: *Schmidt*, in: Isensee/Kirchhof, HStR IV).
Schmidt-Kessel, Martin: AGB im unternehmerischen Geschäftsverkehr: Marktmacht begrenzen. Überlegungen zur Neuausrichtung des Anwendungsbereichs der AGB-Kontrolle, in: AnwBl 2012, S. 308–313.
Schmidt-Rimpler: Grundfragen der Erneuerung des Vertragsrechts, in: AcP 147 [1941], S. 130–197.

Schmidt-Salzer, Joachim: Recht der AGB und der mißbräuchlichen Klauseln – Grundfragen, in: JZ 1995, S. 223–231.

Schmoller, Gustav: Zur Geschichte der deutschen Kleingewerbe im 19. Jahrhundert, Halle/Saale 1870 (zit.: Geschichte der deutschen Kleingewerbe im 19. Jahrhundert).

Schnapp, Friedrich E./Schneider, Egon: Logik für Juristen. Die Grundlagen der Denklehre und der Rechtsanwendung, 7. Aufl., München 2015 (zit.: Logik für Juristen).

Schneider, Carl/Teitelbaum, Lee: Life's Golden Tree: Empirical Scholarship and American Law, in: Utah LawReview 2006, S. 53–106.

Schneider, Carsten: Veränderungen von Arbeits- und Umwelteinstellungen im internationalen Vergleich, WZB Discussion Paper P00-50, 2000.

Schoch, Friedrich/Schneider, Jens-Peter/Bier, Wolfgang: Verwaltungsgerichtsordnung, Kommentar, München (zit.: *Bearbeiter*, in: Schoch/Schneider/Bier, VwGO, Bearbeitungsstand).

Schön, Wolfgang: Quellenforscher und Pragmatiker – Einschlusswort, in: Das Proprium der Rechtswissenschaft, hrsg. von Christoph Engel und Wolfgang Schön, Tübingen 2007, S. 313–321 (zit.: Schön, in: Engel/Schön, Das Proprium der Rechtswissenschaft).

Schrank, Franz: Einzelfragen des vertragsrechtlichen Schutzes für neue abhängig Beschäftigte, in: Sozialer Schutz für atypisch Beschäftigte. Überlegungen zur Neuordnung in Japan und Eurpa, hrsg. von Wolfgang Mazal und Takashi Nurunaka, Wien 2005, S. 91–116 (zit.: *Schrank*, in: Mazal/Muranaka, Sozialer Schutz für atypisch Beschäftigte).

Schröder, Martin: How moral arguments influence economic decisions and organizational legitimacy – the case of offshoring production, in: Organization 20/4 [2012], S. 551–576.

Schubert, Claudia: Der Schutz der arbeitnehmerähnlichen Personen. Zugleich ein Beitrag zum Zusammenwirken von Arbeits- und Wirtschaftsrecht mit den zivilrechtlichen Generalklauseln, München 2004 (zit.: Der Schutz der arbeitnehmerähnlichen Personen).

Schuck, Peter: Why Don't Law Professors Do More Empirical Research?, in: Journal of Legal Education 39 [1989], S. 323–336.

Schulte-Nölke, Hans (Hrsg.): EC Consumer Law Compendium – Comparative Analysis –, Universität Bielefeld, April 2007 (zit: EC Consumer Law Compendium).

Schumacher, Rolf: Vertragsaufhebung wegen fahrlässiger Irreführung unerfahrener Vertragspartner, Bonn 1979.

Schumpeter, Joseph A.: Kapitalismus, Sozialismus und Demokratie, 7. Aufl., Tübingen u.a. 1993.

Schünemann, Wolfgang B.: Mündigkeit versus Schutzbedürftigkeit: Legitimationsprobleme des Verbraucher-Leitbildes, in: Festschrift für Hans Erich Brandner zum 70. Geburtstag, hrsg. von Gerd Pfeiffer u.a., Köln 1996 (zit.: FS Brandner).

Schünemann, Wolfgang B./Blomeyer, Michael: Existenzgründer: Unternehmer oder Verbraucher?, in: JZ 2010, S. 1156–1160.

Schwarze, Jürgen (Hrsg.): EU-Kommentar, 3. Aufl., Baden-Baden 2012 (zit.: *Bearbeiter*, in: Schwarze, EU-Kommentar).

Schwerdtner, Peter: Das Recht zur außerordentlichen Kündigung als Gegenstand rechtsgeschäftlicher Vereinbarungen im Rahmen des Handelsvertreterrechts, in: DB 1989, S. 1757–1759.

Schwerhorn, Gerhard: Gesucht der mündige Verbraucher. Grundlagen eines verbraucherpolitischen Bildungs- und Informationssystems, 2. Aufl., Düsseldorf 1974 (zit.: Gesucht der mündige Verbraucher).
Seelmann, Kurt/Demko, Daniela: Rechtsphilosophie, 6. Aufl., München 2014.
Seidel, Sören/Behrendt, Markulf: Mitarbeiter richtig informieren, in: AuA 2011, S. 704–706.
Seidl, Erwin: Einführung in die Ägyptische Rechtsgeschichte bis zum Ende des Neuen Reiches, 1. Juristischer Teil, 3. Aufl., Glückstadt u.a. 1957 (zit.: Einführung in die Ägyptische Rechtsgeschichte).
Seifert, Achim: Zwischen Modernisierung und Strukturerhaltung. Der Schutz kleiner und mittlerer Unternehmen im deutschen und europäischen Wirtschaftsrecht, Frankfurter Habilitationsschrift 2006, unveröffentlicht (zit.: Der Schutz kleiner und mittlerer Unternehmen im deutschen und europäischen Wirtschaftsrecht).
Selzer, Dirk: Crowdworking – Arbeitsrecht zwischen Theorie und Praxis, in: Zwischen Theorie und Praxis – Herausforderungen des Arbeitsrechts. Dokumentation der 5. Assistententagung im Arbeitsrecht vom 16. – 17.07.2015, hrsg. von Tim Husemann und Anne Christin Wietfeld, Baden-Baden 2015, S. 27–48 (zit.: *Selzer*, in: Husemann/ Wietfeld, Zwischen Theorie und Praxis – Herausforderungen des Arbeitsrechts).
Semonche, John E.: The Faith. A Cultural History of the U.S. Supreme Court, Lanham u.a. 1998.
Sen, Amartya: Development as Freedom, Oxford u.a. 1999.
Sen, Amartya: Human Capital and Human Capability, in: World Development 1997, S. 1959–1961.
Sen, Amartya: The Idea of Justice, Cambridge (Mass.) 2009.
Siep, Ludwig: Anerkennung als Prinzip der praktischen Philosophie. Untersuchungen zu Hegels Jenaer Philosophie des Geistes, Freiburg u.a. 1979 (zit.: Anerkennung als Prinzip der praktischen Philosophie).
Simon, Herbert Alexander: Administrative Behavior. A Study of Decision-Making Processes in Administrative Organizations, 2th edition (Nachdr.), New York u.a. 1966 (zit.: Administrative Behavior).
Simon, Herbert Alexander: Models of Thought, New Haven 1979.
Skeel, David: The New Financial Deal. Understanding the Dodd-Frank Act and Its (Unintended) Consequences, New Jersey 2011 (zit.: The New Financial Deal).
Smith, Adam: An Inquiry into the Nature and Causes of the Wealth of Nations, 1776, Reprint, Chicago u.a. 1980.
Söllner, Alfred: Der verfassungsrechtliche Rahmen für Privatautonomie im Arbeitsrecht, in: RdA 1989, S. 144–150.
Söllner, Alfred: Zur Anwendung der gesetzlichen Vorschriften über Allgemeine Geschäftsbedingungen im Arbeitsrecht. Zum Gedenken an Herbert Fenn (8. Februar 1935–30. September 2001), in: ZfA 2003, S. 145–161.
Söllner, René: Die wirtschaftliche Bedeutung kleiner und mittlerer Unternehmen in Deutschland, Statistisches Bundesamt, 2014, S. 40–52.
Sorgner, Alina/Fritsch, Michael/Kritikos, Alexander: Do Entrepreneurs Really Earn Less?, Forschungsinstitut zur Zukunft der Arbeit, Discussion Paper No. 8651, Bonn 2014 (zit.: IZA Discussion Paper No. 8651).
Sorkin, Andrew Ross: Too Big to Fail. Inside the Battle to save Wall Street, London 2010 (zit.: Too Big to Fail).

Spieker, Manfred: Gewinn und Gemeinwohl. Zum Ethos des Unternehmers, in: Das Ethos des Unternehmers, hrsg. von Christian Roos und Lothar Watrin, Trier 1989, S. 95–115 (zit.: Spieker, in: Roos/Watrin, Das Ethos des Unternehmers).

Spiekermann, Uwe: Basis der Konsumgesellschaft. Entstehung und Entwicklung des modernen Kleinhandels in Deutschland 1850–1914, München 1999 (zit.: Basis der Konsumgesellschaft).

Stadermann, Hans-Joachim: Wirtschaftspolitik. Grundlagen nationalökonomischen Handelns in einer monetär gesteuerten Weltwirtschaft, Tübingen 1992 (zit.: Wirtschaftspolitik).

Starck, Christian: Empirie in der Rechtsdogmatik, in: JZ 1972, S. 609–614.

Staudinger, Julius von (Begr.): Kommentar zu Bürgerlichen Gesetzbuch, Berlin u.a. (zit.: Staudinger/Bearbeiter, Bearbeitungsstand).

Stavrou, Eleni/Kassinis, George/Filotheou, Alexis: Downsizing and Stakeholder Orientation Among the Fortune 500: Does Family Ownership Matter?, in: Journal of Business Ethics 2007, S. 149–162.

Stebut, Dietrich von: Der soziale Schutz als Regelungsproblem des Vertragsrechts, Berlin 1982.

Stefanescu, Alexandra: Die arbeitnehmerähnliche Person im italienischen Recht, Baden-Baden 2013.

Stein, Barry A.: Size, Efficiency and Community Enterprise, Cambridge (Mass) 1974.

Stephan, Gesine: Fehlzeiten im Unternehmensvergleich: Wirkt sich die Entlohnung aus?, ifo Studien 40 [1994], S. 43–61 (zit.: ifo Studien 40).

Stern, Klaus: Das Staatsrecht der Bundesrepublik Deutschland, Bd. 1: Grundbegriffe und Grundlagen des Staatsrechts, Strukturprinzipien der Verfassung, 2. Aufl., München 1984 (zit.: Staatsrecht I).

Stewart, Wayne H. Jr./Roth, Philip L.: Risk Propensity Differences Between Entrepreneurs and Managers: A Meta-Analytic View, in: Journal of Applied Psychology 2001, S. 145–153.

Stöckli, Jean-Fritz: Arbeitsrecht in kleinen und mittelgroßen Unternehmen, in: Recht im Wandel seines sozialen und technologischen Umfeldes, Festschrift für Manfred Rehbinder, hrsg. von Jürgen Becker u.a., München u.a. 2002, S. 107–120.

Stoffels, Markus: AGB-Recht, 3. Aufl., München 2015.

Stoffels, Markus: Wirkungsfolgen des Kündigungsrechts, in: Folgenabschätzung im Arbeitsrecht, hrsg. von Volker Rieble und Abbo Junker, München 2007, S. 78–101 (zit.: Stoffels, in: Rieble/Junker, Folgenabschätzung im Arbeitsrecht).

Stöhr, Alexander: Die Bestimmung der Transparenz im Sinne von § 307 Abs. 1 S. 2 BGB. Ein Plädoyer für eine empirische Herangehensweise, in: AcP 216 [2016], S. 558–583.

Stöhr, Alexander: Die Inhaltskontrolle von Arbeitsverträgen auf dem Prüfstand, in: ZfA 2013, S. 213–238.

Stöhr, Alexander: Die Vertragsbindung. Legitimation, Herkunft, Grenzen, in: AcP 214 [2014], S. 425–458.

Stöhr, Alexander: Gerechtigkeit als Kriterium der Rechtsanwendung. Versuch einer angewandten Rechtsphilosophie, in: Rechtstheorie 2014, S. 159–192.

Stöhr, Alexander: Small Business Exemptions in Labor Law: Necessity, Economic Analysis and Legal Structure, in: Labor Law Journal 2018, S. 101–111.

Stöhr, Alexander: Vertragsbindung und Flexibilität im Arbeitsrecht – rechtshistorisch betrachtet, in: RdA 2014, S. 307–316.

Stöhr, Alexander: Vertragsbindung und Vertragsanpassung im Arbeitsrecht (unter besonderer Berücksichtigung des allgemeinen Teilzeitanspruchs), in: ZfA 2015, S. 167–197.
Storey, David J.: Understanding the small business sector, London 1994.
Streit, Manfred E.: Theorie der Wirtschaftspolitik, 6. Aufl., Stuttgart 2005.
Stürner, Michael: Der Grundsatz der Verhältnismäßigkeit im Schuldvertragsrecht. Zur Dogmatik einer privatrechtsimmanenten Begrenzung von vertraglichen Rechten und Pflichten, Tübingen 2010 (zit.: Der Grundsatz der Verhältnismäßigkeit im Schuldvertragsrecht).
Stürner, Rolf: Das Zivilrecht der Moderne und die Bedeutung der Rechtsdogmatik, in: JZ 2012, S. 10–24.
Sunstein, Cass R./Thaler, Richard H.: Libertarian Paternalism Is Not an Oxymoron, in: The University of Chicago Law Review 2003, S. 1159–1202.
Supiot, Alain: Beyond Employment. Changes in Work and the Future of Labour Law in Europe, Oxford 2001 (zit.: Beyond. Employment).
Supiot, Alain: Revisiter les droits d'action collective, in: Droit social 2001, S. 687–704.
Supiot, Alain: Was ist ein Arbeitnehmer?, in: Das europäische Sozialmodell, hrsg. von Hartmut Kaelble und Günther Schmid, WZB-Jahrbuch, Berlin 2004, S. 423–452 (zit.: *Supiot*, in: Kaelble/Schmid, Das europäische Sozialmodell).
Sutschet, Holger: Neuere Tendenzen zur personellen Reichweite des Arbeitnehmerschutzes im englischen Arbeitsrecht, in: EuZA 2016, S. 171–183.
Tabbert, Jörg: Unternehmensgröße, Marktstruktur und technischer Fortschritt. Eine empirische Untersuchung für die Bundesrepublik Deutschland, Göttingen 1974 (zit.: Unternehmensgröße, Marktstruktur und technischer Fortschritt).
Tamm, Marina: Verbraucherschutzrecht. Europäisierung und Materialisierung des deutschen Zivilrechts und die Herausbildung eines Verbraucherschutzprinzips, Tübingen 2011 (zit.: Verbraucherschutzrecht).
Taupitz, Jochen: Ökonomische Analyse und Haftungsrecht – Eine Zwischenbilanz, in: AcP 196 [1996], S. 114–167.
Teichmann, Christoph: Die GmbH im europäischen Wettbewerb der Rechtsformen, in: ZGR 2017, S. 543–589.
Teubner, Gunther: Folgenorientierung, in: Entscheidungsfolgen als Rechtsgründe, hrsg. von Gunther Teubner, Baden-Baden 1995, S. 9–18 (zit.: *Teubner*, in: ders., Entscheidungsfolgen als Rechtsgründe).
Thaler, Richard H.: Toward a Positive Theory of Consumer Choice, in: Journal of Economic Behavior and Organization 1980, S. 39–60.
Thaler, Richard H./Sunstein, Cass R.: Nudge. Improving Decisions About Health, Wealth and Happiness, New Haven (Conn.) u.a. 2008 (zit.: Nudge).
Thannisch, Reinald: Die Effizienz der Mitbestimmung in ökonomischer Betrachtung, in: AuR 2006, S. 81–86.
Thomandl, Theodor: Der Einbau sozialer Grundrechte in das positive Recht, Tübingen 1967.
Thürbach, Ralf-Peter/Menzenwerth, Heinz-Hermann: Die Entwicklung der Unternehmensgrüße in der BRD von 1962–1972. Mittelstandsstatistik, Göttingen 1975 (zit.: Die Entwicklung der Unternehmensgröße in der BRD von 1962–1972).
Thüsing, Gregor: Angemessenheit durch Konsens. Zu den Grenzen der Richtigkeitsgewähr arbeitsvertraglicher Vereinbarungen, in: RdA 2005, S. 257–270.
Thüsing, Gregor: Europäisches Arbeitsrecht, 3. Aufl., München 2017.

Thüsing, Gregor: Gedanken zur Vertragsautonomie im Arbeitsrecht, in: Festschrift für Herbert Wiedemann zum 70. Geburtstag, hrsg. von Rolf Wank, München 2002, S. 559–586.
Thüsing, Gregor: One size fits all? – Vorschläge zur Betriebsverfassung für Kleinbetriebe, in: NZA 2000, S. 700–704.
Thüsing, Gregor: Wertende Schadensberechnung, München 2001.
Tilmann, Winfried: Das AGB-Gesetz und die Einheit des Privatrechts. Zugleich ein Überblick über die zum AGB-Gesetz erschienenen Erläuterungsbücher, in: ZHR 142 [1978], S. 52–70.
Tolkmitt, Jan: Gemeinsame Vergütungsregeln – ein kartellrechtlich weiterhin ungedeckter Scheck, in: GRUR 2016, S. 564–569.
Tonner, Klaus: Die Rolle des Verbrauchers bei der Entwicklung eines europäischen Zivilrechts, in: JZ 1996, S. 533–541.
Tversky, Amos/Kahneman, Daniel: Availability: A heuristic for judging frequency and probability, in: Cognitice Psychology 1973, S. 207–232.
Tversky, Amos/Kahneman, Daniel: Judgment under Unvertainty: Heuristics and Biases, in: Science 1974, S. 1124–1131.
Uffmann, Katharina: Das Verbot der geltungserhaltenden Reduktion, Tübingen 2010.
Uffmann, Katharina: Familienorientierte Beschäftigungsstrukturen in einer sich wandelnden Arbeitswelt – Bestandsaufnahme, ausgewählte Problemlagen und Ausblick, in: ZfA 2015, S. 101–123.
Uhlig, Heinrich: Die Warenhäuser im Dritten Reich, Köln u.a. 1956.
Ullrich, Volker: Die nervöse Großmacht. Aufstieg und Untergang des deutschen Kaiserreichs 1871–1918, 4. Aufl., Frankfurt a.M. 2001 (zit.: Die nervöse Großmacht 1871–1918).
Ulmer, Peter: Der Vertragshändler. Tatsachen und Rechtsfragen kaufmännischer Geschäftsbesorgung beim Absatz von Markenwaren, München 1969 (zit.: Der Vertragshändler).
Ulmer, Peter/Brandner, Hans Erich/Hensen, Horst-Diether: AGB-Recht. Kommentar zu den §§ 305–310 BGB und zum UKlaG, 12. Aufl., Köln 2016 (zit.: *Bearbeiter*, in: Ulmer/Brandner/Hensen, AGB-Recht).
Verick, Sher: Threshold Effects of Dismissal Protection Legislation in Germany, IZA Discussion Paper No. 991, 2004 (zit.: IZA DP No. 991).
Verse, Dirk A.: Das Gesetz zur Bekämpfung von Zahlungsverzug im Geschäftsverkehr, in: ZIP 2014, S. 1809–1818.
Waas, Bernd: Überlegungen zur Fortentwicklung des deutschen Arbeitsrechts. Diskussion im Inland, Anstöße aus dem Ausland, in: RdA 2007, S. 76–83.
Waas, Bernd: Introduction, Crowdwork in Germany, Summary, in: Crowdwork – A Comparative Law Perspective, Frankfurt a.M. 2017 (zit.: Waas, in: Crowdwork – A Comparative Law Perspective).
Wagner, Joachim/Koller, Lena/Schnabel, Claus: Schwellenwerte im Arbeitsrecht: Höhere Transparenz und Effizienz durch Vereinheitlichung, in: Perspektiven der Wirtschaftspolitik 2007, S. 242–255.
Wagner, Joachim/Koller, Lena/Schnabel, Claus: Sind mittelständische Betriebe der Jobmotor der deutschen Wirtschaft?, in: Wirtschaftsdienst 2008, S. 130–135.
Wagner, Joachim/Schnabel, Claus/Kölling, Arnd: Wirken Schwellenwerte im deutschen Arbeitsrecht als Bremse für die Arbeitsplatzbeschaffung in Kleinbetrieben?, in: Weniger Arbeitslose – aber wie? Gegen Dogmen in der Arbeitsmarkt- und Beschäftigungs-

politik, hrsg. von Detlef Ehrig und Peter Kalmbach, Marburg 2001, S. (zit.: Wagner/ Schnabel/Kölling, in: Ehrig/Kalmbach, Weniger Arbeitslose – aber wie?).
Wälde, Thomas W.: Juristische Folgenorientierung. Policy Analysis und Sozialkybernetik, Königstein 1979 (zit.: Juristische Folgenorientierung).
Wallerath, Maximilian: Arbeitsmarkt, in: Handbuch des Staatsrechts der Bundesrepublik Deutschland, hrsg. von Josef Isensee und Paul Kirchhof Bd. IV, 3. Aufl., Heidelberg 2006, § 94 (zit.: *Wallerath*, in: Isensee/Kirchhof, HStR IV).
Waltermann, Raimund: Welche arbeits- und sozialrechtlichen Regelungen empfehlen sich im Hinblick auf die Zunahme Kleiner Selbständigkeit?, in: RdA 2010, S. 162–170.
Wank, Rolf: Abschied vom Normalarbeitsverhältnis? – Welche arbeits- und sozialrechtlichen Regelungen empfehlen sich im Hinblick auf die Zunahme neuer Beschäftigungsformen und die wachsende Diskontinuität von Erwerbsbiographien?, in: RdA 2010, S. 193–207.
Wank, Rolf: Arbeitnehmer und Selbständige, München 1988.
Wank, Rolf: Die personellen Grenzen des Europäischen Arbeitsrechts: Arbeitsrecht für Nicht-Arbeitnehmer?, in: EuZA 2008, S. 172–195.
Wank, Rolf: Grenzen richterlicher Rechtsfortbildung, Berlin 1978.
Wank, Rolf: Info-Beitrag zum Diskussionspapier „Do Entrepreneurs Really Earn Less?" von Alina Sorgner, Michael Frizssch und Alexander Kritikos, in: RdA 2015, S. 367.
Wank, Rolf: Der Arbeitnehmer-Begriff im neuen § 611a BGB, in: AuR 2017, S. 140–153.
Wansink, Brian/Kent, Robert J./Hoch, Stephen J.: An Anchoring and Adjustment Model of Purchase Quantity Decisions, in: Journal of Marketing Research 1998, S. 71–81.
Weber, Max: Wirtschaft und Gesellschaft, Tübingen 1972.
Wedemann, Frauke: Ältere Menschen im Zivilrecht, in: AcP 214 [2014], S. 664–694.
Wehler, Hans-Ulrich: Deutsche Gesellschaftsgeschichte, Bd. 1: Vom Feudalismus des Alten Reiches bis zur defensiven Modernisierung der Reformöra, 1700–1815, München 1987 (zit.: Deutsche Gesellschaftsgeschichte, Bd. 1).
Wehler, Hans-Ulrich: Deutsche Gesellschaftsgeschichte, Bd. 2: Von der Reformära bis zur industriellen und politischen „Deutschen Doppelrevolution", 1815–1845/49, 3. Aufl., München 1996 (zit.: Deutsche Gesellschaftsgeschichte, Bd. 2).
Wehler, Hans-Ulrich: Deutsche Gesellschaftsgeschichte, Bd. 3: Von der „Deutschen Doppelrevolution" bis zum Beginn des Ersten Weltkrieges, 1849–1914, München 1995 (zit.: Deutsche Gesellschaftsgeschichte, Bd. 3).
Wehler, Hans-Ulrich: Deutsche Gesellschaftsgeschichte, Bd. 4: Vom Beginn des Ersten Weltkriegs bis zur Gründung der beiden deutschen Staaten, 1914–1949, 2. Aufl., München 2003 (zit.: Deutsche Gesellschaftsgeschichte, Bd. 4).
Wehler, Hans-Ulrich: Deutsche Gesellschaftsgeschichte, Bd. 5: Bundesrepublik und DDR, 1949–1990, München 2009 (zit.: Deutsche Gesellschaftsgeschichte, Bd. 5).
Weigand, Horst: Kleinbetriebe und Kündigungsschutz. Anhaltspunkte für ein zeitgemäßes Kleinunternehmerprofil, in: DB 1997, S. 2484–2487.
Weinrib, Ernest J.: Aristotle's Forms of Justice, in: Justice, Law and Method in Plato and Aristotle, hrsg. von Spiro Panagiotou, Admonton 1987, S. 133–152 (zit.: *Weinrib*, in: Panagiotou, Justice, Law and Method in Plato and Aristotle).
Weinrib, Ernest J.: The Idea of Private Law, Cambridge (Mass.) 1995.
Weiss, Leonard W.: The Structure-Performance Paradigm and Antitrust, in: University of Pennsylvania Law Review 127 [1979], S. 1104–1140.

Weiss, Manfred: Re-Inventing Labour Law?, in: The Idea of Labour Law, hrsg. von Guy Davidov und Brian Langille, Oxford 2011, S. 43–68 (zit.: *Weiss*, in: Davidov/Langille, The Idea of Labour Law).
Weitnauer, Hermann: Der Schutz des Schwächeren im Zivilrecht, Karlsruhe 1975.
Welfens, Paul J.: Grundlagen der Wirtschaftspolitik. Institutionen – Makroökonomik – Politikkonzepte, 5. Aufl., Berlin u.a. 2013 (zit.: Grundlagen der Wirtschaftspolitik).
Welp, Cornelius: Ab durch die Mitte: Erfolg Mittelstand, in: Wirtschaftswoche Nr. 47/2000, S. 136.
Welter, Friederike/Levering, Britta/May-Strobl, Eva: Mittelstandspolitik im Wandel. IfM-Materialien Nr. 247, 2016.
Werhahn, Peter H.: Der Unternehmer. Seine ökonomische Funktion und gesellschaftspolitische Verantwortung, 2. Aufl., Trier u.a. 1990 (zit.: Der Unternehmer).
Wesel, Uwe: Geschichte des Rechts. Von den Frühformen bis zur Gegenwart, 4. Aufl., München 2014 (zit.: Geschichte des Rechts).
Wicksell, Knut: Finanztheoretische Untersuchungen nebst Darstellung und Kritik des Steuerwesens Schwedens, Jena 1896 (zit.: Finanztheoretische Untersuchungen).
Wieacker, Franz: Die Methode der Auslegung des Rechtsgeschäfts, in: JZ 1967, S. 385–391.
Wiedemann, Herbert: Das Arbeitsverhältnis als Austausch- und Gemeinschaftsverhältnis, Karlsruhe 1966.
Wilburg, Walter: Entwicklung eines beweglichen Systems im Bürgerlichen Recht. Rede, gehalten bei der Inauguration als Rector magnificus der Karl-Franzens-Universität in Graz am 22. Nov. 1950, Graz u.a. 1950 (zit.: Entwicklung eines beweglichen Systems im Bürgerlichen Recht).
Wilburg, Walter: Zusammenspiel der Kräfte im Aufbau des Schuldrechts, in: AcP 163 [1964], S. 346–379.
Wilcken, Christoph von: Erstattungsanspruch gegen den Director einer in Deutschland tätigen Limited nach § 64 GmbHG, in: DB 2016, S: 225–226.
Wilhelmsson, Thomas: Critical Studies in Private Law. A Treatise on Need-Rational Principles in Modern Law, Dordrecht 1992 (zit.: Critical Studies in Private Law).
Wilhelmsson, Thomas: Varieties of Welfarism in European Contract Law, in: European Law Journal 2004, S. 712–733.
Wilke, Felix M.: „Unternehmerschutz" bei grenzüberschreitenden Sachverhalten in der EU, in: ZIP 2015, S. 2306–2313.
Willemsen, Heinz Josef: Kündigungsschutz – vom Ritual zur Rationalität, in: NJW 2000, S. 2770–2787.
Williamson, Oliver E.: Assessing Contract, in: Journal of Law, Economics and Organization 1985, S. 177–208.
Williamson, Oliver E.: Transaction-Cost Economics: The Governance of Contractual Relations, Journal of Law and Economics 22 (1979), S. 233–261.
Winkler, Heinrich August: Der lange Weg nach Westen, Erster Band: Deutsche Geschichte vom Ende des Alten Reiches bis zum Untergang der Weimarer Republik, München 2000 (zit.: Der lange Weg nach Westen I).
Winkler, Heinrich August: Mittelstand, Demokratie und Nationalsozialismus. Die politische Entwicklung von Handwerk und Kleinhandel in der Weimarer Republik, Köln 1972 (zit.: Mittelstand, Demokratie und Nationalsozialismus).
Winkler, Heinrich August: Zwischen Marx und Monopolen. Der deutsche Mittelstand vom Kaiserreich zur Bundesrepublik, Frankfurt a.M. 1991 (zit.: Der deutsche Mittelstand vom Kaiserreich zur Bundesrepublik).

Winter-Ember, Rudolph: Firm Size, Earnings, and Displacement Risk, Economic Inquiry, vol. 39, no. 3 [2001], pp. 474–486.

Wolf, Ernst: Vertragsfreiheit – Eine Illusion?, in: Festschrift für Max Keller zum 65. Geburtstag, hrsg. von Peter Forstmoser, Zürich 1989, S. 359–390 (zit.: FS Keller).

Wolf, Manfred: Rechtsgeschäftliche Entscheidungsfreiheit und vertraglicher Interessenausgleich, Tübingen 1970.

Wolf, Manfred/Lindacher, Walter F./Pfeiffer, Thomas (Hrsg.): AGB-Recht. Kommentar, 6. Aufl., München 2013 (zit.: *Bearbeiter*, in: Wolf/Lindacher/Pfeiffer, AGB-Recht).

Wolf, Manfred/Neuner, Jörg: Allgemeiner Teil des Bürgerlichen Rechts, 11. Aufl., München 2016.

Wolter, Henner: Reformbedarf beim Kündigungsrecht aus Arbeitnehmersicht. Praxiserfahrungen und Schlussfolgerungen, in: NZA 2003, S. 1068–1076.

Wright, Richard W.: Substantive Corrective Justice, in: Iowa Law Review 1992, S. 625–711.

Zabojnik, Jan/Bernhardt, Dan: Corporate Tournaments, Human Capital Acquisition, and the Firm Size-Wage Relation, Review of Economic Studies, vol. 68, no. 3 [2001], pp. 693–716.

Zacher, Hans F.: Das soziale Staatsziel, in: Ders., Abhandlungen zum Sozialrecht, Heidelberg 1993, S. 3–72 (zit.: *Zacher*, in: Ders., Abhandlungen zum Sozialrecht).

Zacher, Hans F.: Sozialstaatsprinzip, in: Handwörterbuch der Wirtschaftswissenschaften, Bd. 7, Stuttgart u.a. 1977, S. 152–160.

Zacher, Hans F.: Zur Rechtsdogmatik sozialer Umverteilung, in: DÖV 1970, S. 3–14.

Zachert, Ulrich: Legitimation arbeitsrechtlicher Regelungen aus historischer und aktueller Sicht, in: RdA 2004, S. 1–8.

Zander, Erwin: Führung in Klein- und Mittelbetrieben, Freiburg 1994.

Ziegler, Katharina: Arbeitnehmerbegriffe im europäischen Arbeitsrecht, Baden-Baden 2011.

Zimmermann, Reinhard: Richterliches Moderationsrecht oder Totalnichtigkeit? Die rechtliche Behandlung anstößig-übermäßiger Verträge, Berlin 1979 (zit.: Richterliches Moderationsrecht oder Totalnichtigkeit?).

Zippelius, Reinhold: Recht und Gerechtigkeit in der offenen Gesellschaft, Berlin 1994.

Zöllner, Wolfgang: Grundsatzfragen zu Konzept und System des österreichischen Ministerentwurfs eines Unternehmensgesetzbuchs, in: Die HGB-Reform in Österreich, hrsg. von Friedrich Harrer und Peter Mader, Wien 2005, S. 1–24 (zit.: *Zöllner*, in: Harrer/Mader, Die HGB-Reform in Österreich).

Zöllner, Wolfgang: Privatautonomie und Arbeitsverhältnis. Bemerkungen zu Parität und Richtigkeitsgewähr beim Arbeitsvertrag, in: AcP 176 [1976], S. 221–246.

Zöllner, Wolfgang: Regelungsspielräume im Schuldvertragsrecht. Bemerkungen zur Grundrechtsanwendung im Privatrecht und zu den sogenannten Ungleichgewichtslagen, in: AcP 196 [1996], S. 1–36.

Internetquellen

Bericht der EU-Sachverständigenkommission: Modelle zur Reduzierung der überproportionalen Belastung kleiner Unternehmen durch öffentliche Regulierung, abrufbar unter http://ec.europa.eu/enterprise/policies/sme/files/support_measures/regmod/regmodex_de.pdf, Stand: 29.6.2015.

Fischer, Johannes: Was ist Gerechtigkeit? Über Gerechtigkeit und Menschenrechte, 2010, abrufbar unter http://www.menschenrechte.uzh.ch/dam/jcr:00000000-3175-0061-ffff-ffffd5084ca2/GerechtigkeitundMenschenrechte.pdf.

Funk, Lothar: Survey finds that statutory protection against dismissal hurts small firms, abrufbar unter http://www.eurofound.europa.eu/observatories/eurwork/articles/survey-finds-that-statutory-protection-against-dismissal-hurts-small-firms, Stand: 9.11.2016.

Grah, Annika: Die neue Lust am Scheitern? Wie Konzerne „Startup" üben, in: Elektronikpraxis v. 6.11.2015, abrufbar unter http://www.elektronikpraxis.vogel.de/themen/elektronikmanagement/strategieunternehmensfuehrung/articles/510723/, Stand: 9.11.2015.

Gehb, Jürgen: Arbeitsentwurf zur UGG v. 15.3.2007, abrufbar unter http://www.gehb.de/positionen/ugg/Arbeitsentwurf-UGG.pdf, Stand: 24.6.2017.

Grobys, Marcel: Wann gilt Kündigungsschutz für mich?, Kolumne in FAZ v. 10.7.2017, abrufbar unter http://www.faz.net/aktuell/beruf-chance/mein-urteil/kolumne-mein-urteil-wann-gilt-kuendigungsschutz-fuer-mich-15095822.html?GEPC=s5, Stand: 5.8.2017.

Mai, Martin/Marder-Puch, Katharina: Selbständigkeit in Deutschland, Statistisches Bundesamt, Wirtschaft und Statistik, Juli 2013, abrufbar unter https://www.destatis.de/DE/Publikationen/WirtschaftStatistik/Arbeitsmarkt/SelbststaendigkeitDeutschland_72013.pdf?__blob=publicationFile, Stand: 6.4.2017.

Schwab, Klaus/Porter, Michael E.: World Economic Forum, The Global Competitiveness Report 2006–2007, abrufbar unter http://www3.weforum.org/docs/WEF_GlobalCompetitivenessReport_2006-07.pdf, Stand: 23.5.2016.

UK Department for Business, Innovation and Skill: Enhancing Consumer Confidence by Clarifying Consumer Law, 2012, abrufbar unter https://www.gov.uk/government/consultations/consultation-on-enhancing-consumer-confidence-by-clarifying-consumer-law, Stand: 8.5.2017.

Weltbank: The global opportunity in online outsourcing, 2015, abrufbar unter http://documents.worldbank.org/curated/en/138371468000900555/The-global-opportunity-in-online-outsourcing, Stand: 7.7.2017.

Stichwortregister

Abhängigkeit (Arbeitsrecht)
- Persönliche Abhängigkeit (siehe: Arbeitsrecht)
- Wirtschaftliche Abhängigkeit (siehe: Wirtschaftliche Abhängigkeit)

Acs, Zoltan: 80

AGB-Kontrolle
- Zweck: 484 ff.
- Ökonomische Auswirkungen: 486 ff.
- Eingriff in die Vertragsfreiheit: 168 f.
- Differenzierung nach Unternehmensgröße (Arbeitsrecht): 146, 251
- Differenzierung nach Unternehmensgröße (Zivilrecht)
- - Kleinunternehmer als Verwender: 488 ff.
- - Kleinunternehmer als Vertragspartner: 499 ff.
- Transparenzkontrolle
- - Arbeitsrecht: 182
- - Bestimmung der Transparenz: 491 ff.
- Verteilungsgerechtigkeit: 238

Altersvorsorge (Selbständige): 35, 382, 412

Ankereffekt (siehe: Wahrnehmungsverzerrungen)

Anreize: 177 ff.

Arbeitnehmerähnliche
- Begriff: 357 f., 403 ff.
- Anwendungsbereich (de lege lata): 358 f.
- Anwendungsbereich (de lege ferenda): 392 ff., 401 ff.

Arbeitnehmerbegriff (siehe: Arbeitsrecht)

Arbeitsbeziehungen
- Wirtschaftliche Entwicklung: 334 f.
- Formen: 335 f.

- Anwendbarkeit des Arbeitsrechts (siehe: Arbeitsrecht)

Arbeitsmarkt: 28 f., 82 ff., 269

Arbeitsministerium (siehe: Bundesministerium für Arbeit und Soziales)

Arbeitsrecht
- Anwendungsbereich (Arbeitnehmerbegriff de lege lata): 265 ff., 331 ff.
- Anwendungsbereich (de lege ferenda): 376 ff.
- Funktionen: 267 ff.
- Defizite: 274 ff.
- - Intransparenz: 274 ff., 278 ff.
- - Statik: 277 ff.
- Deregulierung: 281 ff.
- Einbeziehung von Selbständigen
- - Ebene der Internationalen Organisationen (ILO): 338 ff.
- - Europäische Ebene: 341 ff.
- - Nationale Ebene: 350 ff.
- - Rechtsvergleich: 368 ff.
- - Regelungsvorschläge: 376 ff.
- Größenabhängige Befreiungen (siehe: Schwellenwerte)
- Schwellenwerte (siehe: Schwellenwerte im Arbeitsrecht)
- Wirtschaftliche und verfassungsrechtliche Rahmenbedingungen: 273 ff.

Aristoteles: 217, 221 ff., 230

Ausgleichs- und Umlageverfahren: 326 ff.

B2B (AGB-Kontrolle): 496 ff.

Babylonien: 114

Befähigungsnachweis: 120, 123, 126 f., 134 ff., 137 ff.

Berufsfreiheit
- Historische Entwicklung: 117
- Schutzbereich: 153 f

- Eingriff und verfassungsrechtliche
  Rechtfertigung: 154 ff.
Bewegliches System
- Grundkonzeption: 257 ff.
- Verbraucherschutz für Selbständige:
  471 ff.
Bias (siehe Wahrnehmungsverzerrungen)
Binnenmarkt
- kleine Unternehmen: 76
- Handelsvertreter: 342 f.
- Verbraucherschutz: 436
Branchen (kleine Unternehmen): 24
Bundesministerium für Arbeit und
  Soziales: 29, 68 f., 110, 409 f., 420
Bundesministerium für Wirtschaft und
  Energie: 75, 100, 111
Bundesregierung: 75, 138, 161, 467 f.
Bündnis 90/Die Grünen: 407
Bürokratie: 29, 60, 63, 297

CDU: 138, 497
Crowdworking
- Hintergrund: 419 ff.
- Rechtliche Einordnung: 421 f.
- Regelungsbedürfnis und -vorschläge:
  422 ff.

Deutscher Juristentag (siehe: Juristentag,
  Deutscher)
Differenzierungsgebot (siehe: Gleichheitssatz)
Drittes Reich: 135 ff.

Effizienz
- Bezug zum Gemeinwohl: 53 f.
- Grundgesetzliche Verankerung: 201 ff.
- Kaldor/Hicks-Kriterium
- - Grundlagen: 181 ff.
- - Schutz von kleinen Unternehmen:
    190 ff.
- Nutzensumme:
- - Grundlagen: 180
- - Schutz von kleinen Unternehmen:
    185 ff.
- Pareto-Kriterium: 180 f.
- Ökonomische Analyse (siehe: Ökonomische Analyse)

Einzelhandel: 99, 125 ff., 129 f., 135 ff.,
  138, 171 f.
Empirische Herangehensweise (Transparenzkontrolle): 491 ff.
England (siehe: Vereinigtes Königreich)
Entgeltsicherung (Selbständige)
- De lege lata: 354 ff.
- De lege ferenda: 407 ff.
Ergänzende Vertragsauslegung (AGB-
  Kontrolle): 495 f.
Erkenntnisvermögen (siehe: Wahrnehmungsverzerrungen)
Europäische Kommission: 17, 23, 73 ff.,
  76 ff., 88, 100 ff., 111, 152, 298, 343 ff.,
  432, 466, 507
Existenzgründung
- Motive: 28 ff.
- Existenzgründerzuschuss: 29
- Ideelle Ausrichtung: 110 ff.
- Statistischer Hintergrund: 27 ff.
- Volkswirtschaftliche Auswirkungen:
  86 f.
- Verbraucherschutz
- - De lege lata: 461 ff.
- - De lege ferenda: 475

Finanzkrise (ab 2007): 108 f., 139 f.
Folgenorientierung
- Gesetzgebung: 194 ff.
- Rechtsanwendung: 198 ff.
- - Prinzipielle Zulässigkeit: 198 ff.
- - Grenzen: 206 ff.
- - Stichhaltigkeit ökonomischer Argumentation: 209 ff.
- - Gerichtliche Nachprüfbarkeit: 213 f.
Frankreich
- Schwellenwerte im Arbeitsrecht: 296
- Arbeitsrechtlicher Schutz von Selbständigen: 373 ff., 395
- Altersvorsorge (Selbständige): 382
Freiheit
- Capability Approach: 255, 387
- Folgerung für kleine Unternehmen:
  255 f.

Geltungserhaltende Reduktion (AGB-
  Kontrolle): 494 f.

Gemeinwohl: 44 ff.
Gerechtigkeit
- Inhalt: 50 ff., 220 ff.
- Rechtliche Verankerung: 217
- Zuständigkeit für die Verwirklichung: 218
- Umsetzung in der Rechtsanwendung
- - Gesetzesauslegung: 249 ff.
- - Richterliche Rechtsfortbildung: 252 f.
- Verteilungsgerechtigkeit: 221 ff.
- - Inhalt: 222
- - Verteilungsgegenstand: 226
- - Verteilungsmedium: 233
- - Verteilungsinstanz: 236
- - Verteilungsmaßstab: 238
Geschäftserfahrung von Kleinunternehmern: 66 ff.
Gesetz der kleinen Zahl (siehe Risikofaktor)
Gewerbefreiheit (siehe Berufsfreiheit)
Gleichheitssatz
- Differenzierungsgebot: 161 ff., 359 ff., 451 ff.
- Verfassungsrechtliche Rechtfertigung: 164 ff.
Grünbuch v. 22.11.2006 „Modernes Arbeitsrecht": 345 ff., 401 ff.
Grünen, Die (siehe: Bündnis 90/Die Grünen)

Handelsvertreter
- EU-Recht: 342 f.
- Nationales Recht: 350 ff.
Handwerk: 28, 77, 114 ff., 118 ff., 123 ff., 128 ff., 135 f., 137

illusion of control (siehe: Wahrnehmungsverzerrungen)
Individualvereinbarung (AGB-Kontrolle): 516 ff.
Industrialisierung
- Entwicklung in Deutschland: 118 ff.
- Soziale Frage: 120
Information (Verbraucher und Unternehmer): 442 ff.
Innovation: 84 f.

Institut für Mittelstandsforschung, Bonn (IfM): 17, 22, 27
Interessenabwägung
- Abwägungsfaktoren: 200, 240 f.
- Abwägungsfehler: 241 ff.
- Abwägungsverbot: 166, 245 f.
- AGB-Kontrolle (siehe: AGB-Kontrolle)
- Gerechtigkeit: 50 ff, 240 ff.
- Kleinunternehmer und Arbeitnehmer: 366 f.
- Kleinunternehmer und Verbraucher: 454 f.
Interessenvertretung (kleine Unternehmen): 121, 126 f., 134, 139 f.
International Labour Organization (ILO): 267, 337, 338 ff., 389, 395, 405
Italien
- Schwellenwerte im Arbeitsrecht: 296 f.
- Arbeitsrechtlicher Schutz von Selbständigen: 372

Juristentag, Deutscher: 4, 412, 423, 429, 471, 473, 498
Juristische Methodenlehre (siehe: Methodenlehre)

Kahneman, Daniel: 31 ff.
Kaiserreich (1871 - 1918)
- Entwicklung der selbständigen Erwerbstätigkeit: 121 ff.
- Schutzmaßnahmen: 125 ff.
Kleinbetriebsklausel, § 23 KSchG
- Zweck: 303 ff.
- Verfassungsmäßigkeit: 312 ff.
- Höhe des Schwellenwerts: 314 ff.
- Anknüpfungspunkt: 316 ff.
Kleine Unternehmen
- Rechtstatsächlicher Hintergrund: 23 ff.
- Betriebswirtschaftlicher Hintergrund: 57 ff.
- Geschäftserfahrung: 66 ff., 70 f.
- Kostenbelastung: 59 ff.
- Historische Entwicklung der Forschung: 77 ff.
- Unterlegenheit gegenüber Großunternehmen: 68 ff., 71 ff.

- Scheitern (siehe: Scheitern von kleinen Unternehmen)
- Überlebenswahrscheinlichkeit: 29 f.
- Sozialer Hintergrund: 34
- Gesellschaftliche Bedeutung: 91 ff.
- - Qualität der Arbeit: 94 ff.
- - Arbeitsplatzsicherheit: 95 f.
- Schutzwürdigkeit: 56 ff.
- - Individualinteressen: 56 ff.
- - Kollektivinteressen: 74 ff.

Kollektive Güter: 45
Kollektivgüter: 45, 52 ff., 191
Kommunistisches Manifest: 118 f.
Konkurrenz
- Durch Großunternehmen: 115 ff., 123 f.
- Schutz vor: 117, 127, 135 f., 169 ff.
- Wettbewerb (siehe: Wettbewerb)

Kosten (Regulierung)
- Fixkosten: 60
- Variable Kosten: 60
- Auswirkungen auf kleine Unternehmen: 61 ff.

Kündigungsschutz
- Deregulierung (siehe: Arbeitsrecht)
- Kleinbetriebsklausel, § 23 KSchG (siehe: Schwellenwerte)
- Kündigungsschutz für Selbständige (de lege ferenda): 413 ff.

Lavoratori Autonomie (Italienisches Recht): 372
Linkspartei: 407

Marktversagen: 88 f., 227, 269 ff., 281, 365, 445, 485 f., 512
Marktwirtschaft: 39, 78 f., 81, 87, 92, 139, 168 ff., 196 f., 226 f., 273 ff.
Marx, Karl: 58, 77, 91, 118 f., 126, 131
Marxismus (siehe: Marx, Karl)
Methodenlehre
- Gerechtigkeitsorientierte Auslegung: 249 ff.
- Ökonomische Auslegung: 206 ff.
- Verfassungsorientierte Auslegung: 173 ff.

Migranten: 43, 93 f.
Migration: 93 f.
Mittelalter: 115

Mittelstand
- Begriff: 21 ff.
- Ideologie: 130 f.
Mittelstandsempfehlung (EU-Kommission): 17, 24, 174, 480 f., 504,

Nationalsozialismus (siehe Drittes Reich)
Naturrecht: 217
Negativer Schutz (Unternehmen): 109 ff., 190, 256 f., 264
Niederlande: 371 f., 410
NSDAP (siehe: Drittes Reich)

Ökonomische Analyse
- Grundlagen: 201, 241
- Schwellenwerte: 290 ff.
- Effizienz (siehe: Effizienz)
One Right Answer Thesis: 244 f.

Perulli-Report: 344 f.
planning fallacy (siehe: Wahrnehmungsverzerrungen)
Portugal
- Schwellenwerte im Arbeitsrecht: 295
- Arbeitsrechtlicher Schutz von Selbständigen: 373
Positiver Schutz (Unternehmen): 109 ff., 190
Proletarisierung (Mittelstand): 118 f., 123 ff., 135, 139

Radbruchsche Formel: 209, 247, 250
Recht (Funktionen): 36 f.
Rechtsform: 19 ff.
Ressourcen (Verbraucher und Unternehmer): 439 ff.
Risikofaktor: 65
Rollenfaktor: 65 f.
Röpke, Wilhelm: 78, 95

Scheinselbständige: 460 f.
Scheitern von kleinen Unternehmen
- Statistik: 29 f.
- Gründe: 29 ff., 32 ff.
Schöpferische Zerstörung: 86, 101, 119, 129, 169
Schumpeter, Joseph Alois: 78, 86
Schwächerenschutz

- Anwendungsfelder: 37 f.
- Legitimation: 38 ff.
- Arbeitnehmer: 268 ff.
- Verbraucher: 430 ff.

Schwellenwerte (Arbeitsrecht)
- Anzahl: 289 f.
- Ökonomische Analyse: 290 ff.
- Anknüpfungspunkt: 298 ff.
- Streuung: 300 f.
- Vereinheitlichung: 301 f.
- Betriebsverfassung
- - Zweck: 321 ff.
- - Kritik und Reformvorschläge: 322 ff.
- Tarifverträge: 324 ff.

Sen, Amartya: 243, 255 ff., 387
Small Business Act (EU-Kommission): 76 f., 88, 152
Smith, Adam: 45, 55, 270
Solo-Selbständige
- Begriff: 24
- Rechtstatsächlicher Hintergrund: 24 f.
- Sozialer Hintergrund: 34
- Volkswirtschaftliche Auswirkungen: 87 f.

Sozialstaat (siehe: Sozialstaatsprinzip)
Sozialstaatsprinzip: 39 f., 133, 231 ff., 273, 311, 330
Sozialversicherung (Selbständige): 34, 91, 294, 349, 354, 370 ff., 374, 385, 396, 405, 411 ff., 424 ff.
Spanien: 372
SPD: 77
Subventionierung (kleine Unternehmen): 330
Supiot-Report: 343 f.

Trabajador Autónomo (Spanisches Recht): 372
Typisierung: 101 ff., 428, 472

Umlageverfahren (siehe: Ausgleichs- und Umlageverfahren)
Unterlegenheit
- Kleinunternehmen gegenüber Großunternehmen: 68 f., 439 ff.
- Arbeitnehmer gegenüber Arbeitgeber: 268 ff.
- Verbraucher gegenüber Unternehmer: 430 ff.

Unternehmen
- Begriff: 11 ff.
- Branchen: 18
- Größenbestimmung: 13 ff.
- Gründung (siehe: Existenzgründung)
- kleine (siehe: kleine Unternehmen)
- Rechtsform: 19 ff.

USA
- Arbeitsrechtlicher Schutz von Selbständigen: 396 ff.
- Gründungsmentalität: 30 ff.
- Schaffung von Arbeitsplätzen durch kleine Unternehmen: 83
- Wertschätzung von kleinen Unternehmen: 91

Utilitarismus: 48

Verbraucher
- Modell der strukturellen Unterlegenheit: 430 ff.
- Modell der situativen Schutzbedürftigkeit: 433 ff.
- Ähnlichkeit mit Kleinunternehmern: 439 ff.

Verbraucherkreditrecht: 477 ff.
Verbraucherschutzrecht
- Ziele: 429 ff.
- Europarechtlicher Hintergrund: 436 ff.
- Vereinigtes Königreich: 368 ff.

Verfassungsorientierte Auslegung (siehe: Methodenlehre)
Verhaltensökonomie (siehe: Wahrnehmungsverzerrungen)
Verlagswesen: 115
Verteilungsgerechtigkeit (siehe: Gerechtigkeit)
Vertrauensschutz: 241, 248, 413, 496

Wahrnehmungsverzerrungen
- Unternehmensgründung: 33
- planning fallacy: 33
- illusion of control: 33
- what you see is all there is: 33
- Überoptimismus / Selbstüberschätzung: 446
- Verfügbarkeit (availability): 446 f.

- Kognitive Dissonanz: 447
- Bedauernsaversion: 448
- Status-Quo-Effekt / Endowment-Effekt: 448
- Ankereffekt: 449

Warenhaussteuer: 127, 172
Weimarer Reichsverfassung: 131 ff.
Weimarer Republik
- Entwicklung der selbständigen Erwerbstätigkeit: 128 ff.
- Schutzmaßnahmen: 131 ff.

Wettbewerb: 39, 73, 84, 101, 111 f.
Wettbewerbsrecht: 127
Wettbewerbsverzerrungen: 167 ff., 329, 343
what you see is all there is (Wahrnehmungsverzerrungen)
Wirtschaftliche Abhängigkeit
- Begriff (siehe: Arbeitnehmerähnliche)
- Rechtsvergleich: 395 ff.
- Anknüpfungspunkt für Arbeitsrecht: 393 ff., 398 ff.

Wirtschaftsministerium (siehe: Bundesministerium für Wirtschaft und Energie)
Wirtschaftspolitik: 52 f., 82, 136, 151
Workers (Englisches Recht): 368 ff.

Zünfte: 116

Jus Privatum

Beiträge zum Privatrecht

Die Schriftenreihe *Jus Privatum. Beiträge zum Privatrecht* (JusPriv) soll den privatrechtlichen Habilitationsschriften, aber auch Monographien der Ordinarien, eine ansprechende Heimstatt geben. Die Reihe deckt das Bürgerliche Recht ebenso ab wie das Handels- und Gesellschaftsrecht, das Wirtschaftsrecht, das Arbeitsrecht und das Verfahrensrecht. Das schließt fächerübergreifende, aber auch fachgebietsübergreifende Themenstellungen nicht aus, solange der Schwerpunkt der Arbeit im Privatrecht zu finden ist. Kaum eine Arbeit beschränkt sich auf das deutsche Recht, denn die Fragestellungen sind oft vom Europarecht beeinflusst und auch der rechtsvergleichende Blick in fremde Rechtsordnungen gewinnt zunehmend an Bedeutung. Die anspruchsvolle und auch äußerlich ansprechende Reihe bietet mehr als nur einen zufälligen Ausschnitt gegenwärtiger Forschung im Zivilrecht: Sie spiegelt auch den Standard dessen wider, was (Privat-)Rechtswissenschaft gegenwärtig in Deutschland bedeutet und ist deshalb schon in kurzer Zeit im In- und Ausland zu einem Begriff geworden.

ISSN: 0940-9610
Zitiervorschlag: JusPriv

Alle lieferbaren Bände finden Sie unter *www.mohrsiebeck.com/juspriv*

Mohr Siebeck
www.mohrsiebeck.com